नवोदय विद्यालय समिति द्वारा संचालित

जवाहर नवोदय विद्यालय

प्रवेश परीक्षा-2024

कक्षा-9

टीम प्रभात

AF798342

प्रभात एग्जाम
www.prabhatexam.com

* इस पुस्तक में प्रकाशित सूचनाएँ एवं तथ्य पूरी तरह से सत्यापित किए गए हैं। यदि कोई जानकारी या तथ्य गलत प्रकाशित हो गया हो तो प्रकाशक, संपादक अथवा मुद्रक उस सामग्री से संबंधित किसी व्यक्ति-विशेष अथवा संस्था को पहुँची क्षति के लिए जिम्मेदार नहीं होगा।

* प्रकाशक की लिखित पूर्वानुमति के बिना इस पुस्तक की विषय-सामग्री को किसी भी रूप में फोटोस्टेट, इलेक्ट्रोस्टेट, टंकण, सुधार प्रक्रिया इत्यादि तरीकों से पुन: प्रयोग कर उसका संग्रहण, प्रसारण एवं वितरण पूर्णत: वर्जित है।

* सभी विवादों का निपटारा दिल्ली न्यायिक क्षेत्र में होगा।

प्रकाशक

प्रभात एग्जाम

प्रभात प्रकाशन प्रा. लि. का उपक्रम

4/19 आसफ अली रोड, नई दिल्ली-110002

फोन : 23289555 • 23289666 • 23289777 • हेल्पलाइन/ 7827007777

इ-मेल : prabhatbooks@gmail.com ❖ वेब ठिकाना : www.prabhatexam.com

सर्वाधिकार

सुरक्षित

तीन सौ पचहत्तर रुपए

अ.मा.पु.स. 978-93-5521-682-3

मुद्रक

संजय प्रिंटर, साहिबाबाद

———— ★ ————

JAWAHAR NAVODAYA VIDYALAYA
PRAVESH PAREEKSHA-2024
(KAKSHA-9)
by Team Prabhat

ISBN 978-93-5521-682-3

₹ 375.00

विषय-सूची

जवाहर नवोदय विद्यालय प्रवेश परीक्षा, कक्षा–9 (सॉल्व्ड पेपर–2023)

परीक्षा तिथि: 11 फरवरी, 2023

खंड–I : हिंदी

निर्देश : (प्रश्न सं. 1 से 15 तक) : प्रत्येक प्रश्न के लिए चार सम्भावित उत्तर विकल्प दिए गए हैं, जिनमें से केवल एक सही है। सही उत्तर चुनकर उसको ओ.एम.आर. उत्तर-पत्रिका पर उपयुक्त स्थान पर दर्शाना है।

1. शुद्ध वर्तनी वाला शब्द छाँटिए-

(a) आविस्कार (b) आविश्कार

(c) अविष्कार (d) आविष्कार

2. किस विकल्प में दोनों शब्द तत्सम हैं ?

(a) सूरज, अग्नि (b) भानु, आसमान

(c) आकाश, सितारा (d) दिनकर, सूर्य

3. उस विकल्प का चयन कीजिए जिसमें दोनों शब्द 'बादल' के पर्यायवाची हैं-

(a) मेघ, गगन (b) शैल, व्योम

(c) नभ, नग (d) घन, जलद

4. निम्नलिखित वाक्य में रिक्त स्थान के लिए उपयुक्त शब्द चुनिए।
बैंक से .... लिया है तो चुकाना भी पड़ेगा।

(a) उदार (b) उधार

(c) उद्धार (d) उधर

5. संज्ञा की विशेषता बताने वाले शब्द को कहा जाता है-

(a) सर्वनाम (b) विशेष्य

(c) विशेषण (d) क्रिया विशेषण

निर्देश: निम्नलिखित अनुच्छेद को पढ़कर प्रश्न 6 से 10 तक के लिए सर्वाधिक उपयुक्त उत्तर चुनिए।

आज हमारे अस्तित्व के लिए सबसे बड़ी चुनौती है- प्रदूषण। साँस लेते हुए भोजन के साथ या पीने वाले पानी के साथ अत्यंत विषैले पदार्थ हमारे शरीर में पहुंच रहे हैं, वन काट देने से वर्षा अनियमित हो रही है- कहीं बाढ़, कहीं सूखा। तापमान बढ़ने से ग्लेशियर पिघल रहे हैं और समुद्रों में जल स्तर बढ़ रहा है। इसलिए संभव है सदी के अंत तक ग्लेशियर से निकलने वाली गंगा-यमुना जैसी नदियाँ ही सूख जाएँ। इसीलिए कहा जाता है कि अगला विश्वयुद्ध पानी के लिए होगा। प्रदूषण से अनेक प्रकार के असाध्य रोग बढ़ रहे हैं। वन कट रहे हैं और वनस्पतियाँ उजड़ रही हैं। वन्य जीव-जन्तुओं पर खतरा मंडरा रहा है और अंततः यह खतरा पूरे मानव समाज के लिए विनाशक होगा। मानव जाति को इस पृथ्वी से विलुप्त होने से रोकना है, तो हमें जैसे भी हो प्रदूषण को शीघ्र ही रोकना होगा। अन्यथा कभी दूसरे ग्रह से आने वाले प्राणी पृथ्वी पर पहुँचकर कहेंगे- यहाँ कभी मनुष्य रहता था जो इतना मूर्ख था कि अपने पैरों पर स्वयं कुल्हाड़ी मारकर उजड़ गया।

6. वन्य जीव-जन्तुओं के अस्तित्व पर खतरा होने का कारण है-

(a) वनों का कटना

(b) ग्लेशियर का पिघलना

(c) नदियों का सूखना

(d) समुद्रों में जल स्तर बढ़ना

7. कैसे कह सकते हैं कि गंगा-यमुना जैसी नदियाँ कभी सूख सकती हैं ?

(a) वन कट रहे हैं

(b) बाढ़ें आ रही हैं

(c) ग्लेशियर पिघल रहे हैं

(d) समुद्रों का जल स्तर बढ़ रहा है

8. जिन रोगों की चिकित्सा असंभव हो, उन्हें कहा जाता है-

(a) विनाशक (b) असाध्य

(c) असंभव (d) विलुप्त

9. हमारे शरीर में अत्यंत विषैले पदार्थ किसके द्वारा पहुँच रहे हैं ?

(a) हमारे अस्तित्व के द्वारा

(b) हवा, जल और भोजन के द्वारा

(c) गंगा-यमुना के जल के द्वारा

(d) वन्य जीव-जन्तुओं के द्वारा

10. अनुच्छेद में आए किस शब्द का अर्थ 'संकट' है ?

(a) विनाशक (b) अन्यथा

(c) खतरा (d) प्रदूषण

11. शुद्ध वाक्य छाँटिए।

(a) हम तो पहले ही बता दिए थे।

(b) हम तो पहले ही बताए थे।

(c) हमने तो पहले ही बता ही दिए थे।

(d) हमने तो पहले ही बता दिया था।

12. वह शब्द पहचानिए जिसमें कोई उपसर्ग नहीं है-

(a) नियम (b) निबंध

(c) नित्य (d) निर्वाचन

13. ''रिया दूध पीकर सोने चली गई।''
उपर्युक्त वाक्य का संयुक्त वाक्य होगा-

(a) रिया ने सोने से पहले दूध पिया।

(b) रिया ने दूध पिया और सोने चली गई।

(c) जब रिया ने दूध पी लिया तो सोने चली गई।

(d) रिया, दूध पियो और सो जाओ।

14. निम्नलिखित वाक्य के लिए उपयुक्त मुहावरा चुनिए-
कितना समझाया था, पर इसके .... ।
(a) दाल नहीं गली (b) कान पर जूँ तक नहीं रेंगी
(c) कान नहीं भरे (d) कान फूट गए

15. किसी का नाम बड़ा हो पर उसमें उतने गुण न हो तो किस लोकोक्ति का प्रयोग ठीक रहेगा ?
(a) अंधों में काना राजा (b) मुँह में राम बगल में छुरी
(c) ऊँची दुकान फीके पकवान (d) अधजल गगरी छलकत जाए

SECTION-II : ENGLISH

Directions: (Questions no. 16 to 30) : For each question, four possible answer choices have been given, out of which only one is correct. Select the correct answer and indicate it at the appropriate place in the OMR Answer Sheet.

Directions : Read the following passage carefully and answer questions no. 16-18.

We turned to look in the direction pointed out, and there saw a penguin walking slowly along the shore with an egg under its tail. There were several others, we observed doing the same thing; and we found afterwards that these were a kind of penguins that always carried their eggs. Indeed they had a most useful pocket for the purpose, just between the tail and the legs. We were very much struck with the regularity and order of this colony. The island seemed to be divided up into squares of which penguin possessed one, and sat in stiff graveness in the middle of it, or took a slow march up and down the spare in between. Some were sitting on their eggs, but others were feeding their young ones in a manner that caused us to laugh a little. The mother stood on a raised rock, while the young one below her head uttered a number of loud unpleasant noises.

16. The penguins carried their eggs in a pocket :
(a) under their wings.
(b) between the tail and legs.
(c) on their backs.
(d) on their tails.

17. The narrator and his friend could not help laughing when they saw :
(a) the penguins carry their eggs
(b) the penguins do a slow march
(c) the mother penguins feeding their young ones
(d) a mother penguin standing on a raised rock and the young one making a loud noise below her.

18. The penguins live :
(a) on rocks (b) in squares
(c) on an island (d) in a colony

Directions : Answer questions no. 19-22 by choosing the most appropriate options to complete the paragraph by filling in the blanks.

Udhata, a thin donkey who was starved by his owner, a local fisherman. He went in search (19) food with his friend, a jackal. The pair went (20) the village in the middle of the night until they stumbled upon a cucumber field. That night, they truly relished their meal and decided to pay a visit to the cucumber field every night. Udhata eventually (21) to look much healthier and was able to pick up more load. Once after appetizing a wholesome meal (22) cucumbers, the donkey started braying.

19. (a) out (b) of
(c) into (d) on

20. (a) around (b) out
(c) for (d) onto

21. (a) begin (b) beginning
(c) began (d) begun

22. (a) on (b) for
(c) into (d) of

23. Choose the word similar in meaning to the underlined word.
After a long and <u>arduous</u> drive on the hills, he felt fatigued.
(a) easily (b) effortless
(c) difficult (d) enjoyable

24. Read the sentence given below and choose the option which correctly changes it into Passive Voice.
She created twenty new dresses for the fashion show in just two days.
(a) She had created twenty new dresses for the fashion show in just two days.
(b) Twenty new dresses were created by her for the fashion show in just two days.
(c) She had been creating twenty new dresses for the fashion show in just two days.
(d) She will be creating twenty new dresses for the fashion show in just two days.

25. The candidate said that his views have been deliberately <u>garbled</u>. The word opposite in meaning to the underlined one is :
(a) clarified (b) slanted
(c) distorted (d) illustrated

Directions (Questions No. 26-28) : Answer the questions by choosing the most appropriate options to fill in the blanks.

24. No other boy in the class is as .... as Ram.
(a) better (b) good
(c) bent (d) worse

27. He was sleeping well when the bell ....
(a) has rung (a) rang
(c) is ringing (d) would ring

28. You can't depend on him, he knows .... about finance.
(a) a little (b) few
(c) little (d) much

29. Choose one-word substitute for the following expression :
Something that cure all illnesses or prolongs life.
(a) Elixir (a) Idyllie
(c) Massif (d) Masterpiece

30. Select the alternative which expresses the following sentence in indirect speech :
The manager said to the clerk, "You may leave now. Don't forget to keep these files in the file cabinet."
(a) The manager says to the clerk that you may leave then and asked not to forget to keep these files in the cabinet.
(b) The manager told the clerk that be might leave then and ordered him not to forget to keep those files in the file cabinet.
(c) The manager said to the clerk that be may leave now and ordered not to forge to keep those files in the cabinet.
(d) The manager told to the clerk that be might leave then and ordered not to forget to keep these files in the cabinet.

खंड–III : गणित

निर्देश : (प्रथम सं. 31 से 65 तक) प्रत्येक प्रश्न के लिए चार सम्भावित उत्तर विकल्प दिए गए हैं, जिनमें से केवल एक सही है। सही उत्तर चुनकर उसको ओ. एम. आर. उत्तर-पत्रिका पर उपयुक्त स्थान पर दर्शाना है।

31. 9^{201} में इकाई का अंक है-

(a) 9 (b) 7
(c) 3 (d) 1

32. चार अभाज्य संख्याएं आरोही क्रम में हैं। पहली तीन संख्याओं का गुणनफल 455 तथा आखिरी तीन संख्याओं का गुणनफल 1729 है। इन चार संख्याओं में सबसे बड़ी अभाज्य संख्या है-

(a) 7 (b) 13
(c) 19 (d) 23

33. छोटी-से-छोटी संख्या, जिसे बड़ी-से-बड़ी 4-अंकीय संख्या में जोड़ने पर योगफल 345 से विभाजित है, है।

(a) 5 (b) 6
(c) 50 (d) 60

34. निम्न में से कौन-सा पायथागोरियन ट्रिप्लेट है ?

(a) (2, 3, 5) (b) (5, 7, 9)
(c) (6, 9, 11) (d) (8, 15, 17)

35. एक वर्गाकार खेत का क्षेत्रफल 60025 वर्ग मी. है। एक लड़का इस खेत के चारों तरफ 18 किमी/घ. की रफ्तार से साइकिल चलाता है। कितने समय पश्चात यह लड़का प्रारम्भ बिन्दु पर वापस आता है ?

(a) 166 सेकण्ड (b) 176 सेकण्ड
(c) 196 सेकण्ड (d) 208 सेकण्ड

36. बड़ी-से-बड़ी अंकीय संख्या, जो पूर्ण वर्ग संख्या है, है-

(a) 9801 (b) 9816
(c) 9824 (d) 9864

37. 8, 15 तथा 20 से विभाजित होने वाली सबसे छोटी पूर्ण वर्ग संख्या है-

(a) 900 (b) 1600
(c) 2500 (d) 3600

38. यदि $1^3 + 2^3 + 3^3 + 4^3 + 5^3 = 225$ है, तो $2^3 + 4^3 + 6^3 + 8^3 + 10^3$ बराबर है-

(a) 450 (b) 900
(c) 1800 (d) $(225)^2$

39. $\sqrt[3]{000.8} + \sqrt[3]{0.343} - \sqrt{0.25}$ बराबर है-

(a) 0.4 (b) 0.5
(c) 0.7 (d) 0.8

40. $\sqrt{\frac{9}{16}} + (0008)^{-\frac{2}{3}} - \left(\frac{7}{10}\right)^0$ बराबर है-

(a) $11\frac{2}{3}$ (b) $24\frac{3}{4}$
(c) $18\frac{1}{3}$ (d) $15\frac{2}{3}$

41. यदि $2^{2x-1} - \frac{1}{8^{x-3}}$ है, तो x का मान है-

(a) −2 (b) −1
(c) 2 (d) 3

42. यदि $5^{2p} + 5^p + 5^0 = 651$ है, तो p का मान है-

(a) 2 (b) 3
(c) 4 (d) 5

43. $(23)^{-3}$ को किस संख्या से गुणा किया जाए कि गुणनफल $(69)^{-1}$ प्राप्त हो ?

(a) $\frac{529}{4}$ (b) $\frac{529}{7}$
(c) $\frac{529}{3}$ (d) $\frac{529}{6}$

44. $(6 + 3) \times 9^{-1} \div 3^{-1} + 2^{-2}$ बराबर है-

(a) – (b) $\frac{7}{4}$
(c) $\frac{13}{4}$ (d) $\frac{7}{8}$

45. एक पाइप एक टंकी को 9 घंटों में भर सकता है। तल में रिसाव होने के कारण, यह टंकी 10 घंटों में भरती है। भरी हुई टंकी रिसाव से कितने समय में खाली हो जाएगी ?

(a) 60 घंटों में (b) 70 घंटों में
(c) 80 घंटों में (d) 90 घंटों में

46. A एक काम को 25 दिन में कर सकता है और B इसी काम को 20 दिन में कर सकता है। पहले 5 दिन दोनों मिलकर काम करते हैं। B बाकी बचे हुए काम को कितने दिनों में पूरा करेगा ?

(a) 8 दिन (b) 10 दिन
(c) 11 दिन (d) 13 दिन

47. यदि 5 पुरुष या 7 महिलाएँ प्रतिदिन ₹ 1,372 कमाते हैं, तो 10 पुरुष और 5 महिलाएँ प्रतिदिन कितने रुपए कमाएँगे ?

(a) ₹ 3,724 (b) ₹ 3,624
(c) ₹ 3,524 (d) ₹ 3,124

48. यदि एक वस्तु की कीमत में 15% की वृद्धि हो जाए और वस्तु की कुल बिक्री में 10% की कमी हो जाए तो दुकानदार की कुल कमाई में इसका क्या असर होगा ?

(a) 5% की कमी (b) 1.5% की वृद्धि
(c) 2.5% की कमी (d) 3.5% की वृद्धि

49. साधारण प्याज की दर पर निवेशित एक धनराशि 8 वर्षों में तीन गुनी हो जाती है। यह धनराशि 20 वर्षों में कितने गुना हो जाएगी ?

(a) 8 (b) 7
(c) 6 (d) 9

50. एक धनराशि पर 5% वार्षिक ब्याज की दर से तीन वर्ष का चक्रवृद्धि ब्याज ₹ 1,261 प्राप्त होता है। निवेशित धनराशि कितनी है ?

(a) ₹ 9,000 (b) ₹ 8,400
(c) ₹ 8,000 (d) ₹ 7,500

51. यदि $\left(x - \frac{1}{x}\right)^2 = 36$ है, तो $x^4 + \frac{1}{x^4}$ का मान क्या होगा ?

(a) 1442 (b) 1440
(c) 1444 (d) 1438

52. यदि $x^2 - y^2 + 2yz - z^2$ का एक गुणनखंड $(x + y - z)$ है, तो दूसरा गुणनखंड होगा-

(a) $x + y - z$ (b) $x - y + z$
(c) $x + y + z$ (d) $x - y - z$

53. यदि $a^2 + b^2 + c^2 = 2(a - b - c) - 3$ है, तो $(2a - 3b + 4c)$ का मान होगा-

(a) 4 (b) 3
(c) 2 (d) 1

54. राजू और रमन की आयु 5 : 8 के अनुपात में है। राजू की आयु 5 वर्ष अधिक और रमन की आयु 4 वर्ष कम करने पर, दोनों की आयु बराबर हो जाती है। राजू की आयु क्या है ?

(a) 15 वर्ष (b) 16 वर्ष
(c) 24 वर्ष (d) 13 वर्ष

55. एक 2 अंकीय संख्या के दोनों अंकों के बीच का अंतर 3 है। संख्या के दोनों अंकों को परस्पर बदल कर जो संख्या प्राप्त होती है उसको मूल संख्या में जोड़ने से, योगफल 143 प्राप्त होता है। मूल संख्या क्या है ?

(a) 58 (b) 47
(c) 69 (d) 96

56. ₹ 50,000 इनाम के रूप में 200 व्यक्तियों में वितरित किए जाते हैं। इनाम की राशि ₹ 100 या ₹ 500 है। ₹ 100 वाले इनामों की संख्या कितनी है ?

(a) 50 (b) 75
(c) 125 (d) 150

57. ABCD एक समांतर चतुर्भुज है, जिसकी भुजाएँ $AB = 3x - 1$, $BC = 2y + 3$, $CD = 25$ और $DA = y + 28$ है। तब $(x + y)$ बराबर है-

(a) 29 (b) 21
(c) 25 (d) 33

58. एक चतुर्भुज के चारों कोण 2 : 3 : 5 : 8 के अनुपात में हैं। चतुर्भुज के सबसे बड़े और सबसे छोटे कोणों के बीच का अन्तर क्या है ?

(a) 80° (b) 100°
(c) 110° (d) 120°

59. ABCD एक वर्ग है। P, Q, R, S इसकी भुजाओं AB, BC, CD और DA के क्रमशः मध्य बिन्दु हैं। यदि वर्ग ABCD का परिमाप $16\sqrt{2}$ सेमी है, तो वर्ग PQRS का परिमाप होगा-

(a) $16\sqrt{2}$ मी (b) $8\sqrt{2}$ मी
(c) 8 सेमी (d) 16 सेमी

60. दो वर्गों के परिमाप 40 सेमी और 32 सेमी हैं। तीसरे वर्ग का परिमाप क्या होगा, यदि इसका क्षेत्रफल पहले दो वर्गों के क्षेत्रफलों के अन्तर के समान है ?

(a) 24 सेमी (b) 26 सेमी
(c) 25 सेमी (d) 28 सेमी

61. एक आयताकार प्लॉट का क्षेत्रफल 150 व मी. और परिमाप 50 मी. है। इस प्लॉट की लम्बाई और चौड़ाई का अनुपात है-

(a) 3 : 2 (b) 50 : 3
(c) 6 : 1 (d) 7 : 2

62. एक स्विमिंग पूल की लंबाई 260 मी. और चौड़ाई 140 मी. है। यदि इसमें 54,600 घ मी. पानी भरा जाता है, तो पूल में पानी की सतह की ऊंचाई कितनी है ?

(a) 1 मी. (b) 1.5 मी.
(c) 2 मी. (d) 2.5 मी.

63. 33 मी. लम्बी 3.5 मी. ऊँची और 40 सेमी मोटी एक दीवार बनाने में 22 सेमी × 10 सेमी × 7 सेमी आयाम वाली कितनी ईंटें लगेंगी, यदि दीवार का $\frac{1}{10}$ हिस्सा रेत से बना है ?

(a) 24,000 (b) 25,000
(c) 26,000 (d) 27,000

64. एक 8-फलकों वाले पासे को, जिसकी फलको पर संख्याएँ 1 से 8 लिखी हुई है, फेंका गया। सम संख्या प्राप्त होने की प्रायिकता क्या है ?

(a) $\frac{1}{2}$ (b) $\frac{1}{3}$
(c) $\frac{1}{4}$ (d) $\frac{1}{6}$

65. एक शहर में जूनियर क्रिकेट क्लब के 50 सदस्यों की आयु (वर्षों में) निम्न हैं-

15, 17, 14, 13, 14, 13, 14, 17, 17, 16, 17, 16, 15, 16, 15, 14, 13, 14, 15, 13, 18, 13, 15, 14, 15, 13, 14, 13, 13, 17, 15, 14, 14, 17, 16, 17, 15, 14, 17, 16, 16, 16, 14, 16, 13, 18, 16, 15, 14, 14

15-16 आयु वर्ग के सदस्यों का प्रतिशत क्या है ?

(a) 28% (b) 30%
(c) 32% (d) 36%

खंड-IV : सामान्य विज्ञान

निर्देश: (प्रश्न सं. 66 से 100 तक) प्रत्येक प्रश्न के लिए चार संभावित उत्तर विकल्प दिए गए हैं, जिनमें से केवल एक सही है। सही उत्तर चुंनकर उसको ओ. एम.आर. उत्तर-पत्रिका पर उपयुक्त स्थान पर दर्शाना है।

66. ब्रैड पर उगती कवक (फफूंद), छात्रक (मशरूम) और यीस्ट द्वारा उपयोग की जाने वाली पोषण की प्रणाली को कहते हैं-

(a) मृतजीवी (b) परजीवी
(c) विषमपोषी (d) स्वपोषी

67. मानव पाचन तंत्र में दस से अधिक अंग हैं। निम्नलिखित तीन अंगों के संयोजनों में से उसे चुनिए जो पाचन का कोई कार्य नहीं करता है।

(a) मुख गुहिका, ग्रसिका, बृहदांत्र
(b) मुख गुहिका, ग्रसिका, मलाशय
(c) ग्रसिका, बृहदांत्र, मलाशय
(d) ग्रसिका, अग्न्याशय, क्षुद्रांत्र

68. निम्नलिखित खाने योग्य पौधों (पादपों) पर विचार कीजिए-

(1) बैंगन (2) केला
(3) भिण्डी (4) कद्दू (काशीफल)

इनमें से पौधों का वह युगल जिसके दो या अधिक भाग खाने योग्य हैं, कौन-सा है ?

(a) (1) और (2) (b) (3) और (4)
(c) (2) और (4) (d) (1) और (3)

69. कॉपर सल्फेट विलयन से ठोस कॉपर सल्फेट प्राप्त करने के लिए उपयोग में लाई जाने वाली विधि है-

(a) संघनन (b) निथारना (निस्तारण)
(c) वाष्पन (d) तलछटीकरण (अवसादन)

70. घास में पाए जाने वाले लक्षणों (विशिष्टताओं) का संयोजन है-

(a) मूसला जड़ और जालिकारूपी शिराविन्यास
(b) झकड़ा जड़ और समान्तर शिराविन्यास
(c) मूसला जड़ और समान्तर शिराविन्यास
(d) झकड़ा जड़ और जालिकारूपी शिराविन्यास

71. निम्नलिखित कथनों पर विचार कीजिए।

(1) उत्सर्जन पौधों में होता है।

(2) उत्सर्जन पौधों और जन्तुओं दोनों में होता है।

(3) उत्सर्जन केवल जल के आधिक्य से छुटकारा पाने की प्रक्रिया है।

(4) स्त्रवण उत्सर्जन की एक विधि है।

सही कथन हैं-

(a) केवल (1) और (2) (b) केवल (3) और (4)

(c) (1), (2) और (4) (d) (1), (2) और (3)

72. वाष्पोत्सर्जन वह प्रक्रिया है जिसमें पौधे-

(a) वायुमण्डलीय वायु से जलवाष्प अवशोषित करते हैं।

(b) वायुमण्डल में जलवाष्प मुक्त करते हैं।

(c) जड़ों के द्वारा मृदा से जल ग्रहण करते हैं।

(d) प्रकाश-संश्लेषण के लिए वायुमण्डल से जल ग्रहण करते हैं।

73. पादपों (पौधों) को सूर्य के प्रकाश के अतिरिक्त प्रकाश-संश्लेषण के लिए निम्नलिखित की भी आवश्यकता होती है-

(a) कार्बन मोनोक्साइड, जल, क्लोरोफिल

(b) ऑक्सीजन, जल, क्लोरोफिल

(c) नाइट्रोजन, क्लोरोफिल, कार्बन डाइऑक्साइड

(d) क्लोरोफिल, जल, कार्बन डाइऑक्साइड

74. रेशमकीट रेशा स्त्रावित करता है जिसका पदार्थ होता है-

(a) प्रोटीन (b) कार्बोहाइड्रेट

(c) केवल सेलुलोस (d) स्टार्च + सेलुलोस

75. सर्दियों में प्रातःकाल में लकड़ी की मेज की तुलना में ताँबे की प्लेट ठंडी महसूस होती है। इसका कारण यह है कि ताँबे की प्लेट-

(a) लकड़ी की मेज की तुलना में अधिक ऊष्मा परावर्तित करती है।

(b) धातु की बनी है जिसका घनत्व लकड़ी के घनत्व से अधिक होता है।

(c) लकड़ी की मेज की तुलना में ऊष्मा की बेहतर चालक है।

(d) लकड़ी की मेज की तुलना में ऊष्मा की हीन चालक है।

76. कोई छात्र सोडियम हाइड्रॉक्साइड के तनु विलयन की एक बूँद पहले नीले लिटमस पत्र फिर लाल लिटमस पत्र की पट्टियों पर डालता है। उसके यह प्रेक्षण होने चाहिए कि-

(a) नीला लिटमस पत्र लाल हो जाता है और लाल लिटमस पत्र नीला हो जाता है।

(b) नीले लिटमस पत्र में कोई परिवर्तन नहीं होता परन्तु लाल लिटमस पत्र नीला हो जाता है।

(c) नीला लिटमस पत्र लाल हो जाता है जबकि लाल लिटमस पत्र में कोई परिवर्तन नहीं होता है।

(d) नीले और लाल दोनों ही लिटमस पत्र रंगहीन हो जाते हैं।

77. रासायनिक अभिक्रियाओं के विषय में निम्नलिखित कथनों पर विचार कीजिए-

(1) अभिक्रिया के दौरान ध्वनि उत्पन्न हो सकती है।

(2) अभिक्रिया के दौरान ऊष्मा उत्पन्न हो सकती है परन्तु अवशोषित कभी नहीं होती है।

(3) अभिक्रिया के दौरान कोई गैस सदैव निकलती है।

(4) बनने वाले उत्पादों का रंग या भौतिक अवस्था अभिकारकों से भिन्न हो सकती है।

इनमें सही कथन है/हैं-

(a) केवल (4)

(d) केवल (1) और (4)

(c) (1), (2) और (4)

(d) (2), (3) और (4)

78. जन्तुओं के निम्नलिखित अनुकूली-लक्षणों (विशिष्टताओं) पर विचार कीजिए।

(1) गहरे सफेद बाल (फर)

(2) त्वचा (चमड़ी) के नीचे वसा की मोटी परत

(3) फिसलन वाला शरीर

(4) नखर (पंजे व नाखून) मुड़े हुए लंबे और पैने

इनमें से ध्रुवीय भालू की अनुकूली विशिष्टताएँ हैं-

(a) केवल (1) और (2) (b) केवल (3) और (4)

(c) (1), (2) और (4) (d) (2), (3) और (4)

79. मृदा के संदर्भ में सही कथन चुनिए-

(a) दुमटी मृदा में केवल बालू और चिकनी मिट्टी होती है।

(b) दुमटी मृदा में जल का अन्त: स्त्रवण बहुत तीव्र होता है।

(c) अपक्षय मृदा बनने की एक बहुत तीव्र प्रक्रिया है।

(d) शीर्ष मृदा में ह्यूमस की सबसे अधिक मात्रा होती है।

80. कभी-कभी खिलाड़ी पेशियों में ऐंठन (क्रैम्प) से पीड़ित हो जाते हैं। ऐसा अवायवीय श्वसन के कारण होता है जिसमें ग्लूकोस का परिवर्तन निम्नलिखित में होता है-

(a) केवल लैक्टिक अम्ल

(b) लैक्टिक अम्ल और कार्बन डाइऑक्साइड

(c) ऐल्कोहॉल और कार्बन डाइऑक्साइड

(d) ऐल्कोहॉल और लैक्टिक अम्ल

81. मानव शरीरों में रुधिर (रक्त) और ऊतकों के बीच गैसों का विनिमय (आदान-प्रदान) तथा पोषकों का अवशोषण निम्नलिखित में से कहाँ होता है?

(a) हृदय (b) केशिकाएँ

(c) धमनियाँ (d) शिराएँ

82. ब्रायोफिलम अपने किस भाग से जनन कर सकता है?

(a) पत्तियाँ (b) पुष्प

(c) जड़ें (d) तने

83. बाज की सबसे अधिक चाल 320 किलोमीटर प्रति घंटा है। इस चाल को, दूरी और समय के सही मूल प्रतीकों का उपयोग करके, व्यक्त करने का सही ढंग है-

(a) 320 kms/hr (b) 320 KM/H

(c) 320 KMS/HR (d) 320 km/h

84. कोई बस 36 किलोमीटर प्रति घंटा की चाल से 20 मिनट चलती है। इसके पश्चात् वह 54 किलोमीटर प्रति घंटा की चाल से 20 मिनट चलती है। बस द्वारा चली गई कुल दूरी है-

(a) 12 किलोमीटर (b) 18 किलोमीटर

(c) 30 किलोमीटर (d) 45 किलोमीटर

85. दर्शाए गए विद्युत परिपथ पर विचार कीजिए। इसमें AB ताँबे का मोटा तार है। जब स्विच को चालू करते हैं, तो तार AB से धारा प्रवाहित होती है और बल्ब जलने लगता है। हम वह प्रेक्षण करते हैं कि तार AB-

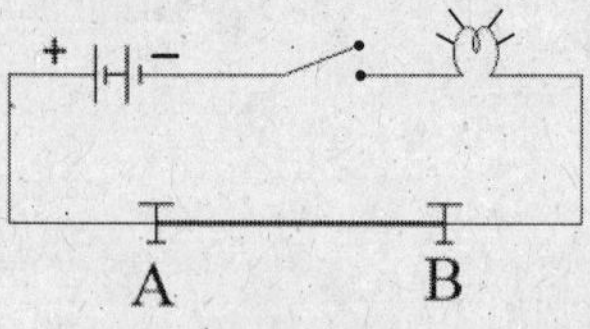

(a) गरम होकर लाल हो जाता है।
(b) विद्युत फ्यूज की भाँति व्यवहार करता है और तुरन्त पिघल जाता है।
(c) स्पर्श करने पर तीव्र झटका देता है।
(d) निकट रखी चुम्बकीय सुई को विक्षेपित करता है।

86. कोई प्रकाशिक युक्ति (दर्पण अथवा लेंस) किसी बिम्ब के बिम्ब की ही दिशा में वास्तविक बड़े तथा वास्तविक छोटे दोनों ही प्रकार के प्रतिबिम्ब परदे पर बना सकती है। यह प्रकाशिक युक्ति है-
(a) केवल उत्तल लेंस
(b) केवल अवतल दर्पण
(c) या तो उत्तल लेंस अथवा अवतल दर्पण
(d) या तो उत्तल दर्पण अथवा उत्तल लेंस

87. संयुक्त राष्ट्र की अनुशंसा (सिफारिश) के अनुसार प्रति व्यक्ति प्रतिदिन पानी पीने, सफाई करने, भोजन बनाने और उचित स्वास्थ्यकर स्थिति बनाए रखने के लिए जल की कम-से-कम मात्रा है-
(a) 100 लीटर (b) 50 लीटर
(c) 25 लीटर (d) 20 लीटर

88. किसी खाद्य (आहार) शृंखला के निम्नलिखित अवयवों पर विचार कीजिए।
मेंढक, उकाब (गरुड़), कीट, घास, सर्प
खाद्य (आहार) शृंखला में इन अवयवों का सही क्रम है-
(a) घास → कीट → सर्प → मेंढक → उकाब
(b) घास → मेंढक → कीट → सर्प → उकाब
(c) घास → कीट → मेंढक → उकाब → सर्प
(d) घास → कीट → मेंढक → सर्प → उकाब

89. निम्नलिखित में से सही कथन चुनिए।
(a) कपास और सरसों दोनों खरीफ फसलें हैं।
(b) कपास और सरसों दोनों रबी फसलें हैं।
(c) कपास खरीफ फसल है और सरसों रबी फसल है।
(d) कपास रबी फसल है और सरसों खरीफ फसल है।

90. निम्नलिखित कृषि पद्धतियों/क्रियाकलापों पर विचार कीजिए।
(1) जुताई
(2) फसल चक्र
(3) परती जमीन
(4) खाद और उर्वरक मिलाना
इनमें मृदा को पोषण देने वाली पद्धतियाँ/क्रियाकलाप हैं-
(a) केवल (2) और (4)
(b) (1), (3) और (4)
(c) (1), (2) और (4)
(d) (2), (3) और (4)

91. निम्नलिखित में से उस समूह को चुनिए जिसमें एक तत्व, एक यौगिक और एक मिश्रण उपस्थित है-
(a) गोल्ड (सोना), सल्फ्यूरिक एसिड, वायु
(b) सिल्वर (चाँदी), कार्बन डाइऑक्साइड, सोडियम क्लोराइड
(c) ऑक्सीजन, मृदा, दूध
(d) सिल्वर (चांदी), मेथेन, मैंगनीज डाइऑक्साइड

92. निम्नलिखित में से उस गैस को चुनिए जिसकी पर्यावरण में वृद्धि करती सांद्रता के कारण वैश्विक तापन हो सकता है-
(a) सल्फर डाइऑक्साइड
(b) नाइट्रोजन डाइऑक्साइड
(c) कार्बन डाइऑक्साइड
(d) कार्बन मोनोक्साइड

93. निम्नलिखित में से सम्पर्क बलों के युगल को चुनिए-
(a) पेशीय बल और चुम्बकीय बल
(b) पेशीय बल और घर्षण बल
(c) घर्षन बल और स्थिर-वैद्युत बल
(d) गुरुत्वीय बल और चुम्बकीय बल

94. आरेख में दर्शाए अनुसार किसी जल-टंकी में चार टोटियाँ A, B, C और D लगी हैं। यदि यह टंकी जल से पूरी भरी हैं और इन सभी टोंटियों को एक साथ खोल दिया जाए, तो जिन टोटियों से जल समान दाब से बहेगा, वह हैं-

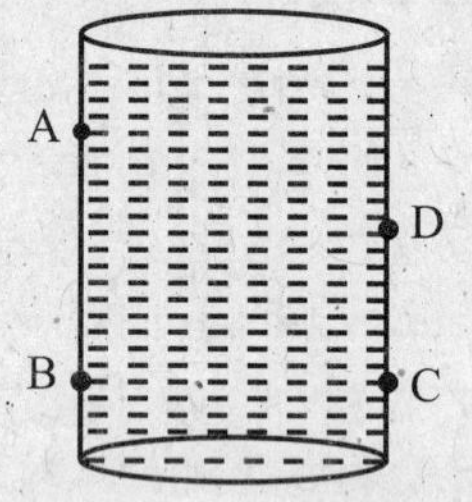

(a) A और B (b) C और D
(c) B और C (d) A और D

95. नीचे दी गई प्रायोगिक व्यवस्था पर विचार कीजिए।

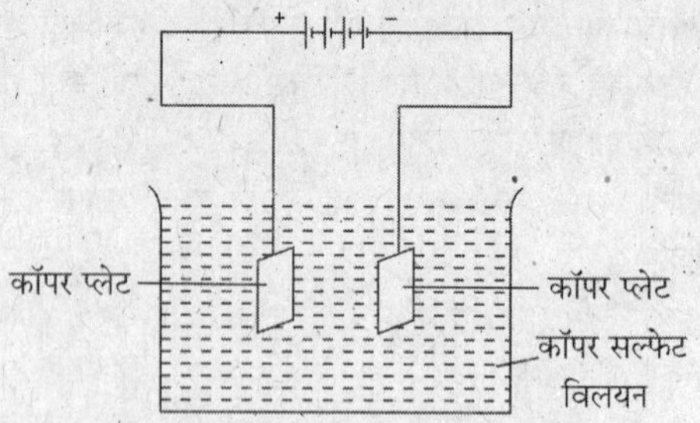

लगभग 15 मिनट तक विद्युत धारा प्रवाहित करने के पश्चात् यह प्रेक्षण किया जाता है कि-
(a) विलयन का नीला रंग उड़ गया है।
(b) दोनों इलेक्ट्रोडों ने विलयन से कॉपर प्राप्त किया है।
(c) ऋणावेशित इलेक्ट्रोड से कॉपर धनावेशित इलेक्ट्रोड को स्थानान्तरित हुआ है।
(d) धनावेशित इलेक्ट्रोड से कॉपर ऋणावेशित इलेक्ट्रोड को स्थानान्तरित हुआ है।

96. रिक्टर पैमाने का उपयोग निम्नलिखित में से किसकी तीव्रता की माप के लिए किया जाता है ?

(a) तड़ित (b) भूकम्प

(c) सुनामी (d) भूस्खलन

97. आरेख में दर्शाए अनुसार चार पृष्ठों S_1, S_2, S_3 और S_4 पर प्रकाश की समांतर किरणें आपतित हैं। वह पृष्ठ कौन-सा/से है/हैं जिस/जिन पर परावर्तन कोण आपतन कोण के समान है ?

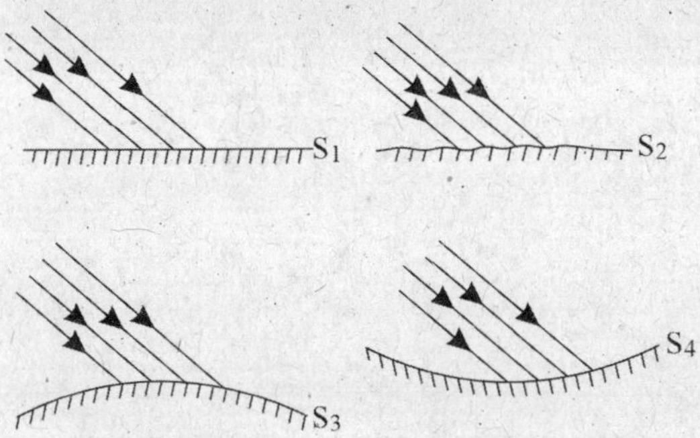

(a) केवल S_1 (b) S_1, S_3 और S_4

(c) S_2 और S_4 (d) S_1, S_2, S_3 और S_4

98. दो समतल दर्पण 'A' और 'B' आरेख में दर्शाए अनुसार एक-दूसरे से समकोण बनाते हुए रखे हैं। कोई प्रकाश किरण PO दर्पण 'A' के बिन्दु O पर 30° के कोण पर आपतन करती है और फिर परावर्तन के पश्चात् दर्पण 'A' से दर्पण 'B' पर आपतन करती है। इस किरण का दर्पण B से परावर्तन के पश्चात् परावर्तन कोण होगा-

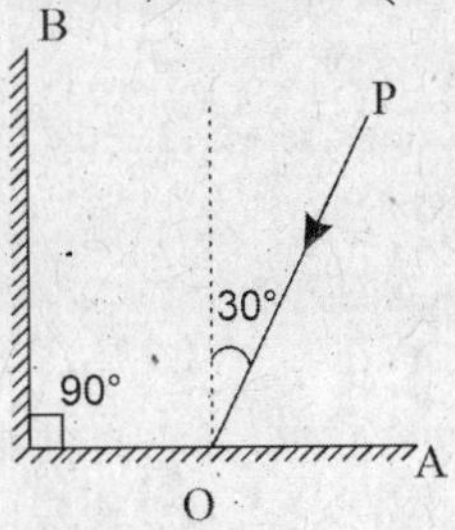

(a) 30° (b) 60°

(c) 120° (d) 150°

99. सूर्य से दूरी के बढ़ते हुए क्रम में सौर परिवार के तीन ग्रहों का सही क्रम है-

(a) शुक्र, मंगल, शनि (b) बुध, शुक्र, मंगल

(c) मंगल, बुध, बृहस्पति (d) शुक्र, पृथ्वी, मंगल

100. हमारे सौर परिवार का वह ग्रह जिसका कोई अपना उपग्रह नहीं है, कौन-सा है ?

(a) मंगल (b) नेप्टयून

(c) यूरेनस (d) शुक्र

व्याख्या सहित उत्तर

1. (d) शुद्ध वर्तनी वाला शब्द है-आविष्कार। अन्य शेष शब्द अशुद्ध हैं। अत: विकल्प (d) सही उत्तर है।

2. (d) शुद्ध शब्दों का तत्सम युग्म है-दिनकर, सूर्य। दोनों ही शब्द तत्सम शब्द हैं।

3. (d) घन, जलद बादल के पर्यायवाची हैं। बादल के अन्य पर्यायवाची हैं-नीरद, वारिद, तोयद, अंबुद, मेघ आदि।

4. (b) बैंक से उधार लिया है तो चुकाना भी पड़ेगा। अत: विकल्प (b) सही उत्तर है।

5. (c) संज्ञा की विशेषता बताने वाले शब्द को विशेषण कहा जाता है। उदाहरण के लिए-सीमा एक सुंदर लड़की है। यहाँ सुंदर शब्द सीमा की विशेषता बता रहा है।

6. (a) वन्य जीव-जन्तुओं के अस्तित्व पर खतरा होने का कारण है वनों का कटना। निर्वनीकरण से जीवों के लिए आवासन की समस्या उत्पन्न होती है जो इनके जीवन की संकटपूर्ण चुनौती सिद्ध होती है।

7. (c) गंगा-यमुना जैसी नदियां इसलिए सूख सकती हैं क्योंकि वृक्षों की कटाई से वर्षा प्रभावित होती है तथा वैश्विक भूतापन होता है। इससे वायुमंडल का तापमान बढ़ेगा और ग्लेशियर जल्दी पिघल जाएंगे जो इन नदियों के मूल स्रोत हैं अत: संभव है कि ये नदियां सूख सकती हैं।

8. (b) जिन रोगों की चिकित्सा संभव न हो उनको असाध्य रोग कहा जाता है। असाध्य का अर्थ है जिसे साधा (ठीक) ना जा सके।

9. (c) हमारे शरीर में विषाक्त पदार्थ हवा, जल और भोजन के द्वारा पहुँच रहे हैं। अत्यंत प्रदूषण के कारण जल, हवा आदि भौतिक तत्वों में प्रदूषण की मात्रा अधिक हो गई है जिसके सेवन से वही प्रदूषण हमारे शरीर तक पहुँच जाता है और हम अनेक बीमारियों का शिकार हो जाते हैं।

10. (c) अनुच्छेद में आए शब्द 'खतरा' का अर्थ है 'संकट'। संकट शब्द के अन्य पर्यायवाची हैं- आपत्ति, विपत्ति, विपदा, आपदा, आफत, बला आदि।

11. (d) दिए गए वाक्यों में सबसे शुद्ध वाक्य है-हमने तो पहले ही बता दिया था। शेष वाक्यों में अशुद्धियां हैं। अत: विकल्प (d) सही उत्तर है।

12. (c) नित्य शब्द एकल है। इसमें किसी उपसर्ग का प्रयोग नहीं है। शेष शब्दों में उपसर्ग इस प्रकार हैं-नि + बंध, निर् + वाचन, नि + यम। उपसर्ग वे वर्ण/अक्षर/शब्द होते हैं जो किसी शब्द के आरंभ में लगाए जाते हैं।

13. (b) रिया दूध पीकर सोने चली गई। इसका संयुक्त वाक्य होगा-रिया ने दूध पिया और सोने चली गई। संयुक्त वाक्य वे वाक्य हैं जिनमें दो या अधिक वाक्यों को योजक शब्द जैसे-और, परंतु, इसलिए आदि से परस्पर जोड़ा जाता है।

14. (b) कितना समझाया था पर इसके - कान पर जूँ नहीं रेंगी। कान पर जूँ न रेंगना मुहावरे का अर्थ होता है- कोई फर्क ना पड़ना। शेष विकल्प सही नहीं हैं।

15. (c) किसी का नाम बड़ा हो पर उसमें उतने गुण न हों तो इसके लिए मुहावरा है- ऊँची दुकान फीके पकवान। अर्थात् नाम के अनुसार गुणों का ना होना। अन्य मुहावरों का अर्थ-अंधों में काना राजा-मूर्खों में श्रेष्ठ। मुंह में राम बगल में छुरी-कथनी और करनी में अंतर होना या कपटी होना। अधजल गगरी छलकत जाए-तुच्छ लोग थोड़े-सा ज्ञान पाकर उतावले हो जाते हैं।

16. (b) The Penguins Carried their eggs in a pocket between the tail and legs. Option (b) is correct answer.

17. (c) The narrator and his friend could not help laughing when they saw the mother penguins feeding their young ones. The way of her feeding made laugh to them. Option (c) is correct answer.

18. (c) The penguin live on a Island. So (c) is the correct answer.

19. (b) He went in search of food with his friend, a jackal. Search of is a preposition and used for searching something.

20. (c) The pair went for the village in the middle of the night untill they stumbled upon a cucumber field.

21. (c) Udhata eventually began to look much healthier and was able to pick more load. began is correct option as per the passage.

22. (d) Once after appetizing a wholesome meal of cucumber, the donkey started braying. 'of' is preposition, a kind of pacts of speech.

23. (c) Here the meaning of underlined word 'arduous' is difficult. Option (c) is correct answer.

24. (b) She created twenty new dresses for the fashion show in just two days.

Passive voice of the sentence is :

Twenty new dresses were created by her for the fashion show in just two days.

25. (a) The Candidate said that his views have been deliberately garbled. (distorted)

The opposite word of the underlined word 'garbled' is Clarified (स्पष्ट).

26. (b) No other boy in the class is good as Ram. Option (b) is correct answer. (as good as, as well as, as soon as etc.)

27. (b) He was sleeping well when the bell rang. (b) is correct answer.

28. (a) You can not depend on him, he knows a little about finance. Option (a) is the correct answer.

29. (a) Something that cure all illnesses or prolongs life is called-Elixir. इसका अर्थ होता है अमृत। अमृत वह देवीय पेय है जो आदि, व्याधि को दूर करके अमर बना देता है। Idyllic का कार्य है-रमणीय, Massif-पुंजक व Masterpiece-उच्च कोटि का।

30. (b) (b) is the correct option as per narration rules.

31. (a) 9^{201} = 4)201(5

$\underline{20}$

1 – 9

∴ $9^1 = 9$

32. (c) माना 4 अभाज्य संख्याएं a, b, c, d हैं।

प्रश्नानुसार,

$a \times b \times c = 455$

$b \times c \times d = 1729$

5	455
7	91
13	13

7	1729
13	247
19	19

$$\frac{a \times b \times c}{b \times c \times d} = \frac{5 \times 7 \times 13}{7 \times 13 \times 19}$$

$$\frac{a}{d} = \frac{5}{19}$$

∴ प्रथम अभाज्य संख्या = 5

सबसे बड़ी अभाज्य संख्या = 19

33. (b) चार अंकों की सबसे बड़ी संख्या 9999

इसमें 345 से भाग देने पर

345)9999(28

$\underline{690}$

3099

$\underline{2760}$

339

∴ $345 - 339 = 6$

34. (d) 8, 15, 17

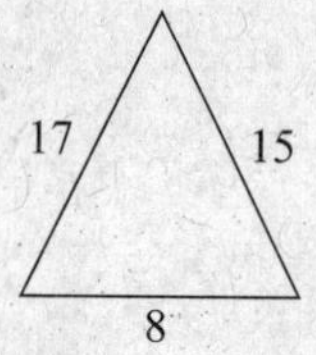

$17^2 = 8^2 + 15^2$

$289 = 64 + 225$

$289 = 289$

∴ 8, 15, 17

35. (c)

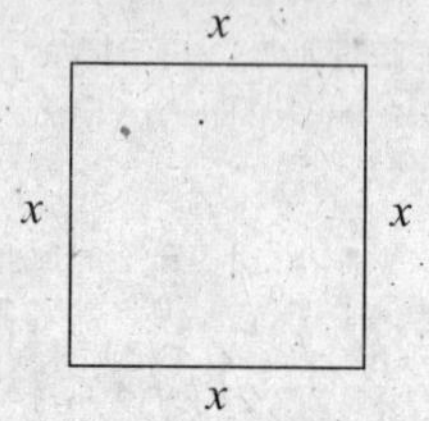

वर्गाकार खेत का क्षेत्रफल = 60025^2 मीटर

माना भुजा = x मीटर

$x^2 = 60025$

$x = 2\sqrt{60025} = 245$

दूरी = $4 \times 245 = 980$ मीटर

⇒ $18 \times \frac{5}{18}$ मी./से.

⇒ 196 सेकंड

36. (a) 9801 = (अंकों का योग 1, 4, 7, 9 होने की दशा में)

37. (d) 8, 15, 20 का LCM लेने पर

$2^3 \quad 5^3 \quad 2^2 \times 5$

⇒ $8 \times 3 \times 5 = 120$

चेक करने पर

⇒ $\frac{3600}{120} = 30 = 3600$

38. (c) $1^2 + 2^2 + 3^2 + 4^2 + 5^2 = 225$ ...(i)

$2^2 + 4^2 + 6^2 + 8^2 + 10^2 = ?$

$2^3 (1^3 + 2^3 + 3^3 + 4^3 + 5^3)$

$= 2^3 \times 225$

$= 8 \times 225 = 1800$

39. (a) $3\sqrt{0.008} + 3\sqrt{0.343} - \sqrt{0.25}$

$0.2 + 0.7 - 0.5 = 0.4$

40. (b) $\sqrt{\frac{9}{16}} + (0.008)^{-\frac{2}{3}} - \left(\frac{7}{10}\right)$

$= \frac{3}{4} + (0.2)^{-\frac{2}{3}} - 1$

$$=\frac{3}{4}+(0.2)^{-2}-1$$

$$=\frac{3}{4}+\frac{100}{4}-1$$

$$\varnothing\frac{3}{4} \quad 24 \quad 24\frac{3}{4}$$

41. (c) $2^{2x-1}-\frac{1}{8^{x-3}}, x=?$

विकल्प से देखने पर

$2^{2-x^1}-\frac{1}{8^{x-3}}=2^3=0=2$

42. (a) $5^{2p}+5^p+5^0=651$

$5^{2p}+5^p+1=651$

$5^p(5^p+1)=650$

विकल्प से देखने पर

$p=2$

$5^2(5^2+1)=650$

$26=\frac{650}{25}=26$

$\Rightarrow \quad 26=26$

$\therefore \quad p=2$ (सही उत्तर)

43. (c) माना गुणा करने वाली संख्या $= x$

$(23)^{-3}\times x=(69)^{-1}$

$$\frac{1}{(23)^3}\times x=\frac{1}{69}$$

$$\frac{1}{(23)^3} \times \frac{1}{69}$$

$69x=23\times 23\times 23$

$$x=\frac{23\times 23}{3}=\frac{529}{3}$$

44. (c) $(6+3)\times\frac{1}{9}\div\frac{1}{3}+2^2$

$$\frac{9}{3}\times\frac{1}{9}\times\frac{3}{1}=\frac{1}{4}=3\frac{1}{4}=\frac{13}{4}$$

45. (d) टंकी को खाली होने में लगा समय

$$=\frac{9\times 10}{10-9}=\frac{90}{1}=90 \text{ घंटों में}$$

46. (c) A = 25 — 4 ⇒ 100

B = 20 — 5

45	55
(A + B)	B
5	5

$=\frac{55}{5}=11$ दिन

47. (a) $5P=7w$ दिया गया है।

$$\frac{5p}{1372}=\frac{(10p+5w)}{x}$$

$$\frac{5}{1372}=\frac{\left(10+5\times\frac{5}{7}\right)}{x} \qquad \because 1w=\frac{5}{7}p$$

$$\frac{5}{1372}=\frac{95}{7x}=19$$

$x=196\times 19=₹\ 3724$

48. (a) $15\%-10\%=\frac{15\times 10}{100}$

$5\%-1.5\%=3.5\%$

49. (c) $\frac{n_1-1}{t_1}=\frac{n_2-1}{t_2}$

$$\frac{3-1}{8}=\frac{n_2-1}{20}$$

$$\frac{2}{2}=\frac{n_2-1}{5}$$

$5=n_2-1$

$\therefore \quad n_2=5+6=6$ गुना

50. (c) चक्रवृद्धि ब्याज = 1261

$$5\%=\frac{5}{100}=\frac{1}{20}=\frac{21}{20}$$

20 : 21

20 : 21

20 : 21

8000 : 9261

P : A

$1261-1261=1-1 \Rightarrow ₹\ 8000$

51. (a) $\left(x-\frac{1}{x}\right)^2=36$

$$x^2+\frac{1}{x^2}-2=36$$

$$x^2+\frac{1}{x^2}=38$$

$$x^4+\frac{1}{x^4}$$

$$\left(x^2+\frac{1}{x^2}\right)\left(x^2+\frac{1}{x^2}\right)-2$$

$38\times 38-2$

$=1444-2$

$=1442$

52. (b) $x^2-y^2+2yz-z^2$

$=x^2-(y^2-2yz+z^2)$

$=x^2-(y-z)^2$

$=(x+y-z)(x-y+z)$

53. (d) $a^2+b^2+c^2=2(ab-c)-3$

$$\frac{a^2-2a+1}{(a-1)^2}+\frac{b^2+2b+1}{(b+1)^2}+\frac{c^2+2c+1}{(c+1)^2}=0$$

$(a-1)^2=0$

$a=11$

इसी प्रकार $b=-1, c=-1$

$(2a-3b+45)=2\times 1-2\times(-1)+45(-1)$

$=2+3-4$

$=5-4=1$

54. (a) $\frac{5x+5}{8x-4}=\frac{1}{1}$

$5x + 5 = 8x - 4$

$9 = 3x$

$x = 3$

राजू की आयु $= 5 \times 3 = 15$ वर्ष

55. (a) विकल्प से हल करने पर

$a = 58 \rightarrow 58 + 85 = 143$

$\therefore$ 58

56. (c) माना x व्यक्तियों को ₹ 500 और y व्यक्तियों को ₹ 100 इनाम मिलेगा

$500x + 100y = 50000$

$x + 5y = 500$ ...(i)

$x + y = 200$ ...(ii)

समी (i) और (ii) से

$4x = 30$

$x = 75$

$\therefore$ 75 लोगों को ₹ 500 इनाम मिलेगा और 125 लोगों को ₹ 100 इनाम मिलेगा।

57. (d) ABCD एक समांतर चतुर्भुज है।

अत: AB = CD, BC = AD

AB + BC = CD + DA

$\therefore$ $3x - 1 + xy + 3 = 25 + y + 28$

$\therefore$ $3x + 2y + 2 = 25 + y + 28$

$\because$ AB = CD $\because$ BC = DA

$\because$ $3x - 1 = 25$ $\because$ $2y + 3 = y + 28$

$x = \frac{26}{3}$ $y = 25$

$x + y = \frac{26}{3} + 25 = \frac{101}{3}$

$= 33.67 = 33$

58. (d) $2x + 3x + 5x + 8x = 360°$

$13x = 360°$

$x = 200$

सबसे बड़ा कोण $= 20 \times 8 = 160°$

सबसे छोटा कोण $= 2 \times 20 = 40°$

अंतर $= 160 - 40 = 120°$

59. (d)

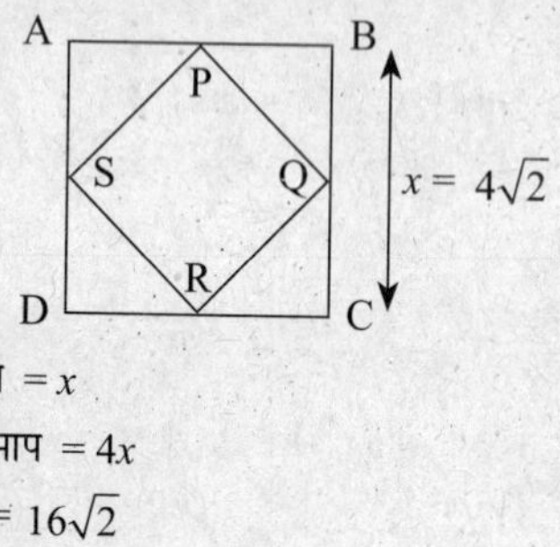

भुजा $= x$

परिमाप $= 4x$

$4x = 16\sqrt{2}$

$x = 4\sqrt{2}$

$(RS)^2 = (PR)^2 + (PS)^2$

$= (2\sqrt{2})^2 + (2\sqrt{2})^2$

$= 8 + 8 = 16$

RS = 4 सेमी.

PQRS का परिमाप $= 4 \times 4 = 16$ सेमी.

60. (a) माना हमारे पास 2 वर्ग हैं।

वर्ग A का परिमाप = 40 सेमी

वर्ग B का परिमाप = 32 सेमी

वर्ग A की भुजा = 9

वर्ग B की भुजा = 6

वर्ग का परिमाप = 4 × भुजा

$\therefore$ A का परिमाप = 4a

= 40 – 10 सेमी

वर्ग A का क्षेत्र. = (भुजा)^2

$= (10)^2 = 100$ सेमी

वर्ग B का परिमाप = 4b = 32

$b = \frac{32}{4} = 8$ सेमी

वर्ग B का क्षेत्र. $= (8)^2 = 64$ सेमी

वर्ग C का क्षेत्र. = A – B

= 100 – 64 = 36 सेमी^{2}

वर्ग C का परिमाप = 49 = 4 × 6 = 24 सेमी

61. (a) $l \times b \times h = 150$ ...(i)

$2(l + b) = 50$

$l + b = 25$ ...(ii)

$lbh = 150$

$= 15 \times 10 \times 1$

यदि $l = 15$

$b = 10$

$h = 1$

समी. (i) और (ii)

$\frac{l}{b} = \frac{15}{10}$

$= 3 : 2$

62. (b) $260 \times 140 \times h = 54600$

$h = \frac{546}{26 \times 14} = 1.5$ मीटर

63. (d) ईंटों की संख्या $= \frac{33 \times 100 \times 35 \times 100 \times 40}{22 \times 10 \times 7} \times \frac{9}{10}$

$= 3 \times 10 \times 0.5 \times 10 \times 20 \times 9$

$= 30 \times 0.5 \times 200 \times 9 = 27000$

$= 5 \times 200 \times 9$

$= 1800 \times 1.5$

$= 27000$

64. (a) संभावित परिणाम = 2, 4, 6, 8 = 4

कुल परिणाम = 1, 2, 3, 4, 5, 6, 7, 8 = 8

सम संख्या आने की प्रायिकता $= \frac{4}{8} = \frac{1}{2}$

65. (d) 15 से 16 आयु वर्ग के सदस्यों की संख्या = 18

अभीष्ट $\% = \frac{18}{50} \times 100 = 36\%$

66. (a) सही उत्तर मृतोपजीवी है। मृतोपजीवी पोषण बाह्य पाचन की एक प्रक्रिया है जो क्षय (मृत या अपशिष्ट) कार्बनिक पदार्थों के प्रसंस्करण में शामिल है।

जो सूक्ष्मजीव मृत, गले-सड़े पौधों और जानवरों के शरीर से अपना भोजन ग्रहण करते हैं, उन्हें मृतोपजीवी कहते हैं।

67. (c) ग्रसिका, बृहदांत्र, मलाशय पाचन क्रिया में भाग नहीं लेते हैं। मानव पाचन तंत्र में भाग लेते हैं: मुंह (mouth), ग्रासनली (Esophagus) या फूड पाइप, पेट या आमाशय (Stomach), छोटी आँत (Small Intestine) और बड़ी आँत (Large Intestine)। मनुष्य में पाचन मुंह से ही शुरू हो जाता है। मुंह गुहा या मुख गुहिका (buccal cavity) में दांत, जीभ और लार ग्रंथियां होती हैं।

68. (c) केला और कद्दू (काशीफल) ऐसे पौधे हैं जिनमें दो या दो से अधिक भाग खाने योग्य होते हैं। अत: उत्तर (c) सही है।

69. (d) द्रव्य में अविलेय ठोसों के मिश्रण से हल्के तथा भारी अवयवों को निथारना ही तलछटीकरण कहलाता है। इसमें ठोस पदार्थ नीचे बैठ जाते हैं और उनको/ठोस क्रिस्टल को अलग कर लिया जाता है।

70. (b) झकड़ा जड़ और समान्तर शिराविन्यास। मूसला जड़ वह जड़ है, जिसमें मूलांकुर (Radicle) विकसित होकर एक मुख्य या प्राथमिक जड़ (Primary root) का निर्माण करता है, जो अन्य शाखाओं से मोटी होती है तथा अधिक गहराई तक जाती है। इससे कई शाखाएँ निकलती हैं, जिन्हें द्वितीयक जड़ (Secondary root) कहते हैं। द्वितीयक जड़ों से निकलने वाली शाखाओं को तृतीयक जड़ (Tertiary root) कहते हैं। कुछ पौधों में अंकुरण के कुछ समय बाद मूलांकुर (Redicle) की वृद्धि रुक जाती है और प्रांकुर के आधार या तने की निचली पर्वसन्धियों से रेशे के रूप में जड़ें विकसित हो जाती हैं, उन्हें ही अपस्थानिक या रेशेदार जड़ (Fibrous root) कहते हैं।

71. (c) उत्सर्जन वह प्रक्रिया है जिसके द्वारा जानवर अपशिष्ट उत्पादों और चयापचय के नाइट्रोजनी उप-उत्पादों से खुद को मुक्त करते हैं। उत्सर्जन के माध्यम से जीव असामयिक दबाव को नियंत्रित करते हैं- अकार्बनिक आयनों और पानी के बीच संतुलन और अम्ल-क्षार संतुलन बनाए रखते हैं। यह जीव और मनुष्यों दोनों में होते हैं।

72. (b) पौधों द्वारा अनावश्यक जल को वाष्प के रूप में शरीर से बाहर निकालने की क्रिया को वाष्पोत्सर्जन कहा जाता है। पेड़-पौधे मिट्टी से जिस जल का अवशोषण करते हैं, उसके केवल थोड़े से अंश का ही पादप के शरीर में उपयोग होता है। शेष अधिकांश जल पौधों द्वारा वाष्प के रूप में शरीर से बाहर निकाला जाता है।

73. (d) क्लोरोफिल, जल, कार्बन डाइऑक्साइड। प्रकाश संश्लेषण वह प्रक्रिया है जिसमें प्रकाश ऊर्जा रासायनिक ऊर्जा में बदल जाती है। प्रकाश की ऊर्जा का इस्तेमाल करके कार्बन डाइऑक्साइड और पानी से शर्करा जैसे कार्बोहाइड्रेट का संश्लेषण होता है। प्रकाश संश्लेषण में, ऑक्सीजन, कार्बन डाइऑक्साइड, एटीपी और एनएडीपीएच प्रतिक्रियाशील होते हैं। GA3P और पानी उत्पाद हैं। प्रकाश संश्लेषण में, क्लोरोफिल, पानी और कार्बन डाइऑक्साइड प्रतिक्रियाशील होते हैं।

74. (a) रेशम एक प्राकृतिक प्रोटीन है जो रेशमकीट द्वारा प्राप्त होता है। कोकून बनाने के लिए कुछ कीट लार्वा द्वारा रेशम का उत्पादन किया जाता है। रेशम में मुख्य रूप से 80:20 के अनुपात में फाइब्रोइन और सेरिसिन नामक दो प्रोटीन होते हैं।

75. (c) तांबा ऊष्मा का एक उत्कृष्ट संवाहक है, यह ताप विनियामकों, ऊष्मा सिंकों और यहाँ तक कि सॉस पैन के तलों के लिए भी अच्छा है। ऐसे पदार्थ जो ऊष्मा का चालन करते हैं, ऊष्मीय चालक कहलाते हैं। समस्त धातुएं ऊष्मा की चालक होती हैं, पारा भी ऊष्मा का चालक होता है। ऊष्मा की सबसे अधिक चालक धातु चाँदी होती है। लेड एवं मर्करी ऊष्मा की कुचालक धातुएं हैं।

76. (b) लिटमस जल में घुलनशील विभिन्न रंजकों का एक मिश्रण होता है जो थैलोफाइटा समूह के 'लिचेन' नामक पौधे से निकाला जाता है। प्राय: इसे सूचक की तरह उपयोग किया जाता है। लिटमस विलयन जब न तो अम्लीय होता है न ही क्षारीय, तब यह बैंगनी रंग का होता है। लिटमस पेपर (pH पेपर) "लाइकेन" से बना होता है। लिटमस पेपर का उपयोग विलयन की अम्लता या क्षारीयता की जांच के लिए किया जाता है। लाइकेन, शैवाल और कवक के सहजीवी संघ हैं जहां शैवाल भोजन प्रदान करता है और कवक आश्रय देता है। लाइकेन का उपयोग प्रदूषण संकेतक के रूप में भी किया जाता है।

77. (d) रासायनिक अभिक्रिया:- जब दो या दो से अधिक पदार्थ या अभिकारक आपस में मिलकर अथवा अभिक्रिया करके अपने रासायनिक गुणों में परिवर्तन करके नए उत्पाद बनाते हैं तो इस प्रक्रिया को रासायनिक अभिक्रिया कहते हैं। उदाहरण :- वायु तथा नमी की उपस्थिति में लोहे पर जंग लगना।

78. (c) जन्तु में अनुकूलन : (i) मैदानी भागों में पाये जानेवाले जन्तुओं में छोटे या रोम की तरह के बाल सामान्य आकार के पैर, आँख, कान तथा नाक होती हैं। (ii) पर्वतीय एवं मरुस्थली प्रदेश में पाये जानेवाले जन्तुओं में घने बाल, मोटी, और फैटयुक्त चमड़ी होती है। कान, आँख, पैर आदि छोटे होते हैं। अनुकूलन विकास का परिणाम है। विकास लंबे समय तक एक प्रजाति में परिवर्तन है।

79. (a) मृदा कई ठोस, तरल और गैसीय पदार्थों का मिश्रण है जो भूपर्पटी के सबसे ऊपरी स्तर में पाई जाती है। जैविक, भौतिक और रासायनिक प्रक्रियाओं के एक लंबी अवधि तक बने रहने से मृदा का निर्माण होता है। भारत में पाई जाने वाली प्रमुख प्रकार की मिट्टी- जलोढ़ मिट्टी, लाल मिट्टी, काली मिट्टी, पहाड़ी मिट्टी, रेगिस्तानी मिट्टी, लवणीय और क्षारीय मिट्टी, लेटराइट मिट्टी और पीट मिट्टी।

80. (a) भारी व्यायाम या लंबे समय तक शारीरिक गतिविधि के दौरान सभी मांसपेशियों की कोशिकाओं को एरोबिक रूप से ऊर्जा उत्पन्न करने के लिए आवश्यक ऑक्सीजन की कमी होती है। स्नायु कोशिकाएं तब अवायवीय रूप से श्वसन करती हैं और लैक्टिक एसिड का उत्पादन करती हैं। मांसपेशियों में लैक्टिक एसिड के जमा होने से ऐंठन होती है।

81. (b) केशिकाएं बेहद पतली रक्त वाहिकाएं होती हैं जहां पदार्थों का आदान-प्रदान और पोषक तत्वों का अवशोषण होता है। उनकी पतली दीवारें विनिमय की सुविधा प्रदान करती हैं। कोशिका (Cell) सजीवों के शरीर की रचनात्मक और क्रियात्मक इकाई है और प्राय: स्वत: जनन की सामर्थ्य रखती है। यह विभिन्न पदार्थों का वह छोटे-से-छोटा संगठित रूप है जिसमें वे सभी क्रियाएँ होती हैं जिन्हें सामूहिक रूप से हम जीवन कहते हैं।

82. (a) ब्रायोफाइलम कायिक प्रवर्धन द्वारा प्रजनन करता है। ये पत्तियों के कायिक प्रवर्धन के माध्यम से अलैंगिक रूप से प्रजनन करते हैं। उन्हें 'अधिपादप' भी कहा जाता है।

83. (d) बाज की सबसे अधिक चाल 320 किलोमीटर प्रति घंटा है। इस चाल को, दूरी और समय के सही मूल प्रतीकों का उपयोग करके, व्यक्त करने का सही ढंग 320 km/h है। अत: उत्तर (d) सही है।

84. (c) कोई बस 36 किलोमीटर प्रति घंटा की चाल से 20 मिनट चलती है। इसके पश्चात् वह 54 किलोमीटर प्रति घंटा की चाल से 20 मिनट चलती है। बस द्वारा चली गई कुल दूरी 30 किलोमीटर होगी।

85. (d) दर्शाए गए विद्युत परिपथ पर विचार कीजिए। इसमें AB ताँबे का मोटा तार है। जब स्विच को चालू करते हैं, तो तार AB से धारा प्रवाहित होती है और बल्ब जलने लगता है। हम वह प्रेक्षण करते हैं कि तार AB-निकट रखी चुम्बकीय सुई को विक्षेपित करता है।

86. (c) वास्तविक प्रतिबिम्ब अभिसारी लेंस या अवतल दर्पण का उपयोग करके प्राप्त किए जाते हैं। वास्तविक प्रतिबिम्ब का आकार वस्तु की स्थिति पर निर्भर करता है। एक आभासी छवि एक सीधी छवि होती है जो वहां हासिल की जाती

है जहां किरणें अलग-अलग लगती हैं। आभासी प्रतिबिम्ब अपसारी लेंस या उत्तल दर्पण की सहायता से बनाया जाता है।

87. (b) संयुक्त राष्ट्र द्वारा प्रत्येक व्यक्ति के लिए जल की न्यूनतम मात्रा 50 लीटर है। जल की यह मात्रा प्रति व्यक्ति के लिए नहाने, कपड़े धोने यानी दैनिक जीवन की प्रक्रियाओं को संपन्न करने के लिए बताई गई है।

88. (d) एक पौधे का भक्षण कीड़े (Beetle) द्वारा किया जाता है, कीड़े को मेंढक खा जाता है, मेंढक साँप का भोजन है और साँप एक बाज द्वारा खा लिया जाता है। इस खाद्य क्रम और एक स्तर से दूसरे स्तर पर ऊर्जा के प्रवाह को ही खाद्य शृंखला कहा जाता है।

अतः सही क्रम होगा घास → कीट → मेंढक → सर्प → उकाब

89. (c) रबी की फसलों में गेहूं, आलू, मटर, चना, अलसी, सरसों और जौ प्रमुख रूप से शामिल हैं। जबकि खरीफ की फसलों में चावल, ज्वार, बाजरा, मक्का, मूंग, मूंगफली, गन्ना, सोयाबीन और कपास शामिल हैं।

90. (c) भूमि की ऊपरी परत को चीरकर, पलटकर या जोतकर उसे बुवाई या पौधा रोपण के योग्य बनाना जुताई, भू-परिष्करण या कर्षण (tillage) कहलाता है। फसल चक्रण का मतलब है कि दो या दो से अधिक अलग-अलग फसलें एक के बाद एक उगाई जाती हैं। ऐसी जमीन जो कुछ समय के लिए बिना खेती के छोड़ दी जाये, ताकि उसकी मिट्टी पुनः उपजाऊ हो जाये, परती भूमि कहलाती है।

91. (a) गोल्ड (सोना), सल्फ्यूरिक एसिड, में एक तत्व, एक यौगिक और एक मिश्रण उपस्थित है। रसायन विज्ञान और भौतिकी में, एक तत्व एक ऐसा पदार्थ है जिसे गैर-परमाणु प्रतिक्रियाओं द्वारा तोड़ा नहीं जा सकता है। वे पदार्थ, जो दो या दो से अधिक तत्वों के एक निश्चित अनुपात में संयोग करने से बनते हैं, यौगिक कहलाते हैं। मिश्रण दो या दो से अधिक रासायनिक घटकों से बना एक यौगिक होता है जो रासायनिक रूप से जुड़ा नहीं होता है।

92. (c) वैश्विक तापमान वृद्धि का मतलब है हमारी धरती के औसत तापमान में बढ़ोतरी। सामान्यतया कुदरती कारणों से और इंसानी गतिविधियों से भी तापमान में बढ़ोतरी होती है. ये बढ़ोतरी असल में वायुमंडल में ग्रीन हाउस गैसों की बढ़ोतरी के कारण होती है। ग्रीन हाउस गैसें बहुत सारी होती हैं, उदाहरण के लिए कार्बन डाइऑक्साइड (CO_2)।

93. (b) पेशीय बल। हमारी मांसपेशियां अनेक कार्य जैसे पानी से भरी बाल्टी उठाना, गाड़ी को धक्का देना आदि बल के द्वारा करती हैं। घर्षण बल ऐसी गतिशील वस्तु में जो विपरीत दिशा में गति कर रही हो और दो सतहों के संपर्क द्वारा जो बल उत्पन्न करती है वह घर्षण बल होता है।

94. (c) आरेख में दर्शाए अनुसार किसी जल-टंकी में चार टोटियाँ A, B, C और D लगी हैं। यदि यह टंकी जल से पूरी भरी है और इन सभी टोंटियों को एक साथ खोल दिया जाए, तो जिन टोटियों से जल समान दाब से बहेगा, वह हैं- B और C। अर्थात् विकल्प (c) सही उत्तर है।

95. (d) प्रश्नानुसार, लगभग 15 मिनट तक विद्युत धारा प्रवाहित करने के पश्चात् यह प्रेक्षण किया जाता है कि-धनावेशित इलेक्ट्रोड से कॉपर ऋणावेशित इलेक्ट्रोड को स्थानान्तरित हुआ है। इलेक्ट्रोड का मुख्य उपयोग विद्युत प्रवाह उत्पन्न करना है और इसे गैर-धातु वस्तुओं के माध्यम से मूल रूप से उन्हें कई तरीकों से बदलना है। चालकता को मापने के लिए इलेक्ट्रोड का भी उपयोग किया जाता है।

96. (b) रिक्टर पैमाना भूकंप की तरंगों की तीव्रता मापने का एक गणितीय पैमाना है। किसी भूकम्प के समय भूमि के कम्पन के अधिकतम आयाम और किसी यादृच्छ (आर्बिट्रेरी) छोटे आयाम के अनुपात के साधारण लघुगणक को 'रिक्टर पैमाना' कहते हैं। रिक्टर पैमाने का विकास 1930 के दशक में किया गया था।

97. (b) आरेख में दर्शाए अनुसार चार पृष्ठों S1, S2, S3 और S4 पर प्रकाश की समांतर किरणें आपतित हैं। वह पृष्ठ कौन-सा/से है/हैं जिस /जिन पर परावर्तन कोण आपतन कोण के समान है- S1, S3 और S4 हैं।

98. (b) दो समतल दर्पण 'A' और 'B' आरेख में दर्शाए अनुसार एक-दूसरे से समकोण बनाते हुए रखे हैं। कोई प्रकाश किरण PO दर्पण 'A' के बिन्दु O पर 30° के कोण पर आपतन करती है और फिर परावर्तन के पश्चात् दर्पण 'A' से दर्पण 'B' पर आपतन करती है। इस किरण का दर्पण B से परावर्तन के पश्चात् परावर्तन कोण होगा-60°।

99. (d) बुध, शुक्र, पृथ्वी, मंगल, बृहस्पति, शनि, अरुण, और वरुण सूरज से बढ़ती दूरी के क्रम में सबसे सटीक क्रम है। (d) शुक्र, पृथ्वी, मंगल सही विकल्प हैं।

100. (d) शुक्र। सूर्यमाला में दो ग्रह हैं- जिनके नैसर्गिक उपग्रह नहीं है: बुध और शुक्र, मंगल ग्रह के 2 प्राकृतिक उपग्रह हैं फ़ोबस और डाइमस। इसका सबसे बड़ा उपग्रह ट्राइटन (Triton) है। टाइटेनिया यूरेनस का सबसे बड़ा उपग्रह है।

❑❑❑

जवाहर नवोदय विद्यालय
प्रवेश परीक्षा, कक्षा-9
(सॉल्व्ड पेपर-2022)

परीक्षा तिथि: 9 अप्रैल, 2022

खंड-I : हिंदी

निर्देश : (प्रश्न सं. 1 से 10 तक) : प्रत्येक प्रश्न के लिए चार संभावित उत्तर विकल्प दिए गए हैं, जिनमें से केवल एक सही है। सही उत्तर चुनें-

1. शुद्ध वर्तनी वाले शब्द को पहचानिए-

(a) अधिनियम (b) अधीनियम
(c) अधिनीयम (d) अधीनयम

2. जब अपराधी किसी गलत काम के लिए अपना दोष न मानकर पूछने वाले को हो दोषी बताता है तो आप किस लोकोक्ति का प्रयोग करेंगे?

(a) मान न मान मैं तेरा मेहमान (b) चोर की दाढ़ी में तिनका
(c) उलटा चोर कोतवाल को डाँटे (d) बद अच्छा बदनाम बुरा

3. 'ग' वर्ण का उच्चारण स्थान है-

(a) तालव्य (b) कंठ्य
(c) दंत्य (d) मूर्धन्य

4. वह वाक्य पहचानिए जिसमें ' चिड़िया' का शुद्ध बहुवचन प्रयुक्त हुआ है-

(a) चिड़ियाँ गाना गा रही हैं। (b) चिड़ियाएँ डाल पर बैठी हैं।
(c) सब चिड़िया उड़ गई हैं। (d) सारी चिड़िये कहाँ गईं।

5. रूप, रंग या आकार बताने वाले विशेषणों को क्या कहते हैं?

(a) संख्यावाचक (b) परिणामवाचक
(c) गुणवाचक (d) सार्वनामिक

6. 'मैं उस मकान में रहता हूँ, जिसमें कभी आचार्य जी रहते थे' - किस प्रकार का वाक्य है?

(a) सरल वाक्य (b) संयुक्त वाक्य
(c) मिश्र वाक्य (d) लघु वाक्य

7. नीचे एक वाक्य को चार खंडों में बाँटा गया है, जिनमें से किसी एक में अशुद्धि है। उसे पहचानिए।

चौथा प्रश्न मैंने ठीक से नहीं करा।
(1) (2) (3) (4)

अशुद्धि किस खंड में है?

(a) (1) (b) (2)
(c) (3) (d) (4)

8. किस विकल्प में दोनों शब्द 'वायु' के पर्यायवाची हैं?

(a) पवन, अनिल (b) अनल, पवन
(c) अनिल, पावन (d) अनल, समीर

9. उपयुक्त लोकोक्ति से वाक्य पूरा कीजिए।
इतने ऊँचे पद पर पहुँचना .... नहीं है।

(a) ईद का चाँद
(b) बाएँ हाथ का खेल
(c) ऊँट के मुँह में जीरा
(d) घर की मुर्गी दाल बराबर

10. 'नश्वर' का विलोमार्थी शब्द है-

(a) ईश्वर
(b) अनश्वर
(c) कृत्रिम
(d) लौकिक

निम्नलिखित अनुच्छेद को पढ़कर प्रश्न सं. 11 से 15 तक के लिए सर्वाधिक उपयुक्त उत्तर चुनिए-

जीवन में सफलता पाने के लिए परिश्रम बहुत आवश्यक है। निरंतर श्रम करने वाला व्यक्ति कभी असफल नहीं होता। अभ्यास करते रहना ही मनुष्य का धर्म होना चाहिए। जो लोग बिना श्रम किए सब कुछ प्राप्त कर लेना चाहते हैं वे आलसी होते हैं। परिश्रमी अपनी मेहनत के बल पर ही बहुत कुछ हासिल कर लेता है। सभी इस संसार में आकर कुशल बनते हैं। श्रम का फल हमेशा मीठा होता है, यही मान्यता है। महापुरुषों के जीवन से हमें यही प्रेरणा मिलती है कि मनुष्य को जीवन में श्रम करते रहना चाहिए। जीवन में सुख माँगने या खरीदने से नहीं मिलते, उन्हें प्राप्त करने के लिए प्रयास करना पड़ता है। वस्तुतः श्रम जीवन की मूल्यवान कुंजी है। जीवन रूपी सुनसान जंगल में मेहनत और अभ्यास से जो चाहे अपने लिए मार्ग बना लें।

11. जीवन में परिश्रम आवश्यक है-

(a) आरामदायक जीवन के लिए (b) धन अर्जित करने के लिए
(c) प्रतियोगिता के लिए (d) सफलता प्राप्त करने के लिए

12. मनुष्य का धर्म है-

(a) पूजा-पाठ करना (b) दूसरों को परास्त करना
(c) अभ्यास करते रहना (d) चोरी करना

13. श्रम का फल सदैव .... होता है।

(a) बुरा (b) अच्छा
(c) मीठा (d) खट्टा

14. 'अनमोल' के लिए अनुच्छेद में प्रयुक्त शब्द है-

(a) अभ्यास (b) प्रेरणा
(c) मूल्यवान (d) महापुरुष

15. लोग कुशल कहाँ बनते हैं ?

(a) घर में (b) परिवार में
(c) विद्यालय में (d) संसार में

SECTION-II : ENGLISH

Directions: Answer questions no. 16 - 19 by choosing the most appropriate options to complete the paragraph by filling in the blanks.

Ranthambore National Park, one of the largest National Wildlife Parks of Northern India is situated __16__ Sawai Madhopur in Rajasthan. It is one of the __17__ places to view the majestic Indian Tiger in the jungle. Ranthambore used to be a hunting ground for the royal family in the past. Today it is a major wildlife tourist attraction. Amongst some of its other attractions __18__ the imposing 10th century Ranthambore Fort, on a hill top, and the Ganesh Mandir temple. Also in the park is a lake called Padam Talao Lake __19__ is known for its abundance of water lilies.

16. (a) near (b) beside
(c) away (d) far

17. (a) good (b) better
(c) best (d) nice

18. (a) is (b) are
(c) were (d) was

19. (a) what (b) whom
(c) who (d) which

20. Choose the word similar in meaning to the underlined word. As many as 1800 species of birds in the world face the risk of extinction.
(a) disappearance
(b) evaporation
(c) death
(d) survival

21. The word which is opposite in meaning to 'generous' is ________.
(a) liberal
(b) bountiful
(c) stingy
(d) sympathetic

'he teacher has taught this lesson. Which of the following tions correctly changes the VOICE of this sentence?
This lesson has taught the teacher.
This lesson has been taught by the teacher.
The teacher has been taught this lesson
'his lesson had been taught by the teacher.

: (Questions no. 23-25) Answer these questions by ie most appropriate options to fill in the blanks.
.ctor's latest performance is _______ 'her past one.
uperior than
iore superior than
uperior to
most superior than

_________ for the Swiss delegation to arrive for over an ır.

(a) will be waiting
(b) would be waiting
(c) have been waiting
(d) wait

25. ——— money she had, was also spent on medicines.
(a) More (b) A little
(c) Much (d) The little

26. Give one word substitute for the following expression: 'One who is all powerful'
(a) Omnivorous (b) Omniscient
(c) Omnipotent (d) Ophthalmologist

27. Directions: Select the alternative which best expresses the following sentence in indirect speech.
I asked Sheela, "Why are you looking so pale today?"
(a) I said to Sheela why was she looking so pale that day.
(b) I was asking Sheela why she is looking so pale today.
(c) I asked Sheela why she was looking so pale that day.
(d) I asked to Sheela why she was looking so pale today.

Directions: Read the following passage carefully and answer Questions No. 28 - 30.

Ten-year-old Everbloom K. Nongrum from Meghalaya was selected for the ICCW National Bravery Award for saving two of his friends from drowning in separate incidents last year. He is a resident of Mawryngkneng village in East Khasi district. Everbloom when asked if he felt afraid jumping into the waters, said, "No, never, I will not shy away from saving more lives in future, if it is in my ability."

28. Everbloom was given a bravery award for saving:
(a) one of his friends from drowning.
(b) two of his friends from drowning.
(c) two small children from drowning.
(d) a few of his friends from drowning.

29. Everbloom lives in a________
(a) city in Meghalaya
(b) town in Meghalaya
(c) village in Meghalaya
(d) hill in Meghalaya

30. Everbloom rescued his friends_________
(a) on the same day last year
(b) on two different days last year
(c) on two different occasions last two years
(d) on many occasions last year

खंड–III : गणित

निर्देश: (प्रश्न सं 31 से 65) प्रत्येक प्रश्न के लिए चार संभावित उत्तर विकल्प दिए गए हैं, जिनमें से केवल एक सही है। सही उत्तर चुनें-

31. $\left(\frac{5}{3}\times\frac{7}{2}\right)-\left(\frac{11}{8}\times\frac{4}{3}\right)$ बराबर है-

(a) $\frac{3}{8}$ (b) $-\frac{3}{4}$
(c) 4 (d) $\frac{1}{4}$

32. एक आयत का क्षेत्रफल 33मी² है। यदि इसकी एक भुजा $2\frac{3}{4}$ मी. है, तो आयत का परिमाप होगा-

(a) 12 मीटर
(b) $14\frac{3}{4}$ मीटर
(c) 48 मीटर
(d) $29\frac{1}{2}$ मीटर

33. दिया है : $\sqrt{2401}$ = 49, तो $\sqrt{0.2401}+\sqrt{24.01}$ का मान है-
(a) 53.9
(b) 5.39
(c) 0.539
(d) 9.8

34. $\frac{1}{5}$ तथा $\frac{1}{2}$ के बीच की एक परिमेय संख्या है-
(a) $\frac{1}{10}$
(b) $\frac{3}{10}$
(c) $\frac{7}{10}$
(d) $\frac{1}{20}$

35. $\left[\sqrt[3]{8}+\sqrt[3]{27}\right]$ बराबर-
(a) $\sqrt[3]{35}$
(b) $\sqrt[3]{216}$
(c) 35
(d) 5

36. $\frac{15}{-28}$ को किस संख्या से गुणा करने पर गुणनफल $\frac{-5}{7}$ प्राप्त होता है ?
(a) $-\frac{4}{3}$
(b) $\frac{4}{3}$
(c) 0.539
(d) 9.8

37. दो पूर्ण घनों का अन्तर 127 है। यदि इन दोनों में छोटे घन का घनमूल 6 है, तो बड़े घन का घनमूल है-
(a) 4
(b) 6
(c) 7
(d) 8

38. एक आयत की भुजाएँ 2 मी. तथा 1.5 मी. लंबी हैं। इसके विकर्ण की लंबाई है-
(a) 6.5 मी.
(b) 2.5 मी.
(c) 6.25 मी.
(d) 25 मी.

39. 675 को किस छोटी से छोटी संख्या से भाग देने पर भागफल एक पूर्ण घन प्राप्त होता है ?
(a) 5
(b) 25
(c) 3
(d) 9

40. एक घनाकार बॉक्स का आयतन 0.512 घन मी. है। इस बॉक्स की प्रत्येक भुजा की लंबाई है-
(a) 8 मी.
(b) 0.8 मी.
(c) 8 सेमी.
(d) 0.04 मी.

41. यदि 3 व्यक्ति एक दीवार को 4 दिनों में बनाते हैं, तो इस दीवार को 4 व्यक्ति बना लेंगे-
(a) 6 दिनों में
(b) 5 दिनों में
(c) 3 दिनों में
(d) $5\frac{1}{3}$ दिनों में

42. संख्या 4325×10^{-4} को मानक रूप में लिखने पर प्राप्त होता है-
(a) 0.4325
(b) 43.25×10^{-2}
(c) 432.5×10^{-3}
(d) 4.325×10^{-1}

43. A एक कार्य को 12 दिनों में पूरा कर सकता है। A तथा B मिलकर काम करने पर उसी कार्य को 4 दिन में पूरा कर सकते हैं। B अकेला उस कार्य को पूरा करने में जितने दिन लेगा, वह हैं :
(a) 8 दिन
(b) 6 दिन
(c) 10 दिन
(d) 2 दिन

44. एक कैंप जिसमें 300 सिपाही हैं, के पास 90 दिनों का भोजन है। 20 दिनों के पश्चात, 50 सिपाही और आ गये। इसी दर से शेष भोजन कितने दिनों तक चलेगा ?
(a) 60 दिन
(b) 77 दिन
(c) 80 दिन
(d) 81 दिन

45. [100 - 300 का 20%] का 40%, बराबर है-
(a) 20
(b) 16
(c) 64
(d) 140

46. एक परीक्षा में पास होने के लिए 33% अंकों की आवश्यकता है। एक विद्यार्थी ने 158 अंक प्राप्त किए और वह 7 अंकों से फेल हो गया। परीक्षा के अधिकतम अंक है-
(a) 400
(b) 450
(c) 500
(d) 600

47. एक टीवी जिसका अंकित मूल्य ₹16000 है, 15% की छूट पर उपलब्ध है। इस टीवी का विक्रय मूल्य है-
(a) ₹13600
(b) ₹11000
(c) ₹15000
(d) ₹14760

48. समीर ने एक जोड़ी जूते खरीदे जिसके लिए उसने GST समेत ₹ 441 दिए। यदि जूतों का विक्रय मूल्य ₹ 420 है, तो GST की दर है-
(a) 12%
(b) 8%
(c) 6%
(d) 5%

49. एक व्यापारी अपनी वस्तुओं पर क्रय मूल्य से 25% अधिक मूल्य अंकित करता है तथा अंकित मूल्य पर 20%, छूट पर बेच देता है। उसका लाभ या हानि प्रतिशत है-
(a) 5% लाभ
(b) 5% हानि
(c) 0% लाभ या हानि
(d) 10% लाभ

50. वह राशि जो 2 वर्षों में 8% वार्षिक दर से चक्रवृद्धि ब्याज से ₹ 8748 हो जाती है, है-
(a) ₹ 6000
(b) ₹ 6500
(c) ₹ 7000
(d) ₹ 7500

51. $12a^3b^2-27ab^4$ के गुणनखण्ड से प्राप्त होता है-
(a) $3a^2b(2a-3b)(2a+3b)$
(b) $3ab(3a-2b)(3a+2b)$
(c) $4ab^2(2a-3b)(2a+3b)$
(d) $3ab^2(2a-3b)(2a+3b)$

52. विस्तार करने पर व्यंजक $(2x-y+3Z)^2$ बराबर है-
(a) $4x^2+y^2+9z^2-4xy-6yz+12xz$
(b) $4x^2-y^2+9z^2-4xy-6yz+12xz$
(c) $4x^2+y^2+9z^2+4xy-12xz-6yz$
(d) $4x^2+y^2+9z^2-4xy+6yz+6xz$

53. एक समबाहु त्रिभुज की दो भुजाएं क्रमशः $(2x+11)$ सेमी. व $(4x+1)$ सेमी. हैं। इस त्रिभुज का परिमाप है-
(a) 50 सेमी.
(b) 55 सेमी.
(c) 63 सेमी.
(d) 65 सेमी.

54. $x^2+4x-p=(x-q)(x+7)$ में p तथा 4 के मान है-
(a) $P=21, q=-3$
(b) $P=-21, q-3$
(c) $P=-21, q=-3$
(d) $P=21, q=3$

55. 12 वर्ष पश्चात मेरी आयु, मेरी 4 वर्ष पूर्व की आयु की 3 गुना होगी। मेरी वर्तमान आयु है-

(a) 21 वर्ष (b) 12 वर्ष
(c) 8 वर्ष (d) 20 वर्ष

56. रैखिक समीकरण $\frac{2x-3}{5}+\frac{x+3}{4}=\frac{2x+3}{4}$ का हल है-

(a) 1 (b) 2
(c) 3 (d) 4

57. ABCD एक समचतुर्भुज है जिसमें $\angle ABC = 80^\circ$ $\angle CAD$ का परिमाप है-

(a) 45° (b) 50°
(c) 80° (d) 100°

58. एक नियमित बहुभुज की 20 भुजाएं हैं। इसके एक बाह्य कोण की माप है-

(a) 162° (b) 36°
(c) 72° (d) 18°

59. एक समलंब का क्षेत्रफल 68 वर्ग से.मी. तथा ऊंचाई 8 से.मी. है। यदि इसकी एक समांतर भुजा की लंबाई 10 से.मी. है, तो दूसरी समांतर भुजा की लंबाई है-

(a) 7 से.मी. (b) 17 से.मी.
(c) 6 से.मी. (d) 12 से.मी.

60. एक घनाभ के किनारों में 1 : 2 : 3 का अनुपात है तथा इसका कुल पृष्ठीय क्षेत्रफल 198 सेमी^{2} है। इस घनाभ का आयतन है-

(a) 27 सेमी^{3} (b) 36 सेमी^{3}
(c) 81 सेमी^{3} (d) 162 सेमी^{3}

61. एक बेलनाकार टैंक की धारिता (आयतन) 6160 घन से.मी. है। यदि इसकी त्रिज्या 14 से.मी. है, तो इसकी गहराई (से.मी. में) है-

(a) 5 (b) 10
(c) 15 (d) 50

62. एक आयताकार कागज की विमाएँ 22 से.मी. × 12 से.मी. है, इसको लम्बाई के सम्मुख तथा चौड़ाई के सम्मुख मोड़ कर दो प्रकार के लंब वृत्तीय बेलन बनाए जा सकते हैं। इस प्रकार बने दो बेलनों के आयतन में अन्तर है-

($\pi = \frac{22}{7}$ लें)

(a) 200 से.मी.^{3} (b) 210 से.मी.^{3}
(c) 252 से.मी.^{3} (d) 462 से.मी.^{3}

63. 15000 व्यक्तियों के एक सर्वे में पाया गया कि 3000 कॉफी पीनां पसन्द करते हैं। एक वृत्त-चित्र (pie chart) में इस वर्ग का त्रिज्यखण्ड कोण कितना होगा ?

(a) 120° (b) 90°
(c) 72° (d) 60°

64. एक पासा उछाला गया। सम अभाज्य संख्या आने की प्रायिकता है-

(a) $\frac{1}{6}$ (b) $\frac{1}{3}$
(c) $\frac{1}{2}$ (d) $\frac{2}{3}$

65. शब्द 'NITISH' के अक्षरों में से यादृच्छया एक अक्षर चुना गया। अक्षर 'I' के प्राप्त होने की प्रायिकता है-

(a) $\frac{2}{5}$ (b) $\frac{1}{6}$
(c) $\frac{1}{2}$ (d) $\frac{1}{3}$

खंड–IV : सामान्य विज्ञान

निर्देशः (प्रश्न सं. 66 से 100 तक) प्रत्येक प्रश्न के लिए चार संभावित उत्तर विकल्प दिए गए हैं, जिनमें से केवल एक सही है। सही उत्तर चुनें-

66. खाद्य का परिरक्षण __ नहीं किया जा सकता है।

(a) खाद्य को कमरे के तापमान पर प्लेट से ढकने से
(b) पहले उबालने और तब बहुत नीचे तापमान तक ठण्डा करके परिबंधन करने से
(c) वायुरोधी पैकेट में पैक कर गोदाम में रखने
(d) साधारण नमक, चीनी, सिरका या तेल डालकर, तथा पाश्चरीकरण करके वायुरोधी पैकेट में पैक करने से

67. कौन-सा एक गलत कथन है ?

(a) प्रोटोजोआ के कारण अतिसार व मलेरिया होता है।
(b) यीस्ट चीनी, आटा, यीस्ट व गर्म पानी के मिश्रण के आयतन को घटाता है।
(c) विषाणु के कारण जुकाम, इन्फ्लूएन्जा, पोलियो, छोटी माता होती है।
(d) जीवाणु के कारण टायफाइड एवं क्षयरोग होता है।

68. फसल उगाने की कृषि पद्धतियों का सही क्रम है-

(a) जुताई – खाद देना – सिंचाई – बुआई . खरपतवार हटाना – कटाई
(b) जुताई – बुआई – खाद देना – सिंचाई – खरपतवार हटाना – कटाई
(c) जुताई – बुआई – खाद देना – खरपतवार हटाना – सिंचाई – कटाई
(d) जुताई – बुआई – सिंचाई – खाद देना – खरपतवार हटाना – कटाई

69. वर्षा ऋतु में उगायी जाने वाली फसलें कहलाती हैं-

(a) रबी फसलें (b) ग्रीष्म फसलें
(c) मानसून फसलें (d) खरीफ फसलें

70. तत्त्वों के किस जोड़े में धातु व अधातु दोनों कमरे के तापमान पर तरल अवस्था में होते हैं ?

(a) लोहा, मोना
(b) सोडियम, ब्रोमीन
(c) ब्रोमीन पारा
(d) ग्रेफाइट, पारा

71. देखने में सिल्क (रेशम) जैसा वस्त्र-पदार्थ परन्तु सिल्क नहीं है। यह वस्त्र-पदार्थ है-

(a) नायलॉन (b) पॉलिएस्टर
(c) रेयॉन (d) एक्रिलिक

72. कौन-सा एक जैव निम्नीकरणीय है ?

(a) पी.वी.सी. थैला (b) एल्युमीनियम
(c) बैकेलाइट (d) कागज

73. कौन-से रेशों के समूह में केवल प्राकृतिक रेशे हैं ?

(a) कपास, ऐक्रेलिक, नायलॉन (b) कपास, रेशम, ऊन
(c) रेयॉन, रेशम, टेरीलीन (d) रेयॉन, पॉलिएस्टर, नायलॉन

74. यदि आप किसी दक्ष निकाय में नीचे दिए गए प्रत्येक ईंधन के 1kg का दहन करें, तो आपको तब अधिकतम ऊष्मा प्राप्त होगी जब आप दहन करेंगे-

(a) हाइड्रोजन (b) मीथेन
(c) डीजल (d) कोयला

75. पेट्रोलियम के तीन संघटक हैं-

(a) केरोसिन, पेट्रोल, प्राकृतिक गैस
(b) डीजल, LPG, कोल गैस
(c) बिटुमन, स्नेहक तेल, पैराफिन मोम
(d) LPG, विस्फोटक, पेन्ट

76. कौन-सा एक जीवाश्म ईंधन नहीं है ?

(a) कोयला (b) पेट्रोलियम
(c) प्राकृतिक गैस (d) लकड़ी

77. सघन वनों (जो मृदा के नीचे दब जाते हैं) के जीवाश्मों (कोयले) में परिवर्तित होने के लिए आवश्यक अवस्थाएं हैं-

(a) उच्च दाब और निम्न ताप (b) उच्च दाब और उच्च ताप
(c) निम्न दाब और उच्च ताप (d) निम्न दाब और निम्न ताप

78. कौन-से ईंधन का सर्वाधिक ऊष्मीय मान है ?

(a) मीथेन (b) सी.एन.जी.
(c) एल.पी.जी. (d) हाइड्रोजन

79. वनोन्मूलन का एक प्राकृतिक कारण है-

(a) भारी वर्षा (b) भीषण सूखा
(c) भूकम्प (d) भूस्खलन

80. कौन-सा कोशिकांग केवल पादप कोशिका में होता है लेकिन जंतु कोशिका में नहीं होता ?

(a) केन्द्रक (b) कोशिका द्रव्य
(c) प्लास्टिड (d) रिक्तिका

81. क्षेत्र जहाँ जंतुओं को सार्वजनिक प्रदर्शनी के लिए रखा जाता है वो है-

(a) वन्य-जीव अभयारण्य (b) राष्ट्रीय उद्यान
(c) जैवमण्डल आरक्षण (d) चिड़ियाघर

82. निम्नलिखित में से सही कथन चुनिए-

(a) जरायुज जन्तु अण्डे देते हैं।
(b) गौरैया में बाह्य निषेचन होता है।
(c) अमीबा द्विखण्डन द्वारा जनन करता है।
(d) युग्मनज एकल कोशिका होती है।

83. बाह्य निषेचन इनमें होता है-

(a) मुर्गी (b) कुत्ते
(c) मछली (d) गाय

84. अग्न्याशय द्वारा उत्पन्न हॉर्मोन है-

(a) एड्रेनिन (b) एस्ट्रोजन
(c) इन्सुलिन (d) टेस्टोस्टेरॉन

85. किसी शरीर पर दो बल, जिनमें प्रत्येक बल 20 N का है, एक ही समय लग रहे हैं सबसे अधिक व सबसे कम नेट बल है-

(a) 40 N और 0 N (b) 20 N और 0 N
(c) 20 N और 10 N (d) 40 N और 20 N

86. ''कोई गेंद किसी फर्श (पृष्ठ) पर एकसमान चाल से सरल रेखीय पथ पर गति कर रही है।" इस कथन से आप यह निष्कर्ष निकाल सकते हैं कि-

(a) गेंद पर कार्य करने वाला बल शून्य है।
(b) गेंद पर गुरुत्व बल कार्य नहीं कर रहा है।
(c) गेंद पर घर्षण बल के विरुद्ध कोई असम्पर्क बल कार्य कर रहा है।
(d) घर्षण बल लुढ़कने वाली वस्तुओं पर कार्य नहीं करता है।

87. कौन-सा मात्रक दाब का नहीं है ?

(a) पास्कल (b) $N\ m^{-2}$
(c) $dyne\ cm^{-2}$ (d) $N\ m^{-1}$

88. मानव नेत्र की यह कौन-सी संरचना है, जो उसे उसका विशिष्ट रंग (वर्ण) प्रदान करती है ?

(a) परितारिका (आइरिस) (b) कॉर्निया
(c) पुतली (d) नेत्र लेंस

89. आपतित किरण व परावर्तित किरण के बीच का कोण 120° है तब आपतन कोण है-

(a) 240° (b) 60°
(c) 30° (d) 90°

90. किसी वस्तु की अपनी माध्य स्थिति के इधर-उधर अथवा आगे-पीछे होने वाली गति जो ध्वनि उत्पन्न करती है, कहते हैं-

(a) तारत्व (b) आवृत्ति
(c) आयाम (d) कम्पन

91. विद्युत धारा का रासायनिक प्रभाव_____ में प्रयोग नहीं होता।

(a) विद्युत अपघटन
(b) विद्युतलेपन
(c) वैद्युत-मुद्रण
(d) धारा द्वारा बल्ब का प्रकाशयुक्त होना

92. किस एक में विद्युत धारा के रासायनिक प्रभाव का उपयोग नहीं होता ?

(a) अम्लीकृत पानी के इलेक्ट्रोलिसिस में
(b) विद्युतलेपन में
(c) चुम्बकीय कम्पास को सूई का घूमना जब इसे किसी विद्युतवाही तार के पास रखा जाता है, में
(d) विद्युत-मुद्रण में

93. कोई छात्र यह ज्ञात करने के लिए कि नीचे दिए गए द्रव/ विलयन विद्युत चालन करते हैं अथवा नहीं अपने संपरीक्षित्र का उपयोग करता है। इसके लिए वह सभी आवश्यक सावधानियों का पालन करते हुए बारी-बारी से अपने संपरीक्षित्र के दोनों तारों के स्वतंत्र सिरों को दिए गए विलयनों में डुबाता है और यह पाता है कि चुम्बकीय सुई में विक्षेप देने वाला केवल एक ही द्रव है और वह है-

(a) आसुत जल (b) नीबू का रस
(c) चीनी का विलयन (d) वनस्पति तेल

94. भूकम्प की तीव्रता का अभिलेखन करने का उपकरण है-

(a) स्वर्ण पत्र विद्युतदर्शी (b) भूकम्प लेखी उपकरण
(c) गतिमापक (d) ओडोमीटर

95. गैस जिसके कारण हरित गृह प्रभाव नहीं होता है-

(a) CO_2 (g) (b) H_2O (g)
(c) CH_4 (g) (d) N_2 (g)

96. कौन-से वायु प्रदूषण के प्राकृतिक स्रोत हैं ?

(a) उद्योगों से धुआं व गैस

(b) वाहनों से जहरीली गैस और धुआँ

(c) पौधों के कचरे का जलाना

(d) जंगल दावानल व ज्वालामुखी विस्फोट से धुआँ और धूल

97. सौर परिवार का एक ग्रह है परन्तु इसे प्रायः प्रभात तारा अथवा सांध्य तारा कहा जाता है (यद्यपि यह तारा नहीं है।) शुक्र दृष्टिगोचर होता है-

(a) पूर्वी आकाश में सांध्य तारे के रूप में

(b) पश्चिमी आकाश में प्रभात तारे के रूप में

(c) पूर्वी आकाश तथा पश्चिमी आकाश दोनों में प्रभात तारे के रूप में

(d) पश्चिमी आकाश में सांध्य तार के रूप में

98. जल का घनत्व 1000 किलोग्राम प्रति घन मीटर है। हमारे और परिवार के एक ग्रह का घनत्व इससे कम है। इस ग्रह का नाम है-

(a) बुध (b) शुक्र

(c) शनि (d) यूरेनस

99. एक तारा जो पृथ्वी से 60 प्रकाशवर्ष दूर है। प्रकाश को उस तारे में पृथ्वी तक पहुँचने में कितना समय लगेगा ?

(a) 60 वर्ष (b) 15 वर्ष

(c) 20 वर्ष (d) 30 वर्ष

100. कौन-सा तारामण्डल ध्रुव तारे की पूर्व से पश्चिम की ओर परिक्रमा करता प्रतीत होता है और प्रश्न चिन्ह जैसा लगता है ?

(a) ओरियन (b) कैसियोपिया

(c) लिओ मंजर (d) सप्तर्षि

व्याख्या सहित उत्तर

1. (a) अधिनियम शुद्ध वर्तनी वाला शब्द है। इसका अर्थ विधान के अंतर्गत बनाया गया नियम, एक्ट होता है।

2. (c) उल्टा चोर कोतवाल को डाँटे: जब अपराधी किसी काम के लिए दोष न मानकर पूछने वाले को ही दोषी बताए।

3. (b) ग शब्द का उच्चारण स्थान कंठ से होता है। इस वर्ग की सभी ध्वनियाँ कंठ से उच्चारित होती हैं।
जैसे-क, ख, ग, घ, ङ (व्यंजन)

4. (a) चिड़िया का बहुवचन रूप चिड़ियाँ होता है।
शुद्ध रूप → चिड़ियाँ गाना गा रही हैं।

5. (c) **गुणवाचक विशेषण**-जिस विशेषण से किसी संज्ञा अथवा सर्वनाम का गुण प्रकट हो जैसे-अच्छा, बुरा, गोरा, काला, लंबा, छोटा, आदि तो उसे गुणवाचक विशेषण कहते हैं।

6. (c) **मिश्र वाक्य**-मिश्र वाक्य में एक प्रधान वाक्य होता है और शेष वाक्य उसके ऊपर आश्रित होते हैं। जैसे-मैं उस मकान में रहता हूँ; जिसमें कभी आचार्य जी रहते थे। इसमें दूसरा वाक्य पहले पर आश्रित है अत: यह मिश्र वाक्य होगा।

7. (d) चौथा प्रश्न मैंने ठीक से नहीं करा।
'नहीं करा' अशुद्ध है। इसके स्थान पर 'नहीं किया' का प्रयोग होना चाहिए।

8. (a) वायु के पर्यायवाची : पवन, अनिल

9. (b) बाएँ हाथ का खेल : इतना आसान न होना
इतने ऊँचे पद पर पहुँचना **बाएँ हाथ का खेल** नहीं है।

10. (b) नश्वर का विलोम 'अनश्वर' होगा।

11. (d) सफलता प्राप्त करने के लिए जीवन में परिश्रम करना आवश्यक है। निरंतर श्रम करने वाला व्यक्ति कभी असफल नहीं होता।

12. (c) अभ्यास करते रहना मनुष्य का धर्म होता है। अभ्यास मनुष्य के निरंतर विकास में सहायक होता है।

13. (c) श्रम का फल सदैव **मीठा** होता है। श्रम करना कभी व्यर्थ नहीं जाता उसका अच्छा परिणाम मनुष्य को मिलता ही है।

14. (c) अनमोल शब्द के लिए अनुच्छेद में प्रयुक्त सर्वश्रेष्ठ शब्द मूल्यवान है। इसका अर्थ दुर्लभ से लगाया जाता है

15. (d) लोग संसार में आकर संस्कृति के साथ कुशल बनते हैं।

16. (a) near
'Away' is not correct since it will take preposition 'from' after it. Beside means 'at the side of'. It is unsuitable since this expression/word is usually used when something is placed next to another thing. 'For' again is incorrect as it would take preposition 'from' after it.

17. (c) best
Actually, if comparison is to be made within items of a groups all of which are of same nature and superlative degree is to be emphasized, 'one of the best' expression is used. 'Better' word is used when comparing between two items, whereas 'good' and 'nice' are not use alone for comparison.

18. (b) are
'Are' here is preceded by 'attractions', which is plural. Hence, use of word 'is' is omitted. 'Was' is not used since description is in present tense. For the same reason, 'were' too is not used as both 'was' and 'were' are used for describing an item/event of the past.

19. (d) which
'What' is used when there are a lot of possible options or when one doesn't know how many options exist. 'Which' is often used as a function word to introduce a non-restrictive clause and precisely this role it is playing here. 'Who' and 'whom' are used for living entities, usually humans.

20. (a) 'Extinction' referes to dying out or extermination of species. On this case 'birds' face the risk of getting permanently wiped out from the earth. Hence, 'disappearance' is closest in meaning.
Whereas evaporation refers to conversion of water into water vapour; 'survival' is completely a misfit and 'death' is near in meaning but not exactly what 'extinction' refers to.

21. (c) 'Generous' means ready to give more of something, especially money. 'Liberal' refers to someone who is accomodative in accepting others' views. Bountiful is of same meaning as generous. Sympathetic means have a soft feeling towards one. 'Stingy' means not willing to part with money easily.

22. (b) This lesson has been taught by the teacher.
We should change the format of the line so that object in active voice becomes the subject in passive voice.
In passive voice, action of the statement is highlighted. Object + has/have = 3rd from of verb + by + subject.

23. (c) 'Superior' should not be used with than. Hence option (a) and (b) are incorrect. 'Most superior than' too is wrong on the above ground and also because most is used for comparison between more than two items.

24. (c) 'Will be waiting' is in future continuous form and hence, inappropriate. There is no such form as ' would be waiting'. Similarly, 'I wait' is also incorrect as it does not follow any tense pattern.

'I have been waiting' is in present perfect continuous form and is right since it refers to an action that began in past and is continuing in the present

25. (d) 'More' is inappropriate since it refers to degree of comparison. 'Much' is also incorrect as it does not suit the context. 'A little' refers to amount appreciable in nature. However, 'The little' is the only correct option since it means that 'whatever money she had, also got spent'.

26. (c) 'Omnivorous' are those living beings/animals which eat both plants and animals. 'Omniscient' is a person who knows everything. 'Ophthalmologist' is a doctor of eyes who deals with correction of vision.

27. (c) When the reporting verb of direct speech is in past tense then all the present tenses are changed to the corresponding past tense in the indirect speech. Moreover, the first person in direct speech changes as per subject of the speech.

Hence, 'why are you' changes to 'why she was' and 'today' to 'that day'.

28. (b) Everbloom saved two of his friends from drowning in separate incidents.

29. (c) More precisely, Everbloom is a resident of Mawryngkneng village in East Khasi District of Meghalaya.

30. (b) He did so on two different days last year, as they were separate incidents. Option (c) is not possible since 'last year' is clearly mentioned in the passage. Option (d) also is not possible since only two people/friends were rescued; hence, the use of word 'many' is inappropriate.

31. (c) $\frac{35}{6} - \frac{11}{6}$

$= \frac{35-11}{6}$

$= \frac{24}{6} = 4$

32. (d) आयत का क्षेत्रफल = 33 m^2

आयत की भुजा (l) = $\frac{11}{4}$

आयत का क्षेत्रफल = लंबाई × चौड़ाई

$1 \times b = 33$

$\frac{11}{4} \times b = 33$

$b = 33 \times \frac{4}{11}$

आयत की चौड़ाई (b) = 12

आयत का परिमाप = 2 (लंबाई + चौड़ाई)

$2\left[\frac{11}{4} + 12\right]$

$2 \times \frac{59}{4}$

$= \frac{59}{2}$

आयत का परिमाप = $29\frac{1}{2}$

33. (b) $\sqrt{2401} = 49$

$\sqrt{0.2401} + \sqrt{24.01}$

$= \sqrt{\frac{2401}{10000}} + \sqrt{\frac{2401}{100}}$

$= \frac{49}{100} + \frac{49}{10}$

$= \frac{49 + 490}{100}$

$= \frac{539}{100} = 5.39$

34. (b) $\frac{1}{5}$ व $\frac{1}{2}$ के बीच की परिमेय सं. $\frac{3}{10}$

35. (d) $(\sqrt[3]{8} + \sqrt[3]{27})$

$= 2 + 3 = 5$

36. (b) माना संख्या = x

गुणनफल = $\frac{-5}{7}$

दूसरी संख्या = $\frac{15}{-28}$

$\therefore \frac{15}{-28} \times x = \frac{-5}{7}$

$x = \frac{-5}{7} \times \frac{-28}{15}$

$x = \frac{4}{3}$

37. (c) माना बड़े घन का घनमूल = a

छोटे घन का घनमूल = 6

घन का आयतन = a^3

दोनो घनों का अंतर = $a^3 - b^3 = 127$

$a^3 - (6)^3 = 127$

$a^3 - 216 = 127$

$a^3 = 127 + 216$

$a^3 = 343$

$a = \sqrt[3]{343}$

बड़े घन का घनमूल a = 7

38. (b) आयत की भुजा (AB) = 2

(BC) = 1.5

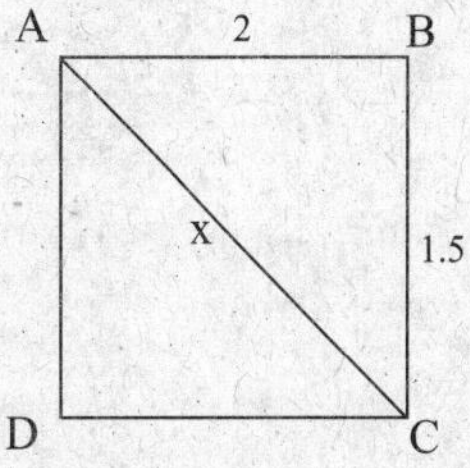

पायथागोरस प्रमेय से →

विकर्ण = x

Δ ABC में

$(\text{कर्ण})^2 = (\text{लम्ब})^2 + (\text{आघात})^2$

$(AC)^2 = (AB)^2 + (BC)^2$

$(x)^2 = (2)^2 + (1.5)^2$

$x^2 = 4 + 2.25$

$x^2 = 6.25$

विकर्ण x = 2.5 मी.

39. (b) 675 को 25 से भाग देने पर,

```
25 ) 675 ( 27
     50
     175
     175
      ×
```

प्राप्त भागफल = 27 शेष बचता है।

$= (3)^3 = 3$

40. (b) घनाकार बॉक्स का आयतन = 0. 512 घन मी.

घन का आयतन = a^3

$a^3 = 0.512$

$a = \sqrt[3]{0.512}$

प्रत्येक भुजा a = 0.8 मी.

41. (c) 3 व्यक्ति दीवार को बनाते है = 4 दिनों में

4 व्यक्ति दीवार को बनायेंगे

$= \frac{3 \times 4}{4}$

= 3

42. (d) 4325×10^{-4}

मानक रूप = $\frac{4325}{10000}$

$= 4.325 \times 10^{-1}$

43. (b) A कार्य करता है = $\frac{1}{12}$

A + B कार्य करते है = $\frac{1}{4}$

B अकेला करेगा = x

$A + B = \frac{1}{4}$

$\frac{1}{12} + \frac{1}{x} = \frac{1}{4}$

$\frac{1}{x} = \frac{1}{4} - \frac{1}{12}$

$\frac{1}{x} = \frac{3-1}{12}$

$\frac{1}{x} = \frac{2}{12}$

x = 6 दिनों में

44. (a) 300 सिपाहियों के पास भोजन है = 90 दिनों

20 दिनों बाद कुल सिपाही = 350

कुल भोजन = 300 × 90

20 दिनों तक 300 सिपाहियों ने भोजन किया = 300 × 20

प्रश्नानुसार,

$\frac{300 \times 90 - 300 \times 20}{350}$

$= \frac{27000 - 6000}{350}$

$= \frac{21000}{350}$

= 60 दिन

45. (b) $\left[100 - 300 \times \frac{20}{100}\right] \times \frac{40}{100}$

$[100 - 60] \times \frac{40}{100}$

$= \frac{40 \times 40}{100} = 16$

46. (c) परीक्षा में पास होने के लिए अंकों की आवश्यकता = 33%

विद्यार्थी द्वारा प्राप्त अंक = 158

फेल होने वाले अंक = 7

पास होने के लिए प्राप्त अंक = 158 + 7

= 165

माना अधिकतम अंक = x

प्रश्नानुसार,

x का 33% = 165

$x \times \frac{33}{100} = 165$

$x = \frac{165 \times 100}{33}$

x = 5 × 100

x = 500

47. (a) टीवी का अंकित मू. = 16000

टीवी पर छूट = 15%

अंकित मूल्य पर छूट = $\frac{16000 \times 15}{100}$

= 2400

अत: विक्रय मू. = 16000 – 2400 = 13600

48. (d) GST सहित क्रय मू. = 441

जूतों का विक्रय मू. = 420

GST की दर = $\frac{\text{क्रय मू.} - \text{विक्रय मू.}}{\text{विक्रय मू.}} \times 100$

$= \frac{441 - 420}{420} \times 100$

$= \frac{21}{420} \times 100$

= 5%

49. (c) अंकित मू. (a) = 25%

छूट (b) = –20%

$a + b + \frac{a \times b}{100}$

$25 - 20 - \frac{25 \times 20}{100}$

$25 - 20 - 5$

$25 - 25$

$= 0$ % लाभ या हानि

IInd Method

माना क्रय मू. = 100

अंकित मू. = 125

छूट = 20%

विक्रय मू. = $\frac{125 \times 80}{100}$

= 100 रु

0% लाभ या हानि

50. (d) कुल राशि = 8748

पहले राशि (p) = x

दर = 8%

समय = 2 वर्ष

चक्रवृद्धि ब्याज = $p\left(1+\frac{r}{100}\right)^2$

$p\left(1+\frac{r}{100}\right)^2 = 8748$

$x\left(1+\frac{8}{100}\right)^2 = 8748$

$x \times \frac{27}{25} \times \frac{27}{25} = 8748$

$x = \frac{8748 \times 625}{27 \times 27}$

$x = 12 \times 625$

$x = 7500$

51. (d) $12a^3b^2 - 27ab^4$

$= 3ab^2 (4a^2 - 9b^2)$

$= 3ab^2 [(2a)^2 - (3b)^2]$

$= 3ab^2 [(2a-3b)(2a + 3b)]$

$= 3ab^2 (2a - 3b)(2a + 3b)$

52. (b) $(2x - y + 3z)^2$

$(a + b + c)^2 = a^2 + b^2 + c^2 + 2ab + 2bc + 2ca$

$4x^2 - y^2 + 9z^2 - 4xy - 6yz + 12xz$

53. (c) समबाहु त्रिभुज की भुजायें = (2x + 11) (4x + 1)

दोनों भुजाये समान हैं

$(2x + 11) = (4x + 1)$

$2x = 10$

$x = 5$

भुजा = (2 × 5 + 11) = 21

समबाहु त्रिभुज का परिमाप = 3 × भुजा

= 3 × 21

= 63

54. (d) Option से

p = 21 q = 3

55. (b) माना मेरी वर्तमान आयु = x

12 वर्ष पश्चात मेरी आयु = x + 12

4 वर्ष पूर्व की आयु का 3 गुना = (x – 4) 3

प्रश्नानुसार,

$(x + 12) = 3 (x - 4)$

$x + 12 = 3 (x - 4)$

$x + 12 = 3x - 12$

$-2x = -24$

$x = 12$

56. (d) $\frac{2x-3}{5} + \frac{x+3}{4} = \frac{2x+3}{4}$

$\frac{4(2x-3)+5(x+3)}{20} = \frac{2x+3}{4}$

$\frac{8x-12+5x+15}{20} = \frac{2x+3}{4}$

$\frac{13x+3}{20} = \frac{2x+3}{4}$

$13x + 3 = 5 (2x + 3)$

$13x + 3 = 10x + 15$

$13x - 10x = 15 - 3$

$3x = 12$

$x = 4$

57. (b) ∠ ABC = 80°

$\angle CAD = \frac{180 - \angle ABC}{2}$

$= \frac{180 - 80}{2}$

$= 50°$

58. (d) बहुभुज का बाह्य कोण = $\frac{360}{\text{भुजाओं की संख्या}}$

भुजाओं की संख्या = 20

$= \frac{360}{20} = 18^0$

59. (a) समलंब का क्षेत्रफल = 68

ऊँचाई (h) = 8 cm

पहली भुजा = 10 cm

दूसरी भुजा = x

समलंब का क्षेत्रफल = $\left(\frac{\text{भुजाओं का योग}}{2}\right)$ × ऊँचाई

समलंब का क्षेत्रफल = $\left(\frac{a+b}{2}\right) \times h = 68$

$\frac{10+x}{2} \times 8 = 68$

$10 + x = \frac{68}{4}$

$10 + x = 17$

x = 7 cm

60. (d) घनाभ की लंबाई = x

घनाभ की चौड़ाई = 2x

घनाभ की ऊँचाई = 3x

पृष्ठीय क्षेत्रफल = 2(lb + bh + lh)

$198 = 2 (2x^2 + 6x^2 + 3x^2)$

$198 = 2 (11x^2)$

$11x^2 = 99$

$x^2 = 9$

$x = 3$

लम्बाई = 3cm, चौड़ाई = 6cm, ऊँचाई = 9cm

घनाभ का क्षेत्रफल = लम्बाई × चौड़ाई × ऊँचाई

$= l \times b \times h$

$= 3 \times 6 \times 9$

$= 162 \text{ cm}^3$

61. (b) बेलनाकार टैंक की धारिता = 6160

त्रिज्या = 14

ऊँचाई = h

बेलन का आयतन = $\pi r^2 h$

$\pi r^2 h = 6160$

$\frac{22}{7} \times 14 \times 14 \times h = 6160$

$h = \frac{6160}{22 \times 2 \times 14}$

$h = \frac{6160}{44 \times 14}$

h = 10 (cm)

62. (b) बेलन (I) के लिए

बेलन का वक्रपृष्ठ = 22

बेलन के वक्रपृष्ठ का क्षे. = $2\pi r$

$2 \times \frac{22}{7} \times r = 22$

बेलन की त्रिज्या $r = \frac{7}{2}$

बेलन की ऊँचाई h = 12

बेलन का आयतन = $\pi r^2 h$

$= \frac{22}{7} \times \frac{7}{2} \times \frac{7}{2} \times 12$

$= 11 \times 7 \times 6$

$= 462 \text{ cm}^3$

बेलन (2) के लिए

बेलन का वक्रपृष्ठ = 12

$2\pi r = 12$

$2 \times \frac{22}{7} \times r = 12$

$r = \frac{12 \times 7}{44}$

बेलन की त्रिज्या (r) = $\frac{21}{11}$ ऊँचाई (h) = 22

बेलन का आयतन = $\pi r^2 h$

$= \frac{22}{7} \times \frac{21}{11} \times \frac{21}{11} \times 22$

$= 2 \times 3 \times 21 \times 2$

$= 252 \text{ cm}^3$

अंतर बेलन 1 का आयतन - 2 बेलन का आयतन

अंतर = 462 – 252

$= 210 \text{ cm}^3$

63. (c) त्रिज्याखंड का कोण = $\frac{3000}{15000} \times 360$

$= 72°$

64. (c) पांसे की अभाज्य सं. = 3

पांसे के कुल अंक = 6

सम अभाज्य आने की प्रायिकता = $\frac{3}{6}$

$= \frac{1}{2}$

65. (d) अक्षर I, 2 बार आया है।

कुल अक्षर = 6

अक्षर I होने की प्राथिकता = $\frac{2}{6}$

$= \frac{1}{3}$

66. (a) खाद्य का परीक्षण खाद्य को कमरे के तापमान पर प्लेट से ढकने से नहीं होता है।

खाद्य का परीक्षण निम्न प्रकार से होता है-

- सूक्ष्म जीवाणुओं को मारने के लिए गर्म करना।
- सुखाना, ऑक्सीकरण द्वारा, कम तापमान निष्क्रियता, सिरका बनाना, ऑस्मोटिक अवरोधक (जैसे सीरप का उपयोग) जेली बनाना, निर्वात पैकिंग आदि के द्वारा किया जाता है।

67. (b) यीस्ट चीनी, आटा, पीस्ट व गर्म पानी के मिश्रण के आयतन को घटाता है।

प्रोटोजोआ से होने वाले रोग : मलेरिया, पेचिश, अतिसार, डायरिया, फाइलेरिया आदि।

विषाणु से होने वाले रोग : जुकाम, रेबीज, खसरा, इनफ्लूएन्जा, पोलियो, छोटी माता, हिपैटाइटिस, चेचक, डेंगू ज्वर आदि।

जीवाणु से होने वाले रोग : टायफाइड, क्षयरोग, काली खाँसी, हैजा, प्लेग, निमोनिया, डिप्थीरिया, टिटनेस टीबी आदि।

68. (b) फसल उगाने का सही क्रम

जुताई → बुआई → खाद देना → सिंचाई → खरपतवार हटाना → कटाई

69. (d) वर्षा ऋतु में उगायी जाने वाली फसलें खरीफ फसलें कहलाती हैं-

इस दौरान बोई जाने वाली फसलों में चावल, मक्का, ज्वार, बाजरा, अरहर, मूंग, उड़द, कपास, जूट, मूँगफली और सोयाबीन आदि मुख्य हैं।

70. (c) पारा एक भारी चमकीली धातु होता है जो कमरे के ताप पर तरल अवस्था में होता है।

ब्रोमीन आवर्त सारणी के सप्तम मुख्य समूह का तत्त्व है और सामान्य ताप पर केवल यही अधातु द्रव अवस्था में रहती है।

71. (c) रेयॉन प्रथम मानव निर्मित रेशा है। इसका गुण रेशम के रेशों के गुण जैसा होता है जैसे-रेयॉन में रेशम जैसी चमक होती है तथा इसके रेशों को रेशम के रेशों के समान बुना जा सकता है इसलिए रेयॉन को 'नकली रेशम' या कृत्रिम रेशम कहते हैं।

72. (d) **जैव निम्नीकरण**- वे पदार्थ जिनका प्राकृतिक प्रक्रिया जैसे जीवाणु की क्रिया द्वारा अपघटन हो जाता है। जैव निम्नीकरणीय कहलाते हैं।

कागज, सूती कपड़ा, ऊनी वस्त्र

73. (b) प्राकृतिक रेशे ऐसे रेशे होते हैं जिनकी मूल उत्पत्ति पौधों, जीवों व भूवैज्ञानिक प्रक्रियाओं द्वारा होती है। इनका प्रयोग रस्सियों, कागज व अन्य चीजों के उत्पादन में होता है।

जैसे-कपास, रेशम, ऊन आदि।

74. (a) हाइड्रोजन का दहन करने पर अधिकतम ऊष्मा प्राप्त होगी।

75. (a) पेट्रोल, डीजल, प्राकृतिक गैस, केरोसिन, वेसलीन, स्नेहक आदि पेट्रोलियम के घटक होते हैं जिन्हे आसवन विधि द्वारा पृथक किया जाता है।

76. (d) जीवाश्म ईंधन में पेट्रोलियम उत्पादन, कोयला और प्राकृतिक गैस जीवाश्य ईंधन होते हैं। लकड़ी एक जीवाश्म ईंधन नहीं है।

77. (b) उच्च दाब और उच्च ताप के कारण पृथ्वी के भीतर मृत पेड़-पौधे धीरे-धीरे कोयले में परिवर्तित हो गए। कोयले में मुख्य रूप से कार्बन होता है। मृत वनस्पति के धीमे प्रक्रम द्वारा कोयले में परिवर्तन को कार्बनीकरण कहते हैं। क्योंकि वह वनस्पति के अवशेषों से बना है। अत: कोयले को जीवाश्म ईंधन भी कहते हैं।

78. (d) **ऊष्मीय मान**- ईंधन के ऊष्मीय मान को किलो जूल/किलोग्राम द्वारा प्रदर्शित किया जाता है। किसी ईंधन के 1 kg की मात्रा के पूर्ण रूप से जलने से प्राप्त ऊष्मा-ऊर्जा को उस ईंधन का ऊष्मीय मान कहते हैं। हाइड्रोजन का ऊष्मीय मान सबसे अधिक होता है।

79. (b) भीषण सूखा वनोन्मूलन का प्राकृतिक कारण है।

80. (c) प्लास्टिड केवल पादप कोशिकाओं में पाया जाता है यह दोहरी झिल्ली से घिरी संरचना है जिसमें अपना DNA व राइबोसोम होता है। प्लास्टिड दो प्रकार के होते है। क्रोमोप्लास्ट तथा ल्यूकोप्लास्ट। क्रोमोप्लास्ट पौधे में प्रकाश संश्लेषण के लिए आवश्यक है।

81. (d) चिड़ियाघर एक ऐसी स्थापना है, जहाँ जन्तुओं को प्रर्दशनी के लिए रखा जाता है।

82. (c) एक अमीबा बाइनरी विखंडन (द्विखंडन) द्वारा जनन करता है।

83. (c) वह निषेचन जो मादा के शरीर के बाहर होता है। बाह्य निषेचन कहलाता है। जैसे-मछली, मेढक, स्टारफिश इत्यादि।

84. (c) अग्न्याशय एक अंत:स्रावी ग्रन्थि है, इसके द्वारा इन्सुलिन हार्मोन का उत्पादन होता है। जो शरीर को ग्लूकोज को संगृहीत करने और उपयोग करने में मदद करता है। इंसुलिन रक्त में शर्करा के स्तर को नियंत्रित रखने में मदद करता है। इंसुलिन की कमी से 'मधुमेह' होता है।

85. (a) 40N और O N
क्योंकि इसमें जिस दिशा में बल लगाए जा रहे हैं उसका उल्लेख नहीं किया गया है।

86. (c) कोई गेंद किसी फर्श (पृष्ठ) पर एक समान चाल से सरल रेखीय पथ पर गति कर रही है तो गेंद पर घर्षण बल के विरुद्ध कोई असंपर्क बल कार्य कर रहा है।

87. (c) dyne cm^{-2} दाब का नहीं बल का मात्रक है।

88. (a) परितारिका (आइरिस) मानव नेत्र को उसका विशिष्ट रंग प्रदान करती है।

89. (b) आपतित किरण व परावर्तित किरण के बीच का कोण $= 120°$
आपतन कोण $= (180° - 120°)$
$= 60°$

90. (d) किसी वस्तु की अपनी माध्य स्थिति के इधर-उधर या आगे-पीछे होने वाली गति को कंपन कहते हैं। जब कसकर तानित एक रबड़ के छल्ले को कर्षित (Pluck) करते हैं या बीच से खींच कर छोड़ते हैं तो यह कंपन करता है और ध्वनि उत्पन्न करता है।

91. (d) धारा द्वारा बल्ब का प्रकाशित होना विद्युत धारा के ऊष्मीय प्रभाव के अंतर्गत आता है। जबकि विद्युत अपघटन, विद्युत लेपन, वैद्युत मुद्रण विद्युत धारा के रासायनिक प्रभाव के उदाहरण हैं।

92. (c) जब किसी संपरीक्षित्र के स्वतन्त्र सिरों को विलयन में डुबोते हैं तो चुम्बकीय सुई विक्षेपित होती है। विद्युत धारा के प्रवाहित होने पर चुम्बकीय कम्पास की सुई का घूमना विद्युत धारा के चुम्बकीय प्रभाव के कारण होता है।

93. (a) आसुत जल और एल्कोहल के मिश्रण से भरा एक जार है जिसमें दिक्सूचक ठीक से डूब जाता है। कीलक पर घर्षण न्यूनतम होता है और चुम्बकीय सुई विक्षेपित होकर अवमंदित दोलन करने लगती है।

94. (b) **भूकम्प लेखी उपकरण**-भूकम्प की तीव्रता
स्वर्ण पत्र विद्युतदर्शी-आवेशित वस्तु पर आवेश की प्रकृति का पता लगाना
गतिमापक- तत्कालीन गति का मापन
ओडोमीटर- दूरी मापने का यंत्र

95. (d) N^2 गैस हरित गृह प्रभाव के लिए जिम्मेदार नहीं है। जबकि CO^2 H_2O, CH^4 हरित गृह प्रभाव गैसें हैं।

96. (d) जंगल दावानल व ज्वालामुखी विस्फोट से धुआँ और धूल का होना प्राकृतिक वायु प्रदूषण होता है।

97. (c) शुक्र जो सबसे चमकदार माना जाता है, सूरज निकलने के समय पूर्व से तथा सूरज ढलने के बाद पश्चिम से सबसे चमकदार व सबसे बड़ा दिखाई देता है। इसलिए इसे प्रभात तारा एवं सांध्य तारा भी कहते हैं।

98. (c) शनि ग्रह सबसे कम घनत्व का ग्रह है। इसका घनत्व 5.5 किग्रा. प्रति घन सेमी. है अगर इस ग्रह को पानी में डाला जाता है तो यह उस पर तैरेगा।

99. (c) 1 प्रकाश वर्ष $= 9.66 \times 10^{15}$
1 वर्ष में प्रकाश द्वारा तय की गई दूरी एक प्रकाश वर्ष होती है,
20 वर्ष प्रकाश को तारे से पृथ्वी तक पहुँचने में लगेंगे।

100. (d) सप्तर्षि तारामण्डल पृथ्वी के उत्तरी गोलार्ध के आकाश में रात्रि में दिखाई देने वाला एक तारामण्डल है। यह ध्रुव तारे की पूर्व से पश्चिम की ओर परिक्रमा करता है। इसमें चार तारे चौकोर तथा तीन तिरछी रेखा में रहते हैं। इन तारों को काल्पनिक रेखाओं से मिलाने पर एक प्रश्न चिन्ह का आकार बनता प्रतीत होता है।

❑❑❑

जवाहर नवोदय विद्यालय प्रवेश परीक्षा, कक्षा-9

(सॉल्व्ड पेपर-24 फरवरी, 2021)

अनुभाग-I : हिन्दी

1. जिस वाक्य में साधारण अथवा मिश्र वाक्यों का मेल रहता है, उस वाक्य को क्या कहते हैं?

(a) संयुक्त वाक्य (b) विशेष वाक्य

(c) मिश्र वाक्य (d) साधारण वाक्य

2. किस विकल्प में दोनों शब्द 'सूर्य' के पर्यायवाची हैं?

(a) दिनकर, दिवाचर (b) दिनकर, दिवाकर

(c) दिनचर, अंशुमाली (d) भानु, दिनचर

3. शुद्ध रूप छाँटिए–

(a) आर्शीवाद (b) आशिर्वाद

(c) आशीर्वाद (d) आर्शिवाद

4. 'शाश्वत' का विलोमार्थी शब्द कौन-सा है?

(a) अमर (b) अनश्वर

(c) नश्वर (d) ईश्वर

5. 'गंगा' शब्द .... संज्ञा है।

(a) व्यक्तिवाचक (b) भाववाचक

(c) जातिवाचक (d) पदार्थवाचक

6. कोरोना संकट के दिनों में मास्क लगाकर बाहर निकलने का आग्रह करते हुए आप किस लोकोक्ति का प्रयोग करेंगे?

(a) जान हथेली पर है (b) जान है तो जहान है

(c) नाक का सवाल है (d) जान के लाले पड़ना

7. 'मात्रा या वज़न' बताने वाले विशेषणों को क्या कहते हैं?

(a) संख्यावाचक (b) गुणवाचक

(c) सार्वनामिक (d) परिमाणवाचक

8. 'ढ' वर्ण का उच्चारण स्थान है।

(a) मूर्धन्य (b) दन्त्य

(c) ओष्ठ्य (d) कंठ्य

9. 'घोड़ा' का बहुवचन है–

(a) घोड़ों (b) घोड़े

(c) घोड़न (d) घोड़ा

10. महादेवन तो सदा <u>स्वार्थ पूरा करना</u> चाहता है। वाक्य के रेखांकित कथन के स्थान पर दिए हुए मुहावरों में से किसका प्रयोग ठीक रहेगा?

(a) अपना उल्लू सीधा करना (b) दोनों हाथों में लड्डू होना

(c) पाँचों अंगुलियाँ घी में (d) तीन में न तेरह में

निर्देश : निम्नलिखित अनुच्छेद को पढ़कर प्रश्न सं. 11 से 15 तक के लिए सर्वाधिक उपयुक्त उत्तर चुनिए।

जब कोई रोग बहुत ही कम समय में किसी व्यापक क्षेत्र में फैलकर बहुत-सी मौतों का कारण बन जाता है तो उसे महामारी कहा जाता है। अचानक ही फैल जाने के कारण इसके निदान, चिकित्सा आदि के बारे में पर्याप्त जानकारी नहीं होती। इसलिए नियंत्रण में कठिनाई आती है। आजकल कोविड-19 नामक रोग ऐसी महामारी बन चुका है जो सारे विश्व में फैल गया है। अपने देश में इससे पहले भी प्लेग, हैजा, फ्लू, चेचक जैसे रोग महामारी के रूप में फैले किंतु उनका फैलाव इतना नहीं था और उन पर नियंत्रण पा लिया गया। कोविड के लिए टीका और दवाओं के परीक्षण हो रहे हैं। आशा है कि शीघ्र ही ये उपलब्ध हो सकेंगे। तब तक हमें अपनी रक्षा के लिए स्वयं सावधानियाँ बरतनी होंगी।

11. लेखक महामारी कोविड-19 पर नियंत्रण पा लेने के बारे में आशावान है, क्योंकि–

(a) कोई रोग अधिक दिन तक नहीं टिकता।

(b) वह टीके और दवाओं के शोध से जुड़ा है।

(c) टीके और दवाओं पर परीक्षण हो रहे हैं।

(d) लोग स्वयं स्वच्छता बरत रहे हैं।

12. 'विस्तार' के लिए अनुच्छेद में प्रयुक्त शब्द है–

(a) असीमित

(b) फैलाव

(c) उपलब्ध

(d) पर्याप्त

13. किस शब्द का निर्माण किसी उपसर्ग से *नहीं* हुआ है?

(a) परीक्षण (b) फैलाव

(c) नियंत्रण (d) निदान

14. महामारी उस रोग को कहा जाता है जो–

(a) महान लोगों को मारे

(b) वृद्धों की मौत का कारण बने

(c) अचानक व्यापक क्षेत्र में फैलकर मौतों का कारण बने

(d) डॉक्टरों को समझ में न आए

15. भारत में यह महामारी कभी नहीं फैली–

(a) प्लेग

(b) हैज़ा

(c) चेचक

(d) निमोनिया

SECTION-II : ENGLISH

Directions : Answer questions no. 16-19 by choosing the most appropriate options to complete the paragraph by filling in the blanks :

The Dodo bird was last seen in 1660 ...16... which it was never to be seen. There are different stories about the extinction of this species. Some people say that the Dutch sailors first ...17... the Dodo bird and mercilessly killed it to eat its meat ...18... others say that the rats and other animals ...19... came on board the Dutch ships spread themselves across the island and ate up the Dodo eggs for food.

16. (a) soon (b) after (c) later (d) before

17. (a) see (b) seen (c) saw (d) seeing

18. (a) but (b) and (c) as (d) because

19. (a) who (b) when (c) while (d) which

20. Read the sentence given below and choose the option which correctly changes it into Passive Voice.
Can Anil lose his book ?
(a) His book can be lost by Anil.
(b) Can his book be lost by Anil ?
(c) Could his book be lost by Anil ?
(d) His book could be lost by Anil.

21. The word which is opposite in meaning to 'suspicious' is ....
(a) wary (b) doubtful (c) incredible (d) gullible

22. Choose the word similar in meaning to the underlined words.
At first <u>lopped off</u> all the branches.
(a) cut (b) caught (c) extended (d) grew

Directions : (Questions no. 23-25). Answer these questions by choosing the most appropriate options to fill in the blanks.

23. On our way back home we stopped at the mini mart to pick up .... fruit.
(a) a little (b) a few (c) some (d) much

24. Mumbai and Delhi are two of the .... airports in India.
(a) busier (b) busiest (c) busy (d) more busy

25. Till today, neither of the two brothers .... this race.
(a) have run (b) has run (c) will run (d) would run

26. Give one word substitute for the following expression :
'One who cannot be defeated'
(a) Invincible (b) Undefeated (c) Patient (d) Determined

Direction : Select the alternative which best expresses the following sentence in indirect speech.

27. Surbhi said to Anu, "My mother is not well so I won't be able to come for the dance practice today."
(a) Surbhi told Anu that her mother was not well and so she would not be able to go for dance practice that day.
(b) Surbhi told to Anu her mother was not well so she will not be able to come for dance practice the next day.
(c) Surbhi says to Anu that her mother is not well so she will not be able to go for dance practice that day.
(d) Surbhi said to Anu that my mother is not well so she will not be able to come for dance practice today.

Directions : Read the following passage carefully and answer Questions No. 28-30.

It was the height of summer and the school Anil was to join had not yet opened. Having as yet made no friends in Dehradun in the foothills, he wandered about a good deal by himself into the hills and forests that stretched away on all sides of the town.

28. What was Anil doing in summer?
(a) Studying (b) Wandering (c) Travelling (d) Shopping

29. Anil had come to Dehradun to join a
(a) club (b) job (c) school (d) college

30. Dehradun is situated near the
(a) hills (b) rivers (c) sea (d) plateau

अनुभाग-III : गणित

31. 25450 को मानक रूप में अभिव्यक्त करने पर प्राप्त होता है–
(a) 2.545×10^{-4}
(b) 2545×10^{1}
(c) 25.45×10^{2}
(d) 2.545×10^{4}

32. पृथ्वी, वातावरण से 15 दिनों में 1.2×10^8 किलोग्राम धूल उठाती है। पृथ्वी 4.8×10^8 किलोग्राम धूल कितने दिनों में उठाएगी?
(a) 40 (b) 50 (c) 60 (d) 100

33. संख्या x का घन, संख्या x के नौ गुने के बराबर है। x (जहाँ $x \neq 0$ तथा $x \neq -3$) का मान है–
(a) 8 (b) 4 (c) 3 (d) 2

34. $[(5^{-1} - 6^{-1})^{-1} - (3^{-1} - 4^{-1})^{-1}]$ का मान है–
(a) 12 (b) 18 (c) 24 (d) 30

35. एक कैंप जिसमें 80 रहने वाले हैं, के पास 70 दिनों का खाना है। 10 दिनों के बाद कितने रहने वाले चले जाएँ कि शेष खाना 80 दिन और चल जाए?
(a) 25 (b) 24 (c) 20 (d) 16

36. यदि $x = \frac{2}{3}$ तथा $y = \frac{3}{2}$ है, तो $(x + y) \div (x - y)$ का मान होगा–
(a) $\frac{15}{2}$ (b) $-\frac{13}{5}$ (c) $\frac{17}{6}$ (d) $-\frac{11}{6}$

37. 7 के चार क्रमागत गुणजों का योगफल 322 है। इनमें से सबसे छोटा गुणज ज्ञात कीजिए।

(a) 91 (b) 84
(c) 63 (d) 70

38. $15xy(x-3y) - 3y(x-3y)$ के गुणनखंडन से प्राप्त होता है।

(a) $3y(x-3y)(x-1)$
(b) $3y(x-3y)(5x-1)$
(c) $y(x-3y)(5x-3)$
(d) $3(x-3y)(5x-3)$

39. $(761)^2 - (239)^2 = ?$

(a) 552 (b) 55200
(c) 522000 (d) 5220

40. यदि किसी संख्या x के दुगुने में 27 जोड़ने के बाद, उसमें 13 और जोड़ दिए जाने पर 60 प्राप्त होता है, तो संख्या x का मान है–

(a) 20 (b) 15
(c) 10 (d) 5

41. विस्तार करने पर व्यंजक $(a+2b-c)^2$ बराबर है–

(a) $a^2+4b^2+c^2-2ab-2bc-ac$
(b) $a^2+4b^2+c^2+4ab+4bc+2ac$
(c) $a^2+4b^2+c^2+4ab-4bc-2ac$
(d) $a^2+4b^2+c^2+4ab-4bc-4ac$

42. एक हॉल, जिसकी विमाएँ 30 मी. × 12 मी. हैं, के फर्श को पूरी तरह ढकने के लिए 3 मी. × 2 मी. विमाओं वाले कितने कालीनों की आवश्यकता होगी?

(a) 30 (b) 60
(c) 90 (d) 125

43. धातु की एक बेलनाकार पाइप की बाह्य त्रिज्या 3 सेमी. तथा आंतरिक त्रिज्या 2 सेमी. है। यदि पाइप की लंबाई 70 सेमी. है, तो सेमी.^{3} में पाइप में धातु का आयतन है–

(a) 350π (b) 630π
(c) 280π (d) 910π

44. यदि किसी त्रिभुज के आधार तथा ऊँचाई दोनों को दुगुना कर दिया जाए, तो उसका क्षेत्रफल, मूल त्रिभुज का/के .... होगा।

(a) एक-चौथाई (b) दुगुना
(c) चार गुना (d) समान

45. दो बेलनाकार बर्तनों की त्रिज्याओं में 1 : 3 का अनुपात है तथा उनकी ऊँचाइयों में 1 : 2 का अनुपात है। उनके आयतनों का अनुपात है।

(a) 1 : 3 (b) 1 : 6
(c) 1 : 18 (d) 1 : 36

46. निम्नलिखित परिमेय संख्याओं में से कौन-सी संख्या सबसे छोटी है?

(a) $\frac{2}{7}$ (b) $\frac{-5}{7}$
(c) $\frac{4}{-7}$ (d) $\frac{3}{7}$

47. निम्नलिखित में से कौन-सा कथन सत्य है–

(a) भिन्न परिमेय संख्याएँ होती हैं परंतु पूर्णांक नहीं होतीं।
(b) भिन्न तथा पूर्णांक दोनों ही परिमेय संख्याएँ होती हैं।
(c) न तो भिन्न और न ही पूर्णांक परिमेय संख्याएँ होती हैं।
(d) पूर्णांक परिमेय संख्याएँ होती हैं परंतु भिन्न नहीं होतीं।

48. $\frac{21}{24} \times \frac{8}{7}$ बराबर है–

(a) 0 (b) 1
(c) 3 (d) $\frac{64}{49}$

49. किसी संख्या (x) में से तीन घटाया जाता है। इस अंतर को 4 से गुणा करने पर गुणनफल 20 आता है। यह समीकरण है–

(a) $3-4x=20$
(b) $4(3-x)=20$
(c) $4(x-3)=20$
(d) $x-(3\times4)=20$

50. एक चतुर्भुज में, तीन कोणों का योगफल इसके चौथे कोण के दुगुने के बराबर है। चौथे कोण का माप है–

(a) 60° (b) 120°
(c) 90° (d) 160°

51. रैखिक समीकरण $\frac{2x-3}{4} - \frac{2x-1}{2} = \frac{x-2}{3}$ का हल है।

(a) $x=\frac{1}{8}$ (b) $x=\frac{2}{3}$
(c) $x=\frac{1}{2}$ (d) $x=\frac{3}{4}$

52. एक चतुर्भुज ABCD में, यदि AB = 10 सेमी, CD = 6 सेमी. तथा $\angle A + \angle D = 180°$ है, तो ABCD किस प्रकार का चतुर्भुज है?

(a) समांतर चतुर्भुज (b) समलंब
(c) समचतुर्भुज (d) वर्ग

53. एक पासा उछाला गया, 1 से बड़ी विषम संख्या आने की प्रायिकता है–

(a) $\frac{5}{6}$ (b) $\frac{1}{2}$
(c) $\frac{2}{3}$ (d) $\frac{1}{3}$

54. एक वाद-विवाद में भाग लेने वाले 15 विद्यार्थियों में से 5 लड़कियाँ हैं। जीतने वाले विद्यार्थी के एक लड़के होने की प्रायिकता है–

(a) $\frac{1}{2}$ (b) $\frac{1}{3}$
(c) $\frac{2}{3}$ (d) $\frac{3}{5}$

55. 300 व्यक्तियों के एक सर्वे में पाया गया कि 30 व्यक्ति क्रिकेट खेलते हैं। एक वृत्त-चित्र (pie-chart) में, इस वर्ग का त्रिज्यखण्ड कोण कितना होगा?

(a) 20° (b) 36°
(c) 30° (d) 10°

56. दो वर्ग जिनका क्षेत्रफल 16 सेमी.^{2} व 36 सेमी.^{2} है, को सटाकर रखने पर एक नई आकृति बनती है। इस आकृति का परिमाप है–

(a) $2\sqrt{13}$ सेमी. (b) 32 सेमी.
(c) 40 सेमी. (d) 52 सेमी.

57. 269 में क्या जोड़ा जाए कि परिणामी संख्या एक पूर्ण वर्ग बन जाए?

(a) 13 (b) 20
(c) 55 (d) 44

58. धातु के तीन ठोस घनों जिनकी भुजाएँ 6 सेमी., 8 सेमी. तथा 10 सेमी. हैं, को पिघलाकर एक घन बनाया गया है। नए घन की भुजा की लम्बाई है–

(a) 15 सेमी. (b) 14 सेमी.
(c) 13 सेमी. (d) 12 सेमी.

59. वह छोटी से छोटी संख्या जिसे 9 तथा 10 के वर्गों के योगफल से जोड़ने या घटाने पर एक पूर्ण वर्ग संख्या प्राप्त हो, है–

(a) 1 (b) 15
(c) 5 (d) 12

60. $\left[\sqrt{(24)^2+(7)^2}\right]^3$ बराबर है–

(a) 25 (b) 625
(c) 15625 (d) 125

61. यदि 5 व्यक्ति एक कार्य को 28 दिनों में पूरा कर सकते हैं, तो उसी कार्य को 7 दिनों में पूरा करने के लिए आवश्यक व्यक्तियों की संख्या है–

(a) 15 (b) 30
(c) 20 (d) 35

62. मनु एक प्रेशर कुकर अंकित विक्रय मूल्य के $\left(\frac{9}{10}\right)$वें भाग के मूल्य पर खरीदता है और अंकित विक्रय मूल्य से 8% अधिक पर बेचता है। उसे कितने प्रतिशत का लाभ होगा?

(a) 10% (b) 20%
(c) 30% (d) 40%

63. समीर ने एक जोड़ी जूते ₹ 1,344 में खरीदे जिसमें GST भी शामिल है। यदि जूतों का विक्रय मूल्य ₹ 1,200 है, तो GST की दर है–

(a) $10\frac{5}{7}$% (b) 18%
(c) 6% (d) 12%

64. एक शहर की जनसंख्या पहले 10% बढ़ी और फिर 20% कम हुई। जनसंख्या में कुल कमी हुई–

(a) 15% (b) 20%
(c) 12% (d) 8%

65. यदि किसी संख्या में 20% की वृद्धि की जाती है और फिर इसमें 20% की कमी की जाती है, तो इसमें शुद्ध वृद्धि/कमी % होगी।

(a) कोई परिवर्तन नहीं
(b) 4% वृद्धि
(c) 4% कमी
(d) 9% कमी

अनुभाग–IV : सामान्य विज्ञान

66. धातुओं का वह गुण जिसके कारण उन्हें पीटकर पतली शीटों (चादरों) में परिवर्तित किया जा सकता है, कहलाता है।

(a) तन्यता (b) भंगुरता
(c) आघातवर्धनीयता (d) चालकता

67. निम्नलिखित में से कौन-सा जीवाश्म ईंधन *नहीं* है?

(a) कोक (b) पेट्रोल
(c) लकड़ी (d) डीज़ल

68. रेयॉन को .... से प्राप्त किया जाता है।

(a) कोयला, जल व तेल
(b) काष्ठ-लुगदी
(c) ऐक्रिलिक
(d) जानवरों

69. जब किसी ताँबे (कॉपर) के बर्तन को लम्बे समय तक नम वायु में रखा रहने दिया जाता है, तब उसकी सतह पर एक हल्की हरी परत जम जाती है। इस हरी परत का पदार्थ एक मिश्रण होता है जिसमें होते हैं–

(a) कॉपर ऑक्साइड और कॉपर सल्फेट
(b) कॉपर कार्बोनेट और कॉपर हाइड्रॉक्साइड
(c) कॉपर ऑक्साइड और कॉपर कार्बोनेट
(d) कॉपर हाइड्रॉक्साइड और कॉपर सल्फेट

70. भू-पर्पटी में सबसे अधिक प्रचुरता से पाए जाने वाली अधातु है।

(a) कार्बन (b) हाइड्रोजन
(c) नाइट्रोजन (d) ऑक्सीजन

71. मृत पौधे धीरे-धीरे .... पर कोयले में परिवर्तित हो जाते हैं।

(a) निम्न दाब व उच्च ताप (b) उच्च दाब व निम्न ताप
(c) उच्च दाब व उच्च ताप (d) निम्न दाब व निम्न ताप

72. .... के द्वारा किण्वन प्रक्रिया की खोज की गई।

(a) अलेक्ज़ेंडर फ्लेमिंग (b) एडवर्ड जेनर
(c) लुई पाश्चर (d) रॉबर्ट कॉख

73. कौन-सी एक अधातु विद्युत् चालक है?

(a) ताँबा (b) ब्रोमीन
(c) ग्रैफाइट (d) पारा

74. निम्नलिखित सूक्ष्मजीवों में से कौन-सा प्रोटोजोआ है?

(a) अमीबा (b) ऐस्पर्जिलस
(c) स्पाइरोगाइरा (d) पेनिसिलियम

75. निम्नलिखित में से कौन-सा मिट्टी में पुष्टिकर *नहीं* बढ़ाता है?

(a) परती जमीन (b) खाद/उर्वरक
(c) फसल का चक्रीकरण (d) जुताई

76. निम्नलिखित में से कौन-सा समूह खरीफ फसल का हैं?

(a) कपास, चना, गेहूँ
(b) चना, मक्का, सरसों
(c) मूँगफली, मटर, गेहूँ
(d) कपास, मक्का, धान

77. निम्नलिखित में से जीवाणु द्वारा होने वाले रोगों के समूह को चुनिए–

(a) छोटी माता (छोटी चेचक) और पोलिया
(b) क्षयरोग (TB) और टायफॉइड
(c) खाँसी और इन्फ्लुएंजा (फ्लू)
(d) अतिसार और मलेरिया

78. डॉली भेड़ का जन्म 5 जुलाई, 1996 को हुआ और वो पहली स्तनीय प्राणी थी जिसे–

(a) पात्रे निषेचन के माध्यम से पैदा किया गया
(b) आन्तरिक निषेचन के माध्यम से पैदा किया गया
(c) बाह्य निषेचन के माध्यम से पैदा किया गया
(d) प्रतिरूपण (क्लोनिंग) के माध्यम से पैदा किया गया

79. निम्नलिखित में से किनमें बाह्य निषेचन अति सामान्य घटना है?

(a) मेंढक, मछली और चूहा
(b) टोड, मछली और बिल्ली
(c) टोड, मेंढक और तारामीन (स्टारफिश)
(d) मुर्गी, मछली और तारामीन (स्टारफिश)

80. घर्षण को .... के द्वारा बढ़ाया जाता है।

(a) स्नेहन
(b) कैरम बोर्ड पर पाउडर छिड़कने
(c) सतह को समतल बनाने
(d) टायरों पर ऊपरी खुरदरी तला लगाने

81. निम्नलिखित में से कौन-सा मिलान सही है?

(a) ऐड्रिनलीन - वृद्धि हार्मोन
(b) इन्सुलिन - स्त्री हॉर्मोन
(c) एस्ट्रोजन - तनाव मुक्तिकारक हॉर्मोन
(d) टेस्टोस्टेरॉन - पुरुष हॉर्मोन

82. कौन-सा एक सम्पर्क बल है?

(a) स्थिर-वैद्युत बल (b) चुबंकीय बल
(c) घर्षण बल (d) गुरुत्वीय बल

83. कौन-सा एक दाब की इकाई *नहीं* है?

(a) Nm^{-2} (b) पास्कल
(c) Nm^{-1} (d) डाइन से.मी.$^{-2}$

84. यदि हम निम्नलिखित ईंधनों की समान मात्रा का पूर्णतः दहन करें, तो किसके दहन से हमें अधिकतम ऊष्मा प्राप्त होगी?

(a) पेट्रोल
(b) द्रवित पेट्रोलियम गैस (LPG)
(c) डीज़ल
(d) संपीडित प्राकृतिक गैस (CNG)

85. राष्ट्रीय उद्यान पारितन्त्रों के समस्त समूहों की सुरक्षा करते हैं जबकि वन्य-जीव अभयारण्य .... को सुरक्षा प्रदान करते हैं।

(a) प्राणिजात, वनस्पति-जात व परिदृश्य
(b) वन्य प्राणिजात व वनस्पति-जात
(c) वन्य पशु
(d) वन्य वनस्पति-जात

86. कोशिका के किस अंग को कोशिका का शक्ति-भवन कहते हैं?

(a) लाइसोसोम (b) सूत्रकणिका
(c) राइबोसोम (d) कोशिका भित्ति

87. निम्नलिखित में से कौन-सा ईंधन प्रदूषण रहित वाहनों के लिए है?

(a) पेट्रोल
(b) डीजल
(c) मिट्टी का तेल
(d) संपीडित प्राकृतिक गैस (CNG)

88. निम्नलिखित में से कौन-सा एक पादप कोशिकाओं में तो पाया जाता है परन्तु जन्तु कोशिकाओं में नहीं पाया जाता?

(a) कोशिका भित्ति (b) कोशिका झिल्ली
(c) कोशिकाद्रव्य (d) केन्द्रक

89. निम्नलिखित में से किसकी शक्ति के परिमाण को रिक्टर पैमाने पर व्यक्त किया जाता है?

(a) तड़ित (b) चक्रवात
(c) सुनामी (d) भूकंप

90. निम्नलिखित में से कौन-सा वायु प्रदूषक पेट्रोल और डीज़ल के अपूर्ण दहन से उत्पन्न होता है और रुधिर की ऑक्सीजन वाहक क्षमता को घटा देता है?

(a) धुआँ
(b) कार्बन मोनोक्साइड
(c) कार्बन डाइऑक्साइड
(d) नाइट्रोजन ऑक्साइड

91. हमारे सौरमंडल के कौन-से दो ग्रह पूर्व से पश्चिम की ओर घूर्णन करते हैं?

(a) बुध और नेप्ट्यून नेप्च्यून
(b) शुक्र और यूरेनस
(c) मंगल और यूरेनस
(d) शुक्र और नेप्ट्यून नेप्च्यून

92. निम्नलिखित गैसों में से कौन-सी अम्ल वर्षा के लिए जिम्मेवार है?

(a) O_2 (g) (b) CO (g)
(c) CO_2 (g) (d) SO_2 (g), NO_2 (g)

93. सूर्य से दूरी के बढ़ते हुए क्रम में सौर मंडल के पहले तीन आंतरिक ग्रहों का सही क्रम है–

(a) पृथ्वी, बुध, शुक्र (b) शुक्र, बुध, पृथ्वी
(c) बुध, शुक्र, पृथ्वी (d) पृथ्वी, शुक्र, बुध

94. .... के द्वारा प्रतिबिंब बनते हैं।

(a) नियमित परावर्तन (b) अनियमित परावर्तन
(c) विसरित परावर्तन (d) परावर्तन

95. ध्वनि की निम्नलिखित विशेषताओं में से कौन-सी कंपन के आयाम पर निर्भर करती है?

(a) चाल (b) तारत्व
(c) प्रबलता (उच्च स्वरता) (d) गुण

96. निम्नलिखित में से किसमें विद्युत धारा प्रवाहित *नहीं* होती है?

(a) हाइड्रोक्लोरिक अम्ल का विलयन
(b) ताँबे की तार
(c) ठोस सोडियम क्लोराइड
(d) पिघला हुआ सोडियम क्लोराइड

97. विद्युत धारा उत्पन्न कर सकती है–

(a) केवल ऊष्मीय प्रभाव
(b) केवल रासायनिक प्रभाव
(c) केवल चुम्बकीय प्रभाव
(d) ऊष्मीय, रासायनिक व चुम्बकीय प्रभाव

98. एक तारा पृथ्वी से 20 प्रकाश वर्ष दूर है। उसके प्रकाश को तारे से पृथ्वी पर पहुँचने के लिए कितना समय लगेगा?

(a) 60 वर्ष (b) 20 वर्ष
(c) $6\frac{2}{3}$ वर्ष (d) 15 वर्ष

99. यदि आपतित किरण व परावर्तित किरण के बीच कोण 120° है, तो आपतन कोण क्या है?

(a) 60° (b) 90°
(c) 30° (d) 45°

100. किसी धातु की परत दूसरे धातु पर विद्युत द्वारा जमा (निक्षेपित) करने की प्रक्रिया को कहते हैं–

(a) विद्युत परत (b) विद्युत-लेपन
(c) विद्युत चढ़ाना (d) धातु की परत

व्याख्या सहित उत्तर

1. (a) संयुक्त वाक्य : जिस वाक्य में साधारण अथवा मिश्र वाक्यों का मेल रहता है।

2. (b) 'सूर्य' का पर्यायवाची → दिनकर, भास्कर, दिवाकर।

3. (c) शुद्ध रूप = आशीर्वाद।

4. (c) 'शाश्वत' का विलोम शब्द → नश्वर।

5. (a) 'गंगा' शब्द है → व्यक्तिवाचक।

6. (b) कोरोना संकट के दिनों में मास्क लगाकर बाहर निकलने का आग्रह है → जान है तो जहान है लोकोक्ति का प्रयोग।

7. (d) 'मात्रा या वजन' बताने वाले विशेषण → परिणामवाचक।

8. (a) 'ढ' वर्ण का उच्चारण स्थान है → मूर्धन्य।

9. (b) 'घोड़ा' का बहुवचन है → घोड़े।

10. (a) 'स्वार्थ पूरा करना' मुहावरा → अपना उल्लू सीधा करना।

11. (c) लेखक महामारी कोविड-19 पर नियंत्रण पा लेने के बारे में आशावान है, क्योंकि टीके और दवाओं पर परीक्षण हो रहे हैं।

12. (b) 'विस्तार' के लिए प्रयोग शब्द → फैलाव।

13. (b) 'फैलाव' शब्द का निर्माण किसी उपसर्ग से नहीं हुआ है।

14. (c) महामारी रोग : अचानक व्यापक क्षेत्र में फैलकर मौतों का कारण बनता है।

15. (d) 'निमोनिया' भारत में महामारी रोग नहीं है।

16. (b) Appropriate word for filling the blank → after.

17. (c) Appropriate word for filling the blank → saw.

18. (a) Appropriate word for filling the blank → but.

19. (b) Appropriate word for filling the blank → when.

20. (b) Can Anil lose his book?
Change into Passive Voice.
Can his book be lost by Anil?

21. (d) Opposite meaning of 'suspicious' → gullible.

22. (a) Similar meaning for lopped off → cut.

23. (c) On our way back home we stopped at the mini-mart to pick up some fruit.

24. (b) Mumbai and Delhi are two of the busiest airports in India.

25. (a) Till today, neither of the two brothers have run this race.

26. (a) One who cannot be defeated → Invincible.

27. (a) Indirect Speech :
Surbhi told Anu, "My mother is not well so I won't be able to come for the dance practice today."

28. (b) Anil wandering in the summer.

29. (c) Anil had come to Dehradun to join a school.

30. (a) Dehradun is situated near the hills.

31. (b) $25450 = 2.545 \times 10^4$

32. (c) 1.2×10^8 किग्रा धूल वातावरण से उठती है = 15 दिन
4.8×10^8 किग्रा धूल वातावरण से उठेगी = ? दिन

$$\frac{4.8 \times 10^8}{1.2 \times 10^8} = 4 \times 15 \text{ दिन}$$
$$= 60 \text{ दिन}$$

33. (c) विकल्प से,

$$x = 3$$
$$x^3 = (3)^3 = 27$$
$$x = 9 \times x$$
$$= 9 \times 3$$
$$= 27$$

34. (b) $[(5^{-1} - 6^{-1})^{-1} - (3^{-1} - 4^{-1})^{-1}]$

$$= \left(\frac{1}{5} - \frac{1}{6}\right)^{-1} - \left(\frac{1}{3} - \frac{1}{4}\right)^{-1}$$
$$= \left(\frac{6-5}{30}\right)^{-1} - \left(\frac{4-3}{12}\right)^{-1}$$
$$= \left(\frac{1}{30}\right)^{-1} - \left(\frac{1}{12}\right)^{-1}$$
$$= 30 - 12 = 18$$

35. (c) $M_1 D_1 = M_2 D_2$

$$80 \times 60 = x \times 80$$
$$x = \frac{80 \times 60}{80}$$
$$= 60$$

चले गए लोग = 80 – 60
= 20 दिन

36. (b) $x = \frac{2}{3}$ तथा $y = \frac{3}{2}$

$$(x + y) \div (x - y) = \left(\frac{2}{3} + \frac{3}{2}\right) \div \left(\frac{2}{3} - \frac{3}{2}\right)$$
$$= \left(\frac{4+9}{6}\right) \div \left(\frac{4-9}{6}\right)$$
$$= \left(\frac{13}{6}\right) \div \left(\frac{-5}{6}\right)$$
$$= \frac{13}{6} \times \frac{-6}{5} = \frac{-13}{5}$$

37. (d) 7 के चार क्रमागत गुणज = 70, 77, 84 तथा 91
योगफल = 70 + 77 + 84 + 91
= 322
सबसे छोटा गुणज = 70

38. (b) $15xy (x - 3y) - 3y (x - 3y)$
$(15xy - 3y) (x - 3y)$
गुणनखंड = $3y (5x - 1)$
$(x - 3y)$

39. (c) $(761)^2 - (239)^2 = ?$

$$a^2 - b^2 = (a + b)(a - b)$$
$$= (761 + 239)(761 - 239)$$
$$= (1000)(522) = 522000$$

40. (c) विकल्प से,

$$x \times 2 + 27 + 13 = 60$$
$$10 \times 2 + 27 + 13 = 60$$
$$20 + 27 + 13 = 60$$
$$60 = 60$$

41. (c) $(a + b + c)^2 = a^2 + b^2 + c^2 + 2ab + 2bc + 2ca$
$(a + 2b - c)^2 = a^2 + 4b^2 + c^2 + 4ab - 4bc - 2ac$

42. (b) कालीनों की संख्या

$$= \frac{30 \text{ मी.} \times 12 \text{ मी.}}{3 \text{ मी.} \times 2 \text{ मी.}}$$

$$= \frac{360 \text{ मी.}^2}{6 \text{ मी.}^2}$$

$$= 60$$

43. (a) $\pi \times 70\,(3^2 - 2^2)$

$$= \pi \times 70\,(9 - 4)$$
$$= \pi \times 70 \times 5$$

$\therefore$ $350\,\pi$

44. (c) त्रिभुज का क्षेत्रफल $= \frac{1}{2} \times$ आधार $\times$ ऊँचाई

$$= \frac{1}{2} \times b \times h$$

$$= \frac{1}{2} bh$$

दुगुना करने के बाद

$$= \frac{1}{2} \times 2b \times 2h$$

$$= 4 \times \frac{1}{2}\ bh$$

$\therefore$ मूल त्रिभुज का चार गुना होगा।

45. (c) दो बेलनाकार बर्तनों की त्रिज्याओं का अनुपात = 1 : 3

दो बेलनाकार बर्तनों की ऊँचाईयों का अनुपात = 1 : 2

$$\pi r_1^2 h_1 : \pi r_2^2 h_2$$
$$1 \times 1 : (3)^2 \times 2$$
$$\therefore \quad 1 : 18$$

46. (b) सबसे छोटी संख्या $= \frac{-5}{7}$

47. (b) भिन्न तथा पूर्णांक दोनों ही परिमेय संख्याएँ होती हैं।

48. (b) $\frac{21}{24} \times \frac{8}{7} = \frac{3}{3} = 1$

49. (c) संख्या $= x$

घटाने वाली संख्या = 3

समीकरण $= 4\,(x - 3) = 20$

50. (b)

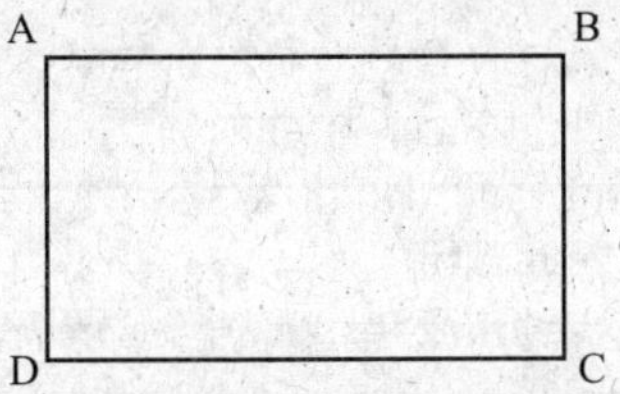

कोणों का योगफल $= \angle A + \angle B + \angle C + \angle D = 360°$

चौथा कोण $= 2\,(\angle A + \angle B + \angle C) + \angle D$

$$= 360°$$
$$= 2\,(\angle D) + \angle D$$
$$= 360°$$
$$\therefore \quad 3\angle D = 360°$$
$$\angle D = \frac{360°}{3} = 120°$$

51. (c) $\frac{2x-3}{4} - \frac{2x-1}{2} = \frac{x-2}{3}$

$$\frac{2x-3-(4x-2)}{4} = \frac{x-2}{3}$$

$$\frac{2x-3-4x+2}{4} = \frac{x-2}{3}$$

$$\frac{-2x-1}{4} = \frac{x-2}{3}$$

$$-6x - 3 = 4x - 8$$

$$\therefore \quad x = \frac{5}{10} = \frac{1}{2}$$

52. (b)

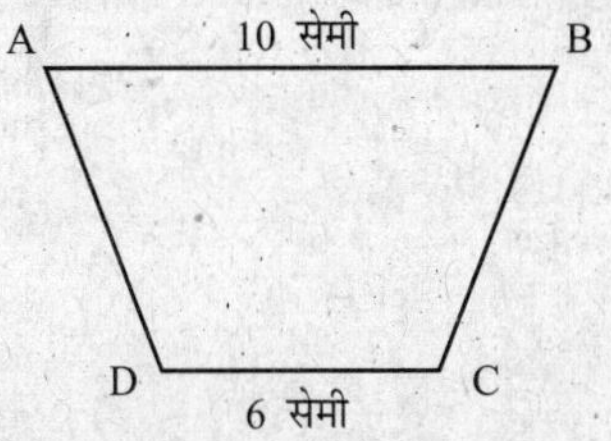

ABCD = समलंब चतुर्भुज।

53. (d) पासा में विषम संख्या = 1, 2, 3, 4, 5, 6

1 से बड़ी विषम संख्या = 3, 5

प्रायिकता $= \frac{2}{6} = \frac{1}{3}$

54. (c) कुल विद्यार्थी = 15

लड़कियों की संख्या = 5

लड़कों की संख्या = 15 – 5 = 10

जीतने वाले विद्यार्थी के एक लड़का होने की प्रायिकता

$$= \frac{10}{15} = \frac{2}{3}$$

55. (b) कुल व्यक्ति सर्वे में = 300

वृत्त-चित्र में,

कुल कोण = 360°

क्रिकेट खेलने वाले = 30

क्रिकेट खेलने वालों का कोण

$$= \frac{360°}{300} \times 30 = 36°$$

56. (b)

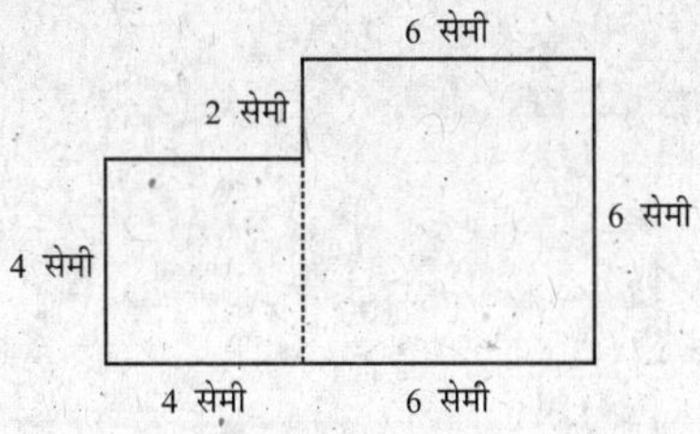

नई आकृति की परिमाप

= 4 + 6 + 6 + 6 + 2 + 4 + 4 = 32 सेमी.

57. (b) दी गई संख्या = 269

नजदीकी पूर्ण संख्या = 289

परिणामी संख्या = 289 – 269 = 20

58. (d) 3 घनों की भुजाएँ = 6 सेमी., 8 सेमी., 10 सेमी.

पिघलाकर बने नये घन की भुजा

$$= \sqrt[3]{(6)^3 + (8)^3 + (10)^3}$$

$$= \sqrt[3]{216 + 512 + 1000}$$

$$= \sqrt[3]{1728}$$

$$= \left[(12)^3\right]^{\frac{1}{3}} = 12$$

59. (d) $(9)^2 = 81$

$(10)^2 = 100$

योगफल $= 81 + 100 = 181$

विकल्प से,

$181 - 1 = 180$ $181 + 1 = 182$

$181 - 15 = 166$ $181 + 15 = 196$

$181 - 5 = 176$ $181 + 5 = 186$

$181 - 12 = 169$ $181 + 12 = 193$

पूर्ण वर्ग संख्या $= \sqrt{169}$

$= \left[(13)^2\right]^{\frac{1}{2}} = 12$

$\therefore$ छोटी संख्या $= 12$

60. (c) $\left[\sqrt{(24)^2 + (7)^2}\right]^3$

$= [\sqrt{576 + 49}]^3$

$= [\sqrt{625}]^3 = \left[(25)^3\right]^{\frac{1}{3}} = 15625$

61. (c) 28 दिन में काम पूरा करने के लिए व्यक्ति चाहिए = 5

7 दिन में काम पूरा करने के लिए व्यक्ति चाहिए = $\frac{5 \times 28}{7} = 20$

अत: आवश्यक व्यक्तियों की संख्या

= 20 व्यक्ति

62. (b) अंकित विक्रय मूल्य = ₹ 100

क्रय मूल्य = ₹ 90

विक्रय मूल्य = 100 + 8

= ₹ 108

लाभ = 108 – 90

= ₹ 18

लाभ $= \frac{18}{90} \times 100$

= 20%

63. (d) विक्रय मूल्य = ₹ 1200

GST सहित विक्रय मूल्य = ₹ 1344

GST = 1344 – 1200

= ₹ 144

GST दर % $= \frac{144}{1200} \times 100$

= 12

64. (c) प्रश्न से

$x = +10\%$ $y = -20\%$

जनसंख्या में कमी $= x + y + \frac{xy}{100}$

$= 10 - 20 + \frac{(10)(-20)}{100}$

$= -10 - 2$

$= -12$

$\therefore$ प्रतिशत कमी = 12%

65. (c) इस प्रकार के प्रश्न में सदैव कमी होगी।

$\therefore$ कमी = 4%

66. (c) आघातवर्धनीयता (Malleability) : धातुओं का वह गुण है जिसके कारण उन्हें पीटकर पतली शीटों (चादरों) में परिवर्तित किया जा सकता है।

67. (c) कोक, पेट्रोल, डीजल → जीवाश्म ईंधन हैं।

68. (b) रेयॉन को काष्ठ-लुगदी से प्राप्त किया जा सकता है।

69. (b) जब किसी ताँबे (Copper) के बर्तन को लंबे समय तक नम वायु में रखा रहने दिया जाता है तो उसकी सतह पर एक हल्की हरी परत जम जाती है। बर्तन पर जमे इस हरे परत के पदार्थ के मिश्रण में होते हैं–कॉपर कार्बोनेट तथा कॉपर हाइड्रॉक्साइड।

70. (d) भू-पर्पटी में सबसे अधिक प्रचुरता से पाए जाने वाली अधातु होती है → ऑक्सीजन

71. (c) मृत पौधे धीरे-धीरे उच्च दाब व उच्च ताप पर कोयले में परिवर्तित हो जाते हैं।

72. (c) लुई पाश्चर के द्वारा किण्वन प्रक्रिया की खोज की गई थी।

73. (c) ग्रैफाइट → एक अधातु विद्युत चालक।

74. (a) अमीबा सूक्ष्मजीवी एक प्रोटोजोआ है।

75. (a) परती जमीन (Field Fallow) मिट्टी में पुष्टिकर नहीं बढ़ाता है।

76. (d) खरीफ फसल समूह → कपास, मक्का, धान।

77. (b) क्षयरोग (TB) और टायफॉइड → जीवाणु द्वारा होने वाले रोग।

78. (d) डॉली नामक भेड़ जिसका जन्म 5 जुलाई, 1996 को हुआ तथा वह प्रथम स्तनीय प्राणी थी जिसे प्रतिरूपण (क्लोनिंग) के माध्यम से पैदा किया गया था।

79. (c) बाह्य निषेचन → टोड, मेंढक और तारामीन (स्टारफ़िश) में एक अति सामान्य घटना है।

80. (d) घर्षण को टायरों पर ऊपरी खुरदरी तला लगाने के द्वारा बढ़ाया जाता है।

81. (d) सही मिलान है, टेस्टोस्टेरॉन – पुरुष हॉर्मोन।

82. (c) घर्षण बल एक सम्पर्क बल है।

83. (c) दाब की इकाई → Nm^{-2}, पास्कल, डाइन सेमी$^{-2}$

84. (b) द्रवित पेट्रोलियम गैस (LPG) – 55,000 किलो जूल/किग्रा।

संपीडित प्राकृतिक गैस (CNG) – 50,000 किलो जूल/किग्रा।

पेट्रोल तथा डीजल – 45,000 किलो जूल/किग्रा।

85. (c) राष्ट्रीय उद्यान परितन्त्रों के समस्त समूहों की सुरक्षा करते हैं जबकि वन्य-जीव अभयारण्य वन्य पशु को सुरक्षा प्रदान करते हैं।

86. (b) सूत्रकणिका : कोशिका का शक्ति- भवन।

87. (d) संपीडित प्राकृतिक गैस (CNG) → प्रदूषण-रहित वाहनों का ईंधन।

88. (a) कोशिका भित्ति (Cell Wall): यह एक पादप कोशिकाओं में तो पाया जाता है परन्तु जन्तु कोशिकाओं में नहीं पाया जाता है।

89. (d) रिक्टर पैमाने के द्वारा भूकम्प की शक्ति के परिमाण को मापा जाता है।

90. (b) कार्बन मोनोक्साइड (CO) : यह एक वायु प्रदूषक है जो पेट्रोल एवं डीजल के अपूर्ण दहन से उत्पन्न होता है तथा रुधिर की ऑक्सीजन वाहक क्षमता को घटा देता है।

91. (b) शुक्र तथा यूरेनस → सौरमंडल के दो ग्रह जोकि पूर्व से पश्चिम की ओर घूर्णन करते हैं।

92. (d) SO_2 (g), NO_2 (g) → अम्ल वर्षा के लिए जिम्मेदार गैसें।

93. (c) आंतरिक ग्रह → बुध, शुक्र, पृथ्वी, मंगल।

बाह्य ग्रह → बृहस्पति, शनि, अरुण, वरुण।

94. (d) परावर्तन के द्वारा प्रतिबिंब बनते हैं।

95. (c) ध्वनि की प्रबलता (उच्च स्वरता) कंपन के आयाम पर निर्भर करती है।

96. (c) ठोस सोडियम क्लोराइड → विद्युत धारा प्रवाहित नहीं होती है।

पिघला हुआ सोडियम क्लोराइड → विद्युत धारा प्रवाहित होती है।

97. (d) विद्युत धारा उत्पन्न कर सकती हैं–ऊष्मीय, रासायनिक व चुम्बकीय प्रभाव।

98. (b) पृथ्वी से जितने प्रकाश वर्ष की दूरी उतना ही समय लगेगा यानि के 20 वर्ष।

99. (c) आपतित किरण व परावर्तित किरण के मध्य कोण = 120°

आपतन कोण = 30°

100. (b) विद्युत-लेपन (Electroplating) : यह किसी धातु की परत दूसरे धातु पर विद्युत द्वारा जमा (निक्षेपित) करने की प्रक्रिया है।

❑❑❑

जवाहर नवोदय विद्यालय
प्रवेश परीक्षा, कक्षा-9
(सॉल्व्ड पेपर-08 फरवरी, 2020)

अनुभाग-I : हिन्दी

1. 'स्वतन्त्र' का विलोम है-
   (a) गुलाम (b) परतन्त्र
   (c) आजाद (d) अधीन
2. नीचे दिए गए शब्दों में से कौन-सा शब्द अनेकार्थी है?
   (a) घर (b) तन
   (c) साँझ (d) कल
3. नीचे दिए गए शब्दों में से कौन-सा 'आँख' का पर्यायवाची नहीं है?
   (a) नैन (b) चक्षु
   (c) नयन (d) मीन
4. 'विचार' शब्द में 'इक' जोड़ने पर शब्द बनेगा-
   (a) विचारिक (b) वैचरिक
   (c) वैचारिक (d) विचारीक
5. 'ईमानदारी' शब्द .... संज्ञा है।
   (a) भाववाचक (b) गुणवाचक
   (c) समूहवाचक (d) जातिवाचक
6. 'रोजी-रोटी शब्द .... है।
   (a) संज्ञा (b) सर्वनाम
   (c) शब्द युग्म (d) विशेषण
7. 'फल' शब्द का बहुवचन है-
   (a) फल (b) फलों
   (c) फलन (d) फलां
8. 'ढाँढस बँधाना' का अर्थ है?
   (a) आशीर्वाद देना (b) तसल्ली देना
   (c) आज्ञा देना (d) निवेदन करना
9. 'आग लगने पर कुआँ खोदना' मुहावरे का अर्थ है-
   (a) अवसरवादी होना (b) पाखंडी होना
   (c) पहले से सावधान न होना (d) समय देखकर तत्पर होना
10. शुद्ध रूप छाँटिए-
    (a) सहीष्णुता (b) सहिश्णुता
    (c) सहीस्नुता (d) सहिष्णुता

निर्देश : (प्र.सं. 11-15) निम्नलिखित अनुच्छेद को ध्यानपूर्वक पढ़कर दिए गए प्रश्नों के उत्तर के लिए सही विकल्प का चयन कीजिए-

साँझ होने लगी थी, धूप की सुनहरी परछाइयाँ सिंदूरी साँझ की बाँहों में समा गई। मैं इस साँझ को अपने तन की आँखों से देखता हूँ और मन की आँखों से उस दादी की छवि को जो मानस पटल पर उभर आई है। तन की आँख सिर्फ आज देखती है जबकि मन की आँख तमाम बीते हुए कल। मन की इसी आँख ने मुझे अपनी दिवंगत दादी की याद दिला दी जो बचपन में हमें साँझ के समय घर के बाहर जाने से रोकती थी-कहती थी 'संजा बिरयां घर के बाहर नयी जानो बेटा, दीया बत्ती के टेम घर रेनो।' तर्क देती थी कि गोधूलि बेला में जब गायें भी अपने घर लौटती हैं अपने बछड़े के पास तो फिर तुम क्यों घर के बाहर जाते हो? वह कहती रहती थीं और हम थोड़ी देर उनकी गोद में बैठकर घर लौटती गायों को देखते, उनकी आँख बचाकर घर के बाहर भाग जाया करते थे। यह सिलसिला बचपन में चलता रहा। बचपन की दहलीज लाँघी, जीवन संघर्ष में यौवन उलझा और अब वार्धक्य में स्मृतियों के भँवर में घूम रहे हैं। इस सान्ध्य बेला में साँझ खूब याद आती है। ऐसी जानें कितनी साँझें याद आयीं और बीत गई लेकिन दादी की 'संजा बिरयां' बीतती नहीं। सोचता हूँ तो बार-बार लगता है कि वह संध्या के समय घर के बाहर न जाने की मनुहार करते जब गायों के गोधूलि बेला में अपने-अपने घर लौटने का उदाहरण देती थीं, तो क्या यह उनकी समझ थी या उनका संस्कार?

11. अनुच्छेद में साँझ को सिंदूरी इसलिए कहा गया है, क्योंकि-
    (a) साँझ बहुत गहरे लाल रंग की होती है।
    (b) शाम के समय आकाश में लालिमा होती है।
    (c) शाम को लोग जी भरकर मौज-मस्ती करते हैं।
    (d) साँझ के समय लोग लाल रंग का प्रयोग करते हैं।
12. ' .... लेकिन दीदी की 'संजा बिरयां' बीतती ही नहीं, का अर्थ है-
    (a) दादी के जीवन में साँझ हमेशा रही।
    (b) दादी की साँझ वाली बात कभी खत्म नहीं होती।
    (c) दादी की साँझ वाली बात हमेशा याद रहती है।
    (d) दादी की साँझ वाली बात का अर्थ आज समझ आया।
13. मन की आँखों को पुल का पर्याय क्यों कहा गया है?
    (a) वे अतीत और भविष्य को जोड़ती हैं।
    (b) वे अतीत और भविष्य को डूबने से बचाती हैं।
    (c) वे आजकल आज को ही देखती हैं।
    (d) वे पुल की तरह दिखती हैं।
14. इस अनुच्छेद में 'सांध्य बेला' का अर्थ है-
    (a) शाम का समय (b) उम्र का पड़ाव
    (c) सुखद समय (d) दुखद समय
15. अनुच्छेद में लेखक ने .... के बहाने दादी, बचपन, गोधूलि से जुड़ी यादों को साझा किया है।
    (a) मन (b) आँखों
    (c) साँझ (d) गायों

SECTION-II : ENGLISH

Directions (Q.16 to Q.19) Answer by choosing the appropriate option to complete the passage/sentence.

Man ......(Q. 16)...... is believed to have evolved from apes, ... (Q. 17)...... a curious mixture of varied motives. He is not only ...... (Q. 18)...... subjects of needs ......(Q. 19)...... also their creator. He also seeks to satisfy his needs and caters to his desires.

16. (a) which (b) when (c) while (d) who

17. (a) am (b) are (c) is (d) has

18. (a) to (b) the (c) a (d) an

19. (a) but (b) and (c) to (d) the

20. Convert into Passive Voice.
'We must face the new situations with an creative mind'.
(a) New situations need faced by us with a creative mind.
(b) New situations must face us with a creative mind.
(c) New situations must be faced by us with a creative mind.
(d) Everyone should face the new situations with a creative mind.

21. Give a word most similar in meaning to the word 'exhorting'?
(a) urging (b) supporting (c) demanding (d) clarifying

22. Opposite meaning of the word 'seeks' is ......
(a) deplores (b) avoids (c) vanishes (d) approaches

Directions : Which option fits best in the blanks in Q.23 to Q.25.

23. I ...... we should accept the offer.
(a) think (b) will think (c) should think (d) would think

24. Neither he nor his servent ....
(a) leave (b) have left (c) has left (d) is left

25. My sister is ...... than I am.
(a) more stronger (b) most stronger (c) stronger (d) strong

Direction : Give one word for the following Phrase.

26. One who eats everything.
(a) omnipotent (b) insolvent (c) irresistible (d) omnivorous

Direction : Select the alternative which best expresses the same sentence in indirect speech.

27. He said, "Can you sing?" and I said, "no".
(a) He asked me that could I sing and I refused.
(b) He asked me if I could sing and I replied that I could not.
(c) I denied, when he asked me if you could sing.
(d) He asked me if I could sing and I said no.

Directions : Read the following passage carefully and answer Q.28 to Q.30.

The Aryaas were keen hunters and caught lions and hunted bears with dogs. But their favourite sport was racing in chariots drawn by swift horses. After the races, they had open-air dancing and singing. Like other ancient people, they worshipped at first many Gods of the storms. For a long time their chief God was Indra. As centuries passed and the Aryans settled and developed their farming and trade in the conquered lands, the people became divided into four main casts, the Brahmans, the Kahatriyas, the Vaishyas and Shudras. The duties of these four groups were described in ancient laws called the 'Manu Samhita' or the Laws of Manu.

28. The favourite sport of the Aryans was–
(a) hunting (b) chariot race (c) horse race (d) dancing and singing

29. For a long time, the chief God of the Aryans was–
(a) Sun God (b) The God of Storms (c) Indra (d) God of Sky

30. What helped the Aryans in hunting?
(a) Lions (b) Dogs (c) Bears (d) Their God

अनुभाग–III : गणित

31. निम्न में से कौन-सा सत्य नहीं है?

(a) $\frac{8}{7}+\frac{3}{8}=\frac{3}{8}+\frac{8}{7}$ (b) $\frac{8}{7}\times\frac{3}{8}=\frac{3}{8}\times\frac{8}{7}$

(c) $\frac{\frac{8}{7}}{\frac{3}{8}}=\frac{8}{7}\times\frac{8}{3}$ (d) $\frac{8}{7}-\frac{3}{8}=\frac{3}{8}-\frac{8}{7}$

32. एक अ-शून्य परिमेय संख्या एवं इसके व्युत्क्रम का गुणनफल होता है।
(a) 1 (b) 0 (c) परिमेय संख्या स्वयं (d) परिमेय संख्या का व्युत्क्रम

33. निम्न में से किस संख्या के वर्ग में इकाई के स्थान पर 6 होगा?
(a) 38 (b) 24 (c) 32 (d) 45

34. 28 और 29 के वर्ग के बीच कितनी प्राकृतिक संख्याएँ स्थित हैं?
(a) 30 (b) 58 (c) 56 (d) 60

35. $\sqrt{\sqrt{256}+\sqrt{81}}$ का मान है–
(a) 5 (b) 6 (c) 7 (d) 8

36. निम्न में किस संख्या के घनमूल की इकाई 3 होगी?
(a) 35937 (b) 46656 (c) 39304 (d) 50653

37. $0.04 \times 0.04 \times 0.04 = ?$
(a) 0.064 (b) 0.00064 (c) 0.0064 (d) 0.000064

38. वह न्यूनतम संख्या, जिससे 81 को भाग देने पर एक पूर्ण घन प्राप्त होता है वह .... है।
(a) 1 (b) 3 (c) 2 (d) 4

39. 12300000 का मानक रूप .... है।
(a) 1.23×10^8 (b) 12.3×10^8 (c) 1.23×10^7 (d) 1.23×10^9

40. $Z \times (Z^2)^{-4} = ?$
(a) Z^{-7} (b) Z^7 (c) Z^{-8} (d) Z^8

41. यदि 10 लोगों का एक परिवार 15 दिन का राशन खरीदता है और पहले दिन से पाँच मेहमान आ जाते हैं। यह राशन कितने दिन चलेगा?
(a) 15 दिन (b) 12 दिन
(c) 10 दिन (d) 8 दिन

42. यदि एक रिक्शा 1 घंटे में 10 किमी. दूरी तय करती है तो उसी गति से इस रिक्शा द्वारा एक मिनट में .... दूरी तय की जाएगी।
(a) $\frac{250}{9}$ मी. (b) $\frac{500}{9}$ मी.
(c) 1000 मी. (d) $\frac{500}{3}$ मी.

43. यदि निधि ₹ 500 मूल्य की एक पुस्तक खरीदती है और उसका जी.एस.टी. 12 प्रतिशत हो तो उसके द्वारा देय राशि .... होगी।
(a) ₹ 60 (b) ₹ 560
(c) ₹ 640 (d) ₹ 660

44. यदि किसी संख्या में 30% वृद्धि की जाती है और फिर इसमें 30% की कमी की जाती है। इसमें शुद्ध वृद्धि/कमी .... % होगी।
(a) 9 (b) 4
(c) 16 (d) 1

45. ₹ 10 पर 10% वार्षिक दर से 2 वर्ष का चक्रवृद्धि ब्याज .... होगा।
(a) ₹ 2 (b) ₹ 2.10
(c) ₹ 2.20 (d) ₹ 2.30

46. $32z^2y^2x^2$ के समान पद क्या हैं?
(a) $8z^2 \times 3y^2 \times x^2$ (b) $6z^2 \times 6x^2 \times y^2$
(c) $8y^2 \times 4x^2 \times z^2$ (d) $6z^2 \times 3x^2 \times y^2$

47. $63z^2y^3x$ का अखंडनीय गुणनखण्ड .... है।
(a) $9z^2y^3x$ (b) $9z^2 \times 7y^2 \times 2x$
(c) $9z^2 \times 7x \times y^2$ (d) $3z^2 \times 7x \times 3y^3$

48. $\left[\frac{3a}{5}+\frac{2b}{3}\right]\left[\frac{3a}{5}-\frac{2b}{3}\right] = ?$
(a) $\frac{3a^2}{5}-\frac{2b^2}{3}$ (b) $\frac{9a^2}{5}-\frac{4b^2}{9}$
(c) $\frac{9a^2}{25}-\frac{4b^2}{9}$ (d) $\frac{9a^2}{25}-\frac{4b^2}{3}$

49. $(2005)^2 - (1995)^2 = ?$
(a) 40000 (b) 4000
(c) 4025 (d) 40225

50. एक वर्ग का क्षेत्रफल $9x^2 + 24xy + 16y^2$ है। इसकी भुजा .... होगी।
(a) $3x - 4y^2$ (b) $3x - 4y$
(c) $3x + 4y^2$ (d) $3x + 4y$

51. यदि $3x - 4(64 - x) = 10$, तो $x = ?$
(a) 133 (b) 38
(c) – 286 (d) 66.5

52. पिता की वर्तमान आयु पुत्र की आयु से तीन गुनी है। तीन वर्ष बाद पिता की आयु पुत्र की आयु के दुगुने से 7 वर्ष अधिक होगी। पुत्र की वर्तमान आयु .... वर्ष है।
(a) 8 (b) 9
(c) 10 (d) 11

53. 6 के पाँच क्रमागत गुणजों का योग 2040 है। सबसे बड़ा गुणज ज्ञात कीजिए।
(a) 420 (b) 528
(c) 456 (d) 450

54. y और 13 के गुणनफल में 15 जोड़ने पर 54 प्राप्त होता है। y का मान .... होगा।
(a) 2 (b) $\frac{69}{13}$
(c) 3 (d) 4

55. एक चतुर्भुज के चार कोण 3 : 4 : 5 : 6 के अनुपात में है। सबसे बड़ा कोण .... होगा।
(a) 160 (b) 80
(c) 100 (d) 120

56. यदि चतुर्भुज ABCD में AB = 6 सेमी., CD = 8 सेमी. और कोण A और D का योग 180° है। यह चतुर्भुज .... है।
(a) समान्तर (b) समलम्ब
(c) समचतुर्भुज (d) वर्ग

57. यदि एक समचतुर्भुज में एक विकर्ण उसकी भुजा के बराबर है। इसका बड़ा कोण .... होगा।
(a) 120° (b) 90°
(c) 60° (d) 160°

58. एक समचतुर्भुज के विकर्ण 5 सेमी. और 7 सेमी. हैं। इसका क्षेत्रफल .... सेमी.^{2} होगा।
(a) 12 (b) 17.5
(c) 35 (d) 70

59. लम्बाई L इकाई और चौड़ाई B इकाई वाले एक आयत में समाहित होने वाले सबसे बड़े त्रिभुज का क्षेत्रफल .... है।
(a) $\frac{LB}{3}$ (b) $\frac{LB}{6}$
(c) $\frac{LB}{4}$ (d) $\frac{LB}{2}$

60. एक 40 मीटर लम्बे और 18 मीटर चौड़े आयताकार खेत में 360 मीटर^3 जल से सिंचाई की जाती है। खेत में जल स्तर की ऊँचाई .... मीटर होगी।
(a) 0.5 (b) 1
(c) 1.5 (d) 0.2

61. यदि एक घन की भुजा तीन गुना कर दी जाए तो उसका आयतन .... गुना हो जाएगा।
(a) 6 (b) 9
(c) 21 (d) 27

62. दो बेलनों की त्रिज्याओं का अनुपात 1 : 2 है और उनकी ऊँचाईयाँ 2 : 5 में हैं। इनके आयतन का अनुपात .... होगा।
(a) 1 : 10 (b) 1 : 8
(c) 1 : 5 (d) 2 : 9

63. एक 7 मीटर गहरा और 2 मीटर व्यास का कुआँ खोदने के लिए कितनी घन मीटर मिट्टी खोदनी होगी?
(a) 35 (b) 32
(c) 22 (d) 14

64. एक पासे को दो बार फेंका जाता है। उस पर आने वाले संख्याओं के योग के संभव परिणाम .... हो सकते हैं।
(a) 5 (b) 6
(c) 11 (d) 18

65. निम्न आँकड़ों का परिसर .... है।
– 6, – 8, 3, 2, 1, 4, 2, 5
(a) 10 (b) 13
(c) 11 (d) 8

अनुभाग-IV : सामान्य विज्ञान

66. लैक्टोबैसिलस एक .... है।
(a) जीवाणु (b) शैवाल
(c) प्रोटोजोआ (d) कवक

67. .... बीज बोने में उपयोग होती है।
(a) हंसिया (b) कुदाली
(c) सीड ड्रिल (d) स्प्रिंकलर

68. मानव में इन्फ्लुएंजा रोग .... के कारण उत्पन्न होता है।
(a) जीवाणु (b) विषाणु
(c) अमीबा (d) फफूँदी

69. छोटी माता के लिए वैक्सीन की खोज .... ने की।
(a) लुई पाश्चर (b) रॉबर्ट कौच
(c) एडवर्ड जेनर (d) फ्लेमिंग

70. निम्न में से थर्मोसेटिंग प्लास्टिक कौन-सी है?
(a) नाइलॉन (b) पी.वी.सी
(c) रबड़ (d) बैकेलाइट

71. निम्नलिखित में से किसकी ठंडे जल से तीव्र अभिक्रिया होती है?
(a) सोडियम (b) कार्बन
(c) एल्युमिनियम (d) मैग्नीशियम

72. कॉपर के किस गुण का विद्युत तार बनाने में उपयोग किया जाता है?
(a) तन्यता (b) अच्छे सुचालक
(c) कुचालक (d) ठोस होना

73. निम्नलिखित में से कौन-सा पेट्रोलियम का अवयव नहीं है?
(a) पैराफिन मोम (b) स्नेहक तेल
(c) कोक (d) पेट्रोल

74. निम्न में से कौन-सा प्राकृतिक संसाधन नहीं है?
(a) जल (b) खनिज
(c) मृदा (d) रेयॉन

75. अप्रिय गंध वाला काला गाढ़ा द्रव्य .... कहलाता है।
(a) कैरोसिन (b) कोलतार
(c) पेट्रोल (d) कोक

76. स्पीशीज एकमात्र रूप से एक विशिष्टीकृत पर्यावास में पाई जाती है।
(a) स्थानिक (b) विलुप्त
(c) संकटापन्न (d) प्राणिजात

77. बड़े भूखंडों को खेती करने के लिए साफ करने का पर्यावरण पर निम्न प्रभाव पड़ता है।
(a) मृदा प्रदूषण (b) मृदा उर्वरता
(c) मृदा अपरदन (d) मृदा संरक्षण

78. पत्तियाँ .... के कारण हरी होती हैं।
(a) राइबोसोम (b) माइटोकांड्रिया
(c) हरितलवक (d) पर्णहरित

79. निम्न में से क्या पादप, जंतु एवं जीवाणु की कोशिका में पाया जाता है?
(a) हरितलवक (b) कोशिका झिल्ली
(c) केन्द्रक (d) कोशिका भित्ति

80. मुर्गी .... है।
(a) बाह्य निषेचक (b) अण्डप्रजक
(c) सजीवप्रजक (d) आन्तरिक निषेचक

81. अमीबा में .... द्वारा जनन होता है।
(a) बाह्य निषेचन (b) आन्तरिक निषेचन
(c) मुकुलन (d) द्विविभाजन

82. टेडपोलों में .... के अपर्याप्त बनने से परिवर्धन अपूर्ण रह जाता है।
(a) थायरॉक्सिन (b) इंसुलिन
(c) पोषक तत्व (d) वाहिकाएँ

83. योवनारम्भ में वृषणों से .... उत्सर्जित होता है।
(a) थायरॉक्सिन (b) इंसुलिन
(c) टेस्टोस्टेरॉन (d) एड्रीनेलिन

84. एक गैस से भरा गुब्बारा ऊपर की ओर जाता है क्योंकि–
(a) इस पर गुरुत्वाकर्षण बल नहीं लगता।
(b) इस पर कोई घर्षण बल नहीं लगता।
(c) ऊपर की ओर लगने वाला बल गुरूत्वाकर्षण बल से अधिक होता है।
(d) ऊपर की ओर लगने वाला बल घर्षण बल से अधिक होता है।

85. पास-पास रखी थर्मोकोल की दो गेंदें .... बल के कारण एक-दूसरे से दूर चली जाती हैं।
(a) चुम्बकीय (b) वैद्युत
(c) गुरुत्वाकर्षण (d) घर्षण

86. शरीर में उपास्थि का समाप्त होना शरीर में घर्षण बल को .... है।
(a) बढ़ाता (b) घटाता
(c) प्रभावित नहीं करता (d) घटा या बढ़ा सकता

87. क्रिकेट के बल्ले का हैंडल .... के लिए प्रायः खुरदरा होता है।
(a) अधिक रन प्राप्त करने (b) बॉल को बल्ले पर लाने
(c) घर्षण घटाने (d) घर्षण बढ़ाने

88. यदि किसी वस्तु की कंपन आवृत्ति बढ़ाते हैं तो उसका आवर्त काल .... है।
(a) उसी अनुपात में बढ़ता (b) उसकी व्युत्क्रमानुपात में बढ़ता
(c) उसी अनुपात में घटता (d) उसकी व्युत्क्रमानुपात में घटता

89. पराश्रव्य ध्वनि की तरंगों की आवृत्ति .... होती है।
(a) 20 Hz (b) 20 और 20,000 Hz के मध्य
(c) 20,000 Hz से अधिक (d) 20 Hz से कम

90. लोहे को रोगन .... हेतु किया जाता है।
(a) इसे चमकदार बनाने (b) इसे अधिक समय तक रखने
(c) इसे अपरदन से बचाने (d) इसे वैद्युत करन्ट से बचाने

91. निम्नलिखित में से .... विद्युत का सुचालक नहीं होता।
(a) टोंटी का पानी (b) वनस्पति तेल
(c) सिरका (d) नींबू का रस

92. भूकम्प के कारण .... आ सकती है।
(a) सुनामी, बाढ़, भूस्खलन (b) सुनामी, तड़ित, बाढ़
(c) सुनामी, तड़ित, भूस्खलन (d) बाढ़, तड़ित, भूस्खलन

93. जब आप एक प्लास्टिक पेन को पीछे से अपने बालों में रगड़कर कागज के छोटे टुकड़े के पास लाते हैं तो यह उसे .... के कारण अपनी ओर आकर्षित करता है।
(a) वैद्युत बल (b) घर्षण
(c) चुम्बकीय बल (d) गुरुत्वाकर्षण

94. यदि कोई वस्तु समतल दर्पण से 5 सेमी. दूर है, तो इसके द्वारा निर्मित प्रतिबिम्ब और वस्तु के मध्य दूरी .... होगी।

(a) 2.5 सेमी. (b) 5 सेमी.
(c) 10 सेमी. (d) 15 सेमी.

95. एक-दूसरे के उन्मुख और समान्तर रखे दो समतल दर्पणों द्वारा प्रकाश की कोई किरण .... बार परावर्तित हो सकती है।

(a) 2 (b) 4
(c) 8 (d) अनन्त

96. शुक्र ग्रह को ...... भी कहते हैं।

(a) ध्रुव तारा (b) प्रभात तारा
(c) सीरियस तारा (d) जूपिटर

97. एक तारा पृथ्वी से पन्द्रह प्रकाश वर्ष दूर है। इसके द्वारा आज निकला प्रकाश ...... वर्ष बाद दिखाई देगा।

(a) 5 (b) 10
(c) 15 (d) 30

98. प्रतिवर्ष जुलाई/अगस्त का पौधे लगाने वाला माह ..... कहलाता है।

(a) वन महोत्सव (b) पौधों का माह
(c) वन संरक्षण माह (d) वन्य जीव माह

99. ...... अम्ल वर्षा के लिए उत्तरदायी है।

(a) कार्बन डाइऑक्साइड
(b) सल्फर डाइऑक्साइड
(c) कार्बन मोनोऑक्साइड
(d) क्लोरोफ्लुओरोकार्बन

100. निम्नलिखित समूहों में से किसमें केवल संश्लेषित पदार्थ है?

(a) नाइलॉन, टेरीलीन, ऊन (b) कपास, पॉलिकॉट, रेयॉन
(c) पीवीसी, पॉलिथिन, बेकेलाइट (d) एक्रिलिक, रेशम, ऊन

व्याख्या सहित उत्तर

1. (b) 'स्वतंत्र' का विलोम शब्द 'परतन्त्र है।

2. (d) कल एक अनेकार्थी शब्द है जिसको कई रूप में प्रयोग किया जाता है जैसे– बीता हुआ कल, आने वाला कल, आजकल, मशीन आदि।

3. (d) मीन का पर्यायवाची मछली होता है। अत: इसका आँख से कोई सम्बन्ध नहीं है।

4. (c) विचार + इक = वैचारिक

5. (a) 'ईमानदारी' शब्द भावाचक संज्ञा है।

6. (c) 'रोजी-रोटी' शब्द एक शब्द-युग्म है।

7. (a) 'फल' शब्द का बहुवचन भी फल ही होता है।

8. (b) 'ढाँढ़स बँधाना' का अर्थ तसल्ली देना होता है।

9. (c) आग लगने पर कुँआ खोदना मुहावरे का अर्थ होता है– पहले से सावधान न होना।

10. (d) शुद्ध रूप $\rightarrow$ सहिष्णुता

11. (b) दिए गए अनुच्छेद में साँझ को सिंदूरी इसलिए कहा गया है, क्योंकि शाम के समय आकाश में लालिमा होती है।

12. (c) इसका अर्थ है $\rightarrow$ दादी की साँझ वाली बात हमेशा याद रहती है।

13. (a) मन की आँखों को पुल का पर्याय इसलिए माना गया है क्योंकि वे अतीत और भविष्य को जोड़ती हैं।

14. (b) दिए गए अनुच्छेद में 'सांध्य बेला' का अर्थ है $\rightarrow$ उम्र का पड़ाव।

15. (b) अनुच्छेद में लेखक ने आँखों के बहाने दादी, बचपन, गोधूलि से जुड़ी यादों को साझा किया है।

For Q.16 to Q.19.

Man *who*(16) is believed to have evolved from apes, *is*(17) a curious mixture of varied motives. He is not only *the*(18) subjects of needs *but*(19) also their creator.

20. (c) Passive Voice
New situations must be faced by us with a creative mind.

21. (a) Most similar meaning of the word 'exhorting' is urging.

22. (b) Opposite meaning of word 'seeks' $\rightarrow$ avoids.

23. (a) think

24. (b) have left

25. (c) stronger

26. (d) One who eats everything $\rightarrow$ Omnivorous.

27. (d) Indirect Speech
He asked me if I could sing and I said no.

28. (b) Aryans favourite sport is chariot race.

29. (c) The chief God of the Aryans was Indra.

30. (d) Dogs helped Aryans in the hunting.

31. (b) $\frac{8}{7}-\frac{3}{8} \neq \frac{3}{8}-\frac{8}{7}$

32. (a) $\frac{a}{b}\times\frac{b}{a}=1$

33. (b) $(24)^2 = 576$
अत: इस वर्ग में इकाई के स्थान पर अंक 6 है।

34. (c) $(28)^2 = 784$
$(29)^2 = 841$
28 और 29 के वर्ग के बीच प्राकृतिक संख्याएँ = 784 तथा 841 के मध्य संख्याएँ = 56

35. (a) $\sqrt{\sqrt{256}+\sqrt{81}} = \sqrt{\sqrt{(16)^2}+\sqrt{(9)^2}}$
$= \sqrt{16+9} = \sqrt{25} = \sqrt{(5)^2} = 5$

36. (a) 35937 में इकाई का अंक = 7
$(7)^3 = 7\times7\times7 = 49\times7 = 343$
घनमूल संख्या में इकाई का अंक = 3

37. (d) $0.04\times0.04\times0.04 = 0.000064$

38. (b) $\frac{81}{3} = 27 = (3)^3$
न्यूनतम संख्या = 3

39. (c) 12300000 का मानक रूप
$= 1.23\times10^7$

40. (a) $Z\times(z^2)^{-4} = ?$
$Z\times Z^{-8} = Z^{1-8} = Z^{-7}$

41. (c) लोगों की संख्या = 10
दिनों का राशन = 15
पहले दिन से 5 मेहमान आने के बाद,
लोगों की संख्या = 15
दिनों का राशन = 10

42. (d) 10 किमी. = 10,000 मी

समय = 1 घंटा = 60 मिनट

रिक्शा 1 घंटे में दूरी तय करता है = 10 किमी.

रिक्शा 60 मिनट में दूरी तय करता है = 10,000 मीटर

रिक्शा 1 मिनट में दूरी तय करेगा $= \frac{10,000}{60}$

$= \frac{500}{3}$ मीटर

43. (b) पुस्तक की कीमत = ₹ 500

जी.एस.टी. = 12%

$= 500 \times \frac{12}{100}$

= ₹ 60

पुस्तक की देय राशि = ₹ 500 + ₹ 60

= ₹ 560

44. (a) प्रारम्भिक संख्या = 100

30% वृद्धि के बाद संख्या $= 100 + 100 \times \frac{30}{100}$

$= 130$

फिर 30% कमी के बाद संख्या

$= 130 = 130 \times \frac{30}{100}$

$= 130 - 39 = 91$

शुद्ध कमी = 100 – 91 = 9

45. (b) चक्रवृद्धि ब्याज = मूलधन $\left[\left(1+\frac{\text{दर}}{100}\right)^{\text{समय}} - 1\right]$

$= 10\left[\left(1+\frac{10}{100}\right)^2 - 1\right]$

$= 10\left[\frac{121}{100} - 1\right]$

$= 10\left(\frac{21}{100}\right)$

= ₹ 2.10

46. (c) $32z^2y^2x^2$ का समान पद $= 8y^2 \times 4x^2 \times z^2$

47. (d) $63z^2y^3x$ का अखंडनीय गुणनखण्ड $= 3z^2 \times 7x \times 3y^3$

48. (c) $\left[\frac{3a}{5}+\frac{2b}{3}\right]\left[\frac{3a}{5}-\frac{2b}{3}\right] = ?$

$[\therefore (a+b)(a-b) = a^2 - b^2]$

$\left(\frac{3a}{5}\right)^2 - \left(\frac{2b}{3}\right)^2 = \frac{9a^2}{25} - \frac{4b^2}{9}$

49. (a) $(2005)^2 - (1995)^2 = ?$

$(a)^2 - (b)^2 = (a+b)(a-b)$

$= (2005 + 1995)(2005 - 1995)$

$= (4000)(10)$

$= 40,000$

50. (d) $9x^2 + 24xy + 16y^2$

$a^2 + 2ab + b^2 = (a+b)^2$

$(a+b)^2 = (3x+4y)^2$

$= 9x^2 + 24xy + 16y^2$

51. (b) $3x - 4(64 - x) = 10$

$3x - 256 + 4x = 10$

$7x = 10 + 256$

$7x = 266$

$\therefore \quad x = \frac{266}{7} = 38$

52. (c) पुत्र की वर्तमान आयु = x वर्ष

पिता की वर्तमान आयु = $3x$ वर्ष

तीन वर्ष बाद,

पुत्र की आयु = $x + 3$ वर्ष

पिता की आयु = $3x + 3$ वर्ष ... (i)

दूसरी स्थिति से,

पिता की आयु = $2(x + 3) + 7$ वर्ष ... (ii)

समीकरण (i) तथा (ii) को हल करने पर,

$3x + 3 = 2(x + 3) + 7$

$3x + 3 = 2x + 6 + 7$

$3x - 2x = 13 - 3$

$\therefore \quad x = 10$

अतः पुत्र की वर्तमान आयु = 10 वर्ष

53. (a) 6 के पाँच क्रमागत गुणजों का योग = 2040

सबसे बड़ा गुणज = 420

54. (c) $(y \times 13) + 15 = 54$

$y \times 13 = 54 - 15$

$\therefore \quad y = \frac{39}{13} = 3$

55. (d) चतुर्भुज के चारों कोणों का योग = 360°

कोण 1 $= 360° \times \frac{3}{18} = 60°$

कोण 2 $= 360° \times \frac{4}{18} = 80°$

कोण 3 $= 360° \times \frac{5}{18} = 100°$

कोण 4 $= 360° \times \frac{6}{18} = 120°$

56. (b)

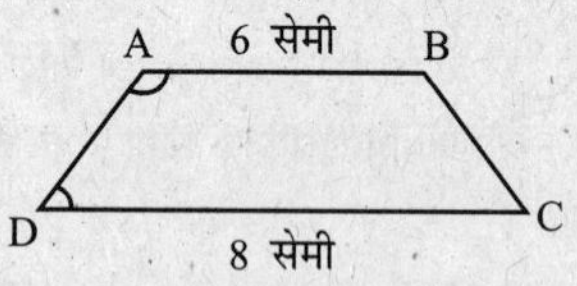

$\angle A + \angle D = 180°$

समलम्ब चतुर्भुज : चार भुजाओं में से दो भुजाएँ समांतर होती हैं।

57. (b) समचतुर्भुज का सबसे बड़ा कोण = 90°

58. (b) समचतुर्भुज का क्षेत्रफल $= \frac{1}{2} \times 5 \times 7 = \frac{35}{2}$

= 17.5 सेमी.^{2}

59. (a)

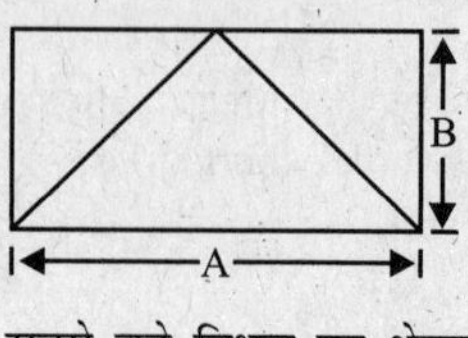

सबसे बड़े त्रिभुज का क्षेत्रफल

$= \frac{1}{2} \times L \times B = \frac{LB}{2}$

60. (a) आयताकार खेत की लम्बाई = 40 मी.

आयताकार खेत की चौड़ाई = 18 मी.

जल स्तर की ऊँचाई = $\frac{360}{40 \times 18} = \frac{1}{2} = 0.5$ मी.

61. (d) $x = x^3$

$3x = (3x)^3 = 27x^3$

62. (a) आयतन का अनुपात = 1 : 10

63. (c)

7 मी.

2 मी.

कुएँ की गहराई = 7 मी.

कुएँ का व्यास = 2 मी.

कुएँ की त्रिज्या = 1 मी.

मिट्टी खोदनी पड़ेगी = $\pi r^2 h$

$= \frac{22}{7} \times (1)^2 \times 7 = 22$ मी.^{3}

64. (c) संभव परिणाम = 11

65. (b) आँकड़ों का परिसर = 13

66. (a) लैक्टोबैसिलस एक जीवाणु है जो स्त्रियों की योनि में तथा मानवों के आहार नाल में पाया जाता है। यह जीवाणु दूध से दही बनाने में सहायक होता है।

67. (c) सीड ड्रिल : इस उपकरण का प्रयोग बीज बोने में किया जाता है।

68. (b) मानव शरीर में इन्फ्लुएंजा रोग विषाणु के कारण उत्पन्न होता है।

69. (c) एडवर्ड जेनर (17 मई, 1749 - 26 जनवरी, 1823) ने छोटी माता (चेचक) के टीके का आविष्कार किया था।

70. (d) बैकेलाइट थर्मोसेटिंग प्लास्टिक है।

71. (a) सोडियम (Na) की ठंडे जल से तीव्र अभिक्रिया होती है।

72. (b) कॉपर (ताँबा) बिजली का एक अच्छा परिचालक है।

73. (c) पेट्रोलियम के अवयव → पैराफिन मोम, स्नेहक तेल तथा पेट्रोल।

74. (d) प्राकृतिक संसाधन → जल, खनिज तथा मृदा।

75. (b) कोलतार : अप्रिय गंध वाला काला गाढ़ा द्रव्य है।

76. (a) स्थानिक स्पीशीज एकमात्र रूप से एक विशिष्टीकृत पर्यावास में पाई जाती है।

77. (c) बड़े भूखंडों को खेती करने के लिए साफ करने का पर्यावरण पर मृदा अपरदन के रूप में प्रभाव पड़ता है।

78. (d) हरितलवक प्रकाश-संश्लेषण द्वारा प्रकाशीय ऊर्जा को रासायनिक ऊर्जा में परिवर्तित करते हैं। इनका हरा रंग इनमें पर्णहरित (क्लोरोफिल) रसायन के होने के कारण है जो प्रकाश संश्लेषण में अत्यावश्यक है।

79. (b) कोशिका झिल्ली पादप, जन्तु एवं जीवाणु की कोशिका में पाई जाती है।

80. (b) अण्ड प्रजक : वे जीव जिनमें युग्मनज का विकास मादा के शरीर के बाहर होता है तथा वे कैल्शियम युग्म कठोर कवच से ढके रहते हैं। इनमें अण्डे के स्फूटन से शिशु संतति उत्पन्न होती है। उदाहरण– पक्षी, मेंढ़क, सरीसृप आदि।

81. (d) अमीबा (अमीबोइड) एक प्रकार के कोशिका या जीव हैं। इनमें द्विविभाजन द्वारा जनन होता है।

82. (a) टेडपोलों में थायरॉक्सिन के अपर्याप्त बनने से परिवर्धन अपूर्ण रह जाता है।

83. (c) यौवनारम्भ में वृषणों से टेस्टोस्टेरॉन उत्सर्जित होता है।

84. (c) एक गैस से भरा गुब्बारा ऊपर की ओर जाता है क्योंकि ऊपर की ओर लगने वाला बल गुरुत्वाकर्षण बल से अधिक होता है।

85. (b) पास-पास रखी थर्मोकोल की दो गेंदें वैद्युत बल के कारण एक-दूसरे से दूर चली जाती हैं।

86. (b) शरीर में उपास्थि का समाप्त होना शरीर में घर्षण बल को घटाता है।

87. (d) क्रिकेट के बल्ले का हैंडल घर्षण बढ़ाने के लिए प्राय: खुरदरा होता है। हाथों तथा हैंडल के बीच अच्छी पकड़ बनाने के लिए इसे ऐसा किया जाता है।

88. (b) यदि किसी वस्तु की कंपन आवृत्ति बढ़ाते हैं तो उसका आवर्तकाल उसकी व्युत्क्रमानुपात में बढ़ता है।

89. (c) पराश्रव्य ध्वनि तरंगों की आवृत्ति 20,000 Hz से अधिक होती है।

90. (c) अपरदन से बचाने के लिए लोहे पर रोगन किया जाता है।

91. (b) वनस्पति तेल विद्युत का सुचालक नहीं होता है।

92. (a) भूकम्प के कारण सुनामी, बाढ़ एवं भूस्खलन आ सकते हैं।

93. (a) जब किसी प्लास्टिक के पेन को पीछे से अपने बालों में रगड़कर कागज के छोटे टुकड़े के पास लाते हैं तो वह वैद्युत बल के कारण उसे अपनी ओर आकर्षित करता है।

94. (c) प्रतिबिम्ब और वस्तु के मध्य दूरी =5 सेमी. + 5 सेमी. = 10 सेमी.

95. (d) एक-दूसरे के उन्मुख और समान्तर रखे दो समतल दर्पणों द्वारा प्रकाश की कोई किरण अनन्त बार परावर्तित हो सकती है।

96. (b) शुक्र ग्रह को प्रभात तारा के नाम से भी जाना जाता है।

97. (c) पृथ्वी से 15 प्रकाश वर्ष दूर तारे का आज निकला हुआ प्रकाश 15 वर्ष बाद दिखाई देगा।

98. (a) वन महोत्सव : भारत सरकार द्वारा वृक्षारोपण को प्रोत्साहन देने के लिए प्रतिवर्ष जुलाई के प्रथम सप्ताह में आयोजित किया जाने वाला एक महोत्सव है।

99. (b) अम्ल वर्षा : पृथ्वी के वायुमंडल में सल्फर डाइऑक्साइड (SO_2) और नाइट्रोजन ऑक्साइड (NO_2) जल के साथ क्रिया करके नाइट्रिक अम्ल और गंधक का तेजाब बन जाता है।

100. (c) संश्लेषित पदार्थ का समूह → पी.वी.सी., पॉलिथिन, बैकेलाइट।

❑❑❑

जवाहर नवोदय विद्यालय प्रवेश परीक्षा, कक्षा-9 (सॉल्व्ड पेपर-02 फरवरी, 2019)

अनुभाग-I : हिन्दी

1. शुद्ध रूप छाँटिए-
(a) कृपया (b) किरपा
(c) कृप्या (d) क्रिप्या

2. 'अजेय' का विलोम शब्द होता है-
(a) विजित (b) परास्त
(c) जेय (d) पराजित

3. 'अंगुली पर नचाना' का उपयुक्त अर्थ है-
(a) इशारा करना (b) वश में रखना
(c) बहुत मेहनत करना (d) ताने देना

4. 'जहाँ जाना कठिन हो' उसे कहते हैं-
(a) दुर्गम (b) कठिनतम
(c) कष्टपूर्ण (d) अगम्य

5. पच्चीस वर्ष पूरे करने के उपलक्ष्य में हमारा विद्यालय .... मनाएगा।
(a) स्वर्ण जयन्ती (b) रजत जयन्ती
(c) कांस्य जयन्ती (d) हीरक जयन्ती

6. 'आँकना' शब्द का पर्यायवाची है-
(a) तोलना (b) परखना
(c) मोलभाव करना (d) अनुमान लगाना

7. निम्नलिखित में से वाक्य के शुद्ध रूप का चयन कीजिए-
(a) वह दस कक्षा में पढ़ता है (b) वह दसवीं कक्षा में पढ़ता है
(c) वह दसवें कक्षा में पढ़ता है (d) वह दशमीं कक्षा में पढ़ता है

8. 'आशा', 'अविश्वसनीय', 'प्रोत्साहित' तथा 'यह' शब्दों में से क्रिया कौन-सी है?
(a) आशा (b) अविश्वसनीय
(c) प्रोत्साहित (d) यह

9. 'अपादान' कारक की विभक्ति है-
(a) ने (b) को
(c) से (d) को, के लिए

10. 'कार्तिकेय' में निम्नलिखित में से कौन-सा समास है?
(a) कर्मधारय (b) तत्पुरुष
(c) द्विगु (d) बहुव्रीहि

निर्देश : (प्र.सं. 11-15) : निम्नलिखित अनुच्छेद को ध्यानपूर्वक पढ़कर दिए गए प्रश्नों के उत्तर के लिए सही विकल्प का चयन कीजिए।

महात्मा ज्योतिबा फुले (ज्योतिराव गोविन्दराव फुले) को 19वीं सदी का प्रमुख समाज सेवक माना जाता है। ज्योतिबा का लालन-पालन सगुनाबाई नामक एक दाई ने किया। जातिगत भेदभाव के कारण उन्हें विद्यालय छोड़ना पड़ा। अरबी-फारसी क विद्वान् गफ्फार बेग मुंशी एवं फादर लिजीट साहब ज्योतिबा के पड़ोसी थे। उन्होंने बालक ज्योतिबा की प्रतिभा एवं शिक्षा के प्रति रुचि देखकर उन्हें पुन: विद्यालय भेजने का प्रयास किया। वह अपने मित्र सदाशिव बल्लाल गोंडवे के साथ समाज, धर्म और देश के बारे में चिंतन किया करते। उन्हें शिक्षा से वंचित रखा जाता था। ज्योतिबा को इस स्थिति पर बड़ा दु:ख होता था। उन्होंने स्त्री और दलितों की शिक्षा के लिए सामाजिक संघर्ष का बीड़ा उठाया।

11. ज्योतिबा फुले को स्कूल .... के कारण छोड़ना पड़ा।
(a) समाज सुधारक होने (b) शिक्षा में मन न लगने
(c) अनाथ होने (d) जातिगत भेदभाव

12. ज्योतिबा फुले का पोषण किसने किया?
(a) उनकी माँ ने (b) एक दाई ने
(c) उनके पिता ने (d) समाज ने

13. ज्योतिबा फुले ने किसके उद्धार के लिए काम किया?
(a) केवल स्त्री शिक्षा (b) दलितों
(c) दलितों और स्त्री शिक्षा (d) सभी की शिक्षा

14. ज्योतिबा फुले किसके साथ देश के बारे में चिंतन करते थे?
(a) सदाशिव बल्लाल गोंडवे (b) गफ्फार बेग मुंशी
(c) फादर लिजीट (d) सगुनाबाई

15. 'विद्वान्' शब्द का विलोम है-
(a) निरक्षर (b) साक्षर
(c) मूर्ख (d) अहंकारी

SECTION-II : ENGLISH

Directions (Q. 16 to Q.19) : Answer by choosing the appropriate option to complete the passage/sentence.

We should remember that all religions preach good ...(16)... in life, the ...(17)... of which should rest on ethics. Without the basis of morality, philosophy would remain ...(18)... polemics are religion meaningless or in vain. Nobody can say that she is religious ...(19)... she is truthful.

16. (a) behaviour (b) deportment
(c) appearance (d) conduct

17. (a) basis (b) foundation
(c) fundamental (d) ground

18. (a) mere (b) simply
(c) merely (d) only

19. (a) if (b) until
(c) unless (d) till

Direction : Fill in the blank.

20. **A family .... an educated mother is an advanced family.**
(a) with (b) of
(c) without (d) including

Directions (Q. No. 21 to 22) : Which option fits best in the blanks?

21. **The doctor .... an operation.**
(a) do (b) performed
(c) is performed (d) done

22. **He thought my car .... for sale.**
(a) is (b) was
(c) has been (d) going

Direction (Q. No. 23 to 24) : Which option can replace the underlined words?

23. **The Principal asked the students to give their request in <u>black and white.</u>**
(a) Written in black (b) Painted in black colour
(c) Written form (d) As the form of speech

24. **The minister was accused of indulging in <u>nepotism.</u>**
(a) hatred (b) partiality
(c) condemnation (d) indifference

Direction : Select the alternative which best expresses the same sentence in indirect speech.

25. **Socrates said, "Virtue is its own reward".**
(a) Socrates said that virtue had its own reward
(b) Socrates said that virtue is its own reward
(c) Socrates said that virtue was its own reward
(d) Socrates said that virtue have its own reward

Direction : Select the alternative which best expresses the same sentence in active/passive voice.

26. **A week is made of seven days.**
(a) There are seven days in a week
(b) Seven days makes a week
(c) A week has seven day
(d) Seven days make a week

Directions (Q. No. 27 to 30) : Read the following passage and answer the given questions.

Just as some men like to play football or cricket, so some men like to climb mountains. This is often very difficult to do so, for mountains are not just big hills. Paths are usually very steep, some mountain sides are straight up and down, so that it may take many hours to climb as little as one hundred feet. There is always the danger that you may fall off and be killed or injured. Men talk about conquering a mountain. It is a wonderful feeling to reach the top of a mountain after climbing for hours and may be, even for days. You look down and see the whole country below you. You feel god-like. Two Italian prisoners of was escaped from a prison camp in Kenya during the war. They did not try to get back to their own country, for they knew that was impossible. Instead, they climbed to the top of Mount Kenya, and then they came down again and gave themselves up. They had wanted to get that feeling of freedom that one has, after climbing a difficult mountain.

27. **Some men like to climb mountains because–**
(a) they know the trick of climbing
(b) they don't like to play football or cricket
(c) they want to have wonderful reeling
(d) they like to face danger

28. **To climb mountains is often difficult because–**
(a) mountains are big hills
(b) it consumes more time
(c) prisoners often escape from camps and battle there
(d) paths are steep and uneven

29. **Mountaineering is not a very popular sport like football or cricket because–**
(a) there are no spectators in this sport
(b) it may take many hours or even days
(c) not many people are prepared to risk their lives
(d) people don't want to enjoy a god-like feeling

30. **It is a wonderful feeling .... It refers to.**
(a) the steep path
(b) the prisoners
(c) the mountain
(d) mountaineering

अनुभाग–III : गणित

31. **निम्नलिखित में से कौन-सी परिमेय संख्या परिमेय संख्याओं के लिए योज्य इकाई तत्समक है?**
(a) 0 (b) 1
(c) 2 (d) 3

32. **$\frac{0}{1}$ का गुणन प्रतिलोम है–**
(a) 1 (b) –1
(c) 0 (d) परिभाषित नहीं

33. **निम्नलिखित में से किसमें विषम इकाई की संख्या होगी?**
(a) 52^2 (b) 56^2
(c) 57^2 (d) 58^2

34. **52^2 और 53^2 के मध्य कितनी प्राकृतिक संख्याएँ होंगी?**
(a) 101 (b) 104
(c) 107 (d) 110

35. **143 के घन में इकाई का अंक है–**
(a) 1 (b) 3
(c) 7 (d) 9

36. **निम्नलिखित में से कौन-सी संख्या एक पूर्ण घन है?**
(a) 2836 (b) 4094
(c) 1828 (d) 1331

37. **यदि $\sqrt[3]{0.000125} = x$, तो $x =$**
(a) 0.05 (b) 0.005
(c) 0.5 (d) 0.0005

38. **एक संख्या पैटर्न 27, 64, 125, y में y का मान .... होगा।**
(a) 37 (b) 216
(c) 61 (d) 186

39. **0.0000040 का मानक रूप है–**
(a) 4.0×10^{-4} (b) 4.0×10^{-5}
(c) 4.0×10^{-6} (d) 4.0×10^{-7}

40. $$\frac{\left(\frac{3}{4}\right)^5}{\left(\frac{5}{3}\right)^5} = ?$$

(a) $\left(\dfrac{\frac{3}{4}}{\frac{5}{3}}\right)^5$ (b) $\left(\dfrac{\frac{3}{4}}{\frac{5}{3}}\right)^0$

(c) $\left(\frac{3}{4}\times\frac{5}{3}\right)^5$ (d) $\left(\dfrac{\frac{3}{4}}{\frac{5}{3}}\right)^{10}$

41. एक खिलौना 5% SGST और 5% CGST के साथ ₹ 1,320 में खरीदा जाता है। इस खिलौने का GST के बिना क्या वास्तविक मूल्य होगा?
(a) 1400 (b) 1300
(c) 1200 (d) 1150

42. एक दुकानदार दूसरे दुकानदार को एक पैन सैट 20% लाभ पर बेचता है, जो उसे 20% हानि पर बेच देता है। यदि पैन सैट का मूल्य ₹ 112 था, तो कुल सौदे का लाभ/हानि क्या हुआ?
(a) 2% हानि (b) 2% लाभ
(c) 4% लाभ (d) 4% हानि

43. ₹ 50,000 का 4% प्रति वर्ष की दर से 2 वर्ष का साधारण व चक्रवृद्धि ब्याज का अन्तर होगा–
(a) ₹ 40 (b) ₹ 50
(c) ₹ 80 (d) ₹ 160

44. निम्नलिखित में से कौन-सी व्युत्क्रमानुपाती हैं?
(a) चाल और तय की गई दूरी
(b) चाल और लिया गया समय
(c) तय की गई दूरी और लिया गया समय
(d) तय की गई दूरी और दिया गया किराया

45. एक छात्रा 12 किमी. प्रति घण्टा की औसत चाल से विद्यालय 20 मिनट में पहुँचती है। यदि वह 8 मिनट जल्दी विद्यालय पहुँचना चाहती हो, तो उसकी चाल होनी चाहिए–
(a) 8 किमी./घण्टा (b) 12 किमी./घण्टा
(c) 20 किमी./घण्टा (d) 15 किमी./घण्टा

46. निम्नलिखित में से कौन-सी एक सर्वसमिका है?
(a) $(z-x)^2 = z^2 + x^2$ (b) $z^2 - x^2 = (z+x)^2$
(c) $(z-x)^2 = z^2 + 2zx - x^2$ (d) $(z-x)^2 = z^2 - 2zx + x^2$

47. $(121x^2 - 169y^2)$ का अखंडनीय गुणनखंड है–
(a) $(11x+13y)(11x-13y)$ (b) $(11x^2-13y^2)$
(c) $(11x+13y)(11x+13y)$ (d) $(11x-13y)^2$

48. $(999)^2 - (995)^2 = ?$
(a) 1894 (b) 1994
(c) 2094 (d) 7976

49. $-3x^2y^2 + x^2y^2 - 2x^2y^2 = ?$
(a) $4x^2y^2$ (b) $6x^2y^2$
(c) $-4x^2y^2$ (d) $-6x^2y^2$

50. एक आयत का क्षेत्रफल $5(y+3)(y^2-16)$ है। इसकी एक भुजा $5(y^2-y-12)$ है, तो इसकी दूसरी भुजा क्या होगी?
(a) $(y-12)$ (b) $(y-15)$
(c) $(y-4)$ (d) $(y+4)$

51. किसी पूर्णांक संख्या के तीन गुने में 21 जोड़ने पर 99 प्राप्त होता है, वह संख्या है–
(a) 26 (b) 27
(c) 28 (d) 29

52. पाँच लगातार विषम संख्याओं का योग 295 है, सबसे छोटी संख्या .... है।
(a) 51 (b) 53
(c) 55 (d) 57

53. पिता की आयु पुत्र की आयु के पाँच गुने से तीन वर्ष कम है। 5 वर्ष बाद पिता की आयु पुत्र की आयु के तीन गुने से 3 वर्ष अधिक होगी, तो पुत्र की आयु क्या है?
(a) 8 वर्ष (b) 7 वर्ष
(c) 6 वर्ष (d) 9 वर्ष

54. एक संख्या में इकाई का अंक दहाई के अंक से दोगुना है। यदि अंकों को एक-दूसरे से प्रतिस्थापित कर दें, तो संख्या पहली संख्या से 18 अधिक हो जाती है। पहली संख्या क्या है?
(a) 12 (b) 36
(c) 48 (d) 24

55. यदि एक बहुभुज का प्रत्येक अन्तःकोण 108° है इसकी .... भुजाएँ हैं।
(a) 4 (b) 5
(c) 6 (d) 10

56. एक चतुर्भुज के कोण 1 : 2 : 3 : 4 में हों, तो सबसे बड़ा कोण .... होगा।
(a) 36° (b) 72°
(c) 144° (d) 108°

57. एक 11 भुजीय बहुभुज में कितने परस्पर अनाच्छादित त्रिभुज बन सकते हैं यदि शीर्षों को मिलाया जाए?
(a) 11 (b) 10
(c) 8 (d) 9

58. एक घन की भुजा 5 सेमी. है। इसका कुल पृष्ठीय क्षेत्रफल .... सेमी.^{2} होगा।
(a) 150 (b) 60
(c) 80 (d) 120

59. एक समषड्भुज 6 सेमी त्रिज्या वाले एक वृत्त के अन्तर्गत है। इस समषड्भुज का परिमाप .... सेमी. है।
(a) 18 (b) 72
(c) 36 (d) 48

60. एक 4 सेमी. त्रिज्या वाले बेलन की त्रिज्या 16 सेमी. कर दी जाए और उसका वक्र पृष्ठीय क्षेत्रफल उतना ही रहे, यदि उसकी ऊँचाई 4 सेमी. हो, तो उसकी नई ऊँचाई कितनी हो जाएगी?
(a) 4 सेमी. (b) 1 सेमी.
(c) 2 सेमी. (d) 3 सेमी.

61. उस बेलन का आयतन जो 4 सेमी. भुजा वाले घन के अन्दर ठीक-ठीक समावेशित हो जाता है .... π सेमी.^{3}।
(a) 8 (b) 16
(c) 24 (d) 48

62. $5y$ भुजा वाले घन का आयतन .... होगा।
(a) $27y^3$ (b) $25y^3$
(c) $50y^3$ (d) $125y^3$

63. एक घनाकार गोदाम की विमाएँ 20 मी., 25 मी. और 10 मी. हैं। इसमें 2 मी. × 1.25 मी. × 1 मी. विमाओं वाले कितने डिब्बे रखे जा सकते हैं?
(a) 2000 (b) 4000
(c) 6000 (d) 8000

64. एक पासे को फेंकने पर विषम संख्या प्राप्त होने की प्रायिकता .... है।

(a) $\frac{1}{6}$ (b) $\frac{1}{3}$

(c) $\frac{1}{2}$ (d) $\frac{2}{3}$

65. किन्हीं वर्गीकृत आँकड़ों के पहले और दूसरे वर्ग में अन्तराल 5–10, 10–15 है। इसका पाँचवाँ वर्ग अन्तराल ...... होगा।

(a) 20–25 (b) 25–30

(c) 30–35 (d) 35–40

अनुभाग–IV : सामान्य विज्ञान

66. मक्का उगाने के लिए निम्नलिखित में से कौन-सी परिस्थिति अनिवार्य नहीं है?

(a) आर्द्रता (b) न्यून तापमान

(c) वर्षा (d) उच्च तापमान

67. खेत में से खरपतवार निकालने के लिए किसान निम्नलिखित में से कौन-सा औजार उपयोग करता है?

(a) फावड़ा (b) हल

(c) कुल्हाड़ी (d) कल्टीवेटर

68. परपोषी की कोशिकाओं के भीतर मौजूद रोगजनक सूक्ष्म जीव .... औषधियों से मर जाते हैं।

(a) प्रतिरक्षी (b) प्रतिजीवी

(c) दर्दनाशक (d) वैक्सीन

69. पेनिसिलिन की खोज .... ने की।

(a) लुई पाश्चर (b) रॉबर्ट कोच

(c) एलेक्जेंडर फ्लेमिंग (d) एडवर्ड जेनर

70. पॉलिकॉट बनाने के लिए .... मिश्रित किए जाते हैं।

(a) नाइलॉन और ऊन (b) पॉलिएस्टर और ऊन

(c) नाइलॉन और कपास (d) पॉलिस्टर और कपास

71. निम्नलिखित में से किस ऑक्साइड का जलीय विलयन नीले लिटमस को लाल करता है?

(a) सल्फर डाइऑक्साइड (b) मैग्नीशियम ऑक्साइड

(c) आयरन ऑक्साइड (d) कॉपर ऑक्साइड

72. पटाखे बनाने में निम्न में से किसका अनुप्रयोग होता है?

(a) कॉपर (b) सल्फर

(c) आयरन (d) क्लोरीन

73. नैफ्थलीन की गोलियाँ .... से प्राप्त की जाती है।

(a) पेट्रोलियम (b) पैराफिन मोम

(c) कोलतार (d) कोल गैस

74. कोयला .... के अवशेषों से बनता है।

(a) केवल वनस्पति (b) वनस्पति और जन्तु दोनों

(c) केवल जन्तु (d) इनमें से कोई नहीं

75. जब कोयला वायु में जलता है, तो मुख्य रूप से .... गैस बनती है।

(a) SO_2 (b) NO_2

(c) CO (d) CO_2

76. पेट्रोलियम के विभिन्न संघटकों को पृथक् करने का प्रक्रम .... कहलाता है।

(a) कार्बनीकरण

(b) परिष्करण

(c) आसवन

(d) शुद्धिकरण

77. निम्नलिखित में से कौन-सा एक क्षय प्राकृतिक संसाधन है?

(a) ऑक्सीजन (b) वायु

(c) सूर्य का प्रकाश (d) जंगल

78. .... अपने प्राकृतिक पर्यावास में जैव विविधता के संरक्षण के लिए होते हैं।

(a) वन्य जीव अभयारण्य (b) प्राणी उद्यान

(c) पादप उद्यान (d) बाँध

79. खेती करने के लिए वनों के बड़े-बड़े भूखण्डों को साफ करने से .... हो सकता है।

(a) मृदा अपरदन (b) मृदा प्रदूषण

(c) मृदा संरक्षण (d) मृदा उर्वरता

80. निम्नलिखित में से क्या प्राणी कोशिका में पाया जाता है और पादप कोशिका में नहीं पाया जाता?

(a) कोशिका भित्ति (b) माइट्रोकॉन्ड्रिया

(c) कोशिका झिल्ली (d) केन्द्रक

81. गुणसूत्र .... में होते हैं।

(a) केन्द्रिका (b) केन्द्रक

(c) राइबोसोम (d) माइटोकॉन्ड्रिया

82. निम्नलिखित में से कौन अंडप्रजक है?

(a) मानव (b) कुत्ता

(c) गाय (d) मुर्गी

83. दो कोशिकाएँ जो मिलकर युग्मनज बनाती हैं कहलाती हैं–

(a) युग्मक (b) गर्भ

(c) भ्रूण (d) अंडाणु

84. टेडपोलों के कायांतरण के लिए .... पानी में होना/होनी चाहिए।

(a) क्लोरीन (b) कार्बन

(c) गंधक (d) आयोडीन

85. थायरॉक्सिन की शरीर में कमी से .... होता है।

(a) लवण असंतुलन (b) मधुमेह

(c) गॉयटर (d) बौनापन

86. पृथ्वी पर चलते समय हम .... पर बल लगाते हैं।

(a) जूतों (b) पृथ्वी

(c) गुरुत्व (d) जड़त्व

87. गुंदे हुए आटे की लोई से रोटी बनाने में .... बल का प्रयोग होता है।

(a) पेशीय (b) घर्षण

(c) गुरुत्वाकर्षण (d) चुम्बकीय

88. लोहे के शटर पर मोबिल तेल घर्षण को .... के लिए लगाया जाता है।

(a) बढ़ाने (b) घटाने

(c) समाप्त करने (d) उतना बनाए रखने

89. सिल बट्टे की सतह को लम्बे उपयोग के पश्चात् फिर से निक्षारित (गोदना) घर्षक को .... हेतु किया जाता है।

(a) उतना बनाने (b) समाप्त करने

(c) बढ़ाने (d) घटाने

90. ध्वनि की प्रबलता बढ़ाने हेतु ध्वनि की कम्पनों की/का–

(a) आवृत्ति घटानी होगी (b) आवृत्ति बढ़ानी होगी

(c) आयाम घटाना होगा (d) आयाम बढ़ाना होगा

91. यदि तड़ित की आवाज हमें तड़ित देखने के 10 सेकेण्ड बाद सुनाई दे, तो हम तड़ित घटने से कितनी दूर हैं? (ध्वनि की गति = 330 मी./से)

(a) 825 मी. (b) 1650 मी.

(c) 3300 मी. (d) 330 मी.

92. विद्युत् धारा .... प्रभाव उत्पन्न कर सकती है।
(a) केवल तापीय व रासायनिक
(b) केवल तापीय व चुम्बकीय
(c) केवल चुम्बकीय व रासायनिक
(d) तीनों प्रकार के

93. निम्नलिखित में से कौन-से विलयन में विद्युत का चालन नहीं होगा?
(a) टोटी का पानी (b) वनस्पति तेल
(c) सिरका (d) नींबू का रस

94. पृथ्वी की प्लेटों की गति के कारण .... उत्पन्न हो सकती है।
(a) सुनामी (b) चक्रवात
(c) भूकम्प (d) तड़ित झंझा

95. पृथ्वी की सबसे बाहरी सतह .... कहलाती है।
(a) आन्तरिक क्रोड (b) भू-पर्पटी
(c) प्रावार (d) बाह्य क्रोड

96. शुक्र ग्रह सूर्य निकलने से पहले आकाश के .... भाग में दिखाई देता है।
(a) पूर्वी (b) पश्चिमी
(c) उत्तरी (d) दक्षिणी

97. हरि ने एक विशेष दिन पूर्ण चंद्र देखा। .... दिन पश्चात् वह फिर से पूर्ण चन्द्र को देख पाएगा?
(a) 15 (b) 20
(c) 29 (d) 30

98. निम्नलिखित में से कौन-सी ग्रीन हाऊस गैस है?
(a) नाइट्रोजन (b) ऑक्सीजन
(c) क्लोरीन (d) जलवाष्प

99. जुलाई/अगस्त में वृक्षारोपण का अवसर .... कहलाता है।
(a) वन संरक्षण दिवस (b) वन महोत्सव
(c) वन्य जीव सप्ताह (d) जलवाष्प

100. अम्ल वर्षा में .... अधिक मात्रा में होती है।
(a) SO_2 (b) CO
(c) CO_2 (d) H_2S

व्याख्या सहित उत्तर

1. (a) शुद्ध शब्द → कृपया।

2. (c) अजेय का विलोम शब्द → जेय।

3. (b) मुहावरा 'अंगुली पर नचाना' का अर्थ है → वश में रखना।

4. (a) वाक्यांश 'जहाँ जाना कठिन हो' का एक शब्द → दुर्गम।

5. (b) 25 वर्ष पूर्ण होने पर मनाई जाती है → रजत जयन्ती।

6. (b) 'आँकना' शब्द का पर्यायवाची है → परखना।

7. (b) वाक्य का शुद्ध रूप → वह दसवीं कक्षा में पढ़ता है।

8. (c) प्रोत्साहित।

9. (c) अपादान कारक की विभिक्ति 'से' होती है। उदाहरण–यह फल इस पेड़ से गिरा है।

10. (d) 'कार्तिकेय' शब्द में बहुव्रीहि समास है।

11. (d) जातिगत भेदभाव के कारण ज्योतिबा फुले को विद्यालय छोड़ना पड़ा।

12. (b) ज्योतिबा फुले का पालन-पोषण सगुनाबाई नामक एक दाई ने किया था।

13. (c) ज्योतिबा फुले ने जीवनभर दलितों के उद्धार तथा स्त्री शिक्षा के लिए काम किया।

14. (a) अपने मित्र सदाशिव बल्लाल गोंडवे के साथ ज्योतिबा फुले समाज, धर्म तथा देश के बारे में चिंतन करते थे।

15. (c) 'विद्वान' शब्द का विलोम → मूर्ख।

16. (a) Appropriate option → behaviour.

17. (a) Appropriate option → basis.

18. (a) Appropriate option → mere.

19. (c) Appropriate option → unless.

20. (d) Best option to fill the given blank → including.

21. (b) Best option to fill the given blank → performed.

22. (b) Best option to fill the given blank → was.

23. (c) 'Written form' should be used in place of 'black and white'.

24. (b) 'Partiality' should be used in place of 'nepotism'.

25. (b) Correct Indirect Speech : Soc-rates said that virtue is its own reward.

26. (d) Correct Active Voice Sentence : Seven days make a week.

27. (c) Some men like to climb mountains because they want to have wonderful feeling.

28. (d) To climb mountains is often difficult because paths are steep and uneven.

29. (b) Mountaineering is not a very popular sport like football or cricket because it may take many hours or even days.

30. (d) Wonderful feeling in the sentence is refers to mountaineering.

31. (a) 0 (शून्य) परिमेय संख्या परिमेय संख्याओं के लिए योज्य इकाई तत्समक है।

0 (शून्य) को अन्य किसी परिमेय संख्या में जोड़ने पर कोई भी परिवर्तन प्राप्त नहीं होता है।

32. (d) किसी संख्या का गुणन प्रतिलोम, संख्या का व्युत्क्रम होता है। $\frac{0}{1}$ का गुणन प्रतिलोम $= \frac{1}{\frac{0}{1}} = \frac{1}{0} = \infty$.

33. (c) 57^2 में इकाई अंक विषम होगा।

34. (b) $(53)^2 - (52)^2 = (53 + 52)(53 - 52) = 105$

52^2 तथा 53^2 के बीच संख्याएँ
$= 105 - 1$
$= 104$

35. (c) $(143)^3$ में इकाई अंक $= (3)^3$ में इकाई अंक $= 7$
$\because 3^3 = 27$

36. (d) $\sqrt[3]{1331} = 11$

37. (a) $= \sqrt[3]{0.000125}$

$= \sqrt[3]{\frac{125}{1000000}}$

$= \frac{5}{100} = 0.05$

38. (b) $27 = 3^3, 64 = 4^3, 125 = 5^3$

$\therefore \quad y = 6^3 = 216$

39. (c) $0.0000040 = 4.0 \times 10^{-6}$

40. (a) $\frac{\left(\frac{3}{4}\right)^5}{\left(\frac{5}{3}\right)^5} = \left(\frac{\frac{3}{4}}{\frac{5}{3}}\right)^5$

41. (c) $5\% + 5\% = 10\%$

$100 + 10 = 110$

GST के बिना वास्तविक मूल्य $= \frac{100 \times 1320}{110}$

= ₹ 1200

42. (d) हानि $= \frac{20 \times 20}{100} = 4\%$

43. (c) चक्रवृद्धि ब्याज – साधारण ब्याज $= P\left(\frac{R}{100}\right)^2$

$= \frac{50000 \times 4 \times 4}{100 \times 100}$

= ₹ 80

44. (b) चाल $= \frac{\text{तय की गई दूरी}}{\text{लिया गया समय}}$

चाल तथा लिया गया समय व्युत्क्रमानुपाती होते हैं।

45. (c) दूरी = चाल × समय

$= \frac{12 \times 20}{60}$

= 4 किमी.

8 मिनट जल्दी = 20 – 8 = 12 मिनट

चाल $= \frac{\text{दूरी}}{\text{समय}} = \frac{4 \times 60}{12}$

= 20 किमी./घण्टा

46. (d) $(z - x)^2 = z^2 - 2zx + x^2$

47. (a) $121x^2 - 169y^2 = (11x)^2 - (13y)^2$

$= (11x + 13y)(11x - 13y)$

$= (999)^2 - (995)^2$

$= (999 + 995)(999 - 995)$

$= 1994 \times 4 = 7976$

49. (c) $-3x^2y^2 + x^2y^2 - 2x^2y^2$

$= -5xy^2 + x^2y^2$

$= -4x^2y^2$

50. (d) क्षेत्रफल $= 5(y + 3)(y + 4)(y - 4)$

एक भुजा $= 5(y^2 - y - 12)$

$= 5(y^2 - 4y + 3y - 12)$

$= 5(y - 4)(y + 3)$

$= 5[y(y - 4) + 3(y - 4)]$

दूसरी भुजा $= \frac{5(y+3)(y+4)(y-4)}{5(y-4)(y+3)}$

$= y + 4$

51. (a) पूर्णांक संख्या $= x$

प्रश्नानुसार,

$3x + 21 = 99$

$3x = 99 - 21$

$3x = 78$

$x = 26$

52. (c) पाँच क्रमागत विषम संख्याएँ $= x, x + 2, x + 4, x + 6$ तथा $x + 8$

प्रश्नानुसार,

$x + x + 2 + x + 4 + x + 6 + x + 8 = 295$

$5x + 20 = 295$

$5x = 295 - 20$

$5x = 275$

$x = 55$

53. (a) पुत्र की वर्तमान आयु $= x$ वर्ष

$\therefore$ पिता की वर्तमान आयु $= (5x - 3)$ वर्ष

5 वर्ष बाद,

$5x - 3 + 5 = 3(x + 5) + 3$

$5x + 2 = 3x + 15 + 3$

$5x - 3x = 18 - 2$

$2x = 16$

$x = 8$

पुत्र की वर्तमान आयु = 8 वर्ष

54. (d) दहाई अंक $= x$

इकाई अंक $= 2x$

संख्या $= 10 \times x + 2x$

$= 12x$

यदि अंकों को आपस में बदला जाता है, तो नई संख्या

$= 10 \times 2x + x = 21x$

दी गई शर्तों के अनुसार,

$21x - 12x = 18$

$9x = 18$

$x = 2$

पहली संख्या $= 12x$

$= 12 \times 2$

$= 24$

55. (b) बहुभुज की भुजाओं की संख्या $= x$

$\therefore \quad \frac{(x-2) \times 180}{x} = 108$

$\Rightarrow \quad 180x - 360 = 108x$

$\Rightarrow \quad 180x - 108x = 360$

$\Rightarrow \quad 72x = 360$

$\Rightarrow \quad x = \frac{360}{72}$

$= 5$

बहुभुज की भुजाएँ = 5

56. (c) चतुर्भुज के कोण $= x, 2x, 3x$ तथा $4x$

$x + 2x + 3x + 4x = 360°$

$10x = 360$

$x = 36$

सबसे बड़ा कोण $= 36 \times 4$

$= 144°$

57. (d) x भुजीय बहुभुज में बने अनाच्छादित त्रिभुजों की संख्या

$= x - 2$

$= 11 - 2$

$= 9$

58. (a) घन की भुजा = 5 सेमी.

घन का कुल पृष्ठीय क्षेत्रफल

$= 6 \times 5 \times 5$

$= 150$ सेमी.^{2}

59. (c) वृत्त की त्रिज्या = 7 सेमी.

समषड्भुज का परिमाप $= 6 \times 6$

$= 36$ सेमी.

60. (b) पहले बेलन की ऊँचाई = 4 सेमी.

दूसरे बेलन की ऊँचाई = x सेमी.

$\therefore \quad 2\pi \times 4 \times 4 = 2\pi \times 16 \times h$

$16 = 16h$

$\therefore \quad h = 1$ सेमी.

61. (b) घन की भुजा = 4 सेमी.

इस घन में समायोजित होने वाले बेलन की ऊँचाई = 4 सेमी.

बेलन की त्रिज्या $= \frac{1}{2} \times 4$

$= 2$ सेमी.

$\therefore$ बेलन का आयतन $= \pi r^2 h$

$= \pi \times 2^2 \times 4$

$= \pi \times 16$

$= 16\pi$

62. (d) घन की भुजा = $5y$

$\therefore$ आयतन $= (5y)^3$

$= 125\, y^3$

63. (a) गोदाम का आयतन $= 20 \times 25 \times 10$

$= 5000$ मी.^{3}

एक डिब्बे का आयतन $= 2 \times 1.25 \times 1$

$= 2.50$ मी.^{3}

$= \frac{5}{2}$ मी.^{3}

$\therefore$ गोदाम में रखे जा सकने वाले डिब्बों की संख्या

$= \frac{5000 \times 2}{5} = 2000$

64. (c) पासे को फेंकने पर विषम संख्या प्राप्त होने की प्रायिकता

$= \frac{3}{6} = \frac{1}{2}$

65. (b) पहला वर्ग = 5 – 10

दूसरा वर्ग = 10 – 15

तीसरा वर्ग = 15 – 20

चौथा वर्ग = 20 – 25

पाँचवाँ वर्ग = 25 – 30

66. (b) मक्का एक खरीफ फसल है तथा इसे उगाने के लिए न्यून तापमान परिस्थिति की आवश्यकता अनिवार्य नहीं है।

67. (a) फावड़ा जोकि एक उपयोगी कृषि औजार है जिसकी सहायता से किसान खेत से खरपतवार निकालता है।

68. (a) प्रतिरक्षी वे औषधियाँ हैं, जो सूक्ष्मजीवों द्वारा ही उत्पादित होती हैं तथा इनका उपयोग रोगजनक सूक्ष्मजीवों को मारने के लिए किया जाता है।

69. (c) पेनिसिलिन की खोज → एलेक्जेंडर फ्लेमिंग।

70. (d) पॉलिकॉट को बनाने के लिए पॉलिएस्टर और कपास मिश्रित किए जाते हैं।

71. (a) सल्फर डाइऑक्साइड का जलीय विलयन नीले लिटमस को लाल करता है।

72. (a) पटाखे बनाने के लिए कॉपर का अनुप्रयोग किया जाता है।

73. (c) नैफ्थलीन एक एरोमेटिक यौगिक है, जो कोलतार से प्राप्त होता है।

74. (b) कोयला वनस्पति और जन्तु दोनों के अवशेषों से बनता है। भू-गर्भ में उच्च ताप एवं दाब पर ऑक्सीजन की अनुपस्थिति में ये अवशेष कोयले में बदल जाते हैं।

75. (d) कोयला वायु में जलने पर, मुख्य रूप से कार्बन डाइऑक्साइड गैस (CO_2) बनाता है।

$C + O_2 \rightarrow CO_2 +$ ऊष्मा

कोयला ऑक्सीजन कार्बन डाइऑक्साइड

76. (b) पेट्रोलियम कई हाइड्रोकार्बन का मिश्रण होता है। जैसे– पेट्रोलियम गैस, पेट्रोल, डीजल, ग्रीस, पैराफिन मोम आदि। पेट्रोलियम के विभिन्न संघटकों को पृथक् करने का प्रक्रम परिष्करण कहलाता है।

77. (d) जंगल एक क्षय (अनवीनीकरणीय) प्राकृतिक संसाधन है, जबकि ऑक्सीजन, वायु और सूर्य का प्रकाश नवीनीकरणीय प्राकृतिक संसाधन है।

78. (a) वन्यजीव अभयारण्य (Wildlife Sanctuaries) अपने प्राकृतिक पर्यावास में जैव विविधता के संरक्षण के लिए होते हैं। यह एक स्वस्थाने संरक्षण विधि है जिसमें मुख्यतया जन्तुओं का संरक्षण किया जाता है।

79. (a) खेती करने के लिए वनों के बड़े-बड़े भूखण्डों को साफ करने से मृदा अपरदन होता है। वनों में उपस्थित वनस्पति की जड़ें मृदा को बाँध कर रखती हैं। पादपों की अनुपस्थिति से मृदा का वितरण अनेक कारकों द्वारा होने लगता है जिसे मृदा अपरदन कहते हैं।

80. (a) पादप कोशिका में कोशिका भित्ति पाई जाती है, जो जन्तु कोशिका में अनुपस्थित होती है। अन्य संरचनाएँ दोनों कोशिकाओं में पाई जाती हैं।

81. (b) गुणसूत्र केन्द्रक में उपस्थित होते हैं। ये DNA एवं पैकेजिंग प्रोटीन हिस्टोन का संघनित रूप होते हैं। इनकी संख्या प्रत्येक जाति के लिए विशिष्ट होती है। हमारी प्रत्येक कोशिका के केन्द्रक में 46 गुणसूत्र पाए जाते हैं।

82. (d) मुर्गी अण्डप्रजक है। यह अण्डे देती है। इन्हें अण्डयुज भी कहते हैं। सजीव प्रजक या जरायुज जीव शिशुओं को जन्म देते हैं; जैसे– मानव, गाय, कुत्ता आदि।

83. (a) दो कोशिकाएँ जो मिलकर युग्मनज (zygote) बनाती है उन्हें युग्मक कहते हैं। युग्मक लैंगिक जनन करने वाले नर एवं मादा जीव उत्पन्न करते हैं। मानव नर शुक्राणु (sperms) तथा मादा मानव अण्डाणु (ova) उत्पन्न करती है।

84. (d) टेडपोलों में कायान्तरण के लिए पानी में आयोडीन (I) का होना अति आवश्यक है। यह थायरॉइड ग्रन्थि द्वारा थायरॉक्सिन हॉर्मोन के संश्लेषण के लिए आवश्यक होता है। थायरॉक्सिन हॉर्मोन द्वारा ही टेडपोलों में कायान्तरण सम्भव होता है।

85. (c) थायरॉक्सिन की शरीर में कमी से गॉइटर या गलगण्ड (घेंघा) रोग हो जाता है। हमारे भोजन में आयोडीन की कमी से थॉयराइड ग्रन्थि की वृद्धि रुक जाती है। जिसके कारण थायरॉक्सिन हार्मोन अल्प स्रावित होता है।

86. (b) न्यूटन के तृतीय नियमानुसार प्रत्येक क्रिया की समान एवं विपरीत प्रतिक्रिया होती है। यह चलने या घूमने से सम्बन्धित है, क्योंकि जब हम पृथ्वी पर पैर रखते हैं तब हम इस पर बल लगाते हैं। इस स्थिति

में पृथ्वी वास्तव में आपके पैर पर एक समान बल लगाती है, जिससे हम आगे बढ़ते हैं।

87. (a) गुथे हुए आटे की लोई से रोटी बनाने में पेशीय बल का प्रयोग होता है। इस बल के कारण चपाती के आकार में परिवर्तन आता है।

88. (b) लोहे के शटर पर मोबिल तेल घर्षण को कम (घटाने) के लिए किया जाता है। मोबिल तेल लगाने के बाद शटर बहुत चिकना हो जाता है और तब आसानी से इसे डी-शटर कर सकते हैं।

89. (d) सिल बट्टे के सतह को लम्बे समय तक उपयोग करने से उसकी सतह का खुरदरापन कम हो जाता है जिसके कारण घर्षण बल भी कम हो जाता है तब फिर से घर्षण बल को बढ़ाने के लिए इसकी सतह को निक्षारित (गोदना) पड़ता है।

90. (d) ध्वनि की प्रबलता बढ़ाने हेतु ध्वनि की कम्पन्नों का आयाम बढ़ाना होगा, क्योंकि ध्वनि की प्रबलता ध्वनि के कम्पन्नों के आयाम पर निर्भर करती है।

91. (c) 1 सेकेण्ड में ध्वनि की चाल = 330 मी./से. एवं समय $t = 10$ सेकेण्ड

$$\text{चाल} = \frac{\text{दूरी}}{\text{समय}}$$

$\therefore$ दूरी = चाल × समय

इसलिए 10 सेकेण्ड में तय दूरी

$= 330 \times 10 = 3300$ मी.

92. (d) विद्युत धारा तापीय, रासायनिक या चुम्बकीय प्रभाव उत्पन्न कर सकती है। यह उस माध्यम पर निर्भर करती है जिसमें से यह प्रवाहित हो रही है।

93. (b) वनस्पति तेल में विलयनों की अनुपस्थिति के कारण तेल में विद्युत का चालन नहीं होता है।

94. (c) पृथ्वी की प्लेटों की गतिशीलता के कारण भूकम्प उत्पन्न हो सकता है। भूकम्प के अन्य कारण ज्वालामुखी क्रिया, वलन और भ्रंशन, जलीय भार और पृथ्वी का अपने अक्ष पर घूर्णन आदि हैं।

95. (b) पृथ्वी की बाहरी सतह जिस पर महाद्वीप तथा महासागर स्थित है, भू-पर्पटी या भूपटल कहलाती है। भू-पर्पटी की रचना सियाल (Sial) अर्थात् विलिका एवं एल्युमीनियम से हुई है।

96. (a) शुक्र ग्रह सूर्य निकलने से पहले आकाश के पूर्वी भाग में दिखाई पड़ता है तथा सायंकाल पश्चिम भाग में दिखाई देता है, इसलिए इसे भोर का तारा व सायं का तारा भी कहते हैं।

97. (d) हरि अगला पूर्ण चन्द्र 30 दिन के पश्चात् देख पाएगा। पूर्ण चन्द्र अथवा पूर्णिमा के दिन पृथ्वी, सूर्य और चन्द्रमा के बीच में होती है तथा ये तीनों एक सीधी रेखा में होते हैं।

98. (d) जलवाष्प मुख्य ग्रीन हाउस गैस है। इसके अतिरिक्त ओजोन (O_3), कार्बनडाइऑक्साइड (CO_2), मेथेन (CH_4) और नाइट्रस ऑक्साइड (N_2O) भी ग्रीन हाउस गैसें हैं।

99. (b) जुलाई/अगस्त में वृक्षारोपण का अवसर वन महोत्सव कहलाता है। इसका आरम्भ कुलपति कन्हैयालाल मणिकलाल मुंशी, कृषि मन्त्री द्वारा किया गया। इस कार्य को वनों को पुनः लगाने के लिए जन/मानसों को प्रोत्साहित करने हेतु प्रति वर्ष किया जाता है।

100. (a) अम्ल वर्षा में सल्फर डाइऑक्साइड (SO_2) अधिक मात्रा में होता है, जो बादलों में जल की बूँदों से क्रिया करके सल्फ्यूरिक अम्ल (H_2SO_4) बनाता है।

❑❑❑

जवाहर नवोदय विद्यालय प्रवेश परीक्षा, कक्षा–9 (सॉल्व्ड पेपर–19 अप्रैल, 2018)

अनुभाग–I : हिन्दी

1. शुद्ध रूप छाँटिए–

(a) कवित्री (b) कवीत्री

(c) कवियित्रि (d) कवियत्री

2. क्षणिक का विलोम शब्द है–

(a) सदैव (b) शाश्वत

(c) अल्पकालीन (d) अधिक

3. 'दाम लगाना' मुहावरे का अर्थ है–

(a) मूल्य आंकना (b) पूरी कीमत देना

(c) लागत (d) मोलभाव करना

4. निम्नलिखित में से कौन-सा विदेशी शब्द नहीं है?

(a) डॉक्टर (b) कॉलेज

(c) रेल (d) स्वप्न

5. कारक होता है–

(a) विराम चिह्न

(b) अल्पविराम

(c) विभक्ति चिह्न

(d) प्रश्नवाचक चिह्न

6. पक्षी सुन्दर .... बनाते हैं।

(a) नड़ (b) नीर

(c) नीड़ (d) घर

7. 'गंगा गए गंगादास यमुना गए जमुनादास' का अर्थ है–

(a) जिसका कोई दृढ़ सिद्धान्त नहीं होता

(b) अपने-अपने घर जाना

(c) अपना-अपना काम करना

(d) किसी की नहीं सुनना

8. निम्नलिखित में से वाक्य के शुद्ध रूप का चयन कीजिए–

(a) यहाँ शुद्ध गाय का दूध मिलता है

(b) यहाँ गाय का शुद्ध दूध मिलता है

(c) यहाँ गाय का दूध शुद्ध मिलता है

(d) यहाँ शुद्ध गाय का शुद्ध दूध मिलता है

9. 'गाय घास चरती है' में कौन-सी संज्ञा है?

(a) भाववाचक संज्ञा

(b) व्यक्तिवाचक संज्ञा

(c) जातिवाचक संज्ञा

(d) समूह वाचक संज्ञा

10. निम्नलिखित वाक्य को मिश्र वाक्य में बदलिए–

राम ने मोहन की गाड़ी खरीदी

(a) राम और मोहन ने गाड़ी खरीदी

(b) राम ने मोहन के द्वारा गाड़ी खरीदी

(c) राम ने उस गाड़ी को खरीदा जो मोहन की थी

(d) मोहन की गाड़ी, राम ने खरीदी

निर्देश : निम्नलिखित अनुच्छेद को ध्यानपूर्वक पढ़कर दिए गए प्रश्न के उत्तर के लिए सही विकल्प का चयन कीजिए–

सौन्दर्य की परख अनेक प्रकार से की जाती है। बाह्य सौन्दर्य की परख समझना तथा उसकी अभिव्यक्ति करना सरल है। जब रूप के साथ चरित्र का भी स्पर्श हो जाता है। तब उसमें रसास्वादन की अनुभूति भी होती है। एक वस्तु सुन्दर तथा मनोहर कही जा सकती है, परन्तु सुन्दर वस्तु केवल इन्द्रियों को सन्तुष्ट करती है, जबकि मनोहर वस्तु चित्त को भी आनंदित करती है। इस दृष्टि से कवि जयदेव का वसन्त चित्रण सुन्दर है तथा कालिदास का प्रकृति चित्रण मनोहर है, क्योंकि उसमें चरित्र की प्रधानता है। 'सुन्दर' शब्द संकीर्ण है, जबकि 'मनोहर' व्यापक तथा विस्तृत है। साहित्य में साधारण वस्तु भी विशेष प्रतीत होती है और उसे मनोहर कहते हैं।

11. सौन्दर्य की परख की जाती है–

(a) आनन्द की मात्रा के आधार पर

(b) इन्द्रियों की सन्तुष्टि के आधार पर

(c) रूप के आधार पर

(d) मनोहरता के आधार पर

12. रसास्वादन की अनुभूति का बोध होता है–

(a) चरित्र स्पर्शी रूप से (b) चरित्र के आनन्द से

(c) सौन्दर्य अभिव्यक्ति से (d) इन्द्रिय सुख मात्रा से

13. कवि जयदेव का वसन्त चित्रण सुन्दर है, पर मनोहर नहीं, क्योंकि–

(a) यह इन्द्रिय सुखदायक है

(b) इसमें केवल सौन्दर्य वर्णन है

(c) यह चित्त को आनन्दित नहीं करता

(d) इसमें अनुभूति नहीं है

14. कालिदास के प्रकृति वर्णन का आधार है–

(a) उसकी प्रकृति/अभिव्यक्ति (b) उसकी चरित्र प्रमुखता

(c) उसकी मनोहरता (d) उसका सौन्दर्य

15. उपर्युक्त दिए गए गद्यांश का उपयुक्त शीर्षक है–

(a) साहित्य और सौन्दर्य (b) अभिव्यक्ति की अनुभूति

(c) सुन्दरता बनाम मनोहरता (d) सुन्दरता की संकीर्णता

SECTION-II : ENGLISH

Directions (Q.16 to Q.18) : Choosing the appropriate option out of the given options to complete the passage/sentence.

Read the following paragraph and answer the questions given below.

Rahul likes to run. Ever since he was six, he has been trained to run long distances. Now in seventh grade, his parents had agreed to let him run an eight kilometre race. It takes place every year. The winner gets a year's supply to books and games from a popular toy shop. Rahul practiced by running eight kilometres every day. On the day of the race, Rahul ran faster than he ever had in the past. He ran as fast as he could to the finish line and came first. His parents and friends were happy for him. He became the blue eyed boy of everyone.

16. It takes place every year. 'It' in the line is ......
(a) training (b) his practice
(c) eight kilometre race (d) games and books

17. The phrase '<u>blue eyed boy</u>' in the paragraph means–
(a) special (b) favourite
(c) smart (d) stylish

18. It takes place <u>every year</u> can be replaced by–
(a) always (b) after
(c) annually (d) never

Directions (Q.19 to Q.22) : Choose the correct option to complete the following.

Are you superstitious? For example ...19... that if you walk under a ladder, you'll have bad luck for the rest of the body? I'm not superstitious because if you look carefully you ...20... that something lucky in one country is unlucky in another. In my country people ...21... that if you see a black cat, you'll be unlucky, but people in other countries ...22... believe black cats very lucky.

19. (a) you will believe (b) you do believe
(c) do you believe (d) you can believe

20. (a) have to see (b) may see
(c) will see (d) should be

21. (a) say (b) said
(c) will say (d) says

22. (a) may (b) can
(c) are (d) shall

Directions (Q.23 to Q.30) : Do as Directed.

23. Change the voice
Open the door
(a) Let the door be opened (b) Let us open the door
(c) Opened the door (d) Let be the door opened

24. Find the correctly spelt word–
(a) Twelveth (b) Twelvth
(c) Twelfth (d) Twelveith

25. Antonym of 'universal' is–
(a) narrow (b) regional
(c) miniature (d) subidiary

26. Synonym of 'vital' is–
(a) useful (b) important
(c) terrible (d) exciting

27. Fill in the blank
He looked ...... the black board.
(a) to (b) on
(c) of (d) at

28. Change into direct speech
The teacher said, "The sun rises in the East."
(a) The teacher told the sun rises in the East."
(b) The teacher said the sun rises in the East
(c) The teacher said that the sun rose in the East
(d) The teacher said that the sunrises in the East

29. Rearrange the following words and phrases to form a meaningful sentence.
the (A) / Aristotle (B) / disciple (C) / of (D) / Alexander (E) / was (F)
(a) ABFCDE (b) EFACDB
(c) BFACDE (d) AEFCDB

30. Fill in the blank–
Delhi-Mumbai airway is the .... airway in India.
(a) busy (b) busier
(c) most busy (d) busiest

अनुभाग–III : गणित

31. – 4 का गुणात्मक प्रतिलोम .... होता है।
(a) 0 (b) $\frac{1}{4}$
(c) – 0 (d) $-\frac{1}{4}$

32. एक (1) .... है।
(a) परिमेय संख्याओं के गुणन के लिए तत्समक
(b) परिमेय संख्याओं के भाग के लिए तत्समक
(c) परिमेय संख्याओं के योग के लिए तत्समक
(d) परिमेय संख्याओं के घटाने के लिए तत्समक

33. 0.03 का घन .... है।
(a) 0.27 (b) 0.000027
(c) 0.0000027 (d) 0.00027

34. यदि $\sqrt{0.1521} = x$, तो x .... है।
(a) 0.039 (b) 0.29
(c) 0.39 (d) 0.0039

35. निम्नलिखित में से कौन-सा एक पूर्ण घन नहीं है?
(a) 125 (b) 216
(c) 343 (d) 567

36. यदि $\sqrt[3]{0.000729} = y$, तो $y =$ ....
(a) 0.3 (b) 0.9
(c) 0.09 (d) 0.009

37. यदि $\sqrt{4096} = 64$, तो $\sqrt{4096} + \sqrt{40.96}$ का मान .... होगा।
(a) 70.4 (b) 60.4
(c) 64.4 (d) 72.4

38. संख्या शृंखला 27, 64, 125, 216, t में t का मान होगा–
(a) 307 (b) 343
(c) 512 (d) 277

39. यदि एक सिक्के को 240 बार उछाला जाता है और 60 बार इसमें पट आता है, तो इसमें चित्त आने की प्रायिकता है–
(a) 25% (b) 40%
(c) 50% (d) 75%

40. वर्ग 22-29 के वर्ग का माप है–
(a) 22 (b) 7
(c) 29 (d) – 7

41. **यदि पिता की उम्र पुत्र की उम्र से 4 गुणी है और 10 साल के उपरान्त पिता, पुत्र की उम्र से तीन गुणा होगा। पिता की 5 वर्ष बाद उम्र .... होगी।**
(a) 90 वर्ष (b) 85 वर्ष
(c) 80 वर्ष (d) 75 वर्ष

42. **यदि $\frac{2x}{5} - 6 = \frac{5x}{3}$, तब $(3x - 4)$ का मान .... होगा।**
(a) $-\frac{346}{19}$ (b) $-\frac{270}{19}$
(c) $-\frac{19}{76}$ (d) $-\frac{76}{19}$

43. **दो अंकों की संख्या में दहाई का अंक इकाई के अंक से दो गुणा है। यदि इकाई का अंक x हो, तो संख्या होगी–**
(a) $3x$ (b) $x + 2$
(c) $2x$ (d) $21x$

44. **6 के चार क्रमागत गुणजों का योग 492 है। सबसे बड़ा गुणज .... होगा।**
(a) 120 (b) 126
(c) 132 (d) 138

45. **एक पंचभुज के एक ही क्रम में दिए गए सभी बहिष्कोणों का योग .... होता है।**
(a) 90° (b) 180°
(c) 360° (d) 720°

46. **एक अद्वितीय चतुर्भुज की रचना करने के लिए न्यूनतम .... मापनों की आवश्यकता होती है।**
(a) 4 (b) 5
(c) 6 (d) 7

47. **एक बहुभुज का प्रत्येक आन्तरिक कोण 144° है। बहुभुज की .... भुजाएँ हैं।**
(a) 10 (b) 8
(c) 6 (d) 10 से अधिक

48. **एक षट्भुज के छह कोण क्रमशः 4 : 5 : 6 : 7 : 8 : 6 अनुपात में हैं। ये कोण क्रमशः .... हैं।**
(a) 40°, 50°, 60°, 70°, 80°, 60°
(b) 80°, 100°, 120°, 140°, 160°, 120°
(c) 120°, 150°, 180°, 210°, 240°, 180°
(d) 180°, 210°, 240°, 120°, 150°, 180°

49. **सम बहुभुज जिसका प्रत्येक अन्तःकोण 144° है, की भुजाओं की संख्या होगी–**
(a) 8 (b) 9
(c) 10 (d) 11

50. **$(11x + 8y)(11x - 8y) = ?$**
(a) $121x^2 + 64y^2 - 88xy$ (b) $121x^2 - 64y^2 - 88xy$
(c) $121x^2 - 64y^2 + 88xy$ (d) $121x^2 - 64y^2$

51. **$(ax + by)(px - qy) = ?$**
(a) $apx^2 - axyq + bpxy - bqy^2$
(b) $apx^2 + axyg - bpxy - bqy^2$
(c) $apx^2 + axyq + bqxy - bqy^2$
(d) $apx^2 + axyg + bpxy + bqyr$

52. **$16x^2 - 40x + 25$ के गुणनखण्ड हैं–**
(a) $(4x + 5)(4x - 5)$ (b) $(4x + 5)(4x + 5)$
(c) $(4x + 10)(4x - 10)$ (d) $(4x - 5)(4x - 5)$

53. **(3.09×2.91) का मान .... होता है।**
(a) 8.9918 (b) 8.9919
(c) 9.0081 (d) 8.9999

54. **$(159a^2bc)$ को $(318\,ab)$ से विभाजित करने पर .... प्राप्त होता है।**
(a) $\frac{1}{4}ac$ (b) $\frac{2}{ac}$
(c) $\frac{1}{2}ac$ (d) $2\,ac$

55. **यदि $\left(-\frac{28}{29}\right)^{-3} = y$, तो y का मान .... है।**
(a) $\left(-\frac{29}{28}\right)^3$ (b) $\left(\frac{28}{29}\right)^{-3}$
(c) $-\left(\frac{28}{29}\right)^{-3}$ (d) $\left(\frac{28}{29}\right)^3$

56. **1.02×10^{-6} का मान .... है।**
(a) 0.102 (b) 0.00102
(c) 0.0000102 (d) 0.00000102

57. **नेहा ने एक पर्स ₹ 2464 का खरीदा जिसमें 12% जीएसटी सम्मिलित था। पर्स का वास्तविक मूल्य क्या है?**
(a) ₹ 2000 (b) ₹ 2100
(c) ₹ 2200 (d) ₹ 2300

58. **रवि ने एक कपड़े धोने की मशीन ₹ 7000 में खरीदकर, इस पुरानी मशीन को 40% हानि में एक दुकानदार को बेचा। दुकानदार ने इसे 10% लाभ पर बेच दिया। दुकानदार का विक्रय मूल्य क्या है?**
(a) ₹ 4600 (b) ₹ 4620
(c) ₹ 4900 (d) ₹ 5000

59. **₹ 50,000 1 वर्ष में 8% वार्षिक दर से अर्धवार्षिक चक्रवृद्धि होने पर वर्ष के उपरान्त कुल पैसा .... होगा।**
(a) 50,480 (b) 54,080
(c) 58,040 (d) 50,080

60. **115 व्यक्तियों के लिए 30 दिन के भोजन की व्यवस्था है। यदि 230 व्यक्ति और आ जाएँ, तो यह भोजन .... दिन चलेगा।**
(a) 11 दिन (b) 15 दिन
(c) 10 दिन (d) 12 दिन

61. **यदि दो x और y राशियाँ अनुक्रमानुपाती हों, तो–**
(a) $x - y$ अचर रहता है (b) $\frac{x}{y}$ अचर रहता है
(c) $(x + y)$ अचर रहता है (d) $x \times y$ अचर रहता है

62. **एक 19 सेमी. भुजा के वर्ग का क्षेत्रफल .... होगा।**
(a) 171 वर्ग सेमी. (b) 178 वर्ग सेमी.
(c) 181 वर्ग सेमी. (d) 361 वर्ग सेमी.

63. **4 सेमी भुजा वाले एक घन को 1 सेमी. भुजा वाले घनों में काटा जाता है। प्रारंभिक घन एवं कटे हुए घन में पृष्ठीय क्षेत्रफल का अनुपात .... है।**
(a) 1 : 2 (b) 1 : 3
(c) 1 : 4 (d) 1 : 5

64. **$4p$ त्रिज्या वाले वृत्त के अंतर्गत एक समषट्भुज है। इस समषट्भुज का परिमाप .... होगा।**
(a) $20p$ (b) $22p$
(c) $24p$ (d) $36p$

65. **दो बेलनों की त्रिज्या का अनुपात 2 : 3 तथा इनकी ऊँचाइयों का अनुपात 3 : 4 है। उनके आयतनों का अनुपात .... होगा।**
(a) 1 : 3 (b) 1 : 6
(c) 1 : 9 (d) 2 : 9

अनुभाग–IV : सामान्य विज्ञान

66. निम्नलिखित में से कौन-सी ग्रीन हाऊस गैस नहीं है?
(a) मीथेन (b) जलवाष्प
(c) नाइट्रोजन (d) कार्बन डाईऑक्साइड

67. जल को हर प्रकार की अशुद्धताओं से मुक्ति प्राप्त करने की विधि .... है।
(a) उबालना (b) आसवन
(c) क्लोरीन की गोलियाँ डालना (d) छानना

68. निम्नलिखित में से कौन-सा पानी संरक्षण के लिए कोई तरीका नहीं है?
(a) की जगह बदलना (b) पुनः उपयोग
(c) कम उपयोग (d) पुनः चक्रण

69. पृथ्वी पर मौसम में परिवर्तन होता है, क्योंकि .... ।
(a) पृथ्वी का घूर्णन अक्ष अपने कक्षा के तल के समान्तर है
(b) पृथ्वी का घूर्णन अक्ष अपने कक्षा के तल के लम्बवत् है
(c) पृथ्वी और सूर्य के बीच की दूरी स्थिर नहीं है
(d) पृथ्वी का घूर्णन अक्ष अपनी कक्षा के तल के सापेक्ष झुका हुआ है

70. कितनी बार प्रकाश की एक किरण एक-दूसरे की ओर उन्मुख और समानान्तर रखे दो समतल दर्पणों से परावर्तित हो सकती है?
(a) 2 (b) 3
(c) 4 (d) अनन्त

71. निम्नलिखित में से किसके कारण सुनामी आने की सम्भावना नहीं है?
(a) तड़ित (b) भूकम्प
(c) ज्वालामुखीय (d) परमाणु विस्फोट

72. .... बिजली का संचालन नहीं करेगा।
(a) नींबू का रस (b) नल का पानी
(c) सिरका (d) वनस्पति तेल

73. हर्ट्ज की आवृत्ति से कम्पन्न करती वस्तु का आवृत्ति 50 काल .... होगा।
(a) 0.2 सेकेण्ड (b) 0.02 सेकेण्ड
(c) 2 सेकेण्ड (d) 20.0 सेकेण्ड

74. रबड़ की गेंद को लकड़ी की सतह पर लम्बी दूरी तक लुढ़काने के लिए हमें .... चाहिए।
(a) कपड़े के एक टुकड़े के साथ गेंद को कवर करना
(b) लकड़ी की सतह पर बालू रेत छिड़कना
(c) सतह पर टैल्कम पाउडर छिड़कना
(d) लकड़ी की सतह पर एक कालीन फैलाना

75. .... एक सम्पर्क बल है।
(a) घर्षण बल (b) गुरुत्वाकर्षण बल
(c) चुम्बकीय बल (d) स्थिर वैद्युत बल

76. सब्जियों का प्रमुख पोषक तत्व .... होता है।
(a) कार्बोहाइड्रेट (b) वसा
(c) खनिज लवण (d) प्रोटीन

77. एक डरे हुए व्यक्ति में .... हार्मोन का स्राव होता है।
(a) थायरॉक्सिन (b) एड्रीनेलिन
(c) कीट हार्मोन (d) वृद्धि हार्मोन

78. मधुमेह .... की कमी के कारण होता है।
(a) थायरॉक्सिन (b) एड्रीनेलिन
(c) वृद्धि हार्मोन (d) इंसुलिन

79. निषेचन के पश्चात् जो कोशिका नए जीव को जन्म देती है .... कहलाती है।
(a) युग्मनज (b) भ्रूण
(c) अंडाणु (d) विषाणु

80. अमीबा में कितनी कोशिकाएँ पाई जाती हैं?
(a) असंख्य (b) 4
(c) 1 (d) 2

81. गुण सूत्र .... ।
(a) कोशिकाओं के क्रियाकलापों का नियन्त्रण करता है
(b) आनुवंशिक लक्षणों को वहन करता है
(c) प्रकाश संश्लेषण का स्थल है
(d) कोशिकाओं के अन्दर और बाहर पदार्थों के आवागमन पर नियन्त्रण करता है

82. .... में कोशिका भित्ति होती है, परन्तु स्पष्ट केन्द्रक नहीं होता।
(a) पादप कोशिका (b) जन्तु कोशिका
(c) जीवाणु कोशिका (d) तन्त्रिका कोशिका

83. निम्नलिखित में से कौन-सी कोशिका नहीं है?
(a) लाल रुधिर कणिका (b) जीवाणु
(c) विषाणु (d) शुक्राणु

84. कोशिका के भीतर पाए जाने वाले जैली जैसे पदार्थ को .... कहते हैं।
(a) जीव द्रव्य (b) गुण सूत्र
(c) हरित लवक (d) कोशिका द्रव्य

85. प्रवासी पक्षी एक विशेष मौसम में सुदूर क्षेत्रों तक उड़ते हैं, क्योंकि .... ।
(a) उग्र मौसम परिस्थितियाँ होती हैं
(b) अधिक भीड़ हो जाती है
(c) घोंसले बनाने के क्षेत्रों की कमी हो जाती है
(d) उपर्युक्त सभी

86. नील गाय एक .... स्पीशीज है।
(a) विलुप्त (b) संकटापन्न
(c) प्रवासी (d) स्थानिक

87. समाप्त होने वाले प्राकृतिक स्रोत .... होते हैं।
(a) प्रकृति पर निर्भर नहीं
(b) सीमित मात्रा में
(c) असीमित मात्रा में
(d) मानव गतिविधियों से समाप्त नहीं होते

88. .... एक अक्षय प्राकृतिक संसाधन है।
(a) कोयला (b) पेट्रोलियम
(c) सूर्य (d) खनिज

89. कोयला .... के अवशेषों से बनता है।
(a) केवल जन्तुओं
(b) केवल पादपों
(c) न ही जन्तु न ही वनस्पति
(d) वनस्पति और जन्तु दोनों

90. .... का उपयोग जल को दूषण मुक्त बनाने के लिए उपयोग होता है।
(a) ऑक्सीजन (b) सल्फर
(c) हाइड्रोजन (d) क्लोरीन

91. निम्नलिखित में से किस ऑक्साइड का जलीय विलयन नीले लिटमस का रंग लाल कर देता है?
(a) कॉपर ऑक्साइड (b) आयरन ऑक्साइड
(c) सल्फर ऑक्साइड (d) मैग्नीशियम ऑक्साइड

92. सोडियम को मिट्टी के तेल में क्यों रखा जाता है?
(a) क्योंकि ये कठोर होता है (b) यह नरम होता है
(c) यह अत्यधिक क्रियाशील है (d) उपर्युक्त सभी

93. .... रेशम के समान दिखता है।
(a) टेरीलीन (b) रेयॉन
(c) नायलॉन (d) पॉलिस्टर

94. बैकलाइट एक .... है।
(a) थर्मोप्लास्टिक (b) थर्मोसेटिंग प्लास्टिक
(c) रेशा (d) पॉलिएस्टर

95. पेट (PET) .... है।
(a) पॉलिएस्टर (b) कृत्रिक रेशम
(c) पैराशूट (d) नायलॉन

96. .... जैव निम्नीकरणीय नहीं है।
(a) कागज
(b) लकड़ी
(c) ऊन
(d) प्लास्टिक की थैली

97. लुई पाश्चर ने .... का आविष्कार किया।
(a) पेनिसिलीन (b) एंथ्रेक्स जीवाणु
(c) किण्वन (d) टाइफाइड

98. ऐस्पर्जिलस एक .... है।
(a) शैवाल (b) कवक
(c) जीवाणु (d) विषाणु

99. एक प्रोटोजोआ द्वारा उत्पन्न तथा एक कीट द्वारा फैलने वाला रोग .... है।
(a) मलेरिया (b) पोलियो
(c) डेंगू (d) खसरा

100. आलू का प्रवर्धन .... के उपयोग से होता है।
(a) जड़ (b) बीज
(c) पत्ती (d) तना

व्याख्या सहित उत्तर

1. (d) शुद्ध रूप → कवियत्री।

2. (a) क्षणिक का विलोम → सदैव।

3. (d) मुहावरा 'दाम लगाना' का अर्थ → मोल भाव करना।

4. (d) शब्द 'स्वप्न' के अतिरिक्त अन्य सभी विदेशी शब्द हैं।

5. (c) कारक होता है → विभक्ति चिह्न।

6. (c) नीड़ का अर्थ → घोंसला।
पक्षी सुंदर नीड़ (घोंसला) बनाते हैं।

7. (a) गंगा गए गंगादास, जमुना गए जमुनादास का अर्थ → जिसका कोई दृढ़ सिद्धांत नहीं होता है।

8. (b) वाक्य का शुद्ध रूप → यहाँ गाय का शुद्ध दूध मिलता है।

9. (c) 'गाय घास चरती है' → जातिवाचक संज्ञा।

10. (c) मिश्र वाक्य → राम ने उस गाड़ी को खरीदा जो मोहन की थी।

11. (d) अनुच्छेद के अनुसार, सौंदर्य की परख की जाती है–मनोहरता के आधार पर।

12. (a) रसास्वादन की अनुभूति का बोध होता है–चरित्र स्पर्शी रूप से।

13. (b) कवि जयदेव के इस चित्रण में केवल सौंदर्य वर्णन है।

14. (c) कालिदास के प्रकृति वर्णन का आधार उसकी मनोहरता है।

15. (c) उपर्युक्त शीर्षक → सुंदरता बनाम मनोहरता।

16. (c) 'It' in the line refers to 8 km race.

17. (b) The phrase 'blue eyed boy' in the paragraph means → favourite.

18. (c) 'Every year' can be replaced by 'annually'.

19. (c) Option to complete the blank → do you believe.

20. (b) Option to complete the blank → may see.

21. (a) Option to complete the blank → say.

22. (a) Option to complete the blank → may.

23. (a) Change the voice –
Let the door be opened.

24. (c) Correct spelling → Twelfth.

25. (b) Antonym of 'universal' → regional.

26. (b) Synonym of 'vital' → important.

27. (d) He looked **at** the black board.

28. (b) Change into Direct Speech –
The teacher said the sun rises in the East.

29. (b) Meaningful sentence → Alexander (E) was (F) the (A) disciple (C) of (D) Aristotle (B).
EFACDB

30. (d) Delhi-Mumbai airway is the busiest airway in India.

31. (d) (– 4) का गुणात्मक प्रतिलोम $= \left(-\frac{1}{4}\right)$

$$(-4) \times \left(-\frac{1}{4}\right) = 1$$

32. (a) परिमेय संख्याओं के गुणन के लिए तत्समक = 1

33. (b) (0.03) का घन $= (0.03)^3$
$= 0.000027$

34. (c) $x = \sqrt{0.1521}$

$$\therefore \quad x = \sqrt{\frac{1521}{10000}}$$

$$\therefore \quad x = \frac{39}{100}$$

$$x = 0.39$$

35. (d) संख्या 567 एक पूर्ण घन संख्या नहीं है।

36. (c) $y = \sqrt[3]{0.000729}$

$\therefore\ y = (0.000729)^{\frac{1}{3}}$

$y = \left(\frac{729}{1000000}\right)^{\frac{1}{3}}$

$y = \frac{9}{100}$

$y = 0.09$

37. (a) प्रश्न से,

$\sqrt{4096} = 64$

$\therefore\ \sqrt{4096} + \sqrt{40.96} = 64 + 6.4$

$= 70.4$

38. (b) श्रृंखला के अनुसार,

$27 = 3^3;\quad 64 = 4^3;\quad 125 = 5^3;\quad 216 = 6^3$

$\therefore\ t = 7^3$

$= 343$

39. (d) 'पट' आने की बारी = 60

$\therefore$ 'चित' आने की बारी = 240 – 60 = 180

$\therefore$ चित आने की प्रायिकता

$= \frac{180}{240} = \frac{3}{4}$

$= \frac{3}{4} \times 100 = 75\%$

40. (b) वर्ग 22 – 29 के वर्ग का माप है–

$(29 - 22) = 7$

41. (b) पुत्र की आयु = x वर्ष।

$\therefore$ पिता की आयु = $4x$

प्रश्नानुसार,

$\Rightarrow\ 4x + 10 = 3(x + 10)$

$\Rightarrow\ 4x + 10 = 3x + 30$

$\Rightarrow\ 4x - 3x = 30 - 10$

$\Rightarrow\ x = 20$

अत: पिता की आयु = 4 × 20 = 80 वर्ष

5 वर्ष बाद पिता की आयु = 80 + 5 = 85 वर्ष

42. (a) $\frac{2x}{5} - 6 = \frac{5x}{3}$

$\Rightarrow\ \frac{2x}{5} - \frac{5x}{3} = 6$

$\Rightarrow\ \frac{6x - 25x}{15} = 6$

$\Rightarrow\ -\frac{19x}{15} = 6$

$\Rightarrow\ x = -\frac{90}{19}$

अत: $3x - 4 = -3 \times \frac{90}{19} - 4$

$= -\frac{270}{19} - 4$

$= \frac{-270 - 4 \times 19}{19}$

$= \frac{-270 - 76}{19}$

$= -\frac{346}{19}$

43. (d) दो अंकों की संख्या = $10y + x$

प्रश्नानुसार, $y = 2x$

अत: संख्या $= 10 \times 2x + x$

$= 20x + x$

$= 21x$

44. (c) संख्या 6 के 4 क्रमागत गुणनखण्ड होंगे = $6x$, $6x + 6$, $6x + 12$ और $6x + 18$.

प्रश्नानुसार,

$6x + 6x + 6 + 6x + 12 + 6x + 18 = 492$

$\therefore\ 24x + 36 = 492$

$\therefore\ 24x = 492 - 36$

$\therefore\ 24x = 456$

$\therefore\ x = \frac{456}{24}$

$\therefore\ x = 19$

अत: 6 का सबसे बड़ा गुणन

$= 6x + 18$

$= 6 \times 19 + 18$

$= 114 + 18$

$= 132$

45. (c) पंचभुज के सभी बहिष्कोणों का योग = 360°

46. (a) एक अद्वितीय चतुर्भुज की रचना करने के लिए न्यूनतम चार मापनों की आवश्यकता होती है।

47. (a) बहुभुज में भुजाएँ = n

$\therefore\ \frac{(n-2) \times 180}{n} = 144$

$\Rightarrow\ (n-2)180 = 144n$

$\Rightarrow\ (n-2)15 = 12n$

$\Rightarrow\ 15n - 30 = 12n$

$\Rightarrow\ 15n - 12n = 30$

$\Rightarrow\ 3n = 30$

$\therefore\ n = 10$

48. (b) षट्भुज के छह कोण = $4x$, $5x$, $6x$, $7x$, $8x$ और $6x$

षट्भुज के छह कोणों का योग = $(6 - 2) \times 180°$

$= 4 \times 180°$

$= 720°$

अत: $4x + 5x + 6x + 7x + 8x + 6x = 720°$

$\therefore\ 36x = 720°$

$\therefore\ x = 20°$

अत: कोण होंगे = 80°, 100°, 120°, 140°, 160° और 120°

49. (c) $\left(\frac{n-2}{n}\right)180° = 144°$

$\therefore\ (n-2)180° = 144n$

$\therefore\ 15n - 30 = 12n$

$\therefore\ 15n - 12n = 30$

$\therefore\ 3n = 30$

$\therefore\ n = 10$

50. (d) $(11x + 8y)(11x - 8y) = (11x)^2 - (8y)^2$
$= 121x^2 - 64y^2$

51. (a) $(ax + by)(px - qy)$
$= apx^2 - axqy + bypx - byqy$
$= apx^2 - aqxy + bpxy - bqy^2$

52. (d) $16x^2 - 40x + 25$
$= (4x)^2 - 2(4x) \times 5 + (5)^2$
$= (4x - 5)^2$
$= (4x - 5)(4x - 5)$

53. (b) $3.09 \times 2.91 = 8.9919$

54. (c) $159a^2bc \div 318ab = \frac{159a^2bc}{318ab}$
$= \frac{ac}{2}$

55. (a) $\left(-\frac{28}{29}\right)^{-3} = y$
$y = \left(-\frac{29}{28}\right)^{+3}$

56. (d) $1.02 \times 10^{-6} = 102 \times 10^{-8}$
$= 0.00000102$

57. (c) $100 + 12 = 112$
अत: पर्स का वास्तविक मूल्य $= \frac{100}{112} \times 2464$
$= 100 \times 22 =$ ₹ 2200

58. (b) $100 - 40 = 60$
रवि के द्वारा खरीदी गई कपड़े धोने की मशीन का विक्रय मूल्य
$= \frac{60}{100} \times 7000$
= ₹ 4200
$100 + 10 = 110$
अत: दुकानदार को बेची गई कपड़े धोने की मशीन का विक्रय मूल्य
$= \frac{110}{100} \times 4200$
= ₹ 4620

59. (b) प्रश्नानुसार,
मूलधन = ₹ 50,000
दर $= \frac{8}{2} = 4\%$
समय $= 1 \times 2 = 2$ वर्ष
मिश्रधन = मूलधन $\left(1 + \frac{\text{दर}}{100}\right)^{\text{समय}}$
मिश्रधन $= 50,000 \left(1 + \frac{4}{100}\right)^2$
$= 50,000 \left(\frac{26}{25}\right)^2$
$= \frac{50,000 \times 26 \times 26}{25 \times 25}$
$= 80 \times 676$
= ₹ 54,080

60. (c) $115 + 230 = 345$
345 व्यक्तियों के लिए खाना चलेगा $= \frac{115 \times 30}{345}$ दिन
= 10 दिन

61. (b) $x \alpha y$
$\Rightarrow \frac{x}{y} = k$ (अचर)

62. (d) वर्ग का क्षेत्रफल जिसकी एक भुजा 19 सेमी. हो
$= 19 \times 19$
= 361 वर्ग सेमी.

63. (c) 4 सेमी. भुजा वाले घन का आयतन $= 4 \times 4 \times 4$ (सेमी.)^3
1 सेमी. भुजा वाले छोटे घन का आयतन $= 1 \times 1 \times 1 = 1$ (सेमी.)^3
अत: कुल छोटे घनों की संख्या $= \frac{64}{1} = 64$
4 सेमी वाले घन का पृष्ठीय क्षेत्रफल $= 6 \times 4 \times 4$ सेमी.^{2}
$= 96$ (सेमी.)^2
64 छोटे घनों का पृष्ठीय क्षेत्रफल $= 64 \times 6$ (सेमी.)^2
$= 384$
दोनों पृष्ठीय क्षेत्रफल का अनुपात $= 96 : 384$
$= 1 : 4$

64. (c) समषट्भुज का परिमाप $= 6 \times 4p = 24p$

65. (a) प्रश्नानुसार, दोनों बेलनों की त्रिज्याएँ $= 2r$ और $3r$ और उनकी लम्बाई $= 3h$ और $4h$
दोनों बेलनों के आयतनों का अनुपात
$= \pi \times (2r)^2 \times 3h : \pi(3r)^2 \times 4h$
$= 12 : 36$
$= 1 : 3$

66. (c) ग्रीन हाउस गैस → मिथेन (CH_4), जलवाष्प, कार्बन डाइऑक्साइड (CO_2)

67. (b) आसवन : जल को सभी प्रकार की अशुद्धताओं से मुक्ति प्राप्त करने की विधि है।

68. (a) पानी संरक्षण का तरीका → पुन: उपयोग, कम उपयोग, पुन:चक्रण।

69. (d) पृथ्वी पर मौसम में परिवर्तन होता है, क्योंकि पृथ्वी का घूर्णन अक्ष अपनी कक्षा के तल के सापेक्ष झुका हुआ है।

70. (d) प्रकाश की एक किरण अनन्त बार एक-दूसरें की ओर उन्मुख और समानांतर रखे दो समतल दर्पणों से परावर्तित हो सकती है।

71. (d) परमाणु विस्फोट के कारण सुनामी आने की संभावना नहीं है।

72. (d) वनस्पति तेल से बिजली का संचालन नहीं हो सकता है।

73. (b) 0.02 सेकेण्ड

74. (c) रबड़ की गेंद को लकड़ी की सतह पर लंबी दूरी तक लुढ़काने के लिए हमें सतह पर टैल्कम पाउडर छिड़कना चाहिए।

75. (a) घर्षण बल एक सम्पर्क बल है।

76. (a) कार्बोहाइड्रेट → सब्जियों का प्रमुख पोषक तत्व।

77. (b) एड्रीनेलिन → एक डरे हुए व्यक्ति में इस हार्मोन का स्राव होता है।

78. (d) मधुमेह : यह रोग इंसुलिन की कमी के कारण से होता है।

79. (a) युग्मनज : निषेचन के पश्चात जो कोशिका नए जीव को जन्म देती है, युग्मनज कहलाती है।

80. (c) अमीबा में कोशिकाओं की संख्या एक होती है।

81. (b) गुण सूत्र आनुवंशिक लक्षणों को वहन करता है।

82. (c) जीवाणु कोशिका में कोशिका भित्ति होती है, परंतु स्पष्ट केंद्रक नहीं होता है।

83. (c) कोशिका हैं–लाल रुधिर कणिका, जीवाणु, शुक्राणु। विषाणु में कोशिका नहीं होती है।

84. (d) कोशिका द्रव्य : कोशिका के भीतर पाए जाने वाले जैली जैसे पदार्थ को कोशिका द्रव्य कहा जाता है।

85. (d) प्रवासी पक्षी एक विशेष मौसम में सुदूर क्षेत्रों तक उड़ते हैं, क्योंकि–

- उग्र मौसम की परिस्थितियों से बचने के लिए।
- अधिक भीड़ होने के कारण।
- घोंसले बनाने के क्षेत्रों की कमी होने के कारण।

86. (c) नील गाय एक प्रवासी स्पीशीज हैं।

87. (b) समाप्त होने वाले प्राकृतिक स्रोत सीमित मात्रा में होते हैं।

88. (c) सूर्य एक अक्षय प्राकृतिक संसाधन है।

89. (d) कोयला, वनस्पति और जंतु दोनों के अवशेषों से बनता है।

90. (d) क्लोरीन : इसका उपयोग जल को दूषण मुक्त बनाने के लिए किया जाता है।

91. (b) आयरन ऑक्साइड : इसका जलीय विलयन नीले लिटमस पेपर का रंग लाल कर देता है।

92. (c) अत्यधिक क्रियाशील होने के कारण सोडियम को मिट्टी के तेल में रखा जाता है।

93. (b) रेयॉन, रेशम के समान दिखता है।

94. (b) बैकेलाइट एक थर्मोसेटिंग प्लास्टिक है।

95. (a) पेट (PET) पॉलिएस्टर है।

96. (d) प्लास्टिक की थैली जैव निम्नीकरणीय नहीं है।

97. (c) लुई पाश्चर ने किण्वन का आविष्कार किया था।

98. (b) ऐस्पर्जिलस एक कवक है।

99. (a) मलेरिया : यह रोग एक प्रोटोजोआ द्वारा उत्पन्न तथा एक कीट द्वारा फैलने वाला है।

100. (d) आलू का प्रवर्धन तनें के उपयोग से होता है।

❑❑❑

ENGLISH

1. Spotting The Errors

In this type of questions some sentences are provided with or without some mistakes (errors). Each sentence remains divided into three parts: (a), (b), (c). Read each sentence to find out whether there is any error. The error, if any, will be in one part of the sentence only. The part containing error is your answer. If a sentence has no error, the answer will be (d), i.e., "No error". The errors may be either grammatical or idiomatic. You should ignore the errors of punctuation, if any. Thus, in this type of questions you have to identify the part of a sentence that has an error. Therefore, one can depend a lot on his ability to identify parts that do not "sound" right. In other words, if one vocalises the sentence and feels that a particular part is not sounding right to the ear, it is likely to have the error. This ability can be developed over the long duration by listening to the language and this method is quite dependable. Of course, this is only an aid to up the process and not a substitute for brushing up your grammar. Consider the following examples:

Example 1. Only few students (a)/ turned up for the (b)/ extra class last evening (c)/ No error (d)

Explanation (a) : Obviously the first part (a) has an error. "Few" means none so it should have been "only a few students". This is one of the most common grammatical errors.

Example 2. Neither the teacher nor the students (a)/ seems to be serious (b)/ about the examination. (c)/ No error (d)

Explanation (b) : Obviously the second part (b) has an error because "seems to be" should agree with the second Subject, i.e., "students".

In this type of questions, it is also important to read the entire sentence together first, without breaks. This helps in identifying the part that does not sound right. However, the best or rather say the only way to solve such questions correctly is to be absolutely thorough with the grammatical rules and usage. Therefore, you must develop a command over the important grammatical rules.

SUBJECT — VERB AGREEMENT

Rule No. 1 : Two or more Singular Subjects connected by **and** usually take a Verb in the Plural.

For example,

Incorrect– Hari and Ram **is** here.

Correct– Hari and Ram **are** here.

Rule No. 2 : If two Singular Nouns refer to the same person or thing, the Verb must be Singular.

For example,

Incorrect– The Secretary and Principal are coming.

Correct– The Secretary and Principal is coming.

(Here the same person is Secretary as well as Principal)

Rule No. 3 : If the Singular Subjects are preceded by **each** or **every,** the Verb is usually Singular.

For example,

Incorrect– Every boy and girl **were** ready.

Correct– Every boy and girl **was** ready.

Rule No. 4 : Two or more Singular Subjects connected by **or, nor, either ... or, neither ... nor** take a Verb in the Singular.

For example,

Incorrect– Neither he nor I **were** there.

Correct– Neither he nor I **was** there.

Example : Neither the size nor the colour (a)/ of the clothes which (b)/ I purchased for him yesterday were right (c)/ No error (d)

Explanation (c) : Two or more singular Subjects connected by **or, nor, either ... or, neither ... nor,** take a verb in the singular.

In the given sentence two singular subjects: **size** and **colour** are joined by **"neither ... nor"**. So, the Verb must be the singular.

Therefore **were** will be replaced with **was.**

Rule No. 5 : When the Subjects joined by or/nor are of different numbers, the Verb must be Plural, and the Plural Subject must be placed next to the Verb.

For example,

Incorrect– Neither the Assistant Masters nor the Headmaster was present.

Correct– Neither the Head-master nor the Assistant Masters were present.

Rule No. 6 : When the Subjects joined by or, nor are of different persons, the Verb agrees in person with the one nearest to it.

For example,

Incorrect– Either he or I **is** mistaken.

Correct– Either he or I am mistaken.

Rule No. 7 : A Collective Noun takes a Singular Verb when the collection is thought of as a whole, a Plural Verb when the individuals of which it is composed are thought of.

For example,

Correct– The Council **has** chosen the President.

Incorrect– The council had chosen the President.

Rule No. 8 : Some Nouns which are singular in form but plural in meaning, take a Plural Verb.

For example,

Incorrect– Mathematics are a branch of study in every school.

Correct– Mathematics is a branch of study in every school.

Rule No. 9 : Words joined to a Singular Subject by with, together with, in addition to, or, as well as, etc. are parenthetical, and therefore do not affect the number of the Verb.

For example,

Incorrect– The Chief, with all his men, were massacred.

Correct– The chief, with all his men, was massacred.

Example : The Head of the Department, (a)/ along with his colleagues are coming (b)/ to attend the conference which is scheduled this afternoon. (c)/ No error (d)

Explanation (b) : Words joined to a singular subject by **with together with, in addition to** or **as well as**, etc. are parenthetical, and therefore do not affect the number of the Verb.

Rule No. 10 : When the Subject of the Verb is a Relative Pronoun care should be taken to see that the Verb agrees in Number and Person with the Antecedent of the relative.

For example,

Incorrect– I, who **is** your friend, will guard your interests.

Correct– I, who am your friend will guard your interests.

USES OF PARTICIPLES & INFINITIVES

Rule No. 11 : Ask, advise, allow, command, force, forbid, invite, encourage, compel, beg, order, imagine, instruct, permit, persuade, tell, require, remind, teach, etc. are followed by Object + To + V_2

For example,

Incorrect– He advised to do it by me.

Correct– He advised me to do it.

But if these are used in Passive Voice, then they are followed by To + V_1.

Rule No. 12 : Know is followed by how/where/when/why and Infinitive.

For example,

Incorrect– I know to write a letter.

Correct– I know how to write a letter.

Rule No. 13 : After let, bid, behold, watch, see, feel, make etc. we use Bare-Infinitive and not To-infinitive.

For example,

Incorrect– I heard him to speak on several subjects.

Correct– I heard him speak on several subjects.

Rule No. 14 : Bare Infinitive is used after Modal Auxiliaries (can, could, may, might, shall, should, will, would, must, dare not, need not).

For example,

Incorrect– You need not to work hard.

Correct– You need not work hard.

Rule No. 15 : Had better, had rather, had as soon ... as..., had sooner etc. are followed by Bare Infinitive.

For example,

Incorrect– He had better to go now.

Correct– He had better go now.

Rule No. 16 : Conjunction **than** is also followed by Bare Infinitive.

For example,

Incorrect– He had better read than to write.

Correct– He had better read than write.

Rule No. 17 : When **but** is used as a Preposition and preceded by any form of the Verb **do**, then **but** is followed with Bare Infinitive.

For example,

Incorrect– He did nothing but to wander.

Correct– He did nothing but wander.

Rule No. 18 : Every Participle must have a Subject of Reference.

For example,

Incorrect– Being a rainy day Vijay decided to stay at home.

Correct– It being a rainy day Vijay decided to stay at home.

Rule No. 19 : For completed action Having + V_3 is used in Active Voice, whereas Having + been + V_3 or Being + V_3 is used in Passive Voice. **After** should not be used in such a sentence.

For example,

Incorrect– After the leader having been killed, the followers ran away.

Correct– The leader having been killed, the followers ran away.

Rule No. 20 : Participles like considering, judging, referring, concerning, regarding, viewing, broadly speaking etc. do not take any Subject of Reference.

For example,

Incorrect– Considering the case, I took the decision.

Correct– Considering the case, I took the decision.

Here **I** is not a Subject of Reference of considering. So, there is no subject of Reference for **considering**, still the sentence is correct.

USES OF VERBS

Rule No. 21 : When there are two Subjects in a sentence and they are not in the same Number, then we must have to use separate Auxiliaries (is, are, am, was, were, have, has) for both of them.

For example,

Incorrect– Three killed and one were injured.

Correct– Three **were** killed and one **was** injured.

Rule No. 22 : A single Verb should be made to serve two Subjects, only when the form of Verb is same for both the subjects.

For example,

Incorrect– I am seventeen years old and my sister fourteen.

Correct– I am seventeen years old and my sister **is** fourteen.

Rule No. 23 : Two auxiliaries can be used with one principal Verb, only when the form of the principal Verb is appropriate to both the auxiliaries.

For example,

Incorrect– He never **has**, and never **will take** such strong measures.

Correct– He never **has taken**, and never **will take** such strong measures.

Rule No. 24 : When there is only one auxiliary to two principal Verbs it should be correctly associated with the both.

For example,

Incorrect– Ten candidates **have passed** one **failed.**

Correct– Ten candidates **have passed,** one **has failed.**

Rule No. 25 : A Past Tense in the main clause should be followed by a Past Tense in the subordinate clause.

For example,

Incorrect– He succeeded because he **works** hard.

Correct– He succeeded because he **worked** hard.

Example : When the boy regain consciousness he wanted to eat something.

(a) If the boy regain
(b) When the boy regained
(c) Despite the boy regain
(d) On the boy regaining

Explanation (b) : The use of **wanted** in the principal clause indicates that the principal clause is in Past Tense. So the subordinate clause also will be in the Past Tense. So, **regain** will be replaced with **regained.**

Rule No. 26 : A Past Tense in main clause may be followed by a Present Tense in the subordinate clause when the subordinate clause expresses a universal truth.

For example,

Incorrect– Our teacher said that the earth **moved** round the sun.

Correct– Our teacher said that the earth **moves** round the sun.

Example : Whenever we have puncture she just sits in the car (a)/ and reads a book (b)/ while I changed the wheel. (c)/No error (d)

Explanation (c) : The use of **have** and **sits** in the sentence makes it clear that the sentence is in Simple Present Tense. The sentence describes a habit. In such a sentence, how can we use **changed** (V_2)?

Here **changed** is in Simple Past Tense. So, **changed** will be replaced with **change.**

Rule No. 27 : When the subordinate clause comes after 'lest', the auxiliary Verb 'should' must be used, whatever be the Tense of the Verb in the main clause.

For example,

Incorrect– We start early **lest** we **shall** miss the train.

Correct– We start early **lest** we **should** miss the train.

Rule No. 28 : An Adverb or Adverbial phrase should not be placed between 'to' and verbal part of the infinitive. (This is called the split infinitive).

For example,

Incorrect– I hoped **to immediately reply** to your letter.

Correct– I hoped **to reply immediately** to your letter.

Rule No. 29 : An infinitive should be in the present tense unless it represents an action prior to that of the governing Verb.

For example,

Incorrect– I should have liked **to have gone** there.

Correct– I should have liked **to go** there.

Rule No. 30 : Gerund if preceded by a Pronoun, that Pronoun must be in Possessive case.

For example,

Incorrect– He emphasised **me** going there.

Correct– He emphasised **my** going there.

Rule No. 31 : The Present Perfect Continuous Tense is used for an action that began in the past time and still going at the time of speaking. It is used with Adverbials of time introduced by 'since', 'for' and 'how long'.

For example,

Incorrect– How long **are** you **working** in this office?

Correct– How long **have** you **been working** in this office?

Example : The driver of that car (a)/ is sounding horn for (b)/ the last ten minutes but nobody tells him to stop. (c)/ No error (d)

Explanation (b) : "For the last ten minutes" is an expression which talks of a period of time and it can be used in a sentence which is in Perfect Continuous Tense. So, the given sentence should be in Present Perfect Continuous Tense. Hence **is** will be replaced with **has been.**

Rule No. 32 : A Verb when preceded by a Preposition must be in the of a from Gerund.

For example,

Incorrect– They were punished for **come** late.

Correct– They were punished for **coming** late.

Rule No. 33 : The Future Indefinite Tense is not used in the clauses of time, place and condition. Here the Present Indefinite Tense is used.

For example,

Incorrect– I shall wait for you till you **will finish** your work.

Correct– I shall wait for you, till you **finish** your work.

Rule No. 34 : The Present Perfect Tense is not used with the Adverbs of past time like **yesterday**, in 1990 etc. Here Past Indefinite Tense is used.

For example,

Incorrect– I **have bought** a cycle yesterday.

Correct– I **bought** a cycle yesterday.

The Past Perfect Tense is used to represent the earlier of the two past actions.

For example,

Incorrect– When I reached the station, the train already **left.**

Correct– When I reached the station, the train **had** already **left.**

Example : Ganesh, who has been (a)/ driving all day (b)/ was extremely tired and wanted to stop. (c)/ No error (d)

Explanation (a) : If there are two actions in the Past Tense, and one takes place before the other, then the action that takes place before the other remains in the Past Perfect Tense.

As **wanted** is in the past tense, so **has been** should be replaced with **had been.**

Rule No. 35. Modal Auxiliaries are not used together. But two Auxiliaries can be connected by a Conjunction.

For example,

Incorrect– He should must do it.

Correct– He should and must do it.

Rule No. 36 : When **need** or **dare** is followed by **not,** it turns into **modal** auxiliary. In that situation it takes Bare Infinitive and we cannot use **needs not** or **dares not.**

For example,

Incorrect– He needs not do it.

Correct– He need not do it.

USES OF ADJECTIVES

Rule No. 37 : Adjectives of quantity show how much of a thing is meant. Adjectives of quantity (some, much, little, enough, all, no, any, great, half, sufficient, whole) are used for Uncountable Nouns only.

For example,

Incorrect– I ate a few rice.

Correct– I ate some rice.

Rule No. 38 : Numeral Adjectives are used for Countable Noun only and they show how many persons or things are meant or in what order a person or thing stands.

For example,

Incorrect– I have taught you little things.

Correct– I have taught you a few things.

Rule No. 39 : When cardinal and ordinal are used together ordinal precedes the cardinal.

For example,

Incorrect– The **four first** boys will be given the chance.

Correct– The first four boys will be given the chance.

Rule No. 40 : Later, latest refer to time, **latter** and **last** refer to position.

For example,

Incorrect– I reached at 10 am. But he was latter than I expected.

Correct– I reached at 10 am. But he was later than I expected.

Rule No. 41 : Farther means more distant or advanced; **further** means additional.

For example,

Incorrect– He insisted on farther improvement.

Correct– He insisted on further improvement.

Rule No. 42 : Each is used in speaking of two or more things, **every** is used only in speaking of more than two.

For example,

Incorrect– Every of the two boys will get a prize.

Correct– Each of the two boys will get a prize.

Rule No. 43 : To express quantity or degree **some** is used in affirmative sentences, **any** in negative or interrogative sentences.

For example,

Incorrect– Have you bought some mangoes?

Correct– Have you bought any mangoes?

Rule No. 44 : In comparing two things, the Comparative degree Adjective should be used. The Superlative degree Adjective should not be used.

For example,

Incorrect– Which is the **best** of the two?

Correct– Which is the **better** of the two?

Rule No. 45 : When two qualities of the same person or thing are compared, the Comparative in-**er** is not used. 'More' is used for this purpose.

For example,

Incorrect– He is wiser **than** brave.

Correct– He is **more** wise than brave.

Rule No. 46 : When comparison is made by means of a comparative, the thing compared should be excluded from the class of things with which it is compared by using 'other' or some such word.

For example,

Incorrect– He is cleverer than **any boy** in the class.

Correct– He is cleverer than **any other boy** in the class.

Rule No. 47 : When comparison is made by means of a superlative, the thing compared should include the class of things with which it is compared.

For example,

Incorrect– He is the strongest of **all other men.**

Correct– He is the strongest **of all** men.

Rule No. 48 : When two persons or things are compared, it is important that the same parts of things should be compared.

For example,

Incorrect– The population of Bombay is greater than Delhi.

Correct– The population of Bombay is greater than **that of** Delhi.

Rule No. 49 : Double comparatives and superlatives should not be used.

For example,

1. **Incorrect–** He is **the most cleverest** boy in the class.

   Correct– He is **the cleverest** boy in the class.

2. **Incorrect–** He is **more wiser** than his brother.

   Correct– He is **wiser** than his brother.

Rule No. 50 : The comparative Adjectives superior inferior, senior, junior, prior, anterior, posterior prefer, etc., should be followed by 'to' instead of 'than'.

For example,

Incorrect– He is **senior than** me.

Correct– He is **senior to** me.

Rule No. 51 : Adjectives like unique, ideal, perfect, complete, universal, entire, extreme, chief, full, square and round, which do not admit different degrees of comparison should not be compared.

For example,

Incorrect– It is the **most unique** thing.

Correct– It is **a unique** thing.

Rule No. 52 : All the Adjectives which refer to the same Noun should be in the same degree of comparison.

For example,

Incorrect– He is the **wisest** and **honest** worker in the office.

Correct– He is the **wisest** and **most honest** worker in the office.

Rule No. 53 : 'Elder' and 'eldest' should be used for persons only, strictly speaking, they are used for the members of the same family only. 'Older' and 'Oldest' are used for both persons and things.

For example,

Incorrect– He is my **older** brother.

Correct– He is my **elder** brother.

USES OF ADVERBS

Rule No. 54 : To modify a Verb, an Adjective or another Adverb, we use an Adverb.

For Example,

Incorrect– She writes very **careful.**

Correct– She writes very carefully.

Careful is an Adjective which cannot modify the Adverb **very,** therefore **carefully** (Adverb) must be used in place of Adjective **careful.**

Example : There are many **new emerging fields** in information technology and electronics.

(a) newly emerging (b) new emergent

(c) newly emergent (d) No correction

Explanation (c) : The problem is related to the use of Adjective and Adverb. The word **fields** is a Noun. An Adjective can be used attributively before **fields.** The word **emergent** is the right choice. Now, to modify this Adjective, we should use an Adverb. Therefore, **new** (Adjective) should be replaced with **newly**.

Rule No. 55 : Too means more than required and it is used with Unpleasant Adjective. So, we cannot use too glad, too happy, too pleasant, too healthy.

For example,

Incorrect– I am too glad to meet you.

Correct– I am very glad to meet you.

Rule No. 56 : In A sentence which is based on "Too.... To" format, we cannot replace **to** with **so that.** If we replace **to** with **so that, too** also must be replaced with **cannot.**

For example,

Incorrect– He is too weak so that he cannot walk.

Correct– He is so weak that he cannot walk.

Rule No. 57 : Much too is followed by Unpleasant Adjective, whereas **too much** is followed by Noun.

Much too + Unpleasant Adjective. Too much + Noun.

For example,

1. **Incorrect**– His failure is **too much** painful for me.

   Correct– His failure is **much too** painful for me.

2. **Incorrect**– His wife's rude behavior gives him **much too** pain.

   Correct– His wife's rude behavior gives him **too much** pain.

Rule No. 58 : Quite and **all** are not used together.

For example,

Incorrect– He is quite all right.

Correct– He is quite right. **or** He is all right.

Rule No. 59 : A/An + Fairly + Adjective + Noun **or** Rather + A + Adjective

(i) a fairly good book

(ii) rather a difficult problem.

But we cannot use Pleasant Adjective with **rather** and Unpleasant Adjective with **fairly**.

For example,

Incorrect– It was a **rather** good book.

Correct– It was a **fairly** good book.

Rule No. 60 : Enough, when used as an Adverb, is preceded by a positive degree Adjective or Adverb.

For example,

Incorrect– He is greater enough to pardon you.

Correct– He is great enough to pardon you.

Rule No. 61 : Two negatives cancel each other. Hence two negatives should not be used in the same sentence unless we make an affirmation.

For example,

Incorrect– I have not got **none.**

Correct– I have not got **any.**

Rule No. 62 : 'At present' means 'at the present time', 'presently' means 'shortly'. These should not be confused.

For Example,

1. **Incorrect**– Nothing more can be done **presently.**

   Correct– Nothing more can be done **at present.**

2. **Incorrect**– He will come back **at present.**

   Correct– He will come back **presently.**

Rule No. 63 : 'Hard' means 'diligently', strenuously', 'Hardly' means 'scarcely at all'. These two Adverbial forms of 'hard' must not be confused.

For example,

1. **Incorrect**– He tried **hardly** to win the race.

   Correct– He tried **hard** to win the race.

2. **Incorrect**– She has eaten **hard** anything today.

   Correct– She has eaten **hardly** anything today.

Rule No. 64 : 'Much' is used before past participles and Adjectives or Adverbs of comparative degree. 'Very' is used before the present participles and Adjectives and Adverbs of positive degree.

For example,

1. **Incorrect**– The news is **much** surprising.

   Correct– The news is **very** surprising.

2. **Incorrect**–I was **very** sur-prised at hearing the news.

   Correct– I was **much** surprised at hearing the news.

Rule No. 65 : Hardly is an Adverb which means rarely. Whereas **hard** is an Adjective which means tough, rigid.

For example,

Incorrect– It is a hardly job.

Correct– It is a hard job.

Rule No. 66 : Ago is always used with Past Indefinite Tense. So, if **ago** is used in a sentence, that sentence must be in the Past Indefinite Tense.

For example,

Incorrect– He has come a month ago.

Correct– He came a month ago.

Rule No. 67 : At present means at this moment and it is used with Present Tense, whereas **presently** and **shortly** are used for future action and generally used with Future Indefinite Tense.

For example,

Incorrect– Presently he is in the room.

Correct– At present he is in the room.

Rule No. 68 : Early means "just after the beginning of anything" and **soon** means just after a point of time.

For example,

Incorrect– Roses blossom early this morning

Correct– Roses blossomed early this spring.

Rule No. 69 : The sentence which starts with **seldom, never, hardly, rarely or scarcely** takes an inverse structure,

i.e., **Verb + Subject – Structure.**

For example,

Incorrect– Seldom I had seen such a beautiful sight.

Correct– Seldom had I seen such a beautiful sight.

Rule No. 70 : Inversion is also used in a sentence which starts with **here/there/away/out/up/indoor** or outdoor and Main Verb, or Aux + Main Verb is used before the Subject.

For example,

Incorrect– Away Sita went

Correct– Away went Sita.

USES OF CONJUNCTIONS

Rule No. 71 : Two Conjunctions should not be used in the same sentence.

Incorrect– Although she was tired, **but** she still went on working.

Correct– Although she was tired, she still went on working.

Rule No. 72 : 'Both' should be followed by 'and'. It should be used in the positive sense. In the negative sense, 'neither ... nor' should be used in place of 'both'.

For example,

Incorrect– Both Ravi **as well as** Raja were present there.

Correct– Both Ravi **and** Raja were present there.

Rule No. 73 : 'Either ... or', 'neither ... nor,' 'both ... and', 'not only ... but also' should be followed by the same parts of speech.

For example,

Incorrect– He **not only** lost his ticket, **but also** his luggage.

Correct– He lost **not only** his ticket **but also** his luggage.

Rule No. 74 : 'Neither' should be followed by 'nor', 'either' should be followed by 'or'. Both these should not be For example,confused.

For example,

Incorrect– He washed **neither** his hands **or** his face.

Correct– He washed **neither** his hands **nor** his face.

Rule No. 75 : 'No sooner' should be followed by 'than', not by 'but' or 'then'.

For example,

Incorrect– No sooner do I finish this book **then** I shall begin another.

Correct– No sooner do I finish the book, **than** I shall begin another.

Rule No. 76 : 'Hardly' and 'scarcely' should be followed by **'when'** or **'before'**, but not by 'than' or 'that'.

For example,

Incorrect– Hardly did I reach the station, **than** the train left it.

Correct– Hardly did I reach the station **when** the train left it.

Rule No. 77 : 'That' should not be used before a sentence in Direct Speech and before Interrogative Adverbs and Pronouns in the Indirect Speech.

For example,

1. **Incorrect–** He said that, "I shall go there."

   Correct– He said, "I shall go there".

2. **Incorrect–** He asked me **that** who I was.

   Correct– He asked me who I was.

USES OF PREPOSITION

Rule No. 78 : Objective case (of Noun or Pronoun) is used after Preposition.

For example,

Incorrect– I do not depend on **he.**

Correct– I do not depend on him.

Example : He walked to the market (a)/ with both his servants (b)/on either side of his to help him buy things. (c)/ No error (d).

Explanation (c) : Part (c) is grammatically incorrect. We can't use possessive case Noun/Pronoun immediately after a Preposition. So, the use—"On either side of his" is wrong. The Part (c) should be re-written as "on his either side".

Rule No. 79 : The Prepositions used after two words must be made clear if these two words are connected by **and** or **or.**

For example,

Incorrect– She is conscious and engaged in her work.

Correct– She is conscious of and engaged in her work.

Rule No. 80 : If a Principal Verb is used after **about, after, at, before, for, from, in, on, to,** that Verb must be in–ing (V_4) form.

For example,

Incorrect– You prevented me from do it.

Correct– You prevented me **from doing** it.

Rule No. 81 : On, in, at, are not used before today, tomorrow, yesterday, the following day, the next day etc.

For example,

Incorrect– He will go there on tomorrow.

Correct– He will go there tomorrow.

Rule No. 82 : No Preposition is used before the word **home. At home** is a phrase which bears a different meaning.

For example,

Incorrect– Bring a T.V. set at home.

Correct– Bring a T.V. set home.

Rule No. 83 : After Transitive Verbs, like discuss, describe, reach, order, tell, demand, attack, resemble, ridicule, etc. we directly use the object and no Preposition is used after the Verb.

For example,

Incorrect– The poet describes about the beauty of nature in this poem.

Correct– The poet describes the beauty of nature in this poem.

Rule No. 84 : Say/suggest/propose/speak/reply/explain/talk/listen/write is followed by **to-**Preposition if there is a person in the form of object.

For example,

1. **Incorrect**– He did not reply me.

   Correct– He did not reply to me.

2. **Incorrect**– He did not write to a letter.

   Correct– He did not write a letter.

USES OF PRONOUNS

Rule No. 85 : When a Pronoun is used as the complement of the Verb 'to be', it should be in the nominative case.

For example,

Incorrect– If I were **him,** I would not do it.

Correct– If I were **he**, I would not do it.

Rule No. 86 : When the Pronoun is used as the object of a Verb or of a Preposition, it should be in the objective case.

For example,

1. **Incorrect**– Let **you** and I do it.

   Correct– Let **you** and **me** do it.

2. **Incorrect**– These presents are for **you** and I.

   Correct– These presents are for **you** and **me.**

Rule No. 87 : Emphatic Pronouns can not stand alone as Subjects.

For example,

Incorrect– **Himself** did it.

Correct– **He** himself did it.

Rule No. 88 : The Indefinite Pronoun 'one' should be used throughout if used at all.

For example,

Incorrect– One must not boast of **his** own success.

Correct– One must not boast of **one's** own success.

Rule No. 89 : 'Either' or 'neither' is used only in speaking of two persons or things; 'any', 'no one' and 'none' is used in speaking of more than two.

For example,

1. **Incorrect**– **Any one** of these two roads leads to the railway station.

   Correct– **Either** of these two roads leads to the railway station.

2. **Incorrect**– **Neither** of these three boys did his homework.

   Correct– **No one** of these three boys did his homework.

Rule No. 90 : 'Each other' is used in speaking of two persons or things; 'one another' is used in speaking of more than two.

For example,

Incorrect– The two brothers loved **one another.**

Correct– The two brothers loved **each other.**

Rule No. 91 : A Noun or Pronoun governing a Gerund should be put in the possessive case.

For example,

Incorrect– Please excuse **me** being late.

Correct– Please excuse **my** being late.

Rule No. 92 : A Pronoun must agree with its antecedent in person, number and gender.

For example,

Incorrect– Each of these boys has done **their** homework.

Correct– Each of these boys has done **his** homework.

Rule No. 93 : When two or more Singular Nouns are joined by 'and', the Pronoun used for them must be in Plural.

For example,

Incorrect– Both Raju and Ravi have done **his** homework.

Correct– Both Raju and Ravi have done **their** homework.

Rule No. 94 : When two or more Singular Nouns joined by 'and' refer to the same person or thing, a Pronoun used for them must be in the singular.

For example,

Incorrect– The collector and District Magistrate is not negligent in **their** duty.

Correct– The collector and District Magistrate is not negligent in **his** duty.

Rule No. 95 : When two or more singular nouns joined by 'or' or 'nor', 'either... or', 'neither.. nor', the Pronoun used for them should be in the singular.

For example,

Incorrect– Neither Ravi nor Raju has done **their** homework.

Correct– Neither Ravi nor Raju has done **his** homework.

Rule No. 96 : When two or more singular Pronouns of different persons come together, the Pronoun of second person singular (you) comes first, the pronoun of the first person singular (I) comes last and the pronoun of the third person singular (he) comes in between.

For example,

Incorrect– **I, You** and **he** must work together.

Correct– **You, he** and **I** must work together.

Rule No. 97 : When two or more plural Pronouns of different persons come together first person plural (we) comes first, then second person plural (you) and last of all third person plural (they).

For example,

Incorrect– **You, they** and **we** must work together.

Correct– **We, you** and **they** must work together.

Rule No. 98 : The Relative Pronoun **who** is in subjective case, whereas **whom** is in objective case. Therefore, for **who** there must be a Finite Verb in the sentence. Or otherwise, when **whom** (Object) is used in the sentence and there is more Finite Verbs than the number of Subjects in the sentence, then **whom** should be changed into **who** (Subject).

For example,

Incorrect– The doctor whom came here was Ram's brother.

Correct– The doctor **who** came here was Ram's brother.

Rule No. 99 : With Superlative Degree Adjective, only, none, all etc., as Relative Pronoun we use **that** and not **which** or **who**.

For example,

Incorrect– All which glitters is not gold.

Correct– All that glitters is not gold.

Example : All that I have described **have been taken** place in the last four decades.

(a) have taken (b) has been taken

(c) has taken (d) No correction

Explanation (c) : You may think that after "all" we can't use a singular verb. But see the sentence below :

Now, in place of **have**, we can use **has.** Again, the given sentence is in Active Voice. So, we should use **"has taken"** and not "has been taken". Therefore, the right choice is (c).

Rule No. 100 : After **let,** if a Pronoun is used, that Pronoun must be in the Objective Case.

For example,

Incorrect– Let he go there.

Correct– Let him go there.

Examples

Directions (1–5) : In the following questions some of the sentences have errors and some have not. Find out which part of a sentence has an error. The number of that part is your answer. If there is no error, your answer is (d) i.e., No error.

1. A variety of pleasant items in the shop (a)/ attract (b)/ everybody. (c)/ No error (d).

   Ans. (d) No error

2. The table's legs (a)/ have been (b)/ elaborately carved. (c) / No error (d).

   Ans. (a) The Possessive case of non-living Noun is not formed by adding apostrophe 's' but by adding 'of'. Therefore, it is called of-genitive. Hence, 'The table's legs' should be replaced by 'The legs of the table'.

3. The sceneries (a)/ of Kashmir (b)/ is very charming. (c)/ No error (d)

   Ans. (a) The scenery of Kashmir....... will be a correct sentence.

4. I would appreciate if readers (a)/ would write to me (b)/ about how they meditate. (c)/ No error (d)

   Ans. (b) Replace group of words 'would write to me' by 'write to me' (Present Indefinite).

5. Neither of the two children (a)/ said their prayer (b)/ before going to bed. (c)/ No error (d)

   Ans. (b) Replace group of words 'said their prayer' by 'offered their prayer'.

EXERCISE

Directions (1–20) : In the following questions some of the sentences have errors and some have not. Find out which part of a sentence has an error. The number of that part is your answer. If there is no error, your answer is (d) i.e., No error.

1. We discussed about the problem so thoroughly (a) / on the eve of the examination (b)/ that I found it very easy to work it out. (c) / No error (d)
2. An Indian ship (a) / laden with merchandise (b) / got drowned in the Pacific Ocean. (c) / No error (d).
3. I could not put up in a hotel (a) / because the boarding and lodging charges (b) / were exorbitant. (c) / No error (d).
4. The Indian radio (a) / which was previously controlled by the British rulers (b) / is free now from the narrow vested interests. (c)/ No error (d).
5. If I had known (a) / this yesterday (b) / I will have helped him (c)/ No error (d).
6. A lot of travel delay is caused (a) / due to the inefficiency and lack of good management (b) / on behalf of the railways. (c) / No error (d).
7. One of the members (a) / expressed doubt if (b) / the Minister was an atheist. (c) / No error (d).
8. I have got (a) / my M.Sc. degree (b) / in 1988. (c) / No error (d).
9. Having received your letter (a) / this morning, we are writing (b) / to thank you for the same. (c) / No error (d).
10. If you lend him a book (a) / he will lend it to some one else (b) / and never you will get it back. (c) / No error (d).
11. According to the Bible (a) / it is meek and humble (b) / who shall inherit the earth. (c) / No error (d).
12. Do the roses in your garden smell (a) / more sweetly (b) / than those in ours? (c) / No error (d).
13. Block of Residential flats (a) / are coming up (b) / near our house. (c) / No error (d).

14. You can get (a) / all the information that you want (b) / in this book. (c) / No error (d).

15. The students were (a) / awaiting for (b) / the arrival of the chief guest. (c) / No error (d).

16. Sixty miles (a) / are (b) / a good distance. (c)/ No error (d).

17. They have been (a) / very close friends (b) / until they quarrelled. (c) / No error (d).

18. When the dentist came in (a) / my tooth was stopped aching (b) / out of fear that I might lose my tooth. (c) / No error (d).

19. It is the duty of every citizen to do his utmost (a) / to defend the hardly-won (b) / freedom of the country. (c) / No error (d).

20. No sooner did I open the door (a) / when the rain, heavy and stormy, rushed in (b) / making us shiver from head to foot (c) / No error (d).

ANSWERS WITH EXPLANATIONS

1. (a) We discussed the problem so thoroughly
2. (c) sank in the Pacific Ocean
3. (a) 'I could not put up at a hotel'
4. (c) is now free from the narrow vested interests.
5. (c) I would have helped him
6. (c) on the part of the railways
7. (b) expressed doubt that
8. (a) I got
9. (d) No answer description available for this question.
10. (c) and you will never get it back
11. (b) it is the meek and the humble
12. (b) sweeter
13. (a) Blocks of Residential flats
14. (b) all the information you want
15. (b) awaiting
16. (b) Sixty miles is a good distance.
17. (a) 'They had been'
18. (b) my tooth stopped aching
19. (b) to defend the hard-won
20. (b) than the rain, heavy and stormy, rushed in

❑❑❑

2. Synonyms and Antonyms

In this section, each question contains a sentence, parts of which are underlined. For each nderlined part four words/phrases are suggested. You are quired to choose the word/phrase nearest in meaning to which is closest to opposite meaning of the underlined word or phrase/part in the given sentence as the case may be.

In English vocabulary, you might have followed that a word bear ent meanings and different words bear more or less eaning. It is that similarity in meaning which gives Test of Synonyms. We can define the word Synonym ay : "If one or more meanings of a word is similar to one meanings of another word, the two words are synonyms ach other".

If we judge on the basis of the above definition we find that a word may have more than one synonyms. There are two types of questions pertaining to Synonyms— Absolute and Comparative (Relative). The second type is termed as Comparative as the synonym of the given word is to be selected in the context to the meaning which the key word bears in the given passage.

To find out the synonym of the word from the given alternatives, you are to determine the sense which the word bears in the passage. After doing so, you can proceed further to select the answer word which also bears the same meaning. One must keep the following points in mind at the time of attempting questions on Synonyms and Antonyms:

- Comparative Synonym or Antonym of a word may be different from its Absolute or Normal Synonyms and Antonyms.
- Synonyms and Antonyms of a word belong to the same Part of Speech to which the key word belongs.
- Two or more words in the options given may bear the same qualities (meaning etc.) to be selected as Synonyms or Antonyms but a candidate has to select the most appropriate one. In fact options generally appear to be much confusing.
- Follow the generally used phrase "nearest in meaning" or 'closest to the opposite meaning" in the **Directions** so that the Synonym/Antonym may be appropriate absolutely in all respects.

Examples

Directions (1–4) : In the following questions, out of the four alternatives, choose the one which expresses the correct meaning of the given word.

1. Irreproachable

(a) remarkable (b) extraordinary
(c) faultless (d) immense

Ans. (c) The word **Irreproachable (Adjective)** means : free from fault and impossible to criticize; blameless. Hence, the words irreproachable and faultless are synonymous.

2. Felicity

(a) prosperity (b) honesty
(c) bliss (d) sorrow

Ans. (a) The word **Felicity (Noun)** means : great happiness; the quality of being well chosen or suitable. Hence, the words **felicity** and **prosperity** are synonymous.

3. Knave

(a) emperor (b) enchanter
(c) soldier (d) scoundrel

Ans. (d) The word **Knave (noun)** means : a dishonest man or boy. Of the given alternatives, the word **Scoundrel (Noun)** means: a man who treats other people badly, especially being dishonest or immoral; rogue. Hence, the words **knave** and **scoundrel** are synonymous.

4. Frontier

(a) edge (b) landmark
(c) boundary (d) corner

Ans. (c) The word **Frontier (Noun)** means : a line that separates two countries ; the land near this line. Hence, the words **frontier** and **boundary** are synonymous.

Directions (5–8) : In the following questions, choose the word opposite in meaning to the given word.

5. Takes off

(a) travels (b) falls
(c) explodes (d) lands

Ans. (d) The idiom **Take off** means : to leave the ground and begin to fly.

Look at the sentence :

The plane took off an hour late.

Of the given alternatives the word **Land (Verb)** means : to come down through the air onto the ground or another surface.

Look at the sentence :

The plane landed safely.

Hence, the words **takes off** and **lands** are antonymous.

6. **Niggardly**
   (a) hastily (b) lavishly
   (c) likely (d) gorgeously

   Ans. (b) The word **Niggardly (Adjective/Adverb)** means: unwilling to be generous with money, time etc; mean; miserly.

   Of the given alternatives the word **Lavishly (Adverb)** means: luxuriously, extravagantly; giving or doing something generously; impressively and usually costing a lot of money.

   Hence, the words **niggardly** and **lavishly** are antonymous.

7. **Melodious**
   (a) harmonious (b) tuneless
   (c) odious (d) mellifluous

   Ans. (c) The word **Melodious (Adjective)** means : pleasant to listen to, like music. Of the given alternatives the word **Odious (Adjective)** means : extremely unpleasant; horrible. Hence, the words **melodious** and **odious** are antonymous.

8. **Advanced**
   (a) progressed (b) outpaced
   (c) receded (d) retarded

   Ans. (d) The words **advanced** and **retarded** are antonymous.

EXERCISE

Directions (1–20) : Choose a word from the given alternatives that is closest in meaning to the key word given in the beginning.

1. **Abrupt**
   (a) pure (b) alert
   (c) sudden (d) quick
2. **Abstain**
   (a) stop (b) give up
   (c) refrain (d) refuse
3. **Bankrupt**
   (a) insolvent (b) debtor
   (c) creditor (d) solvent
4. **Bane**
   (a) accuse (b) curse
   (c) reject (d) abolish
5. **Compatible**
   (a) dormant (b) consistent
   (c) scrupulous (d) dormant
6. **Concur**
   (a) agree (b) consent
   (c) accept (d) accord
7. **Detrimenal**
   (a) damaging (b) injurious
   (c) diligent (d) diminitive
8. **Download**
   (a) copy from internet (b) copy
   (c) entail (d) avail
9. **Endow**
   (a) provide (b) give
   (c) make available (d) produce
10. **Epoch**
    (a) turning point (b) time point
    (c) neutral (d) ancient
11. **Foible**
    (a) minute (b) miner fault
    (c) small (d) tiny
12. **Forthright**
    (a) straight forward (b) open
    (c) frank (d) typical
13. **Grindlock**
    (a) mindset (b) traffic gam
    (c) grinder (d) mill
14. **Gaudy**
    (a) ornamental (b) showy
    (c) exhibition (d) delusive
15. **Horde**
    (a) group (b) crowd
    (c) public (d) army
16. **Haggle**
    (a) argue (b) discuss
    (c) deliberate (d) bargain
17. **Iota**
    (a) little (b) small amount
    (c) uncountable (d) dole
18. **Indenture**
    (a) agreement (b) allotment
    (c) contract (d) lease
19. **Jeer**
    (a) clean (b) deride
    (c) pulsate (d) hear
20. **Jocular**
    (a) merry (b) jolting
    (c) craving (d) imperial

ANSWERS

1. (c) sudden
2. (c) refrain
3. (a) insolvent
4. (b) curse
5. (b) consistent
6. (a) agree
7. (b) injurious
8. (a) copy from internet
9. (a) provide
10. (b) time point
11. (b) miner fault
12. (c) frank
13. (b) traffic gam
14. (b) showy
15. (c) public
16. (d) bargain
17. (b) small amount
18. (c) contract
19. (b) deride
20. (a) merry

EXERCISE

Directions (1–20) : In the following questions a key word is given which is followed by four choices of answers. Choose the alternative, the meaning of which is opposite to the meaning of the key word.

1. **Stout**
   (a) imitative (b) moderate
   (c) humid (d) emaciated
2. **Shrewd**
   (a) turbid (b) naive
   (c) muffled (d) mundane
3. **Quaver**
   (a) urge (b) steady
   (c) shaky (d) cuddle
4. **Feeble**
   (a) obscene (b) strong
   (c) Mighty (d) daring
5. **Starve**
   (a) sumptuous (b) heavy
   (c) satiate (d) store
6. **Zeal**
   (a) lithe (b) apathy
   (c) verbatim (d) apathy
7. **Sluggish**
   (a) quick (b) sharp
   (c) alert (d) vigilant
8. **Platonic**
   (a) sensual (b) lutanic
   (c) courageous (d) excited
9. **Factitious**
   (a) original (b) genuine
   (c) artificial (d) manual
10. **Verbose**
    (a) compact (b) brief
    (c) concise (d) bosom
11. **Obsolete**
    (a) current (b) latest
    (c) wavering (d) brand
12. **Impede**
    (a) demote (b) promote
    (c) exalt (d) soar
13. **Cohesion**
    (a) disintegration (b) anomaly
    (c) disunity (d) internal
14. **Abominate**
    (a) praise (b) attract
    (c) adore (d) adorn
15. **Vomit**
    (a) Swallow (b) ingest
    (c) deplore (d) endure
16. **Novice**
    (a) Pioneer (b) Expert
    (c) old (d) original
17. **Optional**
    (a) Compulsory (b) desire
    (c) will (d) liking
18. **Glamour**
    (a) Silence (b) incubate
    (c) murmur (d) whisper
19. **Impervious**
    (a) ingressive (b) porous
    (c) passage (d) ooze
20. **Jaded**
    (a) willing (b) agreeing
    (c) interesting (d) nimble

ANSWERS

1. (d) emaciated
2. (b) naive
3. (b) steady
4. (b) strong
5. (c) satiate
6. (d) apathy
7. (c) alert
8. (a) sensual
9. (b) genuine
10. (c) concise
11. (b) latest
12. (b) promote
13. (c) disunity
14. (c) adore
15. (b) ingest
16. (b) Expert
17. (a) Compulsory
18. (a) Silence
19. (b) porous
20. (c) interesting

❑❑❑

3. Fill in the Blanks

In order to solve these questions the candidates are required to have the knowledge of English usage. The main objective of such questions is to test the candidates' understanding of grammar and usage. Therefore, a good working knowledge of vocabulary is very helpful while solving such questions.

Examples

Directions (1–4) : In the following questions, sentences are given with blanks to be filled in with appropriate word(s). Four alternatives are suggested for each question. Choose the correct alternative out of the four.

1. We warned her .... the danger.

(a) from (b) about
(c) against (d) of

Ans. (c)

2. We all laughed .... the affair.

(a) over
(b) about
(c) for
(d) on

Ans. (b)

3. The chairman, as well as the members, ... to blame for this misfortune.

(a) are (b) were
(c) is (d) has

Ans. (c)

4. The streets are lighted .... electricity.

(a) with (b) by
(c) on (d) in

Ans. (b)

EXERCISE

Directions (1-40) : In the following questions, sentences are given with blanks to be filled in with appropriate word(s). Four alternatives are suggested for each question. Choose the correct alternative out of the four.

1. He has tried to .... the image of the company by projecting it as pro- consumer.

(a) hamper (b) refurbish
(c) portend (d) Insinuate

2. The most valuable .... of the freedom struggle and 50 years of freedom is awakening among the common people.

(a) curio (b) phenomenon
(c) legacy (d) cleavage

3. The principles .... in Quran are immutable.

(a) ennobled (b) inspired
(c) enunciated (d) settled

4. The sun disappeared behind the lacy .... of the stretched out mountains.

(a) ennobled (b) obcures
(c) silhouette (d) non-existent

5. They kissed Madame as a kind mother who was full of goodness and ....

(a) complaisance (b) docility
(c) solace (d) amalgam

6. My life follows a calm .... routine.

(a) uneasy (b) unruffled
(c) aggressive (d) exalted

7. I gave him .... note for buying the book.

(a) ten rupees (b) a ten rupees
(c) an tenrupee (d) a ten rupee

8. Unfortunately he could not secure ....

(a) passing marks (b) marks for passing
(c) pass marks (d) passed marks

9. She is a better student than .... the class.

(a) anybody in (b) anybody else in
(c) anyone of (d) everyone of

10. He is not feeling well so he ....

(a) only drinks water (b) drinks only water
(c) drinks alone water (d) drinks water only

11. **This was .... cut of all.**
(a) a unkindest (b) the unkindest
(c) a most unkindest (d) the most unkindest

12. **The two brothers ....**
(a) resemble one another
(b) resemble to one another
(c) resemble with one another
(d) resemble each other

13. **He is our .... friend.**
(a) mutual (b) mutually
(c) common (d) commonly

14. **..................... in him makes him rude to everybody.**
(a) The fool (b) Fool
(c) The foolish (d) A fool

15. **This book is not ....**
(a) reading worthy (b) reading for worth
(c) worth of reading (d) worth reading

16. **I prefer the .... the former.**
(a) later proposition to (b) later proposition than
(c) latter proposition to (d) latter proposition than

17. **..................... is a dangerous thing.**
(a) Little Knowledge
(b) Little learning
(c) A little knowledge
(d) The little learning

18. **The classical music fills the ears rather than .... them.**
(a) cleaves (b) smashes
(c) assaults (d) baffles

19. **Art is only work utterly unsploit, and .... is only art gone utterly wrong.**
(a) ediot (b) erudition
(c) mirth (d) drudgery

20. **The family stood .... together, as the hoodlums tried to break in.**
(a) astounded (b) huddled
(c) usurped (d) inscribed

21. **He and his sister .... their noses against the church's quarter windows.**
(a) assorted (b) squashed
(c) snooped (d) traduced

22. **That hard marble look in Urmila's eyes. The .... of perspiration on her lips.**
(a) glisten (b) peddle
(c) pellet (d) startle

23. **The customer's would .... with him over the price.**
(a) confine (b) haggle
(c) defer (d) resolve

24. **The obsessive cleanliness of the room was the only positive sign of .... from her brother.**
(a) volition (b) impasse
(c) frailty (d) brevity

25. **Bhima .... Dushasna and bathed Draupadi's hair in her blood.**
(a) peeled of (b) flaked
(c) disemboweled (d) disembodied

26. **With the increase in population, houses .... all over the city.**
(a) mushroomed (b) established
(c) inveighed (d) tricked

27. **She .... at the smell of the rotting corpse and ran out.**
(a) implored (b) elevated
(c) exploded (d) retched

28. **The rioters were creating .... on the street.**
(a) mayhem (b) squabble
(c) spectre (d) frolic

29. **They .... the deal in spite of heavy odds.**
(a) clung (b) clenched
(c) clinch (d) clinked

30. **She .... herself in order to save her husband from conviction.**
(a) perjured (b) scrubbed
(c) smothered (d) adjusted

31. **Within two years the struggle .... by continuous outside support.**
(a) burgeoned (b) fuddled
(c) gyrated (d) hackled

32. **Our government will not .... its responsibility to curb terrorism.**
(a) enchant (b) palpitate
(c) abdicate (d) fail

33. **The jungle camps though meant to .... a sense of fellowship did attract new coverts.**
(a) shelve (b) inculcate
(c) desolate (d) ascertain

34. **This is not first time that militants have resorted to violence and .... to enforce its will.**
(a) subterfuge (b) literacy
(c) jargon (d) penalty

35. **He stops daily at the newspaper kiosk to .... through the morning headlines.**
(a) take down (b) inscribe
(c) simulate (d) browse

36. **She did not quite anticipate the .... of protest.**
(a) account (b) hoax
(c) stockpile (d) deluge

37. **She appears to be completely .... of the subtleties of Indian politics.**
(a) stotical (b) oblivious
(c) candid (d) impolite

38. **So a .... situation arose in which the State government was spying on its own cabinet ministers.**
(a) homicidal (b) piquant
(c) fabulous (d) unutterable

39. **He made an astounding .... that I could be bought by money.**
(a) leniency (b) insinuation
(c) dilapidation (d) speculation

40. **A .... of reasons are being offered for the party's not so emphatic victory.**
(a) male factor (b) store
(c) slew (d) delinquency

ANSWERS

1. (b) refurbish
2. (c) legacy
3. (d) settled
4. (c) silhouette
5. (a) complaisance
6. (b) unruffled
7. (d) a ten rupee
8. (c) pass marks
9. (b) anybody else in
10. (d) drinks water only
11. (b) the unkindest
12. (d) resemble each other
13. (c) common
14. (b) Fool
15. (d) worth reading
16. (c) latter proposition to
17. (c) A little knowledge
18. (c) assaults
19. (d) drudgery
20. (b) huddled
21. (b) squashed
22. (a) glisten
23. (b) haggle
24. (a) volition
25. (c) disembowelled
26. (a) mushroomed
27. (d) retched
28. (a) mayhem
29. (c) clinch
30. (a) perjured
31. (a) burgeoned
32. (c) abdicate
33. (b) inculcate
34. (a) subterfuge
35. (d) browse
36. (d) deluge
37. (b) oblivious
38. (b) piquant
39. (b) insinuation
40. (c) slew

❑❑❑

4. Sentence Improvement

Sentence Improvement or Phrase Replacement is basically related to Common Errors, or it may be taken as an improved version of questions on Spotting the Errors. The only difference between the two types of questions is that in case of questions relating to Common Errors a candidate has to spot the error only but in case of questions relating to Sentence Improvement one has to find out the correct alternative for the erroneous part. The questions in this section may be related to Grammatical Norms, Word Usage, Idioms/Phrases, Subject-Verb Agreement, Tenses, Gerunds, Prepositions etc. General questions are framed on accepted rules of Grammar and Usage. But most of the questions are asked on exceptional rules. Earlier, the questions of simple nature pertaining to the use of Articles, Prepositions, Common rules of Tenses etc. were asked but now the emphasis has been shifted to Auxiliaries, Infinitives, Gerunds, Subject-Verb Agreement, Uses of Idioms/Phrases, Uncommon Structure etc. which may pose some problems for general candidates. Errors, thus, may be in Grammar, Appropriate word usage or Idioms. There may be a necessary word missing or there may be a word which should be deleted.

In order to solve questions on Sentence Improvement correctly one must be acquainted with the rules of English Grammar and Usage, viz., Article, Noun, Pronoun, Adjective, Verb, Adverb, Voice, Mood, Preposition, Conjunction, Tense, Infinitives, Gerund, Participle etc.

EXAMPLES

Directions (1–5) : In the following questions, a part of sentence is printed in **italic**. Below are given alternatives to the **italic** part, which may improve the sentence, at (a), (b), and (c). Choose the appropriate alternative. In case no improvement is needed, mark (d) as your answer.

1. **The only way to solve the racial problem is *by* education**
   (a) because of (b) thanks to
   (c) on account of (d) No improvement
   Ans (d)
2. **He may be poor now but he appears *to be rich*.**
   (a) to seem rich (b) rich to be
   (c) to have been rich (d) No improvement
   Ans (c)
3. **The suspected couple was *taken away* from the airport through a side entrance to the police station for interrogation.**
   (a) whisked (b) rushed
   (c) guided (d) No improvement
   Ans (d)
4. **She left the room feeling *contrite*.**
   (a) sorry for what she had done
   (b) rather ill
   (c) extremely irritated
   (d) No improvement
   Ans (a)
5. **The transport workers have organised a strike *asking for* more salary.**
   (a) demanding
   (b) begging
   (c) requesting
   (d) No improvement
   Ans (a)

EXERCISE

Directions (1–40) : In the following questions, a part of sentence is printed in Underlined. Below are given alternatives to the bold part, which may improve the sentence, at (a), (b), and (c). Choose the appropriate alternative. In case no improvement is needed, mark (d) as your answer.

1. **Ram is <u>as honest as</u> or perhaps more honest than Shyam.**
   (a) equally honest (b) almost as honest
   (c) as honest (d) No improvement
2. **Rose is the most beautiful <u>of all the other flowers</u> in the garden.**
   (a) flower (b) of all flowers
   (c) than other flowers (d) No improvement

3. **Don't take my words to heart.**
(a) by heart (b) in heart
(c) at heart (d) No improvement

4. **What are needed are not clothes but food**
(a) is (b) were
(c) was (d) No improvement

5. **The main point of his speech was well understood.**
(a) that he spoke
(b) in the speech of his
(c) made when he spoke
(d) No improvement

6. **Casius and Brutes cooked a conspiracy to assassinate Caesar.**
(a) prepared (b) hatched
(c) made (d) No improvement

7. **The waitress handed over two burning cups of tea and left.**
(a) heating (b) steaming
(c) sweating (d) No improvement

8. **I love the literature, the music, the art.**
(a) the literature, music and art
(b) literature, music and the art
(c) literature, music and art
(d) No improvement

9. **We must work for the upliftment of our city.**
(a) upliftment to (b) uplift of
(c) uplifting (d) No improvement

10. **The winter has set and the days are cold**
(a) set out (b) set up
(c) set in (d) No improvement

11. **How can one put out with a fellow like you?**
(a) put in (b) put up
(c) put on (d) No improvement

12. **The police is searching for the notorious criminal**
(a) was (b) are
(c) has been (d) No improvement

13. **He always tries to do whatever his friend does**
(a) is doing (b) do
(c) has done (d) No improvement

14. **Old habits die hardly**
(a) die much hard (b) die more hard
(c) die hard (d) No improvement

15. **'Hard Days' is his last novel.**
(a) latter (b) latest
(c) recent (d) No improvement

16. **No one needs to worry about me.**
(a) shell worry (b) has to worry
(c) need worry (d) No improvement

17. **The officer looked on my complaint**
(a) looked of (b) looked into
(c) looked at (d) No improvement

18. **We spent good time discussing about his character.**
(a) his character (b) on his character
(c) of his character (d) No improvement

19. **No sooner he had entered the room than the intruder jumped over him.**
(a) he had been (b) he has
(c) had he (d) No improvement

20. **I need new buy new spectacles**
(a) spectacle (b) set of spectacle
(c) a pair of spectacles (d) No improvement

21. **Mr. Dalip had staying here since 1995.**
(a) has staying (b) has been staying
(c) has stayed (d) No improvement

22. **The problems of translation are still remain**
(a) are still remaining
(b) will still remain
(c) are remained
(d) No improvement

23. **My opinion for the book is that it will bag an award.**
(a) for (b) on
(c) about the (d) No improvement

24. **He spoke to me very friendly in the party**
(a) in a friendly manner (b) with very friendly manner
(c) in a very friendly manner(d) No improvement

25. **The matter must be considered in every point of view**
(a) with (b) from
(c) at (d) No improvement

26. **She was born to rich parents**
(a) with (b) of
(c) by (d) No improvement

27. **On seeing the tiger Helen felt too much afraid**
(a) very much (b) much
(c) more (d) No improvement

28. **Manak purchased the very good of all dresses in the shop**
(a) the better (b) the very better
(c) the best (d) No improvement

29. **Taj Mahal is the most unique piece of art**
(a) a unique (b) the most unique
(c) an unique (d) No improvement

30. **It is no good to cry over spilt milk.**
(a) crying (b) to crying
(c) to have cried (d) No improvement

31. **The father was angry at Meena for late coming to home**
(a) on (b) about
(c) with (d) No improvement

32. **The cloud of misfortunes appears to have blown out**
(a) away (b) over
(c) at (d) No improvement

33. **Seeing the injustice done to them the inmates of the jail broke into open revolt.**
(a) broke to (b) broke upto
(c) resorted to (d) No improvement

34. Dad was <u>too kind man</u> to refuse help
(a) a too kind (b) a too kindly
(c) too kind a (d) No improvement

35. Let <u>he and I</u> see to it that the quarrel has an end.
(a) he and me (b) him and me
(c) he with me (d) No improvement

36. Scarcely had he entered the room <u>than</u> the phone rang.
(a) when (b) while
(c) as (d) No improvement

37. He stayed back so that it <u>can look</u> as if he was unaware of the entire incident.
(a) may look (b) would look
(c) will look (d) No improvement

38. One must have the guts <u>to rise from</u> the occasion and come out with flying colours.
(a) to rise against (b) in rising from
(c) to rise to (d) No improvement

39. Five years ago <u>today</u>, I was sitting in a small Japanese car, driving across Poland towards Berlin
(a) this day (b) on this day
(c) on today (d) No improvement

40. When you are hesitating which of the two you have to choose, you will ultimately choose <u>either</u>
(a) none (b) neither
(c) nothing (d) No improvement

ANSWERS

1. (c) as honest
2. (a) flower
3. (d) no improvement
4. (a) is
5. (d) no improvement
6. (b) hatched
7. (b) steaming
8. (c) literature, music and art
9. (b) uplift of
10. (c) set in
11. (b) put up
12. (b) are
13. (d) no improvement
14. (c) die hard
15. (b) Latest
16. (c) need worry
17. (b) looked into
18. (a) his character
19. (c) had he
20. (c) a pair of spectacles
21. (b) has been staying
22. (b) will still remain
23. (c) about the
24. (c) in a very friendly manner
25. (b) from
26. (b) of
27. (a) very much
28. (c) the best
29. (a) a unique
30. (a) crying
31. (c) with
32. (b) over
33. (d) no improvement
34. (c) too kind a
35. (b) him and me
36. (d) no improvement
37. (b) would look
38. (c) to rise to
39. (a) this day
40. (b) neither

❑❑❑

5. Change of Voice

In this type of questions some sentence are given in Active/ Passive Voice and you are required to select the correct alternative which expresses the given sentence in Passive/Active Voice.

VOICE is that form of a Verb which shows whether what is denoted by Subject does something or has something done to it.

For example,

(i) **Ram** writes a letter

Here 'Ram' is the subject who writes a letter, i.e., the Subject does something.

(ii) A letter is written by Ram.

Here something has been done to 'A letter' (Subject)

A Verb is in the **Active Voice** when its form shows (as in sentence) that the person or thing denoted by the subject does something; or, in other words, is the doer of the action.

The **Active Voice** is so called because the person denoted **by the Subject** is active and does something.

A Verb is in the passive voice when its form shows (as in sentence (ii), that something is done to the person or thing denoted by the Subject.

The Passive Voice is so called because the person or thing denoted by the Subject is not active but passive, i.e., it receives some action.

Active

1. **Sita** sings a Song
2. **Who** did this?
3. **Ravana** kidnapped **Sita**.
4. She will buy the book.
5. Do it.

Passive

1. A song is sung by Sita.
2. By **whom** was this **done?**
3. **Sita** was kidnapped by Ravana.
4. The book will be bought by her.
5. Let it be done.

It is noticed that when the verb is changed from the active voice to the passive voice, the **object** of the transitive verb in the active voice becomes the subject of the passive voice.

Note : Only **Transitive** Verb can be used in the **Passive Voice**, because an **Intransitive Verb** has no **Object.**

The passive is generally preferred when the active form would involve the use of an indefinite or vague Pronoun or Noun (somebody, they, people, we, etc.) as subject. as,

My book has been stolen. — **Passive.**

Here, the sentence is in passive because the thief is not known to us. Though we can say 'somebody has stolen my book,' it would create a vague impression. Therefore, the passive is generally preferred.

General Rule for Changing Active into Passive

- The Object of active becomes the Subject of passive.
- The Subject of active becomes the Object of passive.
- The Verb of active changes into V3 (Past Participle) in passive.
- Verb **to be** (am, is, are, was, were, being, been) is used in the passive in agreement with the Tense of the Verb.
- The number of the Verb changes in agreement with the number of the Subject in passive sentence.

For example,

Ram helps the boys. — **Active**

The boys are helped by Ram. — **Passive**

- By + Agent (= also known as By + object) is used after the verb in passive.

TENSE & VOICE

Only eight types of Tenses can be changed from Active to Passive. They are :

Simple Present	**Present Progressive**
Present perfect	Simple past
Past progressive	Past perfect
Simple future	Future perfect

Tense	**Active Voice**	**Passive Voice**
Simple Present	help/helps	am/is/are helped
Simple Past	helped	was/were helped
Simple Future	shall/will help	shall/will be helped
Present Continuous	am/is/are helping	am/is/are being helped

Past Continuous	was/were helping	was/were being helped
Present Perfect	has/have helped	has/have been helped
Past Perfect	had helped	had been helped
Future Perfect	will/shall have helped	will/shall have been helped

Besides these eight types of tenses, there is one 'going to future' which is also change from active to passive.

There is no passive form of Perfect Continuous and Future Imperfect.

Modal Verbs

Modal Auxiliary Verbs : Can, could, shall, should, will, would, may, might, must, ought to, used to, need not, dare not

Active : S + Modal + V1 + O

Note : Modal Verbs do not change in passive, only sentences change. Must/can always remains alike.

Verbs with two Objects

Mr. Gupta gave me the letter.

Some words have both **Mono** and Di-Transitive:

Give, tell, show, elect, appoint, make, fetch, iend, promise, offer, get, write, pay, lend, sell, buy, bring, take, teach, etc.

He gave a letter

[Here, 'gave', is a Mono-Transitive because 'gave' has ony one Object]

Note : The Object used after the Verb indicating any **Person** is called the indirect object and the Object used after Verb indicating anything is called the direct object. As,

He gave me a letter.

Here 'me' is the indirect Object and 'letter' is the direct Object.

- While changing from active to passive, any of the objects of the active can become the subject of the passive. But the matter depends on to whom be given priority.
- Generally the indirect object of active becomes the subject of passive. As,
- Urmila asked me a question. — **Active**
- I was asked a question by Urmila. — **Passive**
- A question was asked me by Urmila. — **Passive**

However, both the sentences in passive are correct, we prefer the first.

Passive of Interrogative Sentences :

(a) Passive of yes-no question : Questions beginning with do, does, did, am, is, are, was, were, have, has, had, are known as 'yes-no' questions.

(i) If in active the question begin with do/does/did, the verb form in Passive will be **am/is/are/was/were + V3.**

(ii) If in active the question begin with has/have/had, the verb form in passive will be **has/have/had + been + V3.**

Has Naresh invited you? — **Active**

Have you been invited by Naresh?

(b) Passive of Wh-questions : Sentences beginning with who, which, where, when, why, whose, whom, how are known as wh-questions.

Active : Will he solve the sum?

Passive : Will the sum be solved?

Similarly,

Active : How will he solve the sum?

Passive : How will the sum be solved?

There is no particular rule for the change of a sentence from active to passive, because How/why/when/where remains unchanged and at its usual position. But **who** and **whom** face changes.

Active : Who wrote the Ramayan?

Passive : By whom the Ramayan was written?

or

Passive : Who was the Ramayan written by?

Verbs that refer to **wanting, liking** and similar ideas can not be used in passive with following infinitives :

Everybody wanted Sudha **to be** the chairperson.

(But do not use, 'Sudha was wanted to be manager).

I like my sons **to say** what they think.

(But do not use, 'My sons are liked to say what they think).

There are certain Verbs which do not indicate action. They indicate only 'State of mind' or feeling. They are not used with 'by'. Instead of, they take appropriate prepositions with themselves.

Verbs with Prepositions :

Known to	Annoyed with some body
annoyed at something	contained in
crammed with	decorated with
amazed at	embodied in
filled with	included in
started at	ornamented with
thronged with	vexed at

Active : Her behaviour annoyed me.

Passive : I was annoyed at her behavoiur.

Problems :

Incorrect – Madhuri is known by all.

Correct – Madhur is known to all

Incorrect – I was surprised by the news.

Correct – I was surprised at the news.

Passive of Verb + Preposition + Object

Active : S + Verb + Preposition + Object

Passive : Sub + to be + V3 + Prep. + Obj (by agent)

Active : The Intelligence Bureau enquired into the case.

Passive : The case was **enquired into** by the Intelligence Bureau

Problems :

Incorrect – I was laughed by him.

In this sentence, 'laughed at by' should be used instead of 'laughed by'.

Correct – I was laughed at by him.

Passive of imperative sentences

(i) Passive of 'order' sentences

(ii) Suggestion/Advice

Active : V1 + O

Passive : S + should + be + V3

Active : Help the poor.

Passive : The poor should be helped.

(iii) Request

Active : V1 + Object (Sentence beginning with please and kindly)

Passive : You are requested to + V1 + object

Active : Kindly, give me a pen.

Passive : You are requested to give me a pen

Active : Help the old lady, please.

Passive : You are requested to help the old lady.

Incorrect – You are requested to vacate the house please.

Correct – You are requested to vacate the house.

EXAMPLES

Directions (1–4) : In the following questions, a sentence has been given in Active/Passive voice. Out of the four alternatives suggested, select the one which best expresses the same sentence in Passive/Active.

1. He asked me to finish the work in time.

(a) I was asked that I should finish the work in time.

(b) He asked me that I should finish the work in time.

(c) I was asked to finish the work in time.

(d) I was asked to finish the work in time by him.

Ans. (d)

2. Quinine tastes bitter.

(a) Quinine is bitter when it is tasted.

(b) Quinine is bitter tasted

(c) The taste of quinine is bitter.

(d) Quinine is tasted bitter.

Ans. (d)

3. The vintage cars hold a special place in the hearts of their owners.

(a) A special place in the hearts of the vintage car owners is held by them.

(b) A special place was held by the vintage cars in the hearts of their owners.

(c) A special place is held by the vintage cars in the hearts of their owners.

(d) A special place is being held by the vintage cars in the hearts of their owners.

Ans. (d)

4. What amused you?

(a) What you are made to amuse by?

(b) By what are you being amused?

(c) By what were you amused?

(d) By what have you been amused?

Ans. (c)

EXERCISE

Directions (1–20) : In the following questions, a sentence has been given in Active/Passive voice. Out of the four alternatives suggested, select the one which best expresses the same sentence in Passive/Active.

1. **Sahil sharma makes tea.**
   (a) Tea is made by Sahil sharma.
   (b) Tea is made by the Sahil sharma.
   (c) Tea was made by Sahil sharma.
   (d) Tea has made by Sahil sharma.
2. **My father loves me.**
   (a) I loved my father.
   (b) I was loved by my father.
   (c) I were loved by my father.
   (d) I am loved by my father.
3. **We hate him.**
   (a) I loved my father. (b) He is hated by us.
   (c) He was hated by us. (d) He will hated by us.
4. **Savita does not like me.**
   (a) I am not like by Savita.
   (b) I am not liked by Savita.
   (c) I was not liked by Savita.
   (d) I were not liked by Savita.
5. **He is making a film.**
   (a) A film is made by him.
   (b) A film had being made by him.
   (c) A film is being made by him.
   (d) A film has being made by him.
6. **Shivu is singing a song.**
   (a) A song has been being sung by Shivu.
   (b) A song is sung by Shivu.
   (c) A song has being sung by Shivu.
   (d) A song is being sung by Shivu.
7. **My friends are watching the match.**
   (a) The match is watched by my friends.
   (b) The match had being watched by my friends.
   (c) The match is being watched by my friends.
   (d) The match has being watched by my friends.

8. **Our task had been completed before sunset.**
(a) We completed our task before sunset.
(b) We have completed our task before sunset.
(c) We complete our task before sunset.
(d) We had completed our task before sunset.

9. **The boy laughed at the beggar.**
(a) The beggar was laughed by the boy.
(b) The beggar was being laughed by the boy.
(c) The beggar was being laughed at by the boy.
(d) The beggar was laughed at by the boy.

10. **The boys were playing Cricket.**
(a) Cricket had been played by the boys.
(b) Cricket has been played by the boys.
(c) Cricket was played by the boys.
(d) Cricket was being played by the boys.

11. **They drew a circle in the morning.**
(a) A circle was being drawn by them in the morning.
(b) A circle was drawn by them in the morning.
(c) In the morning a circle have been drawn by them.
(d) A circle has been drawing since morning.

12. **They will demolish the entire block.**
(a) The entire block is being demolished.
(b) The block may be demolished entirely.
(c) The entire block will have to be demolished by the
(d) The entire block will be demolished.

13. **My mother is cooking food.**
(a) Food is being cooked by my mother.
(b) Food has been cooked by my mother.
(c) Food was being cooked by my mother.
(d) Food is being cook by my mother.

14. **They are not playing the game.**
(a) The game has not being played by them.
(b) The game is not being played by them.
(c) The game is being not played by them.
(d) The game has being not played by them.

15. **My father has solved this matter.**
(a) This matter have been solved by my father.
(b) This matter has been solved by my father.
(c) This matter has been solved by my father.
(d) This matter had been solved by my father.

16. **Priyanka has written these notes.**
(a) These notes are written by Priyanka.
(b) These notes has been written by Priyanka.
(c) These notes have been written by Priyanka.
(d) These notes had been written by Priyanka.

17. **Someone has stolen his book.**
(a) His book is been stolen.
(b) His book has been stolen.
(c) His book is stolen.
(d) His book has stolen.

18. **I have given him a perfume.**
(a) A perfume have been given to him by me.
(b) A perfume has been given to him by me.
(c) A perfume had been given to him by me.
(d) A perfume was given to him by me.

19. **He stole that watch.**
(a) That watch was stolen by him.
(b) That watch stolen by him.
(c) That watch stole by him.
(d) That watch had stolen by him.

20. **The government has launched a massive tribal welfare programme in Jharkhand.**
(a) A massive tribal welfare programme is launched by the government in Jharkhand.
(b) A massive tribal welfare pro-gramme has been launched by the government in Jharkhand.
(c) Jharkhand government has launched a massive tribal welfare programme.
(d) The government in Jharkhand has launched a massive tribal welfare programme.

ANSWERS WITH EXPLANATIONS

1. (a) Passive subject + is/are/am + third form of verb + by + passive object.

2. (d) **3.** (b) **4.** (b)

5. (c) Rule to make active voice of Present Continuous Tense : Passive subject + is/are/am + being + third form of verb + by + passive object.

6. (d) **7.** (c)

8. (d) The given sentence is in passive voice and it is in Past Perfect Tense.

To convert it into active voice, we just remove been from the given sentence and object (our) will be change into subject (We).

9. (d) Given sentence is in Past indefinite (Past simple) tense and it is in the active voice. To change it into Passive voice object (the boy) will become subject and subject (The beggar) will be object. We also use helping verb of past simple tense was with V_3 form of the main verb. Keep it in mind that the preposition at must be retained with the verb.

10. (d) The given sentence is in Past Continuous Tense and it is in active voice. We need to change it into Passive voice.

11. (b) Given sentence is in Past simple tense and it is in active voice, we need to change it into passive voice.

12. (d) The given sentence contains one of Model verb (Model Verb = will, shall, can, may, might, could, might, must, would). It is in active voice.

13.(a) **14.** (b) **15.** (c) **16.** (c)

17. (b) Apart from Rule to make active voice of Present Perfect Tense, which is .

18. (b)

19. (a) Passive subject + was/were + third form of verb + by + passive object.

20. (b)

❑❑❑

6. Idiom/Phrase

A phrase is defined in English Grammar as a part of a sentence which lacks Subject or Finite Verb. So, phrase can be defined as a collection of words that bears a meaning but does not make any complete sense. An idiom is a phrase or sentence whose meaning is not clear from the meaning of its individual words and which must be learnt as a whole unit.

In Exam Phrases/Idioms may be given and candidates may be asked to explain (write the meanings) of these phrases/ idioms and use them in their own sentences.

A candidate is to write the meaning of the phrase/idiom. It seems very simple, but not free from complexities considering number of phrases/idioms. You might have followed that for phrases and idioms there are separate dictionaries in the market, and a standard dictionary of Phrases and Idioms is bound to be a thick one. Now you can imagine the extent of the complexities. It is impossible to commit to memory all these phrases/ idioms along with their meanings. But an examiner is free to set question on any of the phrases/idioms. Of course, the things are not so difficult if one thinks in another way. Our experience dictates us to believe that questions are generally framed keeping in mind the standard of the test concerned. So, a question setter is bound to be selective. This shows that a candidate should also be selective. A candidate should not be penick stricken thinking the vastness or the number of phrases and idioms. But another problem which still remains is that a candidate is likely to be confused at the time of selecting the phrases and idioms. For selection one should rely on experienced guide.

From the foregoing discussion, it is clear that the knowledge of Grammar and Usage is must for many reasons. Different types of questions may be framed on English language but the root of such questions lies in the appropriate usage of grammatical rules. Keeping in mind the importance of grammatical rules, a detailed text on Grammar along with a collection of most useful grammatical rules is provided.

EXAMPLES

Directions (1–3) : In the following questions, four alternatives are given for the bold or given idiom/phrase. Choose the alternative which best expresses the meaning of the bold or given idiom/phrase.

1. His parents **cut him off, without a shilling.**
   (a) disinherited him
   (b) snubbed him
   (c) gave him only a shilling
   (d) sent him away with a shilling
   Ans. (a)
2. The carefully worked–out plan **fell through** because of an unexpected event.
   (a) came out successfully
   (b) had a steep fall
   (c) was shattered
   (d) failed
   Ans. (d)
3. He **has too many irons in the fire.**
   (a) is engaged in too many enterprises at the same time
   (b) has several problems
   (c) has many ideas in his head
   (d) has a fire burning constantly in his house
   Ans. (a)

EXERCISE

Directions (1–20) : In the following questions, four alternatives are given for the bold or given idiom/phrase. Choose the alternative which best expresses the meaning of the bold or given idiom/phrase.

1. **To make clean breast of**
   (a) To gain prominence
   (b) To praise oneself
   (c) To confess without of reserve
   (d) To destroy before it blooms

2. **To keeps one's temper**
(a) To become hungry
(b) To be in good mood
(c) To preserve ones energy
(d) To be aloof from

3. **To catch a tartar**
(a) To trap wanted criminal with great difficulty
(b) To catch a dangerous person
(c) To meet with disaster
(d) To deal with a person who is more than one's match

4. **To drive home**
(a) To find one's roots
(b) To return to place of rest
(c) Back to original position
(d) To emphasise

5. **To have an axe to grind**
(a) A private end to serve
(b) To fail to arouse interest
(c) To have no result
(d) To work for both sides

6. **To cry wolf**
(a) To listen eagerly
(b) To give false alarm
(c) To turn pale
(d) To keep off starvation

7. **To end in smoke**
(a) To make completely understand
(b) To ruin oneself
(c) To excite great applause
(d) To overcome someone

8. **To be above board**
(a) To have a good height
(b) To be honest in any business deal
(c) They have no debts
(d) To try to be beautiful

9. **To put one's hand to plough**
(a) To take up agricultural farming
(b) To take a difficult task
(c) To get entangled into unnecessary things
(d) Take interest in technical work

10. **To pick holes**
(a) To find some reason to quarrel
(b) To destroy something
(c) To criticise someone
(d) To cut some part of an item

11. **To leave someone in the lurch**
(a) To come to compromise with someone
(b) Constant source of annoyance to someone
(c) To put someone at ease
(d) To desert someone in his difficulties

12. **To play second fiddle**
(a) To be happy, cheerful and healthy
(b) To reduce importance of one's senior
(c) To support the role and view of another person
(d) To do back seat driving

13. **To beg the question**
(a) To refer to
(b) To take for granted
(c) To raise objections
(d) To be discussed

14. **A black sheep**
(a) An unlucky person
(b) A lucky person
(c) An ugly person
(d) None of these

15. **A man of straw**
(a) A man of no substance
(b) A very active person
(c) A worthy fellow
(d) An unreasonable person

16. **To smell a rat**
(a) To see signs of plague epidemic
(b) To get bad small of a bad dead rat
(c) To suspect foul dealings
(d) To be in a bad mood

17. **To hit the nail right on the head**
(a) To do the right thing
(b) To destroy one's reputation
(c) To announce one's fixed views
(d) To teach someone a lesson

18. **To set one's face against**
(a) To oppose with determination
(b) To judge by appearance
(c) To get out of difficulty
(d) To look at one steadily

19. **Sobhraj could be easily arrested because the police were tipped off in a advance.**
(a) Toppled over
(b) Bribed
(c) Given advance information
(d) Threatened

20. **I met him after a long time, but he gave me the cold shoulder.**
(a) scolded me
(b) insulted me
(c) abused me
(d) ignored me

ANSWERS

1. (c) To confess without of reserve
2. (b) To be in good mood
3. (b) To catch a dangerous person
4. (d) To emphasise
5. (a) A private end to serve
6. (b) To give false alarm
7. (b) To ruin oneself
8. (b) To be honest in any business deal
9. (b) To take a difficult task
10. (c) To criticise someone
11. (d) To desert someone in his difficulties
12. (c) To support the role and view of another person
13. (b) To take for granted
14. (d) None of these
15. (a) A man of no substance
16. (c) To suspect foul dealings
17. (a) To do the right thing
18. (a) To oppose with determination
19. (c) Given advance information
20. (d) ignored me

❑❑❑

7. Direct and Indirect Speech

Direct and indirect speech can be a source of confusion for English learners. Let's first define the terms, then look at how to talk about what someone said, and how to convert speech from direct to indirect or vice-versa.

You can answer the question What did he say? in two ways:

- by repeating the words spoken (direct speech)
- by reporting the words spoken (indirect speech).

DIRECT SPEECH

Direct speech repeats, or quotes, the exact words spoken. When we use direct speech in writing, we place the words spoken between quotation marks (" ") and there is no change in these words.

For example,

(i) She says, "What time will you be home?"

(ii) She said, "What time will you be home?" and I said, "I don't know!"

(iii) "There's a fly in my soup!" screamed Simone.

(iv) John said, "There's an elephant outside the window."

INDIRECT SPEECH

Indirect speech is usually used to talk about the past, so we normally change the tense of the words spoken. We use reporting verbs like 'say', 'tell', 'ask', and we may use the word 'that' to introduce the reported words. Inverted commas are not used.

For example,

She said, "I saw him." (direct speech)

She said that she had seen him. (indirect speech)

'SAY' AND 'TELL'

Use 'say' when there is no indirect object:

He said that he was tired.

Always use 'tell' when you say who was being spoken to (i.e. with an indirect object):

He told me that he was tired.

'TALK' AND 'SPEAK'

Use these verbs to describe the action of communicating:

He talked to us.

She was speaking on the telephone.

Use these verbs with 'about' to refer to what was said:

He talked (to us) about his parents.

Rules for changing Direct into Indirect speech

Get one thing straight-you do not have to learn the rules by heart. Simply understand what they ask you to do and apply the same in converting a sentence from direct to indirect.

Rule I : If in direct speech you find say/says or will say then DO NOT CHANGE THE TENSE that you can find within the quotation marks.

For example,

(i) I say "I am elated"

(ii) I say I am elated

(iii) He says,"I was a fool then"

(iv) He says he was a fool then.

Rule II : If in direct speech the words within the quotation marks talk of a universal truth or habitual action then RULE I is followed or in other words the tense inside the quotation marks is not changed at all.

For example,

(i) The teacher said, "The sun rises in the east"

(ii) The teacher said the sun rises in the east

Rule III : If there is 'said' in the direct speech then the tense of the words inside quotation marks is changed to the past tense.

For example,

(i) I said, "I am suffering from a fit of ennui"

(ii) I said I was suffering from a fit of ennui.

Help List-I

- Words indicating nearness are changed into words showing distance
- Here-there tomorrow-the next/following day
- This-that yesterday-the previous day
- These-those the next week-the following week

- Today-that day now-then
- Tonight-that night

Help List-II

- The following changes in the tense need to be considered
- Is/am-was
- Are-were
- Is (sleeping)-was (sleeping)
- Are (sleeping)-were (sleeping)
- Has/have killed-had killed
- Was/were laughing-had been laughing
- Can-could; will-would; shall-should; may-might
- Did-had done

Rules

Direct Speech (Verb)	Indirect Speech (Verb)
1. Simple Present	1. Simple Past
2. Present Continuous	2. Past Continuous
3. Present Perfect	3. Past Perfect
4. Present Perfect Continuous	4. Past Perfect Continuous
5. Simple Past	5. Past Perfect
6. Past Continuous	6. Past Perfect Continuous
7. Past Perfect	7. Past Perfect
8. Past Perfect Continuous	8. Past Perfect Continuous

EXERCISE

1. **He said to her, "What a cold day!"**
   (a) He exclaimed that it was a very cold day
   (b) He told her that it was a cold day
   (c) He exclaimed that it was a cold day
   (d) He exclaimed sorrowfully that it was a cold day
2. **Where will you be tomorrow, I said, "in case I have to ring you?"**
   (a) I asked where you will be the next day in case I will ring him
   (b) I enquired about his where abouts the next day in case I would have to ring up
   (c) I asked where he would be the next day in case I had to ring him
   (d) I said to him where he will be in case I have to ring him
3. **The poor examine said, "O God, take pity on me."**
   (a) The poor examinee, invoking God, improve him to take pity on him
   (b) The poor examinee exclaimed that God take pity on him
   (c) The poor examinee prayed God to take pity on him
   (d) The poor examine asked God to take pity on him
4. **Kiran asked me, "Did you see the cricket match on television last night.**
   (a) Kiran asked me whether I saw the cricket match on television the earlier night
   (b) Kiran asked me did I see the cricket match on television last night
   (c) Kiran asked me whether I had seen the cricket match on television the earlier night
   (d) Kiran asked me whether I had seen the cricket match on television last night
5. **The tailor said to him, "Will you have the suit ready by tomorrow evening?"**
   (a) The tailor asked him that he will have the suit ready by the next evening
   (b) The tailor asked him that he would had the suit ready by the next evening
   (c) The tailor asked him if he will like to have the suit ready by the next evening
   (d) The tailor asked him if he would have the suit ready by the next evening
6. **The father warned his son that he should be beware of him.**
   (a) The father warned his son, "Before of him!"
   (b) The father warned his son, "Be careful about him."
   (c) The father warned his son, "Watch that chap!"
   (d) The father warned his son, "Don't fall into the trap."
7. **The Captain said to his men, "Stand at ease."**
   (a) The Captain urged his men to stand at ease
   (b) The Captain told his men that they should stand at ease
   (c) The Captain wanted his men to stand at ease
   (d) The Captain commanded his men to stand at ease
8. **He said to me, "I have often told you not to play with fire."**
   (a) He said that he has often been telling me not to play with fire
   (b) He told me that he had often told me not to play with fire
   (c) He said to me that he often told me not to play with fire
   (d) He remained me that he had often told me not to play with fire
9. **The teacher said to Mahesh, "Congratulations! Wish you success in life."**
   (a) The teacher to congratulated Mahesh and wished him success in life
   (b) The teacher congratulated Mahesh and said with you success in life
   (c) The teacher wished congratulations and success in life to Mahesh
   (d) The teacher said congratulations to Mahesh and wished him success in life.

10. **"What about going for a swim," he said, "It's quite fine now."**
   (a) He proposed going for a swim as it was quite fine
   (b) He suggested going for a swim as it was quite fine
   (c) He advised to me go for a swim as it was quite fine
   (d) He asked me what about going for a swim as it was quite fine them
11. **Pawan said to me, "If I hear any news, I'll phone you."**
   (a) Pawan told me that if he will hear any news, he will phone me
   (b) Pawan told me that if he heard any new, he will phone me
   (c) Pawan told me that if he heard any news, he would phone me
   (d) Pawan told me if he had heard any news, he would phone me
12. **He said, "Be quiet and listen to my words."**
   (a) He said they should be quiet and listen to his words
   (b) He urged them and said be quiet and listen to words
   (c) He urged them to be quiet and listen to his words
   (d) He said you should be quiet and listen to my words
13. **I said to him, "Why are you working so hard"?**
   (a) I asked him why had he been working so hard
   (b) I asked him why he was working so hard
   (c) I asked him why he had been working so hard
   (d) I asked him why was he working so hard
14. **"You can't bathe in this sea," he said to me, "it's very rough."**
   (a) He said that I can't bathe in this sea because it's very rough
   (b) He said that you couldn't bathe in that sea if it was very rough
   (c) He said that I couldn't bathe in that sea as it was very rough
   (d) He said that you can't bathe in this sea since it was very rough
15. **Manna asked Rohan, "Have you sat in a trolley bus before?"**
   (a) Manna asked Rohan if he has ever sat in a trolley bus
   (b) Manna asked Rohan whether he had sat in a trolley bus earlier.
   (c) Manna asked Rohan had he sat in a trolley bus before.
   (d) Manna asked Rohan if he sat on a trolley bus before.
16. **Seeta said to me, "Can you give me your pen?"**
   (a) Seeta asked me if I can give me your pen
   (b) Seeta asked me can I give her my pen
   (c) Seeta asked me if I gave her my pen
   (d) Seeta asked me if I could give her my pen
17. **David said to Anna, "Mona will leave for her native place tomorrow."**
   (a) David told Anna that Mona left for her native place the next day
   (b) David told Anna that Mona would leave for her native place the next day
   (c) David told Anna that Mona will leave for her native place tomorrow
   (d) David told to Anna that Mona would be leaving for her native place tomorrow
18. **He said to the interviewer, "Could you please repeat the question?"**
   (a) He requested the interviewer to please repeat the question
   (b) He requested the interviewer the interviewer if he could repeat the question
   (c) He requested the interviewer to repeat the question
   (d) He requested the interviewer if he could please repeat the question
19. **Farhan asked Geeta, "Could you lend me a hundred rupees until tomorrow?"**
   (a) Farhan asked Geeta whether she could lend him a hundred rupees until the next day
   (b) Farhan asked Geeta whether she could lend him a hundred rupees until tomorrow
   (c) Farhan asked Geeta whether she could lend me a hundred rupees until the next day
   (d) Farhan asked whether Geeta could lend me a hundred rupees until the next day
20. **Jagdish said, "We passed by a beautiful lake when we went on a trip to Goa."**
   (a) Jagdish said that they passed by a beautiful lake when they had gone on a trip to Goa
   (b) Jagdish said that they had passed by a beautiful lake when they had gone on a trip to Goa
   (c) Jagdish said that they had passed by a beautiful lake when they went on a trip to Goa
   (d) Jagdish said they passed by a beautiful lake when they went on a trip to Goa.

ANSWERS

1. (a) He exclaimed that it was a very cold day
2. (c) I asked where he would be the next day in case I had to ring him
3. (d) The poor examine asked God to take pity on him
4. (c) Kiran asked me whether I had seen the cricket match on television the earlier night
5. (d) The tailor asked him if he would have the suit ready by the next evening

6. (a) The father warned his son; "Before of him!"
7. (d) The Captain commanded his men to stand at ease
8. (b) He told me that he had often told me not to play with fire
9. (a) The teacher to congratulated Mahesh and wished him success in life
10. (d) He asked me what about going for a swim as it was quite fine them
11. (c) Pawan told me that if he heard any news, he would phone me
12. (c) He urged them to be quiet and listen to his words
13. (b) I asked him why he was working so hard
14. (c) He said that I couldn't bathe in that sea as it was very rough
15. (b) Manna asked Rohan whether he had sat in a trolley bus earlier.
16. (d) Seeta asked me if I could give her my pen
17. (b) David told Anna that Mona would leave for her native place the next day
18. (b) He requested the interviewer the interviewer if he could repeat the question
19. (a) Farhan asked Geeta whether she could lend him a hundred rupees until the next day
20. (b) Jagdish said that they had passed by a beautiful lake when they had gone on a trip to Goa

8. Singular and Plural

PLURALS

- **Most of the nouns are made plural by adding an 's':**

pen	–	pens
pencil	–	pencils
book	–	books
file	–	files

- **Nouns ending with s, ss, z, zz, x, ch, sh, and tch are made plural by adding "es" to the singular form:**

wish	–	wishes
watch	–	watches
fox	–	foxes
bus	–	buses

- **If a noun's singular form ends with a consonant plus y, you must change the y to I and then add "ies":**

baby	–	babies
candy	–	candies
sky	–	skies
spy	–	spies

Remark: Proper nouns are exceptions to the rule.
the Wendys (not Wendies)
the Kennedys (not Kennedies)

Some Irregular Plural Forms:

man	–	men
woman	–	women
foot	–	feet
tooth	–	teeth
child	–	children
medium	–	media

Remark: A singular subject takes a singular verb, and a plural subject takes a plural verb. Therefore, The media are presenting the story inaccurately. Women are usually more sensitive than men.

Forming Plurals	Singular	Plural
Most nouns take S at the end of their singular forms.	camera lesson	cameras lessons
If the noun ends in S, Z, CH, SH, O, SS, or X, we add ES.	potato pass tax	potatoes passes taxes
* EXCEPTIONS.	radio photo	radios photos
If the noun ends in F or Fe, change F or Fe to V, and add - ES.	knife wife thief shelf	knives wives thieves shelves
If the noun ends in Y preceded by a consonant, change Y to I; and add -ES(ies)	fly baby country city	flies babies countries cities
Some nouns have irregular plural forms	child foot tooth man sheep	children feet teeth men sheep

Singular/Plural of "Verb TO BE"

a. A library is a useful building.
   Libraries are useful buildings.
b. She is a clever girl.
   They are clever girls.
c. Is it a new shelf?
   Are they new shelves?
d. Are these boys hungry?
   Is this boy hungry?
e. He isn't a worker.
   They aren't workers.

■ EXAMPLES

Directions (1–15) : Change the following sentences from singular to plural as in the examples.

Questions

1. She is a beautiful lady.
2. A book is a good friend.
3. A small car is a great vehicle.
4. She is a smart girl.

5. It is an old church.
6. Is this man a worker?
7. Is he a nice character?
8. These pants belong to those women.
9. Are the students in the classroom?
10. These glasses aren't for those women.
11. Are the bottles on the table?
12. The brush is under the chair.
13. I am not a famous woman.
14. The pencils aren't in the boxes.
15. I like those barbies.

Answers

1. Thcy are beautiful ladies
2. Books are good friends
3. Small cars are great vehicles
4. They are smart girls
5. They are old churches
6. Are those men workers
7. Are they nice characters
8. These pants belong to that woman
9. Is the student in the classroom
10. These glasses aren't for that woman
11. Is the bottle on the table
12. The brushes are under the chair
13. We are not famous women
14. The pencil is not in the box
15. I like that Barbie

Non-Singular/Plural Form Nouns

Singular	Plural	No Singular Form	No Plural Form
pencil	pencils	cattle	news
car	cars	trousers	information
city	cities	scissors	measles
woman	women	pliers	furniture
book	books	police	baggage
dictionary	dictionaries	glasses	advice
lesson	lessons	pants	knowledge
foot	feet	shorts	rubbish

EXERCISE

Directions (1–17) : Choose the correct option.

1. Their .... and their money were in danger.
(a) life (b) lives
(c) lifes (d) live

2. Put this .... under something heavy.
(a) leaves (b) leaf
(c) leavess (d) leafs

3. Chris has many .... in his collection.
(a) leaf (b) leaves
(c) leavess (d) leafs

4. Which .... are mine?
(a) shelf (b) shelves
(c) shelfsd (d) shelve

5. They have five .... in the zoo.
(a) wolves (b) wolf
(c) wolve (d) wolfs

6. They told us about their .... and the miseries they had suffered.
(a) lives (b) life
(c) live (d) lifes

7. Have you ever seen a ....?
(a) wolves (b) wolf
(c) wolfs (d) wolve

8. She knits nice woollen ....
(a) scarves (b) scarf
(c) scarfs (d) scarve

9. To perform this trick you will need two ....
(a) handkerchiefs
(b) handkerchief
(c) handkerchieves
(d) handkerchievess

10. I have lost many umbrellas and .... , and two or three pairs of gloves.
(a) scarfs (b) scarf
(c) scarves (d) scrave

11. Are there any .... in this forest?
(a) wolves (b) wolf
(c) wolve (d) wolfas

12. Have you got clean ....?
(a) handkerchief
(b) handkerchieves
(c) handkerchiefs
(d) handkerchieve

13. One .... is empty.
(a) shelf (b) shelves
(c) shelfs (d) shelve

14. I have lived here all my ....
(a) lives (b) life
(c) lifes (d) live

15. What a beautiful ....!
(a) scarfs (b) scarves
(c) scarf (d) scarve

16. .... fall from trees in autumn.
(a) leaves (b) leaf
(c) leafs (d) leave

17. Dust these .... , please.
(a) shelves (b) shelf
(c) shelve (d) shelfs

ANSWERS

1. (b) lives
2. (b) leaf
3. (b) leaves
4. (b) shelves
5. (a) wolves
6. (b) life
7. (b) wolf
8. (a) scarves
9. (a) handkerchiefs
10. (a) scarfs
11. (a) wolves
12. (b) handkerchieves
13. (a) shelf
14. (b) life
15. (c) scarf
16. (a) leaves
17. (a) shelves

❑❑❑

9. Conjunctions

Conjunctions are words used as **joiners**. Different kinds of conjunctions join different kinds of grammatical structures.

The following are the **kinds of conjunctions:**

I. Coordinating Conjunctions

for, and, nor, but, or, yet, so

Coordinating conjunctions join **equals** to one another :

words to words, phrases to phrases, clauses to clauses.

For examples,

word to word	Most Children like cookies **and** milk.
phrase to phrase	The gold is hidden at the beach **or** by the lakeside.
clause to clause	What you say **and** what you do are two different things.

Coordinating conjunctions usually form looser connections than other conjunctions do.

Coordinating conjunctions go **in between** items joined, not at the beginning or end.

For examples,

Correct : I like coffee, **but I** don't like tea.

Incorrect : But I don't like tea, I like coffee.

Punctuation with coordinating conjunctions:

When a coordinating conjunction joins **two** words, phrases, or subordinate clauses, no comma should be placed before the conjunction.

For examples,

words: cookies **and** milk.

phrases: at the beach **or** by the lakeside.

subordinate clauses: what you say **and** what you do.

A coordinating conjunction joining **three or more** words, phrases, or subordinate clauses creates a series and requires commas between the elements.

For examples,

words: peanuts, cookies **and** milk.

phrases: in the mountains at the beach **or** by the lakeside.

subordinate clauses: what you think, what you say **and** what you do.

A coordinating conjunction joining **two independent clauses** creates a compound sentence and requires a comma before the coordinating conjunction.

II. Correlative Conjunctions

either ...or — both ... and

neither ... nor — not only ... but also

These pairs of conjunctions require equal (parallel) structures after each one.

Faulty: Clara not only **wants money** but also **fame.**
Correct: Clara wants not only **money** but also **fame.**
Correct: Clara not only **wants money** but also **wants fame.**

III. Conjunctive Adverbs

These conjunctions join independent clauses together.

The following are frequently used conjunctive adverbs:

after all	in addition	next
also	incidentally	nonetheless
as a result	indeed	on the contrary
besides	in fact	on the other hand
consequently	in other words	otherwise
finally	instead	still
for example	likewise	then
furthermore	meanwhile	therefore
hence	moreover	thus
however	nevertheless	

IV. Subordinating Conjunctions

These words are commonly used as subordinating conjunctions.

after	in order (that)	unless
although	insofar as	until
as	in that	when
as far as	lest	whenever
as soon as	no matter how	where
as if	now that	wherever
as though	once	whether
because	provided (that)	while
before	since	why
even if	so that	

even though	supposing (that)
how	than
if	that
inasmuch as	though
in case (that)	till

Subordinating conjunctions also join two clauses together, but in doing so, they make one clause dependent (or "subordinate") upon the other.

Examples :

It is raining.
We have on Umbrella.
} Both are independent clauses simple sentences.

Add ***because*** to ***It is raining.***

because it is raining } This is no longer an independent clause or sentence.

Put the two clauses together.

Because it is raining, we have an umbrella.

OR

We have an umbrella because it is raining.

A subordinating conjunction may appear at a sentence beginning or between two clauses in a sentence.

A subordinate conjunction usually provides a tighter connection between clauses than a coordinating conjunctions does.

Loose: It is raining, **so** we have an umbrella.

Tight: Because it is raining, we have an umbrella.

Punctuation Note: When the dependent clause is placed first in a sentence, use a comma between the two clauses. When the independent clause is placed first and the dependent clause second, do not separate the two clauses with a comma.

Examples :

dependent clause
Because it is raining, We have an umbrella.
↑ comma

independent clause
We have an umbrella because it is raining.
↑ no comma

Short Notes:

1. **Coordinating Conjunctions**
   a. Connect words, phrases, or clauses that are independent or equal
   b. and, but, or, so, for, yet, and not
2. **Correlative Conjunctions**
   a. Used in pairs
   b. both/and, either/or, neither/nor, not only/but also
3. **Subordinating Conjunctions**
   a. Used at the beginning of subordinate clauses
   b. although, after, before, because, how, if, once, since, so that, until, unless, when, while, where, whether, etc.

Coordinating Conjunctions

1. **And**-means "in addition to":
2. **But**-connects two different things that are not in agreement:
3. **Or**-indicates a choice between two things:
4. **So**-illustrates a result of the first thing:
5. **For**-means "because":
6. **Yet**-indicates contrast with something:

Correlative Conjunctions

1. **Both/and** 2. **Either/or**
3. **Neither/nor** 4. **Not only/but also**

EXAMPLES

Directions (1–5) : Write the correct conjunction in each sentence.

1. .... my friend .... I are taking the geography class.
   Ans. Both, and
2. Do you want to go swimming .... golfing?
   Ans. or
3. I studied grammar for a long time, ... I still make mistakes.
   Ans. but (yet)
4. .... wood .... bricks can be used as home building materials.
   Ans. Either, or
5. I wasn't feeling well this morning, ... I had to go to work.
   Ans. yet (but)

EXERCISE

Directions (1–20) : Select the appropriate conjunctions to complete the sentences.

1. **The Vaal River is one of the major rivers in South Africa but the runoff is not constant which means that large dams have to be built .... store water for use.**
   (a) not with standing (b) regardless of
   (c) so as to (d) thanks to

2. **Due to .... a lack of production .... increasing housing prices, Liverpool is now ranked as one of the least affordable cities countrywide.**
(a) neither / nor (b) no sooner / than
(c) scarcely / before (d) both / and

3. **Mike has been told he will have to pay the fine .... his high rank in the military.**
(a) even if
(b) furthermore
(c) on grounds that
(d) despite

4. **Some people believe vaccines overload our immune system, making it less able to react to other diseases .... meningitis or AIDS, which are now threatening our health.**
(a) but for (b) lest
(c) with the aim of (d) such as

5. **Continued high-blood pressure is dangerous .... it can increase the risk of heart disease and stroke.**
(a) however (b) so that
(c) as (d) no matter although

6. **They like to keep their old houses rather than building the new ones .... it is very hard and expensive to maintain them.**
(a) because (b) even though
(c) on the contrary (d) on account of

7. **The inhabitants of our village claim that pedestrians have no choice but to risk their lives crossing the dangerous road as there is .... a pedestrian bridge .... a crosswalk.**
(a) not only / but also (b) both / and
(c) neither / nor (d) no sooner / than

8. **................ the Oscar Reward, the Cannes Film Festival is the biggest event which takes place in May in the South of**
(a) France (b) Except for
(c) Such as (d) Lest Unless

9. **................ vaccination has eliminated naturally occurring polio in North and South America, rare cases continue to occur in developing countries of Africa.**
(a) However (b) Although
(c) As a result of (d) Hence

10. **The economy in China is booming; .... many foreign investors are planning to enter China's market.**
(a) nonetheless (b) even if
(c) so as to (d) that's why

11. **................ oil was discovered in Alberta as early as 1914, the oil and gas industry really took off in the late 1960s when large deposits were discovered.**
(a) By contrast (b) As a result
(c) Therefore (d) In spite of the fact that

12. **................ museums, libraries and archives are cultural institutions, they should ensure that their collections are built up in accordance with universally recognized moral principles.**
(a) An view of
(b) In order to
(c) As if
(d) Considering that

13. **Smallpox was eventually declared eradicated in 1980, ... a vigorous campaign of immunization by the World Health Organization.**
(a) nevertheless
(b) thanks to
(c) now that
(d) in spite of

14. **During the war of 1812, the Royal Navy had more ships than the U.S. Navy; ...., they were able to maintain a tight blockade on American waters and transport British Army troops to American shores.**
(a) nonetheless (b) otherwise
(c) by contrast (d) therefore

15. **Telecare is a telephone support service in the US which provides contact with people who are alone and isolated .... they are aged or have disabilities.**
(a) in contrast to (b) because
(c) on the other hand (d) on grounds of

16. **Though Cholera is spread .... directly or through flies and waste, water is the chief medium for spread of this disease and hence it is termed as water-borne disease.**
(a) either (b) neither
(c) both (d) not only

17. **................ offering the most essential services to mankind, the coastal wetlands and marine life of the Asian countries generate income for millions of people.**
(a) However (b) Considering that
(c) Apart from (d) No matter

18. **Businesses are failing .... a lack of trained workers and people to buy products.**
(a) that's why (b) in addition
(c) because of (d) in spite of

19. **The coconut palm is .... highly valued by the Pacific Islanders as both a source of food and medicine that it is called The Tree of Life.**
(a) such (b) much
(c) too (d) so

20. **The research in biotechnology will provide .... dramatic medical breakthroughs but also millions of dollars in new investment, and new opportunities for many people.**
(a) both (b) either
(c) whether (d) not only

ANSWERS

1. (c) so as to
2. (d) both / and
3. (d) despite
4. (d) such as
5. (c) as
6. (b) even though
7. (c) neither / nor
8. (b) Except for
9. (b) Although
10. (d) that's why
11. (d) In spite of the fact that
12. (d) Considering that
13. (b) thanks to
14. (d) therefore
15. (b) because
16. (a) either
17. (c) Apart from
18. (c) because of
19. (d) so
20. (d) not only

❑❑❑

10. Cloze Test

Language is the medium of our thoughts. More developed a language is, the more accurate and scientific its vocabulary will be. Undoubtedly, English is the most developed language today because it has been the most catholic in adopting as well as adapting to the words and expressions from different languages. CLOZE TEST is basically designed to test your ability to use appropriate words at appropriate places. This test judge your ability of language proficiency along with vocabulary. In this type of questions a passage is given with some words missing at intervals. Each gap is numbered and these numbers are printed below the passage with four alternative words which could be placed in the gap sequentially. The gaps could be filled up with appropriate words or phrases, Articles or Prepositions. Of the four alternatives only one word is suitable in all respects, others being wrong or inappropriate.

While solving the questions on CLOZE TEST, first read the passage over and try to understand what it is about and then fill in the blanks with the help of the alternative words given for each blank space, so that meaningful sentences as well as passage could be formed. Knowledge of vocabulary and usage of English language are helpful in solving such questions. In selecting the appropriate word for each of the blank spaces one must keep in mind the following aspects:

(i) Preceding and following words of the blank space concerned.

(ii) The meaning which the sentence intends to convey.

(iii) Context of the whole passage and the message which the author likes to convey through the facts given in the passage.

(iv) The meaning of all the alternative words and their suitability.

It should be noted that the selection of words for a particular blank space may be conditioned by the selection of another word for a different blank space. Therefore, a rough mental work may be helpful in selecting the appropriate word for each blank space.

EXAMPLES

Directions (1–10) : In the following passage some of the words have been left out. First read the passage over and try to understand what it is about. Then fill in the blanks with the help of the alternatives given.

One of the myths relevant to the contemporary human condition is that of Prometheus. It has positive and optimistic 1. Man can better himself and aspire 2 higher worlds through his own efforts, 3. in the process, he may 4 terrible tribulations, wars, revolutions, tortures of the 5 and the spirit. Time and again he would be tempted to throw 6 the towel, or retire into 7 and to the dream world of drugs and 8. But he will not, if made of the 9 of Prometheus, be diverted. He will stick 10. his goal, as Prometheus did in stealing fire from the Gods, suffering terrible retribution for his pains.

1. (a) signals (b) morals (c) echoes (d) undertones

Ans. (c)

2. (a) in (b) into (c) to (d) after

Ans. (c)

3. (a) and (b) though (c) yet (d) still

Ans. (a)

4. (a) resist (b) experience (c) challenge (d) suffer

Ans. (b)

5. (a) heart (b) body (c) mind (d) soul

Ans. (d)

6. (a) up (b) in (c) away (d) off

Ans. (a)

7. (a) wilderness (b) meditation
(c) obscurity (d) passivity

Ans. (d)

8. (a) stimulants (b) luxuries
(c) delusions (d) deceptions

Ans. (b)

9. (a) stuff (b) material
(c) substance (d) blood

Ans. (c)

10. (a) by (b) to
(c) in (d) on

Ans. (b)

EXERCISE

Directions : Each blank in the following passage is numbered. Against each number are given four alternatives. One of these alternatives will correctly fit into the blank so as to complete the passage. You have to find out the word.

PASSAGE–1

Lack of__1__diet mainly characterized by lack of animal protein, is found in most of Africa, Asia and Latin America. Even the __2__of rich variety of cereals with technological advancement, has not __3__ the average diet because of the consumption requirements of an ever__4__population. Millions of infants and pre-school children __5__ from malnutrition and consequential ailments which lead not only to stunted physical development __6__ to severe brain damage.

1. (a) good (b) heavy
(c) balanced (d) nutritious
2. (a) production (b) growth
(c) making (d) help
3. (a) improved (b) developed
(c) created (d) progressed
4. (a) growing (b) increasing
(c) crossing (d) enhancing
5. (a) affect (b) suffer
(c) fear (d) save
6. (a) but (b) also
(c) but also (d) and also

PASSAGE–2

In the future we can look __1__ to the prospect of having cars which __2__ automatically to any pre-selected destination. We will have our own computer terminals in the home allow us to __3__ to banks, shops, liberaries and other __4__so that at the __5__ of a button we could carry __6__ all our banking, shopping and pay bills by computers.

1. (a) into (b) at
(c) forward (d) back
2. (a) transport (b) move
(c) navigate (d) run
3. (a) take up (b) take on
(c) link up (d) connect
4. (a) centres (b) services
(c) commodities (d) departments
5. (a) site (b) mark
(c) push (d) nick
6. (a) on (b) at
(c) out (d) along

PASSAGE–3

Indian woman have through the ages been __1__to the four walls of the house. Home and __2__have been considered to be the summum bonum of a __3__ life. After the Vedic Age, with the __4__ of Indian society the status and __5__ of woman too underwent a rapid __6__. It came to be believed that woman was a weakling who needed the protection and shelter of her father, husband and son.

1. (a) subjected (b) restricted
(c) confined (d) assigned
2. (a) kitchen (b) herth
(c) shop (d) office
3. (a) man's (b) child's
(c) boys' (d) woman's
4. (a) resurrection (b) revival
(c) degeneration (d) dejection
5. (a) command (b) role
(c) serman (d) position
6. (a) fall (b) degeneration
(c) deterioration (d) downfall

PASSAGE–4

Television in India made a modest __1__ in September 1959. Its __2__ purpose at that time was to explore possibilities of its __3__ in the sphere of imparting __4__ on a broad based level and to train cameraman, technicians and programme __5__for the __6__.

1. (a) start
(b) commencement
(c) beginning
(d) on set
2. (a) ultimate (b) chief
(c) ulterior (d) single
3. (a) utility (b) use
(c) value (d) function
4. (a) agriculture (b) culture
(c) health (d) education

5. (a) people (b) man
   (c) services (d) personnel
6. (a) next (b) past
   (c) future (d) present

PASSAGE–5

"Cigarrette smoking is __1__ to health", that __2__ warning is carried compulsorily by all __3__ promoting cigarettes and all cigarette __4__ being sold. Of course the print of the __5__ is small enough to render it __6__ negligible value.

1. (a) dangerous (b) hazardous
   (c) fatal (d) injurious
2. (a) legal (b) compulsory
   (c) statutory (d) indicatory
3. (a) publicities
   (b) advertisements
   (c) companies
   (d) programmes
4. (a) companies (b) shops
   (c) containers (d) packets
5. (a) warning (b) advertisement
   (c) packet (d) language
6. (a) to (b) of
   (c) on (d) at

PASSAGE–6

Citizenship establishes a relationship between an individual and the __1__. While it confers certain __2_ upon you, citizenship also imposes certain __3__ upon you. A good citizen will see to it that these duties are __4__ as far as possible. As a citizen of a state, you are expected to be __5__ to it. A good citizen would naturally not indulge __6__subversive activities.

1. (a) government (b) country
   (c) state (d) nation
2. (a) services (b) rights
   (d) duties (d) jobs
3. (a) duties (b) rights
   (c) penalties (d) rules
4. (a) carried out (b) fulfilled
   (c) completed (d) tolerated
5. (a) faithful (b) loyal
   (c) grateful (d) thankful
6. (a) at (b) with
   (c) on (d) in

PASSAGE–7

Democracy has a great merit. It allows __1__ and if there is not public criticism, there are bound to be hushed up __2__. That is why I believe __3__ the press; despite all its lies and vulgarity, and why I believe in Parliament. Parliament is often sneered at because it is a 'Talking shop'. I believe in the Independent Member who makes himself a __4__. He gets snubbed and is told that he is cranky or ill informed but he does __5__ abuses which would otherwise never have __6__ mentioned.

1. (a) enjoyment (b) playing
   (c) criticism (d) fighting
2. (a) cases (b) scandals
   (c) matters (d) deals
3. (a) on (b) into
   (c) in (d) at
4. (a) ridicule (b) fool
   (c) nuisance (d) tool
5. (a) extract (b) expose
   (c) mention (d) dictate
6. (a) been (b) got
   (c) so (d) to

PASSAGE–8

Indian Railways, an important effort of Lord Dalhousie in 1853__1__proved to be a part and __2__ of national integration either in the pre-independence or __3__independence era. In the freedom __4__ Indian Railways has played a vital __5__. As India is a nation of varieties, unity in __6__ is its basic character.

1. (a) has (b) is
   (c) have (d) are
2. (a) packet (b) parcel
   (c) integral (d) essential
3. (a) para (b) post
   (c) semi (d) after
4. (a) fight (b) struggle
   (c) tangle (d) movement
5. (a) act (b) role
   (c) play (d) issue
6. (a) difference (b) diversity
   (c) variety (d) people

PASSAGE–9

Teenagers represent the emerging patterns, newly adopted __1__ of life and the nascent, while the old uphold traditional __2__ conservative ideologies and customary outlook. India has seen and tolerated various sorts of __3__ changes. In the past it __4__ a unified way of life. The role of youth in pre-industrial societies was already set __5__ the customs or systems prevailed there but in the present industrial societies; the antique values and __6__ have changed.

1. (a) norms (b) values
   (c) ways (d) beliefs
2. (a) values (b) morals
   (c) norms (d) ways
3. (a) national (b) hereditary
   (c) heritage (d) cultural
4. (a) has (b) had
   (c) used (d) practiced

5. (a) in (b) at
(c) by (d) with
6. (a) norms (b) beliefs
(c) ways (d) customs

PASSAGE–10

It is not at all difficult to analyse as to why and how __1__ one get pleasure out of reading. These can be the cheapest and the most easily accessible way of __2__. We have people who love to read during bed time, and then those who love to read while __3__, while we have some other lovers of __4__who would even utilize their time in the bath room for __5__. One can run away from the __6__ of modern life and absorb in the pleasure of reading.

1. (a) do (b) does
(c) would (d) will
2. (a) enjoyment (b) recreation
(c) entertainment (d) hobby
3. (a) dancing (b) playing
(c) travelling (d) bathing
4. (a) foods (b) flowers
(c) gardens (d) reading
5. (a) loitering (b) bathing
(c) reading (d) laughing
6. (a) hustles (b) bustles
(c) tensions (d) cruelties

ANSWERS

PASSAGE–1

1. (c) balanced **2.** (b) growth
3. (a) improved **4.** (b) increasing
5. (b) suffer **6.** (c) but also

PASSAGE–2

1. (c) forward **2.** (c) navigate
3. (c) link up **4.** (b) services
5. (c) push **6.** (c) out

PASSAGE–3

1. (c) confined **2.** (b) herth
3. (d) woman's **4.** (c) degeneration
5. (b) role **6.** (c) deterioration

PASSAGE–4

1. (c) beginning **2.** (b) chief
3. (c) value **4.** (d) education
5. (d) personnel **6.** (c) future

PASSAGE–5

1. (d) injurious **2.** (c) statutory
3. (b) advertisements **4.** (d) packets
5. (a) warning **6.** (b) of

PASSAGE–6

1. (c) state **2.** (b) rights
3. (a) duties **4.** (b) fulfilled
5. (b) loyal **6.** (d) in

PASSAGE–7

1. (c) criticism **2.** (b) scandals
3. (c) in **4.** (c) nuisance
5. (b) expose **6.** (a) been

PASSAGE–8

1. (c) have **2.** (b) parcel
3. (b) post **4.** (b) struggle
5. (b) role **6.** (b) diversity

PASSAGE–9

1. (c) ways **2.** (a) values
3. (d) cultural **4.** (b) had
5. (c) by **6.** (b) beliefs

PASSAGE–10

1. (b) does **2.** (c) entertainment
3. (c) travelling **4.** (d) reading
5. (c) reading **6.** (c) tensions

❑❑❑

11. Commonly Misspelled Words

Some words are frequently misspelled, such as the incorrect spelling 'concensus' for 'consensus' found in many places. Other common misspellings include 'equiptment' (for 'equipment'), "independant' (for 'independent'), 'readible' (for readable), or 'usible' (for 'usable/useable'). The most commonly Misspelled Words in English are not interesting enough to write up as separate entries. Reading the given words probably won't improve your spelling much, but choosing a few which you find troublesome to write out correctly and writing them out a few times may help. A short list of common misspelt words is presented below:

A

Absence, abundance, abyss, accessible, accidentally, acclaim, accommodate, accomplish, accordion, accumulate, achievement, acquaintance, across, address, advertisement, aggravate, alleged, annual, apparent, appearance, argument, atheist, athletics, attendance, auxiliary

B

Balloon, bankruptcy, banquet, barbecue, barbiturate, bargain, basically, beggar, beginning, beguile, believe, besiege, biscuit, bouillon, boundary, Britain, Buddha, business

C

Calendar, camouflage, cantaloupe, category, cemetery, chagrined, challenge, characteristic, changing, chief, cigarette, climbed, collectible, colonel, colossal, column, coming, committee, commitment, comparative, competent, completely, concede, conceive, condemn, condescend, conscientious, consciousness, consistent, continuous, controlled, coolly, corollary, convenient, correlate, correspondence, counselor, courteous, courtesy, criticize

D

Deceive, defendant, deferred, dependent, descend, description, desirable, despair, desperate, develop, development, difference, dilemma, dining, disappearance, disappoint, disastrous, discipline, disease, dispensable, dissatisfied, doesn't, dominant, drunkenness

E

Easily, ecstasy, efficiency, eighth, either, eligible, emperor, enemy, entirely, equipped, equivalent, especially, exaggerate, exceed, excellence, excellent, exhaust, existence, expense, experience, experiment, explanation, extremely, exuberance

F

Fallacious, fallacy, familiar, fascinate, feasible, fictitious, finally, financially, fluorescent, forcibly, foreign, forfeit, formerly, foresee, forty, fourth, fulfill, fundamentally

G

Gauge, generally, genius, government, governor, grievous, guarantee, guerrilla, guidance

H

Handkerchief, happily, harass, height, heinous, haemorrhage, heroes, hesitancy, hindrance, hoarse, hoping, humorous, hypocrisy, hypocrite

I

Ideally, idiosyncrasy, ignorance, imaginary, immediately, implement, incidentally, incredible, independence, independent, indicted, indispensable, inevitable, influential, information, inoculate, insurance, intelligence, intercede, interference, interrupt, introduce, irrelevant, irresistible, island

J

Jealousy, judicial

K

Knowledge, kennel, kernel, kiln, kindle, kinetic, knave, knoll, knit

L

Laboratory, legitimate, leisure, length, lenient, liaison, license, lieutenant, lightning, likelihood, likely, longitude, loneliness, losing, lovely, luxury

M

Magazine, maintain, maintenance, manageable, maneuver, marriage, mathematics, medicine, millennium, millionaire, miniature, minuscule, minutes, mischievous, missile, misspelled, mortgage, mosquito, mosquitoes, murmur, muscle, mysterious

N

Narrative, naturally, necessary, necessity, neighbor, neutron, ninety, ninth, noticeable, nowadays, nuisance

O

Obedience, obstacle, occasion, occasionally, occurred, occurrence, official, omission, omit, omitted, opinion, opponent, opportunity, oppression, optimism, ordinarily, origin, original, outrageous, overrun

P

Panicky, parallel, parliament, particularly, pavilion, peaceable, peculiar, penetrate, perceive, performance, permanent, permissible, permitted, perseverance, persistence, physical, physician, picnicking, piece, pilgrimage, pitiful, planning, pleasant, portray, possess, possessive, potato, potatoes, practically, prairie, preference, preferred, prejudice, preparation, prescription, prevalent, primitive, privilege, probably, procedure, proceed, professor, prominent, pronounce, pronunciation, propaganda, psychology, publicly, pursue

Q

Quandary, quarantine, questionnaire, quizzes

R

Realistically, realise, really, recede, receipt, receive, recognise, recommend, reference, referred, relevant, relieving, religious, remembrance, reminiscence, renege, repetition, representative, resemblance, reservoir, resistance, restaurant, rheumatism, rhythm, rhythmical, roommate

S

Sacrilegious, sacrifice, safety, salary, satellite, scary, scenery, schedule, secede, secretary, seize, sentence, separate, sergeant, several, shepherd, shining, similar, simile, simply, sincerely, skiing, soliloquy, sophomore, souvenir, specifically, specimen, sponsor, spontaneous, statistics, stopped, strategy, strength, strenuous, stubbornness, subordinate, subtle, succeed, success, succession, sufficient, supersede, suppress, surprise, surround, susceptible, suspicious, syllable, symmetrical, synonymous

T

Tangible, technical, technique, temperature, tendency, themselves, theories, therefore, thorough, though, through, till, tomorrow, tournament, tourniquet, transferred, truly, twelfth, tyranny

U

Unanimous, undoubtedly, unnecessary, until, usage, usually

V

Vacuum, valuable, vengeance, vigilant, village, villain, violence, visible

W

Warrant, Wednesday, weird, wherever, wholly

X

Xenophobe, xenophobia

Y

Yacht, yield

Z

Zoology

EXERCISE

Directions (Q. 1–5) : In each of these questions, five words marked (a), (b), (c), and (d) are given. Out of these, one word is misspelt. Find the misspelt word.

1. (a) Final (b) Untill (c) Fulfil (d) Careful
2. (a) Neighbour (b) Receive (c) Sieze (d) Receipt
3. (a) Accomodation (b) Commendable (c) Superstitious (d) Callous
4. (a) Grammer (b) Organiser (c) Carrier (d) Instructor
5. (a) Openning (b) Stopping (c) Beginning (d) Referring

Directions (Q. 6–15) : In each of the following questions, groups of four words are given. In each group one word is wrongly spelt. Find the wrongly spelt word.

6. (a) Deploy (b) Empty (c) Supply (d) Reply
7. (a) Leisure (b) Nuisance (c) Opineon (d) Mystery
8. (a) Dismiss (b) Dispel (c) Disservice (d) Discribe
9. (a) Grammer (b) Hammer (c) Manner (d) Stammer
10. (a) Choclate (b) Woollen (c) Parliament (d) Biscuit

11. (a) Differed (b) Suffered
(c) Offered (d) Reffered

12. (a) Passion (b) Fashion
(c) Ration (d) Tution

13. (a) Formulate (b) Formidable
(c) Forman (d) Format

14. (a) Collision (b) Superstition
(c) Conversation (d) Humilation

15. (a) Refuse (b) Repute
(c) Despute (d) Confuse

Directions (Qs. 16–25) : In the following questions, groups of five words are given. In each group one word is correctly spelt. Find the correctly spelt word.

16. (a) Mischeivous (b) Miscariage
(c) Misdemeanour (d) Misnomar

17. (a) Harassment
(b) Comitment
(c) Breevement
(d) Tamparament

18. (a) Capracious (b) Auspicious
(c) Falliciuos (d) Dalicious

19. (a) Inefadle (b) Inaccesible
(c) Infallible (d) Invinscible

20. (a) Camoflage (b) Tabuleau
(c) Milieu (d) Miraze

21. (a) Existence (b) Occurence
(c) Dependence (d) Persistance

22. (a) Sponsership (b) Soveriegn
(c) Subsarvient (d) Sepulcher

23. (a) Handicaped (b) Frolicked
(c) Kidnaped (d) Developped

24. (a) Coersion (b) Precision
(c) Negociation (d) Explotion

25. (a) Deliquency (b) Friquency
(c) Discrepency (d) Hesitancy

ANSWERS

1. (b) Untill
2. (c) Sieze
3. (a) Accomodation
4. (a) Grammer
5. (a) Openning
6. (b) Empty
7. (c) Opineon
8. (d) Discribe
9. (a) Grammer
10. (a) Choclate
11. (d) Reffered
12. (d) Tution
13. (c) Forman
14. (d) Humilation
15. (c) Despute
16. (c) Misdemeanour
17. (a) Harassment
18. (b) Auspicious
19. (c) Infallible
20. (c) Milieu
21. (a) Existence
22. (d) Sepulcher
23. (b) Frolicked
24. (b) Precision
25. (d) Hesitancy

❑❑❑

12. Comprehension

A comprehension tests the aspirant's capacity to understand the passage and to retain the most important points. An aspirant is required to read the passage and choose the correct answer out of the options, given under the questions.

EXERCISE

Directions : Choosing the appropriate option out of the given option to complete the passage. Read the following paragraphs and answer the questions given below.

PASSAGE-1

A study of attitudes towards prime time television programmes with identical ratings in terms of number of people watching received highly **divergent** marks for quality from their views. This additional piece of information could prove valuable for advertisers who might be well-advised to spend their advertising money for programmes that viewers feel are of high quality.

1. Which of the following is most nearly the SAME in meaning as the word <u>feel</u> as used in the passage?

(a) value (b) sympathise
(c) perceive (d) sensitise

2. Which of the following is mostly OPPOSITE of the word bold as used in the passage?

(a) convergent (b) similar
(c) heterogenous (d) synonymous

3. Which of the following inferences can be drawn from the above paragraph?

(a) The number of viewers decide the quality of the programmes.
(b) The viewers perception about the quality of programmes is not significant for advertisers.
(c) Advertisers can derive benefit from the information about viewers' perception of quality of programmes.
(d) None of these

4. Which of the following is/are the finding(s) of the study?

I. The viewers decide the prime time television programmes.
II. The attitudes of viewers cannot be reliably assessed.
III. The advertisers were benefited from good quality programmes.

(a) Only I (b) Only II
(c) Only III (d) All I, II & III

PASSAGE-2

There's more than the 51-seater dining table at the Vintage Palace that is awe inspiring. The library done in rosewood and mahogany is a place that will force anyone to pause, if only to admire the fine original polish, the furniture and the walnut carved high roof. The last is supposedly an imitation of the one at Royal Castle.

The library is almost the size of a large banquet hall and acts as the passage to other parts of the palace including the dinning area. For years the palace had no librarian because they couldn't find the right person to do justice to the treasure trove of books collected by the Roy's family over several decades. That is until they found Subrato Das who belongs to the family that owned the famous Loyal book store in Tundla. So when his friend and historian Aruna Pal pointed out the palace's requirement at the library, Das was delighted. On his very first day as the librarian at the magnificent Vintage palace, Subrato Das found a reference book on 'How to paint grass' by Alfred East.

1. Which of the following is false about Mr. Das?

(a) He was a descendent of the Roy's family.
(b) He was the librarian at the Vintage Palace.
(c) He owned a book store.
(d) He was a friend of Aruna Pal.

2. The roof of the library had carvings made of which wood?

(a) Rosewood (b) Mahogany
(c) Sandalwood (d) Walnut

3. **Name of the author of the book that Mr. Das found on his first day as the librarian?**
   (a) Alfred East
   (b) Aruna Pal
   (c) Johan Keat
   (d) Charles Babbage
4. **The books at the library were collected by:**
   (a) Agra University
   (b) Mrs. Aruna Pal
   (c) The Roy's Family
   (d) Mr. Subrato Das

PASSAGE-3

Due to poor rainfall over the past few months, the vadu mangai season is expected to be short this year. There are two distinct varieties available in the vicinity of Coimbatore. The closest to Coimbatore, and the one that appears in the markets first, is the Thadagam variety. The second and more popular variety is the one from the Thirumoorthy Hills, near Udumalpet. Representatives from commercial pickle brands whisk these mangais away in big lots directly from the wholesalers. Only a small portion of the year's harvest trickles down to the local markets.

Small vendors bring sacks full of these tiny tender mangoes to one particular street corner in Ram Nagar during the season. The corner of Rajaji Road and Sathyamurthy Road plays host to these vendors from as early as 7.00 am every day. Depending on the quantity they have, the manga is are available until around 11.00 am. If the vendors have a good day and their produce is sold quickly, they pack up and leave even as early as 9.00 am.

1. **What do you think 'Thadagam' is from the passage?**
   (a) A festival celebrated in Coimbatore
   (b) A variety of vadu mangai mangoes
   (c) A word for 'monsoon' in the local language
   (d) A variety of mango pickle
2. **Why do local markets get only a small portion of the mango produce?**
   (a) Commercial pickle companies buy the mangoes in huge quantities.
   (b) The mangoes get sold as quickly as 9.00 am.
   (c) There are only three vendors in the local market.
   (d) The sellers of the local market are just small vendors.
3. **What may happen if there is adequate rainfall?**
   (a) Local vendors will get fewer mangoes.
   (b) The vadu mangai season will be longer that year.
   (c) Commercial pickle companies will buy in smaller quantities.
   (d) Vendors will be able to sell quickly.
4. **The more popular vadu mangai mangoes are from:**
   (a) Thirumoorthy Hills
   (b) Ram Nagar
   (c) Udumalpet
   (d) Coimbatore

PASSAGE-4

Some languages are used by a few people. Others, such as Mandarin Chinese and English, are spoken by millions. Many people speak two or more languages. They may use one language at home with family and friends and another at work or school. Regional variations of languages are known as dialects. The Anglo-Saxons, who conquered Britain at the end of the Roman Empire, spoke a Germanic language, which later became English. Other Germanic languages include Danish, Dutch, German and Swedish. English also contains French-derived words after it was ruled by French-speaking kings following the Norman Conquest.

1. **Mandarin Chinese is spoken by .... people.**
   (a) little (b) few
   (c) many (d) big
2. **A person who is good at foreign languages is known as :**
   (a) Virtuoso (b) Linguist
   (c) Ventriloquist (d) Scholar
3. **.......... are regional variations of a language.**
   (a) English (b) Mandarin Chinese
   (c) Home language (d) Dialects
4. **English also included French words .... the Norman Conquest.**
   (a) after (b) prior
   (c) before (d) during

PASSAGE-5

Sri Lanka is mostly a Buddhist nation. We have known it all along, but how much it is spread throughout the nation we learnt only when we visited the island nation recently. Our tour programme was focused on the southern part of the country yet it did not include Anuradhapur, home of the original sapling of the sacred Bodhi tree brought here from Bodh Gaya. When we travelled through Sri Lanka, we came across statues of the Buddha, seated or standing, in the shrines, even in busy little towns at the end of the every street. We saw so many of his *murtis* that we actually lost count of them. Then there were innumerable white Stupas in different sizes, along with a large number of peepal trees, with their leaves fluttering ever so gently in the breeze.

1. **When the author visited Sri Lanka, he learnt that .... was so vastly spread there.**
   (a) Hinduism (b) Buddhism
   (c) Christianity (d) Sikh
2. **The original sapling of the sacred Bodhi tree was brought to ....**
   (a) Bodh Gaya (b) Anuradhapura
   (c) Colombo (d) Varanasi
3. **The author saw the statues of the Buddha ....**
   (a) lying (b) laughing
   (c) sleeping (d) seated or standing

4. **The white Stupas were surrounded by ....**
(a) banyan trees (b) peepal trees
(c) coconut palms (d) Bodhi trees

PASSAGE-6

I found that Mrs. Dorly slowly came nearer to me and Unta got opposite to me, and they gave me all the best food on the table. They began to talk about their aunts; and I told them about my aunt. They talked about fathers and mothers, and I told them about my father and mother; and then I stopped because my aunt had advised me to be silent on that subject. But I had no chance against Unta and Mrs. Dorly. They did what they liked with me. They got out of me things which I did not wish to tell.

1. **The speaker told Unta and Mrs. Dorly about his aunt because**
(a) they pleaded with him to do so
(b) he liked talking about his aunt
(c) they first talked about their aunts
(d) they forced him to talk about his aunt
2. **The speaker stopped talking about his parents because**
(a) he did not like the subject
(b) he could not remember the details
(c) his parents had forbidden him to do so
(d) his aunt had told him not to discuss his parents
3. **Unta and Mrs. Dorly gave the speaker good food because**
(a) they were fond of him
(b) they were kind by nature
(c) the speaker asked for special treatment
(d) they wanted to elicit information from him
4. **When the speaker found that the Dorlys were frank with him, he**
(a) admired their frankness
(b) became suspicious of their motives
(c) told them all they wanted to know
(d) did not know what to do

PASSAGE-7

The stranger agreed to join Harsh's band only on one condition. He wanted to join a competition of shooting arrows with Harsh. If he was defeated in that competition, he would gladly join Harsh and his men. Soon arrangements for the competition was made. Harsh's men carved bull's eye on the trunk of a tree at a distance of about thirty yards. Talking out his how and arrow the man carefully shot an arrow which struck right into the centre of the bull's eye. Harsh's men were surprised at the man's skill. Then Harsh took the bow and shot an arrow which not only hit the bull's eye in the centre but broke the stranger's arrow in the middle. Harsh thus proved that he had better skills than the stranger. The stranger was amazed to see this and said, "I have never seen such a skill in all my life; it will be a pleasure for me to join you and your men. My name is Smith Kobe." Harsh and his men gladly welcomed him. But Harsh said that from then on he would be known as Smith Kobe.

1. **What was the stranger's condition for joining Harsh's band?**
(a) Only if he and Harsh have a competition of shooting arrows
(b) Only if he is defeated by Harsh in a competition of shooting arrows
(c) Only if he should be better than Harsh in shooting arrows
(d) Only if Harsh would let him be better at shooting arrows
2. **What did Harsh's men do?**
(a) They refused to let the stranger prove.
(b) They sent the stranger away.
(c) They made arrangements for the competition.
(d) They made the stranger prove his skill.
3. **How did the stranger know that Harsh had better skill than him?**
(a) When Harsh's arrow hit the bull' eye
(b) When Harsh agreed to let him complete with him
(c) When Harsh beat him in the competition
(d) When Harsh's arrow hit the bull' eye and broke the stranger's arrow
4. **What name did Harsh give him?**
(a) Harsh Kobe (b) Kobe Harsh
(c) Harsh (d) Smith Kobe

PASSAGE-8

Of the many changes that have taken place thanks to liberalisation, a major one is that today's youngsters are earning more than ever before. In some cases, they draw even fatter salaries than their parents. But are they blowing it up or sensibly saving it? Though some tend to splurge there are many who have started saving. Some of them go in for mutual funds and tax saving bonds. Some even go in for investments which given them tax breaks – insurance, home loans, mutual fund savings schemes. In fact the average age of a person talking a housing loan has come down from 41 to 28 in the last five years. Now, where do they get their investment advice from? Some feel it's a combination of friends, family, broker, advisors, the media and the net.

1. **Liberalisation has enabled our youngsters to**
(a) be paid more (b) work hard
(c) blow up money (d) look after their money
2. **'Blowing it up' means**
(a) spending extravagantly (b) exaggerating
(c) spending on smoking (d) donating liberally
3. **The average age of a person taking housing loan has come down because**
(a) buys lottery tickets
(b) gets fat salaries even at a young age
(c) has wealthy parents
(d) goes in for mutual funds

4. **Which of the following is 'False'?**
The investment that give people tax breaks are
(a) savings scheme (b) mutual funds
(c) purchasing jewellery (d) home loans

PASSAGE-9

Most of us use the products of science railways, aeroplanes, electricity, wireless and thousands of others-without thinking how did they come into existence. We take them for granted, as if we were entitled to them as a matter of right. And we are very proud of the fact that we live in an advanced age and act ourselves very advanced. Now, there is no doubt that our age is a very different one from previous ages and I think it is perfectly correct to say that is far more advanced. But that is a different thing from saying that we as individuals or groups are more advanced. It would be the height of absurdity to say that because an engine driver can run an engine and Plato or Socrates could not, the engine driver is more advanced than, or is superior to, Plato or Socrates. But it would be perfectly correct to say that the engine itself is a more advanced method of locomotion than Plato's chariot was.

1. **Which one of the following statements is correct?**
(a) An engine driver cannot be compared to Plato or Socrates
(b) Plato or Socrates is in no way inferior to the engine driver
(c) Plato or Socrates surpassed the engine driver in every respect
(d) An engine driver is cleverer than Plato or Socrates
2. **People today are very proud because they**
(a) live in a philosophically advanced age
(b) live in a spiritually advanced age
(c) enjoy digital communications
(d) live in a scientifically advanced age
3. **Many of us make use of Machines**
(a) with full knowledge of their genesis
(b) without knowing how were they invented
(c) with very little knowledge of their mechanism
(d) without any knowledge of their historical significance
4. **In this passage, the writer mentions Plato and Socrates to emphasise that**
(a) they had a great respect for learning
(b) they were men of great scholarship
(c) people as individuals in the modern age are not more advanced than their predecessors
(d) the engine is a better mode of locomotion than Plato's chariot

PASSAGE-10

Fishing is my favourite sport. I often fish for hours without catching any fish. But this does not disturb me. Some fishermen are unlucky—Instead catching fish, they catch old boots and rubbish. I am even less luckily. I never catch anything—not even old boots. After having spent whole morning on the river, I always go home with an empty bag. "You must give up fishing!" my friends say, "It's a wastage of time." But they don't understand one important thing. I'm not really interested in fishing. I am only interested in sitting in a boat and doing nothing at all.

1. **Some fishermen are unlucky because**
(a) they never catch a fish
(b) fishing is not their favourite sport.
(c) they fish for hours together.
(d) sometimes they catch old boots and rubbish.
2. **The bag that the writer carries home is always**
(a) empty (b) old
(c) full of cold boots (d) full of fishes
3. **Fishing is the writer's favourite sport as he**
(a) enjoys doing nothing while sitting in the boat.
(b) collects old boots.
(c) collects rubbish.
(d) always catches fish.
4. **The writer's friends advise him to give up fishing because**
(a) they are angry with him.
(b) they don't like fishing.
(c) they want his company.
(d) they think he is wasting his time.

PASSAGE-11

There are many ways in which we can avoid waste. We can take care that taps are turned off properly so that water is not wasted. All of us save energy. Energy means everything like electricity, petrol, cooking gas and firewood. Energy is useful in running all our factories, our water pumps in the fields and even our transport. Proper and careful use of our energy resources can save us millions of rupees. We must not waste food. There are many poor people less lucky than us who don't get enough food. We must also save paper and take care of our books. Wasteful use of paper means more felling of tress.

1. **Which one of the following does not provide us energy?**
(a) Electricity (b) Petrol
(c) Transport (d) Cooking gas
2. **By saving energy we can save**
(a) Paper (b) Electricity
(c) Wood (d) All of these
3. **Washing of paper leads to**
(a) more felling of trees (b) shortage of electricity
(c) shortage of food (d) shortage of cooking gas
4. **Many poor people do not get enough**
(a) food (b) trees
(c) books (d) water

PASSAGE-12

Water is necessary for life on our earth. Water covers about 70% of the earth's surface. Most of the earth's water is stored in oceans which contain dissolved salts. Water is also present in all living matter. Two-third of human body is water. Some fruits and vegetables like watermelon, muskmelon and tomato contain more than 95% water. Water is the only substance which exists in all the three forms i.e., solid, liquid and gas. It freezes into solid ice at 0°C and boils into steam at 100°C. The main constituents of water are Hydrogen and Oxygen. Pure water is colourless, odourless and tasteless.

1. **Which statement is not true about water?**
   (a) It is colourless (b) It boils at 80°C
   (c) It is odourless (d) It is tasteless
2. **Which of the following contains dissolved salt?**
   (a) Rain water (b) Well water
   (c) Lake water (d) Sea water
3. **Freezing point of water is**
   (a) 4°C (b) – 4°C
   (c) 100°C (d) 0°C
4. **Human body contains the part of water**
   (a) $\frac{2}{3}$ (b) $\frac{1}{3}$
   (c) $\frac{1}{2}$ (d) $\frac{4}{5}$

PASSAGE-13

Taj Mahal is situated on the right bank of the Yamuna about six miles away from the city of Agra. It is one of the most famous buildings in the world. Its beauty attracts thousands of travellers to our country. They come every year from all parts of the world to visit Agra and see the Taj. Under the clear cloudless sky, in the light of the full moon, the Taj has a beauty that one can not forget and the still water of pool before it reflects the buildings and adds to its beauty. Emperor Shahjahan, the grandson of Akbar, built the Taj. He built it in the loving memory of his queen Mumtaj Mahal whom he loved very much. The building stands on a large quadrangle platform. The quadrangle is nine hundred and sixty-four feet long and three hundred and twenty-nine feet wide.

1. **Taj Mahal was built by**
   (a) Shahjahan (b) Akbar
   (c) Mumtaz Mahal (d) Shershah
2. **Taj Mahal stands on**
   (a) a triangular platform
   (b) a large hexagonal platform
   (c) the banks of river Ganga
   (d) a quadrangle platform
3. **Shahjahan was the**
   (a) king of Afghanistan
   (b) grandson of Jahangir
   (c) grandson of Akbar
   (d) grandson of Babur
4. **On a full moon night**
   (a) people go to see the Taj.
   (b) people like to take bath in the Yamuna.
   (c) people visited Agra for shopping.
   (d) people do not go to see the Taj.

PASSAGE-14

Karnal made history long before the British came here. It was founded by Raja Karna, champion of the Kauravas, in the great war of Mahabharata. It is the place where Persian invader Nadir Shah defeated the Mughal emperor Muhammad Shah in 1789. The battle lasted two hours, and 20,000 of the emperor's soldiers were killed. The next day Nadir Shah marched to Delhi, to sack the city and massacre its inhabitants. Karnal fell into British hands in 1897. After about 30 years almost the entire population of Karnal had been wiped out by cholera and malarial fever. Today Karnal is as healthy as any town in the Punjab and Haryana.

1. **Who was the founder of Karnal?**
   (a) A British king (b) Karna
   (c) Nadir Shah (d) Muhammad Shah
2. **Who was Karna?**
   (a) Friend of Pandavas (b) Champion of Kauravas
   (c) King of Delhi (d) British emperor
3. **The population of Karnal was wiped out by**
   (a) cholera and malaria
   (b) rains and floods
   (c) Nadir Shah and Muhammad Shah
   (d) Kauravas and Pandavas
4. **Which of the following was not the purpose of Nadir Shah while attacking Delhi?**
   (a) To build it (b) To conquer it
   (c) To loot it (d) To sack it

PASSAGE-15

The earth surrounded by a layer of gas called the atmosphere. This thin blanket of air is an integral and important aspect of the planet. It provides us the air we breathe and protects us from the harmful effect of sun's rays. The atmosphere is composed mainly of nitrogen and oxygen, which make up about 99 per cent of clean, dry air. Nitrogen 78%, oxygen 21% and other gases like carbon dioxide, argon and others comprise 1% by volume. Oxygen is the breath of life while nitrogen helps in the growth of living organisms. Carbon dioxide, though present in minute amount, is important as it absorbs heat radiated by the earth, thereby keeping the planet warm. It is also essential for the growth of plants.

1. **The atmosphere is**
   (a) the solid portion of the earth.
   (b) the domain of water.
   (c) the thin layer of gas.
   (d) the domain of plant kingdom.

2. **Life giving gas is**
(a) oxygen (b) nitrogen
(c) argon (d) carbon dioxide

3. **The major constituent of atmosphere by percentage is**
(a) nitrogen (b) oxygen
(c) carbon dioxide (d) ozone

4. **Which of the following constituents is not essential for the growth of plants?**
(a) carbon dioxide (b) nitrogen
(c) argon (d) oxygen

PASSAGE-16

After the death of Akbar in 1605, Jahangir became emperor of India. As a person Jahangir was rather different from his father. He loved literature and fine art. He was a very good painter. In 1611 Jahangir married Nur Jahan. She was a beautiful and intelligent woman. She took a keen interest in matters of the state. Jahangir fell ill for a long period and during this time she looked after the affairs of the kingdom and ruled the empire. Jahangir used to take her advice on everything that was important. King of England sent his ambassador, Sir Thomas Roe, to the court of Jahangir. He stayed in Agra for three years.

1. **Nur Jahan was**
(a) a wicked woman
(b) an ugly woman
(c) intelligent and beautiful woman
(d) a cruel woman

2. **In 1611 Jahangir**
(a) became king (b) invaded Chittorgarh
(c) married Nur Jahan (d) went to England

3. **Sir Thomas Roe was**
(a) a brave soldier.
(b) an ambassador.
(c) a subedar in the court of Jahangir.
(d) elder brother of Jahangir.

4. **Jahangir loved**
(a) singing (b) dancing
(c) fine art and literature (d) hunting

PASSAGE-17

You may have heard about the Vedas. They are four of them—the Rigveda, Samaveda, Yajurveda and Atharvaveda. The oldest Veda is Rigveda, composed about 3500 years ago. The Rigveda includes more than a thousand hymns, called Sukta or "well-said". These hymns are in praise of various gods and goddesses. Three gods are specially important; Agni, the god of fire; Indra, the warrior of god; and Soma, a plant from which a special drink was prepared. These hymns were composed by sages (rishis). Priests taught students to recite and memorise each syllable, word and sentence, bit-by-bit, with great care. Most of the hymns were composed, taught and learnt by men. A few were composed by women. The Rigveda is in old or Vedic Sanskrit, which is different from the Sanskrit you learnt in School days.

1. **Which of the following is the oldest Veda?**
(a) Samaveda (b) Rigveda
(c) Yajurveda (d) Sanskrit

2. **Hymns contained**
(a) description about rituals
(b) rules about society
(c) praise of various gods and goddesses
(d) the system of verna

3. **Which of the following is not god?**
(a) Soma (b) Agni
(c) Indra (d) Shiva

4. **Which statement is not true about the Rigveda?**
(a) The Rigveda is the oldest book.
(b) The Rigveda got composed about 3500 years ago.
(c) The Rigveda is not different from the Sanskrit.
(d) The Rigveda contained more than a thousand hymns.

PASSAGE-18

The Mauryas were a dynasty with three important rulers—Chandragupta, his son Bindusara, and Bindusara's son Ashoka The empire that Ashoka ruled was founded by his grandfather Chandragupta Maurya, more than 2300 years ago. Chandragupt was supported by the nice man named Chanakya or Kautilya Many of Chanakya's ideas were written down in a book calle the *Arthashastra*. The most famous Mauryan ruler was Ashoka He was the first ruler who tried to take his message to the peopl through inscriptions. Most Ashoka's inscriptions were in Prakr and were written in Brahmi script. The most important ever of Ashoka's reign was his war with Kalinga. Kalinga wa the ancient name of Orissa. Ashoka fought a war to conque Kalinga. However, he was so horrified when he saw the violenc and bloodshed that he decided not to fight any more wars. He the only King in the history of the world who gave up conque after winning a war.

1. **The Mauryan Empire was founded by**
(a) Ashoka (b) Chandragupta
(c) Bindusara (d) Harshabardhan

2. **Chandragupta was supported by**
(a) his son Bindusara (b) grandson Ashok
(c) Chanakya or Kautilya (d) Megasthenes

3. **Ashoka's inscriptions were written in the**
(a) Devanagari (Hindi) (b) Brahmi
(c) Bengali (d) Tamil

4. **Ashoka, the emperor became famous because**
(a) he was a scholar.
(b) he was a great warrior.
(c) he gave up conquest after winning the Kalinga War.
(d) he was a kind-hearted man.

PASSAGE-19

The earth is known as a 'watery planet' because it is the only planet of the solar system containing water in abundance. The presence of life on our planet is mainly due to water and air. More than two-thirds of the earth's surface is covered with water. Oceans contain about 97 per cent of the total water available on the earth's surface. The fresh water found in the form of snow and ice on the ground and water in lakes and rivers accounts for the remaining 3 per cent. Ocean water is always saline. Hence, it is not of direct use to man. It is however, important as it provides the bulk of water vapour that enters the atmosphere where it forms clouds.

1. **The presence of life on our earth is due to**
   (a) good food and crops.
   (b) good road and motor cars.
   (c) air and water.
   (d) sunlight.
2. **Surface of the earth is covered with water**
   (a) More than half
   (b) More than two-thirds
   (c) Less than half
   (d) Less than two-thirds
3. **Spot the correct statement**
   (a) Man uses ocean water directly.
   (b) Fresh water is always saline.
   (c) Ocean water is always saline.
   (d) Earth gets water from sun.
4. **Oceans contain**
   (a) Fifty per cent of the total water.
   (b) Three per cent of the total water.
   (c) Ninety-seven per cent of the total water.
   (d) Ice and snow.

PASSAGE-20

Health of the citizens is the responsibility of the state. For this purpose the state sets up health centres, hospitals, maternity and child welfare centres. But all this has only a curative value. Diseases are located and cured but the public is hardly being educated in hygienic living. **Prevention is better than cure.** The preventive measures include vaccination, inoculation and above all instructing or educating the public in hygienic living. The school can play an important role in instructing the parents and the pupils in health living. Through a programme of health-instruction the pupils can have scientific knowledge about the body and its functioning, the principles of the hygienic living, the advantage of health habits and the means of preventing disease. Health instruction is so important that it should form an integral part of our school curriculum. It will help in an all-around physical development of the body.

1. **In order to take care of the health of the citizens the following are set by state**
   (a) health centres
   (b) hospitals
   (c) maternity centres
   (d) all of the above
2. **The preventive measures include**
   (a) vaccination
   (b) inoculation
   (c) both (a) and (b)
   (d) none
3. **Which of the following should be made an integral part of the school curriculum?**
   (a) Health instructions
   (b) Instructions about family planning
   (c) Watching movies
   (d) Visiting a circus
4. **Through the programme of health instruction the pupils can have**
   (a) scientific knowledge of the body
   (b) the principles of the hygienic living
   (c) the advantages of health habits
   (d) all of the above

ANSWERS

PASSAGE–1
1. (c) **2.** (a) **3.** (c) **4.** (a)

PASSAGE–2
1. (a) **2.** (d) **3.** (a) **4.** (c)

PASSAGE–3
1. (b) **2.** (a) **3.** (b) **4.** (a)

PASSAGE–4
1. (c) **2.** (b) **3.** (d) **4.** (a)

PASSAGE–5
1. (b) **2.** (b) **3.** (d) **4.** (b)

PASSAGE–6
1. (c) **2.** (d) **3.** (d) **4.** (c)

PASSAGE–7
1. (b) **2.** (c) **3.** (d) **4.** (d)

PASSAGE–8
1. (a) **2.** (a) **3.** (b) **4.** (c)

PASSAGE–9
1. (a) **2.** (d) **3.** (b) **4.** (c)

PASSAGE–10
1. (d) **2.** (a) **3.** (a) **4.** (d)

PASSAGE–11

1. (c) **2.** (d) **3.** (a) **4.** (a)

PASSAGE–12

1. (b) **2.** (d) **3.** (d) **4.** (a)

PASSAGE–13

1. (a) **2.** (d) **3.** (c) **4.** (a)

PASSAGE–14

1. (b) **2.** (b) **3.** (a) **4.** (a)

PASSAGE–15

1. (c) **2.** (a) **3.** (a) **4.** (c)

PASSAGE–16

1. (a) **2.** (c) **3.** (b) **4.** (c)

PASSAGE–17

1. (b) **2.** (c) **3.** (a) **4.** (c)

PASSAGE–18

1. (b) **2.** (c) **3.** (b) **4.** (c)

PASSAGE–19

1. (c) **2.** (b) **3.** (c) **4.** (c)

PASSAGE–20

1. (d) **2.** (c) **3.** (a) **4.** (d)

❑❑❑

Practice Exercise

Directions (Q. No. 1–5) : Find the word which is most nearly the same (synonym) to the given word.

1. **Lenient**
   (a) Harsh (b) Strict
   (c) Mild (d) Unforgiving
2. **Ignore**
   (a) Respect (b) Reject
   (c) Regard (d) Consider
3. **Wander**
   (a) Loiter (b) Steady
   (c) Stot (d) Stationary
4. **Revolt**
   (a) Obey (b) Legal
   (c) Rebel (d) Submit
5. **Scanty**
   (a) Insufficient (b) Adequate
   (c) Enough (d) Plentiful

Directions (Q. No. 6–10) : Find the word which is of the opposite meaning (antonym) to the given word.

6. **Generous**
   (a) Kind (b) Benevolent
   (c) Hard-hearted (d) Benignant
7. **Innocence**
   (a) Guilt (b) Ignorance
   (c) Simplicity (d) Harmlessness
8. **Aware**
   (a) Ignorant (b) Conscious
   (c) Informed (d) Abreast
9. **Drowsy**
   (a) Sleepy (b) Tired
   (c) Lively (d) Sluggish
10. **Counsel**
   (a) Advice (b) Oppose
   (c) Publish (d) Rectify

Directions (Q. No. 11–15) : Fill up the blanks with the more suitable word.

11. **Gandhiji has .... unique weapon to protest called the Satyagraha.**
   (a) an (b) many
   (c) a (d) most
12. **I cannot .... meaning of the sentence.**
   (a) make (b) make up
   (c) make for (d) make out
13. **He was complaining .... severe chest pain.**
   (a) against (b) with
   (c) of (d) form
14. **The proud king turned a deaf ear to the .... of his ministers.**
   (a) advises (b) advice
   (c) advisor (d) advices
15. **I had a glass of lemon juice to .... my thirst.**
   (a) stop (b) prevent
   (c) quench (d) finish

Directions (Q. No. 16–20) : Choose the option that can substitute the given words.

16. **One who knows many languages—**
   (a) Linguist (b) Polyglot
   (c) Stylist (d) Debator
17. **A speech made to oneself—**
   (a) Dialogue (b) Speech
   (c) Soliloquy (d) Intercourse
18. **Government in which all religions are hunoured—**
   (a) Fanatic (b) Secular
   (c) Catholic (d) Progressive
19. **A place for keeping bees—**
   (a) Aviary (b) Apiary
   (c) Cage (d) Nest
20. **A place where money is coined—**
   (a) Mint (b) Press
   (c) Treasury (d) Bank

Directions (Q. No. 21–30) : Choose the word which is correctly spelt.

21. (a) mustach (b) moustach (c) mustace (d) moustache
22. (a) sedantry (b) sedentery (c) sedentary (d) sedantary
23. (a) aproached (b) aproached (c) approached (d) approached
24. (a) passanger (b) pessenger (c) pesanger (d) passenger
25. (a) incentive (b) insentive (c) inscentive (d) inncentive
26. (a) blisfull (b) blissful (c) blisful (d) blissfull
27. (a) sattellite (b) satellite (c) sattelite (d) satelite
28. (a) forefiet (b) forefeit (c) forfeit (d) forfiet
29. (a) psychology (b) sycology (c) psykology (d) sychology
30. (a) accesible (b) accesibel (c) accessible (d) accessible

Directions (Q. No. 31–40) : Choose the word/phrase nearest in meaning to the bold part.

31. **It was an astute move to sell the property at that stage.**
(a) shrewd (b) unwise (c) dishonest (d) inexplicable
32. **The five experiments gave disparate results.**
(a) similar (b) encouraging (c) strange (d) different
33. **The young girl appeared self-possessed in front of TV cameras.**
(a) shy (b) confident (c) introvert (d) extrovert
34. **The Chairman conducted the meeting with aplomb.**
(a) arrogance (b) annoyance (c) poise (d) authority
35. **The efficer gave a lucid explanation of the company's course of action.**
(a) vague (b) unconvincing (c) long (d) clear
36. **We will carry out the enquiry as expeditiously as possible.**
(a) fairly (b) speedily (c) timely (d) justifiably
37. **The coach followed a devious course to its destination.**
(a) difficult (b) short-cut (c) straight (d) winding
38. **It would be impertinent to suggest that he was generally wrong.**
(a) fair (b) correct (c) rude (d) impartial
39. **We have witnessed an inexorable march of progress by the organisation.**
(a) inexhaustible (b) relentless (c) comprehensive (d) sluggish
40. **Our fates seemed intertwined.**
(a) complicated (b) destined (c) complex (d) linked

Directions (Q. No. 41–50) : Choose the correct answer out of the given four alternative and indicate it in the Answer Sheet.

41. **As he proved infficient the company .... him.**
(a) rejected (b) ejected (c) evicted (d) expelled
42. **Most people are influenced by....... advertisements and tend to believe the claims made about the product.**
(a) colourful (b) aggressive (c) efficient (d) vigorous
43. **The cost of..... is rising rapidly in this city.**
(a) being (b) existing (c) surviving (d) living
44. **The meeting is .... because the funds have not arrived.**
(a) put in (b) put off (c) put away (d) put out
45. **It is .... if we can organise another exam this month.**
(a) dubtful (b) unlikely (c) impractical (d) unsure
46. **She was relieved to hear from the doctor that the tumour was not malignant; it was.......**
(a) exposed (b) benign (c) discovered (d) sizeable
47. **It took the child a long time to recover.......... the shock.**
(a) under (b) from (c) over (d) about
48. **You have all come well-prepared. I .... you to pass this exam.**
(a) wish (b) except (c) hope (d) expect
49. **Children enjoy .... the TV programmes.**
(a) to see (b) to watch (c) to look at (d) watching
50. **Just as in a family it is the willing cooperation of its members that .... happiness and contentment, so is it in the larger family of the nation.**
(a) brought (b) will brong (c) brings (d) bought

Directions (Q. No. 51–55) : In the given questions, some of the sentences have errors and some have none. Find out which part of a sentence has an error corresponding to the appropriate letter (a), (b), (c). If there is no error, corresponding to letter (d) in the answer-sheet.

51. Established in 1918 through New York City and Washington, (a) / airmail service has increased (b) / until it now circles the globe. (c) / No error. (d)

52. He has been working on (a) / the problem for a long time (b) but is still not able to solve it. (c) / No error. (d)

53. Standing on the top of the light-house (a) / the distant ships (b) / are clearly visible. (c) / No error. (d)

54. I couldn't find my tennis racket (a) / so I asked Mani (b) / to use hers. (c) No error. (d)

55. The three first (a) / instalment of the rent (b) / will be paid in advance. (c) No error. (d)

Directions (Q. No. 56–60) : Sentences are given with blanks to be filled in with an appropriate and suitable word. Four alternatives are suggested for each question. Choose the correct alternative out of the four and indicate the correct answer.

56. It sounds nice in theory but I'm afraid the reality is very ....

(a) distinct (b) remote
(c) varying (d) different

57. The poor man could not account .... his bad conduct.

(a) on (b) over
(c) for (d) to

58. Much of the power of the trade unions has been lost, ... their political influence should not be underestimated.

(a) yet (b) even
(c) although (d) but

59. In .... memory, there has not been such a response to our invitation.

(a) past (b) fresh
(c) recent (d) found

60. The students have to undertake their studies seriously .... the demands of the 21st century.

(a) to meet with (b) to meet
(c) to cope with (d) to cope up with

Directions (Q. No. 61–65) : Choose the one which EXPRESSES the RIGHT MEANING of the given word and indicate the correct answer.

61. LEXICON

(a) Puzzle (b) Treatise
(c) Article (d) Dictionary

62. DISSEMBLING

(a) Scattering (b) Idling
(c) Misleading (d) Misconstruing

63. GAMUT

(a) Arena (b) Range
(c) Scope (d) Scheme

64. SERENITY

(a) Dignity (b) Calmness
(c) Leniency (d) Agility

65. ADAGE

(a) Story (b) Proverb
(c) Exercise (d) Argument

Directions (Q. No. 66–70) : Choose the word OPPOSITE IN MEANING to the given word and indicate the correct answer.

66. GROTESQUE

(a) Nice (b) Beautiful
(c) Orderly (d) Pleasant

67. ENSUE

(a) Litigate (b) Precede
(c) Accentuate (d) Arbitrate

68. FELICITITOUS

(a) Inappropriate (b) Ineffable
(c) Irrational (d) Atypical

69. DEFERENCE

(a) Indifference (b) Vanity
(c) Impudence (d) Disrespect

70. CONFORMITY

(a) Rejection (b) Antipathy
(c) Dissension (d) Irrationality

Directions (Q. No. 71–80) : In the given questions four words have been written, out of which three are wrongly spelt and one is correctly spelt. Out of the four responses, indicate the correct answer.

71. (a) Endeavour (b) Enterpreneur
(c) Epidamic (d) Eventual

72. (a) Chauvinism (b) Jingoeism
(c) Malapropism (d) Revisionism

73. (a) Precious (b) Specious
(c) Specious (d) Ciscious

74. (a) Temperature (b) Nominclature
(c) Carycature (d) Miniature

75. (a) Success (b) Anihilate
(c) Occassion (d) Assasinate

76. (a) Photographe (b) Biogrophy
(c) Bibbliography (d) Typography

77. (a) Exquisite (b) Reqiusite
(c) Osscillate (d) Leathal

78. (a) Hienous (b) Caffeine
(c) Foriegn (d) Sacharine

79. (a) Signatery (b) Statutory
(c) Obituery (d) Derogatery

80. (a) Paralell (b) Parallelogram
(c) Parentheticel (d) Patriside

Directions (Q. No. 81–90) : In the given questions four alternatives are given for the idiom/phrase underlined in the sentence. Choose the alternative which BEST EXPRESSES the MEANING of the given idiom/phrase and indicate the correct answer.

81. His action was <u>in character with</u> what he was advocating all these days—
(a) found to be good
(b) found to be peculiar
(c) found to be in keeping with
(d) found to be familiar with

82. Mother Teresa <u>blazed a new trail</u> when she started working among lepers—
(a) walked in the right path
(b) gave up her job
(c) did something for the first time and showed others how to do it
(d) changed her old way of lie

83. Some of the text books are not available and I cannot be expected to <u>make bricks without straw</u>—
(a) cheat
(b) do the impossible
(c) do the right thing
(d) make hollow bricks

84. Mr. Narayan is eighty-eight, but he is <u>as fit as a fiddle</u>—
(a) as slim as a fiddle
(b) good at fitting up fiddles
(c) extremely healthy
(d) of the fiddling type

85. They go to the beach <u>once in a blue moon</u>—
(a) rarely (b) frequently
(c) always (d) often

86. It is a good rule <u>to go by</u>—
(a) to throw away (b) to disobey
(c) to be guided by (d) to avoid

87. The <u>rank and file</u> turned up to witness the procession—
(a) the upper class
(b) the rich
(c) ordinary folk
(d) one section of people

88. The police <u>tied the culprit in knots</u> questioning him about the crime—
(a) They tied him with a rope
(b) They tied his limbs and interrogated him
(c) They bewildered him to a great extent
(d) They beat him in the joints

89. There is no need to <u>get into a stew</u>—
(a) to get into trouble
(b) to take shelter
(c) to run into danger
(d) to have an enxious state of mind

90. Pandit Nehru was not only a great politician, but <u>a man of letters</u>—
(a) a man who wrote many letters
(b) a leader who received more letters
(c) a scholar with literary taste
(d) a good reader of letters

Directions (Q. No. 91–95) : Choose the one which can be substituted for the given words/sentences and indicate your correct option.

91. Ceremonial sounding of trumpets
(a) Fanfare (b) Symphony
(c) Orchestra (d) Band

92. One who is fond of superior foods and drinks
(a) Fastidious (b) Drunkard
(c) Glutton (d) Epicure

93. Something that is believable
(a) Credible (b) Credulous
(c) Gullible (d) Genuine

94. Swelling from abnormal growth in some part of the body
(a) Graft (b) Ulcer
(c) Hemorrhage (d) Tumour

95. A person who lends money at a very high rate of interest
(a) Investor (b) Usurper
(c) Usurer (d) Lender

Directions (Q. No. 96–100) : Read the passage carefully and choose the best answer to each question out of the four alternatives and indicate the correct answer.

PASSAGE

Engineers India Limited (EIL), a Public Sector Undertaking was set up in 1965. It is the leading design and engineering company in the field of petroleum refineries, petrochemicals, oil and gas processing offshore structures and plantform, fertilisers, metallurgy and powers. The services provided by EIL include design, engineering, procurement, construction management, commissioning assistance and project management besides specialist services in the areas of environmental engineering, heat and mass transfer equipment, information technology materials and maintenance, risk analysis, energy conservation and advance control and optimisation. It has to its credit over 4000 assignments including 250 major projects. EIL has exported its services to a number of countries in Asia and Africa.

96. Engineers India Limited is
(a) a petroleum company.
(b) a leading design and engineering company.
(c) an engineering training organisation.
(d) an IT company.

97. Engineers India Limited handles
(a) only government contracts.
(b) projects only within the country.
(c) projects both within India and abroad.
(d) projects only in the private sector within India.

98. Engineers India Limited does not deal in which of the following areas?
(a) Construction management.
(b) Environment management.
(c) Heat and mass transfer equipment.
(d) Cement manufacture.

99. The services provided by Engineers India Limited include
(a) commissioning assistance.
(b) financial help.
(c) water-harvesting.
(d) export duty clearance.

100. Engineers India Limited provides specialist services in
(a) procurement.
(b) construction management.
(c) risk analysis.
(d) project management.

ANSWERS

1. (c)	**2.** (b)	**3.** (a)	**4.** (c)	**5.** (a)	**6.** (c)	**7.** (a)	**8.** (a)	**9.** (c)	**10.** (b)
11. (c)	**12.** (d)	**13.** (c)	**14.** (b)	**15.** (c)	**16.** (a)	**17.** (c)	**18.** (b)	**19.** (b)	**20.** (a)
21. (d)	**22.** (c)	**23.** (d)	**24.** (d)	**25.** (a)	**26.** (d)	**27.** (b)	**28.** (c)	**29.** (a)	**30.** (c)
31. (a)	**32.** (d)	**33.** (b)	**34.** (c)	**35.** (d)	**36.** (b)	**37.** (d)	**38.** (c)	**39.** (b)	**40.** (d)
41. (d)	**42.** (b)	**43.** (d)	**44.** (b)	**45.** (b)	**46.** (b)	**47.** (b)	**48.** (d)	**49.** (d)	**50.** (c)
51. (a)	**52.** (c)	**53.** (a)	**54.** (c)	**55.** (a)	**56.** (d)	**57.** (c)	**58.** (d)	**59.** (c)	**60.** (c)
61. (d)	**62.** (c)	**63.** (b)	**64.** (b)	**65.** (b)	**66.** (c)	**67.** (b)	**68.** (a)	**69.** (d)	**70.** (c)
71. (a)	**72.** (a)	**73.** (a)	**74.** (d)	**75.** (a)	**76.** (d)	**77.** (a)	**78.** (b)	**79.** (b)	**80.** (b)
81. (c)	**82.** (c)	**83.** (b)	**84.** (c)	**85.** (a)	**86.** (c)	**87.** (c)	**88.** (c)	**89.** (d)	**90.** (c)
91. (a)	**92.** (d)	**93.** (a)	**94.** (d)	**95.** (c)	**96.** (a)	**97.** (c)	**98.** (d)	**99.** (a)	**100.** (d)

❑❑❑

हिन्दी

1. वर्ण उच्चारण तथा वर्तनी विवेक

भाषा

मनुष्य प्रकृति की श्रेष्ठ रचना है। सभी प्राणियों में केवल मानव ही ऐसा प्राणी है जो अपनी अभिव्यक्ति को दूसरों तक पहुँचा सकता है तथा दूसरे की अभिव्यक्ति को समझ सकता है। निम्नलिखित चित्रों को देखिए–

इन चित्रों को देखकर आप यह बताइए कि–

पहले चित्र में बच्ची क्या कर रही है?

दूसरे चित्र में लड़के क्या कर रहे हैं?

चित्र देखकर आप कह सकते हैं कि पहले चित्र में बच्ची पढ़ रही है और दूसरे चित्र में लड़के खेल रहे हैं। आप अपनी बात बोलकर या लिखकर बताएँगे। इस प्रकार मन के भावों को प्रकट करने के लिए मनुष्य को बोलने, लिखने या पढ़ने का सहारा लेना पड़ता है। अतः कहा जा सकता है–

मानव मन के भावों और विचारों को बोलकर, लिखकर या पढ़कर प्रकट करने के साधन को भाषा कहते हैं।

विश्व में अनेक भाषाएँ बोली जाती हैं, जैसे-

अंग्रेज़ी	हिन्दी	उर्दू
फ्रेंच	चीनी	जर्मन
अरबी	रूसी	संस्कृत

भारत में भी अनेक भाषाएँ बोली जाती हैं, जैसे-

हिन्दी	राजस्थानी	गुजराती
उड़िया	मराठी	तमिल
तेलुगू	मलयालम	बंगाली

भाषा के प्रकार

भाषा के दो प्रकार हैं–

(क) मौखिक

(ख) लिखित

(क) मौखिक : जिस भाषा को मुख से बोला जाता है तथा कानों से सुना जाता है, उसे **मौखिक भाषा** कहते हैं।

(ख) लिखित : जो भाषा लिखकर प्रकट की जाए, उसे **लिखित भाषा** कहते हैं। जैसे– दूरस्थ मित्रों अथवा रिश्तेदारों को पत्र लिखकर हम अपने विचारों से उनको अवगत कराते हैं या अध्यापक श्याम-पट पर लिखकर विद्यार्थियों को कुछ समझाते हैं।

इसके अतिरिक्त एक भाषा और भी होती है। उसे **सांकेतिक भाषा** कहते हैं, जैसे– चौराहे पर खड़ा सिपाही सीटी एवं हाथ के संकेत से यातायात को नियंत्रित करता है, लेकिन सांकेतिक भाषा का प्रयोग हर प्रकार के भावों तथा विचारों को प्रकट करने के लिए नहीं किया जा सकता। अतः यह सर्वसाधारण की भाषा नहीं है।

व्याकरण

निम्न वाक्यों को देखिए–

1. हम स्कूल जाते हैं।
2. हम जाते हैं स्कूल।

इन वाक्यों में पहला वाक्य व्याकरणिक दृष्टि से शुद्ध है तथा दूसरा अशुद्ध। इन अशुद्धियों को दूर करने का काम व्याकरण करता है। अतः भाषा की व्यवस्था के लिए बनाए गए नियमों को व्याकरण कहते हैं।

व्याकरण के अंग

भाषा की सबसे छोटी इकाई अक्षर या वर्ण है। अक्षरों अथवा वर्णों के मेल से शब्द बनते हैं और इन्हीं शब्दों से वाक्य बनते हैं, जैसे– क, म, ल आदि वर्ण हैं इन वर्णों को मिलाकर 'कमल' शब्द बना और कमल, चल, रहा है इन शब्दों को मिलाकर कमल चल रहा है, वाक्य बना।

व्याकरण के तीन अंग हैं:-

(क) वर्ण विचार

(ख) शब्द विचार

(ग) वाक्य विचार

(क) वर्ण विचार : इस अंग में वर्णों का विचार किया जाता है।

(ख) शब्द विचार : इस अंग में शब्दों का विचार किया जाता है।

(ग) वाक्य विचार : इस अंग में वाक्यों का विचार किया जाता है।

लिपि

हर भाषा का लिखने का ढंग अपना होता है। किसी भी भाषा के लिखने की विधि को **लिपि** कहा जाता है।

भाषाएँ	लिपि
हिन्दी, संस्कृत	देवनागरी
अंग्रेज़ी	रोमन
उर्दू	फारसी आदि।

वर्ण

वर्ण भाषा की सबसे छोटी इकाई है। इसके और टुकड़े नहीं किए जा सकते। वर्ण शब्द का प्रयोग ध्वनि चिह्नों के लिए होता है। निम्नलिखित उदाहरण को देखिए- राम जाता है।

इस वाक्य में हर शब्द के खंड किए जा सकते हैं; जैसे–

राम = र् + आ + म् + अ

जाता = ज् + आ + त् + आ

है = ह् + ऐ

इन शब्दों के इन खंडों से आगे और खंड नहीं किए जा सकते। ये ध्वनियाँ ही व्याकरण में **वर्ण** कहलाती हैं।

वह छोटी से छोटी ध्वनि जिसके और टुकड़े न हो सके, उसे **वर्ण** कहते हैं।

वर्णमाला

वर्णों के व्यवस्थित समूह को **वर्णमाला** कहते हैं। हिंदी वर्णमाला में पहले स्वर तथा फिर व्यंजन वर्ण आते हैं।

हिंदी वर्णमाला का मानक रूप इस प्रकार है–

हिन्दी वर्णमाला

स्वर : अ, आ, इ, ई, उ, ऊ, ए, ऐ, ओ, औ, अं, अः

व्यंजन : क् ख् ग् घ् ङ् ; च् छ् ज् झ् ञ् ;
ट् ठ् ड् ढ् ण ; त् थ् द् ध् न् ;
प् फ् ब् भ् म् ; य् र् ल् व् श् ष्
स् ह्

वर्णों के भेद

उच्चारण की दृष्टि से हिंदी वर्णमाला को निम्नलिखित दो भागों में बाँटा जाता है।

1. स्वर 2. व्यंजन

1. स्वर

जिन वर्णों के उच्चारण में किसी अन्य वर्ण की सहायता न ली जाती हो, उन्हें स्वर कहते हैं। हिन्दी में ग्यारह स्वर हैं।

अ, आ, इ, ई, उ, ऊ, ऋ, ए, ऐ, ओ, औ

स्वर के भेद

उच्चारण के समय की दृष्टि से स्वर के तीन भेद हैं–

1. ह्रस्व स्वर
2. दीर्घ स्वर
3. प्लुत स्वर

1. ह्रस्व स्वर : इन स्वरों के उच्चारण में सबसे कम समय लगता है। ये चार हैं – अ, इ, उ, ऋ।

2. दीर्घ स्वर : इन स्वरों के उच्चारण में ह्रस्व से दोगुना समय लगता है। ये सात हैं– आ, ई, ऊ, ए, ऐ, ओ, औ।

3. प्लुत स्वर : इन स्वरों के उच्चारण में दीर्घ स्वर से भी अधिक समय लगता है, जैसे– ओ३म्। इसका प्रयोग बहुत कम होता है।

ह्रस्व अ, इ, उ, ऋ

दीर्घ आ, ई, ऊ, ऐ, ओ, औ

प्लुत

मात्राएँ

व्यंजन के साथ स्वर जिस रूप में मिला होता है, उसे स्वर की मात्रा कहते हैं।

स्वरों का प्रयोग स्वतंत्र रूप से भी हो सकता है। व्यंजन के साथ प्रयोग करते समय इनका स्वरूप बदल जाता है।

स्वर और उनकी मात्राएँ

क्रमांक	स्वर	मात्रा	प्रयोग का ढंग	उदाहरण		
1.	अ	–		'अ' यह व्यंजन में मिला रहता है अथवा अपने मूल रूप में ही लिखा जाता है।		
				अ + ज् + अ् + र् + अ	=	अजर
				क् + अ + ल् + अ + म् + अ	=	कलम
2.	आ	ा	व्यंजन + ा	च + आ + च् + आ	=	चाचा
3.	इ	ि	ि + व्यंजन	फ् + इ + र् + अ	=	फिर
4.	ई	ी	व्यंजन + ी	ख् + ई + र् + अ	=	खीर
5.	उ	ु	व्यंजन के नीचे	स् + उ + त् + अ	=	सुत
6.	ऊ	ू	व्यंजन के नीचे	स् + ऊ + त् + अ	=	सूत
7.	ऋ	ृ	व्यंजन के नीचे	म् + ऋ + त् + अ	=	मृत
8.	ए	े	व्यंजन के सिर पर	म् + ए + ल + आ	=	मेला
9.	ऐ	ै	व्यंजन के सिर पर	म् + ऐ + ल् + आ	=	मैला
10.	ओ	ो	व्यंजन + ो	म् + ओ + र् + अ	=	मोर
11.	औ	ौ	व्यंजन + ौ	च् + औ + ख् + अ + ट् + अ	=	चौखट

सभी स्वरों की मात्राएँ क्रम से व्यंजन के साथ नीचे दी जा रही हैं।

क् + अ	= क	कलम
क् + आ	= का	काम
क् + इ	= कि	किरण
क् + ई	= की	कीमत
क् + उ	= कु	कुल
क् + ऊ	= कू	कूलर
क् + ऋ	= कृ	कृपा
क् + ए	= के	केला
क् + ऐ	= कै	कैसा
क् + ओ	= को	कोमल
क् + औ	= कौ	कौआ

अनुस्वार

जब साँस की हवा नाक से निकले तो अनुस्वार ध्वनि उत्पन्न होती है। इसका चिह्न ' ं ' है,

जैसे– संत, गंगा आदि।

अनुनासिक

जो स्वर मुख एवं नाक से बोला जाता है, उसे अनुनासिक कहते हैं। इसका चिह्न ' ँ ' (चन्द्र बिन्दु) है; जैसे– पाँच, चाँद, हँसना आदि।

विसर्ग

इनका उच्चारण तत्सम शब्दों तक सीमित है। यह 'ह्' ध्वनि के समान उच्चारित होता है। इसका चिह्न ':' है; जैसे– अतः, प्रातः आदि।

अभी तक आपने स्वरों की मात्राओं का अध्ययन किया है। नीचे सभी व्यंजन मात्राओं के साथ दिए गए हैं।

क का कि की कु कू के कै को कौ कं कः

ख खा खि खी खु खू खे खै खो खौ खं खः

ग गा गि गी गु गू गे गै गो गौ गं गः

घ घा घि घी घु घू घे घै घो घौ घं घः आदि।

2. व्यंजन

जो वर्ण स्वर की सहायता से बोले जाएँ, उन्हें व्यंजन कहते हैं। हिंदी वर्णमाला में 39 व्यंजन हैं। इनमें दो आगत व्यंजन (ज़, फ़) भी शामिल हैं। व्यंजन का उच्चारण सदा स्वर की सहायता से होता है।

हिंदी व्यंजनों को निम्न श्रेणियों में विभाजित किया गया है।

(क) स्पर्श व्यंजन	- 25
(ख) अंतस्थ व्यंजन	- 4
(ग) ऊष्म व्यंजन	- 4
(घ) उत्क्षिप्त व्यंजन	- 2
(ङ) संयुक्त व्यंजन	- 4

(क) स्पर्श व्यंजन - इनकी संख्या 27 है। इनका उच्चारण कंठ, तालु, मूर्धा, दाँत तथा होंठों के स्पर्श से होता है। ये निम्नलिखित वर्गों में विभाजित हैं-

वर्ग	वर्ण
क वर्ग	क, ख, ग, घ, ङ
च वर्ग	च, छ, ज, झ, ञ
ट वर्ग	ट, ठ, ड, ढ, ण, ड़, ढ़
त वर्ग	त, थ, द, ध, न
प वर्ग	प, फ, ब, भ, म

(ख) अंतस्थ व्यंजन–ये चार हैं– य, र, ल, व।

(ग) ऊष्म व्यंजन–ये चार हैं– श, ष, स, ह।

(घ) उत्क्षिप्त व्यंजन–ये दो हैं– ड़, ढ़।

(ङ) संयुक्त व्यंजन–ये चार हैं– क्ष, त्र ज्ञ, श्र।

उच्चारण के अनुसार व्यजनों के भेद

उच्चारण के अनुसार व्यंजन के निम्नलिखित दो भेद हैं–

1. अल्पप्राण
2. महाप्राण

1. अल्पप्राण–जिन व्यंजनों के उच्चारण में कम समय लगे और कम प्रयत्न करना पड़े, वे 'अल्पप्राण' कहलाते हैं; जैसे–

क वर्ग	: क्, ग्, ङ्
च वर्ग	: च्, ज्, ञ्
ट वर्ग	: ट्, ड्, ण्
त वर्ग	: त्, द्, न्
प वर्ग	: प्, ब्, म्
अंतस्थ व्यंजन	: य्, र्, ल्, व्

2. महाप्राण–जिन व्यंजनों के उच्चारण में अधिक समय लगे और अधिक प्रयत्न करना पड़े, वे 'महाप्राण' कहलाते हैं; जैसे–

क वर्ग	: ख्, घ्
च वर्ग	: छ्, झ्
ट वर्ग	: ठ्, ढ्, ढ़्
त वर्ग	: थ्, ध्
प वर्ग	: फ्, भ्
ऊष्म व्यंजन	: श्, ष्, स्, ह्

उच्चारण तालिका

व्यंजन					
क्र. सं.	उच्चारण स्थान	स्वर	स्पर्श	अंत:स्थ	ऊष्म
1.	कण्ठ्य	अ, आ	क, ख, ग, घ, ङ्	–	ह्
2.	तालव्य	इ, ई	च्, छ्, ज्, झ्, ञ्	य्	श्
3.	मूर्धन्य	ऋ	ट्, ठ्, ड्, ढ्, ण्	–	ष्
4.	दन्त्य	–	त्, थ्, द्, ध्, न्	–	स्
5.	ओष्ठ्य	उ, ऊ	प्, फ्, ब्, भ्, म्	–	–
6.	नासिक्य	–	ङ्, ञ्, न्, ण्, म्, और अनुस्वार (.)	–	–
7.	दन्त्योष्ठ्य	–	–	व्	–
8.	कंठतालव्य	ए, ऐ	–	–	–
9.	कंठोष्ठ्य	ओ, औ	–	–	–
10.	वर्त्स्य	–	–	र्, ल्	–

संयुक्त व्यंजन

ये दो व्यंजन वर्णों के संयोग से बनते हैं। ये स्वतंत्र व्यंजन नहीं हैं, जैसे–

क्ष = क् + ष → क्षत्रिय
त्र = त् + र → चित्र
ज्ञ = ज् + ञ → ज्ञान
श्र = श् + र → श्रम

नासिक्य व्यंजन

हिंदी में नासिक्य व्यंजन वे हैं जिनका उच्चारण नाक की सहायता से होता है। ये पाँच हैं- ङ, ञ, ण, न, म।

व्यंजन गुच्छ

जब दो या दो से अधिक व्यंजन एक साथ उच्चरित किए जाएँ, तो उन्हें व्यंजन गुच्छ कहते हैं।

जैसे–
रक्त = र + क् + त
क्या = क् + य् + आ

व्यंजन द्वित्व

जब दो समान व्यजंनों का प्रयोग साथ-साथ किया जाता है. तो उसे व्यंजन द्वित्व कहते हैं, जैसे- लट्टू, पक्का, पत्ता, कच्चा, पन्ना, अम्मा आदि।

वर्ण विच्छेद

किसी शब्द में प्रयुक्त वर्णों को अलग-अलग करने को वर्ण-विच्छेद कहते हैं, जैसे -

कमल = क् + अ + म् + अ + ल् + अ
योग्यता = य् + ओ + ग् + य् + अ + त् + आ
भारतीय = भ् + आ + र् + अ + त् + ई + य् + अ

संधि

विद्या + आलय = विद्यालय
गण + ईश = गणेश

उपर्युक्त शब्दों का निर्माण दो शब्दों के मेल से हुआ है। 'विद्या' और 'आलय' में आ+आ का मेल है। इसी तरह दूसरे शब्द 'गण' और 'ईश' में 'अ' और 'ई' ध्वनियाँ मिलकर 'ए' का निर्माण कर रही हैं, इसे **संधि** कहते हैं। 'संधि' का अर्थ है- मेल।

जब दो शब्द आमने-सामने होते हैं तो उनकी ध्वनियाँ मिल जाती हैं। इस कारण उनमें विकार उत्पन्न होता है, जैसे–

अति + आचार = अत्याचार
सम् + गत = संगत
रजः + गुण = रजोगुण
महा + आत्मा = महात्मा
वेद + अंत = वेदांत
नर + ईश = नरेश

इन सब में वर्ण मिलकर नया शब्द बनाते हैं। अतः दो वर्णों के मेल से जो परिवर्तन होता है, उसे **संधि** कहते हैं।

संधि विच्छेद

संधि के नियमों के अनुसार मिले हुए वर्णों को अलग-अलग करना संधि विच्छेद कहलाता है; जैसे–

महेश = महा + ईश
देवेन्द्र = देव + इन्द्र
सत्याग्रह = सत्य + आग्रह
संगम = सम् + गम

संधि के भेद

संधि के तीन भेद हैं-

(a) स्वर संधि
(b) व्यंजन संधि
(c) विसर्ग संधि

(1) स्वर संधि

दो स्वरों के मेल से उत्पन्न विकार अथवा रूप-परिवर्तन को 'स्वर संधि' कहा जाता है, जैसे–

रत्न + आकर = रत्नाकर (अ+आ=आ)
सुर + इन्द्र = सुरेन्द्र (अ+ई=ए)
सदा + एव = सदैव (आ+ए=ऐ)
शिक्षा + अर्थी = शिक्षार्थी (आ+अ=आ)

इन उदाहरणों में (अ + आ = आ, अ + इ = ऐ, आ + ए = ऐ, आ + अ = आ) दो वर्णों में मेल होने से नया वर्ण बना है अतः इससे स्पष्ट है कि स्वरों में संधि हुई है तथा स्वरों में परिवर्तन हुआ है। स्वर संधि के निम्नलिखित पाँच भेद होते हैं–

(क) दीर्घ स्वर संधि
(ख) गुण स्वर संधि
(ग) वृद्धि स्वर संधि
(घ) यण् स्वर संधि
(ङ) अयादि स्वर संधि

(क) दीर्घ स्वर संधि–नियमानुसार दो सवर्ण स्वर मिलकर दीर्घ हो जाते हैं। यदि 'अ', 'आ', 'इ', 'ई', 'उ', 'ऊ', और 'ऋ' के बाद वे ही ह्रस्व या दीर्घ स्वर आयें, तो दोनों मिलकर क्रमशः 'आ', 'ई', 'ऊ', और 'ऋ' हो जाते हैं।

जैसे–

अन्न + अभाव = अन्नाभाव (अ + अ = आ)
शिव + आलय = शिवालय (अ + आ = आ)
भिक्षा + अर्थी = भिक्षार्थी (आ + अ = आ)
प्रतीक्षा + आलय = प्रतीक्षालय (आ + आ = आ)
गिरि + इन्द्र = गिरीन्द्र (इ + इ = ई)
गिरि + ईश = गिरीश (इ + ई = ई)
मही + इन्द्र = महीन्द्र (ई + इ = ई)
पृथ्वी + ईश = पृथ्वीश (ई + ई = ई)
भानु + उदय = भानूदय (उ + उ = ऊ)

स्वयम्भू + उदय = स्वयम्भूदय (ऊ + उ = ऊ)
लघु + ऊर्मि = लघूर्मि (उ + ऊ = ऊ)
भू + ऊर्जा = भूर्जा (ऊ + ऊ = ऊ)
पितृ + ऋण = पितृण (ऋ + ऋ = ऋ)

(ख) गुण स्वर संधि–नियमानुसार यदि 'अ' 'या' 'आ' के बाद 'इ' या 'ई', 'उ' या 'ऊ' और 'ऋ' आए, तो दोनों वर्ण मिलकर क्रमशः 'ए', 'ओ' और 'अर्' हो जाते हैं, जैसे–

देव + इन्द्र = देवेन्द्र (अ + इ = ए)
देव + ईश = देवेश (अ + ई = ए)
महा + इन्द्र = महेन्द्र (आ + इ = ए)
सूर्य + उदय = सूर्योदय (अ + उ = ओ)
समुद्र + ऊर्मि = समुद्रोर्मि (अ + ऊ = ओ)
महा + उत्सव = महोत्सव (आ + उ = ओ)
गंगा + ऊर्मि = गंगोर्मि (आ + ऊ = ओ)
देव + ऋषि = देवर्षि (अ + ऋ = अर्)
महा + ऋषि = महर्षि (आ + ऋ = अर्)

(ग) वृद्धि स्वर संधि–नियमानुसार यदि 'अ' या 'आ' के बाद 'ए' या 'ऐ' आए तो दोनों मिलकर 'ऐ' तथा यदि 'अ' या 'आ' के बाद 'ओ' या 'औ' आए तो दोनों मिलकर 'औ' हो जाते हैं, जैसे–

एक + एक = एकैक (अ + ए = ऐ)
नव + ऐश्वर्य = नवैश्वर्य (अ + ऐ = ऐ)
सदा + एव = सदैव (आ + ए = ऐ)
महा + ऐश्वर्य = महैश्वर्य (आ + ऐ = ऐ)
परम + ओजस्वी = परमौजस्वी (अ + ओ = औ)
परम + औषध = परमौषध (अ + औ = औ)
महा + ओजस्वी = महौजस्वी (आ + ओ = औ)
महा + औषध = महौषध (आ + औ = औ)

(घ) यण् स्वर संधि–नियमानुसार यदि 'इ', 'ई', 'उ', 'ऊ' और 'ऋ' के बाद कोई भिन्न स्वर आए, तो 'इ' और 'ई' 'य्' में 'उ' और 'ऊ' 'व्' में तथा 'ऋ' 'र्' में बदल जाता है, जैसे–

यदि + अपि = यद्यपि (इ + अ = य्)
अति + आवश्यक = अत्यावश्यक (इ + आ = य्)
अति + उत्तम = अत्युत्तम (इ + उ = य्)
अति + ऊष्म = अत्यूष्म (इ + ऊ = य्)
अनु + अय = अन्वय (उ + अ = व्)
मधु + आलय = मध्वालय (उ + आ = व्)
गुरु + ओदन = गुवौदन (उ + ओ = व्)
पितृ + आदेश = पित्रादेश (ऋ + आ = व्)

(ङ) अयादि स्वर संधि–नियमानुसार यदि 'ए', 'ऐ', 'ओ' और 'औ' के बाद कोई भिन्न स्वर आए, तो 'ए' का 'अय्', 'ऐ' का 'आय्', 'ओ' का 'अव्' और 'औ' का 'आव' हो जाता है, जैसे–

ने + अन = नयन (ए + अ = अय्)
चे + अन = चयन (ए + अ = अय्)
शे + अन = शयन (ए + अ = अय्)
नै + अक = नायक (ऐ + अ = आय्)
गै + अक = गायक (ऐ + अ = आय्)
पो + अन = पवन (ओ + अ = अव्)
श्रो + अन = श्रवण (ओ + अ = अव्)

(पद में 'र' होने के कारण अंतिम अक्षर 'न' 'ण' में परिवर्तित हो गया।)

पौ + अन = पावन (औ + अ = आव्)
श्रौ + अन = श्रावण (औ + अ = आव्)

('र' के कारण 'न' का 'ण' में परिवर्तन)

पौ + अक = पावक (औ + अ = आव्)

2. व्यंजन संधि

किसी व्यंजन के बाद किसी स्वर या व्यंजन के आने से जो परिवर्तन होता है, उसे व्यंजन संधि कहते हैं, जैसे-

षट् + आनन = षडानन
उत् + नति = उन्नति
अनु + छेद = अनुच्छेद
सम् + घर्ष = संघर्ष

व्यंजन संधि के उदाहरण–

दिक् + गज = दिग्गज
सत् + गति = सद्गति
जगत् + नाथ = जगन्नाथ
सत् + जन = सज्जन
तत् + लीन = तल्लीन
सत् + चरित्र = सच्चरित्र
उत् + शिष्ट = उच्छिष्ट
उत् + श्वास = उच्छ्वास
वि + छेद = विच्छेद
परि + छेद = परिच्छेद
सम् + गत = संगत
सम् + ताप = संताप
सम् + शय = संशय
सम् + वत = संवत
सम् + मान = सम्मान
सम् + मुख = सम्मुख
तृष् + ना = तृष्णा
भर + न = भरण
वि + सम = विषम
नि + सेध = निषेध
अच् + अंत = अजंत
षट् + दर्शन = षड्दर्शन

3. विसर्ग संधि

विसर्ग के बाद किसी स्वर अथवा व्यंजन के आने से जो परिवर्तन होता है, वह विसर्ग संधि कहलाता है, जैसे-

निः + चय = निश्चय
निः + संग = निस्संग
निः + मल = निर्मल
तपः + वन = तपोवन

विसर्ग संधि के उदाहरण–

निः + ठुर = निष्ठुर
निः + चिंत = निश्चिंत
दुः + तर = दुस्तर

नमः + ते	= नमस्ते
दुः + सह	= दुस्सह
दुः + शासन	= दुःशासन
निः + कपट	= निष्कपट
दुः + कर्म	= दुष्कर्म
निः + पाप	= निष्पाप
निः + गुण	= निर्गुण
निः + धन	= निर्धन
पुनः + जन्म	= पुनर्जन्म
निः + उत्तर	= निरुत्तर
हरिः + चन्द्र	= हरिश्चन्द्र
मनः + रथ	= मनोरथ
तपः + बल	= तपोबल
अधः + पतन	= अधोपतन
पयः + द	= पयोद
निः + रोग	= नीरोग
निः + रस	= नीरस
अतः + एव	= अतएव
निः + रज	= नीरज

संधि-कोश

अन्वय	= अनु + अय
अन्यान्य	= अन्य + अन्य
अधिकांश	= अधिक + अंश
अत्यधिक	= अति + अधिक
अतएव	= अतः + एव
अब्ज	= अप् + ज
आशीर्वाद	= आशीः + वाद
इत्यादि	= इति + आदि
उद्धृत	= उत् + हृत
उद्धार	= उत् + हार
उच्चारण	= उत् + चारण
उन्नति	= उत् + भव
उल्लास	= उत् + लास
उद्भव	= उत् + भव
उज्ज्वल	= उत् + ज्वल
उन्मत्त	= उत् + मत्त
एकैक	= एक + एक
कपीश	= कपि + ईश
खरारि	= खर + अरि
गोष्पद	= गोः + पद
जनार्दन	= जन + अर्दन
तल्लीला	= तत् + लीला
तद्धित	= तत् + हित
दिग्गज	= दिक् + गज
दिगम्बर	= दिक् + अम्बर
देवर्षि	= देव + ऋषि
निर्दय	= निः + दय
निष्फल	= निः + फल
नीरज	= निः + रज
निश्छल	= निः + छल
नयन	= ने + अन
नाविक	= नौ + इक
नायक	= नै + अक
नरेश	= नर + ईश
नीरस	= निर् + रस
पीताम्बर	= पीत + अम्बर
परमेश्वर	= परम + ईश्वर
प्रत्येक	= प्रति + एक
पित्रर्थ	= पित् + अर्थ
पितृण	= पितृ + ऋण
पवन	= पो + अन
पवित्र	= पो + इत्र
पुस्तकालय	= पुस्तक + आलय
प्रातःकाल	= प्रातः + काल
पृष्ठ	= पृष् + थ
भवन	= भो + अन
भूषण	= भूष् + अन
भावुक	= भौ + उक
मनोहर	= मनः + हर
महर्षि	= महा + ऋषि
महेन्द्र	= महा + इन्द्र
मनोज	= मनः + ज
मात्रानंद	= मातृ + आनन्द
यद्यपि	= यदि + अपि
यथेष्ट	= यथा + इष्ट
रामायण	= राम + अयन
रामेश्वर	= राम + ईश्वर
रवीन्द्र	= रवि + इन्द्र
विद्यालय	= विद्या + आलय
विपज्जाल	= विपद् + जाल
वाचनालय	= वाचन + आलय
विद्यार्थी	= विद्या + अर्थी
स्वागत	= सु + आगत
सज्जन	= सत् + जन
संसार	= सम् + सार
सोदाहरण	= स + उदाहरण
संवाद	= सम् + वाद
समाचार	= सम् + आचार
सतीश	= सती + ईश
सच्चरित्र	= सत् + चरित्र
सदैव	= सदा + एव
सरोज	= सरः + ज
संधि	= सम् + धि
संकल्प	= सम् + कल्प

समास

राजा और रानी

नीला कमल

विद्या का आलय

उपर्युक्त शब्दों को पढ़िए और इनके संक्षिप्त रूप नीचे देखिए–

राजा और रानी	राजा-रानी
नीला कमल	नीलकमल
विद्या का आलय	विद्यालय

राजा-रानी, नीलकमल तथा विद्यालय समास के उदाहरण हैं।

'समास' का अर्थ है - छोटा करना।

जब दो या दो से अधिक शब्दों को मिलाकर एक शब्द बना दिया जाता है तो उसे समास कहते हैं।

समास का प्रयोग भाषा में संक्षिप्तता तथा शैली में उत्कृष्टता लाता है। समास रचना में दो पद होते हैं। पहले पद को **पूर्वपद** तथा दूसरे पद को **उत्तरपद** कहते हैं।

समास से बने पद को समस्त पद कहते हैं; जैसे– गंगा का जल = गंगाजल

समस्त पद के अंगों को अलग करने की प्रक्रिया को **समास विग्रह** कहते हैं;

जैसे- गंगाजल = गंगा का जल

समास के भेद

(1) अव्ययीभाव समास

(2) द्वन्द्व समास

(3) तत्पुरुष समास

(4) कर्मधारय समास

(5) द्विगु समास

(6) बहुव्रीहि समास

(1) अव्ययीभाव समास–जिस समस्त पद में पूर्वपद अव्यय हो तथा शेष पद भी क्रिया विशेषण या अव्यय का कार्य करता है, वहाँ समस्त पद अव्ययीभाव समास होता है; जैसे–

यथा + शक्ति = यथाशक्ति (शक्ति के अनुसार)

प्रति + दिन = प्रतिदिन (प्रत्येक दिन)

भर + पेट = भरपेट (पेट भरकर)

उपर्युक्त उदाहरणों में प्रथम पद -'यथा', 'प्रति', 'भर' अव्यय हैं। इनसे मिलकर बनने वाले शब्द भी क्रिया-विशेषण बने हैं। पुनरुक्ति से बनने वाले समस्त पद भी अव्ययीभाव समास होते हैं; जैसे–

एक घर से दूसरे घर - घर-घर

बिल्कुल साफ - साफ-साफ

(2) द्वन्द्व समास–जिस समस्त पद में दोनों पद समान महत्त्व के हों, वहाँ द्वन्द्व समास होता है; जैसे–

भाई-बहन = भाई और बहन

दो-चार = दो और चार

सुख-दुख = सुख और दुख

रात-दिन = रात और दिन

इस समास में 'और', 'या', 'अथवा' योजक शब्दों का लोप होता है।

(3) तत्पुरुष समास–जिस समस्तपद में दूसरा पद प्रधान हो, वहाँ तत्पुरुष समास होता है; जैसे–

पुस्तकों का आलय = पुस्तकालय

वन में वास = वनवास

राजा का पुरुष = राजपुरुष

पवन का पुत्र = पवनपुत्र

उपर्युक्त उदाहरणों में 'आलय', 'वास', 'पुरुष', 'पुत्र' ही प्रमुख है। अतः यहाँ तत्पुरुष समास है। तत्पुरुष समास में परसर्गों का लोप हो जाता है।

तत्पुरुष समास के भेद : तत्पुरुष समास के निम्नलिखित भेद हैं–

(क) कर्म तत्पुरुष समास–इस समास में 'को' विभक्ति लुप्त हो जाती है; जैसे–

नगरगमन - नगर को गमन

यशप्राप्त - यश को प्राप्त

माखनचोर - माखन को चुराने वाला

स्वर्गगत - स्वर्ग को गत

(ख) करण तत्पुरुष समास–इस समास में 'से' तथा 'के द्वारा' विभक्ति का लोप हो जाता है; जैसे–

कामचोर - काम से चोर

मुँहमाँगा - मुँह से माँगा

तुलसीरचित - तुलसी द्वारा रचित

मनचाहा - मन से चाहा

(ग) संप्रदान तत्पुरुष समास–इस समास में 'के लिए' विभक्ति का लोप हो जाता है; जैसे–

सत्याग्रह - सत्य के लिए आग्रह

गौशाला - गौ के लिए शाला

मालगाड़ी - माल के लिए गाड़ी

देशभक्ति - देश के लिए भक्ति

(घ) अपादान तत्पुरुष समास–इस समास में 'से' विभक्ति का लोप हो जाता है; जैसे–

प्रदूषणरहित - प्रदूषण से रहित

ऋणमुक्त - ऋण से मुक्त

लक्ष्यहीन - लक्ष्य से हीन

धर्मभ्रष्ट - धर्म से भ्रष्ट

(ङ) संबंध तत्पुरुष समास–इस समास में 'का', 'के', 'की' विभक्ति का लोप हो जाता है; जैसे–

वायुयान - वायु का यान

रामभक्ति - राम की भक्ति

लोकसभा - लोक की सभा

भारतरत्न - भारत का रत्न

(च) अधिकरण तत्पुरुष समास–इस समास में 'में', 'पर' विभक्ति का लोप हो जाता है; जैसे–

स्कूटरसवार - स्कूटर पर सवार

ध्यानमग्न - ध्यान में मग्न

पुरुषोत्तम - पुरुषों में उत्तम

घुड़सवार - घोड़े पर सवार

इनके अतिरिक्त तत्पुरुष समास के दो भेद और माने गए हैं।

(क) कर्मधारय समास

(ख) द्विगु समास

इन्हें तत्पुरुष समास का अंग मानने के पीछे यह तर्क दिया गया है कि इनमें भी 'उत्तर पद' प्रधान होता है।

(4) कर्मधारय समास–जिस समस्त पद में उत्तर पद प्रधान हो तथा दोनों पदों में विशेषण-विशेष्य या उपमेय-उपमान का संबंध हो, वहाँ कर्मधारय समास होता है; जैसे–

महादेव - महान देव
नीलगगन - नीला गगन
घनश्याम - घन के समान श्याम
चन्द्रमुखी - चन्द्रमा के समान मुख वाली

उपर्युक्त उदाहरणों में 'महान्', 'नीला' विशेषण 'घन','मुख' उपमेय है। अत: यहाँ कर्मधारय समास है।

(5) द्विगु समास–जिस समस्त पद में पहला पद संख्यावाची हो, वहाँ द्विगु समास होता है; जैसे–

सत्सई - सात सौ का समूह
तिरंगा - तीन रंगों का समूह
पंचतंत्र - पाँच तंत्रों का समाहार
सप्ताह - सात दिनों का समूह

उपर्युक्त उदाहरणों में 'सत', 'ति, 'पंच', 'सप्त' आदि संख्यावाची पद हैं।

(6) बहुव्रीहि समास–जिस समास में दोनों पद मिलकर तीसरे पद की ओर संकेत करें, वहाँ बहुव्रीहि समास होता है; जैसे–

मुरलीधर - मुरली को धारण करने वाला (कृष्ण)
हंसगामिनी - हंस पर गमन करती है जो (सरस्वती)
चतुर्मुख - चार मुख हैं जिसके (ब्रह्मा)
लंबोदर - लंबा है उदर जिसका (गणेश)

उपर्युक्त उदाहरणों में 'मुरली', 'हंस', 'चतु:' (चार), 'लंबा', पूर्व पद हैं तथा 'धारण करने वाला', 'गामिनी', 'मुख', 'उदर', उत्तर पद हैं। दोनों पद किसी अन्य की विशेषता बताते हैं। अत: ये सभी बहुव्रीहि समास के उदाहरण हैं।

कर्मधारय-बहुव्रीहि समास में अंतर

कर्मधारय समास के दोनों पद विशेषण-विशेष्य या उपमेय-उपमान होते हैं, परंतु बहुव्रीहि समास में दोनों पद गौण होते हैं और एक अन्य तीसरा पद ही प्रमुख होता है; जैसे–

पीतांबर - पीला है जो वस्त्र (कर्मधारय)
पीतांबर - पीले हैं वस्त्र जिसके (विष्णु) (बहुव्रीहि)
त्रिलोचन - तीन नेत्र हैं जिसके अर्थात् शिव (बहुव्रीहि)
त्रिलोचन - तीन नेत्रों वाला (कर्मधारय)

उपसर्ग

वह शब्दांश जिसका कोई स्वतंत्र अस्तित्व नहीं होता है परंतु किसी शब्द के पहले आकर उसके अर्थ में परिवर्तन या विशेषता लाता है, उसे **उपसर्ग** कहा जाता है। निम्नलिखित शब्दों पर ध्यान दें।

पंच सरपंच
तंत्र स्वतंत्र
तंत्र परतंत्र

यहाँ 'पंच' में 'सर' तथा तंत्र के साथ 'स्व' और 'पर' उपसर्ग जोड़कर क्रमश: सरपंच, स्वतंत्र व परतंत्र नए शब्द बनाए गए हैं।

यहाँ 'सर', 'स्व', 'पर' आदि शब्द नहीं हैं और इनका स्वतंत्र रूप में प्रयोग भी नहीं किया जा सकता। इनका प्रयोग केवल मूल शब्द से पहले किया जा सकता है। इन के प्रयोग से मूल शब्दों के अर्थ में परिवर्तन आ जाता है।

हिंदी में उपसर्गों के चार वर्ग हैं–

(1) संस्कृत के उपसर्ग
(2) हिंदी के उपसर्ग
(3) विदेशी भाषा के उपसर्ग
(4) उपसर्ग की तरह प्रयोग किए जाने वाले संस्कृत के अव्यय

(1) संस्कृत के उपसर्ग–

उपसर्ग	अर्थ	उदाहरण
अ	अभाव	अज्ञान, अथाह, अभाव
अन्	अभाव	अनादर, अनुचित, अनादि
अति	अधिक	अत्यधिक, अतिरिक्त, अत्याचार
अनु	पीछे	अनुरूप, अनुगमन, अनुकूल
अधि	अधिकता	अधिकार, अधिसंख्य, अध्यक्ष
अप	बुरा, अभाव	अपमान, अपशकुन, अपयश
अभि	अधिक, ओर	अभिमान, अभिलाषा, अभियोग
अव	नीचे	अवमूल्यन, अवगुण, अवमानना
आ	तक, पूर्ण	आमरण, आजन्म, आकार
उत्/उद्	ऊपर	उद्भव, उत्कर्ष, उत्थान, उद्गम
उप	पास, छोटा, सहायक	उपमंत्री, उपनाम, उपभाषा
कु	बुरा	कुपुत्र, कुमार्ग, कुपात्र
दु:	बुरा	दुष्कर्म, दुर्गम, दुश्शासन
नि:	बिना	निर्गुण, निष्काम, निश्चल
प्रति	विरुद्ध	प्रतिवाद, प्रतिपक्ष, प्रतिकूल
वि	रहित	विशेष, वियोग, विज्ञान, विगत
सम्	सम्यक्, समकालिक	संयोग, संतोष, संकल्प
सु	अच्छा	सुपुत्र, सुकर्म, सुदिन, सुगम

(2) हिंदी के उपसर्ग–

अन	के बिना, अभाव	अनपढ़, अनजान, अनसुना
दु	अभाव	दुकाल, दुबला, दुरंगा
नि	के बिना	निकम्मा, निडर, निधड़क
स	अच्छा, सहित	सजल, सपूत, रस, सदय
कु	बुरा	कुपुत्र, कुचाल, कुमार्ग

(3) विदेशी भाषा के उपसर्ग–

अल	विशेष	अलविदा, अलमस्त, अलगरज
गैर	विपरीत	गैरकानूनी, गैरजिम्मेदार, गैरज़रूरी
ना	अभाव	नासमझ, नापसंद, नालायक
ब	सहित	बनाम, बकौल, बदस्तूर
बद	बुरा	बदबू, बदनसीब, बदकिस्मत
ला	बिना	लाइलाज, लाजवाब, लापता
सर	ऊपर	सरताज, सरहद, सरपंच
हम	समान	हमउम्र, हमराज, हमदर्दी
सब	नीचे	सब-इंस्पेक्टर, सब-जज, सब-कमेटी
हेड	प्रमुख	हेडमास्टर, हेडक्लर्क

(4) उपसर्ग की तरह प्रयोग किए जाने वाले संस्कृत के अव्यय

अधः	नीचे	अधःपतन, अधोगति
चिर्	बहुत	चिरायु, चिरकाल, चिरंजीव
पुनः	फिर	पुनर्जन्म, पुनर्निर्माण
स	सहित	सहर्ष, सफल, सजल
अन्तर	अंदर	अंतरात्मा, अंतर्राष्ट्रीय

प्रत्यय

'प्रत्यय' वे अक्षर हैं, जो शब्दों के बाद जोड़े जाते हैं और मूल शब्द के अर्थ में नयापन ला देते हैं। निम्नलिखित शब्दों पर ध्यान दें।

लुहारिन   दूधवाला

ऊपर दिए गए शब्दों 'लुहारिन' तथा 'दूधवाला' में 'इन' तथा 'वाला' शब्दांश लगे हुए हैं। इन शब्दांशों के जुड़ने से शब्द का अर्थ बदला है; जैसे–

लुहार + इन = लुहारिन

दूध + वाला = दूधवाला

इन शब्दांशों को 'प्रत्यय' कहा जाता है। जो शब्दांश मूल शब्द के अंत में लगकर नए शब्द बनाते हैं, वे **प्रत्यय** कहलाते हैं।

प्रत्ययों का स्वतंत्र रूप से प्रयोग नहीं हो सकता। इन्हें शब्द के अंत में ही जोड़ा जाता है। इनके जुड़ने से शब्दों के अर्थ में परिवर्तन हो जाता है। हिंदी के अधिकतर प्रत्यय संस्कृत से आए हैं।

उदाहरण–

मूल शब्द	**प्रत्यय**	**नया शब्द**
तैर	आक	तैराक
धन	ई	धनी
भारत	ईय	भारतीय
मामा	एरा	ममेरा
अपना	त्व	अपनत्व

प्रत्यय के भेद

प्रत्यय दो प्रकार के होते हैं–

(1) कृत प्रत्यय

(2) तद्धित प्रत्यय

(1) कृत् प्रत्यय–वे प्रत्यय जो धातु से जुड़कर संज्ञा, विशेषण आदि बनाते हैं, **कृत् प्रत्यय** कहलाते हैं; जैसे– 'पढ़' धातु के साथ 'आई' प्रत्यय जोड़ने से 'पढ़ाई' शब्द बनता है।

कृत् प्रत्यय के उदाहरण–

(क) संज्ञा बनाने वाले कृत् प्रत्यय

प्रत्यय	**धातु**	**निर्मित शब्द**
आई	लड़, लिख	लड़ाई, लिखाई
आक	तैर	तैराक
आन	उड़, थक, मिल	उड़ान, थकान, मिलान
आप	मिल	मिलाप
आव	बढ़, बह, खिंच	बढ़ाव, बहाव, खिंचाव
आवट	सज, बन, रुक	सजावट, बनावट, रुकावट
इयल	सड़, अड़	सड़ियल, अड़ियल
ई	बोल, हँस	बोली, हँसी
त	बच, खप	बचत, खपत
ती	घट, कतर	घटती, कतरती
नी	मथ, ओढ़	मंथनी, ओढ़नी

(ख) विशेषण बनाने वाले कृत प्रत्यय

प्रत्यय	**धातु**	**निर्मित शब्द**
अक्कड़	घुम, पी	घुमक्कड़, पियक्कड़
आऊ	बिक, खा	बिकाऊ, खाऊ
आकू	पढ़, लड़	पढ़ाकू, लड़ाकू
ऐया	गा, नाच	गवैया, नचैया
दार	देन, लेन	देनदार, लेनदार

(2) तद्धित प्रत्यय

वे प्रत्यय जो धातु से भिन्न शब्द (संज्ञा, सर्वनाम, विशेषण) के अंत में जुड़कर नए शब्द बनाते हैं, तद्धित प्रत्यय कहलाते हैं; जैसे– 'डर' से डरावना, 'तोप' से तोपची

तद्धित प्रत्यय के उदाहरण–

(क) संज्ञा से संज्ञा बनाने वाले प्रत्यय

प्रत्यय	**शब्द**	**निर्मित शब्द**
आई	भला, मीठा, पराया	भलाई, मिठाई, पराई
आर	सोना, लोहा	सुनार, लुहार
इया	रसोई, पहाड़, डिब्बा	रसोइया, पहाड़िया, डिबिया
ई	ऊन, गुलाब, बनारस	ऊन, गुलाबी, बनारसी
ऐरा	चाचा, लूट, मामा	चचेरा, लुटेरा, ममेरा
क	लेख, पाठ, बाल	लेखक, पाठक, बालक
ता	दानव, शत्रु, मानव	दानवता, शत्रुता, मानवता
त्व	एक, अमर, देव	एकत्व, अमरत्व, देवत्व
दार	पहरा, दुकान, जमीन	पहरेदार, दुकानदार, जमींदार
वान	गाड़ी, धन	गाड़ीवान, धनवान

(ख) संज्ञा से विशेषण बनाने वाले प्रत्यय

प्रत्यय	**शब्द**	**निर्मित शब्द**
आ	भूख, मंद	भूखा, मंदा
आलू	दया, झगड़ा	दयालु, झगड़ालू
इक	लोक, भूत	लौकिक, भौतिक
इत	फल, पुष्प	फलित, पुष्पित
ईन	कुल, शौक	कुलीन, शौकीन
ईय	भारत, राष्ट्र	भारतीय, राष्ट्रीय
ईला	रस, चमक	रसीला, चमकीला
ऊ	पेट, बाजार	पेटू, बाजारू
मय	दया, सुख	दयामय, सुखमय
इष्ठ	वर, बल	वरिष्ठ, बलिष्ठ
य	ग्राम, सुर	ग्राम्य, सुरम्य
र	मुख, मधु	मुखर, मधुर
ल	मांस	मांसल

(ग) विशेषण से संज्ञा बनाने वाले प्रत्यय

प्रत्यय	शब्द	निर्मित शब्द
आई	अच्छा, लंबा	अच्छाई, लंबाई
आस	मीठा, खट्टा	मिठास, खटास
आहट	कड़वा, चिकना	कड़वाहट, चिकनाहट
ई	गरीब, दिलेर	गरीबी, दिलेरी
ता	विशेष, वीर	विशेषता, वीरता
पन	गोरा, मोटा	गोरापन, मोटापन
इमा	काला, नीला	कालिमा, नीलिमा
त्व	एक, अमर	एकत्व, अमरत्व

(घ) अरबी-फारसी के कुछ प्रत्यय

प्रत्यय	शब्द	निर्मित शब्द
बाज	धोखा, पतंग, चाल	धोखेबाज, पतंगबाज, चालबाज
नाक	खतरा, शर्म, दर्द	खतरनाक, शर्मनाक, दर्दनाक
दान	गुल, फूल, इत्र	गुलदान, फूलदान, इत्रदान
दार	माल, ईमान	मालदार, ईमानदार
मंद	अक्ल, दौलत	अक्लमंद, दौलतमंद
गार	खिदमत, याद	खिदमतगार, यादगार
इयात	शैतान, इंसान	शैतानियत, इंसानियत
आना	साल, मेहनत, रोज	सालाना, मेहनताना, रोजाना

एक साथ दो प्रत्ययों का प्रयोग–

मूल शब्द	प्रत्यय	निर्मित शब्द
पुराण	इक+ता	पौराणिकता
मेल	आवट+ई	मिलावटी
क्षत्र	इय+तव	क्षत्रियत्व
बच्चा	पन+आ	बचपना

एक ही शब्द में उपसर्ग और प्रत्यय का प्रयोग–

उपसर्ग	मूल शब्द	प्रत्यय	निर्मित शब्द
अ	+न्याय	+ई	अन्यायी
उप	+सेना	+पति	उपसेनापति
बे	+खटका	+ए	बेखटके
अन	+देख	+आ	अनदेखा
अभि	+मान	+ई	अभिमानी
निर्	+दया	+ता	निर्दयता

अभ्यास प्रश्न

निर्देश : निम्नलिखित अभ्यास-प्रश्न में प्रयुक्त संधि को पहचानकर सही उत्तर दें–

1. निम्नलिखित शब्दों में से किस में स्वर संधि हुई है?
(a) पयोधर (b) नीरस
(c) परमार्थ (d) तदाकार

2. निम्नलिखित में से किस शब्द में व्यंजन संधि हुई है?
(a) जगदीश (b) संयम
(c) हितोपदेश (d) गंगोदक

3. निम्नलिखित में से किस शब्द में विसर्ग संधि हुई है?
(a) सदानन्द (b) समागम
(c) सरोज (d) संयोग

4. निम्नलिखित शब्दों में से एक शब्द संधि की दृष्टि से अशुद्ध है, वह कौन-सा है?
(a) स्वच्छ (b) तदोपरान्त
(c) सदाचार (d) जगन्नाथ

5. निम्नलिखित में कौन-सा शब्द अयादि संधि का नहीं है?
(a) गायक (b) पावन
(c) भावुक (d) प्रांगण

6. 'जगदीश' शब्द में किन वर्णों की संधि हुई है?
(a) इ + अ
(b) अ + ई
(c) अ + इ
(d) ई + अ

7. निम्नलिखित में से कौन-सा उदाहरण वृद्धि संधि का है?
(a) सदैव (b) सदाचार
(c) नयन (d) इनमें से कोई नहीं

8. निम्नलिखित में से कौन-सा उदाहरण गुण संधि का नहीं है?
(a) महेन्द्र (b) रमेश
(c) देवर्षि (d) नयन

9. निम्नलिखित में से व्यंजन संधि का उदाहरण कौन-सा है?
(a) परिच्छेद (b) स्वैच्छिक
(c) भावुक (d) इनमें से कोई नहीं

10. निम्नलिखित में से विसर्ग संधि का उदाहरण कौन-सा है?
(a) निराधार (b) सदाचार
(c) आकृष्ट (d) देवर्षि

निर्देश : निम्नलिखित शब्दों में प्रयुक्त संधि कौन-सी है?

11. उल्लास
(a) वृद्धि संधि (b) स्वर संधि
(c) व्यंजन संधि (d) गुण संधि

12. उपेन्द्र
(a) गुण संधि (b) अयादि संधि
(c) वृद्धि संधि (d) इनमें से कोई नहीं

13. मनोरम
(a) विसर्ग संधि (b) स्वर संधि
(c) व्यंजन संधि (d) इनमें से कोई नहीं

14. यथेष्ठ
(a) अयादि संधि (b) यण संधि
(c) गुण संधि (d) वृद्धि संधि

15. महैश्वर्य
(a) गुण संधि (b) वृद्धि संधि
(c) दीर्घ संधि (d) अयादि संधि

16. देव्यर्पण
(a) गुण संधि (b) वृद्धि संधि
(c) यण संधि (d) अयादि संधि

17. देवर्षि
(a) विसर्ग संधि (b) व्यंजन संधि
(c) गुण संधि (d) वृद्धि संधि

18. प्रातःकाल
(a) विसर्ग संधि (b) व्यंजन संधि
(c) स्वर संधि (d) इनमें से कोई नहीं

19. निरुपाय
(a) विसर्ग संधि (b) व्यंजन संधि
(c) स्वर संधि (d) दीर्घ संधि

20. आच्छादन
(a) व्यंजन संधि (b) स्वर संधि
(c) दीर्घ संधि (d) इनमें से कोई नहीं

21. पावक
(a) वृद्धि संधि (b) व्यंजन संधि
(c) अयादि संधि (d) विसर्ग संधि

22. सप्तर्षि
(a) व्यंजन संधि (b) स्वर संधि
(c) गुण संधि (d) इनमें से कोई नहीं

23. उज्ज्वल
(a) अयादि संधि (b) स्वर संधि
(c) व्यंजन संधि (d) विसर्ग संधि

24. वाङ्मय
(a) विसर्ग संधि (b) स्वर संधि
(c) व्यंजन संधि (d) दीर्घ संधि

25. दुर्निवार
(a) विसर्ग संधि (b) व्यंजन संधि
(c) गुण संधि (d) इनमें से कोई नहीं

26. महौदार्य
(a) वृद्धि संधि (b) दीर्घ संधि
(c) स्वर संधि (d) व्यंजन संधि

27. मनोऽभिलाषित
(a) विसर्ग संधि (b) गुण संधि
(c) व्यंजन संधि (d) स्वर संधि

28. नवैश्वर्य
(a) व्यंजन संधि (b) वृद्धि संधि
(c) स्वर संधि (d) विसर्ग संधि

29. यथेष्ठ
(a) गुण संधि (b) विसर्ग संधि
(c) वृद्धि संधि (d) इनमें से कोई नहीं

30. स्वागत
(a) यण संधि (b) व्यंजन संधि
(c) वृद्धि संधि (d) इनमें से कोई नहीं

निर्देश : निम्नलिखित शब्दों के लिए दिए गए संधि-विच्छेदों में से सही का चुनाव कीजिए–

31. अन्वय
(a) अन् + वय (b) अनु + अय
(c) अनु + आय (d) अनू + अय

32. षणमास
(a) षट् + मास (b) षन् + मास
(c) षः + मास (d) इनमें से कोई नहीं

33. राकेश
(a) राका + इश (b) राका + ईश
(c) राक् + ईश (d) राके + ईश

34. तेजोमय
(a) तेजो + मय (b) तेज + उमय
(c) तेजः + मय (d) तेज् + मय

35. विश्वामित्र
(a) विश्व + मित्र (b) विः + मित्र
(c) विश्वः + मित्र (d) इनमें से कोई नहीं

36. भास्कर
(a) भास् + कर (b) भास + अकर
(c) भाः + कर (d) इनमें से कोई नहीं

37. प्राणिमात्र
(a) प्राणिन + मात्र (b) प्राणि + मात्र
(c) प्राणिम + अत्र (d) प्राणिः + मात्र

38. संहार
(a) सन् + हार (b) सन + हार
(c) सम् + हार (d) इनमें से कोई नहीं

39. भूषण
(a) भूष् + अन (b) भूः + षण
(c) भूश + अण (d) भूष +अण

40. सदानन्द
(a) सदा + आनन्द (b) सद् + आनन्द
(c) सत् + आनन्द (d) सदा + नन्द

41. न्यून
(a) नि + ऊन (b) निः + ऊन
(c) न्यू + ऊन (d) न्यू + अन

42. महोदय
(a) महान + उदय (b) महो + उदय
(c) महा + उदय (d) इनमें से कोई नहीं

43. उच्छ्वास
(a) उत + स्वास (b) उत् + श्वास
(c) उच्छ + वास (d) उच्च + वास

44. प्रत्युपकार
(a) प्रति + उपकार (b) प्रति + अपकार
(c) प्रत्य + उपकार (d) प्रत्युप + कार

45. पुरुषोत्तम
(a) पुरु + उत्तम (b) पुरुष + उत्तम
(c) पुरुषो + तम (d) इनमें से कोई नहीं

46. नारीश्वर
(a) नारि + ईश्वर (b) नारी + ईश्वर
(c) नारीश + वर (d) इनमें से कोई नहीं

47. अग्न्यस्त्र
(a) अगन + अस्त्र (b) अग्ने + अस्त्र
(c) अग्नि + शस्त्र (d) अग्नि + अस्त्र

48. अध्यवसाय
(a) अधि + व्यवसाय
(b) अध्य + वसाय
(c) अधि + अवसाय
(d) अध्य + असाय

49. विश्वैक्य
(a) विश्व + ऐक्य (b) विश्वे + एक
(c) विश्वः + ऐक्य (d) विः + वयेक

50. उन्नयन
(a) उन + नयन (b) उत् + नैन
(c) उत् + नयन (d) उन्न + यन

51. संताप
(a) सः + ताप (b) सन् + ताप
(c) सम् + ताप (d) इनमें से कोई नहीं

52. प्राङ्मुख
(a) प्राक् + मुख (b) प्राक् + आमुख
(c) प्रा +उन्मुख (d) प्राङ् + मुख

53. जगन्नाथ
(a) जगत् + नाथ (b) जगतः + नाथ
(c) जगन + नाथ (d) जगन + अथ

54. सरोरुह
(a) सर + रुह (b) सरः + रुह
(c) सरोर + उह (d) सरो + रुह

55. किंकर
(a) किम् + कर (b) किमः + कर
(c) किंक + र (d) किः + कर

56. किंवा
(a) किं + आ (b) किमः + वा
(c) किम् + वा (d) इनमें से कोई नहीं

57. प्रायोगिक
(a) प्रः + योगिक (b) प्रा + योगिक
(c) प्रयोग + इक (d) प्र + योगिक

58. शावक
(a) शाव + अक (b) शौ + अक
(c) शा + वक (d) शः + आवक

59. महौषधि
(a) महौ + औषधि (b) महान् + औषधि
(c) महा + औषधि (d) महत् + औषधि

60. त्र्यंबक
(a) त्रि + अम्बक (b) त्र्यम् + बक
(c) त्र + अम्बक (d) त्रै + अम्बक

61. तन्वगी
(a) तन + अंगी (b) तनु + अंगी
(c) तन्व + अंगी (d) तन्या + अंगी

62. स्वैच्छिक
(a) स्वै + ऐच्छिक (b) स्व + ऐच्छिक
(c) सु + एच्छिक (d) सुव + एच्छिक

63. गुरुत्वाकर्षक
(a) गुरुत्व + आकर्षक
(b) गुरुत् + आकर्षक
(c) गुरु + त्वाकर्षक
(d) इनमें से कोई नहीं

64. पर्यवेक्षण
(a) परि + इक्षण (b) पर्य + वेक्षण
(c) परि + अवेक्षण (d) परि + एक्षण

65. साध्वी
(a) साधु + वी (b) साधु + ई
(c) साध + वी (d) साध्व + ई

66. तद्रूप
(a) ततः + रूप (b) तद् + रूप
(c) तत् + रूप (d) इनमें से कोई नहीं

67. वाङ्मय
(a) वाक् + मय (b) वाङ्ग + मय
(c) वाकः + मय (d) वा + ङ्मय

68. दुर्दमनीय
(a) दुर्दम + नीय (b) दुः + दमनीय
(c) दुरदमन + ईय (d) इनमें से कोई नहीं

69. दुर्योधन
(a) दुः + योधन (b) दुर्यो + धन
(c) दुर्योध + न (d) दुः + अयोधन

70. आशीर्वाद
(a) आशि + रिवाद (b) आशी + वाद
(c) आशीष + वाद (d) आशीः + वाद

71. धनुर्धारी
(a) धनुर + धारी (b) धनुष + धारी
(c) धनुः + धारी (d) धन + उरधारी

72. पुरश्चरण
(a) पुर + चरण (b) पुर + अश्चरण
(c) पुरः + चरण (d) पुरा + चरण

73. संस्कृति
(a) संस् + कृति (b) सन् + कृति
(c) सम् + कृति (d) इनमें से कोई नहीं

74. उच्छिष्ट
(a) उत् + शिष्ट (b) उच् + ईष्ट
(c) उच्छ + इष्ट (d) इनमें से कोई नहीं

75. वितैष्णा
(a) वित् + ऐष्णा (b) वितइ + एष्णा
(c) वित्त + एष्णा (d) वितः + एष्णा

निर्देश : प्रत्येक समास हेतु दिए गए चार विकल्पों में से सही विकल्प को चुनकर सही उत्तर दें–

76. नवग्रह
(a) द्विगु (b) द्वन्द्व
(c) बहुव्रीहि (d) तत्पुरुष

77. दिन-रात
(a) द्वन्द्व (b) तत्पुरुष
(c) द्विगु (d) इनमें से कोई नहीं

78. रोग ग्रस्त
(a) कर्मधारय (b) बहुव्रीहि
(c) अव्ययीभाव (d) कर्मधारय

79. घोड़ा-गाड़ी
(a) कर्मधारय (b) तत्पुरुष
(c) द्विगु (d) द्वन्द्व

80. चौराहा
(a) अव्ययीभाव (b) बहुव्रीहि
(c) कर्मधारय (d) द्विगु

81. लम्बोदर
(a) कर्मधारय (b) बहुव्रीहि
(c) द्विगु (d) तत्पुरुष

82. यथाशक्ति
(a) कर्मधारय (b) बहुव्रीहि
(c) द्विगु (d) तत्पुरुष

83. काली मिर्च
(a) तत्पुरुष (b) अव्ययीभाव
(c) कर्मधारय (d) द्विगु

84. सपरिवार
(a) बहुव्रीहि
(b) कर्मधारय
(c) द्विगु
(d) इनमें से कोई नहीं

85. जन्मांध
(a) कर्मधारय (b) द्विगु
(c) द्वन्द्व (d) तत्पुरुष

86. प्रजनन में उपसर्ग बताइए–
(a) वि (b) प्र
(c) प्रति (d) प्रज्

87. किस शब्द का निर्माण उपसर्ग से नहीं हुआ है?
(a) उन्नति (b) प्रहार
(c) अवसाद (d) सज्जन

88. विशेषण शब्द से प्रत्यय है–
(a) विशेष्य (b) विशे
(c) विशेष (d) अण्

89. निम्नलिखित में 'द्वन्द्व' समास का उदाहरण है–
(a) चौराहा (b) पीताम्बर
(c) नीलगाय (d) माता-पिता

90. निम्नलिखित समस्त पदों में से किस पद में बहुव्रीहि समास है?
(a) चारपाई (b) राजा-रानी
(c) गृहागत (d) नीलकण्ठ

उत्तरमाला

1. (c)	2. (a)	3. (c)	4. (b)	5. (d)	6. (b)	7. (a)	8. (d)	9. (a)	10. (a)
11. (c)	12. (a)	13. (a)	14. (c)	15. (b)	16. (b)	17. (c)	18. (a)	19. (a)	20. (a)
21. (c)	22. (b)	23. (c)	24. (c)	25. (a)	26. (a)	27. (a)	28. (b)	29. (a)	30. (a)
31. (b)	32. (a)	33. (b)	34. (c)	35. (a)	36. (c)	37. (a)	38. (c)	39. (a)	40. (c)
41. (a)	42. (c)	43. (b)	44. (a)	45. (b)	46. (b)	47. (d)	48. (a)	49. (a)	50. (c)
51. (c)	52. (a)	53. (a)	54. (b)	55. (a)	56. (c)	57. (c)	58. (b)	59. (c)	60. (a)
61. (b)	62. (b)	63. (a)	64. (c)	65. (b)	66. (c)	67. (a)	68. (b)	69. (a)	70. (d)
71. (c)	72. (c)	73. (c)	74. (a)	75. (c)	76. (c)	77. (a)	78. (c)	79. (b)	80. (d)
81. (b)	82. (b)	83. (c)	84. (a)	85. (a)	86. (b)	87. (d)	88. (c)	89. (d)	90. (d)

❑❑❑

2. शब्द विचार

अभी तक हमने वर्णों का अध्ययन किया है। वर्णों के मेल से 'शब्द' बनते हैं। नीचे दिए गए शब्दों को देखिए–

गुरमा मुरगा दलबा बादल

यहाँ 'गुरमा' तथा 'दलबा' में वर्णों का मेल है, परंतु इनसे कोई अर्थ नहीं निकलता। इस कारण ये शब्द की श्रेणी में नहीं आते। 'मुरगा' तथा 'बादल' में वर्णों का मेल तो है ही, साथ ही वे अर्थ भी प्रकट करते हैं। इन्हें शब्द कहा जाता है। अत: निश्चित अर्थ को प्रकट करने वाले वर्ण-समूह को शब्द कहते हैं।

विचारों को व्यक्त करने में शब्द सहायक होते हैं। शब्दों की कुछ विशेषताएँ निम्नलिखित हैं–

(1) शब्द वर्णों के मेल से बनते हैं।
(2) हर शब्द का एक निश्चित अर्थ होता है।
(3) शब्द कई रूपों में इस्तेमाल होते हैं।

शब्द-भेद

शब्द-भेद के मुख्यत: चार आधार हैं, जैसे–

(1) स्रोत के आधार पर शब्दों के भेद

स्रोत के आधार पर हिंदी के शब्दों के चार प्रकार हैं-

(क) तत्सम
(ख) तद्भव
(ग) देशज
(घ) आगत

(क) तत्सम शब्द–संस्कृत के वे शब्द जो बिना किसी परिवर्तन के अपने मूल रूप में हिंदी में प्रयोग किए जाते हों, उन्हें तत्सम शब्द कहते हैं; जैसे–

पुस्तक	पुत्र	शिक्षा	वर्ण
कर्म	कृषक	अग्नि	दृश्य

(ख) तद्भव शब्द–संस्कृत के वे शब्द जो रूप बदलकर हिंदी में प्रयोग किए जाते हैं, उन्हें तद्भव शब्द कहते है; जैसे-

'अग्नि' से आग, 'दधि' से दही, 'रात्रि' से रात

तत्सम तद्भव शब्द तालिका

तत्सम	तद्भव	तत्सम	तद्भव
कर्म	काम	क्षेत्र	खेत
दंत	दाँत	हस्त	हाथ
अर्ध	आधा	ग्राम	गाँव
प्रस्तर	पत्थर	आम्र	आम
गौ	गाय	चंद्र	चाँद

(ग) देशज शब्द–जो शब्द लोकभाषाओं से आए हैं तथा जिनके स्रोत का ठीक पता नहीं चलता, देशज शब्द कहलाते हैं; जैसे– गाड़ी, पगड़ी, पूजा, पैसा, खिड़की, डिबिया, झटपट, गड़बड़ आदि

(घ) आगत शब्द–जो शब्द विदेशी भाषाओं से हिंदी में आए हैं, उन्हें आगत शब्द कहते हैं; जैसे– कुरता, हिम्मत, हैट, सुबह, स्टेशन, अलमारी, बेगम, जिल्द आदि।

हिंदी में अरबी-फ़ारसी, अंग्रेज़ी, पुर्तगाली, तुर्की आदि विदेशी भाषाओं के शब्द आए हैं।

हिंदी में प्रयोग होने वाले कुछ विदेशी शब्द–

अरबी	-	जुलूस, इत्र, अखबार, हवा, मुहावरा, हुक्म।
अंग्रेजी	-	गार्ड, कमीशन, रबर, सिनेमा, कंपनी, कॉलेज।
फ़ारसी	-	आदमी, रसीद, शहद, हिम्मत, शर्बत, प्याज।
पुर्तगाली	-	कमरा, गोदाम, तौलिया, बाल्टी, साबुन, पादरी।
तुर्की	-	तोप, बंदूक, बारूद, सौगात, कुली, चाकू।

(2) रचना के आधार पर शब्दों के भेद–

रचना के आधार पर शब्द के तीन भेद हैं जो निम्नलिखित हैं–

(क) रूढ़
(ख) यौगिक
(ग) योगरूढ़

(क) रूढ़ शब्द–रूढ़ शब्द वे हैं जो अपने में पूर्ण हों और दूसरे शब्दों के योग से न बने हों। इन शब्दों के और खंड नहीं किए जा सकते; जैसे–

गाड़ी	मल	पुस्तक
सोना	छोटा	कुर्सी

(ख) यौगिक शब्द–यौगिक शब्द दो से अधिक शब्दों अथवा शब्दांशों के मेल से बने होते हैं; जैसे–

सेनापति = सेना + पति
अपमान = अप + मान
सुंदरता = सुंदर + ता

हिंदी में कुछ यौगिक शब्द ऐसे भी हैं जो अन्य भाषाओं के शब्दों के योग से बने हैं, इन्हें संकर शब्द भी कहते हैं; जैसे–

जिलाधीश, टिकटघर, रेलगाड़ी, सिनेमाघर

(ग) योगरूढ़ शब्द–जो शब्द यौगिक होते हुए भी किसी एक अर्थ में रूढ़ होते हैं, उन्हें योगरूढ़ शब्द कहते हैं; जैसे– जलज

'जलज' शब्द का अर्थ है, जल में उत्पन्न होने वाली वस्तु, परंतु अब इसका अर्थ 'कमल' हो गया है।

जल से उत्पन्न अन्य उत्पाद; जैसे– घोंघा, सेगर आदि को 'जलज' नहीं कहा जाता है।

अन्य उदाहरण–

दशानन, पीतांबर, लंबोदर, चतुर्भुज, पंचानन आदि।

(3) अर्थ के आधार पर शब्दों के भेद

अर्थ के आधार पर शब्द के निम्नलिखित भेद हैं–

(क) एकार्थी (ख) अनेकार्थी

(ग) पर्यायवाची (घ) विलोम

(क) एकार्थी शब्द–वे शब्द जिनका एक ही अर्थ होता है, एकार्थी शब्द कहलाते हैं; जैसे–

अंडा	उडाकू	एकल	ईंट
ओस	चक्का	तथा	शोर
हामी	थकान	गंगा	पटना

(ख) अनेकार्थी शब्द–वे शब्द जिनके एक से अधिक अर्थ होते हैं, अनेकार्थी शब्द कहलाते हैं; जैसे–

अंक – संख्या, गोद, अध्याय
उत्तर – जवाब, एक दिशा
फल – नतीजा, तीर का अगला भाग
आम – एक फल, सामान्य
खग – पक्षी, आकाश

(ग) पर्यायवाची शब्द–जिन शब्दों के अर्थों में समानता होती है, उन्हें पर्यायवाची शब्द कहते है; जैसे–

आग – अग्नि, अनल, पावक
आँख – नेत्र, लोचन, चक्षु
तालाब – ताल, सरोवर, पुष्कर
कोयल – श्यामा, पिक, कोकिला
समुद्र – सागर, रत्नाकर, उदधि

(घ) विलोम शब्द–एक दूसरे का उल्टा अर्थ देने वाले शब्दों को विलोम शब्द कहा जाता है; जैसे–

अंत	–	आरंभ	उजला	–	मैला
अच्छा	–	बुरा	कृपण	–	दानी
आय	–	व्यय	डर	–	निडर

(4) व्याकरणिक प्रकार्य के आधार पर शब्दों के भेद

व्याकरण की दृष्टि से शब्दों को उनके प्रकार्य के आधार पर दो वर्गों में बाँटा जा सकता है–

(क) विकारी (ख) अविकारी

(क) विकारी–जिन शब्दों में लिंग, वचन, कारक, काल आदि के कारण परिवर्तन होता है, उन्हें 'विकारी' शब्द कहते हैं। संज्ञा, सर्वनाम, विशेषण, क्रिया-विशेषण तथा क्रिया विकारी शब्द हैं।

संज्ञा – लड़का, लड़के, लड़कों, लड़कियाँ
सर्वनाम – मैं, मैंने, हम, हमारा
विशेषण – नीला, नीली
क्रिया – आता है, आती, भागता, भागूँगा

(ख) अविकारी शब्द–जिन शब्दों में कोई परिवर्तन नहीं होता, उन्हें अविकारी शब्द कहते हैं; जैसे–

क्रिया-विशेषण, संबंधबोधक, समुच्चयबोधक, विस्मयादिबोधक, निपात।

क्रियाविशेषण – तेज-तेज, इधर, आज, परसों
संबंधबोधक – बिना, पीछे, अतिरिक्त
समुच्चयबोधक – किंतु, परंतु, और, तथा
विस्मयादिबोधक – अरे! वाह वाह! हाय!
निपात – ही, भी, तो, तक

शब्द भंडार

(क) एकार्थी शब्द

ऐसे शब्द जिनका एक ही अर्थ होता है, उन्हें एकार्थी शब्द कहते हैं। उदाहरण–

अटूट	आपदा	इजाजत	ऊधम
ऋण	ऐक्य	औसत	मूढ़
यार	डाली	टिकिया	जोश
शोर	खौफ़	निधन	अहंकार
दर्प	अभिमान	घमण्ड	अनुग्रह
अनुकम्पा	अनुरोध	प्रार्थना	अस्त्र
शस्त्र	अपराध	पाप	अवस्था
आयु	अपयश	कलंक	अधिक
काफी	अनुराग	आसक्ति	अन्तःकरण
आत्मा	अध्यक्ष	सभापति	अर्चना
पूजा	अभिनन्दन	स्वागत	आदि
इत्यादि	आज्ञा	आदेश	आदरणीय
पूजनीय	इच्छा		

(ख) अनेकार्थी शब्द

जो शब्द एक से अधिक अर्थ देते हैं, उन्हें अनेकार्थी शब्द कहते हैं। उदाहरण–

शब्द		अर्थ
अंक	–	नाटक का अंक, गोद, संख्या
अंबर	–	आकाश, वस्त्र
अर्क	–	आक, सूर्य
आपत्ति	–	एतराज, विपत्ति
आम	–	फल विशेष, सामान्य
पत्र	–	चिटठी, पत्ता
पय	–	जल, दूध
घन	–	बादल, हथौड़ा
गुरु	–	शिक्षक, बड़ा
कर	–	टैक्स, हाथ
तीर	–	किनारा, बाण
धन	–	संपत्ति, जोड़
बाल	–	केश, बालक
वर्ण	–	रंग, जाति
नाग	–	सर्प, हाथी
पद	–	पैर, ओहदा
अर्थ	–	धन, मतलब, कारण, लिए।
अंक	–	गिनती के अंक, नाटक के अंक, अध्याय, चिह्न, संख्या, भाग्य
अक्ष	–	आँख, सर्प, ज्ञान, मंडल, रथ, चौसर का पासा, धुरी, पहिया

अक्षर - ब्रह्मा, विष्णु, अकारादि, वर्ण, आत्मा, कीलशिव, धर्म, मोक्ष, गगन, सत्य, जल, तपस्या इत्यादि।
अपवाद - कलंक, वह प्रचलित प्रसंग जो नियम के विरुद्ध हो।
अम्बर - आकाश, कपड़ा।
अतिथि - मेहमान, साधु, यात्री, अपरिचित व्यक्ति, यज्ञ में सोमलता लाने-वाला, अग्नि, राम का पोता या कुश का बेटा।
अमृत - स्वर्ण, जल, पारा, दूध, अन्न इत्यादि।
अरुण - लाल, सूर्य, सूर्य का सारथी इत्यादि।
अपेक्षा - इच्छा, आवश्यकता, आशा, बनिस्बत इत्यादि।
आपत्ति - विपत्ति, एतराज।
आम - आम का फल, सर्वसाधारण, मामूली।
उत्तर - उत्तर दिशा, जवाब, हल इत्यादि।
कनक - धतूरा, सोना
कला - अंश, किसी कार्य को अच्छी तरह करने का कौशल।
केवल - एकमात्र, विशुद्ध ज्ञान।
कर - हाथ, सूँड, किरण, टैक्स।
कोट - पहनने का कोट, किला।
कर्ण - कर्ण (नाम), कान।
कोटि - धनुष का सिरा, श्रेणी, करोड़।
कुशल - खैरियत, चतुर।
खर - दुष्ट, गधा, तिनका, एक राक्षस।
खग - पक्षी, तारा, गन्धर्व, बाण।
खल - दुष्ट, धतूरा, दवा कूटने का खरल।
गो - बाण, आँख, वज्र, गाय, स्वर्ग, पृथ्वी, सरस्वती, सूर्य, बैल इत्यादि।
गुरु - शिक्षक, ग्रहविशेष, श्रेष्ठ, भार।
गण - समूह, मनुष्य, भूतप्रेतादि शिव के गण, पिंगल के गण
गति - चाल, हालत, मोक्ष इत्यादि।
घन - बादल, अधिक, घना, जिसमें लम्बाई-चौड़ाई और मोटाई बराबर हो।
जीवन - जल, प्राण, जीवित।
जलज - कमल, मोती, शंख, मछली, सेवार।
जलधर - बादल, समुंद्र।
जाल - फरेब, बुनावट, जाला।
द्रव्य - वस्तु, धन।
तारा - आँख की पुतली, नक्षत्र, बालि की स्त्री, बृहस्पति की स्त्री
दंड - डण्डा, सजा।
धन - सम्पत्ति, योग।
धर्म - प्रकृति, स्वभाव, कर्त्तव्य संप्रदाय।
नाग - हाथी, साँप।
निशाचर - राक्षस, प्रेत, उल्लू, चोर।
पक्ष - पन्द्रह दिन का समय, ओर, पंख, बल, सहाय, पार्टी।
पतंग - सूर्य, पक्षी, टिड्डी, फतिंगा, गुड्डी।
पत्र - पत्ता, चिट्ठी, पंख।
पय - दूध, पानी।
पृष्ठ - पीठ, पन्ना, पीछे का भाग।
पानी - जल, इज्जत, चमक।
प्रभाव - सामर्थ्य, असर, महिमा, दबाव।
बलि - राजा बलि, बलिदान, उपहार, कर इत्यादि।
बल - सेना, शक्ति।
महावीर - हनुमान्, बहुत बलवान्, जैन तीर्थंकर।
मधु - शहद, शराब, वसन्त ऋतु।
मूक - गूँगा, चुप, विवश।
फल - नतीजा, पेड़ का फल।
हरि - विष्णु, इन्द्र, सर्प, मेढ़क, सिंह, घोड़ा, सूर्य, चाँद, तोता, वानर, यमराज, हवा, ब्रह्मा, शिव, किरण, कोयल, हंस, आग, पहाड़, हाथी, कामदेव, हरा रंग इत्यादि।
मित्र - दोस्त, सूर्य, प्रिय, सहयोगी।
वर्ण - जाति, रंग, अक्षर।
विग्रह - लड़ाई, शरीर, देवता की मूर्ति।
विषम - जो सम न हो, भीषण, बहुत कठिन।
शिव - मंगल, महादेव, भाग्यशाली।
शुद्ध - पवित्र, ठीक, जिसमें मिलावट न हो।
सुधा - अमृत, पानी।
सर - तालाब, सिर, पराजित।
स्थूल - मोटा, सहज में दिखाई देने या समझ में आने योग्य।
सेहत - सुख, स्वास्थ्य, रोग से छुटकारा।
हंस - प्राण, पक्षिविशेष।
हरकत - गति, चेष्टा, नटखटपन।
हस्ती - हाथी, अस्तित्व।
हीन - रहित, दीन, निकृष्ट।
मान - इज्जत, अभिमान, नाप-तौल।
लक्ष्य - निशाना, उद्देश्य।
वन - जंगल, जल।
विरोध - वैर, विपरीत भाव।

अभ्यास प्रश्न

1. निम्नलिखित में से कौन-सा एक शब्द तद्भव नहीं है?
(a) हीरा (b) पत्ता
(c) हाथ (d) अंग्रेज

2. 'गधा' का तत्सम रूप है–
(a) गदहा (b) ग्रदर्भ
(c) गद्रभ (d) गर्दभ

3. 'प्रिय' का तद्भव शब्द है–
(a) पिया (b) प्रेम
(c) प्रिया (d) प्यार

4. निम्नलिखित शब्दों में से कौन-सा तत्सम शब्द नहीं है?
(a) कुसुम (b) भूषिका
(c) वंश (d) नेह

5. निम्नलिखित में से कौन-सा तद्भव शब्द है?
(a) पंख (b) पृष्ठ
(c) लज्जा (d) शिला

6. 'पक्ष' का तद्भव रूप है–
(a) पंछी (b) पखेरू
(c) पाख (d) इनमें से कोई नहीं

7. निम्नलिखित में से कौन-सा शब्द तत्सम नहीं है?

(a) स्कन्ध (b) कपोत
(c) ईर्ष्या (d) हल्दी

8. निम्नलिखित में से कौन-सा शब्द तत्सम है?

(a) साँप (b) चिह्न
(c) बीणा (d) विस्मय

9. तद्भव शब्द का चयन कीजिए–

(a) सुर (b) निडर
(c) गति (d) कमल

10. निम्नलिखित में से कौन-सा शब्द तद्भव नहीं है?

(a) दुआर (b) सायं
(c) गिरिस्ती (d) पौंव

11. 'एकल' शब्द का तद्भव शब्द है–

(a) अकल
(b) अकिल
(c) अकेला
(d) उपर्युक्त में से कोई नहीं

12. 'कर्पट' शब्द का तद्भव शब्द है–

(a) कटरना (b) कपाट
(c) कपड़ा (d) कपट

13. 'कैवर्त्त' शब्द का तद्भव रूप है–

(a) मल्लाह (b) केवट
(c) नाविक (d) केवल

14. 'गृध्र' शब्द का तद्भव रूप है–

(a) गीधना (b) गृध
(c) गीधी (d) गीध

15. 'मक्खी' शब्द का तत्सम रूप है–

(a) मच्छिका
(b) माछी
(c) मच्छी
(d) मक्षिका

16. 'हल्दी' शब्द का तत्सम रूप है–

(a) हरद्रिका (b) हरीद्रा
(c) हरिद्रा (d) हलिद्रा

17. 'हुलास' शब्द का तत्सम रूप है–

(a) हिलास (b) विलास
(c) हास्य (d) उल्लास

18. 'नारियल' शब्द का तत्सम रूप है–

(a) नारिकेल (b) नारिकेलि
(c) नारीकेल (d) नारिकेला

19. 'सींग' शब्द का तत्सम रूप है–

(a) श्रृंग (b) शिंग
(c) श्रृंग (d) सिंग

20. 'दीठि' का तत्सम रूप है–

(a) द्रष्टि (b) दिष्टि
(c) दीष्टि (d) दृष्टि

उत्तरमाला

1. (d)	**2.** (d)	**3.** (a)	**4.** (d)	**5.** (a)	**6.** (c)	**7.** (d)	**8.** (d)	**9.** (b)	**10.** (b)
11. (c)	**12.** (c)	**13.** (b)	**14.** (d)	**15.** (d)	**16.** (c)	**17.** (d)	**18.** (a)	**19.** (c)	**20.** (d)

❑❑❑

3. पर्यायवाची शब्द

लगभग समान अर्थ रखने वाले शब्द पर्यायवाची कहलाते हैं।

उदाहरण–

अंधकार – तम, तिमिर, अंधेरा

अतिथि – पाहुन, मेहमान, अभ्यागत

अमृत – अमिय, सुधा, पीयूष

आँख – नयन, लोचन, दृग

आसमान – अंबर, आकाश, नभ

ईश्वर – प्रभु, परमात्मा, जगदीश

वस्त्र – पट, कपड़ा, चीर

कमल – पंकज, जलज, अंबुज

जंगल – वन, अरण्य, कानन

खग – पक्षी, पंछी, विहग

कोयल – श्यामा, पिक, कोकिल

मानव – मनुष्य, इंसान, मनुज

संसार – विश्व, जगत, जगती

पुत्र – सुत, बेटा, आत्मज

पुत्री – सुता, बेटी, आत्मजा

भौंरा – अलि, भ्रमर, मधुप

मित्र – मीत, सखा, दोस्त, सुहृद

लहर – तरंग, उर्मि, मौज

सोना – कनक, स्वर्ण, हेम

सिंह – शेर, केहरि, वनराज

हिरण – मृग, गज, हस्ती

सूर्य – दिनकर, भास्कर, रवि

हिमालय – गिरिराज, नगपति, हिमाचल

सेना – दल, फौज, कटक

असुर – दनुज, तमीचर, राक्षस, निशाचर, दानव, रजनीचर, मनुजाद निशिचर, दैत्य

अग्नि – धूमकेतु, वैश्वानर, पावक वह्नि, कृशानु, अनल, हुताशन, जातिवेद, आग, हन, वायुसखा

अश्व – तुरंग, घोटक, वाजि, हय, घोड़ा, सैन्धव, तुरग

आसमान – आकाश, अंतरिक्ष, अभ्र, व्योम, नभ, गगन, अम्बर, अनन्त, द्यौ

आँख – दृग, चक्षु, नयन, लोचन, अक्षि, नेत्र, अम्बक, दृष्टि

आम – सहकार, अमृतफल, आम्र, रसाल, च्युत, चूत

इन्द्र – वासव, पाक शासन, पुरन्दर, शक्र, सुरपति, मघवा, शचीपति, सुरेश, देवेन्द्र, देवराज

ईश्वर – जगदीश, पिता, जगन्नाथ, परमात्मा, परमेश्वर, जगत प्रभु, परमेश, ब्रह्म, पार

कमल – राजीव, कंज, पुण्डरीक, उत्पल, पद्म, अरविन्द, कुवलय, सरसिज, जलज, पंकज, वारिज, नीरज, मकरंद, अम्बुज, नलिन, कोकनद, इन्दीवर, सरोज, अब्ज शतदल, तामरस

कपड़ा – अम्बर, चीर, पट, वसन, वस्त्र

किरण – मरीचि, मयूर, रश्मि, अंशु, कर, प्रभा, अर्चि, गो

कोयल – बसन्त दूत, काक, पाली, कोकिल, कोकिला, पिक

कबूतर – रक्त लोचन, कपोत, पारावत, हारीत

कुत्ता – श्वा, श्वान, कुक्कुर, शुनक, कूकुर

कृष्ण – मधुसूदन, माधव, मुकुन्द, द्वारिकाधीश, यदुनंदन, दामोदर, ब्रजवल्लभ, गोपीनाथ, हृषीकेश, नन्दनन्दन, कंसारि, मुरलीधर

काक – काग, कौआ, वायस, पिशुन, करठ

खून – रुधिर, लहू, रक्त, शोणित

गाय – गौरी, भद्रा, धेनु, सुरभी, दोग्धी, गौ

गजानन – गणेश, विनायक, हेरम्ब, गणपति, एकदन्त, लम्बोदर, मूषक वाहन, गजवदन, भवानी नन्दन, महाकाय, मोदक प्रिय, मोददाता

गंगा – मंदाकिनी, त्रिपथगा, विष्णुपदी, जाह्नवी, सुरसरित, भागीरथी, देवपागा, देवनदी, सुरधुनी

घर – धाम, भवन, गृह, निकेतन, मकान, ओक, सदन, अयन शाल, निलय, आगार, आलय, आवास, गेह, आयतन

घृत – घी, अमृत, नवनीत

चन्द्रिका – ज्योत्स्ना, कौमुदी, चाँदनी

चन्द्रमा – शशि, हिमकर, शशांक, मृगांक, इन्दु, विधु, कलानिधि, सुधाकर, रजनीश, मयंक, राकापति, राकेश, निशानाथ, रजनीपति, द्विजराज, चंद्र, सोम

चाँदी – रूपक, रौप्य, रज, रूपा

जल - वारि, जीवन, तोय, उदक, अंबु, नीर, सलिल, पय, पानी, अमृत

तलवार - चन्द्राहास, असि, खड्ग, करवाल

तड़ाग - सर, तालाब, पद्माकर, जलाशय, पुष्कर, ह्रद, सरोवर, सरसी, कांसार

तोता - रक्त तुण्ड, कीर, सुग्गा, सुआ, शुक, दाड़िम प्रिय

दाँत - दन्त, द्विज, रद, दशन, रदन

आगन्तुक - अतिथि, पाहुन, मेहमान

आभूषण - अलंकार, आभरण, गहना

गर्दभ - खर, रासभ, वैशाखनन्दन, धूसर, वेशर, चक्रीवान

घट - घड़ा, कलश, कुम्भ

तीर - वाण, सर, नाराच, इषु, विशिख, आशुग

दास - भृत्य, नौकर, किंकर

दीन - गरीब निर्धन, कंगाल

दु:ख - सन्ताप, खेद, कष्ट, संकट, शोक, क्लेश, वेदना

देव - सुर, विवुध, अमर

दुग्ध - क्षीर, पय, दूध, गोरस

दिवस - दिन, वार, वासर

दुर्गा - भवानी, कालिका, चण्डिका

दैत्य - जातुधान, राक्षस, दमुल

धरती - पृथ्वी, मेदिनी, वसुंधरा भू, धरा, धरणी, वसुधा, भूमि, उर्वी, धरित्री

नदी - तरंगिणी, तटिनी, आपगा, सरिता, कूलंकषा

नाव - नैया, तरिणी, तरी, जलयान, जलपात्र, बेड़ा, डोंगी, पतंग

पहाड़ - अद्रि, गिरि, पर्वत

पखेरू - पक्षी, खग, विहग, विंहग, परिन्दा, द्विज, चिड़िया

पिता - जनक, बाप, पितृ

फूल - प्रसून, पुष्प, सुमन, कुसुम

बन्दर - मर्कट, कपीश, शाखामृग, कपि, वानर

मत्स्य - मीन, शफरी, झख, मछली, भ्रष, जलजीवन

महादेव - पशुपति, रुद्र, महेश, शम्भु, ईश, शंकर, भव, भुतेश, गिरीश, हर, त्रिलोचन

मां - धात्री, जननी, प्रसू

मेघ - पयोधर, जलद, कैबल्य, घन, नीरद, वारिधर, अम्बुद,वारिद, बादल

रात्रि - निशा, विभावरी, यामिनी, शर्वरी, रात, रैन, त्रियामा

विद्युत - बिजली, चंचला, दामिनी, क्षणप्रभा, चपला, सौदामिनी

वृक्ष - विटप, तरु, पादप, अगम, पेड़े, गाछ, द्रम

विष्णु - माधव, केशव, हरि, दामोदर, गोविन्द, लक्ष्मीपति, विभु विश्वरूप, मुकुन्द, नारायण, जनार्दन, चक्रपाणि, ह्रषीकेष

शत्रु - अरि, रिपु, प्रतिपक्षी

शारदा - सरस्वती, वीणापाणि, भारती, वागीश, ब्राह्मी

शेर - मृगेन्द्र, केहरी, पंचानन, शार्दूल, पंचमुख

सुत - पुत्र, वत्स, तनय, लड़का, आत्मज

सुता - तनुजा, दुहिता, तनया, लड़की, आत्मजा

सिर - शीश, शिर, मुण्ड

सांप - अहि, पन्नग, भुजंग, सर्प, नाग

सहोदर - भ्राता, बंधु, सोदर

स्त्री - कलत्र, वनिता, महिला, नारी, कान्ता, रमणी

पर्यायवाची शब्दों में सूक्ष्म अर्थ भेद

पर्यायवाची शब्दों के अर्थ मिलते-जुलते होते हैं, परंतु वे एक समान नहीं होते। इस कारण वे एक-दूसरे के स्थान पर प्रयुक्त नहीं हो सकते, जैसे- जल और पानी। 'गंगाजल' को 'गंगा का पानी' नहीं कहा जा सकता। अत: इनके प्रयोग में बहुत सावधानी रखनी होती है।

उदाहरण-

1. अधिक (आवश्यकता से अधिक) – उसके पास अधिक धन है।
   पर्याप्त (आवश्यकता के अनुसार) – मोहिनी के पास पर्याप्त अनाज है।
2. अध्यक्ष (किसी संस्था का स्थायी प्रधान) – वैश्य शिक्षण संस्थान के अध्यक्ष डॉ० विपिन गुप्त हैं।
   सभापति (किसी कार्यक्रम या सभा का प्रधान) – आज के शिक्षक-विद्यालय समारोह के सभापति डॉ० रामनिवास हैं।
3. अपराध (गैरकानूनी कर्म) – चोरी करना अपराध है।
   पाप (अनैतिक कर्म) – झूठ बोलना पाप है।
4. अमूल्य (जिसका मूल्य आँका न जा सके) – मीठी वाणी अमूल्य है।
   बहुमूल्य (बहुत कीमती) – मीनाक्षी ने बहुमूल्य हार पहन रखा है।
5. अस्त्र (फेंककर चलाया जाने वाला हथियार) – बंदूक अस्त्र है।
   शस्त्र (हाथ में लेकर चलाया जाने वाला हथियार) – तलवार शस्त्र है।
6. आधि (मानसिक कष्ट) – आधि से पीड़ित व्यक्ति की आयु कम होती है।
   व्याधि (शारीरिक कष्ट) – मोहन व्याधि से पीड़ित है।
7. निर्णय (फैसला) – अदालतों में निर्णय होते हैं, इन्साफ नहीं।
   न्याय (इन्साफ) – भगवान के घर न्याय मिलता है।
8. व्यय (सामान्य खर्च) – उपयुक्त व्यय से तरक्की होती है।
   अपव्यय (फिजूल खर्ची) – अपव्यय के कारण पवन कंगाल हो गया।
9. ग्रंथ (महत्वपूर्ण एवं बड़ी पुस्तक) – अष्टाध्यायी व्याकरण ग्रंथ है।
   पुस्तक (साधारण पुस्तक) – मेरे पास सौ पुस्तकें हैं।
10. मृत्यु (आम आदमी की मौत) – मोहन के पिता की मृत्यु हो गई।
    निधन (श्रेष्ठ व्यक्तियों की मृत्यु) – बापू का निधन 30 जनवरी, 1948 को हुआ था।
11. पत्नी (विवाहिता स्त्री) – विकास की पत्नी डॉक्टर है।
    स्त्री (कोई भी महिला) – मेले में बहुत-सी स्त्रियाँ थीं।
12. कपड़ा (बिना सिला कपड़ा) – बाज़ार में अनेक किस्म के कपड़े हैं।
    पोशाक (सिला हुआ कपड़ा) – नलिनी की पोशाक कीमती है।
13. अवस्था (जीवन का एक भाग) – युवावस्था में उत्साह होता है।
    आयु (पूरा जीवन) – कमल की आयु 30 वर्ष है।
14. भ्रमण (टहलना) – सुबह का भ्रमण स्वास्थ्य के लिए लाभदायक है।
    पर्यटन (दूसरे स्थान पर जाना) – भारत में अनेक पर्यटन केंद्र हैं।
15. शोक (प्रिय चीज या व्यक्ति के खोने का दुख) – बहन की मृत्यु के कारण वह शोक में है।
    खेद (गलती होने पर दुख) – मुझे खेद है कि मैं आपके विवाह में नहीं आ सका।

अभ्यास प्रश्न

निर्देशः नीचे दिए गए प्रत्येक प्रश्न में दिए गए शब्द के लिए उसके साथ दिए गए चार विकल्पों में से सही विकल्प का चयन कीजिए–

1. **सूर्य**
   (a) तेजस्वी (b) ऊष्ण
   (c) सविता (d) भानुमति
2. **मणिधर**
   (a) मुकुटधारी (b) नाग
   (c) राजा (d) कण्ठहम्
3. **जलद**
   (a) कमल (b) तालाब
   (c) मेघ (d) झरना
4. **मन्मथ**
   (a) मंथन (b) उद्वेलन
   (c) मदन (d) वसंत
5. **वीणापाणि**
   (a) वीणावादक (b) संगीतज्ञ
   (c) वक्ता (d) सरस्वती
6. **शार्दूल**
   (a) माला (b) कांटेदम्
   (c) सिंह (d) मृग
7. **अज**
   (a) बकरी (b) ब्रह्मा
   (c) बकरा (d) आज
8. **तरंगिनी**
   (a) नशीली (b) लहर
   (c) नदी (d) तालैया
9. **एकदंत**
   (a) जंगली सूअर (b) हाथी
   (c) गणेश (d) पोपला
10. **तरिणी**
    (a) नदी (b) पाप-नाशक
    (c) नाव (d) तरंगिनी
11. **सुधाकर**
    (a) अमृत (b) सूरज
    (c) चन्द्रमा (d) सोमास
12. **किंकर**
    (a) सेवक
    (b) भिखारी
    (c) गरीब
    (d) कंकड़
13. **स्पृहा**
    (a) स्पर्द्धा (b) गति
    (c) इच्छा (d) डाह
14. **हिमांशु**
    (a) हिमालय
    (b) बर्फीला
    (c) चन्द्रमा
    (d) ओस
15. **प्रतीक**
    (a) घोषणा
    (b) सूचक
    (c) निशान
    (d) चित्र

उत्तरमाला

1. (c) **2.** (b) **3.** (c) **4.** (c) **5.** (d) **6.** (c) **7.** (b) **8.** (c) **9.** (a) **10.** (c)
11. (c) **12.** (a) **13.** (c) **14.** (c) **15.** (b)

❑❑❑

4. विलोम शब्द

आग - पानी हर्ष - शोक

उपर्युक्त 'आग' तथा 'पानी' 'हर्ष' तथा 'शोक' शब्द एक-दूसरे के विपरीत अर्थ प्रकट करते हैं। अतः ये विलोम शब्द हैं।

किसी शब्द के विपरीत अर्थ बताने वाले शब्द को विलोम शब्द कहते हैं। उदाहरण—

(अ)

शब्द	विलोम शब्द
अल्प	अधिक
अनाथ	सनाथ
अंधकार	प्रकाश
अर्पण	ग्रहण
अनुकूल	प्रतिकूल
अर्वाचीन	प्राचीन
अनुरक्ति	विरक्ति
अनध्याय	अध्याय
अर्थ	अनर्थ
अल्पायु	दीर्घायु
अनुराग	विराग
अकुंचन	विस्तारण
अरुचि	सुरुचि
अपमान	सम्मान
अर्पित	गृहीत
अग्रज	प्रवास
अल्पज्ञ	बहुज्ञ
अवनति	उन्नति
अधम	उत्तम
अनुलोम	विलोम
अनागत	विगत
अल्पसंख्यक	बहुसंख्यक
अथ	इति
अवर	प्रवर
अगम	सुगम
अनंगीकार	अंगीकार
अभिज्ञ	अनभिज्ञ
अकर्मक	सकर्मक
अग्र	पश्च
अस्त	उदय
अनुग्रह	कोप
अपसरण	अभिशरण
अज्ञ	विज्ञ
अस्त्रीकरण	निरस्त्रीकरण
अन्तर्द्वन्द्व	बहिर्द्वन्द्व
अतल	वितल
अन्तर्मुखी	बहिर्मुखी
अलभ्य	लभ्य
अभ्यस्त	अनभ्यस्त
अमर	नश्वर

(आ)

शब्द	विलोम शब्द
आगत	अनागत, विगत
आनंद	क्लेश
आयात	निर्यात
आकर्षण	विकर्षण
आकाश	पाताल
आपत्ति	सम्पत्ति
आकुँचन	प्रसारण
अकम्पित	निष्कम्पित
आजादी	गुलामी
आकृष्ट	विकृष्ट
आत्मीय	अनात्मीय
आगमन	प्रस्थान, प्रत्यागमन
आद्र	शुष्क
आविर्भाव	तिरोभाव
आवृत	अनावृत
आगामी	विगत
आसक्त	अनासक्त
आस्तिक	नास्तिक
आलोक	अन्धकार
आघात	अनाघात
आहूत	अनाहूत
आग्रह	दुराग्रह
आरूढ़	अनारूढ़
आय	व्यय

शब्द	विलोम शब्द
आभ्यन्तर	बाह्य
आचार	अनाचार
आहार	अनाहार
आच्छादित	अनाच्छादित
आरम्भ	समाप्त
आदान	प्रदान
आतुर	अनातुर
आयोजन	वियोजन
आदि	अंत, अनादि
आकांक्षा	अनाकांक्षा
आशा	निराशा
आतप	अनातप
आधुनिक	प्राचीन
आध्यात्मिक	भौतिक
आह्वान	विसर्जन
आशीर्वाद	अभिशाप
आमिष	निरामिष
आरोह	अवरोह
आख्यात	अनाख्यात
आत्म संशय	आत्म विश्वास
आर्य	अनार्य
उदयाचल	अस्ताचल
आस्था	अनास्था
आदान	प्रदान
आतुर	अनातुर

(इ, ई)

इति	अथ
इष्ट	अनिष्ट
इहलोक	परलोक
इच्छा	अनिच्छा
ईश	अनीश
ईश्वर	अनीश्वर

(उ, ऊ)

उपजाऊ	अनुपजाऊ
उपकार	अनुपकार
उन्मीलन	निमीलन
उपसर्ग	परसर्ग
उतार	चढ़ाव
उत्थान	पतन
उन्मूलन	रोपण
उत्तम	अधम
उपचार	अपचार
उद्यम	निरुद्यम
उत्कृष्ट	निकृष्ट
उपरि	अधः
उपमेय	अनुपमेय

शब्द	विलोम शब्द
उदयाचल	अस्ताचल
उपयोग	अनुपयोग
उत्कर्ष	अपकर्ष
उन्नयन	पलायन
उभार	धँसा
उन्मुख	विमुख
उग्र	सौम्य
उत्तरायण	दक्षिणायण
उदात्त	अनुदात्त
उत्तीर्ण	अनुत्तीर्ण
उत्साह	निरुत्साह
उदार	अनुदार
उपस्थित	अनुपस्थित
उचित	अनुचित
उद्धत	विनीत, विनत

(ए, ऐ)

एकता	अनेकता
एकमुख	बहुमुख
एक	अनेक
ऐक्य	अनेक्य
ऐश्वर्य	अनैश्वर्य
एकाधिकार	सर्वाधिकार
एड़ी	चोटी
एकतन्त्र	बहुतन्त्र
ऐहिक	पारलौकिक
ऐतिहासिक	अनैतिहासिक
एकत्र	विकीर्ण

(ऋ)

ऋत	अनृत
ऋजु	वक्र
ऋणात्मक	धनात्मक

(ओ, औ)

औचित्य	अनौचित्य
औपचारिक	अनौपचारिक

(क)

कनिष्ठ	ज्येष्ठ, वरिष्ठ
क्रम	अक्रम
कपटी	निष्कपट
कीर्ति	अपकीर्ति
कृष्ण	श्वेत
कुटिल	सरल
कंटकित	अंकटकित
कोप	कृपा
कुलदीप	कुलघाती
कुपबन्ध	सुप्रबन्ध
कृश	स्थूल, पुष्ट

कोमल	कठोर
क्रय	विक्रय
कृतज्ञ	कृतघ्न
करुण	निष्ठुर
कर्कश	कोमल
कृत्रिम	प्राकृत, अकृत्रिम
कटु	मधुर
क्रूर	अक्रूर
क्रम	व्यतिक्रम
क्रोध	क्षमा
कुमार्ग	सुमार्ग
कुरूप	सुरूप
कलुष	निष्कलुष
कर्मण्य	अकर्मण्य
कुकृत्य	सुकृत्य
कमी	बाहुल्य, बहुतायत
कारण	अकारण

(ख)

खरीद	बिक्री
खाद्य	अखाद्य
खरा	खोटा
खास	आम
खेद	प्रसन्नता
खण्डन	मण्डन
खीझना	रीझना

(ग)

ग्राह्य	त्याज्य
गरल	सुधा
गमन	आगमन
ग्रस्त	मुक्त
गगन	पृथ्वी
गहन	विरल
गहरा	छिछला
गुण	दोष
गेय	अगेय
गत	आगत
ग्रहण	त्याग
गौरक्षक	गौभक्षक
गुप्त	प्रकट
गृहस्थ	संन्यासी
गीला	सूखा

(घ)

घरेलू	बाहरी
घृणा	प्रेम
घन	तरल
घाटा	लाभ
घटाना	जोड़ना
घर	बाहर

(च)

चिर	अचिर
चर	अचर
चोर	साध
चाह	अचाह
चेष्ट	निश्चेष्ट
चिरायु	अल्पायु
चिरतन	नाशवान, नश्वर
चल	अचल
चेतन	अचेतन

(छ)

छाया	धूप
छली	निश्छल

(ज)

जाति	कुजाति, विजाति
जटिल	सरल
ज्येष्ठ	कनिष्ठ
जेय	अजेय
जीवन	मरण
जंगली	घरेलू
जीत	हार
जड़	चेतन
जंगम	स्थावर
जय	पराजय
जागरण	निद्रा

(झ)

झोंपड़ी	महल
झूठ	सत्य

(ठ)

ठोस	द्रव्य

(त)

तम	प्रकाश
तामसिक	सात्विक
तुच्छ	महान
तरुण	वृद्ध
ताप	शीत
ताजा	वासी
तृष्णा	वितृष्णा
तीक्ष्ण	कुण्ठित
तेज	मन्द

(थ)

थोक	खुदरा
थोड़ा	अधिक, बहुत

(द)

देय	अदेय
दुर्दान्ति	शान्ति

शब्द	विलोम शब्द
दीर्घकाय	लघुकाय
दंड	पुरस्कार
दरिद्र	धनी, सम्पन्न
दूषित	पवित्र
दिवा	रात्रि
दुर्बल	सबल
दुःख	सुख
दुर्जन	सज्जन
दीर्घ	ह्रस्व
दक्षिण	वाम
दैत्य	देव
दुष्ट	साधु
दास	स्वामी

(ध)

शब्द	विलोम शब्द
धृष्ट	विनीत, विनम्र
धवल	कृष्ण
धैर्य	अधैर्य
ध्वंस	निर्माण
धर्म	अधर्म
धनी	निर्धन, दरिद्र

(न)

शब्द	विलोम शब्द
नारी	नर
निरक्षर	साक्षर
नियमित	अनियमित
नया	पुराना
नश्वर	चिरंतन
निरर्थक	सार्थक
निर्माण	ध्वंस
निंद्य	वंद्य
न्यून	अधिक
न्यूनतम	अधिकतम
न्याय	अन्याय
नीरोग	रोगी
नकद	उधार
निश्चित	अनिश्चित
नित्य	अनित्य
निषिद्ध	विहित
निर्दोष	सदोष
निर्लज्ज	सलज्ज
निन्दा	स्तुति
निर्दय	सदय
निकट	दूर
निर्मल	मलिन
नीति	अनीति
नकली	असली
नख	शिख

शब्द	विलोम शब्द
नैसर्गिक	कृत्रिम
नूतन	पुरातन
निष्काम	सकाम
नादान	समझदार

(प)

शब्द	विलोम शब्द
प्रेम	घृणा
पण्डित	मूर्ख
प्रवेश	निर्गम
प्राचीन	नवीन
पूर्ण	अपूर्ण
पेय	अपेय
पवित्र	अपवित्र
परोक्ष	अपरोक्ष
पालक	घालक
पतन	उत्थान
प्रधान	सहायक
पर्णकुटी	प्रासाद
प्रवृत्ति	निवृत्ति
पाश्चात्य	पौरस्य
परतन्त्र	स्वतन्त्र
प्रभु	भृत्य
पाप	पुण्य
पुरस्कार	तिरस्कार
पैना	भोंथरा
पात्र	अपात्र
प्रातः	सायं
प्रसिद्ध	अप्रसिद्ध
परमार्थ	स्वार्थ
पठित	अपठित
परकीय	स्वकीय
प्रगति	ह्रास
परुष	कोमल
प्रतीची	प्राची
प्रमुख	सामान्य
पाठ्य	अपाठ्य

(ब)

शब्द	विलोम शब्द
बहिरंग	अंतरंग
बलवान	निर्बल, बलहीन
बद्ध	मुक्त
बर्बर	सभ्य
बन्धन	मोक्ष

(भ)

शब्द	विलोम शब्द
भद्र	अभद्र
भाग्य	दुर्भाग्य
भय	साहस
भोला	चालाक

शब्द	**विलोम शब्द**
भूत	भविष्यत्
भौतिक	आध्यात्मिक
भोगी	योगी
भेद	अभेद

(म)

मानव	दानव
मूक	वाचाल
मोटा	पतला
मुख	प्रतिमुख
मंगल	अमंगल
मुसीबत	आराम
मिलन	विरह
मूल्यवान	मूल्यहीन
मनुज	दनुज
मानवता	नृशंसता
महीन	मोटा
मसृण	दक्ष
मेहनती	आलसी
महात्मा	दुरात्मा
मन्द	त्वरित
मुख्य	गौण
मृदुल	कठोर
मुनाफा	नुकसान
मान	अपमान
मलिन	पवित्र

(य)

युद्ध	शान्ति
योगी	भोगी
योग	वियोग
यौवन	वार्धक्य
यश	अपयश
यथार्थ	कल्पित
योग्य	अयोग्य

(र)

रागी	विरागी
रचना	ध्वंस
राहत	प्रकोप
राजा	रंक
रत	विरत
रक्षक	भक्षक
राग	विरोग
रात्रि	दिन

(ल)

लाभ	हानि
लौकिक	अलौकिक
लघु	दीर्घ
लाभदायक	हानिकारक
लिप्त	निर्लिप्त
लचीला	कठोर
लिखित	मौखिक
लोक	परलोक

(व)

विवादास्पद	निर्विवाद
विभव	पराभव
विस्मरण	स्मरण
विधवा	सधवा
वन	मरु
विरत	निरत
विरक्त	आसक्त
विस्तृत	संकुचित
विपत्ति	सुख
विश्लेषण	संश्लेषण
विश्वास	अविश्वास
वादी	प्रतिवादी
विद्वान	मूर्ख
विश्वासपात्र	विश्वासघाती
व्यक्तिगत	सार्वजनिक
विपुल	स्वल्प
वेदना	आनन्द
वाद	विवाद
विधि	निषेध
विपन्न	सम्पन्न
विशिष्ट	साधारण
वीर	कायर
वर	कन्या
वैमनस्य	सौमनस्य
व्यष्टि	समष्टि
विस्तार	संक्षेप
व्यक्ति	समाज
विशाल	छोटा
वनस्थल	मरुस्थल
वीरता	कायरता
विनीत	उदण्ड
वृद्धि	ह्रास
विजित	अविजित

(श)

शीत	उष्ण
शोषण	पोषण
श्वास	प्रश्वास
शत्रु	मित्र
शकुन	अपशकुन
शान्ति	अशान्ति
शुभ	अशुभ

शब्द	विलोम शब्द
शुष्क	तरल
शासक	शासित
श्लील	अश्लील
शुद्ध	अशुद्ध
शिष्ट	अशिष्ट
श्याम	श्वेत
शीर्ष	तल
शयन	जागरण
शायद	अवश्य
शिक्षित	अशिक्षित
श्रोता	वक्ता

(स)

शब्द	विलोम शब्द
साक्षर	निरक्षर
सहयोगी	प्रतियोगी
सज्जन	दुर्जन
सवर्ण	असवर्ण
सजल	निर्जल
सचेत	अचेत
सुशील	दु:शील
स्वर्ग	नरक
सहानुभूति	घृणा
सनातनी	प्रगतिवादी
सरल	कठिन
साहसी	भीरु
सहमति	असहमति
समावेशन	अनावेशन
स्पृश्य	अस्पृश्य
सहचर्य	पृथक्करण
स्थावर	जंगम
स्पष्ट	अस्पष्ट
स्तुति	निंदा
स्वार्थी	परमार्थी
स्वकीया	परकीया
सन्देह	विश्वास
स्थायी	अस्थायी
स्थायी	अस्थायी
सुन्दर	असुन्दर
सपर्द	विपन्नता
सुअवसर	कुअवसर
सम	विषम
स्वीकृति	अस्वीकृति
संकल्प	विकल्प
सृजन	विनाश
सम्भव	असम्भव
सबाध	निर्बाध
सगुण	निर्गुण
सुर	असुर
सत्	असत्
साहस	भीरू
सम्मुख	विमुख
संश्लिष्ट	विश्लेषित
सफल	असफल
सजीव	निर्जीव
संग	विसंग
संध्या	प्रात:
संतोष	असंतोष
सुमति	कुमति
सर्द	गर्म
स्वजाति	विजाति
संधि	विग्रह
सविकार	निर्विकार
स्थूल	सूक्ष्म
स्वाधीन	पराधीन
ससीम	असीम
संगत	असंगत
सुकर्म	कुकर्म
स्थिर	अस्थिर
संयुक्त	वियुक्त
साकार	निराकार
सदाचार	दुराचार
सुपुत्र	कुपुत्र
सम्मान	अपमान
सादर	निरादर
स्वाभाविक	कृत्रिम
सुगम	दुर्गम
सरल	कुटिल
सुलभ	दुर्लभ
सुगन्ध	दुर्गन्ध
स्वदेश	परदेश

(ह)

शब्द	विलोम शब्द
ह्रास	वृद्धि
ह्रस्व	दीर्घ
हिंसा	अहिंसा
हर्ष	विषाद

(क्ष)

शब्द	विलोम शब्द
क्षर	अक्षर
क्षणिक	शाश्वत
क्षुद्र	विराट

(ज्ञ)

शब्द	विलोम शब्द
ज्ञेय	अज्ञेय
ज्ञान	अज्ञान
ज्ञात	अज्ञात

अभ्यास प्रश्न

निर्देश : निम्नलिखित दिए गए प्रश्नों में चार-चार विपरीतार्थक/विलोमार्थक शब्द दिए गए हैं जिनमें से केवल एक ही सही है, उस सही उत्तर का चयन कीजिए–

1. अग्रज
(a) दिग्गज (b) बहुत बड़ा
(c) अग्रणी (d) अनुज

2. सृष्टि
(a) संरचना (b) वृष्टि
(c) वनस्पति (d) प्रलय

3. उपलब्ध
(a) बहुतायत (b) अनुपलब्ध
(c) भारी (d) विलम्ब

4. संकल्प
(a) विकल्प (b) कठिन
(c) वचन (d) वायदा

5. कृतज्ञ
(a) भोला (b) दुराचारी
(c) कृतघ्न (d) ईमानदार

6. असुर
(a) सुरीला (b) सुर
(c) दैत्य (d) मानव

7. स्वकीया
(a) वधु (b) गृहणी
(c) परकीया (d) नायिका

8. निरपेक्ष
(a) अपेक्षित (b) अनपेक्षित
(c) उपेक्षित (d) सापेक्ष

9. मौखिक
(a) दृश्य (b) लिखित
(c) टंकित (d) वाचिक

10. प्रमाद
(a) आलस्य (b) लापरवाही
(c) परिश्रम (d) सतर्कता

11. मसृण
(a) तैलीय (b) शुद्ध
(c) रुक्ष (d) चिकना

12. उन्मीलन
(a) मेल-मिलाप (b) उन्मुख
(c) निमीलन (d) मिलन

13. इकरार
(a) मिलन (b) इन्कार
(c) इसरार (d) पुरस्कार

14. आलोक
(a) इहलोक (b) परलोक
(c) अंधकार (d) लोकाचम

15. विरक्त
(a) आसक्त (b) रक्तहीन
(c) विशेष रक्त (d) खूनी

16. आमिष
(a) निरामिष (b) सामिष
(c) मीठा (d) चटपटा

17. अम्बर
(a) पीला वस्त्र (b) अवनि
(c) आकाश (d) पाताल

18. प्राचीन
(a) आज (b) ताजा
(c) अर्वाचीन (d) चीनी

19. सदाचार
(a) कदाचार (b) दुराचार
(c) अचार (d) भ्रष्टाचार

20. वैध
(a) असंवैधानिक (b) पाप
(c) अवैध (d) मान्य

21. परिहार्य
(a) कुपरिहार्य (b) अपरिहार्य
(c) पहनावा (d) बचाव

22. रूग्ण
(a) क्रोधी (b) स्वस्थ
(c) हंसोड़ (d) रोने वाला

23. सृष्टि
(a) वृष्टि (b) दृष्टि
(c) उदय (d) प्रलय

24. गृहस्थी
(a) घरेलू
(b) बाजारू
(c) संन्यासी
(d) वनवास

25. अस्ति
(a) न होना
(b) नास्ति
(c) आस्ति
(d) धन

उत्तरमाला

1. (d) 2. (d) 3. (b) 4. (a) 5. (c) 6. (b) 7. (c) 8. (d) 9. (b) 10. (d)
11. (c) 12. (a) 13. (b) 14. (c) 15. (a) 16. (a) 17. (b) 18. (c) 19. (b) 20. (c)
21. (b) 22. (b) 23. (d) 24. (c) 25. (b)

❑❑❑

5. अनेक शब्दों के स्थान पर एक शब्द

निम्नलिखित शब्दों पर ध्यान दें–

ईश्वर में विश्वास रखने वाला - आस्तिक

शाकाहार करने वाला - शाकाहारी

आकाश में उड़ने वाला - नभचर

यहाँ अनेक शब्दों की जगह एक ही शब्द का प्रयोग किया गया है। इससे भाषा की अभिव्यक्ति क्षमता बढ़ती है। हिन्दी में अनेक शब्दों के लिए एक शब्द के कुछ उदाहरण निम्नलिखित हैं–

1. जिसे कहा न जा सके **अकथनीय**
2. पंद्रह दिनों में एक बार होने वाला **पाक्षिक**
3. काम से जी चुराने वाला **कामचोर**
4. जो पहले हो चुका हो **भूतपूर्व**
5. जिसमें संदेह न हो **निःसंदेह**
6. ईश्वर में विश्वास करने वाला **आस्तिक**
7. ईश्वर में विश्वास न करने वाला **नास्तिक**
8. जानने की इच्छा रखने वाला **जिज्ञासु**
9. जिसका मूल्य बहुत अधिक हो **मूल्यवान**
10. सप्ताह में एक बार होने वाला **साप्ताहिक**
11. जिसके आने की निश्चित तिथि न हो **अतिथि**
12. जो ऊपर कहा गया है **उपर्युक्त**
13. जो क्षमा न किया जा सके **अक्षम्य**
14. बिना विचार के किया गया विश्वास **अंधविश्वास**
15. किए गए उपकार को मानने वाला **कृतज्ञ**
16. जो कम खाता हो **अल्पाहारी**
17. जो अधिक बोलता हो **वाचाल**
18. सबको एक-सा देखने वाला **समदर्शी**
19. जिसका आकार हो **साकार**
20. जो आँखों के सामने हो **प्रत्यक्ष**
21. जो आँखों के सामने न हो **परोक्ष**
22. अच्छे आचरण वाला **सदाचारी**
23. बुरे आचरण वाला **दुराचारी**
24. जो इस लोक जैसा न हो **अलौकिक**
25. जो इस लोक जैसा हो **लौकिक**
26. जिस पर विश्वास न किया जा सके **अविश्वसनीय**
27. जिसकी निंदा की जा सके **निंदनीय**
28. सदा रहने वाला **शाश्वत**
29. पढ़ने वाला **पाठक**
30. देश-विदेश में घूमने वाला **पर्यटक**
31. सौ वर्ष का समय **शताब्दी**
32. जिसका कोई आधार न हो **निराधार**
33. जो कभी बूढ़ा न हो **अजर**
34. जल में रहने वाला जलचर
35. मांस खाने वाला **मांसाहारी**
36. जो कभी न मरे **अमर**
37. जो बड़ा भाई हो **अग्रज**
38. जो सब कुछ जानता हो **सर्वज्ञ**
39. जो कम बोलता हो **मितभाषी**
40. जो उच्च कुल में पैदा हुआ हो **कुलीन**
41. जो नष्ट होने वाला हो **नश्वर**
42. फल खाकर रहने वाला **फलाहारी**
43. दूर की बात सोचने वाला **दूरदर्शी**
44. जिसका आदि न हो **अनादि**
45. जो जमीन उपजाऊ हो **उर्वरा**
46. जो किसी गुट में न हो **तटस्थ**
47. जिसका कोई स्वामी न हो **अनाथ**
48. बिना वेतन काम करने वाला **अवैतनिक**
49. दूसरों का भला चाहने वाला **परोपकारी**
50. हाथ से लिखा हुआ **हस्तलिखित**

समरूप भिन्नार्थक शब्द

निम्नलिखित शब्दों पर ध्यान दें–

नीर-जल, नीड़-घोंसला, जलज-कमल, जलद-बादल।

उपर्युक्त शब्दों में आपने देखा कि 'नीर' 'नीड़' तथा 'जलज' 'जलद' सुनने में एक जैसे लगते हैं, परंतु उनके अर्थ भिन्न हैं। ऐसे शब्दों को समरूप भिन्नार्थक शब्द कहते हैं। प्रमुख समरूप भिन्नार्थक शब्दों की सूची निम्नलिखित है–

(अं, अँ, अ)

शब्द	अर्थ	शब्द	अर्थ
अंस	कन्धा	अंश	हिस्सा
अंत	समाप्ति	अनत्य	नीच, अन्तिम
अँगना	आँगन	अंगना	स्त्री
अम्बुज	कमल	अम्बुधि	सागर
अन्न	अनाज	अन्य	दूसरा
असन	भोजन	आसन	बैठने की वस्तु

अणु	कण	अनु	एक उपसर्ग, पीछे
अनिल	हवा	अनल	आग
अभिराम	सुन्दर	अविराम	लगातार, निरंतर
अपेक्षा	इच्छा, आवश्यकता, तुलना में	उपेक्षा	निरादार

(आ)

आदि	आरम्भ, इत्यादि	आदी	अभ्यस्त, अदरक
आरति	विरक्ति, दुःख	आरती, दिखाना	धूप-दीप
आवास	वासस्थान	आभास	झलक
आकर	खान	आकार	रूप, सूरत
आभण	गहना	आमरण	मरण तक
आयत	समकोण चतुर्भुज	आयात	बाहर से आना
आर्त	दुःखी	आर्द्र	गीला

(इ, ई, उ, ऊ, ऋ)

इत्र	सुगन्ध	इतर	दूसरा
उद्धत	उद्दण्ड	उद्यत	तैयार
उपकार	भलाई	अपकार	बुराई
ऋत	सत्य	ऋतु	मौसम

(क, ख)

कुल	वंश	कूल	किनारा
कंगाल	गरीब	कंकाल	ठठरी
कर्म	कार्य	क्रम	सिलसिला
कृति	रचना	कृती	निपुण, पुण्यात्मा
कृत्ति	मृगचर्म	कीर्ति	यश
कृत	किया हुआ	क्रीत	खरीदा हुआ
क्रान्ति	उलट-फेर	क्लान्ति	थकावट
कान्ति	चमक, चाँदनी		
कली	अधखिला फूल	कलि	कलियुग
कृपाण	कटार	कृपण	कंजूस

(ख, ग)

खोआ	दूध का बना ठोस पदार्थ	खोया	भूल गया, खो गया
गण	समूह	गण्य	गिनने योग्य
ग्रह	सूर्य, चन्द्र आदि	गृह	घर
गुड़	शक्कर	गूढ़	गम्भीर

(च, ज)

शब्द	**अर्थ**	**शब्द**	**अर्थ**
चिर	पुराना	चीर	कपड़ा
चूर	कण, चूर्ण	चूड़	चोटी, शिर
चिता	शव जलाने के लिए लकड़ियों का ढेर	चीता	बाघ की तरह का एक हिंस्र पशु
चतुष्पद	चौपाया, जानवर	चतुष्पथ	चौराहा
चार	चार संख्या, जासूस	चारु	सुन्दर
चर	नौकर, दूत, जासूस		
चक्रवात	बवण्डर	चक्रवाक	चकवा पक्षी
जगत	कुएँ का चौतरा	जगत्	संसार
जलज	कमल	जलद	बादल
जघन्य	गर्हित, शूद्र	जघन	नितम्ब

(ट, ड, ढ)

टुक	थोड़ा	टूक	टुकड़ा
टोटा	घाटा	टोंटा	बन्दूक का कारतूस
डीठ	दृष्टि	ढीठ	निडर

(त)

तड़ाक	जल्दी	तड़ाग	तालाब
तरणि	सूर्य	तरणी	नाव
तरुणी	युवती		
तक्र	मट्ठा	तर्क	बहस
तरी	गीलापन	तरि	नाव
तुरंग	घोड़ा	तरंग	लहर

(द, ध)

दार	स्त्री	द्वार	दरवाजा
दूत	संदेशवाहक	द्यूत	जूआ
दिन	दिवस	दीन	गरीब
दारु	लकड़ी	दारू	शराब
द्विप	हाथी	द्वीप	टापू
दमन	दबाना	दामन	आँचल, छोर
दाँत	दशन	दात	दान, दाता
दशन	दाँत	दंशन	दाँत से काटना
दायी	देने वाला, जवाबदेह	दाई	धात्री, दासी
दिवा	दिन	दीवा	दीया, दीपक
देव	देवता	दैव	भाग्य

(न)

निहत	मरा हुआ	निहित	छिपा हुआ, संलग्न
नीर	जल	नीड़	घोंसला
नियत	निश्चित	नियति	भाग्य
नीयत	मंशा, इरादा		
नागर	शहरी, चतुर व्यक्ति	नगर	शहर
निशा	रात्रि	नशा	बेहोशी, मद
निश्छल	छलरहित	निश्चल	अटल
नान्दी	मंगलाचरण (नाटक का)	नंदी	शिव का बैल

(प)

शब्द	**अर्थ**	**शब्द**	**अर्थ**
परुष	कठोर	पुरुष	मर्द, नर
प्रदीप	दीपक	प्रतीप	उल्टा, विशेष काव्यालंकर
प्रसाद	कृपा, भोग	प्रासाद	महल
प्रणय	प्रेम	परिणय	विवाह
प्रबल	शक्तिशाली	प्रवर	श्रेष्ठ, गोत्र
परिणाम	नतीजा,फल	परिमाण	मात्रा
पास	नजदीक	पाश	बन्धन
पानी	जल	पाणि	हाथ
पीक	पान आदि का थूक	पिक	कोयल
प्राकार	घेरा, चहारदीवारी	प्रकार	किस्म, तरह

(फ)

फुट	अकेला, इकहरा	फूट	खरबूजा- जाति का फल
फण	साँप का फण	फन	कला, कारीगर

(ब)

बलि	बलिदान	बली	वीर
बास	महक, गंध	वास	निवास
बहन	भगिनी	वहन	ढोना
बल	ताकत	वल	मेघ
बन्दी	कैदी	वन्दी	भाट, चारण
बात	वचन	वात	हवा
बुरा	खराब	बूरा	शक्कर
बन	बनना, मजदूरी	वन	जंगल
बहु	बहुत	बहू	पुत्रवधू, ब्याही स्त्री
बार	दफा	वार	चोट, दिन

(भ)

भंगि	लहर, टेढ़ापन	भंगी	मेहतर, भंग करने वाला
भिड़	बरें	भीड़	जनसमूह
भित्ति	दीवार, आधार	भीत	डरा हुआ
भवन	महल	भुवन	संसार
भारतीय	भारत का	भारती	सरस्वती, वाणी

(म)

मूल	जड़	मूल्य	कीमत
मद	अहंकार, नशा	मद्य	शराब
मनुज	मनुष्य	मनोज	कामदेव
मल	गन्दगी	मल्ल	पहलवान, यौद्धा

(र, ल)

रंक	दरिद्र	रंग	वर्ण
रग	नस	राग	लय
रत	लीन	रति	कामदेवी की पत्नी, प्रेम
रोचक	रुचने वाला	रेचक	दस्तावर
लक्ष्य	उद्देश्य, निशाना	लक्ष	लाख

(व)

शब्द	अर्थ	शब्द	अर्थ
वित्त	धन	वृत्त	गोलाकार, छन्द
वाद	तर्क, विचार	वाद्य	बाजा
वस्तु	चीज	वास्तु	मकान, इमारत
व्यंग	विकलांग	व्यंग्य	ताना, उपालम्भ

(श, स)

संकर	मिश्रित, दोगला, काव्यालंकार	शंकर	महादेव
सर	तालाब, सिर	शर	बाण, तीर
शूर	वीर	सुर	देवता, लय
सूर	अन्धा, सूर्य		
सुत	बेटा	सूत	सारती, धागा
सूचि	शूची	सूची	विषयक्रम
शम	संयम, इन्द्रियनिग्रह	सम	समान
सुमन	फूल	सुअन	पुत्र

शब्द	अर्थ	शब्द	अर्थ
स्वर्ग	तीसरा लोक	सर्ग	अध्याय
शर्व	शिव	सर्व	सब

(श, श्र)

शुल्क	फीस, चंदा	शुक्ल	स्वच्छ, उज्ज्वल
शान	इज्जत, तड़क-भड़क	शाण	धार तेज करने का पत्थर
शराव	मिट्टी का प्याला	शराब	मदिरा
शब	रात	शव	लाश
शूक	जौ	शुक	सुग्गा
शिखर	चोटी	शेखर	सिर
शास्त्र	सैद्धान्तिक विषय	शस्त्र	हथियार

(ह)

हरि	विष्णु	हरी	हरे रंग की
हुंकार	ललकार, गर्जन	हुंकार	पुकार
हल्	शुद्ध व्यंजन	हल	खेत जोतने का औजार

शब्द – युग्म

'युग्म' का अर्थ है - जोड़ा। दो शब्दों के योग से जोड़ा बनाने वाले शब्द, युग्म शब्द कहलाते हैं।

ये सामान्यत: दो प्रकार के होते हैं-

(1) पुनरुक्त शब्द (2) शब्द युग्म

(1) पुनरुक्त शब्द

ऐसे शब्द जिनमें एक ही शब्द का दो बार प्रयोग किया गया हो, पुनरुक्त शब्द कहलाते हैं। इन्हें द्विरुक्त शब्द भी कहते हैं; जैसे– अपना-अपना, गली-गली आदि।

1. जगह-जगह	2. छोटी-छोटी
3. आगे-आगे	4. फिर-फिर
5. सुबह-सुबह	6. बार-बार
7. जब-जब	8. नई -नई
9. पीछे-पीछे	10. मारा-मारा
11. ज्यों-ज्यों	12. धीरे-धीरे
13. थोड़ा-थोड़ा	14. सही-सही
15. तरह-तरह	16. कहाँ-कहाँ
17. क्या-क्या	18. कभी-कभी
19. हिला-हिलाकर	20. ऊँचे-ऊँचे
21. युग-युग	22. दौड़-दौड़कर
23. जल्दी-जल्दी	24. साथ-साथ
25. देखते-देखते	26. बुला-बुलाकर
27. टुकर-टुकर	28. सहमा-सहमा
29. अपनी-अपनी	30. छोटे-छोटे
31. धीरे-धीरे	32. काले-काले
33. बड़ी-बड़ी	34. छिप-छिपकर
35. देखा-देखी	36. कोई-कोई

(2) शब्द युग्म

शब्द युग्म भी जोड़े होते हैं, परंतु ये पुनरुक्त शब्दों से भिन्न हैं। इनमें शब्दों के मिलते-जुलते, विलोम, निरर्थक आदि शब्दों का प्रयोग होता है।

(क) निरर्थक शब्द

1. लल्लो-चप्पो
2. अगड़म-बगड़म
3. चूँ-चपड़
4. हट्टा-कट्टा
5. चपड़-नपड़
6. खीर-खर्र
7. नत्थू-खैरा
8. ऐरा-गैरा
9. अनाप-शनाप
10. साँठ-गाँठ
11. गड्ड-मड्ड
12. उबड़-खाबड़
13. अंड-वंड, अंट-शंट
14. खुसुर-पुसुर
15. नोंक-झोंक
16. चूँ-चाँ

(ख) सार्थक-निरर्थक शब्द

1. लूट-पाट
2. हेरा-फेरी
3. टाल-मटोल
4. थका-हारा
5. चहल-पहल
6. लोट-पोट
7. हाय-तौबा
8. बोल-चाल
9. छिन्न-भिन्न
10. जात-पात
11. अलग-थलग
12. चटक-मटक
13. मार-धाड़
14. हिसाब-किताब
15. लाग-लपेट
16. डाँट-डपट

(ग) सजातीय या समानार्थी शब्द

1. सगा-संबंधी
2. आदर-सत्कार
3. तौर-तरीका
4. कुशल-मंगल
5. पशु-पक्षी
6. क्षत-विक्षत
7. साज-सामान
8. काम-काज
9. छिन्न-भिन्न
10. अपने-आप
11. नौकर-चाकर
12. सोच-विचार
13. महल-अटारियाँ
14. ओत-प्रोत
15. मार-पीट
16. उधेड़-बुन
17. जी-जान
18. साज-श्रृंगार
19. पेड़-पत्ते
20. रहन-सहन
21. दो-चार
22. आजू-बाजू
23. अन्न-वस्त्र
24. जीव-जंतु
25. कंद-मूल
26. कपड़े-लत्ते
27. झाड़-फूस
28. रीति-रिवाज़
29. रूखा-सूखा
30. हाव-भाव
31. पूरी-सब्ज़ी
32. भागते-दौड़ते
33. शादी-ब्याह
34. हँसी-खुशी
35. नंग-धड़ंग
36. सीधा-सादा
37. काला-कलूटा
38. काम-धंधा
39. मान-मन्नत
40. भाग-दौड़
41. सुख-सुविधा
42. जाने-पहचाने
43. जान-पहचान
44. भूखा-प्यासा

(घ) विलोम तथा भिन्न-भिन्न लिंग के शब्द

1. दो-चार
2. पोते-पोतियाँ
3. दास-दासियाँ
4. नफ़ा-नुकसान
5. पशु-पक्षी
6. स्त्री-पुरुष
7. आदान-प्रदान
8. हाथ-पाँव
9. ऊपर-नीचे
10. लेन-देन
11. घटा-जोड़
12. लंबा-चौड़ा
13. हित-अनहित
14. गुरु-शिष्य
15. माता-पिता
16. यहाँ-वहाँ
17. हार-जीत
18. जय-पराजय
19. हानि-लाभ
20. इधर-उधर
21. जाने-अनजाने
22. चढ़ना-उतरना
23. जीवन-मरण
24. सवाल-जवाब
25. छोटा-बड़ा
26. दाएँ-बाएँ
27. देश-विदेश
28. शुभ-अशुभ

(ङ) शब्दों के बीच या बाद में परसर्गों का प्रयोग

1. कभी न कभी
2. कोई न कोई
3. ज़्यादा से ज़्यादा
4. कम से कम
5. किसी न किसी
6. ढेर का ढेर
7. कुछ का कुछ
8. अधिक से अधिक
9. खेल ही खेल में
10. कुछ न कुछ

ध्वनिबोधक एवं समूहवाची शब्द

ध्वनिबोधक शब्द

(क) पक्षियों की ध्वनियाँ

1. चिड़िया	-	चहचहाना
2. कबूतर	-	गुटरगूँ करना
3. तोता	-	टैं-टैं करना
4. मोर	-	कूकना, कैं-कैं
5. पपीहा	-	पीउ-पीउ करना
6. कौआ	-	काँव-काँव
7. भौंरा	-	गुंजार करना
8. कोयल	-	कू-कू, कुहू-कुहू
9. मुरगा	-	कुकड़ूँ-कूँ
10. मक्खी	-	भिनभिनाना

(ख) पशुओं की ध्वनियाँ

1. गीदड़	-	हुआँ-हुआँ
2. मेढ़क	-	टर-टर्राना
3. भेड़, बकरी	-	मिमियाना
4. भैंस	-	डंकारना
5. घोड़ा	-	हिनहिनाना
6. हाथी	-	चिंघाड़ना
7. सिंह	-	दहाड़ना
8. चीता	-	गुर्राना
9. बिल्ली	-	म्याऊँ-म्याऊँ
10. गाय	-	रँभाना
11. साँप	-	फुफकारना
12. सूअर	-	हुरड़-हुरड़ करना
13. कुत्ता	-	भौं-भौं
14. गधा	-	रैंकना
15. ऊँट	-	बलबलाना
16. बंदर	-	किलकिलाना

(ग) जड़ पदार्थों की ध्वनियाँ

1. धनुष	–	टंकार
2. चारपाई	–	चर्र-चर्र करना
3. दाँत	–	किटकिटाना
4. हृदय	–	धड़कना
5. बादल	–	गरजना
6. बिजली	–	कड़कना
7. जीभ	–	लपलपाना
8. टेलीफोन	–	टन-टन
9. घड़ी	–	टिक-टिक
10. पंख	–	फड़फड़ाना
11. ओले	–	पड़ापड़, पटापट, तड़ातड़
12. झरना	–	झर-झर
13. वर्षा	–	छमाछम
14. नगाड़ा	–	ढम-ढम
15. सूखे पत्ते	–	मर्मर
16. आग	–	धूँ-धूँ
17. बैलगाड़ी	–	चूँ-चूँ
18. रेलगाड़ी	–	छुक-छुक
19. भोंपू	–	पौं-पौं
20. चिता	–	धूँ-धूँ करके जलना
21. इंजन	–	भक-भक करना
22. तोप	–	दनादन चलना
23. मोटर-साइकिल	–	फट-फट
24. बंदूक	–	धायँ-धायँ
25. वायु	–	सायँ-सायँ
26. रुपये	–	खनखनाना
27. आँधी	–	सूँ-सूँ या सायँ-सायँ

समूहवाची शब्द

1. टुकड़ी	–	सैनिकों की
2. झुंड	–	पशुओं का
3. जत्था	–	धार्मिक लोगों, सत्याग्रहियों का
4. जाल	–	बातों का, धागों का
5. ढेर	–	अनाज का
6. दल	–	सेना का, टिड्डी का
7. छत्ता	–	मधुमक्खियों का
8. लच्छी	–	धागों, ऊन की
9. गड्डी	–	नोटों की, ताश की
10. भंडार	–	वस्तुओं का
11. खज़ाना	–	धन का
12. श्रेणी	–	पर्वतों की
13. कक्षा	–	विद्यार्थियों की
14. पुंज	–	नक्षत्रों का
15. सभा	–	लोगों की
16. समिति	–	लोगों का छोटा समूह
17. गठरी	–	कपड़ों की
18. रेवड़	–	भेड़-बकरियों का
19. मंडली	–	भक्तों की
20. शब्द-भंडार	–	कोश
21. बेड़ा	–	जहाज़ों का
22. भीड़	–	मनुष्यों की
23. माला	–	फूलों, पर्वतों की
24. पंक्ति	–	दीपों, लोगों की, वस्तुओं की
25. समूह	–	लोगों का, यात्रियों का
26. सेना	–	सैनिकों की

अभ्यास प्रश्न

निर्देश : दिए गए शब्द के अर्थ को स्पष्ट करते हुए चार वाक्य दिए गए हैं उनमें से सही उत्तर को चुनिए–

1. अतिवृष्टि
(a) अत्यधिक फसल होना
(b) अत्यधिक बाढ़ आना
(c) अत्यधिक बारिश पड़ना
(d) अत्यधिक सूखा पड़ना

2. चक्षुश्रुवा
(a) आँख और कान वाला
(b) जो आँखों से सुनता हो
(c) जो न तो देख सकता हो और न सुन सकता हो
(d) जो कानों से आँखों का काम लेता हो

3. अज्ञातकुलशीला
(a) जिसके माँ-बाप न हों
(b) जिस कन्या के कुल-शील का पता न हो
(c) अज्ञात कुल वाली सुशील कन्या
(d) अपने कुल और जाति से अनजान

4. धनद
(a) धन लेने वाला (b) दिया हुआ धन
(c) धन देने वाला (d) इनमें से कोई नहीं

5. प्रागैतिहासिक
(a) इतिहास के सम्बन्ध में
(b) [illegible]तिहास लिखे जाने से पहले का है
(c) [illegible] का इतिहास पुराना हो
(d) [illegible] इतिहास प्रसिद्ध है।

6. अन्त्यज
(a) अन्त में होने वाला
(b) आदि में होने वाली अन्तिम बात
(c) निम्न जाति में जन्मा
(d) अपने अंत को पहुँचा हुआ

7. आशुकवि
(a) विशेष कविता करने वाला कवि
(b) अच्छी कविता करने वाला
(c) तत्काल कविता बना देने वाला कवि
(d) जन्मजात कवि

8. दरियादिल
(a) मनपसंद नदी
(b) खुले दिल वाला आदमी
(c) खूब खर्च करने वाला आदमी
(d) बहुत रोने वाला व्यक्ति

9. नयनाभिराम
(a) नयनों को रोक लेने वाला
(b) नेत्रों को बहुत सुन्दर लगने वाला
(c) सुन्दर आँखों वाला
(d) इनमें से कोई नहीं

निर्देश : दिए गए वाक्यों के कुछ अंशों को रेखांकित किया गया है। इन रेखांकित किए गए वाक्यांशों के लिए एक शब्द का चयन कीजिए।

10. ईश्वर का कोई आकार नहीं होता।
(a) साकार (b) निराकार
(c) सरोकार (d) आकार शून्यता

11. निष्पाप व <u>कलंक रहित</u> होने पर भी राम ने सीता का त्याग कर दिया।
(a) सद्यस्नात (b) साफ-सुथरी
(c) पवित्र (d) निष्कलंक

12. तुम चाहे जो कहो, मैं तो <u>ईश्वर को मानने वाला हूँ</u>।
(a) धार्मिक (b) कर्मकाण्डी
(c) आस्तिक (d) पुजारी

13. तुम्हारा मेरे लिए <u>इतना करना ही बहुत है</u>।
(a) अधिक (b) थोड़ा
(c) पर्याप्त (d) अत्यधिक

14. लेकिन यह सब तो मेरी <u>आँखों के सामने</u> घटित हुआ था।
(a) परोक्ष (b) प्रत्यक्ष
(c) अज्ञ (d) इनमें से कोई नहीं

15. मित्रों ने उसे शराब की लत डाल दी, फिर तो वह <u>पतन की ओर बढ़ता</u> ही गया।
(a) फिसलना (b) रपटना
(c) पतनोत्मुख (d) पराजित

16. भारत को जानना चाहिए कि पाकिस्तान <u>विश्वास के योग्य नहीं</u> है।
(a) विश्वसनीय (b) अविश्वसनीय
(c) सज्जन (d) दूरदर्शी

17. मैं वहाँ काम तो करता हूँ <u>पर वेतन नहीं लेता</u>।
(a) नि:शुल्क (b) अवैतनिक
(c) निर्लोभी (d) नि:स्वार्थी

18. लाख आन्दोलन हुए हों, पर आज भी नारियों के साथ कुछ लोगों का व्यवहार <u>पशुओं जैसा होता है</u>।
(a) अमानवीय (b) शत्रुतापूर्ण
(c) पाशविक (d) जंगली

19. पूनम तो सदा से ही <u>कम बोलती</u> है।
(a) चुप्पी (b) वाक्हीन
(c) मित-भाषिणी (d) वाचाल

20. सुधा तो अपने नाम के अनुरूप <u>मीठा ही बोलने वाली</u> है।
(a) मित-भाषिणी (b) मृदु-भाषी
(c) मृदु-भाषिणी (d) इनमें से कोई नहीं

21. चन्द्रगुप्त और चाणक्य <u>एक ही समय में हुए थे</u>।
(a) समकालीन (b) सम्बन्धी
(c) जुड़वाँ (d) छोटे-बड़े

22. आज भी मुकदमे का <u>फैसला नहीं हुआ</u>, फिर किसी दिन आना पड़ेगा।
(a) निश्चय (b) सनुवाई
(c) अनिर्णीत (d) निष्फल

23. महँगाई इतनी बढ़ गई है कि मैंने तो मकान खरीदने की <u>आशा ही छोड़ दी</u> है।
(a) आशावान (b) निराश
(c) संभावना (d) आशंका

24. मैं तुम दोनों के <u>बीच में पड़कर निर्णय करने वाला</u> नहीं बनना चाहता।
(a) दलाल (b) न्यायाधीश
(c) मध्यस्थ (d) नियामक

25. पहले स्त्रियों को इतना पर्दे में रखा जाता था कि वे <u>सूर्य को भी नहीं देख पाती</u> थीं।
(a) गोपनीय (b) अन्त:पुर
(c) असूर्यम्पश्या (d) पर्दानशीं

निर्देश : प्रत्येक के लिए चार विकल्प दिए जा रहे हैं, इनमें से सही विकल्प को चुनकर सही उत्तर दें–

26. मन को मोह लेने वाला–
(a) मनमोहक (b) मनोहर
(c) मनोरम (d) मनोवृत्ति

27. अपने आप उत्पन्न होने वाला–
(a) उत्पत्ति (b) आविष्कार
(c) सौजन्य (d) स्वयंभू

28. जिसकी ग्रीवा सुन्दर है–
(a) सुग्रीव (b) सुरीला
(c) सुकंठ (d) गायक

29. जो सब कालों में हो–
(a) सार्वभौमिक (b) तांत्रिक
(c) त्रिकालज्ञ (d) सार्वकालिक

30. पति-पत्नी का जोड़ा–
(a) नर-नारी (b) जोड़ा
(c) युगल (d) दम्पत्ति

31. जिसके समान कोई दूसरा न हो–
(a) एकमात्र (b) अद्वितीय
(c) पूर्ण (d) सफल

32. जिसका जन्म नहीं होता–
(a) प्रजन्म (b) जीवन
(c) अजन्मा (d) मरण

33. जो कभी बूढ़ा न हो–
(a) अजर (b) अमर
(c) समर (d) कवर

34. तीनों कालों की बात जानने वाला–
(a) त्रिकाल (b) मिकाल
(c) भूकाल (d) त्रिकालज्ञ

35. केवल शाक-भाजी का भोजन करने वाला–
(a) शाकाहारी (b) हरिहार
(c) परिहार (d) भोजन हरि

36. जो आँखों के सामने हो–
(a) मनन (b) प्रत्यक्ष
(c) दूरगामी (d) दक्षिणा

37. किसी की ओर से बोलने वाला–
(a) प्रायोजक (b) समन्वयक
(c) प्रवक्ता (d) प्रत्यक्षी

38. माँ का दूध पीने वाला प्राणी–
(a) स्तनपायी (b) दूधी
(c) जिज्ञासु (d) भोजनीय

39. जो अपनी इच्छा से सेवा करे–
(a) अपनी सेवा (b) प्रथम सेवक
(c) मुख्य सेवक (d) स्वयं सेवक

40. जिसकी आशा नहीं की जा सकती–
(a) आशातीत (b) प्रायोजित
(c) समायोजित (d) आशामयी

उत्तरमाला

1. (c)	**2.** (b)	**3.** (b)	**4.** (c)	**5.** (b)	**6.** (c)	**7.** (c)	**8.** (b)	**9.** (b)	**10.** (b)
11. (d)	**12.** (c)	**13.** (c)	**14.** (b)	**15.** (c)	**16.** (b)	**17.** (b)	**18.** (c)	**19.** (c)	**20.** (c)
21. (a)	**22.** (b)	**23.** (b)	**24.** (c)	**25.** (c)	**26.** (a)	**27.** (d)	**28.** (a)	**29.** (d)	**30.** (d)
31. (b)	**32.** (c)	**33.** (a)	**34.** (d)	**35.** (a)	**36.** (b)	**37.** (c)	**38.** (a)	**39.** (d)	**40.** (a)

□□□

6. संज्ञा, सर्वनाम, विशेषण, क्रिया एवं काल

निम्नलिखित वाक्यों में प्रयुक्त शब्दों पर ध्यान दें–

(क) आगरा में ताजमहल है।

(ख) किसान हल चला रहा है।

(ग) मोटापा सेहत के लिए हानिकारक है।

उपर्युक्त वाक्यों में प्रयुक्त शब्द 'ताजमहल' इमारत का, 'किसान' जाति का तथा 'मोटापा' विचार या अवस्था का नाम है। व्याकरण में जो शब्द किसी के नाम को बताते हैं, वे 'संज्ञा शब्द' कहे जाते हैं।

अत: जो पद किसी व्यक्ति, वस्तु, विचार या भाव का बोध कराते हैं, उन्हें संज्ञा कहते हैं।

संज्ञा के अन्य उदाहरण–

प्राणी - घोड़ा, आदमी, जवाहर, महात्मा, बच्चा, भैंस आदि।

स्थान - दिल्ली, मुंबई, गाँव, कस्बा, अमेरिका, समुद्र-तट आदि।

वस्तु - चावल, सेब, आम, टीवी, कार, हवाई जहाज, आदि।

भाव - बचपन, सुंदरता, चौड़ाई, ऊँचाई, मोटापा, खटास आदि।

संज्ञा के भेद

संज्ञा के निम्नलिखित तीन भेद हैं–

(1) व्यक्तिवाचक संज्ञा

(2) जातिवाचक संज्ञा

(3) भाववाचक संज्ञा

(1) व्यक्तिवाचक संज्ञा

जिस संज्ञा पद से किसी विशेष व्यक्ति, स्थान या वस्तु का बोध हो, उसे व्यक्तिवाचक संज्ञा कहते हैं; जैसे–

रावण लंका का राजा था।

दीपावली हिंदुओं का त्योहार है।

हरिद्वार उत्तराखंड राज्य में स्थित एक जिला है।

इन वाक्यों में गहरे शब्द किसी व्यक्ति, स्थान तथा वस्तु को बताते हैं। अत: ये शब्द व्यक्तिवाचक संज्ञा हैं।

अन्य उदाहरण–सचिन, शेफाली (व्यक्ति), यमुना, गोमती (नदी) ऐरावत, चेतक (पशु), हिमालय (पर्वत) दिल्ली, जालंधर, भारत (स्थान), गांडीव धनुष (वस्तु) आदि।

(2) जातिवाचक संज्ञा

जिस संज्ञा पद से किसी जाति के प्राणियों, वस्तुओं या स्थानों का बोध हो, उसे जातिवाचक संज्ञा कहते हैं; जैसे–

पुस्तकालय में अनेक **पुस्तकें** हैं।

जंगल का राजा **शेर** है।

आदमी का ईमान बदल गया है।

इन वाक्यों में गहरे शब्द 'पुस्तकालय' 'पुस्तकें', 'शेर', 'आदमी', किसी विशेष वस्तु, प्राणी आदि का बोध नहीं करा रहे हैं। ये साधारण जाति के बारे में बताते हैं। अत: ये शब्द जातिवाचक संज्ञा हैं।

अन्य उदाहरण–गाँव, मोहल्ला, छत, हिरन, मछली, समोसा, चावल, आटा, कार आदि।

जातिवाचक संज्ञा के दो भेद माने गए हैं–

(क) द्रव्यवाचक संज्ञा

(ख) समुदायवाचक संज्ञा

(क) द्रव्यवाचक संज्ञा

जिन संज्ञा पदों से किसी पदार्थ या द्रव्य का बोध हो, उन्हें द्रव्यवाचक संज्ञा कहते हैं; जैसे– दूध, अन्न, सोना, चाँदी आदि।

(ख) समुदाय वाचक संज्ञा

जिन संज्ञा पदों से समूह का बोध होता है, उन्हें समुदाय वाचक संज्ञा कहते हैं। **उदाहरण–** सेना, पुलिस, कक्षा, परिवार आदि।

(3) भाववाचक संज्ञा

जिस संज्ञा पद से किसी भाव, गुण, अवस्था, व्यापार आदि का बोध होता है, उसे भाववाचक संज्ञा कहते हैं; जैसे–

इस दीवार की ऊँचाई कितनी है?

बचपन में सभी शरारतें करते हैं।

मनुष्य को क्रोध पर नियंत्रण रखना चाहिए।

इन वाक्यों में 'ऊँचाई', 'बचपन', 'क्रोध' आदि शब्द भाव, गुण, अवस्था आदि का बोध कराते हैं। ये भाववाचक संज्ञाएँ हैं।

अन्य उदाहरण– मानवता, राष्ट्रीयता, चोरी, सहायता, बुढ़ापा आदि

भाववाचक संज्ञा का निर्माण

भाववाचक संज्ञाएँ पाँच प्रकार के शब्दों से बनती हैं–

(क) जातिवाचक संज्ञा से

(ख) विशेषण से

(ग) सर्वनाम से

(घ) क्रिया से

(ङ) अव्यय से

(क) जातिवाचक संज्ञा से

जातिवाचक	भाववाचक	जातिवाचक	भाववाचक
पुरुष	पुरुषत्व	हिंदू	हिंदुत्व
चोर	चोरी	बाल	बालपन
सज्जन	सज्जनता	जवान	जवानी
कुमार	कौमार्य	प्रभु	प्रभुता
मानव	मानवता	सिंह	सिंहत्व
भाई	भाईचारा	बूढ़ा	बुढ़ापा

(ख) विशेषण से

विशेषण	भाववाचक	विशेषण	भाववाचक
मीठा	मिठास	मधुर	माधुर्य
काला	कालिमा	स्वतंत्र	स्वतंत्रता
आलसी	आलस्य	उचित	औचित्य
वीर	वीरता	दूर	दूरी
एक	एकता	लघु	लघुता
लोभी	लोभ	हल्का	हल्कापन

(ग) सर्वनाम से

सर्वनाम	भाववाचक	सर्वनाम	भाववाचक
सर्व	सर्वस्व	निज	निजत्व
अहं	अहंकार	स्व	स्वत्व
मम	ममता	पराया	परायापन

(घ) क्रिया से

क्रिया	भाववाचक	क्रिया	भाववाचक
दौड़ना	दौड़	रोकना	रोक
मारना	मार	बुनना	बुनाई
गाना	गान	जलना	जलन
पूजना	पूजा	भूलना	भूल
चमकना	चमक	सूझना	सूझ
जीतना	जीत	थकना	थकान

(ङ) अव्यय से

अव्यय	भाववाचक	अव्यय	भाववाचक
निकट	निकटता	मना	मनाही
भीतर	भीतरी	दूर	दूरी

संज्ञा के विकार–लिंग

निम्नलिखित वाक्यों को ध्यान से पढ़ें–

(क) लड़का पढ़ता है।
पिताजी भोजन कर रहे हैं।
हाथी झूम रहा है।

(ख) लड़की पढ़ती है।
माताजी भोजन कर रही हैं।
घड़ी चल रही है।

उपर्युक्त वाक्यों में (क) वर्ग के सभी कर्त्ता पुरुष जाति के हैं और (ख) वर्ग के सभी कर्त्ता स्त्री जाति की हैं।

संज्ञा के जिस रूप से पुरुष या स्त्री जाति का बोध हो, उसे लिंग कहते हैं।

लिंग की पहचान

प्राणियों में लिंग की पहचान सरल है, परंतु अप्राणीवाचक संज्ञा शब्दों में लिंग पहचानने में कठिनाई आती है। इसके लिए कोई निश्चित नियम नहीं है। अप्राणीवाचक संज्ञा शब्दों में लिंग की पहचान उसके साथ लगने वाली क्रिया एवं विशेषण पद से ही हो सकती है।

लिंग के भेद

हिंदी में लिंग के दो भेद हैं–

(1) पुल्लिंग (2) स्त्रीलिंग

(1) पुल्लिंग

जो शब्द पुरुष जाति का बोध कराते हैं, उन्हें पुल्लिंग कहते हैं; जैसे–

दुकानदार, वस्त्र, अध्यापक, शेर, टेलीफोन आदि

(2) स्त्रीलिंग

जो शब्द स्त्री जाति का बोध कराएँ, उन्हें स्त्रीलिंग कहते हैं; जैसे–

साड़ी, तस्वीर, कोठरी, कमीज, पुस्तक आदि

लिंग की पहचान के नियम

लिंग की पहचान के कुछ नियम निम्नलिखित हैं–

(क) जिन शब्दों के अन्त में 'अ' आता है, उनकी गणना पुल्लिंग में की जाती हैं; जैसे–

संसार, उपवन, बोल, मेल, मन, वन, मिलाप, तन, जन आदि।

(ख) जिन शब्दों के अंत में 'आ', 'आव', 'पा', 'पन' और 'न' प्रत्यय लगे होते हैं, वे बहुधा पुल्लिंग होते हैं; जैसे–

आ : छाता, जूता, पैसा, लोटा, खोटा, मोटा, चिमटा आदि।
आव : चढ़ाव, लगाव, छिपाव, बहाव आदि।
पा : बुढ़ापा, पुजापा आदि।
पन : पागलपन, बचपन, लड़कपन, अपनापन आदि।
न : नयन, लेन-देन, चरण, अध्ययन, हरण आदि।

(ग) पर्वतों, देशों, दिनों और कुछ मासों के नाम पुल्लिंग होते हैं; जैसे–

पर्वत : हिमालय, विन्ध्याचल, सतपुड़ा, हिन्दूकुश, अरावली आदि।
देश : भारत, जापान, रूस, चीन, अमेरिका, इंग्लैंड, फ्रांस आदि।
दिन : सोमवार, मंगलवार, बुधवार, बृहस्पतिवार, शुक्रवार, शनिवार आदि।
मास : चैत्र, बैसाख, ज्येष्ठ, मार्च, जून, अगस्त आदि।

(घ) ग्रहों, धातुओं, रत्नों और द्रवों के नाम पुल्लिंग होते हैं; जैसे–

ग्रह : मंगल, बुध, शनि, सूर्य, चन्द्रमा, राहु, केतु आदि।
धातु : ताँबा, सोना, पीतल, स्टील, लोहा आदि।
रत्न : पन्ना, पुखराज, हीरा, मूँगा, नीलम, मोती आदि।
द्रव : तेल, जल, घी, पेट्रोल, दूध आदि।

(ङ) पेड़, अन्न, दैहिक अंगों के नाम पुल्लिंग होते हैं; जैसे–

पेड़ : आम, नीम, बरगद, अशोक, पीपल, जामुन, शीशम आदि।
अन्न : गेहूँ, चना, चावल, बाजरा, मटर, उड़द आदि।
दैहिक अंग : हाथ, पैर, मस्तक, कान आदि।

(च) 'त्र' और 'आर' जिन शब्दों के अंत में आता है, वे पुल्लिंग होते हैं; जैसे–

त्र : क्षेत्र, चित्र, शस्त्र, पात्र, चरित्र आदि।
आर : विस्तार, निराहार, लुहार, सुनार आदि।

(छ) जल एवं स्थल मार्गों के नाम पुल्लिंग होते हैं; जैसे– तालाब, सागर, सरोवर, पठार, नगर, घर, ग्राम आदि।

(ज) कुछ सामासिक शब्द पुल्लिंग होते हैं; जैसे– सीताराम, सभामंडप, कमलनयन, महापुरुष आदि।

(झ) वर्णमाला के कुछ वर्ण पुल्लिंग होते हैं; जैसे– अ, आ, उ, ऊ, क, च, ट, त, प, श, र, ह आदि।

(ञ) अरबी-फारसी के 'खाना' और 'दान' से अन्त होने वाले शब्द पुल्लिंग होते हैं; जैसे–

खाना : पागलखाना, चिड़ियाखाना, जेलखाना, डाकखाना आदि।
दान : खानदान, फूलदान, इत्रदान, कलम-दान आदि।

(ट) 'वाला' से अन्त होने वाले शब्द पुल्लिंग होते हैं; जैसे– गाँववाला, दूधवाला, सब्जीवाला, चायवाला आदि।

(ठ) अन्त में 'एरा' जुड़े होने वाले शब्द पुल्लिंग होते हैं; जैसे– चचेरा, ममेरा, मौसेरा, फुफेरा, सँपेरा, लुटेरा आदि।

(ड) संस्कृत के 'ख' और 'ज' से अन्त होने वाले शब्द पुल्लिंग होते हैं; जैसे– लेख, सुख, दुःख, जलज, वारिज, सरसिज आदि।

(ढ) वे शब्द जो सदैव पुल्लिंग में ही व्यवहृत किए जाते हैं; जैसे– उल्लू, कौआ, खरगोश, खटमल, चीता, गरुड़, गैंडा, गीदड़, मगरमच्छ, बिच्छू, मच्छर, बाज, कछुआ, कीड़ा, भेड़िया, तोता,पशु आदि।

(ण) प्राणियों में समुदाय के बोधक शब्द पुल्लिंग होते हैं; जैसे– समूह, झुण्ड, समाज, परिवार, दल, मंडल, कुटुम्ब, संघ आदि।

स्त्रीलिंग की पहचान–

(क) संस्कृत के आकारान्त शब्द स्त्रीलिंग होते हैं; जैसे– कृपा, अहिंसा, दया, प्रतिज्ञा, परीक्षा, पिपासा, प्रतिभा, प्रतिमा, माया, माला, आत्मा, ध्वजा, हिंसा, घृणा, विद्या, क्रिया, शोभा आदि।

(ख) उकारान्त तत्सम शब्द स्त्रीलिंग होते हैं; जैसे– आयु, ऋतु, मृत्यु, वस्तु, वायु, धातु आदि। (साधु, गुरु अपवाद हैं।)

(ग) इकारान्त तत्सम शब्द स्त्रीलिंग होते हैं; जैसे– अग्नि, जाति, रीति, समिति, शक्ति, शान्ति, संधि, हानि आदि।

(कवि, रवि अपवाद हैं।)

(घ) जिन शब्दों के अन्त में 'आहट', 'इया', 'आई','आस', 'इति', 'त', 'ता', 'री' आदि आते हैं। वे स्त्रीलिंग होते हैं; जैसे–

आवट : बनावट, बुनावट, मिलावट, थकावट, सजावट आदि।
आहट : कड़वाहट, गरमाहट, घबराहट, चिकनाहट, चिल्लाहट आदि।
इया : कुटिया, गुड़िया, चुहिया, डिबिया आदि।
आई : उतराई, चटाई, पढ़ाई, बुराई, भलाई, बुनाई, लड़ाई आदि।
इमा : कालिमा, गरिमा, महिमा, महिमा, नीलिमा, लालिमा आदि।
आस : भड़ास, प्यास आदि।
ई : आबादी, खिड़की, गाली, गरीबी, गर्मी, सर्दी आदि।
(पानी, मोती, घी, आदमी, हाथी, पक्षी आदि अपवाद हैं।)
त : खपत, चाहत, ताकत, रंगत, संगत, हरकत आदि।
ता : एकता, कटुता, दासता, मनुष्यता, सरलता, सभ्यता आदि।
री : कबूतरी, गठरी, बकरी, परी आदि।

(ङ) भाषा, बोली और लिपि के नाम स्त्रीलिंग होते हैं; जैसे–

भाषा : अंग्रेजी, हिन्दी, उर्दू, जर्मन, फ्रेंच, रूसी, मलयालम, तमिल आदि।
बोली : खड़ी बोली, अवधी, भोजपुरी, मैथिली, हरियाणवी, राजस्थानी आदि।
लिपि : अरबी, फारसी, देवनागरी, ब्राह्मी, गुरुमुखी, रोमन आदि।

(च) शरीर के कुछ अंग स्त्रीलिंग होते हैं; जैसे– एड़ी, आँख, नाक, जीभ, ठोड़ी, नाभि, कमर, भौं, पलक, छाती आदि।

(छ) नदियों और झीलों के नाम स्त्रीलिंग होते हैं; जैसे–

नदी : गंगा, झेलम, यमुना, सतलज, सरस्वती, रावी आदि।
झील : साँभर झील, डल झील, चिलका झील, बालकाश झील आदि।

(ज) प्राणियों में समूह का ज्ञान कराने वाले कुछ शब्द स्त्रीलिंग होते हैं; जैसे– कमेटी, टोली, परिषद्, भीड़, सेना, संसद, सभा, समिति आदि।

(झ) नक्षत्रों, तिथियों और किराने के सामान के नाम स्त्रीलिंग होते हैं–

नक्षत्र : अश्विनी, रोहिणी, भरणी आदि।
तिथि : अमावस्या, एकादशी, पूर्णमासी आदि।
किराना : इलायची, लौंग, जावित्री, कालीमिर्च आदि।

(ञ) स्त्रियों के नाम स्त्रीलिंग होते हैं; जैसे– कमला, सरला, सरोज, श्रुति, आभा, निकिता, नीरजा आदि।

(ट) संस्कृत के 'ना', 'नि' से अन्त होने वाली संज्ञाएँ स्त्रीलिंग होती हैं; जैसे– वेदना, हानि, ग्लानि, कल्पना, प्रार्थना, अर्चना आदि।

(ठ) हिन्दी की धातुओं से 'अ' प्रत्यय लगाकर बनी संज्ञाएँ बहुधा स्त्रीलिंग होती हैं; जैसे– कूक, खोज, अकड़, चहक, फूट, भार, डाँट आदि। (खेल, नाच, बोल, मेल, उतार आदि शब्द अपवाद हैं।)

(ड) अरबी-फारसी के वे शब्द जिनके अन्त में 'आ', 'त' 'श', 'ह' होता है, स्त्रीलिंग होते हैं; जैसे–

आ : दवा, दुआ, सजा, हवा आदि (दगा, इशारा, इस्तीफा, जमाना, चेहरा, पर्दा, शीशा, नशा शब्द अपवाद हैं।)
त : अदालत, इज्जत, दौलत, ताकत, रिश्वत, नफरत आदि।
श : कशिश, कोशिश, तलाश, नालिश, साजिश, सिफारिश आदि।
ह : आह, जगह, निगाह, राह, सलाह, सुबह, सुलह आदि।

(ढ) वे शब्द जो सदैव स्त्रीलिंग में ही व्यवहृत किए जाते हैं; जैसे– कोयल, चील, छिपकली, गिलहरी, मछली, तितली, मैना, मक्खी, मकड़ी, नर्स, सती, सन्तान, सुहागिन, दीमक आदि।

पुलिंग से स्त्रीलिंग बनाने के नियम

अ को 'ई' करके

पुल्लिंग	स्त्रीलिंग	पुल्लिंग	स्त्रीलिंग
कबूतर	कबूतरी	हिरन	हिरनी
देव	देवी	गोप	गोपी
दास	दासी	ब्राह्मण	ब्राह्मणी

आ को 'ई' करके

दादा	दादी	बरछा	बरछी
जूता	जूती	बेटा	बेटी

आ को 'इया' करके

चूहा	चुहिया	बूढ़ा	बुढ़िया
कुत्ता	कुतिया	डिब्बा	डिबिया

अ, आ, ई को 'इन' करके

पुल्लिंग	स्त्रीलिंग	पुल्लिंग	स्त्रीलिंग
साँप	साँपिन	बाघ	बाघिन
मालिक	मालकिन	माली	मालिन
लाला	ललाइन	ठाकुर	ठकुराइन

'नी' लगाकर

जाट	जाटनी	शेर	शेरनी
भील	भीलनी	रीछ	रीछनी

'आ' लगाकर

छात्र	छात्रा	बाल	बाला
प्रिय	प्रिया	महोदय	महोदया

'आनी' लगाकर

नौकर	नौकरानी	देवर	देवरानी
सेठ	सेठानी	चौधरी	चौधरानी

'इका' लगाकर

सेवक	सेविका	नायक	नायिका
लेखक	लेखिका	याचक	याचिका

मान, वान की जगह 'मती' एवं 'वती' लगाकर

श्रीमान	श्रीमती	भगवान	भगवती
गुणवान	गुणवती	ज्ञानवान	ज्ञानवती

भिन्न रूप वाले शब्द

राजा	रानी	नर	नारी
पिता	माता	पति	पत्नी
वर	वधू	बैल	गाय
बाप	माँ	विधुर	विधवा

वचन

निम्नलिखित वाक्यों पर ध्यान दें–

(क) बच्चा खेल रहा है। (ख) बच्चे खेल रहे हैं।

(ग) मुर्गी दाना चुग रही है। (घ) मुर्गियाँ दाना चुग रही हैं।

उपर्युक्त वाक्यों में प्रयुक्त शब्द 'बच्चा' और 'मुर्गी' एक होने का बोध कराते हैं, जबकि 'बच्चे' और 'मुर्गियाँ' एक से अधिक का बोध कराते हैं।

शब्द के जिस रूप से एक या अधिक का बोध हो, उसे **वचन** कहते हैं।

वचन के भेद

वचन के दो भेद हैं-

(1) एकवचन (2) बहुवचन

(1) एकवचन

जो संज्ञा पद एक इकाई का बोध कराए, उसे एकवचन कहते हैं; जैसे–

(क) गाय चर रही है।

(ख) लड़की पढ़ रही है।

(ग) हाथी जा रहा है।

इन वाक्यों में 'गाय', 'लड़की', 'हाथी' एकवचन हैं।

(2ा) बहुवचन

जो संज्ञा पद एक से अधिक का बोध कराए, उसे बहुवचन कहते हैं; जैसे–

(क) गाएँ चर रही हैं।

(ख) लड़कियाँ पढ़ रही हैं।

(ग) हाथियों का समूह जा रहा है।

इन वाक्यों में 'गाएँ', 'लड़कियाँ', 'हाथियों' बहुवचन शब्द हैं।

वचन की पहचान

वचन की पहचान मुख्य रूप से दो प्रकार से होती है–

(1) संज्ञा, सर्वनाम और विशेषण से

(2) क्रिया से

(1) संज्ञा, सर्वनाम और विशेषण से

(क) युवतियाँ झूला झूलती हैं। (बहुवचन, संज्ञा)

(ख) कुछ बच्चे शोर मचा रहे हैं। (बहुवचन, विशेषण)

(ग) क्या उन्होंने गृहकार्य कर लिया। (बहुवचन, सर्वनाम)

(घ) मैंने पिताजी को पत्र लिखा। (एकवचन, सर्वनाम)

(ङ) छोटी बहन ने गीत गाया। (एकवचन, विशेषण)

(च) माँ पुत्र को सुलाती है। (एकवचन, संज्ञा)

(2) क्रिया से

(क) अध्यापक पढ़ा रहा है। (एकवचन)

अध्यापक पढ़ा रहे हैं। (बहुवचन)

(ख) पेड़ गिर गया। (एकवचन)

पेड़ गिर गए। (बहुवचन)

सदा एकवचन रहने वाले शब्द

कुछ संज्ञा शब्द सदा एकवचन रहते हैं; जैसे– भीड़, जनता, दूध, लोहा, सोना, पानी आदि।

उदाहरण–

(क) जनता ने भ्रष्ट नेताओं को हराया।

(ख) बाहर भीड़ इकट्ठी हुई है।

(ग) गिलास से पानी गिर गया।

सदा बहुवचन रहने वाले शब्द

कुछ संज्ञा शब्द सदा बहुवचन रहते हैं; जैसे– होश, प्राण, हस्ताक्षर, दर्शन, बाल आदि।

उदाहरण–

(क) मोहन के बाल झड़ने लगे।

(ख) उनके प्राण निकल गए।

एकवचन शब्दों का बहुवचन के रूप में प्रयोग

एकवचन शब्दों का बहुवचन के रूप में प्रयोग निम्न स्थितियों में होता है–

(1) आदर सम्मान प्रकट करने के लिए–

1. नेहरू जी गुलाब लगाते थे।
2. डॉ. कलाम प्रसिद्ध वैज्ञानिक हैं।

(2) अभिमान प्रकट करने के लिए–

अभिमान प्रकट करने के लिए 'मैं' के स्थान पर 'हम' का प्रयोग किया जाता है; जैसे–

(क) हमारी बात ही कुछ और है।

(ख) अभी हमसे वास्ता नहीं पड़ा।

वचन बदलने के नियम

1. 'अ' का 'एँ' होना

एकवचन	बहुवचन	एकवचन	बहुवचन
मेज	मेजें	पुस्तक	पुस्तकें
झील	झीलें	किताब	किताबें
कलम	कलमें	तस्वीर	तस्वीरें

2. 'आ' का 'एँ' होना

लता	लताएँ	गाथा	गाथाएँ
नौका	नौकाएँ	भुजा	भुजाएँ
महिला	महिलाएँ	परीक्षा	परीक्षाएँ

3. 'आ' का 'ए' होना

बच्चा	बच्चे	कुत्ता	कुत्ते
चीता	चीते	रास्ता	रास्ते
तोता	तोते	गत्ता	गत्ते

4. 'इ', 'ई' का 'इयाँ' होना

नारी	नारियाँ	रीति	रीतियाँ
रोटी	रोटियाँ	शक्ति	शक्तियाँ
पूरी	पूरियाँ	नदी	नदियाँ

5. 'अ' का 'ओं' होना

पहाड़	पहाड़ों	रथ	रथों
पत्र	पत्रों	बल्ब	बल्बों

6. 'आ' का 'ओं' होना

कक्षा	कक्षाओं	नेता	नेताओं
योद्धा	योद्धाओं	पतीला	पतीलों

7. 'ऊ' को 'उ' में बदलना, फिर 'ओं' लगाना

बाजू	बाजुओं	काजू	काजुओं
आलू	आलुओं	लल्लू	लल्लुओं

विशेष–

1. भाववाचक संज्ञाएँ सदा एकवचन में प्रयुक्त होती हैं।
2. नाते-रिश्ते वाले शब्द दोनों वचनों में समान रहते हैं, जैसे– नाना, दादा, चाचा, काका आदि।
3. अकारांत शब्दों में उपसर्ग होने पर बहुवचन में 'ओं' लगता है; जैसे– घर-घरों (में), बात-बातों (में)
4. आकारांत और उकारांत शब्दों में परसर्ग होने पर बहुवचन में 'ओं' लगता है; जैसे–
   राजा-राजाओं (ने), लता-लताओं (का)
5. वृंद, वर्ग, जन-गण आदि शब्द जोड़कर भी बहुवचन बनाए जाते है; जैसे–

नेता	नेतागण	गुरु	गुरुजन
आप	आपलोग	मजदूर	मजदूरवर्ग

कारक

निम्नलिखित वाक्यों पर ध्यान दीजिए-

1. रोहन ने फिल्म देखी।
2. मदन ने नौकर को बुलाया।
3. वह चाकू से काटता है।
4. संगीता ने नलिनी के लिए खिलौने खरीदे।
5. पेड़ से पत्ते गिरे।
6. मोहन कमरे में खेल रहा है।

इन वाक्यों में कुछ चिह्न, जैसे– ने, को, से, के लिए, से, में आदि का प्रयोग हुआ है। इन चिह्नों के बिना वाक्यों का अर्थ ठीक समझ में नहीं आता। ये चिह्न विभक्ति चिह्न कहे जाते हैं।

संज्ञा या सर्वनाम पदों का उस वाक्य की क्रिया से जो संबंध बताता है, उसे **कारक** कहते हैं।

कारक के भेद

कारक के आठ भेद हैं–

1. कर्त्ता कारक
2. कर्म कारक
3. करण कारक
4. संप्रदान कारक
5. अपादान कारक
6. संबंध कारक
7. अधिकरण कारक
8. संबोधन कारक

कुछ विद्वान कारक के दो अन्य भेद–संबंध तथा संबोधन भी मानते हैं, परंतु इनका सीधा संबंध क्रिया से नहीं होता। अतः ये अब कारक में शामिल नहीं किए जाते।

कारकों के नाम तथा उनके विभक्ति चिह्न निम्नलिखित हैं।

कारक तालिका

कारक का नाम	विभक्ति चिह्न	प्रयोग
कर्त्ता	ने, शून्य	1. राम ने खाना खाया। 2. राम चला गया।
कर्म	से, को, शून्य	1. मैंने तोते को पकड़ लिया। 2. वह पत्र पढ़ेगा।
करण	से, के द्वारा	1. शंभु रस्सी से बाल्टी खींचता है।
संप्रदान	को, के लिए	1. गरीबों को वस्त्र दो।
अपादान	से	1. पहाड़ से पत्थर गिरता है।
संबंध	का, की, के; रा, री, रे; ना, नी, ने	मुकेश रमेश का मित्र है।
अधिकरण	में, पर	1. इस थैले में कपड़े थे।
संबोधन	ऐ! हे! अरे! ओ!	1. हे भगवान! मुझसे यह देखा न जाएगा।

1. कर्त्ता कारक

'संजय सेब खाता है।' इस वाक्य को पढ़कर पता चलता है कि कौन खाता है तथा क्या खाता है। 'संजय' ने खाने का काम किया है। अतः संजय कर्त्ता कारक है। क्रिया के करने वाले का बोध कराने वाले को **कर्त्ता कारक** कहते हैं। कर्त्ता कारक का विभक्ति चिह्न 'ने' है।

कर्त्ता कारक का विभक्ति चिह्न अकर्मक क्रिया, वर्तमान काल, भविष्यत्काल, कर्मवाच्य और भाववाच्य में नहीं लगता। इन वाक्यों को देखिए–

नम्रता नहाती है।	*(वर्तमान काल, अकर्मक क्रिया)*
नम्रता नहाएगी।	*(भविष्यत्काल, अकर्मक क्रिया)*
नम्रता आई।	*(भूतकाल, अकर्मक क्रिया)*
नम्रता से नहाया जाएगा।	*(भाववाच्य)*
मज़दूर से गड्ढ़ा खोदा गया।	*(कर्मवाच्य)*

कर्त्ता कारक की पहचान के लिए क्रिया में कौन या किसने लगाया जाता है; जैसे– नम्रता नहाती है।

इसमें 'कौन' लगाया जाए तो उत्तर मिलता है– नम्रता। अतः नम्रता कर्त्ता कारक है।

2. कर्म कारक

(क) स्वामी जी ने भक्तों को समझाया।
(ख) पुलिस ने चोर को पकड़ा।

इन वाक्यों से पता चलता है-

(क) किसको समझाया गया? (भक्तों को)

(ख) किसको पकड़ा गया? (चोर को)

इन वाक्यों में 'भक्तों' और 'चोर' कर्म हैं। इन पर क्रिया का फल पड़ता है।

जिस संज्ञा या सर्वनाम पर क्रिया का फल या प्रभाव पड़ता है, उसे **कर्म कारक** कहते हैं।

कर्म कारक का विभक्ति चिह्न 'को' है परन्तु कहीं-कहीं 'से' का भी प्रयोग होता है तथा कभी-कभी से का प्रयोग भी नहीं होता।

'कर्म' कारक की पहचान के लिए क्रिया के साथ 'क्या', 'किसे' या 'किसको' लगाया जाता है।

जैसे–

किरण ने रूबी को पहुँचाया।

इस वाक्य में क्रिया के साथ 'किसे' लगाया जाए, तो

इसका उत्तर मिलेगा– रूबी को। अतः यह कर्म कारक है।

ध्यान दीजिए–

(क) अप्राणिवाचक कर्म के साथ 'को' विभक्ति चिह्न नहीं लगता; जैसे–

पुजारी पूजा करता है। मोची जूता गाँठता है।

इन वाक्यों में 'पूजा' एवं 'जूते' अप्राणीवाचक कर्म हैं, इसलिए इनके साथ विभक्ति चिह्न नहीं लगाया गया है।

(ख) यदि किसी वाक्य में दो कर्म आ जाएँ तो 'को' विभक्ति चिह्न का प्रयोग गौण कर्म के साथ होता है; जैसे– विपिन ने मनोज को थप्पड़ मारा।

यहाँ 'थप्पड़ मारना' प्रमुख कर्म है। गौण कर्म 'मनोज' है। अतः 'मनोज' के साथ 'को' परसर्ग लगा।

3. करण कारक

दुकानदार ने तराजू से सामान तौला। भूषण ने रंगों के द्वारा चित्र बनाया।

इन वाक्यों को पढ़िए तथा बताइए कि–

(क) दुकानदार किससे सामान तौला? *(तराजू से)*

(ख) भूषण ने किससे चित्र बनाए? *(रंगों से)*

इन वाक्यों में काम करने का साधन 'तराजू' तथा 'रंग' हैं। अतः ये **करण कारक** हैं।

जिसकी सहायता से कोई कार्य सम्पन्न हो, वह संज्ञा या सर्वनाम पद करण कारक होता है।

करण कारक का विभक्ति चिह्न 'से' है। कभी-कभी 'से' की जगह 'के द्वारा' या 'के साथ' का भी प्रयोग होता है; *जैसे–*

छात्रों के द्वारा कार्यक्रम का संचालन किया गया।

करण कारक की पहचान के लिए क्रिया के साथ 'किस' (चीज के साथ) या 'किसके द्वारा' प्रश्न किया जाता है; जैसे–

कार पेट्रोल से चलती है।

इस वाक्य की क्रिया के साथ 'किसके द्वारा' लगाया जाए या प्रश्न किया जाए– 'किस' चीज के साथ चलती है? तो इसका उत्तर मिलता है– पेट्रोल से। अतः 'पेट्रोल से' करण कारक है।

4. संप्रदान कारक

निम्नलिखित वाक्यों को ध्यान से पढ़िए–

(क) मुख्य अतिथि ने कवियों को सम्मान दिया।

(ख) न्यायाधीश ने अपराधी को दंड दिया।

उपर्युक्त वाक्यों से पता चलता है कि–

(क) मुख्य अतिथि ने किसको सम्मान दिया? *(कवियों को)*

(ख) न्यायाधीश ने किसको दंड दिया? *(अपराधी को)*

इन वाक्यों में 'कवियों को, अपराधी को' संप्रदान कारक हैं।

जिसके लिए कोई कार्य किया जाए या जिसे कुछ दिया जाए वह संज्ञा या सर्वनाम पद **संप्रदान कारक** होता है। संप्रदान कारक के विभक्ति चिह्न 'को', 'के लिए' हैं।

संप्रदान कारक की पहचान के लिए क्रिया से 'किसको' या 'किसके लिए' प्रश्न लगाया जाता है; जैसे–

विजय दादाजी के लिए दवाई लाया।

इस वाक्य में क्रिया के साथ 'किसके लिए लाए' लगाने से उत्तर मिलता है– दादाजी के लिए। अतः 'दादाजी के लिए' संप्रदान कारक है।

5. अपादान कारक

निम्नलिखित वाक्यों को ध्यान से पढ़िए–

(क) हिमालय से नदी निकलती है।

(ख) वेद छत से कूद पड़ा

उपर्युक्त वाक्यों से पता चलता है कि–

(क) नदी कहाँ से निकलती है? *(हिमालय से)*

(ख) वेद कहाँ से कूद पड़ा? *(छत से)*

इन दोनों वाक्यों में 'नदी' का 'हिमालय' से तथा 'वेद' का 'छत' से अलगाव दिखाया गया है। अतः 'हिमालय से' तथा 'छत से' अपादान कारक है।

जिससे अलग होने का भाव प्रकट हो, उसे **अपादान कारक** कहते हैं। अपादान कारक का विभक्ति चिह्न 'से' है।

अपादान कारक की पहचान क्रिया के साथ 'कहाँ से' लगाने से होती है।

उदाहरण–

वृक्ष से टहनी गिरी।

इस वाक्य में 'कहाँ से गिरी?' का उत्तर है–वृक्ष से। अतः 'वृक्ष से' अपादान कारक है।

6. संबंध कारक

निम्नलिखित वाक्यों को ध्यान से पढ़िए–

(क) यह सुरेन्द्र की पुस्तक है।

(ख) विशाल विकास का भाई है।

इन वाक्यों को पढ़कर पता चलता है कि

(क) पुस्तक किसकी है? *(सुरेन्द्र की)*

(ख) विशाल किसका भाई है? *(विकास का)*

इन दोनों वाक्यों में 'पुस्तक' या 'सुरेन्द्र' से तथा 'विशाल' का 'विकास' से संबंध स्पष्ट किया गया है। अतः ये वाक्य संबंध कारक के हैं।

वाक्य में जिस पद से किसी व्यक्ति, वस्तु या पदार्थ का अन्य व्यक्ति, वस्तु या पदार्थ से संबंध प्रकट हो, उसे संबंध कारक कहते हैं।

संबंध कारक के विभक्ति, चिह्न 'का', 'की', 'के'; -रा', री, रे, हैं।

7. अधिकरण कारक

निम्नलिखित वाक्यों को ध्यान से पढ़िए–

(क) दीवार पर घड़ी है।

(ख) बस्ते में पुस्तकें रखी हैं।

इन वाक्यों को पढ़कर पता चलता है कि–
(क) घड़ी कहाँ पर है? *(दीवार पर)*
(ख) पुस्तकें किसमें रखी हैं? *(बस्ते में)*

इन वाक्यों में 'दीवार पर' तथा 'बस्ते में' शब्दों द्वारा क्रिया के आधार का ज्ञान होता है, अत: ये पद अधिकरण कारक हैं।

संज्ञा के जिस रूप से क्रिया के आधार का बोध हो, उसे **अधिकरण कारक** कहते हैं।

अधिकरण कारक के विभक्ति चिह्न 'में','पर' हैं। अधिकरण कारक की पहचान के लिए क्रिया में 'कहाँ' तथा 'किसमें' लगाया जाता है; जैसे–

होल्डर में बल्ब लगा दिया है।

इस वाक्य में क्रिया के साथ प्रश्न किया जाता है कि 'किसमें बल्ब लगा दिया गया है'? इसका उत्तर मिलता है 'होल्डर में'। अत: 'होल्डर में' अधिकरण कारक है।

8. संबोधन कारक

निम्नलिखित वाक्यों को ध्यान से पढ़िए–
(क) बच्चों! नदी में तैरने मत जाना।
(ख) भाइयो! हमें हार नहीं माननी चाहिए।

इन वाक्यों को पढ़कर पता चलता है कि प्रथम वाक्य में वक्ता 'बच्चों' को तथा दूसरे वाक्य में 'भाइयों' (व्यक्तियों के समूह) को संबोधित कर रहा है। अत: इन वाक्यों के आधार पर कहा जा सकता है कि जिस संज्ञा पद से किसी को पुकारने, सावधान करने अथवा संबोधित करने का बोध हो, उसे संबोधन कारक कहते हैं।

संबोधन कारके के विभक्ति चिह्न 'हे', 'अरे!' 'ओह!' आदि हैं।

कर्म कारक और संप्रदान कारक में अंतर

कर्म कारक तथा संप्रदान कारक दोनों में 'को' परसर्ग का प्रयोग होता है। कर्म कारक में क्रिया का फल कर्म पर पड़ता है, जबकि संप्रदान कारक में कर्ता देने का कार्य करता है, जैसे–

यशोदा ने कृष्ण को पुकारा। *(कर्म कारक)*
यशोदा ने कृष्ण को बांसुरी दी। *(संप्रदान कारक)*

करण कारक तथा अपादान कारक में अंतर

करण कारक तथा अपादान कारक दोनों कारकों में 'से' विभक्ति चिह्न का प्रयोग होता है। करण कारक से कार्य करने के माध्यम का पता चलता है, जबकि अपादान कारक अलगाव को दर्शाता है, जैसे–

अनीता धागे से कढ़ाई कर रही है। *(करण कारक)*
अनीता सूई से धागा निकाल रही है। *(अपादान कारक)*

संज्ञा शब्दों के साथ विभक्तियों के रूप

संज्ञा शब्दों के रूप लिंग और वचन के अनुसार कारकों में परिवर्तित हो जाते हैं। नीचे हर वर्ण की कुछ संज्ञाओं के उदाहरण दिए जा रहे हैं–

(क) पुल्लिंग संज्ञा शब्दों का रूपांतर

अकारांत पुल्लिंग शब्द 'शिक्षक'

कारक	एकवचन	बहुवचन
कर्त्ता	शिक्षक, शिक्षक ने	शिक्षकों, शिक्षकों ने
कर्म	शिक्षक को	शिक्षकों को
करण	शिक्षक से, शिक्षक के द्वारा	शिक्षकों से, शिक्षकों के द्वारा
संप्रदान	शिक्षक के लिए, शिक्षक को	शिक्षकों के लिए, शिक्षकों को
अपादान	शिक्षक से (पृथक)	शिक्षकों से (पृथक)
संबंध	शिक्षक का, शिक्षक की	शिक्षकों का, शिक्षकों की
अधिकरण	शिक्षक में, शिक्षक पर	शिक्षकों पर, शिक्षकों में
संबोधन	हे शिक्षक!	हे शिक्षको!

इसी आधार पर देव, बालक, वृक्ष, मनुष्य आदि शब्दों के रूप भी होंगे।

आकारांत पुल्लिंग शब्द 'बूढ़ा'

कारक	एकवचन	बहुवचन
कर्ता	बूढ़ा, बूढ़े ने	बूढ़े, बूढ़ों ने
कर्म	बूढ़े को	बूढ़ों को
करण	बूढ़े से, बूढ़े के द्वारा	बूढ़ों के द्वारा
संप्रदान	बूढ़े के लिए, बूढ़े को	बूढ़ों के लिए, बूढ़ों को
अपादान	बूढ़े से (पृथक)	बूढ़ों से (पृथक)
संबंध	बूढ़े के, बूढ़े का, बूढ़े की	बूढ़ों का, बूढ़ों की, बूढ़ों के
अधिकरण	बूढ़े में, बूढ़े पर	बूढ़ों में, बूढ़ों पर
संबोधन	हे बूढ़े!	हे बूढ़ों!

इसी आधार पर घोड़ा, लड़का, गधा आदि शब्दों के रूप भी होंगे।

इकारांत शब्द 'कवि'

कारक	एकवचन	बहुवचन
कर्त्ता	कवि, कवि ने	कवि, कवियों ने
कर्म	कवि को	कवियों को
करण	कवि से, कवि के द्वारा	कवियों से, कवियों के द्वारा
संप्रदान	कवि के लिए, कवि को	कवियों के लिए कवियों को
अपादान	कवि से (पृथक)	कवियों से (पृथक)
संबंध	कवि का, कवि की, कवि के	कवियों का, कवियों की, कवियों के
अधिकरण	कवि में, कवि पर	कवियों में, कवियों पर
संबोधन	हे कवि!	हे कवियों!

ईकारांत शब्द 'मोची'

कारक	एकवचन	बहुवचन
कर्त्ता	मोची, मोची ने	मोची, मोचियों ने
कर्म	मोची को	मोचियों को
करण	मोची से, मोची के द्वारा	मोचियों से, मोचियों के द्वारा
संप्रदान	मोची के लिए, मोची को	मोचियों के लिए, मोचियों को
अपादान	मोची से (पृथक)	मोचियों से (पृथक)
संबंध	मोची का, मोची की, मोची के	मोचियों का, मोचियों की, मोचियों के
अधिकरण	मोची में, मोची पर	मोचियों में, मोचियों पर
संबोधन	हे मोची!	हे मोचियों!

उकारांत शब्द 'गुरु'

कारक	एकवचन	बहुवचन
कर्त्ता	गुरु ने	गुरु, गुरुओं ने
कर्म	गुरु को	गुरुओं को
करण	गुरु से, गुरु के द्वारा	गुरुओं से, गुरुओं के द्वारा
संप्रदान	गुरु के लिए, गुरु को	गुरुओं के लिए, गुरुओं को
अपादान	गुरु से (पृथक)	गुरुओं से (पृथक)
संबंध	गुरु का, गुरु की, गुरु के	गुरुओं का, गुरुओं की, गुरुओं के
अधिकरण	गुरु में, गुरु पर	गुरुओं में, गुरुओं पर
संबोधन	हे गुरु!	हे गुरुओं!

ऊकारांत शब्द 'लड़ाकू'

कारक	एकवचन	बहुवचन
कर्त्ता	लड़ाकू, लड़ाकू ने	लड़ाकू, लड़ाकुओं ने
कर्म	लड़ाकू को	लड़ाकुओं को
करण	लड़ाकू से, लड़ाकू के द्वारा	लड़ाकुओं से, लड़ाकुओं के द्वारा
संप्रदान	लड़ाकू के लिए, लड़ाकू को	लड़ाकुओं के लिए, लड़ाकुओं को
अपादान	लड़ाकू से (पृथक)	लड़ाकुओं से (पृथक)
संबंध	लड़ाकू का, लड़ाकू की, लड़ाकू के	लड़ाकुओं का, लड़ाकुओं की, लड़ाकुओं के
अधिकरण	लड़ाकू में, लड़ाकू पर	लड़ाकुओं में, लड़ाकुओं पर
संबोधन	हे लड़ाकू!	हे लड़ाकुओं!

(ख) स्त्रीलिंग संज्ञा के रूपांतर

अकारांत शब्द 'बहन'

कारक	एकवचन	बहुवचन
कर्त्ता	बहन, बहन ने	बहनें, बहनों ने
कर्म	बहन को	बहनों को
करण	बहन से, बहन के द्वारा	बहनों से, बहनों के द्वारा
संप्रदान	बहन के लिए, बहन को	बहनों के लिए, बहनों को
अपादान	बहन से (पृथक)	बहनों से (पृथक)
संबंध	बहन का, बहन की, बहन के	बहनों का, बहनों की, बहनों के
अधिकरण	बहन में, बहन पर	बहनों में, बहनों पर
संबोधन	हे बहन!	हे बहनों!

आकारांत शब्द 'माता'

कारक	एकवचन	बहुवचन
कर्त्ता	माता, माता ने	माताएँ, माताओं ने
कर्म	माता को	माताओं को
करण	माता से, माता के द्वारा	माताओं के द्वारा, माताओं से
संप्रदान	माता के लिए, माता को	माताओं के लिए, माताओं को
अपादान	माता से (पृथक)	माताओं से (पृथक)
संबंध	माता का, माता की, माता के	माताओं का, माताओं की, माताओं के
अधिकरण	माता में, माता पर	माताओं में, माताओं पर
संबोधन	हे माता!	हे माताओं!

इकारांत शब्द 'कृति'

कारक	एकवचन	बहुवचन
कर्त्ता	कृति, कृति ने	कृतियाँ, कृतियों ने
कर्म	कृति को	कृतियों को
करण	कृति से, कृति के द्वारा	कृतियों से, कृतियों के द्वारा
संप्रदान	कृति के लिए, कृति को	कृतियों के लिए, कृतियों को
अपादान	कृति से	कृतियों से
संबंध	कृति का, कृति की, कृति के	कृतियों का, कृतियों के, कृतियों की,
अधिकरण	कृति में, कृति पर	कृतियों में, कृतियों पर
संबोधन	हे कृति!	हे कृतियों!

ईकारांत शब्द 'बेटी'

कारक	एकवचन	बहुवचन
कर्त्ता	बेटी, बेटी ने	बेटियाँ, बेटियों ने
कर्म	बेटी को	बेटियों को
करण	बेटी से, बेटी के द्वारा	बेटियों से, बेटियों के द्वारा
संप्रदान	बेटी के लिए, बेटी को	बेटियों के लिए, बेटियों को
अपादान	बेटी से (पृथक)	बेटियों से (पृथक)
संबंध	बेटी का, बेटी की, बेटी के	बेटियों का, बेटियों की, बेटियों को
अधिकरण	बेटी में, बेटी पर	बेटियों में, बेटियों पर
संबोधन	हे बेटी!	हे बेटियों!

ऊकारांत शब्द 'बहू'

कारक	एकवचन	बहुवचन
कर्त्ता	बहू, बहू ने	बहुएँ, बहुओं ने
कर्म	बहू को	बहुओं को
करण	बहू से, बहू के द्वारा	बहुओं से, बहुओं के द्वारा
संप्रदान	बहू के लिए, बहू को	बहुओं के लिए, बहुओं को
अपादान	बहू से (पृथक)	बहुओं से (पृथक)
संबंध	बहू का, बहू की, बहू के	बहुओं का, बहुओं की, बहुओं के
अधिकरण	बहू में, बहू पर	बहुओं में, बहुओं पर
संबोधन	हे बहू!	हे बहुओं!

औकारांत शब्द 'गौ'

कारक	एकवचन	बहुवचन
कर्त्ता	गौ, गौ ने	गौएँ, गौओं ने
कर्म	गौ को	गौओं को
करण	गौ से, के द्वारा	गौओं से, गौओं के द्वारा
संप्रदान	गौ को, गौ के लिए	गौओं को, गौओं के लिए
अपादान	गौ से (पृथक्)	गौओं से (पृथक्)
संबंध	गौ का, गौ की, गौ के	गौओं का, गौओं की, गौओं के
अधिकरण	गौ में, गौ पर	गौओं में, गौओं पर
संबोधन	हे गौ!	हे गौओं!

सर्वनाम

निम्नलिखित वाक्यों को देखिए-

1. सतीश मेधावी छात्र है। सतीश अपनी कक्षा में प्रथम आता है।
2. सतीश रोज जल्दी उठता है।
3. सतीश का विद्यालय सतीश के घर के पास ही है।

इन वाक्यों में 'सतीश' शब्द बार-बार आने से वाक्य अटपटे लगते हैं।

अब इन्हीं वाक्यों को देखिए-

1. सतीश मेधावी छात्र है, वह अपनी कक्षा में प्रथम आता है।
2. वह हर रोज जल्दी उठता है।
3. उसका विद्यालय उसके घर के पास ही है।

इन वाक्यों में 'सतीश' के स्थान पर 'वह' 'उसका' 'उसके' शब्दों का प्रयोग किया गया है। ये संज्ञा के स्थान पर प्रयुक्त हुए हैं। इन्हें सर्वनाम कहा जाता है।

संज्ञा के स्थान पर जिन शब्दों का प्रयोग होता है, उन्हें **सर्वनाम** कहते हैं।

इन शब्दों के प्रयोग से वाक्य सुंदर एवं स्पष्ट बन जाते हैं।

सर्वनाम शब्द– मैं, तुम, हम, वह, यह, आप आदि।

सर्वनाम के भेद

सर्वनाम के छह भेद हैं–

1. पुरुषवाचक सर्वनाम
2. निश्चयवाचक सर्वनाम
3. अनिश्चयवाचक सर्वनाम
4. संबंधवाचक सर्वनाम
5. प्रश्नवाचक सर्वनाम
6. निजवाचक सर्वनाम

1. पुरुषवाचक सर्वनाम

जो सर्वनाम किसी व्यक्ति के लिए प्रयुक्त होता है, उसे **पुरुषवाचक सर्वनाम** कहते हैं। *उदाहरण–*

(क) मैं दिल्ली जा रहा हूँ।
(ख) तू बड़ा दुष्ट है।
(ग) उसे बाजार भेजो।

इन वाक्यों में 'मैं', 'तू', 'उसे' शब्द संज्ञा के स्थान पर प्रयोग हुए हैं।

पुरुषवाचक सर्वनाम के तीन प्रकार हैं-

(1) उत्तम पुरुष
(2) मध्यम पुरुष
(3) अन्य पुरुष

(1) उत्तम पुरुष– बोलने वाला या लिखने वाला अपने नाम के बदले जिस सर्वनाम का प्रयोग करता है, उसे **उत्तम पुरुष सर्वनाम** कहते हैं; जैसे– मैं, मेरा, हम, हमारा, हमें, हमने आदि।

उदाहरण–

(क) मैं फोन पर बात करूँगा।
(ख) हमारा दौड़ना काम न आया।
(ग) मैं चिट्ठी लिख रहा हूँ।

(2) मध्यम पुरुष– सुनने वाले और पढ़ने वाले के लिए प्रयोग होने वाले सर्वनामों को **मध्यम पुरुष सर्वनाम** कहते हैं; जैसे– तू, तुम, तुमने, तुम्हें, तेरा, तुम्हारा, तुमको आदि।

उदाहरण–

(क) तुम्हें बर्फी चाहिए या समोसा।
(ख) तू उदास क्यों है?
(ग) तुझसे यह हल्का थैला भी नहीं उठाया जाता।

(3) अन्य पुरुष–वक्ता और श्रोता द्वारा किसी अन्य के लिए प्रयुक्त सर्वनाम शब्दों को **अन्य पुरुष सर्वनाम** कहते हैं; जैसे– वह, वे, उसे, उसने, उन्हें, उन्होंने।

उदाहरण–

(क) वह गा रही थी।
(ख) उनको चाय दे आओ।
(ग) उसमें धैर्य नहीं है।

2. निश्चयवाचक सर्वनाम

जिन सर्वनामों से किसी वस्तु, व्यक्ति, घटना आदि का निश्चित बोध होता है, उन्हें **निश्चयवाचक सर्वनाम** कहते हैं; जैसे– यह, वह, उसमें, वे, उससे आदि।

विशेष–यह निश्चित बोध निकट की वस्तुओं का भी हो सकता है और दूर की वस्तुओं का भी। दूर की वस्तु या व्यक्ति के लिए वह और पास की वस्तु या व्यक्ति के लिए यह का प्रयोग होता है।

उदाहरण–

(क) हमारे हिंदी के अध्यापक वे हैं।
(ख) यह सीमा का मकान है।
(ग) सब्जियाँ उस टोकरी में पड़ी हैं।

विशेष– वह, यह, वे, ये सर्वनाम निश्चयवाचक तथा पुरुषवाचक सर्वनामों में प्रयुक्त होते हैं।

उदाहरण–

(क) विशाल मेरा भाई है। वह कोलकाता में रहता है। (पुरुषवाचक)
(ख) यह किताब मेरी है। वह तुम्हारी है। (निश्चयवाचक)

पहले वाक्य में 'वह' शब्द वक्ता के भाई के लिए है तथा दूसरे वाक्य में 'वह' निश्चित वस्तु बताता है।

3. अनिश्चयवाचक सर्वनाम

जिन सर्वनामों से किसी व्यक्ति, प्राणी, वस्तु, घटना आदि का निश्चित बोध न होता हो, उन्हें **अनिश्चयवाचक सर्वनाम** कहते हैं; जैसे– कोई, कुछ, किसी।

उदाहरण–

(क) किसी ने पत्थर मार दिया।
(ख) दूध में कुछ पड़ा है।
(ग) आपको कोई बुला रहा है।

4. संबंधवाचक सर्वनाम

जो सर्वनाम किसी मिश्रित वाक्य के दोनों उपवाक्यों में संबंध बताते हैं, उन्हें **संबंधवाचक सर्वनाम** कहते हैं; जैसे- जैसा-वैसा, जो-सो।

उदाहरण–

(क) जैसा बोया, वैसा काटा।

(ख) जो नृत्य कर रही है, वह प्रिया की मौसी है।

इन वाक्यों में 'जैसा–

वैसा' और 'जो-वह' सर्वनाम दो उपवाक्यों में संबंध बता रहे हैं। अत: ये संबंधवाचक सर्वनाम हैं।

5. प्रश्नवाचक सर्वनाम

वे शब्द जिनका प्रयोग प्रश्न पूछने के लिए किया जाता है, **प्रश्नवाचक सर्वनाम** कहलाते हैं; जैसे– कहाँ, कौन, किसने, क्या, किसे आदि।

उदाहरण–

(क) कपड़े कौन धो रहा है?

(ख) रुपए किससे लाए हो?

इन वाक्यों में 'कौन', 'किससे' शब्द प्रश्न का बोध कराते हैं। अत: ये प्रश्नवाचक सर्वनाम हैं।

6. निजवाचक सर्वनाम

जो सर्वनाम पुरुषवाचक सर्वनाम के अपनेपन का बोध कराते हैं, वह निजवाचक सर्वनाम कहलाते हैं; जैसे– स्वयं, आप, खुद आदि।

उदाहरण–

(क) नेहा स्वयं भोजन बना रही है।

(ख) मैं सामान अपने आप उठा लूँगा।

इन वाक्यों में 'स्वयं' तथा 'अपने आप' शब्द निजवाचक सर्वनाम हैं।

विशेष–'आप' शब्द का प्रयोग पुरुषवाचक तथा निजवाचक सर्वनाम दोनों में होता है। पुरुषवाचक सर्वनाम में यह मध्यम पुरुष के लिए प्रयुक्त होता है, परंतु निजवाचक सर्वनाम में यह अपने लिए प्रयुक्त होता है; जैसे–

(क) आप कल कहाँ जाएँगे? (आदरसूचक मध्यमपुरुष)

(ख) वह अपने आप पढ़ सकता है। (निजवाचक)

सर्वनामों की रूप रचना

पुरुषवाचक उत्तम पुरुष 'मैं' शब्द

कारक	एकवचन	बहुवचन
कर्त्ता	मैं, मैंने	हम, हमने
कर्म	मुझको, मुझे	हमको, हमें
करण	मुझसे, मेरे द्वारा	हमसे, हमारे द्वारा
संप्रदान	मुझको, मेरे लिए, मुझे	हमको, हमारे लिए, हमें
अपादान	मुझसे	हमसे
संबंध	मेरा, मेरे, मेरी	हमारा, हमारे, हमारी
अधिकरण	मुझमें, मुझ पर	हममें, हम पर

पुरुषवाचक मध्यम पुरुष 'तू' शब्द

कारक	एकवचन	बहुवचन
कर्त्ता	तू, तूने	तुम, तुमने
कर्म	तुझको, तुझे	तुमको, तुम्हें
करण	तुझसे, तेरे द्वारा	तुमसे, तुम्हारे द्वारा
संप्रदान	तुझे, तुझको, तेरे लिए	तुम्हें, तुम्हारे लिए, तुमको
अपादान	तुझसे	तुमसे
संबंध	तेरा, तेरे, तेरी	तुम्हारा, तुम्हारा, तुम्हारी
अधिकरण	तुझ में, तुझ पर	तुममें, तुम पर

पुरुषवाचक अन्य पुरुष 'वह'

कारक	एकवचन	बहुवचन
कर्त्ता	वह, उसने	वे, उन्होंने
कर्म	उसको, उसे	उनको, उन्हें
करण	उससे, उसके द्वारा	उनसे, उनके द्वारा
संप्रदान	उसके लिए, उसको	उनके लिए, उनको
अपादान	उससे	उनसे
संबंध	उसका, उसकी, उसके	उनका, उनकी, उनके
अधिकरण	उसमें, उस पर	उनमें, उन पर

आदरसूचक 'आप'

कारक	एकवचन	बहुवचन
कर्त्ता	आप, आपने	....
कर्म	आपको	....
करण	आपसे, आपके द्वारा	....
संप्रदान	आपके लिए, आपको	....
अपादान	आपसे	....
संबंध	आपका, आपकी, आपके	....
अधिकरण	आप में, आप पर	....

('आप' सर्वनाम के बहुवचन रूप एकवचन के समान ही रहते हैं।)

अनिश्चयवाचक 'कोई'

कारक	एकवचन	बहुवचन
कर्त्ता	कोई, किसी ने	कोई, किन्हीं ने
कर्म	किसी को	किन्हीं को
करण	किसी से, किसी के द्वारा	किन्हीं से, किन्हीं के द्वारा
संप्रदान	किसी के लिए, किसी को	किन्हीं के लिए, किन्हीं को
अपादान	किसी से	किन्हीं से
संबंध	किसी का, किसी के, किसी की	किन्हीं का, किन्हीं के, किन्हीं की
अधिकरण	किस में, किस पर	किनमें, किन पर

निश्चयवाचक 'यह'

कारक	एकवचन	बहुवचन
कर्त्ता	यह, इसने	ये, इनसे
कर्म	इसको	इनको
करण	इससे, इसके द्वारा	इनसे, इनके द्वारा
संप्रदान	इसके लिए, इसको	इनके लिए, इनको

अपादान	इससे	इनसे
संबंध	इसका, इसकी, इसके	इनका, इनकी, इनके
अधिकरण	इसमें, इस पर	इनमें, इन पर

प्रश्नवाचक 'कौन'

कारक	**एकवचन**	**बहुवचन**
कर्त्ता	कौन, किसने	कौन, किन्होंने
कर्म	किसे, किसको	किनको, किन्हें
करण	किससे, किसके द्वारा	किनसे, किनके द्वारा
संप्रदान	किसके लिए, किसको	किनके लिए, किनको
अपादान	किस से	किन से
संबंध	किसका, किसकी, किसके	किनका, किनकी, किनके
अधिकरण	किसमें, किस पर	किनमें, किन पर

संबंधवाचक 'जो'

कारक	**एकवचन**	**बहुवचन**
कर्त्ता	जो, जिसने	जो, जिन्होंने
कर्म	जिसको	जिनको
करण	जिससे, जिसके द्वारा	जिनसे, जिनके द्वारा
संप्रदान	जिसके लिए, जिसको	जिनके लिए, जिनको
अपादान	जिससे	जिनसे
संबंध	जिसका, जिसके, जिसकी	जिनका, जिनके, जिनकी
अधिकरण	जिसमें, जिस पर	जिनसे, जिन पर

विशेषण

निम्नलिखित वाक्यों को ध्यान से पढ़िए–

(क) यह काली बिल्ली है।
(ख) गिलास में दूध कम है।
(ग) कमरे में तीन बच्चे हैं।
(घ) वह लड़की गरीब है।

उपर्युक्त वाक्यों में 'काली', 'कम', 'तीन', 'वह' शब्द संज्ञा की विशेषता बता रहे हैं; जैसे–

बिल्ली का रंग कैसा है? – काला
गिलास में कितना दूध है? – कम
कमरे में कितने बच्चे हैं? – तीन
कौन-सी लड़की ग़रीब है? – वह

अतः संज्ञा या सर्वनाम की विशेषता बताने वाले शब्दों को **विशेषण** कहते हैं।

विशेषण शब्द जिस शब्द की विशेषता बताता है, उसे विशेष्य कहते हैं; जैसे–

विशेषण	**विशेष्य**
काली	बिल्ली
कम	दूध
तीन	बच्चे
वह	लड़की

विशेषण के भेद

विशेषण के चार भेद होते हैं–

(1) गुणवाचक विशेषण
(2) परिमाणवाचक विशेषण
(3) संख्यावाचक विशेषण
(4) सार्वनामिक विशेषण

(1) गुणवाचक विशेषण

(क) यह फल रसीला है।
(ख) मुझे सफ़ेद गुलाब पसन्द है।
(ग) तुम्हारा घर पुराना है।
(घ) लाल स्याही लाओ।

इन वाक्यों में 'रसीला', 'सफेद', 'पुराना', 'लाल' शब्द संज्ञा शब्दों के रूप, रंग, गुण, आकार आदि को बता रहे हैं, ये गुणवाचक विशेषण हैं।

जो विशेषण संज्ञा या सर्वनाम के गुण, दशा, रंग, आकार, भाव, समय, स्थान, दिशा, दोष आदि का बोध कराते हैं, वे **गुणवाचक विशेषण** कहलाते हैं; जैसे– अच्छा, बुरा, पतला, नीला, नुकीली, मीठा, कठोर, उपयोगी, बनारसी, मुरादाबादी, पूर्वी आदि।

(2) परिमाणवाचक विशेषण

(क) बाजार से पाँच किलो दाल लाओ।
(ख) मेरे पास काफ़ी फल हैं।

इन वाक्यों में 'पाँच किलो' और 'काफ़ी' शब्द क्रमशः दाल तथा फल का परिमाण बता रहे हैं। ऐसे शब्दों को परिमाणवाचक विशेषण कहते हैं।

जो विशेषण संज्ञा या सर्वनाम की तौल या माप का बोध कराएँ, **परिमाणवाचक विशेषण** कहलाते हैं; जैसे– बहुत, कम, इतना, उतना, थोड़ा, सारा, पूरा आदि।

परिमाणवाचक विशेषण के दो प्रकार होते हैं–

(क) निश्चित परिमाणवाचक विशेषण
(ख) अनिश्चित परिमाणवाचक विशेषण

(क) निश्चित परिमाणवाचक विशेषण–जिन विशेषणों से किसी वस्तु की निश्चित मात्रा का ज्ञान हो, उन्हें **निश्चित परिमाणवाचक विशेषण** कहते हैं; जैसे–

(क) मेरे पास दस किलो सेब हैं।
(ख) चार लीटर घी लाओ।
(ग) दस मीटर लाल कपड़ा खरीदो।

उपर्युक्त वाक्यों में 'दस किलो', 'चार लीटर' और 'दस मीटर' से क्रमशः सेब, घी और कपड़े के निश्चित परिमाण का ज्ञात होता है।

(ख) अनिश्चित परिमाणवाचक विशेषण–जिन विशेषणों से किसी वस्तु की मात्रा का निश्चित ज्ञान न हो, उन्हें **अनिश्चित परिमाणवाचक विशेषण** कहते हैं; जैसे–

(क) थोडी-सी चाय लेकर आओ।
(ख) मुझे कुछ पैसे चाहिए।
(ग) उसके पास अत्यधिक जमीन है।

उपर्युक्त वाक्यों में 'थोड़ी-सी', 'कुछ' और 'अत्यधिक' से क्रमशः चाय, पैसे और जमीन के निश्चित परिमाण का ज्ञान नहीं होता है।

(3) संख्यावाचक विशेषण

मेज पर कई पुस्तकें रखी हैं।

अस्तबल में तीन घोड़े हैं।

इन वाक्यों में 'कई' तथा 'तीन' शब्द 'पुस्तकें' एवं 'घोड़े' की विशेषता बता रहे हैं, ये **संख्यावाचक विशेषण** हैं।

जो विशेषण संज्ञा की संख्या का बोध कराएँ, संख्यावाचक विशेषण कहलाते हैं; जैसे– एक, दस, पाँच, पहला, चौथा, कुछ, कई, थोड़े, बहुत आदि।

संख्यावाचक विशेषण के दो प्रकार होते हैं–

(क) निश्चित संख्यावाचक विशेषण

(ख) अनिश्चित संख्यावाचक विशेषण

(क) निश्चित संख्यावाचक विशेषण–जो विशेषण संज्ञा की निश्चित संख्या का बोध कराएँ, उन्हें **निश्चित संख्यावाचक विशेषण** कहते हैं; जैसे–

(क) पेड़ पर चार कबूतर बैठे हैं।

(ख) कक्षा में तीस बच्चे हैं।

(ग) आठ साल में पैसा दोगुना होता है।

उपर्युक्त वाक्यों में 'चार', 'तीस' और 'आठ' क्रमशः कबूतर, बच्चे और साल की निश्चित संख्या का बोध करा रहे हैं।

(ख) अनिश्चित संख्यावाचक विशेषण–जो विशेषण संज्ञा की निश्चित संख्या का बोध न कराएँ, उन्हें **अनिश्चित संख्यावाचक विशेषण** कहते हैं; जैसे–

(क) कक्षा में कुछ लड़के बैठे हैं।

(ख) मेरे पास बहुत सिक्के हैं।

(ग) आँधी में कई पेड़ उखड़ गए।

उपर्युक्त वाक्यों में 'कुछ', 'बहुत' और 'कई से' क्रमशः लड़कों, सिक्के और पेड़ की निश्चित संख्या का बोध नहीं हो रहा है।

(4) सार्वनामिक विशेषण

(क) यह घर मेरा नहीं है।

(ख) वे युवक सोते हैं।

इन वाक्यों में 'यह' तथा 'वे' क्रमशः 'घर' एवं 'युवक' संज्ञा शब्दों की ओर संकेत करते हैं, ये सार्वनामिक विशेषण हैं।

जो सर्वनाम संज्ञा शब्द के साथ या पहले आते हैं, उन्हें **सार्वनामिक विशेषण** कहते हैं। इन्हें संकेतवाचक विशेषण भी कहते हैं; जैसे– यह, वह, इन, उन, उस आदि।

सार्वनामिक विशेषण और सर्वनाम में अंतर

सर्वनाम किसी संज्ञा के स्थान पर आता है, जबकि सार्वनामिक विशेषण संज्ञा शब्द के तुरन्त पहले आता है; जैसे–

1. वह खेलता है। (सर्वनाम)
   वह बालक खेलता है। (सार्वनामिक विशेषण)
2. कोई यहाँ रहता है। (सर्वनाम)
   कोई छात्र यहाँ रहता है। (सार्वनामिक विशेषण)

परिमाणवाचक और संख्यावाचक विशेषण में अंतर

परिमाणवाचक विशेषण से वस्तुओं की नाप-तोल का ज्ञान होता है, जबकि संख्यावाचक विशेषण से वस्तुओं की गिनती का ज्ञान होता है; जैसे–

1. उसने थोड़े फूल तोड़े। (संख्यावाचक)
   उसने थोड़े चावल खरीदे। (परिमाणवाचक)
2. मोहन ने बहुत पेड़ कटवाए। (संख्यावाचक)
   मोहन ने बहुत अनाज खरीदा। (परिमाणवाचक)

विशेष–संख्यावाचक विशेषण गणना करने योग्य संज्ञा के साथ तथा परिमाणवाचक विशेषण गिनती न करने योग्य संज्ञा के साथ आते हैं। कभी-कभी परिमाण अनिश्चित होता है; जैसे- थोड़ा-सा कपड़ा, जरा-सा दूध, जरा-सी दूरी, बहुत दूर, कुछ लीटर दूध आदि।

प्रविशेषण

जो विशेषण संज्ञा के बजाय विशेषण की विशेषता बताएँ, उन्हें **प्रविशेषण** कहा जाता है। *उदाहरण*–

(क) वह बहुत परिश्रमी है।

(ख) यह समस्या अत्यंत कठिन है।

(ग) गहरा लाल रंग, आँखों को चुभता है।

इन वाक्यों में 'बहुत', 'अत्यंत', 'गहरा' प्रविशेषण हैं, क्योंकि ये क्रमशः 'परिश्रमी', 'कठिन', 'लाल' विशेषणों की विशेषता बता रहे हैं।

विशेषणों की तुलनावस्था

(क) मोहन लंबा है।

(ख) सोहन मोहन से लंबा है।

(ग) कमल सबसे लंबा है।

उपर्युक्त वाक्यों में तीन लड़कों की तुलना की गई है। गुण या दोष की तुलना करने को विशेषण की अवस्था कहा जाता है।

विशेषण की तीन अवस्थाएँ निम्नलिखित हैं–

(1) मूलावस्था

(2) उत्तरावस्था

(3) उत्तमावस्था

(1) मूलावस्था– इस अवस्था में विशेषण का सामान्य प्रयोग होता है। इसमें किसी से तुलना नहीं की जाती है; जैसे–

(क) विक्रम बलवान है।

(ख) सलमान गोरा है।

(2) उत्तरावस्था– इसमें दो वस्तुओं, व्यक्तियों या स्थानों की तुलना की जाती है; जैसे–

करिश्मा काजल से सुंदर है।

यह डंडा उस छड़ी से बड़ा है।

(3) उत्तमावस्था–इसमें दो या अधिक व्यक्तियों, वस्तुओं या स्थानों की तुलना करके किसी एक को सबसे अच्छा या बुरा कहा जाता है; जैसे–

(क) मेरी माँ सबसे सुंदर है।

(ख) पवन सबसे अधिक बलवान है।

विशेषणों की तुलना में संज्ञा एवं सर्वनाम के आगे 'से', 'की अपेक्षा', 'की तुलना में' आदि शब्दों का प्रयोग किया जाता है। संस्कृत शब्दों में उत्तरावस्था में 'तर' और उत्तमावस्था में 'तम' जोड़ दिया जाता है।

मूलावस्था	उत्तरावस्था	उत्तमावस्था
उच्च	उच्चतर	उच्चतम
कोमल	कोमलतर	कोमलतम
तीव्र	तीव्रतर	तीव्रतम
मधुर	मधुरतर	मधुरतम

प्रिय	प्रियतर	प्रियतम
अधिक	अधिकतर	अधिकतम
चतुर	चतुरतर	चतुरतम
सुंदर	सुंदरतर	सुंदरतम

विशेषणों की रचना

विशेषणों की रचना संज्ञा, सर्वनाम, क्रिया, अव्यय, उपसर्ग और प्रत्यय द्वारा होती है।

(1) संज्ञा से विशेषण की रचना–

संज्ञा	विशेषण	संज्ञा	विशेषण
अनुभव	अनुभवी	भय	भयभीत
प्रमाण	प्रामाणिक	धर्म	धार्मिक
घर	घरेलू	नमक	नमकीन
मिठास	मीठा	पेट	पेटू
माया	मायावी	नव	नवीन
वर्ष	वार्षिक	भारत	भारतीय
गुलाब	गुलाबी	चाचा	चचेरा
पुराण	पौराणिक	प्यास	प्यासा
समाज	सामाजिक	कृपा	कृपालु
अंत	अंतिम	भूख	भूखा
पंजाब	पंजाबी	कथा	कथ्य
गुण	गुणवती	ज्ञान	ज्ञानी
घृणा	घृणित	देह	दैहिक

(2) सर्वनाम से विशेषण की रचना–

सर्वनाम	विशेषण	सर्वनाम	विशेषण
वह	वैसा	तुम	तुम्हारा
जो	जैसा	यह	ऐसा
हम	हमसा	आप	आपसी
मैं	मुझसा	कौन	कैसा

(3) क्रिया से विशेषण की रचना–

क्रिया	विशेषण	क्रिया	विशेषण
उड़ना	उड़ाकू	पीना	पियक्कड़
पढ़ना	पढ़ाकू	कमाना	कमाऊ
बेचना	बिकाऊ	तैरना	तैराक
कटना	कटाई	सजाना	सजावटी

(4) अव्यय से विशेषण की रचना–

अव्यय	विशेषण	अव्यय	विशेषण
बाहर	बाहरी	ऊपर	ऊपरी
सतह	सतही	आगे	अगला
नीचे	निचला	भीतर	भीतरी
पीछे	पिछला	अंदर	अंदरूनी

(5) उपसर्ग तथा प्रत्यय से विशेषण की रचना–

उपसर्ग	विशेषण	उपसर्ग	विशेषण
ला+इलाज	लाइलाज	धर्म+इक	धार्मिक
बद+नाम	बदनाम	श्री+मान	श्रीमान
निर्+बल	निर्बल	पान+वाला	पानवाला

विशेषण पर लिंग–वचन का प्रभाव

'आ' अंत वाले विशेषणों में लिंग, वचन और कारक उसके विशेषण के अनुसार बदलते हैं; जैसे–

(i) यह प्रसंग अनूठा है।
यह घटना अनूठी है। (लिंग के अनुसार परिवर्तन)

(ii) ठिगना युवक अंदर आ गया।
ठिगने युवक अंदर आ गए। (वचन के अनुसार परिवर्तन)

(iii) राम ने मीठा फल खाया।
राम ने मीठे फल को खाया। (कारक के अनुसार परिवर्तन)

क्रिया

निम्नलिखित वाक्यों को ध्यान से पढ़िए–

(क) अभिनव पतंग उड़ा रहा है।
(ख) मेज पर पुस्तक है।

इन वाक्यों में 'उड़ा रहा है' तथा 'है' पद कार्य के करने या होने का बोध करा रहे हैं। ये पद क्रिया कहलाते हैं।

जिन शब्दों से कार्य के करने या होने का बोध हो, उसे **क्रिया** कहते हैं; जैसे-

(क) बालिका पढ़ती है।

(ख) तोता बोलता है।

(ग) भारत एक विशाल देश है।

(घ) हिमालय ऊँचा पर्वत है।

(ङ) लव-कुश राम के पुत्र थे।

(च) कल वर्षा होगी।

क्रिया के बिना कोई भी वाक्य पूर्ण नहीं होता। वाक्य चाहे एक शब्द का ही क्यों न हो, उसमें क्रिया अवश्य होगी; जैसे–

जाओ! बैठो आदि।

धातु

निम्नलिखित वाक्यों को देखिए–

(क) वह पढ़ता है।
(ख) वे पढ़ेंगे।
(ग) आप पढ़िए।
(घ) तुम पढ़ो।

इन सभी क्रियाओं में 'पढ़' आया है। यह एक धातु है। क्रिया के मूल रूप को **धातु** कहते हैं।

धातु में 'ना' जोड़ने से क्रिया का सामान्य रूप बनता है; जैसे-

धातु	सामान्य रूप
उठ	उठना
सो	सोना
लिख	लिखना
खा	खाना

क्रिया के भेद

कर्म के आधार पर क्रिया के दो भेद होते हैं–

(1) अकर्मक क्रिया
(2) सकर्मक क्रिया

(1) अकर्मक क्रिया

(क) नलिनी खेल रही है।

(ख) मनोज हँसता है।

उपर्युक्त वाक्यों में 'खेलने' और 'हँसने' की क्रिया से पूरी बात स्पष्ट हो जाती है। इससे काम की पूर्णता का बोध होता है। इनमें कर्म की आवश्यकता नहीं है। अतः ये अकर्मक क्रिया हैं।

जिन क्रियाओं में कर्म की आवश्यकता नहीं होती, उन्हें **अकर्मक क्रिया** कहते हैं; जैसे– नाचना, रोना, सोना, हँसना, दौड़ना, बैठना आदि।

उदाहरण–

(क) मीना रोती है।

(ख) सपना सो रही है।

(ग) हम बैठे हैं।

(घ) रेखा नाच रही है।

(2) सकर्मक क्रिया

(क) विनीत कुल्फी खा रहा है।

(ख) पवन हॉकी खेल रहा है।

इन वाक्यों में 'खा रहा है' और 'खेल रहा है' क्रियाएँ हैं। 'कुल्फी' और 'हॉकी' कर्म हैं। 'खाने' और 'खेलने' का काम कर्त्ता कर रहा है। कर्त्ता के काम का फल कर्म (कुल्फी और हाकी) पर पड़ रहा है। अतः ये सकर्मक क्रियाएँ हैं।

जिन क्रियाओं में कर्म की आवश्यकता होती है, उन्हें **सकर्मक क्रिया** कहते हैं; जैसे– पढ़ना, दिखाना, कहना, बनाना, बेचना, लिखना आदि।

उदाहरण–

(क) पुस्तक को फाड़ना मूर्खता है।

(ख) समीर पत्र लिखता है।

(ग) राधा गीत गाती है।

द्विकर्मक क्रिया

जिन सकर्मक क्रियाओं में दो कर्म प्रयुक्त होते हैं, उन्हें **द्विकर्मक क्रियाएँ** कहते हैं; जैसे–

(क) बच्चों ने पिताजी को एक गाना सुनाया।

(ख) किराएदार को मकान दिखाओ।

इन वाक्यों में दो-दो कर्म हैं पहले वाक्य में 'पिताजी' और 'एक गाना' तथा दूसरे वाक्य में 'किराएदार' तथा 'मकान' कर्म हैं।

सकर्मक और अकर्मक क्रियाओं की पहचान

अकर्मक क्रिया में कर्म नहीं होता। यदि क्रिया के साथ क्या, किसे, किसको लगाकर प्रश्न किया जाए और कोई उत्तर न मिले तो क्रिया अकर्मक होगी; जैसे–

शीला दौड़ रही है।

प्रश्न– क्या दौड़ रही है?

उत्तर– कोई नहीं।

अतः यहाँ 'दौड़ रही है' क्रिया अकर्मक है।

सकर्मक क्रिया की पहचान के लिए क्रिया के साथ क्या, किसे और किसको आदि लगाकर प्रश्न करने से उत्तर मिलने पर सकर्मक क्रिया होती है। जैसे–

विनोद पुस्तक पढ़ता है।

प्रश्न– विनोद क्या पढ़ रहा है?

उत्तर– पुस्तक

यहाँ 'पढ़ने' का उत्तर 'पुस्तक' है। अतः 'पढ़ता है' सकर्मक क्रिया है।

विशेष– द्विकर्मक क्रिया के लिए 'क्या' और 'किसको' दोनों का उत्तर मिलना जरूरी है; जैसे–

राम ने सोहन को फल दिया।

राम ने क्या दिया? (फल)

राम ने फल किसको दिया? (सोहन को)

अतः यहाँ 'दिया' द्विकर्मक क्रिया' है।

रचना के आधार पर क्रिया के भेद

रचना के आधार पर क्रिया के चार भेद हैं–

(1) प्रेरणार्थक क्रिया

(2) संयुक्त क्रिया

(3) नामधातु क्रिया

(4) पूर्वकालिक क्रिया

(1) प्रेरणार्थक क्रिया–

माँ नौकरानी से कपड़े धुलवाती है।

इस वाक्य में 'माँ' काम नहीं कर रही। वह 'नौकरानी' को प्रेरणा देकर काम करवा रही है। अतः 'धुलवाना' प्रेरणार्थक क्रिया है।

जहाँ कर्त्ता स्वयं कार्य न करके दूसरे को कार्य करने की प्रेरणा दे, वहाँ प्रेरणार्थक क्रिया होती है; जैसे–

(क) मोहन टिकट कटा रहा है।

(ख) विकास प्रमोद से पत्र लिखवाता है।

(2) संयुक्त क्रिया–

सीमा ने खाना बना लिया।

इस वाक्य में दो क्रियाएँ हैं– 'बना' और 'लिया'। इसमें बना मुख्य क्रिया है तथा लिया उसके प्रभाव को बढ़ा रही है। जब वाक्य में एक से अधिक क्रियाएँ होती हैं, तो उन्हें संयुक्त क्रियाएँ कहते हैं; जैसे–

(क) बच्चा चिल्ला उठा।

(ख) अनीता शिमला से लौट आई।

(3) नामधातु क्रिया–

पाठ दोहराने से और समझ में आ जाता है।

इस वाक्य में 'दोहरा' से 'दोहराना' क्रिया बनी है। अतः यह नाम धातु क्रिया है 'नाम' का अर्थ है-संज्ञा, सर्वनाम अथवा विशेषण।

संज्ञा, सर्वनाम या विशेषण शब्दों से बनाई जाने वाली क्रिया 'नामधातु' क्रिया कहलाती है; जैसे–

(क) महिलाएँ बतियाती हुई जा रही थीं।

(ख) अनाथों को अपनाना महानता थी।

(4) पूर्वकालिक क्रिया–

बच्चा खेलकर आया।

इस वाक्य में मुख्य क्रिया 'आया' है। 'खेलकर' इससे पहले की क्रिया है। अतः 'खेलकर' पूर्वकालिक क्रिया है।

मुख्य क्रिया से पहले आने वाली क्रिया पूर्वकालिक क्रिया कहलाती है; जैसे–

(क) वे पढ़ाकर चले गए।

(ख) राधा खाकर चली गई।

(ग) मैं नहाकर जाऊँगा।

पूर्वकालिक क्रिया सदैव 'कर' के साथ प्रयोग में लाई जाती है।

काल

निम्नलिखित वाक्यों को ध्यान से पढ़िए–

(क) विकास बीमार था।

(ख) नलिनी नृत्य कर रही है।

(ग) किसान खेतों में हल चलाएगा।

उपर्युक्त वाक्यों को पढ़कर पता चलता है कि–

(क) विकास कब बीमार था? (बीते हुए समय में)

(ख) नलिनी कब नृत्य कर रही है। (चल रहे समय में)

(ग) किसान कब हल चलाएगा (आने वाले समय में)

इस प्रकार हर कार्य अलग-अलग समय में होता है। इन्हीं के आधार पर क्रिया का काल निश्चित होता है।

क्रिया के होने या करने के समय को **काल** कहते हैं।

काल के भेद

(1) भूतकाल (2) वर्तमानकाल (3) भविष्यत्काल

(1) भूतकाल

(क) हवाई जहाज **उड़ा**।

(ख) बस दुर्घटनाग्रस्त **हुई** थी।

इन वाक्यों में गहरे अंश बीते हुए समय का बोध कराते हैं। इनकी क्रियाएँ भूतकाल को बताती हैं।

क्रिया के जिस रूप से बीते हुए समय का बोध होता है, उसे **भूतकाल** कहते हैं; जैसे–

(क) सोहन ने पुस्तक पढ़ी।

(ख) गाड़ी जयपुर पहुँच गई।

भूतकाल के छह भेद माने गए हैं–

1. सामान्य भूत
2. आसन्न भूत
3. पूर्ण भूत
4. अपूर्ण भूत
5. संदिग्ध भूत
6. हेतुहेतुमद् भूत

1. सामान्य भूत– इसमें बीते हुए समय में होने वाली क्रिया का सामान्य रूप होता है; जैसे– बिजली चमकी।

2. आसन्न भूत– इसमें क्रिया के अभी-अभी समाप्त होने का पता चलता है; जैसे- हेमा ने नल बंद किया है।

3. पूर्ण भूत– इसमें क्रिया के भूतकाल में पूरी हो जाने का पता चलता है; जैसे– श्याम ने पत्र लिखा था।

4. अपूर्ण भूत– इस काल में क्रिया भूतकाल में भी जारी रहती है; जैसे– मीना कपड़े धो रही थी।

5. संदिग्ध भूत– बीते हुए समय में जिस काम के बारे में संदेह हो, वहाँ संदिग्ध भूत होता है; जैसे– उसने गीत गाया होगा।

6. हेतुहेतुमद् भूत– इसमें क्रिया में शर्त होती है। इसमें भूतकाल की एक क्रिया दूसरी क्रिया पर आश्रित होती है; जैसे– यदि वर्षा होती तो फसल अच्छी होती।

(2) वर्तमान काल

(क) पवन चाय बेचता है।

(ख) विजय दिल्ली जा रहा है।

इन वाक्यों में क्रिया चल रहे समय में हो रही है। अतः क्रिया का वह रूप जिससे उसके चल रहे समय में होने का बोध होता है, उसे **वर्तमान काल** कहा जाता है; जैसे–

(क) अभिनव पढ़ रहा है।

(ख) कमल खेलता है।

वर्तमान काल के तीन भेद होते हैं–

(1) सामान्य वर्तमान

(2) संदिग्ध वर्तमान

(3) अपूर्ण वर्तमान

1. सामान्य वर्तमान– चल रहे समय में हो रही सामान्य क्रियाओं को सामान्य वर्तमान कहा जाता है; जैसे-

बालक दूध पीता है।

2. संदिग्ध वर्तमान– ऐसी क्रियाएँ जिनके वर्तमान समय में होने के विषय में अनिश्चितता होती है, उन्हें संदिग्ध वर्तमान कहते हैं; जैसे-

विमला आती होगी।

3. अपूर्ण वर्तमान– ऐसी क्रियाएँ जिनके वर्तमान काल में चलते रहने का बोध होता है, उन्हें अपूर्ण वर्तमान कहते हैं; जैसे-

रामकिशन भोजन कर रहे हैं।

(3) भविष्यत् काल

(क) सतीश शतरंज खेलेगा।

(ख) संध्या के समय वर्षा होगी।

इन वाक्यों में 'खेलेगा' और 'होगी' क्रियाएँ आने वाले समय में कार्य के होने का बोध कराती हैं। अतः क्रिया का वह रूप जिससे उसके भविष्य में होने का बोध होता है, **भविष्यत् काल** कहलाता है; जैसे–

(क) मैं गिटार बजाऊँगा।

(ख) संजय उमेश को शायद रुपए देगा।

भविष्यत् काल के तीन भेद हैं–

(1) सामान्य भविष्यत्

(2) संभाव्य भविष्यत्

(3) हेतुहेतुमद् भविष्यत्

1. सामान्य भविष्यत्– इसमें क्रियाओं के भविष्य में सामान्य रूप से होने का बोध होता है; जैसे–

(क) डॉ० रामलाल अमृतसर जाएँगे।

(ख) निहाल जन्मदिन पर पार्टी देगा।

2. संभाव्य भविष्यत्– इसमें क्रियाओं के भविष्य में होने की संभावना का बोध होता है; जैसे–

(क) शायद विभु लॉ पढ़ने लखनऊ जाए।

(ख) शायद आज हम बाज़ार जाएँ।

3. हेतुहेतुमद् भविष्यत्– इसमें क्रियाओं में शर्त होती है। इसमें भविष्यत् काल की एक क्रिया दूसरी क्रिया पर आश्रित होती है; जैसे–

(क) राजन जाएगा तो अपूर्व आएगा।

(ख) दुकान खुलेगी तो पुस्तकें खरीदेंगे।

वाच्य

निम्नलिखित वाक्यों को ध्यान से पढ़िए–

(क) उमेश किताब बेच रहा था।

(ख) मदन से सोया जाता है।

(ग) मुझसे चला नहीं जाता।

वाक्य (क) में प्रयुक्त क्रिया 'बेच रहा था' वाक्य के कर्त्ता 'उमेश' के लिंग तथा वचन के अनुसार है, यह कर्तृवाच्य है।

वाक्य (ख) में 'सोया जाता है।' क्रिया का वचन तथा लिंग कर्म के अनुसार है, यह कर्मवाच्य है।

वाक्य (ग) में 'चला नहीं जाता' क्रिया भाव के अनुसार है, यह भाववाच्य है। अत:

क्रिया के जिस रूप से यह पता चले कि क्रिया में कर्त्ता प्रधान है, या कर्म प्रधान है अथवा क्रिया का भाव प्रधान है, उसे **वाच्य** कहते हैं।

वाच्य के भेद

वाच्य के तीन भेद हैं–

(1) कर्तृवाच्य
(2) कर्मवाच्य
(3) भाववाच्य

(1) कर्तृवाच्य

(क) महिलाएँ गीत गा रही हैं।
(ख) नलिनी चित्र देख रही है।

इन वाक्यों की क्रियाएँ 'गा रही हैं' तथा 'देख रही है' कर्त्ता के लिंग तथा वचन के अनुसार प्रयुक्त हुई हैं। ये कर्तृवाच्य के उदाहरण हैं।

जहाँ क्रिया का रूप कर्त्ता के अनुसार बदलता है, उसे **कर्तृवाच्य** कहते हैं। इसमें कर्त्ता प्रधान होता है। क्रिया का सीधा संबंध कर्त्ता से होता है। क्रिया के लिंग, वचन कर्त्ता के अनुसार होते हैं; जैसे–

(क) मैं पत्र लिखता हूँ।
(ख) हम क्रिकेट खेलते हैं।
(ग) नीता घूमने जाती है।

विशेष–कर्तृवाच्य में सकर्मक क्रिया के भी वाक्य होते हैं और अकर्मक क्रिया के भी।

(2) कर्मवाच्य

(क) पुलिस द्वारा चोर पकड़ा गया।
(ख) तूफान के द्वारा किश्ती डूब गई।

इन वाक्यों में 'पकड़ा गया' तथा 'डूब गई' क्रिया में परिवर्तन कर्म के अनुसार हुआ है। ये कर्मवाच्य के उदाहरण हैं।

जहाँ क्रिया का रूप कर्म के अनुसार बदलता है, उसे **कर्मवाच्य** कहते हैं। अर्थात् इसमें कर्म प्रधान होता है। क्रिया का सीधा संबंध कर्म से होता है। क्रिया के लिंग और वचन भी कर्म के अनुसार होते हैं; जैसे–

(1) शिकारियों द्वारा शेर को मार दिया गया।
(2) बच्चों द्वारा खाना खा लिया गया।
(3) कमल से चित्र खरीदे जाते हैं।

विशेष–कर्मवाच्य में केवल सकर्मक क्रिया के ही वाक्य होते है, अकर्मक क्रिया के नहीं।

(3) भाववाच्य

(क) माली से नहीं सींचा गया।
(ख) दादी माँ से उठा नहीं जाता।

इन वाक्यों में क्रियाएँ कर्त्ता और कर्म के अनुसार न होकर भाव के अनुसार हैं। ये भाववाच्य के उदाहरण हैं।

जहाँ क्रिया का रूप भाव के अनुरूप बदलता है, उसे **भाववाच्य** कहते हैं। अर्थात् इसमें भाव (धातु के अर्थ) की ही प्रधानता होती है, कर्त्ता या कर्म की नहीं। भाववाचक केवल अकर्मक धातुओं में ही होता है, सकर्मक धातुओं में नहीं; जैसे–

(1) यहाँ कैसे बैठा जाएगा?
(2) उनसे गाया नहीं जाता।
(3) उनसे हिला नहीं जाता।

वाच्य परिवर्तन

कर्तृवाच्य से कर्मवाच्य

	कर्तृवाच्य	कर्मवाच्य
1.	धोबी कपड़े धोता है।	धोबी द्वारा कपड़े धोए जाते हैं।
2.	रवि कल साइकिल धोएगा।	रवि द्वारा कल साइकिल धोई जाएगी।
3.	उसने बच्चों की रक्षा की।	उसके द्वारा बच्चों की रक्षा की गई।
4.	माली फूल चुनता है।	माली द्वारा फूल चुने जाते हैं।
5.	संगीता गीत गाती है।	संगीता से गीत गाया जाता है।

कर्तृवाच्य से भाववाच्य

कर्तृवाच्य	भाववाच्य
1. रमा खेलेगी।	रमा से खेला जाएगा।
2. विशाल गाता है।	विशाल से गाया जाता है।
3. सिद्धार्थ नहीं पढ़ता है।	सिद्धार्थ से पढ़ा नहीं जाता है।
4. हम नहीं सह सकते।	हमसे सहा नहीं जाता।
5. पक्षी चहचहाते हैं।	पक्षियों से चहचहाया जाता है।

क्रिया विशेषण

निम्नलिखित वाक्यों को ध्यान से पढ़िए–

(क) चीता तेज़ दौड़ता है।
(ख) योगी प्रतिदिन ध्यान लगाता है।
(ग) वह कम हँसता है।

इन वाक्यों में तेज, प्रतिदिन, कम शब्द क्रियाओं की विशेषता बता रहे हैं। ये क्रिया विशेषण हैं।

जो शब्द क्रिया की विशेषता बताते हैं, उन्हें **क्रिया विशेषण** कहते हैं।

क्रिया विशेषण के भेद

क्रिया विशेषण के चार भेद हैं–

(1) रीतिवाचक क्रिया विशेषण
(2) स्थानवाचक क्रिया विशेषण
(3) कालवाचक क्रिया विशेषण
(4) परिमाणवाचक क्रिया विशेषण

(1) रीतिवाचक क्रिया विशेषण

(क) खरगोश तेज़ दौड़ता है।
(ख) मोहिनी ज़ोर-ज़ोर से चिल्ला रही है।

इन वाक्यों में 'तेज़' तथा 'ज़ोर-ज़ोर' पद क्रिया के होने की रीति (ढंग) बताते हैं। अत: ये रीतिवाचक क्रिया विशेषण हैं। जो शब्द क्रिया के होने की रीति बताते हैं, उन्हें **रीतिवाचक क्रिया विशेषण** कहते हैं; जैसे–

(क) कछुआ धीरे-धीरे चलता है।
(ख) मैं नहीं आऊँगा।
(ग) रवि ध्यानपूर्वक पढ़ता है।

रीतिवाचक शब्द–कैसे, ठीक, ज्यों, त्यों, वैसे, सच, झूठ, प्रायः, अवश्य आदि।

(2) स्थानवाचक क्रिया विशेषण

(क) वर्षा में कहाँ जाओगे?
(ख) आप यहाँ क्यों बैठे हैं?

इन वाक्यों में 'कहाँ' तथा 'यहाँ' क्रिया के स्थान का बोध कराते हैं। अतः ये शब्द स्थानवाचक क्रिया विशेषण हैं। जो शब्द क्रिया की स्थान संबंधी विशेषता का बोध कराते हैं, उन्हें **स्थानवाचक क्रिया विशेषण** कहते हैं; जैसे–

(क) धर्म की सर्वत्र विजय होती है।
(ख) आशा है, वहाँ आप भी कुशलपूर्वक होंगे।
(ग) मोना दूर गाँव में रहती है।

स्थानवाचक शब्द–यहाँ, वहाँ, वहीं, इधर-उधर, पास, अंदर-बाहर, ऊपर, नीचे, इस ओर आदि।

(3) कालवाचक क्रिया विशेषण

(क) पिताजी शाम को आएँगे।
(ख) विकास नित्य व्यायाम करता है।

इन वाक्यों में 'शाम' तथा 'नित्य' शब्दों से क्रिया के समय का बोध होता है। अतः ये कालवाचक क्रिया विशेषण हैं। जो शब्द क्रिया की काल संबंधी विशेषता का बोध कराते हैं, उन्हें **कालवाचक क्रिया विशेषण** कहते हैं; जैसे–

(क) विपिन परसों ज़रूर जाएगा।
(ख) मुंबई कब जाओगे।
(ग) सदा सच बोलो।

कालवाचक शब्द – अब, तब, कल, परसों, तभी, बाद में, लगातार, अभी आदि।

(4) परिमाणवाचक क्रिया विशेषण

(क) मोहन सोनू से काफी मोटा है।
(ख) अधिक अन्न उपजाओ।

इन वाक्यों में 'काफी' तथा 'अधिक' शब्द क्रिया की मात्रा बताते हैं। अतः ये परिमाणवाचक क्रिया विशेषण हैं। जो शब्द क्रिया की मात्रा या परिमाण को बताए, उसे **परिमाणवाचक क्रिया विशेषण** कहते हैं; जैसे–

(क) वह बहुत खाता है।
(ख) कम बोलो।
(ग) हरियाणा में गेहूँ बहुत होता है।

परिमाणवाचक शब्द–कुछ, ज़रा, उतना, खूब, थोड़ा, बहुत, बिल्कुल, पर्याप्त आदि।

संबंधबोधक अव्यय

निम्नलिखित वाक्यों को ध्यान से पढ़िए–

(क) मेरे मकान के आगे शिवजी का भव्य मंदिर है।
(ख) मेज के ऊपर तोता बैठा है।

उपर्युक्त वाक्यों में 'के आगे', 'के ऊपर' शब्द क्रमशः 'मेरे मकान' तथा 'मेज' के साथ संबंध बता रहे हैं। ऐसे शब्द संबंधबोधक अव्यय कहे जाते हैं।

वे शब्द जो संज्ञा या सर्वनाम के साथ 'संबंध' बताते हैं और उनके पहले किसी न किसी परसर्ग की अपेक्षा रहती है, **संबंधबोधक अव्यय** कहलाते हैं; जैसे–

(क) मैं घर से दूर पहुँच गया था।
(ख) श्यामा के बाद कृष्णा जाएगी।
(ग) मोहन की अपेक्षा कृष्ण समझदार है।
(घ) कमरे के भीतर बिल्ली है।

इन वाक्यों में 'से दूर', 'के बाद', 'की अपेक्षा', के भीतर, संबंधबोधक शब्द हैं।

संबंधबोधक अव्यय 10 प्रकार के हैं–

1. कालवाचक – (के) आगे, पीछे, पहले, बाद
2. स्थानवाचक – (के) बीच, मध्य, बाहर, भीतर, ऊपर, नीचे, आगे, पीछे।
3. दिशावाचक – (की) ओर, (के) सामने, निकट, पास, (से) दूर, (की) ओर
4. साधनवाचक – (के) द्वारा, जरिए, निमित्त
5. विरोधसूचक – (के) विरुद्ध, उलटे
6. समानतासूचक – (के) सम, समान, भर, तक, सदृश (की) तरह
7. हेतुवाचक – (से) रहित, (के) सिवा (सिवाय), (के) अतिरिक्त, अथवा
8. साथसूचक – (के) साथ, संग, सहित, समेत
9. विषयसूचक – (के) विषय, (की) बाबत, (के) लिए, (के) वास्ते
10. संग्रहवाचक – भर, तक

संबंधबोधक शब्द सूची

के कारण	से दूर	के समान	के पहले
के मारे	के बदले	के बाहर	के विषय में
के द्वारा	से पहले	के बराबर	से लेकर
के अनुकूल	के वास्ते	के अतिरिक्त	के साथ

संबंधबोधक और क्रिया विशेषण में भेद

कुछ शब्द संबंधबोधक तथा क्रिया विशेषण में भी हैं; जैसे– यहाँ, पहले, अंदर आदि।

जब इनका संबंध संज्ञा या सर्वनाम के साथ होता है, तब ये संबंधबोधक होते हैं और जब ये क्रिया की विशेषता बताते हैं, ये क्रिया विशेषण होते हैं; जैसे–

(क) गौतम यहाँ रहता है। (क्रिया विशेषण)
(ख) गौतम अपने मामा के यहाँ रहता है। (संबंधबोधक)

वस्तुतः संबंधबोधक से पहले परसर्ग के, की, से आदि लगे होते हैं। क्रिया विशेषण में परसर्ग नहीं होता।

समुच्चयबोधक अव्यय

निम्नलिखित वाक्यों को ध्यान से पढ़िए–

(क) कृष्ण और पवन सच्चे मित्र हैं।
(ख) मोहिनी सेब ही नहीं बल्कि केला भी खाएगी।

उपर्युक्त वाक्यों में 'और' तथा 'बल्कि' शब्द दो वाक्यों को जोड़ने का काम कर रहे हैं। ये समुच्चयबोधक अव्यय हैं। जो अव्यय पदों, पदबंधों और उपवाक्यों को जोड़ते हैं, उन्हें **समुच्चयबोधक अव्यय** कहते हैं; जैसे–

(क) उठाकर रख लो अथवा दे दो।
(ख) सब जानते हैं कि कुत्ता वफादार जानवर है।
(ग) चाहे तुम बुद्धिमान हो तो भी परिश्रमी नहीं।
(घ) जो झूठ बोलते हैं, उनका कोई विश्वास नहीं करता।

समुच्चयबोधक अव्यय के दो भेद हैं–

(1) समानाधिकरण समुच्चयबोधक

(2) व्यधिकरण समुच्चयबोधक

(1) समानाधिकरण समुच्चयबोधक–जो अव्यय समान पदों, पदबंधों या उपवाक्यों को जोड़ता है, उसे समानाधिकरण समुच्चयबोधक अव्यय कहते हैं। ऐसे कुछ अव्यय हैं– किन्तु, परन्तु, अपितु, अतः, फलतः, अथवा, अन्यथा; जैसे–

(क) न तुम कुछ कर सकते हो, न तुम्हारा दोस्त।

(ख) राम और लक्ष्मण वन को गए।

(ग) मैंने पूरी कोशिश की, लेकिन सब बेकार गई।

(2) व्यधिकरण समुच्चयबोधक–जो अव्यय एक या अधिक आश्रित उपवाक्यों को जोड़ते हैं, उन्हें व्यधिकरण समुच्चयबोधक अव्यय कहते हैं। ऐसे कुछ अव्यय हैं–यद्यपि, तथापि, ताकि, जिससे कि, चूँकि, इसलिए, अर्थात्; जैसे–

(क) मैं घर जा रहा हूँ ताकि आराम कर सकूँ।

(ख) राम पढ़ेगा तो पास हो जाएगा।

(ग) वह नहीं आ सका क्योंकि वह बीमार है।

विस्मयादिबोधक अव्यय

निम्नलिखित वाक्यों को ध्यान से पढ़िए–

(क) बाप रे! इतना लंबा और भयंकर साँप।

(ख) वाह! क्या सुंदर दृश्य है।

(ग) अरे! तुम कब आए?

(घ) सावधान! आगे ऐसी गलती न करना।

उपर्युक्त वाक्यों में बाप रे, वाह, अरे, सावधान आदि शब्द भावों को व्यक्त करते हैं। ये मानव मन के भावों की अभिव्यक्ति करते हैं। ये विस्मयादिबोधक अव्यय हैं।

वे शब्द जो विस्मय, हर्ष, शोक, घृणा आदि तीव्र मनोभावों को व्यक्त करते हैं, **विस्मयादिबोधक अव्यय** कहलाते हैं; जैसे–

(क) हाय! बेचारा लुट गया।

(ख) वाह! वाह! क्या कहने।

(ग) अरे! आप आ गए!

(घ) प्रभू! यह क्या हो गया?

(ङ) काश! आज बारिश हो जाती।

विस्मयादिबोधक शब्द के पश्चात् विस्मयादिबोधक चिह्न (!) लगाया जाता है।

हिंदी में ये निम्न प्रकार के होते हैं–

विस्मय	**हर्ष**	**शोक**	**घृणा**
अरे राम	वाह	हाय	छिः
हे राम	आहा	ओह	छी-छी
वाह	वाह-वाह	आह	हट
ऐं	धन्य-धन्य	हा-हा	अरे
ओ हो	शाबाश	दइया रे	दूर
काश	जय	त्राहि-त्राहि	धिक्

कभी-कभी संज्ञा, सर्वनाम, विशेषण तथा क्रिया आदि का भी विस्मयादिबोधक अव्यय के रूप में प्रयोग मिलता है; जैसे–

संज्ञा– हे राम! शिव-शिव!

सर्वनाम– क्या! कौन! आप!

विशेषण– अच्छा! सावधान! सुन्दर!

क्रिया– चुप! जा जा! हट!

वाक्य

हर शब्द का अपना अर्थ होता है, परंतु यदि इनको क्रम से न बोला जाए तो वक्ता का अभिप्राय स्पष्ट नहीं हो पाता। नीचे लिखे वाक्यों को देखिए–

प्यार थे को अपने करते राम भाइयों बहुत।

यहाँ हर शब्द का अर्थ है, परन्तु इनका क्रम ठीक नहीं है। अतः इनका अभिप्राय स्पष्ट नहीं हो पा रहा। यदि इन शब्दों को इस तरह पढ़ा जाए 'राम अपने भाइयों को बहुत प्यार करते थे।' तो पढ़ने वाला तुरंत इसका अर्थ समझ सकता है। इस प्रकार वाक्य के लिए दो तथ्य आवश्यक हैं– शब्द समूह और अर्थ की अभिव्यक्ति करना।

अतः वाक्य पदों का वह व्यवस्थित समूह है जो पूर्ण अर्थ बता सकता हो।

वाक्य के अंग

वाक्य के दो अंग होते हैं–

(1) उद्देश्य (2) विधेय

(1) उद्देश्य

भागता हुआ चोर तुरंत पकड़ा गया।

विकास खेल रहा है।

इन वाक्यों में 'भागता हुआ चोर' तथा 'विकास' के बारे में कुछ बताया गया है। यही उद्देश्य है। जिसके बारे में वाक्य में बात कही जाए, उसे **उद्देश्य** कहते हैं।

उद्देश्य का विस्तार

जब उद्देश्य की विशेषताएँ बताई जाती हैं तो वह उद्देश्य का विस्तार होता है, जैसे–

(क) गांधी अहिंसा के समर्थक थे।

(ख) महात्मा गांधी अहिंसा के समर्थक थे।

पहले वाक्य में 'गांधी' उद्देश्य है। दूसरे वाक्य में 'महात्मा' शब्द जुड़ा हुआ है। यह 'गांधी' शब्द की विशेषता बता रहा है। अतः जो शब्द उद्देश्य की विशेषता बताते हैं, उन्हें उद्देश्य का विस्तार कहते हैं।

(2) विधेय

हर वाक्य में उद्देश्य के बारे में कुछ न कुछ कहा जाता है; जैसे–

मोहिनी खाना पका रही है।

इस वाक्य में 'मोहिनी' के बारे में बताया गया है कि वह 'खाना पका रही है' यही विधेय है। उद्देश्य के बारे में जो कुछ कहा जाए, उसे **विधेय** कहते हैं।

इसमें कर्म, क्रिया आदि सम्मिलित होते हैं।

विधेय का विस्तार

(1) कर्म का विस्तार

(क) विक्रम फुटबॉल खेलता है।

(ख) विक्रम बढ़िया फुटबॉल खेलता है।

पहले वाक्य में 'फुटबॉल' कर्म है। दूसरे वाक्य में 'बढ़िया' शब्द कर्म की विशेषता बता रहा है। यह कर्म का विस्तार है। जो शब्द कर्म की विशेषताएँ बताए, उन्हें कर्म का विस्तार कहते हैं।

(2) क्रिया का विस्तार

(क) अभिनव पढ़ता है।

(ख) अभिनव ध्यान से पढ़ता है।

पहले वाक्य में 'पढ़ता' क्रिया है। दूसरे वाक्य में 'ध्यान से' शब्द क्रिया की विशेषता बताता है। ये शब्द क्रिया का विस्तार कहे जाते हैं। जो शब्द क्रिया की विशेषता बताएँ, उन्हें क्रिया का विस्तार कहते हैं।

विशेष–कभी-कभी उद्देश्य प्रकट नहीं होता। 'आओ' एक वाक्य है। इसमें 'तुम' (उद्देश्य) अप्रकट है। कभी-कभी विधेय भी लुप्त रहता है; जैसे- कोई पूछता है-कौन आया है?

उत्तर– मैं। (मैं आया हूँ)

यहाँ 'आया हूँ' विधेय अप्रकट है।

पदक्रम

वाक्य में कर्ता, क्रिया तथा कर्म आदि को किस क्रम में रखना चाहिए, इस का ध्यान रखना जरूरी है। पदक्रम में निम्नलिखित बातों का ध्यान बहुत जरूरी है-

1. कर्त्ता के बाद ही क्रिया आती है; जैसे–
   मोहन (कर्त्ता) सो रहा है (क्रिया)
2. यदि कर्म हो तो वह कर्त्ता और क्रिया के बीच में आता है; जैसे–
   सीता पुस्तक पढ़ रही है।
3. यदि वाक्य में दो कर्म हो तो पहले गौण कर्म तथा बाद में मुख्य कर्म आता है; जैसे–

विकास ने	पवन को	दूध	पिलाया
कर्त्ता	गौण कर्म	मुख्य कर्म	क्रिया

4. संबंधवाचक पद संबंधित विशेषण से पहले आते हैं; जैसे–
   कोई अच्छी सी पेंसिल ले लो।
5. क्रिया विशेषण प्रायः क्रिया से पहले रहता है; जैसे–
   वह तेज चलता है।
6. संबोधन और विस्मयादिबोधक पद प्रायः वाक्य के शुरू में आते हैं; जैसे–
   अरे! यह क्या।
   मोहन! तुमसे यह उम्मीद न थी।

वाक्य के प्रकार

रचना के आधार पर वाक्य के तीन प्रकार हैं-

(1) सरल वाक्य

(2) संयुक्त वाक्य

(3) मिश्रित वाक्य

(1) सरल वाक्य

अभिनव खाना खा रहा है।

उपर्युक्त वाक्य एक उद्देश्य (अभिनव) तथा एक विधेय (खाना खा रहा है) हैं। अतः यह एक सरल वाक्य है।

जिस वाक्य में एक उद्देश्य तथा एक विधेय हो, उसे सरल वाक्य कहते हैं।

(2) संयुक्त वाक्य

निधि हँस रही है और विपुल रो रहा है।

इस वाक्य में 'निधि हँस रही है।' एक सरल वाक्य है। इसी तरह 'विपुल रो रहा है' भी सरल वाक्य है, परंतु दोनों वाक्य 'और' समुच्चयबोधक से जुड़े हैं ऐसे वाक्यों को संयुक्त वाक्य कहते हैं। ये वाक्य अपने आप में स्वतंत्र होते हैं।

जिस वाक्य में दो या दो से अधिक स्वतंत्र वाक्य हों और वे समुच्चयबोधक द्वारा जुड़े हों, उसे **संयुक्त वाक्य** कहते हैं।

(3) मिश्रित वाक्य

मैंने देखा कि दो लोग झगड़ रहे हैं।

इस वाक्य में 'मैंने देखा' प्रधान उपवाक्य है तथा 'दो लोग झगड़ रहे हैं' आश्रित उपवाक्य है, जो 'कि' समुच्चयबोधक अव्यय से जुड़े हैं। अतः यह एक मिश्रित या मिश्रय वाक्य है। जिस वाक्य में एक प्रधान उपवाक्य तथा एक आश्रित उपवाक्य हो और वे समुच्चय बोधक अव्यय से जुड़े हों, उसे मिश्रित वाक्य कहते हैं।

अर्थ के आधार पर वाक्य भेद

अर्थ के आधार पर वाक्य आठ प्रकार के होते हैं–

(1) विधानवाचक	(2) निषेधवाचक
(3) आज्ञावाचक	(4) प्रश्नवाचक
(5) विस्मयादिबोधक	(5) इच्छाबोधक
(7) संदेहबोधक	(8) शर्तबोधक

(1) विधानवाचक वाक्य–इन वाक्यों में किसी बात या कार्य के होने या करने का बोध होता है; जैसे–

(क) प्रधानमंत्री ने तिरंगा फहराया।

(ख) मेले में भारी भीड़ थी।

(2) निषेधवाचक वाक्य–इन वाक्यों में किसी बात या कार्य के न होने या न करने का भाव प्रकट होता है; जैसे–

(क) नल में पानी नहीं आ रहा।

(ख) ना ना, इसे छूना मत।

(3) आज्ञावाचक वाक्य–ऐसे वाक्यों में किसी बात या कार्य के लिए आज्ञा या प्रार्थना या उपदेश का भाव निहित रहता है; जैसे–

(क) यहाँ से चले जाओ।

(ख) सदा सुखी रहो।

(4) प्रश्नवाचक वाक्य–इन वाक्यों में किसी प्रकार के प्रश्न पूछने का भाव रहता है; जैसे–

(क) वह क्या कर रहा है?

(ख) बाहर कौन है?

(5) विस्मयादिबोधक वाक्य–इन वाक्यों में विस्मय, हर्ष, शोक, घृणा आदि का बोध होता है; जैसे–

(क) कैसी सुंदर इमारत है!

(ख) अहा! तुम आ गए।

(6) इच्छाबोधक वाक्य–इन वाक्यों से इच्छा, शुभकामना अथवा अभिशाप का भाव प्रकट किया जाता है; जैसे–

तुम्हारा कल्याण हो।

भारत माता की जय हो।

(7) संदेहबोधक वाक्य–इन वाक्यों से संदेह या संभावना का बोध निहित होता है; जैसे–

(क) शायद आज स्कूल बंद हो।

(ख) शायद शाम को वर्षा हो जाए।

(8) शर्तबोधक वाक्य–इन वाक्यों में एक बात या कार्य का होना या न होना किसी दूसरी बात या कार्य के होने या न होने पर निर्भर रहता है; जैसे–

(क) यदि वर्षा न होती तो अकाल पड़ जाता।

(ख) तुम चलते तो मैं भी साथ हो लेता।

अभ्यास प्रश्न

1. हिन्दी के शब्दों का लिंग-निर्धारण किसके आधार पर होता है?
(a) संज्ञा (b) क्रिया
(c) प्रत्यय (d) सर्वनाम

2. नाम धातु कहलाती है–
(a) धातु से बनने वाली क्रिया
(b) सहायक क्रिया से बनने वाली
(c) सर्वनाम से बनने वाली क्रिया
(d) संज्ञा या विशेषण से बनने वाली क्रिया

3. 'गीला' है–
(a) संख्यावाचक विशेषण
(b) सार्वनामिक विशेषण
(c) गुणवाचक विशेषण
(d) इनमें से कोई नहीं

4. 'हरियाली' है–
(a) विशेषण (b) जातिवाचक संज्ञा
(c) समूहवाचक संज्ञा (d) भाववाचक संज्ञा

5. निम्नलिखित में से कौन-सा शब्द विशेषण है?
(a) कवि (b) सुंदरता
(c) भलाई (d) विद्वान

6. 'राष्ट्र' की भाववाचक संज्ञा है–
(a) राष्ट्रीयता (b) राष्ट्री
(c) सौराष्ट्र (d) राष्ट्रीय

7. 'मित्र' शब्द की भाववाचक संज्ञा होगी–
(a) मित्रता (b) दोस्ती
(c) मित्रा (d) सम्बन्ध

8. रीता सुन्दर लड़की है। वाक्य में विशेषण है–
(a) सुन्दर (b) रीता
(c) लड़की (d) है

9. 'अतिथि' को देवता के समान माना गया है। इस वाक्य में 'अतिथि' पद है–
(a) क्रिया (b) सर्वनाम
(c) संज्ञा (d) विशेषण

10. 'मेरी पुस्तक खो गई है।' वाक्य में 'मेरी' है–
(a) सर्वनाम (b) संज्ञा
(c) विशेषण (d) क्रिया-विशेषण

निर्देश : निम्नलिखित वाक्यों में रेखांकित शब्दों की व्याकरणिक कोटि को पहचानिए–

11. गीता सुन्दर लड़की है।
(a) व्यक्तिवाचक (b) जातिवाचक
(c) द्रव्यवाचक (d) समूहवाचक

12. कृष्ण ने कंस को मारा–
(a) जातिवाचक (b) समूहवाचक
(c) व्यक्तिवाचक (d) भाववाचक

13. बुढ़ापा बीमारियों का घर है–
(a) जातिवाचक (b) व्यक्तिवाचक
(c) भाववाचक (d) द्रव्यवाचक

14. बचपन के दिन सुहावने होते हैं–
(a) व्यक्तिवाचक (b) जातिवाचक
(c) द्रव्यवाचक (d) भाववाचक

15. वहाँ एक सभा हो रही थी–
(a) व्यक्तिवाचक (b) जातिवाचक
(c) द्रव्यवाचक (d) समूहवाचक

16. उसका शौर्य प्रशंसनीय है–
(a) व्यक्तिवाचक (b) जातिवाचक
(c) भाववाचक (d) समुदायवाचक

17. कौन आया था?
(a) सर्वनाम (b) विशेषण
(c) क्रिया (d) संज्ञा

18. यह मेरी पुस्तक है–
(a) सर्वनाम (b) क्रिया
(c) संज्ञा (d) विशेषण

19. रोहन का घर अच्छा है–
(a) संज्ञा (b) सर्वनाम
(c) विशेषण (d) क्रिया

20. गंगा हिमालय से निकलती है–
(a) सर्वनाम (b) संज्ञा
(c) विशेषण (d) क्रिया

21. मैं पेन से लिखता हूँ–
(a) संज्ञा (b) सर्वनाम
(c) क्रिया (d) विशेषण

22. उसका भाई बीमार है–
(a) क्रिया (b) विशेषण
(c) सर्वनाम (d) संज्ञा

23. मुझे नहीं जाना–
(a) संज्ञा (b) सर्वनाम
(c) विशेषण (d) क्रिया

24. मीना विद्यालय नहीं गई–
(a) संज्ञा (b) सर्वनाम
(c) क्रिया (d) विशेषण

25. मैं आपकी सहायता करूँगा–
(a) संज्ञा (b) सर्वनाम
(c) विशेषण (d) क्रिया विशेषण

26. रोमा सुन्दर लड़की है–
(a) संज्ञा (b) विशेषण
(c) क्रिया विशेषण (d) सर्वनाम

27. वह इधर देख रहा था–
(a) संज्ञा (b) क्रिया
(c) सर्वनाम (d) क्रिया विशेषण

28. वह तेज दौड़ा पर हार गया–
(a) क्रिया (b) सर्वनाम
(c) क्रिया विशेषण (d) संज्ञा

29. चारों आदमी खाएँगे–
(a) संज्ञा (b) सर्वनाम
(c) क्रिया (d) विशेषण

30. ललिता हँस पड़ी–
(a) संज्ञा (b) सर्वनाम
(c) क्रिया (d) क्रिया विशेषण

31. वह प्रातःकाल उठकर टहलता है–
(a) संज्ञा (b) क्रिया
(c) क्रिया विशेषण (d) सर्वनाम

32. तुमने दूध पी लिया–
(a) पुरुषवाचक (b) निश्चयवाचक
(c) सम्बन्धवाचक (d) निजवाचक

33. हम आगरा जाएँगे–
(a) निजवाचक (b) पुरुषवाचक
(c) सम्बन्धवाचक (d) निश्चयवाचक

34. कोई खड़ा है
(a) निश्चयवाचक (b) अनिश्चयवाचक
(c) पुरुषवाचक (d) निजवाचक

35. कौन आया है?
(a) निजवाचक (b) पुरुषवाचक
(c) प्रश्नवाचक (d) अनिश्चयवाचक

36. ये कहाँ रख दूँ?
(a) निजवाचक (b) निश्चयवाचक
(c) अनिश्चयवाचक (d) पुरुषवाचक

निर्देश : निम्नलिखित में से विशेषण का चयन कीजिए–

37. (a) मोटा (b) पतला
(c) छोटा (d) ये सभी

38. (a) लाल (b) धीरे
(c) इधर (d) रोहन

39. (a) तिगुना (b) सोना
(c) टहलना (d) यथाशक्ति

40. (a) चमक (b) चमकीला
(c) यहाँ (d) वहाँ

41. (a) बुढ़ापा (b) बचपन
(c) गुच्छा (d) आर्थिक

42. (a) धीरे-धीरे (b) राम
(c) कोमल (d) गंगा

निर्देश : निम्नलिखित में से क्रिया विशेषण शब्द छाँटकर सही उत्तर दीजिए–

43. (a) भीतर (b) बाहर
(c) अभी (d) ये सभी

44. (a) सुन्दर (b) आज
(c) मोहन (d) उठना

45. (a) प्रतिदिन (b) स्नान
(c) राजा (d) बाण

46. (a) देखना (b) इधर-उधर
(c) कुशल (d) कारीगर

47. (a) कोई (b) कुछ
(c) यहाँ (d) बैठना

निर्देश : निम्नलिखित शब्दों में से क्रिया शब्द छाँटकर सही उत्तर दें–

48. (a) उठना (b) यमुना
(c) मक्का (d) चतुराई

49. (a) राजा (b) प्रजा
(c) सोकर (d) मूर्ख

50. (a) बचपन (b) यौवन
(c) रोना (d) राम

51. (a) पढ़ना (b) गीत
(c) संगीत (d) तबला

52. (a) कुएँ (b) कूद पड़ा
(c) कुछ (d) दिन

निर्देश : निम्नलिखित वाक्यों में रेखांकित शब्दों से कारक पहचानिए–

53. गंगा हिमालय से निकलती है–
(a) कर्ता
(b) कर्म
(c) करण
(d) अपादान

54. मैं पेन से लिखता हूँ–
(a) कर्म
(b) करण
(c) सम्प्रदान
(d) अपादान

55. राम ने रावण को मारा–
(a) कर्ता
(b) कर्म
(c) करण
(d) सम्बन्ध

56. मोहित ने गाना गाया–
(a) कर्ता (b) कर्म
(c) सम्प्रदान (d) अधिकरण

57. वह घोड़े पर सवार था–
(a) कर्ता (b) कर्म
(c) करण (d) अधिकरण

58. तेरा घर साफ-सुथरा है–
(a) कर्ता (b) कर्म
(c) सम्प्रदान (d) सम्बन्ध

59. राजा ने गीता के लिए पुस्तक खरीदी–
(a) कर्ता (b) कर्म
(c) करण (d) सम्प्रदान

60. मेरे चाचाजी कल आएँगे–
(a) कर्ता (b) कर्म
(c) सम्बन्ध (d) सम्प्रदान

उत्तरमाला

1. (b)	2. (d)	3. (c)	4. (d)	5. (b)	6. (a)	7. (a)	8. (a)	9. (c)	10. (a)
11. (b)	12. (c)	13. (c)	14. (d)	15. (d)	16. (c)	17. (a)	18. (c)	19. (a)	20. (b)
21. (b)	22. (c)	23. (b)	24. (a)	25. (b)	26. (b)	27. (d)	28. (c)	29. (d)	30. (c)
31. (b)	32. (a)	33. (b)	34. (b)	35. (c)	36. (b)	37. (d)	38. (a)	39. (a)	40. (b)
41. (d)	42. (c)	43. (d)	44. (b)	45. (a)	46. (b)	47. (c)	48. (a)	49. (c)	50. (c)
51. (a)	52. (b)	53. (d)	54. (b)	55. (b)	56. (a)	57. (d)	58. (d)	59. (d)	60. (c)

❑❑❑

7. अशुद्ध वाक्यों को शुद्ध करना

व्याकरणिक नियमों की सही जानकारी न होने पर बच्चे अधिकतर वाक्य रचना में अशुद्धियाँ करते हैं। यह गलती लिंग, वचन, कारक, पुनरुक्ति, क्रमदोष, संज्ञा, सर्वनाम, क्रिया, मुहावरे आदि संबंधी हो सकती हैं। नीचे कुछ सामान्य अशुद्धियाँ दी जा रही हैं।

(1) लिंग संबंधी अशुद्धियाँ

अशुद्ध - मेरी बहन छठी कक्षा में पढ़ता है।

शुद्ध - मेरी बहन छठी कक्षा में पढ़ती है।

अशुद्ध - मोहन ने रोटी खाया।

शुद्ध - मोहन ने रोटी खायी।

अशुद्ध - सागर और दिव्या आयी।

शुद्ध - सागर और दिव्या आए।

अशुद्ध - मुझे बसंत ऋतु अच्छी लगता है।

शुद्ध - मुझे बसंत ऋतु अच्छी लगती है।

अशुद्ध - यह पुस्तक मैं पढ़ा हूँ।

शुद्ध - यह पुस्तक मैंने पढ़ी है।

(2) वचन संबंधी अशुद्धियाँ

अशुद्ध - मैंने चाँदी के बर्तन खरीदा।

शुद्ध - मैंने चाँदी के बर्तन खरीदे।

अशुद्ध - प्रत्येक व्यक्ति बुरा नहीं होते।

शुद्ध - प्रत्येक व्यक्ति बुरा नहीं होता।

अशुद्ध - मेरा पिताजी आ गया।

शुद्ध - मेरे पिताजी आ गए।

अशुद्ध - मंदिर में सबने हाथ जोड़ा।

शुद्ध - मंदिर में सबने हाथ जोड़े।

अशुद्ध - सभा में अनेकों लोग उपस्थिति था।

शुद्ध - सभा में अनेक लोग उपस्थित थे।

(3) कारक संबंधी अशुद्धियाँ

अशुद्ध - मोहन ने पढ़ता है।

शुद्ध - मोहन पढ़ता है।

अशुद्ध - स्टेशन में गाड़ी आ गई।

शुद्ध - स्टेशन पर गाड़ी आ गई।

अशुद्ध - मैं घर को जा रहा हूँ।

शुद्ध - मैं घर जा रहा हूँ।

अशुद्ध - हम आपसे कहा था।

शुद्ध - हमने आप से कहा था।

अशुद्ध - कॉपी पर लिखो।

शुद्ध - कॉपी में लिखो।

(4) संज्ञा संबंधी अशुद्धियाँ

अशुद्ध - बेफिजूल मत बोलो।

शुद्ध - फिजूल मत बोलो।

अशुद्ध - मैं जानबूझकर गलती कर बैठा।

शुद्ध - मैं अनजाने में गलती कर बैठा।

अशुद्ध - प्रत्येक सदस्यों का यही मत था।

शुद्ध - प्रत्येक सदस्य का यही मत था।

अशुद्ध - रोमी और सोमी में घोर संबंध है।

शुद्ध - रोमी और सोमी में घनिष्ठ संबंध है।

अशुद्ध - निरपराधी को दंड देना अनुचित है।

शुद्ध - निरपराध को दंड देना अनुचित है।

(5) सर्वनाम संबंधी अशुद्धियाँ

अशुद्ध - मेरे को खेलना है।

शुद्ध - मुझे खेलना है।

अशुद्ध - तुम तुम्हारा काम करो।

शुद्ध - तुम अपना काम करो।

अशुद्ध - दूध में कौन पड़ गया।

शुद्ध - दूध में क्या पड़ गया।

अशुद्ध - वे अच्छा आदमी नहीं है।

शुद्ध - वह अच्छा आदमी नहीं है।

अशुद्ध - मुझे मेरे भाई के घर जाना है।

शुद्ध - मुझे अपने भाई के घर जाना है।

(6) विशेषण संबंधी अशुद्धियाँ

अशुद्ध - काली घोड़ा चल रहा है।

शुद्ध - काला घोड़ा चल रहा है।

अशुद्ध - दुष्टों के भय से बचो।

शुद्ध - दुष्टों से बचो।

अशुद्ध - शेर एक वीभत्स जानवर है।

शुद्ध - शेर एक भयानक जानवर है।

अशुद्ध - वह तेज़ बुद्धि है।

शुद्ध - वह कुशाग्र बुद्धि है।

अशुद्ध - मुझे भारी दुख हुआ।

शुद्ध - मुझे बहुत दुख हुआ।

(7) क्रिया संबंधी अशुद्धियाँ

अशुद्ध - आप कहो।

शुद्ध - आप कहिए।

अशुद्ध - हम तीन भाई है।

शुद्ध - हम तीन भाई हैं।

अशुद्ध - मुंबई में मानसून आ गई।

शुद्ध - मुंबई में मानसून आ गया।

अशुद्ध - मेरे पास काली पेन थी।

शुद्ध - मेरे पास काला पेन था।

अशुद्ध - मैं रात को कंबल पहनकर सोता हूँ।

शुद्ध - मैं रात को कंबल ओढ़कर सोता हूँ।

(8) पुनरुक्ति दोष संबंधी अशुद्धियाँ

अशुद्ध - मेघ जल बरसाते हैं।

शुद्ध - मेघ बरसते हैं।

अशुद्ध - वहाँ बहुत अनेक लोग आए थे।

शुद्ध - वहाँ अनेक लोग आए थे।

अशुद्ध - मैं गुनगुने गरम पानी से नहाता हूँ।

शुद्ध - मैं गरम पानी से नहाता हूँ।

अशुद्ध - भारत में कई दर्शनीय स्थल देखने योग्य हैं।

शुद्ध - भारत में कई दर्शनीय स्थल हैं।

(9) क्रमदोष संबंधी अशुद्धियाँ

अशुद्ध - यह पत्र लिखा किसने?

शुद्ध - यह पत्र किसने लिखा?

अशुद्ध - एक गिलास ताजा गाय का दूध दो।

शुद्ध - एक गिलास गाय का ताजा दूध दो।

अशुद्ध - जाओगे न तुम भी वहाँ?

शुद्ध - तुम भी जाओगे वहाँ?

अशुद्ध - उसे प्लेट में रखकर नाश्ता दो।

शुद्ध - उसे नाश्ता प्लेट में रखकर दो।

अशुद्ध - खरगोश को काटकर गाजर खिलाओ।

शुद्ध - खरगोश को गाजर काटकर खिलाओ।

विराम-चिह्न

'विराम' का अर्थ है–ठहराव। बातचीत करते समय या पढ़ते समय हम बीच में या अंत में रुकते हैं। यह रुकना ही विराम कहलाता है। विरामों को प्रकट करने के लिए जिन चिह्नों का प्रयोग किया जाता है, उन्हें **विराम-चिह्न** कहते हैं।

उदाहरण–

1. राम दिल्ली जा रहा है।
2. राम! दिल्ली जा रहा है।
3. राम दिल्ली जा रहा है?

उपर्युक्त तीनों वाक्य अलग-अलग भावों को व्यक्त कर रहे हैं। पहला वाक्य सामान्य है, दूसरे वाक्य में राम के दिल्ली जाने पर विस्मय का भाव प्रकट किया गया है तथा तीसरे वाक्य में राम के दिल्ली जाने के बारे में पूछा जा रहा है। यह सब विराम चिह्नों के कारण हुआ। विराम चिह्नों के प्रयोग से वाक्य-विन्यास और भावों की अभिव्यक्ति में स्पष्टता आ जाती है।

हिंदी में निम्नलिखित विराम-चिह्नों का प्रयोग किया जाता है–

1. पूर्णविराम (।)
2. अल्पविराम (,)
3. अर्द्धविराम (;)
4. प्रश्नसूचक (?)
5. विस्मयवाचक (!)
6. योजक या विभाजक (–)
7. अवतरण (“ ”) (‘ ’)
8. निर्देशक (–)
9. विवरण (:–)
10. कोष्ठक [()]
11. हंसपद (^)
12. संक्षेपसूचक (•)

हिंदी के प्रमुख विराम चिह्न

नाम	चिह्न	प्रयोग स्थिति
पूर्णविराम	।	वाक्य के समाप्त होने पर; जैसे- रवि पढ़ता है।
अल्पविराम	,	पूर्णविराम की अपेक्षा कम समय के लिए रुकने पर; जैसे- दौड़ो, दौड़ो, आग लग गई।
अर्द्धविराम	;	जहाँ अल्पविराम से अधिक तथा पूर्ण विराम से कम रुकना पड़े; जैसे– गांधीजी नहीं रहे; वे तो अमर हो गए।
प्रश्नवाचक	?	प्रश्नवाचक वाक्यों के अंत में; जैसे- तुम्हारा नाम क्या है?
विस्मय-वाचक	!	आश्चर्य, घृणा, हर्ष आदि मनोभावों को प्रकट करने के लिए; जैसे- इतनी लंबी दीवार!
योजक या विभाजक	-	तुलना करने, समासों के मध्य या द्वित्व रूपों में; जैसे– सुख-दुख
अवतरण या उद्धरण	“ ”	किसी के कथन को ज्यों-का-त्यों लेने पर; जैसे– नेहरू जी ने कहा था, “आराम हराम है।”
निर्देशक	–	यह चिह्न पड़ी लकीर के रूप में होता है। किसी वाक्यांश की व्याख्या करने के लिए इसका प्रयोग होता है; जैसे- तुम्हें एक अच्छा नागरिक बनना है– परिश्रम, लगन और कार्यकुशलता से।
विवरण	:-	सूचना, निर्देश आदि देते समय; जैसे- इसकी निम्नलिखित विशेषताएँ हैं:-
कोष्ठक	()	कठिन शब्द को स्पष्ट करते हुए; जैसे- ऐसे व्यक्ति (दुर्जन) से दूर रहना चाहिए।
हंसपद	^	अंश छूटने पर; जैसे- मोहन ने कल उपवास (रखा)
संक्षेपसूचक	.	शब्दों को संक्षेप में लिखने पर; जैसे– डॉक्टर-डॉ.

अभ्यास प्रश्न

निर्देश : निम्नलिखित शब्दों में से एक शब्द की वर्तनी अशुद्ध है, उसे चुनिए–

1. (a) क्षमा (b) चाहिये (c) घोष (d) कैलास
2. (a) मंजु (b) मिट्‌टी (c) मक्षर (d) भ्रष्ट
3. (a) मारूति (b) सामिग्री (c) भृत्य (d) निर्दल
4. (a) भीषण (b) उज्वल (c) निर्धन (d) द्वारका
5. (a) मिठाई (b) नक्षत्र (c) निर्दोष (d) निधी

निर्देश : निम्नलिखित शब्दों में से सही वर्तनी वाला शब्द का चयन कीजिए–

6. (a) उज्ज्वल (b) उज्जवल (c) उज्वल (d) उजज्वल
7. (a) कवित्री (b) कवियत्री (c) कवयित्री (d) कवियित्री
8. (a) निरोग (b) नीरोग (c) निररोग (d) नि:रोग
9. (a) मतबल (b) मतलब (c) मिठायी (d) पतंजली
10. (a) यथेष्ट (b) साशक (c) नृसंश (d) मधू

निर्देश : निम्नलिखित वाक्यों में से शुद्ध वाक्य का चयन कीजिए–

11. (a) मैंने हस्ताक्षर किए।
(b) मैंने हस्ताक्षर किया।
(c) मैं हस्ताक्षर किया।
(d) हस्ताक्षर मैंने किए।
12. (a) इस समस्या का कोई उपाय है?
(b) इस समस्या का उपाय कोई है?
(c) इस समस्या का कोई समाधान है?
(d) इस समस्या का समाधान कोई है?
13. (a) मुझे मुट्‌ठी भर अनाज चाहिए।
(b) मुझे एक मुट्‌ठी अनाज चाहिए।
(c) मुझे मुट्‌ठी एक भर अनाज चाहिए।
(d) मुझे मुट्‌ठी भर एक अनाज चाहिए।
14. (a) खाने-कपड़े के पैसे कौन देगा?
(b) खाना-कपड़ा का पैसा कौन देगा?
(c) खाने-कपड़े का पैसा कौन देगा?
(d) खाना-कपड़ा को पैसा कौन देगा?
15. (a) सात आदमी का खाना बना लो।
(b) बना लो सात आदमी का खाना।
(c) सात आदमी को खाना बना लो।
(d) सात आदमियों का खाना बना लो।

उत्तरमाला

1. (b) 2. (c) 3. (b) 4. (b) 5. (d) 6. (a) 7. (c) 8. (b) 9. (b) 10. (a)
11. (a) 12. (c) 13. (b) 14. (a) 15. (d)

❑❑❑

८. मुहावरे एवं लोकोक्तियाँ

निम्नलिखित वाक्यों को ध्यान से पढ़िए–

मुंबई में अनेक इमारतें **आकाश से बातें** करती हैं।

श्रवण अपने माँ-बाप के लिए **अंधे की लकड़ी** था।

उपर्युक्त वाक्यों में गहरे अंशों से जो अर्थ निकलता है, वह सामान्य अर्थ से भिन्न है। ये मुहावरे हैं। मुहावरों के प्रयोग से वाक्य प्रभावशाली बन जाता है।

जब वाक्य में किसी शब्द या शब्द समूह के सामान्य अर्थ की बजाय लाक्षणिक अर्थ लिया जाता है और यह अर्थ रूढ़ बन जाता है तो उसे **मुहावरा** कहते है।

हिंदी के लोकप्रिय मुहावरे

अंधेरे घर का उजाला (एक मात्र सहारा)– विनोद अपनी विधवा माँ के अंधेरे घर का उजाला है।

अक्ल पर पत्थर पड़ना (कुछ समझ में न आना)– हमने आपके दोस्त को बहुत समझाया, परंतु उसकी अक्ल पर तो पत्थर पड़ गए हैं।

अपनी खिचड़ी अलग पकाना (अलग रहना)– पवन आजकल सबसे कटने लगा है। ऐसा लगता है अपनी खिचड़ी अलग पका रहा है।

अंधे की लकड़ी (एक मात्र सहारा)– श्रवण अपने माँ–बाप के लिए अंधे की लकड़ी है।

अपना–सा मुँह लेकर रह जाना (अपमानित हो जाना)– मेरे सच्चाई बताते ही विकास अपना-सा मुँह लेकर रह गया।

आपे से बाहर होना (अत्यधिक क्रोधित होना)– ओमकार को देखते ही मनदीप आपे से बाहर हो गया।

आकाश–पाताल एक करना (अत्यधिक प्रयत्न करना)– आई.ए.एस. बनने के लिए आकाश-पाताल एक करना पड़ता है।

आँखें खुलना– होश में आना– जब रिश्तेदारों ने उमेश की सारी संपत्ति हड़प ली, तब उसकी आँखें खुलीं।

आस्तीन का साँप होना (कपटी मित्र)– मनोज आस्तीन का साँप निकला, संकट के समय मुझे छोड़कर भाग गया।

इशारे पर नाचना (वश में होना)– पवन अपनी पत्नी के इशारे पर नाचता है।

ईद का चाँद होना (बहुत दिनों बाद दिखाई देना)– आजकल तो आप ईद के चाँद हो गए हैं, कहाँ रहते हैं?

ईंट से ईंट बजाना (नष्ट कर देना)– अमेरिका ने इराक की ईंट से ईंट बजा दी।

उल्लू सीधा करना (काम निकालना)– स्वार्थी लोग अपना उल्लू सीधा करने में लगे रहते हैं।

उल्लू बनाना (मूर्ख बनाना)– अशोक हमेशा दूसरों को उल्लू बनाने में लगा रहता है।

ऊँट के मुँह में जीरा (अधिक जरूरत पर थोड़ी वस्तु देना)– मेरे लिए एक कप दूध, क्या ऊँट के मुँह में जीरा दे रहे हो।

एक हाथ से ताली न बजना (दोनों पक्षों का दोषी होना)– कभी एक हाथ से ताली नहीं बजती, वेद, तुमने भी कुछ कहा होगा।

ओखली में सिर देना (जान–बूझकर मुसीबत मोल लेना)– डॉन के खिलाफ गवाही देकर तुमने ओखली में सिर दे दिया।

कलम तोड़ना (अच्छा लिखना)– प्रेमचंद ने कहानियों में कलम तोड़ दी।

कोल्हू का बैल होना (अत्यधिक परिश्रम करना)– कोल्हू का बैल बनकर भी पवन अपना मकान नहीं बनवा पाया।

कान भरना (चुगली करना)– मूर्ख ननद अपनी भाभी के खिलाफ माँ के कान भरती रहती है।

खाक छानना (दर-दर भटकना)– मोहित नौकरी के लिए खाक छानता फिर रहा है।

खालाजी का घर (आसान काम)– एम.बी.बी.एस. की परीक्षा उत्तीर्ण करना खालाजी का घर नहीं है।

गाल बजाना (व्यर्थ की हाँकना)– नवीन की बातों पर मत जाओ, वह हर समय गाल बजाता रहता है।

गागर में सागर भरना (थोड़े में अधिक बात कहना)– बिहारी ने सतसई के एक-एक दोहे में गागर में सागर भर दिया।

गर्दन पर सवार होना (पीछा न छोड़ना)– जब तक तुम उसका काम नहीं कर दोगे, वह तुम्हारी गर्दन पर सवार रहेगा।

गाँठ खोलना (रहस्य प्रकट करना)– विकास ने अपने मन की गाँठ खोलकर सबके सामने रख दी, फिर भी किसी को उस पर विश्वास नहीं हुआ।

घोड़े बेचकर सोना (निश्चिंत होना)– पुत्री के विवाह के बाद माँ–बाप घोड़े बेचकर सोते हैं।

घी के दिए जलाना (खुशी मनाना)– श्रीराम के अयोध्या वापस लौटने पर अयोध्यावासियों ने घी के दिए जलाए थे।

घाट–घाट का पानी पीना (अनुभवी होना)– उसे कोई चकमा नहीं दे सकता। उसने तो घाट-घाट का पानी पी रखा है।

छक्के छुड़ाना (बुरी तरह हराना)– 1971 की लड़ाई में भारत ने पाकिस्तान सेना के छक्के छुड़ा दिए।

जान पर खेलना (प्राणों को संकट में डालना)– देशभक्त देश की रक्षा के लिए अपनी जान पर खेल जाते हैं।

झाँसे में आना (धोखे में आना)– जसमेर बहुत चालाक है, उसके झाँसे में मत आना।

टका–सा जवाब देना (साफ इन्कार कर देना)– मैंने किरण से कॉपी माँगी तो उसने टका-सा जवाब दिया।

ठिकाने लगाना (नष्ट करना)– आवारा बेटे ने पुश्तैनी जायदाद ठिकाने लगा दी।

ठगा–सा रह जाना (हैरान रह जाना)– ताजमहल को देखकर पर्यटक ठगे से रह जाते हैं।

डूबते को तिनके का सहारा (विपत्ति में थोड़ी सहायता मिलना)– अकाल-पीड़ितों के लिए 20 सेर अनाज भी डूबते को तिनके का सहारा है।

ढोल में पोल होना (बड़ों में ऐब होना)– भ्रष्टाचार की खबरों ने ढोल में पोल को दिखा दिया है।

तीन–तेरह होना (तितर-बितर होना)– पुलिस के लाठीचार्ज से भीड़ तीन-तेरह हो गई।

थाली का बैंगन होना (अपनी बात पर न टिकने वाला)– पवन थाली का बैंगन है। उस पर भरोसा नहीं किया जा सकता।

दगा करना (धोखा देना)– अपने मित्र से सचेत रहना, वह तुम्हारे साथ भी दगा कर सकता है।

दाल में कुछ काला होना (संदेह की स्थिति)– जब मैंने दोनों मित्रों को कानाफूसी करते देखा तो मुझे लगा कि दाल में कुछ काला है।

दीवार के कान होना (गुप्त बात का सुना जाना)– अरे भाई! यहाँ कोई बात न करो क्योंकि दीवार के भी कान होते हैं।

धूल में मिलाना (बरबाद करना)– पंजाब में सेना ने उग्रवादियों को धूल में मिला दिया।

नौ दो ग्यारह (भाग जाना)– पुलिस को देखते ही चोर नौ दो ग्यारह हो गया।

नमक-मिर्च लगाना (बढ़ा-चढ़ा कर कहना)– आजकल मीडिया वाले हर बात को नमक-मिर्च लगाकर कहते हैं।

नाक कटवाना (बदनाम करना)– नीलम ने अपनी करतूतों से सारे परिवार की नाक कटवा दी।

नाक में दम होना (दुखी करना)– घर का कामचोर सदस्य हमेशा मुखिया की नाक में दम रखता है।

पानी–पानी होना (लज्जित होना)– चोरी करते रंगे हाथ पकड़े जाने से मोहित पानी-पानी हो गया।

पहाड़ टूट पड़ना (मुसीबत आ जाना)– जवान पुत्र के मरते ही परिवार पर पहाड़ टूट पड़ा।

पीठ ठोकना (शाबासी देना)– अच्छे काम करने पर बच्चों की सदैव पीठ ठोकते रहना चाहिए।

पानी फेर देना (नाश कर देना)– तुमने बारहवीं कक्षा में अनुत्तीर्ण होकर माता-पिता की आशाओं पर पानी फेर दिया।

फूँक-फूँक कर कदम रखना (सोच-समझकर कदम बढ़ाना)– जवानी में फूँक-फूँक कर कदम रखना चाहिए।

बाजी मारना (विजय पाना)– 100 मीटर की दौड़ में पी.टी. उषा ने बाजी मार ली।

भाड़ झोंकना (तुच्छ कार्य करना)– इतनी शिक्षा ग्रहण करने के बाद भी वह भाड़ झोंक रहा है।

मुँह फुलाना (असंतुष्ट होना)– पिताजी के स्कूटर दिलाने से मना करने पर पवन ने मुँह फुला लिया।

मुँह पर कालिख पोतना (कलंक लगाना)– बेटा! तुम्हारे कुकर्मों ने मेरे मुँह पर कालिख पोत दी है।

रंगा सियार (कपटी मित्र)– रंगे सियारों से सावधान रहने की जरूरत है।

अंक भरना (स्नेह से लिपटा लेना)– माँ ने देखते ही बेटी को अंक भर लिया।

अंगार बनना (लाल होना, क्रुद्ध होना)– कमजोर लोग ही छोटी बात पर अंगार हो उठते हैं या बनते हैं, सयाने नहीं।

आँच न आने देना (जरा भी कष्ट या दोष न आने देना)– तुम निश्चिंत रहो। तुम पर आँच न आने दूँगा।

आठ–आठ आँसू रोना (बुरी तरह पछताना)– इस उमर में न पढ़ा, तो आठ-आठ आँसू न रोए तो कहना!

काँटा निकलना (बाधा दूर होना)– उस बेईमान से पल्ला छूटा। चलो, काँटा निकला।

कुआँ खोदना (हानि पहुँचाने के यत्न करना)– जो दूसरों के लिए कुआँ खोदता है उसमें वह खुद गिरता है।

खाक छानना (भटकना)– नौकरी की खोज में वह खाक छानता रहा।

खेल खेलाना (परेशान करना)– खेल खेलाना छोड़ो और साफ-साफ कहो कि तुम्हारा इरादा क्या है।

गूलर का फूल होना (लापता होना)– वह तो ऐसा गूलर का फूल हो गया है कि उसके बारे में कुछ कहना मुश्किल है।

गड़े मुर्दे उखाड़ना (दबी हुई बात फिर से उभारना)– जो हुआ सो हुआ, अब गड़े मुर्दे उखाड़ने से क्या लाभ?

गाँठ में बाँधना (खूब याद रखना)– यह बात गाँठ में बाँध लो, तन्दुरुस्ती रही, तो सब रहेगा।

चाँद पर थूकना (व्यर्थ निन्दा या सम्माननीय का अनादर करना)– जिस भलेमानस ने कभी किसी का कुछ नहीं बिगाड़ा, उसे ही तुम बुरा-भला कह रहे हो? भला, चाँद पर भी थूका जाता है?

चिराग तले अँधेरा (पण्डित के घर में घोर मूर्खता का आचरण)– पण्डितजी स्वयं तो बड़े विद्वान् हैं, किन्तु उनके लड़के को चिराग तले अँधेरा ही जानो।

चूड़ियाँ पहनना (स्त्री जैसी असमर्थता प्रकट करना)– इतने अपमान पर भी चुप बैठे हो! चूड़ियाँ तो नहीं पहन रखी हैं तुमने?

जमीन पर पैर न पड़ना (अधिक घमण्ड करना)– अधिकार पाकर आज हमारे नेताओं के पैर जमीन पर नहीं पड़ते।

जान पर खेलना (साहसिक कार्य)– हम जान पर खेलकर भी अपने देश की रक्षा करेंगे।

टाँग अड़ाना (अड़चन डालना)– हर बात में टाँग ही अड़ाते हो या कुछ आता भी है तुम्हें?

दौड़-धूप करना (बड़ी कोशिश करना)– कौन बाप अपनी बेटी के ब्याह के लिए दौड़-धूप नहीं करता?

दूध के दाँत न टूटना (ज्ञानहीन या अनुभव-हीन)– वह सभा में क्या बोलेगा? अभी तो उसके दूध के दाँत भी नहीं टूटे हैं।

नाच नचाना (तंग करना)– यह नाच नचाना ठीक नहीं। आज तुम्हें दो टूक कह ही देना होगा।

पेट में चूहे कूदना (जोर की भूख)– पेट में चूहे कूद रहे हैं। पहले कुछ खा लूँ, तब तुम्हारी सुनूँगा।

बाँसों उछलना (बहुत खुशी)– परीक्षा में सफलता का समाचार सुनकर वह बाँसों उछल रहा है।

रास्ता देखना (इन्तजार करना)– कल दुपहर मैं तुम्हारा रास्ता देखता रहा।

रोंगटे खड़े होना (चकित, भयतीत होना)– वह इतनी ऊँचाई से कूदा कि हमारे रोंगटे खड़े हो गए।

लोहा मानना (श्रेष्ठ समझना)– आज दुनिया भारतीय जवानों का लोहा मानती है।

लेने के देने पड़ना (लाभ के बदले हानि)– नया काम है। सोच-समझकर आगे बढ़ना। कहीं लेने के देने न पड़ जायें।

मुँह उतरना (उदास होना)– परीक्षा में असफल होने पर श्याम का मुँह उतर आया।

दाँत दिखाना (खीस काढ़ना)– खुद ही देर की और अब दाँत दिखाते हो।

दाँत काटी रोटी (गहरी दोस्ती)– राम के पिता से श्याम के पिता की दाँत काटी रोटी है।

बात का धनी (वायदे का पक्का)– मैं जानता हूँ, वह बात का धनी है।

बात की बात में (अति शीघ्र)– बात की बात में वह चलता बना।

बात चलाना (चर्चा चलाना)– कृपया मेरी बेटी के ब्याह की बात चलाइएगा।

बात बढ़ाना (बहस छिड़ जाना)– देखो, बात बढ़ाओगे तो ठीक न होगा।

बात बनाना (बहाना करना)– तुम्हें बात बनाने से फुर्सत कहाँ?

सिर उठाना (विरोध में खड़ा होना)– देखता हूँ मेरे सामने कौन सिर उठाता है?

सिर पर सवार होना (पीछे पड़ना)– तुम कब तक मेरे सिर पर सवार रहोगे?

सिर से पैर तक (आदि से अन्त तक)– तुम्हारी जिन्दगी सिर से पैर तक बुराइयों से भरी है।

सिर फिर जाना (पागल हो जाना)– धन पाकर उसका सिर फिर गया है।

सिर चढ़ाना (शोख करना)– बच्चों को सिर चढ़ाना ठीक नहीं।

गर्दन उठाना (प्रतिवाद करना)– सत्तारूढ़ सरकार के विरोध में गर्दन उठाना टेढ़ी खीर है।

लोकोक्तियाँ

निम्नलिखित वाक्यों को ध्यान से पढ़िए–

गाँव में डॉक्टर एक है, परंतु मरीज बहुत हैं। लोगों की भीड़ लगी रहती है। यहाँ **एक अनार, सौ बीमार** वाली कहावत चरितार्थ हो रही है।

विकास ईमानदार अधिकारी है, परंतु उसके सहायक भ्रष्ट हैं। वह उन्हें अच्छा नहीं लगता, इसलिए उन्होंने विकास का तबादला करवा दिया। सच है **एक म्यान में दो तलवारें** नहीं रह सकतीं।

उपर्युक्त वाक्यों में गहरे अंश विशेष अर्थ को बताते हैं। इन्हें कहावतें या लोकोक्ति कहते हैं।

जो उक्ति या कथन वक्ता की बड़ी बात को संक्षेप में पूर्णतः स्पष्ट कर दे, **लोकोक्ति** कहलाती है।

लोकोक्तियाँ सामाजिक जीवन के अनुभव के आधार पर बनती हैं। ये अपने आप में पूर्ण वाक्य होती हैं।

मुहावरे और लोकोक्ति में अंतर

मुहावरे का प्रयोग वाक्यांश की भांति किया जाता है और लोकोक्ति का कथन के अंत में स्वतंत्र वाक्य के रूप में प्रयोग होता है।

हिन्दी की लोकप्रिय लोकोक्तियाँ

अंधों में काना राजा (मूर्खों में थोड़ा बुद्धिमान)– गाँव में राम छठी पास है। शेष सभी अनपढ़ हैं। वह वहाँ अंधों में काना राजा बना हुआ है।

अक्ल बड़ी या भैंस (शारीरिक बल की अपेक्षा बुद्धिबल श्रेष्ठ होता है)– बंधु! हाथी कितना शक्तिशाली है, फिर भी मनुष्य का कहना मानता है। सच है– अक्ल बड़ी या भैंस।

अकेला चना भाड़ नही फोड़ सकता (अकेला कुछ नहीं कर सकता)– एक ईमानदार नेता पूरे देश में भ्रष्टाचार को दूर नहीं कर सकता, क्योंकि अकेला चना भाड़ नहीं फोड़ सकता।

अधजल गगरी छलकत जाए (कम गुणों वाला दिखावा बहुत करता है)– रमेश हर समय स्वयं को कंप्यूटर का ज्ञाता मानता है, परंतु उसे कंप्यूटर का बेसिक ज्ञान भी नहीं है। किसी ने सच ही कहा है- अधजल गगरी छलकत जाए।

अंधेर नगरी चौपट राजा (अयोग्य राजा के राज में सब कुछ उलटा होना)– यदि परिवार का बड़ा सदस्य ही उसकी भलाई के लिए कुछ नहीं करता तो सारा परिवार अवनति की ओर चला जाता है। इसे ही कहते हैं- अंधेर नगरी चौपट राजा।

अंधा क्या चाहे दो आँखें (मनचाही वस्तु मिलना)– परीक्षा में मेरी कलम खराब हो गई। पास वाले साथी ने कहा कि मेरे पास अतिरिक्त कलम है, तुम ले लो। मैंने तुरंत ले लिया। अंधा क्या चाहे दो आँखें।

आम के आम गुठलियों के दाम (दोहरा लाभ)– मोहन सहारनपुर घूमने गया और वहाँ से लकड़ी का सामान भी ले आया। है न आम के आम गुठलियों के दाम।

आ बैल मुझे मार (बिना कारण मुसीबत मोल लेना)– अरे कमल! अपने अफसरों से उलझकर अपनी नौकरी को खतरे में मत डालो। आ बैल मुझे मार वाली बातों से सदा दूर रहो।

आसमान से गिरा, खजूर में अटका (एक संकट से निकल दूसरे संकट में फँसना)– बिहार में दो साल से सूखा पड़ रहा था। इस वर्ष इतनी बारिश आ गई कि बाढ़ आ गई। ठीक ही है-आसमान से गिरा खजूर में अटका।

ईश्वर की माया, कहीं धूप कहीं छाया (ईश्वर की लीला विचित्र है)– गली में एक तरफ बारात निकलने की तैयारी हो रही थी, वहीं दूसरी तरफ एक जवान की मौत हो गई। ईश्वर की माया कहीं धूप कहीं छाया।

उल्टा चोर कोतवाल को डाँटे (अपना दोष न मानकर पूछने वालों का दोष बतलाना)– एक तो तुमने मेरी किताब चुरा ली। दूसरे मेरी शिकायत प्राचार्य से करने की धमकी देते हो। सच ही कहा है- उल्टा चोर कोतवाल को डाँटे।

एक करेला दूजा नीम चढ़ा (एक बुराई के साथ दूसरी बुराई भी आ जाना)– मनोज पहले धूम्रपान ही करता था, अब वह स्मैक का भी आदी हो गया। इसे कहते हैं- एक करेला दूजा नीम चढ़ा।

एक म्यान में दो तलवारें नहीं समातीं (विरोधी गुण साथ नहीं रह सकते)– विकास बेहद कंजूस है। उसकी पत्नी फिजूल खर्च करने वाली है। एक म्यान में दो तलवारें नहीं समातीं। दोनों में तलाक हो गया।

ओस चाटे प्यास नहीं बुझती (थोड़ी वस्तु से काम नहीं चलता)– इस महँगाई के जमाने में थोड़े वेतन से गुजारा नहीं होता। ओस चाटे प्यास नही बुझती।

का बरखा जब कृषि सुखाने (समय बीतने पर मिली सहायता निरर्थक होती है)– जब सूखे के कारण खेती नष्ट हो गई तो सरकार ने कृषि ऋण देने शुरू किए, लेकिन का बरखा जब कृषि सुखाने।

खोदा पहाड़ निकली चुहिया (प्रयास अधिक लाभ कम)– पंकज ने लाखों रुपए लगाकर व्यापार शुरू किया, परंतु लाभ केवल दस हजार रुपए आया। इसे कहते हैं, खोदा पहाड़ निकली चुहिया।

घर का भेदी लंका ढाए (आपस की फूट से हानि होती है)– जनता दल के कुछ सदस्यों ने दल-बदल करके सरकार गिरा दी। इसे कहते हैं कि घर का भेदी लंका ढाए।

जिसकी लाठी उसकी भैंस (शक्तिशाली की ही जीत होती है)– अंग्रेजों ने सैन्य शक्ति के बल पर बंगाल पर अधिकार कर लिया था। किसी ने ठीक ही कहा है 'जिसकी लाठी उसकी भैंस।'

जाको राखे साइयाँ मार सके न कोय (ईश्वर जिसका रक्षक हो, उसका कोई नुकसान नहीं हो सकता)– रेल पुल गिरने से सैकड़ों यात्री मर गए, परंतु दो बच्चे साफ बच गए। इसे ही कहते हैं-जाको रखे साइयाँ मार सके न कोय।

थोथा चना बाजे घना (असलियत कम, दिखावा अधिक)– मोहन दसवीं में दो बार फेल हो चुका है, परन्तु डींग ऐसी मारता है मानो वही होशियार है। थोथा चना बाजे घना वाली बात चरितार्थ होती है।

बंदर क्या जाने अदरक का स्वाद (अनजान व्यक्ति अच्छी वस्तु की भी कद्र नहीं करता)– सतीश को गीता पढ़ने की सलाह दे रहे हो। वह निरा मूर्ख है जानते नहीं, बंदर क्या जाने अदरक का स्वाद।

मान न मान मैं तेरा मेहमान (जबरदस्ती गले पड़ना)– ढीठ मनुष्य को कितना भी डाँट लो, परंतु वह मान न मान मैं तेरा मेहमान बनकर, अपना काम निकालने तक चिपटा रहता है।

होनहार बिरवान के होत चीकने पात (योग्य व्यक्ति के लक्षण बचपन में ही पहचाने जा सकते हैं)– भारतेंदु 13 वर्ष की आयु से ही काव्य लिखने लगे थे। सच ही है, होनहार बिरवान के होत चीकने पात।

कहाँ राजा भोज कहाँ गाँगू तेली (उच्च और साधारण की तुलना कैसी)– तुम सेठ करोड़ीमल के बेटे हो। मैं एक मजदूर का बेटा। तुम्हारा और मेरा मेल कैसा? कहाँ राजा भोज कहाँ गाँगू तेली।

चिराग तले अन्धेरा (अपनी बुराई नहीं दीखती)– मेरे समधी जगदीशजी तो तिलक-दहेज न लेने का उपदेश देते फिरते है; पर अपने बेटे के ब्याह में दहेज के लिए ठाने हुए हैं। उनके लिए यही कहावत लागू है कि 'चिराग तले अँधेरा।'

आँख के अन्धे गाँठ के पूरे (मूर्ख धनवान)– वकीलों की आमदनी के क्या कहने! उन्हें आँख के अन्धे गाँठ के पूरे रोज ही मिल जाते हैं।

आगे नाथ न पीछे पगहा (किसी तरह की जिम्मेवारी का न होना)– अरे, तुम चक्कर न मारोगे तो और कौन मारेगा? आगे नाथ न पीछे पगहा। बस, मौज किए जाओ।

ऊँची दूकान फीके पकवान (केवल बाह्य प्रदर्शन)– राम तेली शुद्ध सरसों तेल का विज्ञापन करता है, लेकिन उसकी दूकान पर बिकता है रेपसीड मिला सरसों तेल। ठीक है ऊँची दूकान फीके पकवान।

एक पन्थ दो काज (एक काम से दूसरा काम हो जाना)– दिल्ली जाने से एक पन्थ दो काज होंगे। कवि-सम्मेलन में कविता-पाठ भी करेंगे और साथ ही वहाँ की ऐतिहासिक इमारतों को भी देखेंगे।

नाच न जाने आँगन टेढ़ा (काम न जानना और बहाना बनाना)– मीना से गाने के लिए कहा, तो उसने कहा– साज ही ठीक नहीं, गाऊँ क्या? किसी ने सच ही कहा है– 'नाच न जाने आँगन टेढ़ा'।

अभ्यास प्रश्न

1. पीठ दिखाना का क्या अर्थ है?
(a) मूर्ख होना (b) कायर होना
(c) वीर होना (d) हार होना

2. कान खड़े होना का अर्थ है–
(a) उस्ताद होना (b) सतर्क होना
(c) अनुभवी होना (d) प्रभावी होना

3. सफेद झूठ होना का तात्पर्य है–
(a) पूर्णत: असत्य (b) शिष्ट
(c) सच होना (d) अभिमान

4. छूमंतर हो जाना मुहावरे का अर्थ है–
(a) कमाल करना (b) मंत्रबिद्ध होना
(c) गायब हो जाना (d) सम्मोहित होना

5. सिर धुनने का प्रयोग किस अर्थ में होता है?
(a) सुखी होना
(b) दु:खी होना
(c) पीटना
(d) पछताना

6. पाँचों उँगली घी में होना का अर्थ बताइए–
(a) अत्यधिक हानि (b) अत्यधिक लाभ
(c) हानि होना (d) लाभ होना

7. किस मुहावरे का अर्थ घबरा जाना है?
(a) छुप जाना (b) पेट फूलना
(c) मुँह फूलना (d) हाथ-पाँव फूलना

8. ठोकर लगने का क्या अर्थ है?
(a) आँखें खुली रखना
(b) लाभ होना
(c) गिर जाना
(d) हानि उठाना

9. पगड़ी उछालना का क्या अर्थ है?
(a) भाग जाना (b) बेइज्जत करना
(c) बहकाना (d) सम्मान करना

10. नौ दो ग्यारह होना का क्या अर्थ है?
(a) ईर्ष्या करना
(b) एकता में शक्ति होना
(c) भाग जाना
(d) ताकतवर होना

11. लुटिया डुबोना का क्या अर्थ है?
(a) अपना नुकसान कर लेना
(b) कुएँ से पानी खींचना
(c) खूब कमाना
(d) किसी काम को पूरा बिगाड़ लेना

12. खटाई में पड़ना का अर्थ है–
(a) अचार डालना
(b) बुरी तरह गल जाना
(c) परेशानी में पड़ जाना
(d) काम रूक जाना या टल जाना

13. अंग-अंग ढीला होना का अर्थ है–
(a) बहुत थक जाना
(b) बहुत कमजोर हो जाना
(c) बहुत बीमार हो जाना
(d) बुखार आ जाना

14. आधा तीतर आधा बटेर का अर्थ है–
(a) विलक्षण पक्षी
(b) उचित ताल-मेल न होना
(c) बेमेल होना
(d) एक काल्पनिक पक्षी

15. क़ान भरना का अर्थ है–
(a) कान में रुई भर देना
(b) कान में तेल भरना
(c) चुगली करना
(d) झूठ बोलना

निर्देश : दिए गए प्रश्नों में एक लोकोक्ति देकर उसके अर्थ के चार संभावित विकल्प दिए हैं उनमें से सही विकल्प को चुनिए–

16. अंधेर नगरी चौपट राजा
(a) नगर में बत्ती नहीं जलती, राजा सोता रहता है।
(b) राजा के निकम्मेपन के कारण राज्य में अराजकता होना।
(c) अंधे राजा की अंधी-प्रजा।
(d) राजा मूर्ख है और नगर में अँधेरा है।

17. अपनी पगड़ी अपने हाथ
(a) अपनी पगड़ी को हमेशा अपने हाथ में रखना चाहिए।
(b) पगड़ी को गिरने नहीं देना चाहिए।
(c) अपना सम्मान बनाए रखना अपने ही हाथ में होता है।
(d) अपनी पगड़ी खुद ही बाँधनी चाहिए।

18. ईश्वर की माया, कहीं धूप, कहीं छाया
(a) ईश्वर ने कहीं धूप बनाई है तो कहीं छाया कर दी है।
(b) आधी दुनिया में धूप है और आधी में छाया है।
(c) भगवान की माया कुछ समझ में नहीं आती।
(d) संसार में कहीं सुख है और कहीं दुख है।

19. ओस चाटने से प्यास नहीं बुझती
(a) बहुत थोड़ी मात्रा में चीज/वस्तु लेने से संतुष्टि/तृप्ति नहीं होती।
(b) ओस को इकट्ठा करना मुश्किल है।
(c) ओस को पिया नहीं जा सकता है।
(d) ओस में प्यास बुझाने की सामर्थ्य नहीं है।

20. एक अनार, सौ बीमार
(a) किसी चीज की बहुत माँग होना।
(b) अनार रोगियों के लिए बहुत फायदेमंद होता है।
(c) वस्तु का कम होना और उसके लेने वाले अधिक होना।
(d) एक अनार सौ बीमारों को ठीक कर सकता है।

21. दाता से सूम भला जो तुरतै देय जवाब
(a) दानी से कंजूस अच्छा होता है जो तुरन्त गाली दे देता है।
(b) दान देने के लिए टालते रहने वाले से दान से इंकार कर देने वाला बेहतर है।
(c) हर बात का तुरन्त जवाब देना चाहिए।
(d) इनमें से कोई नहीं

22. वक्त पड़े ही जानिए को बैरी, को मीत
(a) वक्त पड़ने पर ही पता चलता है कि कौन मित्र है और कौन शत्रु है।
(b) वक्त आने पर ही शत्रु और मित्र सामने आते हैं।
(c) समय आने पर ही शत्रु या मित्र का पता चलता है।
(d) जरूरत के समय ही दुश्मन और दोस्त की पहचान हो पाती है।

23. सौ-सौ चूहे खाकर बिल्ली हज़ को चली
(a) चूहे खाने के बाद हज को नहीं जाना चाहिए।
(b) सौ चूहों को खाकर बिल्ली लम्बी यात्रा कर सकती है।
(c) सौ चूहे हज जाने वाली बिल्ली के लिए काफी हैं।
(d) जीवन भर पाप करने वाला व्यक्ति अन्त में धर्मात्मा बनने का ढोंग करता है।

24. बोया पेड़ बबूल का, आम कहाँ से खाएँ
(a) बबूल के पेड़ पर आम नहीं लगते।
(b) बबूल का पेड़ बोने पर उसमें आम आने की प्रतीक्षा करना।
(c) जैसा कर्म होता है, फल भी वैसा ही होता है।
(d) असंभव चेष्टा करना।

25. नीम हकीम, ख़तरा-ए-जान
(a) नीम के नीचे बैठने वाला हकीम खतरनाक होता है।
(b) नीम-सा कड़वा हकीम जालिम होता है।
(c) अधकचरे ज्ञान वाले चिकित्सक से जान को खतरा हो सकता है।
(d) आधे हकीम से जानवरों को खतरा होता है।

निर्देश : रिक्त स्थान को पूरा करने के लिए चार विकल्प दिए हैं। सही विकल्प को चुनकर उत्तर पूरा करें–

26. उतर गई ...., तो क्या करेगा कोई
(a) कमीज (b) लोई
(c) साड़ी (d) गाड़ी

27. ऊँची दुकान फीका .... ।
(a) पकवान (b) जलपान
(c) सामान (d) खानपान

28. गुड़ न दे पर .... जैसी बात तो करे।
(a) चीनी (b) गुड़
(c) चाश्नी (d) शक्कर

29. इधर कुआँ है तो उधर .... है।
(a) नदी (b) खाई
(c) ताल (d) झील

30. .... की बछिया के दाँत नहीं गिने जाते।
(a) दान (b) दहेज
(c) पड़ौस (d) गाँव

31. पंच कहे बिल्ली तो .... सही।
(a) चूहा (b) म्याऊँ
(c) बिल्ली (d) बिल्ला

32. तेली का तेल जले, मशालची का ....
(a) हाथ (b) दिल
(c) घर (d) कपड़ा

33. करत-करत अभ्यास के .... होत सुजान।
(a) सुमति (b) कुमति
(c) श्रीमती (d) जड़मति

34. जिसकी .... उसकी भैंस।
(a) गाड़ी (b) रस्सी
(c) धौंस (d) लाठी

35. बिल्ली के गले में .... बाँधना।
(a) घण्टी (b) रस्सी
(c) पट्टा (d) डोरी

36. दुविधा में दोनों गए, ... मिली न राम।
(a) माया (b) काया
(c) छाया (d) पाया

निर्देश : दिए गए प्रश्नों के सही मुहावरे/लोकोक्ति का चयन कीजिए–

37. दोषी के साथ निर्दोष को भी दण्ड भोगना पड़ता है–
(a) उधो की टोपी माधो के सर
(b) गेहूँ के साथ घुन भी पिस जाते हैं
(c) चोर-चोर मौसेर भाई
(d) कोयले की दलाली में मुँह काला

38. मुसीबत पर और मुसीबत आना–
(a) कंगाली में आटा गीला
(b) कहीं की ईंट, कहीं का रोड़ा

(c) न अन्धे को न्योता दो, न दो जने आएँ
(d) पाव भर चून पुल पर रसोई

39. गुण का प्रदर्शन उपयुक्त स्थान पर न होना–
(a) भैंस के आगे बीन बजावै, भैंस खड़ी पगुराय
(b) नाच न जाने आँगन टेढ़ा
(c) न नौ मन तेल होगा न राधा नाचेगी
(d) ऊँची दुकान, फीका पकवान

40. दुविधा में पडना–
(a) साँप-छछूंदर की गति
(b) दो नावों का सवार
(c) दुविधा में दोऊ गए माया मिली न राम
(d) एक अनार, सौ बीमार

41. जो काम धीरे-धीरे होता है, वह अच्छा होता है–
(a) एक तवे की रोटी, क्या छोटी क्या मोटी
(b) सहज पके सो मीठा होय
(c) नौ दिन चले अढ़ाई कोस
(d) इनमें से कोई नहीं

42. उपाय वही सफल है जो काम कर जाए–
(a) अपनी करनी पार उतरनी
(b) जादू वही जो सिर चढ़कर बोले
(c) चमत्कार को नमस्कार
(d) बिंध गया सो मोती

43. अपने सामर्थ्य के अनुसार काम/खर्च करना–
(a) आँख का अंधा, गाँठ का पूरा
(b) कमावै धोती वाला, उड़ावै टोपी वाला
(c) तेते पाँव पसारिए जेती लम्बी सौर
(d) मुँह देख तमाचा मारना

44. कोई काम शुरू करते ही कठिनाइयाँ आना–
(a) सिर मुडाते ही ओले पड़ना
(b) नौ दिन चले अढ़ाई कोस
(c) कौआ चले हंस की चाल
(d) भूत के पांव उल्टे होते हैं

45. एक बुरे व्यक्ति के कारण पूरे समाज की बदनामी होना–
(a) तबेले की बला बंदर के सिर
(b) जहाँ जाए भूखा, वहाँ पड़े सूखा
(c) एक सड़ी हुई मछली सारे तालाब को गंदा कर देती है
(d) अंधों में काना राजा

उत्तरमाला

1. (d)	2. (b)	3. (a)	4. (c)	5. (d)	6. (b)	7. (d)	8. (d)	9. (b)	10. (c)
11. (d)	12. (d)	13. (a)	14. (b)	15. (c)	16. (b)	17. (c)	18. (c)	19. (a)	20. (c)
21. (b)	22. (d)	23. (d)	24. (c)	25. (c)	26. (b)	27. (a)	28. (b)	29. (b)	30. (a)
31. (c)	32. (b)	33. (d)	34. (d)	35. (a)	36. (a)	37. (b)	38. (a)	39. (a)	40. (a)
41. (b)	42. (b)	43. (c)	44. (a)	45. (c)					

❑❑❑

9. अपठित गद्यांश

अपठित गद्यांश

जवाहर नवोदय विद्यालय प्रवेश-परीक्षा में हिंदी भाषा के के परीक्षण हेतु भाषा-परीक्षण के खण्ड से प्रवेश परीक्षा में एक अनुच्छेद आता है तथा अनुच्छेद से पाँच प्रश्न पूछे जाते हैं। अनुच्छेद में प्रत्येक प्रश्न के चार सम्भावित उत्तर दिए गए होते हैं, जिनके अक्षरांक (a), (b), (c) और (d) दिए गए होते हैं। दिए गए विकल्पों में से कोई एक उत्तर सही होता है। अभ्यर्थी को सही उत्तर चुनकर उसका अक्षरांक उत्तर-पत्रिका में सम्बन्धित प्रश्न संख्या के सामने दिए गए बॉक्स में लिखना होता है।

अपठित अवतरणों से सम्बद्ध प्रश्नों के उत्तर देने में निम्नलिखित कुछ सामान्य नियम सहायक सिद्ध होंगे–

1. मूल अवतरण को कम-से-कम तीन बार पढ़ना चाहिए। यदि इससे मूल भाव स्पष्ट न हो, तो उसे एक-दो बार और पढ़ना चाहिए।
2. मूल भावों, विचारों तथा शब्दों को रेखांकित करना चाहिए।
3. एक-एक प्रश्न का उत्तर मूल अवतरण में ही ढूँढ़ना चाहिए, बाहर नहीं।
4. यदि रेखांकित शब्दों के अर्थ बताने हों, तो वे प्रसंगानुकूल हों; क्योंकि कभी-कभी एक ही शब्द के अनेक अर्थ होते हैं।
5. यदि मूल गद्यांश का शीर्षक देने के लिए कहा जाए, तो उसके केन्द्रीय भाव की खोज करनी चाहिए। दिए गए गद्यांश के आरम्भ या अन्त में शीर्षक छिपा होता है।

उपर्युक्त सामान्य नियमों के आधार पर कुछ प्रश्न और उनके उत्तर उदाहरण के रूप में दिए जा रहे हैं।

अभ्याय प्रश्न

अनुच्छेद-1

जीव परमात्मा का ही चेतन अंश है। प्रभु ही जीवन के रूप में शरीर में निवास करते हैं। प्रभु जीव के शरीर का निर्माण कर उसे गतिमान एवं क्रियाशील बनाने हेतु स्वयं उस शरीर में प्राण रूप में विराजमान रहते हैं। यह तथ्य जानते हुए हमें लोक व्यवहार करना चाहिए, इसी में अपना और जगत का कल्याण निहित है। गोस्वामी तुलसीदास जी ने भी कहा है- ईश्वर अंश जीव अविनाशी। अब प्रश्न उठता है कि जब जीव परमात्मा का ही अंश है और इतना शक्तिशाली है तो फिर क्यों गलत कार्य करता है। इसका एक उत्तर है कि वह अपने को शरीर मानकर उसी की सुख-सुविधा के लिए संसाधनों के संग्रह हेतु उचित-अनुचित, भलाई-बुराई की अनदेखी करते हुए स्वार्थवश गलत मार्ग पर चल पड़ता है जिसके परिणामस्वरूप वह कष्ट पाता है और अपमानित होता है। ऐसा आज के आपाधापी के युग में प्रायः देखने को मिल रहा है। निर्मल हृदय में परमात्मा का वास होता है। जीव के दुःख पाने का एकमात्र कारण है उसकी अज्ञानता। मनुष्य में जब अपने को केवल शरीर मानकर कर्तापन का भाव आ जाता है और वह भौतिकता के वशीभूत होकर उसमें अहंकार का प्रादुर्भाव होने लगता है, तभी वह घोर कष्ट पाता है। मानव चाहे तो अपने विवेक का इस्तेमाल करके ऐसी स्थितियों से बच सकता है। वह अपने हित-अनहित के विषय में पर्याप्त जानकरी रखने में सर्वदा समर्थ है। यह सामर्थ्य भी परमात्मा की ही दी हुई है, किन्तु वह इसके प्रति कृतज्ञता ज्ञापित करने के बजाय दंभ वश अपने को ही सर्वशक्तिमान मानने लगता है। जिससे कदम-कदम पर उसे निराशा देखने को मिलती है। मन की प्रवृत्ति चंचल होने के कारण मनुष्य विषयों के प्रति आकर्षित होता रहता है। यह स्थिति व्यक्तित्व में विकार उत्पन्न करती है। मानव अपने वास्तविक स्वरूप को भूल जाता है कि वह परमात्मा का अंश है और वह आत्मा को भूलकर शरीर को ही सब कुछ समझता है। जिस कारण वह घोर कष्ट पाता है और तब वह प्रभु को याद करता है। यदि वह सदैव इस बात का आभास करता रहे कि प्रभु हमारे अंतःकरण में विराजमान हैं, वह हमारे प्रत्येक कार्य को देख रहे हैं तो वह गलत मार्ग पर जाने से बच सकता है।

1. ईश्वर कहाँ निवास करते हैं?

(a) स्वर्ग में (b) तपस्वी में
(c) निर्मल हृदय में (d) ज्ञान चक्षु में

2. जीव .... का अंश है–

(a) ईश्वर का (b) अपनी माता का
(c) अपने पिता का (d) स्वयं का

3. मनुष्य में कब अहंकार पैदा होने लगता है?

(a) जब वह अपना और पराए का भेद करने लगता है।
(b) जब ईश्वर में उसकी आस्था नहीं रहती।
(c) जब वह ज्ञान का परित्याग करता है।
(d) जब वह भौतिकता के वशीभूत हो जाता है।

4. मनुष्य स्वयं को–

(a) संवारता है।
(b) शरीर मानकर उसकी सुख-सुविधा के लिए विवेक का परित्याग कर देता है।
(c) अपना नियंता समझता है।
(d) इनमें से कोई नहीं।

5. गद्यांश में प्रयुक्त कृतज्ञता शब्द का विलोम बताइए–

(a) कृतघ्नता (b) दुष्टता
(c) अभिमानी (d) नकारा

अनुच्छेद-2

घोड़े कठिन परिश्रम करने वाले पशु हैं जिन्होंने मनुष्य की सेवा की है और इतिहास को बदला है। मनुष्य ने उन्हें 5000 वर्षों से पालतू बना रखा है। घोड़ों ने मुनष्य को गतिशील बने रहने में सहायता की है। घोड़ों के कारण दूर-दराज के शहरों में जानकारी को बांटा जा सकता है और वस्तुओं का व्यापार किया जा सकता है। घोड़ों का उपयोग किसानों द्वारा अन्न उगाने में भी किया जाता रहा है, क्योंकि वे खेत को अच्छा जोत सकते हैं। असल में घोड़े इतने शक्तिमान होते हैं कि वाहनों की शक्ति 'हॉर्सपावर' में मापी जाती है। घुड़सवार लोगों ने युद्ध में सदा उन्हें जीता जिनके पास घोड़े नहीं थे, क्योंकि घोड़े तेज होते हैं और सैनिकों को ऊंचाई तक ले जा सकते हैं। अंत में घोड़े सुंदर और तेज चाल वाले होते हैं तथा बहुत से लोग मौज के लिए उन पर सवारी करते हैं। पीठ पर सवार के बैठे होने पर भी वे बाधाओं को लांघ कर चल सकते हैं।

1. लगभग 5,000 वर्षों से घोड़ों को–
(a) मारा गया है (b) लड़ाया गया है
(c) पालतू बनाया गया है (d) दौड़ाया गया है

2. कोई व्यक्ति या वस्तु जो इधर-उधर चल-फिर सकता है, उसे कहा जाता है–
(a) घोड़े जैसा (b) गतिशील
(c) तेज (d) मजबूत

3. निम्नलिखित में से किसके लिए घोड़ों की आवश्यकता नहीं हैं?
(a) गांवों के बीच संचार (b) टूटी चीजें जोड़ना
(c) कृषि (d) युद्ध जीतना

4. 'हॉर्सपावर' से नापी जाती है–
(a) कौन-सा घोड़ा बलवान है।
(b) घोड़े पर कितने लोग सवारी कर सकते हैं।
(c) वाहनों की शक्ति
(d) बिजली का रूप

5. घोड़ों का सबसे अच्छा वर्णन किस रूप में किया जा सकता है?
(a) शक्तिमान (b) सुंदर
(c) उपयोगी (d) उपर्युक्त सभी बातें

अनुच्छेद-3

मेरे दादा जी के पास एक पालतू जानवर था जिससे वे अधिक समय तक दूर नहीं रह सकते थे। दादी माँ, अधिकांश पक्षियों तथा पशुओं को सहन कर लेती थी, लेकिन सरीसृप वर्ग के जीवों के प्रति उनकी सहन सीमा जवाब दे देती थी। दादा जी को यह जानना चाहिए था कि उन्हें अजगर रखने की अनुमति मिलने की संभावना बिलकुल क्षीण थी।

वे असामान्य पालतू जीवों को खरीदने से स्वयं को रोक नहीं पाते थे। उन्होंने बाजार में एक सपेरे को चार फुट लंबे अजगर के बच्चे के लिए, जिसे सपेरा वहाँ उत्सुक बच्चे एवं बच्चियों की भीड़ को दिखा रहा था, पाँच रुपए दिए। दादा जी ने अजगर को अपने कंधों पर लटका कर भीड़ को आकृष्ट किया और उसे लेकर घर की ओर चल पड़े।

1. दादी माँ सहन नहीं कर पाती थी–
(a) सभी पालतू जीवों को
(b) दादा जी के जीवों के प्रति प्रेम को
(c) सरीसृप वर्ग के जीवों को
(d) पक्षियों को

2. द दाजी को जानना चाहिए था कि–
(a) उन्हें पालतू जीव को रखने की इजाजत नहीं मिलेगी
(b) उन्हें अजगर को रखने की इजाजत नहीं मिलेगी
(c) पक्षियों के प्रति दादी माँ के रवैये को
(d) कुत्तों से दादी माँ के डर को

3. दादाजी स्वयं को खरीदने से कभी नहीं रोक पाते थे–
(a) घड़ियाँ (b) दादी माँ के लिए चीजें
(c) सुंदर वस्तुएँ (d) असामान्य पालतू जीव

4. उत्सुक बच्चे और बच्चियाँ देख रहे थे–
(a) सपेरे द्वारा प्रदर्शित अजगर को (b) दादाजी को
(c) बंदर को (d) सपेरे के सांपों के संग्रह को

5. दादाजी ने अजगर को अपने कंधों पर लटका लिया और–
(a) उसे चिड़ियाघर ले गए।
(b) उसे घर ले आए।
(c) उसे बच्चों को दे दिया।
(d) उसे अपने एक दोस्त को उपहार में दे दिया।

अनुच्छेद-4

मनुष्य जब पहली बार पृथ्वी पर प्रकट हुआ तब उसने अपने को अनेक विशालकाय पशुओं से घिरा पाया वह उनसे भयभीत रहने लगा। आज मनुष्य पशुओं का स्वामी है और उनसे जो चाहे करवा सकता है। घोड़ा, गाय, हाथी, कुत्ता, बिल्ली आदि को वह पालतू बना लेता है। कुछ को वह खाता है और सिंह, शेर जैसे कुछ जानवरों का वह अपने मजे के लिए शिकार करता है। लेकिन उन दिनों में मनुष्य स्वामी नहीं था वह स्वयं ही एक सताया हुआ जीव था और अपने आपको विशाल पशुओं से दूर रखने का प्रयत्न करता रहता था। धीरे-धीरे उसने अपना विकास किया फलस्वरूप वह उत्तरोत्तर शक्तिशाली बनता गया, यहाँ तक कि वह किसी भी पशु से अधिक बलशाली बन गया उसने यह सब कैसे किया? शारीरिक बल के दम पर नहीं किया, क्योंकि हाथी उससे कहीं अधिक बलवान है उसने बुद्धि और मस्तिष्क की शक्ति द्वारा वह सब किया।

1. मनुष्य सब पृथ्वी-वासियों पर शासन करता है, क्योंकि–
(a) वह अधिक बुद्धिमान है।
(b) वह शारीरिक रूप से अधिक बलशाली है।
(c) पशु उससे डरते हैं।
(d) वह मूर्ख है।

2. पृथ्वी पर सबसे अधिक शक्तिशाली जीव है–
(a) बाघ (b) हाथी
(c) अजगर (d) मनुष्य

3. मनुष्य जब पहली बार पृथ्वी पर प्रकट हुआ तब वह भयभीत था–
(a) राक्षस से (b) सब पशु-पक्षियों से
(c) प्रत्येक वस्तु से (d) बड़े जानवरों से

4. आधुनिक मनुष्य–
(a) पशुओं से डरता है
(b) पशुओं को खाता है
(c) सब पशुओं को मार देता है
(d) पशुओं का इच्छानुसार उपयोग करता है

5. आजकल मनुष्य–
(a) शिकारी है। (b) गुफा में रहने वाला है।
(c) सम्पूर्ण सृष्टि का स्वामी है। (d) बेचारा सताया हुआ जीव है।

अनुच्छेद-5

छः नेत्रहीन व्यक्ति थे। उन्होंने हाथी को कभी नहीं देखा था, किन्तु वे जानना चाहते थे कि हाथी कैसा दिखाई पड़ता है? इसलिए वे यह पता करने के लिए एक हाथी के निकट गए।

पहला नेत्रहीन हाथी के बगल से टकराया। उसने तुरन्त कहा, ''हाथी को दीवार की तरह का होना चाहिए।'' दूसरे नेत्रहीन के हाथ हाथी के दाँत आए। वह चिल्लाया, ''मुझे विश्वास है हाथी भाले जैसा होता है'' तीसरे नेत्रहीन के हाथ में हाथी की सूँड आई। उसने बड़े विश्वास से कहा, ''हाथी निश्चय ही साँप जैसा होता है।'' चौथे ने अपने हाथ फैलाए और हाथी की टाँग को छुआ। उसने कहा, ''स्पष्ट है, हाथी पेड़ के तने जैसा होता है'' संयोग से पाँचवें ने हाथी का कान छुआ। उसने कहा, ''मुझे विश्वास है, हाथी पंखे जैसा होता है।'' छठे और अंतिम नेत्रहीन के हाथ उसकी पूँछ आई। वह चिल्लाया, ''हाथी रस्सी के समान होता है।''

इसलिए ये नेत्रहीन बहस करते रहे। प्रत्येक ने कहा वही ठीक है। पर वास्तव में सभी गलत थे।

1. छः नेत्रहीन लोग एक हाथी के निकट पता करने गए कि–
(a) हाथी कैसा दिखाई देता है।
(b) हाथी की सूँड का आकार कैसा होता है।
(c) हाथी का रंग कैसा होता है।
(d) हाथी की पूँछ कैसी दिखाई पड़ती है।

2. पहले नेत्रहीन को हाथी प्रतीत हुआ–
(a) एक भाला (b) पेड़ का तना
(c) दीवार (d) पंखा

3. तीसरे नेत्रहीन ने कहा–हाथी साँप जैसा होता है, क्योंकि उसने छुआ था–
(a) हाथी की टाँग को (b) हाथी के कान को
(c) हाथी के दाँत को (d) हाथी की सूँड को

4. सभी छः नेत्रहीन यह बताने में गलती कर रहे थे कि हाथी कैसा दिखाई देता है, क्योंकि–
(a) प्रत्येक ने हाथी का केवल एक अंग छुआ।
(b) प्रत्येक ने विश्वास के बिना उत्तर दिया।
(c) उन्होंने अपने दृष्टिकोण पर बार-बार बहस की।
(d) उन्होंने तय कर लिया था कि एक-दूसरे का विरोध करेंगे।

5. 'संयोग से पाँचवें ने हाथी का कान छुआ'–यहाँ 'संयोग से' का क्या अर्थ है?
(a) जानबूझकर (b) अचानक
(c) कहे जाने पर (d) पसंद से

अनुच्छेद–6

लौटते हुए सिकन्दर की भेंट एक संत से हुई, संत एक खुरदुरी घास की चटाई पर बैठा धूप सेंक रहा था। सिकन्दर उसके सामने खड़ा हो गया और उम्मीद करने लगा कि संत उसे प्रणाम करेगा, पर उसने ऐसा नहीं किया। इसके बदले उसने कहा कृपया एक ओर खड़े हो जाओ और धूप मुझ तक आने दो। सिकन्दर ने संत से पूछा, जानते हो, मैं कौन हूँ? संत ने कोई उत्तर नहीं दिया ''मैं एक सम्राट हूँ'' ''सिकन्दर महान'' उसने कहा। ''सम्राट! तुम! नहीं, तुम नहीं हो,'' संत ने कहा। ''हाँ, मैं हूँ'' सिकन्दर बोला, ''मैंने आधी दुनिया को जीत लिया है'' इस पर संत ने शान्तिपूर्वक कहा, ''सम्राट तुम्हारी तरह बैचेन होकर नहीं घूमते। हे पुरुष, जाओ लोगों के दिल पर प्यार से विजय पाओ।'' सिकन्दर ने प्रणाम किया और चुप-चाप चला गया।

1. संत ने सिकंदर को एक ओर को खड़ा हो जाने के लिए क्यों कहा?
(a) वह भक्त नहीं था
(b) वह धूप को आने से रोक रहा था
(c) वह बेचैनी से घूम रहा था
(d) उसने अनुमति नहीं ली थी

2. निम्नलिखित में से किस शब्द का अर्थ है– 'विजय पाओ'?
(a) जीतो (b) हराओ
(c) कहो (d) झुकाओ

3. सम्राट प्रायः क्या नहीं किया करते?
(a) संत के पास जाना (b) राज्य पर शासन
(c) बेचैन घूमना (d) संतों को प्रणाम

4. सम्राट के लिए कौन-सा शब्द ठीक नहीं है?
(a) शासक (b) राजा
(c) कर्मचारी (d) विजेता

5. लोगों के दिलों को जीता जा सकता है–
(a) प्यार से (b) शक्ति से
(c) धन से (d) तलवार से

अनुच्छेद–7

डेनमार्क में मेहमान का आना त्योहार से कम नहीं माना जाता है। डेनमार्क कृषि प्रधान देश है। यहाँ खेती सब जगह ट्रैक्टर से होती है। खेती के हर काम के लिए लोगों के पास मशीनें हैं। यहाँ किसान अलग-अलग घरों में गाएँ नहीं रखते। कई किसान मिलकर बहुत-सी गाएँ सहकारिता में रखते हैं। गायों का दूध वे मशीन द्वारा निकालते हैं। पीने भर दूध अपने घर में रख कर बाकी दूध दुग्धशाला में पहुँचा देते हैं। शायद यही कारण है कि किसी घर में दही-मट्ठा या मक्खन बनाने का काम नहीं होता है। ये सब चीजें वे दुग्धशाला से खरीदते हैं। कारखाना वहाँ मामूली बात है, पर घोड़े रखना वहाँ गौरव का विषय है।

1. डेनमार्क में दही-मट्ठा या मक्खन लोग कहाँ से खरीदते हैं?
(a) बाजार से (b) सरकारी डीपो से
(c) दुग्धशाला से (d) पड़ोस से

2. कई किसान मिलकर बहुत-सी गाएँ .... में रखते हैं।
(a) बथान (b) सहकारिता
(c) गोशाले (d) तबेले

3. डेनमार्क कैसा देश है?
(a) कृषि प्रधान (b) समनातिशीतोष्ण
(c) फैशनपरस्त (d) पशु-पक्षियों का

4. डेनमार्क में गायों का दूध कैसे निकाला जाता है?
(a) दूह कर (b) मशीनों द्वारा
(c) सुई देकर (d) मालिश करके

5. डेनमार्क के घरों में दही-मट्ठा या मक्खन बनाने का काम नहीं होता, क्योंकि–
(a) वहाँ मशीनें नहीं हैं।
(b) मवेशी हैं ही नहीं।
(c) पीने भर बचाकर सारा दूध दुग्धशाला में पहुँचा दिया जाता है।
(d) वहाँ के लोग ये सब काम जानते ही नहीं।

अनुच्छेद–8

राजू के पास दो कुत्ते थे–टॉम और जिमी। टॉम काले रंग का था और जिमी सफेद। काला कुत्ता बड़ा जिंदादिल था। वह हर वक्त घर में इधर-उधर भागता रहता था और कभी मेजपोश खींचता तो कभी राजू के जूते छिपा आता तो कभी राजू की किताबें कहीं और रख आता। राजू की माँ टॉम को बिलकुल पसंद नहीं करती थीं, क्योंकि वह बड़ा शरारती था। लेकिन राजू अपने दोस्त कुत्ते को प्यार करता था। टॉम पूरे दिन दुम हिलाया करता और जो भी घर पर आता वह उस पर खुशी के मारे उछलता।

सफेद कुत्ता जिमी बिलकुल दूसरी तरह का था। वह दिन भर सोता ही रहता। उसे हमेशा भूख लगी रहती और वह टॉम का खाना भी खा जाता। वह नाखुश

नहीं रहता था, लेकिन कभी भी दुम नहीं हिलाता था। जब कभी वह कोई और कुत्ता देख लेता, तो उससे झगड़ा मोल लेने के फेर में रहता।

1. काला कुत्ता टॉम राजू के जूते उठा लाया, क्योंकि–

(a) वह उन्हें पहनना चाहता था। (b) वह चोर था।
(c) वह उन्हें छिपाना चाहता था। (d) वह खेलना पसंद करता था।

2. राजू टॉम को चाहता था, क्योंकि–

(a) वह मेजपोश खींचता रहता था।
(b) उसकी माँ उसे बिल्कुल नहीं चाहती थी।
(c) वह जिंदादिल और दोस्तबाज था।
(d) वह खुशी के मारे उछलता रहता था।

3. टॉम अपनी दुम यह दिखाने के लिए हिलाता रहता था कि–

(a) वह बहुत खुश है। (b) वह बहुत गुस्से में है।
(c) उसके पास दुम है। (d) वह बड़ा शरारती है।

4. सफेद कुत्ता टॉम से बिल्कुल अलग था और–

(a) घर में किसी के भी आने पर वह खुशी के मारे उछलने लगता था।
(b) उसे हमेशा भूख लगी रहती थी।
(c) वह आलसी था और उसका व्यवहार दोस्ताना नहीं था।
(d) वह अपनी दुम हमेशा हिलाता रहता था।

5. सफेद कुत्ता जिमी जब भी किसी दूसरे कुत्ते को देखता–

(a) वह अपनी दुम हिलाने लगता।
(b) वह अप्रसन्न हो जाता।
(c) वह लड़ने को आमादा हो जाता।
(d) वह अपनी दुम नहीं हिलाता था।

अनुच्छेद–9

बाल गंगाधर तिलक गंगाधर पंत के पुत्र थे जो एक स्थानीय विद्यालय में शिक्षक थे। जीवन के प्रारंभिक वर्षों में बाल ने संस्कृत में विशेष रुचि प्रकट की। कोई नया श्लोक याद करने पर बाल के पिता उन्हें कुछ पैसे देते थे। बाल बहुत चतुर बालक थे और उनकी स्मरण-शक्ति बहुत अच्छी थी। वे अँग्रेजी व्याकरण, संस्कृत और गणित समान गति से सीख लेते थे। दूसरे बच्चों की ही तरह वे भी स्कूल जाते थे, लेकिन अधिकांश में वास्तविक शिक्षा उन्होंने अपने पिता से ही प्राप्त की। बचपन में ही उन्होंने निडर रहने का और सत्य तथा न्याय के लिए लड़ने का अभ्यास कर लिया था।

जब उनके पिता पूना चले गए तो बाल को एक अंग्रेजी स्कूल में भेज दिया गया। इस स्कूल में उन्होंने दो वर्षों में तीन कक्षाएँ पास कीं, लेकिन वे अपने शिक्षकों के साथ तालमेल स्थापित न कर सके। किसी शिक्षक के यह करने पर कि गणित का सवाल हल करो, वे जबानी ही उसका हल निकाल दिया करते थे– स्लेट पर कुछ नहीं लिखते थे। शिक्षक के बच्चों से यह करने पर कि स्लेट पर सवाल लिखो, वे कहते थे कि इसकी कोई जरूरत नहीं। यदि कभी शिक्षक उनसे ब्लैक बोर्ड (श्याम पट) पर कुछ लिखने के लिए कहते, तो वे मना कर देते थे।

1. बाल के पिता उन्हें कुछ पैसे तब देते थे, जब बाल–

(a) सवालों के सही हल निकाल देते थे।
(b) पढ़ाई में दूसरे बच्चों की मदद करते थे।
(c) अंग्रेजी के पाठ बखूबी याद कर लेते थे।
(d) कोई नया संस्कृत श्लोक याद कर लेते थे।

2. ''बाल की स्मरण-शक्ति बहुत अच्छी थी'' कहने का मतलब है–

(a) वे जो कुछ भी सीखते थे, उसे अच्छी तरह याद कर लेते थे।
(b) दूसरों को स्लेट इस्तेमाल करने से मना करते थे।
(c) ब्लैक बोर्ड (श्याम पट) पर सवालों को लिखने की जरूरत नहीं समझते थे।
(d) संस्कृत श्लोक तुरंत याद कर लेते थे।

3. बाल गंगाधर तिलक नहीं थे–

(a) बेईमान (b) बुद्धिमान
(c) निडर (d) सत्यवादी

4. शिक्षक बाल से नाराज थे, क्योंकि बाल–

(a) किसी दूसरे छोटे से स्कूल से आए थे।
(b) ने दो वर्षों में ही तीन कक्षाएँ पास की थीं।
(c) शिक्षक की तुलना में सवालों को जल्दी हल करते थे।
(d) स्लेट पर सवाल लिखने से मना कर देते थे।

5. बाल अपने शिक्षकों के साथ तालमेल स्थापित न कर सके, क्योंकि–

(a) बाल ने अपने पिता से शिक्षा प्राप्त की थी।
(b) बाल ने घर पर बेहतर पढ़ाई की थी।
(c) वे शिक्षकों का विरोध करने से नहीं डरते थे।
(d) वे कक्षा के दूसरे बच्चों को परेशान करते थे।

अनुच्छेद–10

मिट्टी में तरह-तरह के जीवों के रूप मिलते हैं। चूहे, छछूँदर, खरगोश और केंचुए जैसे प्राणी मिट्टी में बिल बना कर रहते हैं। चींटी, गुबडैले, कनखजूरे, बिच्छू आदि जैसे छोटी प्राणी भी वहीं रहते हैं। इन प्राणियों की मदद से मिट्टी उपजाऊ बनती है। ये प्राणी पौधों, पत्तियों और मरे जानवरों को खाकर जिन्दा रहते हैं। इस प्रकार ये सड़ने की प्रक्रिया में सहायक होते हैं।

इन सभी प्राणियों में सबसे महत्वपूर्ण केंचुआ है। इसे किसान का मित्र कहा जाता है, क्योंकि इसके बिल बनाने से मिट्टी ऊपर-नीचे होती है और फलस्वरूप मिट्टी में गहराई तक हवा पैठ पाती है। इससे मिट्टी को हवा मिल पाती है। केंचुआ मिट्टी की उलट-पुलट करता है जिससे वह और उपजाऊ होती जाती है, इसका मल भी मिट्टी को उपजाऊ बनाता है।

मिट्टी में रहने वाले जीवाणु जैसे छोटे-छोटे जीव-जन्तु बेकार वस्तुओं को तोड़कर उनका चूरा बना देते हैं, जिससे मिट्टी की उपजाऊ शक्ति बढ़ती है। दूसरे शब्दों में ये मिट्टी की उपजाऊ शक्ति बढ़ाने में सहायता देते हैं। मिट्टी के कणों को पौधों की जड़ें पकड़ लेती हैं जिससे उनका उड़ना या बरबाद होना रुक जाता है।

1. 'किसान का मित्र' किसे कहा गया है?

(a) कनखजूरों को (b) केंचुओं को
(c) जीवाणुओं को (d) खरगोशों को

2. मिट्टी में रहने वाले जीव–

(a) मिट्टी को नुकसान पहुँचाते हैं।
(b) मिट्टी में ज़ल की मात्रा बढ़ाते हैं।
(c) मिट्टी को और अधिक उपजाऊ बनाते हैं।
(d) मिट्टी का कटाव रोकते हैं।

3. केंचुए नहीं करते–

(a) मिट्टी के कणों को जोड़ने का काम
(b) मिट्टी में गहराई तक हवा पहुँचाने का काम
(c) ऊपर की मिट्टी नीचे और नीचे की मिट्टी को ऊपर करने का काम
(d) अपने मल से मिट्टी को और उपजाऊ बनाने का काम

4. पौधे मिट्टी के लिए उपयोगी होते हैं, क्योंकि वे–

(a) मिट्टी में हवा पहुँचाने में सहायक होते हैं।
(b) मिट्टी की पकड़ बढ़ाते हैं और कटाव रोकते हैं।
(c) मिट्टी और पानी से भोजन पाते हैं।
(d) ऊपर की मिट्टी और नीचे की मिट्टी को मिलाते हैं।

5. इस गद्यांश के लिए शीर्षक हो सकता है–
(a) किसान के मित्र (b) मिट्टी में जीवन
(c) उपजाऊ मिट्टी (d) मिट्टी में पशु मल

अनुच्छेद–11

मैं गंगा हूँ। मैं हिमालय की पुत्री हूँ। भारत की ज्यादातर सभ्यता का विकास मेरे तट पर हुआ। मेरी घाटी में धरती सोना उपजाती है। इसमें कोई आश्चर्य नहीं कि लोग मुझे 'माता' कहते हैं। पिघली बर्फ की एक पतली धारा गोमुख से पहाड़ों तक आती है। यह भागीरथी कहलाती है। जब देवप्रयाग में अलकनन्दा और मन्दाकिनी नामक दो अन्य धाराएँ भागीरथी से मिलती हैं, तब इसे गंगा के नाम से जाना जाता है। जहाँ मैं हिमालय को छोड़कर समतल मैदान में आती हूँ, उस स्थान को 'हरिद्वार' कहा जाता है। यह अत्यन्त पवित्र स्थान है। हालांकि समतल मैदान में पहुँचने पर मेरा दूधिया सफेद रंग मटमैला हो जाता है। सुरक्षित करने पर मेरा जल वर्षों तक खराब नहीं होता। इसी कारण लोग मुझे 'सुरसरि' अर्थात् देवताओं की नदी और मेरे जल को अमृत कहते हैं।

1. 'मैं हिमालय की पुत्री हूँ' इसका क्या अर्थ है?
(a) मैं हिमालय में रहती हूँ।
(b) मेरा जन्म हिमालय से हुआ।
(c) मैं हिमालय को अपना पिता मानती हूँ।
(d) हिमालय मुझे पुत्री की तरह स्नेह करता है।

2. 'मेरी घाटी में धरती सोना उपजाती है' का अर्थ है–
(a) घाटी की मिट्टी बहुत उपजाऊ है।
(b) घाटी में सोने की खाने हैं।
(c) घाटी के लोग बहुत धनी हैं।
(d) घाटी में सोने के रंग का अन्न उपजता है।

3. भारतीयों को गंगा के पानी से माता के समान मिलता है–
(a) स्नेह (b) सुरक्षा
(c) उदारता (d) पोषण

4. वह कौन-सा स्थान है जहाँ आने के बाद भागीरथी नदी गंगा कहलाने लगती है?
(a) हिमालय (b) गोमुख
(c) देवप्रयाग (d) हरिद्वार

5. गंगा का जल अमृत कहलाता है, क्योंकि वह–
(a) सामान्य पानी की तरह मटमैला नहीं होता।
(b) अमृत की भाँति सफेद बना रहता है।
(c) देवताओं की नदी का पानी है।
(d) सामान्य पानी की तरह खराब नहीं होता।

अनुच्छेद–12

कुछ साल पहले जापान के बच्चों ने जवाहरलाल नेहरू को लिखा और उनसे प्रार्थना की कि वे उनको एक हाथी भेज दें। भारत के बच्चों की ओर से उन्होंने उनको एक सुन्दर हाथी भेज दिया। वह हाथी मैसूर से आया था उसे समुद्री रास्ते से जापान भेजा गया। जब वह टोकियो पहुँचा तो हजारों बच्चे उसे देखने आए। उनमें से बहुतों ने कभी हाथी नहीं देखा था। वह राजसी पशु उनके लिए भारत का एक प्रतीक बन गया। इस प्रकार जापान और भारत के बच्चे एक दूसरे से जुड़ गए। नेहरू जी को इस बात से बहुत खुशी हुई कि उनके इस उपहार से जापान के अनेकों बच्चे खुश हुए और हमारे देश के बारे में सोचने लगे।

1. ''उन्होंने उनको एक सुन्दर हाथी भेजा।'' इस वाक्य में 'उनको' शब्द का प्रयोग निम्नलिखित में से किसके लिए किया गया है?
(a) मैसूर के बच्चों के लिए
(b) जापान के बच्चों के लिए
(c) टोकियो के बच्चों के लिए
(d) जापानी चिड़िया घर के लिए

2. हाथी ने भारत से जापान की यात्रा की–
(a) जहाज द्वारा (b) रेल द्वारा
(c) वायुयान द्वारा (d) सड़क द्वारा

3. हजारों जापानी बच्चे हाथी को देखने टोकियो आए, क्योंकि–
(a) वह भारत से भेजा गया था।
(b) वह एक पालतू हाथी था।
(c) वह एक राजसी पशु था।
(d) इससे पहले उन्होंने कभी हाथी नहीं देखा था।

4. नेहरू जी खुश थे, क्योंकि–
(a) उन्होंने जापान को एक हाथी भेजा था।
(b) उनके उपहार से जापानी बच्चे हमारे देश के बारे में सोचने लगे।
(c) हाथी ने समुद्री रास्ते से एक लम्बी यात्रा की।
(d) हाथी जापान में खुश था।

5. नेहरू जी ने एक हाथी जापान भेजा, क्योंकि–
(a) उन्हें हाथी पसन्द थे।
(b) हाथी राजसी पशु है।
(c) जापानी बच्चों ने हाथी मांगा था।
(d) जापान की सरकार ने एक हाथी मांगा था।

अनुच्छेद–13

हमारी पृथ्वी की लगभग दो-तिहाई सतह महासागरों के जल से ढँकी हुई है। इन महासागरों की गहराई के बारे में कुछ नहीं कहा जा सकता है। पृथ्वी की विशालतम पर्वत श्रेणी हिमालय भी इन महासागरों में पूरी तरह डूब सकती है। थल पर वनस्पति जीवन, पशु जीवन तथा मानव जीवन के महासागरों का भी अपना एक संसार है। इन महासागरों में रहने वाले पशुओं और प्राणियों तथा थल के पशुओं और वनस्पतियों में विशाल अंतर है। समुद्र के प्राणियों की अजीब आकृतियों और रंगों के कारण कोई भी आसानी से पौधों को पशु और पशुओं को पौधे समझने की गलती कर सकता है। मूंगे पशु हैं किन्तु एकदम फूलों की तरह लगते हैं। इन अजीब प्राणियों और पौधों के कारण, महासागरों को अपने आप में अजायबघर माना जाता है।

1. "हिमालय इन महासागरों में पूरी तरह डूब सकता है" का अर्थ है–
(a) हिमालय महासागर में खो जाएगा।
(b) हिमालय महासागर का एक अंग बन जाएगा।
(c) हिमालय की ऊँचाई से महासागर की गहराई अधिक है।
(d) हिमालय महासागर से ऊँचा है।

2. थल पर पौधे, पशु तथा मानव हैं। महासागर में हैं–
(a) पौधे, पशु और लोग (b) पौधे और पशु
(c) लोग तथा पौधे (d) पौधे तथा प्राणी

3. मूंगे हैं–
(a) फूल (b) पौधे
(c) प्राणी (d) घोंघा

4. महासागर एक प्रकार का अजायबघर है, क्योंकि इसमें–
(a) फूलों की तरह लगने वाले मूंगे हैं।
(b) अजीब आकृतियों और रंगों के प्राणी हैं।
(c) एक सुंदर फर्श है।
(d) अनेक प्रकार की मछलियाँ हैं।

5. इस अनुच्छेद का सबसे अधिक उपयुक्त शीर्षक क्या होगा?

(a) महासागर की गहराई (b) महासागर में जीवन-रूप
(c) महासागरों का संसार (d) हिमालय तथा महासागर

अनुच्छेद-14

जब तुम साफ रात्रि में आकाश की ओर देखते होंगे तो तुम्हें दूर-दूर तक हजारों तारे टिमटिमाते हुए दिखाई दिए होंगे। उन्हें देखकर लगता है जैसे किसी ने उन्हें आकाश की काली पृष्ठभूमि पर उन्हें चिपका रखा है। कई बार तुम्हें अचंभा हुआ होगा कि वे हर रात एक ही जगह पर कैसे बने रहते हैं, गिर क्यों नहीं जाते। रोचक तथ्य तो यह है कि तारे वास्तव में एक जगह स्थिर नहीं रहते हैं। जिस प्रकार पृथ्वी तथा अन्य आठ ग्रह सूर्य के चारों ओर अपने-अपने पथ पर चलते रहते हैं, वे भी उसी प्रकार अपने पथ पर धीरे-धीरे चलते रहते हैं। तुम्हें लगता है कि तारे एक ही जगह स्थिर रहते हैं क्योंकि तुम उन्हें चलते हुए नहीं देख सकते हो। इसका कारण यह है कि वे हमसे हजारों-हजारों किलोमीटर दूर हैं। जब वे चलते हुए भी होते हैं तब भी ऐसा लगता है कि वे एक जगह पर हैं। इसके अतिरिक्त एक शक्ति है जिसे गुरुत्वाकर्षण शक्ति कहते हैं जिसके कारण चलते समय भी तारे अपने पथ पर बने रहते हैं। यह उनको एक-दूसरे से टकराने से भी बचाती है।

1. साफ रात्रि में आकाश की ओर देखने पर तुम्हें दिखाई देता है कि-

(a) तारे एक पथ पर धीरे-धीरे चल रहे हैं।
(b) ग्रह अपने पथ पर चल रहे हैं।
(c) दूर आकाश में तारे टिमटिमा रहे हैं।
(d) तारे एक-दूसरे के बहुत पास दिखाई दे रहे हैं।

2. इस गद्यांश में किस रोचक तथ्य का उल्लेख किया गया है?

(a) तारे आकाश में चिपका दिए गए हैं।
(b) तारे एक जगह स्थिर नहीं रहते हैं।
(c) ग्रह सूर्य के इर्द-गिर्द घूमते हैं।
(d) गुरुत्वाकर्षण शक्ति तारों को अपने स्थान पर स्थिर रखती है।

3. हम तारों को चलते हुए नहीं देख सकते, क्योंकि-

(a) वे हमसे बहुत दूर हैं।
(b) वे टिमटिमाते हैं।
(c) गुरुत्वाकर्षण शक्ति ने उन्हें अपने स्थान पर स्थापित कर स्थिर कर दिया है
(d) रात्रि को आकाश साफ नहीं रहता है

4. 'यह उनको एक दूसरे से टकराने से भी बचाती है'। इस वाक्य में 'यह' से तात्पर्य है-

(a) आकाश (b) सूर्य
(c) विशाल दूरी (d) गुरुत्वाकर्षण शक्ति

5. तारों के चलते समय अपने पथ पर बने रहने का कारण है-

(a) उनकी बहुत दूरी (b) उनका न गिरना
(c) उनकी धीमी गति (d) गुरुत्वाकर्षण शक्ति

अनुच्छेद-15

दिसंबर 1984 को भोपाल में एक फैक्ट्री से मिथाइल आइसोसाइनेट नामक एक बेहद जहरीली एवं जानलेवा गैस रिसकर हवा में मिल गई। इस गैस का रिसाव इतनी जल्दी हुआ कि फैक्ट्री के आस-पास रहने वाले लोग भाग भी न सके। वैसे भी यह रात के समय हुआ था। इस जहरीली गैस की मात्रा इतनी अधिक थी कि लोगों को उसी समय साँस लेने में परेशानी होने लगी। लोगों ने वहाँ से भागना चाहा पर वे भाग न सके और असमय मौत का शिकार बन गए। लाखों लोग श्वसन तंत्र की बीमारियों का शिकार बन गए और बाद में भी की लोग मर गए। यहाँ तक कि उस समय के बाद कुछ सालों तक अपंग बच्चे पैदा हुए या उन्हें श्वास संबंधी कोई रोग था। पेड़-पौधों के पत्ते काले होते गए और वे नष्ट हो गए। आज इतने सालों बाद भी लोग इन बिमारियों का परिणाम भुगत रहे हैं।

1. लोग किस बीमारी का शिकार हो गए?

(a) श्रवण संबंधी (b) नेत्र संबंधी
(c) श्वसन संबंधी (d) मुख संबंधी

2. 1984 में भोपाल में फैक्ट्री से कौन-सी गैस का रिसाव हुआ?

(a) मिथाइल गैस का
(b) मिथाइल आइसो साइनेट गैस का
(c) मिथाइल कार्बोनेट गैस का
(d) उपर्युक्त में से कोई नहीं

3. लोग चाहकर भी क्यों न भाग सके?

(a) फैक्ट्री के पास होने कारण
(b) साँस लेने में कठिनाई के कारण
(c) घटना का रात में घटित होने के कारण
(d) उपर्युक्त सभी

4. रात का पर्यायवाची है-

(a) दिन (b) निशा
(c) प्रसून (d) कुसुम

5. प्रथम पंक्ति में 'गैस' के लिए प्रयुक्त विशेषण है-

(a) जहरीली (b) बेहद
(c) साइनेट (d) रिसना

अनुच्छेद-16

हड्डियों के बीच के भाग मज्जा में ऐसे बहुत से कारखाने होते हैं जो रक्त कणों के निर्माण-कार्य में लगे रहते हैं। इनके लिए इन कारखानों को प्रोटीन, लौहतत्व और विटामिन रूपी कच्चे माल की जरूरत होती है। यह पौष्टिक आहार लेते हो? हरी सब्जी, फल, दूध, अंडा और गोश्त में ये तत्व उपयुक्त मात्र में होते हैं। यदि कोई व्यक्ति उचित आहार ग्रहण नहीं करता तो इन कारखानों को आवश्यकतानुसार कच्चा माल नहीं मिल पाता। प्राय: यह समझा जाता है कि रक्तदान करने से कमजोरी हो जाएगी, किंतु यह विचार बिलकुल निराधार है। हमारा शरीर इतना रक्त तो कुछ ही दिनों में बना लेता है। वैसे भी शरीर में लगभग पाँच लीटर खून होता है। इसमें से यदि कुछ रक्त किसी जरूरतमंद व्यक्ति के लिए जीवन-दान बन जाए तो इससे बड़ी बात क्या होगी। दीदी समझाते हुए बोलीं।

1. रक्त कणों की रचना कहाँ होती है?

(a) हृदय में (b) मज्जा में
(c) गुर्दे में (d) यकृत में

2. रक्त निर्माण के लिए किस कच्चे माल की आवश्यकता होती है?

(a) प्रोटीन, कार्बोहाइड्रेट, विटामिन
(b) प्रोटीन, लौहतत्त्व, कार्बोहाइड्रेट
(c) प्रोटीन, विटामिन, लौहतत्त्व
(d) विटामिन, लौहतत्त्व, कार्बोहाइड्रेट

3. रक्त के लिए कच्चा माल न मिलने पर क्या होता है?

(a) एनीमिया (b) स्कर्वी
(c) बेरी-बेरी (d) घेंघा

4. रक्तदान करने के बाद रक्त की कमी किस प्रकार पूरी हो जाती है?

(a) व्यायाम करने से
(b) पौष्टिक आहार ग्रहण करने से
(c) केवल प्रोटीन युक्त भोजन ग्रहण करने से
(d) दवाइयाँ खाने से

5. **'निराधार' शब्द का अर्थ है**
(a) विमूल (b) महत्वपूर्ण
(c) प्रभावशाली (d) आवश्यक

अनुच्छेद–17

संतुलित आहार लेने मात्र से हम एनीमिया से बचे रह सकते हैं, यह कहना काफी हद तक सही है। यों तो एनीमिया बहुत से कारणों से हो सकता है, किन्तु हमारे देश में इसका सबसे बड़ा कारण पौष्टिक आहार की कमी है। इसके अलावा इस रोग का एक और बड़ा कारण है पेट में कीड़ों का हो जाना। ये कीड़े प्रायः दूषित जल और खाद्य पदार्थों द्वारा हमारे शरीर में प्रवेश करते हैं। अतः इससे बचने के लिए यह आवश्यक है कि हम पूरी सफाई से बनाए गए खाद्य पदार्थ को ग्रहण करें। भोजन करने से पूर्व अच्छी तरह से हाथ धो लें और साफ पानी ही पिएँ। और हाँ, एक किस्म के कीडे भी है, जिनके अंडे जमीन की ऊपरी सतह में पाए जाते हैं। इन अण्डों से उत्पन्न हुए लार्वे त्वचा के रास्ते शरीर में प्रवेश कर आँतों में अपना घर बना लेते हैं। इनसे बचने का सहज उपाय है कि शौच के लिए हम शौचालय का ही प्रयोग करें और इधर-उधर नंगे पैर न घूमें।

1. **भारतवर्ष में एनीमिया का मुख्य कारण क्या है?**
(a) दूषित जल (b) दूषित खाद्य पदार्थ
(c) पौष्टिक आहार की कमी (d) उपर्युक्त सभी

2. **पेट में कीड़ों के होने का क्या कारण है?**
(a) दूषित खाद्य पदार्थ (b) अंडों से उत्पन्न लार्वा
(c) रक्त की कमी (d) प्रोटीन युक्त भोजन ग्रहण न करना

3. **नंगे पैर घूमने से क्या होता है?**
(a) पैर गंदे हो जाते हैं।
(b) विभिन्न सूक्ष्म जीवाणु शरीर में प्रवेश कर जाते हैं।
(c) पेट में कीड़े हो जाते हैं।
(d) त्वचा संबंधी रोग हो जाते हैं।

4. **एनीमिया से बचने का/के उपाए हैं–**
(a) पौष्टिक आहार
(b) शारीरिक स्वच्छता
(c) अस्वच्छ जल का उपयोग न करना
(d) उपर्युक्त सभी

5. **'पौष्टिक' व 'ऊपरी' में प्रत्यय हैं–**
(a) इक, इ (b) ईक, ई
(c) इक, ई (d) ईक, इ

अनुच्छेद–18

गर्मी की छुटियाँ थीं। दोपहर के समय दिनेश घर में बैठा कोई कहानी पढ़ रहा था। तभी पेड़ के पत्तों को हिलाती हुई कोई वस्तु धम से घर के पीछे वाले बगीचे में गिरी। दिनेश आवाज से पहचान गया कि वह वस्तु क्या हो सकती है। वह एकदम से उठकर बरामदे की चिक सरका कर बगीचे की ओर भागा। अरे अरे, बेटा कहाँ जा रहा है? बाहर लू चल रही है। दिनेश की माँ मशीन चलाते-चलाते एकदम जोर से बोली। परन्तु दिनेश रुका नहीं। उसने पैरों में चप्पल भी नहीं पहनी। जून का महीना था। धरती तवे की तरह तप रही थी। पर दिनेश को पैरों के जलने की भी चिंता नहीं थी। वह जहाँ से आवाज आई थी, उसी ओर भाग चला। सामने की क्यारी में भिंडियों के ऊँचे-ऊँचे पौधे थे। एक ओर सीताफल की घनी बेल फैली हुई थी। क्यारियों के चारों ओर हरे-हरे केले के वृक्ष लहरा रहे थे। दिनेश ने जल्दी-जल्दी भिंडियों के पौधों को उलटना-पलटना आरम्भ किया। जब वहाँ कुछ नहीं मिला तो उसने सारी सीताफल की बेल छान मारी बराबर में ही छोटे-छोटे गड्डे बना रखे थे। ढूँढते-ढूँढते जब उसकी निगाह उधर गई तो उसने देखा कि गड्डे के ऊपर ही एक बिल्कुल नई चमचमाती किरमिच की गेंद पड़ी है।

1. **दिनेश घर में बैठा क्या कर रहा था?**
(a) कविता पढ़ रहा था। (b) कहानी पढ़ रहा था।
(c) टी.वी. देख रहा था। (d) गेंद से खेल रहा था।

2. **दिनेश आवाज सुनकर किस ओर भागा?**
(a) बरामदे की ओर (b) दरवाजे की ओर
(c) बगीचे की ओर (d) छत की ओर

3. **सामने की क्यारियों में किसके पौधे लगे हुए थे?**
(a) सीताफल (b) मटर
(c) चने (d) भिंडी

4. **क्यारियों के चारों ओर क्या लगा हुआ था?**
(a) केले के वृक्ष (b) आम के वृक्ष
(c) सीताफल की बेल (d) भिंडी के पौधे

5. **दिनेश को किरमिच की गेंद कहाँ मिली?**
(a) केले के पेड पर (b) भिंडी के पौधों के बीच
(c) सीताफल की बेल की बीच (d) इनमें से कोई नहीं

अनुच्छेद–19

वैसे तो मेरे मामा के गाँव का होने के कारण मुझे बदलू को 'बदलू मामा' कहना चाहिए था परंतु मैं उसे 'बदलू मामा' न कहकर बदलू काका कहा करता था जैसा कि गाँव के सभी बच्चे उसे कहा करते थे। बदलू का मकान कुछ ऊँचे पर बना था। मकान के सामने बड़ा-सा सहन था जिसमें एक पुराना नीम का वृक्ष लगा था। उसी के नीचे बैठकर बदलू अपना काम किया करता था। बगल में भट्ठी दहकती रहती जिसमें वह लाख पिघलाया करता। सामने एक लकड़ी की चौखट पड़ी रहती जिस पर लाख के मुलायम होने पर वह उसे सलाख के समान पतला करके चूड़ी का आकार देता। पास में चार-छह विभिन्न आकार की बेलननुमा मुंगेरियाँ रखी रहतीं जो आगे से कुछ पतली और पीछे से मोटी होतीं। लाख की चूड़ी का आकार देकर वह उन्हें मुँगेरियों पर चढ़ाकर गोल और चिकना बनाता और तब एक-एक कर पूरे हाथ की चूड़ियाँ बना चुकने के पश्चात वह उन पर रंग करता।

1. **लेखक को बदलू को किस संबोधन से पुकारता था?**
(a) मामा (b) चाचा
(c) काका (d) ताऊ

2. **'वृक्ष' और 'गोल' के पर्यायवाची हैं–**
(a) बरगद, वृत्त (b) गाछ, चक्र
(c) पेड़, शून्य (d) तरू, द्रुम

3. **बदलू अपना काम कहाँ करता था?**
(a) पीपल के वृक्ष के नीचे (b) आम के वृक्ष के नीचे
(c) नीम के वृक्ष के नीचे (d) वट के वृक्ष के नीचे

4. **बदलू अपना कौन-सा काम करता था?**
(a) चूड़ी बनाने का (b) चौखट बनाने का
(c) लोहे की छड़ बनाने का (d) मुंगेरियाँ बनाने का

5. **वह चूड़ी किससे बनाता था?**
(a) काँच से (b) प्लास्टिक से
(c) लाख से (d) पीतल से

अनुच्छेद–20

"मैं और गहराई की खोज में किनारों से दूर गई तो मैंने एक ऐसी वस्तु देखी कि मैं चौंक पड़ी। अब तक समुद्र में अँधेरा था, सूर्य का प्रकाश कुछ ही

भीतर तक पहुँच पाता था और बल लगाकर देखने के कारण मेरे नेत्र दुखने लगे थे। मैं सोच रही थी कि यहाँ पर जीवों को कैसे दिखाई पड़ता होगा कि सामने ऐसा जीव दिखाई पड़ा मानो कोई लालटेन लिए घूम रहा हो। यह एक अत्यंत सुंदर मछली थी। इसके शरीर से एक प्रकार की चमक निकलती थी जो इसे मार्ग दिखलाती थी। इसका प्रकाश देखकर कितनी छोटी-छोटी अनजान मछलियाँ इसके पास आ जाती थीं और यह जब भूखी होती थी तो पेट भर उनका भोजन करती थी।"

इसी स्थान के आस-पास एक दुर्घटना होते-होते बची। हम लोग अपनी इस खोज से इतने प्रसन्न थे कि अंधा-धुँध बिना मार्ग देखे बढे जाते थे। इससे अचानक एक ऐसी जगह जा पहुँचे जहाँ तापक्रम बहुत ऊँचा था। यह हमारे लिए असह्य था। हमारे अगुवा काँपे और देखते-देखते उनका शरीर ओषजन और हद्रजन में विभाजित हो गया। इस दुर्घटना से मेरे कान खड़े हो गए। मैं अपने और बुद्धिमान साथियों के साथ एक ओर निकल भागी।

1. बूँद कहाँ गई थी?

(a) नदी के भीतर (b) समुद्र के भीतर
(c) तालाब के भीतर (d) झरने के भीतर

2. बूँद को कैसा जीव दिखाई दिया?

(a) चमकने वाली मछली (b) विशालकाय मछली
(c) तारा मछली (d) छोटी-छोटी मछलियाँ

3. 'कान खडे होना' मुहावरे का अर्थ है–

(a) भयभीत होना (b) सावधान होना
(c) सहम जाना (d) क्रोधित होना

4. बूँद क्यों काँप उठी?

(a) तापमान में कमी के कारण (b) अत्यधिक वायु वेग के कारण
(c) लहरों के आने के कारण (d) तापमान में वृद्धि के कारण

5. 'भीतर' व 'विभाजित' के विलोम शब्द हैं–

(a) अंदर, खंडित (b) अंदर, क्षणिक
(c) अंदर, अविभाजित (d) बाहर, अविभाजित

अनुच्छेद–21

जानवरों की तरह पौधे चलते-फिरते नहीं हैं वे अपनी जड़ों से मिट्टी में स्थिर रहते हैं। जड़ पानी खींचती है, जिसमें पौधों की खुराक घुली रहती है। जड़ मिट्टी से खुराक खींचकर पौधे के अन्य भागों तक भेजती है। डेलिया और गाजर की तरह कुछ पौधों की जड़ें खाद्य-पदार्थ का भंडारण करती हैं।

पौधे अपने तने के सहारे खड़े रहते हैं, जिससे पत्तों को धूप व हवा मिल सके। तना खाद्य-नलिका का काम भी करता है वह जड़ से खाद्य ले लेता है। पत्ते धूप व हवा का इस्तेमाल कर पौधे को जीवित रखने के लिए आवश्यक भोजन का निर्माण करते हैं। पत्तों में बारीक छिद्र होते हैं, जो पौधों की नमी को दूर करते हैं। इन्हीं छिद्रों से पत्ते ऑक्सीजन खींचकर साँस लेते हैं। फूल बीजों का निर्माण करता है, जिससे नए पौधे निकलते हैं।

1. नए पौधे बनते हैं–

(a) पुराने पौधों से
(b) उपजाऊ मिट्टी से
(c) फूलों द्वारा बनाए गए बीजों से
(d) वर्षा-जल से

2. नीचे लिखी बातों में कौन-सी सच नहीं है?

(a) जड़ें पौधे को मिट्टी से बाँधकर स्थिर रखती हैं।
(b) पौधे भी चल-फिर सकते हैं।
(c) तने के सहारे पौधे खड़े रहते हैं।
(d) पत्ते भोजन बनाते हैं।

3. किसी पौधे के सारे पत्तों को यदि तोड़ डालें, तो क्या होगा?

(a) वह तेजी से बढ़ेगा।
(b) वह तेजी से साँस लेगा।
(c) वह खाद्य-भंडारण करेगा।
(d) वह शीघ्र ही मर जाएगा।

4. पौधे किससे मिट्टी में स्थिर रहते हैं?

(a) जड़ों से (b) तने से
(c) पत्तों से (d) फूलों से

5. तने को खाद्य-नलिका भी कहते हैं, क्योंकि

(a) वह नलिका जैसा दिखता है।
(b) वह जड़ों से खुराक खींचता है।
(c) वह खाद्य का निर्माण करता है।
(d) वह खोखला होता है।

अनुच्छेद–22

बहुत समय पहले एक वन में एक विशाल और ऊँचा लाल लकड़ी वाला पेड़ खड़ा था। उस पेड़ ने पूछा, "मैं यहाँ क्यों हूँ?" किन्तु खेद है कि किसी ने उसे सुना नहीं। लाल लकड़ी वाला पेड़ वहाँ और भी अनेक वर्षों तक खड़ा रहा। उसकी पत्तियाँ हरी और सुई जैसी थीं और वह साल भर हरा-भरा रहता था। यही कारण था कि चिड़ियाँ उस पेड़ को बहुत चाहती थीं। वे बड़ी हुई और उनके बच्चे हुए। वे सब-के-सब उस लाल लकड़ी वाले पेड़ पर रहे।

लगभग दो सौ पक्षी-परिवार उसे अपना घर कहते थे। सूर्यास्त के समय घोंसलों पर बैठी चिड़ियों की आवाज इतनी ऊँची होती की हिरन उस पेड़ के तने से अपनी पीठ खुजला नहीं पाते थे। चिड़ियों का शोर उनके कानों को चुभता था।

एक दिन पेड़ ने वही प्रश्न पूछा जो वह इतने दिनों से पूछता आया था। "मैं यहाँ क्यों हूँ? मेरी इच्छा है कि कोई मुझे काट डाले और मेरी लकड़ी से दस घरों का निर्माण करे। तब मैं किसी काम आ सकूँगा।"

एक काली चिड़िया ने पेड़ की आवाज सुन ली। वह धरती से पेड़ की चोटी पर बैठ गई और दूसरी चिड़ियों को कहने लगी, "हमारा यह पेड़ जंगल को छोड़ना चाहाता है। हमारा पेड़ समझता है कि वह कोई अच्छा काम नहीं कर रहा है। आओ, हम सब मिलकर पेड़ से कहें" उन्होंने कहा, "आज तुम दो सौ घरों वाले हो, दस घर नहीं बल्कि दस के बीस गुना अधिक! तुम हम सबसे लिए घर हो कृपया इस जंगल को मत छोड़ो।" उस दिन वह पेड़ यह जानकर बहुत खुश हुआ कि वह वहाँ क्यों है?

1. चिड़ियाँ लाल लकड़ी वाले पेड़ को चाहती थीं, क्योंकि–

(a) वे उसके बीज खा सकती थीं और डालियों पर बैठ सकती थीं।
(b) वह सारे साल हरा-भरा रहता था और उसकी पत्तियाँ सुई जैसी थीं।
(c) वे जमीन के निकट रह सकती थीं।
(d) वे शिखर के समीप रह सकती थीं।

2. पेड़ उदास रहता था, क्योंकि–

(a) वह जंगल में अकेला था।
(b) वह चाहता था कि उसकी लकड़ी से घर बनें।
(c) पेड़ से हिरन अपनी पीठ खुजलाते थे।
(d) चिड़ियों का शोर उसके कानों को चुभता था।

3. 'धरती से चोटी पर' कथन का आशय है–

(a) पेड़ के नीचे
(b) धरती से पेड़ के मध्य भाग तक
(c) धरती से पेड़ के सबसे ऊपरी भाग तक
(d) पेड़ के मध्य भाग से सबसे ऊपरी भाग तक

4. लेखक ने यह कहानी मुख्यतः यह बताने के लिए लिखी है कि–

(a) लाल लकड़ी वाले पेड़ जंगल के लिए महत्त्वपूर्ण क्यों हैं?

(b) लोगों को घर बनाने के लिए लाल लकड़ी वाले पेड़ खरीदवाना।

(c) चिड़ियों को खुश रखना।

(d) वे तथ्य बताना कि लाल लकड़ी वाले पेड़ अप्रसन्न क्यों रहते हैं।

5. कहानी के अन्त में लाल लकड़ी वाला पेड़ कैसा अनुभव करता है?

(a) क्रोध (b) प्रसन्नता

(c) भय (d) दिल्लगी

अनुच्छेद–23

प्रवासी पक्षी उन्हें कहा जाता है, जो मौसम अनुकूल न रहने पर अपने निवास स्थानों को छोड़कर अन्यत्र चले जाते हैं। अधिक ठण्डे स्थानों में उनके लिए जीना कठिन हो जाता है, इसलिए वे ऐसा करते हैं। ये पक्षी आमतौर पर कीड़े-मकोड़े खाते हैं और जाड़ों में उनका भोजन दुर्लभ हो जाता है। कुछ पक्षी गर्म स्थानों से दक्षिण के ठण्डे स्थानों की ओर चले जाते हैं। पक्षियों के कुछ समूह निचले क्षेत्रों से ऊँचे स्थानों की ओर चले जाते हैं। पक्षी दिन की लम्बाई देखकर आने वाले मौसम का अनुमान लगा लेते हैं। पक्षियों में एक विशेष ग्रन्थि होती है, जिससे मौसम का परिवर्तन समझने में उन्हें सहायता मिलती है। कुछ वैज्ञानिकों का मानना है कि पक्षी पृथ्वी के चुम्बकीय क्षेत्र के बारे में अधिक संवेदनशील होते हैं और इसी संवदेनशीलता के कारण वे यह निर्धारित कर सकते हैं कि वे कहाँ से आए हैं।

1. पक्षी प्रवास क्यों करते हैं?

(a) भोजन ढूँढ़ने के लिए

(b) गरम मौसम के लिए

(c) ठण्डे मौसम के कारण

(d) अपने अनुकूल मौसम न रहने के कारण

2. जाड़ों में पक्षियों के भोजन का क्या हो जाता है?

(a) संचित किया जाता है। (b) खूब मिलता है।

(c) नहीं मिलता है। (d) दुर्लभ हो जाता है।

3. दिन की लम्बाई देखकर पक्षी अनुमान लगा लेते हैं–

(a) बादलों में परिवर्तन का (b) मौसम में परिवर्तन का

(c) हवा में परिवर्तन का (d) वर्षा में परिवर्तन का

4. पक्षियों का कौन-सा अंग मौसम परिवर्तन समझने में सहायक होता है?

(a) गुर्दा (b) आँखें

(c) विशेष ग्रन्थि (d) आवरण

5. "वे निर्धारित कर सकते हैं कि वे कहाँ से आए।" इस वाक्य में 'निर्धारित करना' का अर्थ है–

(a) निर्णय करना (b) तय करना

(c) वर्णन करना (d) समझना

अनुच्छेद–24

चींटा और टिड्डा पड़ोसी थे। वे एक-दूसरे से बिल्कुल भिन्न थे। चींटा और उसका परिवार बहुत परिश्रमी था। वे लोग सारा दिन मेहनत करते थे। वे चावल, चीनी, आटा इकट्ठा करते, जितनी जरूरत हो उतना खाते और बाकी संग्रह कर रख लेते। चीटियों को बिना काम के घूमने या गप्पें लड़ाने की फुरसत नहीं थी। दूसरी ओर टिड्डे के परिवार के लोग अपने समय का एक-एक क्षण मस्ती में गुजारते, जब मौसम अच्छा होता, तो वे पार्टियों में जाते और नाचते-गाते रहते। वे चींटियों का मजाक उड़ाते, जो कोई मौज-मस्ती नहीं करती थीं। उस साल सर्दियों में कड़ाके की ठंड पड़ी। टिड्डे और चींटियाँ बाहर जाकर भोजन की तलाश नहीं कर सकते थे। टिड्डियों के पास तो भोजन था ही नहीं, क्योंकि उन्होंने कुछ भी बचाकर ही नहीं रखा था। श्रीमान टिड्डा जी श्रीमान चींटे जी से बोले, "क्या आप मुझे कुछ खाना दे सकते हैं? मेरा परिवार भूखों मर रहा है।" श्रीमान चींटा जी ने कहा, "मैं दे सकता था, पर मैंने कठिन परिश्रम किया है। यह भोजन मेरे और मेरे परिवार के लिए है। सारे वसंत और गरमी के मौसम में तुम लोग क्या करते रहे?"

श्रीमान टिड्डा जी ने कहा, "मौसम इतना सुहाना था कि हम सारे मौसम नाचते-गाते ही रहे।"

श्रीमान चींटा जी बोले, "तो जाओ ओर जाड़ा भी नाचने में बिता दो, याद रखो कठिन परिश्रम आसान तो नही है, पर उसका फल मीठा होता है।"

1. चींटे का परिवार था–

(a) आलसी (b) मौज-मस्ती वाला

(c) कठोर परिश्रमी (d) नाचने वाला

2. जाड़े के मौसम में क्या हुआ?

(a) टिड्डे पार्टी में गए।

(b) टिड्डों के पास बहुत भोजन था।

(c) टिड्डे जोश और मजे में थे।

(d) टिड्डे भूख से बेहाल थे।

3. अनुच्छेद में किस शब्द का अर्थ 'इकट्ठा करना' है?

(a) रख लेना (b) एकत्र करना

(c) परिश्रम करना (d) काम करना

4. चीटों ने टिड्डों की मदद क्यों नहीं की?

(a) वे लालची थे।

(b) वे निर्दयी थे।

(c) वे अपना सारा भोजन अपने पास रखना चाहते थे।

(d) वे टिड्डों को सबक सिखाना चाहते थे।

5. कहानी से आपको क्या संदेश मिलता है?

(a) कुछ खाना संग्रह करो।

(b) मौज-मस्ती करो।

(c) कठिन परिश्रम करना आसान नहीं, पर इसका फल मीठा होता है।

(d) केवल कठिन परिश्रम करना ही अच्छा है।

अनुच्छेद–25

हमारी सभ्यता का एक बड़ा दोष यह है कि उसे यह नहीं पता कि वह अपने ज्ञान का क्या करें? जैसा कि हम देखते हैं कि विज्ञान ने हमें दैवीय शक्तियाँ प्रदान की हैं, लेकिन हम उनका प्रयोग छोटे बच्चे की भाँति करते हैं, उदाहरणार्थ हम अपनी मशीनों का प्रबन्ध करना नहीं जानते। मशीनों को आदमी का सेवक बनाया गया था, लेकिन वह मशीनों पर इतना निर्भर हो गया है कि वे बहुत सीमा तक उनकी मालिक बन गई हैं। अधिकतर आदमी अपना समय मशीनों की देख-रेख एवं उनके रखरखाव में ही व्यतीत करता है। इसके अतिरिक्त मशीनें बड़ी कठोर स्वामी होती हैं। उन्हें खाने के लिए कोयला, पीने के लिए पेट्रोल एव सफाई के लिए तेल अवश्य चाहिए और उन्हें सही तापमान में रखा जाना चाहिए। अगर उन्हें समय पर भोजन न मिले तो अपना काम करना बन्द कर देंगी या क्रोध में आकर विस्फोट कर देंगी।

1. लेखक ने हमारी सभ्यता को दोषी क्यों माना है?

(a) क्योंकि वह हमें सही रास्ता नहीं दिखाती है।

(b) क्योंकि उसे यह नहीं पता है कि वह अपने ज्ञान का क्या करे?

(c) क्योंकि उसने हमें मशीनें प्रदान की हैं।

(d) क्योंकि उसका आधार विज्ञान है।

2. हम विज्ञान की दैवीय शक्तियों का प्रयोग किस प्रकार करते हैं?

(a) वैज्ञानिकों की तरह (b) जानवरों की तरह

(c) मनुष्यों की तरह (d) छोटे बंच्चों की तरह

3. 'हम अपनी मशीनों का प्रबन्ध करना नहीं जानते', अनुच्छेद में ऐसा क्यों कहा गया है?

(a) क्योंकि हमारी सभ्यता में दोष है।

(b) हम अयोग्य हैं।

(c) क्योंकि हम उनका प्रयोग छोटे बच्चों की तरह करते हैं।

(d) क्योंकि मशीनें बहुत बड़ी होती हैं।

4. मशीनें बहुत सीमा तक आदमी की मालिक बन गई हैं, क्योंकि–

(a) मशीनों को आदमी का सेवक बनाया था।

(b) हम उनका प्रबन्ध करना नहीं जानते हैं।

(c) आदमी मशीनों पर निर्भर हो गया है।

(d) उसकी देख-रेख करने में बहुत समय व्यतीत करता है।

5. मशीनों को खाने-पीने के लिए क्या चाहिए?

(a) उन्हें खाने के लिए कोयला तथा पीने के लिए पेट्रोल चाहिए।

(b) मशीन न कुछ खाती है न पीती है।

(c) उन्हें खाने के लिए भोजन तथा पीने के लिए पानी चाहिए।

(d) उन्हें खाने-पीने के लिए सही तापमान चाहिए।

अनुच्छेद–26

लिंकन के सम्बन्ध में सबसे प्रथम वस्तु जो सभी को प्रभावित करती थी, वह था उनका अनोखा व्यक्तित्व। वह सदैव काले वस्त्र पहनते थे, बड़ी काली टाई बाँधते थे, जो प्राय: ढीली होती थी, या गलत स्थान पर लगी रहती थी। उनके वस्त्र ऐसे दिखते थे जैसे मानो किसी और के लिए सिले गए हैं। ये प्राय: नए वस्त्र नहीं होते थे। उनके पैर बहुत लम्बे थे और वैसे ही उनके हाथ थे जो प्राय: राजकीय अवसरों पर सफेद बकरी के चमड़े के बने दस्तानों से ढके रहते थे। जाड़े में ओवरकोट के स्थान पर बड़ा भूरा रंग का शॉल ओढ़ते थे। एक दिन कुछ मित्र लिंकन तथा डगलस के सम्बन्ध में वार्तालाप कर रहे थे तथा उनकी ऊँचाई की तुलना कर रहे थे। जब लिंकन अपने कमरे में आए तो किसी ने पूछा, "आदमी के पैर कितने लम्बे होने चाहिए?" इतने लम्बे कि शरीर से पृथ्वी तक पहुँच जाएं। लिंकन ने शान्त भाव से उत्तर दिया।

1. लिंकन के सम्बन्ध में ऐसी कौन-सी बात थी जो सभी को प्रभावित करती थी?

(a) उनका चेहरा (b) उनके कपड़े

(c) उनके पैर व हाथ (d) उनका अनोखा व्यक्तित्व

2. लिंकन के वस्त्र ऐसे दिखते थे जैसे मानो और किसी अन्य के लिए सिले गए हों," क्योंकि–

(a) वस्त्र धुले हुए नहीं होते थे।

(b) वस्त्र काले रंग के होते थे।

(c) वह बड़ी काली टाई बाँधते थे जो प्राय: ढीली होती थी या गलत स्थान पर लगी रहती थी।

(d) उनके हाथ पैर बहुत लम्बे होते थे।

3. वह राजकीय अवसरों पर प्राय: क्या पहनते थे?

(a) ओवर कोट

(b) सफेद रंग का शॉल

(c) सफेद बकरी के चमड़े के दस्ताने

(d) काले रंग की लम्बी टाई

4. कुछ मित्र लिंकन तथा डगलस के सम्बन्ध में क्या बातें कर रहे थे?

(a) उनकी ऊँचाई के बारे में (b) उनके कपड़ों के बारे में

(c) उनकी आदतों के बारे में (d) उनके व्यक्तित्व के बारे में

5. जब लिंकन कमरे में घुसे, तो किसी व्यक्ति ने उनसे क्या पूछा?

(a) आदमी के हाथ कितने लम्बे होने चाहिए।

(b) आदमी के पैर कितने लम्बे होने चाहिए।

(c) आदमी की ऊँचाई कितनी होनी चाहिए।

(d) आदमी को कैसे कपड़े पहनने चाहिए।

अनुच्छेद–27

भारत की सभ्यता संसार की प्राचीनतम सभ्यताओं में से एक है। विद्या का केंद्र होने के कारण अनेक देशों के लोग यहाँ के महान गुरुओं के पास शिक्षा प्राप्त करने आते थे। उन दिनों भारत व्यापार एवं वाणिज्य का केंद्र था। भारतीय वस्तुएँ विश्वभर में प्रसिद्ध थीं। पूर्व तथा पश्चिम से व्यापारी स्थल मार्ग तथा समुद्री मार्ग से भारतीय माल खरीदने आते थे। भारत अब फिर से वाणिज्य और उद्योग का केंद्र बन रहा है। अनेक देशों को भारतीय वस्तुएँ भेजी जा रही हैं। भारतीय तकनीशियन तथा वैज्ञानिक भारत से बाहर अनेक देशों में काम कर रहे हैं।

1. लोग भारत क्या करने के लिए आते थे?

(a) शिक्षा प्राप्त करने के लिए (b) शिक्षा देने के लिए

(c) तैयार माल बेचने के लिए (d) आनंद करने के लिए

2. भारत विद्या का केंद्र था, क्योंकि–

(a) यह एक केंद्रीय स्थान था। (b) इसकी सभ्यता बहुत पुरानी थी।

(c) यहाँ महान् गुरु रहते थे। (d) यहाँ के कारीगर बहुत कुशल थे।

3. भारत इनका भी केंद्र था।

(a) कला एवं संस्कृति (b) व्यापार एवं वाणिज्य

(c) विज्ञान एवं प्रौद्योगिकी (d) संगीत एवं नृत्य

4. व्यापारी भारतीय वस्तुएँ खरीदने आते थे, क्योंकि वह वस्तुएँ–

(a) महँगी थीं। (b) सस्ती थीं।

(c) उपयोगी थीं। (d) प्रसिद्ध थीं।

5. इस गद्यांश के लिए उपयुक्त शीर्षक होगा–

(a) भारत जो महान् था

(b) विद्या का केंद्र भारत

(c) भारत में व्यापार और वाणिज्य

(d) भारत में आने वाले विदेशी यात्री

अनुच्छेद–28

स्वामी दयानंद सरस्वती का जन्म गुजरात में 1824 ई० में हुआ था। वे सच्ची राह से नहीं डिगते थे। जिस बात को सच समझते थे, उसके लिए मृत्यु को भी वह कुछ नहीं समझते थे। सत्य के लिए उन्होंने क्रांति मचा दी। स्वामी जी लगन के पक्के थे। बीहड़ जंगलों में बिना राह की राह तय कर और जंगली पशुओं से मुठभेड़ करते हुए वे नर्मदा का उद्‌गम देख आए थे और बद्रिकाश्रम से घूम-फिर आए थे। सर सैय्यद अहमद ने एक बार इस बात पर शक प्रकट किया था कि हवन से वायु शुद्ध हो सकती है। इस पर स्वामी जी चुप रहे। किसी दूसरे दिन फिर सर अहमद उनसे मिलने आए। स्वामीजी ने पूछा, "आपके यहाँ कितने आदमी रोज खाते हैं और उनके लिए कितनी दाल रोज पकती है?" उत्तर मिला– "69–70 आदमी खाते हैं और 6–7 सेर दाल पकती है।" स्वामी जी ने पूछा– "उतनी दाल में कितनी हींग पड़ती है?" उत्तर मिला– "एक तोले के करीब।" स्वामी जी ने झट से कहा– "जैसे एक तोला हींग में इतनी दाल सुगंधित हो जाती है, वैसे ही धूप-घी के हवन से भी वायु सुगंधित और शुद्ध हो जाती है।" स्वामीजी ने छुआछूत को अपने व्यवहार में स्थान नहीं दिया। क्या छोटे, क्या बड़े सभी की सेवा अपने हाथों से करके वे लोगों को अचरज में डाल देते। भारत की नई रूपरेखा में स्वामी जी का बहुत बड़ा हाथ था। उन्होंने अपनी पढ़ाई के जमाने में अंग्रेजों को पंजाब पर अधिकार करते देखा और

अंग्रेजी झण्डे को गड़ते देखा। उनके समय में 1857 ई० की क्रांति हुई। स्वामी जी ने पाया कि गुलामी के कारण भारतीय समाज और धर्म में घुन लग गए हैं।

1. स्वामी दयानन्द सरस्वती का जन्म कहाँ हुआ था?

(a) महाराष्ट्र (b) गुजरात
(c) मध्य प्रदेश (d) पंजाब

2. स्वामी जी के समय अंग्रेजों ने किस प्रांत पर अपनी हुकूमत का झंडा गाड़ा था?

(a) उत्तर प्रदेश (b) बंगाल
(c) गुजरात (d) पंजाब

3. बीहड़ जंगलों में जंगली पशुओं से जूझते स्वामी जी किस नदी का उद्‌गम देख आए थे?

(a) गंगा (b) यमुना
(c) नर्मदा (d) सरस्वती

4. स्वामी जी ने अपनी तर्कबुद्धि से किस व्यक्ति का शक दूर किया था कि हवन से वायु शुद्ध होती है?

(a) महात्मा गांधी (b) सर सुल्तान अहमद
(c) सर टॉमस रो (d) सर सैय्यद अहमद

5. स्वामी जी के समय में कौन-सी क्रान्ति हुई?

(a) 1857 (b) 1917
(c) 1885 (d) 1820

अनुच्छेद–29

टेलीफोन ने समय और दूरी के फासले में परिवर्तन कर दिखाया है। मैदान में खड़े होकर हम जोर से चिल्लाएँ, तो हमारी आवाज ज्यादा-से-ज्यादा एक सौ गज तक पहुँच पाएगी, लेकिन टेलीफोन पर धीरे से बोलें तो हजारों मिल की दूरी तक आवाज आसानी से पहुँच जाती है। दरअसल टेलीफोन की आवाज बिजली की लहरों के जरिए भेजी जाती है, लहरों की रफ्तार आवाज की रफ्तार से लाख गुना ज्यादा है। टेलीफोन ने हमारी आवाज में मानों पंख लगा दिए हैं। टेलीफोन के आविष्कार की कहानी बड़ी मनोरंजक है। इसे समझने के लिए आवाज के बारे में थोड़ी जानकारी हासिल कर लेनी जरूरी है। चोट करने पर नगाड़े के चमड़े का पर्दा कंपन करने लगता है और तभी आवाज पैदा होती है। थाली में डंडे से चोट करने पर थाली में कपकंपी पैदा होती है और आवाज सुनाई पड़ती है। सितार के तार पर जब मिजराब से चोट करते हैं, तब तार भी काँपने लगता है और उससे आवाज पैदा होती है। इस कंपकंपी से हवा में कंपन पैदा होती है। जिसे आवाज की लहरें कहते हैं। हवा में उत्पन्न होने वाली ये लहरें जब हमारे कान के पर्दे पर चोट करती हैं, तो पर्दे में हरकत पैदा होती है और हमें आवाज सुनाई पड़ने लगती है।

1. मैदान में चिल्लाने से हमारी आवाज ज्यादा-से-ज्यादा कितने गज दूर पहुँचेगी?

(a) एक सौ (b) दो सौ
(c) तीन सौ (d) चार सौ

2. टेलीफोन ने हमारी आवाज में मानो लगा दिए हैं–

(a) हवाई जहाज (b) बिजली
(c) पंख (d) घोड़े

3. हवा में उत्पन्न होने वाली लहरें हमारे कानों के पर्दे पर चोट करती हैं, तो पर्दे में क्या पैदा होती है?

(a) खुजली (b) जलन
(c) पीड़ा (d) हरकत

4. सितार के तार पर किस वस्तु से चोट की जाती हैं?

(a) उँगली (b) झंडे
(c) मिजराब (d) जुराब

5. टेलीफोन पर धीरे से बोलने पर आवाज आसानी से कितनी दूर पहुँच जाती है?

(a) कुछ दूरी तक (b) हजारों मील की दूरी तक
(c) एक गाँव से दूसरे गाँव तक (d) सिर्फ पास बैठे व्यक्ति तक

अनुच्छेद–30

हैदराबाद आंध्र प्रदेश की राजधानी है। मुगल शासकों ने बहुत समय तक हैदराबाद पर शासन किया। इस कारण यहाँ की सभ्यता पर मुस्लिम संस्कृति का प्रभाव पड़ा। यह प्रभाव यहाँ की इमारतों व महत्वपूर्ण स्थलों में देखा जा सकता है। हैदराबाद का 'उस्मानिया विश्वविद्यालय' शिक्षा के क्षेत्र में सुविख्यात है। हैदराबाद के निवासियों की मुख्य भाषा उर्दू मिश्रित तेलुगू है। हैदराबाद के समीप फैली विशाल झील हुसैन सागर इस शहर की सुंदरता में चार चाँद लगा देती है। हैदराबाद के पास एक पहाड़ी पर स्थित श्वेत मंदिर है। पहाड़ी की दूसरी तरफ काली चट्टानों वाला 'नौबत पहाड', स्थित है। हैदराबाद शहर के आठ किलोमीटर पश्चिम में स्थित गोलकुंडा दुर्ग है। गोलकुंडा को 'कोहिनूर की धरती' कहते हैं, क्योंकि इस हीरे को यहीं तराशा गया था।

1. हैदराबाद के निवासियों की मुख्य भाषा है–

(a) तेलुगू (b) संस्कृत
(c) उर्दू मिश्रित तेलुगू (d) हिंदी

2. मुस्लिम संस्कृति का प्रभाव–

(a) गोलकुंडा में देखा जा सकता है।
(b) हुसैन सागर झील में देखा जा सकता है।
(c) लोगों के पहनावे में देखा जा सकता है।
(d) इमारतों व महत्वपूर्ण स्थलों में देखा जा सकता है।

3. उस्मानिया विश्वविद्यालय–

(a) तकनीकी शिक्षा का केन्द्र है।
(b) इसमें 'कोहिनूर' रख हुआ है।
(c) शिक्षा के क्षेत्र में प्रसिद्ध है।
(d) क्रिकेट के खेल के लिए प्रसिद्ध है।

4. गोलकुंडा को 'कोहिनूर की धरती' कहते हैं, क्योंकि–

(a) यहाँ कोहिनूर हीरे की दुकानें हैं।
(b) यहाँ कोहिनूर हीरा दुर्ग में रखा गया था।
(c) यहाँ कोहिनूर हीरा तराशा गया था।
(d) यहाँ के धनाढ्य आदमियों के पास कोहिनूर हीरे हैं।

5. किन शासकों ने हैदराबाद पर बहुत समय तक शासन किया?

(a) तुगलक (b) मुगल
(c) चौहान (d) लोदी

अनुच्छेद–31

एक बार राष्ट्रपति डगलस, अब्राहिम लिंकन के शहर में दास-प्रथा के पक्ष में लोगों को समझाने आए। लिंकन ने इसका विरोध किया। अब्राहिम ने कहा– "गुलामी एक तरह का पाप है। किसी को यह हक नहीं है कि वह दूसरों को दास बनाकर रखे।" इस झगड़े में अब्राहिम लिंकन को काफी प्रसिद्धि मिली। वे राष्ट्रपति पद के लिए चुनाव लड़े और उसमें उनकी जीत हुई। लिंकन अमेरिका के राष्ट्रपति बन गए। उनकी पत्नी का स्वप्न साकार हो गया। जिस समय लिंकन राष्ट्रपति हुए, उस समय उत्तरी अमेरिका और दक्षिणी अमेरिका के बीच घोर विरोध चल रहा था। अब्राहिम लिंकन अमेरिका की अखंडता को कायम रखना चाहते थे। उन्होंने निश्चय किया वे देश को एक सूत्र में बाँधे रखेंगे और

दास-प्रथा को जड़ से उखाड़ देंगे। इसके लिए उन्हें काफी संघर्ष करना पड़ा। अन्त में इन दोनों उद्देश्यों की पूर्ति में उन्हें सफलता मिली। अब्राहिम लिंकन के आगे बढ़ने में मैरी का बड़ा हाथ रहा। उसने लिंकन से विवाह किया था। वह बहुत सुंदर और सुशिक्षित थी। अपनी सहेलियों से वह कहा करती थी कि वह अमेरिका के भावी राष्ट्रपति से विवाह करेगी। यह बात सुनकर सहेलियाँ उसकी हँसी उड़ाया करती थीं।

1. अब्राहिम लिंकन ने किसके कथन का विरोध किया?
(a) महात्म गांधी (b) राष्ट्रपति डगलस
(c) सर विलियम बेंटिक (d) सर टॉमस रो

2. लिंकन कहाँ के राष्ट्रपति बन गए?
(a) फ्रांस (b) इंग्लैण्ड
(c) इटली (d) अमेरिका

3. लिंकन की पत्नी का नाम क्या था?
(a) एलिजाबेथ (b) मार्था
(c) मैरी (d) स्पार्टा डूम

4. लिंकन विरोधी थे–
(a) पूंजीवाद के (b) दास-प्रथा के
(c) अश्वेतों के (d) इनमें से कोई नहीं

5. किसकी बात सुनकर सहेलियाँ उसकी हँसी उड़ाती थीं?
(a) मार्था की (b) एलिजाबेथ की
(c) मैरी की (d) जूली की

अनुच्छेद–32

मालती मुरझाने लगी थी। उसे सहारे की जरूरत का अनुभव होने लगा था। वह सोचने लगी थी कि अब किसी के सहारे की उम्मीद नहीं है और वह दुखी होने लगी थी। तभी हल्की हवा चली और पास में लगी हुई चमेली की डाल उसके मुँह को छूने लगी। मानो वह मालती के कान में कह रही थी-निराश मत हो। तलाश जारी रख। जो कोशिश करते हैं, उनको सफलता अवश्य मिलती है। चमेली की डाल की बात सुनकर मालती खिल उठी।

1. मालती को किस बात की जरूरत का अनुभव होने लगा था?
(a) साथी का (b) सहारे का
(c) भाई का (d) एक सच्चे दोस्त का

2. उसको किसकी उम्मीद नहीं थी?
(a) सहारे की (b) चिट्ठी की
(c) संदेश की (d) नौकरी की

3. मालती के मुख का स्पर्श किसने किया?
(a) हवा ने (b) भ्रमर ने
(c) चमेली की डाल ने (d) चमेली के फूल ने

4. चमेली की डाल ने मालती से क्या कहा?
(a) चुपचाप बैठो (b) दुखी मत हो
(c) सहारे की बात छोड़ो (d) निराश मत हो

5. सफलता उनको मिलती है, जो–
(a) भगवान पर भरोसा करते हैं।
(b) कोशिश करते हैं।
(c) अपना दुखड़ा रोते रहते हैं।
(d) चुपचाप घर में बैठते हैं।

अनुच्छेद–33

शिवाजी की बढ़ती हुई शक्ति को देखकर बीजापुर का सुल्तान सशंकित हो उठा। उसने अफ़जल खाँ नामक व्यक्ति को शिवाजी पर आक्रमण करने को भेजा। शिवाजी प्रतापगढ़ के दुर्ग में विद्यमान थे। अफजाल खाँ ने दुर्ग को चारों तरफ से घेर लिया। प्रतापगढ़ का दुर्ग ऐसे स्थान पर स्थित था कि न तो वहाँ पर खुल्लम-खुल्ला युद्ध हो सकता था न युद्ध का संचालन। फलतः संधि की बातचीत हुई शिवाजी अफजल खाँ से मिलने उसके डेरे पर गए। अफजल खाँ शिवाजी को धोखे से मारना चाहता था। शिवाजी बहुत ही चतुर और बहादुर थे। शिवाजी अपने कपड़ों के नीचे कवच पहने हुए थे और हाथ में बघनखा छिपी हुई थी। अफजल खाँ ने गले मिलने के बहाने शिवाजी को धर दबोचा। शिवाजी ने बघनखा से अफजल खाँ का पेट फाड़ दिया। पास ही छिपी हुई मराठा सेना संकेत पाकर मुगल सेना पर टूट पड़ी। मुगल सेना भाग खड़ी हुई। विजयश्री शिवाजी के हाथ लगी।

1. अफजल खाँ–
(a) बीजापुर का सुल्तान था।
(b) प्रतापगढ़ का सुल्तान था।
(c) शिवाजी को धोखे से मारना चाहता था।
(d) शिवाजी को पकड़ना चाहता था।

2. शिवाजी की बढ़ती हुई शक्ति को देखकर–
(a) अफजल खाँ डर गया।
(b) दिल्ली का बादशाह डर गया।
(c) बीजापुर का सुल्तान भाग गया।
(d) बीजापुर का सुल्तान सशंकित हो उठा।

3. शिवाजी अफजल खाँ से मिलने–
(a) बीजापुर गए (b) प्रतापगढ़ गए
(c) अफजल खाँ के डेरे पर गए (d) नहीं गए

4. कौन-सा तथ्य सही नहीं है?
(a) अफजल खाँ ने प्रतापगढ़ का दुर्ग घेर लिया था।
(b) शिवाजी ने अफजल खाँ का सर तलवार से काट दिया था।
(c) शिवाजी अपने कपड़ों के नीचे कवच पहने हुए थे।
(d) संकेत पाकर मराठा सेना मुगल सेना पर टूट पड़ी।

5. शिवाजी ने किस चीज से आफजल खाँ का पेट फाड़ दिया?
(a) तलवार से (b) भाले से
(c) बघनखा से (d) तीर से

अनुच्छेद–34

जब तुम साफ रात्रि में आकाश की ओर देखते होंगे, तो तुम्हे दूर-दूर तक हजारों तारे टिमटिमाते हुए दिखाई देते होंगे। उन्हें देखकर लगता है, जैसे किसी ने उन्हें आकाश की काली पृष्ठभूमि पर चिपका रखा है। कई बार तुम्हे अचंभा हुआ होगा कि वे हर रात एक ही जगह पर कैसे बने रहते हैं, गिर क्यों नहीं जाते। रोचक तथ्य तो यह है कि तारे वास्तव में एक जगह स्थिर नहीं रहते हैं, वे भी उसी प्रकार अपने पथ पर धीरे-धीरे चलते रहते हैं। तुम्हें लगता है कि तारे एक ही जगह स्थिर रहते हैं, क्योंकि तुम उन्हें चलते हुए नहीं देख सकते हो। इसका कारण यह है कि वे हमसे हजारों-हजारों किलोमीटर दूर हैं। जब वे चलते हुए भी होते हैं, तब भी ऐसा लगता है कि वे एक ही जगह पर हैं। इसके अतिरिक्त एक शक्ति है जिसे हम गुरुत्वाकर्षण शक्ति कहते हैं, जिसके कारण चलते समय भी तारे अपने पथ पर बने हुए प्रतीत होते हैं। यह उनको एक-दूसरे से टकराने से भी बचाती है।

1. साफ रात्रि में आकाश की ओर देखने पर तुम्हें दिखाई देता है कि–
(a) तारे एक पथ पर धीरे-धीरे चल रहे हैं।
(b) ग्रह अपने पथ पर चल रहे हैं।
(c) दूर आकाश में तारे टिमटिमा रहे हैं।
(d) तारे एक-दूसरे के बहुत पास दिखाई दे रहे हैं।

41. 'यथोचित' में समास है–
(a) कर्मधारय (b) बहुव्रीहि
(c) तत्पुरुष (d) अव्ययीभाव

42. मूल धातु का स्वरूप कैसा होता है?
(a) परतन्त्र (b) स्वतन्त्र
(c) आश्रित (d) इनमें से कोई नहीं

43. निम्नलिखित शब्दों में से एक का अर्थ 'तिरछी नज़र' तथा 'आक्षेप' है–
(a) कटुक्ति (b) व्यंग्य
(c) ताना (d) कटाक्ष

44. 'पुष्ट' शब्द का विलोम है–
(a) क्षीण (b) दुष्ट
(c) पुरस्कार (d) प्रकृति

45. 'मार' शब्द का पर्यायवाची है–
(a) 'जादू' का (b) 'स्वर्ण' का
(c) 'अधम' का (d) 'अनंग' का

46. 'घड़ों पानी पड़ना' मुहावरे का अर्थ होगा–
(a) नहाना (b) काँपना
(c) लज्जित होना (d) सर्दी लगाना

47. निम्नलिखित में से तत्सम शब्द है–
(a) गरम
(b) नरक
(c) नरम
(d) तीर्थ

48. नीचे दिए गए शब्दों में से किसकी वर्तनी शुद्ध है?
(a) संन्यासी (b) आकाल
(c) अनुग्रहीत (d) आजीवका

निर्देश (49-53) : निम्नलिखित अनुच्छेद पढ़कर उस पर आधारित प्रश्नों के उत्तर लिखिए।

रोना और मचल जाना भी क्या आनंद दिखाते थे।
बड़े-बड़े मोती-से आँसू, जयमाला पहनाते थे।
मैं रोई, माँ काम छोड़कर आई, मुझको उठा लिया।
झाड़-पोंछकर चूम-चूम गीले गालों को सुखा दिया।
आ जा बचपन! एक बार फिर दे-दे अपनी निर्मल शांति।
व्याकुल व्यथा मिटाने वाली, वह अपनी प्राकृत विश्रांति।
वह भोली-सी मधुर सरलता, वह प्यारा जीवन निष्पाप।
क्या फिर आकर मिटा सकेगा तू मेरे मन का संताप
मै बचपन को बुला रही थी, बोल उठी बिटिया मेरी।
नंदन-वन-सी फूल उठी, वह छोटी-सी कुटिया मेरी।

49. 'मिटा सकेगा तू मेरे मन का संताप' उक्त पंक्ति में 'तू' किसे कहा गया है?
(a) कवि को (b) पाठक को
(c) बच्चे को (d) बचपन को

50. कवयित्री अपने बचपन को क्यों बुलाना चाहती हैं?
(a) बचपन के आनंद की याद में
(b) बचपन के खेलों की याद में
(c) अपनी माँ की याद में
(d) अपनी बिटिया की याद में

51. बच्चे की आँखों से निकलते आँसुओं को देखकर क्या अनुभूति होती है?
(a) विजय की (b) प्यार की
(c) कष्ट की (d) सुख की

52. 'व्याकुल व्यथा मिटाने वाली' में प्रयुक्त अलंकार है–
(a) उपमा (b) अनुप्रास
(c) यमक (d) रूपक

53. कवि ने 'आँसू' के लिए किस विशेषण का प्रयोग किया है?
(a) मोती-से (b) बड़े-बड़े
(c) गीले (d) छोटी-सी

निर्देश (54-58) : निम्नलिखित अनुच्छेद पढ़कर उस पर आधारित प्रश्नों के उत्तर लिखिए।

वैज्ञानिक प्रयोग की सफलता ने मनुष्य की बुद्धि का अपूर्व विकास कर दिया है। द्वितीय महायुद्ध में एटम बम की शक्ति ने कुछ क्षणों में ही जापान की अजेय शक्ति को पराजित कर दिया। इस शक्ति की युद्धकालीन सफलता ने अमेरिका, रूस, ब्रिटेन, फ्रांस आदि सभी देशों को ऐसे शस्त्रास्त्रों के निर्माण की प्रेरणा दी कि सभी भयंकर और सर्वविनाशकारी शस्त्र बनाने लगे। अब सेना को पराजित करने तथा शत्रु देश पर पैदल द्वारा आक्रमण करने के लिए शस्त्र निर्माण के स्थान पर देश के विनाश करने की दिशा में शस्त्रास्त्र बनाने लगे हैं। इन हथियारों का प्रयोग होने पर शत्रु देशों की अधिकांश जनता और संपत्ति थोड़े समय में ही नष्ट की जा सकेगी। चूँकि ऐसे शस्त्रास्त्र प्रायः सभी स्वतंत्र देशों के संग्रहालयों में कुछ-न-कुछ आ गए हैं। अतः युद्ध की स्थिति में उनका प्रयोग भी अनिवार्य हो जाएगा, जिससे बड़ी जनसंख्या प्रभावित हो सकती है। इसलिए निशस्त्रीकरण की योजनाएँ बन रही हैं। शस्त्रास्त्रों के निर्माण की जो प्रक्रिया अपनाई गई, उसी के कारण आज इतने उन्नत शस्त्रास्त्र बन गए हैं, जिनके प्रयोग से व्यापक विनाश दिखाई पड़ता है। अब भी परीक्षणों की रोकथाम तथा बने शस्त्रों को प्रयोग रोकने के मार्ग खोजे जा रहे हैं। इन प्रयासों के मूल में एक भयंकर आतंक और विश्व-विनाश का भय कार्य कर रहा है।

54. आधुनिक युग भयंकर व विनाशकारी होते हैं, क्योंकि–
(a) दोनों देशों के शस्त्रास्त्र इन युद्धों में समाप्त हो जाते हैं
(b) अधिकांश जनता और उनकी संपत्ति नष्ट हो जाती है
(c) दोनों देशों में महामारी और भुखमरी फैल जाती है
(d) दोनों देशों की सेनाएँ इन युद्धों में मारी जाती हैं

55. एटम बम की अपार शक्ति का प्रथम अनुभव कैसे हुआ?
(a) जापान में हुई भयंकर विनाशलीला से
(b) जापान की अजेय शक्ति की पराजय से
(c) अमेरिका, रूस, ब्रिटेन और फ्रांस की प्रतिस्पर्द्धा से
(d) अमेरिका की विजय से

56. बड़े-बडे देश आधुनिक विनाशकारी शस्त्र क्यों बना रहे हैं?
(a) अपनी-अपनी सेनाओं में कमी करने के उद्देश्य से
(b) अपने संसाधनों का प्रयोग करने के उद्देश्य से
(c) अपना-अपना सामरिक व्यापार बढ़ाने के उद्देश्य से
(d) पारस्परिक भय के कारण

57. भयंकर विनाशकारी आधुनिक शस्त्रास्त्रों को बनाने की प्रेरणा किसने दी?
(a) अमेरिका ने
(b) अमेरिका की विजय ने
(c) जापान पर गिराए गए "अणु बम" से
(d) बड़े देशों की प्रतिस्पर्द्धा से

58. 'अजेय' विलोम शब्द है–
(a) पराजय (b) विजय
(c) जेय (d) जय

59. 'शेर को देखकर उसका होश उड़ गया' का शुद्ध रूप है–
(a) शेर को देखकर वह भयभीत हो गया
(b) शेर को देखकर वह बेहोश हो गया
(c) शेर को देखकर उसका होश भाग गया
(d) शेर को देखकर उसके होश उड़ गए

60. 'जो पूजा के योग्य हो' उसे कहा जाएगा–
(a) पूजनीय (b) पूज्य
(c) पुज्यनीय (d) पुजनीय

2. इस गद्यांश में किस रोचक तथ्य का उल्लेख किया गया है?
(a) तारे आकाश में चिपका दिए गए हैं।
(b) तारे एक जगह स्थिर नहीं रहते हैं।
(c) ग्रह सूर्य के इर्द-गिर्द घूमते हैं।
(d) गुरुत्वाकर्षण शक्ति तारों को अपने स्थान पर स्थिर रखती है।

3. हम तारों को चलते हुए नहीं देख सकते, क्योंकि–
(a) वे हमसे बहुत दूर हैं।
(b) वे टिमटिमाते हैं।
(c) गुरुत्वाकर्षण शक्ति ने उन्हें अपने स्थान पर स्थिर कर दिया है।
(d) रात्रि को आकाश साफ नहीं होता है।

4. 'यह उनको एक-दूसरे से टकराने से भी बचाती है।' इस वाक्य में 'यह' से तात्पर्य है–
(a) आकाश (b) सूर्य
(c) विशाल दूरी (d) गुरुत्वाकर्षण शक्ति

5. तारों के चलते समय अपने पथ पर बने रहने का कारण है–
(a) उनकी बहुत दूरी (b) उनका न गिरना
(c) उनकी धीमी गति (d) गुरुत्वाकर्षण शक्ति

अनुच्छेद–35

अवकाश प्राप्त करने के पश्चात् आज विधिवत् उसका विदाई समारोह किया गया। समारोह से लौटकर वह घर आई और सीधी अपने कमरे में जाकर आराम कुर्सी पर लेट गई। उनका मन उदास था। वह भारी थकान का अनुभव कर रही थी। उसने सरकारी बड़ा लैंप बुझा दिया और जीरो वॉट का बल्ब जला लिया। वह आँखें बंद करके लेट गई। कल तक कार्यालय से आते हुए वह थकती नहीं थी और घर आकर भी कुछ-न-कुछ काम करती थी परंतु न मालूम क्यों वह आज इतनी थकान महसूस कर रही थी, मानो कई मील पैदल चलकर आई हो। आँखें बंद करने से उसे कुछ चैन मिला, परंतु तरकमाल अपने अतीत और भविष्य पर विचार करने लगी।

1. विदाई समारोह से घर आने पर उसने क्या किया?
(a) कमरे में जाकर आराम कुर्सी पर लेट गई।
(b) गरम-गरम चाय पी।
(c) हाथ-मुँह धोए।
(d) नौकरानी से बातें करने लगी।

2. उसका मुँह क्यों लटका हुआ था?
(a) उसकी नौकरी समाप्त हो गई थी।
(b) वह भारी थकान का अनुभव कर रही थी।
(c) वह बहुत दुखी थी।
(d) दफ्तर में उसका झगड़ा हो गया था।

3. उसने बड़ा बल्ब क्यों बुझा दिया?
(a) उसमें बिजली बहुत खर्च होती है।
(b) उससे आँखों को चौंध लगती है।
(c) सरकारी बिजली खर्च करने का अधिकार समाप्त हो गया था।
(d) वह अँधेरे में सोना चाहती थी।

4. उसको थोड़ी-सी राहत कब मिली?
(a) जब उसने भगवान का ध्यान किया।
(b) जब उसने आँखें बंद कर लीं।
(c) अपनी सफलताओं का ध्यान किया।
(d) अपनी नौकरानी से बातें की।

5. आँखें बन्द करके वह किस पर विचार करने लगी?
(a) अपने अतीत पर।
(b) अपने भविष्य पर।
(c) अपने एकाकी जीवन पर।
(d) अपने अतीत और भविष्य पर।

उत्तरमाला

अनुच्छेद संख्या					
1.	1.(c)	2.(a)	3.(d)	4.(b)	5.(a)
2.	1.(c)	2.(b)	3.(b)	4.(c)	5.(d)
3.	1.(c)	2.(b)	3.(d)	4.(a)	5.(b)
4.	1.(a)	2.(d)	3.(d)	4.(d)	5.(c)
5.	1.(a)	2.(c)	3.(d)	4.(a)	5.(b)
6.	1.(b)	2.(a)	3.(c)	4.(c)	5.(a)
7.	1.(c)	2.(b)	3.(a)	4.(b)	5.(c)
8.	1.(c)	2.(c)	3.(a)	4.(b)	5.(c)
9.	1.(d)	2.(a)	3.(a)	4.(d)	5.(c)
10.	1.(b)	2.(c)	3.(a)	4.(b)	5.(b)
11.	1.(b)	2.(a)	3.(d)	4.(c)	5.(d)
12.	1.(b)	2.(a)	3.(d)	4.(b)	5.(c)
13.	1.(c)	2.(d)	3.(c)	4.(b)	5.(c)
14.	1.(c)	2.(b)	3.(a)	4.(d)	5.(d)
15.	1.(c)	2.(d)	3.(d)	4.(b)	5.(a)
16.	1.(b)	2.(c)	3.(a)	4.(b)	5.(a)
17.	1.(d)	2.(a)	3.(b)	4.(d)	5.(c)

18.	1.(b)	2.(c)	3.(d)	4.(a)	5.(d)
19.	1.(a)	2.(c)	3.(c)	4.(a)	5.(c)
20.	1.(b)	2.(a)	3.(b)	4.(d)	5.(d)
21.	1.(c)	2.(b)	3.(d)	4.(a)	5.(b)
22.	1.(b)	2.(b)	3.(c)	4.(a)	5.(b)
23.	1.(d)	2.(d)	3.(b)	4.(c)	5.(b)
24.	1.(c)	2.(d)	3.(b)	4.(d)	5.(d)
25.	1.(b)	2.(d)	3.(c)	4.(c)	5.(a)
26.	1.(d)	2.(c)	3.(c)	4.(a)	5.(b)
27.	1.(a)	2.(c)	3.(b)	4.(d)	5.(a)
28.	1.(b)	2.(d)	3.(c)	4.(d)	5.(a)
29.	1.(a)	2.(c)	3.(d)	4.(c)	5.(b)
30.	1.(c)	2.(d)	3.(c)	4.(c)	5.(b)
31.	1.(b)	2.(d)	3.(c)	4.(b)	5.(c)
32.	1.(b)	2.(a)	3.(c)	4.(d)	5.(b)
33.	1.(c)	2.(d)	3.(c)	4.(b)	5.(c)
34.	1.(c)	2.(b)	3.(a)	4.(d)	5.(d)
35.	1.(a)	2.(a)	3.(c)	4.(b)	5.(d)

❑❑❑

अभ्यास प्रश्नावली

निर्देश (1-11) : निम्नलिखित प्रश्नों में दिए गए विकल्पों में से उचित विकल्प का चयन कीजिए।

1. जो करने योग्य न हो–
(a) अकरणीय (b) सुकरणीय
(c) करणीय (d) विकरणीय

2. 'साधु' का स्त्रीलिंग शब्द है–
(a) साधुनी (b) साध्वी
(c) साधुआईन (d) साधुवाइनि

3. 'तल्लीन' शब्द में सही उपसर्ग का विच्छेद है–
(a) तल् + लीन (b) तद् + लीन
(c) तत + लीन (d) तत् + लीन

4. 'सिंहद्वार' शब्द में समास है–
(a) तत्पुरुष (b) अव्ययीभाव
(c) कर्मधारय (d) इनमें से कोई नहीं

5. प्रयोग की दृष्टि से क्रिया के कितने भेद हैं?
(a) 5 (b) 2
(c) 4 (d) 3

6. निम्नलिखित शब्दों में से एक का अर्थ 'स्त्री' है–
(a) अंगजा (b) अंगना
(c) आँगन (d) अंगार

7. 'ह्रास' शब्द का विलोम है–
(a) हास्य (b) वृद्धि
(c) हँसी (d) हस्त

8. इनमें से 'तुरंग' शब्द का पर्याय है–
(a) बाजि (b) अम्बुधर
(c) विजन (d) किंकर

9. निम्नलिखित में से कौन-सा गलत सुमेलित है?
(a) अंगूठे पर मारना – परवाह न करना
(b) कान काटना – मात करना
(c) नजर करना – भेंट करना
(d) नजर पर चढ़ना – आँख बचाना

10. 'माँ' शब्द का तत्सम है–
(a) माता (b) मातृका
(c) मातृ (d) अम्मा

11. इनमें से अशुद्ध वर्तनी का शब्द है–
(a) महत्त्व (b) वाल्मीकि
(c) पैतृक (d) सन्यासी

निर्देश (12-16): निम्नलिखित अनुच्छेद पढ़कर उस पर आधारित प्रश्नों के उत्तर दीजिए।

क्यों? एक ऐसा सवाल है, जिसका जवाब देने का प्रयास हम माता-पिता हमेशा से करते आए हैं। यह अच्छी बात है कि बच्चे सवाल पूछते हैं। सीखने का इससे बढ़िया कोई और तरीका नहीं हो सकता। सभी बच्चों के पास सीखने के दो स्रोत होते हैं– कल्पनाशीलता व उत्सुकता को बढ़ावा देकर उसे सीखने के आनंद से सराबोर कर सकते हैं। शिक्षण और सीखना महज स्कूल की चारदीवारी के भीतर सम्पन्न होने वाली रहस्यमय गतिविधियाँ नहीं हैं। वे तब भी होती हैं, जब माता-पिता और बच्चे बेहद आसान चीजों को साथ-साथ करते हैं। उदाहरण के लिए, धुलने वाले कपड़ों के ढेर से मोजों को उनके जोड़ों के हिसाब से छाँटकर गणित और विज्ञान की गुत्थियाँ सुलझा सकते हैं। साथ मिलकर खाना बना सकते हैं, क्योंकि खाना बनाने से गणित और विज्ञान के अलावा अच्छी सेहत की भी सीख मिलती है। एक-दूसरे को कहानियाँ सुना सकते हैं। कहानी सुनाना पढ़ने और लिखने का आधार है। उछल-कूद वाले खेलों से बच्चे गिनती सीखते हैं और जीवन-पर्यंत अच्छी सेहत का पाठ भी पढ़ते हैं। बच्चों के साथ मिलकर कुछ करने से आप समझ जाएँगे कि सीखना मनोरंजक और बेहद महत्वपूर्ण क्रिया-कलाप है।

12. कल्पनाशीलता और उत्सुकता को बढ़ावा देने से बच्चा–
(a) अच्छी बहस कर सकता है
(b) अच्छा नागरिक बन सकता है
(c) स्वयं कहानियाँ बनाकर सुनाता है
(d) सीखने के आनंद से डूब जाता है

13. 'मनोरंजक' शब्द है–
(a) सर्वनाम
(b) संज्ञा
(c) क्रिया
(d) विशेषण

14. 'जीवन-पर्यंत' शब्द का अर्थ है–
(a) सुखी जीवन का अंत
(b) जीवन और परिवार
(c) जीवन भर
(d) जीवन का अंत

15. 'उत्सुकता' शब्द में प्रत्यय है–
(a) ता (b) कता
(c) उत् (d) सु

16. शिक्षण संभव है–
(a) केवल स्कूल में
(b) केवल घर में
(c) केवल शिक्षक द्वारा
(d) प्रत्येक क्रिया-कलाप में

निर्देश (17-21) : निम्नलिखित अनुच्छेद पढ़कर उस पर आधारित प्रश्नों के उत्तर लिखिए।

साल के जिस माह से मुझे सबसे अधिक लगाव होता है, वह दिसम्बर ही है। इस महीने की कोमल धूप मुझे मोह लेती है, लेकिन तभी एहसास होता है कि वह साल भी बीतकर विगत हो जाएगा, ठीक उसी तरह, जैसे धरती मैया के आँचल में न जाने कितनी सदियाँ, कितने बरस दुबककर छिपे बैठे हैं। फिर सोचता हूँ, तो लगता है कि हर किसी के जीवन के बनने में ऐसे ही न जाने कितने 12 महीने होंगे, इन्हीं महीनों के पल-पल को जोड़कर हम-आप सब अपने जीवन को सँवारते-बिगाड़ते हैं। किसानी करते हुए हमने पाया कि एक किसान चार-चार महीने में एक जीवन जीता है। शायद ही किसी पेशे में जीवन को इस तरह टुकड़ों में जिया जाता होगा। चार महीने में हम एक फसल उपजा लेते हैं और इन चार महीने के सुख-दुःख को फसल काटते ही मानों भूल जाते हैं। हमने कभी बाबूजी के मुख से सुना था कि किसान ही केवल

ऐसा जीव है जो स्वार्थ को ताक पर रखकर जीता है। इसके पीछे उनका तर्क होता था कि फसल बोने के बाद किसान इस बात की परवाह नहीं करता है कि फल अच्छा होगा या बुरा। वह सब कुछ मौसम के हवाले कर जीवन के अगले चरण की तैयारी में जुट जाता है। किसानी करते हुए जो एहसास हो रहा है, उसे लिखता जाता हूँ। इस आशा के साथ कि किसानी को कोई परित्यक्त भाव से न देखें। अंतिम महीने में मेरे जैसे किसान मक्का, आलू और सरसों में डूबे पड़े हैं। इस आशा के साथ कि आने वाले नए साल में इन फसलों से नए जीवन को नए सलीके से सजाया-सँवारा जाएगा।

17. 'किसान' से बना 'किसानी' शब्द है–
(a) विशेषण (b) क्रिया-विशेषण
(c) संज्ञा (d) सर्वनाम

18. लेखक खेती के साथ-साथ लिखने का काम भी क्यों कर रहा है?
(a) किसान दीन नहीं है
(b) किसान को कोई हीन न समझे
(c) नाम के लिए सब कुछ करना जरूरी है
(d) धन के लिए खेती करनी पड़ती है

19. लेखक को दिसम्बर से विशेष लगाव है, क्योंकि–
(a) साल बदलता है।
(b) साल का अंतिम महीना है।
(c) सर्दी होती है।
(d) कोमल धूप अच्छी लगती है।

20. शब्दों का कौन-सा जोड़ा शेष से भिन्न है?
(a) सजाया-सँवारा (b) घास-फूँस
(c) कंकड़-पत्थर (d) सुख-दुःख

21. किसान द्वारा निस्वार्थ भाव से कार्य करने के पीछे क्या कारण है?
(a) वह फल की इच्छा करता है।
(b) वह आशावादी है।
(c) वह खेती सिर्फ मनोरंजन के लिए करता है।
(d) उसके पास धन का प्रभाव नहीं है।

22. निम्नलिखित में एक वाक्य त्रुटिपूर्ण है–
(a) निरपराधी को सजा नहीं देनी चाहिए।
(b) वह सकुशल घर पहुँच गया।
(c) मोती सीप में पलता है।
(d) व्यापारी ने पाँच कुंतल कोयला खरीदा।

23. 'जिस पर हमला न किया गया हो' इस वाक्यांश के लिए शब्द है–
(a) आक्रान्ता (b) आक्रामक
(c) अयोध्या (d) अनाक्रान्त

24. 'जो बहुत मंद गति से कार्य करता हो' उसके लिए एक शब्द है–
(a) मंथर (b) दीर्घसूची
(c) सत्वर (d) मंदाक्रान्ता

25. निम्नलिखित में विशेष्य पद है–
(a) उमा (b) कालिमा
(c) मधुरिमा (d) महिमा

26. 'गागर में सागर' भरने का कार्य किस कवि ने किया है?
(a) बिहारी (b) रसखान
(c) घनानंद (d) सूरदास

निर्देश (27-31) : निम्नलिखित अनुच्छेद को पढ़कर उस पर आधारित प्रश्नों के उत्तर लिखिए।

"किसी को देखने के लिए आँख की नहीं, दृष्टि की आवश्यकता होती है"– स्वामी विवेकानंद का यह कथन इस महिला के जीवन का दर्शन बन गया है। इसी जीवन दर्शन के सहारे उन्होंने एक ओर कठिनाइयों का सामना किया तो दूसरी ओर सफलता का मार्ग ढूँढ़ा और उस पर निर्भयता से बढ़ चली। जी हाँ, हम बात कर रहे हैं दिल्ली की सोमा देवी की।

सोमा देवी वह महिला है जिन्होंने महिलाओं की कठिनाइयों को ध्यान में रख केवल उन्हीं की सुविधा के लिए 'फॉर यू' नाम से टैक्सी-सेवा प्रारंभ की। उद्देश्य स्पष्ट था– कामकाजी और जरूरतमंद महिलाओं को अपने शहर में सुरक्षित सफर का भरोसा देना। यह सेवा उन महिलाओं के लिए वरदान साबित हुई जिन्हें महानगरों में मुँह बाए बैठे अपराधी तत्वों या परपीड़ा में आनंद लेने वालों से प्रायः रोज ही जूझना पड़ता है।

खतरों और आशंकाओं से भरी सड़क-परिवहन की जिंदगी में कदम रखने का निर्णय लेना सोमा के लिए सरल नहीं था। लेकिन कभी-कभी विवशता भी प्रेरणा देती है। ऐसे ही अवसरों पर 'आँख नहीं, दृष्टि' वाला दर्शन प्रेरक होता है। गंभीर बीमारी से जूझ रहे पति के इलाज में सारी जमा पूँजी चुक जाने के बाद सोमा को अपने अस्तित्व के लिए कुछ-न-कुछ करना था। सो उन्होंने एकदम नया रास्ता चुना, टैक्सी के द्वारा महिलाओं को सुरक्षित यात्रा का आश्वासन।

27. कौन-सा विकल्प गद्यांश के मुख्य भाव के निकट है?
(a) साहस और खतरे
(b) पहले घर फिर बाहर
(c) हिम्मत और जिंदगी
(d) हिम्मत और इंसान तो क्या काम है मुश्किल

28. किस शब्द में उपसर्ग और प्रत्यय दोनों हैं?
(a) प्रारंभ (b) सफलता
(c) परिवहन (d) कठिनाइयाँ

29. 'परपीड़ा' शब्द का गद्यांश में प्रयोग के अनुसार अर्थ है–
(a) दूसरों से पीड़ा (b) दूसरों में पीड़ा
(c) दूसरों की पीड़ा (d) दूसरों को पीड़ा

30. गद्यांश के प्रारंभ में उद्धृत कथन किसके जीने का दर्शन बना?
(a) संघर्षशील व्यक्ति के
(b) सोमा देवी के
(c) विवेकानंद के
(d) असुरक्षित महिलाओं के

31. सोमा देवी ने टैक्सी-सेवा प्रारम्भ की–
(a) विद यू (b) फॉर यू
(c) केयर यू (d) टैक्सी फॉर यू

32. निम्नलिखित में से शुद्ध चिह्नित कीजिए–
(a) उसके प्राण निकल गए
(b) उसका प्राण निकल गया
(c) उसका प्राणपखेरू उड़ गया
(d) प्राण उसका खत्म हो गया

33. 'अनेक युगों से चले आने वाले' वाक्यांश के लिए एक उपर्युक्त शब्द होगा–
(a) समीचीन (b) प्राचीन
(c) कालान्तर (d) सनातन

34. 'ऐसा कवि जो तत्काल रचना करता हो' उसके लिए एक सही शब्द होगा–
(a) कविराज (b) आशुकवि
(c) महाकवि (d) कवीश

35. निम्नलिखित में कौन-सा विशेषण नहीं है?
(a) कुटिलता (b) जटिलता
(c) कौटिल्य (d) कुरूपता

36. 'वधू' का पर्यायवाची शब्द है–
(a) इन्दिरा (b) दारा
(c) भानु (d) अक्षर

37. 'उत्थान' का विलोम शब्द है–
(a) पवन (b) प्रगति
(c) विपत्ति (d) साहस

38. 'लौकिक' शब्द में प्रत्यय है
(a) लोइक् (b) किक
(c) अक (d) इक

39. 'मैं काम से जा रहा हूँ' वाक्य में 'से' कारक है–
(a) सम्प्रदान (b) करण
(c) अपादान (d) अधिकरण

40. 'यण् सन्धि' का संबंध किस संधि से है?
(a) व्यंजन संधि (b) विसर्ग स[illegible]
(c) स्वर संधि (d) दीर्घ सं[illegible]

61. 'वह स्त्री जिसका पति परदेश से आनेवाला हो' के लिए एक शब्द है–
(a) आगतपतिका
(b) प्रव्रत्स्यतपतिका
(c) प्रोषितपतिका
(d) आगमिस्यतपतिका

62. 'दशरथ के प्राण राम के लिए आकुल थे'– वाक्य में मुख्य विशेष्य है–
(a) दशरथ (b) राम
(c) प्राण (d) आकुल

63. 'उच्चारण' शब्द में उपसर्ग है–
(a) उ (b) उच्
(c) उत् (d) उच्च

64. 'भाववाचक संज्ञा' के अंतर्गत आते हैं–
(a) पशु-पक्षी आदि
(b) गुण-दोष आदि
(c) दिशाएँ आदि
(d) आभूषण आदि

65. 'जगन्नाथ' शब्द में सही सन्धि है–
(a) स्वर संधि (b) विसर्ग संधि
(c) व्यंजन संधि (d) इनमें से कोई नहीं

66. नीलाम्बर में कौन-सा समास है?
(a) तत्पुरुष (b) कर्मधारय
(c) बहुव्रीहि (d) द्विगु

67. 'लड़का सोता है' ये वाक्य सम्बन्धित है–
(a) सकर्मक (b) अकर्मक
(c) दोनों (d) इनमें से कोई नहीं

68. सकल-शकल का अर्थ क्या होता है?
(a) कला और कृति
(b) सन् और संवत्
(c) संपूर्ण और अंश
(d) सबल और निर्बल

69. 'ईप्सित' शब्द का विलोम है–
(a) अनीप्सित (b) अभीप्सित
(c) अधीप्सित (d) कुप्सित

70. 'मृगेन्द्र' का पर्यायवाची शब्द है–
(a) कुरंग (b) केसरी
(c) भुजंग (d) तुरंग

71. 'पढ़े फारसी बेचे तेल, यह देखो कुदरत का खेल' का अर्थ है–
(a) शिक्षित होकर बेकार रहना
(b) योग्यता होते हुए भी विवशता के कारण निम्न स्तर का कार्य करना
(c) विद्या का अपमान करना
(d) फारसी पढ़े लोगों को प्राय: तेल बेचना पड़ता है

72. निम्नलिखित में से कौन-सा तद्भव शब्द है?
(a) दिनकर (b) दिवाकर
(c) प्रभाकर (d) सूरज

73. निम्नलिखित में एक शब्द की वर्तनी अशुद्ध है। उसे चयनित कीजिए–
(a) उज्ज्वल (b) श्रृंगार
(c) कवयित्री (d) श्रद्धा

74. निम्नलिखित वाक्यों में शुद्ध वाक्य है–
(a) यहाँ गन्ने का ताजा रस बिकता है।
(b) यहाँ ताजे गन्ने का रस बिकता है।
(c) ताजा गन्ने का रस यहाँ बिकता है।
(d) ताजी गन्ने का रस यहाँ बिकती है।

75. जिसका कोई शत्रु पैदा ही नहीं हुआ हो, उसे कहते हैं–
(a) आजानुबाहु (b) अजातशत्रु
(c) अज्ञातशत्रु (d) अजातपूर्व

76. 'कृतघ्न' शब्द का सही अर्थ है–
(a) जो उपकार नहीं करता
(b) जो किए हुए उपकार को नहीं मानता
(c) जो शत्रु को जीत लेता है
(d) जो मित्रता को नहीं मानता

77. 'गतानुगतिक' शब्द का सही अर्थ है–
(a) प्राचीन आदर्श के अनुसार चलने वाला
(b) पीछे चलने वाला
(c) अनुसरण करने वाला
(d) गत को नहीं मानने वाला

78. नीचे दिए गए वाक्य में विशेषण का प्रयोग हुआ है?
(a) राम और श्याम भाई हैं
(b) राम ने माँ से पानी और खाना माँगा
(c) माँ ने खाने में दाल और रोटी परोसी
(d) राम ने रोटी खाकर और रोटी माँगी

79. निम्न में से कौन-सा शब्द 'निर्मल' का पर्यायवाची नहीं है?
(a) वनराज (b) साफ
(c) स्वच्छ (d) शुद्ध

80. निम्नलिखित में से एक वाक्य अशुद्ध है–
(a) इस बात का स्पष्टीकरण करना आवश्यक है।
(b) प्याज तीखा होता है।
(c) आप इतनी देर में क्यों आये?
(d) प्रत्येक श्रमिक को दो रुपये मिले।

81. निम्नलिखित में शुद्ध वाक्य है–
(a) भारत कभी ब्रिटेन के आधीन था।
(b) निरपराधी व्यक्ति को दण्ड नहीं मिलना चाहिए।
(c) बादशाह ने मुक्तहस्त दान दिया
(d) उसे पैत्रिक सम्पत्ति में हिस्सा नहीं मिला।

82 जो स्त्री सूर्य भी न देख सके वाक्यांश के लिए एक शब्द है–
(a) शास्त्रज्ञा (b) असूर्यम्पश्या
(c) स्त्रैण (d) दुर्निवार

83. 'अपने सहारे पर रहने वाले' के लिए एक शब्द है–
(a) स्वावलंबी (b) आत्मनिर्भरी
(c) बलिष्ठ (d) आत्मविश्वासी

84. 'पैर से सिर तक' वाक्यांश के लिए एक शब्द है–
(a) शिख-नख (b) शिरोपर
(c) पादमस्तक (d) आपादमस्तक

85. 'पृथक्' का सही विलोम है–
(a) एकत्र (b) संयुक्त
(c) थकित (d) सुघटित

86. निम्नलिखित में से 'उपयोग' शब्द का विलोम है–
(a) समुपयोग (b) निरुपयोग
(c) सदुपयोग (d) अनुपयोग

87. विलोमार्थक दृष्टि से एक युग्म अशुद्ध है–
(a) सचल - चल
(b) निरपेक्ष - सापेक्ष
(c) मौलिक - अनूदित
(d) बंधन - मोक्ष

88. 'उसका लड़का लम्बा है' में विशेषण का चयन कीजिए–
(a) लड़का
(b) लम्बा
(c) उसका
(d) उपर्युक्त में से कोई नहीं

89. 'आठ बड़े चोर पकड़े गये थे, पुलिस की लापरवाही से आधे चोर भाग गये।' वाक्य में किन शब्दों में विशेषण-विशेष्य सम्बन्ध नहीं है?
(a) बड़े चोर
(b) आधे चोर
(c) पुलिस की लापरवाही
(d) आठ बड़े चोर

90. लाखों लोगों ने इसे महसूस किया है' वाक्य में विशेषण है–
(a) महसूस (b) लोगों
(c) लाखों (d) इसे

91. 'विशेष्य' वह शब्द होता है–
(a) जिस शब्द की विशेषता बताई जाती है।
(b) जिस शब्द के द्वारा विशेषता बतायी जाती है।

(c) जिस हेतु विशेषता बतायी जाती है।
(d) उपर्युक्त में से कोई नहीं।

92. 'मोहन एक अच्छा विद्यार्थी है।' वाक्य में विशेष्य है–
(a) मोहन (b) एक
(c) अच्छा (d) विद्यार्थी

93. निम्नलिखित में से 'यमुना' का पर्यायवाची शब्द नहीं है–
(a) हंससुता (b) अर्कजा
(c) कृष्णा (d) कूलंकषा

94. कौन-सा शब्द 'घोड़ा' का पर्यायवाची नहीं है?
(a) बाजि (b) तुरंग
(c) शार्दूल (d) हय

95. 'तलवार' का पर्यायवाची शब्द है–
(a) हलवार (b) करवाल
(c) धरवार (d) धारदार

96. 'मिट्टी' का तत्सम शब्द है–
(a) मृत्तिका (b) मट्टिका
(c) म्रिट्टिका (d) मृट्टी

97. निम्नलिखित में से तद्भव शब्द है–
(a) उलूक (b) कूप
(c) ओझा (d) पुस्तक

98. 'बारात' का तत्सम रूप है–
(a) वरात (b) बरात
(c) ब्रांत (d) वरयात्रा

99. 'मोती' का तत्सम रूप है–
(a) मौती
(b) मौक्तिक
(c) मुक्तक
(d) उपर्युक्त में से कोई नहीं

100. 'अखरोट' का तत्सम रूप है–
(a) अक्षवट (b) अक्षवाट
(c) अक्षोट (d) अक्षयवट

उत्तर (हल/संकेत)

1. (a)	**2.** (b)	**3.** (d)	**4.** (a)	**5.** (a)	**6.** (b)	**7.** (b)	**8.** (a)	**9.** (d)	**10.** (c)
11. (d)	**12.** (a)	**13.** (d)	**14.** (c)	**15.** (a)	**16.** (d)	**17.** (b)	**18.** (b)	**19.** (d)	**20.** (d)
21. (a)	**22.** (a)	**23.** (d)	**24.** (a)	**25.** (a)	**26.** (a)	**27.** (c)	**28.** (c)	**29.** (c)	**30.** (b)
31. (b)	**32.** (a)	**33.** (d)	**34.** (b)	**35.** (c)	**36.** (b)	**37.** (a)	**38.** (d)	**39.** (b)	**40.** (c)
41. (d)	**42.** (b)	**43.** (d)	**44.** (a)	**45.** (d)	**46.** (c)	**47.** (d)	**48.** (a)	**49.** (d)	**50.** (d)
51. (b)	**52.** (b)	**53.** (b)	**54.** (b)	**55.** (a)	**56.** (d)	**57.** (c)	**58.** (c)	**59.** (d)	**60.** (a)
61. (d)	**62.** (a)	**63.** (c)	**64.** (b)	**65.** (c)	**66.** (c)	**67.** (b)	**68.** (c)	**69.** (a)	**70.** (b)
71. (b)	**72.** (d)	**73.** (b)	**74.** (a)	**75.** (b)	**76.** (b)	**77.** (a)	**78.** (d)	**79.** (a)	**80.** (a)
81. (c)	**82.** (b)	**83.** (a)	**84.** (d)	**85.** (b)	**86.** (d)	**87.** (a)	**88.** (b)	**89.** (c)	**90.** (c)
91. (a)	**92.** (d)	**93.** (d)	**94.** (c)	**95.** (b)	**96.** (a)	**97.** (c)	**98.** (d)	**99.** (b)	**100.** (c)

❑❑❑

सामान्य विज्ञान

1. भौतिक विज्ञान

भौतिक विज्ञान (Physics): विज्ञान की वह शाखा जिसके अन्तर्गत द्रव्य, ऊर्जा और उनकी भौतिक क्रियाओं का अध्ययन किया जाता है, भौतिक विज्ञान कहलाती है।

भौतिक राशियाँ एवं मात्रक (Physical Quantities and Units)

- किसी राशि के मापन के निर्देश मानक को **मात्रक** कहते हैं।
- मात्रक दो प्रकार के होते हैं– मूल मात्रक (fundamental unit) एवं व्युत्पन्न मात्रक (derived unit)
- S.I. पद्धति में मूल मात्रक की संख्या सात हैं, जिसे नीचे की सारणी में दिया गया है–

क्र. सं.	भौतिक राशि	S.I. के मूल मात्रक	संकेत
1.	लम्बाई	मीटर (metre)	m (मी)
2.	द्रव्यमान	किलोग्राम (kilogram)	kg (किग्रा.)
3.	समय	सेकेण्ड (second)	s (से)
4.	ताप	केल्विन (kelvin)	k (के)
5.	विद्युत् धारा	ऐम्पियर (ampere)	A (ऐ)
6.	ज्योति तीव्रता	कैण्डेला (candela)	Cd (कैण्ड)
7.	पदार्थ का परिणाम	मोल (mole)	mol (मोल)

S.I. के सम्पूरक मूल मात्रक

1.	समतल कोण	रेडियन (radian)	rad (रेड)
2.	घन कोण (solid angle)	स्टेरेडियन (steradian)	sr

S.I. के कुछ पुराने मात्रकों के नए नाम और संकेत

क्र.स.	भौतिक राशि	पुराना नाम	नया नाम
1.	ताप	डिग्री सेण्टीग्रेड, °C	डिग्री सेल्सियस, °C
2.	आवृत्ति	कम्पन प्रति सेकेण्ड	हर्ट्ज Hz
3.	ज्योति तीव्रता (luminous intensity)	केण्डिला शक्ति, C.P.	कैण्डेला

- बहुत लंबी दूरियों को मापने के लिए प्रकाश-वर्ष का प्रयोग किया जाता है अर्थात् प्रकाश-वर्ष दूरी का मात्रक है।
  1 प्रकाश-वर्ष = 9.46×10^{15} मीटर
- दूरी मापने की सबसे बड़ी इकाई पारसेक है।
  1 पारसेक = 3.26 प्रकाश-वर्ष = 3.08×10^{16} मीटर
- बल का C.G.S. पद्धति के मात्रक डाइन है एवं S.I. पद्धति में मात्रक न्यूटन है।
  1 न्यूटन = 10^5 डाइन
- कार्य का C.G.S. पद्धति में मात्रक अर्ग है एवं S.I. पद्धति में मात्रक जूल है।
  1 जूल = 10^7 अर्ग

गति एवं उसके नियम (Laws of Motion)

गति (Motion) : एक वस्तु गतिमान कहलाती है यदि उसकी स्थिति समय के साथ किसी एक स्थान के सापेक्ष परिवर्तित होती रहती है।

चाल (Speed) : किसी वस्तु द्वारा प्रति सेकेण्ड तय की गई दूरी को चाल कहते हैं।

(a) औसत चालः किसी वस्तु द्वारा तय की गई कुल दूरी तथा कुल दूरी में लगा समय का अनुपात ही औसत चाल कहलाता है।

$$\text{औसत चाल} = \frac{\text{तय की गई दूरी}}{\text{समय}}$$

(b) प्रारम्भिक चाल : वह चाल जिससे कोई वस्तु प्रारम्भ में गतिशील होती है उसे प्रारम्भिक चाल कहते हैं। इसे u द्वारा प्रदर्शित करते हैं। इसका मान शून्य होता है यदि वस्तु विराम अवस्था से गति प्रारम्भ करती है।

(c) अन्तिम चाल : वह चाल जिससे कोई वस्तु गति करती है उसे अंतिम चाल कहते हैं। इसे v से प्रदर्शित करते हैं। जब कोई वस्तु अन्त में विराम अवस्था में आती है तो उसकी अन्तिम चाल (v) शून्य होती है।

त्वरण (Acceleration) : किसी वस्तु के वेग में परिवर्तन की दर को त्वरण कहते हैं। यह एक सदिश राशि है। इसका S.I. मात्रक मी./से.^{2} होता है। यदि समय के साथ वस्तु का वेग घटता है तो त्वरण ऋणात्मक होता है जिसे मंदन (Ratardation) कहते हैं।

गतिकी समीकरण (Kinematic Equation)

(i) $v = u + at$

(ii) $x = ut + \frac{1}{2}at^2$

(iii) $v^2 = u^2 + 2ax$

यहाँ x, t समय में चली गई दूरी होती है।

न्यूटन के गति के नियम
(Newton's Law of Motion)

न्यूटन का प्रथम-गति नियम (Newton's first law of motion) : यदि कोई वस्तु विराम अवस्था में हो, तो विराम में रहेगी, या यदि वह एक समान चाल से सीधी रेखा में चल रही है, तो वैसी ही चलती रहेगी, जब तक कि उस पर कोई बाह्य बल लगाकर उसकी वर्तमान अवस्था में परिवर्तन न किया जाए।

- प्रथम नियम को **गैलिलियो का नियम** या **जड़त्व का नियम** भी कहते हैं।
- बाह्य बल के अभाव में किसी वस्तु की अपनी विरामावस्था या समान गति की अवस्था को बनाए रखने की प्रवृत्ति को **जड़त्व** कहते हैं।
- प्रथम नियम से **बल की परिभाषा** मिलती है।
- जड़त्व के कुछ उदाहरण- ठहरी हुई मोटर या रेलगाड़ी के अचानक चल पड़ने पर उसमें बैठे यात्री पीछे की ओर झुक जाते हैं।

न्यूटन का द्वितीय गति-नियम (Newton's second law of motion) : किसी वस्तु के संवेग में परिवर्तन की दर उस वस्तु पर आरोपित बल (F) के समानुपाती होती है, तथा संवेग परिवर्तन बल की दिशा में होती है। अब यदि आरोपित बल (F), बल की दिशा में उत्पन्न त्वरण a एवं वस्तु का द्रव्यमान m हो, तो न्यूटन के गति के दूसरे नियम से $F = ma$ अर्थात् न्यूटन के दूसरे नियम से **बल का व्यंजक** प्राप्त होता है।

न्यूटन का तृतीय गति-नियम (Newton's third law of motion) : प्रत्येक क्रिया के बराबर, परन्तु विपरीत दिशा में प्रतिक्रिया उत्पन्न होती है। अर्थात् जब हम किसी वस्तु को अन्दर की ओर दबाते है तो उतना ही बल बाहर की ओर धक्का लगता है। उदाहरण:- बन्दूक से गोली चलाने पर, चलाने वाले को पीछे की ओर धक्का लगना।

बल (Force) : बल वह बाह्य कारक है जो किसी वस्तु की प्रारम्भिक अवस्था में परिवर्तन करता है या परिवर्तन करने की चेष्टा करता है यह एक संदिश राशि है इसका S.I. मात्रक न्यूटन होता है।

- बल किसी पिण्ड के द्रव्यमान (m) एवं त्वरण (a) का गुणनफल होता है।

$$F = m \times a \Rightarrow F = ma$$

घर्षण (Friction)

दो सम्पर्क तलों के मध्य लगने वाला बल जो दोनों तलों के मध्य सापेक्ष गति का विरोध करता है, घर्षण बल कहलाता है।

- घर्षण बल एक सम्पर्क बल है। जो हमेशा इसके स्पर्श में आई सतहों के बीच गति की विपरीत दिशा में लगता है।
- जब एक वस्तु किसी दूसरी उपयुक्त वस्तु के साथ रगड़ी जाती है तो दोनों वस्तुएँ आवेशित हो जाती हैं इन वस्तुओं पर उत्पन्न विद्युत, घर्षण विद्युत कहलाता है।
- घर्षण कम करने वाले पदार्थों को स्नेहक कहते हैं।
- तरलों द्वारा लगाए गए घर्षण बल को कर्षण भी कहते हैं।
- स्थैतिक घर्षण तब कार्य करना आरम्भ करता है जब हम किसी वस्तु को उसकी विराम की स्थिति से गति में लाने का प्रयास करते हैं।
- सर्पी घर्षण तब कार्य करना आरम्भ करता है जब कोई वस्तु किसी अन्य वस्तु पर सर्पी गति करती है।
- सर्पी घर्षण स्थैतिक घर्षण से कम होता है।
- जब कोई वस्तु किसी अन्य वस्तु पर लोटन करती है तो लोटनिक घर्षण कार्य करना आरम्भ करता है लोटनिक घर्षण सर्पी घर्षण की अपेक्षा कम होता है।

आवर्त गति (Periodic Motion) : एक निश्चित पथ पर गति करती वस्तु जब एक निश्चित समय-अन्तराल के पश्चात् बार-बार अपनी पूर्व गति को दोहराती है, तो इस प्रकार की गति को **आवर्त गति** कहते हैं।

दोलन गति (Oscillatory Motion) : किसी पिंड की साम्यस्थिति के इधर-उधर गति करने को दोलन अथवा काम्पनिक गति कहते हैं।

एक दोलन या एक कम्पन दोलन करने वाले कण का अपनी साम्य स्थिति के एक ओर जाना फिर साम्य स्थिति में आकर दूसरी ओर जाना और पुन: साम्य स्थिति में वापस लौटना, एक दोलन का कम्पन कहलाता है।

आवर्तकाल (Time Period) : (T) एक दोलन पूरा करने में लगा समय आवर्तकाल कहलाता है।

आवृत्ति (Frequency) : कम्पन करने वाली वस्तु एक सेकेण्ड में जितने कम्पन करती है, उसे आवृत्ति कहते हैं। इसका S.I. मात्रक हर्ट्ज (Hertz) होता है। यदि आवृत्ति n तथा आवर्तकाल T है, तो $n = \frac{l}{T}$ होता है।

सरल लोलक (Simple Pendulum)

- यदि एक भारहीन व लम्बाई में न बढ़ने वाली डोरी के निचले सिरे से पदार्थ के किसी गोल परन्तु भारी कण को लटकाकर डोरी को किसी दृढ़ आधार से लटका दें तो इस समायोजन को 'सरल लोलक' कहते हैं। यदि लोलक को साम्य स्थिति से थोड़ा विस्थापित करके छोड़ दे तो इसकी गति सरल आवर्त गति होती है। यदि डोरी की प्रभावी लम्बाई l एवं गुरुत्वीय त्वरण g हो, तो सरल लोलक का आवर्तकाल $T = 2\pi\sqrt{\frac{l}{g}}$ होता है।

ध्वनि तरंग (Sound Waves)

- ध्वनि तरंग, अनुदैर्ध्य यांत्रिक तरंगें होती हैं।
- जिन यांत्रिक तरंगों की आवृत्ति 20Hz से 20000Hz के बीच होती है, उनकी अनुभूति हमें अपने कानों के द्वारा होती है, और इन्हें हम ध्वनि तरंगो के नाम से जानते हैं।

ध्वनि तरंगों का आवृत्ति परिसर
(Frequency of Sound Waves)

1. **अवश्रव्य तरंगें (Infrasonic Waves) :** 20Hz से नीचे की आवृत्ति वाली ध्वनि तरंगों को 'अवश्रव्य तरंगें' कहते हैं। इन्हें हमारे कान सुन नहीं सकते हैं। इस प्रकार की तरंगों को बहुत बड़े आकार के स्रोतों से उत्पन्न किया जा सकता है।
2. **श्रव्य तरंगें (Audible Waves) :** 20Hz से 20,000Hz के बीच की आवृत्ति वाली तरंगों को 'श्रव्य तरंगें' कहते हैं। इन तरंगों को हमारे कान सुन सकते हैं।
3. **पराश्रव्य तरंगें (Ultrasonic Waves) :** 20,000Hz से ऊपर की तरंगों को पराश्रव्य तरंगें कहा जाता है। मनुष्य के कान इसे सुन नहीं सकते हैं, परन्तु कुछ जानवर जैसे- कुत्ता, बिल्ली, चमगादड़ आदि इसे सुन सकते हैं।

ध्वनि की चाल (Speed of Sound)

- विभिन्न माध्यमों में ध्वनि की चाल भिन्न-भिन्न होती है। किसी माध्यम में ध्वनि की चाल मुख्यत: माध्यम की **प्रत्यास्थता** तथा **घनत्व** पर निर्भर करती है।
- किसी माध्यम में ध्वनि की चाल **आवृत्ति** पर निर्भर नहीं करती है।
- ध्वनि की चाल पर दाब का कोई प्रभाव नहीं पड़ता है। अर्थात् दाब घटाने या बढ़ाने पर ध्वनि की चाल अपरिवर्तित रहती है।

- **ध्वनि की चाल पर ताप का प्रभाव :** माध्यम का ताप बढ़ाने पर उसमें ध्वनि की चाल बढ़ जाती है। वायु में प्रति 1°C ताप बढ़ाने पर ध्वनि की चाल 0.61 m/s बढ़ जाती है।
- **ध्वनि की चाल पर आर्द्रता का प्रभाव :** नमी युक्त वायु का घनत्व, शुष्क के घनत्व से कम होता है, अत: शुष्क वायु की अपेक्षा नमी-युक्त वायु में ध्वनि की चाल अधिक होती है।
- ध्वनि की चाल सबसे अधिक ठोस में, उसके बाद द्रव में और उसके बाद गैस में होती है।
- वायु में ध्वनि की चाल 332 m/s, जल में ध्वनि की चाल 1483 m/s और लोहे में ध्वनि की चाल 5130 m/s होती है।
- जब ध्वनि एक माध्यम से दूसरे माध्यम में जाती है, तो ध्वनि की **चाल** एवं **तरंगदैर्ध्य** बदल जाती है, जबकि आवृत्ति नहीं बदलती है।

कार्य, ऊर्जा एवं शक्ति
(Work, Energy and Power)

कार्य (Work)

कार्य की माप लगाए गए बल तथा बल की दिशा में वस्तु के विस्थापन के गुणनफल के बराबर होता है। कार्य एक अदिश राशि है, इसका S.I. मात्रक जूल है।

कार्य = बल × विस्थापन

नोट : यदि बल (F) तथा विस्थापन (S) के मध्य θ कोण बनता है, तो–

$$W = \vec{F} \times \vec{S}.\cos\theta$$

ऊर्जा (Energy)

किसी वस्तु की कार्य करने की क्षमता को उस वस्तु की ऊर्जा कहते हैं। ऊर्जा एक अदिश राशि है, इसका S.I. मात्रक जूल है।

कार्य करने के लिए किसी वस्तु में विद्यमान गतिज ऊर्जा व स्थितिज ऊर्जा के योग को यांत्रिक ऊर्जा भी कहते हैं। यह दो प्रकार की होती है–

- **गतिज ऊर्जा (Kinetic Energy) :** किसी वस्तु में उसकी गति के कारण कार्य करने की जो क्षमता आ जाती है, उसे उस वस्तु की गतिज ऊर्जा कहते हैं। यदि m द्रव्यमान की वस्तु v वेग से चल रही हो, तो गतिज ऊर्जा (KE) होगी–

$$KE = \frac{1}{2}mv^2$$

- **स्थितिज ऊर्जा (Potential Energy) :** जब किसी वस्तु में विशेष अवस्था (State) या स्थिति के कारण कार्य करने की क्षमता आ जाती है, तो उसे स्थितिज ऊर्जा कहते हैं, जैसे– बाँध में इकट्ठा किए गए पानी की ऊर्जा, घड़ी चाभी में संचित ऊर्जा, तनी हुई स्प्रिंग या कमानी की ऊर्जा। गुरुत्व बल के विरुद्ध संचित स्थितिज ऊर्जा का व्यंजक है–

$$P.E. = mgh$$

जहाँ m = द्रव्यमान, g = गुरुत्वजनित त्वरण, h = ऊँचाई

- **ऊर्जा संरक्षण का नियम (Law of Conservation of Energy) :** ऊर्जा न तो उत्पन्न की जा सकती है और न नष्ट की जा सकती है। ऊर्जा केवल एक रूप से दूसरे रूप में परिवर्तित की जा सकती है। यह ऊर्जा संरक्षण का नियम कहलाता है।
- **संवेग एवं गतिज ऊर्जा में संबंध**

$$K.E. = \frac{p^2}{2m}$$

जहाँ P (संवेग) = mv

अर्थात् संवेग के दुगना करने पर गतिज ऊर्जा चार गुनी हो जाएगी।

शक्ति (Power)

कार्य करने की दर को शक्ति कहते हैं। यदि किसी कर्ता द्वारा W कार्य t समय में किया जाता है, तो कर्ता की शक्ति $\frac{W}{t}$ होगी। शक्ति का S.I. मात्रक वाट (W) है जिसे वैज्ञानिक जेम्स वाट के सम्मान में रखा गया है।

गुरुत्व के नियम एवं ग्रहों की गति
(Law of Gravity and Motion of Planets)

न्यूटन का गुरुत्वाकर्षण का नियम
(Newton's Law of Gravitation)

किन्हीं दो पिण्डों के बीच कार्य करने वाला आकर्षण बल पिण्डों के द्रव्यमान के गुणनफल के अनुक्रमानुपाती तथा उनके बीच के दूरी की वर्ग के व्युत्क्रमानुपाती होता है।

न्यूटन के नियम के अनुसार उनके बीच लगने वाला आकर्षण-बल, $F = G\frac{m_1 m_2}{R^2}$ होता है। जहाँ G एक नियतांक है, जिसे सार्वत्रिक गुरुत्वाकर्षण नियतांक कहते हैं और जिसका मान $6.67\times10^{-11}\ \frac{Nm^2}{kg^2}$ होता है।

गुरुत्व (Gravity)

न्यूटन के गुरुत्वाकर्षण के अनुसार दो पिंडों के बीच एक आकर्षण बल कार्य करता है। यदि इनमें से एक पिंड पृथ्वी हो तो इस आकर्षण बल को गुरुत्व बल कहते हैं।

- गुरुत्वीय त्वरण का मान 9.8 मी./से. होता है।
- पृथ्वी से ऊपर की ओर जाने पर गुरुत्वीय त्वरण का मान घटता है।
- चन्द्रमा पर गुरुत्वीय त्वरण का मान पृथ्वी पर गुरुत्वीय त्वरण के मान का $\frac{1}{6}$ होता है।

पलायन वेग (Scope Velocity)

- वह वेग जिससे कोई पिण्ड पृथ्वी के गुरुत्वीय क्षेत्र को छोड़कर पृथ्वी के गुरुत्वीय क्षेत्र से बाहर चला जाता है। पलायन वेग कहलाता है। उपग्रह का पलायन वेग 11.2 किमी./से. होता है।
- ग्रहों की गति से संबंधित केप्लर का नियम–
  (i) प्रत्येक ग्रह सूर्य के चारों ओर दीर्घ वृत्ताकार (elliptical) कक्षा में परिक्रमा करता है तथा सूर्य ग्रह की कक्षा के एक फोकस बिन्दु पर स्थित होता है।
  (ii) प्रत्येक ग्रह का क्षेत्रीय वेग (Areal Velocity) नियत रहता है। इसका प्रभाव यह होता है कि जब ग्रह सूर्य के निकट होता है, तो उसका वेग बढ़ जाता है और जब वह दूर होता है, तो उसका वेग कम हो जाता है।
  (iii) सूर्य के चारों ओर ग्रह एक चक्कर जितने समय में लगता है, उसे उसका परिक्रमण काल (T) कहते हैं। परिक्रमण काल का वर्ग (T^2) ग्रह की सूर्य से औसत दूरी (r) के घन (r^3) के अनुक्रमानुपाती होता है, अर्थात् $T^2 \frac{1}{a} r^3$

उपग्रह (Satelite)

- किसी ग्रह के चारों ओर परिक्रमा करने वाले पिंड को उपग्रह कहते हैं; जैसे–चन्द्रमा पृथ्वी का एक उपग्रह है।

उपग्रह की कक्षीय चाल
(Orbital Speed of a Satellite)

(i) उपग्रह की कक्षीय चाल उसकी पृथ्वी तल से ऊँचाई पर निर्भर करती है। उपग्रह पृथ्वी तल से जितना अधिक दूर होगा, उतनी ही उसकी चाल कम होगी।

(ii) उपग्रह की कक्षीय चाल उसके द्रव्यमान पर निर्भर नहीं करती है। एक ही त्रिज्या के कक्षा में भिन्न-भिन्न द्रव्यमानों के उपग्रहों की चाल समान होगी।

- **उपग्रह का परिक्रमण काल (Period of Revolution of a Satellite) :** उपग्रह अपनी कक्षा में पृथ्वी का एक चक्कर जितने समय में लगाता है, उसे उसका परिक्रमण काल कहते हैं।

$$\text{अत: परिक्रमण काल} = \frac{\text{कक्षा की परिधि}}{\text{कक्षीय चाल}}$$

(i) उपग्रह का परिक्रमण काल भी केवल उसकी पृथ्वी तल से ऊँचाई पर निर्भर करता है और उपग्रह जितना अधिक दूर होता है उतना ही अधिक उसका परिक्रमण काल होता है।

(ii) उपग्रह का परिक्रमण काल उसके द्रव्यमान पर निर्भर नहीं करता है।

दाब एवं उसके प्रभाव
(Pressure and its effect)

दाब (Pressure)

किसी सतह के एकांक क्षेत्रफल पर लगने वाले बल को दाब कहते हैं। अर्थात्–

$$\text{दाब (P)} = \frac{F}{A} = \frac{\text{पृष्ठ के लम्बवत् बल}}{\text{पृष्ठ का क्षेत्रफल}}$$

दाब का S.I. मात्रक $\frac{N}{m^2}$ होता है, जिसे पास्कल (Pa) भी कहते हैं। दाब एक अदिश राशि है।

वायुमंडलीय दाब (Atmospheric Pressure) : सामान्यतया वायुमंडलीय दाब वह दाब होता है, जो पारे के 76 सेमी. लम्बे कॉलम के द्वारा 0°C पर 45° अक्षांश पर समुद्रतल पर लगाया जाता है। यह एक वर्ग सेमी. अनुप्रस्थ काट वाले पारे के 76 सेमी. लम्बे कॉलम के भार के बराबर होता है। वायुमंडलीय दाब का S.I. मात्रक बार (bar) होता है।

1 बार = 10^5 N/m^2

- वायुमंडलीय दाब 10^5 न्यूटन/मीटर^2 अर्थात् एक बार के बराबर होता है।
- पृथ्वी की सतह से ऊपर जाने पर वायुमंडलीय दाब कम होता जाता है, जिसके कारण, (i) पहाड़ों पर खाना बनाने में कठिनाई होती हैं, (ii) वायुयान में बैठे यात्री के फाउण्टेन पेन से स्याही रिस जाती है।
- वायुमंडलीय दाब को बैरोमीटर से मापा जाता है। इसकी सहायता से मौसम संबंधी पूर्वानुमान भी लगाया जा सकता है।
- **द्रव में दाब (Pressure in Liquid) :** द्रव के अणुओं के द्वारा बर्तन की दीवार अथवा तली के प्रति एकांक क्षेत्रफल पर लगने वाले बल को द्रव का दाब कहते हैं द्रव के अन्दर किसी बिन्दु पर द्रव के कारण दाब द्रव की सतह से उस बिन्दु की गहराई (*h*) द्रव के घनत्व (*d*) तथा गुरुत्वीय त्वरण (*g*) के गुणनफल के बराबर होता है। अर्थात् P (दाब) $= h \times d \times g$
- **द्रव्य-दाब संबंधी पास्कल के नियम का प्रथम कथन :** यदि गुरुत्वीय प्रभाव को नगण्य माना जाए तो संतुलन की अवस्था में द्रव के भीतर प्रत्येक बिन्दु पर दबाव समान होता है।
- **पास्कल के नियम का द्वितीय कथन :** किसी बर्तन में बंद द्रव के किसी भाग पर आरोपित बल, द्रव द्वारा सभी दिशाओं में समान परिमाण में संचरित हो जाता है।
- **पास्कल के नियम पर आधारित कुछ यंत्र हैं :** हाईड्रोलिक लिफ्ट, हाइड्रोलिक प्रेस, हाइड्रोलिक ब्रेक आदि।

ऊष्मा एवं उसके अनुप्रयोग
(Heat and its Application)

ऊष्मा (Heat)

यह वह ऊर्जा है, जो एक वस्तु से दूसरी वस्तु में केवल तापान्तर (Temperature Difference) के कारण स्थानान्तरित होती है। किसी वस्तु में निहित ऊष्मा उस वस्तु के द्रव्यमान पर निर्भर करती है। ऊष्मा का S.I. मात्रक जूल है।

- यदि कार्य W ऊष्मा Q में बदलती है, तो $\frac{W}{Q} = J$ या $W = JQ$ जहाँ J = एक नियतांक है, जिसे ऊष्मा का यांत्रिक तुल्यांक (Mechanical Equivalent of Heat) कहते हैं। J का मान 4.186 जूल/कैलोरी होता है। इसका तात्पर्य यह हुआ कि यदि 4.186 जूल का यांत्रिक कार्य किया जाए तो उत्पन्न ऊष्मा की मात्रा 1 कैलोरी होगी।

ऊष्मा के मात्रक (Units of Heat)

इसके लिए निम्न मात्रक का प्रयोग भी किया जाता है–

(i) कैलोरी (Calorie) : एक ग्राम जल का ताप 1°C बढ़ाने के लिए आवश्यक ऊष्मा की मात्रा को कैलोरी कहते हैं।

(ii) अन्तर्राष्ट्रीय कैलोरी (International Calorie) : 1 ग्राम शुद्ध जल का ताप 14.5°C से 15.5°C तक बढ़ाने के लिए आवश्यक ऊष्मा की मात्रा को 1 कैलोरी कहा जाता है।

- **ताप (Temperature) :** ताप वह भौतिक कारक है, जो एक वस्तु से दूसरी वस्तु में ऊष्मीय ऊर्जा के प्रवाह की दिशा निश्चित करता है। अर्थात् जिस कारण से ऊर्जा का स्थानान्तरण होता है, उसे ताप कहते हैं।
- **तापमापी (Thermometer) :** ताप मापने के लिए जो उपकरण प्रयोग में लाया जाता है, उसे तापमापी कहते हैं।
- **विशिष्ट ऊष्मा (Specific Heat) :** किसी पदार्थ की विशिष्ट ऊष्मा, ऊष्मा की वह मात्रा है, जो उस पदार्थ के एकांक द्रव्यमान में एकांक ताप-वृद्धि उत्पन्न करती है। इसे प्राय: C द्वारा व्यक्त किया जाता है। विशिष्ट ऊष्मा का S.I. मात्रक जूल/किलोग्राम^1 केल्विन^1 ($Jkg^{-1} K^{-1}$) होता है।
- **ऊष्मा का संचरण :** ऊष्मा के एक स्थान से दूसरे स्थान जाने को ऊष्मा का संचरण कहते हैं। इसकी तीन विधियाँ हैं– (a) चालन, (b) संवहन और (c) विकिरण।

(a) चालन (Conduction) : चालन के द्वारा ऊष्मा पदार्थ में एक स्थान से दूसरे स्थान तक, पदार्थ के कणों को अपने स्थान का परिवर्तन किए बिना पहुँचती है। ठोस पदार्थ में ऊष्मा का संचरण चालन विधि द्वारा होता है।

(b) संवहन (Convection) : इस विधि में ऊष्मा का संचरण पदार्थ के कणों के स्थानान्तरण के द्वारा होता है। गैसों एवं द्रवों में ऊष्मा का संचरण संवहन विधि द्वारा ही होता है।

(c) विकिरण (Radiation) : इस विधि में ऊष्मा, गरम वस्तु से ठंडी वस्तु की ओर बिना किसी माध्यम की सहायता के तथा बिना माध्यम को गरम किए प्रकाश की चाल से सीधी रेखा में संचरित होती है।

प्रकाश (Light)

- प्रकाश एक प्रकार की ऊर्जा है, जो विद्युत चुम्बकीय तरंगों के रूप में संचारित होती है। इसका ज्ञान हमें आँखों द्वारा प्राप्त होता है। इसका तरंगदैर्ध्य 3900 से 7800 के बीच होता है।

- **प्रकाश का फोटॉन सिद्धान्त :** इसके अनुसार प्रकाश ऊर्जा के छोटे-छोटे बण्डलों या पैकिटों के रूप में चलता है, जिन्हें **फोटॉन** कहते हैं।
- प्रकाश के वेग की गणना सबसे पहले रोमन ने की थी।
- वायु तथा निर्वात में प्रकाश की चाल ($3 \times 10^8 m/s$) सबसे अधिक होती है।

प्रकाश का वर्ण-विक्षेपण (Dispersion of Light) : जब सूर्य का प्रकाश प्रिज्म से होकर गुजरता है, तो वह अपवर्तन के पश्चात् प्रिज्म के आधार की ओर झुकने के साथ-साथ विभिन्न रंगों के प्रकाश में बँट जाता है।

इस प्रकार से प्राप्त रंगों के समूह को वर्णक्रम एवं अपने अवयवी रंगों में विभक्त होने की क्रिया को **वर्ण-विक्षेपण** कहते हैं।

रंगों के समूह का क्रम निम्नलिखित है–

बैंगनी, नीला, आसमानी, हरा, पीला, नारंगी तथा लाल।

इसे सामान्यता बैनीआहपीनाला से प्रदर्शित किया जा सकता है।

अभ्यास प्रश्न

1. सौर ऊर्जा का कारण है–

(a) संलयन अभिक्रियाएँ (b) विखंडन अभिक्रियाएँ
(c) दहन अभिक्रियाएँ (d) रासायनिक अभिक्रियाएँ

2. निम्नलिखित में से वह धातु कौन-सी है जो पानी को अत्यधिक प्रदूषित करती है?

(a) आर्सेनिक (b) सीसा
(c) पोटैशियम (d) मैग्नीशियम

3. एल्फ्रेड नोबेल को नोबेल पुरस्कार वितरण हेतु एक निधि स्थापित करने के लिए धनराशि किस आविष्कार से मिली थी?

(a) स्टीम इंजन (b) ऑटोमोबाइल
(c) डायनामाइट (d) टेलीफोन

4. भारत की पृथ्वी-से-पृथ्वी पर मार करने वाली सबसे पहली सफलतापूर्वक विकसित देशज मिसाइल कौन-सी है?

(a) अग्नि (b) पृथ्वी
(c) नाग (d) आकाश

5. तापमान घटने के साथ-साथ किसी धातु का प्रतिरोध–

(a) घटता जाता है।
(b) बढ़ता जाता है।
(c) अपरिवर्तित रहता है।
(d) शुरू में घट जाता है और उसके बाद बढ़ जाता है।

6. निम्नलिखित में से उन रेखाओं को क्या कहा जाता है जो उन स्थानों पर मिलती है जहाँ तड़ित-झंझा आती है?

(a) आइसोहाइट्स (b) आइसोक्रोन्स
(c) आइसोब्रोन्टस (d) आइसोफीन्स

7. अंकीय सिग्नल में किसी प्रलेख को कोडन करने के बाद उसे टेलीफोन, टेलेक्स या उपग्रह के द्वारा प्राप्तकर्ता के पास भेजा जा सकता है जहाँ उसका विकोडन किया जाता है और मूल प्रलेख की सही प्रति तैयार की जाती है। निम्नलिखित में से वह प्रक्रिया कौन-सी है जो इसका प्रतिनिधत्व करती है?

(a) फैक्स (b) शब्द-संसाधन
(c) टेलेक्स (d) ई-मेल

8. न्यूक्लीय रिएक्टर में भारी जल का प्रयोग किस रूप में किया जाता है?

(a) शीतलक (b) ईंधन
(c) नियामक (Moderator) (d) परमाणिवक भंजक

9. निम्नलिखित मे से किसी तत्व की सापेक्ष परमाणु संहति कौन-सी है जो परमाणुओं से बनी है, जिनमें प्रत्येक में 17 प्रोटॉन, 18 न्यूट्रॉन और 17 इलेक्ट्रॉन होते हैं?

(a) 52 (b) 35
(c) 18 (d) 17

10. चंद्रमा पर आने-जाने की यात्रा के दौरान अधिकतम ईंधन कब खर्च होता है?

(a) उड़ान भरने के समय पृथ्वी के गुरुत्व को पार करने में
(b) चंद्रमा पर उतरने पर चंद्रमा के गुरुत्व को पार करने में
(c) चंद्रमा से उड़ान भरने पर चंद्रमा के गुरुत्व को पार करने में
(d) पृथ्वी पर पुन: प्रवेश करने और हल्का-हल्का उतरने पर पृथ्वी के गुरुत्व को पार करने में

11. किलोवाट-घंटा एक यूनिट है–

(a) ऊर्जा का (b) शक्ति का
(c) बल का (d) संवेग का

12. वह तापमान जिसका पाठ्यांक फॉरेनहाइट और सेल्सियस दोनों पैमाने पर वही होता है–

(a) 40° (b) – 40°
(c) – 34° (d) – 140°

13. रेफ्रिजरेटर खाद्य पदार्थों को खराब होने से बचाते हैं, क्योंकि–

(a) इसके न्यून तापमान पर जीवाणु और फफूँदी निष्क्रिय होते हैं।
(b) इसके न्यून तापमान पर रोगाणु मर जाते हैं।
(c) इसके न्यून तापमान पर रोगाणु जम जाते हैं।
(d) यह खाद्य पदार्थों को रोगाणुरहित कर देते हैं।

14. कोई पिण्ड ऊष्मा का सबसे अधिक अवशोषण करता है, जब वह हो–

(a) काला और खुरदरा (b) काला और मसृण
(c) सफेद और खुरदरा (d) सफेद और मसृण

15. प्रिज्म से गुजरने पर प्रकाश का कौन-सा रंग सबसे अधिक विचलन दर्शाता है?

(a) श्वेत (b) लाल
(c) बैंगनी (d) हरा

16. आवर्धक लेन्स क्या होता है?

(a) वृहत् फोकस दूरी सहित अवतल लेन्स
(b) अल्प फोकस दूरी सहित अवतल लेन्स
(c) वृहत् फोकस दूरी सहित उत्तल लेन्स
(d) अल्प फोकस दूरी सहित उत्तल लेन्स

17. होलोग्राम किसे कहते हैं?

(a) आवृत्ति वितरण दर्शाने के लिए ग्राफीय निरूपण
(b) त्रिविमीय एम.आर.आई.
(c) एक त्रिविमीय छवि के पुनरुत्पादन के लिए फोटोग्राफिक रिकॉर्ड
(d) एक द्रव क्रिस्टल प्रदर्शन

18. सूक्ष्मदर्शी (Microscope) का आविष्कार किसने किया था?
(a) एडमंड फिशर (b) ऐन्टोनी वॉन ल्यूवेनहॉक
(c) पाउलसेन (d) जैड-जॉन्सन

19. वायुमंडल के ऊपरी भाग में ओजोन परत हमारी रक्षा किससे करती है?
(a) दृश्य विकिरण से (b) अवरक्त किरणों से
(c) पराबैंगनी विकिरण से (d) अंतरिक्ष किरणों से

20. निकट दृष्टि-दोष या मायोपिया को निम्नलिखित में से किसका प्रयोग करते हुए ठीक किया जा सकता है?
(a) बेलनाकार लेन्स (b) उत्तल लेन्स
(c) अवतल लेन्स (d) समतल लेन्स

21. ENIAC था–
(a) एक इलेक्ट्रॉनिक कैल्कुलेटर (b) एक इलेक्ट्रॉनिक कम्प्यूटर
(c) एक स्मृति युक्ति (d) एक इंजन

22. पद 'पीसी' का अर्थ है–
(a) प्राइवेट कम्प्यूटर (b) पर्सनल कम्प्यूटर
(c) प्रोफेशनल कम्प्यूटर (d) पर्सनल कैल्कुलेटर

23. 1 बाइट बनता है–
(a) 1 बिट से (b) 4 बिट से
(c) 8 बिट से (d) 10 बिट से

24. 1024 बाइट बराबर है–
(a) 1 TB (b) 1 GB
(c) 1 MB (d) 1 KB

25. पद 'PC XT' का आशय है–
(a) पर्सनल कम्प्यूटर एक्सटर्नल टेक्नोलॉजी
(b) पर्सनल कम्प्यूटर एक्सटेंडेड टेक्नोलॉजी
(c) पर्सनल कम्प्यूटर एक्सपैंडिड टेक्नोलॉजी
(d) पर्सनल कम्प्यूटर एम्बेडिड टेक्नोलॉजी

26. DTP का पूरा रूप है–
(a) डेली टेक्स्ट प्रिंटिंग (b) डेस्क टॉप पब्लिशिंग
(c) डेस्क टॉप प्रिंटिंग (d) डेली टेक्स्ट पब्लिशिंग

27. ओस तब पड़ती है, जब–
(a) आर्द्र वायु ठंडे धरातल पर घनीभूत हो जाती है।
(b) वायु पृथ्वी की सतह के अपेक्षाकृत अधिक ठंडी होती है।
(c) रात में आकाश में बादल छाए होते हैं।
(d) हवा इतनी शुष्क होती है, जिससे वर्षा नहीं हो सकती।

28. अम्फान नाम दिया गया है–
(a) उपग्रह को (b) तारे को
(c) ऊष्मा तरंग को (d) प्रभंजन (Hurricane) को

29. 'प्रकाश वर्ष' निम्नलिखित में से किसका मात्रक होता है?
(a) वेग (b) काल
(c) खगोलीय दूरी (d) प्रकाश की तीव्रता

30. पक्षियों को बहुत ऊँचाई पर उड़ते समय सांस की परेशानी क्यों नहीं महसूस होती?
(a) उनके फेफड़े बहुत बड़े होते हैं।
(b) वे निष्क्रियता के साथ उड़ते हैं।
(c) उनमें अतिरिक्त वायु-कोश होते हैं।
(d) वे कम ऑक्सीजन का प्रयोग करते हैं।

31. नीले काँच की प्लेट धूप में नीली दिखाई देती है, क्योंकि–
(a) यह नीले रंग को अवचूषित कर लेती है।
(b) यह नीला रंग संक्रमित करती है।
(c) यह नीले रंग सहित सभी रंगों को अवचूषित कर लेती है।
(d) यह नीले रंग सहित सभी रंगों को संक्रमित करती है।

32. वह प्रकाशीय उपकरण कौन-सा है जिसकी सहायता से दोनों आँखों से एक साथ दूरवर्ती वस्तुओं का आवर्धित रूप दिखाई देता है?
(a) दूरबीन (b) सूक्ष्मदर्शी
(c) द्विनेत्री (बाइनोक्यूलर) (d) सेक्सटैंट

33. प्रकाश किरण पुंज जो अत्यंत दिशिक हो, कहलाती है–
(a) इरेजर (b) ग्रेजर
(c) मेसर (d) लेसर

34. रात के समय आवासीय क्षेत्र में शोर का अनुमत स्तर है–
(a) 45 dB (b) 55 dB
(c) 75 dB (d) 80 dB

35. समुद्र में डूबी वस्तु का पता लगाने के लिए किस यंत्र का प्रयोग किया जाता है?
(a) सोनार (b) रेडार
(c) लेसर (d) मेसर

36. कागज पर फैली स्याही को मसीचूष-पत्र द्वारा अवशोषित कर लिया जाता है, क्योंकि–
(a) स्याही वाष्पित हो जाती है।
(b) स्याही में श्यान बल होता है।
(c) मसीचूष-पत्र के रंध्रों के माध्यम से स्याही को अवशोषित कर लिया जाता है।
(d) गुरुत्व के कारण त्वरण पैदा होता है।

37. वाहनों में स्नेहक तेल का प्रयोग किया जाता है–
(a) ईंधन दहन के लिए
(b) प्रवाह को धारा-रेखी बनाने के लिए
(c) घर्षण बढ़ाने के लिए
(d) घर्षण कम करने के लिए

38. बस के ऊपरी डेक पर यात्रियों को इसलिए खड़ा नहीं होने दिया जाता है, क्योंकि–
(a) बस का आयतन बढ़ जाता है।
(b) बस का भार बढ़ जाता है।
(c) बस का संतुलन अस्थिर हो जाएगा।
(d) यात्री गति के जड़त्व में होते हैं।

39. बॉल पेन किस सिद्धांत पर काम करता है?
(a) श्यानता (b) बॉयल का नियम
(c) गुरुत्वीय बल (d) पृष्ठीय तनाव

40. ऐनीमोमीटर क्या मापने के काम आता है?
(a) पवन की दिशा (b) पवन का वेग
(c) दाब की प्रवणता (d) पवन की गति और समय

41. दूध को मथने से क्रीम के अलग हो जाने का कारण है–
(a) घर्षण बल (b) अपकेंद्री बल
(c) गुरुत्व बल (d) श्यान बल

42. पहाड़ों पर जल कम तापमान पर उबलता है, क्योंकि–
(a) पहाड़ों पर ठंड होती है।
(b) पहाड़ों पर कार्बन डाईऑक्साइड कम होती है।
(c) पहाड़ों पर वायुदाब कम होता है।
(d) ऑक्सीजन कम होती है।

43. निम्न कण एक ही गतिज ऊर्जा के साथ चल रहे हैं। उनमें से सबसे अधिक संवेग किसका है?
(a) इलेक्ट्रॉन (b) प्रोटॉन
(c) न्यूट्रॉन (d) ऐल्फा-कण

44. चलती गाड़ी से एक पत्थर गिराया जाता है। जमीन पर खड़े एक प्रेक्षक के लिए जमीन पर पहुँचता हुआ पत्थर किस प्रकार का पथ लेता हुआ दिखाई देगा?
(a) ऊपर से नीचे की ओर ऋजुरेखीय पथ
(b) वर्तुल पथ
(c) परवलयिक (पेराबॉलिक) पथ
(d) अतिपरमलयिक पथ

45. घरेलू विद्युत उपकरणों में प्रयुक्त सुरक्षा फ्यूज तार उस धातु से बनी होती है, जिसका–
(a) प्रतिरोध कम हो (b) गलनांक कम हो
(c) विशिष्ट घनत्व कम हो (d) चालकत्व कम हो

46. ए.सी. परिपथों में, ए.सी. मीटर मापते हैं–
(a) माध्य मान (b) rms मान
(c) शिखर मान (d) माध्य वर्ग मान

47. वैद्युत आवेश का S.I. मात्रक है–
(a) ऐम्पियर (b) कूलॉम
(c) ई.एस.यू. (d) केल्विन

48. ट्रान्सफार्मर के क्रोड के लिए सर्वोत्तम द्रव्य है–
(a) स्टेनलेस स्टील (b) मृदु इस्पात
(c) कठोर स्टील (d) नर्म लोहा

49. चुम्बकीय क्षेत्र की तीव्रता होती है–
(a) मीटर/वोल्ट (b) मीटर/ऐम्पियर
(c) ऐम्पियर/मीटर (d) वोल्ट/धारा

50. पहला संक्रियात्मक इलेक्ट्रॉनिक अंकीय कम्प्यूटर है–
(a) ENIAC (b) EDVAC
(c) EDSAC (d) UNIVAC

व्याख्या सहित उत्तर

1. (a) सूर्य से निरंतर प्राप्त होने वाली ऊर्जा का स्रोत वास्तव में सूर्य के अंदर हो रही नाभिकीय संलयन अभिक्रियाएँ हैं।

2. (a) यौगिक अवस्था में आर्सेनिक पृथ्वी पर अनेक स्थानों पर पाया जाता है। ज्वालामुखी के वाष्पों में, समुद्र तथा उनके खनिजीय जलों में यह मिश्रित रहता है। जल के अत्यधिक प्रदूषण के लिए आर्सेनिक ही उत्तरदायी है।

3. (c) एल्फ्रेड बर्नाड नोबेल स्वीडन निवासी रसायनज्ञ तथा इंजीनियर थे। इन्होंने डायनामाइट नामक प्रसिद्ध विस्फोटक का आविष्कार किया था। विश्व प्रसिद्ध नोबेल पुरस्कार इनके ही द्वारा स्थापित संस्था द्वारा दिया जाता है।

4. (b) बैलिस्टिक मिसाइलों, सतह से हवा में मार करने वाली मिसाइलों आदि के विकास एवं उत्पादन में आत्मनिर्भरता प्राप्त करने के उद्देश्य से वर्ष 1983 में भारत सरकार द्वारा एकीकृत निर्देशित प्रक्षेपास्त्र विकास कार्यक्रम की शुरुआत की गई। पृथ्वी इस कार्यक्रम के अंतर्गत निर्मित प्रथम मिसाइल है।

5. (a) धातुओं का विद्युत प्रतिरोध तापमान बढ़ने से बढ़ता है जबकि तापमान घटने से घट जाता है।

6. (c) एक ही समय पर तड़ित-वृष्टि का अनुभव करने वाले भौगोलिक स्थानों को मिलाने वाली रेखा को आइसोब्रोन्ट कहा जाता है।

7. (a) फैक्स को टेलीफैक्स के रूप में भी जाना जाता है। इसके माध्यम से किसी प्रलेख का अंकीय सिग्नल में कोड न करने के पश्चात् उसे दूरभाष नेटवर्क या उपग्रह की सहायता से प्राप्तकर्त्ता के पास भेजा जाता है जहाँ उसका विकोडन होता है।

8. (c) न्यूक्लीय रिएक्टर में भारी जल का प्रयोग नियामक के रूप में किया जाता है। भारी जल का सूत्र D_2O है।

9. (b) परमाणु संहति या परमाणु भार = परमाणु क्रमांक या प्रोटॉनों की संख्या + न्यूट्रॉनों की संख्या = 17 + 18 = 35

10. (d) चंद्रमा पर यात्रा के दौरान अधिकतम ईंधन पृथ्वी पर पुन: प्रवेश करने और हल्का-हल्का उतरने पर पृथ्वी के गुरुत्व को पार करने में लगता है।

11. (a) किलोवाट-घंटा ऊर्जा की एक इकाई है।
1 किलोवाट-घंटा = 36 मेगा जूल

12. (b) फॉरेनहाइट एवं सेल्सियस पैमानों के मध्य का फॉर्मूला
$$F = \frac{9}{5} \times C + 32$$
यदि $C = -40°$
$$F = \frac{9}{5} \times (-40) + 32$$
$$= 32 - \frac{360}{5}$$
$$= \frac{160 - 360}{5}$$
$$= \frac{-200}{5}$$
$$F = -40°$$
दोनों पैमाने समान होंगे $= -40°$

13. (a) रेफ्रिजरेटर के न्यून तापमान पर जीवाणु और फफूँदी निष्क्रिय होते हैं जिनके कारण खाद्य पदार्थ को अधिक समय तक सुरक्षित रखा जा सकता है।

14. (a) जब कोई पिण्ड काला और खुरदरा हो तब वह ऊष्मा का सबसे अधिक अवशोषण करता है।

15. (c) प्रिज्म से गुजारने पर दृश्य प्रकाश के रंगों में जिस रंग की तरंगदैर्ध्य सबसे कम होती है वह सबसे अधिक विचलन दर्शाएगा। अत: बैंगनी रंग सबसे अधिक जबकि लाल रंग सबसे कम विचलन दर्शाता है।

16. (d) अल्प फोकस दूरी सहित उत्तल लेन्स को आवर्धक लेन्स कहते हैं।

17. (c) होलोग्राफी तकनीक में किसी वस्तु से निकलने वाले प्रकाश को रेकॉर्ड कर बाद में पुनर्निर्मित किया जाता है। होलोग्राम देखने में त्रिआयामी छवि प्रतीत होती है किंतु ये मूल रूप में द्विआयामी आकृति का ही होता है।

18. (d) सूक्ष्मदर्शी (Microscope) वह यंत्र है जिसकी सहायता से आँख से न दिखने योग्य सूक्ष्म वस्तुओं को भी देखा जा सकता है। सूक्ष्मदर्शी के आविष्कारक जैड-जॉनसन हैं।

19. (c) वायुमंडल के ऊपरी भाग में ओजोन (O_3) परत पराबैंगनी विकिरणों से हमारी रक्षा करती है। ओजोन परत सूर्य से आने वाली हानिकारक पराबैंगनी विकिरण के कुछ अंश को अवशोषित कर लेती है।

20. (c) जब निकट की वस्तु स्पष्ट तथा दूर की वस्तु अस्पष्ट हो तो इसे निकट दृष्टि-दोष (Myopia) कहते हैं। इसे ठीक करने के लिए अवतल लेन्स (Concave Lens) का प्रयोग किया जाता है।

21. (b) ENIAC एक इलेक्ट्रॉनिक कम्प्यूटर था।

22. (b) पीसी (PC) : पसर्नल कम्प्यूटर। व्यक्तिगत संगणक या पर्सनल कम्प्यूटर ऐसा कम्प्यूटर तंत्र है जो विशेष रूप से व्यक्तिगत या छोटे समूह के द्वारा प्रयोग में लाए जाते हैं।

23. (c) कम्प्यूटिंग के संदर्भ में बाइट डिजिटल सूचना की एक इकाई है।

1 बाइट = 8 बिट

1 किलोबाइट = 1024 बाइट

1 मेगाबाइट = 1024 किलोबाइट

24. (d) 1024 बाइट = 1 KB

25. (b) IBM द्वारा मार्च, 1983 में IBM PC-XT नामक कम्प्यूटर बाजार में लांच किया गया। PC-XT : (Personal Computer X-tended Technology)।

26. (b) डेस्कटॉप प्रकाशन (DTP) : प्रकाशन की आधुनिकतम तकनीक है जिसके आने के कारण प्रकाशन का कार्य कम खर्च में एवं अत्यंत सुविधा के साथ होने लगा है। डेस्कटॉप प्रकाशन के मुख्य तीन अवयव हैं–

- व्यक्तिगत कम्प्यूटर
- पेज ले-आउट करने के लिए एक यथा दृश्य तथा प्राप्ति (WYSIWYG) सॉफ्टवेयर
- अच्छी गुणवत्ता वाला एक प्रिन्टर।

27. (a) विशेषत: सुबह या रात के समय जब पृथ्वी की सतह अपनी ऊष्मा को विकिरित कर ठंडी हो जाती है तब आर्द्र वायु अत्यधिक तीव्र दर से संघनित हो जाती है जिसके फलस्वरूप ओस की बूँदों का निर्माण होता है।

28. (d) अम्फान वर्ष 2020 में हिंद महासागर में आए विनाशकारी प्रभंजन को दिया गया नाम है।

29. (c) अन्तर्राष्ट्रीय खगोलीय संघ के अनुसार प्रकाश वर्ष वह दूरी है जो प्रकाश द्वारा निर्वात में एक जूलियन वर्ष में तय की जाती है।

1 प्रकाश वर्ष $= 9.46 \times 10^{15}$ मीटर

30. (c) पक्षियों के फेफड़ों से वायु-कोश जुड़े होते हैं। ये वायु-कोश पक्षियों को अतिरिक्त वायु संग्रहित कर उसे फेफड़ों को पहुँचाने में मदद करते हैं। इसी कारण पक्षियों को उड़ान के दौरान आवश्यक ऑक्सीजन की आपूर्ति निरंतर होती रहती है।

31. (b) नीले काँच की प्लेट धूप में नीली इसलिए दिखाई देती है क्योंकि यह नीले रंग को संक्रमित करता है और बाकी रंगों को अवशोषित कर लेता है।

32. (a) दूरबीन की सहायता से दोनों आँखों से एक साथ दूरवर्ती वस्तुओं का आवर्धित रूप दिखाई देता है।

33. (d) लेसर प्रकाश किरण पुंज अत्यंत दिशिक तथा सुसंगत होती है।

34. (a) केंद्रीय प्रदूषण नियंत्रण बोर्ड द्वारा निर्धारित मानकों के अनुसार आवासीय क्षेत्रों में सुबह 6 से रात 10 बजे तक शोर की स्वीकार्य सीमा 55 dB है, जबकि रात 10 बजे से सुबह 6 बजे तक शोर की स्वीकार्य सीमा 45 dB है।

35. (a) सोनार (SONAR : Sound Navigation And Ranging) यंत्र ध्वनि संचरण द्वारा समुद्र में डूबी वस्तु का पता लगा लेता है।

36. (c) केशिकत्व के कारण मसीचूष-पत्र के रंध्रों के माध्यम से स्याही को अवशोषित कर लिया जाता है।

37. (d) स्नेहक एक ऐसा पदार्थ है जो दो गतिशील सतहों के बीच लगाया जाता है ताकि उनके बीच घर्षण कम हो। मोटर वाहनों और विद्युत चालित उपकरणों में आंतरिक दहन इंजन की सुरक्षा के लिए स्नेहक तेल का प्रयोग किया जाता है।

38. (d) बस के ऊपरी डेक पर यात्रियों को इसलिए खड़ा नहीं होने दिया जाता, क्योंकि यात्री गति के जड़त्व में होते हैं। ब्रेक लगने पर उनके नीचे गिरने का खतरा रहता है।

39. (c) बॉल पेन में अपेक्षाकृत अधिक श्यानता वाली अर्थात् गाढ़ी स्याही भरी होती है। यह स्याही छोटे से बॉल (गेंद) के द्वारा धीरे-धीरे छोड़ी जाती है। जब लिखने के लिए पेन को कागज पर घुमाया जाता है तब यह बॉल कागज के घर्षण से घूमती है तथा गुरुत्वीय बल के कारण स्याही बॉल से होती हुई कागज पर आ जाती है।

40. (b) एनीमोमीटर : पवन के वेग को मापने वाला उपकरण।

41. (b) स्किमिंग : वह प्रक्रिया है जिससे क्रीम दूध से अलग हो जाती है तथा इस प्रक्रिया में अपकेंद्र बल महत्वपूर्ण भूमिका अदा करता है।

42. (c) पर्वत के शिखर पर उसके तल की अपेक्षा वायुदाब कम होता है। वायुदाब घटने के साथ ही जल का क्वथनांक घट जाता है तथा वह 100°C से भी कम तापमान पर उबलने लगता है।

43. (d) गतिज ऊर्जा $K = \frac{1}{2} mv^2$

$v = \sqrt{\frac{2k}{m}}$

संवेग $(P) = m.v = m\sqrt{\frac{2k}{m}}$

$= \sqrt{2km}$

$P \propto \sqrt{m}$

दिए गए विकल्प में ऐल्फा का द्रव्यमान अधिकतम होता है। अत: ऐल्फा-कण का संवेग अधिक होगा।

44. (c) जब चलती गाड़ी से कोई पत्थर गिराया जाता है तो जमीन पर खड़े प्रेक्षक के लिए जमीन पर पहुँचता हुआ पत्थर परवलयिक (पैराबोलिक) पथ लेता हुआ दिखाई देगा।

45. (b) फ्यूज़ तार इस प्रकार का होना चाहिए कि वह केवल उतनी ही विद्युत धारा को अपने में से होकर गुजरने दे जितनी घरेलू उपकरणों के परिचालन हेतु आवश्यक है। आवश्यक स्तर से अधिक धारा के प्रवाहित होने पर फ्यूज़ तार गर्म होकर पिघल जाता है। अत: फ्यूज़ तार उस धातु की बनी होती है जिसका गलनांक कम होता है।

46. (b) ए.सी. परिपथों में एसी वोल्टमीटर वोल्टेज या विद्युत धारा का rms मान (root mean square value) प्रदर्शित करते हैं।

47. (b) विद्युत आवेश के प्रवाह को विद्युत धारा कहते हैं। आवेश दो प्रकार के धनात्मक आवेश (+ve) व ऋणात्मक आवेश (–ve) होते हैं। विद्युत आवेश का SI मात्रक कूलॉम (Coulomb) होता है।

48. (d) किसी ट्रॉन्सफार्मर की क्रोड का संघटन वोल्टेज, विद्युत धारा तथा आवृत्ति जैसे कारकों पर निर्भर करता है। दिए गए विकल्पों में से ट्रांसफार्मर के क्रोड (Core) के लिए सर्वोत्तम द्रव्य मृदु लोहा (Soft iron) है।

49. (c) किसी चुम्बक के दोनों सिरों के बीच में चुम्बकीय बल रेखाओं के क्षेत्र को चुम्बकीय क्षेत्र कहते हैं। चुम्बकीय क्षेत्र की तीव्रता का मात्रक एम्पीयर/मीटर है।

50. (a) ENIAC (Electronic Numerical Integrator and Computer) : पहला व्यावहारिक प्रयोग वाला इलेक्ट्रॉनिक कम्प्यूटर था।

2. रसायन विज्ञान

रसायन विज्ञान (Chemistry) : विज्ञान की वह शाखा जिसके अन्तर्गत पदार्थ के गुणों, संगठनों को बनाने की विधियाँ तथा परस्पर होने वाली क्रियाओं का अध्ययन किया जाता है, रसायन विज्ञान कहलाती है।

द्रव्य की अवस्था (States of Matter)

पदार्थ (Matter)

दुनिया की कोई भी वस्तु जो स्थान घेरती हो, जिसका द्रव्यमान होता हो और जो अपनी संरचना में परिवर्तन का विरोध करती हो, **पदार्थ** कहलाते हैं। उदाहरण– जल, हवा, बालू आदि।

पदार्थों का वर्गीकरण (Classification of Matter)

- **ठोस (Solid) :** पदार्थ की वह भौतिक अवस्था जिसका आकार एवं आयतन दोनों निश्चित हो, ठोस कहलाता है, जैसे– लोहे की छड़, लकड़ी की कुर्सी, बर्फ का टुकड़ा आदि।
- **द्रव (Liquid) :** पदार्थ की वह भौतिक अवस्था जिसका आकार अनिश्चित एवं आयतन निश्चित हो 'द्रव' कहलाता है, जैसे– अल्कोहल, पानी, तारपीन का तेल, मिट्टी का तेल आदि।
- **गैस (Gas) :** पदार्थ की वह भौतिक अवस्था जिसका आकार एवं आयतन दोनों अनिश्चित हो, 'गैस' कहलाता है, जैसे– नाइट्रोजन हीलियम आदि।
- कुछ पदार्थ गर्म करने पर सीधे ठोस रूप से गैस बन जाते हैं, इसे प्रक्रिया को ऊर्ध्वपातन (Sublimation) कहते हैं, जैसे– आयोडीन, कपूर आदि।
- पदार्थ की चौथी अवस्था प्लाज्मा एवं पाँचवीं अवस्था बोस-आंस्टाइन कंडनसेट है।
- **तत्त्व (Element) :** तत्त्व वह शुद्ध पदार्थ है, जिसे किसी भी ज्ञात भौतिक एवं रासायनिक विधियों से न तो दो या दो से अधिक पदार्थों में विभाजित किया जा सकता है, और न ही अन्य सरल पदार्थों के योग से बनाया जा सकता है, जैसे– सोना, चाँदी, ऑक्सीजन आदि।
- **यौगिक (Compound) :** वह शुद्ध पदार्थ जो रासायनिक रूप से दो या दो से अधिक तत्त्वों के एक निश्चित अनुपात में रासायनिक संयोग से बने हैं, यौगिक कहलाते हैं। यौगिक के गुण उनके अवयवी तत्त्वों के गुणों से भिन्न होते हैं, जैसे– जल। जल ऑक्सीजन एवं हाइड्रोजन से मिलकर बनता है, इसमें आक्सीजन जलने में सहायक होता है और हाइड्रोजन खुद जलता है लेकिन इन दोनों का यौगिक जल आग को बुझा देता है।
- **मिश्रण (Mixture) :** वह पदार्थ जो दो या दो से अधिक तत्त्वों या यौगिकों के किसी भी अनुपात में मिलाने से प्राप्त होता है, मिश्रण कहलाता है। इसे सरल यांत्रिक विधि द्वारा पुनः प्रारंभिक अवयवों में प्राप्त किया जा सकता है, जैसे– हवा।

परमाणु संरचना (Atomic Structure)

- **परमाणु-भार (Atomic Weight) :** किसी तत्त्व का परमाणु भार वह संख्या है, जो यह प्रदर्शित करता है कि तत्त्व का एक परमाणु, कार्बन-12 के परमाणु के 1/12 भाग द्रव्यमान अथवा हाइड्रोजन के 1.008 भाग द्रव्यमान से कितना गुना भारी है।
- **अणु-भार (Molecular Weight) :** किसी पदार्थ का अणुभार वह संख्या है, जो यह प्रदर्शित करता है कि उस पदार्थ का एक अणु कार्बन-12 के एक परमाणु के 1/12 भाग से कितना गुना भारी है।
- **मोल धारणा (Mole Concept) :** एक मोल किसी भी निश्चित सूत्र वाले पदार्थ की वह राशि है, जिसमें इस पदार्थ के इकाई-सूत्र की संख्या उतनी ही है, जिनकी शुद्ध कार्बन-12 आइसोटोप के ठीक 12 ग्राम में परमाणुओं की संख्या है।
- **मोल इकाई का मान :** मोल का मान 6.022×10^{23} है कार्बन के 12 ग्राम या एक मोल में 6.022×10^{23} परमाणु हैं। 6.022×10^{23} आवोगाद्रो संख्या कहते हैं। मोल संख्या एवं द्रव्यमान दोनों का प्रतीक है। सन् 1967 में मोल को इकाई के रूप में स्वीकार किया गया।

प्रमुख मूल कणों के अभिलक्षण

मूल कण	प्रतीक	आवेश	द्रव्यमान (ग्राम)	द्रव्यमान (amu)	खोजकर्ता
इलेक्ट्रॉन	$-1e^{\circ}$	–1	9.1095×10^{-28}g	0.0005486	जे.जे. थॉमसन
प्रोटॉन	$1P^{1}$	+1	$1,6726 \times 10^{-24}$g	1.0073335	अनर्नेस्ट रदरफोर्ड
न्यूट्रॉन	On^{1}	0	1.6749×10^{-24}g	1.008724	जे. चैडविक (1932)

- **परमाणु क्रमांक (Atomic Number):** किसी तत्त्व के परमाणु के नाभिक में उपस्थित प्रोटॉनों की संख्या को परमाणु **क्रमांक** कहते है। इसे Z से प्रदर्शित करते हैं।
- **द्रव्यमान संख्या (Mass Number) :** किसी परमाणु के नाभिक में उपस्थित प्रोटॉनों और न्यूट्रॉनों की संख्याओं का योग उस परमाणु की **द्रव्यमान संख्या** कहलाती है। अर्थात् इसे A से प्रदर्शित करते हैं। अर्थात् द्रव्यमान संख्या = प्रोटॉनों की संख्या + न्यूट्रॉनों की संख्या।

परमाणु नाभिक का संगठन (Structure of Atomic Nucleus)

- **समस्थानिक (Isotopes) :** ऐसे तत्त्व जिनके परमाणु क्रमांक समान तथा परमाणु भार भिन्न होते हैं, समस्थानिक कहलाते हैं।
  जैसे– हाइड्रोजन के तीन समस्थानिक $1H^1, 1H^2$ व $1H^3$ हैं।
- **समभारिक (Isobars) :** ऐसे तत्त्व जिनके परमाणु क्रमांक भिन्न-भिन्न तथा परमाणु भार समान होते हैं, समभारिक कहलाते हैं।
  जैसे– $_{18}Ar^{40}$, $_{19}K^{40}$, $_{20}Ca^{40}$
- **समन्यूट्रानिक (Isotones) :** ऐसे तत्त्व जिनमें न्यूट्रॉनों की संख्या समान होती है, समन्यूट्रानिक कहलाते हैं।
  जैसे– $_6C^{13}$ व $_7N^{14}$
- **बन्धन ऊर्जा (Binding Energy) :** प्रोटॉनों व न्यूट्रॉनों द्वारा मिलकर नाभिक का निर्माण करने पर जो ऊर्जा मुक्त होती है, बन्धन ऊर्जा कहलाती है।

गैसीय अवस्था (Gaseous State)

- **बॉयल का नियम :** स्थिर ताप पर गैस की नियत मात्रा का आयतन उसके दाब का व्युत्क्रमानुपाती होता है।

$$P \propto \frac{1}{v}$$

$$PV = K \text{ (नियतांक)}$$

- **चार्ल्स का नियम :** स्थिर दाब पर किसी गैस की नियत मात्रा का आयतन उसके परमताप का सीधा अनुपाती होता है। (परमताप $T = 273° + t°C$)

$$V \alpha t$$

$$\frac{V}{T} - K \text{ (नियतांक)}$$

- **आवोगाद्रो का नियम :** समान ताप एवं दाब पर सभी गैसों के समान आयतन में अणुओं की संख्या समान होती है।
- सामान्य ताप एवं दाब पर विभिन्न गैसों के एस ग्राम अणु का आयतन 22.4 लीटर होता है तथा इस 22.4 लीटर में 4.022×10^{23} अणु होते हैं।
- **गैसीय अवस्था समीकरण :** $PV = nRT$ जहाँ R एक मोलर गैस स्थिरांक है।
  $PV = RT$ ($n = 1$ मोल, गैस के लिए)
- **गैसों का विसरण :** घनत्व में अन्तर रहते हुए पृथ्वी के गुरुत्वाकर्षण के विरुद्ध गैसों के आपस में मिलने-जुलने के स्वाभाविक प्रक्रिया विसरण (Diffusion) कहलाती है।

ऑक्सीकरण एवं अपचयन (Oxidation and Reduction)

- **ऑक्सीकरण (Oxidation) :** विद्युत ऋणात्मक परमाणु या मूलक का अनुपात बढ़ना या धन आवेश का बढ़ना या इलेक्ट्रॉन का त्याग **ऑक्सीकरण** कहलाता है, जैसे– ($Na \rightarrow Na + e$ (ऑक्सीकरण))।
- **अपचयन (Reduction) :** विद्युत धनात्मक परमाणु या मूलकों के अनुपात का बढ़ जाना या धन आवेश का घट जाना या इलेक्ट्रॉन को ग्रहण करना अपयचन कहलाता है। जैसे– $Cu{+}{+} + 2e \rightarrow Cu$ (अवकरण) की क्रियाएँ साथ-साथ होती हैं, अर्थात् जब एक पदार्थ इलेक्ट्रॉन त्याग करता है, तो दूसरा उसे ग्रहण करता है, इसे ही **रेडॉक्स अभिक्रिया** कहते हैं।
- **अपचायक (Reducing Agent or reductant) :** जिस पदार्थ का ऑक्सीकरण होता है, अर्थात् जो पदार्थ इलेक्ट्रॉन का त्याग करता है, उसे अवकारक कहते हैं। कुछ प्रमुख अवकारक हैं– H_2, CO, H_2S, SO_2, C, $SnCl_2$ आदि।
- **ऑक्सीकारक (Oxidising Agent or Oxidant) :** जिस पदार्थ का अवकरण होता है, अर्थात् जो पदार्थ इलेक्ट्रॉन ग्रहण करता है, ऑक्सीकारक कहलाता है। कुछ प्रमुख ऑक्सीकरक हैं– O_2, O_3, H_2O_2, HNO_3, $KMnO_4$, $K_2Cr_2O_7$ आदि।
- ऑक्सीकारक एवं अवकारक दोनों जैसा आचरण करने वाले पदार्थ हैं– हाइड्रोजन सल्फाइड (H_2S), हाइड्रोजन पेरोक्साइड (H_2O_2), सल्फर डाइक्साइड (SO_2), नाइट्रस अम्ल (HNO_3) आदि।

तत्वों का आवर्ती वर्गीकरण (Periodic Classification of Elements)

- उन्नीसवीं शताब्दी के मध्य में रशियन वैज्ञानिक डी. आई. मेंडलीव (D.I. Mendeleev, 1869) ने तत्त्वों तथा उनके यौगिकों के तुलनात्मक अध्ययन से एक नियम प्रस्तुत किया जिसे **मेंडलीव आवर्त नियम** कहते हैं।
- मेंडलीव के आवर्त नियम के अनुसार तत्त्वों का भौतिक एवं रासायनिक गुण उनके परमाणु भारों के आवर्त फलन होते हैं।
- आधुनिक आवर्त-सारणी मोस्ले के 1913 ई. में प्रकाशित नियम पर आधारित हैं। इसके अनुसार तत्त्वों के गुण उनके परमाणु संख्या (atomic number) के आवर्त फलन होते हैं।
- वर्ग I से लेकर VII तक दो उपवर्गों A एवं B में बँटे हैं, इस प्रकार उपवर्गों सहित के वर्गों की संख्या 18 है।
- प्रत्येक आवर्त का प्रथम सदस्य क्षार-धातु है और अंतिम सदस्य कोई अक्रिय गैस (Intert gas) सिर्फ पहले आवर्त का पहला सदस्य हाइड्रोजन है, जो अपवाद है।
- आधुनिक आवर्त-सारणी में परमाणु संख्या 57 से लेकर 71 तक को **लेन्थेनाइड श्रेणी** एवं परमाणु संख्या 89 से लेकर 103 तक को **ऐक्टिनाइड श्रेणी** कहा जाता है।
- **आयतन विभव (Ionisation Potential) :** ऊर्जा की वह न्यूनतम मात्रा है, जो तत्त्व की एक गैसीय परमाणु की बाह्यतम कक्षा (outer shell) से एक इलेक्ट्रॉन को निकाल बाहर करने के लिए आवश्यक है।
- **इलेक्ट्रॉन बन्धुता (Electron affinity) :** जब उदासीन परमाणु एक इलेक्ट्रॉन ग्रहण करता है, तो उसके फलस्वरूप उत्पन्न ऊर्जा को इलेक्ट्रॉन बन्धुता कहते हैं।
- **विद्युत ऋणात्मकता (Electronegativity) :** किसी तत्त्व की परमाणु की वह क्षमता, जिससे वह साझेदारी की इलेक्ट्रॉन जोड़ी को अपनी ओर खींचती है, उसे उस तत्त्व की विद्युत् ऋणात्मकता कहते हैं।

$$E_a = \frac{\text{आयनन विभव + इलेक्ट्रॉन बन्धुता}}{5.6}$$

औद्योगिक रसायन (Industrial Chemical)

सीमेन्ट (Cement)

- चूना पत्थर या खड़िया को मृत्तिका (लाल मिट्टी) या शेल के साथ खूब गर्म करने से प्राप्त होने वाले पदार्थ को **सीमेन्ट** कहते हैं। इसमें कैल्शियम के एल्यूमिनेट तथा सिलिकेट का मिश्रण होता है।
- सीमेन्ट उत्पादन संयत्रों को चूना पत्थर चिकनी मिट्टी और जिप्सम की आवश्यकता होती है।
- सीमेन्ट प्रमुख रूप से कैल्शियम सिलिकेट और ऐल्युमिनियम सिलिकेट का मिश्रण है जिसे जल के साथ मिश्रित करने पर जमने का गुण होता है। जल

के साथ मिश्रित करने पर सीमेन्ट का जमना, उसमें उपस्थित कैल्शियम सिलिकेट और एल्यूमिनियम सिलिकेट के जलयोजन के कारण होता है।

- सीमेन्ट में 2-5% तक जिप्सम ($CaSO_4.2H_2O$) मिलाने का उद्देश्य, सीमेन्ट के प्रारंभिक जमाव को धीमा करना है। सीमेन्ट के धीमे जमाव से उसका अत्यधिक दृढ़ीकरण होता है।
- सन् 1824 ई. में एक ब्रिटिश इंजीनियर जोसेफ एस्पडीन ने चूना पत्थर तथा चिकनी मिट्टी से जोड़ने वाला ऐसा नया पदार्थ बनाया जो अधिक शक्तिशाली एवं जलरोधी था। उसने उसे **पोर्टलैंड सीमेन्ट** कहा, क्योंकि यह रंग में पोर्टलैंड के चूना पत्थर जैसा था।

सीमेन्ट का संघटन			
CaO	60–70%	SiO_2	20–25%
Al_2O_3	5–10%	Fe_2O_3	2–3%
MgO	2%	Na_2O	1.5%
K_2O	1.5%	SO_2	1%

काँच (Glass)

- साधारण काँच, सिलिका (SiO_2), सोडियम सिलिकेट (Na_2SiO_3), और कैल्शियम सिलिकेट का ठोस विलयन (मिश्रण) होता है।
- काँच अक्रिस्टलीय ठोस के रूप में एक **अतिशीतित द्रव** है। इसलिए काँच की क्रिस्टलीय संरचना नहीं होती और न ही उसका कोई निश्चित **गलनांक** होता है।

काँच के प्रकार, संघटन एवं उपयोग

काँच	संघटन	उपयोग
फ्लिन्ट काँच	पोटेशियम कार्बोनेट, लेड	कैमरा, दूरबीन लेन्स व विद्युत बल्ब ऑक्साइड व सिलिका
पाइरेक्स काँच	सोडियम सिलिकेट, बेरियम सिलिकेट	प्रयोगशाला के उपकरण
सोडा काँच	सोडियम कार्बोनेट कैल्शियम कार्बोनेट व सिलिका	ट्यूब लाइट, बोतलें, प्रयोगशाला के उपकरण व दैनिक प्रयोग के बर्तन
क्रुक्स काँच	सिरियम ऑक्साइड, सिलिका	धूप-चश्मों के लेन्स
पोटाश काँच	पोटैशियम कार्बोनेट, कैल्शियम कार्बोनेट व सिलिका	अधिक ताप तक गर्म किए जाने वाले काँच के बर्तन व प्रायोगिक उपकरण
प्रकाशीय काँच	पोटैशियम कार्बोनेट, रेड लेड तथा सिलिका	चश्मा, सूक्ष्मदर्शी, टेलिस्कोप एवं प्रिज्म बनाने में

- काँच का कोई निश्चित रासायनिक सूत्र नहीं होता है, क्योंकि काँच मिश्रण है, यौगिक नहीं। साधारण काँच का औसत संघटन Na_2SiO_2, $CaSiO_3.4SiO_2$ होता है।
- रेशेदार काँच का प्रयोग बुलेट-प्रूफ जैकेट बनाने में किया जाता है।
- **काँच का अनीलीकरण** : काँच की वस्तुओं को बनाने के बाद विशेष प्रकार की भट्ठियों में धीरे-धीरे ठण्डा करते हैं। इस क्रिया को **काँच का अनीलीकरण** कहते हैं।

साबुन (Soap)

- सभी साधारण साबुन उच्चवसीय अम्लों जैसे– स्टियरिक, पालमिटिक अथवा ओलिक अम्ल के सोडियम अथवा पोटैशियम लवणों के मिश्रण होते हैं।
- साबुन बनाने की क्रिया को **साबुनीकरण** कहते हैं।
- वे साबुन जो उच्च वसीय अम्लों के सोडियम लवण (कास्टिक सोडा) होते हैं **कठोर (कड़े) साबुन** कहलाते हैं। इनका उपयोग कपड़े धोने में किया जाता है।

अपमार्जक (Detergents)

- इसमें लम्बी शृंखला का हाइड्रोकार्बन होता है एवं शृंखला के अन्त में एक ध्रुवीय समूहः, परन्तु ये साबुन से इस मामले में उत्तम है कि Ca^{2+}, Mg^{2+} तथा Fe^{3+} आयन के साथ अघुलनशील लवण नहीं प्रदान करता है। इनके उदाहरण है– सोडियम एलकाइल सल्फोनेट, सोडियम एलकाइल बेंजीन सल्फोनेट आदि।
- डिटरजेंट एवं एन्जाइम मिला हुआ पदार्थ बहुत ही साफ धुलाई करता है। इस प्रकार की धुलाई को माइक्रो सिस्टम धुलाई कहते हैं।

धातुएँ, अधातुएँ एवं उनके यौगिकों का अनुप्रयोग (Application of metal, non-metal and their compounds)

1. **फेरस ऑक्साइड :** (i) हरा काँच बनाने में, (ii) फेरस लवणों के निर्माण में।
2. **फेरिक यौगिक (Fe_3O_4) :** (i) जेवरात पॉलिश करने में, (ii) फेरिक लवणों के निर्माण में।
3. **फेरिक हाइड्राक्साइड ($Fe(OH)_3$) :** (i) प्रयोगशाला में प्रतिकारक के रूप में, (ii) दवा बनाने में।
4. **फेरस सल्फेट ($FeSO_4.7H_2O$) :** (i) रंग उद्योग में, (ii) मोहर लवण बनाने में, (iii) स्याही बनाने में।
5. **आयोडीन :** (i) कीटाणुनाशक के रूप में, (ii) औषधियों के उत्पादन में, (iii) टिंचर आयोडीन बनाने में (iv) औषधि बनाने में।
6. **ब्रोमीन (Br) :** (i) रंग उद्योग, (ii) टिंचर गैस बनाने में, (iii) प्रतिकारक के रूप में, (iv) औषधि बनाने में।
7. **हाइड्रोक्लोरिक अम्ल (HCl) :** (i) क्लोरीन बनाने में, (ii) अम्लराज बनाने में, (iii) रंग बनाने में, (iv) क्लोराइड लवण के निर्माण में।
8. **क्लोरीन (Cl) :** (i) हाइड्रोक्लोरिक अम्ल HCl के निर्माण में, (ii) मस्टर्ड गैस बनाने में, (iii) ब्लीचिंग पाउडर बनाने में, (iv) कपड़ों एवं कागज को विरंजित करने में।
9. **सल्फ्यूरिक अम्ल (H_2SO_4) :** (i) प्रयोगशाला में प्रतिकारक के रूप में, (ii) रंग उत्पादन में, (iii) पेट्रोलियम के शुद्धीकरण में, (iv) स्टोरेज बैटरी में।
10. **सल्फर डाइऑक्साइड (SO_2) :** (i) अवकारक के रूप में, (ii) ऑक्सीकारक के रूप में, (iii) विरंजक के रूप में।
11. **हाइड्रोजन सल्फाइड (H_2S) :** (i) सल्फाइड के निर्माण में, (ii) लवणों के भास्मिक मूलकों के गुणात्मक विश्लेषण में।
12. **सल्फर (S) :** (i) कीटाणुनाशक के रूप में, (ii) रबर वल्केनाइज करने में, (iii) बारूद बनाने में, (vi) औषधि के रूप में।
13. **अमोनिया (NH_3) :** (i) प्रतिकारक के रूप में, (ii) आइस फैक्ट्री में, (iii) रेयॉन बनाने में।
14. **नाइट्रस ऑक्साइड (N_2O) :** (i) शल्य-चिकित्सा में।
15. **फॉस्फोरस (P) :** (i) लाल फॉस्फोरस, दिया-सलाई बनाने में, (ii) श्वेत फॉस्फोरस चूहे मारने में, (iii) श्वेत फॉस्फोरस दवा बनाने में।

16. **प्रोड्यूसर गैस ($CO+N_2$) :** (i) भट्ठी गर्म करने में, (ii) सस्ते ईंधन के रूप में, (iii) धातु निष्कर्षण में।
17. **वाटर गैस ($CO+H_2$) :** (i) ईंधन के रूप में, (ii) वेल्डिंग के कार्य में।
18. **कोल गैस :** (i) ईंधन के रूप में, (ii) निष्क्रिय वातावरण तैयार करने में।
19. **कार्बन डाई-ऑक्साइड (CO_2) :** (i) सोडा वाटर बनाने में, (ii) आग बुझाने में, (iii) हार्ड स्टील के निर्माण में
20. **कार्बन मोनो-ऑक्साइड (CO) :** $CoCl_2$ बनाने में।
21. **ग्रेफाइट (Graphite) :** (i) इलेक्ट्रोड बनाने में, (ii) स्टोव की रंगाई में, (iii) लोहे के बने पदार्थ पर पालिश करने में।
22. **हीरा (Diamond) :** (i) आभूषण-निर्माण में, (ii) काँच काटने में।
23. **फिटकरी [$K_2SO_4Al_2(SO_4)_3.24H_2O$] :** (i) जल को शुद्ध करने में (ii) चमड़े के उद्योग में, (iii) कपड़े की रंगाई में।
24. **एल्युमिनियम सल्फेट ($Al_2(SO_4)_3.18H_2O$] :** (i) कागज उद्योग में, (ii) कपड़ों की छपाई में, (iii) आग बुझाने में।
25. **अनार्द्र ऐल्युमिनियम क्लोराइड ($AlCl_3$) :** (i) पेट्रोलियम के भंजन में।
26. **मरक्यूरिक क्लोराइड ($HgCl_2$) :** (i) कैलोमेल बनाने में, (ii) कीटनाशक के रूप में, (iii) मलहम बनाने में, (iv) जहर के रूप में।
27. **मरकरी (Hg) :** (i) थर्मामीटर में, (ii) सिन्दूर बनाने में, (iii) अमलगम बनाने में।
28. **जिंक सल्फाइड (ZnS) :** (i) श्वेत पिंगमैट के रूप में।
29. **जिंक सल्फेट या उजला थोथा ($ZnSO_4.7H_2O$) :** (i) लिथेपोन के निर्माण में (ii) आँखों के लिए लोशन बनाने में, (iii) कैलिको छपाई में, (iv) चर्म उद्योग में।
30. **जिंक क्लोराइड ($ZnCl_2$) :** (i) टेक्सटाइल उद्योग में, (ii) कार्बनिक संश्लेषण में, (iii) ताम्र, काँच आदि की सतहों को जोड़ने में।
31. **जिंक ऑक्साइड ($ZnCl_2$) :** (i) टेक्सटाइल उद्योग में, (ii) कार्बनिक संश्लेषण में, (iii) ताम्र, काँच आदि की सतहों को जोड़ने में।
32. **जिंक ऑक्साइड (ZnO) :** (i) मलहम बनाने में, (ii) पोरसेलिन में चमक (Glaze) लाने में।
33. **जिंक (Zn) :** (i) बैटरी बनाने में, (ii) हाइड्रोजन बनाने में।
34. **कैल्शियम कार्बाइड (CaC_2) :** (i) कैल्शियम सायनाइड एवं एसीटीलीन निर्माण में।
35. **ब्लीचिंग पाउडर ($CaOCl_2$) :** (i) कीटाणुनाशक के रूप में, (ii) कागज तथा कपड़ों के विरंजन में, (iii) रासायनिक उद्योगो में उपचायक के रूप में, (iv) क्लोरोफार्म के उत्पादन में।
36. **प्लास्टर ऑफ पेरिस ($CaSO_4)2H_2O$ या ($CaSO_4.H_2O$) :** (i) मूर्ति बनाने में (ii) शल्य-चिकित्सा में पट्टी बाँधने में, (iii) छतों एवं दीवारों को चिकना बनाने हेतु।
37. **कैल्शियम कार्बोनेट ($CaCO_3$) :** (i) चूना बनाने में, (ii) टूथपेस्ट, दंतमंजन बनाने में (iii) सीमेंट उद्योग में।
38. **कैल्शियम सल्फेट या जिप्सम ($CaSO_4.2H_2O$) :** (i) स्वाद के रूप में, (ii) प्लास्टर ऑफ पेरिस बनाने में, (iii) अमोनियम सल्फेट बनाने में, (iv) सीमेन्ट उद्योग में।
39. **कैल्शियम (Ca) :** (i) अवकारक के रूप में, (ii) पेट्रोलियम से सल्फर हटाने में।
40. **मैग्नीशियम क्लोराइड ($MgCl_2.6H_2O$) :** (i) रूई की सजावट में, (ii) सोरेल सीमेन्ट के रूप में व्यवहृत।

प्रमुख धातुएँ एवं उनके अयस्क

धातुएँ	अयस्क	सूत्र
सोडियम (Na)	चिली साल्टपीटर	$NaNO_3$
	ट्रोना (Trona)	$Na_2CO_2.2NaHCO_3.3H_2O$
	बोरेक्स (Borex)	$Na_2B_4O_7.10H_2O$
	साधारण नमक (Common salt)	NaCl
ऐल्यूमिनियम (Al)	बॉक्साइड (Bauxite)	$Al_2O_3.2H_2O$
	कोरंडम (Corundum)	Al_2O_3
	फेल्स्पार (Felspar)	$KAlSi_3O_3$
	क्रायोलाइट (Cryolite)	Na_3AIF_6
	ऐल्युनाइट (Alunite)	$K_2SO_4.Al_2(SO_4)_3.4Al(OH)_3$
पोटैशियम (K)	नाइटर (Nitre)	KNO_3
	कार्नेलाइट (Carnalite)	$KClMgCl_2.6H_2O$
मैग्नेशियम (Mg)	मैग्नेसाइट (Magnesite)	$MgCO_3$
	डोलोमाइट (Dolomite)	$MGCO_3.CaCO_3$
	इप्सम लवण (Epsom Salt)	$MgSO_4.7H_2O$
	कीसेराइट (Kiscerite)	$MgSO_4.H_2O$
कैल्सियम (Ca)	डोलोमाइट (Dolomite)	$CaCO_3.MgCO_3$
	कैलसाइट (Calcite)	$CaCO_3$
	जिप्सम (Gypsum)	$CaSO_4.2H_2O$
	कैल्सियममैग्नेशियम सिलिकेट या एस्बेस्टस	$CaSiO_3MgSiO_2$
स्ट्रॉशियम (Sr)	स्ट्रॉन्सियनाइट	$SrCO_3$
	सिलेस्टाइन	$SrSO_4$
ताँबा (Cu)	क्यूप्राइट	Cu_2O
	कॉपर ग्लांस	Cu_2S
चाँदी (Ag)	रूबी सिल्वर	$3Ag_2S\ Sb_2S_2$
	पायरा गाईराइट	Ag_2SbS_3
	हार्न सिल्वर	AgCl
सोना (Au)	काल्वेराइट	$AuTe_2$
	सिल्वेनाइट	[(Ag, Au) Te]
बेरियम (Ba)	बेराइट	$BaSO_4$
जिंक (Zn)	जिंक ब्लेंड	ZnS
	कैलेमाइन	$ZnCO_3$
	जिंकाइट	ZnO
पारा (Hg)	सिनेबार	HgS
टिन (Sn)	केसीटेराइट	SnO_2

लोहा (Fe)	हेमेटाइट, मैग्नेटाइट	Fe_2O_3, Fe_2O_2
	लिमोनाइट	$Fe_2O_3.3H_2O$
	सिडेराइट	$FeCO_3$
	आयरन पायराइट	FeS_2

कुछ महत्त्वपूर्ण स्मरणीय बिन्दु

- पुरातत्व अवशेषों अथवा फॉसिल्स की आयु निर्धारित करने के लिए रेडियो-सक्रिय कार्बन [C^{14}] का उपयोग सबसे अधिक किया जाता है।
- यदि किसी द्रव में घुलनशील पदार्थ मिलाया जाए, तो द्रव का पृष्ठ तनाव बढ़ जाता है।
- यदि क्लोरोफॉर्म को सूर्य के प्रकाश में वायुमंडल में खुला छोड़ दिया जाए, तो वह विषैली गैस फॉस्जीन में बदल जाती है।
- वायुमण्डलीय मुक्त नाइट्रोजन को नाइट्रेट में परिवर्तन करने की क्रिया 'नाइट्रोजन स्थिरीकरण' कहलाती है।
- मिट्टी में क्षारकत्व को घटाने के लिए जिप्सम का प्रयोग किया जाता है।
- टेल्कम पाउडर के निर्माण में थियोफेस्टम खनिज का उपयोग किया जाता है।
- क्लोरोफार्म को उपयोग व्यक्ति को बेहोश करने के लिए किया जाता है इसका रासायनिक सूत्र $CHCl_3$ है।
- नाइट्रस आक्साइड N_2O को हँसने वाली गैस कहते हैं।
- भाप अंगार गैस का रासायनिक सूत्र (CO_4H_2) होता है।
- प्रोड्यूसर गैस का रासायनिक सूत्र ($CO+N_2$) होता है।
- रेडियोएक्टिवता की खोज हेनरी वेंकुरल ने की थीं।
- बेंजीन एक ऐरोमैटिक यौगिक है।
- ट्राई नाइट्रो टालुविन (TNT) एक विस्फोटक का कार्य करता है।
- फीनॉल का रासायनिक सूत्र C_6H_5OH है। इसका उपयोग कीटाणुनाशक के रूप में किया जाता है।
- ऐसे पदार्थ जिनके रासायनिक गुण समान एवं भौतिक गुण भिन्न होते हैं 'अपरूप' कहलाते हैं।
- कार्बन के दो अपरूप हीरा एवं ग्रेफाइट हैं।
- मेथेन का प्रयोग ईंधन के रूप में किया जाता है।
- फार्मिक अम्ल चीटियों, माँस के रस, मधुमक्खी तथा मनुष्य के पसीने में पाया जाता है।
- पानी की स्थाई कठोरता दूर करने के लिए पोटेशियम क्लोराइड सर्वाधिक उपयुक्त है।
- बर्फ जमने में जिलेटिन, बर्फ को पिघलने से रोकने के लिए मिलाया जाता है।
- शुष्क बर्फ अर्थात् ठोस कार्बन डाइऑक्साइड को गरम करने पर वह सीधे गैस में परिवर्तित हो जाती है।
- पिप्रिक ऐसिड एक कार्बनिक यौगिक है, जिसका उपयोग प्रयोगशालाओं में अभिकर्मक के रूप में किया जाता है।
- सेकेरीन के निर्माण टॉलुइन से होता है। यह श्वेत क्रिस्टलीय ऐरोमैटिक यौगिक है जो शर्करा की अपेक्षा 550 गुना अधिक मीठा है, किन्तु इसका कोई कैलोरीमान नहीं है।
- क्रीम एक प्रकार का दूध होता है, जिसमें वसा की मात्रा बढ़ जाती है तथा पानी की मात्रा कम हो जाती है।

अभ्यास प्रश्न

1. सीसे का सबसे महत्त्वपूर्ण अयस्क है–
(a) गैलेना (b) मेग्नेटाइट
(c) पाइरोलुसाइट (d) सिडेराइट

2. स्टेनलेस स्टील में निम्नलिखित में से कौन-सा तत्व नहीं होता?
(a) आयरन (b) टंगस्टन
(c) क्रोमियम (d) निकेल

3. वह धातु पहचानिए जो निराविषी प्रकार की है–
(a) क्रोमियम (b) स्वर्ण
(c) कैडमियम (d) कोबाल्ट

4. निम्नलिखित में से किस एक में सर्वोच्च विशिष्ट ऊष्मा का मान होता है?
(a) काँच (b) ताँबा
(c) सीसा (d) जल

5. शरीर के साथ संपर्क में स्पिरिट ठंडी अनुभूति देती है, क्योंकि वह–
(a) एक द्रव है। (b) पारदर्शी है।
(c) अत्यंत वाष्पशील है। (d) एक सुचालक है।

6. काँच होता है–
(a) अतिशीतित द्रव (b) धात्विक क्रिस्टल
(c) अणु क्रिस्टल (d) सहसंयोजी क्रिस्टल

7. आयोडीन और पोटैशियम क्लोराइड के मिश्रण से आयोडीन को अलग किया जा सकता है–
(a) अवसादन द्वारा (b) फिल्टरेशन द्वारा
(c) ऊर्ध्वपातन द्वारा (d) आसवन द्वारा

8. जब जल स्वयं रासायनिक रूप से किसी तत्व या खनिज के साथ मिलता है, तो उसे कहते हैं–
(a) कार्बोनेटन (b) विसिलिकेशन
(c) जलयोजन (उदकन) (d) ऑक्सीकरण

9. जल के आयनी गुणनफल (Kw) का एकक है–
(a) Mol^2let^{-1} (b) Mol^2let^{-2}
(c) $Mol^{-1}let^{-2}$ (d) $Mol^{-1}let^{-1}$

10. वह चुनिए जो मिश्रण नहीं है–
(a) वायु (b) गैसोलीन
(c) एल.पी.जी. (d) आसुत जल

11. निम्नलिखित में से वह कण कौन-सा है जो ऋणात्मक रूप से आवेशित होता है?
(a) प्रोटॉन (b) न्यूट्रॉन
(c) पॉजिट्रॉन (d) इलेक्ट्रॉन

12. न्यूट्रॉन की खोज के लिए नोबेल पुरस्कार किसे दिया गया था?
(a) चैडविक (b) रदरफोर्ड
(c) नील बोर (d) रोइन्टजन

13. उन तत्वों को क्या कहा जाता है जिनमें समान संख्या में प्रोटॉन और भिन्न संख्या में न्यूट्रॉन होते हैं?

(a) समस्थानिक (b) समावयवी
(c) समभार परमाणु (d) अपररूप

14. किसी परमाणु का रासायनिक व्यवहार निर्भर करता है, उसके–
(a) न्यूक्लियस में प्रोटॉनों की संख्या पर
(b) न्यूक्लियस में न्यूट्रॉनों की संख्या पर
(c) न्यूक्लियस के गिर्द घूम रहे इलेक्ट्रॉनों की संख्या पर
(d) न्यूक्लियस में न्यूक्लिआनों की संख्या पर

15. परमाणु क्रमांक '20' वाले परमाणु का इलेक्ट्रॉनिक विन्यास है–
(a) 2, 8, 10 (b) 2, 6, 8, 4
(c) 2, 8, 8, 2 (d) 2, 10, 8

16. ऑक्सीजन की (+) ऑक्सीकरण संख्या होती है केवल–
(a) OF_2 में (b) Cl_2O में
(c) H_2O में (d) N_2O में

17. न्यूक्लियस की द्रव्यमान संख्या–
(a) सदा उसके परमाणु क्रमांक से कम होती है।
(b) सदा उसके परमाणु क्रमांक से अधिक होती है।
(c) सदा उसके परमाणु क्रमांक के बराबर होती है।
(d) कभी उसके परमाणु क्रमांक से अधिक और कभी उसके बराबर होती है।

18. तीव्र सीसा विषाक्तन को .... भी कहते हैं।
(a) इटाई-इटाई (b) प्लंबिज्म
(c) न्यूरेल्जिया (d) बाइसिनोसिस

19. जर्मन सिल्वर में निम्नलिखित धातुएँ होती हैं–
(a) ताँबा, जस्ता और निकेल
(b) ताँबा, जस्ता और ऐल्युमिनियम
(c) ताँबा, जस्ता और सिल्वर
(d) जस्ता, सिल्वर और निकेल

20. निम्नलिखित में से अधिक विद्युत् चालकता वाली धातु कौन-सी है?
(a) ताँबा (b) ऐल्युमिनियम
(c) चाँदी (d) सीसा

21. ऊष्मा को वैद्युत ऊर्जा में परिवर्तन करने के लिए प्रयोग किया जाता है–
(a) अमीटर का (b) हाइड्रोमीटर का
(c) वोल्टमीटर का (d) इनमें से कोई नहीं

22. 'शुगर' से ऐल्कोहल में रूपांतरण की प्रक्रिया को क्या कहा जाता है?
(a) किण्वन (b) श्वसन
(c) प्रकाश-संश्लेषण (d) उत्सर्जन

23. कौन-सी अक्रिय गैस यौगिक बना सकती है?
(a) हीलियम (b) जीनॉन
(c) क्रिप्टॉन (d) आरगॉन

24. 'ऐस्बेस्टॉस' क्या होता है?
(a) कैल्सियम मैग्नीशियम सिलीकेट
(b) ऐल्युमिना
(c) कैल्सियम सिलीकेट
(d) मैग्नीशियम सिलीकेट

25. एक सामान्य पेंसिल में होता है–
(a) लेड सल्फाइड
(b) लेड (सीसा)
(c) सीसा और सिलिका का मिश्रण
(d) ग्रेफाइट

26. कॉपर इलेक्ट्रोडों का प्रयोग करके कॉपर सल्फेट के जलीय घोल के विद्युत-अपघटन से मिलता है–
(a) कैथोड पर कॉपर और ऐनोड पर ऑक्सीजन
(b) ऐनोड पर कॉपर और कैथोड पर ऑक्सीजन
(c) कैथोड और ऐनोड पर कॉपर घुलकर कॉपर देते हैं
(d) कैथोड पर हाइड्रोजन और ऐनोड पर ऑक्सीजन

27. दिया-सलाई में प्रयोग किया गया फॉस्फोरस का अपररूप होता है–
(a) कोई भी फॉस्फोरस (b) लोहित फॉस्फोरस
(c) बैंगनी फॉस्फोरस (d) ब्लैक फॉस्फोरस

28. प्रदूषण नियंत्रण कार्यक्रम का उद्देश्य निम्नलिखित में से किस अपशिष्ट का नदियों में विसर्जन को कम करना है?
(a) ऑक्सीजन-ह्रासक (b) ऑक्सीजन-उत्पादक
(c) कार्बन-उत्पादक (d) सल्फर-उत्पादक

29. पाइराइट अयस्क को जलाने से मिलती है–
(a) कार्बन डाइऑक्साइड गैस (b) सल्फर डाइऑक्साइड गैस
(c) नाइट्रोजन डाइऑक्साइड गैस (d) नाइट्रिक ऑक्साइड गैस

30. सफेद फॉस्फोरस निम्नलिखित में से किसके नीचे रखा जाता है?
(a) अमोनिया (b) शीतल जल
(c) केरोसिन (d) ऐल्कोहॉल

31. सोडियम को आमतौर पर निम्नलिखित में से किस पदार्थ के नीचे रखा जाता है?
(a) ऐल्कोहॉल (b) जल
(c) अमोनिया (d) केरोसीन (मिट्टी का तेल)

32. ऐल्कोहॉली (OH) समूह की पहचान की जा सकती है–
(a) टॉलेन अभिकर्मक परीक्षण द्वारा
(b) एस्टरीकरण परीक्षण द्वारा
(c) $FeCl_3$ परीक्षण द्वारा
(d) ओजोनॉलिसिस अभिक्रिया द्वारा

33. $KMnO_4$ का प्रयोग किया जा सकता है–
(a) कीटनाशी के रूप में (b) उर्वरक के रूप में
(c) पीड़कनाशी के रूप में (d) रोगाणुनाशी के रूप में

34. प्रकृति में पारिस्थितिक तंत्र निम्नलिखित में से किस तत्व का प्रतिशत सबसे अधिक होता है?
(a) नाइट्रोजन (b) कार्बन
(c) फॉस्फोरस (d) हाइड्रोजन

35. तंबाकू का धुआँ स्वास्थ्य के लिए हानिकारक है, क्योंकि उसमें होता है–
(a) कार्बन मोनोक्साइड
(b) निकोटीन
(c) पॉलिसाइक्लिक ऐरोमैटिक हाइड्रोकार्बन
(d) मेलाथीन

36. धूम्र कुहरे (Smog) में मौजूद आँख में जलन पैदा करने वाला एक शक्तिशाली द्रव्य है–
(a) नाइट्रिक ऑक्साइड (b) सल्फर डाइऑक्साइड
(c) परॉक्सि ऐसीटिल नाइट्रेट (d) कार्बन डाइऑक्साइड

37. जीवाणुओं को नष्ट करने के लिए निम्नलिखित में से किस गैस का प्रयोग किया जाता है?

(a) क्लोरीन (b) ऑक्सीजन
(c) हाइड्रोजन (d) नियॉन

38. निम्नलिखित में से किन तत्वों द्वारा आतिशबाजी में रंग प्राप्त होते हैं?

(a) जस्ता तथा सल्फर (b) पोटैशियम तथा पारा
(c) स्ट्रॉन्शियम तथा बेरियम (d) क्रोमियम तथा निकल

39. ऐलुमिनियम बनाने के लिए कौन-से मुख्य खनिज का प्रयोग होता है?

(a) हेमाटाइट (b) लिग्नाइट
(c) बॉक्साइट (d) मैग्नेटाइट

40. निम्नलिखित में से कौन-सा एक पदार्थ बहुत कठोर और बहुत तन्य है?

(a) टंगस्टन (b) कार्बोरंडम
(c) नाइक्रोम (d) कास्ट आयरन

41. मरकरी है–

(a) ठोस धातु (b) द्रव धातु
(c) ठोस अधातु (d) द्रव अधातु

42. निम्नलिखित में से कौन-सा क्रिस्टली ठोस नहीं है?

(a) नमक (b) शर्करा (शुगर)
(c) कॉपर सल्फेट (d) रबड़

43. दूध को दही में स्कंदित करने वाला एन्जाइम है–

(a) रेनिन (b) पेप्सिन
(c) रेजिन (d) सिट्रेट

44. वायु में हाइड्रोजन जब जलने लगती है, तब पैदा करती है–

(a) अंमोनिया (b) जल
(c) मीथेन (d) कार्बोनिक अम्ल

45. वनस्पति तेलों को संतृप्त वसाओं में परिवर्तित करने के लिए किस गैस का प्रयोग किया जाता है?

(a) H_2 (b) O_2
(c) Cl_2 (d) SO_2

46. ब्लीचिंग पाउडर का रासायनिक नाम है–

(a) कैल्शियम क्लोरेट
(b) कैल्शियम हाइपोक्लोराइट
(c) कैल्शियम क्लोरो हाइपोक्लोराइट
(d) कैल्शियम बाइक्लोराइड

47. निम्नलिखित में से संश्लिष्ट पॉलीमर कौन-सा है?

(a) सिल्क (b) प्रोटीन
(c) पॉलिस्टाइरीन (d) मंड (स्टार्च)

48. एल.पी.जी. में मुख्य घटक होता है–

(a) मेथेन (b) ब्यूटेन
(c) एथेन (d) प्रोपेन

49. कोयले की खानों में प्राय: विस्फोट करने वाली गैस है–

(a) हाइड्रोजन (b) कार्बन मोनोक्साइड
(c) वायु (d) मीथेन

50. हैलोजनों में सबसे अधिक अभिक्रियाशील है–

(a) फ्लुओरीन (b) क्लोरीन
(c) ब्रोमीन (d) आयोडीन

व्याख्या सहित उत्तर

1. (a) सीसे का सबसे महत्वपूर्ण अयस्क गैलेना है। लोहे के अयस्क मैग्नेटाइट, हेमाटाइट, सिडेराइट इत्यादि हैं।

2. (b) अधिकांशत: लोहा तथा 0.2% से 2.1% कार्बन की मिश्रधातु इस्पात कहलाती है। स्टेनलेस स्टील में, 12 से 18 प्रतिशत क्रोमियम, 8 से 10% निकेल तथा साधारण स्टील होता है। यह जंग प्रतिरोधी होता है। इसका उपयोग बरतन और शल्य उपकरण बनाने में किया जाता है। स्टेनलेस स्टील में टंगस्टन नहीं होता है।

3. (b) प्रकृति में सोना मुक्त अवस्था में पाया जाता है। यह निराविषी (Non-poisonous) प्रकार का धातु है।

4. (d) जल के विशिष्ट ऊष्मा का मान सर्वाधिक है। जल की विशिष्ट ऊष्मा 1 कैलोरी/ग्राम °C या 4.186 जूल/ग्राम °C होती है।

5. (c) अत्यंत वाष्पशील होने के कारण शरीर के साथ संपर्क में स्पिरिट ठंडी अनुभूति देती है।

6. (a) साधारण काँच सिलिका, सोडियम सिलिकेट और कैल्सियम सिलिकेट का ठोस विलयन (मिश्रण) होता है। काँच अक्रिस्टलीय ठोस के रूप में एक अतिशीतित द्रव है। इसलिए काँच की कोई क्रिस्टलीय संरचना नहीं होती और न ही उसका कोई निश्चित गलनांक होता है।

7. (c) आयोडीन को आयोडीन और पोटैशियम क्लोराइड के मिश्रण से ऊर्ध्वपातन द्वारा अलग किया जाता है।

8. (c) जब जल स्वयं रासायनिक रूप से किसी तत्त्व या खनिज के साथ मिलता है, तो उसे जलयोजन कहते हैं।

9. (b) निश्चित ताप पर शुद्ध जल एवं तनु जलीय विलयनों में हाइड्रोजन आयनों H^+ और हाइड्रॉक्साइड OH^- की सांद्रता का गुणनफल निश्चित एवं स्थिर होता है, जिसे जल का आयनिक गुणनफल (Kw) कहते हैं। साधारण ताप 25°C पर इसका मान 10^{-14} मोल^2 लीटर$^{-2}$ होता है।

10. (d) आसुत जल, जल का सबसे शुद्धतम रूप है। जबकि वायु, गैसोलीन, एल.पी.जी. मिश्रण है।

11. (d) इलेक्ट्रॉन एक ऋण-आवेशित कण है, जिसकी खोज जे.जे. टॉमसन ने कैथोड किरणो में की। इलेक्ट्रॉन परमाणु केंद्रक के चारों ओर घूमते हैं। इसका द्रव्यमान 9.1×10^{-31} किग्रा तथा आवेश -1.6×10^{-19} कूलॉम होता है, जबकि प्रोटॉन धनावेशित एवं न्यूट्रॉन उदासीन कण हैं।

12. (a) न्यूट्रॉन की खोज जे. चैडविक ने 1932 में की थी जिसके लिए उन्हें नोबेल पुरस्कार मिला। न्यूट्रॉन एक विद्युत उदासीन कण है। न्यूट्रॉन का द्रव्यमान हाइड्रोजन परमाणु के द्रव्यमान के बराबर होता है।

13. (a) ये तत्त्व जिनके प्रोटॉनों की संख्या या परमाणु क्रमांक समान और न्यूट्रॉनों की संख्या भिन्न होती है, उसे समस्थानिक कहते हैं।

14. (a) किसी परमाणु का रासायनिक व्यवहार उस तत्त्व के परमाणु क्रमांक यानि न्यूक्लियस में प्रोटॉनों की संख्या पर निर्भर करता है।

15. (c) परमाणु क्रमांक '20' वाले परमाणु का इलेक्ट्रॉनिक विन्यास–

कोश	K	L	M	N
इलेक्ट्रॉनों की संख्या	2	8	8	2

16. (a) ऑक्सीजन की ऑक्सीकरण सामान्यत: –2 होती है, परन्तु OF_2 में इसकी ऑक्सीकरण संख्या +2 होती है।

17. (d) किसी परमाणु के नाभिक में उपस्थित न्यूट्रॉनों तथा प्रोटॉनों की संख्या का योग उसकी द्रव्यमान संख्या है। जो कभी उसके परमाणु क्रमांक से अधिक और कभी उसके बराबर होती है।

18. (b) सीसा विषाक्तन के फलस्वरूप होने वाली बीमारी को प्लंबिज्म, कोलिका पिक्टोनम, सटर्निज्म अथवा पेंटर्स कोलिक कहते हैं।

19. (a)

जर्मन सिल्वर में धातुएँ	
ताँबा	50 प्रतिशत
जस्ता	35 प्रतिशत
निकेल	15 प्रतिशत

20. (c) मुद्रा धातुओं की वैद्युत चालकता धातुओं में सबसे उच्च होती है। सिल्वर (चाँदी) की वैद्युत चालकता और ऊष्मा चालकता तत्त्वों में सबसे उच्च है। वैद्युत चालकता का क्रम–

चाँदी > ताँबा > ऐल्युमिनियम > इस्पात

21. (d) अमीटर – विद्युत धारा मापक

हाइड्रोमीटर – द्रव का आपेक्षिक घनत्व मापक

वोल्टमीटर – विभवांतर मापक

थर्मोकपल – तापमान मापक

22. (a) सुगर एसीटोएस्टर जीवाणु द्वारा ऑक्सीजन की उपस्थिति में एल्कोहल बनाता है। इस प्रक्रिया को किण्वन कहते हैं।

23. (b) विलियम रैमजे ने 1898 ई. में जीनॉन की खोज की थी। यह एक अक्रिय गैस है, जिनका परमाणु क्रमांक 54 है। इसका आयनन विभव नीचा होने के कारण विशेष परिस्थितियों में फ्लोरीन व ऑक्सीजन के साथ क्रिया करके रासायनिक यौगिक बनाती है।

जैसे– XeF_2, XeF_4, $XeOF_4$ आदि।

24. (d) 'ऐस्बेस्टॉस' का रासायनिक नाम मैग्नीशियम सिलीकेट है, इसका रासायनिक सूत्र है–

Chrysotile (White) – $Mg_3(Si_2O_5)(OH)_4$

Amosite/Grunerite (Brown) – $Fe_7Si_8O_{22}(OH)_2$

Crocidolite (Blue) – $Na_2(Fe, mg)_5\ Si_5\ O_{22}(OH)_2$

25. (d) सामान्य पेंसिल ग्रेफाइट की बनी होती है।

26. (a) कॉपर सल्फेट के जलीय विलयन में Cu^{2++} SO_4^{--} $^-H^+$ OH^- आयन और H_2O अणु उपस्थित होता है। कॉपर सल्फेट का विद्युत अपघटन करने पर कैथोड पर Cu^{2++} आयनों का कॉपर (Cu) में अपचयन और ऐनोड पर OH^- आयनों का ऑक्सीजन में ऑक्सीकरण होता है।

27. (b) दिया-सलाई बनाने में लाल फॉस्फोरस और फॉस्फोरस ट्राइसल्फाइड का उपयोग होता है। दिया-सलाइयाँ बनाने में चीड़ की लकड़ी की सलाइयों के सिरों पर पोटेशियम क्लोरेट, रेड लेड, एण्टिमनी सल्फाइड और गोंद के साथ लाल फॉस्फोरस और सल्फर होता है। इस मिश्रण को लोहित फॉस्फोरस कहते हैं।

28. (a) प्रदूषण नियंत्रण कार्यक्रम का उद्देश्य ऑक्सीजन-ह्रासक का नदियों में विसर्जन कम करना है। वे प्रदूषक जो जल में उपस्थित ऑक्सीजन की मात्रा को कम कर देते हैं, ऑक्सीजन-ह्रासक कहलाते हैं।

29. (b) पाइराइट अयस्क (आयरन सल्फाइड, FeS_2) को जलाने से सल्फर डाइऑक्साइड गैस निकलती है जिसके कारण पाइराइट का कागज उद्योग तथा सल्फ्यूरिक एसिड बनाने में वृहद् पैमाने पर उपयोग होता है।

30. (b) सफेद फॉस्फोरस जल में अविलेय है, परंतु कार्बन डाईसल्फाइड, क्लोरोफार्म, ईथर, बेन्जीन, एल्कोहल इत्यादि में विलेय है। साधारण ताप पर सफेद फॉस्फोरस वायु में स्वत: जलने लगता है, क्योंकि इसका ज्वलन ताप बहुत कम है। वायु से बचाने के लिए सफेद फॉस्फोरस को जल में रखते हैं।

31. (d) वायु एवं जस्ता द्वारा सुगमता से ऑक्सीकृत हो जाने के कारण क्षार धातुओं को मिट्टी के तेल में रखा जाता है।

32. (c) एल्कोहॉली (–OH) समूह की पहचान $FeCl_3$ परीक्षण द्वारा होती है।

33. (d) $KMnO_4$ का प्रयोग रोगाणुनाशी के रूप में किया जा सकता है। यह एक एंटीसेप्टिक है जिसका उपयोग हाथों तथा पैरों में त्वचा रोग तथा कवकों के संक्रमण को रोकने में तथा अल्सर के उपचार में किया जाता है। इसका उपयोग गोनोरिया के उपचार में भी होता है। इसे लाल दवा के नाम से भी जाना जाता है।

34. (a) प्रकृति में नाइट्रोजन का प्रतिशत 78% और ऑक्सीजन का 21% होता है।

35. (b) तंबाकू का धुआँ स्वास्थ्य के लिए हानिकारक है क्योंकि उसमें निकोटीन होता है जो कि कार्सिनोजेनिक होता है।

36. (c) ओजोन और पेरोक्सीएसिटाइल नाइट्रेट मिलकर कुहरा (Smog) बनाते हैं। ओजोन कपड़ों एवं रबर को नुकसान पहुँचाता है जबकि पेरोक्सीएसिटाइल नाइट्रेट आँखों में जलन पैदा करता है।

37. (a) पेय जल में उपस्थित जीवाणुओं को क्लोरीन द्वारा नष्ट किया जाता है। इसके अन्य उपयोग ब्लीचिंग पाउडर के निर्माण में तथा विरंजक के रूप में किया जाता है।

38. (c) स्ट्रॉन्शियम तथा बेरियम तत्वों के लवणों द्वारा आतिशबाजी में रंग प्राप्त होते हैं।

39. (c) बॉक्साइट : यह ऐलुमिनियम का एक अयस्क है। बॉक्साइट का रासायनिक सूत्र $Al_2O_3.2H_2O$ है।

40. (c) नाइक्रोम : यह 80% निकेल तथा 20% क्रोमियम धातुओं से तैयार की गई मिश्र धातु है। इस धातु से तैयार किया गया तार हिटिंग एलिमेंट बनाने के लिए प्रयोग किया जाता है।

41. (b) मरकरी एक द्रव धातु है। इसका प्रमुख अयस्क सिनबार (HgS) है।

42. (d) प्राकृतिक रबड़ आइसोप्रीन का बहुलक होता है, यह थर्मोप्लास्टिक है। प्राकृतिक रबड़ काफी मुलायम होती है, इसे कठोर बनाने के लिए इसमें कार्बन मिलाया जाता है तब इसका प्रयोग ट्यूब, टायर आदि बनाने में किया जाता है। जब प्राकृतिक रबड़ को सल्फर के साथ गर्म किया जाता है, तो इस क्रिया को बल्कनीकरण कहते हैं।

43. (a) दूध को दही में स्कंदित करने वाला एन्जाइम रेनिन है।

44. (b) वायु में हाइड्रोजन जब जलती है तब जल बनता है।

$$2H_2 + O_2 \longrightarrow 2H_2O$$

45. (a) वनस्पति तेलों को हाइड्रोजन गैस के साथ निकिल की उपस्थिति में संतृप्त वसाओं में परिवर्तित किया जाता है।

46. (b) रासायनिक दृष्टि से ब्लीचिंग पाउडर का सूत्र $CaOCl_2$ (कैल्शियम हाइपोक्लोराइट) होता है। रोगाणुनाशी के रूप में जल को शुद्ध करने में विरंजक के रूप में तथा उनको सिकुड़ने से बचाने में प्रयुक्त किया जाता है।

47. (c) पॉलिस्टाइरीन एक संश्लिष्ट पॉलीमर है जिसका उपयोग खिलौने इत्यादि बनाने में किया जाता है।

48. (b) एल.पी.जी. में मुख्य घटक ब्यूटेन होता है। एल.पी.जी. अत्यधिक ज्वलनशील होती है। अत: इससे होने वाली दुर्घटना से बचने के लिए इसमें सल्फर के यौगिक 'मिथाइल मरकाप्टेन (CH_3SH)' को मिला देते हैं, ताकि गैस के रिसाव को इसके गंध से पहचान लिया जाए।

49. (d) पर्यावरण के अलावा, कोयला खनन से मीथेन का उत्सर्जन सुरक्षा की दृष्टि से बहुत गंभीर खतरा है। मीथेन की 5 से 15% की मात्रा हवा के संपर्क में आने से अत्यधिक विस्फोटक हो जाती है, जो प्राय: सभी भूमिगत कोयला खानों में विस्फोट के लिए जिम्मेदार है।

50. (a) हैलोजनों में फ्लुओरीन की अभिक्रियाशीलता सबसे अधिक है। इसकी वियोजन ऊर्जा कम तथा उच्च इलेक्ट्रॉन बंधुता होने के कारण यह सबसे अधिक क्रियाशील है। यह O_2, N_2, He, Ne, Ar को छोड़कर सभी तत्त्वों से सीधे संयोग करती है।

3. जीव विज्ञान

जीव विज्ञान (Biology) : विज्ञान की वह शाखा जिसके अन्तर्गत जीवित प्राणियों के विकास, आहार व जन्म आदि की अनेक जैविक क्रियाओं का अध्ययन किया जाता है। जीव विज्ञान कहलाती है। जीव विज्ञान की मुख्यत: दो शाखाएं हैं–

(i) वनस्पति विज्ञान (Botany),

(ii) जन्तु विज्ञान (Zoology)

कोशिका एवं उसका कार्य (Cell and its Functions)

प्रत्येक जीव के शरीर की सबसे छोटी इकाई को कोशिका कहते हैं। यह सभी जीवों की संरचनात्मक व कार्यात्मक इकाई है। एक अकेली कोशिका एक जीव का निर्माण भी कर सकती है, उदाहरण के लिए बैक्टीरिया, अमीबा, पैरामीशियम आदि एक कोशकीय जीव है। एक मनुष्य में कोशिकाओं की संख्या लगभग 1 खरब (10^{14}) होती है। प्रत्येक कोशिका की संरचना मुख्य रूप से तीन भागों के मिलने से होती है। यद्यपि इनकी आकृति, आकार और गतिविधियाँ परिवर्तनशील रहती हैं। कोशिका के प्रमुख तीन भाग हैं– प्लाज्मा झिल्ली, केन्द्रक और कोशिका द्रव्य।

- **प्लाज्मा झिल्ली:** इसे कोशिका झिल्ली भी कहते हैं, यह किसी कोशिका की बाहरी दीवार की तरह होती है।
- **केन्द्रक :** यह कोशिका का केन्द्रीय भाग है, जो कोशिका के केन्द्र में स्थित रहता है। यह एक गोलाकार, अंडाकार संरचना है यह कोशिका गतिविधियों का नियंत्रण केन्द्र है।
- **कोशिक द्रव्य :** कोशिका के भीतर उपस्थित अन्य पदार्थ व अंग कोशिका द्रव्य कहलाते हैं, इनके अलग-अलग कार्य होते हैं। कोशिका द्रव्य में केन्द्रक झिल्ली, क्रोमैटिन, गाल्जीकाय, माइटोकॉन्ड्रिया आदि प्रमुख हैं।

  बनावट व क्रिया विधि के आधार पर पादप व जन्तु कोशिका में कुछ अन्तर पाया जाता है।

जन्तु एवं पादप कोशिका में अन्तर

जन्तु कोशिका	पादप कोशिका
• प्राय: आकार में छोटी होती हैं।	• अपेक्षाकृत आकार में बड़ी होती हैं।
• केवल प्लाज्मा झिल्ली से ही घिरी होती है।	• प्लाज्मा झिल्ली के अतिरिक्त, एक मोटी भित्ति से घिरी होती है।
• क्लोरोप्लास्ट (प्लास्टिड) नहीं होते हैं।	• क्लोरोप्लास्ट (प्लास्टिड) पाए जाते हैं।
• कोशिका द्रव्य में अधिकतर धमनियाँ छोटी होती हैं।	• केन्द्रीय स्थान वृहतधानी से भरा हुआ होता है और कोशिका द्रव्य परिधि के साथ होता है।
• प्रमुख व बहुत जटिल गॉल्जीकाय केंद्रक के पास होती हैं।	• गॉल्जीकाय कई छोटी इकाइयों में होते हैं, जिन्हें डिक्टियोसोम कहते हैं।
• एक या दो तारक केंद्रों सहित सैन्ट्रोसोम होता है।	• इनके स्थान पर दो छोटे साफ क्षेत्र होते हैं, जिन्हें ध्रुवीय टोपी कहते हैं।

पादप और जन्तु ऊतक (Plants and Animal Tissue)

ऊतक (Tissue)

कोशिकाओं के ऐसे समूह को, जिनकी उत्पत्ति रचना व कार्य समान हों, ऊतक कहते हैं। पादप एवं जन्तु ऊतकों में कुछ असमानताएँ होती हैं, इसलिए इनका अध्ययन भी अलग-अलग किया जाता है।

पादप ऊतक : पादप ऊतकों को मुख्यत: दो भागों में बांटा जाता है– (a) विभाज्योतक ऊतक तथा (b) स्थाई ऊतक।

1. **विभाज्योतक ऊतक :** यह ऊतक नीचे के वृद्धि करने वाले भागों जैसे प्ररोह की चोटी तथा जड़ की चोटी और केंबियम में पाए जाते हैं। ये कोशिकाएँ निरंतर विभक्त होकर पौधे की लंबाई और मोटाई को बढ़ाने में सहायता करती हैं।
2. **स्थाई ऊतक :** इनमें विभाजन की क्षमता नहीं होती, ये विभाज्योतक से बनते हैं। इनमें धीरे-धीरे विभेद होता है और यह स्थाई ऊतक बन जाते हैं। इनका एक निश्चित आकार होता है। यह कोशिकाएँ जीवित या मृत, पतली भित्ति वाली या मोटी भित्ति वाली हो सकती हैं। इनमें कोशिकाओं का आकार कुछ बड़ा होता है। स्थाई ऊतक के कई प्रकार होते हैं, जिन्हें इस प्रकार विभाजित किया जा सकता है।

जन्तु ऊतक : मनुष्य सहित सभी उच्च जन्तुओं में चार प्रकार के ऊतक पाए जाते हैं–

1. **एपिथीलियमी ऊतक :** यह एक स्तर ऊतक है जो रक्षी स्तर के रूप में कार्य करता है। यह शरीर के ऊपर तथा शरीर के अन्दर स्थित विभिन्न भागों की गुहिका का आवरण बनाता है। त्वचा, मुँह, आहारनाल तथा फेफड़ों की सतह इसी ऊतकों से मिलकर बनी होती है।
2. **पेशीय ऊतक :** शरीर के विभिन्न अंगों में होने वाली गति पेशीय ऊतकों के कारण ही होती है। हृदय की धड़कन तथा भोजन नली में संकुचन और प्रसार पेशीय कोशिकाओं के कारण ही होता है। पेशीय ऊतक तीन प्रकार के होते हैं– रेखीय पेशी, अरेखित पेशी तथा हृदय पेशी।

3. **संयोजी ऊतक :** यह ऊतक शरीर के विभिन्न अंगों को एक दूसरे से जोड़ते, सहारा देते तथा बांधते हैं। इस ऊतक की कोशिकाएँ मैट्रिक्स के अंदर उपस्थित होती हैं। यह मैट्रिक्स ठोस (अस्थि एवं उपास्थि) एवं द्रव (रुधिर) के रूप में हो सकती है। अस्थि, कंडरा, स्नायु, रुधिर आदि कुछ प्रमुख संयोजी ऊतक हैं।
4. **तंत्रिका ऊतक :** शरीर में मस्तिष्क, मेरुरज्जु तथा तंत्रिकाएं सभी तंत्रिका ऊतक से बनी होती हैं। तंत्रिका ऊतक की कोशिकाओं को न्यूरॉन कहते हैं। ये कोशिकाएँ विशिष्ट प्रकार की होती हैं और संदेशवाहक का कार्य करती हैं। एक न्यूरॉन से संदेश दूसरे न्यूरॉन तक पहुँचता है, वहां से लक्ष्य तक पहुंचने के लिए एक, दो या बहुत से न्यूरॉन की मदद लेता है।

कोशिकांग एवं उनके कार्य
(Cell Parts and their Functions)

1. **लवक प्लास्टिड्स (Plastids) :** प्लास्टिड्स प्राय: पौधों की कोशिकाओं में पाए जाते हैं। रंग के आधार पर ये तीन प्रकार के होते हैं–
   - (i) **अवर्णी लवक (Leucoplast) :** इनका कार्य भोज्य पदार्थों का संग्रह करना है। ये तीन प्रकार के होते हैं–
     - (a) *एमाइलोप्लास्ट* : ये दंड (स्टार्च) का संग्रह करते हैं।
     - (b) *इलायोप्लास्ट* : ये वसा का संग्रह करते हैं
     - (c) *प्रोटीनोप्लास्ट* : ये प्रोटीन का संग्रह करते हैं।
   - (ii) **हरित लवक (Chloroplast) :** हरित लवक में क्लोरोप्लास्ट होता है। इसके द्वारा प्रकाश संश्लेषण की क्रिया होती है और विभिन्न प्रकार के कार्बोहाइड्रेट बनते हैं।
   - (iii) **वर्णी लवक (Chromoplast):** ये हरे रंग को छोड़कर अन्य रंगों के होते हैं। यह निम्न प्रकार के होते हैं–
     - (a) *फियोप्लास्ट (Phaeoplast)* : ये भूरे शैवालों, डाइटम्स में पाए जाते हैं। इनमें फ्यूकोजैन्थिन नामक भूरा रंग होता है।
     - (b) *रोडोप्लास्ट (Rhodoplast)* : ये लाल शैवालों में होते हैं। इनमें लाल रंग फाइकोइरिथ्रिन एवं आर-फाइकोसाएनिन के कारण होता है।
     - (c) *नीले-हरे क्रोमेटोफोर* : ये नीले-हरे शैवाल में पाए जाते हैं।
2. **माइटोकॉन्ड्रिया (Mitochondria) :** कोशिका में बहुत से छड़ी के आकार के गोलाकार तथा सूत्री कोशिकांग होते हैं। इनके चारों ओर इकाई झिल्ली की दोहरी परत होती है। अंदर वाली झिल्ली उंगलियों की तरह मुड़ी होती हैं, जो क्रिस्टी कहलाती हैं। क्रिस्टी की सतह पर कण पाए जाते हैं, जिनमें एटीपी-सिन्थेसिस एंजाइम होता है, जो एटीपी निर्माण में सहायक होता है। माइटोकॉन्ड्रिया को कोशिका का पॉवर-हाउस कहते हैं। इनमें ऑक्सीकृत श्वसन की क्रिया का मुख्य भाग घटित होता है।
3. **एण्डोप्लाज्मिक जालिका (Endo-plasmic Reticulum) :** यह कोशिकाद्रव्य में विस्तृत रूप से फैला असंख्य शाखाओं वाली झिल्लियों का जाल है। इसकी सतह पर असंख्य लघु कण होते हैं, जिन्हें राइबोसोम कहते हैं। कोशिकाओं के केन्द्रकद्रव्य एवं कोशिकाद्रव्य में विभिन्न पदार्थों के स्थानांतरण एवं विभिन्न एन्जाइमों के संश्लेषण में भी ये भाग लेते हैं। ये ग्लिसरॉल एवं वसीय अम्लों में वसा संश्लेषण की क्रिया और ग्लाइकोजन संग्रह का कार्य भी करते हैं।
4. **राइबोसोम (Ribosome) :** ये गोलाकार आकृति में कलाविहीन सूक्ष्म कण हैं। इनमें आर.एन.ए. तथा रबोन्यूक्लियो प्रोटीन बराबर भाग में पाए जाते हैं। ये क्लोरोप्लास्ट, माइटोकॉन्ड्रिया, केन्द्रक आदि जीवद्रव्य में डूबे रहते हैं। ये एण्डोप्लाज्मिक जालिका की सतह पर कोशिकाद्रव्य में पाए जाते हैं। आकार और अवसाद गुणांक के आधार पर राइबोसोम दो प्रकार के होते हैं–
   - (a) *70S राइबोसोम* : इसके दो छोटे भाग होते हैं –50S और 30S।
   - (b) *80S रोबोसोम* : इसके दो भाग होते हैं –60S और 40S।
5. **गाल्जी तंत्र या गाल्जी बॉडी :** यह विभिन्न आकार की बनी चपटी तथा कुछ मुड़ी हुई थैलियों का एक समूह है। प्रत्येक समूह में 4 से 10 थैलियाँ होती है। इनका कार्य प्रोटीन संश्लेषण, कोशिकापट्ट निर्माण, कोशिकाभित्ति का निर्माण, हार्मोन का स्त्तवण आदि है।
6. **माइक्रोबॉडीज (Microbodies)**
   - (i) **लाइसोसोम (Lysosomes) :** ये बहुत छोटे आकार की एक परत वाली झिल्लियों से घिरी थैलियाँ होती हैं। ये चार प्रकार की होती हैं–
     - (a) **प्राथमिक लाइसोसोम :** इनमें राइबोसोम द्वारा बनाए गए एन्जाइम पाए जाते हैं।
     - (b) **द्वितीयक लाइसोसोम :** इनमें एसिड हाइड्रोलेज के पूर्ण एन्जाइम पाए जाते हैं।
     - (c) **अवशिष्ट कार्य :** भोजन के पाचन के पश्चात् द्वितीयक लाइसोसोम के अपचित कणों का संग्रह हो जाता है। तब ये अवशिष्ट कार्य कहलाते हैं।
     - (d) **ऑटोफेजिक रिक्तिकाएँ :** जिस समय कोशा अपने कोशिकाकांग जैसे– माइटोकॉण्ड्रिया, एण्डोप्लाज्मिक जालिका का भक्षण करती है तो ऑटोफेजक रिक्तिकाएँ बनती हैं।

     लाइसोसोम के विभिन्न कार्य : कोशिका के बाह्य पदार्थों का पाचन, कोशिका के आंतरिक पदार्थों का पाचन और स्पष्टीकरण।
   - (ii) **स्फेरोसोम (Spherosomes) :** ये केवल पादप कोशिकाओं में पाए जाते हैं और जंतु कोशिकाओं में पाए जाने वाले लाइसोसोम की तरह होते हैं। इनका मुख्य कार्य वसा पदार्थों को एकत्रित करना, स्थानान्तरण तथा संश्लेषण करना है।
   - (iii) **पराअम्सीसोम (Peroxisomes) :** ये सूक्ष्म गोलाकार कण हैं, जो एक परत वाली झिल्ली से बने होते हैं। ये केवल उन पौधों में पाए जाते हैं जिनमें प्रकाश श्वसन की क्रिया होती है। इस क्रिया में प्रकाश में कुछ पौधे CO_2 निकालते हैं।
   - (iv) **ग्लाइऑक्सीसोम (Glyoxyomes) :** ये भी सूक्ष्म गोलाकार कण हैं, जो एक परत वाली झिल्ली के बने होते हैं। ये प्राय: बीजों में, जहाँ पर वसा का कार्बोहाइड्रेट्स में परिवर्तन होता है, वहाँ पाए जाते हैं।

जीवों का वर्गीकरण
(Classification of Organisms)

अरस्तू ने समस्त जीवों को दो समूहों में विभाजित किया था– जन्तु समूह और वनस्पति समूह। लीनियस ने भी अपनी पुस्तक Systema Naturae में अरस्तू के समान ही समस्त जीवधारियों को दो जगतों, पादप जगत तथा जन्तु जगत में विभाजित किया था। लीनियस ने वर्गीकरण की जो प्रणाली शुरू की उसी से आधुनिक वर्गीकरण प्रणाली की नींव पड़ी।

1. **जीवों के नामकरण की द्विनाम पद्धति :** सन् 1753 ई. में **कैरोलस लीनियस** नामक वैज्ञानिक जिन्हें वर्गीकरण का जन्मदाता भी कहा जाता है, ने जीवों की द्विनाम पद्धति को प्रचलित किया। इस पद्धति के अनुसार, प्रत्येक जीवधारी का नाम लैटिन भाषा के दो शब्दों से मिलकर बनता है। पहला शब्द वंश नाम तथा दूसरा शब्द जाति नाम कहलाता है। वंश तथा जाति नामों के बाद उस वर्गिकीविद् (वैज्ञानिक) का नाम लिखा जाता है, जिसने सबसे पहले उस जाति को खोजा या जिसने इस जाति को

सबसे पहले वर्तमान नाम प्रदान किया, जैसे– मानव का वैज्ञानिक नाम होमोसैपियन्स है।

कुछ जीवधारियों के वैज्ञानिक नाम

• मनुष्य (Man)	• *Homo sapiens*
• मेंढ़क (Frog)	• *Rana tigrina*
• बिल्ली (Cat)	• *Felis domestica*
• कुत्ता (Dog)	• *Canis familiaris*
• गाय (Cow)	• *Bos indicus*
• मक्खी (Housefly)	• *Musca domestica*
• आम (Mango)	• *Mangifera indica*
• धान (Rice)	• *Oryza sativa*

2. **जीवधारियों का पाँच-जगत वर्गीकरण (Five Kingdom Classification of Organism) :** परम्परागत द्वि-जगत वर्गीकरण का स्थान अन्ततः व्हाइटकर द्वारा सन् 1969 ई. में प्रस्तावित पाँच जगत प्रणाली ने ले लिया। इसके अनुसार समस्त जीवों को निम्नलिखित प्रकार में विभाजित किया गया–

   1. मोनेरा, 2. प्रोटिस्टा, 3. पादप, 4. कवक 5. जन्तु।

1. मोनेरा (Monera)

इस जगत में सभी प्रोकैरियोटिक जीव अर्थात् जीवाणु, सायनोबैक्टीरिया तथा आर्कीबैक्टिरिया सम्मिलित किए जाते हैं। तन्तुमय जीवाणु भी इसी जगत के भाग किए जाते हैं। इनको मेटाजोआ भी कहते हैं। हाइड्रा, जेलीफिश, कृमि, तारा मछली, सरीसृप, उभयचर, पक्षी तथा स्तनधारी जीव इसी जगत के अंग हैं।

2. प्रोटिस्टा (Protista)

सभी एककोशिका यूकैरियोटिक को प्रोटिस्टा के अंतर्गत रखा गया है, परंतु इस जगत की सीमाएं ठीक तरह से निर्धारित नहीं हो पाई हैं। प्राथमिक रूप से प्रोटिस्टा के सदस्य जलीय होते हैं। यूकैरियोटिक होने के कारण इनकी कोशिका में एक सुसंगठित केंद्रक एवं अन्य झिल्लीबद्ध कोशिकांग पाए जाते हैं। कुछ प्रोटिस्टा में कशाभ एवं पक्ष्माभ भी पाए जाते हैं। ये अलैंगिक तथा कोशिका संलयन एवं युग्मनज (जाइगोट) बनने की विधि द्वारा लैंगिक प्रजनन करते हैं। ये स्वपोषी (एककोशिकीय कवक, डायटम) या परपोषी (प्रोटोजोआ) होते हैं। एककोशिकीय कवक, क्लोरेला, युग्लीना, ट्रिपैनोसोमा, प्लाज्मोडियम, अमीबा, पैरामीशियम आदि इसके उदाहरण हैं।

3. पादप (Plants)

- विभिन्न प्रकार के पेड़, पौधों तथा उनके क्रियाकलापों के अध्ययन को वनस्पति विज्ञान (Botany) कहते हैं।
- **थियोफेस्ट्स** (theophrastus) को वनस्पति विज्ञान का जनक कहा जाता है।
- एकलर (Eichler) ने 1883 ई. में वनस्पति जगत का वर्गीकरण निम्न रूप से किया है–

अपुष्पोदभिद् पौधा (Cryptogamus)

- इस वर्ग के पौधों में पुष्प तथा बीज नहीं होते हैं। इन्हें निम्न समूह में बांटा गया है–

थौलोफाइटा (Thalophyta)

- यह वनस्पति जगत का सबसे बड़ा समूह है।
- इस समूह के पौधों का शरीर सूकाय (Thalus) होता है, अर्थात् पौधे, जड़, तना एवं पत्ती आदि में विभक्त नहीं होते।
- इनमें संवहक ऊतक नहीं होते हैं।

शैवाल (Algae)

- शैवालों के अध्ययन को **फाइकोलॉजी** (Phycology) कहते हैं।
- शैवाल प्राय: पर्णहरित युक्त, संवहन ऊतक रहित, आत्मपोषी होते हैं।
- इनका शरीर **सूकाय** सदृश होता है।

लाभदायक शैवाल (Beneficial Algae)

1. **भोजन के रूप में :** फोरफाइरा, अल्वा, सरगासन, लेमिनेरिया, नॉस्टॉक आदि।
2. **आयोडीन के रूप में :** लेमिनेरिया, फ्यूकस, एकलोनिया आदि।
3. **खाद के रूप में :** नॉस्टॉक, एनाबीना, केल्प आदि।
4. **औषधियाँ बनाने में :** क्लोरेला से क्लोरेलिन नामक प्रतिजैविक एवं लेमिनेरिया से टिंचर बनाई जाती है।
5. **अनुसंधान कार्यों में :** क्लोरेला एसीटेबुलेरिया, बेलोनिया आदि।

नोट : क्लोरेला (Chlorella) नामक शैवाल को अंतरिक्ष यान के केबिन के हौज में उगाकर अंतरिक्ष यात्री को प्रोटीनयुक्त भोजन, जल और ऑक्सीजन प्राप्त हो सकती है।

4. कवक (Fungi)

- इसके अध्ययन को **कवक विज्ञान** कहा जाता है।
- कवक पर्णहरित, संकेन्द्रीय, संवहन ऊतक रहित थैलोफाइट है।
- कवक में संचित भोजन ग्लाइकोजन के रूप में रहता है।
- इनकी कोशिकाभित्ति **काइटिन** (Chitin) की बनी है।
- कवक पौधों में गंभीर रोग उत्पन्न करते हैं। सबसे अधिक हानि रस्ट (Rust) और स्मट (Smut) से होती है। पौधों में कवक के द्वारा होने वाला प्रमुख रोग निम्न हैं– सरसों का सफेद रस्ट (white rust of Crucifer), गेहूँ का किट्टू रोग (rust of wheat), गेहूँ का ढीला स्मट (Loose smut of wheat), आलू की अंगमारी (Blight of Potato), गन्ने का लाल अपक्षय (Red rot of sugarcane), मूंगफली का टिक्का रोग (Brown leaf spot of groundnut), आलू की भूरी अर्ज चित्ति, आलू की पछेला अंगमारी, प्रांकुरों का उम्पिंग रोग (damping off os seedlings)।

5. जन्तु जगत का वर्गीकरण (Animal Kingdom)

संसार के समस्त जन्तु जगत को दो उपवर्गों में विभक्त किया गया है– 1. एक कोशिकीय प्राणी, 2. बहुकोशिकीय प्राणी। एक कोशिकीय प्राणी एक ही संघ प्रोटोजोआ में रखे गए, जबकि बहुकोशिकीय प्राणियों को 9 संघों में विभाजित किया गया।

एक कोशिकीय प्राणी

1. **संघ प्रोटोजोआ (Protozoa)**

प्रमुख लक्षण :

(i) इनका शरीर केवल एककोशिकीय होता है। सभी जैविक क्रियाएँ (भोजन, पाचन, श्वसन, उत्सर्जन, जनन) एककोशिकीय शरीर के अंदर होती है।
(ii) इनके जीवद्रव्य में एक या अनेक केन्द्रक पाए जाते हैं।
(iii) ये स्वतंत्र जीवी एवं परजीवी दोनों प्रकार के होते हैं।
(iv) श्वसन एवं उत्सर्जन कोशिका की सतह से विसरण के द्वारा होते हैं।

बहुकोशिकीय प्राणी

1. **संघ पोरिफेरा (Porifera) :** इस संघ के सभी जन्तु खारे जल में पाए जाते हैं।

प्रमुख लक्षण :

(i) ये बहुकोशिकीय जन्तु हैं, परन्तु कोशिकाएँ नियमित ऊतकों का निर्माण नहीं करती हैं।
(ii) शरीर पर असंख्य छिद्र पाए जाते हैं।

(iii) शरीर में एक गुहा पाई जाती है, जिसे स्पंज गुहा कहते हैं।

उदाहरण : *साइकन, मायोनिया, स्पंज आदि।*

2. संघ सीलेण्ट्रेटा (Coelenterata)

प्रमुख लक्षण :

(i) प्राणी जलीय द्विस्तरीय होते हैं।
(ii) मुख के चारों ओर कुछ धागे की तरह की संरचनाएँ पाई जाती हैं जो भोजन आदि पकड़ने में मदद करती हैं।

उदाहरण : *हाइड्रा, जेलीफिश।*

3. संघ प्लैटीहेल्मिन्थीज (Platyhelminthes)

प्रमुख लक्षण :

(i) तीन स्तरीय शरीर परंतु देहगुहा नहीं होती है।
(ii) पृष्ठ आधार तल से चपटा शरीर होता है।
(iii) पाचन तंत्र विकसित नहीं होता है।
(iv) उत्सर्जन फ्लेम कोशिकाओं द्वारा होता है।
(v) कंकाल, श्वसन अंग, परिवहन अंग आदि नहीं होते हैं।
(vi) उभयलिंग जन्तु है।

उदाहरण : *प्लेनेरिया, लिवर फिल्यूक (Fluke), फीता कृमि आदि।*

4. संघ ऐस्केल्मिन्थीज (Aschelminthes)

प्रमुख लक्षण :

(i) लम्बे, बेलनाकार, अखण्डित कृमि।
(ii) शरीर द्विपार्श्व सममित, त्रिस्तरीय
(iii) आहारनाल स्पष्ट होती है जिसमें मुख तथा गुदा दोनों ही होते है।
(iv) परिवहन अंग तथा श्वसन अंग नहीं होते, परंतु तंत्रिका तंत्र विकसित होता है।
(v) उत्सर्जन प्रोटोनफ्रीडिया द्वारा होता है।
(vi) एकलिंगी होते हैं।

उदाहरण : *गोलकृमि जैसे– एस्केरिस, थ्रेडवॉर्म, वुचरेरिया।*

5. संघ ऐनीलिडा (Annelida)

प्रमुख लक्षण :

(i) शरीर लम्बा, पतला, द्विपार्श्व सममित तथा खण्डों में बँटा हुआ होता है।
(ii) प्रचलन मुख्यत: काइटिन के बने सीटी द्वारा होता है।
(iii) आहारनाल पूर्णत: विकसित होता है।
(iv) श्वसन प्राय: त्वचा के द्वारा, कुछ जन्तुओं में क्लोम के द्वारा होता है। रुधिर लाल होता है।
(v) रुधिर लाल होता है एवं तंत्रिका तंत्र साधारण होता है।
(vi) उत्सर्जी अंग वृक्क के रूप में होते हैं।
(vii) एकलिंगी एवं उभयलिंग दोनों प्रकार के होते हैं।

उदाहरण : *केंचुआ, जोंक, नेरीस आदि।*

6. संघ आर्थोपोडा (Arthropoda)

प्रमुख लक्षण :

(i) शरीर तीन भागों में विभक्त होता है– सिर, वक्ष एवं उदर।
(ii) इनके पाद संधि-युक्त होते हैं।
(iii) रुधिर परिसंचारी तंत्र खुले प्रकार का होता है।
(iv) इनकी देहगुहा **हीमोसील** कहलाती है।
(v) ट्रेकिया गिल्स, बुक लंगस, सामान्य सतह आदि श्वसन अंग हैं।
(vi) यह प्राय: एकलिंगी होते हैं एवं निषेचन शरीर के अंदर होता है।

उदाहरण : *कॉक्रोच।*

7. संघ मोलस्का (Mollusca)

प्रमुख लक्षण :

(i) शरीर तीन भागों में विभक्त होता है– सिर, अनतरांग तथा पाद।
(ii) इनमें कवच सदैव उपस्थित रहता है।
(iii) आहारनाल पूर्ण विकसित होती है।
(iv) इनमें श्वसन **गिल्स** या **डिनीडिया** द्वारा होता है।
(v) रक्त रंगहीन होता है।
(vi) उत्सर्जन **वृक्कों** के द्वारा होता है।

उदाहरण : *घोंघा, सीपी आदि।*

8. संघ इकाइनोडर्मेटा (Echinodermata)

प्रमुख लक्षण :

(i) इस संघ के सभी जन्तु समुद्री होते हैं।
(ii) जल संवहन तंत्र पाया जाता है।
(iii) प्रचलन, भोजन-ग्रहण करने हेतु नाल पाद होते हैं जो संवेदी अंग का कार्य करता है।
(iv) तंत्रिका तंत्र में मस्तिष्क विकसित नहीं होता।
(v) पुनरुत्पादन की विशेष क्षमता होती है।

उदाहरण : तारा मछली (स्टार फिश), समुद्री अर्जिन, समुद्री खीरा, पंखतारा, ब्रिटिल स्टार आदि।

9. संघ कॉर्डेटा (Chordata)

प्रमुख लक्षण :

(i) इनमें नोटोकॉर्ड उपस्थित होता है।
(ii) इनमें क्लोम छिद्र अवश्य पाए जाते हैं।
(iii) इनमें नालदार तंत्रिका रज्जु अवश्य पाया जाता है।

संघ कॉर्डेटा के कुछ प्रमुख वर्ग (Types of Chordata)

(A) मत्स्य वर्ग (Pisces)

प्रमुख लक्षण :

(i) ये सभी असमतापी जन्तु हैं।
(ii) इनका हृदय द्विवेश्मी होता है और केवल अशुद्ध रक्त ही पम्प करता है।
(iii) श्वसन गिल्स के द्वारा होता है।

उदाहरण : *स्कोलियोडन, दरियाई घोड़ा तथा टारपीडो।*

(B) एम्फीबिया वर्ग (Amphibia)

प्रमुख लक्षण :

(i) ये सभी प्राणी उभयचर होते है।
(ii) ये असमतापी होते हैं।
(iii) श्वसन क्लोमों, त्वचा एवं फेफड़ों द्वारा होता है।
(iv) हृदय तीन वेश्मी होते हैं- दो आलिंद व एक निलय होते हैं

उदाहरण : *मेंढ़क।*

(C) सरीसृप वर्ग (Reptillia)

प्रमुख लक्षण :

(i) ये सभी प्राणी उभयचर होते है।
(ii) चार पैर होते हैं।
(iii) कंकाल पूर्णत: अस्थिर होता है।
(iv) श्वसन फेफड़ों के द्वारा होता है।
(v) इनके अंडे कैल्शियम कार्बोनेट के बने कवच से ढंके रहते हैं।

उदाहरण : *छिपकली, साँप, घड़ियाल, कछुआ आदि।*

(D) पक्षी वर्ग (Aves)

प्रमुख लक्षण :

(i) इनके पास उड़ने के लिए पंख होते हैं।

(ii) इसका हृदय **चार वेश्मी** होता है– दो आलिंद ओर दो निलय।
(iii) ये समतापी होते हैं।
(iv) इनका श्वसन अंग फेफड़ा है।

उदाहरण : *कौआ, मोर, चिड़िया, तोता।*
- उड़ न सकने वाला पक्षी किवी और एम है।
- सबसे बड़ा जीवित पक्षी शतुरमुर्ग है।
- सबसे छोटा पक्षी हमिंगबर्ड है।

(E) स्तनी वर्ग (Mammalia)

प्रमुख लक्षण :
(i) त्वचा पर स्वेद ग्रंथियाँ एवं तेल ग्रंथियाँ पाई जाती हैं।
(ii) ये सभी जन्तु उच्चतापी एवं नियततापी होते हैं।
(iii) इसमें दाँत जीवन में दो बार निकलते हैं इसलिए इन्हें द्विवारदन्ती कहते हैं।
(iv) इनके लाल रुधिराणुओं में केन्द्रक नहीं होता (केवल ऊँट एवं लामा को छोड़कर)
(v) बाह्य कर्ण उपस्थित होती है।

स्तनधारी वर्ग तीन उपवर्गों में बँटा है–
(a) प्रोटोथीरिया : अंडे देते हैं।
(b) मेटाथीरिया : अपरिपम्क बच्चों को जन्म देते हैं।
उदाहरण : *कंगारू।*
(c) यूथीरिया : पूर्ण विकसित शिशुओ को जन्म देते हैं, जैसे– *मनुष्य*

शरीर के तंत्र (Body Systems)

शरीर के भीतर ऐसे अंगों के कई समूह हैं, जो एक-दूसरे से जुड़े हैं या एक-दूसरे पर निर्भर हैं और एक साथ मिलकर सामूहिक रूप में कार्य करते हैं। समान क्रिया वाले सहयोगी अंगों के इस समूह को तंत्र कहा जाता है। शरीर की क्रियाएँ निम्नलिखित तंत्रों द्वारा संपादित होती हैं।

(i) पेशी तंत्र (Muscular System) : यह अंगों में गति उत्पन्न करता है एवं शरीर को सुदृढ़ बनाता है। संपूर्ण शरीर में 500 से अधिक पेशियाँ हैं। कार्य के आधार पर पेशियों को दो वर्गों में विभाजित किया जाता है।

(a) ऐच्छिक पेशियाँ : ये रेखित पेशी ऊतक से बनी होती है एवं मनुष्य के इच्छानुसार संकुचित हो जाती है।

(b) अनैच्छिक पेशियाँ : ये आरेखित पेशी ऊतक से बनी होती है एवं मनुष्य के इच्छानुसार नियंत्रित नहीं होती है। ये आंतरिक अंगों, रूधिर वाहिकाओं तथा त्वचा की दीवारों में पाई जाती है।

(ii) अस्थि तंत्र (Skeletal System) : यह शरीर को आकार प्रदान करता है, इसे स्थिर रखता है तथा शरीर के कोमल अंगों की रक्षा करता है। मानव शरीर छोटी-बड़ी कुल 206 अस्थियों से मिलकर बना है।

(iii) पाचन तंत्र (Digestive System) : यह आहार को शरीर के ग्रहण करने योग्य घुलनशील पदार्थों में परिणत करता है।

पाचन क्रिया का सारांश

क्र.सं.	पाचक रस	स्रोत	एन्जाइम	पदार्थ जिस पर प्रतिक्रिया होती है	पदार्थ जो बनते हैं
1.	लार	लार ग्रंथियाँ	टायलिन	पॉलीसैकेराइड	डाइसैकेराइड
2.	जठर रस	जठर ग्रंथियाँ	पेप्सिन रेनिन	प्रोटीन दूर के प्रोटीन	पेप्टोन्स एवं प्रोटिओजेज कैल्सियम पैराकैसीनेट
3.	पित्त	यकृत	–	वसा	इमल्सीफाइड वसा
4.	अग्न्याशई रस	अग्न्याशय	ट्रिप्सिन काइयोट्रिप्सिन कार्बोक्सीपेप्टिडेज इमाइलेज लाइपेज	प्रोटीन पेन्टोन्स एवं प्रोटिओजेज पॉलीपेप्टाइड्स मंड ग्लाइकोजन इमल्सीफाइड वसा	पॉलीपेप्टाइड्स अमीनो अम्ल माल्टोज वसीय अम्ल, ग्लिसराल
5.	आंत्रीय रस	आंत्रीय ग्रंथियाँ रेप्सिन समूह माल्टोस सुक्रोस लैम्लोस लाइपेज	एन्टीरोकाइनेज पॉली, डाइ, ट्राई पेप्टाइड्स माल्टोस सुक्रोस लैक्टोस वसा	ट्रिप्सिनोजन अमीनो अम्ल ग्लूकोज ग्लूकोज, फ्रक्टोस ग्लूकोज, गैलेक्टोस वसीय अम्ल, ग्लिसरॉल	सक्रिय ट्रिप्सिन

जीवधारियों से संबंधित महत्त्वपूर्ण तथ्य (Important Facts Related to Animals)

- यदि कोई व्यक्ति समुद्र तट से ऊँचे पहाड़ पर रहने लगेगा तो उसके शरीर में हीमोग्लोबिन की मात्रा बढ़ जाएगी।
- पक्षियों में उत्सर्जन यूरिया के स्थान पर यूरिक अम्ल के रूप में होता है जिससे उनमें जल की बचत हो सके।
- ऑक्सीजन जीवन की उत्पत्ति के समय आदि वायुमंडल में अनुपस्थित था।
- कोशिका के अध्ययन के विज्ञान को साइटोलॉजी कहा जाता है।
- कोशिका शब्द का सर्वप्रथम प्रयोग अंग्रेज वैज्ञानिक रॉबर्ट हुक ने सन् 1665 ई. में किया था।

डीएनए और आरएनए में मुख्य अंतर (Difference between DNA and RNA)

डीएनए (DNA)

1. इसमें डीऑक्सीराइबोज शर्करा होती है।
2. इसमें बेस एडिनीन, गवालीन, थायमिन एवं साइटोसीन होते हैं।
3. यह मुख्यतः केन्द्रक में पाया जाता है।

आरएनए (RNA)

1. इसमें शर्करा राइबोज होती है।
2. इसमें बेस थायमिन की जगह यूरेसिल आ जाता है।
3. यह केन्द्रक एवं कोशिका द्रव्य दोनों में पाया जाता है।

मानव रक्त (Human Blood)

1. रक्त का पीएच मान 7.4 होता है।
2. एक वयस्क मनुष्य में औसतन 5-6 लीटर रक्त पाया जाता है।
3. रक्त में दो प्रकार के पदार्थ पाए जाते हैं–
   (a) प्लाज्मा
   (b) रुधिराणु (RBC, WBC एवं Blood Platelets)

मनुष्य के रक्त वर्ग (Blood Group)

- रक्त-समूह की खोज कार्ल लैंडस्टीनर ने 1900 ई. में की थी। इसके लिए इन्हें सन् 1930 में नोबेल पुरस्कार मिला।
- मनुष्यों के रक्तों की भिन्नता का मुख्य कारण लाल रक्त कण में पाई जाने वाली ग्लाइको प्रोटीन है, जिसे एन्टीजन कहते हैं।
- एन्टीजन दो प्रकार के होते हैं- एण्टीजन A एवं एन्टीजन B
- एण्टीजन या गलाइको प्रोटीन की उपस्थिति के आधार पर मनुष्य में चार प्रकार के रुधिर वर्ग होते हैं।
  (a) जिसमें एण्टीजन A होता है – रुधिर वर्ग A
  (b) जिसमें एण्टीजन B होता है – रुधिर वर्ग B
  (c) जिसमें एण्टीजन A एवं B दोनों होते हैं– रुधिर वर्ग AB
  (d) जिसमें दोनों में से कोई एण्टीजन नहीं होता है– रुधिर वर्ग O

जीवाणु (Bacteria)

- इसकी खोज 1683 ई. में हॉलैंड के एण्टोनीवान ल्यूवेनहॉक ने की।
- जीवाणु विज्ञान का पिता **ल्यूवेनहॉक** को कहा जाता है।
- **एहरेनवर्ग** (Ehrenberg) नें सन् 1829 में इन्हें **जीवाणु** नाम दिया।
- **राबर्ट कोच** (1843-1910 ई.) ने कॉलरा तथा तपेदिक के जीवाणुओं की खोज की तथा रोग का जन्म सिद्धांत बताया।
- **लुई पाश्चर** (1822-1895 ई.) ने रेबीज का टीका, दूध के पाश्चुराइजेशन की खोज की।

आकृति के आधार पर जीवाणु कई प्रकार के होते हैं–

1. **घड़ाकार या बैसिलस (Bacillus) :** यह डडनुमा या बेलनाकार होता है।
2. **गोलाकार या कोकस (Cocus) :** ये गोलाकार एवं सबसे छोटे जीवाणु होते हैं।
3. **कोमा-आकार या विब्रियो (Vibrio) :** अंग्रेजी के चिह्न कॉमा (Comma shaped) (') के आकार के उदाहरण : विब्रियो कॉलेरी आदि।
4. **सर्पिलाकार (Spirillum) :** स्प्रिंग के आकार के।

- ऐजोटोबैक्टर, एजोसपाइरिलम तथा क्लोस्ट्रीडियम जीवाणु की कुछ जातियाँ स्वतंत्र रूप से मिट्टी में निवास करती हैं व मिट्टी के कणों के बीच स्थित वायु के नाइट्रोजन का स्थिरीकरण करती है।
- एनाबीना तथा नॉस्टॉक नामक सायनोबैक्ट्रियरा वायुमंडल की नाइट्रोजन का स्थिरीकरण करते हैं।
- राइजोबियम तथा ब्रैडीराइजोबियम इत्यादि जीवाणु की जातियाँ लैग्यूमिनोसी (मटर कुल) के पौधे की जड़ों में रहती है और वायुमंडलीय नाइट्रोजन का स्थिरीकरण करती है।

भोजन, पोषण एवं स्वास्थ्य (Food, Nutrition and Health)

भोजन (खाद्य पदार्थों) के प्रमुख घटक

खाद्य वर्ग	प्रमुख पोषक	पोषक तत्त्व वाले खाद्य पदार्थ
ऊर्जा प्रदान करने वाले	कार्बोहाइड्रेट एवं वसा	खाद्यान्न : गेहूँ, चावल, आलू, चीनी, वसा-घी एवं तेल।
शरीर का निर्माण करने वाले	प्रोटीन	दूध, मांस-मटन, मुर्गी, मछली, अंडा, दलहन-दालें, चना, सोयाबीन आदि।
रोग-रोधी/रक्षात्मक	खनिज, विटामिन	सब्जियाँ विशेष रूप से पत्ते वाली हरी सब्जी- पालक, पत्तागोभी, बथुआ, इत्यादि। भोजन में रुक्ष अंश (रेशे) सलाद, बैंगन, फल तथा फलियाँ।

महत्त्वपूर्ण विटामिन

विटामिन	रासायनिक	स्रोत नाम	शारीरिक क्रिया	कमी से उत्पन्न रोग
ए	रेटिनॉल (Retinol)	मछली का यकृत तेल, दूध, मक्खन, घी, गाजर, पत्तेदार और हरी सब्जियाँ आदि।	चाक्षुक वर्णक का संश्लेषण, नेत्र और इसकी श्लेष्मा झिल्ली को स्वस्थ रखना।	रतौंधी, शुष्काक्षिपाक, शारीरिक वृद्धि का रुक जाना, पाचक नाल और नेत्र का संक्रामक रोग।
बी-1	थायमीन (Thiamine)	खमीर, अंकुरित गेहूँ, शिंवी फल (सेम, मटर, आदि), मांस, अण्डा और शाक-सब्जियाँ।	कार्बोहाइड्रेट उपापचय	बेरी-बेरी
बी-2	राइबोफ्लोवीन (Riboflavin)	दूध, मांस, पत्तेदार सब्जियाँ	ऊतक-ऑक्सीकरण	जिह्वा में सूजन त्वचा में सूजन दृष्टि की स्वच्छता में कमी, भ्रूण की अस्थियों का टेढ़ा-मेढ़ा होना।
बी-3	निकोटिन अम्ल, नियसीन (Niacin)	मछली, अण्डे	ऊतक-ऑक्सीकरण	प्लैग्रा
बी-12	सायनोकोबालिमन (Cynoco- balmin)	यकृत	लाल रक्तकणों का निर्माण	अरक्ता
सी	एस्कार्बिक अम्ल (Ascorbic acid)	नींबू कुल के फल, हरी सब्जियाँ	एन्जाइम संबंधी कार्य	स्कर्वी
डी	कैल्सिफेरॉल (Calciferol)	मछली का यकृत, उपापचय	कैल्सियम	रिकेट्स
ई	टोकोफेरोल (Tocoferol)	सलाद की पत्तियाँ, शिंवी फल (सेम, मटर) आदि में सहायता।	कोशिकाओं का निर्माण, विटामिन के समुचित उपयोग।	बंध्यता, पेशी तथा तन्त्रिका संबंधी गड़बड़ी।

मनुष्य में होने वाले विभिन्न रोग

जीवाणुओं द्वारा होने वाले मनुष्य में कुछ प्रमुख रोग

रोग का नाम	प्रभावित अंग	रोग के लक्षण	जीवाणु का नाम
निमोनिया	फेफड़े	फेफड़ों में संक्रमण में जल भर जाना, तीव्र ज्वर, श्वास लेने में पीड़ा।	डिप्लोकोकस न्यूमोनी
टिटनेस	तंत्रिका-तंत्र तथा माँसपेशियाँ	शरीर में झटके लगना, जबड़ा न खुलना, बेहोशी	क्लोस्ट्रीडियम टिटैनी
बॉट्यूलिज्म या भोजन विषाक्तता	तंत्रिका-तंत्र	वमन, दोहरी दृष्टि श्वास लेने में पीड़ा	क्लोस्ट्रीडियम बॉट्यूलिनम
मियादी बुखार	आँत का रोग	ज्वर, दुर्बलता, अधिक प्रकोप होने पर आँतों में छेद होना	सालमोनेला टाइफी
कुष्ठ (कोढ़)	त्वचा तथा तंत्रिकाएँ	व्रणों तथा गाँठों का बन जाना, हाथ तथा पैर की अँगुलियों के ऊतकों का धीरे-धीरे नष्ट होना।	माइकोबैक्टीरिया लेप्री
क्षय रोग	शरीर का कोई भी अंग विशेष	ज्वर, खाँसी, दुर्बलता, श्वास फूलना, बलगम आना	माइकोबैक्टीरियम ट्यूबरकुलोसिस
हैजा	आँत या आहार नाल	निर्जलीकरण, वमन, दस्त	विब्रिओ कोमा
डिफ्थीरिया	श्वास नली	तीव्र ज्वर, श्वास लेने में पीड़ा, दम घुटना	कोरीनेबैक्टीरियम डिफ्थेरी
काली खाँसी	श्वसन तंत्र	निरन्तर आने वाली तेज खाँसी के साथ वमन	हेमोफिलस परटूसिस
सिफिलिस	जनन अंग, मस्तिष्क, तंत्रिका-तंत्र	जननांगों पर चकत्ते बनना, लकवा, त्वचा पर दाने, बालों का झड़ना	ट्रेपोनेमा पॉलीडम
प्लेग	बगलें या काँखें, फेफड़े, लाल रक्त कणिकाएँ	तीव्र ज्वर, काँखों में गिल्टी का निकलना, बेहोशी	पासट्यूरेला पेस्टिस
मेनिनजाइटिस	मस्तिष्क के ऊपर की झिल्लियाँ, मस्तिष्क	तीव्र ज्वर, बेहोशी, मस्तिष्क की झिल्ली में शोध या सूजन	नीसेरिया मेनिनजाइटिडिस

प्रोटोजोआ जनित रोग

रोग	रोग कारक	मुख्य लक्षण
मलेरिया	प्लाज्मोडियम वाइवेक्स	मलेरिया रोगी की तीन अवस्थाएं– जाड़ा: तापमान बढ़ता व कंपकपी छूटती है, बुखार: अधिकतम बुखार, तीव्र सिरदर्द, पीठ में दर्द, उल्टी आती है, पसीना: अत्यधिक पसीना आता है शरीर का तापमान गिर जाता है।
अमीबायसिस	एण्टअमीबा हिस्टोलिअिका	आंत में रक्तस्राव, अल्सर, उत्सर्जी पदार्थ (दस्त) के साथ श्लेष्मा का निष्कासन।
निद्रारोग	ट्रिपनोसोमा ब्रूसी	बुखार, तेज सिर दर्द, जोड़ों का दर्द, पलकों में सूजन, भार कम होने लगता है, काम करने का मन न लगना, नींद अत्यधिक प्रिय लगना, मानसिक असंतुलन।
कालाजार	लिसमानिया डोनोवेनी	तेज बुखार, यकृत प्लीहा का फैलाव, रक्तहीनता आदि।

विषाणुओं द्वारा होने वाले प्रमुख रोग

रोग का नाम	प्रभावित अंग	रोग के लक्षण
गलसुआ	पेरोटिड लार ग्रन्थियाँ	लार ग्रन्थियों में सूजन, अग्न्याशय, अण्डाशय और वृषण में सूजन, ज्वर, सिरदर्द इस रोग से बंध्यता होने का भय रहता है।
फ्लू या इन्फ्लूएंजा	श्वसन तंत्र	ज्वर, शरीर में पीड़ा, सिरदर्द, जुकाम, खाँसी।
रेबीज या हाइड्रोफोबिया	तंत्रिका-तंत्र	पीड़ा, ज्वर, पानी से अत्यधिक भय, माँसपेशियों तथा श्वसन तंत्र में लकवा, बेहोशी, बेचैनी (यह पागल कुत्ते के काटने से होने वाला एक घातक रोग है)
खसरा	सम्पूर्ण शरीर	ज्वर, पीड़ा, सम्पूर्ण शरीर में खराश, नेत्रों में जलन, आँख और नाक से द्रव का बहना।
चेचक	सम्पूर्ण शरीर	ज्वर, पीड़ा, जलन व बेचैनी, सम्पूर्ण चेहरा शरीर पर फफोले तथा शरीर में दर्द।
पोलियो	तंत्रिका-तंत्र (स्पाइनल)	माँसपेशियों के संकुचन में अवरोध तथा भोजन व पानी कॉर्ड के मोटर तंत्रिका हाथ व पैरों में लकवा के साथ शरीर में भी क्षति।
हरपीस	त्वचा, श्लेष्मकला	त्वचा में जलन, बेचैनी, शरीर पर फोड़े।
मस्तिष्क शोध या एन्सेफेलाइटिस	तंत्रिका-तंत्र	ज्वर, बेचैनी, दृष्टि-दोष, अनिद्रा, बेहोशी, यह घातक रोग है।
रोहे या ट्रेकोमा	नेत्र	नेत्रों में सूजन, जलन तथा पानी का बहना

शरीर की बीमारियाँ एवं प्रभावित अंग

बीमारी	प्रभावित अंग
आर्थाइटिस	जोड़ों की सूजन
डिप्थीरिया	गला, श्वास नली
एग्जीमा	चमड़ी
पीलिया	यकृत
प्लूरिसी	छाती
पायरिया	दाँत तथा मसूड़े
केटेरक्त, ग्लाइकोमा, ट्रेकोमा	आँखें
डायबिटीज	पैंक्रियाज
गोइटर (गण्डमाला)	थाइराइड ग्रन्थि
मैनिन्जाइटिस	स्पाइनल कॉर्ड (रीढ़ की हड्डी) तथा मस्तिष्क
गठिया या र्‍यूमैटिज्म	जोड़ों में
टिटेनस	तंत्रिका तंत्र, माँसपेशी
कुष्ठ	त्वचा, तंत्रिकाएँ
हैजा	आँत, आहारनाल
काली खाँसी	श्वसन तंत्र
प्लेग	फेफड़े, लाल रक्त कणिकाएँ
निमोनिया, ट्यूबरक्लोसिस	फेफड़े
टाइफाइड	समस्त अंग (आँतें)
रिकेट्स	हड्डियाँ
सिफलिस	जनन अंग
दस्त	बड़ी आँत
अतिसार	आँत का अग्रभाग
सुजाक, श्वेत प्रदर	मूत्र मार्ग

जीवाणुओं से प्राप्त होने वाली कुछ प्रतिजैविकी

प्रतिजैविकी का नाम	जीवाणु का नाम
सबटिलीन	बैसीलस सबटिलिस
थायरोथिन	बैसीलस ब्रीविस
स्ट्रैप्टोमाइसिन	स्ट्रैप्टोमाइसीज ग्राइसियस
क्लोरोमाइसेटिन	स्ट्रैप्टोमाइसीज ओरोफैसिएन्स
टेट्रासाइक्लिन	स्ट्रैप्टोमाइसीज रिमोसस
नियोमाइसिन	स्ट्रैप्टोमाइसीज फ्रैडिए
ऐक्टिनोमाइसेटिन	स्ट्रैप्टोमाइसीज एन्टीबायोटिक्स
ऐरिथ्रोमाइसिन	स्ट्रैप्टोमाइसीज ऐरिथ्रन्सए

पौधों में होने वाले विभिन्न रोग

पौधों के रोग	
रोग का नाम (फसल)	रोगकारक कवक का नाम
श्वेत किट्ट (सरसों वर्ग)	सिस्टोपस केनडिडा या ऐल्बुगो केनडिडा
अनाज व घास का चूर्णिल आसिला	एरीसाइफी जातियाँ
क्रूसीफर्स की मृदु रोमिल आसिता	पेरोनोस्पोरा जातियाँ
आलू का अगेता झुलसा	आल्टर्नेरिया सोलेनी
आलू का पछेता झुलसा	फाइटोप्थोरा इनेस्टेन्स
धनिए की स्तम्भ पिटिका	प्रोटोमाइसीज मेक्रोस्पोरस
गन्ने की लाल गलन	कोलेटोट्राइकम पुलकेटम

अभ्यास प्रश्न

1. निम्नलिखित में से हमारे शरीर में कौन-सी सबसे बड़ी ग्रंथि हो सकती है?
(a) पेशी (b) तंत्रिका
(c) यकृत (d) इनमें से कोई नहीं

2. हमारे शरीर में ऊर्जा निम्न में से कौन देता है?
(a) विटामिन (b) जल
(c) कार्बोहाइड्रेट (d) प्रोटीन

3. तंतु आहार में शामिल है–
(a) ग्लाइकोजन (b) प्रोटीन
(c) सेलुलोज (d) वसा

4. मूत्र का असामान्य घटक है–
(a) यूरिया (b) क्रिएटिनिन
(c) ऐल्ब्युमिन (d) सोडियम

5. निम्नलिखित में से वह अंग कौन-सा है जिसमें पानी, वसा तथा विभिन्न अपचय (कैटाबोलिक) अपशिष्ट उत्सर्जित होते रहते हैं?
(a) वृक्क (b) त्वचा
(c) प्लीहा (d) लाल ग्रंथि

6. किसी पेशी में संकुचनशील प्रोटीन होते हैं–
(a) ऐक्टिन और मायोसिन (b) ऐक्टिन और ट्रोपोमायोसिन
(c) मायोसिन और ट्रोपोनिन (d) ट्रोपोनिन और ट्रोपोमायोसिन

7. निम्न में से किस कशेरुकी में बहि: कंकाल नहीं होता है?
(a) ऐम्फिबिया (उभयचर) (b) मैमेलिया (स्तनी वर्ग)
(c) एवीज (पक्षी-वर्ग) (d) कॉन्ड्रिक्थीज

8. ऑस्टियोसाइट पाए जाते हैं–
(a) अस्थि में (b) रुधिर में
(c) उपास्थि में (d) लसीका में

9. जोड़ पर यूरिक एसिड क्रिस्टलों का एकत्र हो जाना कारण है–
(a) गठिया का (b) अस्थिसुषिरता का
(c) अस्थिमृदुता का (d) रिकेट्स का

10. रोग प्रतिकारकों को उत्पन्न करने वाला सेल कौन-सा है?
(a) रेड ब्लड सेल (b) न्यूट्रोफिल
(c) लिम्फोसाइट (d) प्लेटलेट्स

11. एन्जाइम होते हैं–
(a) सूक्ष्म जीव (b) प्रोटीन
(c) अकार्बनिक यौगिक (d) फफूँदी

12. डायस्टेज एन्जाइम का स्रोत है–
(a) लार-ग्रंथि (b) अमाशय
(c) यकृत (d) अग्नाशय

13. नींबू में खटास किस चीज की होती है?
(a) ऐसीटिक अम्ल (b) ऐस्कॉर्बिक अम्ल
(c) टार्टरिक अम्ल (d) सिट्रिक अम्ल

14. निम्नलिखित में से कौन-सा लार (Saliva) का लाभ नहीं है?
(a) यह निगलने में मदद करती है।
(b) यह शरीर में RBC की वृद्धि करती है।
(c) यह मुख तथा दाँतों को साफ रखती है।
(d) यह होंठों तथा जिह्वा की गति को अनुकूल बनाकर बोलने में मदद करती है।

15. निम्नलिखित में से विटामिन 'सी' का सर्वोत्तम स्रोत है–
(a) अण्डे की जर्दी (b) मछली का यकृत तेल
(c) कोड मछली का यकृत तेल (d) सिट्रस फल

16. निम्नलिखित में से किस भाग में पाचक एवं श्वसन नलियाँ 'क्रॉस' करती हैं?
(a) ग्रसनी (b) कण्ठ
(c) ग्रासनली (d) श्वास नली

17. दूध को दही में स्कंदित करने वाला एन्जाइम है–
(a) रेनिन (b) पेप्सिन
(c) रेज़िन (d) सिट्रेट

18. किसी एथलीट को तात्क्षणिक ऊर्जा के लिए निम्नलिखित में से क्या दिया जाना चाहिए?
(a) कार्बोहाइड्रेट्स (b) वसा
(c) प्रोटीन (d) विटामिन

19. निम्नलिखित में से किसको RBC का कब्रिस्तान कहा जाता है?
(a) यकृत (b) प्लीहा
(c) मस्तिष्क (d) हृदय

20. मानव शरीर की सबसे बड़ी मिश्रित ग्रंथि है–
(a) थाइमस (b) यकृत
(c) अग्नाशय (d) प्लीहा

21. आर्कियोप्टेरिक्स में निम्न सरीसृप लक्षण थे–
(a) जबड़े पर दाँत, पूँछ, चोंच
(b) नखरित पंख, जबड़े पर दाँत, पूँछ
(c) नखरित पंख, शल्क, पिच्छ
(d) जबड़े पर दाँत, पिच्छ, पूँछ

22. खाद्य-श्रृंखला में सबसे निचला स्तर है–
(a) उपभोक्ता (b) दूसरा उपभोक्ता
(c) उत्पादक (d) इनमें से कोई नहीं

23. निम्न में से कौन-सी शाखा जीवित जीवों की उन्हीं जातियों की अपने निर्जीव परिवेश के साथ अंत:क्रिया से संबंधित है?
(a) स्वपारिस्थितिकी
(b) संपारिस्थितिकी
(c) पारिस्थितिकी
(d) जीवाश्मिकी

24. एलोसोम होते हैं–
(a) कोशिकांग (b) पादप हॉर्मोन
(c) ऐलील (d) लिंग गुणसूत्र

25. डी.एन.ए. संरचना का सही मॉडल किसने बनाया था?
(a) जैकब और मोनोड् (b) वाट्सन और क्रिक
(c) एच. जी. खुराना (d) बाल्टिमोर और टेमिन

26. मानव तथा अन्य जीवों में 'जीन' आनुवंशिकता को नियंत्रित करते हैं। यह 'जीन' क्या है?
(a) गुणसूत्रों पर मनका जैसी संरचना
(b) प्रोटीन अणु
(c) आर.एन.ए. का एक खण्ड
(d) आर.एन.ए. या डी.एन.ए. का एक खण्ड

27. निम्नलिखित में से कौन-सा दर्द का निवारण करता है?
(a) प्रतिजैविक (ऐंटीबायोटिक) (b) ऐनलजैसिक
(c) ऐंटीपायरेटिक (d) डिसिन्फेक्टेंट

28. गलसुआ (मम्प्स) एक वायरल रोग है जो सूजन पैदा करता है–
(a) कर्णपूर्व (Parotid) ग्रंथि में
(b) अधोजिह्वा (Sublingual) ग्रंथि में
(c) अधोजंभ (Submaxillary ग्रंथि में
(d) अवाक्षि (Infra orbital) ग्रंथि में

29. निम्न में कौन-सा रोग नाइट्रेट संदूषित भोजन तथा जल के उपयोग द्वारा होता है?
(a) मिनिमाटा (b) अस्थिसुषिरता
(c) ब्ल्यू बेबी सिंड्रोम (d) ऐस्बेस्टासिस

30. मलेरिया निम्नलिखित में से किसके काटने से होता है?
(a) खटमल (b) मादा ऐनफिलीज मच्छर
(c) मक्खी (d) कॉक्रोच

31. रुधिर स्कंदन निम्नलिखित में किस प्रोटीन के द्वारा होता है?
(a) फाइब्रिन (b) फाइब्रिनोजन
(c) एल्बूमिन (d) ग्लोबुलिन

32. मानव हृदय में कितने वाल्व (Valve sets) होते हैं?
(a) चार (b) तीन
(c) दो (d) एक

33. हीमोग्लोबिन में निम्नलिखित में से कौन-सा तत्व मौजूद होता है?
(a) कैल्सियम (b) लोहा
(c) सोडियम (d) पोटैशियम

34. हृदय और उसकी बीमारियों के अध्ययन से संबंधित विज्ञान को क्या कहा जाता है?
(a) कार्डियोलॉजी (b) क्रॉनोबायलॉजी
(c) हीमोटोलॉजी (d) हेपेटोलॉजी

35. रक्त के AB वर्ग वाला व्यक्ति ऐसे व्यक्ति को रक्तदान कर सकता है, जिसके रक्त का वर्ग हो–
(a) A (b) B
(c) AB (d) O

36. 'हाइपरटेन्शन' शब्द किसके लिए प्रयोग किया जाता है?
(a) हृदय की गति तेज होने के लिए
(b) हृदय की गति धीमी होने के लिए

(c) रक्तचाप घटने के लिए
(d) रक्तचाप बढ़ने के लिए

37. मानव चक्षु में एक विशेष रंजक होता है जो यह निर्धारित करता है कि किसी व्यक्ति की आँखें, नीली या काली होंगी। यह रंजक निम्नलिखित में से किसमें पाया जाता है?
(a) स्वच्छमंडल (कॉर्निया) (b) रक्तपटल
(c) परितारिका (आइरिस) (d) काचाभ काय

38. सबसे अधिक अपवर्तनांक वाला आँख का अंग है–
(a) कार्निया (b) एक्विअस ह्यूमर
(c) लेन्स (d) काचाभ द्रव (विट्रियस ह्यूमर)

39. एक आदमी 10 मीटर की दूरी साफ नहीं देख पाता, वह किस रोग से ग्रसित है?
(a) दूर दृष्टि (b) निकट दृष्टि (मायोपिया)
(c) मोतिया बिंद (d) दीर्घदृष्टि (हाइपर मेट्रोपिया)

40. मानव शरीर में वे नियंत्रण केंद्र कहाँ हैं जो भूख, पानी, संतुलन तथा शरीर के तापमान को विनियमित करते हैं?
(a) वैन्स (b) मेडुला ऑब्लांगेटा
(c) थैलेमस (d) हाइपोथैलेमस

41. निम्न में से किस जंतु में तंत्रिका तंत्र नहीं होता?
(a) जोंक (b) टेपवर्म
(c) अमीबा (d) घोंघा

42. निम्नलिखित में से कौन परजीवी नहीं है?
(a) जूँ (b) मच्छर
(c) किलनी (टिक) (d) मक्खी

43. निम्नलिखित जोड़ों में से किसका मेल सही बैठा है?
(a) टिटेनस – बी.सी.जी.
(b) राजयक्ष्मा (टी.बी.) – ए.टी.एस.
(c) मलेरिया – क्लोरोक्वीन
(d) स्कर्वी – थायमीन

44. निम्नलिखित में से वह दवा कौन-सी है, जो आंत्रज्वर में दी जाती है?
(a) क्लोरोक्वीन (b) विटामिन 'ए'
(c) क्लोरोमाइसिटीन (d) सल्फा ड्रग्स

45. निम्न में से किस कोशिकांग को 'एटम बम' कहते हैं?
(a) सूक्ष्मनलिका (b) न्यूक्लिओलस
(c) गॉल्जीकाय (d) लाइसोसोम

46. कोशिका में निम्न में से कौन-सी पाचन थैली कहलाती है?
(a) गॉल्जीकाय (b) माइटोकॉण्ड्रिया
(c) राइबोसोम (d) लाइसोसोम

47. नाइट्रोजनी आहार है–
(a) कार्बोहाइड्रेट (b) लिपिड
(c) प्रोटीन (d) लवण

48. निम्नलिखित में से वह/वे मानव रोग कौन-सा है/कौन-से हैं जो उत्परिवर्ती जीव द्वारा फैलता है/फैलते हैं?
(a) हीमोफीलिया (b) दाब कोशिका अरक्तता
(c) थैलेसीमिया (d) उपर्युक्त सभी

49. मिलान कीजिए–

सूची-I	सूची-II
A. एक्वाकल्चर	1. रेशम
B. फ्लोरिकल्चर	2. अंगूर
C. सेरीकल्चर	3. पुष्प
D. विटिकल्चर	4. मत्स्य

कूटः

	A	B	C	D
(a)	4	3	2	1
(b)	3	4	1	2
(c)	3	4	2	1
(d)	4	3	1	2

50. मोटर कार के धुएँ से मानसिक रोग पैदा करने वाला प्रदूषक है–
(a) सीसा (b) NO_2
(c) SO_2 (d) Hg

51. प्रतिजैविक क्या होता है?
(a) किसी जीव द्वारा संश्लेषित एक रासायनिक यौगिक जो जीव के विकास को निरुद्ध करता है।
(b) किसी जीव द्वारा संश्लेषित एक यौगिक जो रोगाणुओं की वृद्धि को निरुद्ध करता है।
(c) अन्य जीवों के विकास को निरुद्ध करने वाला एक संश्लिष्ट यौगिक।
(d) बैक्टीरिया की वृद्धि को निरुद्ध करने वाला एक संश्लिष्ट यौगिक।

52. निम्नलिखित में से वह संक्रामक रोग कौन-सा है जो एक व्यक्ति से दूसरे व्यक्ति में सीधा नहीं फैलता है?
(a) सार्स (SARS) (b) टिटेनस
(c) मीजल्स (d) फुप्फुसी यक्ष्मा

53. रोहिणी (गलघोंटू) और इन्फ्लूऐंजा के होने का क्या कारण है?
(a) क्रमशः विषाणु और जीवाणु (b) क्रमशः जीवाणु और विषाणु
(c) जीवाणु (d) जल-प्रदूषण

54. ट्यूबरकुलोसिस संक्रमण होता है–
(a) माइक्रोबैक्टीरियम ऐवोनिन द्वारा
(b) स्टैफाइलोकोकस द्वारा
(c) माइकोबैक्टीरियम ट्यूबरकुलोसिस द्वारा
(d) स्ट्रेप्टोकोकस द्वारा

55. वायरल संक्रमण से होने वाला रोग है–
(a) टाइफाइड (b) विषूचिका
(c) जुकाम (d) मलेरिया

56. डी.पी.टी. टीका निम्नलिखित में से किस रोग के बचाव में दिया जाता है?
(a) रोहिणी (गलघोंटू), पोलियो तथा यक्ष्मा
(b) रोहिणी, कुकुर खाँसी तथा यक्ष्मा
(c) रोहिणी, कुकुर खाँसी तथा टिटनेस
(d) रोहिणी, पोलियो तथा टिटेनस

57. निम्न में से किस युग्म का विवृत प्रकार का परिसंचरण तंत्र है?
(a) केंचुआ और जोंक (b) आदमी और व्हेल
(c) कॉक्रोच और सिल्वर फिश (d) टैडपोल लारवा और मत्स्य

58. मुख से लिए जाने वाले पोलियो वैक्सीन का विकास किसने किया था?
(a) लुई पास्चर (b) जोनास साल्क
(c) सर रॉबर्ट पील (d) अल्बर्ट साबिन

59. 'माइक्रोप्लाज्मा' जिस रोग से संबद्ध है, वह निम्नलिखित में से किन अवयवों को प्रभावित करता है?
(a) श्वास संबंधी (b) उत्सर्जन संबंधी
(c) प्रजनन संबंधी (d) पाचन संबंधी

60. निम्न में से कौन मलेरिया पैदा करता है?
(a) कीट (b) बैक्टीरिया
(c) प्रोटोजोआ (d) वायरस

61. उस स्थिति में एक जैसा जोड़ा पैदा होता है, जब–
(a) तुरंत दो अण्डे दिए जाते हैं।
(b) एक निषेचित अण्डे के दो टुकड़े हो जाते हैं।
(c) दो अण्डों का निषेचन अलग-अलग किया जाता है।
(d) छोड़े गए दो स्पर्म एक अण्डे का निषेचन करते हैं।

62. निम्न में से किस कोशिकाद्रव्यी कोशिकांग को यूकैरियोटिक कोशिकाओं के भीतर प्रोकैरियोटिक कोशिकाएँ माना जाता है?
(a) माइटोकॉन्ड्रिया (b) गॉल्जीकाय
(c) लाइसोसोम (d) ग्लाइऑक्सिसोम

63. कोशिका में निम्न में से कौन-सी पाचन थैली कहलाती है?
(a) गॉल्जीकाय (b) माइटोकॉन्ड्रिया
(c) राइबोसोम (d) लाइसोसोम

64. पादप द्वारा बड़ी मात्रा में अपेक्षित तत्व है–
(a) कैल्शियम (b) नाइट्रोजन
(c) फॉस्फोरस (d) सल्फर

65. निम्नलिखित में से वह पौधा कौन-सा है जो अपने भोजन के लिए कीटों को पकड़ लेता है?
(a) डहेलिया (b) साल्विया
(c) यूट्रीकुलेरिया (d) बाल्सम

व्याख्या सहित उत्तर

1. (c) शरीर की सबसे बड़ी ग्रंथि यकृत या जिगर है। यकृत का प्रमुख कार्य पित्त का स्रावण, अमीनों अम्लों का डीऐमीनेशन, यूरिया का संश्लेषण, उत्सर्जी पदार्थों का बहिष्कार, विषैले पदार्थों से विषहरण इत्यादि है। शरीर की सबसे बड़ी अंत:स्रावी ग्रंथि थायराइड ग्रंथि है।

2. (c) कार्बोहाइड्रेट हमारे शरीर को ऊर्जा प्रदान करता है। यह 4 प्रकार का होता है मोनोसैकराइड, डाईसैकेराइड, पॉलीसैकेराइड तथा ओलिगो सैकराइड। यह एक तात्कालिक ऊर्जा का स्रोत है। इसका कैलोरी मान 4.1 होता है।

3. (c) सेलुलोस एक पॉलीसैकेराइड है, जो ग्लूकोज का बना होता है। यह तंतु आहार के रूप में लिया जाता है, परंतु इसके पाचन के लिए एन्जाइम अनुपस्थित होने के कारण शरीर में इसका पाचन नहीं हो पाता है।

4. (c) सामान्य मूत्र में 95% जल, 2% लवण जैसे (Na^+, K^+, Cl^- व SO^{4-} इत्यादि) 26% यूरिया, 3% यूरिक एसिड तथा क्रिएटिनिन होता है। इसका रंग यूरोक्रोम के कारण पीला होता है। इसका pH मान 6 होता है। मूत्र में ऐल्ब्युमिन नहीं होता है इसकी उपस्थिति को ऐल्ब्युनिरिया कहते हैं।

5. (a) मनुष्य में प्राय: दो वृक्क गहरे लाल रंग के सेम के बीज के आकार के होते हैं। इसका प्रमुख कार्य अपशिष्ट पदार्थों को उत्सर्जित करना है। इसके अलावा अन्य कार्य जैसे समस्थैतिकता, pH का नियमन इत्यादि है।

6. (a) ऐक्टिन और मायोसिन पेशी में संकुचनशील प्रोटीन होते हैं। यह पेशियों को सिकोड़कर शरीर एवं अंगों को गति प्रदान करते हैं।

7. (a) बहि:कंकाल वे रचनाएँ होती हैं जो त्वचा की बाहरी सतह पर स्थित रहती हैं और इसी को सुदृढ़ बनाने का काम करती है। जैसे– मछलियों एवं सरीसृपों की शल्के, पक्षियों एवं स्तनियों के पंजे इत्यादि। ऐम्फिबिया (उभयचर) प्राणी में बहि:कंकाल नहीं होता है।

8. (a) ऑस्टियोसाइट अस्थि में, कॉन्ड्रोसाइट उपास्थि में तथा थ्रम्बोसाइट रुधिर में पाया जाता है।

9. (a) जोड़ों पर यूरिक एसिड क्रिस्टल एकत्र हो जाने के कारण गठिया हो जाता है।

10. (c) लिम्फोसाइट कणिकाविहीन श्वेत रुधिराणु होती है। इन श्वेत रुधिराणुओं की कुल संख्या का 20% से 30% होती है। यह दो प्रकार का होता है– B–लिम्फोसाइट व T–लिम्फोसाइट। यह शरीर में प्रतिरक्षी प्रोटीन बनाता है।

11. (b) एन्जाइम प्रमुख रूप से प्रोटीन होते हैं। एन्जाइम एक कार्बनिक पदार्थ है जो कि एक रासायनिक अभिक्रिया को 10^{10} गुणा बढ़ा सकता है। एन्जाइम की खोज सर्वप्रथम जर्मन वैज्ञानिक कुहने द्वारा की गई थी।

12. (a) डायस्टेज एन्जाइम का स्रोत लार ग्रंथि है। यह स्टार्च को माल्टोज और फिर डैक्सट्रोज में तोड़ता है।

13. (d) नींबू में सिट्रिक अम्ल की मात्रा लगभग 5 से 6 प्रतिशत होती है जिसके कारण इसका स्वाद खट्टा होता है। इसका pH मान 2 से 3 होता है तथा इसमें विटामिन-सी प्रचुर मात्रा में पाया जाता है।

14. (b) लार हल्की अम्लीय (pH 6.8) होती है। यह लार ग्रंथियों से निकलती है। इसमें लगभग 99.5% जल होता है। शेष भाग में जल में घुले कई प्रकार के विलेय पदार्थ होते हैं। इन पदार्थों में कुछ आयन (Na^+, K^+, Cl^-) तथा एन्जाइम होते हैं। लार खाद्य पदार्थ को निगलने में मदद करती है, मुख तथा दाँतों को साफ रखती है। यह होठों तथा जिह्वा की गति को अनुकूल बनाकर बोलने में मदद करती है।

15. (d) विटामिन 'सी' का सर्वोत्तम स्रोत सिट्रस फल है। विटामिन 'सी' का दूसरा नाम एस्कार्बिक एसिड है। इसका प्रमुख कार्य कोलैजन तंतु, हड्डियों के मैट्रिक्स तथा दाँतों के डेन्टिन के निर्माण में सहायता करना है। इसकी कमी से स्कर्वी रोग हो जाता है।

16. (a) कठोर तालु के विकास के कारण श्वास मार्ग बन जाने से हमारे अन्त:नासाद्वार काफी पीछे ग्रसनी में खुलते हैं। ग्रसनी में मुखगुहिका एवं नासामार्ग मिलते हैं। इस प्रकार ग्रसनी भोजन एवं वायु के लिए सहमार्ग का काम करती है।

17. (a) जठर रस में रेनिन नामक पाचक एन्जाइम पाया जाता है जो दूध के पाचन में सहायता करता है। रेनिन, दूध को दही में स्कंदित करने वाला एन्जाइम है।

18. (a) किसी एथलीट को तात्क्षणिक ऊर्जा के लिए कार्बोहाइड्रेट्स दिया जाना चाहिए।

19. (b) RBC का कब्रिस्तान प्लीहा को कहा जाता है। प्लीहा अमाशय तथा तंतुपट्ट (Diaphragm) के बीच में यकृत के बांई ओर स्थित लगभग 12 सेमी लंबी गहरे लाल रंगी की संकरी एवं चपटी-सी लसिका ग्रंथि होती है। यह रेटिकुलो-एण्डोथिलियमी ऊतक का सबसे बड़ा पिण्ड होता है। प्लीहा की कोशिकाएँ रुधिर के टूटे-फूटे और शिथिल रुधिराणुओं तथा निरर्थक एवं हानिकारक रंगों एवं अन्य पदार्थों का भक्षण करके रुधिर की सफाई करता है।

20. (c) मानव शरीर की सबसे बड़ी मिश्रित ग्रंथि अग्नाशय है। यह उदरगुहा में आमाशय के पीछे स्थित लगभग 15 सेमी लंबी गुलाबी रंग की मिश्रित कोशिकाएँ होती हैं जिसे लैगरहैंस की द्विपिकाएँ कहते हैं। इसमें चार प्रकार की कोशिकाएँ होती हैं जो विशिष्ट हार्मोन्स स्रावित करती हैं–

अल्फा सेल	–	इंसुलीन
बीटा सेल	–	ग्लूकैगान
डेल्टा सेल	–	सोमैटोस्टैटीन
एफ.एफ. या पी.पी. सेल	–	पैंक्रियाटिक पालीपेप्टाइड

21. (b) आर्कियोप्टेरिक्स में नखरित पंख, जबड़े पर दाँत और पूँछ होते थे। आर्कियोप्टेरिक्स पक्षियों तथा सरीसृप के बीच की कड़ी है।

22. (c) खाद्य शृंखला क्रम (नीचे से ऊपर की ओर) :

उत्पादक → शाकपक्षी → मांसभक्षी
(प्रथम उपभोक्ता) (द्वितीय उपभोक्ता)
उदाहरणार्थ (a) घास (निचला स्तर) → हिरण → शेर
(b) घास (निचला स्तर) → टिड्डा → मेंढ़क → सर्प → बाज

23. (a) स्वपारिस्थितिकी (ऑटेकोलॉजी), जीवित जीवों की उन्हीं जातियों की अपने निर्जीव परिवेश के साथ अंत: क्रिया से संबंधित है।

24. (d) एलोसोम लिंग गुणसूत्र होते हैं। मनुष्य में 23 जोड़ी गुणसूत्र होते हैं। 22 जोड़ी गुणसूत्र स्त्रियों और पुरुषों में समान और अपने-अपने समजात होते हैं। इन्हें स्वजात गुणसूत्र या आटोसोम कहते हैं। 23वीं जोड़ी के गुणसूत्र स्त्रियों और पुरुषों में भिन्न होते हैं, जिसे विषमजात गुणसूत्र या एलोसोम कहते हैं। लिंग निर्धारण में इसकी अहम भूमिका होती है।

25. (b) डी.एन.ए. संरचना का सही मॉडल वाटसन और क्रिक ने 1953 में दिया था। डी.एन.ए. दो परस्पर जुड़ी सर्पिल-कुण्डलिनी पॉलिन्यूक्लियोटाइड शृंखलाएँ या सूत्र एक ही केंद्रीय अक्ष के चारों ओर दक्षिणावर्त स्प्रिंग की भाँति ऐंठकर द्विकुण्डलिनी संरचना होती है। द्विकुण्डलिनी का प्रत्येक कुण्डल 3.4A लंबाई में फैला होता है।

26. (a) मानव तथा अन्य जीवों में 'जीन' आनुवंशिकता को नियंत्रित करते हैं। यह जीन गुणसूत्रों पर मनका जैसी संरचना होती है।

27. (b) ऐनलजैसिक दर्द निवारक के रूप में उपयोग किया जाता है जैसे– इबूप्रोफेन, एस्प्रीन, आदि।

एंटी-बायोटिक – प्रतिजैविक
एंटी-पायरेटिक – ज्वरनाशक
डिसिन्फेक्टेंट – इन्फेक्टिव एजेंट को नष्ट करने के लिए उपयोग किया जाता है।

28. (a) गलसुआ (मम्प्स) कर्णपूर्व (Parotid) ग्रंथि में सूजन पैदा करता है। कर्णपूर्व ग्रंथि कपोलों में कर्ण पल्लव के नीचे और आगे की ओर स्थित पीली-सी चपटी सबसे बड़ी लार ग्रंथि होती है। प्रत्येक की लंबी एवं मोटी वाहिनी को स्टेन्सन्स नलिका कहते हैं। यह ग्रंथियाँ मुख्यत: जलीय अर्थात् सीरसी तरल का गावण करती हैं।

29. (c) अगर भोजन तथा जल में नाइट्रेट की मात्रा अधिक हो जाती है तो वह शरीर के लिए हानिकारक होता है। ख़ासकर बच्चों में जानलेवा होता है। यह हीमोग्लोबिन के साथ क्रिया करके मेथेमोग्लोबिन बनाता है जो ऑक्सीजन संवहन को रोक देता है जिसे 'ब्ल्यू बेबी सिन्ड्रोम' कहते हैं।

30. (b) मलेरिया रोग मादा ऐनॉफेलीज मच्छर के काटने से होता है। मलेरिया रुधिर में प्लाज्मोडियम नामक प्रोटोजोआन परजीवी के संक्रमण से होता है। मादा ऐनाफेलीज इसे फैलाती है।

31. (a) रुधिर स्कंदन एक जटिल रासायनिक प्रक्रिया है।

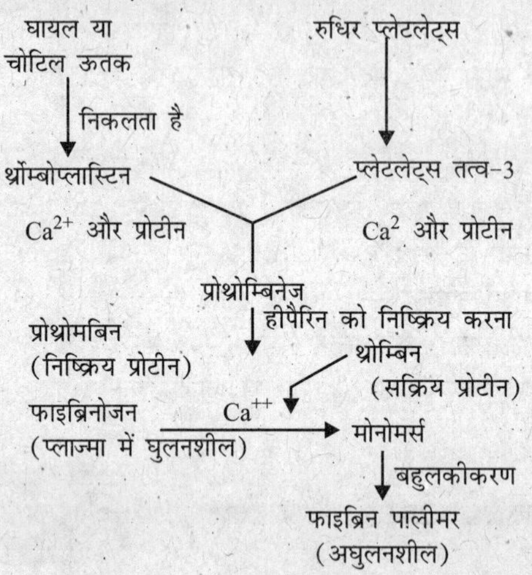

32. (a) मानव हृदय में दाएँ अलिंद एवं निलय के बीच त्रिवलनी कपाट (Tricuspid Valve) एवं बाएँ अलिंद एवं बाएँ निलय (Biscuspid Valve) होते हैं। इसके अलावा पल्मोनरी और आर्टिक वॉल्व भी पाए जाते हैं।

33. (b) रक्त के प्लाज्मा में O_2 वहन की क्षमता बहुत कम होती है, क्योंकि जल में O_2 की घुलशीलता कम होती है। कशेरुकियों के रक्त में O_2 संवहन के लिए एक विशेष रंगा पदार्थ हीमोग्लोबिन लाल रुधिराणु में होता है। यह लौहयुक्त संयुक्त प्रोटीन है। इसके अणु में चार उपइकाइयाँ होती हैं। प्रत्येक उपइकाइयों में एक लंबी व कुण्डलित पालीपेप्टाइड शृंखला एक लौहयुक्त पोरफाइरिन वलय अर्थात् हीम या रंगा समूह से जुड़ी होती हैं। हीम समूह में O_2 संवहन की विशेष क्षमता होती है। इसलिए हीमोग्लोबिन को श्वसन रंगा कहते हैं।

34. (a) हृदय तथा उससे संबंधित बीमारियों का अध्ययन कार्डियोलॉजी के अंतर्गत आता है। हेपेटोलॉजी के अंतर्गत यकृत, पिनाशय तथा अग्न्याशय और उससे संबंधित बीमारियों का अध्ययन करते हैं।

35. (c) AB रुधिर वर्ग में ऐन्टिजन A और B तथा कोई ऐंटीबॉडी नहीं होता है। इसलिए इसको सर्वग्राही रुधिर वर्ग कहते हैं। यह सिर्फ AB रुधिर वाले व्यक्ति को रुधिर दे सकता है।

36. (d) 'हाइपरटेन्शन' शब्द का प्रयोग उच्च रक्तचाप के संदर्भ में होता है। सामान्य मनुष्य में रक्तचाप 120/80mm Hg होता है जिसमें 120 mmHg सिस्टोलिक और 80 mmHg डायस्टोलिक होता है। हाइपरटेन्शन के मरीजों में रक्तचाप सामान्य से कहीं ज्यादा बढ़ जाता है।

37. (b) रक्तपटल या कोरॉएड कोमल संयोजी ऊतक का बना अपेक्षाकृत पतला मध्यस्तर होता है। इसमें रुधिर कोशिकाओं का घना जाल, कुछ तंतु और अनेक रंगायुक्त शाखान्वित कोशिकाएँ होती हैं। रंगा पदार्थ काला भूरा या नीला मिलैनिन होता है जिससे यह पता चलता है कि किसी व्यक्ति की आँखें भूरी, नीली या काली होंगी।

38. (c) लेंस सबसे अधिक अपवर्तनांक वाला आँख का अंग है। लेंस आइरिस के भीतर की ओर नेत्रगोलक की गुहा में एक बड़ी-सी रंगहीन, पारदर्शक क्रिस्टेलिन नामक प्रोटीन की बनी लचीली संरचना होती है। आकृति में यह उभयोत्तल होता है। आयु बढ़ने के साथ चपटा एवं भूरा हो जाता है। इसके बहुत ही अपारदर्शी हो जाने से दिखाई देना बंद हो जाता है जिसे मोतियाबिंद कहते हैं।

39. (b) निकटदर्शी यंत्र के गोलक के कुछ बड़े हो जाने या कार्निया अथवा लेंस के अधिक उत्तल हो जाने के कारण फोकस बिंदु एवं रेटिना के बीच की दूरी बढ़ जाती है, जिससे पास की वस्तुएँ साफ दिखाई देती हैं, परंतु दूर की वस्तुएँ धुँधली दिखाई देती हैं, जिसे निकट दृष्टि दोष (मायोपिया) कहते हैं। दूर की वस्तु देखने के लिए अवतल लेंस लगाना पड़ता है।

40. (d) हाइपोथैलेमस में डाइएनसेफेलान को पार्श्व दीवारों के निचले भाग तथा तीसरी वेन्ट्रिकल का तल आता है। इसमें तंत्रिका कोशिकाओं के लगभग एक दर्जन बड़े-बड़े न्यूक्लिआई होते हैं। इसका प्रमुख कार्य भूख, पानी, संतुलन तथा शरीर के तापमान को नियंत्रित करना है।

41. (c) अमीबा की खोज रसेल-वान रोसेनहॉफ ने की थी। यह प्रोटोजोआ संघ का प्राणी है। इसके गमन के लिए कूटपाद (स्यूडोपोडिया) होता है। अमीबा में तंत्रिका तंत्र नहीं होता है।

42. (d) मक्खी का वैज्ञानिक नाम मस्का नेबुलो है। यह परजीवी नहीं है। यह मनुष्यों में हैजा, मियादी बुखार, क्षय, आमातिसार, प्रमेह, संग्रहणी, कोढ़ इत्यादि घातक बीमारियों को फैलाता है।

43. (c) मलेरिया प्रोटोजोआ द्वारा होता है। यह मच्छर द्वारा फैलता है। इसके उपचार के लिए क्लोरोक्वीन का उपयोग करते हैं। टिटेनस के लिए डी.पी.टी. का वैक्सीन देते हैं। टी.बी. के लिए बी.सी.जी. वैक्सीन देते हैं। स्कर्वी विटामिन-C की कमी से होता है।

44. (c) आंत्रज्वर साल्मोनेला टॉइफी नामक जीवाणु से होता है। इसका प्रसार संदूषित भोजन तथा पानी द्वारा होता है। आंत्रज्वर के उपचार के लिए क्लोरोमाइसिटीन (क्लोरेमफेनिकोल) नामक दवा दी जाती है।

45. (d) लाइसोसोम की खोज डी. डुवे ने की थी। यह प्राय: जंतुओं की कोशिकाओं में पाया जाता है। इसमें बहुत से पाचक-एन्जाइम जैसे– प्रोटिएज, इराइबोन्यूक्लिएज, फास्फेटेज इत्यादि पाए जाते हैं। इसको कोशिका का आत्मघाती थैला और एटम बम भी कहते हैं।

46. (d) कोशिका में लाइसोसोम पाचन थैली कहलाती है।

47. (c) नाइट्रोजनी आहार प्रोटीन है।

48. (c) थैलेसीमिया रोग उत्परिवर्ती जीन द्वारा फैलता है। थैलेसीमिया दो प्रकार का होता है– अल्फा-थैलेसीमिया और बीटा-थैलेसीमिया। ग्लोबीन प्रोटीन के अल्फा श्रृंखला में उत्परिवर्तन होने से अल्फा-थैलेसीमिया तथा बीटा श्रृंखला में उत्परिवर्तन होने से बीटा-थैलेसीमिया होता है।

49. (d)

एक्वाकल्चर	मत्स्य
फ्लोरिकल्चर	पुष्प
सेरीकल्चर	रेशम
विटिकल्चर	अंगूर

50. (a) मोटरकार के धुएँ में मानसिक रोग पैदा करने वाला प्रदूषक सीसा (लेड) है।

51. (b) प्रतिजैविक किसी जीव द्वारा संश्लेषित एक यौगिक होता है जो रोगाणुओं की वृद्धि को निरुद्ध करता है। उदाहरण– पेनिसिलीन, स्ट्रेप्टोमाइसीन, क्लोरोमाइसिटीन इत्यादि।

52. (b) टिटेनस बैक्टीरिया जनित रोग है जो एक व्यक्ति से दूसरे व्यक्ति में सीधा नहीं फैलता है।

53. (b) रोहिणी (गलघोंटू या डिप्थीरिया) जीवाणु द्वारा होता है। यह एक गले की बीमारी है, जबकि इन्फ्लूएंजा एक वायरस के द्वारा होता है जिसे इन्फ्लूएंजा वायरस कहते हैं।

54. (c) ट्यूबरकुलोसिस "माइक्रोबैक्टीरियम ट्यूबरकुलोसिस" जीवाणु द्वारा होने वाली संक्रमित बीमारी है।

55. (c) जुकाम (कॉमन कोल्ड) एक वाइरल संक्रमण से होने वाला रोग है, जबकि टाइफाइड सॉलमोनेला टाइफी जीवाणु द्वारा और मलेरिया प्रोटोजोआ के प्लाज्मोडियम प्रजाति द्वारा होता है।

56. (c) डी.पी.टी. का टीका 'रोहिणी, कुकुर खाँसी तथा टिटेनस' के बचाव में दिया जाता है।

डी.–डिप्थीरिया–रोहिणी

पी.–परटूसिस–कुकुर खाँसी (काली खाँसी)

टी.–टिटेनस–लॉक-जा (धनुष्टंकार)

57. (c) संघ आर्थ्रोपोडा के सभी जंतुओं में ऊतक द्रव्य एवं रक्त से भरे असममित पात्रों का बना 'खुला परिसंचरण तंत्र' होता है। बड़े पात्र ही सब मिलकर हीमोसील गुहा बनाते हैं। इस गुहा और छोटे पात्रों में भरा तरल, हीमोग्लोबिन की अनुपस्थिति के कारण, लाल नहीं होता। अत: इसे हीमोलिम्फ कहते हैं। आन्तरांग इसी में स्थित होते हैं।

58. (d) पोलियो वायरस से बचाव के लिए पोलियो वैक्सीन का विकास सर्वप्रथम जोनास साल्क द्वारा किया गया तथा इसका परीक्षण 1952 ई. में किया गया। मुख से लिए जाने वाले वैक्सीन (Oral Vaccine) का विकास अल्बर्ट साबिन द्वारा पोलियो से बचाव के लिए किया गया।

59. (a) 'माइक्रोप्लाज्मा' की खोज सर्वप्रथम लुई पाश्चर ने 1843 ई. में की थी और इसे पी.पी.एल.ओ. (प्ल्यूरोन्यूमोनिया लाइक आर्गेनिज्म) नाम दिया। इससे मनुष्यों तथा जानवरों में न्यूमोनिया (श्वास संबंधी बीमारी) हो जाता है जिससे श्वसन तंत्र प्रभावित होता है।

60. (c) मलेरिया प्रोटोजोआ के द्वारा पैदा होता है। जिसमें प्लाज्मोडियम श्रेणी के जंतु जैसे– प्लाज्मोडियम मलेरी, पी. ओवेल आदि प्रजाति मलेरिया फैलाती हैं। मलेरिया की दवा क्लोरोक्यूनॉन है, जो कि सिनकोना की छाल से प्राप्त किया जाता है।

61. (b) एक निषेचित अण्डे के दो टुकड़े हो जाने पर एक जैसा जोड़ा (Identical Twin) पैदा होता है। एक जैसे जोड़े एक युग्मनज (Zygote) से विकसित होते हैं जो विभाजित होकर दो भ्रूणों का निर्माण करता है।

62. (a) सूत्रकणिका (माइटोकॉन्ड्रिया) को यूकैरियोटिक कोशिकाओं के भीतर प्रौकैरियॉटिक कोशिकाएँ माना जाता है, क्योंकि माइटोकॉन्ड्रिया में सरकुलर डी.एन.ए. और 70S राइबोसोम पाया जाता है जो कि प्रौकैरियोटिक कोशिकाओं का लक्षण है।

63. (d) लाइसोसोम की खोज क्रिश्चियन रेने डी. डुवे ने 1955 ई. में की थी। जन्तु कोशिका के कोशिका द्रव में पाए जाने वाले आवरण युक्त गोल-गोल थैलीनुमा अंगाणुओं को लाइसोसोम कहते हैं। यह अंतत: कोशिकीय पाचन में मदद करता है। लाइसोसोम अपघटन एंजाइम की थैलियाँ हैं, जो बहुत सारे पदार्थों को अपघटित करती हैं।

64. (b) पादप द्वारा बड़ी मात्रा में अपेक्षित तत्व नाइट्रोजन है।

पोषक तत्व	प्रतिशत मात्रा
नाइट्रोजन	1.5 प्रतिशत
पोटैशियम	1 प्रतिशत
कैल्सियम	0.5 प्रतिशत
मैग्नीशियम	0.2 प्रतिशत
फास्फोरस	0.2 प्रतिशत
सल्फर	0.1 प्रतिशत

65. (c) यूट्रीकुलेरिया का पौधा नाइट्रोजन की कमी वाली मृदा में उगता है। नाइट्रोजन की कमी की पूर्ति कीटों के भक्षण द्वारा करने के कारण यूट्रीकुलेरिया को कीटभक्षी पौधा कहते हैं।

❑❑❑

अभ्यास प्रश्नावली

भौतिक विज्ञान

1. **प्रतिरोध की S.I. इकाई है–**
   (a) जूल (b) ओम
   (c) न्यूटन (d) एम्पियर
2. **जब लोहे की कील को जंग लग जाए, तो कील का वजन–**
   (a) बढ़ता है
   (b) घटता है
   (c) न तो बढ़ता है न ही घटता है।
   (d) इनमें से कोई नहीं
3. **रिएक्टर स्केल .... की तीव्रता मापने के लिए उपयोग में लाया जाता है।**
   (a) भूकंप (b) ज्वाला मुखी विस्फोट
   (c) सुनामी (d) हॉरनेडो
4. **दिशासूचक यंत्र (कंपास) की सुई हमेशा .... दिशा की ओर संकेत करती है।**
   (a) दक्षिण (b) उत्तर
   (c) पश्चिम (d) पूर्व
5. **निम्नलिखित में से कौन-सा यांत्रिक ऊर्जा के विद्युत ऊर्जा में परिवर्तन का उदाहरण नहीं है?**
   (a) डायमयो (b) पवन टर्बाइन
   (c) पनबिजली संयत्र (d) सौर बिजली सयंत्र
6. **आर्द्रता मापने के लिए निम्नलिखित में से किस उपकरण का प्रयोग किया जाता है?**
   (a) कैटा थर्मामीटर (b) ऐसिमोमीटर
   (c) स्लिंग साइक्रोमीटर (d) डॉक्टरी थर्मामीटर
7. **जब प्रिज्म द्वारा प्रकाश का प्रक्षेपण किया जाता है तो किस रंग का न्यूनतम विचलन होता है?**
   (a) बैंगनी (b) नीला
   (c) लाल (d) हरा
8. **बिजलीघर से सप्लाई की जाने वाली वोल्टेज को स्थिर करने के लिए प्रयोग में लाई जाती है–**
   (a) डायनेमों (b) ट्रांसफार्मर
   (c) एमीटर (d) जेनरेटर
9. **निम्नलिखित में से किस जगह 'g' का मान सर्वाधिक होता है?**
   (a) माउंट एवरेस्ट (b) कुतुब मीनार की चोटी पर
   (c) विषुवत रेखा पर (d) अंटार्कटिका में किसी स्थान पर
10. **यदि किसी गेंद को ऊर्ध्वाधर रूप से फेंका जाए, तो गुरुत्वीय त्वरण–**
    (a) गेंद की गति की विपरीत दिशा में होगा।
    (b) गेंद की गति की दिशा में होगा।
    (c) जैसे-जैसे गेंद नीचे आती है, त्वरण में वृद्धि होती है।
    (d) उच्चतम बिन्दु पर शून्य हो जाता है।
11. **निम्नलिखित में किसका संवहन तरंग द्वारा एक जगह से दूसरे जगह तक किया जाता है?**
    (a) द्रव्यमान (b) वेग
    (c) तरंग दैर्ध्य (d) ऊर्जा
12. **निम्नलिखित में से कौन-सी भौतिक राशि है, जो मात्रा में वृद्धि के बाद भी अप्रभावित रहती है?**
    (a) आयतन (b) भार
    (c) द्रव्यमान (d) घनत्व
13. **धातु की एक वृत्ताकार चकती के मध्य में पिंड है, चकती को गर्म करने पर पिंड का आकार–**
    (a) बढ़ेगा (b) घटेगा
    (c) मध्यनत रहेगा (d) धातु पर निर्भर करेगा
14. **पीछे का दृश्य देखने के लिए ऑटो-मोबाइल में प्रयोग किया जाने वाला दर्पण है–**
    (a) समतल दर्पण (b) उत्तल दर्पण
    (c) अवतल दर्पण (d) इनमें से कोई नहीं
15. **एक बाइट में कितने बिट होते हैं?**
    (a) 10 (b) 1024
    (c) 8 (d) 2
16. **एक पिंड (Body) एकसमान वेग (Uniform Velocity) से चल रहा है। उसका त्वरण (Acceleration) क्या होता है?**
    (a) शून्य (Zero) (b) धनात्मक (Positive)
    (c) ऋणात्मक (Negative) (d) स्थिर (Constant)
17. **इन्द्रधनुष (Rainbow) किस कारण से बनता है?**
    (a) प्रकाश का परावर्तन (Reflection)
    (b) प्रकाश का अपवर्तन (Refraction)
    (c) प्रकाश का पूर्ण आन्तरिक परावर्तन (Total Internal Reflection)
    (d) प्रकाश का विवर्तन (Diffraction)

18. अधिकतम न्यूनतम तापमापी (Maximum and Minimum thermo-menter) में एक तरल पदार्थ पारा होता है। दूसरा पदार्थ कौन-सा है?
(a) एल्कोहल (b) स्प्रिट
(c) मिट्टी का तेल (d) पानी

19. सूर्य की किरणें हम तक किस प्रक्रिया से पहुंचती है?
(a) चालन (Conduction) (b) संवहन (Convection)
(c) विकिरण (Radiation) (d) इनमें से कोई नहीं

20. छोटी वस्तुओं को देखने के लिए किस उपकरण का प्रयोग होता है?
(a) ओसिलास्कोप (b) टेलिस्कोप
(c) पेरिस्कोप (d) माइक्रोस्कोप

21. संवेग (Momentum) में परिवर्तन की दर को क्या कहते हैं?
(a) त्वरण (Acceleration) (b) बल (Force)
(c) शक्ति (Power) (d) ऊर्जा (Energy)

22. एक उत्तोलक (lever) जिस आधारभूत बिन्दु के चारों ओर घूमेगा, उसे क्या कहते हैं?
(a) केन्द्र (Centre) (b) शिखर (Apex)
(c) भार पड़ने के केन्द्र (d) आलम्ब (Fulcurm)

23. धारा (Current) की इकाई क्या है?
(a) ओम (b) वाट
(c) एम्पियर (d) इनमें से कोई नहीं

24. वायु की नमी किस से मापी जाती है?
(a) हाइड्रोमीटर द्वारा (b) हाइग्रोमीटर द्वारा
(c) बैरोमीटर द्वारा (d) इनमें से कोई नहीं

25. हाइड्रोलिक प्रेस निम्नलिखित में से किस सिद्धांत पर कार्य करती है?
(a) आर्कीमिडीज सिद्धांत (b) पास्कल का सिद्धांत
(c) बरनौली का नियम (d) इनमे से कोई नहीं

26. निम्नलिखित में से सदिश (Vector) मात्रा कौन-सी है?
(a) ऊर्जा (Energy) (b) कार्य (Work)
(c) गति (Speed) (d) वेग (Velocity)

27. कौन-से ताप पर पानी का घनत्व सर्वाधिक होता है?
(a) 0°C (b) 4°C
(c) 2°C (d) 32°C

28. श्वेत प्रकाश को सात रंगों में विखंडित करने की प्रक्रिया को क्या कहते हैं?
(a) विवर्तन (Diffraction) (b) व्यतिकरण (Interference)
(c) विक्षेपण (Dispersion) (d) इनमें से कोई नहीं

29. M.K.S. पद्धति में समय का मात्रक है–
(a) मीटर$^{-3}$ (b) किलोग्राम
(c) सैकेण्ड (d) ग्राम

30. C.G.S. पद्धति में घनत्व का मात्रक है–
(a) घंटा (b) मिंनट
(c) सेकेण्ड (d) सेमी.

31. M.K.S. पद्धति में घनत्व का मात्रक क्या होता है?
(a) कि.ग्रा. मीटर (b) कि.ग्रा. मीटर$^{-2}$
(c) ग्राम मीटर$^{-3}$ (d) ग्राम मीटर$^{-2}$

32. एक अश्वशक्ति किसके बराबर होती है?
(a) 786 वाट (b) 746 वाट
(c) 766 वाट (d) 746 किलोवाट

33. निम्नलिखित में से कौन-सा कथन सत्य है?
(a) ठोस वस्तुओं का आयतन व आकार अनिश्चित होता है।
(b) द्रवों का आयतन व आकार अनिश्चित होता है।
(c) गैसों का आयतन व आकार अनिश्चित होता है।
(d) ठोस वस्तुओं का आयतन अनिश्चित होता है।

34. द्रव्यमान (Mass) एक है–
(a) अदिश राशि (b) सदिश राशि
(c) दिशा राशि (d) परिमेय राशि

35. त्वरण (Acceleration) है–
(a) अदिश राशि (b) सदिश राशि
(c) दिश राशि (d) परिमेय राशि

36. निम्नलिखित में से कौन-सी राशि सदिश है?
(a) त्वरण (b) विस्थापन
(c) दूरी (d) वेग

37. किसी वस्तु पर बल (Force) लगाने से–
(a) उसका द्रव्यमान बदल जाता है।
(b) उसका वेग बदल जाता है।
(c) उसकी चाल बदल जाती है।
(d) उसकी शक्ल बदल जाती है।

38. बल का मान होता है–
(a) $\frac{\text{त्वरण}}{\text{द्रव्यमान}}$ (b) $\frac{\text{द्रव्यमान}}{\text{त्वरण}}$
(c) $\frac{\text{द्रव्यमान}}{(\text{त्वरण})^2}$ (d) द्रव्यमान × त्वरण

39. किसी वस्तु का जड़त्वीय द्रव्यमान उसके गुरुत्वीय द्रव्यमान के–
(a) बराबर होता है।
(b) अधिक होता है।
(c) कम होता है।
(d) कभी कम होता है तो कभी ज्यादा होता है।

40. कोई पिण्ड एकसमान वेग से एक सीधी रेखा से चल रहा है। यदि हम उस पर बल न लगाएँ, तो–
(a) उसका वेग बढ़ने लगेगा।
(b) उसका वेग घटने लगेगा।
(c) उसका वेग न घटेगा न बढ़ेगा।
(d) उसका भार घट जाएगा।

41. एक मनुष्य एक लिफ्ट से एक समान त्वरण से नीचे उतर रहा है। बताओ कि–
(a) उसका भार बढ़ जाएगा। (b) उसका भार घट जाएगा।
(c) भार समान रहेगा। (d) भार की गणना सम्भव नहीं है।

42. निम्नलिखित में से कौन-सा इंजन ऐसा है जिसमें न्यूटन के नियम का पालन होता है?
(a) रेलगाड़ी (b) रॉकेट
(c) स्कूटर (d) कार

43. घोड़े पर बैठा एक आदमी सड़क पर तेजी से जा रहा है। घोड़े के एकाएक रुकने पर उस पर बैठा आदमी किस ओर जाएगा?
(a) उसका भार बढ़ जाएगा।
(b) पीछे की ओर जाएगा।
(c) स्थिर ही रहेगा।
(d) पहले आगे की ओर फिर पीछे हो जाएगा।

44. पृथ्वी की सतह से ऊपर जाने पर 'g' का मान–
(a) बढ़ेगा (b) घटेगा
(c) अपरिवर्तित रहेगा (d) पहले बढ़ेगा फिर घटेगा

45. पृथ्वी की सतह से नीचे जाने में 'g' का मान–
(a) बढ़ेगा (b) घटेगा
(c) अपरिवर्तित रहेगा (d) पहले बढ़ेगा फिर घटेगा

46. कोई गाड़ी उलट जाएगी यदि–
(a) उसका गुरुत्व केन्द्र काफी नीचे हो।
(b) वह हल्की हो।
(c) उसका गुरुत्व केन्द्र आधार के बाहर हो।
(d) उसकी चौड़ाई कम हो।

47. एक समान मोटी छड़ के एक सिरे पर कुछ भार रख देने से उसका गुरुत्व केन्द्र–
(a) वैसा ही बना रहेगा।
(b) भार की ओर हट जाएगा।
(c) भार के दूसरी ओर हट जाएगा।
(d) छड़ के मध्य में होगा।

48. एक न्यूटन बल किसके बराबर होता है?
(a) 103 डायन (b) 105 डायन
(c) 105 ग्राम (d) 107 अर्ग

49. 'G' का मान कितना होता है?
(a) 6.67×10^{-8} C.G.S. मात्रक (b) 981 C.G.S. मात्रक
(c) 6.67×10^{-2} M.K.S. मात्रक (d) 6.67×10^{-2} M.K.S. मात्रक

50. M.K.S. पद्धति में कार्य (Work) का मात्रक होता है–
(a) डायन (b) न्यूटन
(c) जूल (d) अर्ग

51. C.G.S. पद्धति में ऊर्जा का मात्रक होता है–
(a) अर्ग (b) वाट
(c) जूल (d) अर्ग प्रति सैकेंड

52. निम्नलिखित में कौन-सा असत्य है?
(a) वस्तु में गतिज ऊर्जा गति के कारण होती है।
(b) वस्तु में स्थितिज ऊर्जा स्थिति के कारण होती है।
(c) ऊर्जा नष्ट नही होती है।
(d) ऊर्जा का रूपान्तर सम्भव नहीं है।

53. स्प्रिंग को खींचकर लम्बा करना–
(a) गतिज ऊर्जा का उदाहरण है।
(b) स्थितिज ऊर्जा का उदाहरण है।
(c) यांत्रिक ऊर्जा का उदाहरण है।
(d) भौतिक ऊर्जा का उदाहरण है।

54. दाब का M.K.S. पद्धति में मात्रक है–
(a) $\frac{\text{न्यूटन}}{\text{मीटर}^2}$ (b) $\frac{\text{डायन}}{\text{सेमी}^2}$
(c) $\frac{\text{10 डायन}}{\text{सेमी}}$ (d) $\frac{\text{डायन}}{\text{सेमी}^2}$

55. झरने से गिरने वाले जल की गतिज ऊर्जा परिवर्तित हो जाती है–
(a) ध्वनि ऊर्जा में (b) स्थितिज ऊर्जा में
(c) ऊष्मीय ऊर्जा में (d) विद्युत ऊर्जा में

56. निम्नलिखित में कौन-सा कथन असत्य है?
(a) द्रव्य को ऊर्जा में बदल सकते हैं।
(b) बर्तन का विनाश होता है।
(c) ऊर्जा का रूपान्तरण सम्भव है।
(d) ऊर्जा का संरक्षण होता है।

57. द्रव दाब निर्भर करता है–
(a) द्रव दाब की ऊँचाई पर
(b) बर्तन के अनुप्रस्थ परिच्छेद पर
(c) द्रव के आपेक्षिक घनत्व पर
(d) द्रव के घनत्व पर

58. पास्कल के नियम पर आधारित है–
(a) हाइड्रोमीटर (b) ब्रामा संपीडक
(c) बैरोमीटर (d) द्रव स्थिति धौंकनी

59. ऊष्मा के अणु गति सिद्धान्तानुसार ऊष्मा की तुलना की गई है–
(a) अणुओं के वेग से (b) अणुओं के द्रव्यमान से
(c) अणुओं की संख्या से (d) परमाणुओं की संख्या से

60. परम शून्य ताप का मान क्या होता है?
(a) –273°F (b) –273°C
(c) –273°R (d) 0°C

61. स्वस्थ मनुष्य का तापमापी होता है–
(a) 36.9°C (b) 36.9°R
(c) 36.9°K (d) 36.9°F

62. पारे का उपयोग तापमानी में करते हैं क्योंकि–
(a) पारा एक धातु है।
(b) पारा एक भारी तथा चमकदार द्रव है।
(c) पारा एक सफेद चमकदार वस्तु है।
(d) पारा ऊष्मा का अच्छा चालक है।

63. सबसे अधिक प्रसार होता है–
(a) ठोस पदार्थ में (b) द्रव में
(c) गैस में (d) (a) तथा (b) दोनों में

64. विशिष्ट ऊष्मा (Specific heat) का मात्रक होता है–
(a) कैलोरी
(b) किलो कैलोरी
(c) जूल प्रति किलो कैलोरी
(d) किलो कैलोरी प्रति किलोग्राम प्रति डिग्री सेन्टीग्रेड

65. बर्फ के पिघलने पर–
(a) आयतन बढ़ जाता है। (b) आयतन कम हो जाता है।
(c) द्रव्यमान बदल जाता है। (d) ताप कम हो जाता है।

66. ऊष्मा चालकता गुणांक का मात्रक होता है–
(a) कैलोरी प्रति डिग्री सेन्टीग्रेड प्रति सेमी. प्रति सेकेण्ड
(b) कैलोरी प्रति सेकेण्ड प्रति सेमी. प्रति डिग्री सेन्टीग्रेड
(c) कैलोरी प्रति सेमी. डिग्री सेन्टीग्रेड
(d) कैलोरी प्रति सेमी. प्रति सेकेण्ड डिग्री सेन्टीग्रेड

67. निम्नलिखित में से अप्रदीप्त वस्तु है–
(a) सूर्य (b) बल्ब
(c) चन्द्रमा (d) मोमबत्ती की लौ

68. यदि किसी समतल दर्पण पर कोई प्रकाश किरण लम्बवत आपतित हो तो आपतन कोण कितना होगा?
(a) 0° (b) 60°
(c) 30° (d) 90°

69. आता हुआ सूर्य लाल रंग का होता है–
(a) विकीर्णन के कारण (b) विर्वतन के कारण
(c) सूर्य का रंग लाल है (d) प्रकीर्णन के कारण

70. रेगिस्तान में गर्मी के मौसम में वृक्षों के उल्टे प्रतिबिम्ब दिखाई देने का कारण है–
(a) वहाँ जल होता है।
(b) रेत के कण चमकते हैं।
(c) पेड़ से चलने वाली प्रकाश किरणों का पूर्ण परावर्तन हो जाता है।
(d) वह एक भ्रम होता है।

71. सूर्य के वर्णपट में वर्णों का क्रम अपवर्तनांक के घटते क्रम में–
(a) VIBOYGR है (b) VIBIOGRY है
(c) VIBGYRO है (d) VIBGYOR है

72. श्वेत प्रकाश को प्रिज्म में से गुजारने पर कौन-सा रंग प्रिज्म के आधार की ओर मिलता है?
(a) लाल रंग (b) नीला रंग
(c) बैंगनी रंग (d) पीला रंग

73. घड़ी की मिनट वाली सूई का आवर्तकाल क्या है?
(a) एक मिनट (b) एक सैकेण्ड
(c) एक घण्टा (d) शून्य

74. एक सेकेण्ड में किए गए कम्पनों की संख्या को क्या कहते हैं?
(a) आवर्तकाल (b) आवृत्ति
(c) तरंगदैर्ध्य (d) तरंग लम्बाई

75. आवृत्ति (Frequency) का मात्रक क्या है?
(a) कम्पन प्रति मिनट (b) कम्पन प्रति घंटा
(c) कम्पन प्रति सेकेण्ड (d) कम्पन प्रति तरंग

76. सरल आवर्त गति में
(a) गतिज ऊर्जा स्थिर रहती है। (b) आवर्तकाल स्थिर रहता है।
(c) आयाम स्थिर रहता है। (d) प्रत्यानयन बल स्थिर रहता है।

77. अनुप्रस्थ तरंगें (Transverse waves) उत्पन्न की जा सकती है–
(a) ठोस पदार्थ में (b) द्रव में
(c) गैस में (d) निर्वात में

78. यदि तरंगदैर्ध्य = v, आवृत्ति = n, तो कौन-सा संबंध ठीक है?
(a) $\lambda = vn$ (b) $n = v^{\lambda}$
(c) $v = n^{\lambda}$ (d) इनमें से कोई नहीं

79. ध्वनि उत्पन्न करने वाली वस्तु किस अवस्था में होती है?
(a) गति अवस्था में (b) विराम अवस्था में
(c) कम्पन अवस्था में (d) स्थिर अवस्था में

80. वायु में ध्वनि तरंगें किस प्रकार की होती हैं?
(a) अनुप्रस्थ तरंगें (b) अनुदैर्ध्य तरंग
(c) श्रव्य तरंगें (d) पराश्रव्य तरंगें

81. तरंगें कितने प्रकार की होती है?
(a) एक (b) दो
(c) तीन (d) चार

82. दाब के परिवर्तन का ध्वनि वेग पर क्या प्रभाव है?
(a) ध्वनि वेग अधिक हो जाता है।
(b) ध्वनि वेग बढ़ जाता है।
(c) ध्वनि वेग कम हो जाता है।
(d) ध्वनि वेग पर कोई प्रभाव नहीं पड़ता।

83. निम्नलिखित में से कौन-सी राशि सदिश है?
(a) त्वरण (b) विस्थापन
(c) दूरी (d) वेग

84. तार में विद्युत धारा प्रवाहित होने पर कौन-सा क्षेत्र उत्पन्न होता है?
(a) विद्युत क्षेत्र (b) चुम्बकीय क्षेत्र
(c) दोनों ही क्षेत्र (d) कोई भी क्षेत्र नहीं

85. स्वतन्त्रतापूर्वक लटका हुआ चुम्बक–
(a) सदैव दक्षिण-पूर्व दिशा में ठहरता है।
(b) सदैव दक्षिण-उत्तर दिशा में ठहरता है।
(c) सदैव दक्षिण-पश्चिम दिशा में ठहरता है।
(d) उत्तर-दक्षिण दिशा में ठहरता है।

86. समान ध्रुव–
(a) एक दूसरे को आकर्षित करते हैं।
(b) एक दूसरे को हटाते हैं।
(c) उदासीन रहते हैं।
(d) उसका उन पर कोई प्रभाव नहीं पड़ता है।

87. एक चुम्बक में सर्वाधिक आकर्षण शक्ति किस स्थान पर होती है?
(a) ध्रुवों पर (b) किनारों पर
(c) माध्य में (d) दक्षिण ध्रुव पर

88. चुम्बकीय क्षेत्र को नापने के लिए–
(a) पाइरोमीटर का इस्तेमाल होता है।
(b) बैरोमीटर का इस्तेमाल होता है।
(c) फ्लक्समीटर का इस्तेमाल होता है।
(d) वोल्टमीटर का इस्तेमाल होता है।

89. ट्रांसफार्मर की क्रोड किस पदार्थ की बनाई जाती है?
(a) कच्चे लोहे की (b) पीतल की
(c) निकिल की (d) इस्पात की

90. विद्युत चुम्बक का प्रयोग किस में किया जाता है?
(a) विद्युत घंटी में (b) विद्युत सर्किट में
(c) वोल्टमीटर में (d) वायरलैस में

91. निम्नलिखित में से कौन-सा पदार्थ चुम्बक नहीं है?
(a) लोहा (b) कोबाल्ट
(c) निकिल (d) एल्यूमिनियम

92. जब कांच की छड़ को रेशम से रगड़ते हैं तो–
(a) दोनों पर बराबर तथा सजातीय आवेश आ जाता है।
(b) दोनों पर बराबर तथा विजातीय आवेश आ जाता है।
(c) छड़ पर धन आवेश तथा रेशम पर ऋण आवेश आ जाता है।
(d) रेशम पर कोई आवेश नहीं तथा छड़ पर भी कोई आवेश नहीं आता है।

93. आवेश (Charge) का मात्रक है–
(a) वोल्ट (b) जूल
(c) कूलॉम (d) न्यूटन

94. सजातीय आवेशों (Like charges) में–
(a) सदैव प्रतिकर्षण होता है।
(b) सदैव आकर्षण होता है।
(c) पहले आकर्षण फिर प्रतिकर्षण होता है।
(d) पहले प्रतिकर्षण फिर आकर्षण होता है।

95. वह कौन-सा कण है जिसके ग्रहण करने या त्यागने से परमाणु आयन में बदल जाता है?
(a) इलेक्ट्रॉन (b) प्रोटॉन
(c) न्यूट्रॉन (d) अणु

96. न्यूट्रॉन तथा प्रोटॉन की संख्या के योग को क्या कहते हैं?
(a) परमाणु भार (b) परमाणु क्रमांक
(c) अणु भार (d) द्रव्यमान भार

97. निर्वात (Vacuum) में–
(a) विद्युत चल सकती है।
(b) विद्युत रोधी है।
(c) विद्युत का प्रवाह बढ़ जाता है।
(d) विद्युत का प्रवाह कम हो जाता है।

98. M.K.S. पद्धति में बल का मात्रक है–
(a) न्यूटन (b) डायन
(c) जूल/सेकेण्ड (d) कूलॉम

99. विद्युत क्षेत्र एक–
(a) सदिश राशि है (b) अदिश राशि है
(c) आवेशित राशि है (d) अनावेशित राशि है

100. एक ओह्म (Ohm) का मान होता है–
(a) वोल्ट × एम्पियर (b) $\frac{\text{वोल्ट}}{\text{ऐम्पियर}}$
(c) $\frac{\text{ऐम्पियर}}{\text{वोल्ट}}$ (d) विभव

101. विद्युत धारा का मात्रक क्या है?
(a) वोल्ट (b) विभव
(c) ओह्म (d) एम्पियर

102. विभवांतर का मात्रक है–
(a) वोल्ट (b) विभव
(c) ओह्म (d) एम्पियर

103. प्रतिरोध (Resistance) का मात्रक है–
(a) ओह्म (b) वोल्ट
(c) एम्पियर (d) विभव

104. धन आयन (Positive ions) हैं–
(a) सदैव कैथोड पर एकत्रित होते हैं।
(b) सदैव एनोड पर एकत्रित होते हैं।
(c) सदैव ऋणायन की ओर बढ़ते हैं।
(d) सदैव धनायन की ओर प्रतिकर्षित होते हैं।

105. शुष्क सैल का बाहरी खोल किस पदार्थ का बना होता है?
(a) तांबे का (b) जस्ते का
(c) पीतल का (d) एल्यूमिनियम का

106. यदि किसी परिपथ (Circuit) में विभवान्तर को आधा कर दिया जाए तो–
(a) प्रतिरोध भी आधा रह जाएगा।
(b) प्रतिरोध चौगुना हो जाएगा।
(c) प्रतिरोध दो गुना हो जाएगा।
(d) प्रतिरोध अपरिवर्तित रहेगा।

107. जब प्रतिरोधों को समानान्तर क्रम में लगाया जाता है तो किस राशि का मान सभी प्रतिरोधों के लिए समान रहता है?
(a) विभवान्तर (b) धारा
(c) प्रतिरोध (d) बल

108. यदि किसी तार को खींचकर उसकी लम्बाई दुगुनी कर दी जाए तो उसका प्रतिरोध कितना हो जाएगा?
(a) आधा (b) दुगुना
(c) चौगुना (d) आठ गुना

109. प्रतिरोधक तार मैंगनिन तथा नाइक्रोम के क्यों बनाए जाते हैं?
(a) क्योंकि यह सस्ती धातुएँ है।
(b) क्योंकि ये धातुएँ विद्युत धारा की कुचालक हैं।
(c) क्योंकि ये धातुएँ विद्युत धारा की सुचालक हैं।
(d) क्योंकि इनके विशिष्ट प्रतिरोध का मान ताप के साथ नहीं बदलता।

110. जब प्रतिरोधों को श्रेणीक्रम में लगाया जाता है तो किस राशि का मान सभी प्रतिरोधों के लिए समान रहता है?
(a) विभावान्तर (b) धारा
(c) प्रतिरोध (d) इनमें से कोई नहीं

रसायन विज्ञान

1. निम्नलिखित में से कौन-सा जहर है?
(a) Nacl (b) KCN
(c) Kcl (d) K_2Sn

2. निम्नलिखित में से कौन-सी उत्कृष्ट गैस नहीं है?
(a) हीलियम (b) निऑन
(c) फ्लूसोरीन (d) ऑर्गन

3. एक परमाणु के नाभिक में पाए जाने वाले प्रोटॉनों की संख्या उसके .... के बराबर होती है।
(a) आण्विक संख्या (b) आण्विक संहति
(c) संयोजकता (d) न्यूट्रानों की संख्या

4. परमाणु शोध तथा रेडियो थेरपी में कौन-सी गैस उपयोग की जाती है?
(a) नियॉन (b) रेडॉन
(c) प्रोपेन (d) जीनॉन

5. मिठाइयों को सजाने के लिए किस धातु की पतली परत का उपयोग करते हैं?
(a) एल्यूमिनियम (b) चाँदी
(c) जस्ता (d) ताँबा

6. वह खाद्य जो किसी एथलीट को तत्काल ऊर्जा प्रदान करता है–
(a) ग्लूकोज (b) मक्खन
(c) प्रोटीन (d) विटामिन

7. निम्नलिखित में से किस एक की चतुष्फलीय संरचना नहीं है?
(a) ग्रेफाइट (b) डायमंड
(c) अमोनिया (d) मीथेन

8. निम्नलिखित में से कौन-सी धातु नहीं है?
(a) Na (b) Mg
(c) Br (d) Ag

9. शुद्ध जल का PH मान होता है–
(a) 7 (b) 8
(c) 6 (d) 4

10. न्यूट्रान की खोज की थी?
(a) रदरफोर्ड (b) जे. चैडविक
(c) जे.जे. थॉमसन (d) इनमें से कोई नहीं

11. निम्नलिखित में से कौन-सा विटामिन जल में घुलनशील है?
(a) विटामिन B (b) विटामिन E
(c) विटामिन A (d) विटामिन D

12. निम्न में से कौन-सा परिवर्तन रासायनिक परिवर्तन है?
(a) जल का बर्फ में बदलना (b) एल्कोहल का वाष्पीकरण
(c) लोटे का जंग लगना (d) खाना पकाना

13. आज तक ज्ञात सभी प्राकृतिक पदार्थों में सर्वाधिक कठोर पदार्थ है–
(a) काँच (b) लोहा
(c) हीरा (d) लकड़ी

14. DTT का प्रयोग किया जाता है–
(a) कीटनाशक के रूप में (b) उर्वरक के रूप में
(c) दवा के रूप में (d) इनमें से कोई नहीं

15. हड्डियों और दाँतों का मुख्य संघटन क्या है?
(a) कैल्शियम बाईकार्बोनेट (b) कैल्शियम मैग्नीशियम
(c) कैल्शियम नाइट्रेट (d) कैल्शियम फास्फेट

16. धावन सोडा का रासायनिक नाम क्या है?
(a) कैल्शियम कार्बोनेट (b) कैल्शियम हाइपोक्लोराइट
(c) सोडियम कार्बोनेट (d) सोडियम हाइड्राक्साइड

17. निम्नलिखित में से कौन बड़े शहरों की वायु को प्रदूषित करता है?
(a) कॉपर (b) लेड
(c) क्रोमियम (d) कापर ऑक्साइड

18. निम्नलिखित में से कौन अमोनियम कार्बोनेट को सभी रूप से दर्शाता है?
(a) NH_4C_3 (b) $(NH4)_2 CO_3$
(c) NH_4HCO_3 (d) $NH_4(CO_3)_2$

19. निम्नलिखित में से कौन-सी धातु बिजली की सर्वोत्तम संवाहक है?
(a) एल्यूमीनियम (b) ताँबा
(c) लोहा (d) जिंक

20. निम्नलिखित में से कौन-सी अक्रिय गैस तत्व है?
(a) Na (b) Cl
(c) Ne (d) Mg

21. निम्नलिखित में से कौन-सा एल्यूमिनियम का अयस्क नहीं है?
(a) बाक्साइट (b) कोरण्डम
(c) डायोस्पर (d) हेमेटाइट

22. निम्नलिखित में से कौन-सी धातु नहीं है?
(a) Na (b) Mg
(c) Al (d) O_3

23. संसार में पृथ्वी की सतह पर मौजूद पानी सतह के लगभग कितने प्रतिशत भाग में फैला हुआ है?
(a) 40% (b) 50%
(c) 60% (d) 70%

24. लोहे के ऊपर रोगन (Paint) किस लिए लगाया जाता है?
(a) वह रोगन के लेप से सुन्दर लगे
(b) रोगन करने से उसे जंग न लगे
(c) रोगन से लोहा मजबूत होता है
(d) उपरोक्त में से कोई नहीं

25. ठोस, द्रव और गैस में किसके अणुओं के मध्य आकर्षण बल सबसे अधिक होता है?
(a) ठोस (b) द्रव
(c) गैस (d) ठोस तथा गैस

26. बिना गरम किए द्रव को वाष्प में परिवर्तित करने की प्रक्रिया को क्या कहते हैं?
(a) वाष्पन (b) संघनन
(c) ऊर्ध्वपातन (d) द्रवण

27. जिस निश्चित ताप पर किसी द्रव का वाष्प दाब वायुमण्डलीय दाब के बराबर हो जाता है–
(a) उसे परम ताप (Absolute temperature) कहते हैं।
(b) उसे वैज्ञानिक भाषा में परमताप कहते हैं।
(c) उसे कैल्विन तापमापी कहते हैं।
(d) उसे सैल्सियस ताप कहते हैं।

28. ठोस, द्रव तथा गैस इन तीनों को बढ़ती हुई गतिज ऊर्जा (Kinetic energy) का आरोही क्रम है–
(a) ठोस, द्रव, गैस (b) ठोस, गैस, द्रव
(c) द्रव, ठोस, गैस (d) गैस, द्रव, ठोस

29. पदार्थ के ताप का संबंध उसके अणुओं की किस ऊर्जा से होता है?
(a) गतिज ऊर्जा (b) स्थितिज ऊर्जा
(c) यान्त्रिक ऊर्जा (d) विद्युत ऊर्जा

30. पृथ्वी पर तीनों अवस्थाओं में पाया जाने वाले पदार्थ का नाम है–
(a) पारा (b) नारियल का तेल
(c) पानी (d) लोहा

31. निम्नलिखित में से कौन-सी वस्तु द्रव्य नहीं है?
(a) विद्युत (b) वाष्प
(c) वायु (d) द्रव्य

32. यौगिक का एक अणु कम से कम कितने प्रकार के परमाणुओं से मिलकर बना होता है?
(a) दो (b) तीन
(c) एक (d) तीन से अधिक

33. दो या दो से अधिक पदार्थ के समांगी मिश्रण को क्या कहते हैं?
(a) मिश्रण (b) तत्त्व
(c) यौगिक (d) पदार्थ

34. निम्नलिखित में से धातु तत्त्व किसमें हैं?

(a) कार्बन (b) ब्रोमीन
(c) पारा (d) गंधक

35. 'काँच' सिलिकॉन तथा किसके परमाणु का एक बड़ा समूह होता है?

(a) ऐल्युमिनियम (b) कोबाल्ट
(c) बेरियम (d) ऑक्सीजन

36. बाजारों में प्रयुक्त पॉलीथीन किसके अणुओं की एक लम्बी शृंखला होती है?

(a) एथिलीन (b) सेल्यूलोज
(c) पॉली न्यूट्रान (d) पॉली सैकराइड

37. निम्न में से कौन-सा प्लास्टिक अत्यधिक ज्वलनशील है?

(a) रेयॉन (b) नायलॉन
(c) पॉलिथीन (d) सेलुलॉयड

38. निम्न में से किस रसायन को थर्मोसेटिंग प्लास्टिक कहा जाता है?

(a) पॉलीथीन (b) केसीन
(c) पी.वी.सी. (d) बेकेलाइट

39. टेलीफोन किस प्रकार के प्लास्टिक से बनता है?

(a) बेकेलाइट (b) पी.वी.सी.
(c) टेफ्लॉन (d) पॉलीथीन

40. सीमेन्ट की बनी छत पर दरारें आ गईं, सीमेन्ट में किस पदार्थ की अधिकता से यह हुआ?

(a) P (b) Fe
(c) Ca (d) Si

41. वस्तुओं का रंग उड़ाने एवं जल को कीटाणु रहित बनाने हेतु किस पदार्थ को प्रयुक्त किया जाता है?

(a) ब्लीचिंग पाउडर (b) खाने का सोड़ा
(c) कपड़े धोने का सोड़ा (d) प्लास्टर ऑफ पेरिस

42. निम्न में से कौन-सा बहुलक नहीं हैं?

(a) डी.एन.ए. (b) स्टार्च
(c) पामीटेट (d) इन्सुलिन

43. साबुन निम्नलिखित में से किन पदार्थों से संबंधित है–

(a) एल्डिहाइड (b) एमीन
(c) एस्टर (d) कार्बनिक अम्लों के लवण

44. प्रतिदिन प्रयुक्त होने वाले डिटर्जेन्ट का सामान्य सूत्र होता है–

(a) $RC_6H_4SO_3Na$ (b) RONa
(c) RCOONa (d) Ca तथा H

45. संगमरमर (Marble) में विद्यमान तत्व है–

(a) C, H तथा O (b) C तथा O
(c) Ca, C तथा O (d) Ca तथा H

46. त्रिसंयोजन मूलक का नाम क्या होगा?

(a) फेरस (b) एल्यूमिनियम
(c) नाइट्रोजन (d) उपरोक्त में कोई नहीं

47. चाँदी का प्रतीक क्या है?

(a) Au (b) Al
(c) Ag (d) An

48. कॉपर का प्रतीक क्या है?

(a) Cu (b) Ca
(c) C (d) Cp

49. फिटकरी का रासायनिक सूत्र क्या है?

(a) $K_2SO_4.Al_2SO_4.10H_2O$
(b) $Al_2SO_4.K_2SO_4.10H_2O$
(c) $K_2SO_4.Al_2(SO_4)_3.24H_2O$
(d) $KSO_4.Al_2(SO_4)_3.10H_2O$

50. मरक्यूरस क्लोराइड का रासायनिक सूत्र क्या है?

(a) $HgCl_2$ (b) $HgCl_3$
(c) Hg_2Cl (d) HgCl

51. $Fe_2(SO_4)_3$ को क्या कहते हैं?

(a) तत्त्व (b) मिश्रण
(c) यौगिक (d) अणु

52. यौगिक परमाणु का दूसरा नाम क्या है?

(a) तत्व (b) मिश्रण
(c) यौगिक (d) अणु

53. आक्सीजन के एक अणु में–

(a) केवल 1 परमाणु होता है। (b) केवल 2 परमाणु होते हैं।
(c) केवल 16 परमाणु होते हैं। (d) केवल 8 परमाणु होते हैं।

54. निम्नलिखित में से कौन-सी गैस हवा की अपेक्षा शीघ्र विसरित होती है?

(a) हाइड्रोजन (b) ऑक्सीजन
(c) क्लोरीन (d) कार्बन डाइऑक्साड

55. मेंडलीव की मूल सारणी में कितने वर्ग थे?

(a) 7 (b) 9
(c) 11 (d) 15

56. आवर्त सारणी में H का स्थान किस वर्ग में है?

(a) शून्य (b) प्रथम
(c) द्वितीय (d) उपवर्ग

57. आधुनिक आवर्त्त नियम (Periodic law) के अनुसार तत्त्वों के गुणधर्म किसके आवर्ती फलन होते हैं?

(a) परमाणु भार के (b) अणुभार के
(c) न्यूट्रान के (d) परमाणु क्रमांक के

58. आधुनिक आवर्त नियम प्रतिपादित किया था–

(a) मेण्डलीफ ने (b) आवोगाद्रो
(c) मोसले ने (d) मेट्रो ने

59. हाइड्रोजन की खोज किसने की थी?

(a) शीले ने (b) प्रीस्टले ने
(c) कैवेन्डिश ने (d) लेवाइजर ने

60. निम्नलिखित में से कौन-सी धातु ठण्डे जल के साथ क्रिया करके हाइड्रोजन गैस बनाएगी?

(a) Ca (b) Fe
(c) Mg (d) Cu

61. हाइड्रोजन गैस का प्रतीक क्या है?

(a) H^+ (b) H
(c) H_2 (d) H^{4+}

62. हाइड्रोजन गैस का अणुसूत्र (Molecular formula) क्या होगा?

(a) H_2 (b) $2H_2$
(c) H (d) H^+

63. **ऑक्सीजन का प्रतीक है–**
(a) O^- (b) O^+
(c) O_2 (d) O

64. **ऑक्सीजन का अणुसूत्र है–**
(a) O_2 (b) O_2^+
(c) O_2^{4+} (d) O

65. **ऑक्सीजन गैस की प्रवृत्ति–**
(a) अच्छी है (b) निष्क्रिय है
(c) दाहक है (d) वाहक है

66. **प्रयोगशाला में ऑक्सीजन गैस बनाते समय पोटाशियम क्लोराइट तथा मैंगनीज डाईआक्साइड का अनुपात क्या होगा?**
(a) 1 : 4 (b) 1 : 5
(c) 5 : 1 (d) 4 : 1

67. **जब हाइड्रोजन की ऑक्सीजन के साथ क्रिया कराते हैं–**
(a) तो हवा बनती है।
(b) तो हाइड्रोजन परॉक्साइड गैस बनती है।
(c) तो H_2O_2 बनती है।
(d) तो द्रवित वायु बनती है।

68. **पानी का अणुसूत्र है–**
(a) H_2 (b) O_2
(c) 2HO (d) H_2O

69. **पानी में आयतन की दृष्टि से हाइड्रोजन व ऑक्सीजन का अनुपात होगा–**
(a) 1 : 2 (b) 1 : 3
(c) 3 : 1 (d) 2 : 1

70. **अमोनिया गैस है–**
(a) हवा से हल्की
(b) हवा से बहुत भारी
(c) हवा से भारी
(d) हवा से न हल्की है और न भारी है।

71. **एक गैस जार में कोई गैस भरी है उसमें गुलाब का रंगीन फूल गिर गया। फूल रंगहीन हो गया तो–**
(a) जार में नाइट्रोजन गैस भरी थी
(b) जार में हाइड्रोजन गैस भरी थी
(c) जार में क्लोरीन गैस भरी थी
(d) जार में अमोनिया गैस भरी थी

72. **जब क्लोरीन गैस को बूझे चूने पर प्रवाहित करते हैं–**
(a) नमक का अम्ल बनाती है।
(b) नमक का पानी बनाती है।
(c) ब्लीचिंग पाउडर बनाती है
(d) कैल्शियम क्लोराइड बनाती है

73. **क्लोरीन गैस–**
(a) हवा से ज्यादा हल्की है
(b) हवा से हल्की है
(c) हवा से न ज्यादा हल्की न ज्यादा भारी है
(d) हवा से ढाई गुना भारी है

74. **हाइड्रोजन क्लोराइड गैस–**
(a) पानी में ज्यादा विलेय है (b) पानी में विलेय है
(c) पानी में अविलेय है (d) पानी में जरा भी विलेय नहीं है

75. **चाँदी के बर्तन वायु में रखे रहने पर काले पड़ जाते हैं, क्योंकि–**
(a) चाँदी अन्दर से काले रंग की है
(b) हवा की गर्मी से रंग काला पड़ जाता है
(c) वायु में H_2S गैस होती है, जो चाँदी से क्रिया करके सिल्वर सल्फायड का काला रंग बनाती है
(d) वायु का एक विशेष गुण है

76. **उस गैस का नाम बताइए जो जलने में सहायता करती है किन्तु स्वयं जलती है और उससे सड़े अंडे जैसे गंध होती है–**
(a) HCl (b) H_2
(c) H_2S (d) NH_3

77. **निम्न में से कौन प्रोड्यूसर गैस है?**
(a) $CO+H_2$ (b) $CO+C_2H_4$
(c) $CO+CO_2$ (d) $CO+N_2$

78. **'पर्ल एश' किसे कहते हैं?**
(a) K_2O_3 (b) KO_2
(c) K_2CO_3 (d) $KMnO_4$

79. **कार्बन की प्रकृति क्या है?**
(a) चतुष्फकीय (b) त्रिफलकीय
(c) द्विफलकीय (d) एक फलकीय

80. **खुली शृंखला (Open chain) वाले यौगिक क्या होते हैं?**
(a) एरोमेटिक (b) ऐलीफैटिक
(c) केरौमैटिक (d) सैरोमेटिक

81. **बन्द शृंखला वाले यौगिकों को क्या कहते हैं?**
(a) ऐरोमैटिक यौगिक (b) ऐलीफैटिक यौगिक
(c) वसीय यौगिक (d) प्रोटीन यौगिक

82. **बेंजीन एक–**
(a) चक्रीय यौगिक है (b) विषम चक्रीय यौगिक है
(c) असम चक्रीय यौगिक है (d) सिर्फ चक्रीय यौगिक है

83. **सजातीय श्रेणी के–**
(a) सभी समूह एक से रूप के होते हैं
(b) सभी समूह एक ही जाति के होते हैं
(c) सभी समूह एक से हैं
(d) सभी सदस्यों में एक सा क्रियात्मक समूह है

84. **मेथिल ऐसिटिलीन का आई.यू.ए.सी. (IUPAC) नाम–**
(a) प्रोपाइन है (b) एथनोल है
(c) प्रोपेनोन है (d) ब्यूटेनोन है

85. **निम्नलिखित में कौन-सा पदार्थ डाइनामाइट का प्रमुख अयस्क पदार्थ है?**
(a) नाइट्रोग्लिसरीन (b) नाइट्रोटालुईन
(c) फिनॉल (d) टी.एन.टी.

86. **निम्नलिखित में वह अधातु कौन-सी है जो सामान्य तापमान में द्रव अवस्था में रहती है?**
(a) ब्रोमीन (b) हीलियम
(c) फास्फोरस (d) क्लोरीन

87. **हीरा निम्नलिखित में से किस का अवरूप है?**
(a) सिलिकन का (b) सल्फर का
(c) कार्बन का (d) फ़ास्फोरस का

जीव विज्ञान

1. **निम्नलिखित में से सही शृंखला कौन-सी है जिससे भोजन हमारे शरीर में प्रवेश करता है?**
(a) मुँह, अमाशय, बड़ी आंत, छोटी आंत
(b) मुँह, भोजन नली, अमाशय, छोटी आंत, बड़ी आंत
(c) मुँह, भोजन नली, अमाशय, बड़ी आंत, छोटी आंत
(d) मुँह, भोजन नली, छोटी आंत, अमाशय, बड़ी आंत

2. **निम्नलिखित में से सबसे व्यस्त मानव अंग कौन-सा है?**
(a) नाक (b) दिल
(c) गुर्दा (d) जिगर

3. **अस्थिसुषरता (ऑस्टियोपोरोसिस) .... की कमी से होता है।**
(a) पोटेशियम (b) लौह
(c) प्रोटीन (d) कैल्शियम

4. **पेशीय अंग जो देहगुहा को उदर तथा वक्ष में पृथक करता है–**
(a) डायाफ्राम (b) एण्डोमेट्रियम
(c) कार्टिलेज (d) सेप्टम

5. **कवक से प्राप्त उपयोगी उत्पाद क्या है?**
(a) पेनिसिलन (b) पेंट
(c) तेल (d) शर्करा

6. **निम्नलिखित में से कौन-सा रोग रक्तदान द्वारा नहीं फैलता है?**
(a) हेपेटाइटिस (b) टाइफॉइड
(c) एच.आई.वी. (d) मलेरिया

7. **किस पेड़ से हम कुनैन प्राप्त करते हैं?**
(a) यूकेलिप्टस पेड़ (b) सिनकोना पेड़
(c) नीम पेड़ (d) सीक्योइया

8. **यदि पृथ्वी पर कोई जीवधारी न हो तो वायमुंडल में ऑक्सीजन की मात्रा–**
(a) यथावत् रहेगी
(b) लगभग शत प्रतिशत होगी
(c) लगभग नहीं होगी
(d) लगभग पचास प्रतिशत होगी

9. **कोशिका का 'पावर हाउस' किसे कहते हैं?**
(a) माइटोकाण्ड्रिया (b) राइबोसोम
(c) केन्द्रक (d) सभी गलत हैं

10. **निम्नलिखित विकल्पों में से कौन-सा मानव शरीर में विद्यमान प्रमुख तत्वों की उपलब्धता का ह्रासमान-क्रम है?**
(a) कैल्शियम-लौह-सोडियम-सल्फर
(b) कैल्शियम-फास्फोरस-पोटेशियम-सल्फर
(c) कैल्शियम-लौह-सोडियम-सल्फर
(d) कैल्शियम-पोटेशियम-फास्फोरस-लौह

11. **टमाटर व मिर्च के फल पहले हरे होते हैं और बाद में लाल हो जाते हैं, क्योंकि–**
(a) इनकी फल भित्ति में हरित लवक होते हैं।
(b) इनमें वर्णी लवक होते हैं।
(c) इनमें अपर्णी लवक होते हैं।
(d) हरित लवक, वर्णी लवकों में बदल जाते हैं।

12. **किसी वृक्ष की आयु किस विधि से निश्चित की जा सकती है?**
(a) ऊँचाई नापकर (b) वार्षिक वृत्त गिनकर
(c) परिधि नापकर (d) शाखाएँ गिनकर

13. **निम्न में से किस पौधे में फूल नहीं होते?**
(a) कटहल (b) गूलर
(c) ऑर्किड (d) फर्न

14. **निम्न में से किसके पादप वायु से नाइट्रोजन ग्रहण करके यौगिकीकरण करते हैं?**
(a) गेहूँ (b) चावल
(c) मटर (d) मक्का

15. **पादप कोशिका, जन्तु कोशिका से किस प्रकार भिन्न होती है?**
(a) माइटोकॉण्ड्रिया (b) कोशिका भित्ति
(c) कोशिका केन्द्रक (d) जीव द्रव्य की उपस्थिति

16. **मानव शरीर में पाचन का अधिकांश भाग किस अंग में सम्पन्न होता है?**
(a) पैंक्रियास (b) छोटी आंत
(c) बड़ी आंत (d) अमाशय

17. **ह्वेल निम्न वर्गों में से किस वर्ग का प्राणी है?**
(a) मत्स्य (b) स्तनपायी
(c) सरीसृप (d) उभयचर

18. **यदि मानव वृद्धि हॉर्मोन जीन का प्रयोग करके ऐसा चूहा पैदा किया जाए तो चूहे के सामान्य आकार से आठ गुना हो तो यह विधि कहलाएगी–**
(a) संकरण (b) आनुवंशिक इंजीनियरी
(c) उत्परिवर्तन प्रजनन (d) हॉर्मोनी भरण

19. **दही के निर्माण में कौन-सा जीवाणु महत्त्वपूर्ण भूमिका निभाता है?**
(a) ईकोलाई (b) लैक्टो बेसीलस
(c) मिल्केटी (d) एस्पर

20. **निम्न में से किस गैस का प्रयोग जीवाणुओं को मारने के लिए किया जाता है?**
(a) नाइट्रोजन (b) ऑक्सीजन
(c) क्लोरीन (d) अमोनिया

21. **निम्न में से कौन अंडे देने वाला स्तनधारी प्राणी है?**
(a) प्लेटीपस (b) ह्वेल
(c) चमगादड़ (d) कंगारू

22. **निम्न में से किस ऊतक की अनुपस्थिति में मानव के शरीर का आकार नहीं बनेगा?**
(a) तरल ऊतक (b) कंकाल ऊतक
(c) पेशी ऊतक (d) तंत्रिक ऊतक

23. **निम्न में से किसकी कमी से शरीर में एनीमिया नामक रोग उत्पन्न होता है?**
(a) कैल्शियम की कमी से (b) आयरन की कमी से
(c) विटामिन 'सी' की कमी से (d) आयरन की अधिकता से

24. निम्न में से किस शारीरिक अंग में ग्लूकोज का ग्लाइकोजन में परिवर्तन हो जाता है?

(a) अग्नाशय (b) यकृत
(c) वृक्क (d) रक्त

25. निम्न में से कौन-सी वास्तविक रूप से मछली है?

(a) स्टारफिश (b) जैलीफिश
(c) हाग्फिश (d) समुद्री घोड़ा

26. प्रकाश संश्लेषण के बारे में कौन-सा कथन सही नहीं है?

(a) प्रकाश संश्लेषण पौधों की हरी कोशिकाओं में होता है।
(b) प्रकाश संश्लेषण में ऑक्सीजन बाहर निकलती है।
(c) प्रकाश संश्लेषण पौधों के साथ-साथ प्राणियों के लिए भी महत्त्वपूर्ण है।
(d) प्रकाश संश्लेषण के लिए कार्बन डाईऑक्साइड आवश्यक नहीं है।

27. स्तनधारी प्राणियों में रक्त का सबसे अधिक तापमान निम्न में से किसका होता है?

(a) गाय (b) मानव
(c) पालतू बकरी (d) ब्लू ह्वेल

28. निम्नलिखित में से कौन-सा एक प्रोटोजोआ द्वारा उत्पन्न रोग नहीं है?

(a) मलेरिया (b) टाइफॉयड
(c) अमीबीय पेचिस (d) काला ज्वर

29. निम्नलिखित में से कौन हमारे शरीर में भोजन के पाचन एवं अवशोषण का मुख्य अंग है?

(a) बड़ी आँत (b) छोटी आँत
(c) शरीर के नियामक (d) शारीरिक कोशिका

30. कीटभक्षी पौधे निम्न में से किसके लिए कीटों का भक्षण करते हैं?

(a) कार्बोहाइड्रेट (b) वसा
(c) प्रोटीन (d) खनिज

31. निम्न में से किस हार्मोन की कमी से दाढ़ी मूंछ नहीं उगती हैं?

(a) एंड्रोजन (b) एस्ट्रोजन
(c) थॉयरॉक्सीन (d) टेस्टोस्टेरोन

32. किस संघ के जंतुओं में ऊतक नहीं पाया जाता है?

(a) प्रोटोजोआ (b) पोरीफेरा
(c) सीलेन्ट्रेटा (d) निमेटोडा

33. पित्ताशय में पथरियों का निर्माण किसकी कमी के कारण होता है?

(a) लेसीथिन (b) सेक्रिटिन
(c) कोलेस्ट्रॉल (d) लाइपेज

34. हमारा शरीर पाचन क्रिया के दौरान कौन-से अम्ल का निर्माण करता है?

(a) हाइड्रोक्लोरिक अम्ल (b) नाइट्रिक अम्ल
(c) सल्फ्यूरिक अम्ल (d) इनमें से कोई नहीं

35. निम्नलिखित में से कौन-सी एक मछली नहीं है?

(a) ट्राउट (b) सालमन
(c) मुलेट (d) व्हेल

36. मनुष्य अपने कुल रक्त का कितना प्रतिशत दान में दे सकता है?

(a) 5 प्रतिशत (b) 7 प्रतिशत
(c) 10 प्रतिशत (d) 14 प्रतिशत

37. निम्न में से किस रक्त समूह को सर्वग्राही रक्त समूह कहा जाता है?

(a) ए (b) बी
(c) ओ (d) ए बी

38. निम्न में से वह कौन-सा पक्षी है जो कबूतर के जैसा था एवं विलुप्त हो गया?

(a) कैसवर (b) डोडो
(c) मैमोथ (d) फुलचुकी

39. मानव शरीर में रोगों का प्रतिरोध निम्न में से कौन करता है?

(a) विटामिन (b) कार्बोहाइड्रेट
(c) लाल रक्त कण (d) श्वेत रक्त कण

40. निम्न में से किसके द्वारा शरीर में ऑक्सीजन की पूर्ति होती है?

(a) लाल रक्त कोशिका (b) प्लाज्मा
(c) श्वेत रक्त कोशिका (d) एंटीजन

41. स्वस्थ मनुष्य के शरीर का ताप कितना होता है?

(a) 98.6 डिग्री फॉरैनहाइट (b) 9806 डिग्री सेल्सियस
(c) 37 डिग्री फॉरैनहाइट (d) 97.2 डिग्री सेल्सियस

42. निम्न में से कौन वंशानुक्रम की निर्धारक इकाई मानी जाती है?

(a) जीन (b) डिंब
(c) कोशिका (d) शुक्राणु

43. मानव शरीर में भोजन का रक्त द्वारा अवशोषण सर्वाधिक कहाँ होता है?

(a) अमाशय (b) यकृत
(c) छोटी आंत (d) बड़ी आंत

44. वयस्क मनुष्य के शरीर में खून की मात्रा होती है?

(a) 2 से 3 लीटर (b) 3 से 4 लीटर
(c) 6 से 8 लीटर (d) 10 से 12 लीटर

45. निम्न में से किस रसायन के कारण मधुमक्खियों के काटने पर दर्द का अनुभव होता है?

(a) कैप्रोइक एसिड
(b) फार्मिक एसिड
(c) वैलेरिक एसिड
(d) टार्टरिक एसिड

46. किसी बढ़ते हुए पौधे में सबसे अधिक मात्रा में कौन-सा तत्त्व ग्रहण किया जाता है?

(a) फॉस्फोरस (b) अमोनिया
(c) लौह (d) नाइट्रोजन

47. निम्न में से किस प्रकार के वर्गीकरण के तहत रक्त को रखा जा सकता है?

(a) तत्त्व (b) यौगिक
(c) मिश्रण (d) घोल

48. कौन-सा विटामिन जन्तुओं में अपने आप बनता है?

(a) विटामिन B_6 (b) विटामिन B_{12}
(c) विटामिन E (d) विटामिन K

49. निम्न में से किस प्राणी के शरीर में गाल ब्लैडर नहीं होता है?

(a) गैंडा (b) भैंसा
(c) बिल्ली (d) घोड़ा

50. जीभ के पक्ष भाग में स्थित स्वाद कालिकाएँ निष्क्रिय हो जाएँ तो कौन-सा स्वाद ज्ञात नहीं होता है?
(a) कड़वा (b) मीठा
(c) खट्‌टा (d) उपरोक्त सभी

51. एक ऐसे जन्तु का नाम बताइए जो अपने जीवन में सिर्फ एक बार जनन क्रिया करती है?
(a) ह्वेल (b) स्टार मछली
(c) ईल मछली (d) विद्युत मछली

52. निम्न में से कौन-सा सजीवों का लक्षण नहीं है?
(a) प्रजनन
(b) वातावरण के प्रति अनुक्रिया
(c) ऊर्जा के लिए भोजन का पाचन
(d) एक स्थान से दूसरे स्थान को गमन

53. जैव विकास के आधार पर मनुष्य का रुधिर किससे अधिक समानता दर्शाता है?
(a) मेंढ़क (b) बंदर से
(c) सूअर से (d) चिड़िया से

54. निम्नलिखित में से कौन-सा जीव सब सजीवों में उपस्थित रहता है तो सजीव तथा जब निर्जीव में रहता है तो निर्जीव कहलाता है?
(a) जीवाणु (b) कवक
(c) शैवाल (d) विषाणु

55. उभयलिंगी (Hermaphrodile) जीव होते हैं–
(a) नर
(b) मादा
(c) नर एवं मादा दोनों के लक्षणों से युक्त
(d) न नर, न मादा

56. निम्न में से किस पौधे में फल नहीं पाए जाते, परन्तु बीज उत्पन्न होते हैं?
(a) बादाम (b) काजू
(c) साइकस (d) गन्ना

57. भारत का राष्ट्रीय पक्षी कौन है?
(a) पावो क्रिस्टेटस
(b) सिटेकुला यूटोरोरिया
(c) पैसर डोमोस्टिका
(d) कोलम्बा लिविआ

58. मकड़ी के कितने पैर होते हैं?
(a) 8 (b) 6
(c) 10 (d) 4

59. वह पौधा जो ऑक्सीजन की अनुपस्थिति में श्वसन कर सकता है–
(a) गुलाब (b) क्लोरेला
(c) फाइकस (d) आलू

60. निम्नलिखित में से कौन-सा पौधा मरुद्भिद है?
(a) सरसों का (b) अमरबेल का
(c) करेले का (d) उपरोक्त में से कोई नहीं

61. किस यन्त्र द्वारा तने की वृद्धि दर सही रूप से मापी जाती है?
(a) हाइड्रोमीटर (b) ऑक्जेनोमीटर
(c) ऑस्मोमीटर (d) बैरोमीटर

62. जीवन चक्र की दृष्टि से पौधे का सबसे महत्त्वपूर्ण अंग कौन-सा है?
(a) पुष्प (b) पत्ती
(c) तना (d) जड़

63. निम्नलिखित में से कौन-सा स्तनधारी नहीं है?
(a) डॉल्फिन (b) बाघ
(c) मानव (d) मगरमच्छ

64. निम्न में से किस यंत्र की सहायता से दूध की शुद्धता को नापा जाता है?
(a) लैक्टोमीटर (b) एनीमोमीटर
(c) गैलवेनोमीटर (d) मिल्कीमीटर

65. निम्न में से किस पशु के दूध में अधिक वसा पाया जाता है?
(a) बकरी (b) गाय
(c) ऊँट (d) रेनडियर

66. निम्न में कौन-सा अम्ल इमली में पाया जाता है?
(a) आक्जैलिक एसिड (b) टार्टरिक एसिड
(c) साइट्रिक एसिड (d) एसीटिक एसिड

67. खाद्य प्रोटीन सर्वाधिक किसमें होता है?
(a) सोयाबीन, मसूर (b) मांस, अंडे
(c) जुई, सेम (d) सोयाबीन, मूंगफली

68. निम्न में किस चीज की मात्रा सोयाबीन में अत्यधिक है?
(a) एमग्रीनो ऐसिड (b) प्रोटीन
(c) कार्बोहाइड्रेट्स (d) विटामिन

69. संतुलित भोजन में फलों का अधिक महत्त्व है, क्योंकि इसमें निम्न में से कौन-सा तत्त्व प्रचुर मात्रा में पाया जाता है?
(a) प्रोटीन (b) विटामिन
(c) कार्बोहाइड्रेट (d) वसा

70. निम्न में से कौन-सा एक विटामिन नहीं है?
(a) एस्कार्बिक अम्ल (b) लैक्टिक अम्ल
(c) निकोटिनिक अम्ल (d) फॉलिक अम्ल

71. दूध का पी.एच. मूल्य कितना होता है?
(a) 5.5 (b) 6.6
(c) 7.7 (d) 8.8

72. एपीकल्चर एक वैज्ञानिक विधि है, जो उत्पादन से संबंधित है–
(a) शहद के (b) रेशम के
(c) सेब के (d) लाख के

73. दूध खट्टा क्यों हो जाता है?
(a) क्योंकि गर्मी के कारण कुछ जीवाणु उत्पन्न हो जाते हैं।
(b) दूध एसीटेट बन जाता है।
(c) दूध में स्थित सूक्ष्म तत्त्व लैक्टोस को लेक्टिक अम्ल में बदल देते हैं।
(d) इनमें से कोई नहीं।

74. मक्खन में .... बहुत होता है।
(a) विटामिन A (b) विटामिन B
(c) विटामिन C (d) विटामिन K

75. हमें सर्दियों में अधिक भूख क्यों लगती है?
(a) शरीर का तापमान नियन्त्रित बनाए रखने हेतु
(b) सर्दियों में पानी कम पीया जाता है

(c) सर्दियों में धूप की तीव्रता कम होती है
(d) उपरोक्त में से कोई नहीं

76. 'विटामिन' शब्द किसने दिया?
(a) मेण्डल (b) लुई पाश्चर
(c) फंक (d) सिंक्लेयर

77. यकृत में भविष्य के लिए कौन-सा विटामिन भंडारित होता रहता है?
(a) विटामिन C (b) विटामिन E
(c) विटामिन B (d) विटामिन A

78. पेट में भोजन को पचाने हेतु निम्नांकित में से किसकी सर्वाधिक आवश्यकता होती है?
(a) वायु (b) पानी
(c) एन्जाइम (d) खनिज

79. भोजन का ऊर्जा में रूपांतरण कोशिका के किस भाग में होता है?
(a) केन्द्रक (b) क्लोरोप्लास्ट
(c) राइबोसोम (d) माइटोकॉण्ड्रिया

80. शरीर में कोलेस्टेराल की मात्रा कम करने हेतु किसका उपयोग किया जाता है?
(a) अदरक (b) लहसुन
(c) मेथी (d) तुलसी

81. कौन-सा विटामिन गर्म करने पर नष्ट हो जाता है?
(a) विटामिन-A (b) विटामिन-B_6
(c) विटामिन-C (d) विटामिन-B_1

82. एक स्वस्थ मनुष्य को प्रतिदिन कितनी ऊर्जा की आवश्यकता होती है?
(a) 3600 कैलोरी (b) 2900 कैलोरी
(c) 2400 कैलोरी (d) 1000 कैलोरी

83. भारत के 30 वर्षीय युवक को औसतन प्रतिदिन कितनी मात्रा में विटामिन-सी की आवश्यकता होती है?
(a) 150 मिलीग्राम (b) 100 मिलीग्राम
(c) 60 मिलीग्राम (d) 200 मिलीग्राम

84. एक जीवित व्यक्ति का हृदय लगभग कितनी बार धड़कता है?
(a) 70 प्रति मिनट (b) 72 प्रति मिनट
(c) 80 प्रति मिनट (d) 100 प्रति मिनट

85. व्यक्ति के शरीर में रक्त साफ कहां होता है?
(a) हृदय में (b) गुर्दे में
(c) फेफड़ों (d) उपरोक्त में से कोई नहीं

86. खाने में लोहे की कमी से निम्नलिखित में से कौन-सा रोग हो जाता है?
(a) रक्तक्षीणता (Anaemia) (b) स्कर्वी (Scurvy)
(c) बेरी-बेरी (Beri-Beri) (d) मधुमेह (Diabetes)

87. पत्तों का हरा रंग निम्नलिखित में से किस पदार्थ के कारण होता है?
(a) हिमोग्लोबिन (Hemoglobin)
(b) क्लोरोफिल (Chlorophyll)
(c) क्लोरोफार्म (Chloroform)
(d) उपरोक्त में से कोई नहीं

88. मनुष्य के शरीर में रक्त निम्नलिखित में से किस अंग में शुद्ध और आक्सीजन से युक्त होता है?
(a) जिगर (b) गुर्दे
(c) हृदय (d) फेफड़े

89. विटामिन बी-3 की कमी से कौन-सा रोग होता है?
(a) स्कर्वी (b) प्लैग्रा
(c) रिकेट्स (d) बेरी-बेरी

90. प्लेग रोग किस जीवाणु के कारण होता है?
(a) सालमोनेला टाइफी (b) नीसेरिया मेनिनजाइटिडिस
(c) विब्रिओ कोमा (d) पास्ट्यूरेला पेस्टिस

उत्तरमाला

भौतिक विज्ञान

1. (b)	2. (a)	3. (a)	4. (b)	5. (d)	6. (c)	7. (c)	8. (b)	9. (d)	10. (a)
11. (d)	12. (d)	13. (a)	14. (b)	15. (b)	16. (a)	17. (d)	18. (a)	19. (c)	20. (d)
21. (b)	22. (d)	23. (c)	24. (b)	25. (b)	26. (d)	27. (b)	28. (c)	29. (c)	30. (c)
31. (a)	32. (b)	33. (c)	34. (a)	35. (a)	36. (d)	37. (b)	38. (d)	39. (a)	40. (c)
41. (d)	42. (b)	43. (c)	44. (a)	45. (c)	46. (b)	47. (b)	48. (b)	49. (a)	50. (c)
51. (a)	52. (d)	53. (b)	54. (a)	55. (a)	56. (b)	57. (a)	58. (b)	59. (a)	60. (b)
61. (a)	62. (a)	63. (a)	64. (d)	65. (b)	66. (d)	67. (c)	68. (d)	69. (d)	70. (d)
71. (d)	72. (c)	73. (c)	74. (b)	75. (c)	76. (b)	77. (a)	78. (c)	79. (c)	80. (a)
81. (b)	82. (d)	83. (b)	84. (d)	85. (b)	86. (a)	87. (c)	88. (a)	89. (a)	90. (d)
91. (b)	92. (c)	93. (a)	94. (a)	95. (a)	96. (b)	97. (d)	98. (a)	99. (c)	100. (d)
101. (d)	102. (a)	103. (a)	104. (a)	105. (d)	106. (a)	107. (c)	108. (d)	109. (b)	110. (d)

रसायन विज्ञान

1. (b)	2. (c)	3. (a)	4. (b)	5. (b)	6. (a)	7. (c)	8. (c)	9. (a)	10. (b)
11. (a)	12. (c)	13. (c)	14. (a)	15. (d)	16. (c)	17. (b)	18. (b)	19. (b)	20. (c)
21. (d)	22. (d)	23. (d)	24. (b)	25. (a)	26. (c)	27. (a)	28. (c)	29. (a)	30. (c)
31. (a)	32. (a)	33. (c)	34. (c)	35. (d)	36. (a)	37. (d)	38. (d)	39. (a)	40. (d)
41. (a)	42. (c)	43. (d)	44. (a)	45. (c)	46. (b)	47. (c)	48. (c)	49. (c)	50. (b)
51. (b)	52. (c)	53. (d)	54. (b)	55. (b)	56. (b)	57. (c)	58. (b)	59. (d)	60. (b)
61. (c)	62. (a)	63. (d)	64. (b)	65. (a)	66. (d)	67. (b)	68. (d)	69. (c)	70. (a)
71. (c)	72. (c)	73. (c)	74. (d)	75. (c)	76. (d)	77. (a)	78. (c)	79. (c)	80. (d)
81. (a)	82. (c)	83. (b)	84. (b)	85. (b)	86. (b)	87. (c)			

जीव विज्ञान

1. (b)	2. (b)	3. (d)	4. (a)	5. (a)	6. (b)	7. (b)	8. (a)	9. (a)	10. (a)
11. (d)	12. (b)	13. (d)	14. (c)	15. (b)	16. (b)	17. (b)	18. (b)	19. (b)	20. (c)
21. (a)	22. (b)	23. (b)	24. (b)	25. (b)	26. (d)	27. (c)	28. (b)	29. (b)	30. (c)
31. (d)	32. (a)	33. (a)	34. (c)	35. (a)	36. (d)	37. (d)	38. (d)	39. (c)	40. (a)
41. (a)	42. (a)	43. (c)	44. (c)	45. (b)	46. (d)	47. (c)	48. (b)	49. (d)	50. (a)
51. (c)	52. (d)	53. (b)	54. (d)	55. (c)	56. (c)	57. (a)	58. (a)	59. (b)	60. (c)
61. (b)	62. (d)	63. (d)	64. (a)	65. (d)	66. (b)	67. (b)	68. (b)	69. (b)	70. (b)
71. (b)	72. (a)	73. (c)	74. (c)	75. (a)	76. (c)	77. (b)	78. (c)	79. (a)	80. (d)
81. (b)	82. (c)	83. (b)	84. (c)	85. (a)	86. (a)	87. (b)	88. (b)	89. (b)	90. (d)

❑❑❑

गणित

1. संख्या पद्धति

संख्या पद्धति

प्राकृत संख्याएँ (Natural Numbers)

1, 2, 3, 4, 5 .... आदि प्राकृत संख्याएँ हैं। इन संख्याओं से हम गिनने की क्रिया करते हैं।

पूर्ण संख्याएँ (Whole Numbers)

प्राकृत संख्याओं के समुच्चय में 0 (शून्य) को शामिल करने पर पूर्ण संख्याओं का समुच्चय बनता है, अर्थात्, 0, 1, 2, 3, 4...... पूर्ण संख्याएँ हैं। याद रखना आवश्यक है कि 0 प्राकृत संख्या नहीं है।

सम संख्याएँ और विषम संख्याएँ (Even and Odd Numbers)

प्राकृत संख्याएँ जो 2 से विभाज्य हों, उन्हें सम संख्या कहते हैं।

उदाहरणार्थ : 2, 4, 6 इत्यादि।

सम संख्याओं का व्यापक रूप $2m$ है, जहाँ m कोई भी प्राकृत संख्या है। प्राकृत संख्याएँ जो 2 से विभाज्य न हों, उन्हें विषम संख्या कहते हैं।

उदाहरणार्थ : 1, 3, 5 आदि।

रूढ़ एवं यौगिक संख्याएँ (Prime and Composite Numbers)

1 से बड़ी प्राकृत संख्याएँ जो 1 या अपने को छोड़कर किसी दूसरी संख्या से विभाज्य न हो, रूढ़ संख्याएँ कहलाती हैं।

उदाहरणार्थ : 2, 3, 5, 7, 11 आदि।

प्राकृत संख्या जो 1 या अपने को छोड़कर किसी दूसरी प्राकृत संख्या से भी विभाज्य हो, यौगिक संख्या कही जाती है।

उदाहरणार्थ : 4, 6, 8, 9, 10, 12 इत्यादि।

पूर्णांक संख्याएँ (Integers)

पूर्ण संख्याओं एवं प्राकृत संख्याओं के ऋणात्मक मानों के परिवार को पूर्णांक संख्याएँ कहा जाता है।

उदाहरणार्थ : .... –3, –2, –1, 0, 1, 2, 3 ....

परिमेय संख्याएँ (Rational Numbers)

ऐसी भिन्न संख्याएँ जिनके अंश (Numerator) और हर (Denominator) दोनों पूर्णांक हैं तथा हर शून्य नहीं है, परिमेय संख्याएँ कहलाती हैं। अतः परिमेय संख्या उस संख्या को कहते हैं जिसे $\frac{p}{q}$ के रूप में रखा जा सकता है जहाँ p और q दोनों ही पूर्णांक हो, किन्तु $q \neq 0$। शर्त $q \neq 0$ आवश्यक है, क्योंकि शून्य से भाग परिभाषित नहीं होता।

यदि अंश और हर दोनों के चिह्न समान हों, तो परिमेय संख्या (Rational Number) धनात्मक (Positive) होती है।

उदाहरणार्थ : $\frac{2}{4}, \frac{-2}{-3}, \frac{2}{7}$ आदि धन परिमेय संख्याएँ हैं।

इसके विपरीत, यदि परिमेय संख्या में अंश और हर के चिह्न विपरीत हों, तो परिमेय संख्या ऋणात्मक कहलाती है।

उदाहरणार्थ : $\frac{-2}{5}, \frac{3}{-4}, \frac{7}{-9}$ आदि ऋण परिमेय संख्याएँ हैं।

ध्यान देने योग्य है कि जब हम किसी परिमेय संख्या को $\frac{p}{q}$ के रूप में लिखते हैं तो $q > 0$ लेने में कोई हर्ज नहीं होगा। चाहे p धन हो, ऋण हो या शून्य हो। अतः हम $\frac{3}{-4}$ को $\frac{-3}{4}, \frac{7}{-9}$ को $\frac{-7}{9}$ के रूप में लिख सकते हैं।

हम इसी परम्परा का अनुसरण करेंगे।

जिस प्रकार पूर्णांकों के समुच्चय में हरेक धन पूर्णांक n के लिए, एक ऋण पूर्णांक (योगात्मक तत्समक) –n होता है, उसी प्रकार परिमेय संख्याओं के समुच्चय में हरेक धन परिमेय संख्या $\frac{p}{q}$ के अनुरूप एक ऋण परिमेय संख्या $\frac{-p}{q}$ होती है।

परिमेय संख्याओं की बीजगणित

(*i*) दो परिमेय संख्याओं का योग एक परिमेय संख्या होती है।

(*ii*) परिमेय संख्याओं के योग नियम साहचर्य एवं क्रम-विनिमय होते हैं।

(*iii*) परिमेय संख्या 0 ऐसी होती है कि प्रत्येक परिमेय संख्या $\frac{p}{q}$ के लिए $\frac{p}{q} + 0 = 0 + \frac{p}{q}$

(*iv*) प्रत्येक परिमेय संख्या $\frac{p}{q}$ का एक ऐसा योज्य व्युत्क्रम (Additive Inverse) $-\frac{p}{q}$ होता है कि $\frac{p}{q} + \frac{-p}{q} = 0 = \frac{-p}{q} + \frac{p}{q}$

(*v*) प्रत्येक पूर्णांक $a\left(=\frac{a}{1}\right)$ को एक परिमेय संख्या माना जा सकता है।

(*vi*) दो परिमेय संख्याओं का गुणनफल एक परिमेय संख्या होती है।

(*vii*) प्रत्येक शून्येतर परिमेय संख्या का एक व्युत्क्रम होता है।

(*viii*) किसी परिमेय संख्या के गुणा का प्रतीप अवयव वह संख्या होती है जिसे उस संख्या से गुणा करने से गुणनफल 1 प्राप्त होता है। अर्थात् $\frac{p}{q}$ का प्रतीप गुणन अवयव $\frac{q}{p}$ होगा।

अपरिमेय संख्याएँ (Irrational Numbers)

बहुत-सी संख्याएँ ऐसी हैं जो $\frac{m}{n}$ के रूप में नहीं रखी जा सकतीं। इनका दशमलव रूपान्तरण अनन्त एवं अनावर्त होता है।

उदाहरणार्थ : $\sqrt{2} = 1.41421356$ ......

$\sqrt{5} = 2.2360679$ ......

अब, हम $\sqrt{2}$ पर विचार करते हैं। यह दिखाना है कि $\sqrt{2}$ एक परिमेय संख्या नहीं है।

माना कि $\sqrt{2}$ एक परिमेय संख्या है

तथा यह भी माना कि $\sqrt{2} = \frac{m}{n}$ जहाँ m और n लघुत्तम पद में है।

इसे वर्ग करने पर $2 = \frac{m^2}{n^2} \Rightarrow m^2 = 2n^2$

अर्थात् m^2 एक सम पूर्णांक (Even Integer) है। चूँकि सिर्फ एक सम पूर्णांक संख्या को वर्ग करने पर एक सम पूर्णांक संख्या मिलती है [विषम पूर्णांक संख्या (Odd Integer) को वर्ग करने पर हमें एक विषम पूर्णांक संख्या मिलती है]। इसलिए m एक सम पूर्णांक संख्या है। हम मान लेते हैं कि $m = 2p$

$\therefore m^2 = 4p^2 \Rightarrow 4p^2 = 2n^2 \Rightarrow n^2 = 2p^2$

$\therefore n^2$ एक सम पूर्णांक संख्या हुई।

अत: पहले विश्लेषण से भी n एक सम पूर्णांक संख्या हुई। इस प्रकार हम देखते हैं कि m और n दोनों सम पूर्णांक संख्याएँ हैं अर्थात् दोनों में 2 से भाग लग जाता है। लेकिन हमने पहले यह मान लिया है कि m और n दोनों लघुत्तम पद में हैं अर्थात् m और n में किसी संख्या से भाग नहीं लगता है। इस प्रकार हमें विरोधाभास (Contradiction) मिलता है। अत: हमारा यह मानना कि $\sqrt{2} = \frac{m}{n}$ है, गलत है।

अर्थात् $\sqrt{2} = \frac{m}{n}$ के रूप में नहीं रखा जा सकता है।

अर्थात् $\sqrt{2}$ परिमेय संख्या नहीं है।

वास्तविक संख्याएँ (Real Numbers)

परिमेय संख्याएँ तथा अपरिमेय संख्याएँ दोनों को मिलाकर वास्तविक संख्याएँ प्राप्त होती हैं अर्थात् वास्तविक संख्या वह है जो या तो परिमेय है अथवा अपरिमेय।

चूँकि हरेक परिमेय संख्या एक वास्तविक संख्या है, इसलिए परिमेय संख्याओं के समूह को Q से और वास्तविक संख्याओं को R से सूचित करते हैं।

वास्तविक संख्याओं का समुच्चय

परिमेय संख्याओं का समुच्चय   अपरिमेय संख्याओं का समुच्चय

पूर्णांकों का समुच्चय   भिन्नों का समुच्चय (अर्थात् जो पूर्णांक नहीं है)

परिमेय संख्याओं के लिए जो बीजगणितीय नियम सत्य हैं, वे वास्तविक संख्याओं के लिए भी सत्य होते हैं।

ध्यान देने योग्य बातें

(*i*) वास्तविक संख्याओं के समुच्चय में असंख्य सदस्य होते हैं एवं कोई दो वास्तविक संख्याओं के बीच अनगिनत परिमेय एवं अपरिमेय संख्याएँ होती हैं।

(*ii*) परिमेय संख्याओं की संख्या भी अनगिनत है एवं दो परिमेय संख्याओं के बीच अनगिनत परिमेय संख्याएँ हैं।

(*iii*) अपरिमेय संख्याओं की संख्या भी असंख्य है एवं दो अपरिमेय संख्याओं के बीच अनगिनत अपरिमेय संख्याएँ हैं।

(*iv*) एक परिमेय एवं एक अपरिमेय संख्या के योग, घटाव, गुणा एवं भाग सभी से अपरिमेय संख्या प्राप्त होती है।

वास्तविक संख्या का वर्गमूल, घनमूल (Square Root, Cube Root of Real Numbers)

यदि किसी वास्तविक संख्या a का द्वितीय घात b हो तो a को b का वर्गमूल कहा जाता है, अर्थात् यदि $a \times a = b$ तो b का वर्गमूल $= a$, वर्गमूल का चिह्न "$\sqrt{\ }$" है।

यदि $a \times a \times a = b$ हो तो a को b का घनमूल कहते हैं और इसे $\sqrt[3]{b} = a$ लिखा जाता है।

अब $(+2)(+2)(+2) = +8$

इसलिए $+2, +8$ का घनमूल हुआ।

मूल चिह्न हटाने की विधि

(*i*) वर्गमूल चिह्न के अन्दर की संख्या को किसी संख्या के वर्ग में लिखें और $\sqrt{a^2} = a$ का व्यवहार करें।

(*ii*) घनमूल चिह्न के अन्दर की संख्या को किसी संख्या के घन में लिखें और $\sqrt[3]{a^3} = a$ का व्यवहार करें।

भाग (Division)

भाज्य (Dividend) : यह वह संख्या है जिसमें किसी संख्या से भाग दिया जाता है।

भाजक (Divisor) : यह वह संख्या है जिससे किसी संख्या में भाग दिया जाता है।

भागफल (Quotient) : जितनी बार घटाव की क्रिया की जाती है, उसे भागफल कहा जाता है।

शेषफल (Remainder) : भाज्य में भाजक से भाग देने पर जो संख्या बच जाती है, उसे शेषफल कहा जाता है।

संकेत में,

भाजक) भाज्य (भागफल

———

शेषफल

भाज्य = भाजक × भागफल + शेषफल

उदाहरणार्थ :

5) 37 (7
35
——
2

यहाँ, भाजक = 5, भाज्य = 37, भागफल = 7, शेषफल = 2

$\therefore 37 = 5 \times 7 + 2$

संख्याओं का विभाजन (Division of Numbers)

- **2 से विभाजित होने की शर्त :** यदि किसी संख्या के इकाई का अंक शून्य (0) हो या 2 से विभाज्य हो तो वह संख्या 2 से विभाज्य होगी।

उदाहरणार्थ : 7530, 8436, 4328 इत्यादि।

$\therefore$ पहली संख्या के अंत में शून्य (0) है तथा अन्य दोनों संख्याओं का इकाई का अंक '6' व '8' 2 से विभाज्य हैं, इसलिए उपर्युक्त संख्याएँ 2 से विभाजित हो जाएँगी।

- **3 से विभाजित होने की शर्त :** यदि किसी संख्या में उपस्थित अंकों का योग 3 से विभाज्य हो तो वह संख्या 3 से पूर्णत: विभाजित हो जाएगी।

उदाहरणार्थ : 747, 2343, 6273 इत्यादि।

∵ 7 + 4 + 7 = 18 जो '3' से विभाज्य है, इसलिए 747, 3 से पूर्णत: विभाजित होने वाली संख्या है। इसी तरह अन्य संख्याओं के अंकों का योग भी '3' से विभाज्य है, अत: उक्त सभी संख्याएँ अंक '3' से पूर्णत: विभाजित होने वाली संख्याएँ हैं।

- **4 से विभाजित होने की शर्त :** यदि किसी संख्या के अन्तिम दो अंक (दहाई तथा इकाई के अंक) '00' हो या 4 से विभाज्य हो तो वह संख्या 4 से विभाजित हो जाएगी।

उदाहरणार्थ : 74300, 15712, 4308 इत्यादि।

∵ 00, 12 तथा 08 '4' से विभाज्य हैं। इसलिए उपर्युक्त संख्याएँ 4 से विभाजित हो जाएँगी।

- **5 से विभाजित होने की शर्त :** यदि किसी संख्या के इकाई का अंक शून्य (0) या 5 हो तो वह संख्या 5 से विभाजित हो जाएगी।

उदाहरणार्थ : 930, 5465, 8745 इत्यादि।

- **6 से विभाजित होने की शर्त :** यदि किसी सम संख्या के अंकों का योग 3 से विभाज्य हो तो वह संख्या 6 से भी पूर्णत: विभाजित हो जाएगी।

उदाहरणार्थ : 3564, 1572, 4248 इत्यादि।

- **3, 7, 11, 13, 21 तथा 37 से विभाजित होने की शर्त :**

(*i*) किसी अंक या संख्या के छह बार की पुनरावृत्ति से बनी छोटी से छोटी संख्या 3, 7, 11, 13, 21 तथा 37 में से किसी एक संख्या से विभाजित हो जाएगी।

उदाहरणार्थ : 222222, 444444, 323232323232 इत्यादि।

नोट : यदि किसी अंक की पुनरावृत्ति 6 के गुणज में हो, **उदाहरणार्थ :** 6 बार, 12 बार, 18 बार या 24 बार हो तो भी वे संख्याएँ 3, 7, 11, 13, 21 या 37 में से किसी एक संख्या से पूर्णत: विभाजित हो जाएँगी।

(*ii*) यदि चार अंकों की संख्या में चौथे अंक को पहले अंक में से घटाकर शेष को शेष संख्या के पहले रखने पर 7 से विभाज्य हो तो वह मूल संख्या 7 से विभाजित हो जाएगी।

उदाहरणार्थ : 6545, अंक 7 से विभाज्य है क्योंकि (6 – 5) 54 अर्थात् 154, अंक 7 से विभाज्य है।

(*iii*) पाँच अंकों की किसी संख्या के पाँचवे अंक को शुरु के दो अंकों से बनी संख्या में से घटाने पर प्राप्त संख्या यदि 7 से विभाज्य हो तो वह मूल संख्या 7 से विभाजित हो जाएगी।

उदाहरणार्थ : संख्या 23632, अंक 7 से विभाज्य है क्योंकि (23 – 2) 63 अर्थात् 2163 अंक 7 से विभाज्य है।

(*iv*) यदि किसी संख्या के तीन-तीन के समूह (Group) में बाँट दिया जाए और विषम स्थानों (Odd places) पर स्थित समूहों के योग तथा सम स्थानों (Even places) पर स्थित समूहों के योग का अंतर यदि शून्य (0) हो या 7 से विभाज्य हो तो वह संख्या 7 से विभाजित हो जाएगी।

उदाहरणार्थ : 266133 को तीन-तीन अंकों के दो समूहों में बाँटने पर क्रमश: विषम स्थान पर का समूह 266 तथा सम स्थान का समूह 133 है, चूंकि 266 – 133 = 133, अंक 7 से विभाज्य है, इसलिए उक्त संख्या अंक 7 से विभाजित हो जाएगी।

- **8 से विभाजित होने की शर्त :** यदि किसी संख्या के अंतिम तीन अंक (सैकड़ा, दहाई तथा इकाई के अंक) '000' हों या 8 से विभाज्य हों तो वह संख्या 8 से विभाजित हो जाएगी।

उदाहरणार्थ : 347000 67512 954024 इत्यादि।

∵ 000, 512 तथा 024 अंक 8 से विभाज्य हैं, इसलिए उपरोक्त संख्याएँ 8 से विभाज्य हैं,

- **9 से विभाजित होने की शर्त :** यदि किसी संख्या के अंकों का योग 9 से विभाज्य हो तो वह संख्या 9 से विभाज्य होगी।

उदाहरणार्थ : 3456 65438 5432787 इत्यादि के अंकों का योग 9 से विभाज्य है, इसलिए ये संख्याएँ 9 से विभाज्य हैं।

- **10 से विभाजित होने की शर्त :** यदि किसी संख्या के इकाई का अंक शून्य (0) हो तो वह संख्या 10 से विभाज्य होगी।

- **11 से विभाजित होने की शर्त :** यदि किसी संख्या के विषम स्थानों पर उपस्थित अंकों का योग तथा सम स्थानों पर उपस्थित अंकों के योग का अन्तर '0' हो या 11 का गुणज हो तो वह संख्या 11 से विभाजित हो जाएगी।

उदाहरणार्थ : 54285 में विषम स्थान पर के अंक 5, 2 तथा 5 का योग 12 और सम स्थान पर के अंक 4 तथा 8 का योग 12 का अन्तर शून्य (0) है, इसलिए यह संख्या 11 से विभाज्य है।

अभ्यास प्रश्न

1. पाँच अंकों की सबसे बड़ी तथा सबसे छोटी संख्याओं का अंतर निम्नलिखित में से कौन-सा है?

(a) 998999 (b) 99998
(c) 89999 (d) 98999

2. किसी संख्या के दोनों अंकों का योग 13 तथा गुणनफल 40 है। संख्या के दोनों अंकों के बीच कितने का अन्तर है, ज्ञात करें।

(a) 7 (b) 4
(c) 9 (d) 3

3. यदि * का अर्थ पहली संख्या में दूसरी संख्या से गुणा करके उसमें 2 जोड़ा जाए तो (6 * 2) * 5 का काम क्या होगा?

(a) 55 (b) 88
(c) 62 (d) 72

4. चार क्रमागत सम संख्याओं का औसत 7 है। उनमें से पहली संख्या कौन-सी है?

(a) 6 (b) 4
(c) 2 (d) इनमें से कोई नहीं

5. किन्हीं दो संख्याओं का गुणनफल उन संख्याओं के योगफल का तीन गुना है। यदि संख्याओं का योगफल 16 हो तो बड़ी संख्या एवं छोटी संख्या के वर्गों का योग क्या होगा?

(a) 176 (b) 154
(c) 160 (d) 166

6. पाँच अंकों की सबसे बड़ी एवं तीन अंकों की सबसे छोटी संख्या के मध्य का अन्तर निम्नलिखित में से कौन-सा है?

(a) 99800 (b) 99899
(c) 99989 (d) 98999

7. वह बड़ी-से-बड़ी संख्या क्या है जिसमें 25, 73 तथा 97 में भाग देने पर प्रत्येक दशा में समान शेष बचे?

(a) 6 (b) 21
(c) 13 (d) 24

8. दो संख्याओं का ल०स० 182 तथा म०स० 1 है। यदि बड़ी संख्या 14 है तो छोटी संख्या का मान ज्ञात करें।

(a) 11 (b) 13
(c) 12 (d) 9

9. एक संख्या के उत्तरोत्तर 5 और 6 से भाग देने पर क्रमश: 3 और 4 शेष बचता है। उसी संख्या को 30 से भाग देने पर क्या शेष बचेगा?

(a) 26 (b) 23
(c) 27 (d) 21

10. 7 का वह छोटे-से-छोटा गुणक क्या होगा जिसमें 4, 12 तथा 16 से भाग देने पर सदैव 3 शेष बचता हो?

(a) 336 (b) 147
(c) 195 (d) 243

11. $\sqrt{25+\frac{31}{9}} = ?$

(a) $3\frac{1}{3}$ (b) $5\frac{1}{3}$
(c) $16\frac{1}{3}$ (d) $4\frac{1}{3}$

12. यदि किसी संख्या का आधा उसके तिहाई से 8 अधिक है तो वह संख्या ज्ञात करें।

(a) 52 (b) 60
(c) 48 (d) 36

13. $(20)^{15} \times (15)^{10} \times (30)^5$ रूढ़ संख्या के कुल कितने घटक हैं, ज्ञात कीजिए।

(a) 80 (b) 60
(c) 90 (d) 70

14. दो संख्याओं का गुणनफल 192 है। अगर इन दो संख्याओं के बीच 4 का अन्तर हो तो इन संख्याओं का योग क्या होगा?

(a) 26 (b) 34
(c) 32 (d) 28

15. दो अंकों की संख्या के दोनों अंकों में अन्तर, मूल संख्या और अंकों की स्थिति आपस में बदलने पर बनी संख्या, दोनों संख्याओं के बीच के अन्तर का $\frac{1}{9}$ है। उस संख्या के दोनों अंकों का योग निश्चित रूप से क्या है?

(a) 5 (b) 12
(c) 14 (d) आँकड़े अधूरे हैं।

उत्तर (हल/संकेत)

1. (c) अन्तर = 99999 – 10000 = 89999

2. (d) $x + y = 13$

तथा $xy = 40$

$\therefore (x-y)^2 = (13)^2 - 4 \times 40$

$= 169 - 160$

$= 9$

$\therefore (x-y) = 3$

3. (d) $6 * 2 = 6 \times 2 + 2$

$= 14$

$(6 * 2) * 5 = 14 \times 5 + 2$

$= 72$

4. (b) चार क्रमागत सम संख्याएँ $= x, (x+2), (x+4)$ तथा $(x+6)$

$\frac{x+(x+2)+(x+4)+(x+6)}{4} = 7$

$x+x+2+x+4+x+6 = 28$

$4x = 16$

$x = 4$

5. (c) $x + y = 16$ ... (i)

$x - y = \sqrt{(x+y)^2 - 4xy}$

$x - y = 8$

समीकरण (i) व (ii) से,

$x = 12,$

$y = 4;$

$144 + 16 = 160$

6. (b) अन्तर = 99999 – 100 = 99899

7. (d) संख्या = (73 – 25), (97 – 25) तथा (97 – 73) का म०स० = 48, 72 तथा 24 का म०स० = 24

8. (b) छोटी संख्या $= \frac{\text{ल०स०} \times \text{म०स०}}{\text{बड़ी संख्या}}$

$= \frac{182 \times 1}{14} = 13$

9. (b) 30 से भाग देने पर शेष = प्रथम शेष + प्रथम भाजक × द्वितीय शेष

$= 3 + (5 \times 4) = 23$

10. (b) 4, 12, 16 का म०स० = 47

तब, $48 \times 1 + 3 = 51$ (7 से अविभाज्य)

$48 \times 2 + 3 = 99$ (7 से अविभाज्य)

$48 \times 3 + 3 = 147$ (7 से अविभाज्य)

अत: संख्या = 147

11. (b) $\sqrt{25+\frac{31}{9}} = \sqrt{\frac{256}{9}}$

$= \frac{16}{3}$

$= 5\frac{1}{3}$

12. (c) संख्या $= x$

प्रश्न से, $\frac{x}{2} - \frac{x}{3} = 8$

$\frac{3x-2x}{6} = 8$

$$\frac{x}{6} = 8$$

$$x = 8 \times 6$$

$$= 48$$

13. (a) $(20)^{15} \times (15)^{10} \times (30)^5$

$$= (2 \times 2 \times 5)^{15} \times (3 \times 5)^{10} \times (3 \times 5 \times 2)^5$$

रूढ़ संख्या के घटक

$$= 3 \times 15 + 2 \times 10 + 3 \times 5$$

$$= 45 + 20 + 15$$

$$= 80$$

14. (d) दी हुई संख्याएँ $= a$ और b

प्रश्नानुसार, $ab = 192$

$$a - b = 4$$

तब, $(a+b)^2 = (a-b)^2 + 4ab$

$$= (4)^2 + 4 \times 192$$

$$= 784$$

$$a + b = \sqrt{784}$$

$$= 28$$

15. (d) दहाई का अंक $= x$

तथा इकाई का अंक $= y$

संख्या $= 10x + y$

अंकों का स्थान पलटने पर प्राप्त संख्या

$$= 10y + x$$

प्रश्नानुसार,

$$x - y = \{10x + y - (10y + x)\} \times \frac{1}{9}$$

$$= 9x - 9y$$

$$= 9x - 9y$$

या, $x - y = x - y$

इससे अंकों का योग नहीं ज्ञात किया जा सकता है।

❑❑❑

2. घातांक एवं करणी

घातांक (Indices)

पूर्णांक की घात

यदि a कोई वास्तविक संख्या हो तथा n एक धनात्मक पूर्णांक हो तो

$a^n = a \times a \times a \times .... \times a$ (n गुणनखण्ड)

a^n को a का n वां घात कहा जाता है। वास्तविक संख्या a को आधार (base) एवं n को a का घातांक कहा जाता है।

उदाहरणार्थ :

$2^3 = 2 \times 2 \times 2 \times = 8$

$\left(\frac{2}{5}\right)^2 = \frac{2}{5} \times \frac{2}{5} \times \frac{2}{5} = \frac{8}{25}$

पूर्णांक घातांकों के नियम

यदि a एवं b दो वास्तविक संख्याएँ हों, $a, b \neq 0$ तथा m, n दो धन पूर्णांक हों तो

(i) $a^m \times a^n = a^{m+n}$

उदाहरणार्थ :

$2^5 \times 2^3 = 2^{5+3} = 2^8$

(ii) $a^m \div a^n = a^{m-n}$

उदाहरणार्थ :

$2^7 \div 2^5 = 2^{7-5} = 2^2$

(iii) $(a^m)^n = a^{mn} = (a^n)^m$

उदाहरणार्थ :

$(2^3)^5 = 2^{3\times5} = 2^{15} = (2^5)^3$

(iv) $(ab)^n = a^n b^n$

उदाहरणार्थ :

$(10)^4 = (2\times5)^4 = 2^4 \times 5^4$

(v) $\left(\frac{a}{b}\right)^n = \frac{a^n}{b^n}$

उदाहरणार्थ :

$\left(\frac{2}{5}\right)^3 = \frac{2^3}{5^3} = \frac{8}{125}$

ध्यातव्य : यदि a कोई धनात्मक वास्तविक संख्या एवं n एक धन पूर्णांक हो, तो a का मुख्य n वां मूल एक ऐसी अद्वितीय (unique) धनात्मक वास्तविक संख्या x होती है जिससे कि $x^n = a$ । धनात्मक वास्तविक संख्या a के मुख्य nवें मूल को प्रतीक (symbol) $a^{\frac{1}{n}}$ या $\sqrt[n]{a}$ से प्रकट करते हैं।

किसी वास्तविक संख्या $a < 0$ एवं धनात्मक विषम पूर्णांक n के लिए a का मुख्य n वां मूल $-|a|^{\frac{1}{n}}$ होगा।

उदाहरणार्थ : $(-27)^{\frac{1}{3}} = -(27)^{\frac{1}{3}} = -3$

यदि $a < 0$ एवं n एक धनात्मक सम पूर्णांक हो, तो a का मुख्य nवां मूल अपरिभाषित है, क्योंकि किसी भी वास्तविक संख्या की सम घात सदैव धनात्मक होती है। इसलिए यदि हम सिर्फ वास्तविक संख्याओं पर ही विचार करें तो यहाँ $(-16)^{\frac{1}{2}}$ एक निरर्थक प्रतीक है।

परिमेय घातांक

किसी वास्तविक संख्या $a > 0$ एवं परिमेय संख्या $\frac{p}{q}, q > 0$ के लिए,

$$a^{\frac{p}{q}} = (a^p)^{\frac{1}{q}}$$

यानी a^p का q वां मुख्य मूल $a^{\frac{p}{q}}$ है।

उदाहरणार्थ :

$$4^{\frac{3}{2}} = (4^3)^{\frac{1}{2}} = (64)^{\frac{1}{2}} = 8$$

$$(-8)^{\frac{2}{3}} = \left[(-8)^2\right]^{\frac{1}{3}} = (64)^{\frac{1}{3}} = 4$$

टिप्पणी : परिमेय घातांकों के नियम वही हैं जो कि वास्तविक घातांकों के हैं।

करणी (Surds)

यदि a एक धन परिमेय संख्या है जिसे किसी परिमेय संख्या के n वें घात के रूप में प्रकट नहीं कर सकते, तो अपरिमेय संख्या $\sqrt[n]{a}$ या $a^{\frac{1}{n}}$ अर्थात् a के धनात्क n वें मूल को करणी कहा जाता हैं। प्रतीक (symbol) $\sqrt[n]{\ }$ को करणी चिह्न, n को करणीघात तथा a को करणीगत (radicand) कहा जाता है। स्पष्टत:,

(i) a एक परिमेय संख्या है, एवं

(ii) $\sqrt[n]{a}$ एक अपरिमेय संख्या है।

उदाहरणार्थ :

(i) $\sqrt[3]{7}$ का करणीघात 3 है।

(ii) $\sqrt{16}$ एक करणी नहीं है क्योंकि $\sqrt{16} = 4$ जो एक परिमेय संख्या है।

(iii) $\sqrt{5+2\sqrt{7}}$ एक अपरिमेय संख्या है लेकिन यह करणी नहीं है क्योंकि $5+2\sqrt{7}$ परिमेय संख्या नहीं है।

करणियों के नियम (Laws of Surds)

(i) यदि n कोई धन पूर्णांक हो और a एक धन परिमेय संख्या हो, तो $(\sqrt[n]{a})^n = a$

उदाहरणार्थ :

$(\sqrt[3]{7})^3 = 3$

(ii) यदि n कोई धन पूर्णांक हो एवं a, b परिमेय संख्याएँ हों, तो $\sqrt[n]{a}\,.\sqrt[n]{b} = \sqrt[n]{ab}$

उदाहरणार्थ :

$$\sqrt[3]{3}.\sqrt[3]{7} = \sqrt[3]{3\times 7} = \sqrt[3]{21}$$

(iii) यदि n कोई धन पूर्णांक हो एवं a, b परिमेय संख्याएँ हों, तो

$$\frac{\sqrt[n]{a}}{\sqrt[n]{b}} = \sqrt[n]{\frac{a}{b}}$$

उदाहरणार्थ :

$$\sqrt[3]{\frac{8}{27}} = \frac{\sqrt[3]{8}}{\sqrt[3]{27}} = \frac{\sqrt[3]{2^3}}{\sqrt[3]{3^3}} = \frac{2}{3}$$

(iv) यदि m, n कोई धन पूर्णांक हो तथा a एक धन परिमेय संख्या हो, तो $\sqrt[m]{\sqrt[n]{a}} = \sqrt[mn]{a} = \sqrt[n]{\sqrt[m]{a}}$

उदाहरणार्थ :

$$\sqrt[4]{\sqrt[5]{5}} = \sqrt[20]{5}$$

(v) यदि m, n धन पूर्णांक हो तथा a एक धन परिमेय संख्या हो तो

$$= \sqrt[n]{\sqrt[m]{(a^p)^m}} = \sqrt[n]{a^p} = \sqrt[mn]{a^{pm}}$$

उदाहरणार्थ :

$$\sqrt[5]{\sqrt[4]{(3^3)^4}} = \sqrt[5]{3^3} = \sqrt[5]{27}$$

करणियों की तुलना (Comparison of Surds)

दो करणियों, जिनके करणीघात समान हों, की तुलना आसानी से की जा सकती है। इसके लिए उनके करणीघातों (radicands) की तुलना करनी होती है।

इस प्रकार,

$$\sqrt[3]{27} > \sqrt[3]{25} > \sqrt[3]{21} > \sqrt[3]{17}$$

यदि करणियां एक ही (समान) करणीघात की न हों तो सर्वप्रथम उन्हें परिवर्तित करके एक ही करणीघात का बनाना होता है। इसके लिए दी गई करणियों के करणीघातों का लघुत्तम समापवर्त्य (LCM) निकालते हैं एवं प्रत्येक करणी को प्राप्त लघुत्तम समापवर्त्य के करणीघात में परिवर्तित कर तुलना की जाती है। आइए इसे हम एक उदाहरण से समझें।

उदाहरण : निम्नलिखित को परिमाण के अवरोहीं क्रम में लिखिए–

$\sqrt[4]{3}, \sqrt[6]{10}, \sqrt[12]{25}$ एवं $\sqrt[3]{9}$

हल : यहाँ करणियों के घात 4, 6, 12 एवं 3 हैं।

4, 6, 12 एवं 3 का ल. स. = 12

अतः $\sqrt[4]{3} = (3)^{\frac{1}{4}} = 3^{\frac{4}{4\times 3}} = 3^{\frac{3}{12}} = (3^3)^{\frac{3}{12}} = \sqrt[12]{3^3} = \sqrt[12]{27}$

इसी प्रकार,

$$\sqrt[6]{10} = \sqrt[12]{10^2} = \sqrt[12]{100}$$

$$\sqrt[12]{25} = \sqrt[12]{25}$$

$$\sqrt[3]{9} = \sqrt[12]{9^4} = \sqrt[12]{6561}$$

अब अवरोही क्रम में,

$$\sqrt[12]{6561} > \sqrt[12]{100} > \sqrt[12]{27} > \sqrt[12]{25}$$

$$\therefore \sqrt[3]{9} > \sqrt[6]{10} > \sqrt[4]{3} > \sqrt[12]{25}$$

करणी का परिमेयकरण (Rationalisation of Surd)

यदि दो करणियों का गुणनफन एक परिमेय संख्या हो तो उनमें से प्रत्येक को दूसरे का परिमेयकारी गुणक (rationalising factor) कहा जाता है। करणी वाले दो द्विपदीय (binomial) व्यंजकों को, जिनमें केवल उन्हें जोड़ने वाले चिह्न (+ या –) का अंतर हो, परस्पर संयुग्मी कहा जाता है। इनका गुणनफल एक परिमेय संख्या होता है।

इस प्रकार, $(\sqrt{a}-\sqrt{b})$ एवं $(\sqrt{a}+\sqrt{b})$ एक-दूसरे के संयुग्मी हैं।

अतः $\sqrt{3}+\sqrt{2}$ का परिमेयकारी गुणक (R.F) $(\sqrt{3}-\sqrt{2})$ होगा।

उदाहरण

1. $\dfrac{1}{3-\sqrt{8}} - \dfrac{1}{\sqrt{8}-\sqrt{7}} + \dfrac{1}{\sqrt{7}-\sqrt{6}} - \dfrac{1}{\sqrt{6}-\sqrt{5}} + \dfrac{1}{\sqrt{5}-2} = ?$

(a) 5 (b) 4
(c) 3 (d) 2

हल : (a) यहाँ,

$$\frac{1}{3-\sqrt{8}} = \frac{(3+\sqrt{8})}{(3-\sqrt{8})(3+\sqrt{8})} = \frac{3+\sqrt{8}}{9-8} = 3+\sqrt{8};$$

(हर का परिमेयकरण करने पर)

$$\frac{1}{\sqrt{8}-\sqrt{7}} = \frac{\sqrt{8}+\sqrt{7}}{(\sqrt{8}-\sqrt{7})(\sqrt{8}+\sqrt{7})} = \sqrt{8}+\sqrt{7}$$

इस प्रकार अन्य भी।

$\therefore$ व्यंजक

$= (3+\sqrt{8})-(\sqrt{8}+\sqrt{7})+(\sqrt{7}+\sqrt{6}) - (\sqrt{6}+\sqrt{5})+(\sqrt{5}+2)$

$= 3+\sqrt{8}-\sqrt{8}-\sqrt{7}+\sqrt{7}+\sqrt{6}-\sqrt{6}-\sqrt{5}+\sqrt{5}+2$

$= 3+2 = 5$

2. यदि $2^{2x-y} = 16$ और $2^{x+y} = 32$ तो xy का मान है–

(a) 2 (b) 4

(c) 6 (d) 8

हल : (c) $2^{2x-y} = 16$

$= 2^4$

$\Rightarrow 2x - y = 4$ .... (i)

$2x + y = 32$

$= 2^5$

$\Rightarrow x + y = 5$ ... (ii)

दोनों समीकरणों को जोड़ने पर,

$3x = 9$

$\Rightarrow x = 3$

समीकरण (ii) से,

$y = 5 - x$

$= 5 - 3$

$= 2$

$\therefore xy = 3 \times 2$

$= 6$

अभ्यास प्रश्न

1. $3^{61} + 3^{62} + 3^{63} + 3^{64}$ **निम्नलिखित में से किस संख्या से विभाजित होगी?**

(a) 10 (b) 3

(c) 11 (d) 20

2. यदि $x^y = 125$ **तथा** $y^x = 243$ **हो तो,** x **का मान निम्नलिखित में से होगा–**

(a) 3 (b) 5

(c) 7 (d) 9

3. यदि $x = 0.5$ **तथा** $y = 0.8$ **हो, तो** $(5y)^x \times \sqrt[3]{0.008}$ **का मान कितना होगा?**

(a) 0.8 (b) 0.2

(c) 0.5 (d) 0.4

4. 889 में कम-से-कम किस संख्या को जोड़ा जाए कि परिणाम संख्या पूर्ण वर्ग बन जाए?

(a) 11 (b) 13

(c) 19 (d) 17

5. यदि $\left(\frac{5}{9}\right)^{5x-9} = \left(\frac{9}{5}\right)^{9x-5}$ **हो तो,** x **का मान कितना होगा?**

(a) 5 (b) 4

(c) 9 (d) 1

6. एक बाग में जितने पेड़ एक लाइन में हैं, उतने ही पेड़ों की लाइनें हैं। अगर कुल पेड़ों की संख्या 3249 हो तो बताइए कि एक लाइन में कितने पेड़ हैं?

(a) 59 (b) 61

(c) 55 (d) 57

7. $\sqrt[3]{55 + \sqrt[3]{729}}$ **का मान निम्नलिखित में से कौन-सा होगा?**

(a) 3 (b) 4

(c) 5 (d) $\sqrt[3]{3}$

8. $3 + \sqrt{3} + \frac{1}{3+\sqrt{3}} + \frac{1}{\sqrt{3}-3}$ **का मान कौन-सा होगा?**

(a) $\sqrt{3}$ (b) 3

(c) 1 (d) $3 + \frac{2}{\sqrt{3}}$

9. यदि $\sqrt{\sqrt[3]{0.000001 \times a}}$ **हो, तो** $(a)^{\frac{1}{2}}$ **का मान निम्नलिखित में से कौन-सा होगा?**

(a) 8 (b) 64

(c) 16 (d) 48

10. $\frac{\sqrt{0.36} + \sqrt{0.09}}{\sqrt{0.16} - \sqrt{0.09}} = z$**, इसमें** z **का मान ज्ञात कीजिए।**

(a) 9

(b) $\sqrt{0.09}$

(c) $\frac{2}{3}$

(d) $\frac{5}{7}$

उत्तर (हल/संकेत)

1. (a) $3^{61} + 3^{62} + 3^{63} + 3^{64}$

$= 3^{61}(1 + 3 + 9 + 27)$

$= 3^{61} \times 40$

$= 3^{61} \times 4 \times 10$

2. (b) प्रश्नानुसार,

$x^y = 125$ तथा $y^x = 243$

$x^y = 5^3$ तथा $y^x = 3^5 = 125$

$\therefore y = 3$ तथा $x = 5$

3. (d) $(5y)^x \times \sqrt[3]{0.008}$

$= (5 \times 0.8)^{0.5} \times 0.2$

$= (4)^{\frac{1}{2}} \times 0.2 = 0.4$

4. (a) ज्ञात है कि,

$29 \times 29 = 841$

$30 \times 30 = 900$

$\therefore$ 889 से बड़ी पूर्ण वर्ग संख्या 841 है,

$\therefore 900 - 889 = 11$

5. (d) $\left(\frac{5}{9}\right)^{5x-9} = \left(\frac{9}{5}\right)^{9x-5}$

$\left(\frac{5}{9}\right)^{5x-9} = \left(\frac{5}{9}\right)^{5-9x}$

$5x - 9 = 5 - 9x$

$5x + 9x = 5 + 9$

$14x = 14$

$\therefore \quad x = \frac{14}{14}$

$= 1$

6. (d) पेड़ों की संख्या $= \sqrt{3249} = 57$

7. (b) $\sqrt[3]{55 + \sqrt[3]{729}} = \sqrt[3]{55+9}$

$= \sqrt[3]{64}$

$= 4$

8. (d) $3 + \sqrt{3} + \frac{1}{3+\sqrt{3}} + \frac{1}{\sqrt{3}-3}$

$= 3 + \sqrt{3} + \frac{\sqrt{3}-3+3+\sqrt{3}}{(\sqrt{3}+3)(\sqrt{3}-3)}$

$= 3 + \sqrt{3} + \frac{2\sqrt{3}}{-6}$

$= 3 + \sqrt{3} - \frac{\sqrt{3}}{3}$

$= 3 + \frac{2}{3}\sqrt{3}$

$= 3 + \frac{2}{\sqrt{3}}$

9. (a) $\sqrt{\sqrt[3]{0.000001 \times a}} = 0.2$

$\left(a \times \frac{1}{10^6}\right) = 0.2$

$(a)^{\frac{1}{6}} = 0.2 \times 10$

$\therefore \quad a = 2^6$

$(a)^{\frac{1}{2}} = 2^{6 \times \frac{1}{2}}$

$= 2^3$

$= 8$

10. (a) $\frac{\sqrt{0.36} + \sqrt{0.09}}{\sqrt{0.16} - \sqrt{0.09}} = z$

$z = \frac{0.6 + 0.3}{0.4 - 0.3} = \frac{0.9}{0.1} = 9$

❑❑❑

3. सरलीकरण

सरलीकरण

साधारण भिन्न (Vulgar Fraction)

यह एक परिमेय संख्या है जिसे $\frac{p}{q}$ के रुप में व्यक्त किया जाता है, जहाँ p एवं q पूर्णांक हैं एवं $q \neq 0$। यहाँ p को अंश (numerator) एवं q को हर (denominator) कहा जाता है।

भिन्न का सरलतम रूप (Simplest Form of Fraction)

यदि अंश तथा हर परस्पर अभाज्य हों, तो भिन्न का सरलतम रुप प्राप्त होता है।

उदाहरणार्थ : $\frac{3}{5}, \frac{2}{7}$ इत्यादि।

उचित भिन्न (Proper Fraction)

यदि भिन्न का अंश, उसके हर से कम हो, तो भिन्न को उचित भिन्न कहा जाता है।

उदाहरणार्थ : $\frac{4}{7}, \frac{5}{6}$ इत्यादि।

अनुचित भिन्न (Improper Fraction)

यदि भिन्न का अंश, हर से बड़ा हो, तो उस भिन्न को अनुचित भिन्न कहा जाता है।

उदाहरणार्थ : $\frac{9}{7}, \frac{7}{5}$ इत्यादि।

मिश्र भिन्न (Mixed Fraction)

वह संख्या जो एक पूर्णांक एवं भिन्न से मिलकर बनती है, मिश्र भिन्न कहलाती है।

उदाहरणार्थ : $2\frac{3}{5}, 6\frac{1}{7}$ इत्यादि।

व्युत्क्रम भिन्न (Reciprocal Fraction)

किसी भिन्न के अंश एवं हर को परस्पर बदलने से प्राप्त भिन्न पूर्व भिन्न की व्युत्क्रम भिन्न कहलाती है।

उदाहरणार्थ : $\frac{7}{9}$ का व्युत्क्रम भिन्न $\frac{9}{7}$ है।

दशमलव भिन्न (Decimal Fraction)

यदि भिन्न का हर 10 अथवा 10 का कोई घात हो एवं उसे दशमलव पद्धति में लिखा जाए तो प्राप्त भिन्न दशमलव भिन्न कहलाती है।

उदाहरणार्थ : $\frac{7}{100}$ का दशमलव समतुल्य 0.07 है।

आवर्त्त दशमलव (Recurring Decimal)

आवर्त दशमलव भिन्न वह है जिसमें एक अंक अथवा अंकों के एक समूह की पुनरावृत्ति होती है।

उदाहरणार्थ : $\frac{1}{3} = 0.333$ ....

पुनरावर्त्ती दशमलव को, जिसमें केवल एक अंक दोहराया जाता हो, दोहराए गए अंक के ऊपर बिन्दु लगाकर प्रदर्शित करते हैं।

उदाहरणार्थ : $\frac{1}{3} = 0.333$ .... को $0.\dot{3}$ लिखते हैं। परन्तु यदि दोहराए गए अंकों की संख्या एक से अधिक हो तो दोहराए जा रहे अंक समूह में पहले और अंतिम अंक के ऊपर बिन्दु लगाकर प्रदर्शित करते हैं।

उदाहरणार्थ : $\frac{15}{7} = 2.142857\ 1428671$......... को लिखते हैं।

$2.\dot{1}4285\dot{7}$, जिसका अर्थ है कि पूरा का पूरा 142857 अंक समूह निरन्तर दोहराया जाता है। कई बार, एक रेखा खंड, जिसे रेखाबंधिनी (Vinculum) कहा जाता है, दोहराए जाने वाले पूरे अंक समूह पर खींच देते हैं।

उदाहरणार्थ : $\frac{15}{7} = 2.\overline{142857}$

आवर्त दशमलव दो प्रकार का होता है :

(*i*) शुद्ध या पूर्ण आवर्त दशमलव,

उदाहरणार्थ : $0.\dot{3}, 0.\dot{5}\dot{7}, 5.\dot{3}4\dot{5}$

(*ii*) मिश्र आवर्त दशमलव,

उदाहरणार्थ : $0.3\dot{5}\dot{7}, 0.52\dot{3}\dot{4}$

शुद्ध आवर्त दशमलव का साधारण भिन्न में परिवर्तन

उदाहरणार्थ : 0.333 ...., को लीजिए। माना कि $x = 0.333....$, दोनों पक्षों को 10 से गुणा करने पर,

$$10x = 3.333 ......$$
$$= 3 + x$$
$$\therefore \quad 10x - x = 3$$
$$\Rightarrow \quad 9x = 3$$
$$\therefore \quad x = \frac{3}{9} = \frac{1}{3}$$

अर्थात, आवर्त के अन्दर की अंकों की संख्या के बराबर 9 हर में रखने पर साधारण भिन्न प्राप्त हो जाती है। इस प्रक्रिया में हम दशमलव एवं आवर्त चिह्न को हटा देते हैं।

उदाहरणार्थ : $0.5\dot{7} = \frac{57}{99}$,

$0.\dot{3}4\dot{5} = \frac{345}{999}$

मिश्र आवर्त दशमलव का साधारण भिन्न में परिवर्तन

मिश्र आवर्त दशमलव उस साधारण भिन्न के बराबर होता है जिसका अंश सभी अंकों से बनी संख्या एवं अनावर्त्त संख्या के अंतर के बराबर होता है एवं हर आवर्त अंकों की संख्या के बराबर 9 एवं आगे अनावर्त अंकों की संख्या के बराबर 0 रखने से प्राप्त होता है।

उदाहरणार्थ : $0.1\dot{7} = \frac{17-1}{90} = \frac{16}{90}$

$0.3\dot{5}\dot{6} = \frac{356-3}{990} = \frac{353}{990}$

$2.3\dot{5}\dot{6} = 2 + \frac{356-3}{990}$

$= 2\frac{353}{990}$

या $2.3\dot{5}\dot{6} = \frac{2356-23}{990}$

$= \frac{2333}{990}$

अनावर्त दशमलव/भाग आवर्त दशमलव/भाग कुछ और अंक

अनावर्त भाग में अंकों की संख्या दी गई संख्याओं के अनावर्त अंकों की सबसे बड़ी संख्या के बराबर होती है। आवर्त भाग में अंकों की संख्या दी गई संख्याओं के आवर्त अंकों के लघुत्तम समापवर्त्य के बराबर होती है।

उदाहरणार्थ : $3.\overline{75} + 25.5\overline{473}$

हल: आवर्त अंकों का ल. स. = 2 × 3 = 6

अब,

अनावर्त भाग	आवर्त भाग	कुछ और अंक
25.5	473473	47
3.7	575757	57
29.3	049231	04

इसलिए, $3.\overline{75} + 25.5\overline{473} = 29.3\overline{049231}$

उदाहरणार्थ : $25.5\dot{4}7\dot{3} - 3.\dot{7}\dot{5}$

ऊपर की तरह,

25.5	473473	47
3.7	575757	57
21.7	897715	90

$= 21.7\overline{897715}$

भिन्नों का सरलीकरण

भिन्नों से संबंधित प्रश्नों में प्राय: कोष्ठक, संक्रिया चिह्न तथा दशमलव रहते हैं। अत: इनको हल करते समय BODMAS एवं VICICUSQ के नियम को स्मरण रखना चाहिए तथा निम्न क्रम में हल निकालना चाहिए।

BODMAS

B = कोष्ठक (Bracket)

O = का (of)

D = भाग (Division)

M = गुणा (Multiplication)

A = जोड़ (Addition)

S = घटाव (Subtraction)

VICICUSQ

VI = रेखा बंधिनी कोष्ठक (Vinculum _)

CI = छोटा कोष्ठक (Circular Bracket ( ))

CU= मध्यम कोष्ठक (Curly Bracket { })

SQ= बड़ा कोष्ठक (Square Bracket [ ])

महत्त्वपूर्ण बीजगणितीय एवं अन्य सूत्रों की सूची

1. $(a+b)^2 = a^2 + 2ab + b^2$

2. $(a-b)^2 = a^2 - 2ab + b^2$

3. $(a+b)^2 = (a-b)^2 + 4ab$

4. $(a-b)^2 = (a+b)^2 - 4ab$

5. $a^2 - b^2 = (a+b)(a-b)$

6. $a^2 + b^2 = (a-b)^2 + 2ab$

7. $(a+b+c)^2 = a^2 + b^2 + c^2 + 2ab + 2ac + 2bc$

8. $1 + 2 + 3 + ... + n = \frac{n(n+1)}{2}$

9. $1^2 + 2^2 + 3^2 + ... + n^2 = \frac{n(n+1)(2n+1)}{6}$

10. $1^3 + 2^3 + 3^3 + ... + n^3 = \left[\frac{n(n+1)}{2}\right]^2$

उदाहरण

1. व्यंजक $\dfrac{3\frac{1}{4} - \frac{4}{5} \times \frac{5}{6}}{4\frac{1}{3} \div \frac{1}{5} - \left(\frac{3}{10} + 21\frac{1}{5}\right)}$ से घटाया जाने वाला लघुत्तम भिन्न जिससे यह पूर्णांक बन जाए।

(a) $\frac{1}{2}$ (b) $\frac{5}{6}$

(c) $\frac{1}{4}$ (d) $\frac{3}{10}$

हल : (a) व्यंजक $= \dfrac{\frac{13}{4} - \frac{4}{5} \times \frac{5}{6}}{\frac{13}{3} \times 5 - \left(\frac{3}{10} + \frac{106}{5}\right)}$

$= \dfrac{\frac{13}{4} - \frac{2}{3}}{\frac{65}{3} - \frac{3}{10} - \frac{106}{5}}$

$= \dfrac{\frac{39-8}{12}}{\frac{650-9-636}{30}} = \dfrac{\frac{31}{12}}{\frac{5}{30}}$

$= \frac{31}{12} \times \frac{30}{5} = \frac{31}{2} = 15\frac{1}{2}$

$\therefore$ अभीष्ट उत्तर $= 15\frac{1}{2} - 15 = \frac{1}{2}$

2. $\frac{(5624)^3+(4376)^3}{5.624\times5.624-(5.624\times4.376)+4.376\times4.376}$

बराबर होगा–

(a) 10
(b) 1.248
(c) 20.44
(d) 1

हल : (a) माना कि $5.624 = a$ एवं $4.376 = b$

$\therefore$ दिया गया व्यंजक $= \frac{a^3+b^3}{a^2-ab+b^2}$

$= \frac{(a+b)(a^2-ab+b^2)}{a^2-ab+b^2}$

$= a+b$

$= 5.624 + 4.376 = 10$

अभ्यास प्रश्न

1. $\{2\times0.02\times0.002\}$ का 2000 = ?

(a) 0.00008 (b) 0.16
(c) 1.6 (d) 1.06

2. $\frac{3}{2}\times\frac{6}{9}\times\frac{9}{16}\times\frac{24}{6}+\frac{3}{2}=?$

(a) 3 (b) $6\frac{1}{4}$
(c) $3\frac{3}{4}$ (d) $7\frac{1}{2}$

3. $6.92\times ? = 0.0022144$

(a) 0.032 (b) 0.0048
(c) 0.00016 (d) 0.00032

4. $\frac{1}{3+\frac{2}{2+\frac{1}{2}}}=?$

(a) $\frac{5}{19}$ (b) $\frac{19}{5}$
(c) $\frac{1}{4}$ (d) $\frac{3}{2}$

5. $0.036\div2.51$ का मान दशमलव के तीन अंकों तक क्या होगा?

(a) 0.016 (b) 0.014
(c) 0.0014 (d) 0.0016

6. $14-[5-\{3-(2-1)\}]-5$ का मान निम्नलिखित में से कौन-सा है?

(a) 14 (b) 10
(c) 12 (d) 6

7. $\frac{3}{4}+\frac{1}{3}-\frac{1}{6}-\frac{1}{12}\times\frac{3}{2}$ का मान क्या होगा?

(a) $\frac{19}{24}$ (b) $\frac{16}{24}$
(c) $\frac{17}{24}$ (d) $\frac{3}{2}$

8. $\frac{8^2\times(16)^5}{2^{16}}$ का मान क्या होगा?

(a) 2^4 (b) 2^8
(c) 2^6 (d) 2^{10}

9. 40 का ?% = 16 का 200%

(a) 32 (b) 64
(c) 23 (d) 80

10. 999 + 99 + 9999 = ?

(a) 9997 (b) 11087
(c) 11097 (d) 10098

11. $(7)^2\times(7)^3=7\times7\times7\times7\times ?$

(a) 7 (b) 7×2
(c) 7×3 (d) $7\times7\times7$

12. $11\frac{1}{4}\div3\frac{3}{5}\times6\frac{2}{3}+\frac{1}{6}$ का मान है–

(a) 23 (b) 21
(c) 20 (d) 22

13. $\frac{1}{1+\frac{1}{2+\frac{1}{3}}}=?$

(a) $\frac{7}{10}$ (b) $\frac{1}{3}$
(c) $\frac{6}{10}$ (d) $\frac{4}{5}$

14. $\frac{221}{335},\frac{219}{337},\frac{217}{339},\frac{215}{341}$ में सबसे छोटी भिन्न ज्ञात कीजिए।

(a) $\frac{219}{337}$ (b) $\frac{215}{341}$
(c) $\frac{221}{335}$ (d) $\frac{217}{339}$

15. $\frac{(0.7)^3+(0.9)^3}{(0.7)^2-(0.63)+(0.9)^2}=?$

(a) 1.2 (b) 1.6
(c) 16 (d) 0.1

उत्तर (हल/संकेत)

1. (b) $2000 \times 2 \times 0.02 \times 0.002$
$= 0.00008 \times 2000$
$= 0.16$

2. (c) $\frac{9}{4}+\frac{3}{2}=\frac{9+6}{4}$
$=\frac{15}{4}=3\frac{3}{4}$

3. (d) $? = \frac{0.0022144}{6.92} = 0.00032$

4. (a) $\frac{1}{3+\frac{2}{2+\frac{1}{2}}} = \frac{1}{3+\frac{2}{\frac{5}{2}}}$
$= \frac{1}{3+\frac{4}{5}} = \frac{1}{\frac{19}{5}} = \frac{5}{19}$

5. (b) $\frac{0.036}{2.51} = \frac{36}{2510}$
$= 0.014342 = 0.014$

6. (d) $14-[5-\{3-(2-1)\}]-5$
$= 14-[5-\{3-1\}]-5$
$= 14-[5-2]-5$
$= 6$

7. (a) $\frac{3}{4}+\frac{1}{3}-\frac{1}{6}-\frac{1}{12}\times\frac{3}{2}$
$= \frac{3}{4}+\frac{1}{3}-\frac{1}{6}-\frac{3}{24} = \frac{19}{24}$

8. (d) $\frac{8^2\times(16)^5}{2^{16}} = \frac{2^{3\times2}\times2^{4\times5}}{2^{16}}$
$= 2^{6+20-6}$
$= 2^{10}$

9. (d) 40% का ?% = 16 का 200%
40 का $\frac{?}{100}$ = 16 का $\frac{200}{100}$
$40 \times ? = 16 \times 200$
$\therefore \quad ? = \frac{16\times200}{40}$
$= 80$

10. (c) $999 + 99 + 9999 = 11097$

11. (a) $(7)^2 \times (7)^3 = 7\times7\times7\times7\times7$

12. (b) $11\frac{1}{4} \div 3\frac{3}{5} \times 6\frac{2}{3} + \frac{1}{6}$
$= \frac{45}{4} \div \frac{18}{5} \times \frac{20}{3} + \frac{1}{6}$
$= \frac{45}{4} \times \frac{5}{18} \times \frac{20}{3} + \frac{1}{6}$
$= \frac{125}{6} + \frac{1}{6}$
$= \frac{126}{6} = 21$

13. (a) $\frac{1}{1+\frac{1}{2+\frac{1}{3}}} = \frac{1}{1+\frac{1}{\frac{7}{3}}}$
$= \frac{1}{1+\frac{3}{7}}$
$= \frac{1}{\frac{10}{7}} = \frac{7}{10}$

14. (b) $\frac{221}{335} = 0.659;$
$\frac{219}{337} = 0.649;$
$\frac{217}{339} = 0.640;$
$\frac{215}{341} = 0.630$

15. (b) $\frac{a^3+b^3}{a^2-ab+b^2} = a+b$
$= 0.7 + 0.9$
$= 1.6$

❑❑❑

4. महत्तम समापवर्तक तथा लघुत्तम समापवर्त्य

लघुत्तम समापवर्त्य (Least Common Multiple, L.C.M)

दो या दो से अधिक संख्याओं का लघुत्तम समापवर्त्य वह न्यूनतम संख्या होती है, जो उन संख्याओं से पूर्ण रूप से विभाजित हो जाए।

उदाहरणार्थ :

4 और 6 लिया जाए, तो इसका लघुत्तम समापवर्त्य 12 होगा, ऐसा इसलिए है कि 12 ऐसी न्यूनतम संख्या है, जो 4 और 6 से पूर्णत: विभाजित हो जाती है।

महत्तम समापवर्तक (Highest Common Factor, H.C.F.)

दो या दो से अधिक संख्याओं का महत्तम समापवर्तक वह महत्तम संख्या होती है, जिससे वे संख्याएँ पूर्णरूपेण विभाजित हो जाएँ।

उदाहरणार्थ :

15 और 20 को यदि लिया जाए, तो इसका महत्तम समापवर्तक 5 होगा, क्योंकि 5 एक ऐसी महत्तम संख्या है जिससे 15 और 20 दोनों पूर्ण रूप से विभाजित हो जाते हैं।

गुणज (Multiple)

किसी भी संख्या की गुणज वे संख्याएँ हैं, जिसमें उस अभीष्ट संख्या से पूरा-पूरा भाग लग जाता है।

उदाहरणार्थ :

3 के गुणज = 3, 6 9, 12, 15, 18 ......

8 के गुणज = 8, 16 24, 32, 40 ....

19 के गुणज = 19, 38, 57, 76, 95, 114 ....

गुणनखण्ड (Factor)

किसी संख्या का गुणनखण्ड वे संख्याएँ होती हैं जो उस संख्या को पूर्ण रूप से विभाजित करती हैं।

उदाहरणार्थ :

36 के गुणनखण्ड = 1, 2, 3, 4, 6, 9, 12 ....

45 के गुणनखण्ड = 1, 3, 5 9, 15, 45 ....

60 के गुणनखण्ड = 1, 2, 3, 4, 5, 6, 10, 12, 15 ....

लघुत्तम समापवर्त्य ज्ञात करने की विधियाँ

लघुत्तम समापवर्त्य ज्ञात करने की कुछ विधियाँ नीचे दी जा रही हैं जिनसे संख्याओं का लघुत्तम समापवर्त्य निकालने में आसानी होगी।

भाग विधि (Division Method)

इस विधि में सबसे पहले दी गई संख्याओं को एक पंक्ति में लिखते हैं। उसके बाद उन संख्याओं को एक ऐसी छोटी- से छोटी अभाज्य संख्या से भाग देते हैं, जो कम से कम दो संख्याओं को विभाजित करने में सक्षम हो। फिर जिन संख्याओं में भाग नहीं लगता है, उन्हें एक रेखा देकर फिर ज्यों का त्यों लिख देते हैं। फिर, प्राप्त संख्याओं को ऐसी संख्या से भाग देते हैं, जो कम से कम दो संख्याओं को विभाजित कर सके। यह क्रिया तब तक चलती रहेगी, जब तक की प्राप्त संख्याएँ अभाज्य न हो जाएँ। अन्त में प्राप्त संख्याएँ जो शेष हैं तथा जो भाजक हैं; उन्हें गुणा करते हैं। इस प्रकार प्राप्त गुणफल ही उन संख्याओं का लघुत्तम समापवर्त्य (Least Common Multiple) होगा।

उदाहरण : 28, 42, 56, 70 एवं 72 का लघुत्तम समापवर्त्य क्या होगा?

हल :

2	28,	42,	56,	70,	72
2	14,	21,	28,	35,	36
2	7,	21,	14,	35,	18
3	7,	21,	7,	35,	9
7	7,	7,	7,	35,	3
	1,	1,	1,	5,	3

अत: अभीष्ट लघुत्तम समापवर्त्य

$= 2 \times 2 \times 2 \times 3 \times 7 \times 5 \times 3 = 2520$

गुणनखण्ड विधि (Factorisation Method)

इस विधि में दी गई संख्याओं का गुणनखण्ड निकालते हैं और उन्हें घातांक के रूप में व्यक्त करते हैं। इसके बाद प्राप्त समूहों से प्रत्येक अंक के अधिकतम (Highest) घात वाले पद का चुनाव करते हैं। तदोपरान्त प्राप्त पदों को गुणा करते हैं। इस प्रकार प्राप्त गुणनफल ही उन संख्याओं का लघुत्तम समापवर्त्य (Least Common Multiple) होगा।

उदाहरण : 36, 48, 60 और 80 का गुणनखण्ड विधि से लघुत्तम समापवर्त्य ज्ञात करें।

हल : $36 = 2 \times 2 \times 3 \times 3$

$= 2^2 \times 3^2$

$48 = 2 \times 2 \times 2 \times 2 \times 3$
$= 2^4 \times 3^1$
$60 = 2 \times 2 \times 3 \times 5$
$= 2^2 \times 3^1 \times 5^1$
$80 = 2 \times 2 \times 2 \times 2 \times 5$
$= 2^4 \times 5^1$

$\therefore$ अभीष्ट लघुत्तम समापवर्त्य
$= 2^4 \times 3^2 \times 5^1$
$= 16 \times 9 \times 5 = 720$

दशमलव संख्याओं का लघुत्तम समापवर्त्य

दशमलव संख्याओं का लघुत्तम समापवर्त्य निकालने की विधि नीचे दी जा रही है, जिसकी सहायता से विभिन्न दशमलव संख्याओं का लघुत्तम समापवर्त्य आसानी से निकाला जा सकता है। इस विधि में सबसे पहले संख्याओं में से दशमलव को हटाकर पूर्ण संख्या प्राप्त करते हैं। तदोपरांत प्राप्त पूर्ण संख्याओं का लघुत्तम समापवर्त्य ज्ञात करते हैं। इस प्रकार प्राप्त लघुत्तम समापवर्त्य में दाईं ओर से उतने ही अंक बाद दशमलव डालते हैं, जितने अंक बाद संख्याओं में न्यूनतम अंक के बाद दशमलव है।

उदाहरण : 0.18 0.36 और 0.054 का लघुत्तम समापवर्त्य क्या होगा?

हल :

2	18,	36,	54
3	9,	18,	27
3	3,	6,	9
	1,	2,	3

$\therefore$ लघुत्तम समापवर्त्य $= 2 \times 3 \times 3 \times 2 \times 3$
$= 108$

अतः अभीष्ट लघुत्तम समापवर्त्य = 1.08 होगा।

भिन्नों का लघुत्तम समापवर्त्य ज्ञात करने के लिए नियम निम्नलिखित हैं–

$$\text{भिन्नों का लघुत्तम समापवर्त्य} = \frac{\text{अंशों का लघुत्तम समापवर्त्य}}{\text{हरों का महत्तम समापवर्तक}}$$

घातांकों का लघुत्तम समापवर्त्य निकालने की विधि

जब दिए गए पदों का आधार समान हो, तो उनमें से अधिकतम घात वाली संख्या (पद) ही दिए गए संख्याओं का लघुत्तम समापवर्त्य होता है।

उदाहरण : 5^2, 5^3, 5^7 तथा 5^9 का लघुत्तम समापवर्त्य 5^9 होगा, क्योंकि दिए गए सभी पदों का आधार (Base) समान है, एवं उनमें अधिकतम (Highest) घात 5^9 का है।

यदि दिए गए पदों का आधार समान न हो तथा आधार में कोई common Factor नहीं हो, तो दिए गए पदों का लघुत्तम समापवर्त्य उनका गुणनफल होता है।

उदाहरण : 5^4 तथा 4^3 का लघुत्तम समापवर्त्य
$= 5^4 \times 4^3 = 625 \times 64 = 40000$

महत्तम समापवर्तक (Highest Common Factor)

महत्तम समापवर्तक ज्ञात करने की कुछ विधियाँ नीचे दी जा रही हैं; जिनके सहारे विभिन्न संख्याओं के महत्तम समापवर्तक अत्यंत आसानी से प्राप्त किए जा सकते हैं-

गुणनखण्ड विधि (Factorisation Method)

इस विधि में सबसे पहले दी गई संख्याओं का बारी-बारी से गुणनखण्ड प्राप्त करते हैं, तथा उनके बाद उन्हें घात के रूप में लिखते हैं। उन पदों में जो पद सभी में शामिल हो अर्थात् उभयनिष्ठ (common) हो, वही पद उन संख्याओं का महत्तम समापवर्तक (Highest Common Factor) होगा।

उदाहरण : 12, 28 तथा 48 का महत्तम समापवर्तक कितना होगा?

हल : $12 = 2 \times 2 \times 3$
$= 2^2 \times 3^1$
$28 = 2 \times 2 \times 7$
$= 2^2 \times 7^1$
$48 = 2 \times 2 \times 2 \times 2 \times 3$
$= 2^4 \times 3^1 = 2^2 \times 2^2 \times 3^1$

$\therefore$ अभीष्ट महत्तम समापवर्तक
$= 2^2 = 2 \times 2 = 4$

भाग विधि (Division Method)

इस विधि में दी गई संख्याओं में, सबसे बड़ी संख्या को उनमें से सबसे छोटी संख्या से भाग देते हैं। इसके बाद जो शेष बचता है, उसे ही भाजक (Divisor) मान लेते हैं तथा उसके बाद उससे छोटी संख्या में भाग देते हैं। इसके बाद जो शेष बचता है, उसे भाजक मानकर फिर पहले वाले भाजक को भाज्य मानकर भाग देते हैं। यह प्रक्रिया तब तक दोहराते हैं जब तक कि शेष 0 न हो जाए। इस प्रकार, जो सबसे बाद वाला भाजक होगा, जिससे शेष शून्य (0) आया हो, वही उन संख्याओं का महत्तम समापवर्तक (Highest Common Factor) होगा।

यदि दो से अधिक संख्याओं का महत्तम समापवर्तक ज्ञात करना हो, तो सबसे पहले दो संख्याओं का महत्तम समापवर्तक ज्ञात करते हैं, उसके बाद तीसरी संख्या को उस महत्तम समापवर्तक से भाग देते हैं एवं उपर्युक्त प्रक्रिया को दोहराते हुए अभीष्ट महत्तम समापवर्तक ज्ञात करते हैं।

उदाहरणार्थ : 132, 322 तथा 556 का महत्तम समापवर्तक कितना होगा?

हल : 132) 322 (
264
58) 132 (2
116
16) 58 (3
48
10) 16 (1
10
6) 10 (1
6
4) 6 (1
4
2) 4 (2
4
×

पुनः, 2) 556 (278
4
15
14
16
16
×

अतः अभीष्ट महत्तम समापवर्तक = 2

दशमलव संख्याओं का महत्तम समापवर्तक

निम्नांकित तरीके से आसानी पूर्वक ज्ञात किया जा सकता है। इस विधि के अंतर्गत, दी गई संख्याओं में से दशमलव हटाकर प्राप्त पूर्ण संख्याओं का महत्तम समापवर्तक ज्ञात करते हैं। उसके बाद प्राप्त महत्तम समापवर्तक में दाईं ओर से उतने ही अंकों के बाद दशमलव देते हैं जितने अंक बाद दी गई संख्याओं में अधिकतम अंक के बाद दशमलव था।

उदाहरणार्थ : 1.8 और 0.24 का महत्तम समापवर्तक क्या होगा?

हल : दशमलव हटाने के बाद पूर्ण संख्याएँ 18 और 24 प्राप्त हुई।

```
18) 24 (1
    18
    ---
     6) 18 (3
        18
        ---
         ×
```

अत: पूर्ण संख्याओं का महत्तम समापवर्तक = 6

∴ अभीष्ट महत्तम समापवर्तक = 0.06 होगा।

भिन्नों का महत्तम समापवर्त्तक (Highest Common Factor) निम्नलिखित विधि से आसानीपूर्वक प्राप्त किया जा सकता है।

$$\text{भिन्नों का महत्तम समापवर्तक} = \frac{\text{अंशों का महत्तम समापवर्त्तक}}{\text{हरों का लघुत्तम समापवर्त्य}}$$

उदाहरणार्थ : $\frac{4}{5}, \frac{8}{15}$ और $\frac{2}{25}$ का महत्तम समापवर्तक क्या होगा?

हल : अभीष्ट महत्तम समापवर्तक

$$= \frac{\text{4, 8 और 2 का महत्तम समापवर्त्तक}}{\text{5, 15 और 25 का लघुत्तम समापवर्त्तक}}$$

$$= \frac{2}{75}$$

इस विधि के द्वारा विभिन्न भिन्नों का महत्तम समापवर्तक अत्यंत कम समय में निकाला जा सकता है।

घातांक का महत्तम समापवर्तक ज्ञात करने की विधि

इस विधि में जब घातांक के रूप में लिखी गई संख्याओं का आधार (base) समान हो, तो वह संख्या जिसका घातांक सबसे कम हो, वही उन संख्याओं का महत्तम समापवर्तक (Highest Common Factor) होती है।

उदाहरणार्थ : 3^2, 3^4, 3^{10} तथा 3^5 का महत्तम समापवर्तक = $3^2 = 3 \times 3 = 9$ होगा, क्योंकि दी गई संख्याओं का आधार 3 है तथा सबसे छोटे घात वाली संख्या 3^2 है। ठीक इसके विपरीत, यदि दी गई संख्याओं का आधार समान न हो तथा उसके आधार में कोई Common Factor नहीं हो तो ऐसी संख्याओं का महत्तम समापवर्तक 1 होता है।

कुछ अन्य महत्त्वपूर्ण तथ्य

1. यदि किसी दो संख्याओं का महत्तम समापवर्तक या लघुत्तम समापवर्त्य क ः एक ज्ञात हो, तो दूसरा ज्ञात करने के लिए निम्न सूत्र का प्रयोग कर सकते हैं :

   माना कि पहली संख्या = x तथा दूसरी संख्या = y है। तथा, उनका लघुत्तम समापवर्त्य = m एवं महत्तम समापवर्तक = n हो तो, सूत्र : $x \times y = m \times n$ से महत्तम समापवर्तक या लघुत्तम समापवर्त्य ज्ञात कर सकते हैं।
2. भिन्न राशियों का म. स. ज्ञात करने के लिए उन राशियों को एक ही इकाई में व्यक्त करना आवश्यक है।
3. दो परस्पर अभाज्य संख्याओं का म. स. 1 होता है।
4. यदि किसी दो संख्याओं का म. स. H हो तो H से उन संख्याओं में भाग देने पर भागफल सदा परस्पर अभाज्य होते हैं।
5. यदि दो संख्याओं का म. स. H हो तो संख्याओं को Hx एवं Hy के रूप में लिखा जा सकता है, जहाँ x एवं y परस्पर अभाज्य हैं।
6. संख्याओं का म. स. उन संख्याओं के योग व अन्तर का भी म. स. होता है।
7. दो या दो अधिक संख्याओं का लघुत्तम समापवर्त्य उन संख्याओं से पूर्णत: विभाजित होता है एवं लघुत्तम समापवर्त्य का गुणज भी उन संख्याओं से पूर्णत: विभाजित होता है।
8. सामान्यत: दो संख्याओं का महत्तम समापवर्तक तथा उन संख्याओं के योग एवं उनके ल. स का म. स. दोनों बराबर होते हैं।

उदाहरण

1. दो संख्याओं का योगफल 384 है। उनका महत्तम समापवर्तक 48 है। संख्याओं में अंतर है।

   (a) 100 (b) 192
   (c) 288 (d) 336

हल : (c) माना कि संख्याएँ $48x$ एवं $48y$ हैं जहाँ x एवं y परस्पर अभाज्य हैं।

$$\therefore \quad 48x + 48y = 384$$
$$\Rightarrow \quad 48(x + y) = 384$$
$$\Rightarrow \quad x + y = \frac{384}{48} = 8 \quad \ldots \text{(i)}$$

इस शर्त को संतुष्ट करने वाले एवं स्वीकार्य जोड़े हैं : (1, 7) एवं (3, 5)

∴ संख्याएँ हैं : $48 \times 1 = 48$ एवं $48 \times 7 = 336$

तथा, $48 \times 3 = 144$ एवं $48 \times 5 = 240$

∴ अभीष्ट अंतर = $336 - 48 = 288$

2. दो संख्याओं का योग 216 है तथा उनका म.स. 27 है। ऐसी संख्याओं के कितने जोड़े होंगे?

   (a) 1 (b) 2
   (c) 3 (d) 0

हल : (b) दो संख्याओं का म.स. = 27

∴ माना कि संख्याएँ = $27x$ एवं $27y$ जहाँ x एवं y परस्पर अभाज्य हैं।

प्रश्नानुसार,

$$27x + 27y = 216$$
$$\Rightarrow \quad 27(x + y) = 216$$
$$\Rightarrow \quad x + y = \frac{216}{27} = 8$$

∴ x एवं y के संभव युग्म = (1, 7) एवं (3, 5)

∴ संख्याएँ = (27, 189) एवं (81, 135)

अभ्यास प्रश्न

1. वह छोटी-से-छोटी संख्या निम्नलिखित में से कौन-सी है, जिसमें 6, 9, 18 और 45 से भाग देने पर क्रमशः 1, 4, 13 और 40 शेष बचते हैं?
(a) 95 (b) 94
(c) 85 (d) 86

2. दो संख्याओं का ल०स० 2079 तथा म०स० 27 है। यदि एक संख्या 297 है तो दूसरी संख्या क्या है?
(a) 189 (b) 203
(c) 198 (d) 179

3. वह छोटी-से-छोटी पूर्ण वर्ग संख्या कौन-सी है जो 15, 24 तथा 25 से पूर्णतया विभाजित हो जाएगी?
(a) 1600 (b) 3600
(c) 2500 (d) 5700

4. $11 \times 15 \times 21$ तथा $77 \times 12 \times 13$ का म०स० क्या होगा?
(a) 231 (b) 241
(c) 273 (d) 211

5. चार अंकों की सबसे बड़ी संख्या ज्ञात कीजिए जिसमें यदि 3, 4, 5, 6 से भाग दिया जाए तो प्रत्येक अवस्था में शेष 2 बचे?
(a) 9981 (b) 9960
(c) 9962 (d) 9978

6. दो संख्याओं का ल०स० 2310 तथा म०स० 30 है। यदि एक संख्या 330 है तो दूसरी संख्या क्या है?
(a) 230 (b) 140
(c) 210 (d) 160

7. वह बड़ी से बड़ी संख्या कौन-सी है जिसमें 105, 1001 तथा 2346 को पूर्णतया विभाजित किया जा सकता है?
(a) 6 (b) 9
(c) 7 (d) 8

8. दो संख्याओं का ल०स० 66 तथा म०स० 3 हैं। यदि एक संख्या 33 है तो दूसरी संख्या क्या है?
(a) 3 (b) 6
(c) 9 (d) 12

9. N.C.C. के एक कैम्प में चार घंटियाँ क्रम से 3, 4, 9 और 12 मिनट के अंतराल पर बजती हैं। अगर वे एक बार 8 बजे बजी हों तो चौथी बार पुनः एक साथ वे कब बजेंगी?
(a) 10.36 (b) 10.24
(c) 9.48 (d) 8.36

10. दो संख्याओं का ल०स० 180 तथा म०स० 9 है। यदि एक संख्या 36 है तो दूसरी संख्या क्या है?
(a) 35 (b) 40
(c) 45 (d) 55

11. एक ही घंटे में पाँच घंटियाँ कितनी बार बजेंगी यदि वे एक साथ बजना प्रारंभ होकर क्रमशः 2, 3, 4, 5 एवं 6 सेकण्ड के अन्तराल पर बजती हैं?
(a) 40 (b) 60
(c) 100 (d) 120

12. दो संख्याओं का म०स० 13 तथा ल०स० 455 है। यदि उनमें से एक संख्या 75 और 125 के बीच में हो तो वह संख्या क्या है?
(a) 119 (b) 104
(c) 78 (d) 91

13. वह छोटी-से-छोटी संख्या जिसे 4, 6, 8, 12 और 16 से भाग करने पर प्रत्येक दशा में 2 शेष बचे है–
(a) 50 (b) 48
(c) 56 (d) 46

14. दो संख्याओं का ल०स० व म०स० का गुणनफल 24 है। यदि दोनों संख्याओं का अन्तर 2 है तो संख्याओं को ज्ञात कीजिए।
(a) 6, 4 (b) 8, 6
(c) 2, 4 (d) 8, 10

15. छात्रों की अधिकतम संख्या ज्ञात कीजिए जिसमें 1001 किताबें और 910 पेन इस प्रकार बाँटे जाएँ कि प्रत्येक को बराबर संख्या में किताबें और पेन मिलें।
(a) 91 (b) 1911
(c) 910 (d) 1001

उत्तर (हल/संकेत)

1. (c) ∴ $6 - 1 = 5$
$9 - 4 = 5$
$18 - 13 = 5$
तथा $45 - 40 = 5$
संख्या = 6, 9, 18, 45 का
ल०स० = 90
= 90 – 5
= 85

2. (a) दूसरी संख्या $= \dfrac{2079 \times 27}{297}$
= 189

3. (b) $15 = 5 \times 3$
$24 = 2 \times 2 \times 2 \times 3$
$25 = 5 \times 5$
ल०स० $= 5 \times 3 \times 8 \times 5$
= 600
वर्ग संख्या
$= 100 \times 6 \times 6$
$= 10 \times 10 \times 6 \times 6$
= 3600

4. (a) $11 \times 15 \times 21 = \underline{11} \times 5 \times \underline{3} \times 7 \times 3$
$77 \times 12 \times 13 = \underline{11} \times 7 \times 3 \times 4 \times 13$
म०स० $= \underline{11} \times \underline{7} \times \underline{3} = 231$

5. (c) 3, 4, 5, 6 का ल०स० = 60

चार अंकों की सबसे बड़ी संख्या = 9999

∴ 60) 9999 (166
   60
   399
   360
   399
   360
   39

संख्या = 9999 – 39 + 2

= 9960 + 2

= 9962

6. (c) दूसरी संख्या = $\frac{30 \times 2310}{330}$

= 210

7. (c) 105 = 7 × 3 × 5

1001 = 143 × 7

2436 = 348 × 7

आवश्यक म०स० = 7

8. (b) दूसरी संख्या = $\frac{66 \times 3}{33} = 6$

9. (b) 3, 4, 9, 12 का ल०स० = 36

चौथी बार घंटियाँ एक साथ 36 × 4 = 144 मिनट बाद अर्थात् 10.24 बजे बजेंगी।

10. (c) दूसरी संख्या = $\frac{180 \times 9}{36} = 45$

11. (b) 2, 3, 4, 5 एवं 6 का ल०स० = 60 सेकंड = 1 मिनट

वे एक मिनट बाद पुन: एक साथ बजेंगी।

वे एक घंटे में 60 बार एक साथ बजेंगी।

12. (d) 75 और 125 के बीच में 91 है जो म०स० और ल०स० के गुणनफल को पूर्णत: विभाजित करता है।

13. (a) 4, 6, 8, 12 और 16 का ल०स० = 48

आवश्यक संख्या = 48 + 2 = 50

14. (a) 6 और 4 का गुणनफल 24 है तथा उनका अन्तर 2 है।

15. (a) 1001 तथा 910 का म०स० = 91

❑❑❑

5. औसत

सजातीय राशियों का औसत वह राशि है जो दी गई राशियों के योगफल में उन राशियों की संख्या से भाग देने पर प्राप्त होती है। स्पष्टत: औसत की इकाई वही होगी जो दी गई राशियों की हो। अत:,

$$\text{औसत} = \frac{\text{राशियों का योगफल}}{\text{राशियों की संख्या}}$$

राशियों का योगफल = राशियों की संख्या × औसत

कुछ महत्वपूर्ण सूत्र नीचे दिए जा रहे हैं जिनकी सहायता से औसत से संबंधित विभिन्न प्रश्नों को आसानीपूर्वक हल किया जा सकता है।

(i) लगातार n तक की प्राकृत संख्याओं का औसत $= \frac{n+1}{2}$

(ii) लगातार n तक की प्राकृत संख्याओं का योग $= \frac{n(n+1)}{2}$

(iii) लगातार n तक की प्राकृत संख्याओं के वर्गों का औसत

$$= \frac{(n+1)(2n+1)}{6}$$

(iv) लगातार n तक की प्राकृत संख्याओं के वर्गों का योग

$$= \frac{n(n+1)(2n+1)}{6}$$

(v) लगातार n तक की प्राकृत संख्याओं में घनों का औसत $= \frac{n(n+1)^2}{4}$

(vi) लगातार n तक की प्राकृत संख्याओं में घनों का योग $= \left\{\frac{n(n+1)}{2}\right\}^2$

(vii) औसत चाल $= \frac{\text{तय की गई कुल दूरी}}{\text{कुल लगा समय}}$

(viii) यदि दो असमान चाल x एवं y से समान दूरियाँ तय की गईं हों, तो औसत चाल $= \frac{2}{\frac{1}{x}+\frac{1}{y}} = \frac{2xy}{x+y}$

(ix) यदि तीन असमान चाल x, y एवं z से तीन समान दूरियाँ तय की गईं हों, तो औसत चाल $= \frac{3}{\frac{1}{x}+\frac{1}{y}+\frac{1}{z}} = \frac{3xyz}{xy+yz+zx}$

(x) औसत निकालते समय, यदि किसी राशि का मान शून्य हो, तो उसे भी गणना में शामिल किया जाना चाहिए।

उदाहरण

1. किसी कक्षा के 15 छात्रों का औसत वजन 1.5 किग्रा. बढ़ जाता है जब 40 किग्रा. वजन के एक, छात्र की जगह नया छात्र आ जाता है। नए छात्र का वजन (किग्रा. में) कितना है?

(a) 64.5
(b) 56
(c) 60.5
(d) 62.5

हल : (d) नए विद्यार्थी का वजन

= (40 + 15 × 1.5) किलोग्राम

= (40 + 22.5) किलोग्राम

= 62.5 किलोग्राम

2. एक क्रिकेट खिलाड़ी का गेंदबाजी का औसत 12.4 था। जब वह अपने अंतिम मैच में 26 रन देकर 5 विकेट लेता है, तो उसके गेंदबाजी के औसत में 0.2 अंकों का सुधार आ जाता है। अंतिम मैच से पहले उसके द्वारा लिए गए विकेटों की संख्या थी–

(a) 125 (b) 150
(c) 175 (d) 200

हल : (c) माना कि अंतिम मैच के पूर्व विकेटों की संख्या $= x$

प्रश्नानुसार,

$$\frac{12.4x+26}{x+5} = 12.2$$

$$\Rightarrow \quad 12.4x + 26 = 12.2x + 61$$

$$\Rightarrow \quad 0.2x = 61 - 26$$

$$= 35$$

$$\Rightarrow \quad x = \frac{35}{0.2}$$

$$= \frac{350}{2}$$

$$= 175$$

अभ्यास प्रश्न

1. प्रथम छः अभाज्य संख्याओं का औसत क्या होगा?

(a) $6\frac{5}{6}$ (b) $5\frac{1}{6}$

(c) $6\frac{1}{6}$ (d) $5\frac{5}{6}$

2. किसी कक्षा के 19 छात्रों का औसत भार 24.6 किग्रा. है। एक नए छात्र के प्रवेश लेने से औसत भार घटकर 24.2 किग्रा. रह जाता है। नए आने वाले छात्र का भार क्या है?

(a) 15.8 किग्रा (b) 16.6 किग्रा

(c) 14.8 किग्रा (d) 21.2 किग्रा

3. 8 दोस्त एक ढाबे में गए। उनमें से 7 दोस्तों ने अपने-अपने खाने पर ₹ 50-50 व्यय किए। आठवें दोस्त ने सभी आठ के औसत खर्च से ₹ 70 अधिक खर्च किए। बताइए कि आठों दोस्तों का कुल खर्च कितना है?

(a) ₹ 440 (b) ₹ 480

(c) ₹ 460 (d) ₹ 510

4. 17 संख्याओं में प्रथम आठ का औसत 36 तथा अंतिम आठ का औसत 31 है। यदि 17 संख्याओं का औसत 34 हो तो 9वीं संख्या क्या है?

(a) 44 (b) 42

(c) 54 (d) 108

5. किसी कक्षा के 36 छात्रों की औसत आयु 9 वर्ष है। यदि इसमें गणित के शिक्षक की आयु सम्मिलित कर लेने से छात्रों की औसत आयु में 1 वर्ष की वृद्धि हो जाती है तो गणित के शिक्षक की आयु क्या है?

(a) 45 वर्ष (b) 46 वर्ष

(c) 54 वर्ष (d) 35 वर्ष

6. 6 वर्ष पहले *a* और *b* की औसत आयु 18 वर्ष थी। इस समय *a, b* और *c* की औसत आयु 26 वर्ष है। 6 वर्ष पश्चात् *c* की आयु क्या होगी?

(a) 32 वर्ष (b) 44 वर्ष

(c) 24 वर्ष (d) 36 वर्ष

7. 20 संख्याओं का औसत 58 निकाला गया। यदि पता चले कि 76 के स्थान पर 96 ले लिया गया तो बताइए कि सही औसत क्या था?

(a) 59 (b) 61

(c) 57 (d) 56.8

8. किसी कक्षा में 40 लड़कियाँ हैं। 50 किग्रा. भार वाली लड़की के स्थान पर एक नई लड़की दाखिल होने से यदि औसत भार में 500 ग्राम की वृद्धि हो जाती है, तो आने वाली लड़की का भार क्या होगा?

(a) 71.5 किग्रा (b) 70.5 किग्रा

(c) 76.5 किग्रा (d) 70 किग्रा

9. किसी छात्र को विज्ञान, भूगोल, अंग्रेजी तथा गणित में औसतन 40 अंक मिले हैं। उसे अंग्रेजी और विज्ञान में यदि कुल 120 अंक मिले हों तो उसके भूगोल और गणित के प्राप्तांकों का औसत ज्ञात कीजिए।

(a) 30 (b) 60

(c) 40 (d) 20

10. लगातार चार संख्याओं $x, x+1, x+2$ तथा $x+3$ औसत क्या होगा?

(a) $x+1$ (b) $x+2.5$

(c) $x+3$ (d) $x+1.5$

11. *a* और *b* का गुणनफल तथा *b* का औसत यदि *a* के बराबर है तो *a* के लिए निम्न में से कौन-सी अभिव्यक्ति सत्य होगी?

(a) $a=\frac{b}{2}$ (b) $a=\frac{b}{2-b}$

(c) $a=b$ (d) $a=\frac{b}{b-2}$

12. 10 संख्याओं का औसत 13.7 है। यदि प्रथम 5 संख्याओं का औसत 12.1 तथा अन्तिम 6 संख्याओं का औसत 13 हो, तो पाँचवीं संख्या क्या होगी?

(a) 4 (b) 1.5

(c) 15 (d) 9.5

13. 13 संख्याओं का औसत 41 है। यदि इनमें से प्रथम 6 का औसत 21 तथा अंतिम 6 का औसत 44 है तो सातवीं संख्या क्या है?

(a) 163 (b) 173

(c) 143 (d) 93

14. तीन संख्याओं में पहली संख्या दूसरी संख्या से दोगुनी तथा तीसरी संख्या से आधी है। यदि तीनों संख्याओं का औसत 63 हो तो सबसे बड़ी संख्या है–

(a) 88 (b) 112

(c) 96 (d) 108

15. 20 से बड़ी पहली 5 अभाज्य संख्याओं का औसत क्या होगा?

(a) 32 (b) 32.20

(c) 31 (d) 31.01

उत्तर (हल/संकेत)

1. (a) औसत $= \frac{2+3+5+7+11+13}{6}$

$= \frac{41}{6}$

$= 6\frac{5}{6}$

2. (b) नए छात्र का भार

$= 24.6 - (19+1) \times 0.4$

$= 24.6 - 20 \times 0.4$

$= 24.6 - 8$

$= 16.6$ किग्रा.

3. (b) कुल खर्च = ₹ x

$$x - 350 = \frac{x}{8} + 70$$

या, $$\frac{7}{8}x = 420$$

$$\therefore \quad x = \frac{420 \times 8}{7}$$

$$= ₹\ 480$$

4. (b) 9वीं संख्या

$= 17 \times 34 - (8 \times 36 + 31 + 8)$
$= 578 - (288 + 248)$
$= 578 - 536$
$= 42$

5. (b) शिक्षक की आयु $= 36 + (9 + 1) \times 1$
$= 46$ वर्ष

6. (d) $a + b + c = 78$ तथा $a + b = 36 + 12$
$= 48$

c की वर्तमान आयु $= 78 - 48$
$= 30$ वर्ष

6 वर्ष बाद c की आयु
$= 30 + 6$
$= 36$ वर्ष

7. (c) सही औसत $= 58 - \left(\frac{96 - 76}{20}\right) = 57$

8. (d) नई लड़की का भार $= 50 + 40 \times \frac{1}{2}$

$= 70$ किग्रा.

9. (d) विज्ञान + भूगोल + अंग्रेजी + गणित में कुल प्राप्तांक $= 4 \times 40 = 160$

भूगोल और गणित का औसत

$$= \frac{160 - 120}{2}$$

$$= \frac{40}{2} = 20$$

10. (d) औसत $= \frac{x + x + 1 + x + 2 + x + 3}{4}$

$= x + 1.5$

11. (b) $\frac{a \times b + b}{2} = a; ab + b = 2a$

$ab - 2a = b; a(b - 2) = -b$

$$a = \frac{-b}{-(2 - b)}$$

$$= \frac{b}{2 - b}$$

12. (b) पाँचवीं संख्या

$= (12.1 \times 5 + 6 \times 13 - 10 \times 13.7)$
$= 60.5 + 78 - 137 = 1.5$

13. (c) सातवीं संख्या

$= [(13 \times 41 - (6 \times 21 + 6 \times 44)]$
$= 533 - (126 + 264)$
$= 143$

14. (d) प्रश्न से,

पहली संख्या $= 2x$
दूसरी संख्या $= x$
तीसरी संख्या $= 4x$

प्रश्नानुसार,

$2x + x + 4x = 3 \times 63$
$= 189$
$7x = 189$
$x = 27$

बड़ी संख्या $= 4 \times 27$
$= 108$

15. (b) औसत $= \frac{23 + 29 + 31 + 37 + 41}{5}$

$$= \frac{161}{5}$$

$= 32.20$

❑❑❑

6. प्रतिशत

प्रतिशत का अर्थ (Meaning of Percent)

प्रतिशत दो शब्दों 'प्रति' और 'शत' से मिलकर बना है। 'प्रति' का अर्थ है 'प्रत्येक' और 'शत' का अर्थ 'सौ' होता है। अत: 'प्रतिशत' तथा 'प्रति सैकड़ा' का अर्थ 'प्रत्येक सौ पर' होता है। प्रतिशत को संक्षेप में प्र०श० (P.C) लिखते हैं। प्रतिशत के स्थान पर चिह्न '%' का भी प्रयोग होता है।

परिभाषा (Definition)

जब गणना प्रति 100 पर करके कोई परिणाम निकाला जाय, तो उसे प्रतिशतता (Percentage) में प्रकट करना कहते हैं तथा प्राप्त संख्या प्रतिशत (Percentage) कहलाती है। उदाहरणार्थ, यह कहा जाए कि हिन्दुस्तान में 10 प्रतिशत आदमी स्वस्थ हैं, तो इसका अर्थ है कि हर 100 व्यक्तियों में 10 व्यक्ति स्वस्थ हैं। फिर मान लिया कि किसी परीक्षार्थी को परीक्षा में कुल अंक 900 में 40 प्रतिशत अंक प्राप्त हुए। अत: उसे 900 में कुल मिलाकर 40 × 9 = 360 अंक प्राप्त हुए।

भिन्न और प्रतिशतता में संबंध

जिस भिन्न के हर में 100 हो, उसका अंश प्रतिशत की संख्या को प्रकट करेगा।

उदाहरणार्थ : किसी राशि का $\frac{19}{100}$ भाग = राशि का 19%

संक्षेप में, $\frac{19}{100} = 19\%$

जिस भिन्न के हर में 100 न रहे, तो भिन्न के हर को 100 में परिवर्तित करना होगा।

जैसे : $\frac{3}{25} = \frac{3 \times 4}{25 \times 4}$

$= \frac{12}{100} = 12\%$

$\frac{7}{12} = \frac{\frac{7}{12} \times 100}{100}$

$= \frac{\frac{7}{3} \times 25}{100} = \frac{58\frac{1}{3}}{100}$

$= 58\frac{1}{3}\%$

विलोमत : $12\% = \frac{12}{100} = \frac{3}{25}$,

$= 58\frac{1}{3}\% = \frac{58\frac{1}{3}}{100}$

$= \frac{175}{300} = \frac{7}{12}$

प्रतिशत का प्रयोग (Use of Percent)

किसी प्रतियोगिता परीक्षा में तीन विद्यालयों से क्रमश: 180, 60 और 45 विद्यार्थी बैठे, जिनमें से क्रमश: 90, 45 और 36 विद्यार्थी उत्तीर्ण हुए। यद्यपि उत्तीर्ण होने वालों की संख्या प्रथम विद्यालय के लिए सर्वाधिक है, परन्तु अगर यह कहा जाए कि प्रथम विद्यालय का परिणाम सर्वोत्तम रहा, यह गलत होगा। परिणाम की तुलना करने के लिए परीक्षा में बैठने वालों की संख्या जब तक बराबर न ली जाए, तब तक उत्तीर्ण होने वालों की संख्या की तुलना नहीं की जा सकती। इसके लिए प्रत्येक विद्यालय से परीक्षा में बैठने वालों की संख्या 100 मानने पर तीनों विद्यालयों में उत्तीर्ण होने वालों की संख्या क्रमश: $\frac{90}{100} \times 100$, $\frac{45}{60} \times 100$, तथा $\frac{36}{45} \times 100$; अर्थात् 50, 75 तथा 80 होगी। दूसरे शब्दों में, 100 परीक्षार्थियों पर तीनों विद्यालयों से क्रमश: 50, 75 और 80 छात्र उत्तीर्ण हुए, जिन्हें हम 50 प्रतिशत, 75 प्रतिशत और 80 प्रतिशत से व्यक्त करते हैं।

स्पष्ट है कि इस प्रकार की तुलनाओं में प्रतिशत का प्रयोग बहुत ही महत्त्वपूर्ण है।

प्राय: व्यवसाय (Business) में लाभ, हानि, ब्याज, बट्टा इत्यादि निकालने में प्रतिशत का प्रयोग किया जा सकता है।

प्रतिशत के कुछ मुख्य भिन्न

$3\frac{1}{8}\% = \frac{1}{32}$ $5\% = \frac{1}{20}$

$6\frac{1}{4}\% = \frac{1}{16}$ $8\% = \frac{2}{25}$

$8\frac{1}{3}\% = \frac{1}{12}$ $12\frac{1}{2}\% = \frac{1}{8}$

$15\% = \frac{3}{20}$ $14\frac{2}{7}\% = \frac{1}{7}$

$16\frac{2}{3}\% = \frac{1}{6}$ $20\% = \frac{1}{5}$

$25\% = \frac{1}{4}$ $\quad 33\frac{1}{3}\% = \frac{1}{3}$

$37\frac{1}{2}\% = \frac{3}{8}$ $\quad 40\% = \frac{2}{5}$

$60\% = \frac{3}{5}$ $\quad 62\frac{1}{2}\% = \frac{5}{8}$

$66\frac{2}{3}\% = \frac{2}{3}$ $\quad 75\% = \frac{3}{4}$

$87\frac{1}{2}\% = \frac{7}{8}$ $\quad 12\% = \frac{3}{25}$

वस्तुनिष्ठ प्रकार की प्रतियोगी परीक्षाओं के लिए कुछ महत्वपूर्ण परिणाम

1. यदि A, C का $x\%$ हो तथा B, C का $y\%$ हो तो A, B का $\frac{x}{y} \times 100\%$ होगा।

2. यदि दो संख्याएँ, तीसरी संख्या से क्रमशः $x\%$ एवं $y\%$ अधिक हों तो पहली संख्या, दूसरी संख्या की $\frac{100+z}{100+y} \times 100\%$ होगी।

उदाहरणार्थ : माना कि तीसरी संख्या = 100

$\therefore$ पहली संख्या = 100 + 100 का $x\% = 100 + x$

एवं दूसरी संख्या = 100 + 100 का $y\% = 100 + y$

$\therefore$ पहली संख्या = दूसरी संख्या का $\frac{100+z}{100+y} \times 100\%$

3. यदि किसी शहर की आरंभिक जनसंख्या = P हों एवं जनसंख्या में पहले वर्ष $x\%$ की वृद्धि होती है, दूसरे वर्ष $y\%$ की कमी होती है तथा तीसरे वर्ष जनसंख्या में $z\%$ की वृद्धि होती है तो 3 वर्ष बाद शहर की जनसंख्या

$$= \frac{P(100+x)(100-y)(100+z)}{100 \times 100 \times 100}$$

4. यदि किसी वस्तु का मूल्य $r\%$ बढ़ जाए, तो उपभोक्ता के खपत में प्रतिशत कमी, ताकि व्यय में वृद्धि न हो, $= \left(\frac{r}{100+r} \times 100\right)\%$

5. यदि किसी वस्तु का मूल्य $r\%$ कम हो जाए, तो उपभोक्ता के खपत में प्रतिशत वृद्धि, ताकि वस्तु पर व्यय में कमी न हो, $= \left(\frac{r}{100-r} \times 100\right)\%$

6. यदि पहली संख्या दूसरी संख्या से $r\%$ अधिक हो तो दूसरी संख्या पहली संख्या से $\left(\frac{r}{100+r} \times 100\right)\%$ कम होगी।

उदाहरणार्थ : माना कि दूसरी संख्या = 100

$\therefore$ पहली संख्या = $100 + r$

यदि पहली संख्या $(100 + r)$ हो, तो दूसरी संख्या r कम है।

$\therefore$ जब पहली संख्या 100 हो, तो दूसरी संख्या $\frac{r}{100+r} \times 100$ कम होगी।

7. यदि पहली संख्या दूसरी से $r\%$ कम हो, तो दूसरी संख्या पहली संख्या से $\left(\frac{r}{100-r} \times 100\right)\%$ अधिक होगी।

8. यदि किसी संख्या को पहले $x\%$ से बढ़ा दिया जाए एवं बाद में उसे $x\%$ से घटा दिया जाए तो शुद्ध परिवर्तन हमेशा कमी (decrease) होगा जो $\frac{x^2}{100}\%$ के बराबर होगा।

उदाहरणार्थ : यदि किसी शहर की जनसंख्या में पहले वर्ष 15% की वृद्धि हो एवं दूसरे वर्ष 15% की कमी हो तो, दो वर्ष पश्चात् शहर की जनसंख्या में कमी ही होगी एवं ह्रास = $\frac{(15)^2}{100}\% = 2.25\%$

9. यदि किसी मान में क्रमिक परिवर्तन $x\%$ एवं $y\%$ हो, तो अंतिम प्रभाव (Net effect) = $\left(x + y + \frac{xy}{100}\right)\%$

टिप्पणी : वृद्धि के लिए + चिह्न एवं ह्रास के लिए – चिह्न का प्रयोग किया जाता है। इसी प्रकार लाभ के लिए + चिह्न एवं हानि के लिए – चिह्न का प्रयोग किया जाता है। परिणाम का धनात्मक मान वृद्धि या लाभ तथा ऋणात्मक मान कमी या हानि को दर्शाता है।

10. यदि किसी त्रिभुज, आयत, वर्ग, आदि 2– विमीय चित्रों की भुजाओं में $x\%$ की वृद्धि की जाए, तो उनके क्षेत्रफल में वृद्धि = $\left(x + 4 + \frac{xy}{100}\right)\%$

उदाहरण

1. दो संख्याएँ किसी तीसरी संख्या से क्रमशः 10% और 25% अधिक हैं। पहली संख्या दूसरी संख्या का कितने प्रतिशत है?

(a) 88% (b) 65%
(c) 75% (d) 80%

हल : (a) यदि दो संख्याएँ किसी तीसरी संख्या से क्रमशः $x\%$ एवं $y\%$ अधिक हों, तो पहली संख्या का दूसरी संख्या से प्रतिशत

$$= \frac{100+x}{100+y} \times 100$$

$$= \frac{110}{125} \times 100$$

$$= 88\%$$

2. रमा के व्यय तथा बचत में 5 : 3 का अनुपात है। यदि उसकी आय में 12% तथा व्यय में 15% की वृद्धि हो जाए, तो उसकी बचत में कितने प्रतिशत की वृद्धि होगी?

(a) 12 (b) 7
(c) 8 (d) 13

हल : (b) माना कि रमा का व्यय = $5x$ रुपए

बचत = $3x$ रुपए

$\therefore$ रमा की आय = $5x + 3x = 8x$ रुपए

वृद्धि के पश्चात्,

रमा की आय = $\frac{112}{100} \times 8x$

$= 8.96x$ रुपए

रमा का व्यय = $\frac{5x \times 115}{100}$

$= 5.75x$ रुपए

रमा की बचत = $(8.96x - 5.75x)$ रुपए

$= 3.21x$ रुपए

$\therefore$ रमा का बचत प्रतिशत

$$= \left(\frac{3.21x - 3x}{3x}\right) \times 100$$

$$= \frac{0.21}{3} \times 100$$

$$= 7$$

अभ्यास प्रश्न

1. ₹ 2000 प्रतिमाह की आमदनी वाले अधिकारी की वार्षिक बचत कितनी होगी यदि वह अपनी जरूरतों को पूरा करने में अपनी आमदनी का 75% व्यय कर देता है?

(a) ₹ 8000 (b) ₹ 12000
(c) ₹ 4000 (d) ₹ 6000

2. प्रदीप 173 अंक प्राप्त करके 37 अंकों से असफल हो जाता है। यदि उत्तीर्ण होने के लिए 30% अंक हों तो पूर्णांक ज्ञात कीजिए।

(a) 650 (b) 600
(c) 900 (d) 700

3. किसी मतदान में 76% मत पाने वाला विजयी उम्मीदवार अपने एकमात्र विरोधी को 1040 मतों से पराजित करता है, तो मतदान में डाले गए मतों की संख्या ज्ञात कीजिए।

(a) 4000 (b) 2000
(c) 1000 (d) 24000

4. सोहन का वेतन 10% घटाकर पुनः 10 प्रतिशत बढ़ा दिया जाता है। बताइए कि सोहन को कितने प्रतिशत का घाटा हुआ?

(a) 1% (b) 0.1%
(c) 1.1% (d) 11%

5. कपड़े के मूल्यों में 16% की वृद्धि हो जाने पर इसकी खपत में कितने प्रतिशत की कमी हो जाए कि खर्च नहीं बढ़े?

(a) 13.1% (b) 14.2%
(c) 13.8% (d) 12.9%

6. किसी परीक्षा को पास करने के लिए 60% अंक चाहिए। यदि 240 अंक प्राप्त करके कोई छात्र 60 अंकों से अनुत्तीर्ण हो जाता है, बताइए कि परीक्षा में पूर्णांक क्या है?

(a) 400 (b) 500
(c) 600 (d) 800

7. P, Q से 20% अधिक है, जबकि R से 40% कम है तो बताइए कि Q, R से कितना प्रतिशत कम है?

(a) 60% (b) 80%
(c) 50% (d) 100%

8. मूल्यों में 14% की वृद्धि होने पर यदि उपभोग में 8% की कमी की जाती है तो बताइए कि नकद व्यय पर क्या प्रभाव पड़ा?

(a) 4.4% (b) 3.6%
(c) 4.8% (d) 4.88%

9. X की आय का 20% Y की आय के 30% के बराबर है। यदि X की आय ₹ 1600 हो तो Y की आय क्या होगी?

(a) ₹ 860 (b) ₹ 940
(c) ₹ 1080 (d) ₹ 1066.6

10. किसी चुनाव के कुल मतों का 32% मत पाने वाले प्रत्याशी अपने एकमात्र प्रतिद्वंद्वी से यदि 2556 मतों से पराजित हो जाता है तो चुनाव में डाले गए कुल मतों की संख्या क्या है?

(a) 6400 (b) 7100
(c) 7600 (d) 8000

11. चावल के मूल्यों में 40% की वृद्धि होने पर खपत में कितने प्रतिशत की कमी की जाए कि खर्च न बढ़े?

(a) 32.22% (b) 23.12%
(c) 28.57% (d) 26.64%

12. विश्वविद्यालय के चुनाव में दो प्रत्याशी चुनाव लड़ रहे हैं। यदि चुनाव के लिए सम्पन्न मतदान में 36% मत प्राप्त करने वाला प्रत्याशी 2800 मतों से पराजित हो जाता है, तो कुल मतों की संख्या बताइए।

(a) 10000 (b) 14000
(c) 10016 (d) 28000

13. यदि धारा तेल का मूल्य ₹ 48 प्रति किलोग्राम से बढ़कर ₹ 60 प्रति किलोग्राम हो जाए तो एक व्यक्ति अपने उपभोग में कितने प्रतिशत की कमी करके खर्च पहले जितना रख सकता है?

(a) 20% (b) 5%
(c) 25% (d) 33%

14. किसी पुस्तकालय में 50% पुस्तकें अंग्रेजी माध्यम की हैं। शेष 40% पुस्तकें हिन्दी माध्यम में तथा शेष 1500 पुस्तकें क्षेत्रीय भाषाओं में हैं। पुस्तकालय में हिंदी माध्यम की कितनी पुस्तकें हैं?

(a) 1000 (b) 1600
(c) 2400 (d) 2600

15. राकेश के वेतन का 25% नितिन के वेतन के 40% के बराबर है। यदि नितिन के वेतन का 30% का मान ₹ 1200 हो तो राकेश का वेतन क्या है?

(a) ₹ 5400 (b) ₹ 4400
(c) ₹ 3600 (d) ₹ 6400

उत्तर (हल/संकेत)

1. (d) प्रतिमाह बचत

$$= 2000 - \frac{2000 \times 75}{100}$$

$$= 2000 - 1500$$

$= ₹ 500$

∴ वार्षिक बचत $= 12 \times 500$

$= ₹ 6000$

2. (d) पूर्णांक $= \frac{(1731 - 37) \times 100}{30}$

$$= \frac{210 \times 100}{30} = 700$$

3. (b) पराजित प्रत्याशी को मिले मतों का प्रतिशत $= 100 - 76 = 24\%$

प्रश्न के अनुसार,

$$(79 - 24)\% = 1040$$

$$100\% = \frac{1040 \times 100}{52}$$

$= 2000$

4. (a) सोहन का वेतन = ₹ 100

∴ उसका अंतिम वेतन

$= 100\% \times \frac{90}{100} \times \frac{110}{100} =$ ₹ 99

∴ % घाटा $= 100 - 99 = 1\%$

5. (c) प्रतिशत $= \frac{16 \times 100}{116}$

$= 13.79 \approx 13.8\%$

6. (b) पूर्णांक $= \frac{(240 + 60) \times 100}{60} = 500$

7. (c) माना, $Q = 100, P = 120,$

$R = 120 \times \frac{100}{60}$

$= 200$

अत: Q, R से 50% कम है।

8. (d) % प्रभाव $= 14 - 8 - \frac{14 \times 8}{100}$

$= 6 - 1.12$

$= 4.88\%$ बढ़ जाएगा।

9. (d) Y की आय $= \left(1600 \times \frac{20}{100} \times \frac{100}{30}\right)$

$= 320 \times \frac{10}{3} =$ ₹ 1066.6

10. (b) कुल मतों की आवश्यक संख्या

$= \frac{2556 \times 100}{(100 - 32) - 32}$

$= \frac{2556 \times 100}{36}$

$= 7100$

11. (c) % कमी $= \frac{40 \times 100}{140}$

$= 28.57\%$

12. (a) $100 - 36 = 64\%$

$64 - 36 = 28\%$

$28\% = 2800$

$100 = \frac{2800 \times 100}{28}$

$= 10000$

13. (a) उपभोग में % कमी $= \frac{12}{60} \times 100$

$= 20\%$

14. (a) 50 का 40% = 20

∴ क्षेत्रीय भाषाओं की पुस्तकों की संख्या का प्रतिशत

$= 100 - (50 + 20) = 30$

∴ पुस्तकालय में पुस्तकों की कुल संख्या

$= \frac{1500 \times 100}{30} = 5000$

∴ हिन्दी पुस्तकों की संख्या

$= \frac{5000 \times 20}{100} = 1000$

15. (d) नितिन का वेतन $= \frac{1200 \times 100}{30}$

= ₹ 4000

राकेश के वेतन का 25%

$= 4000 \times \frac{40}{100}$

= ₹ 1600

राकेश का कुल वेतन

$= 1600 \times 4$

= ₹ 6400

❑❑❑

7. बीजगणित

महत्वपूर्ण बीजगणितीय सूत्रों की सूची

1. $(a+b)^2 = a^2 + 2ab + b^2$
2. $(a-b)^2 = a^2 - 2ab + b^2$
3. $(a+b)^2 = (a-b)^2 + 4ab$
4. $(a-b)^2 = (a+b)^2 - 4ab$
5. $a^2 - b^2 = (a+b)(a-b)$
6. $a^3 + b^3 = (a+b)(a^2 - ab + b^2)$
7. $a^3 - b^3 = (a-b)(a^2 + ab + b^2)$
8. $(a+b)^3 = a^3 + b^3 + 3ab(a+b)$
9. $(a-b)^3 = a^3 - b^3 - 3ab(a-b)$
10. $a^3 + b^3 = (a+b)^3 - 3ab(a+b)$
11. $a^3 - b^3 = (a-b)^3 + 3ab(a-b)$
12. $a^3 + b^3 + c^3 - 3abc$

    $= (a+b+c)(a^2 + b^2 + c^2 - ab - bc - ac)$

    $= (a+b+c)\ \frac{1}{2}\ (2a^2 + 2b^2 + 2c^2 - 2ab - 2bc - 2ac)$

    $= \frac{1}{2}\ (a+b+c)\ [(a-b)^2 + (b-c)^2 + (c-a)^2]$
13. यदि $a+b+c = 0$, तब $a^3 + b^3 + c^3 = 3abc$
14. $(a+b+c)^3 = a^3 + b^3 + c^3 + 3(b+c)(c+a)(a+b)$
15. $a^2 + b^2 = (a+b)^2 - 2ab$
16. $a^2 + b^2 = (a-b)^2 + 2ab$
17. $(a+b+c)^2 = a^2 + b^2 + c^2 + 2ab + 2ac + 2bc$
18. $a^4 + b^4 + a^2b^2 = (a^2 - ab + b^2)(a^2 + ab + b^2)$
19. $e^x = 1 + x + \frac{x^2}{1.2} + \frac{x^3}{1.2.3} + \frac{x^4}{1.2.3.4} + ...$
20. $e = 2.71828$ (लगभग)

बहुपद (Polynomial)

$p(x) = a_0 + a_1x + a_2x^2 + ... + a_nx^n$ के रूप में अभिव्यक्त फलन को, जहाँ, $a_0, a_1, a_2, ... a_n$ वास्तविक संख्याएँ हैं, $a_n \neq 0$ एवं n एक ऋणेतर पूर्णांक है; वास्तविक संख्याओं पर चर (Variable) x में बहुपद कहा जाता है। वास्तविक संख्याओं $a_0, a_1, ... a_n$ को बहुपद का गुणांक कहा जाता है।

उदाहरणार्थ : $7x^2 - 5x + 3$ पूर्णांकों पर बहुपद है।

$\frac{3}{4}x^3 - \frac{4}{3}x^2 + 3x - 5$ परिमेय संख्याओं पर बहुपद है।

साधारणतः बहुपद को, या तो x के घातों के आरोही (Ascending) क्रम में, या x के घातों के अवरोही (Descending) क्रम में लिखा जाता है। बहुपद को इस प्रकार से लिखने की रीति को, बहुपद को मानक रूप (Standard form) में लिखना कहा जाता है।

उदाहरणार्थ : $5x^3 - 7x^2 - 2x - 5$ मानक रूप में है, जहाँ चर के घातों को अवरोही क्रम में लिखा गया है और बहुपद $3 - 3y - 6y^2 + 5y^3$ भी मानक रूप में है, जहाँ चर के घातों को आरोही क्रम में लिखा गया है।

बहुपदों के विशेष प्रकार

ऐसे बहुपद को जिसके सभी गुणांक शून्य हों, शून्य बहुपद (Zero Polynomial) कहा जाता है।

उदाहरणार्थ : $0x^4 - 0x^3 - 0x + 0$ शून्य बहुपद है।

ऐसे बहुपद को जिसमें केवल एक पद हो, एकपदी बहुपद (Monomial) कहा जाता है; ऐसे बहुपद को जिसमें दो पद हों, द्विपद (Binomial) कहा जाता है एवं ऐसे बहुपद जिसमें तीन पद हों, त्रिपद (Trinomial) कहा जाता है।

उदाहरणार्थ : $3, 3x^2, 8x^3$ एकपदी हैं,

$4 - 7x, 3 - 9y^2, 4y - 7y^2$ द्विपद हैं

एवं $x^3 - 3x^2 + 5, 4x^2 - 3x + 9$ त्रिपद हैं।

दो बहुपदों का योग एवं अंतर

दो बहुपदों का योग चिह्नों सहित सदृश घातों को एकत्रित कर, एवं गुणांकों को जोड़कर ज्ञात किया जाता है। घटाने की संक्रिया भी, योग की संक्रिया की तरह है। केवल घटाए जाने वाले बहुपद के चिह्नों को बदलकर, फिर योग कर दिया जाता है।

उदाहरणार्थ : यदि $p(x) = x^4 - 5x^3 + 3x + 9$ एवं $q(x) = 2x^4 - 3x^3 + 5x - 4$

तब, $p(x) + q(x)$

$= (x^4 - 5x^3 + 3x + 9) + (2x^4 - 3x^3 + 5x - 4)$

$= (x^4 + 2x^4) + (-5x^3 - 3x^3) + (3x + 5x) + (9 - 4)$

$= 3x^4 - 8x^3 + 8x + 5$

सुविधा के लिए ऊपर की संक्रिया को निम्नलिखित रूप में लिखकर किया जा सकता है,

$$p(x) = x^4 - 5x^3 + 3x + 9$$
$$q(x) = 2x^4 - 3x^3 + 5x - 4$$

$\therefore p(x) + q(x) = 3x^4 - 8x^3 + 8x + 5$ एवं $p(x) - q(x) = (x^4 - 5x^3 + 3x + 9) - (2x^4 - 3x^3 + 5x - 4)$

$= (x^4 - 5x^3 + 3x + 9) + (-2x^4 + 3x^3 - 5x + 4)$

$= (x^4 - 2x^4) + (-5x^3 + 3x^3) + (3x - 5x) + (9 + 4)$
$= -x^4 - 2x^3 - 2x + 13$

सुविधा के लिए,

$$\Rightarrow \quad p(x) = x^4 - 5x^3 + 3x + 9$$
$$q(x) = 2x^4 - 3x^3 + 5x - 4$$
$$\quad - \quad\quad - \quad + \quad\quad - \quad\quad +$$
$$\therefore p(x) - q(x) = -x^4 - 2x^3 - 2x + 13$$

दो बहुपदों का गुणनफल

दो बहुपदों का गुणनफल ज्ञात करने के लिए बीजीय व्यंजकों के गुणनफल से संबद्ध बंटन (Distributive) नियम पहले लागू किया जाता है एवं तब जोड़ने या घटाने के लिए समान घातों वाले पदों का समूहन किया जाता है। फिर भी सुविधा के लिए, यह विधि प्रायः निम्नलिखित रूप में लागू की जाती है।

$$x^3 - 6x^2 + x + 1$$
$$x^2 - 3x + 2$$
$$x^5 - 6x^4 + x^3 + x^2$$
$$-3x^4 + 18x^3 - 3x^2 - 3x$$
$$+2x^3 - 12x^2 + 2x + 2$$
$$x^5 - 9x^4 + 21x^3 - 14x^2 - x + 2$$

स्मरणीय : $-x \times -x = +x^2$
$+x \times -x = -x^2$
$x \times x = x^2$ इत्यादि

बहुपद का एक अन्य बहुपद से भाजन

मान लीजिए कि $p(x)$ एवं $q(x)$ दो बहुपद हैं, एवं $q(x) \neq 0$, यदि हम ऐसे दो बहुपद $g(x)$ एवं $r(x)$ ज्ञात कर सकें कि

$p(x) = g(x)\, q(x) + r(x)$

जहाँ $r(x)$ का घात $< g(x)$ का घात, तो हम कहते हैं कि $p(x)$ को $g(x)$ से भाग देने पर $q(x)$ भागफल एवं $r(x)$ शेषफल प्राप्त होता है। यदि शेषफल $r(x)$ शून्य हो, तो हम कहते हैं कि भाजक $g(x)$, भाज्य $p(x)$ का गुणनखण्ड है।

एक बहुपद को, उससे कम घात के बहुपद से भाग देने की विधि को हम कुछ उदाहरणों द्वारा स्पष्ट करेंगे।

उदाहरण 1 : $p(x) = x^3 + 3x^2 - 12x + 4$ को $g(x) = x - 2$ से विभाजित कीजिए।

हल : $x - 2 \,)\, x^3 + 3x^2 - 12x + 4 \,(\, x^2 + 5x - 2$

$x^3 - 2x^2$
$- \quad +$
$5x^2 - 12x + 4$
$5x^2 - 10x$
$- \quad +$
$-2x + 4$
$-2x + 4$
$+ \quad -$
0

टिप्पणी : यहाँ ध्यान रहे कि $g(x)$ का घात $p(x)$ के घात से कम है एवं उच्च घात वाले बहुपद को निम्न घात वाले बहुपद से सदा भाग दिया जा सकता है। भाग देने की यह प्रक्रिया तब समाप्त हो जाती है, जबकि या तो शेषफल शून्य हो जाता है या शेषफल का घात भाजक के घात से कम हो जाता है। उपर्युक्त उदाहरण में, भागफल $x^2 + 5x - 2$ एवं शेषफल शून्य है। चूंकि शेषफल शून्य है, अतः $(x - 2)$, $x^3 + 3x^2 - 12x + 4$ का एक गुणनखण्ड है।

उदाहरण 2 : $p(x) = x^3 - 14x^2 + 37x - 60$ में $g(x) = x - 2$ से भाग दीजिए।

हल : $x - 2 \,)\, x^3 - 14x^2 + 37x - 60 \,(\, x^2 - 12x + 3$

$x^3 - 2x^2$
$- \quad +$
$-12x^2 + 37x - 60$
$-12x^2 + 24x$
$- \quad +$
$13x - 60$
$13x - 26$
$- \quad +$
-34

यहाँ, भागफल $x^2 - 12x + 13$ एवं शेषफल $= -34$

चूँकि शेषफल $\neq 0$, अतः $(x - 2)$, $x^3 - 14x^2 + 37x - 60$ का एक गुणनखण्ड नहीं है।

शेषफल प्रमेय (Remainder Theorem)

यदि एक बहुपद $p(x)$ को जिसका घात 1 से अधिक हो, द्विपद $(x - a)$ से भाग दिया जाए एवं शेषफल ज्ञात करना हो, तो भाग की प्रक्रिया लागू किए बिना ही शेषफल ज्ञात किया जा सकता है।

मान लिया कि $p(x)$ एक बहुपद है जिसका घात 1 के बराबर या उससे अधिक है एवं a एक वास्तविक संख्या है। यदि $p(x)$ को $(x - a)$ से विभाजित किया जाए तो शेषफल $p(a)$ के बराबर होता है।

टिप्पणी : (क) यदि भाजक $x + a$ हो, तो शेषफल $p(-a)$ होगा।

(ख) यदि भाजक $x - a$ हो, तो शेषफल $p(a)$ होगा।

(ग) यदि भाजक $ax - b$ हो, तो शेषफल $P\left(\frac{b}{a}\right)$ होगा।

(घ) यदि भाजक $ax + b$ हो, तो शेषफल $P\left(-\frac{b}{a}\right)$ होगा।

उदाहरण 1 : मान लीजिए कि $p(x) = x^4 - 3x^2 + 2x + 5$; $p(x)$ को $(x - 1)$ से भाग देने पर प्राप्त शेषफल ज्ञात कीजिए।

हल : $x - 1 \,)\, x^4 - 0x^3 - 3x^2 + 2x + 5 \,(\, x^3 + x^2 - 2x$

$x^4 - x^3$
$- \quad +$
$x^3 - 3x^2 + 2x + 5$
$x^3 - x^2$
$- \quad +$
$-2x^2 + 2x + 5$
$-2x^2 + 2x$
$+ \quad -$
5

यहाँ, शेषफल = 5

ऊपर के उदाहरण में $p(a)$ का मान भी ज्ञात करें :

$p(a) = 1 - 3 + 2 + 5 = 5$

इस प्रकार हम देखते हैं कि $p(x)$ को $x - 1$ से भाग देने पर प्राप्त शेषफल और $p(a)$ समान हैं।

गुणनखण्ड प्रमेय (Factor Theorem)

मान लीजिए कि $p(x)$, घात $n > 0$ का एक बहुपद है। यदि वास्तविक संख्या a के लिए $p(a) = 0$ हो, तो $(x - a), p(x)$ का एक गुणनखण्ड होता है। विलोमत: यदि $(x - a), p(x)$ का एक गुणनखण्ड है तो $p(a) = 0$ होगा।

उदाहरण 1 : जाँच कीजिए कि क्या $(x - 3), p(x) = x^3 - 3x^2 + 4x - 12$ का गुणनखण्ड है?

हल : $p(c) = 3^3 - 3 \times 3^2 + 4 \times 3 - 12$

$= 27 - 27 + 12 - 12 = 0$

चूंकि $p(c) = 0$, अत: गुणनखण्ड प्रमेय से $(x - 3), p(x)$ का एक गुणनखण्ड है।

द्विघाती बहुपद का गुणनखण्ड करना

बहुपद का गुणनखण्ड ज्ञात करने की कुछ विशेष दशाओं को छोड़कर, कोई व्यापक विधि नहीं है। हम द्विघाती बहुपद का रैखिक गुणनखण्ड ज्ञात करने की कुछ सामान्य विधियों की चर्चा करेंगे।

1. निम्नलिखित सूत्रों पर ध्यान दें :

(i) $(x + a)^2 = x^2 + 2ax + a^2$

(ii) $(x - a)^2 = x^2 - 2ax + a^2$

(iii) $(x^2 - a^2) = (x + a)(x - a)$

इनमें से प्रत्येक सूत्र की दो तरह से व्याख्या की जा सकती है।

उदाहरणार्थ: सूत्र (i) से

$(x + a)^2 = x^2 + 2ax + a^2$

इसे गुणन की दृष्टि से देखा जाए तो ज्ञात होता है कि $(x + a)$ को $(x + a)$ से ही गुणा करने पर, गुणनफल को $x^2 + 2ax + a^2$ के रूप में लिखा जा सकता है, जो कि एक द्विघाती बहुपद है। इसी सूत्र को गुणनखण्ड ज्ञात करने की दृष्टि से देखा जाए तो ज्ञात होता है कि द्विघाती बहुपद $x^2 + 2ax + a^2$ को गुणनखण्डों $(x + a)(x + a)$ एवं संक्षिप्तत: $(x + a)^2$ के रूप में लिखा जा सकता है।

उदाहरणार्थ 1 : गुणनखण्ड ज्ञात कीजिए : $x^2 + 18x + 81$

हल : $x^2 + 18x + 81$

$= x^2 + 18x + 9^2$

$= x^2 + 2.9.x + 9^2$

$= (x + 9)^2$

उदाहरणार्थ 2 : गुणनखण्ड ज्ञात कीजिए : $64x^2 - 16x + 1$

हल : $64x^2 - 16x + 1$

$= (8x)^2 - 16x + 1^2$

$= (8x)^2 - 2.(8x).1 + 1^2$

$= (8x - 1)^2$

उदाहरणार्थ 3 : गुणनखण्ड ज्ञात कीजिए : $81 - 64x^2$

हल : $81 - 64x^2$

$= 9^2 - (8x)^2$

$= (9 + 8x)(9 - 8x)$

2. मध्य पद को दो भागों में बांटने की विधि

मान लिया कि $x^2 + bx + c$

$= (x + p)(x + q)$

$= x^2 + (p + q)x + pq$

दोनों पक्षों की तुलना करने पर

$p + q = b$

$pq = c$

इस प्रकार, उपर्युक्त शर्तों को p एवं q संतुष्ट करते हों तो हम लिख सकते हैं कि

$x^2 + bx + c = x^2 + px + qx + pq$

$= (x^2 + px) + (qx + pq)$

$= x(x + p) + q(x + p)$

$= (x + p)(x + q)$

अत: $x^2 + bx + c$ के गुणनखण्ड ज्ञात करने के लिए हमें संख्याएँ p और q ज्ञात करनी होगी जिनका योगफल b एवं c हो।

उदाहरणार्थ 1 : गुणनखण्ड ज्ञात कीजिए : $x^2 + 7x + 12$

हल : हमें ऐसी संख्याएँ p, q ज्ञात करनी हैं जिससे $p + q = 7$ एवं $pq = 12$

यहाँ, $12 = 3 \times 4$ एवं $3 + 4 = 7$

अब, हम मध्य पद $7x$ को $3x + 4x$ के रूप में लिखते हैं जिससे कि

$x^2 + 7x + 12 = x^2 + 3x + 4x + 12$

$= (x^2 + 3x) + (4x + 12)$

$= x(x + 3) + 4(x + 3)$

$= (x + 3)(x + 4)$

उदाहरणार्थ 2 : गुणनखण्ड ज्ञात कीजिए : $x^2 + 5x - 24$

हल : यहाँ $p + q = 5$ एवं $pq = -24$

-24 के गुणनखण्ड निम्नलिखित हो सकते हैं :

$2 \times (-12), (-2) \times 12$

$3 \times (-8), (-3) \times 8$ इत्यादि

परन्तु, $p = -3$ एवं $q = 8$ लेने पर $p + q = 5$

$\therefore x^2 + 5x - 24 = x^2 - 3x + 8x - 24$

$(x^2 - 3x) + (8x - 24)$

$= x(x - 3) + 8(x - 3)$

$= (x - 3)(x + 8)$

3. मध्य पद को दो भागों में बांटने की अन्य विधि

जब बहुपद $ax^2 + bx + c$ जहाँ $a \neq 1$ हो तो मान लिया कि

$ax^2 + bx + c = (px + q)(rx + s)$

$= (pr)x^2 + (ps + qr)x + qs$

दोनों पक्षों के गुणांकों की तुलना करने पर,

$a = pr, b = ps + qr$ एवं $c = qs$

यदि हम $ps = l$ एवं $qr = m$ लें, तो

$lm = ac$ एवं $l + m = b$ जिनसे हम मध्य पद bx को $(l + m)x$ के रूप में लिख सकते हैं।

उदाहरणार्थ 1 : गुणनखण्ड कीजिए : $3x^2 - 2x - 5$

हल : यहाँ $a = 3, b = -2, c = -5$

$\therefore$ $lm = ac = -15$

एवं $l + m = b = -2$

अब, $-15 = 5 \times -3$ या $3 \times (-5)$

यदि $l = 3$ एवं $m = -5$ तो

$$l + m = -2$$

$$\therefore \quad 3x^2 - 2x - 5 = 3x^2 + 3x - 5x - 5$$
$$= 3x(x+1) - 5(x+1)$$
$$= (3x-5)(x+1)$$

उदाहरणार्थ 2 : गुणनखण्ड कीजिए : $4x^2 - 11x + 7$

हल : यहाँ $a = 4, b = -11, c = 7$

$$\therefore \quad ac = 4 \times 7 = 28$$

एवं $\quad -11 = -7 - 4$

$$\therefore \quad 4x^2 - 11x + 7 = 4x^2 - 4x - 7x + 7$$
$$= 4x(x-1) - 7(x-1)$$
$$= (x-1)(4x-7)$$

बहुपदों के महत्तम समापवर्तक एवं लघुत्तम समापवर्त्य (H.C.F & L.C.M of Polynomials)

महत्तम समापवर्तक : दो बहुपदों $p(x)$ एवं $q(x)$ का महत्तम समापवर्तक वह सार्वभाजक होता है जिसका सभी सार्वभाजकों में अधिकतम घात हो और जिसके अधिकतम घात वाले पद का गुणांक धनात्मक हो।

उदाहरणार्थ : $(x+4)^2 (x-3)^3$ एवं $(x-1)(x+4)(x-3)^2$ का महत्तम समापवर्तक क्या है?

हल : $\quad p(x) = (x+4)^2 (x-3)^2$

$$q(x) = (x-1)(x+4)(x-3)^2$$

हम देखते हैं कि $(x+4)(x-3)^2$ एक ऐसा बहुपद है जो एक सार्वभाजक है और जिसका सभी सार्वभाजकों में अधिकतम घात है। अत: म.स. $(x+4)(x-3)^2$

लघुत्तम समापवर्त्य : दो बहुपदों का लघुत्तम समापवर्त्य निम्नतम घात वाला बहुपद होता है, जिसके मात्रक $p(x)$ और $q(x)$ दोनों होते हैं जिसके अधिकतम घात वाले पद की गुणांक का चिह्न वही होता है जो कि गुणनफल $p(x).\,q(x)$ के अधिकतम घात वाले पद के गुणांक का चिह्न है।

उदाहरणार्थ : $(x-1)(x+2)^2$ और $(x-1)^3(x+2)$ का लघुत्तम समापवर्त्य ज्ञात करें।

हल : $\quad p(x) = (x-1)(x+2)^2$

$$q(x) = (x-1)^3 (x+2)$$

हम $p(x)$ और $q(x)$ के प्रत्येक गुणनखण्ड को लेकर एक बहुपद बना लेते हैं और यदि कोई गुणनखण्ड दोनों में सर्वनिष्ठ हो तो हम उस गुणनखण्ड को लेते हैं जिसका $p(x).\,q(x)$ में अधिकतम घात हो।

$\therefore$ लघुत्तम समापवर्त्य $= (x-1)^3 (x+2)^2$

स्मरण रखें : यदि $p(x)$ और $q(x)$ दो बहुपद हो तो इनके गुणनफल उनके महत्तम समापवर्त्तक और लघुत्तम समापवर्त्य के गुणनफल के बराबर होता है, अर्थात्

$p(x) \times q(x) =$ महत्तम समापवर्तक $\times$ लघुत्तम समापवर्त्य

दो चरों वाला रैखिक समीकरण (Linear Equations in two Variables)

हल की बीजीय विधियाँ :

पहली विधि : प्रतिस्थापन द्वारा निराकरण (Elimination by Substitution) :

1. किसी भी एक-दूसरे समीकरण से एक चर, मान लीजिए y, का मान दूसरे चर अर्थात् x के पद में मालूम कीजिए।

2. y का यह मान दूसरे समीकरण में प्रतिस्थापित करें। ऐसा करने पर केवल एक चर वाला समीकरण प्राप्त होगा।

3. इस एक चर वाले समीकरण को हल करें। यहाँ से x का मान प्राप्त होगा।

4. अब x के मान को पहले प्राप्त किए गए पदों में व्यक्त y के व्यंजक (expression) में प्रतिस्थापित करने पर y का मान प्राप्त होगा।

उदाहरणार्थ : निम्नलिखित समीकरण-निकाय को हल कीजिए।

$$3x - 5y = -1 \qquad ...(i)$$
$$x - y = -1 \qquad ...(ii)$$

हल : समीकरण (ii) से

$$x - y = -1$$

$\Rightarrow \quad y = x + 1$ प्राप्त होता है।

y के इस मान को समीकरण (i) $3x - 5y = -1$ में प्रतिस्थापित करने पर हमें निम्नलिखित प्राप्त होता है।

$$\therefore \quad 3x - 5(x+1) = -1$$
$$\Rightarrow \quad 3x - 5x - 5 = -1$$
$$-2x = 5 - 1$$

या $\quad -2x = 4$

$$\therefore \quad x = \frac{4}{-2} = -2$$

x के इस मान को $y = x + 1$ में प्रतिस्थापित करने पर हमें $y = -2 + 1 = -1$ प्राप्त होता है।

अत: हल $x = -2, y = -1$ है।

दूसरी विधि : गुणांकों को बराबर करने की विधि द्वारा निराकरण (Elimination by Equating the Coefficients) : इस विधि में हम दोनों समीकरणों को ऐसे स्थिरांकों से गुणा करते हैं कि उनमें किसी एक चर के गुणांक समान हो जाएँ। तब हम एक समीकरण को दूसरे समीकरण में जोड़े या घटाएँ जिससे कि समान गुणांकों वाले चर का निराकरण हो जाता है।

उदाहरणार्थ : निम्नलिखित समीकरणों के निकाय हल कीजिए :

$$x - y = 0.9 \qquad ...(i)$$
$$\frac{11}{x+y} = 2 \qquad ....(ii)$$

हल : $x - y = 0.9$ तथा $\dfrac{11}{x+y} = 2$

$$\Rightarrow \quad 2x + 2y = 11$$

अब, $\quad x - y = 0.9 \qquad ...(i)$

तथा $\quad 2x + 2y = 11 \qquad ...(ii)$

समीकरण (i) के दोनों पक्षों को 2 से गुणा करने पर

$$2x - 2y = 1.8$$
$$2x + 2y = 11$$
$$4x = 12.8$$

[समीकरण (ii) और (iii) को जोड़ने पर]

$$\Rightarrow \quad x = \frac{12.8}{4} = 32$$

x के इस मान को (i) में प्रतिस्थापित करने पर,

$$3.2 - y = 0.9$$
$$\Rightarrow \quad y = 3.2 - 0.9 = 2.3$$

अत: $\quad x = 3.2, y = 2.3$

व्यापक हल और साधनीयता के प्रतिबंध
(General Solutions and Conditions)

अब हम दो युगपत रैखिक समीकरणों के व्यापक निकाय

$a_1x + b_1y = c_1$ ...(i)

$a_2x + b_2y = c_2$ ...(ii)

को हल करें।

किसी भी एक विधि से y का निराकरण करें तो हमें $(a_1b_2 - a_2b_1)\,x = c_1b_2 - c_2b_1$ प्राप्त होता है।

इसी प्रकार, यदि हम x का निराकरण करें तो हमें $(a_1b_2 - a_2b_1)y = a_1c_2 - a_2c_1$ प्राप्त होता है।

पहली स्थिति : मान लीजिए कि $a_1b_2c_2 - a_2b_1 \neq 0$

तब $$x = \frac{c_1b_2 - c_2b_1}{a_1b_2 - a_2b_1}$$

एवं $$y = \frac{a_1c_2 - a_2c_1}{a_1b_2 - a_2b_1}$$

दिए हुए निकाय का एक और केवल एक हल है।

स्मरण रखें : यदि $a_1b_2 - a_2b_1 \neq 0$ अर्थात् $\frac{a_1}{a_2} \neq \frac{b_1}{b_2}$ तो निकाय का एक अद्वितीय हल होता है।

सामान्यत: हल को निम्न प्रकार से लिखा जाता है।

$$\frac{x}{b_1c_2 - b_2c_1} = \frac{y}{c_1a_2 - a_1c_2} = \frac{-1}{a_1b_2 - a_2b_1}$$

इसे आरेख के रूप में लिख देने से याद करने में सुविधा होती है।

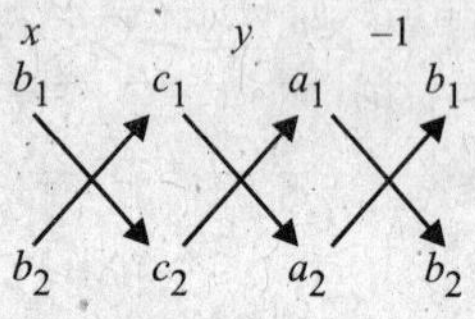

दो संख्याओं के बीच दिखाया गया तीर का चिह्न यह प्रकट करता है कि इन संख्याओं को गुणा करना है और पहले गुणनफल में से दूसरे गुणनफल को घटाना है।

उदाहरणार्थ : निम्नलिखित समीकरणों के निकाय को हल कीजिए :

(i) $7x - 2y = 3$ (ii) $11x - \frac{3}{2}y = 8$

हल : $7x - 2y = 3$ $11x - \frac{3}{2}y = 8$

यहाँ, $a_1 = 7, b_1 = -2, c_1 = 3$

$a_2 = 11, b_2 = -\frac{3}{2}, c_2 = 8$

$\therefore \frac{a_1}{a_2} = \frac{7}{11} \cdot \frac{b_1}{b_2} = \frac{-2}{-\frac{3}{2}} = \frac{4}{3}$

$\therefore \frac{a_1}{a_2} \neq \frac{b_1}{b_2}$

∴ दिए हुए निकाय का एक अद्वितीय हल है।

हल ज्ञात करने के लिए हम गुणांकों को निम्न प्रकार से लिखते हैं।

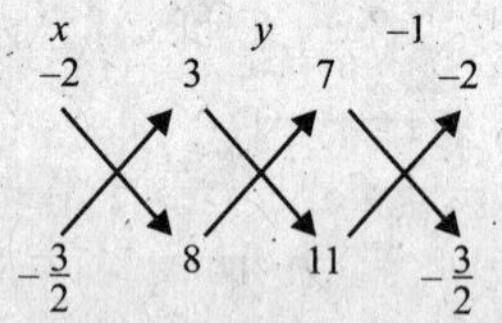

$$\frac{x}{(-2)(8)-(3)\left(-\frac{3}{2}\right)} = \frac{y}{(3)(11)-(7)(8)} = \frac{-1}{(7)\left(-\frac{3}{2}\right)-(11)(-2)}$$

$$\Rightarrow \frac{x}{-16+\frac{9}{2}} = \frac{y}{33-56} = \frac{-1}{-\frac{21}{2}+22}$$

$$\Rightarrow \frac{x}{-\frac{23}{2}} = \frac{y}{-23} = \frac{-2}{23}$$

$$\Rightarrow x = \frac{-2}{23} \times \frac{-23}{2} = 1$$

तथा $$y = \frac{-2}{23} \times -23 = 2$$

अत:, $x = 1, y = 2$

अभ्यास प्रश्न

1. $(z^2 + 2)(z^2 - 2)$ का मान होगा–

(a) $z^4 + 16$ (b) $z^2 + 16$

(c) $z^2 + 16^2$ (d) इनमें से कोई नहीं

2. $(x + 7)(x + 5)$ का मान होगा–

(a) $x^2 - 12x + 35$ (b) $x^2 - 12x - 35$

(c) $x^2 + 12x + 35$ (d) इनमें से कोई नहीं

3. $(a + b)^2$ का प्रसार है–

(a) $a^2 - 2ab + b^2$ (b) $a^2 + 2ab - b^2$

(c) $-a^2 + 2ab + b^2$ (d) $a^2 + 2ab + b^2$

4. $(a - b)^2$ का प्रसार होगा–

(a) $a^2 - 2ab + b^2$ (b) $a^2 + 2ab - b^2$

(c) $-a^2 + 2ab + b^2$ (d) $a^2 + 2ab + b^2$

5. $(a + b)^3$ का प्रसार है–

(a) $a^3 - 3a^2b - 3ab^2 + b^3$ (b) $a^3 + 3a^2b + 3ab^2 + b^3$

(c) $a^3 + 3a^2b - 3ab^2 + b^3$ (d) उपर्युक्त में से कोई नहीं

6. $a^3 + b^3$ का मान होगा–

(a) $(a + b)(a^2 - ab - b^2)$ (b) $(a + b)(a^2 + ab + b^2)$

(c) $(a - b)(a^2 + ab + b^2)$ (d) $(a + b)(a^2 - ab + b^2)$

7. $(x+a)(x-b)$ का मान होगा–
(a) $x^2+(a+b)x-ab$ (b) $x^2+(a-b)x-ab$
(c) $x^2-(a+b)x+ab$ (d) इनमें से कोई नहीं

8. $(p+9)(p-2)$ का मान होगा–
(a) $p^2+7p-18$ (b) $p^2-7p+18$
(c) $p^2-7p-18$ (d) $p^2+7p+18$

9. $(2t-3)(...?......+6t+9)=8t^3-27$ हो, तो (?) के स्थान पर होगा–
(a) $-4t^2$ (b) $4t^2$
(c) $5t^2$ (d) इनमें से कोई नहीं

10. 27^3-8^3 का मान है–
(a) 19171 (b) 29171
(c) 17171 (d) 49171

11. $(a-b)^3$ का प्रसार है–
(a) $a^3-b^3+3ab^2+3a^2b$ (b) $a^3-b^3-3a^2b+3ab^2$
(c) $a^3-b^3-3a^2b-3ab^2$ (d) उपर्युक्त में से कोई नहीं

12. यदि $a+b+c=0$, तो $a^3+b^3+c^3$ का मान होगा–
(a) $3(a+b+c)$ (b) $3abc$
(c) $3(ab+bc+ca)$ (d) इनमें से कोई नहीं

13. $(x-y)^3+(x-z)^3+(z-x)^3$ का मान है–
(a) $3(x-y)(y-z)(z+x)$
(b) $3(x+y)(y+z)(z+x)$
(c) $3(x-y)(y-z)(z-x)$
(d) उपर्युक्त में से कोई नहीं

14. यदि $(x+1)(x^2-?+1)=x^3+1$, तो (?) के स्थान पर होगा–
(a) $-x$ (b) x
(c) $\sqrt{x}$ (d) $x^{\frac{3}{2}}$

15. x^2+6x+5 का मान होगा–
(a) $(x+5)(x-1)$ (b) $(x+5)(x+1)$
(c) $(x+3)(x+2)$ (d) $(x-5)(x-1)$

16. $\dfrac{x^2+7x+12}{x+3}$ का मान होगा–
(a) $x-3$ (b) $x+5$
(c) $x+3$ (d) $x+4$

17. $27x^3+y^3$ को $9x^2-3xy+y^2$ से भाग देने पर शेषफल होगा–
(a) $3x+y$ (b) $3x-y$
(c) 0 (d) इनमें से कोई नहीं

18. $6x^2yz$ एक बीजीय व्यंजक है, इसकी घात है–
(a) 3 (b) 4
(c) 1 (d) 5

19. यदि $15m^2n^3$ को $5m^2n^2$ से भाग दें, तो भागफल की घात होगी–
(a) 2 (b) 1
(c) 3 (d) 0

20. $6x^2yz \div 3xy$ बराबर होगा–
(a) $2yz$ (b) $2xz$
(c) $2x^2z$ (d) $2y^2z$

21. $15m^5n^5 \div 5m^2n^2$ बराबर होगा–
(a) $3m^3n^3$ (b) $3m^2n^2$
(c) $3m^4n^4$ (d) इनमें से कोई नहीं

22. $(16m^2-9n^2)\div(4m-3n)$ बराबर है–
(a) $4m+3n$ (b) $3m-4n$
(c) $4m+4n$ (d) इनमें से कोई नहीं

23. यदि $x-5=4$, तो x का मान होगा–
(a) 1 (b) -1
(c) 9 (d) -9

24. यदि $\dfrac{2x}{3x+1}=+3$, तो x का मान होगा–
(a) $-\frac{3}{7}$ (b) $\frac{3}{7}$
(c) $\frac{4}{7}$ (d) $\frac{5}{7}$

25. यदि $\dfrac{2x-3}{3x+2}=-\dfrac{2}{3}$, तो x का मान होगा–
(a) $-\frac{3}{11}$ (b) $\frac{5}{12}$
(c) $\frac{7}{12}$ (d) $\frac{6}{13}$

26. यदि $\dfrac{1-9y}{19-3y}=\dfrac{5}{8}$, तो x का मान होगा–
(a) $\frac{19}{29}$ (b) $-\frac{29}{19}$
(c) $\pm\frac{29}{19}$ (d) $\frac{29}{19}$

27. एक व्यक्ति ₹ 1 पर पाँच पैसे का टैक्स देता है। यदि कुल टैक्स ₹ 1550 दिया हो, तो कितने रुपए पर टैक्स दिया?
(a) ₹ 15,500 (b) ₹ 15,505
(c) ₹ 30,000 (d) ₹ 31,000

28. एक आयत की लम्बाई, चौड़ाई का अनुपात 4 : 3 है। आयत का क्षेत्रफल 192 सेमी.^{2} है। आयत का परिमाप होगा–
(a) 56 सेमी. (b) 28 सेमी.
(c) 46 सेमी. (d) 36 सेमी.

29. यदि $\dfrac{x}{x+1}=\dfrac{4}{5}$, तो x का मान होगा–
(a) 5 (b) 6
(c) 8 (d) 4

30. एक वृत्त की त्रिज्या 5 इकाई से बढ़ गई। नई परिधि व नये व्यास का अनुपात होगा–
(a) $\pi-1$ (b) π
(c) $\pi+5$ (d) $\pi-5$

उत्तर (हल/संकेत)

1. (d) $(z^2+2)(z^2-2) = z^4 - 2^2$
$= z^4 - 4$

2. (c) $(x+7)(x+5) = x^2 + (7+5)x + 35$
$= x^2 + 12x + 35$

3. (d) $(a+b)^2 = a^2 + 2ab + b^2$

4. (a) $(a-b)^2 = a^2 - 2ab + b^2$

5. (b) $(a+b)^3 = a^3 + 3ab(a+b) + b^3$
$= a^3 + 3a^2b + 3ab^2 + b^3$

6. (d) $a^3 + b^3 = (a+b)(a^2 - ab + b^2)$

7. (b) $(x+a)(x-b) = x^2 + ax - bx - ab$
$= x^2 + (a-b)x - ab$

8. (a) $(p+9)(p-2) = p^2 - 2p + 9p - 18$
$= p^2 + 7p - 18$

9. (b) $8t^3 - 27 = (2t)^3 - 3^3$
$= (2t-3)\{(2t)^2 + 2t \times 3 + 3^2\}$
$= (2t-3)\{(4t^2 + 6t + 9)\}$

10. (a) $27^3 - 8^3$
$= (27-8)(27^2 + 27 \times 8 + 8^2)$
$= 19 \times (729 + 216 + 64)$
$= 19 \times 1009 = 19171$

11. (b) $(a-b)^3 = a^3 + (-b)^3 + 3a^2(-b) + 3a(-b)^2$
$= a^3 - b^3 - 3a^2b + 3ab^2$

12. (b) $\therefore a^3 + b^3 + c^3 - 3abc$
$= (a+b+c)$
$(a^2 + b^2 + c^2 - ab - bc - ac)$
यदि $a + b + c = 0$
$\Rightarrow a^3 + b^3 + c^3 - 3abc = 0$
$\therefore a^3 + b^3 + c^3 = 3abc$

13. (c) चूँकि $(x-y) + (y-z) + (z-x) = 0$
$\therefore (x-y)^3 + (y-z)^3 + (z-x)^3$
$= 3(x-y)(y-z)(z-x)$

14. (b) चूँकि
$x^3 + 1 = (x+1)(x^2 - x + 1)$

15. (b) $x^2 + 6x + 5$
$= x^2 + 5x + x + 5$
$= x(x-5) + 1(x+5)$
$= (x+1)(x+5)$

16. (d) $\dfrac{x^2+7x+12}{x+3} = \dfrac{(x+4)(x+3)}{(x+3)}$
$= x + 4$

17. (c) $\dfrac{27x^3+y^3}{9x^2-3xy+y^2} = \dfrac{(3x)^3+y^3}{9x^2-3xy+y^2}$
$= \dfrac{(3x+y)(9x^2-3xy+y^2)}{(9x^2-3xy+y^2)}$
$= (3x+y)$
अत: $9x^2 - 3xy + y^2$ से $27x^3 + y^3$ में भाग देने पर शेषफल शून्य होगा।

18. (b) $6x^2yz$ की घात ज्ञात करने के लिए x की घात 2, y की घात 1, z की घात 1 को जोड़ने पर $2 + 1 + 1 = 4$
अत: $6x^2yz$ की घात 4 है।

19. (b) भाजक की घात = 4, भाज्य की घात = 5
अत: भागफल की घात $= 5 - 4 = 1$

20. (b) $\dfrac{6x^2yz}{3xy} = 2xz$

21. (a) $15m^5n^5 \div 5m^2n^2$
$= \dfrac{15m^5n^5}{5m^2n^2}$
$= 3m^{5-2}n^{5-2}$
$= 3m^3n^3$

22. (a) $\dfrac{16m^2-9n^2}{4m-3n} = \dfrac{(4m)^2-(3n)^2}{4m-3n}$
$= \dfrac{(4m+3n)(4m-3n)}{(4m-3n)}$
$= (4m+3n)$

23. (c) $x - 5 = 4$
$\Rightarrow x = 5 + 4$
$= 9$

24. (a) $\dfrac{2x}{3x+1} = +\dfrac{3}{1}$
$\Rightarrow 2x = +3(3x+1)$
$\Rightarrow 2x = +9x + 3$
$\Rightarrow -7x = +3$
$\therefore x = -\dfrac{3}{7}$

25. (b) $\dfrac{2x-3}{3x+2} - -\dfrac{2}{3}$
$\Rightarrow 3(2x-3) = -2(3x+2)$
$\Rightarrow 6x - 9 = -6x - 4$
$12x = 5$
$\therefore x = \dfrac{5}{12}$

26. (b) $\because \quad \frac{1-9y}{19-3y} = \frac{5}{8}$

$\Rightarrow \quad 8(1-9y) = 5(19-3y)$

$\Rightarrow \quad 8-72y = 95-15y$

$\Rightarrow \quad (-72+15)y = 95-8$

$\Rightarrow \quad -57y = 87$

$\therefore \quad y = -\frac{87}{57}$

$y = -\frac{29}{19}$

27. (d) कुल रुपए जिस पर टैक्स लिया गया $= x$ तब टैक्स $= x \times 0.05$

$\because \quad 0.05x = 1550$

$\therefore \quad x = \frac{1550}{0.05}$

$= \frac{1550 \times 100}{5}$

$= 1550 \times 20$

= ₹ 31,000

28. (a) आयत की लम्बाई तथा चौड़ाई

$= 4x$ सेमी. तथा $3x$ सेमी.

$\therefore$ आयत का क्षेत्रफल $= 12x^2$

$= 192$

$\therefore \quad x^2 = 16$

$\therefore \quad x = 4$

लंबाई = 16

चौड़ाई = 12

$\therefore$ आयत का परिमाप = 2 (16 + 12)

= 56 सेमी.

29. (d) $\because \quad \frac{x}{x+1} = \frac{4}{5}$

$\Rightarrow \quad 5x = 4x + 4$

$\therefore \quad x = 4$

30. (b) वृत्त की त्रिज्या $= r$

यदि 5 इकाई से बढ़ गया हो, तो

नई परिधि $= 2\pi (r+5)$,

नया व्यास $= 2(r+5)$,

$\therefore$ अनुपात $= \frac{2\pi(r+5)}{2(r+5)}$

$= \frac{\pi}{1}$

❑❑❑

8. अनुपात तथा समानुपात

अनुपात (Ratio)

अनुपात वह गणितीय व्यंजक है, जो समान इकाई की दो असमान राशियों के बीच तुलना दर्शाता है। अतः दूसरे शब्दों में, हम यह भी कह सकते हैं कि दो राशियों में कौन अधिक, कम या कितना गुना अधिक या कम है। अनुपात के पहले पद को पूर्व पद (Antecedent) तथा दूसरे पद को अंतिम पद (Consequent) कहा जाता है। इसलिए अनुपात 5: 2 में 5 पूर्व पद है जबकि 2 अन्तिम पद।

ध्यातव्य है कि अनुपात पूर्णांक तथा भिन्न कुछ भी हो सकता है। इसका कोई मात्रक नहीं होता। चूंकि अनुपात एक भिन्न है, अतः भिन्न के सभी नियम अनुपात में लागू किए जा सकते हैं।

समानुपात (Proportion)

जब दो अनुपात आपस में बराबर हों, तो इसे समानुपात कहते हैं। इसे दोनों अनुपातों के बीच (::) चिह्न रखकर व्यक्त करते हैं। यदि दो अनुपात $m : n$ तथा $a : b$ बराबर हों, तो इसे समानुपात के रूप में $m : n : : a : b$ से व्यक्त करते हैं। समानुपात के पहले व चौथे पदों को बाह्य पद (extremes) तथा दूसरे व तीसरे पदों को मध्य पद (means) कहा जाता है, जबकि चौथे पद को चतुर्थानुपाती (fourth proportional) कहा जाता है।

ध्यातव्य है कि जब चार संख्याएँ समानुपाती होती हैं तो उनके बीच निम्नलिखित संबंध होता है : बाह्य पदों का गुणनफल = मध्य पदों का गुणनफल।

इस प्रकार, यदि $a : b :: c : d$

$$\Rightarrow \quad \frac{a}{b} = \frac{c}{d}$$

$$\Rightarrow \quad a \times d = b \times c$$

सतत समानुपात (Continued Proportion)

यदि तीन सजातीय राशियाँ इस प्रकार की हों कि पहली तथा दूसरी राशि का अनुपात, दूसरी तथा तीसरी राशि के अनुपात के बराबर हो, तो वे राशिय़ाँ सतत समानुपाती कही जाती हैं।

इस प्रकार, a, b, c सतत समानुपाती हैं यदि $a : b : : b : c$

$$\Rightarrow \quad \frac{a}{b} = \frac{b}{c}$$

$$\Rightarrow \quad b^2 = ac$$

सतत समानुपात की दूसरी राशि को, पहली व तीसरी राशि का मध्यानुपाती (mean proportional) कहा जाता है तथा तीसरी राशि को पहली व दूसरी राशि का तृतीयानुपाती (third proportional) कहा जाता है।

इस प्रकार, यदि a तथा b की तृतीय समानुपाती संख्या x हो, तो $a : b : : b : x$

$$\Rightarrow \quad \frac{a}{b} = \frac{b}{x}$$

$$\Rightarrow \quad ax = b^2$$

$$\Rightarrow \quad x = \frac{b^2}{a}$$

विलोमानुपात (Inverse Ratio)

यदि $m : n$ कोई अनुपात हो, तो $\left(\frac{1}{m} : \frac{1}{n}\right)$ को विलोमानुपात कहते हैं। अतः विलोमानुपात अनुपात के ठीक विपरीत है।

वर्गानुपात (Duplicate Ratio)

यदि $m : n$ कोई अनुपात हो, तो $m^2 : n^2$ को वर्गानुपात कहते हैं।

वर्गमूलानुपात (Sub-duplicate Ratio)

यदि $m : n$ कोई अनुपात हो, तो $\sqrt{m} : \sqrt{n}$ को वर्गमूलानुपात कहते हैं।

घनानुपात या त्रिघाती अनुपात (Triplicate Ratio)

यदि $m : n$ कोई अनुपात हो, तो, $m^3 : n^3$ को घनानुपात कहते हैं।

घनमूलानुपात (Sub-triplicate Ratio)

यदि $m : n$ कोई अनुपात हो, तो $\sqrt[3]{m} : \sqrt[3]{n}$ को घनमूलानुपात कहते हैं।

जटिल अनुपात (Compound Ratio)

दो या दो से अधिक अनुपात के पूर्व पद तथा अंतिम पदों के गुणनफल के अनुपात को जटिल अनुपात कहते हैं।

अतः $a : b, m : n$ और $p : q$ का जटिल अनुपात $= (a \times m \times p) : (b \times n \times q)$ होगा।

अनुलोमानुपात (Direct Proportion)

यदि एक राशि में वृद्धि या ह्रास होने पर दूसरी राशि में भी उसी अनुपात में वृद्धि या ह्रास हो तो वे राशियाँ अनुलोमानुपाती होती हैं।

उदाहरणार्थ : दूरी एवं चाल में अनुलोमानुपाती संबंध होता है क्योंकि नियत समय में चाल अधिक होने पर अधिक दूरी तथा चाल कम होने पर कम दूरी तय की जाती है। इसी प्रकार, किसी कपड़े की लम्बाई एवं उसके मूल्य में भी

अनुलोमानुपाती संबंध होता है क्योंकि लम्बाई बढ़ने व घटने से मूल्य क्रमशः बढ़ता व घटता है।

प्रतिलोमानुपात (Inverse Proportion)

यदि एक राशि में वृद्धि या ह्रास होने पर दूसरी राशि में उसी अनुपात में क्रमशः ह्रास या वृद्धि हो तो वे राशियाँ प्रतिलोमानुपाती होती है।

उदाहरणार्थ : किसी काम को पूरा करने में लगे व्यक्तियों की संख्या एवं लगे समय में प्रतिलोमानुपात होता है क्योंकि व्यक्तियों की संख्या बढ़ने पर काम कम समय में तथा व्यक्तियों की संख्या कम होने पर काम अधिक समय में समाप्त होगा।

मिश्र समानुपात (Compound Pro-portion)

मिश्र समानुपात में दो या दो से अधिक राशियाँ होती हैं जिनमें किसी एक राशि का अन्य राशियों से अनलोमानुपाती या प्रतिलोमानुपाती संबंध होता है। इस प्रकार के प्रश्नों को आसानी से तीर विधि (Arrow method) द्वारा हल किया जा सकता है।

सर्वप्रथम हम दी गई राशियों को एक पंक्ति में लिखते हैं। जिस राशि को निकालना हो उसे दाईं ओर अंत में लिखते हैं। अंतिम पंक्ति में अज्ञात राशि के दाईं ओर उपर से नीचे की ओर तीर का निशान (↓) खींचते हैं। प्रश्न के अन्य राशियों में से प्रत्येक का संबंध अज्ञात राशि के साथ ज्ञात करते है यानी उसका संबंध अज्ञात राशि से अनुलोम है या विलोम। अनुलोमानुपात के लिए तीर का निशान नीचे की ओर (↓) एवं विलोमानुपात के लिए ऊपर की ओर (↑) खींचते हैं। इसके पश्चात तीर के अनुदिश राशियों को अनुपात में बदलकर अंतिम पंक्ति के पहले समानुपात का चिह्न लगा देते हैं।

समानुपाती विभाजन (Proportional Division)

किसी राशि को दिए गए अनुपात में बांटने की क्रिया समानुपाती विभाजन कहलाती है।

यदि किसी राशि x को $a:b:c$ के अनुपात में विभाजित करना हो, तो

पहला भाग = $\frac{a}{a+b+c}.x$

दूसरा भाग = $\frac{b}{a+b+c}.x$

तीसरा भाग $\frac{c}{a+b+c}.x$, जहाँ $a+b+c=$ अनुपातिक योग

कुछ अन्य उपयोगी परिणाम

(i) यदि A एवं B के बीच का अनुपात $a:b$ हो तथा B एवं C के बीच का अनुपात $c:d$ हो तो

$A:B:C = ac:bc:bd$

(ii) यदि $A:B=a:b, B:C=c:d$ तथा $C:D=e:f$ तो,

$A:B:C:D = ace:bce:bde:bdf$

(iii) यदि $a:b::c:d,$ तो $\frac{b}{a}=\frac{d}{c}$ (Invertendo)

(iv) यदि $a:b::c:d,$ तो $\frac{a}{c}=\frac{b}{d}$ (Alternendo)

(v) यदि $a:b::c:d,$ तो $\frac{a+b}{b}=\frac{c+d}{d}$ (Componendo)

(vi) यदि $a:b::c:d,$ तो $\frac{a-b}{b}=\frac{c-d}{d}$ (Dividendo)

(vii) यदि $a:b::c:d,$ तो $\frac{a+b}{a-b}=\frac{c+d}{c-d}$ (Componendo and Dividendo)

(vii) यदि $\frac{a}{b}=\frac{c}{d}=\frac{e}{f}=........,$ तो

प्रत्येक अनुपात = $\frac{a+c+e+.......}{b+d+f+.......}$

अभ्यास प्रश्न

1. X और Y की आयु का अनुपात 3 : 4 है तथा 4 साल पहले Y की आयु X की आयु से 8 वर्ष अधिक थी। X की वर्तमान आयु है–

(a) 18 वर्ष (b) 21 वर्ष
(c) 24 वर्ष (d) 36 वर्ष

2. एक शादी की पार्टी में औरतों तथा आदमियों का अनुपात क्रमशः 1 : 2 है जब 4 औरतें एवं 6 आदमी चले जाते हैं तब अनुपात 4 : 9 हो जाता है। पार्टी में कुल लोगों की संख्या बताइए।

(a) 36 (b) 18
(c) 24 (d) 54

3. दो संख्याओं में 4 : 3 का अनुपात है तथा संख्याओं का योगफल 1680 है, तो छोटी संख्या बताइए।

(a) 640 (b) 720
(c) 540 (d) 510

4. P, Q तथा R ने क्रमशः 5 : 3 : 2 के अनुपात में लाभ अर्जित किया। यदि P तथा R के लाभों में ₹ 9000 का अन्तर है तो Q तथा R के लाभों में अन्तर ज्ञात कीजिए।

(a) ₹ 3000 (b) ₹ 2000
(c) ₹ 1500 (d) ₹ 4000

5. यदि A : B = 7 : 8 तथा B : C = 2 : 3 हो तो A : C का मान क्या होगा?

(a) 7 : 3 (b) 7 : 12
(c) 8 : 3 (d) 11 : 14

6. 18 और 24 का मध्यानुपाती क्या होगा?

(a) 36 (b) $6\sqrt{12}$
(c) 12.44 (d) $18\sqrt{2}$

7. एक बैग में 50 पैसे, 25 पैसे तथा 10 पैसे के सिक्कों का अनुपात 3 : 5 : 10 है। यदि बैग में कुल 48 रुपए 75 पैसे हों तो बैग में 25 पैसे के सिक्कों की संख्या ज्ञात कीजिए।

(a) 70 (b) 60
(c) 54 (d) 65

8. दो समान धारिता वाले बर्तनों में $\frac{1}{2}$ भाग तथा $\frac{1}{3}$ भाग दूध से भरा है। यदि बर्तनों के शेष भाग में पानी भर दिया जाए और दोनों बर्तनों के मिश्रणों को एक बड़े बर्तन में डाल दिया जाए तो बड़े बर्तन में दूध एवं पानी का अनुपात क्या होगा?

(a) 7 : 12 (b) 3 : 5

(c) 7 : 17 (d) 5 : 7

9. 1, 4, 7 व 11 में कौन-सी संख्या जोड़ी जाए कि प्राप्त संख्याएँ समानुपाती हो जाएँ?

(a) 4 (b) 19

(c) 6 (d) 17

10. यदि $a : b = b : c$ तथा $4 : c = a : b$ हो तो b का मान क्या है?

(a) 16 (b) $2\sqrt{2}$

(c) 4 (d) 8

11. यदि किसी धनराशि को X, Y तथा Z में 9 : 7 : 6 में बाँटने पर Y को X से ₹ 400 कम मिलते हैं तो कुल धनराशि कितनी है?

(a) ₹ 4800 (b) ₹ 4400

(c) ₹ 8000 (d) ₹ 1200

12. यदि 64 को ऐसे तीन भागों में बाँटा जाए कि उनमें 2 : 4 : z का अनुपात हो तथा जिसका सबसे छोटा भाग $\frac{32}{3}$ हो, तो z का मान निम्नलिखित में से क्या होगा?

(a) 32 (b) 6

(c) 16 (d) 20

13. यदि a का 10% b के 20% के बराबर है, तो $a : b$ = ?

(a) 2 : 5 (b) 1 : 2

(c) 2 : 1 (d) 5 : 2

14. एक धनराशि A, B और C के बीच क्रमशः 7 : 5 : 3 के अनुपात में बाँटी जानी है। यदि A और C के हिस्से का अन्तर ₹ 3448 हो तो B का हिस्सा कितना होगा?

(a) ₹ 4210

(b) ₹ 3640

(c) ₹ 4310

(d) ₹ 3680

15. दो संख्याओं का अनुपात 3 : 7 का है। यदि प्रत्येक संख्या में 4 की वृद्धि कर देने पर अनुपात 1 : 2 हो जाए तो बड़ी संख्या का मान है–

(a) 24 (b) 26

(c) 28 (d) 32

उत्तर (हल/संकेत)

1. (c) X↓ Y↓

$3x : 4x$

$3x - 4 = 4x - 8;$

$x = 4$

$\Rightarrow x = 8$

$\therefore 3x = 24$ वर्ष

2. (a) पार्टी में औरतें $= x$ एवं आदमी $= 2x$

प्रश्न से,

$$\frac{x-4}{2x-6} = \frac{4}{9}$$

$9x - 36 = 8x - 24$

$9x - 8x = 36 - 24;$

$x = 12$

कुल लोग $= 12 \times 3 = 36$

3. (b) छोटी संख्या $= \frac{3}{7} \times 1680$

$= 720$

4. (a) P – R ⇒ 9000

5 – 2

Q – R ⇒ $\frac{9000}{3}$ = ₹ 3000

3 – 2

5. (b) A : B :: 7 : 8

B : C :: 2 : 3

∴ A : B : C = 7 : 8 : 12

⇒ A : C = 7 : 12

6. (b) मध्यानुपाती $= \sqrt{18 \times 24}$

$= 3\sqrt{2} \times 2\sqrt{6}$

$= 6\sqrt{12}$

7. (d) बैग में 50 पैसे तथा 10 पैसे के सिक्कों की संख्या $= 3x, 5x$ तथा $10x$

प्रश्न से,

$$\frac{3x}{2} + \frac{5x}{2} + \frac{10x}{10} = 48.75$$

$$x = \frac{48.75}{3.75} = 13$$

∴ 25 पैसे के सिक्कों की संख्या

$= 13 \times 5 = 65$

8. (d) मिश्रण में दूध $= \frac{1}{2} + \frac{1}{3}$

$= \frac{3+2}{6} = \frac{5}{6}$ भाग

अतः मिश्रण में दूध एवं पानी का अनुपात

$= \frac{5}{6} : \frac{7}{6} = 5 : 7$

9. (d) जोड़ी जाने वाली संख्या $= y$

$\therefore (1+y) : (4+y) :: (7+y) : (11+y)$

या, $(1+y) : (11+y) :: (4+y) : (7+y)$

या, $y^2 + 12y + 11 = y^2 + 11y + 28$

$\therefore y = 28 - 11$

$= 17$

10. (c) $\frac{a}{b} = \frac{b}{c}$ तथा $\frac{a}{b} = \frac{4}{c}$; $b = 4$

11. (b) 9 – 7 ⇒ 400

$\therefore (9 + 7 + 6) \Rightarrow \frac{400}{2} \times 22$

= ₹ 4400

12. (b) प्रश्नानुसार,

$$\frac{32}{3} = \frac{2}{2+4+z} \times 64; \ 32\,(6+z)$$

$$= 128 \times 3;$$

$$6 + z = \frac{128 \times 3}{32}; \ 6 + z = 12;$$

$$z = 12 - 6$$

$$= 6$$

13. (c) प्रश्नानुसार,

$$\frac{1}{10}a = \frac{1}{5}b = \frac{a}{b}$$

$$= \frac{10}{5} = \frac{2}{1} = 2:1$$

14. (c) प्रश्नानुसार,

$$7 - 3 = 4 \Rightarrow 3448$$

$$\therefore \quad 1 \Rightarrow \frac{3448}{4} \Rightarrow 862$$

B का हिस्सा $= 5 \Rightarrow 5 \times 862$

$= ₹\,4310$

15. (c) $\frac{3x+4}{7x+4} = \frac{1}{2}$

$$6x + 8 = 7x + 4;$$

$$7x - 6x = 8 - 4$$

$$\therefore \quad x = 4$$

$$\therefore \quad 7x = 7 \times 4$$

$= 28$ (बड़ी संख्या)

❑❑❑

9. ज्यामिति

यूक्लिड की ज्यामिति का परिचय

शब्द 'ज्यामिति' (Geometry) यूनानी भाषा के शब्दों 'जियो' (Geo) और 'मीट्रीन' (Metrein) से मिल कर बना है। जियो का अर्थ है 'पृथ्वी' या 'भूमि' और मीट्रीन का अर्थ है 'मापना'। इससे ऐसा प्रतीत होता है कि ज्यामिति का उद्‌गम भूमि मापने की आवश्यकता के कारण हुआ है। गणित की इस शाखा का अध्ययन विभिन्न रूपों में प्रत्येक प्राचीन सभ्यताओं द्वारा किया गया, चाहे वह मिस्र हो, बेबीलोन हो, चीन हो, भारत हो, यूनान हो या इनकास (Incas), इत्यादि। इन सभ्यताओं के लोगों को अनेक व्यावहारिक समस्याओं का सामना करना पड़ा जिनमें ज्यामिति के विकास की विभिन्न प्रकार से आवश्यकता पड़ी।

उदाहरण के तौर पर, जब भी नील नदी में बाढ़ आती थी, तो विभिन्न भूमि स्वामियों के संलग्न खेतों के बीच की परिसीमाओं (Boundaries) को अपने साथ बहा ले जाती थी। इन बाढ़ों के बाद, इन परिसीमाओं को पुन: बनाया जाता था। इस कार्य के लिए, मिस्रवासियों ने सरल क्षेत्रफल परिकलित करने के साथ ही सरल रचनाएँ करने के लिए, अनेक ज्यामितीय तकनीकें और नियम विकसित किए। उन्होंने ज्यामिति के ज्ञान का उपयोग अन्न भण्डारों के आयतन निकालने तथा नहरों और पिरामिडों (Pyramids) के निर्माण करने में किया। वे एक कटे हुए पिरामिड (Truncated pyramid) का आयतन ज्ञात करने का सही सूत्र भी जानते थे। आप जानते हैं कि पिरामिड एक ऐसी ठोस आकृति होती है, जिसका आधार एक त्रिभुज या वर्ग या कोई अन्य बहुभुज होता है और जिसके पार्श्व फलक (Side faces) या (Lateral faces), ऊपर एक ही बिंदु पर मिलने वाले त्रिभुज होते हैं।

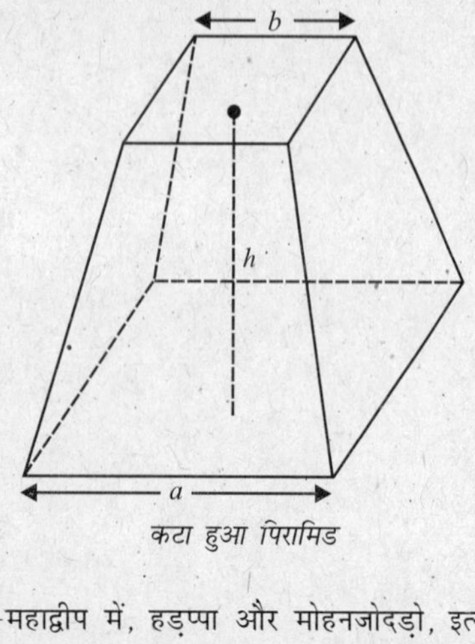

कटा हुआ पिरामिड

भारतीय उप-महाद्वीप में, हड़प्पा और मोहनजोदड़ो, इत्यादि की खुदाइयों से यह पता लगता है कि सिन्धु घाटी की सभ्यता (लगभग 3000 ई०पू०) ने ज्यामिति का प्रचुर मात्रा में उपयोग किया। वह एक उच्च कोटि का संगठित समाज था शहर अत्याधिक रूप से विकसित थे और बड़े योजनाबद्ध ढंग से निर्मित किए गए थे। उदाहरणार्थ, सड़कें परस्पर समांतर होती थीं और भूमिगत नालियों की व्यवस्था थी। घरों में विभिन्न प्रकार के अनेक कमरे हुआ करते थे। ये बाते दर्शाती हैं कि नगरवासी क्षेत्रमिति (Mensuration) और व्यावहारिक अंकगणित में पूर्ण रूप से निपुण थे। निर्माण कार्य में प्रयोग की जाने वाली ईंटें भट्टों पर पकाई (बनाई) जाती थीं और इन ईंटों के लिए अनुपात लम्बाई : चौड़ाई : मोटाई, 4 : 2 : 1 होता था।

प्राचीन भारत में, सुल्बासूत्र (800 ई०पू०-500 ई०पू०) ज्यामिति रचनाओं के लिए महत्वपूर्ण ग्रंथ थे। वैदिक काल की ज्यामिति का उद्‌गम वैदिक पूजा के लिए आवश्यक भिन्न-भिन्न प्रकार की वेदियों और अग्नि-कुण्डों के निर्माण कार्य से हुआ। पवित्र अग्नियों को अधिक प्रभावशाली साधक होने के लिए, उनके स्थान, उनके आकारों और क्षेत्रफलों के बारे में स्पष्ट रूप से निर्धारित अनुदेशों के अनुसार, होते थे। घरेलू धार्मिक क्रियाओं के लिए, वर्गाकार और वृत्ताकार वेदियों का प्रयोग किया जाता था, जबकि सार्वजनिक पूजा स्थलों के लिए आयतों, त्रिभुजों और समलंबों के संयोजनों से बने आकारों का प्रयोग आवश्यक होता था। 'श्रीयंत्र' में एक-दूसरे के साथ जुड़े नौ समद्विबाहु त्रिभुज अंतर्निहित हैं। ये त्रिभुज इस प्रकार व्यवस्थित किए गए हैं कि इनसे 43 छोटे या गौण त्रिभुजों का निर्माण होता है। यद्यपि वेदियों की रचना करने में परिशुद्ध ज्यामितीय विधियों का उपयोग किया गया था, फिर भी इनसे संबंधित सिद्धांतों की कोई चर्चा नहीं की गई।

एक यूनानी गणितज्ञ थेल्स (Thales) को श्रेय जाता है कि उन्होंने सबसे पहली ज्ञात उपत्ति प्रदान की। यह उपपत्ति (Proof) इस कथन की थी कि वृत्त का व्यास वृत्त को समद्विभाजित (अर्थात् दो बराबर भागों में विभाजित) करता है। थेल्स का एक सबसे प्रसिद्ध शिष्य पाइथागोरस (572 ई०पू०) था। पाइथागोरस और उसके साथियों ने अनेक ज्यामितीय गुणों की खोज की और ज्यामिति के सिद्धांतों का अत्याधिक विकास किया। यह प्रक्रिया 300 ई०पू० तक जारी रही। इसी समय मिस्र में अलक्जेंड्रिया के एक गणित के शिक्षक यूक्लिड (Euclid) ने उस समय तक ज्ञात गणित के सभी ज्ञान को एकत्रित किया और **'एलीमेंट्स' (Elements)** नामक अपने प्रसिद्ध ग्रंथ के रूप में उसे व्यवस्थित किया। उन्होंने **एलीमेंट्स** (Elements) को 13 अध्यायों में विभाजित किया, जिनमें से प्रत्येक को 'पुस्तिका' माना जाता है। इन पुस्तिकाओं ने समस्त विश्व की ज्यामिति संबंधी समझ को आने वाली पीढ़ियों तक प्रभावित किया।

यूक्लिड की परिभाषाएं, अभिगृहीत और अभिधारणाएं

यूक्लिड के समय के यूनानी गणितज्ञों ने ज्यामिति को उस विश्व का एक सिद्धांतीय प्रतिमान (Model) सोचा जिसमें वे रहते थे। बिंदु (point), रेखा (line), तल (plane) [या पृष्ठ (surface)], इत्यादि की अवधारणाएँ उन वस्तुओं से स्थापित की गईं जो उनके आस-पास थीं। आकाश (space) और उनके आस-पास के ठोसों के अध्ययनों के आधार पर, एक ठोस वस्तु की सिद्धांतीय ज्यामितीय अवधारणा विकसित की गई। एक ठोस (solid) का आकार होता है, माप और स्थिति होती है तथा उसे एक स्थान से दूसरे स्थान तक ले जाया जा सकता है। इसकी परिसीमाएँ पृष्ठ (surface) कहलाती हैं। ये आकाश के एक भाग को दूसरे भाग से पृथक करती हैं और इनकी कोई मोटाई नहीं होती। पृष्ठों की परिसीमाएँ वक्र (curves) या सीधी रेखाएँ (lines) होती हैं। इन रेखाओं के सिरे बिंदु (points) होते हैं।

एक ठोस की तीन विमाएँ होती हैं, एक पृष्ठ की दो विमाएँ, एक रेखा की एक विमा होती है और एक बिंदु की कोई विमा नहीं होती। यूक्लिड ने इन कथनों को संक्षिप्त रूप से परिभाषाओं के रूप में प्रस्तुत किया। उन्होनें अपने इन रहस्योद्घाटनों का प्रारम्भ 'एलीमेंट्स' की पुस्तक 1 में 23 परिभाषाएँ देकर किया। इनमें से कुछ परिभाषाएँ नीचे दी जा रही हैं :

1. एक बिंदु वह है जिसका कोई भाग नहीं होता।
2. एक रेखा चौड़ाई रहित लम्बाई होती है।
3. एक रेखा के सिरे बिंदु होते हैं।
4. एक सीधी रेखा ऐसी रेखा है जो स्वयं पर बिंदुओं के साथ सपाट रूप से स्थित होती है।
5. एक पृष्ठ (surface) वह है जिसकी केवल लम्बाई और चौड़ाई होती है।
6. पृष्ठ के किनारे (edges) रेखाएँ होती हैं।
7. एक समतल पृष्ठ (Plane surface) ऐसा पृष्ठ है जो स्वयं पर सीधी रेखाओं के साथ सपाट रूप से स्थित होता है।

एक वस्तु को परिभाषित करने के लिए, अनेक वस्तुओं को परिभाषित करने की आवश्यकता होती है और बिना किसी अंत के परिभाषाओं की एक लम्बी शृंखला प्राप्त हो सकती है। इन्हीं कारणवश, गणितज्ञों द्वारा यह सुविधाजनक पाया गया कि कुछ ज्यामितीय पदों को अपरिभाषित मान लिया जाए। इस विधि से, हम एक बिंदु की ज्यामितीय संकल्पना का ऊपर दी हुई 'परिभाषा' की तुलना में एक बेहतर अंतर्ज्ञानात्मक आभास प्राप्त करेंगे। इसलिए, हम बिंदु को एक सूक्ष्म बिंदी से निरूपित करते हैं, परन्तु इस सूक्ष्म बिंदी की कुछ न कुछ विमा अवश्य होती है।

इसी प्रकार की समस्या उपरोक्त परिभाषा 2 में भी आती है। इसमें चौड़ाई और लम्बाई का संदर्भ आता है और इनमें से किसी को भी पहले परिभाषित नहीं किया गया है। इसी कारण, किसी भी विषय के अध्ययन के लिए कुछ पदों को अपरिभाषित रखा गया है। इसलिए, ज्यामिति में हम बिंदु, रेखा और तल (यूक्लिड के शब्दों में समतल पृष्ठ) को अपरिभाषित शब्दों के रूप में मान कर चलते हैं। केवल यह बात अवश्य है कि हम इन्हें अंतर्ज्ञानात्मक रूप से निरूपित कर सकते हैं अथवा 'भौतिक प्रतिमानों' (वस्तुओं) की सहायता से स्पष्ट कर सकते हैं।

अपनी इन परिभाषाओं से प्रारम्भ करते हुए, यूक्लिड ने कुछ गुणों को बिना सिद्ध किए सत्य कथन मानने की कल्पना की। ये कल्पनाएँ वास्तव में 'स्पष्टत: सर्वव्यापी सत्य' थे। उन्होंने इनको दो वर्गों में विभाजित किया। ये वर्ग थे– अभिगृहीत (Axioms) और अभिधारणाएँ (Postulates)। उन्होंने अभिधारणा शब्द का प्रयोग उन कल्पनाओं के लिए किया जो विशिष्ट रूप से ज्यामिति से संबंधित थीं। दूसरी ओर, सामान्य अवधारणाएँ जिन्हें प्राय: अभिगृहीत कहा गया वे कल्पनाएँ थीं जिन्हें निरंतर गणित में प्रयोग किया गया और जिनका केवल ज्यामिति से ही विशेष संबंध नहीं था।

यूक्लिड के कुछ अभिगृहीतों को, बिना उनके द्वारा दिए क्रम के, नीचे दिया जा रहा है–

1. वे वस्तुएँ जो एक ही वस्तु के बराबर हों एक-दूसरे के बराबर होती हैं।
2. यदि बराबरों को बराबरों में जोड़ा जाए, तो पूर्ण भी बराबर होते हैं।
3. यदि बराबरों को बराबरों में से घटाया जाए, तो शेषफल भी बराबर होते हैं।
4. वे वस्तुएँ जो परस्पर संपाती हों, एक-दूसरे के बराबर होती हैं।
5. पूर्ण अपने भाग से बड़ा होता है।
6. एक ही वस्तुओं के दुगुने परस्पर बराबर होते हैं।
7. एक ही वस्तुओं के आधे परस्पर बराबर होते हैं।

ये सामान्य अवधारणाएँ किसी प्रकार के परिमाणों के संदर्भ में कही गईं हैं। पहली सामान्य अवधारणा को समतलीय आकृतियों के लिए प्रयोग किया जा सकता है। उदाहरणार्थ, यदि एक त्रिभुज का क्षेत्रफल एक आयात के क्षेत्रफल के बराबर हो ओर इस आयत का क्षेत्रफल एक वर्ग के क्षेत्रफल के बराबर हो, तो त्रिभुज का क्षेत्रफल भी वर्ग के क्षेत्रफल के बराबर होगा।

एक ही प्रकार के परिमाणों की तुलना की जा सकती है और उन्हें जोड़ा भी जा सकता है, परंतु भिन्न-भिन्न प्रकार के परिमाणों की तुलना नहीं की जा सकती है। उदाहरणार्थ, एक रेखा को एक आयत में जोड़ा नहीं जा सकता और न ही एक कोण की एक पंचभुज से तुलना की जा सकती है।

ऊपर दिया हुआ चौथा अभिगृहीत यह बताता हुआ प्रतीत होता है कि यदि दो वस्तुएँ सर्वसम हों (अर्थात् वे एक ही हों), तो वे बराबर होती हैं। दूसरे शब्दों में, कोई भी वस्तु स्वयं के बराबर होती है। यह अध्यारोपण के सिद्धांत की तर्कसंगतता प्रकट करता है। अभिगृहीत (5) 'से बड़ा है' की परिभाषा देता है। उदाहरणार्थ यदि कोई राशि किसी अन्य राशि का एक भाग हो, तो A को राशि B और एक अन्य राशि C के योग के रूप में लिखा जा सकता है। सांकेतिक रूप से $A > B$ का अर्थ है कि कोई C ऐसा है कि $A = B + C$ है।

यूक्लिड की पांच अभिधारणाएं

अभिधारणा 1 : एक बिंदु से एक अन्य बिंदु तक एक सीधी रेखा खींची जा सकती है।

ध्यान दीजिए कि यह अभिधारणा हमें बताती है कि दो भिन्न बिंदुओं से होकर कम से कम एक रेखा अवश्य खींची जा सकती है, परंतु इससे यह नहीं ज्ञात होता कि ऐसी एक से अधिक सीधी रेखाएँ नहीं हो सकती। परन्तु अपने समस्त कार्यों में यूक्लिड ने, बिना कुछ बताए, यह बार-बार कल्पना की है कि दो भिन्न बिंदुओं से एक अद्वितीय रेखा ही खींची जा सकती है। हम इस परिणाम को एक अभिगृहीत के रूप में नीचे दे रहे हैं:

अभिगृहीत : दिए हुए दो भिन्न बिंदुओं से होकर एक अद्वितीय रेखा खींची जा सकती है।

बिंदु P से होकर कितनी रेखाएँ खींची जा सकती हैं जो बिंदु Q से होकर भी जाती हों केवल एक। यह रेखा PQ है। बिंदु Q से होकर जाने वाली ऐसी कितनी रेखाएँ हैं जो बिंदु P से होकर भी जाती हैं? केवल एक, अर्थात् रेखा PQ। इस प्रकार, उपरोक्त कथन एक स्वयं सिद्ध (self evident) सत्य है और इसीलिए हम इसे एक अभिगृहीत के रूप में मान लेते हैं।

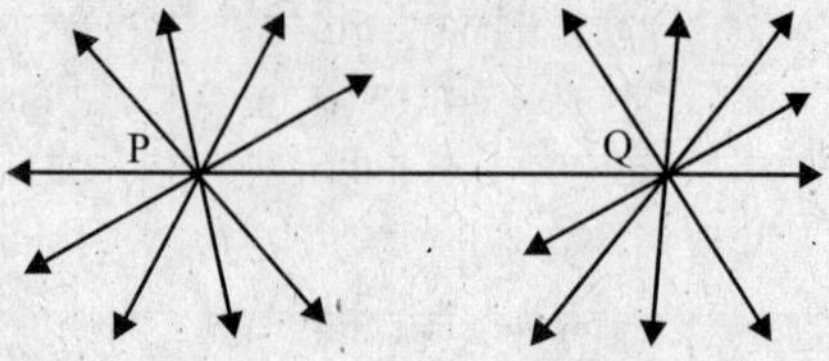

अभिधारणा 2 : एक सांत रेखा (Terminated line) को अनिश्चित रूप से बढ़ाया जा सकता है।

ध्यान दीजिए जिसको हम रेखाखंड (line segment) कहते हैं, उसे यूक्लिड ने सांत रेखा कहा था। अत:, वर्तमान की भाषा में, दूसरी अभिधारणा यह कहती है कि एक रेखाखंड को दोनों ओर विस्तृत करके एक रेखा बनाई जा सकती है।

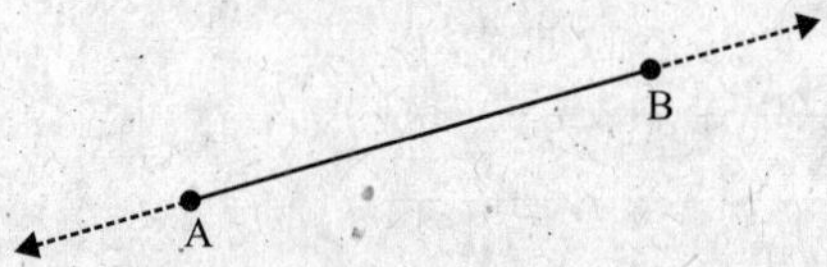

अभिधारणा 3 : किसी को केन्द्र मान कर और किसी त्रिज्या से एक वृत्त खींचा जा सकता है।

अभिधारणा 4 : सभी समकोण एक-दूसरे के बराबर होते हैं।

अभिधारणा 5 : यदि एक सीधी रेखाओं पर गिर कर अपने एक ही ओर दो अंत: कोण (interior angles) इस प्रकार बनाए कि इन दोनों कोणों का योग मिल कर दो समकोणों से कम हो, तो वे दोनों सीधी रेखाएँ अनिश्चित रूप से बढ़ाए जाने पर उसी ओर मिलती हैं जिस ओर यह योग दो समकोणों से कम होता है।

उदाहणार्थ, निम्नांकित आकृति में, रेखा PQ रेखाओं AB और CD पर इस प्रकार गिरती है कि अंत: कोणों 1 और 2 का योग, जो PQ के बाईं ओर स्थित हैं, 180° से कम है। अत: रेखाएँ AB और CD अंतत: PQ के बाईं ओर प्रतिच्छेद करेंगी।

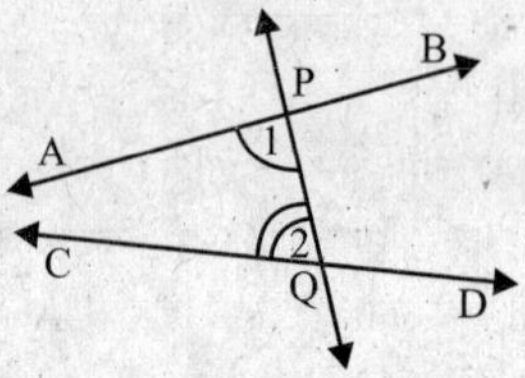

उपरोक्त पाँचों अभिधारणों को केवल देखने मात्र से, हमें यह स्पष्टत: पता चला जाएगा कि अन्य अभिधारणाओं की तुलना में अभिधारणा 5 कुछ अधिक जटिल है। दूसरी ओर, अभिधारणाओं की तुलना में अभिधारणाएँ 1 से 4 इतनी सरल और स्पष्ट हैं कि उन्हें स्वयं सिद्ध सत्य के रूप में मान लिया जाता है। परन्तु, इन्हें सिद्ध करना संभव नहीं है। इसलिए, इन कथनों को बिना उपपत्ति के स्वीकृत कर लिया गया है।

आजकल, 'अभिधारणा' और 'अभिगृहीत' दोनों पदों को एक-दूसरे के लिए एक ही अर्थ में प्रयोग किया जाता है। वास्तव में, अभिधारणा एक क्रिया है। जब हम कहते हैं कि 'आइए अभिधारणा करें', तो इसका अर्थ है कि 'आइए विश्व में प्रेक्षित परिघटनाओं के आधार पर कुछ कथन कहें।' इसकी सत्यता/मान्यता की जाँच बाद में की जाती है। यदि वह सत्य है, तो उसे 'अभिधारणा' के रूप में स्वीकृत कर लिया जाता है।

कुछ अभिगृहीतों का एक निकाय (system) अविरोधी (consistent) कहलाता है यदि इन अभिगृहीतों से ऐसा कथन निर्मित करना असंभव हो, जो किसी अन्य अभिगृहीत या पहले सिद्ध किए गए किसी कथन के विरोधी हो। अत: यदि अभिगृहीतों का कोई निकाय दिया हो, तो यह सुनिश्चित करना आवश्यक है कि यह निकाय अविरोधी हो।

यूक्लिड ने अपनी अभिधारणाएँ और अभिगृहीतों को देने के बाद, इनका प्रयोग अन्य परिणामों को सिद्ध करने में किया। फिर इन परिणामों का प्रयोग करके, उन्होंने निगमनिक तर्कण द्वारा कुछ और परिणामों को सिद्ध किया। जिन कथनों को सिद्ध किया वे साध्य या प्रमेय कहलाती थीं। यूक्लिड ने अपनी अभिगृहीतों, अभिधारणाओं, परिभाषाओं और पहले सिद्ध की गई प्रमेयों का प्रयोग करके एक तार्किक श्रृंखला में 465 साध्य निगमित (Deduce) किए।

यूक्लिड ने कुछ परिणामों को सिद्ध करने के लिए अभिगृहीतों और अभिधारणाओं का किस प्रकार प्रयोग किया

उदाहरण 1 : यदि A, B और C एक रेखा पर स्थित तीन बिंदु हैं और B बिंदुओं A और C के बीच में स्थित है तो सिद्ध कीजिए कि AB + BC = AC है।

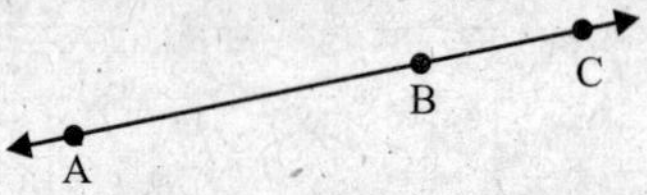

हल : उपरोक्त आकृति में, AB + BC के साथ AC संपाती है।

साथ ही, यूक्लिड का अभिगृहीत (d) कहता है कि वे वस्तुएँ जो परस्पर संपाती हों एक-दूसरे के बराबर होती हैं। अत:, यह सिद्ध किया जा सकता है कि AB + BC = AC है।

इस हल में यह मान लिया गया है कि दो बिंदुओं से होकर एक अद्वितीय रेखा खींची जा सकती है।

उदाहरण 2 : सिद्ध कीजिए कि एक दिए हुए रेखाखंड पर एक समबाहु त्रिभुज की रचना की जा सकती है।

हल : उपरोक्त कथन में, एक दी हुई लम्बाई का एक रेखाखंड, मान लीजिए, AB दिया है।

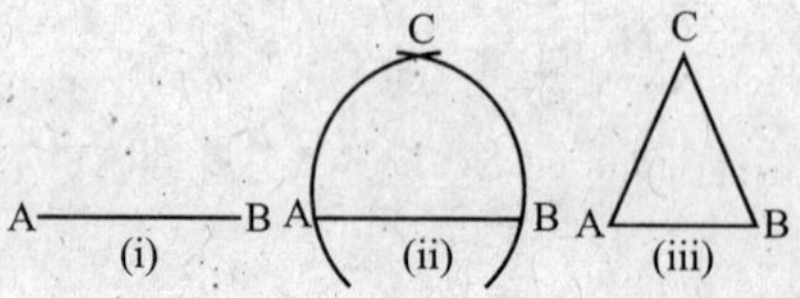

यहाँ आपको कुछ रचना करने की आवश्यकता है। यूक्लिड की अभिधारणा (c) का प्रयोग करके, आप बिंदु A को केन्द्र और AB त्रिज्या लेकर एक वृत्त खींच सकते हैं इसी प्रकार, B को केन्द्र मानकर और BA त्रिज्या लेकर एक अन्य वृत्त खींचा जा सकता है। ये दोनों वृत्त मान लीजिए बिंदु C पर मिलते हैं। अब रेखाखंडों AC और BC खींच कर ΔABC बनाइए।

इसलिए, आपको सिद्ध करना है कि यह त्रिभुज एक समबाहु त्रिभुज है; अर्थात् AB = AC = BC है।

अब, है AB = AC क्योंकि ये एक वृत्त की त्रिज्याएँ हैं। (a)

इसी प्रकार, AB = BC (एक ही वृत्त की त्रिज्याएँ) (b)

उपरोक्त दोनों तथ्यों और यूक्लिड के पहले अभिगृहीत (वे वस्तुएँ जो एक ही वस्तु के बराबर होती हैं एक-दूसरे के बराबर होती हैं) से आप निष्कर्ष निकाल सकते हैं कि AB = BC = AC है।

अत:, ΔABC एक समबाहु त्रिभुज है।

ध्यान दीजिए कि यहाँ यूक्लिड ने, बिना कहीं बताए, यह मान लिया है कि केन्द्रों A और B को लेकर खींचे गए वृत्त परस्पर एक बिंदु पर मिलेंगे।

अब हम एक प्रमेय सिद्ध करेंगे जो विभिन्न परिणामों में अनेक बार अधिकांशत: प्रयोग की जाती है।

प्रमेय : दो भिन्न रेखाओं में एक से अधिक बिंदु उभयनिष्ठ नहीं हो सकता।

उपपत्ति : यहाँ, हमें दो रेखाएँ l और m दी हुई हैं। हमें यह सिद्ध करना है कि l और m में केवल एक बिंदु उभयनिष्ठ है।

थोड़े समय के लिए, यह मान लीजिए कि ये दो रेखाएँ दो भिन्न बिंदुओं P और Q पर प्रतिच्छेद करती हैं।

इस प्रकार, दो भिन्न बिंदुओं P और Q से होकर जाने वाली आपके पास दो रेखाएँ l और m हो जाती हैं। परन्तु यह कथन उस अभिगृहीत के विरुद्ध है, जिसके अनुसार दो भिन्न बिंदुओं से होकर एक अद्वितीय रेखा खींची जा सकती है। अत:, हम जिस कल्पना से चले थे कि दो रेखाएँ दो भिन्न बिंदुओं से होकर जाती हैं गलत है।

इससे हम क्या निष्कर्ष निकाल सकते हैं? हम निष्कर्ष निकालने पर बाध्य हो जाते हैं कि दो भिन्न रेखाओं में एक से अधिक बिंदु उभयनिष्ठ नहीं होगा।

रेखा और कोण

रेखा (Line)

किसी तल पर खींची गई निश्चित लम्बाई वाले हिस्सा को रेखा कहते हैं।

रेखा के प्रकार

(i) सरल रेखा : वैसी रेखा जो सीधी रेखा में बगैर विचलित हुए दूरी तय करे, सरल रेखा कहलाती है।

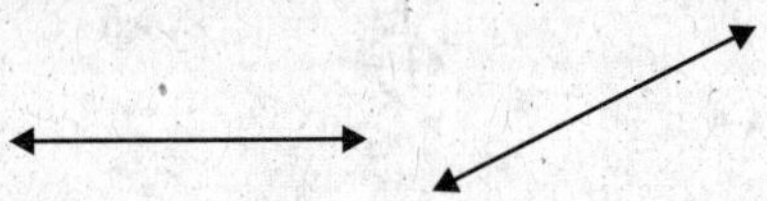

(ii) वक्र रेखा (Curve Line) : वैसी रेखा जिसके पथ में विचलन हो वक्र रेखा कहलाती है।

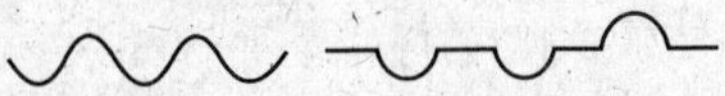

रेखाखण्ड (Line Segment) : जब रेखा के लम्बाई को निश्चित किया जाए तो रेखा खण्ड कहलाती है।

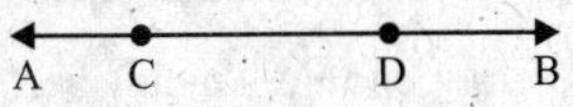

AB रेखा में CD रेखा खण्ड हैं जिसकी अपनी कुछ निश्चित लम्बाई होती है।

किसी भी रेखा में दोनों ओर लगा तीर इस तथ्य को दर्शाता है कि उसकी लम्बाई आगे तक निरंतर बढ़ती रहेगी।

तिर्यक् रेखा (Transversal Line) : वैसी रेखा जो दो या दो से अधिक रेखाओं को काटे तिर्यक् रेखा कहलाती है।

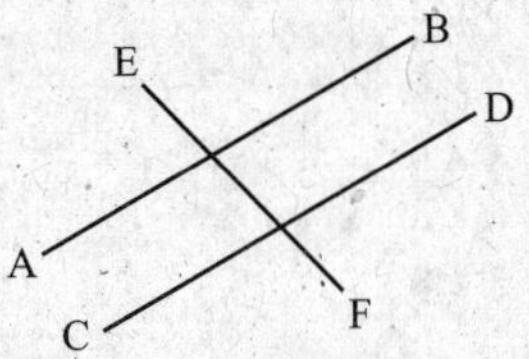

यहाँ AB और CD रेखा को EF रेखा काटती है।

∴ EF रेखा तिर्यक् रेखा है।

संगामी रेखा (Concurrent Line) : जब दो या दो से अधिक रेखाएँ एक ही बिन्दु से होकर जाती हों तो वे सभी रेखाएँ संगामी रेखा कहलाती हैं।

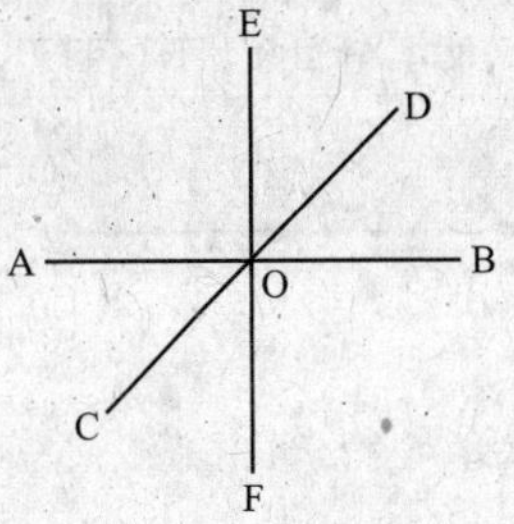

यहाँ रेखाएँ AB, CD EF संगामी रेखा हैं जो एक ही बिन्दु O से होकर गुजरती हैं।

कोण (Angle)

प्रतिछेद बिन्दु (Point of Intersection) : जब दो या दो से अधिक रेखाएँ एक ही बिन्दु से होकर जाती हों तो वह उभयनिष्ठ बिन्दु जहाँ से रेखाएँ गुजरती हैं, प्रतिछेद बिन्दु कहलाता है।

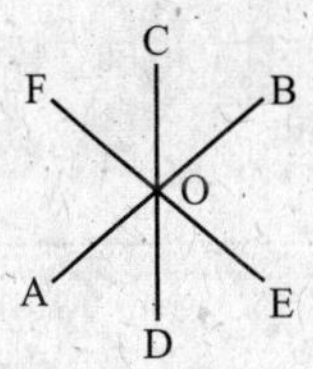

यहाँ रेखा AB, CD, EF एक बिन्दु O से होकर गुजर रही हैं। अत: O प्रतिछेद बिन्दु है।

कोण के प्रकार

(i) समकोण (Right Angle) : वैसा कोण जिसकी माप 90° हो, समकोण कहलाता है।

यहाँ $\angle ABC = 90°$, समकोण है।

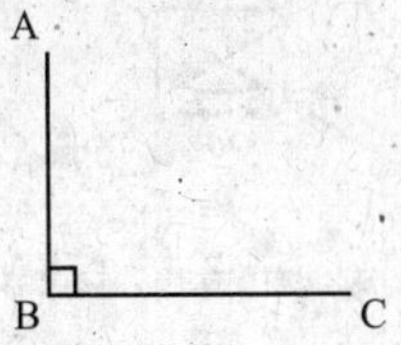

(ii) न्यूनकोण (Acute Angle) : वैसा कोण जिसकी माप 0° से बड़ी और 90° से छोटी हो न्यूनकोण कहलाता है।

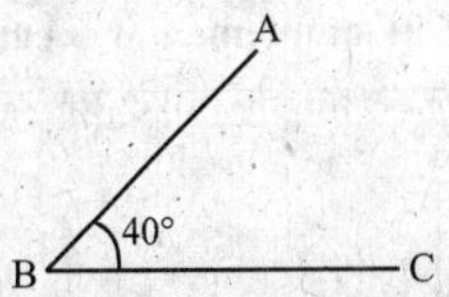

यहाँ $\angle ABC = 40°$, जो 90° से छोटा और 0° से बड़ा है।

∵ $\angle ABC$ – न्यूनकोण है।

(iii) अधिक कोण (Obtuse Angle) : वह कोण जो 90° से बड़ा और 180° से छोटा हो अधिक कोण कहलाता है।

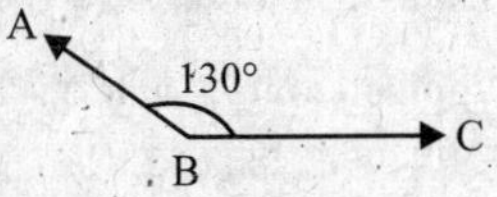

यहाँ ∠ABC = 130°, जो 90° से बड़ा और 180° से छोटा है,

∴ ∠ABC– अधिक कोण है।

(iv) ऋृजुकोण (Straight Angle) : वैसा कोण जिसकी माप 180° हो ऋृजुकोण कहलाता है।

यहाँ ∠ABC = 180°

∴ ∠ABC एक ऋृजुकोण है।

(v) वृहत् कोण (Reflex Angle) : वैसा कोण जिसका माप 180° से अधिक और 360° से कम हो वृहत् कोण कहलाता है।

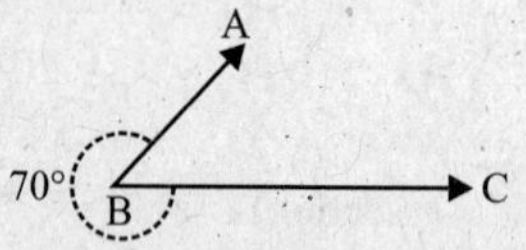

(vi) 0° – A●——►B

एक सरल रेखा स्वयं से 0° कोण बनाती है।

(vii) 360° –

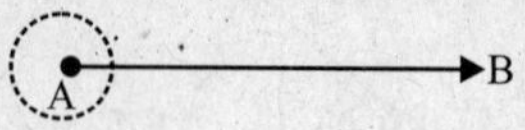

एक निश्चित बिन्दु से घुर्णन करते हुए कोई रेखा अपने प्रारंभिक स्थान पर चली जाए तो निश्चित बिन्दु पर बना कोण 360° का होता है।

हाँ ∠BAB = 360°

(vii) शीर्षाभिमुख कोण (Vertically Opposite Angles) : दो सरल रेखाएँ एक-दूसरे को किसी बिन्दु पर प्रतिछेद करें तो आमने-सामने के शीर्षाभिमुख कोण कहलाते हैं जो आपस में समान होते हैं।

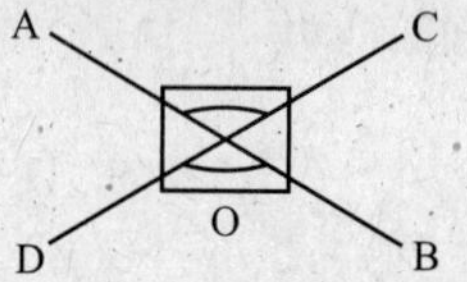

हाँ AB और CD रेखाएँ एक-दूसरे को O बिन्दु पर काट रहीं हैं।

∠AOD और ∠COB ⟶ बराबर होंगे।

∠AOC और ∠BOD⟶ बराबर होंगे।

(ix) कोटिपूरक कोण (Complementary Angles) : वैसे दो कोण जो आपस में मिलकर 90° का कोण पूरा करें कोटिपूरक कोण कहलाते हैं।

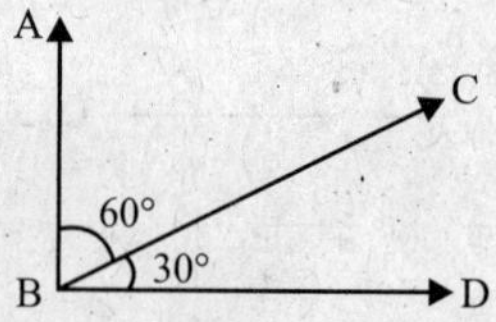

∠ABC + ∠CBD = 60° + 30°

= 180° है।

∠ABC और ∠CBD एक-दूसरे के कोटिपूरक हैं।

(x) संपूरक कोण (Supplementary Angles) : वैसे दो कोण जो मिलकर 180° का कोण पूरा करें संपूरक कोण कहलाते हैं।

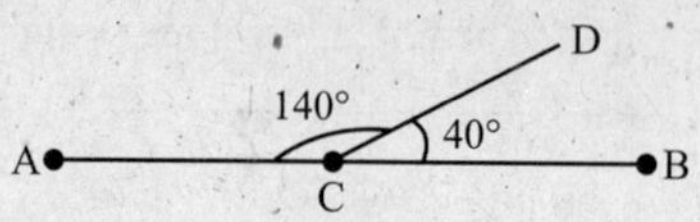

∠ABC + ∠CBD = 140° + 40°

= 180° है।

∠ACD और ∠DCB एक-दूसरे के संपूरक है।

समान्तर रेखाएँ (Parallel Lines) : जब दो रेखाओं के बीच की दूरी हमेशा समान रहे तो वे दोनों रेखाएँ आपस में समान्तर होती हैं।

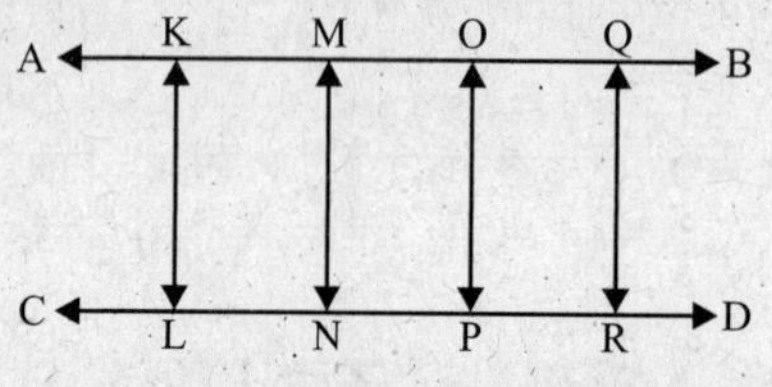

यहाँ KL = MN = OP = QR है।

∴ AB //BD

समानांतर रेखा को // चिह्न से निरूपति किया जाता है।

नोट :  समानांतर रेखा में रेखाओं को "सरल रेखा" होना चाहिए ना कि वक्र रेखा।

जब दो समांतर रेखाओं को कोई प्रतिछेदी रेखा काटे तो–

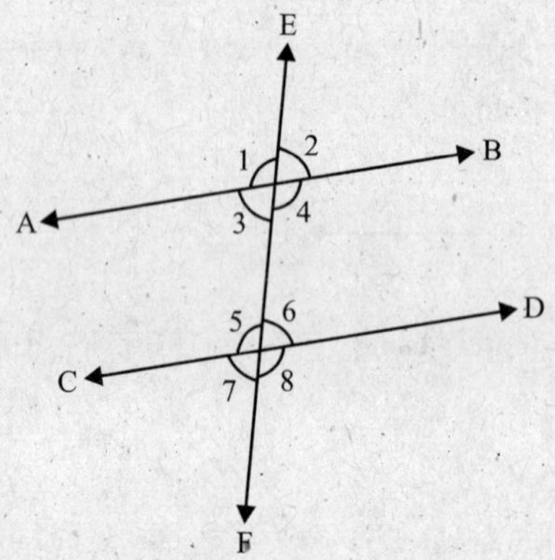

यहाँ AB||CD है जिसे EF तिर्यक रेखा काट रही है।

(i) संगत कोण (Corresponding Angles) : (∠1, ∠5), (∠3, ∠7), (∠2, ∠6) और (∠4, ∠8) संगत कोण हैं जो आपस में समान होते हैं।

(ii) एकांतर कोण (Alternate Angles) : (∠4, ∠5), और (∠3, ∠6) एकांतर कोण हैं, जो आपस में समान होते हैं।

(iii) (∠1, ∠4), (∠2, ∠3), (∠6, ∠7),(∠5, ∠8), आपस में समान होंगे। क्योंकि ये शीर्षाभिमुख कोण हैं।

(iv) ∠1 + ∠2= ∠3 + ∠4

= ∠5 + ∠6

= ∠7 + ∠8v

= ∠5 + ∠7

= ∠6 + ∠8

= ∠2 + ∠4

= ∠1 + ∠3 = 180° होगा।

क्योंकि ये संपूरक कोण हैं।

उदाहरण

1. नीचे के चित्र में कौन-सी रेखा तिर्यक् रेखा है?

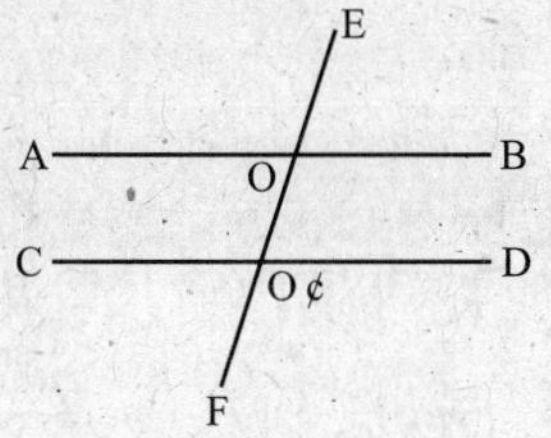

(a) AB (b) CD
(c) EF (d) AO

हल: (c) ∵ यहाँ EF, AB और CD (दो या दो से अधिक) रेखाओं को काट रहा है।

अत: EF तिर्यक् रेखा है।

2. दो समानांतर रेखाओं के बीच की दूरी–

(a) भिन्न होती है (b) अनंत होती है
(c) समान होती है (d) प्रश्न पूर्ण नहीं

हल: (c) दो समान्तर रेखाओं के बीच की दूरी हमेशा समान होती है।

3. 140° का कोटिपूरक कोण बताएँ।

(a) 50° (b) 40°
(c) –50° (d) 140°

हल : (c) ∵ दो कोणों का योग = 90°, (∵ कोटिपूरक कोण है)

$\Rightarrow 140 + x$ (माना) $= 90°$

$\Rightarrow x = 90 - 140 = -50°$

अत: 140° का कोटिपूरक कोण = (–50)° है।

त्रिभुज (Triangle)

तीन भुजाओं से घिरे हुए क्षेत्र को त्रिभुज कहते हैं।

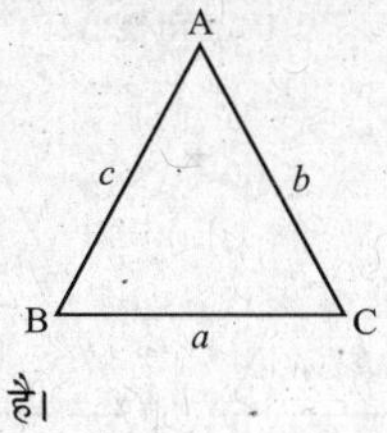

यहाँ ABC एक त्रिभुज है।

AB = c, BC = a, CA = b, इस त्रिभुज की तीन भुजाएँ हैं।

किसी त्रिभुज के कोण के सामने की भुजा को उसी कोण को जिस LETTER से लिखा है के SMALL अक्षर से लिखा जाता है।

उदाहरण : ∠A के सामने की भुजा BC है अत: इसे A के small रूप से निरूपित करते हैं, अर्थात् BC को a कह सकते हैं।

त्रिभुज के प्रकार (Types of Triangle)

1. भुजा के आधार पर

(a) समबाहु त्रिभुज (Equilateral Triangle) : वैसा त्रिभुज जिसकी तीनों भुजाएँ आपस में समान हों, समबाहु त्रिभुज कहलाता है, अर्थात्

AB = BC = CA या $a = b = c$

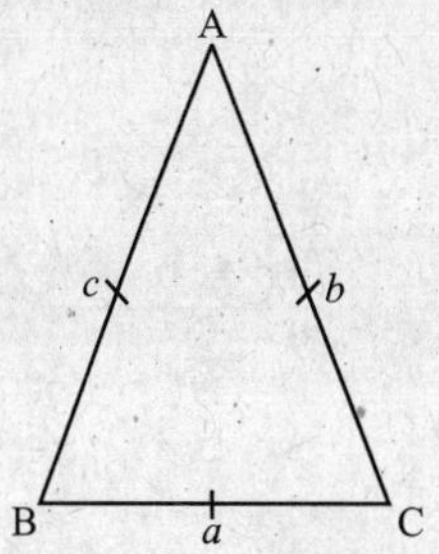

(b) समद्विबाहु त्रिभुज (Isosceles Triangle) : वैसा त्रिभुज जिसकी कोई दो भुजाएँ आपस में समान हों समद्विबाहु त्रिभुज कहलाता है।

यहाँ AB = BC या, $c = a$

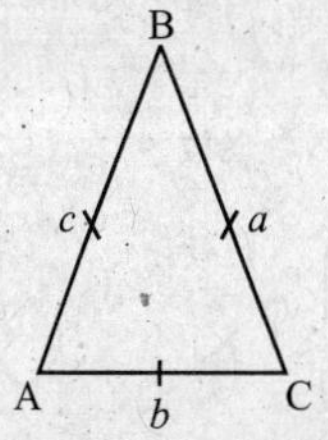

(c) विषमबाहु त्रिभुज (Scalene Triangle) : वैसा त्रिभुज जिसकी तीन में से कोई भी भुजा एक-दूसरे के समान ना हो, विषमबाहु त्रिभुज कहलाता है।

यहाँ $a \neq b \neq c$ या AB ≠ BC ≠ CA

2. कोण के आधार पर

(a) न्यूनकोण त्रिभुज (Acute Angle Triangle) : वैसा त्रिभुज जिसका तीनों कोण न्यूनकोण (अर्थात् 0° से बड़ा और 90° से छोटा) हो न्यूनकोण त्रिभुज कहलाता है।

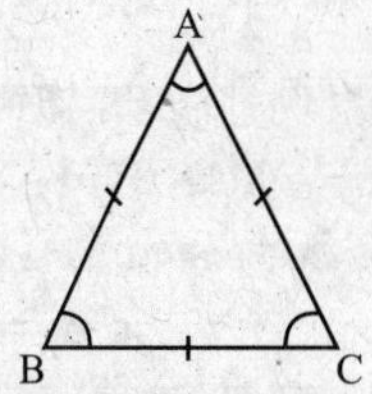

यहाँ ∠A < 90°, ∠B < 90°, ∠C < 90° है।

∴ Δ ABC एक न्यूनकोण त्रिभुज है।

(b) समकोण त्रिभुज (Right Angled Triangle) : वैसा त्रिभुज जिसका कोई एक कोण समकोण (90°) हो, समकोण त्रिभुज कहलाता है।

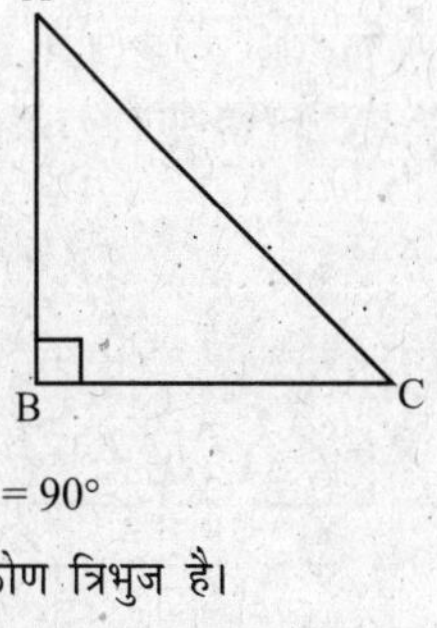

यहाँ Δ ABC में ∠B = 90°

∴ Δ ABC एक समकोण त्रिभुज है।

(c) अधिककोण त्रिभुज (Obtuse Angle Triangle) : वैसा त्रिभुज जिसका कोई एक कोण अधिक कोण (90° से बड़ा और 180° से छोटा) हो, अधिककोण त्रिभुज कहलाता है।

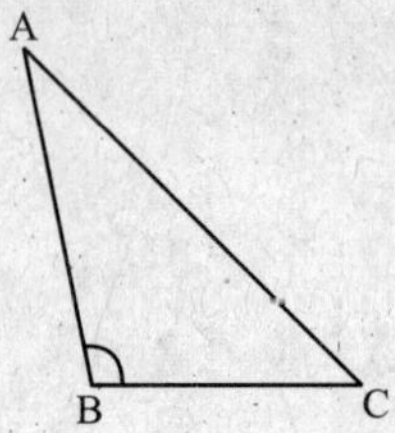

यहाँ ΔABC में,

$90° < \angle B < 180°$ है।

$\therefore$ ΔABC एक अधिक कोण त्रिभुज है।

त्रिभुज की प्रकृति

(i) यदि किसी त्रिभुज के दो भुजाओं की लम्बाई के वर्गों का योग तीसरी भुजा की लम्बाई के वर्ग के समान हो तो त्रिभुज समकोण त्रिभुज होगा। [$a^2 + b^2 = c^2$]

उदाहरणार्थ : 4 सेमी., 3 सेमी. और 5 सेमी. भुजा वाले त्रिभुज की प्रकृति बताएँ?

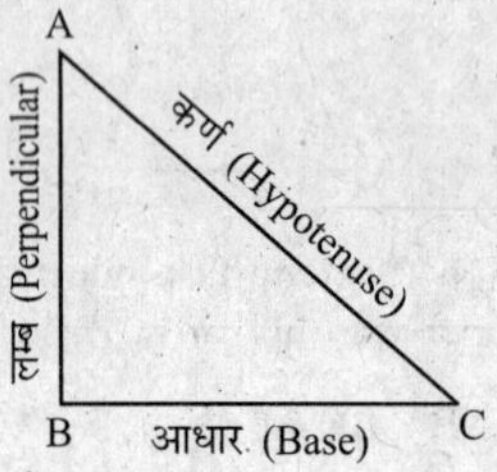

हल : $4^2 + 3^2 = 5^2$ (25 = 25)

$\therefore$ त्रिभुज समकोण होगा।

(ii) यदि किसी त्रिभुज के दो भुजाओं की लंबाई के वर्गों का योग तीसरी भुजा की लम्बाई के वर्ग से छोटा हो तो त्रिभुज अधिक कोण त्रिभुज होगा। [$a^2 + b^2 > c^2$]

उदाहरणार्थ : 3 सेमी., 5 सेमी. और 9 सेमी. भुजा वाले त्रिभुज की प्रकृति बताएँ?

हल : $(c)^2 + (5)^2 < (9)^2 = (34 < 81)$

$\therefore$ त्रिभुज अधिक कोण त्रिभुज होगा।

(iii) यदि किसी त्रिभुज के दो भुजाओं के लम्बाई के वर्ग का योग तीसरी भुजा की लम्बाई के वर्ग से बड़ा हो, तो त्रिभुज न्यूनकोण त्रिभुज होगा।

उदाहरणार्थ : 5 सेमी., 6 सेमी., 7 सेमी. भुजा वाले त्रिभुज की प्रकृति बताएँ।

हल : $(5)^2 + (6)^2 > (7)^2 \Rightarrow (61 > 49)$

$\therefore$ त्रिभुज न्यूनकोण त्रिभुज होगा।

समरूप त्रिभुज (Similar Triangles)

किसी त्रिभुज के तीनों कोण किसी अन्य त्रिभुज के तीनों कोण के क्रमशः बराबर हो तो ऐसा त्रिभुज समरूप त्रिभुज कहलाता है।

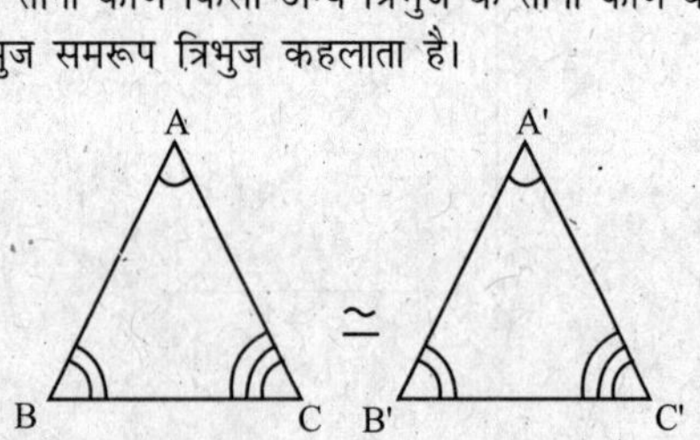

यहाँ $\angle A = \angle A'$, $\angle B = \angle B'$,

$\angle C = \angle C'$ है।

$\therefore$ ΔABC और ΔA'B'C' समरूप होंगे

त्रिभुज के समरूप होने पर क्रमशः इनकी भुजा का अनुपात आपस में समान होता है। अर्थात्

$$\frac{AB}{A'B'} = \frac{BC}{B'C'} = \frac{CA}{C'A'}$$

सर्वांगसम त्रिभुज (Congruent Triangles) : किन्हीं दो त्रिभुजों को सर्वांगसम तब कहा जाता है जब एक के ऊपर दूसरे को रखा जाए और दूसरा पूरा–पूरा छिप जाए अर्थात् दोनों त्रिभुज हर स्थिति में समान हों।

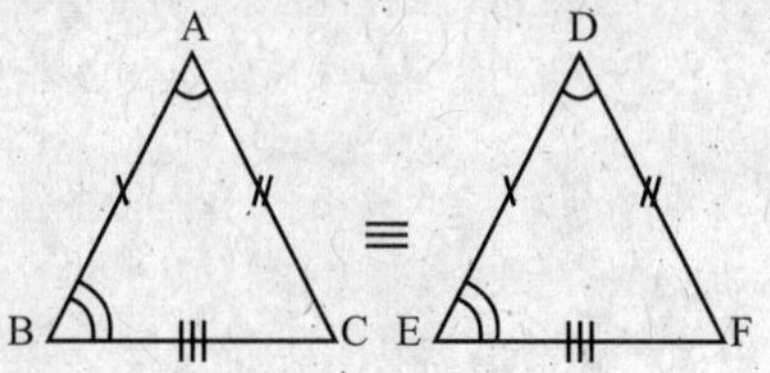

यहाँ ΔABC और ΔDEF में,

$\angle A = \angle D$, $\angle B = \angle E$, $\angle C = \angle F$

और AB = DE, BC = EF, CA = FD है।

$\therefore$ ΔABC और ΔDEF सर्वांगसम हैं।

सर्वांगसमता संबंधी प्रमेय

(a) S-S-S- (Side-Side-Side) : किसी त्रिभुज की तीनों भुजाएँ किसी दूसरे त्रिभुज की तीनों भुजाओं के क्रमशः समान हो तो दोनों त्रिभुज परस्पर सर्वांगसम होते हैं।

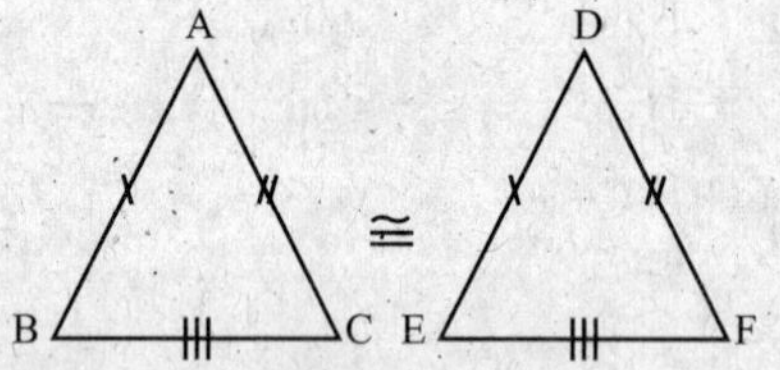

यहाँ AB = DE, BC = EF और AC = DF है।

$\therefore$ $\Delta ABC \cong \Delta DEF$ होगा।

(b) S-A-S (Side-Angle-Side) : किसी त्रिभुज की दो भुजाएँ और बीच का कोण तथा दूसरे त्रिभुज के क्रमशः दो भुजाएँ और बीच के कोण के समान हों तो दोनों त्रिभुज परस्पर सर्वांगसम होते हैं।

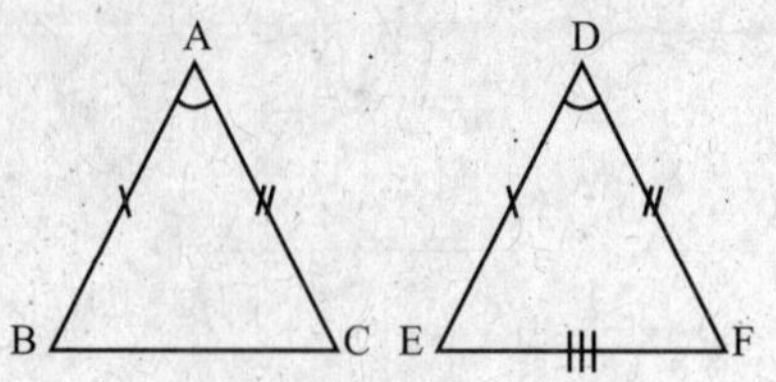

यहाँ AB = DE, AC = DF और $\angle C = \angle F$ है।

$\therefore$ $\Delta ABC \equiv \Delta DEF$ होगा।

(c) A-S-A (Angle-Side-Angle) : किसी त्रिभुज को दो कोण और बीच की भुजा तथा दूसरे त्रिभुज के क्रमशः दो कोण और बीच की भुजा आपस में समान हो तो दोनों त्रिभुज परस्पर सर्वांगसम होते हैं।

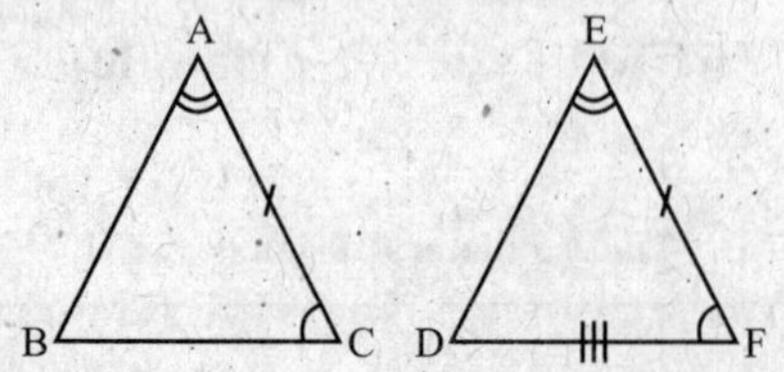

यहाँ $\angle A = \angle E$, $\angle C = \angle F$ और

$AC = EF$ है।

$\therefore \quad \Delta ABC \cong \Delta DEF$ होगा।

(d) R.H.S. (Right-Hand-Side) : यदि किसी समकोण त्रिभुज की कोई दो भुजा दूसरे समकोण त्रिभुज के दो भुजा के अलग-अलग समान हो तो त्रिभुज सर्वांगसम होता है।

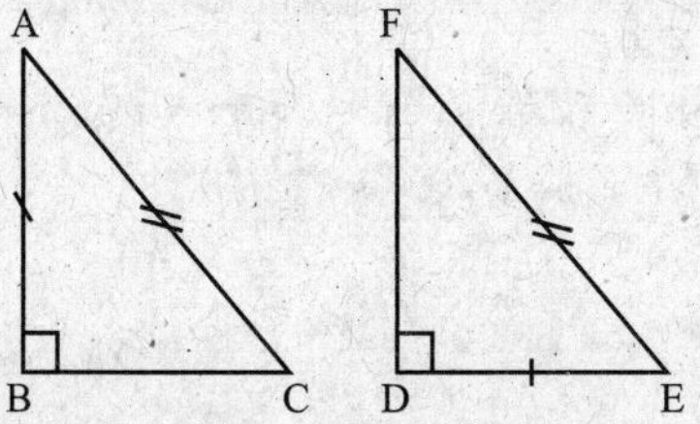

यहाँ $\angle B = \angle D = 90°$ और $AB = DE$ तथा $AC = EF$ है।

$\therefore \Delta ABC \cong \Delta DEF$ होगा।

माध्यिका (Median) : किसी त्रिभुज के कोण के सम्मुख भुजा के मध्य बिन्दु को मिलाने वाली रेखा माध्यिका कहलाती है।

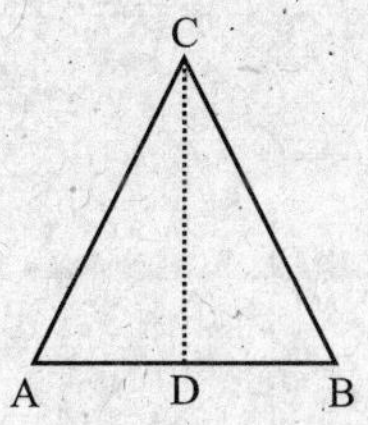

यदि D, AB का मध्य बिन्दु हो, तो

CD ; ΔABC की माध्यिका होगी।

केन्द्रक (Centroid) : माध्यिकाओं के प्रतिछेदक बिन्दु को केन्द्रक कहते हैं।

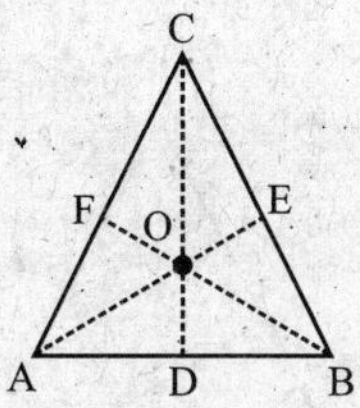

यहाँ O त्रिभुज ABC का केन्द्रक है।

नोट : केन्द्रक त्रिभुज की माध्यिकाओं को 2 : 1 के अनुपात में बाँटती है, अर्थात्

$$\frac{AO}{OE} = \frac{OC}{OD} = \frac{OB}{OF} = \frac{2}{1}$$

अन्तः केन्द्र (Incentre) : किसी त्रिभुज के अन्तः कोणों के समद्विभाजक जिस बिन्दु पर मिलते हैं अन्तः केन्द्र कहलाता है।

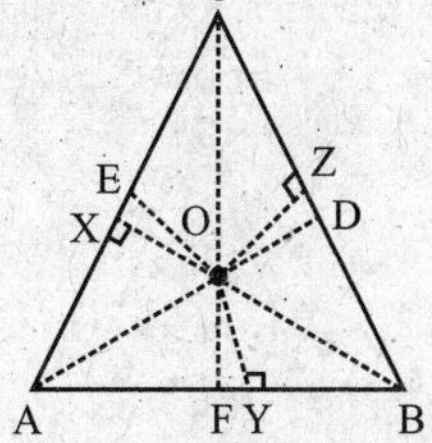

यहाँ, CF, $\angle C$ को, BE, $\angle B$ को और AD, $\angle A$ को समद्विभाजित करते हैं, जो परस्पर O से मिलते हैं।

अतः O इस त्रिभुज का अन्तः केन्द्र है।

नोट : (i) किसी त्रिभुज के अन्तः केन्द्र से त्रिभुज की भुजाओं पर डाला गए लम्ब आपस में समान होते हैं।

अर्थात् $OX = OY = OZ$

(ii) अन्तः केन्द्र तथा अन्तः केन्द्र से त्रिभुज की भुजा पर डाले गए लम्ब को त्रिज्या लेकर खींचा गया वृत्त अन्तः वृत्त (Inscribed Circle) कहलाता है, जो त्रिभुज की तीनों भुजाओं को स्पर्श करता है।

परिकेन्द्र (Circum Centre) : किसी त्रिभुज की भुजाओं के लम्ब अर्द्धक जिस बिन्दु पर मिलते हैं वह बिन्दु परिकेन्द्र कहलाता है।

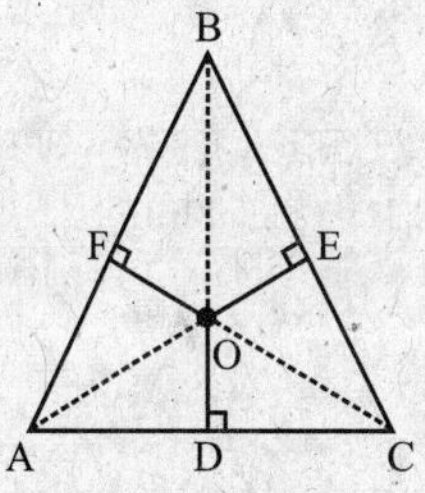

यहाँ O, ΔABC का परिकेन्द्र है।

नोट : (i) त्रिभुज के परिकेन्द्र से शीर्ष की दूरी समान होती है।

अर्थात् $AO = BO = CO$

(ii) त्रिभुज के परिकेन्द्र और परिकेन्द्र से शीर्ष की दूरी को त्रिज्या मानकर खींचा गया वृत्त, परिवृत्त (Circum Circle) कहलाता है। जो त्रिभुज के तीनों शीर्षों को स्पर्श करता है।

त्रिभुज से संबंधित कुछ महत्वपूर्ण प्रमेय :

(a) किसी भी त्रिभुज के तीनों अंतःकोणों का योग 180° होता है।

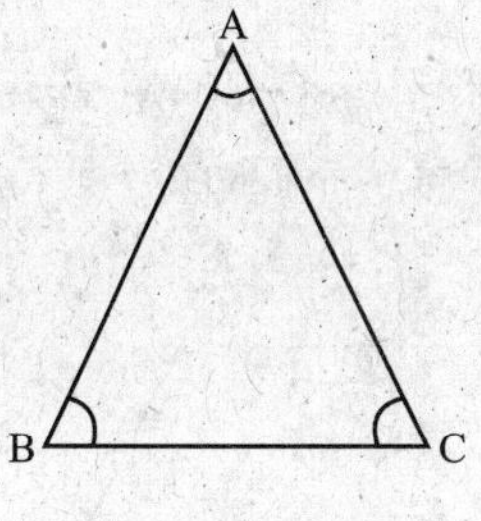

$\angle A + \angle B + \angle C = 180°$

(b) किसी त्रिभुज के तीनों बहिष्कोणों का योग 360° होता है। ($\angle A + \angle B + \angle C$) सभी बहिष्कोण $= 360°$

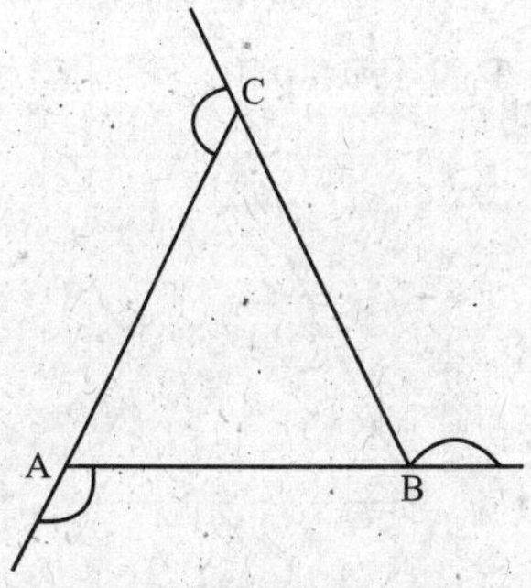

(c) किसी त्रिभुज के किसी भुजा को बढ़ा दिया जाए तो इस प्रकार बना बहिष्कोण दो अन्तः कोणों के योग के बराबर होता है।

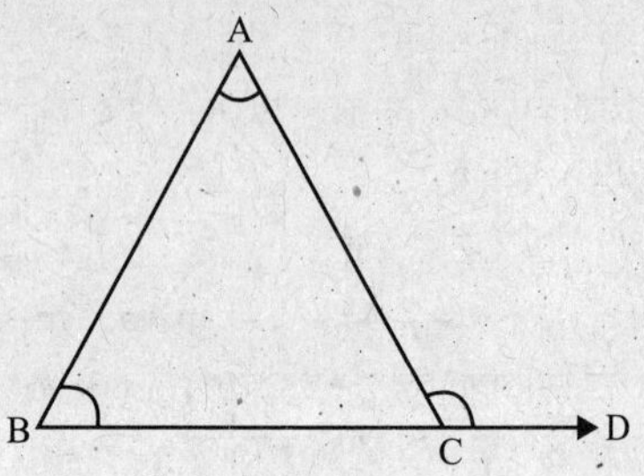

Δ ABC में भुजा BC को D तक बढ़ाया गया।

$\therefore$ बहिष्कोण = दो अन्तः कोणों का योग

$\Rightarrow \angle ACD = \angle A + \angle B$

(d) किसी भी त्रिभुज में समान भुजा के सामने वाले कोण समान होते हैं। यदि $AB = AC$ हो तो, $\angle B = \angle C$ होगा।

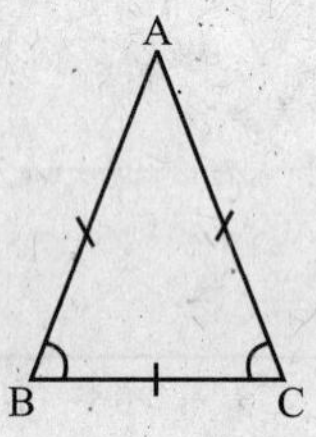

(5) किसी भी त्रिभुज में समान कोण के सामने की भुजा समान होती है।

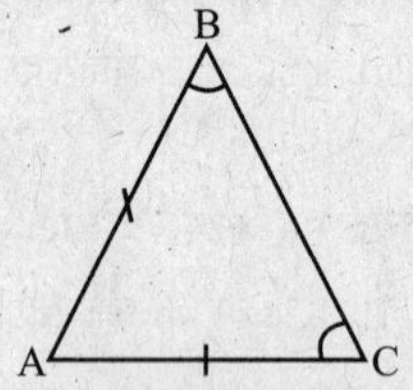

यदि $\angle B = \angle C$ हो तो, भुजा $AC = AB$ होगा।

(6) किसी त्रिभुज में दो भुजाओं का योग तीसरी भुजा से बड़ा होता है।

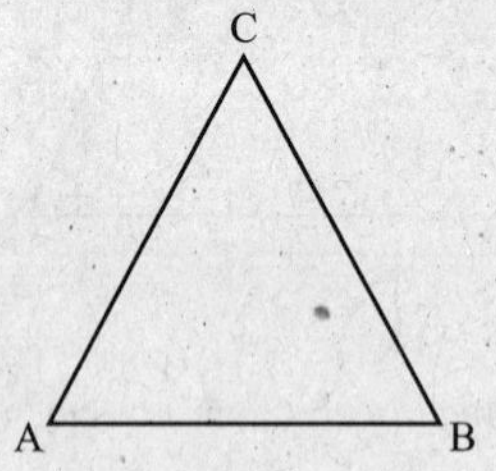

$AB + BC > CA$ या $AB + AC > BC$ या $BC + CA > AB$

(7) किसी त्रिभुज में दो भुजाओं का अन्तर तीसरी भुजा से छोटा होता है।

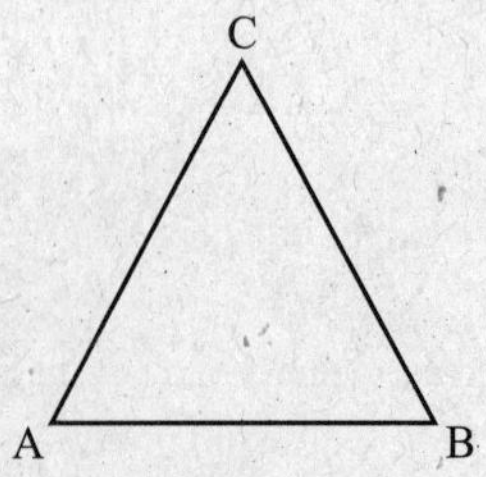

$AB - BC < CA$ या $AB - AC < BC$ या $BC - CA < AB$

(8) किसी त्रिभुज में बड़े कोण के सामने की भुजा छोटे कोण के सामने की भुजा से बड़ी होती है।

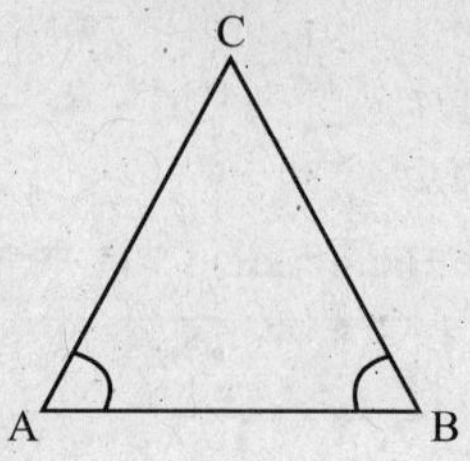

यदि $\angle A > \angle B$ तो $BC > AC$

(9) किसी त्रिभुज में बड़ी भुजा के सामने का कोण छोटी भुजा के सामने के कोण से बड़ा होता है।

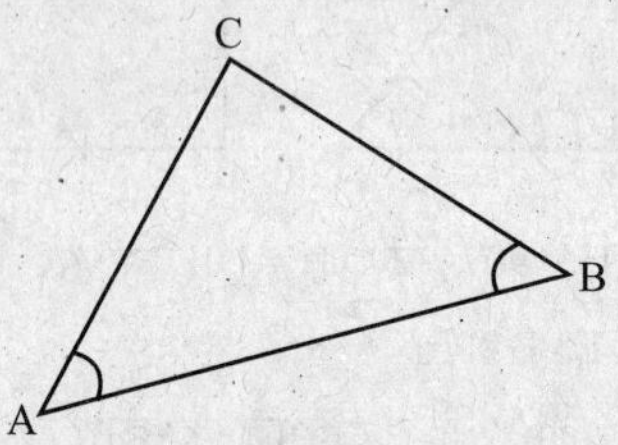

यदि $AC > BC$ तो $\angle B > \angle A$

(10) समकोण त्रिभुज का कर्ण सबसे बड़ी भुजा होती है, समकोण त्रिभुज ABC में सबसे बड़ी भुजा = BC

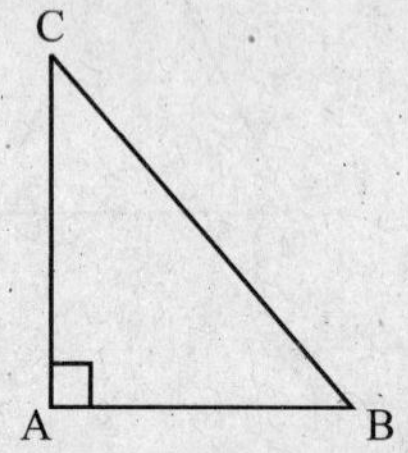

(11) त्रिभुज के तीनों माध्यिकाओं का योग त्रिभुज के परिमाप के आधे से बड़ा होता है।

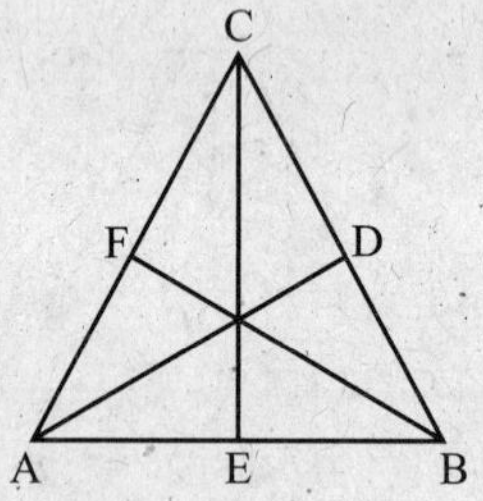

यदि AD, CE और BF, Δ ABC की माध्यिका हो, तो

$$AD + CE + BF > \frac{AB + BC + CA}{2}$$

(12) किसी त्रिभुज की दो भुजाओं को एक ही दिशा में बढ़ाया जाए और बने बहिष्कोण को समद्विभाजित किया जाए तो समद्विभाजक जिस बिन्दु पर मिलता है, वहाँ पर बना अन्तः कोण 90° से शीर्ष के आधे के बराबर कम होता है।

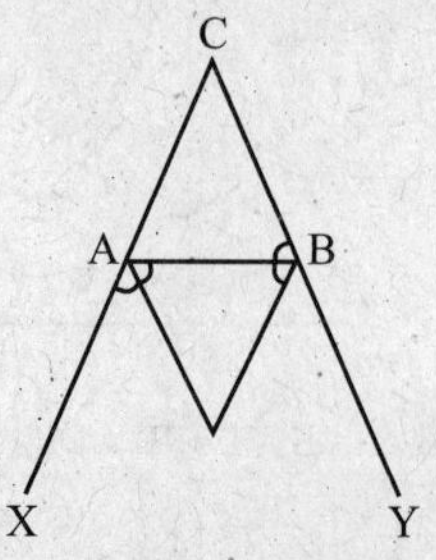

ABC एक Δ है। जिसकी भुजा CB और CA को y और x तक क्रमशः बढ़ाया गया है।

बने बहिष्कोण $\angle A$ और $\angle B$ को समद्विभाजित कर O पर मिलाया गया है, तो–

$$\angle AOB = 90 - \frac{\angle ACB}{2}$$

(13) त्रिभुज का परिमाप शीर्ष के सम्मुख भुजाओं पर डाले गए लम्बों के योग से बड़ा होता है। अर्थात्

$(AB + BC + CA) > (AX + BY + CZ)$

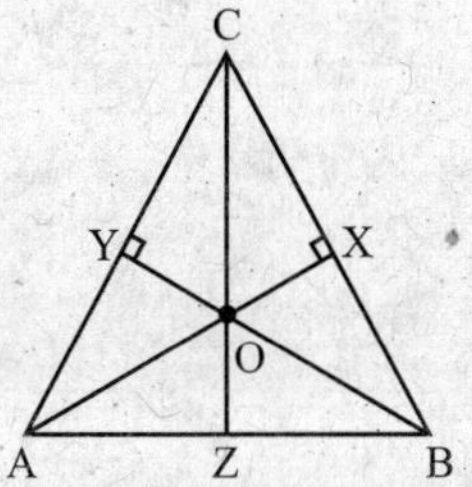

उदाहरण

1. ABC एक समकोण त्रिभुज है और AC पर BD लम्ब है तब $(BD)^2$ बराबर है–

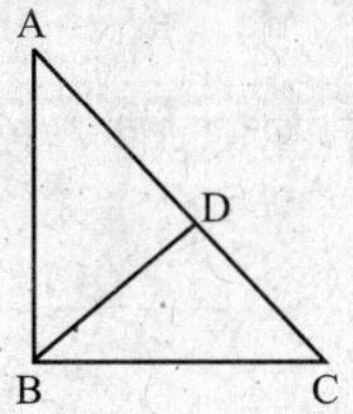

(a) AB × AC (b) BA × BC
(c) CA × CB (d) DA × DC

हल : (d)

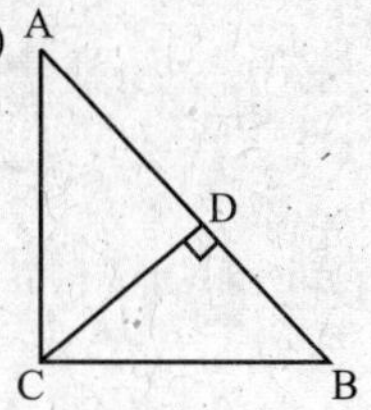

प्रमेय से,

त्रिभुज की संगत भुजा आनुपातिक होगी।

$\therefore \quad BD \times DB = AD \times DC$

$\Rightarrow \quad (BD)^2 = AD \times DC$

2. एक त्रिभुज ABC की भुजाओं AB और AC पर क्रमशः बिन्दु D और E इस प्रकार हैं कि AD = 8 सेमी, DB = 12 सेमी, AE = 6 सेमी. और EC = 9 सेमी, $\frac{BC}{DE}$ बराबर है–

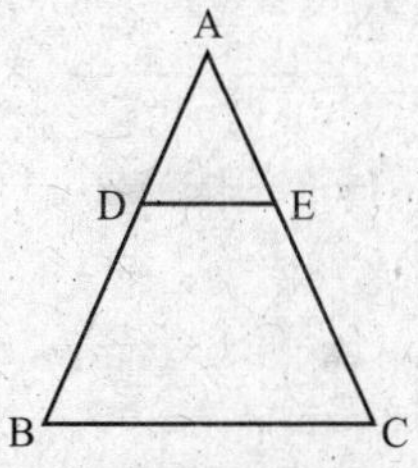

(a) $\frac{3}{2}$ (b) 2
(c) $\frac{5}{2}$ (d) 3

उत्तर : (c)

चतुर्भुज

चतुर्भुज (Quadrilateral) : चार भुजाओं से घिरा हुआ क्षेत्र चतुर्भुज कहलाता है।

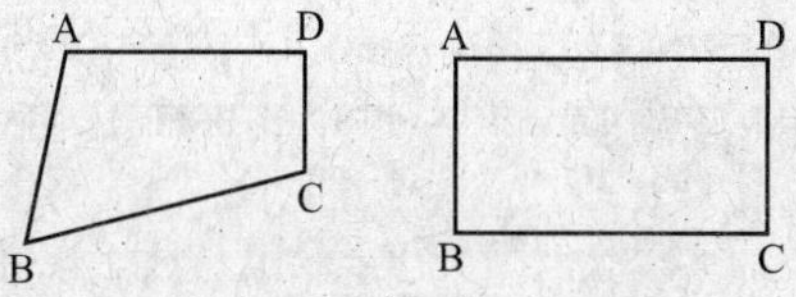

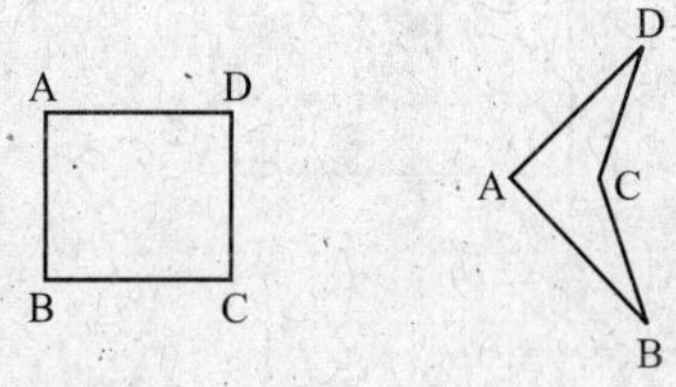

आदि

चतुर्भुज के प्रकार (Types of Quadrilateral)

1. आयत (Rectangle) : वैसा चतुर्भुज जिसके आमने-सामने की भुजा बराबर तथा चारों कोण समकोण हों आयत कहलाता है।

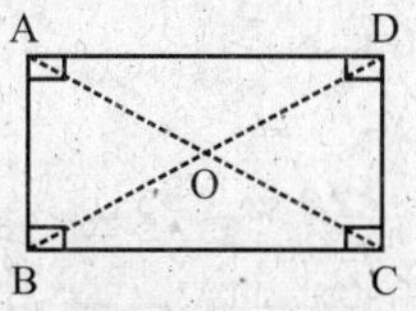

यहाँ ABCD में,

AB = CD और AD = BC तथा

$\angle A = \angle B = \angle C = \angle D = 90°$

(i) आयत का विकर्ण आपस में समान होता है। [AC = BD]

(ii) आयत के विकर्ण एक-दूसरे को परस्पर लम्बवत समद्विभाजित करते हैं।

$\therefore \quad \angle AOB = \angle AOD = \angle BOC$
$= \angle COD$
$= 90°$

तथा $\quad AO = OC = OD = OD$

(iii) आयत की सम्मुख भुजा आपस में समानान्तर होती है अर्थात्

AB||CD और BC||AD

2. वर्ग (Square) : वैसा चतुर्भुज जिसकी चारों भुजाएँ बराबर तथा चारों कोण समकोण हों, वर्ग कहलाता है।

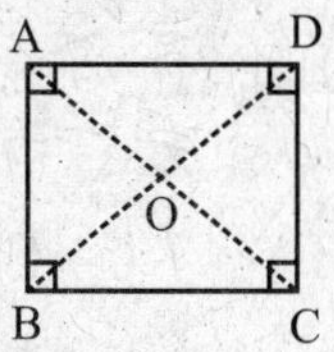

यहाँ ABCD में,

AB = BC = CD = DA तथा

$\angle A = \angle B = \angle C = \angle D = 90°$

$\therefore$ ABCD एक वर्ग है।

(i) वर्ग का प्रत्येक विकर्ण आपस में समान होता है।

(ii) वर्ग का विकर्ण एक-दूसरे को परस्पर लम्बवत समद्विभाजित करता है।

$\angle AOD = \angle DOC = \angle COB$

$= \angle BOA = 90°$

तथा $AO = OB = OC = OD$

(iii) वर्ग की सम्मुख भुजा परस्पर समानान्तर होती है अर्थात्

$AB \| CD$ तथा $BC \| AD$

3. समलम्ब चतुर्भुज (Trapezium) : वैसा चतुर्भुज जिसका कोई भी आमने-सामने का एक भुजा युग्म आपस में समानान्तर हो समलम्ब चतुर्भुज कहलाता है।

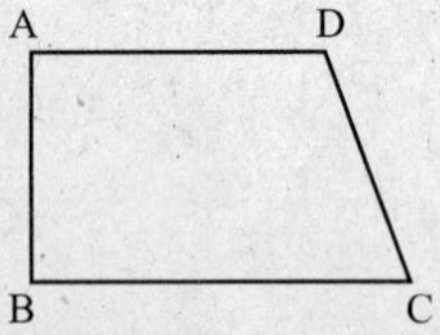

यहाँ ABCD में $AD \| BC$

$\therefore$ ABCD समलम्ब चतुर्भुज है।

4. विषमकोण समचतुर्भुज (Rhombus) : वैसा चतुर्भुज जिसकी चारों भुजाएँ आपस में समान हों तथा आमने-सामने की भुजा आपस में समान्तर हो, विषमकोण सम चतुर्भुज कहलाता है।

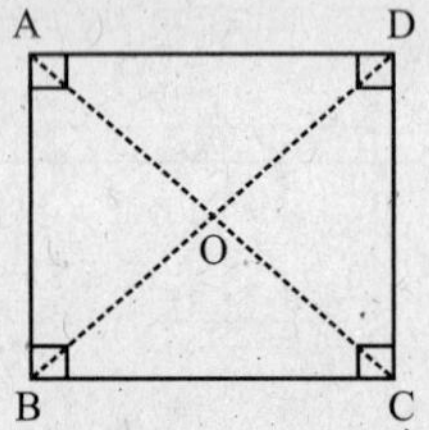

यहाँ $AB = BC = CD = DA$ तथा $AB \| CD$ और $BC \| AB$ है।

$\therefore$ ABCD विषमकोण समचतुर्भुज है।

(i) विषमकोण समचतुर्भुज में आमने-सामने का कोण समान होता हैं, अर्थात्

$\angle A = \angle C$ और $\angle B = \angle D$

(ii) विषम कोण सम-चतुर्भुज का विकर्ण एक-दूसरे को परस्पर लम्बवत समद्विभाजित करता है अर्थात्

$\angle AOD = \angle DOC = \angle COB$

$= \angle AOB = 90°$

$AO = OC$ और $BO = OD$

5. चक्रीय चतुर्भुज (Cyclic Quadrilateral) : यदि किसी चतुर्भुज के चारों शीर्ष किसी वृत्त की परिधि पर हों तो ऐसा चतुर्भुज चक्रीय चतुर्भुज कहलाता है।

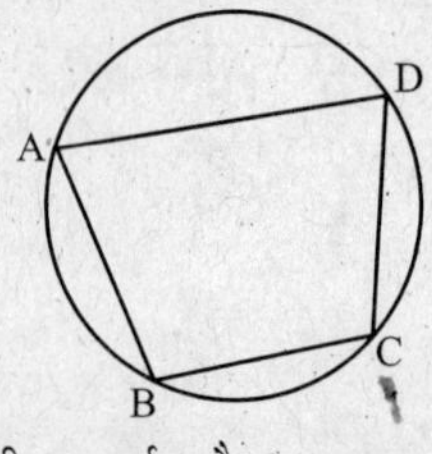

यहाँ ABCD एक चक्रीय चतुर्भुज है।

(i) चक्रीय चतुर्भुज के सम्मुख कोणों का योग 180° होता है। अर्थात्

$\angle A + \angle C = 180°$ और

$\angle B + \angle D = 180°$

6. समानान्तर चतुर्भुज (Parallelogram) : वैसा चतुर्भुज जिसके आमने-सामने की भुजा आपस में बराबर और समानान्तर हो समानान्तर चतुर्भुज कहलाता है।

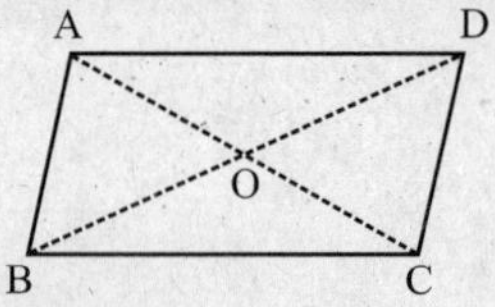

यहाँ $AB = CD$ और $AB \| CD$ तथा

$BC = AD$ और $BC \| AD$ है।

$\therefore$ ABCD समानान्तर चतुर्भुज है।

(i) समानान्तर चतुर्भुज का आमने-सामने का कोण आपस में समान होते हैं अर्थात्

$\angle A = \angle C$ और $\angle B = \angle D$

(ii) प्रत्येक विकर्ण चतुर्भुज को दो बराबर त्रिभुज में बाँटता है। अर्थात्

$\Delta BCD = \Delta ABD$ और $\Delta ACB \cong \Delta ACD$

(iii) विकर्ण एक-दूसरे को समद्विभाजित करते हैं अर्थात् $AO = OC$ तथा $BO = OD$

(iv) किसी चतुर्भुज के सभी भुजा के मध्य बिन्दु को मिलाने से बना चतुर्भुज समान्तर चतुर्भुज होता है।

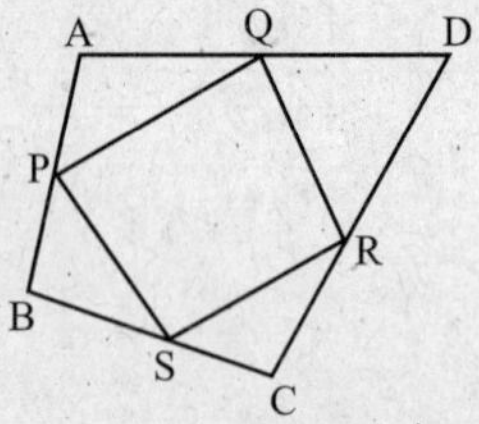

यदि P, Q, R तथा S क्रमशः AB, AD, DC और CD के मध्य बिन्दु हों, तो PQRS समानान्तर चतुर्भुज होगा।

(v) समान्तर चतुर्भुज की भुजाओं के वर्गों का योग विकर्णों के वर्गों के योग के बराबर होता है।

वृत्त

वृत्त (Circle) : एक निश्चित बिन्दु से प्रत्येक समान दूरी को मिलाने से जो आकृति बनती है वृत्त कहलाती है।

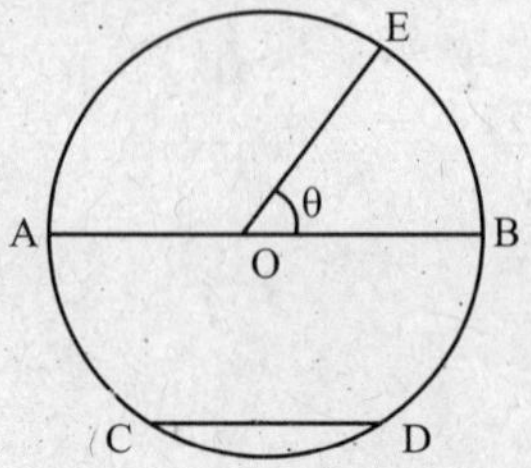

केन्द्र (Centre) : वैसा बिन्दु जहाँ से वृत्त के चारों ओर घेरे की दूरी समान हो केन्द्र कहलाता है। यहाँ "O" वृत्त का केन्द्र है।

त्रिज्या (Radius) : वृत्त के केन्द्र से परिधि को मिलाने वाली रेखा त्रिज्या कहलाती है, इसे r से निरुपित किया जाता है।

यहाँ OB, OA, OE सभी वृत्त की त्रिज्याएँ है।

व्यास (Diameter) : वैसी रेखा जो वृत्त के केन्द्र से होकर गुजरते हुए दोनों ओर परिधियों को छुए, व्यास कहलाता है। इसे D से प्राय: निरुपित किया जाता है।

यहाँ AB वृत्त का व्यास है।

जीवा (Chord) : वृत्त के दोनों ओर परिधि को छुने वाली रेखा जीवा कहलाती है।

यहाँ CD : वृत्त की जीवा है।

नोट : वृत्त का व्यास भी एक जीवा है जो उस वृत्त की महत्तम जीवा कहलाता है।

परिधि (Circumference) : वृत्त वक्र पथ की लम्बाई उसकी परिधि कहलाता है।

वृत्त पर आधारित कुछ प्रमुख प्रमेय

(a) समान जीवा द्वारा वृत्त की परिधि पर बना कोण आपस में समान होता है।

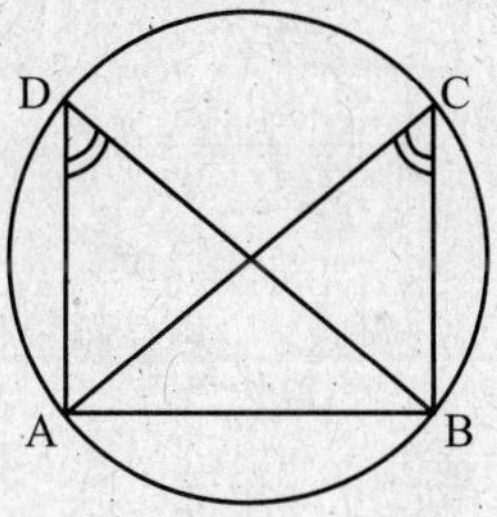

(b) वृत्त की महत्तम जीवा (व्यास) द्वारा वृत्त की परिधि पर बना कोण समकोण (90°) होता है।

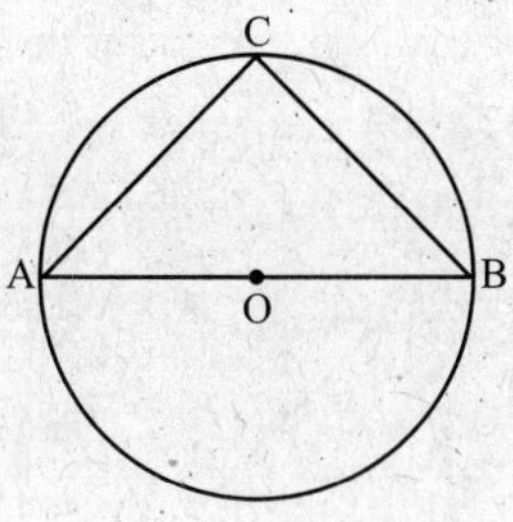

यहाँ AB वृत्त की महत्तम जीवा (व्यास) है।

$\therefore \angle C = 90°$

(c) समान जीवा द्वारा वृत्त की परिधि पर बना कोण, वृत्त के केन्द्र पर बने कोण का आधा होता है।

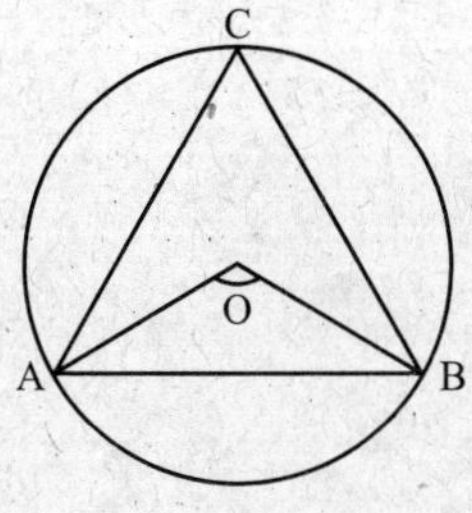

अर्थात् $\angle AOB = 2\angle ACB$

(d) वृत्त के केन्द्र से जीवा पर डाला गया लम्ब जीवा को दो बराबर भागों में बाँटता है।

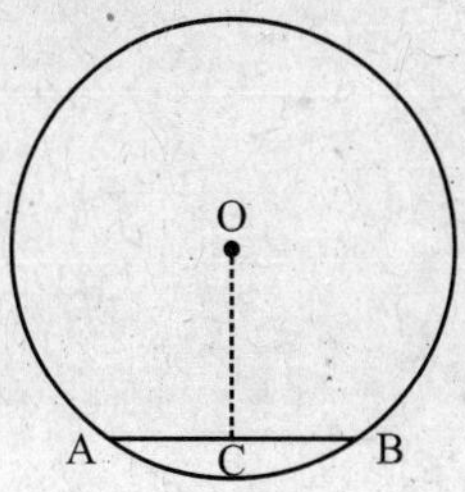

अर्थात् $AC = CB$

(5) वृत्त के जीवा के मध्य बिन्दु से केन्द्र को मिलाने वाली रेखा जीवा पर लम्ब होती है।

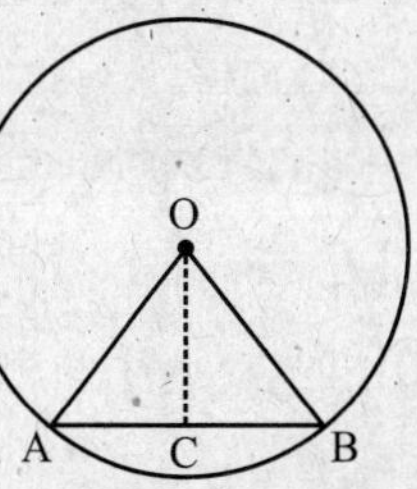

यहाँ AB का मध्य बिन्दु C और O वृत्त का केन्द्र है तो $OC \perp AB$

(6) यदि वृत्त की दो जीवाएँ वृत्त के अन्दर एक-दूसरे को प्रतिछेद करे तो बना दो त्रिभुज (चित्र में) आपस में समरूप होता है।

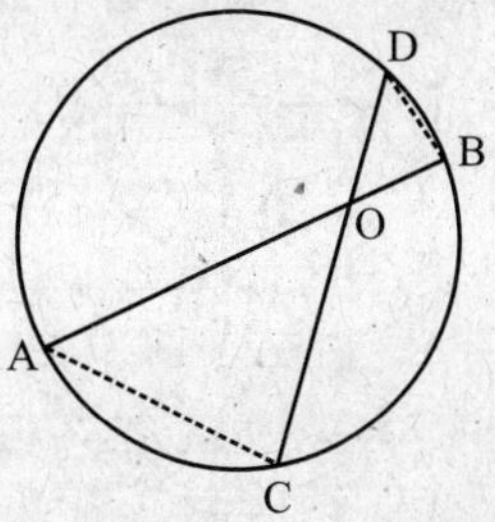

यहाँ वृत्त की AB और CD, जीवा O बिन्दु पर प्रतिच्छेद कर रहा है।

$\angle A = \angle D$ तथा $\angle B = \angle C$ प्रमेय (a) से एवं $\angle DOB = \angle COA$

अत: दोनों त्रिभुज समान कोणिक एवं समरूप हुए।

(7) वृत्त की कोई स्पर्श रेखा CD और एक जीवा AB वृत्त के बाहर किसी बिन्दु C पर मिलें तो

$CB \times CA = CD$ होगा।

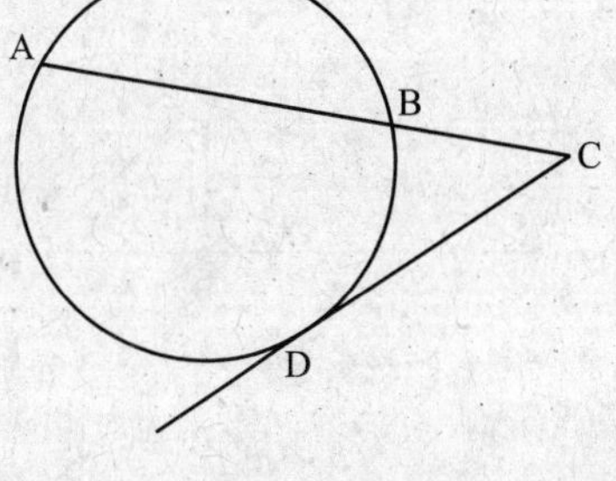

(8) यदि किसी वृत्त की दो जीवाएँ वृत्त के बाहर किसी बिन्दु पर मिलें,

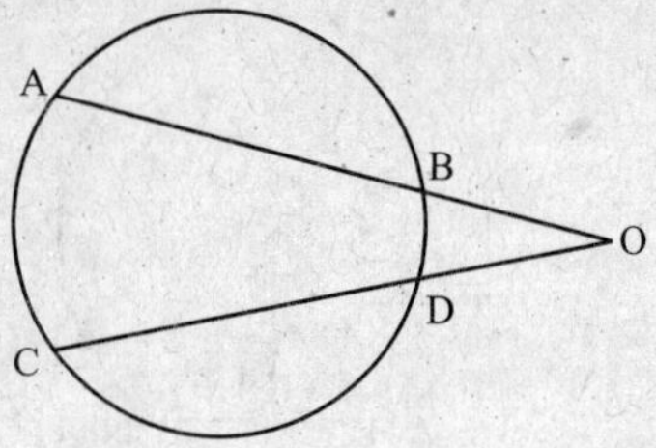

यहाँ वृत्त की AB और CD जीवा वृत्त के बाहर बढ़कर O बिन्दु पर मिल रही है, तो

$AO \times BO = CO \times DO$

(9) किसी भी वृत्त जीवा का लम्ब समद्विभाजक वृत्त के केन्द्र से होकर जाता है।

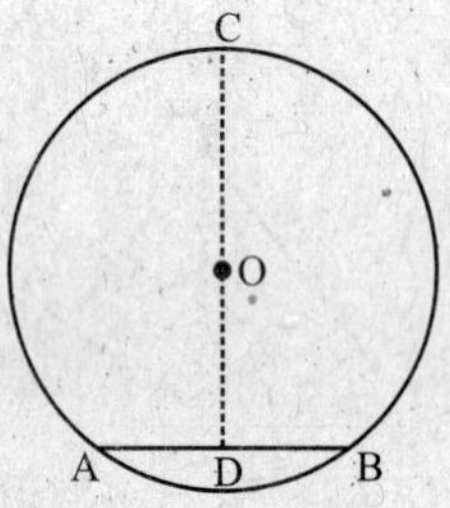

यहाँ जीवा AB को CD लम्ब समद्विभाजित कर रहा है। CD वृत्त केन्द्र O से होकर जाएगी।

(10) किसी भी वृत्त के समान जीवा केन्द्र से समान दूरी पर होते हैं।

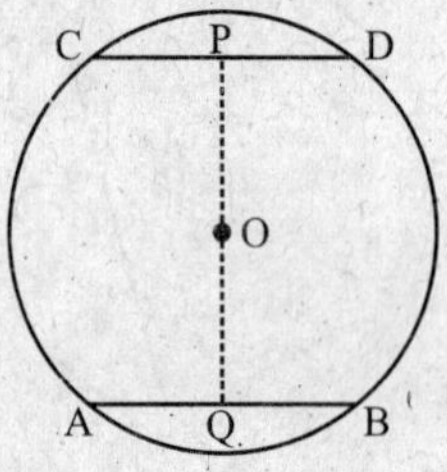

यहाँ जीवा AB = जीवा CD है। तो इनकी केन्द्र से दूरी समान होगी। अर्थात् OP = OQ

(11) केन्द्र से समान दूरी पर बने जीवा आपस में समान होते हैं। ऊपर के चित्र में यदि OP = OQ तो AB = CD

(12) यदि दो वृत्त एक-दूसरे को किन्हीं दो बिन्दुओं पर काटें और कटान के किसी एक बिन्दु से दोनों वृत्त का व्यास बनाया जाए तो दोनों वृत्तों के व्यास के अंतिम छोरों को मिलाने वाली रेखा वृत्तों के दूसरे कटान बिन्दु से होकर गुजरती है।

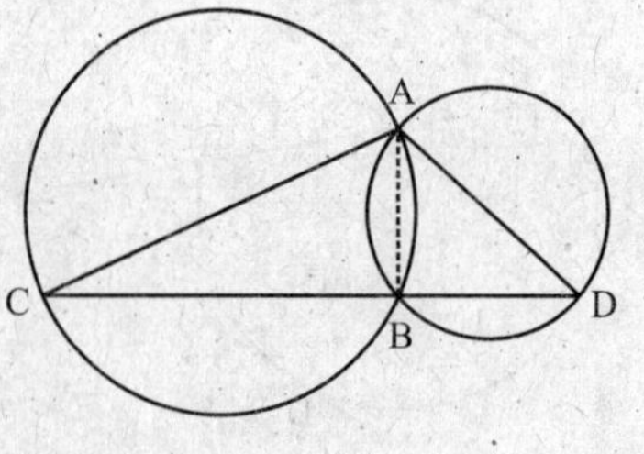

दोनों वृत्त यहाँ A और B पर एक-दूसरे को काट रहे हैं। AC तथा AO क्रमशः इनका व्यास है।

∴ B बिन्दु CD रेखा पर होगा।

(13) दो संकेन्द्री वृत्त के केन्द्र से जीवा पर लम्ब डाला जाए तो, AC = BD होगा।

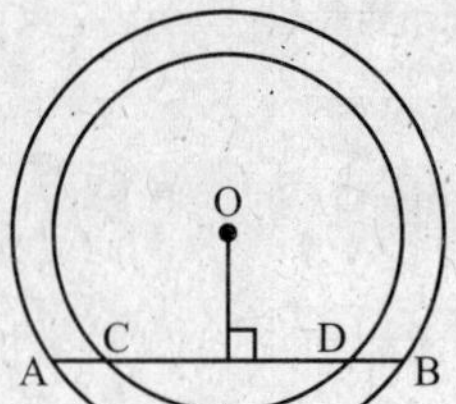

उदाहरण

1. नीचे दिए गए चित्र में ∠ABC का माप होगा

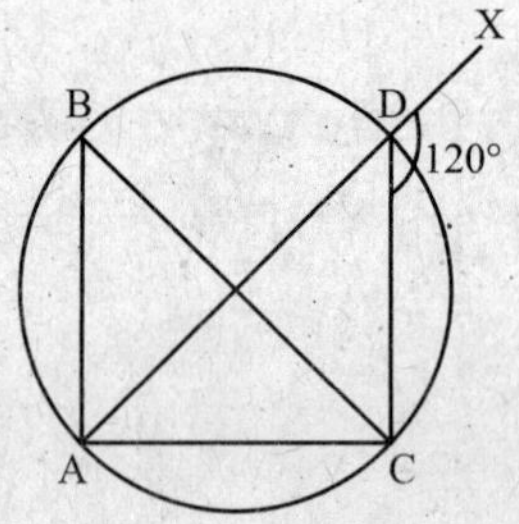

(a) 20° (b) 60°
(c) 45° (d) इनमें से कोई नहीं

हल : (b) ∠DAC = 180 – 120 = 60°

[सरल रेखा के एक बिन्दु पर बना कोण है]

∴ ∠ABC = ∠DAC = 60°

[∵ दोनों कोण समान जीवा से बने परिधि पर के कोण हैं]

2. एक वृत्त की दो जीवाएँ AB एवं CD, E पर इस प्रकार प्रतिच्छेद करती हैं, जिससे AE = 2.4 सेमी., BE = 3.2 सेमी. एवं CE = 1.6 सेमी. है तो DE की लम्बाई है।

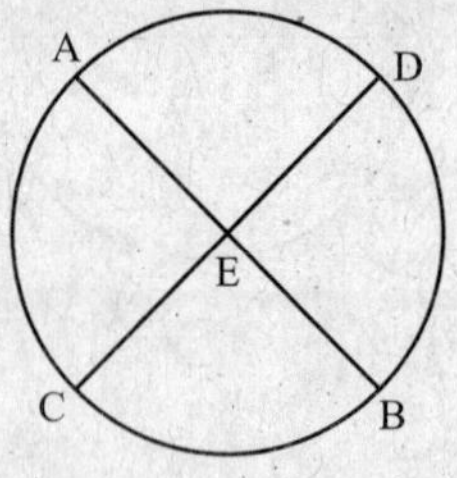

(a) 4.8 सेमी. (b) 6.4 सेमी.
(c) 1.6 सेमी. (d) इनमें से कोई नहीं

हल : (d) $\frac{BE}{CE} = \frac{AE}{ED}$,

$\Rightarrow \quad \frac{3.2}{1.6} = \frac{2.4}{ED}$

$\Rightarrow \quad ED = \frac{2.4}{2} = 1.2$

बहुभुज

बहुभुज (Polygons) : ऐसी सरल रेखाओं से बनी बंद (closed) आकृति जिसमें भुजाओं की संख्या तीन या तीन से अधिक हो, बहुभुज कहलाती है।

उदाहरण – तीन भुजाओं से घिरी आकृति → त्रिभुज (Triangle)

चार भुजाओं से घिरी आकृति → चतुर्भुज (Quadrilateral)

पाँच भुजाओं से घिरी आकृति → पंचभुज (Pentagon)

छः भुजाओं से घिरी आकृति → षष्टभुज (Hexagon)

सात भुजाओं से घिरी आकृति → सप्तभुज (Heptagon)

आठ भुजाओं से घिरी आकृति → अष्टभुज (Octagon)

नौ भुजाओं से घिरी आकृति → नौभुज (Nonagon)

दस भुजाओं से घिरी आकृति → दसभुज (Decagon)

समबहुभुज (Regular Polygon) : वैसा बहुभुज जिसकी प्रत्येक भुजा आपस में समान हो समबहुभुज कहलाता है।

अवतल बहुभुज (Concave Polygon) : वैसा बहुभुज जिसका कोई भी अन्तः कोण 180° से बड़ा हो Concave Polygon कहलाता है।

उत्तल बहुभुज (Convex Polygon) : वैसा बहुभुज जिसका कोई भी अन्तः कोण 180° से बड़ा न हो Convex Polygon कहलाता है।

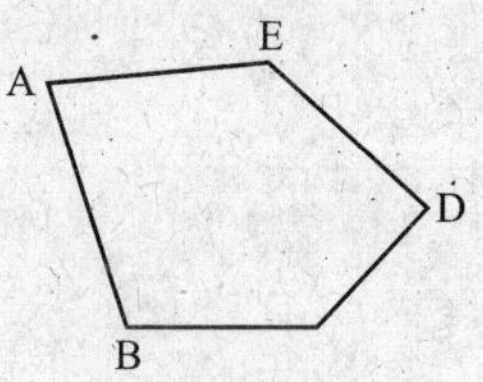

उत्तल बहुभुज

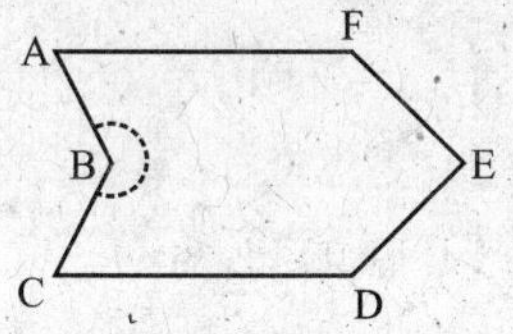

अवतल बहुभुज

कुछ महत्वपूर्ण सूत्र

(i) यदि बहुभुज के भुजाओं की संख्या n हो, तो उसके विकर्णों की संख्या $= \frac{n(n-1)}{2} - n$

(ii) किसी भी बहुभुज के वाह्य कोणों का योग (360°) होता है।

(iii) किसी सम बहुभुज का प्रत्येक बाह्य कोण $= \left(\frac{360}{n}\right)^\circ$

जहाँ $n \to$ बहुभुज के भुजाओं की संख्या है।

(iv) उत्तल बहुभुज के अंतः कोणों का योग $= (n-2) \times 180^\circ$

(v) समबहुभुज के प्रत्येक अन्तः कोण का माप $= \frac{(n-2)180^\circ}{n}$

उदाहरण

1. त्रिभुज के तीनों अन्तः कोणों और बहिष्कोणों का योग क्या होगा?

(a) 180° (b) 360°
(c) 540° (d) 720°

हल : (c) त्रिभुज के तीनों अन्तः कोण का योग

$= (3-2) \times 180^\circ = 180^\circ$

तथा त्रिभुज के तीनों बहिष्कोण का योग

$= 360^\circ$

∴ अन्तः और बहिष्कोणों का कुल योग

$= 180^\circ + 360^\circ = 540^\circ$

2. एक समषट्भुज के बहिष्कोण और अन्तःकोण के योगों का अन्तर कितना होगा?

(a) 180° (b) 360°
(c) 540° (d) 720°

हल : (b) षट्भुज के अन्तः कोणों का योग

$= (6-2)180^\circ$
$= 720^\circ$

षट्भुज के बहिष्कोणों का योग $= 360^\circ$

∴ षट्भुज के अन्तः और बहिष्कोणों के योग का अन्तर $= 720 - 360$
$= 360^\circ$

कोणों का वृत्तीय माप

1. परिक्रामी रेखा की स्थिति : दो परस्पर लम्ब रेखाएँ समतल को चार भागों में बाँटती हैं, जिन्हें चतुर्थांश या पाद (quadrants) कहते हैं।

यदि परिक्रामी रेखा वामवर्त घूमकर प्रारम्भिक स्थिति से जो कोण बनाती है वह 90° से कम है तो उसकी स्थिति प्रथम पाद में होती है। यदि वह कोण 90° से अधिक है लेकिन 180° से कम है तो उसकी स्थिति दूसरे पाद में होती है और यदि 180° से अधिक तथा 270° से कम है तो तृतीय पाद में और यदि वह कोण 270° से अधिक तथा 360° से कम है तो उसकी स्थिति चतुर्थ पाद में होती है। चित्र में, रेखा OA द्वितीय पाद में है।

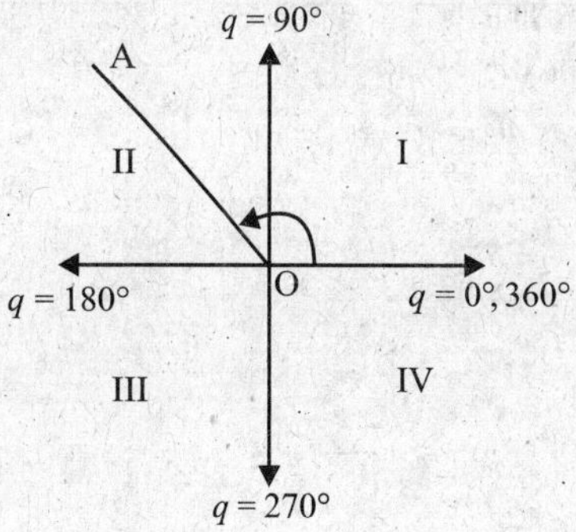

परिक्रामी रेखा एक चक्कर में 360° अर्थात् 4 समकोण का कोण घूम जाती है। यदि वह इससे भी अधिक कोण घूमती है, जैसे 840°, 1220°, 1640° आदि तो पूरे चक्कर लगाने के पश्चात् जितना कोण बचता है, उस कोण से यह ज्ञात किया जाता है कि परिक्रामी रेखा किस पाद में है। जैसे- 1250° का कोण घूमने पर $1250^\circ = 3 \times 360 + 170^\circ$ अर्थात् तीन पूरे चक्कर काटने के बाद यह प्रारम्भिक स्थिति से 170° का कोण बनाती है जो 90° से अधिक लेकिन 180° से कम है, अतः रेखा द्वितीय पाद में है।

2. कोण मापने की पद्धतियाँ (Systems of Measuring the Angles) : कोण मापने की तीन पद्धतियाँ हैं–

(a) षटिक पद्धति (Sexagesimal System) : इस पद्धति में,

1 समकोण = 90 डिग्री (90°), $1^\circ = 60$ मिनट $(60')$, $1' = 60$ सेकंड $(60'')$

(b) शतिक पद्धति (Centesimal System) : इस पद्धति में,

1 समकोण = 100 ग्रेड (100^g), $1^g = 100$ मिनट $(100')$, $1' = 100$ सेकंड $(100'')$

(c) वृत्तीय माप (Circular Measurement) : इस पद्धति में कोण मापने की इकाई रेडियन है। किसी वृत्त के केन्द्र पर उसकी त्रिज्या के बराबर लम्बाई

के चाप द्वारा अन्तरित कोण एक रेडियन कहलाता है। इसे 1^c से निरूपित करते हैं।

1 = रेडियन त्रिज्या r के बराबर चाप AB द्वारा केन्द्र पर बनाया गया कोण

$= \frac{360}{2\pi r} \times r$

($\because$ परिधि $2\pi r$ केन्द्र पर 360° का कोण बनाती है)

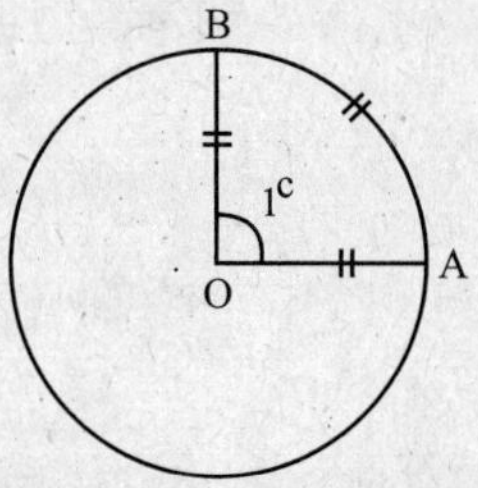

$= \frac{180}{\pi}$

$= \frac{180 \times 7}{22}$

$= 57° \; 16' \; 21.8''$

$\therefore$ 1c = 57° 16' 21.8" एवं 180° = π रेडियन

3. षटिक पद्धति से वृत्तीय पद्धति तथा वृत्तीय पद्धति से षटिक पद्धति में परिवर्तन :

(i) यदि कोण अंशों में दिया है और रेडियन में बदलना है तो π से गुणा कर दें तथा 180° से भाग कर दें। जैसे–

$405° = \frac{405 \times \pi}{180}$

रेडियन $= \frac{9\pi^2}{4}$

$315° \; 15' = 315° + \frac{15°}{60}$

$= \frac{1261°4}{4}$

$= \frac{1261 \times \pi}{4 \times 180}$

$= \frac{1261\pi}{720}$ रेडियन

(ii) यदि कोण रेडियन में दिया है और अंशों में बदलना है तो 180 से गुणा कर दें और π से भाग कर दें और π का मान $\frac{22}{7}$ रख दें। जैसे–

$8^c = \frac{8 \times 180}{\pi}$ डिग्री

$= \frac{8 \times 180 \times 7}{22}$

$= \frac{5040}{11} = 458° \; 10' \; 54.5''$

यदि कोण में π लगा है तो 180 से गुणा तथा π से भाग करने की आवश्यकता नहीं है, केवल π का मान 180° रख दें। जैसे–

$\frac{4\pi^c}{3} = \frac{4 \times 180°}{3}$

$= \frac{720°}{3} = 240°$

4. बहुभुज के अन्तःकोणों का योग : यदि बहुभुज में n भुजाएँ हैं तो कोणों का योग $(2n - 4) \times 90°$ डिग्री या $(n - 2)\pi$ रेडियन होता है। यदि बहुभुज की भुजाएँ बराबर हैं तब,

प्रत्येक अन्तः कोण

$= \frac{(2n-4) \times 90}{n}$ डिग्री या $\frac{(n-2)n}{n}$ रेडियन

5. बहुभुज बहिष्कोणों का योग : किसी भी बहुभुज बहिष्कोणों का योग 360 डिग्री या 2π रेडियन होता है। यदि सब भुजाएँ बराबर हैं, तब प्रत्येक बहिष्कोण $= \frac{360}{n}$ डिग्री। जैसे– 12 भुजाओं वाले समबहुभुज का प्रत्येक बहिष्कोण

$= \frac{(2 \times 12 - 4) \times 90°}{12}$

$= \frac{20 \times 90°}{12} = 150°$

$= \frac{150 \times \pi}{180}$

$= \frac{5\pi}{6}$ रेडियन अथवा

$\frac{(12-2)n}{12} = \frac{5\pi}{6}$ रेडियन

6. वृत्त के चाप द्वारा केन्द्र पर बना कोण ज्ञात करना :

$l = r\theta$ (जब θ रेडियन में है)

जहाँ l = चॉप की लम्बाई, r = त्रिज्या एवं θ = चॉप द्वारा केंद्र पर अंतरित कोण (रेडियन में)

$= \frac{\theta}{360} \times 2\pi r$ (जब θ डिग्री में है)

25 सेमी॰ त्रिज्या वाले वृत्त के 15 सेमी॰ लम्बे चाप द्वारा केन्द्र पर बना कोण

$\theta = \frac{1}{r} = \frac{15}{25} = \frac{3^c}{5}$

$= \frac{3 \times 180}{5 \times \pi}$

$= \frac{3 \times 180 \times 7}{5 \times 22}$

$= \frac{378}{11} = 34° \; 21' \; 49''$

7. घड़ी की सूइयों की चाल :

(i) 1 मिनट तय करने में मिनट वाली सूई 6° का कोण घूमती है।

(ii) 1 मिनट तय करने में घण्टे वाली सूई $\frac{1°}{2}$ का कोण घूमती है अर्थात् 1 घण्टा तय करने में घण्टे वाली सूई 30° का कोण घूमती है।

(iii) घड़ी की सूईयाँ प्रत्येक $65\frac{5}{11}$ मिनट बात सम्पाती होती हैं।

रचनाएँ

शुद्ध आकृतियों को बनाने के लिए कुछ आधारभूत ज्यामितीय उपकरणों की आवश्यकता होती है। ज्योमेट्री बाक्स में निम्नलिखित उपकरण होते हैं–

(i) अंशाकित पटरी (ruler) जिसके एक ओर सेंटीमीटर तथा मिलीमीटर चिह्नित होते हैं तथा दूसरी ओर इंच और उसके भाग चिह्नित होते हैं।

(ii) सेट-स्क्वायर का एक युग्म जिसमें एक के कोण 90°, 60°, तथा 30° तथा दूसरे के कोण 90°, 45° तथा 45° होते हैं।

(iii) डिवाइडर, जिसकी दोनों भुजाओं में दो नुकीले सिरे होते हैं। इन भुजाओं को समायोजित किया जा सकता है।

(iv) परकार, जिसमें पेंसिल लगाने का विधान होता है।

(v) चाँदा

सामान्यत: एक ज्यामितीय आकृति, जैसे कि त्रिभुज, वृत्त, चतुर्भुज, बहुभुज आदि जिनमें मापें दी हों को बनाने में इन सभी उपकरणों की आवश्यकता होती है, परन्तु ज्यामितीय रचना ज्यामितीय आकृति बनाने की वह प्रक्रिया है जिसमें केवल दो उपकरण- एक अंशांकनहीन पटरी (Ungraduated) और एक परकार का प्रयोग होता है। उन रचनाओं में जिनमें माप भी दिए हों, आप अंशाकित पटरी और चाँदे का भी प्रयोग कर सकते हैं।

आधारभूत रचनाएँ

रचना 1 : एक दिए हुए कोण के समद्विभाजक की रचना करना।

एक कोण ABC दिया है। हम इसके समद्विभाजक की रचना करना चाहते हैं।

रचना के चरण :

1. B को केन्द्र मानकर तथा कोई त्रिज्या लेकर एक चाप लगाइए जो किरण BA और BC को क्रमश:, मान लीजिए, E और D पर प्रतिच्छेद करता है।
2. पुन: D और E को केन्द्र मानकर तथा $\frac{1}{2}$ DE से बड़ी त्रिज्या लेकर चाप लगाइए, जो (मान लीजिए) एक-दूसरे को F पर प्रतिच्छेद करते हैं।
3. किरण BF खींचिए। यही किरण BF, कोण ABC का अभीष्ट समद्विभाजक है।

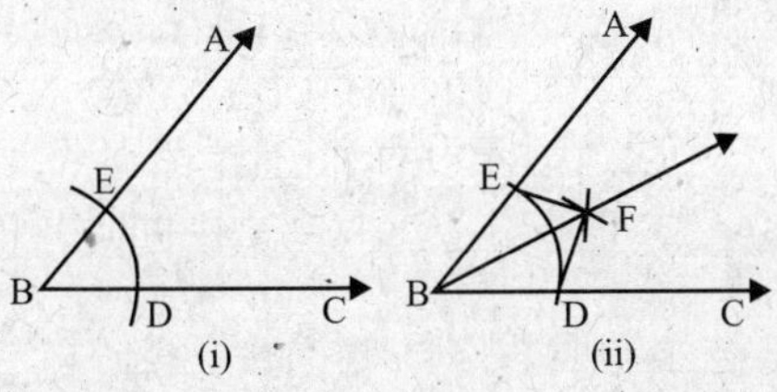

आइए हम देखें कि इस विधि से कोण समद्विभाजक किस प्रकार प्राप्त हुआ है।

DF और EF को मिलाइए। अब त्रिभुजों BEF तथा BDF में,

BE = BD (एक ही चाप की त्रिज्याएँ)

EF = DF (समान त्रिज्या वाले चाप)

BF = BF (उभयनिष्ठ)

अत:, $\Delta BEF \cong \Delta BDF$ (SSS नियम)

इससे प्राप्त होता है :

$\angle EBF = \angle DBF$ (CPCT)

रचना 2 : एक दिए गए रेखाखंड के लम्ब समद्विभाजक (लम्बार्धक) की रचना करना।

एक रेखाखंड AB दिया है। हम इसके लम्ब समद्विभाजक की रचना करना चाहते हैं।

रचना के चरण :

1. A और B को केन्द्र मानकर तथा $\frac{1}{2}$ AB से अधिक त्रिज्या लेकर रेखाखंड AB के दोनों ओर (एक-दूसरे को प्रतिच्छेद करते हुए) चाप लगाइए।
2. मान लीजिए कि ये चाप एक-दूसरे को P और Q पर प्रतिच्छेद करते हैं। PQ को मिलाइए।
3. मान लीजिए PQ, AB को बिन्दु M पर प्रतिच्छेद करती है।

तब रेखा PMQ, AB का अभीष्ट लम्ब समद्विभाजक है।

आइए हम देखें कि यह विधि किस प्रकार AB का लम्ब समद्विभाजक देती है।

A और B को P और Q से मिलाइए जिससे AP, AQ, BP तथा BQ प्राप्त होते हैं।

त्रिभुजों PAQ तथा PBQ में,

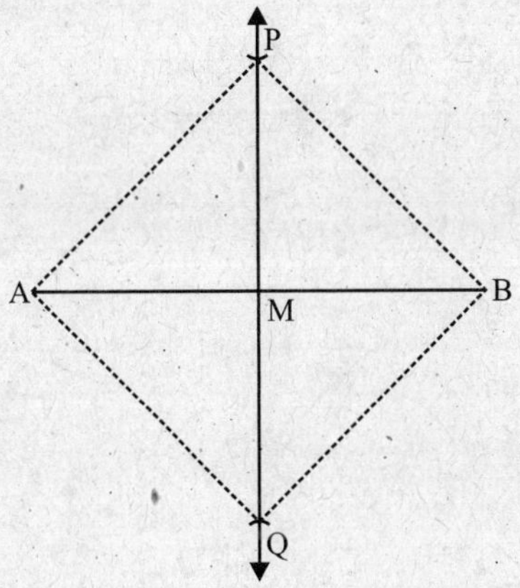

AP = BP (समान त्रिज्या वाले चाप)

AQ = BQ (समान त्रिज्या वाले चाप)

PQ = PQ (उभयनिष्ठ)

अत:, $\Delta PAQ \cong \Delta PBQ$ (SSS नियम)

इसलिए,

$\angle APM = \angle BPM$ (CPCT)

अब त्रिभुजों PMA तथा PMB में,

AP = BP (पहले की तरह)

PM = PM (उभयनिष्ठ)

$\angle APM = \angle BPM$ (ऊपर सिद्ध किया जा चुका है)

अत:, $\Delta PMA \cong \Delta PMB$ (SAS नियम)

इसलिए,

AM = BM और

$\angle PMA = \angle PMB$ (CPCT नियम)

क्योंकि,

$\angle PMA + \angle PMB = 180°$ (रैखिक युग्म अभिगृहीत)

हम पाते हैं :

$\angle PMA = \angle PMB = 90°$

अत: PM, अर्थात् PMQ, रेखाखंड AB का लम्ब समद्विभाजक है।

रचना 3 : एक दी गई किरण के प्रारंभिक बिन्दु पर 60° के कोण की रचना करना।

आइए हम प्रारंभिक बिन्दु A वाली किरण AB लें। हम एक किरण AC की रचना करना चाहते हैं, जिससे कि $\angle CAB = 60°$ हो। इसको करने की एक विधि नीचे दी है।

रचना के चरण :

1. A को केन्द्र मानकर और कोई त्रिज्या लेकर एक वृत्त का चाप खींचिए, जो AB को मान लीजिए एक बिन्दु D पर प्रतिच्छेद करता है।

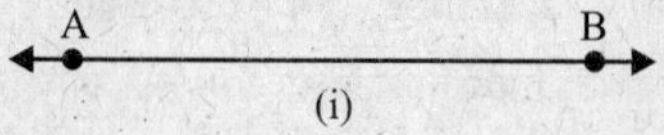

(i)

2. D को केन्द्र मानकर और उसी त्रिज्या, जो पहले ली गई थी, से एक चाप खींचिए, जो चरण 1 में खींचें गए चाप को बिन्दु E पर प्रतिच्छेद करता है।
3. E से जाने वाली किरण AC खींचिए।
   तब $\angle CAB$ ही 60° का अभीष्ट कोण है।

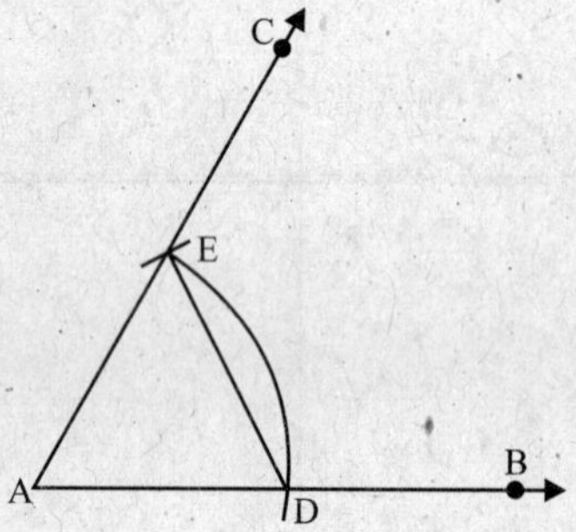

(ii)

अब आइए देखें कि यह विधि कैसे 60° का कोण देती है। DE को मिलाइए।

तब, $AE = AD = DE$ (रचना से)

अतः, ΔEAD एक समबाहु त्रिभुज है और $\angle EAD$, जो कि $\angle CAB$ के बराबर है, 60° का है।

त्रिभुजों की कुछ रचनाएँ

एक त्रिभुज अद्वितीय होता है, यदि (i) दो भुजाएँ और बीच का कोण दिए हों, (ii) तीनों भुजाएँ दी हों, (iii) दो कोण और बीच की भुजा दी हो तथा (iv) समकोण त्रिभुज में कर्ण और एक भुजा दी हो। किसी त्रिभुज की रचना के लिए, कम से कम उसके तीन भाग दिए होने चाहिए। परन्तु तीन भागों के सभी संचय (Combinations) इसके लिए पर्याप्त नहीं हैं। उदाहरण के लिए, यदि दो भुजाएँ तथा एक कोण (बीच का कोण नहीं) दिए हों। तो अद्वितीय रूप से त्रिभुज की रचना सदैव संभव नहीं है।

रचना 4 : दिए हुए आधार, एक आधार कोण तथा अन्य दो भुजाओं के योग से त्रिभुज की रचना करना।

एक त्रिभुज ABC में आधार BC एक आधार कोण माना $\angle B$ तथा अन्य दो भुजाओं का योग $AB + AC$ दिया है। आपको त्रिभुज ABC की रचना करनी है।

रचना के चरण :

1. आधार BC खींचिए और बिन्दु B पर दिए गए कोण के बराबर $\angle XBC$ बनाइए।
2. किरण BX से $AB + AC$ के बराबर रेखाखंड BD काटिए।
3. DC को मिलाइए तथा $\angle BDC$ के बराबर कोण DCY बनाइए।
4. मान लीजिए CY, BX को A पर प्रतिच्छेदित करती है।

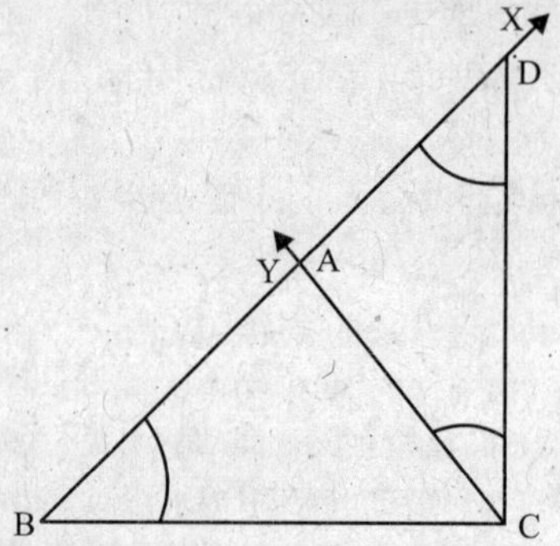

तब, ABC अभीष्ठ त्रिभुज है।

आइए देखें कि आपने अभीष्ट त्रिभुज कैसे प्राप्त किया।

दिए गए मापन अनुसार, आधार BC तथा $\angle B$ बनाए गए हैं।

पुनः त्रिभुज ACD में,

$\angle ACD = \angle ADC$ (रचना से)

अतः $AC = AD$ होगा,

और फिर

$AB = BD - AD$

$= BD - AC$

अर्थात्

$AB + AC = BD$

वैकल्पिक विधि :

उपर्युक्त दो चरणों की पुनरावृत्ति कीजिए। पुनः CD का समद्विभाजक PQ खींचिए जो BD को बिन्दु A पर प्रतिच्छेद करता है। AC को मिलाइए। तब, ABC अभीष्ट त्रिभुज है। ध्यान दीजिए कि A, CD के लंब समद्विभाजक पर स्थित है, अतः $AD = AC$ है।

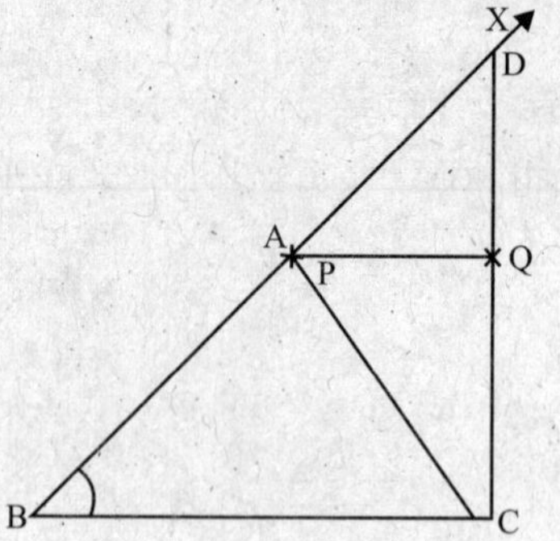

टिप्पणी : त्रिभुज की रचना संभव नहीं होगी यदि योग $AB + AC \leq BC$ हो।

रचना 5 : एक त्रिभुज की रचना करना जिसका आधार, एक आधार कोण तथा अन्य दो भुजाओं का अन्तर दिया हो।

आधार BC, एक कोण, माना $\angle B$, तथा अन्य दो भुजाओं का अन्तर $(AB - AC)$ या $(AC - AB)$ दिया है। आपको त्रिभुज ABC की रचना करनी है। स्पष्टतः निम्नलिखित दो स्थितियाँ हैं :

स्थिति (i) : मान लीजिए $AB > AC$ है, अर्थात् $AB - AC$ दिया है।

रचना के चरण

1. आधार BC खींचिए और बिन्दु B पर दिए गए कोण के बराबर एक कोण, मान लीजिए कोण XBC, बनाइए।
2. किरण BX से AB – AC के बराबर रेखाखंड BD काटिए।
3. DC को मिलाइए और DC का लम्ब समद्विभाजक PQ खींचिए।
4. माना कि वह BX को बिन्दु A पर प्रतिच्छेद करता है। AC को मिलाइए। तब, ABC अभीष्ट त्रिभुज है।

आइए अब हम देखें कि किस प्रकार आपने अभीष्ट त्रिभुज प्राप्त किया है।

दिए गए मापन के अनुसार आधार BC और $\angle B$ बनाए गए हैं। बिन्दु A, DC के लंब समद्विभाजक पर स्थित है।

अतः, $AD = AC$

इसलिए, $BD = AB - AD$
$= AB - AC$

स्थिति (ii) : मान लीजिए $AB < AC$ है, अर्थात् $AC - AB$ दिया हुआ है।

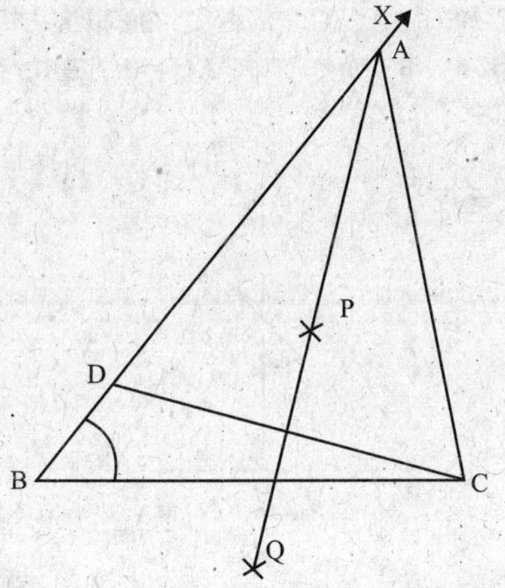

रचना के चरण

1. वही जैसा स्थिति (i) में।
2. विपरीत दिशा में बढ़ी हुई रेखा BX से AC – AB के बराबर एक रेखाखंड BD काटिए।
3. DC को मिलाइए तथा DC का लम्ब समद्विभाजक PQ खींचिए।
4. मान लीजिए कि PQ, BX को A पर प्रतिच्छेद करती है। AC को मिलाइए। तब, ABC अभीष्ट त्रिभुज है।

आप रचना की पुष्टि स्थिति (i) की तरह ही कर सकते हैं।

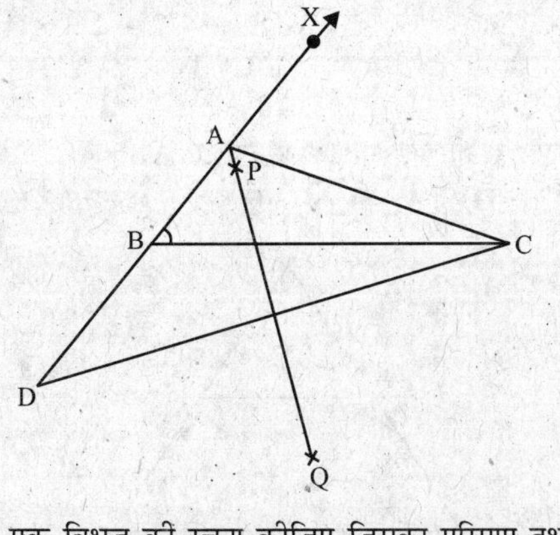

रचना 6 : एक त्रिभुज की रचना कीजिए जिसका परिमाप तथा दोनों आधार कोण दिए हों। आधार के कोण $\angle B$ तथा $\angle C$ और $(BC + CA + AB)$ दिए हैं। आपको त्रिभुज ABC की रचना करनी है।

रचना के चरण

1. $BC + CA + AB$ के बराबर एक रेखाखंड XY, खींचिए।
2. $\angle LXY$ कोण B के बराबर तथा $\angle MYX$ कोण C के बराबर बनाइए।
3. $\angle LXY$ तथा $\angle MYX$ को समद्विभाजित कीजिए। माना ये समद्विभाजक एक बिन्दु A पर प्रतिच्छेद करते हैं।

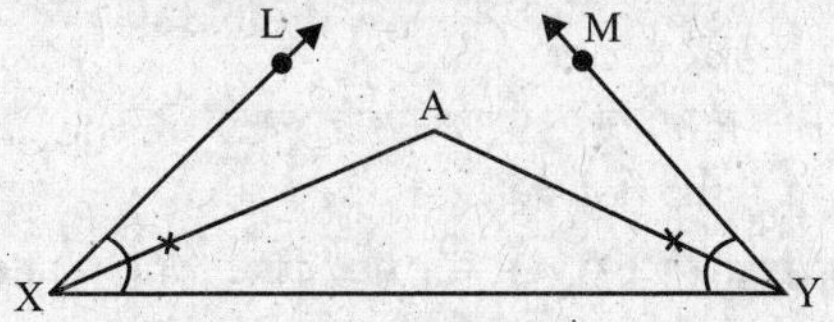

4. AX का लंब समद्विभाजक PQ तथा AY का लंब समद्विभाजक RS खींचिए।
5. मान लीजिए कि PQ, XY को बिंदु B पर तथा RS, XY को बिंदु C पर प्रतिच्छेद करता है। AB और AC को मिलाइए।

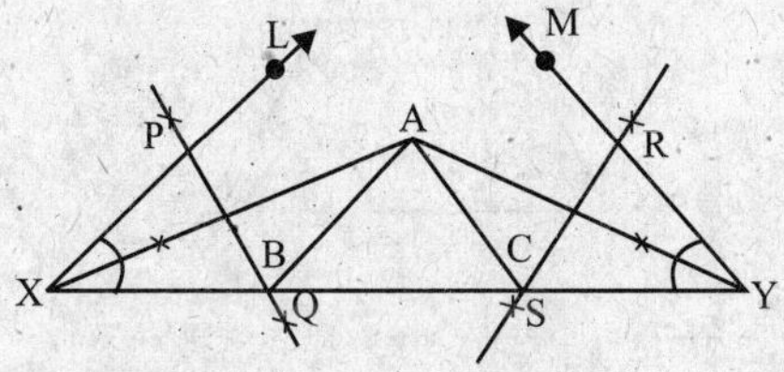

तब ABC अभीष्ट त्रिभुज है। रचना के समर्थन के लिए, आप पाते हैं कि B, AX के लंब समद्विभाजक पर स्थित है।

अतः, $XB = AB$ है। इसी प्रकार, $CY = AC$ है।

इससे प्राप्त होता है : $BC + CA + AB = BC + XB + CY = XY$

पुन, $\angle BAX = \angle AXB$ (क्योंकि ΔAXB में, $AB = XB$) तथा

$\angle ABC = \angle BAX + \angle AXB = 2\ \angle AXB = \angle LXY$

इसी प्रकार, $\angle ACB = \angle MYX$, जैसा चाहिए था।

उदाहरण 1 : एक त्रिभुज ABC की रचना कीजिए जिसमें $\angle B = 60°$, $\angle C = 45°$ और $AB + BC + CA = 11$ सेमी. है।

रचना के चरण :

1. एक रेखाखंड $PQ = 11$ सेमी. है $(= AB + BC + CA)$ खींचिए।
2. P पर $60°$ का कोण तथा Q पर $45°$ का कोण बनाइए।

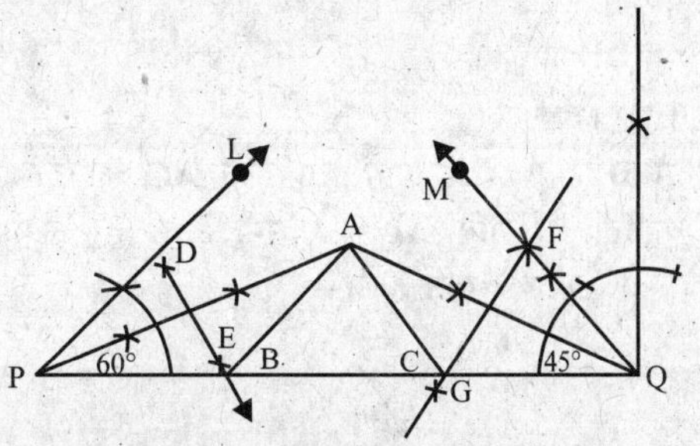

3. इन कोणों को समद्विभाजित कीजिए। मान लीजिए कि ये समद्विभाजक एक बिन्दु A पर प्रतिच्छेद करते हैं।
4. AP का लंब समद्विभाजक DE खींचिए जो PQ को बिंदु B पर प्रतिच्छेद करता है और AQ का लंब समद्विभाजक खींचिए जो PQ को बिंदु C पर प्रतिच्छेद करता है।
5. AB को और AC को मिलाइए।

तब, ABC अभीष्ट त्रिभुज है।

अभ्यास प्रश्न

1. एक रेखा AB लो, A पर एक लम्ब रेखा AC खींचो। B पर दूसरी रेखा BD, AB पर लम्ब खींचो। अब

(a) AC || BD है

(b) AB || BD है

(c) AB, BD पर 90° से कम कोण पर झुकी है

(d) एक भी कथन सत्य नहीं है

2. ABC एक त्रिभुज है। D, AB का मध्य बिन्दु है। DE || BC खींची गई है, तो कौन-सा कथन सत्य है?

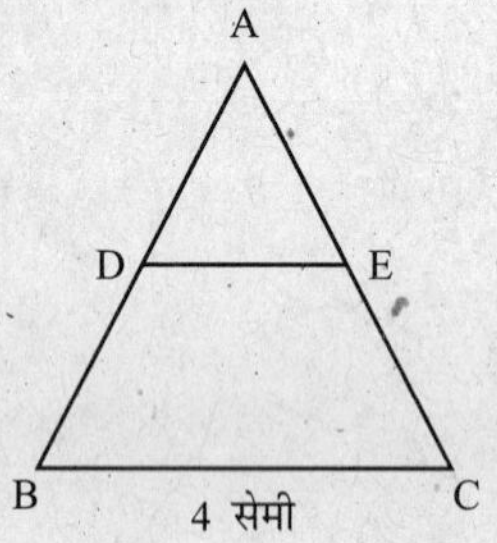

(a) DE = 2 सेमी.

(b) DE, BC के समान्तर नहीं है

(c) AE ≠ EC

(d) DE ≠ 2 सेमी.

3. ABCD एक समलम्ब चतुर्भुज है। E, AD का मध्य बिंदु है। BC = 6 सेमी. EF || AB खींची गई है, तो BF का मान होगा–

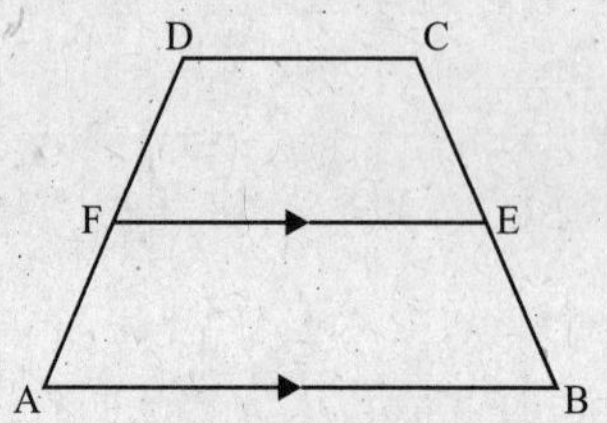

(a) 3 सेमी.

(b) 4 सेमी.

(c) 5 सेमी.

(d) इनमें से कोई नहीं

4. ΔABC में DE || BC, भुजाओं AB तथा AC को क्रमशः D और E पर काटती हैं। यदि AD = 4 सेमी; BD = 6 सेमी; EC = 8 सेमी. हो, तो AE का मान होगा–

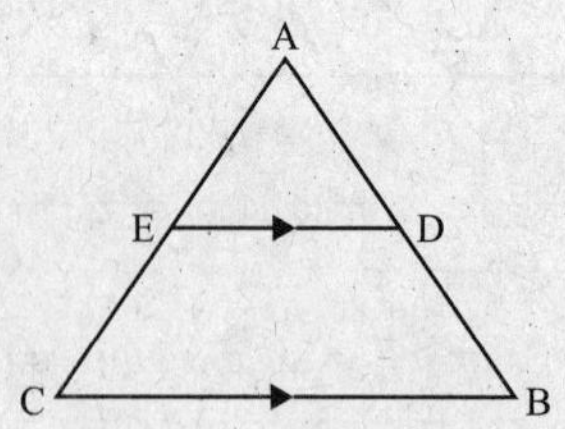

(a) $\frac{16}{3}$ सेमी. (b) $\frac{17}{3}$ सेमी.

(c) $\frac{14}{3}$ सेमी. (d) इनमें से कोई नहीं

5. त्रिभुज ABC में यदि AB || DE || FG || HI, तो संलग्न चित्र में समलम्ब चतुर्भुजों की संख्या होगी–

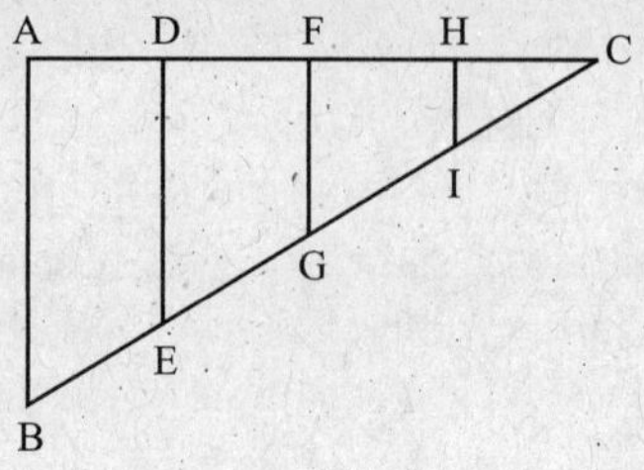

(a) 4 (b) 5

(c) 6 (d) 7

6. ΔABC में A से माध्यिका AD खींची गई है तथा E, AD का मध्य बिंदु है। BE बढ़ाने पर AC को F पर काटती है तब DG || EF, AC को बिन्दु G पर काटती है। यदि AC = 4.5 सेमी. हो, तो AF की लम्बाई होगी–

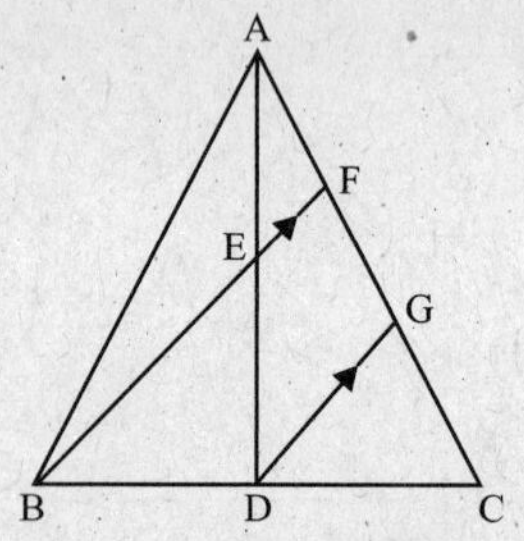

(a) 2.2 सेमी. (b) 1.5 सेमी.

(c) 4.5 सेमी. (d) इनमें से कोई नहीं

7. AB || CD है, इसे एक तिर्यक रेखा LM काटती है। x का मान होगा–

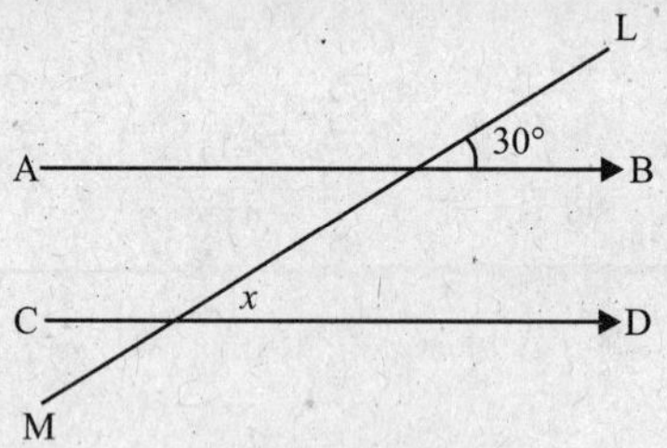

(a) 60° (b) 90°

(c) 30° (d) 65°

8. ΔABC एक समद्विबाहु त्रिभुज है जिसमें AB = AC, E, AB का मध्य बिन्दु है। EF || BC है, जो AC को F पर काटता है। तब ΔAEF–

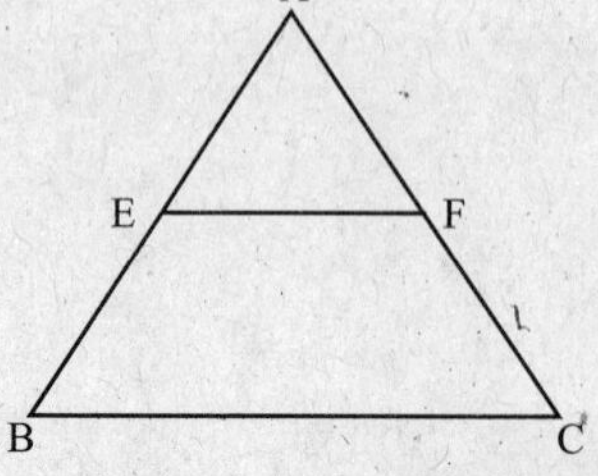

(a) समबाहु त्रिभुज होगा (b) समद्विबाहु त्रिभुज होगा

(c) असमबाहु त्रिभुज होगा (d) सभी कथन गलत है

9. ΔABC में $PQ \parallel BC$ है, $QR \parallel AB$ है। यदि AB का मध्य बिन्दु P हो, तो–

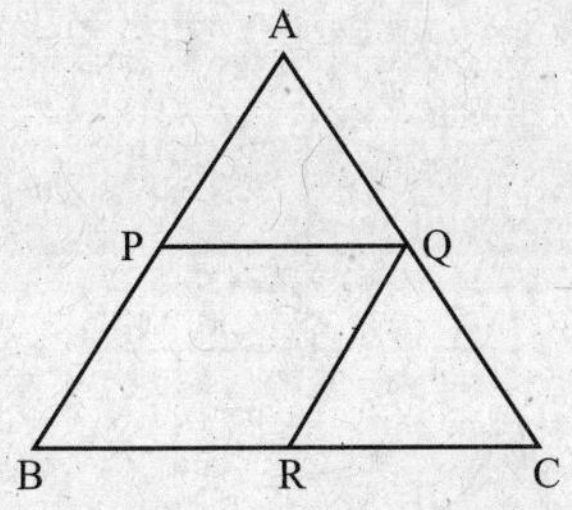

(a) BR = RC (b) BR ≠ RC
(c) BR = RQ (d) BR = BP

10.

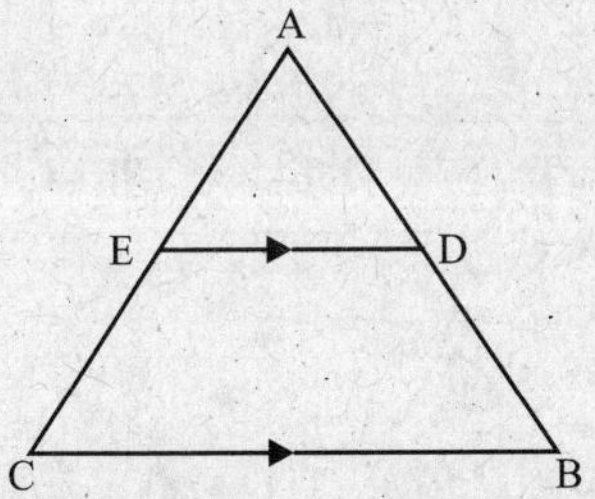

दिए गए चित्र में यदि AB = 12 सेमी., AC = 16 सेमी., EC = 4 सेमी. हो, तो AD का मान होगा–

(a) 9 सेमी. (b) 10 सेमी.
(c) 8 सेमी. (d) 12 सेमी.

11. किसी वर्ग के विकर्ण–

(a) समान होते हैं।
(b) एक-दूसरे का लम्ब समद्विभाजन करते हैं, परंतु समान नहीं होते।
(c) एक-दूसरे का लम्ब समद्विभाजन नहीं करते हैं, परन्तु समान होते हैं।
(d) एक-दूसरे का लम्ब समद्विभाजन करते हैं और समान भी होते हैं।

12. एक समलम्ब चतुर्भुज के विकर्ण–

(a) असमान एवं एक-दूसरे को लम्ब समद्विभाजित करते हैं।
(b) समान एवं एक-दूसरे को लम्ब समद्विभाजित करते हैं।
(c) समान एवं एक-दूसरे को लम्ब समद्विभाजित नहीं करते हैं।
(d) सभी कथन सत्य हैं।

13. एक समान्तर चतुर्भुज के विकर्ण एक-दूसरे को–

(a) लम्ब समद्विभाजित करते हैं।
(b) समद्विभाजित करते हैं।
(c) समान्तर होते हैं, अत: काटते नहीं।
(d) समान्तर नहीं होते पर आवश्यक नहीं कि समद्विभाजित ही करें।

14. एक आयत की रचना करो जिसकी लम्बाई 4 सेमी., चौड़ाई 3 सेमी. है। इसके विकर्ण की माप होगी–

(a) 7 सेमी. (b) 6.5 सेमी.
(c) 5 सेमी. (d) इनमें से कोई नहीं

15. किसी चतुर्भुज के तीन कोण क्रमशः $105°, 120°$ व $75°$ हैं। चौथे कोण की माप ज्ञात करें–

(a) 50° (b) 60°
(c) 70° (d) 75°

16. किसी चतुर्भुज में कुल भुजाएँ होती हैं–

(a) 4 (b) 6
(c) 10 (d) इनमें से कोई नहीं

17. किसी अद्वितीय चतुर्भुज की रचना करने के लिए उसके कितने अंगों की जानकारी चाहिए?

(a) 4 (b) 5
(c) कोई भी 3 अंग (d) इनमें से कोई नहीं

18. एक चतुर्भुज ABCD में AB = 3 सेमी; BC = 4 सेमी., CD = 5.5 सेमी., DA = 6 सेमी. तथा BD = 9 सेमी. दिया है। क्या चतुर्भुज बनेगा?

(a) चतुर्भुज बनेगा।
(b) चतुर्भुज बनने में कठिनाई होगी, परन्तु बन जाएगा।
(c) चतुर्भुज नहीं बनेगा, कारण स्पष्ट नहीं है।
(d) चतुर्भुज नहीं बनेगा, क्योंकि AP + AD = BD.

19.

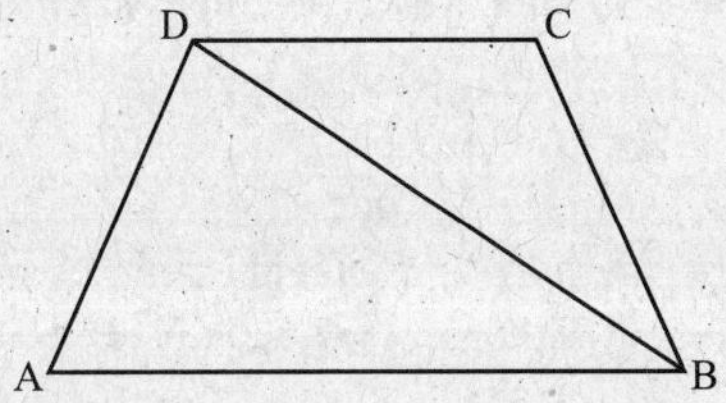

उपर्युक्त चित्र को देखो और सही कथन पर निशान लगाओ।

(a) DA + AB = DB (b) DA + AB < DB
(c) DA + AB > DB (d) इनमें से कोई नहीं

20. एक समलम्ब चतुर्भुज का क्षेत्रफल 100 $मी^2$ है। यदि दो समान्तर भुजाओं की लम्बाइयों का योग 50 मी हो, तो शीर्षलम्ब होगा–

(a) 6 मी. (b) 4 मी.
(c) 8 मी. (d) 10 मी.

21. 10 सेमी. त्रिज्या वाले वृत्त में एक जीवा केन्द्र से 6 सेमी. की दूरी पर है। जीवा की लम्बाई होगी–

(a) 8 सेमी. (b) 16 सेमी.
(c) 10 सेमी. (d) 15.9 सेमी.

22. एक वृत्त में जिसकी त्रिज्या 5 सेमी. है। एक 8 सेमी. की जीवा है, वह केन्द्र से कितनी दूर होगी?

(a) 4 सेमी. (b) 5 सेमी.
(c) 3 सेमी. (d) इनमें से कोई नहीं

23. यदि वृत्त की दो जीवाएँ जो केन्द्र पर 60° – 60° का कोण बनाती हैं, तो–

(a) जीवाएँ समान होंगी।
(b) जीवाएँ असमान होंगी।
(c) कुछ कहा नहीं जा सकता।
(d) किसी स्थिति में समान, तो किसी स्थिति में असमान होंगी।

24. एक समदशभुज एक वृत्त के अन्तर्गत बना है, दशभुज की प्रत्येक भुजा केन्द्र पर कोण बनाएगी–

(a) 36° (b) 72°
(c) 45° (d) 90°

25. समबाहु त्रिभुज ABC केन्द्र O वाले वृत्त के अन्तर्गत बना है। ∠BOC की नाप होगी–

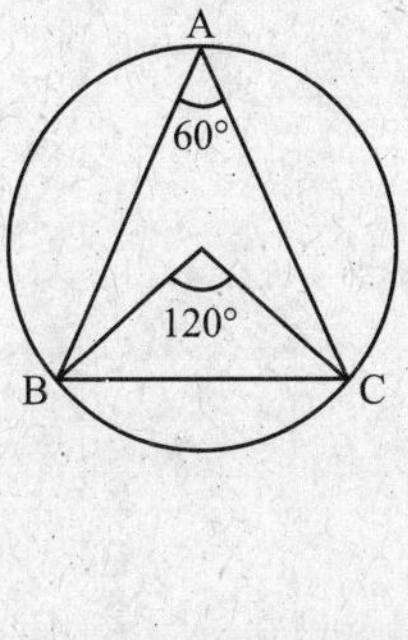

(a) 60° (b) 90°
(c) 120° (d) इनमें से कोई नहीं

26. ΔABC केन्द्र O वाले वृत्त के अन्तर्गत बना है और केन्द्र भुजाओं से समदूरस्थ है। ΔABC किस प्रकार का त्रिभुज है?
(a) समद्विबाहु त्रिभुज (b) समकोण त्रिभुज
(c) असमान भुजा वाला त्रिभुज (d) समबाहु त्रिभुज

27. एक समषट्भुज एक वृत्त के अंदर बना है। वृत्त का केन्द्र O है। समषट्भुज की प्रत्येक भुजा केन्द्र पर कितना कोण बनाएगी?
(a) 30° (b) 60°
(c) 90° (d) 120°

28. एक वर्ग ABCD केन्द्र O वाले वृत्त के अन्तर्गत बना है। प्रत्येक भुजा केन्द्र O पर क्या कोण बनाती है?
(a) 50° (b) 60°
(c) 80° (d) 90°

29. एक समबहुभुज वृत्त के अन्दर बना है। यदि उसकी भुजा केन्द्र पर 72° का कोण बनाती है, तो बहुभुज की भुजाओं की संख्या होगी–
(a) 4 (b) 5
(c) 7 (d) 3

30. वृत्त का केन्द्र O है। AB जीवा है। O से AB पर लम्ब OM डाला गया है, तो–

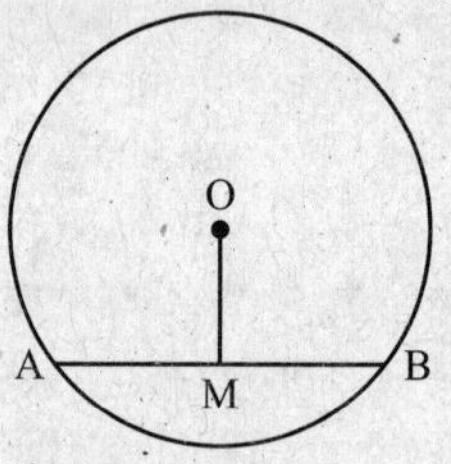

(a) M; AB को समद्विभाजित करता है।
(b) M; AB को तीन समान भागों में बाँटता है।
(c) M; AB पर कोई बिन्दु है।
(d) उपर्युक्त सभी कथन सत्य हैं।

31. संलग्न आकृति में वृत्त पर A और B दो बिन्दु हैं जो लघु चाप AB व दीर्घ चाप ACB बनाते हैं। यदि दीर्घ चाप लघु चाप का तीन गुना हो, तो दोनों चापों का माप ज्ञात करें।

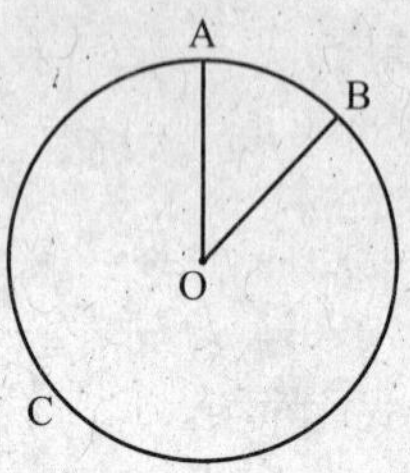

(a) 60°, 180° (b) 90°, 270°
(c) 50°, 150° (d) इनमें से कोई नहीं

32. वृत्त के व्यास AB व CD एक-दूसरे को O पर काटते हैं। यदि $m(\overset{\frown}{BD}) = 40°$ तो $m(\overset{\frown}{AD})$ होगा–

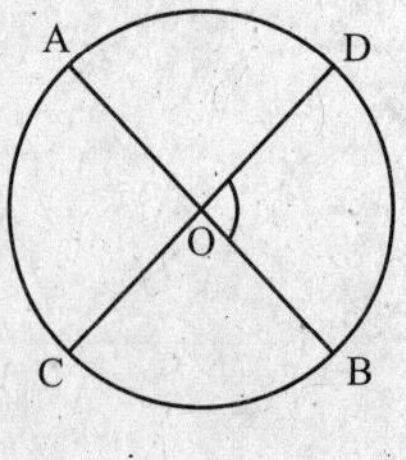

(a) 120° (b) 140°
(c) 170° (d) 150°

33. संलग्न आकृति में O केन्द्र है। PQ व्यास है। $m(\overset{\frown}{PR})$ होगा–

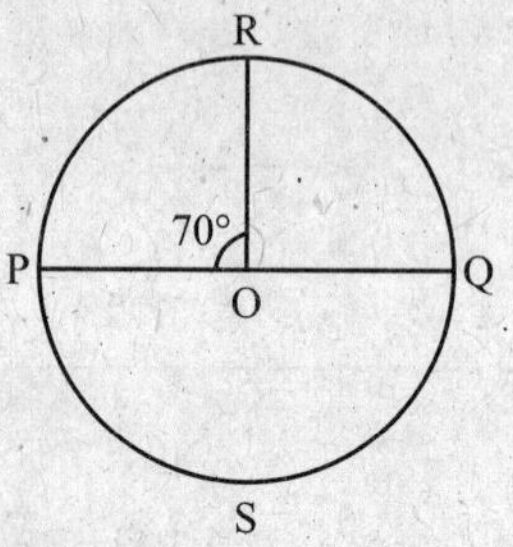

(a) 70° (b) 110°
(c) 60° (d) 90°

34. संलग्न आकृति में वृत्त केन्द्र O है। PQ व्यास है। ∠POR = 60° है। लघु $(\overset{\frown}{PR})$ व दीर्घ $(\overset{\frown}{PR})$ का अनुपात है–

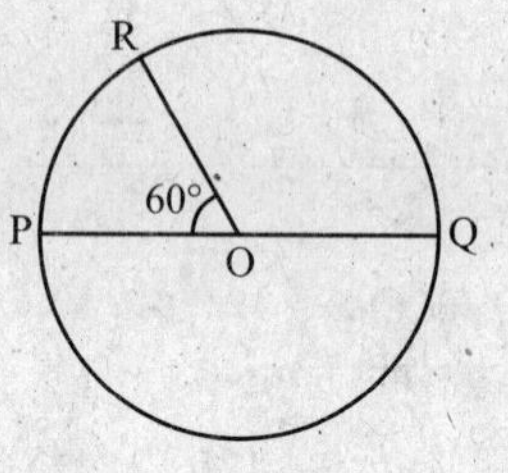

(a) 1 : 3 (b) 1 : 2
(c) 1 : 5 (d) 1 : 4

35. $\overset{\frown}{PRQ}$ केन्द्र O वाले वृत्त की एक चाप है। यदि ∠PQR = 60°, तो ∠POR होगा–

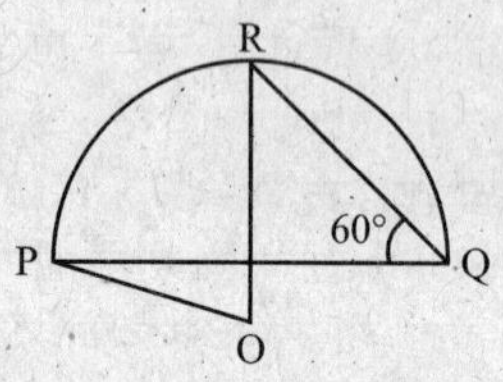

(a) 100° (b) 120°
(c) 150° (d) 110°

36. अर्धवृत्त PRQ का केन्द्र O है। ∠PRQ होगा–

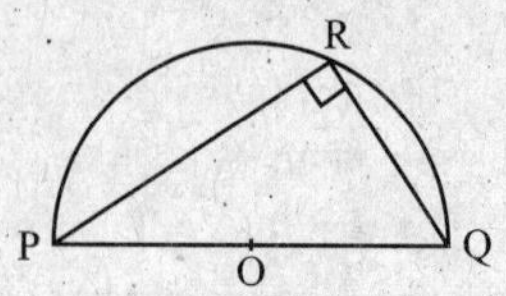

(a) 90° (b) 100°
(c) 175° (d) 120°

37. ABC एक वृत्त है जिसका यदि ∠ACB = 35°, तो संलग्न चित्र में ∠AOB का माप ज्ञात करें–

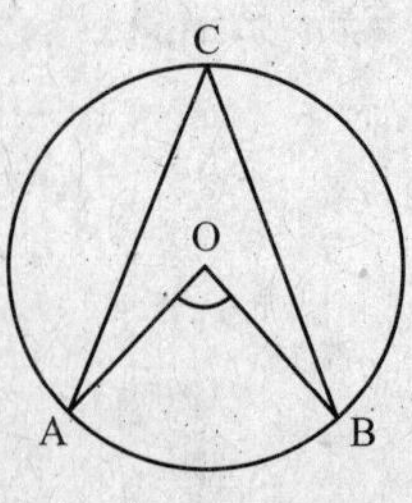

(a) 75° (b) 70°
(c) 80° (d) 100°

38. प्रश्न में दिए वृत्त का केन्द्र O है। ∠AOB = 70° है, $x°$ का मान ज्ञात करें–

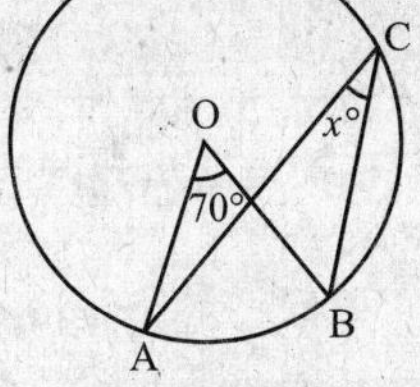

(a) 70° (b) 35°
(c) 80° (d) 40°

39. केन्द्र O वाले वृत्त में AB जीवा है और OM ⊥ AB है। OM आगे बढ़ाने पर वृत्त से C पर मिलता है। यदि ∠AOC = 70°, तो ∠MCB होगा–

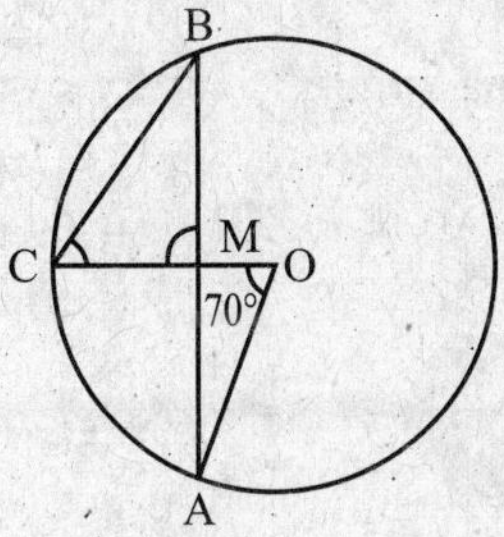

(a) 60° (b) 55°
(c) 70° (d) इनमें से कोई नहीं

40. केन्द्र O वाले वृत्त में AOC वृत्त का व्यास है। BD जीवा है और OB, CD खींचे गए हैं। D को A से मिलाया गया है। यदि ∠AOB = 120°, तो $x°$ का मान ज्ञात करें–

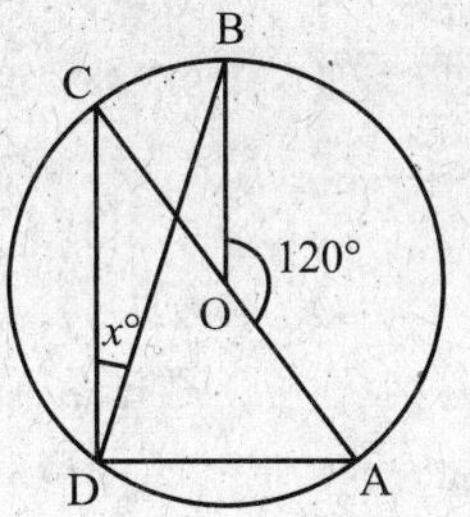

(a) 40° (b) 50°
(c) 30° (d) इनमें से कोई नहीं

41. संलग्न चित्र में केन्द्र O वाले वृत्त के बिन्दु P पर स्पर्श रेखा PT है। PQ खींचा गया है। ∠$x°$ का मान ज्ञात करें–

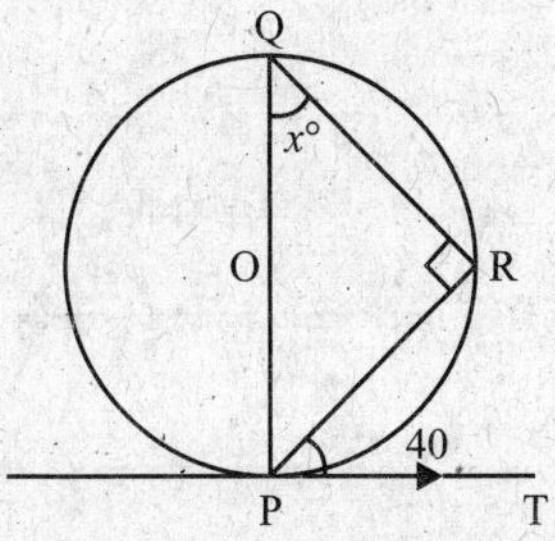

(a) 40° (b) 60°
(c) 150° (d) 170°

42. संलग्न चित्र में O वृत्त का केन्द्र है। $m(\widehat{QS})$ = 60°, ∠QPS का मान ज्ञात करें–

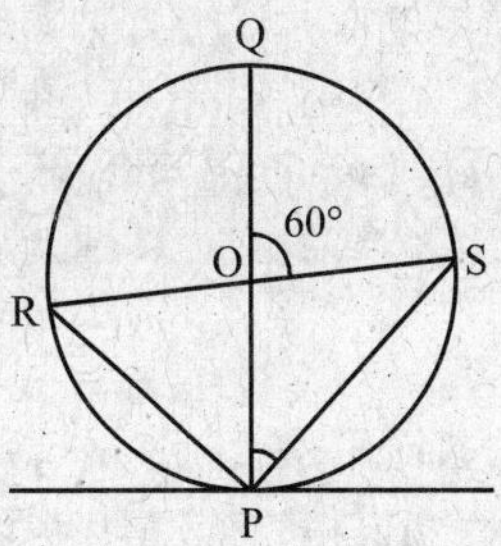

(a) 30° (b) 45°
(c) 50° (d) 60°

43. O वृत्त का केन्द्र है। दिए गए चित्र में स्पर्श रेखाएँ AP तथा BP एक-दूसरे को P पर काटती हैं। x का मान ज्ञात करें–

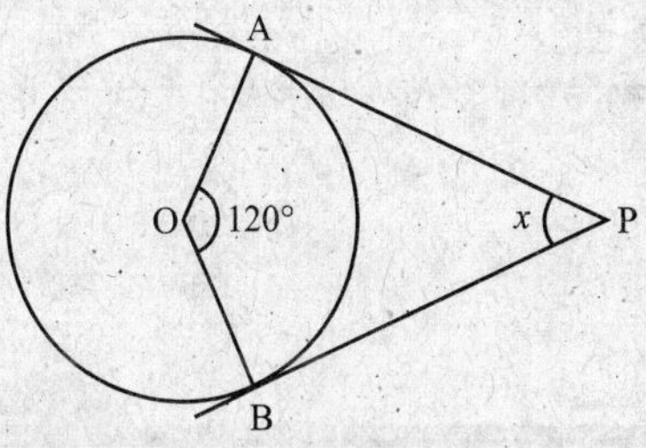

(a) 30° (b) 40°
(c) 50° (d) 60°

44. दो संकेन्द्र वृत्त हैं जिनके केन्द्र O पर हैं। बड़े वृत्त की जीवा AB छोटे वृत्त के बिंदु P पर स्पर्श रेखा है। निम्नलिखित में से कौन-सा कथन सत्य है?

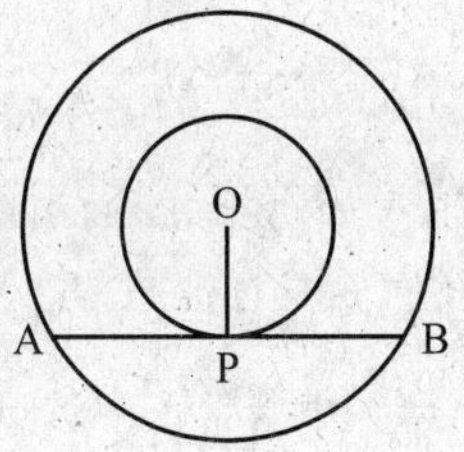

(a) AP > PB
(b) AP < PB
(c) AP = PB
(d) इनमें से कोई नहीं

45. वृत्त के P बिन्दु पर स्पर्श रेखा PQ खींची गई है। P को वृत्त के केन्द्र C से मिलाया गया है। ∠CPQ का मान ज्ञात करें–

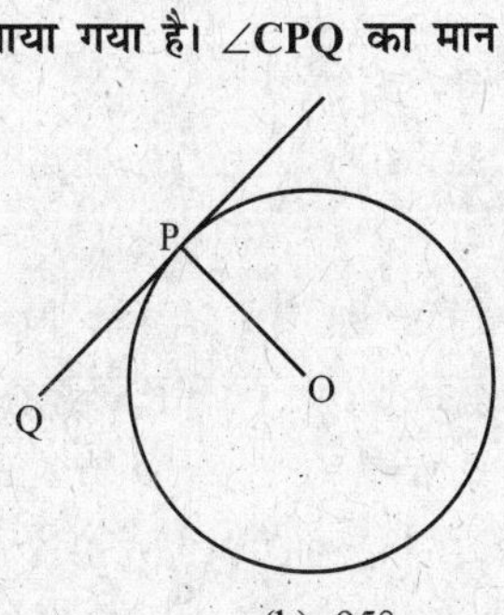

(a) 90° (b) 95°
(c) 80° (d) 100°

46. किसी समचतुर्भुज का आधार 10 सेमी. तथा शीर्षलम्ब 15 सेमी. हो, तो समचतुर्भुज का क्षेत्रफल होगा–

(a) 75 सेमी.^{2} (b) 100 सेमी.^{2}
(c) 150 सेमी.^{2} (d) इनमें से कोई नहीं

47. यदि समचतुर्भुज के विकर्ण 20 सेमी. व 25 सेमी. हैं, तो उसका क्षेत्रफल होगा–

(a) 150 सेमी.^{2} (b) 250 सेमी.^{2}
(c) 100 सेमी.^{2} (d) इनमें से कोई नहीं

48. यदि समलम्ब चतुर्भुज की समान्तर भुजाएँ 12 सेमी. व 8 सेमी. हैं और उनके बीच की दूरी 10 सेमी. है, तो समलम्ब का क्षेत्रफल होगा–

(a) 100 सेमी.^{2} (b) 120 सेमी.^{2}
(c) 125 सेमी.^{2} (d) इनमें से कोई नहीं

49. वर्ग का विकर्ण यदि दोगुना कर दिया जाए, तो उसका क्षेत्रफल–

(a) चार गुना हो जाएगा। (b) तीन गुना हो जाएगा।
(c) बराबर ही रहेगा। (d) इनमें से कोई नहीं।

50. ऐसे समचतुर्भुज का क्षेत्रफल ज्ञात करो जिसकी प्रत्येक भुजा 5 सेमी. और शीर्षलम्ब 2.8 सेमी. हो–

(a) 15 सेमी.^{2} (b) 20 सेमी.^{2}
(c) 14 सेमी.^{2} (d) इनमें से कोई नहीं

51. किसी समचतुर्भुज के विकर्ण 4 सेमी. और 6 सेमी. हैं। इसका क्षेत्रफल होगा–

(a) 12 सेमी^{2}
(b) 14 सेमी^{2}
(c) 16 सेमी^{2}
(d) इनमें से कोई नहीं

52. किसी चतुर्भुज का विकर्ण 20 सेमी. है, सम्मुख शीर्षों से इस पर डाले गए लम्ब क्रमशः 9 सेमी. व 6 सेमी. हैं। इसका क्षेत्रफल होगा–

(a) 175 सेमी^{2} (b) 150 सेमी^{2}
(c) 125 सेमी^{2} (d) इनमें से कोई नहीं

53. किसी समबाहु त्रिभुज जिसकी एक भुजा 9 सेमी. हो, तो उसका क्षेत्रफल होगा–

(a) $\frac{\sqrt{3}a^2}{4}$ सेमी^{2} (b) $\frac{\sqrt{3a}}{4}$ सेमी^{2}
(c) $\frac{\sqrt{3}}{2}a^2$ सेमी^{2} (d) इनमें से कोई नहीं

54. 4 सेमी. भुजा वाले समबाहु त्रिभुज का क्षेत्रफल होगा–

(a) $4\sqrt{3}$ सेमी^{2} (b) $2\sqrt{3}$ सेमी^{2}
(c) $\sqrt{3}$ सेमी^{2} (d) इनमें से कोई नहीं

उत्तर (हल/संकेत)

1. (a) चूँकि AC व BD, दोनों AB पर लम्ब हैं। अतः AC || BD.

2. (a) परिस्थिति अनुसार,

$$DE = \frac{1}{2}BC = \frac{1}{2} \times 4 = 2 \text{ सेमी.}$$

3. (a) चूँकि EF || AB है और E, AD का मध्य बिन्दु है। तब F भी BC का मध्य बिन्दु है। अतः BF = FC = 3 सेमी।

4. (a) $\because$ ED || CD; $\frac{AD}{DB} = \frac{AE}{EC}$

$$\Rightarrow \frac{4}{6} = \frac{AE}{8}$$

$$\therefore AE = \frac{4\times 8}{6} = \frac{2\times 8}{3} = \frac{16}{3} \text{ सेमी}$$

5. (c) समलम्ब चतुर्भुज हैं– ADEB, DFGE, GFHI, EDHI, BAFG तथा BAHI = 6

6. (b) Δ ADG में, चूँकि E, AD का मध्य बिन्दु है और EF, DG के समान्तर है। अतः F, AG का मध्य बिन्दु हुआ

$\therefore$ AF = FG ... (i)

त्रिभुज FBC में BC का मध्य बिन्दु D है। DG || BF है।

अतः G, FC का मध्य बिन्दु हुआ

इसलिए, FG = GC ... (ii)

अब (i) व (ii) से,

AF = FG = GC

$\because$ AC = 4.5

$\therefore$ AF = $\frac{1}{3}$ (4.5) = 1.5

7. (c) $x = 30°$ (संगत कोण)

8. (b) चूँकि AB = AC अतः AE = AF अतः ΔAEF एक समद्विबाहु त्रिभुज है।

9. (a) चूँकि P, AB का मध्य बिन्दु है। PQ || BC है। अतः Q, AC का मध्य बिन्दु हुआ। अब QR || AB है। अतः R, BC का मध्य बिन्दु है। इसलिए BR = RC.

10. (a) EC = 4 सेमी.,

AE = 16 – 4 = 12 सेमी

$\because \frac{AD}{AB} = \frac{AE}{AC}$

$\Rightarrow \frac{AD}{12} = \frac{12}{16}$ (x = AE)

$\therefore AD = \frac{144}{16} = 9$ सेमी

11. (d) वर्ग के विकर्ण : एक-दूसरे का लम्ब समद्विभाजन करते हैं और समान भी होते हैं।

12. (a) समलम्ब चतुर्भुज के विकर्ण असमान एवं एक-दूसरे को लम्ब समद्विभाजित करते हैं।

13. (b) एक समान्तर चतुर्भुज के विकर्ण एक-दूसरे को समद्विभाजित करते हैं।

14. (c) आयत ABCD में AB = 4 सेमी., BC = 3 सेमी. है।

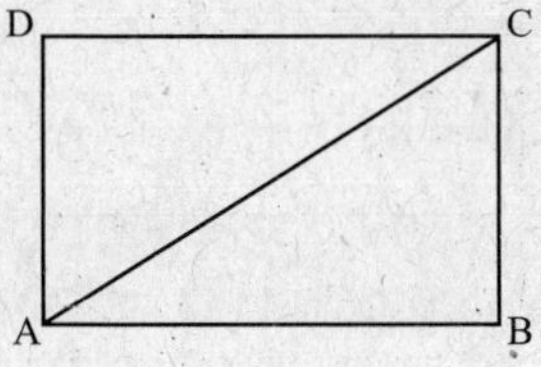

अत: विकर्ण

$$AC = \sqrt{AB^2 + BC^2}$$

$$= \sqrt{4^2 + 3^2} = \sqrt{25} = 5 \text{ सेमी.}$$

15. (b) चौथे कोण की माप

$$= 360° - (105° + 120° + 75)$$

$$= 360° - (300°) = 60°$$

16. (a) चतुर्भुज में कुल भुजाओं की संख्या = 4

17. (b) अद्वितीय चतुर्भुज की रचना करने के लिए उसके 5 अंगों की जानकारी आवश्यक होती है।

18. (d)

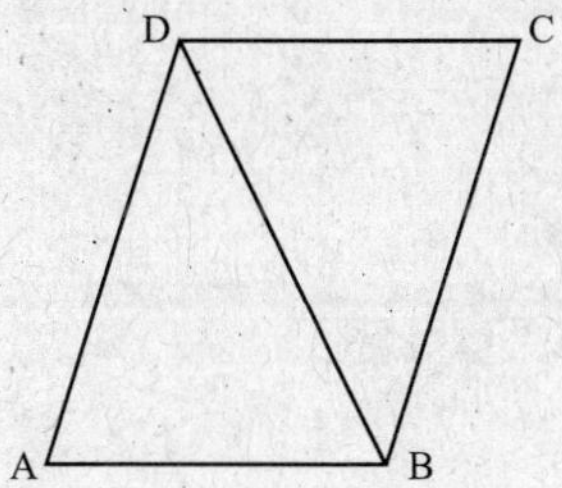

यहाँ त्रिभुज ABD में विकर्ण BD किसी भी स्थिति में AB और AD के योग से कम होगा, जबकि दिए गए आँकड़ों से AB + AD = BD जो सम्भव नहीं है। अत: चतुर्भुज नहीं बनेगा।

19. (c) त्रिभुज ABD में DA + AB > DB, क्योंकि किसी भी त्रिभुज में दो भुजाओं का योग तीसरी भुजा से बड़ा होता है।

20. (b) समलम्ब का क्षेत्रफल

$$= \frac{1}{2} \text{ समान्तर भुजाओं का योग} \times \text{शीर्षलम्ब}$$

$$= \frac{1}{2} \times 50 \times h$$

$\because$ समलम्ब का क्षेत्रफल $= 100 = \frac{1}{2} \times 50 \times h$

$\therefore \quad h = 4$ सेमी.

21. (b) जीवा की आधी लम्बाई $= \sqrt{10^2 - 6^2} = 8$ सेमी.

$\therefore$ जीवा की पूरी लम्बाई $= 2 \times 8 = 16$ सेमी.

22. (c) केन्द्र से जीवा तक की लम्बवत् दूरी

$$= \sqrt{5^2 - 4^2}$$

$$= \sqrt{25 - 16}$$

$$= \sqrt{9} = 3 \text{ सेमी}$$

23. (a) $\because$ दोनों जीवाएँ समान कोण बनाती हैं। अत: समान हैं।

24. (a) दशभुज है। अत: भुजाओं की संख्या $n = 10$ हर भुजा केन्द्र पर समान कोण बनाती है। अत:

$\because \quad 10 \times \angle Q = 360°$

$\therefore \quad \angle Q = 36°$

25. (c) समबाहु त्रिभुज की भुजाओं की संख्या

$(n) = 3$

$\because \quad 3 \times \angle Q = 360°$

$\therefore \quad \angle Q = 120°$

26. (d) चूँकि केन्द्र भुजाओं से समान दूरी पर है। अत: जीवाएँ समान होंगी। अत: त्रिभुज समबाहु है।

27. (b) $\because \quad 6 \times \angle Q = 360°$

$\Rightarrow \quad \angle Q = 60°$

28. (d) $\because \quad 4 \times \angle Q = 360°$

$\Rightarrow \quad \angle Q = 90°$

29. (b) $\because \quad n \times \angle Q = 360°$

[दिया है $\angle Q = 72°$]

$\therefore \quad n = \frac{360°}{72}$

$= \frac{10}{2} = 5$

30. (a) प्रश्न से स्पष्ट है कि,

M; AB को समद्विभाजित करता है।

31. (b) लघु चाप $= x°$, दीर्घ चाप $3x°$

$\because \quad x° + 3x° = 360°$

$\Rightarrow \quad 4x° = 360°$

$\therefore \quad x° = 90°$

$\therefore$ लघु चाप = 90°,

दीर्घ चाप = 270°

32. (b) $m(\widehat{AD}) = 180° - 40°$

$= 140°$

33. (a) चूँकि $\angle POR = 70°$

$\therefore \quad m(\widehat{PR}) = 70°$

34. (c) $\because \quad \angle POR = 60°$,

$\therefore$ वृहत $\angle POR = 360° - 60°$

$= 300°$

$\therefore$ लघु (PR) : दीर्घ (PR)

$= 60° : 300°$

$= 1 : 5$

35. (b) चूँकि किसी चाप द्वारा केन्द्र पर बना कोण, चाप द्वारा वृत्त के शेष भाग पर बने कोण का दोगुना होता है। अत:

$\angle POR = 2 \times 60° = 120°$

36. (a) चूँकि PRQ अर्धवृत्त का कोण है। अत: $\angle PRQ = 90°$.

37. (b) $\angle AOB = 2\angle ACB$

$= 2 \times 35°$

$= 70°$

38. (b) $x° = \frac{1}{2} \angle AOB$

$= \frac{1}{2} \times 70°$

$= 35°$

39. (b) $\because$ $\angle CMB = 90°$,

$\angle MCB = 90° - \angle MBC$

लेकिन $\angle MBC = \frac{1}{2} \angle AOC$

$= \frac{1}{2} \times 70° = 35°$

$\therefore$ $\angle MCB = 90° - 35° = 55°$

40. (c) $\because$ $\angle COB = 180° - 120°$

$= 60°$

$\therefore$ $x° = \frac{1}{2} \angle COB = \frac{1}{2} \times 60° = 30°$

41. (a) $\because$ $\angle RPT = 40°$

$\angle QPT = 90°$

अत: $\angle QPR = 90° - 40° = 50°$

चूँकि कोण PRQ = 90°

अत: $x = 90° - 50°$

$= 40°$

42. (a) $\angle QOS = 60°$

$\therefore$ $\angle QPS = \frac{1}{2} \angle QOS$

$= \frac{1}{2} \times 60° = 30°$

43. (d) $x = 180° - 120° = 60°$

44. (c) $\because$ AB बड़े वृत्त की जीवा है तथा छोटे वृत्त की स्पर्श रेखा है।

$\therefore$ OP, AB पर लम्ब हुआ।

$\because$ केन्द्र से जीवा पर डाला गया लम्ब, जीवा को समद्विभाजित करता है।

$\therefore$ AP = PB

45. (a) चूँकि केन्द्र को स्पर्श बिन्दु से मिलाने वाली रेखा स्पर्श रेखा पर लम्ब होती है। अत: $\angle CPQ = 90°$

46. (c) समचर्तुभुज का क्षेत्रफल

= आधार × शीर्षलम्ब

= 10 × 15

= 150 सेमी.^{2}

47. (b) समचतुर्भुज का क्षेत्रफल

$= \frac{1}{2} d_1 \times d_2$

$= \frac{1}{2} \times 20 \times 25$

= 250 सेमी.^{2} (d_1, d_2 दोनों विकर्णों का माप है।)

48. (a) समलम्ब चतुर्भुज का क्षेत्रफल

$= \frac{1}{2}$ (समान्तर भुजाओं का योग × h)

जहाँ h, दोनों समान्तर भुजाओं के बीच की लम्ब दूरी है।

$\therefore$ समलम्ब चतुर्भुज का क्षेत्रफल

$= \frac{1}{2} \times (12 + 8) \times 10$

= 100 सेमी.^{2}

49. (a) यदि वर्ग का विकर्ण 'd' हो तो क्षेत्रफल

$$A_1 = \frac{d^2}{2}.$$

यदि विकर्ण दोगुना कर दिया जाए तो क्षेत्रफल

$$A_2 = \frac{(2d)(2d)}{2}$$

$$= 2d^2$$

$$= 4 . \left(\frac{d^2}{2}\right)$$

$\therefore$ $A_2 = 4A_1$

50. (c) समचतुर्भुज का क्षेत्रफल

= एक भुजा × शीर्षलम्ब

= 5 × 2.8

= 14 सेमी^{2}

51. (a) समचतुर्भुज का क्षेत्रफल

$= \frac{1}{2}$ (विकर्णों का गुणनफल)

$= \frac{1}{2} \times (4 \times 6)$

= 12 सेमी.^{2}

52. (b) चतुर्भुज का क्षेत्रफल

$= \frac{1}{2}$ (विकर्ण) × (डाले गए लम्बों की लम्बाइयों का योग)

$= \frac{1}{2} \times 20\,(9 + 6)$ सेमी.^{2}

= 10 × (9 + 6)

= 150 सेमी^{2}

53. (a) समबाहु त्रिभुज की एक भुजा = a सेमी.

तब, $s = \frac{3a}{2}$

$$\therefore \quad A = \sqrt{\frac{3a}{2}\left(\frac{3a}{2} - a\right)\left(\frac{3a}{2} - a\right)\left(\frac{3a}{2} - a\right)}$$

$$= \sqrt{\frac{3a}{2} \cdot \frac{a^3}{8}}$$

$$A = \frac{\sqrt{3}}{4} a^2$$

54. (a) यहाँ, $a = 4$ सेमी

$\therefore$ $A = \frac{\sqrt{3}}{4} \times 16$

$= 4\sqrt{3}$ सेमी.^{2}

❑❑❑

10. क्षेत्रमिति

क्षेत्रमिति–I

क्षेत्रफल तथा परिमाप (Area and Perimeter)

परिमाप (Perimeter)

किसी समतल आकृति की सीमा (boundary) की लम्बाई को उस आकृति का परिमाप कहा जाता है। परिमाप की इकाई वही होती है जो लम्बाई की होती है। जैसे– सेंटीमीटर, मीटर, किलोमीटर, फुट आदि।

स्मरणीय :

1 मीटर = 100 सेंटीमीटर
1 किलोमीटर = 1000 मीटर

क्षेत्रफल (Area)

किसी आकृति की भुजाओं या सीमा द्वारा घिरे हुए क्षेत्र को उस आकृति का क्षेत्रफल कहा जाता है। क्षेत्रफल की इकाई वर्ग सेंटीमीटर, वर्ग मीटर, वर्गफुट आदि होती है। एक वर्ग सेंटीमीटर क्षेत्रफल से तात्पर्य है, 1 सेमी. भुजा वाले वर्ग से घिरा क्षेत्र।

स्मरणीय :

1 एअर = 100 वर्गमीटर
100 एअर = 1 हेक्टेयर
1 हेक्टेयर = 10000 वर्गमीटर
100 हेक्टेयर या 10,00,000 वर्गमीटर = 1 वर्ग किलोमीटर

महत्त्वपूर्ण तथ्य

त्रिभुज (Triangle)

तीन भुजाओं से घिरा हुआ क्षेत्र, त्रिभुज कहलाता है। इसमें तीन कोण होते हैं तथा सभी कोणों का योग 180° होता है एवं किन्हीं दो भुजाओं का योग तीसरी भुजा से अधिक होता है।

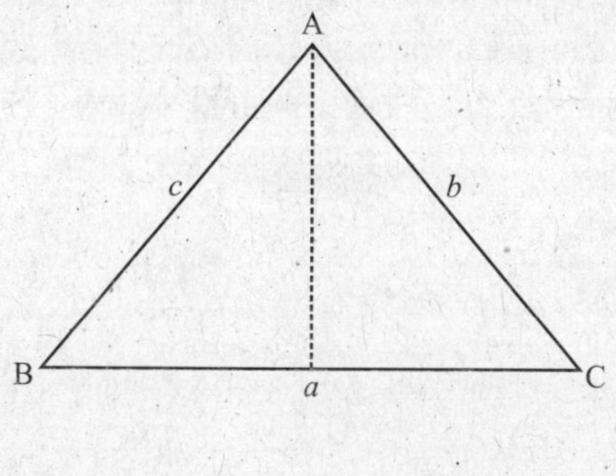

जैसे : $a+b>c, a+c>b, b+c>a$

किसी भी त्रिभुज के लिए, परिमिति = तीनों भुजाओं का योग

क्षेत्रफल = $\sqrt{s(s-a)(s-b)(s-c)}$

जहाँ a, b, c तीनों भुजाएँ हों तथा

$$s = \frac{a+b+c}{2}$$

(i) समकोण त्रिभुज (Right Angled Triangle): यह एक ऐसा त्रिभुज होता है जिसमें एक कोण समकोण होता है।

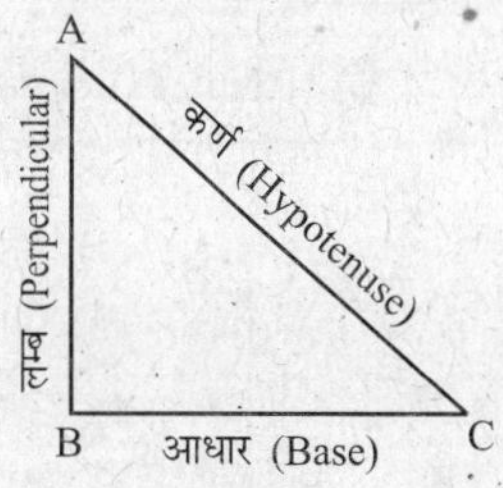

$(\text{कर्ण})^2 = (\text{लम्ब})^2 + (\text{आधार})^2$,

क्षेत्रफल = $\frac{1}{2}$ × आधार × ऊँचाई

(ii) समद्विबाहु त्रिभुज (Isosceles Triangle): ऐसा त्रिभुज जिसके आधार की दो भुजाएँ तथा दो कोण समान होते हैं, समद्विबाहु त्रिभुज कहलाता है।

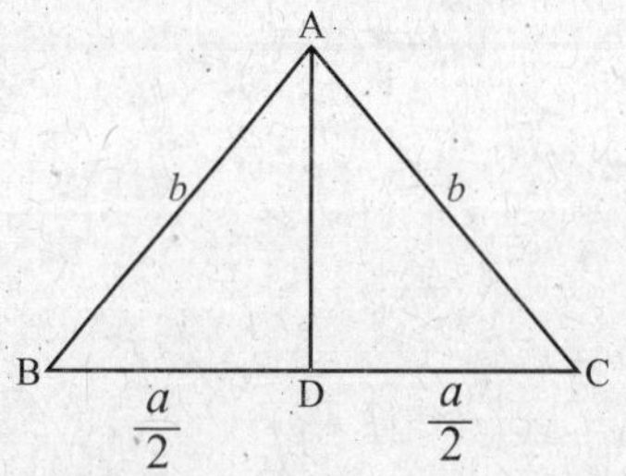

$AB = AC = b$,
$BC = a$

यदि लम्ब AD, BC पर खींचा जाए,

तो $BD = CD = \frac{a}{2}$

परिमिति = $a + 2b$

क्षेत्रफल = $\frac{a}{4}\sqrt{4b^2 - a^2}$

(iii) समद्विबाहु समकोण त्रिभुज (Isosceles Right Angled Triangle) : ऐसा त्रिभुज जिसका एक कोण समकोण हो तथा लम्ब एवं आधार समान हों, समद्विबाहु समकोण त्रिभुज कहलाता हैं।

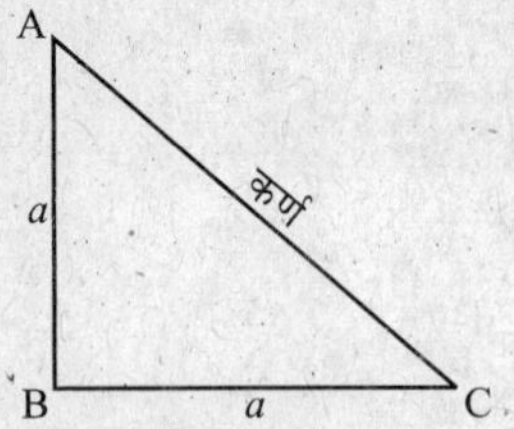

$$\text{क्षेत्रफल} = \frac{1}{2} \times (\text{बराबर भुजा})^2$$

$$= \frac{1}{2} \times a^2$$

$$\text{कर्ण} = \sqrt{(\text{लम्ब})^2 + (\text{आधार})^2}$$

$$= \sqrt{a^2 + a^2}$$

$$= \sqrt{2a^2} = \sqrt{2}a$$

$= \text{समान भुजा की लम्बाई} \times \sqrt{2}$

$$\text{परिमाप} = a + a + \sqrt{2}\,a$$

$$= 2a + \sqrt{2}a$$

$$= \sqrt{2}a\ (\sqrt{2} + 1)$$

$= \sqrt{2} \times \text{समान भुजा की लम्बाई} \times (\sqrt{2} + 1)$

(iv) समबाहु त्रिभुज (Equilateral Triangle) : ऐसा त्रिभुज जिसकी तीनों भुजाएँ आपस में समान हों, समबाहु त्रिभुज कहलाता है।

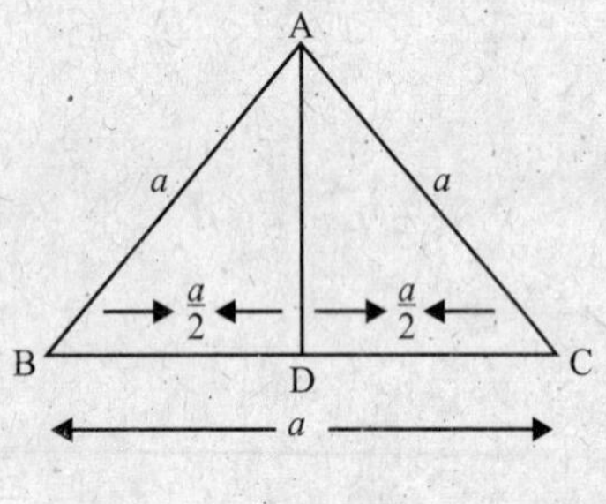

$$\text{परिमिति} = 3 \times \text{एक भुजा} = 3a$$

$$\text{क्षेत्रफल} = \frac{\sqrt{3}}{4} \times (\text{एक भुजा})^2$$

$$\text{ऊँचाई} = \frac{\sqrt{3}}{2} \times \text{एक भुजा}$$

$$\text{एक भुजा} = \frac{2}{\sqrt{3}} \times \text{ऊँचाई}$$

$$\text{क्षेत्रफल} = \frac{(\text{ऊँचाई})^2}{\sqrt{3}}$$

द्रष्टव्य : $h = a^2 - \left(\frac{a}{2}\right)^2 = a^2 - \frac{a^2}{4}$

$$= \frac{4a^2 - a^2}{4} = \frac{3a^2}{4}$$

$$\therefore \quad h = \sqrt{\frac{3a^2}{4}} = \frac{\sqrt{3}}{2}a$$

$$\text{ऊँचाई} = \text{भुजा} \times \frac{\sqrt{3}}{2}$$

$$\text{भुजा} = \text{ऊँचाई} \times \frac{2}{\sqrt{3}}$$

चतुर्भुज (Quadrilateral)

चार भुजाओं से घिरी हुई आकृति चतुर्भुज कहलाती है, जिसमें चार कोण होते हैं तथा सभी कोणों का योग 360° होता है।

(i) समानान्तर चतुर्भुज (Parallelogram) : ऐसा चतुर्भुज जिसके आमने-सामने की भुजाओं का युग्म समान तथा समानान्तर होता है, समानान्तर चतुर्भुज कहलाता है।

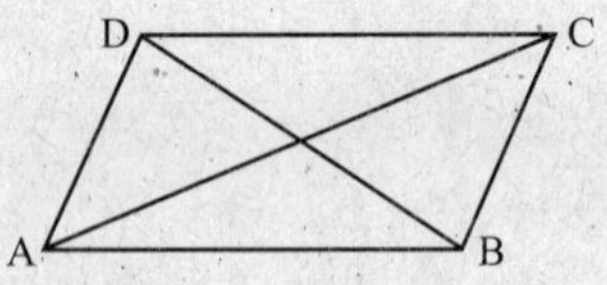

AB ‖ = CD, BC ‖ = AD

समानान्तर चतुर्भुज का प्रत्येक विकर्ण, चतुर्भुज को दो बराबर त्रिभुजों में बाँटता है।

$$\therefore \quad \text{क्षेत्रफल} = 2 \times \sqrt{s(s-a)(s-b)(s-c)}$$

जहाँ $s = \frac{a+b+c}{2}$ और a, b तथा c तीनों भुजाओं की लम्बाइयाँ हैं।

साथ ही, समानान्तर चतुर्भुज का क्षेत्रफल = आधार × ऊँचाई एवं परिमाप = 2 (आसन्न भुजाओं का योग)

(ii) समलम्ब चतुर्भुज (Trapezium) : ऐसा चतुर्भुज जिसके आमने-सामने के भुजाओं का सिर्फ एक युग्म समानान्तर होता है, समलम्ब चतुर्भुज कहलाता है।

समलम्ब चतुर्भुज का क्षेत्रफल

$$= \frac{1}{2} \times (\text{समानान्तर भुजाओं का योग}) \times \text{ऊँचाई}$$

$$= \frac{1}{2} \times (AB + CD) \times BC$$

(iii) विषमकोण समचतुर्भुज (Rhombus) : ऐसा चतुर्भुज जिसकी सभी भुजाएँ समान होती हैं एवं सम्मुख कोण समान होते हैं तथा आमने-सामने की भुजाएँ समानान्तर होती हैं, विषमकोण समचतुर्भुज कहलाता है।

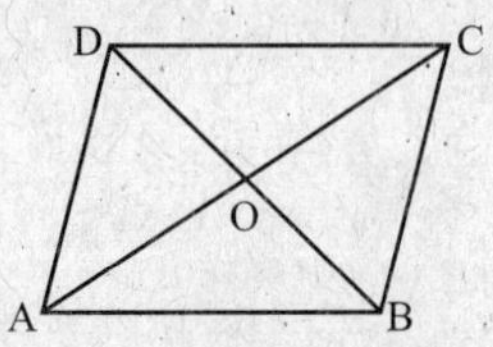

समचतुर्भुज के विकर्ण एक-दूसरे को समकोण पर समद्विभाजित करते हैं।

यहाँ AB = BC = CD = AD, AB || CD

एवं BC || AD

$\angle A = \angle C$ तथा $\angle B = \angle D$

$\angle AOB = \angle BOC = \angle COD = \angle AOD = 90°$

यदि d_1, d_2 किसी समचतुर्भुज के विकर्ण हों तो

(i) भुजा $= \frac{1}{2}\sqrt{d_1^2 + d_2^2}$

(ii) परिमाप $= 4 \times$ भुजा $= 2\sqrt{d_1^2 + d_2^2}$

(iii) क्षेत्रफल $= \frac{1}{2} d_1 \times d_2$

(iv) आयत (Rectangle) : ऐसा समानान्तर चतुर्भुज जिसकी आमने-सामने की भुजाएँ बराबर हों तथा प्रत्येक कोण समकोण हों, आयत कहलाता है।

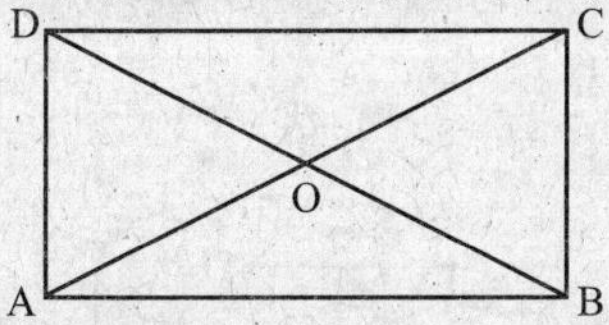

AB || = CD BC || = AD

$\angle A = \angle B = \angle C = \angle D = 90°$

आयत का क्षेत्रफल = लम्बाई × चौड़ाई

आयत का परिमाप = 2(लम्बाई + चौड़ाई)

आयत का विकर्ण $= \sqrt{(\text{लम्बाई})^2 + (\text{चौड़ाई})^2}$

आयत के विकर्ण बराबर होते हैं तथा एक-दूसरे को समद्विभाजित करते हैं।

(v) वर्ग (Square) : ऐसा समानान्तर चतुर्भुज जिसकी सभी भुजाएँ आपस में बराबर तथा प्रत्येक कोण समकोण होता है, वर्ग कहलाता है।

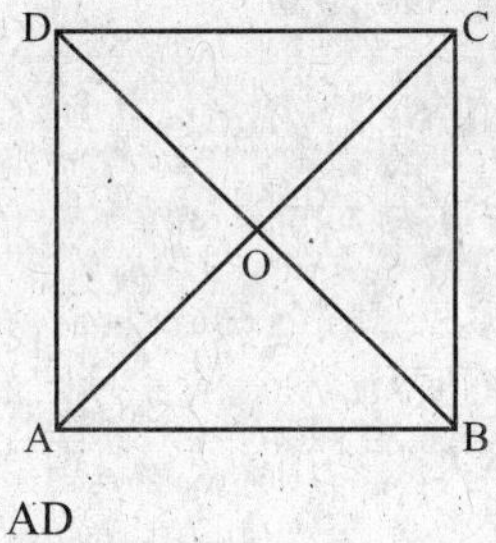

AB = BC = CD = AD

$\angle A = \angle B = \angle C = \angle D = 90°$

वर्ग का क्षेत्रफल = (एक भुजा)^2

वर्ग का परिमाप = 4 × एक भुजा

वर्ग का विकर्ण $= \sqrt{2}$ × एक भुजा

वर्ग के विकर्ण एक-दूसरे को 90° पर समद्विभाजित करते हैं।

(vi) समबहुभुज (Regular Polygon) : n भुजाओं से घिरी समतल आकृति जिसकी सभी भुजाएँ एवं सभी कोण समान हों, समबहुभुज कहलाती है।

विशेष स्थिति :

समषट्भुज का क्षेत्रफल $= \frac{3\sqrt{3}}{2}a^2$

समषट्भुज के परिवृत्त का क्षेत्रफल $= \pi a^2$

परिमाप $= 6a$, प्रत्येक कोण = 120°

वृत्त (Circle)

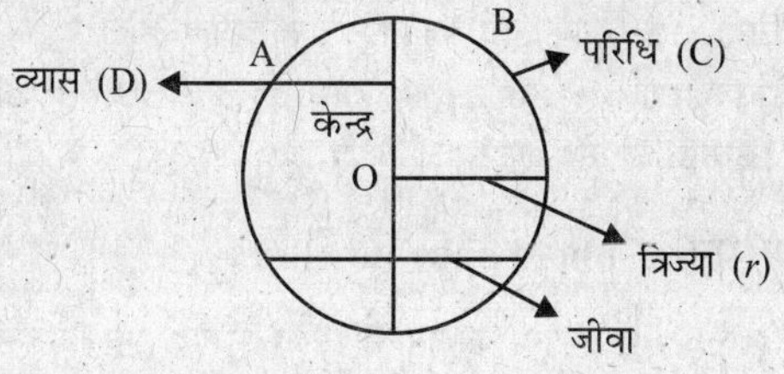

वृत्त में प्रयोग होने वाले शब्द

परिधि (Circumference) : वृत्त को घेरने वाली रेखा परिधि कहलाती है।

त्रिज्या (Radius) : केन्द्र से परिधि तक की दूरी को त्रिज्या कहा जाता है। एक वृत्त में अनन्त त्रिज्याएँ होती हैं तथा सभी त्रिज्याएँ आपस में समान होती हैं।

केन्द्र (Centre) : वृत्त के अन्दर केन्द्र वह बिन्दु होता है जहाँ से किसी वृत्त की परिधि समान दूरी पर होती है।

व्यास (Diameter) : एक ऐसी रेखा जो केन्द्र से होकर गुजरती है तथा दोनों तरफ परिधि से मिलती है, व्यास कहलाती है। एक वृत्त के अन्दर अनन्त व्यास खींची जा सकती हैं तथा खींचे गए सभी व्यास की लम्बाई समान होती है।

जीवा (Chord) : ऐसी रेखा जो दोनों तरफ परिधि से मिलती है, परन्तु केन्द्र से होकर नहीं गुजरती है, जीवा कहलाती है।

वृत्त चाप (Arc) : वृत्त की परिधि पर स्थित दो बिन्दु की लम्बाई (वक्र में) वृत्तचाप कहलाती है।

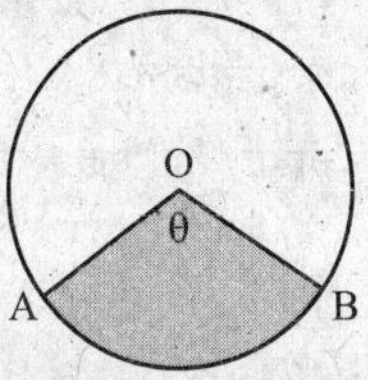

प्रयोग होने वाले प्रमुख सूत्र :

परिधि $(C) = 2\pi r$,

व्यास $(D) = 2r$

क्षेत्रफल $= \pi r^2$

त्रिज्यखंड AOB का क्षेत्रफल $= \frac{\theta°}{360°} \times \pi r^2$

चाप AB की लम्बाई $= 2\pi r \frac{\theta°}{360°} = \pi r \frac{\theta°}{180°}$

बाहरी वृत्त की त्रिज्या = R,

भीतरी वृत्त की त्रिज्या = r

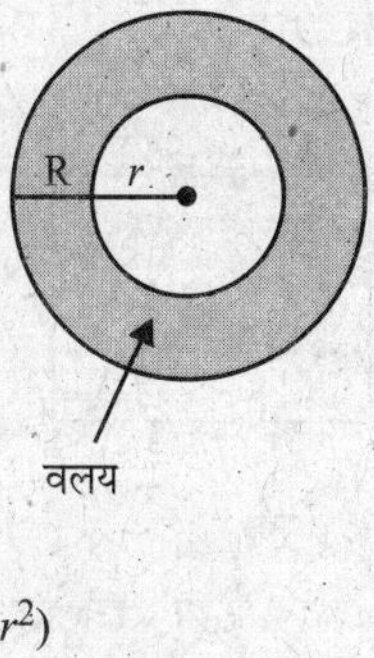

वलय का क्षेत्रफल

$= \pi R^2 - \pi r^2 = \pi(R^2 - r^2)$

$= \pi(R + r)(R - r)$

क्षेत्रमिति–II : आयतन

ठोस आकृतियाँ : वे आकृतियाँ जिनकी तीन विमाएँ होती हैं, ठोस आकृतियाँ कहलाती हैं। उदाहरणार्थ : ईंट, सन्दूक, कमरा दिया-सलाई की डिबिया, डालडा का डिब्बा, क्रिकेट की गेंद, फुटबॉल आदि।

घनाभ तथा घन (Cuboid and Cube)

घनाभ (Cuboid) : वह बहुलक जिसका प्रत्येक फलक आयत होता है एवं आसन्न सतह परस्पर लम्ब होते हैं, घनाभ (Cuboid) कहलाता है। ईंट, दिया-सलाई आदि घनाभ के उदाहरण हैं।

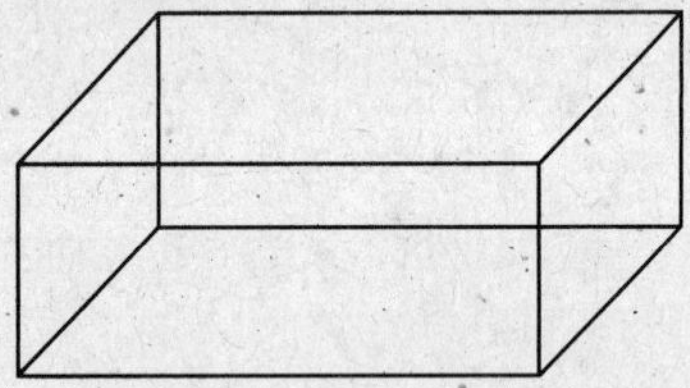

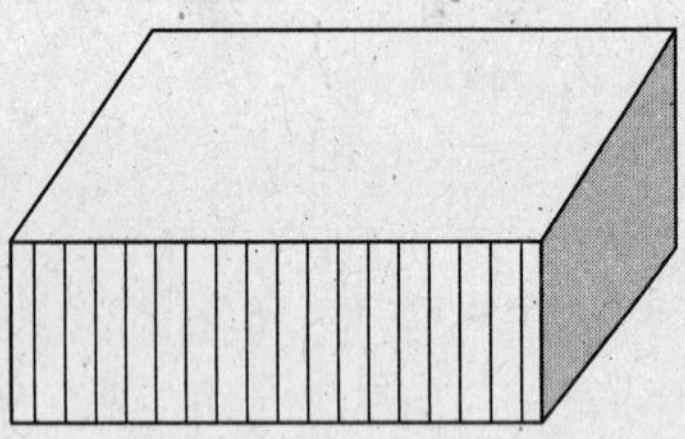

स्मरण रखें :

1. घनाभ का सम्पूर्ण पृष्ठ क्षेत्रफल :

= 2 (लम्बाई × चौड़ाई + चौड़ाई × ऊँचाई + ऊँचाई × लम्बाई)

यदि लम्बाई = l, चौड़ाई = b एवं ऊँचाई = h हो तो, घनाभ का सम्पूर्ण पृष्ठ क्षेत्रफल = $2(lb + bh + hl)$

2. घनाभ का आयतन = लम्बाई × चौड़ाई × ऊँचाई = $l \times b \times h$

3. घनाभ के विकर्ण की लम्बाई

$= \sqrt{(\text{लम्बाई})^2 + (\text{चौड़ाई})^2 + (\text{ऊँचाई})^2}$

$= \sqrt{l^2 + b^2 + h^2}$

घन (Cube) : किसी घनाभ की लम्बाई, चौड़ाई और ऊँचाई तीनों के बराबर होने पर वह घन (Cube) कहलाता है।

स्मरण रखें :

1. घन का पृष्ठ क्षेत्रफल = 6 $(\text{edge})^2$ = 6 $(\text{कोर})^2$

2. घन का आयतन = $(\text{edge})^3$ = $(\text{कोर})^3$

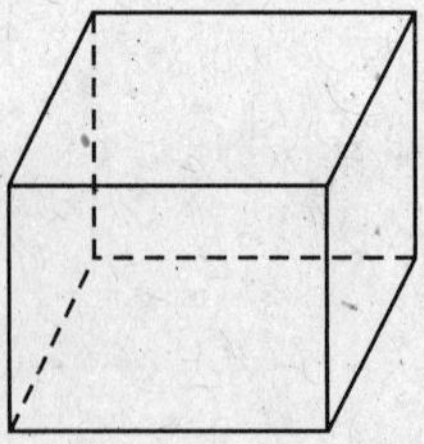

3. घन का विकर्ण $\sqrt{3}$ कोर

टिप्पणी : घन का आयतन दिया रहने पर $(\text{घन की भुजा})^3$ = घन का आयतन।

लम्बवृत्तीय बेलन (Right Circular Cylinder)

ABCD आयत की AB भुजा को अक्ष मानकर उसके परितः घुमाने से उसकी समानान्तर भुजा CD द्वारा बेलन का वक्र पृष्ठ निर्मित होता है। अतएव, CD बेलन की जनक रेखा (Generating line) है। आयत की शेष सन्मुख भुजाएँ AD और BC जो AB पर लम्ब हैं, समानान्तर तलों में घूमती हैं तथा दो वृतीय तलों को निर्मित करती हैं। इन तलों को बेलन के सिरे कहते हैं जो अक्ष के लम्बवत् होते हैं तथा जिनकी त्रिज्याएँ समान होती हैं। अक्ष AB को लम्ब वृतीय बेलन की ऊँचाई तथा AD को बेलन की त्रिज्या कहते हैं।

यदि बेलन की त्रिज्या r तथा ऊँचाई h से निरुपित की जाए तो

बेलन का वक्र पृष्ठ = आधार की परिमाप × ऊँचाई

= वृत का परिमाप (परिधि) × ऊँचाई = $2\pi r \times h = 2\pi rh$

∵ बेलन का वक्र पृष्ठ = $2\pi rh$

बेलन का सम्पूर्ण पृष्ठ = वक्र पृष्ठ + आधार का क्षेत्रफल + शिखर का क्षेत्रफल

$= 2\pi rh + \pi r^2 + \pi r^2$

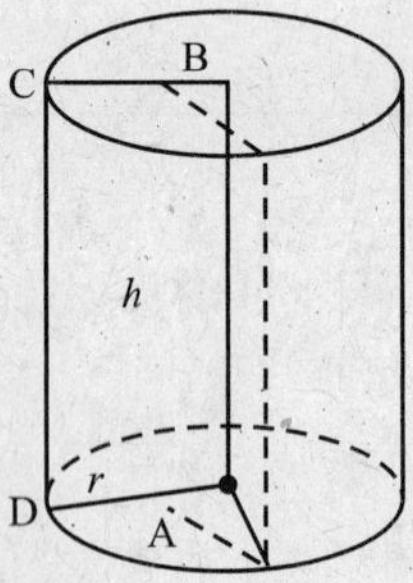

$= 2\pi rh + 2\pi r^2$

$= 2\pi r(h + r)$

बेलन का आयतन = आधार का क्षेत्रफल × ऊँचाई

$= \pi r^2 \times h = \pi r^2 h$

खोखला बेलन (Hollow Cylinder)

माना 'R' और 'r' खोखले बेलन के बाह्य और अन्तः अर्द्ध व्यास तथा 'h' इसकी ऊँचाई, है।

बेलन के धातु का आयतन

$= \pi R^2 h - \pi r^2 h$

$= \pi h (R^2 - r^2)$

$= \pi h (R + r)(R - r)$

वक्र सतह का क्षेत्रफल = $2\pi Rh + 2\pi rh$

संपूर्ण सतह का क्षेत्रफल

$= 2\pi Rh + 2\pi rh + 2(\pi R^2 - \pi r^2)$

$= 2\pi (R + r)(h + R - r)$

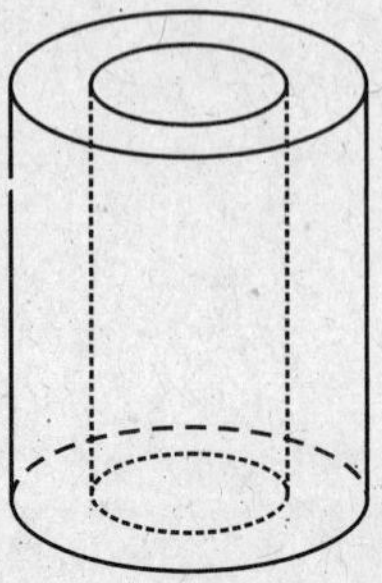

लम्बवृतीय शंकु (Right Circular Cone)

किसी समकोण त्रिभुज में समकोण बनाने वाली भुजाओं में से एक भुजा को अक्ष मानकर त्रिभुज को उसके परित: घुमाने से कर्ण द्वारा जनित वक्र पृष्ठ को लम्बवृतीय शंकु कहते हैं।

(a) शंकु का आयतन

$= \frac{1}{3} \times$ आधार का क्षेत्रफल $\times$ ऊँचाई

$= \frac{1}{3} \pi r^2 h$

(b) शंकु की तिर्यक ऊँचाई

शंकु ACD में AC तिर्यक ऊँचाई है

समकोण ΔCAB में,

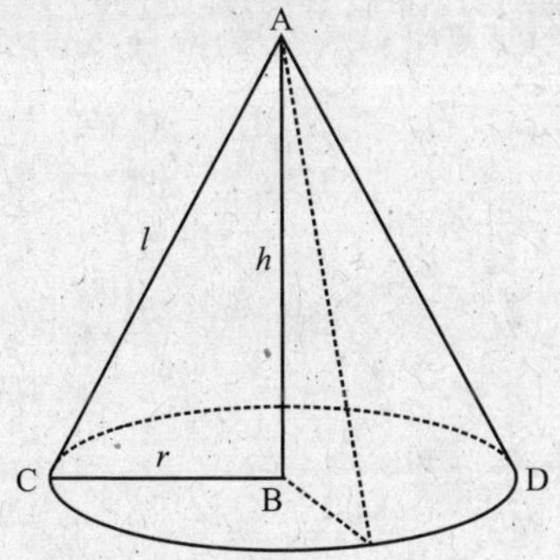

$AC^2 = AB^2 + BC^2$ या $l^2 = h^2 + r^2$

अत: तिर्यक ऊँचाई $l = \sqrt{h^2 + r^2}$

(c) शंकु का वक्र पृष्ठ क्षेत्रफल

= वृत खण्ड CAD का क्षेत्रफल $= \frac{1}{2}$ चाप की लम्बाई $\times$ त्रिज्या

$= \frac{1}{2} \times 2\pi r \times 1 = \pi rl$

शंकु का सम्पूर्ण पृष्ठ

शंकु का सम्पूर्ण पृष्ठ = वक्र पृष्ठ + आधार का क्षेत्रफल $= \pi rl + \pi r^2$

अत: शंकु का सम्पूर्ण पृष्ठ $= \pi r (r + l)$

छिन्नक (Frustum)

(i) सम्पूर्ण पृष्ठ का क्षेत्रफल $= \pi [R^2 + r^2 + (R + r) l]$

जहाँ तिर्यक ऊँचाई $= l = \sqrt{h^2 + (R - r)^2}$

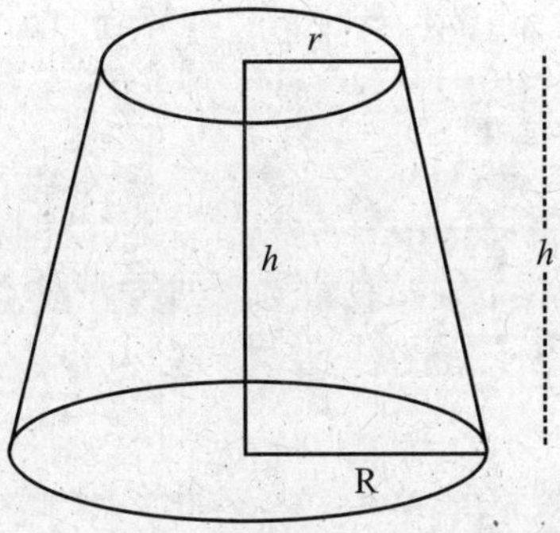

(ii) आयतन $= \frac{\pi h}{3} (R^2 + r^2 + Rr)$

गोला (Sphere)

पृष्ठीय क्षेत्रफल और आयतन (Surface Area and Volume)

आकाश (त्रिविमी) में स्थित उन सभी बिन्दुओं के समुच्चय को गोला (Sphere) कहा जा सकता है, जो एक नियत बिन्दु से, जिसे गोले को केन्द्र कहते हैं, समदूरस्थ हों।

केन्द्र से इस समुच्चय (पृष्ठ) के किसी बिन्दु की दूरी को गोले की त्रिज्या कहा जाता है।

टेनिस की एक गेंद को गोले का एक उदाहरण मान सकते हैं।

गोले के केन्द्र से होकर जाने वाला समतल गोले को दो बराबर भागों में बाँटता है। प्रत्येक भाग को गोलार्द्ध (Hemisphere) कहा जाता है।

1. त्रिज्या r वाले

(i) गोले का आयतन $= \frac{4}{3} \pi r^3$

(ii) पृष्ठीय क्षेत्रफल $= 4\pi r^2$

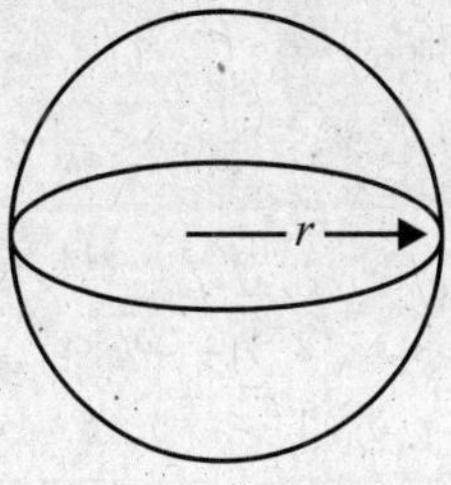

2. त्रिज्या r वाले

(i) गोलार्द्ध का आयतन $= \frac{2}{3} \pi r^3$

(ii) गोलार्द्ध का वक्र पृष्ठीय क्षेत्रफल $= 2\pi r^2$

(iii) सम्पूर्ण पृष्ठीय क्षेत्रफल $= 3\pi r^2$

खोखला गोला (Hollow Sphere)

(i) आन्तरिक पृष्ठ क्षेत्रफल $= 4\pi r^2$

(ii) बाह्य पृष्ठ क्षेत्रफल $= 4\pi R^2$

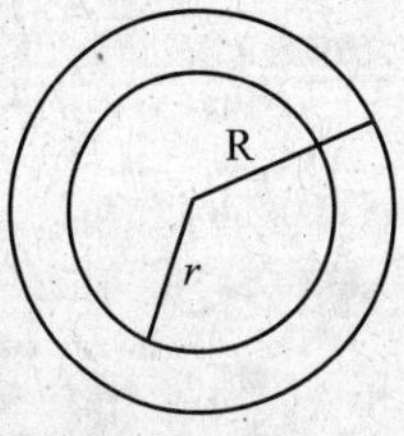

(iii) आयतन $= \frac{4}{3} \pi(R^3 - r^3)$

पिरामिड (Pyramid)

(i) क्षेत्रफल = आधार का क्षेत्रफल + सभी त्रिभुजाकार पृष्ठों के क्षेत्रफलों का योग

(ii) आयतन $= \frac{1}{3} \times$ आधार का क्षेत्रफल $\times$ ऊँचाई

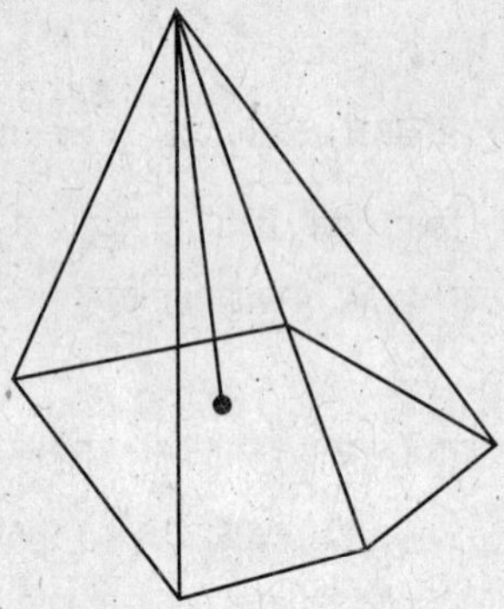

$\left(V = \frac{1}{3} \times A \times h\right)$

सम पार्श्व प्रिज्म (Prism)

ऐसे पृष्ठों के घिरी आकृति को जिसमें दो सिरे के पृष्ठ समानान्तर और समान हों एवं शेष पृष्ठ आयताकार हों, समपार्श्व कहा जाता है।

(i) पार्श्व तल का क्षेत्रफल

$= ah + bh + ch + dh + eh$
$= h(a + b + c + d + e)$

जहाँ a, b, c, d, e समपार्श्व के समपंचमुख आधार की भुजाएँ हैं एवं h ऊँचाई है।

(ii) आयतन = आधार का क्षेत्रफल × ऊँचाई ($V = A \times h$)

उदाहरण

1. उस छड़ की अधिकतम लम्बाई क्या है जिसे 12 मीटर × 9 मीटर × 8 मीटर के कमरे में रखा जा सके?

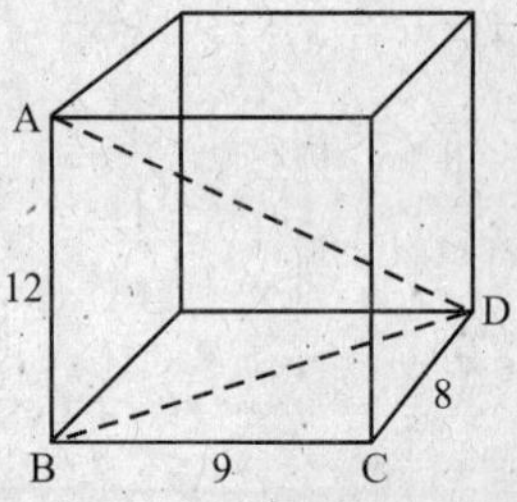

(a) 288 मीटर (b) 29 मीटर
(c) 17 मीटर (d) 13 मीटर

हल : (c) छड़ की अधिकतम लम्बाई

$= \sqrt{l^2 + b^2 + h^2}$

$= \sqrt{12^2 + 9^2 + 8^2}$

$= \sqrt{144 + 81 + 64}$

$= \sqrt{289}$

= 17 मीटर

2. 8 सेमी. अर्द्ध व्यास वाले एक ठोस धातु के गोले को पिघला कर 64 बराबर छोटे ठोस गोले बनाए गए हैं। इस गोले के पृष्ठीय क्षेत्रफल का एक छोटे गोले के पृष्ठीय क्षेत्रफल से अनुपात होगा–

(a) 4 : 1 (b) 1 : 16
(c) 16 : 1 (d) 1 : 4

हल : (c) ठोस धातु के गोले का आयतन

$= \frac{4}{3}\pi r^3$

$= \frac{4}{3} \times \pi \times (8)^3$

$= \frac{2048}{3}\pi$ सेमी.^{3}

माना कि प्रत्येक छोटे गोले की त्रिज्या = x सेमी.

$\therefore 64 \times \frac{4}{3}\pi r^3 = \frac{2048}{3}\pi$

$\Rightarrow \quad x^3 = \frac{2048}{64 \times 4} = 8$

$\Rightarrow \quad x = \sqrt[3]{8}$

= 2 सेमी.

$\Rightarrow$ अभीष्ट अनुपात $= 4\pi.(8)^2 : 4\pi\,(b)^2$

= 64 : 4

= 16 : 1

अभ्यास प्रश्न

1. किसी आयत की एक भुजा 50% बढ़ाकर दूसरी भुजा 50% घटा दी जाती है तो आयत के क्षेत्रफल पर क्या प्रभाव पड़ेगा?

(a) 25% कमी (b) कुछ नहीं
(c) 25% वृद्धि (d) 10% कमी

2. 288π वर्ग सेमी. पृष्ठ क्षेत्रफल वाले अर्द्धगोले का आयतन क्या होगा?

(a) 1054 घन सेमी. (b) 1152 घन सेमी.
(c) 256 घन सेमी. (d) 616 घन सेमी.

3. एक आयताकार चौक की लम्बाई, चौड़ाई तथा ऊँचाई क्रमशः 10 मीटर, 8 मीटर तथा 4 मीटर है। ₹ 2 वर्ग मीटर की दर से उस चौक की चारों दीवारों को रंगवाने में कितना खर्च आएगा?

(a) ₹ 504 (b) ₹ 288
(c) ₹ 824 (d) ₹ 276

4. एक बगीचा 70 मीटर लम्बा तथा 30 मीटर चौड़ा है। इसकी सीमा के बाहर से चारों तरफ 10 मीटर चौड़ी सड़क है। इस सड़क का क्षेत्रफल क्या होगा?

(a) 105 वर्ग मीटर (b) 2100 वर्ग मीटर
(c) 2400 वर्ग मीटर (d) 960 वर्ग मीटर

5. एक बड़े वृत्त की त्रिज्या एक छोटे वृत्त के व्यास से दोगुनी है। बड़े वृत्त और छोटे वृत्त के क्षेत्रफल में अनुपात क्या होगा?

(a) 8 : 1 (b) 4 : 1
(c) 16 : 1 (d) 2 : 1

6. 8 मीटर लम्बे, 5 मीटर चौड़े एवं 2 मीटर ऊँचे बक्से के सम्पूर्ण पृष्ठ का क्षेत्रफल क्या होगा?

(a) 212 वर्ग मीटर (b) 200 वर्ग मीटर
(c) 162 वर्ग मीटर (d) 132 वर्ग मीटर

7. 8 सेमी. त्रिज्या वाले धात्विक गोले को पिघलाकर 2 सेमी. व्यास वाली कितनी गोलियाँ बनाई जा सकती हैं?

(a) 824 (b) 468
(c) 616 (d) 512

8. एक आयताकार पार्क की लम्बाई 32 मीटर एवं चौड़ाई 26 मीटर है। यदि पार्क के भीतर-भीतर 3 मीटर चौड़ा रास्ता इसके चारों ओर बना हो तो रास्ते का क्षेत्रफल निकालिए।

(a) 312 वर्ग मीटर (b) 460 वर्ग मीटर
(c) 512 वर्ग मीटर (d) 280 वर्ग मीटर

9. 144 वर्ग मीटर क्षेत्रफल वाले वर्गाकार खेत की परिमिति को ₹ 2 प्रति मीटर की दर से घेरने में क्या खर्च आएगा?

(a) ₹ 96 (b) ₹ 108
(c) ₹ 72 (d) ₹ 144

10. 14 सेमी. अर्धव्यास वाले गोले का सम्पूर्ण पृष्ठ क्षेत्रफल क्या होगा?

(a) 2204 वर्ग सेमी. (b) 2464 वर्ग सेमी.
(c) 3608 वर्ग सेमी. (d) 2864 वर्ग सेमी.

11. 7 मीटर त्रिज्या एवं 30 सेमी. ऊँचाई वाले शंकु का आयतन क्या होगा?

(a) 4400 घन मीटर (b) 1540 घन मीटर
(c) 1600 घन मीटर (d) 3960 घन मीटर

12. 7 मीटर त्रिज्या वाले शंकु का आयतन ज्ञात कीजिए यदि इसकी ऊँचाई 20 मीटर हो।

(a) 1026.6 घन मीटर (b) 3078.6 घन मीटर
(c) 916.4 घन मीटर (d) 926,4 घन मीटर

13. 6 मीटर ऊँचे, 4 मीटर लम्बे तथा 3 मीटर चौड़े कमरे की दीवारों में ₹ 3 प्रति वर्ग मीटर की दर से रंग करने पर कितना खर्च आएगा?

(a) ₹ 520 (b) ₹ 288
(c) ₹ 360 (d) ₹ 252

14. 8 सेमी. त्रिज्या वाले बड़े घन से 1 सेमी. त्रिज्या वाले कितने छोटे घन बनाए जा सकते हैं?

(a) 512 (b) 616
(c) 729 (d) 724

15. एक आयताकार बाग की लम्बाई 70 मीटर तथा चौड़ाई 40 मीटर है। बाग के बाहर बने 4 मीटर चौड़े रास्ते का क्षेत्रफल कितना होगा?

(a) 944 वर्ग मीटर (b) 1296 वर्ग मीटर
(c) 712 वर्ग मीटर (d) 2412 वर्ग मीटर

उत्तर (हल/संकेत)

1. (a) कमी % $= \frac{(100+50)(100-50)}{100} - 100$

$= \frac{150 \times 50}{100} - 100$

$= 75 - 100$

$= -25$

25% की कमी होगी।

2. (b) $2\pi r^2 = 288\pi$

$r = \sqrt{\frac{288\pi}{2\pi}}$ सेमी.

$= \sqrt{144} = 12$

आयतन $= \frac{2}{3}\pi r^3$

$= \frac{2}{3} \times \pi \times 12 \times 12 \times 12$

$= 1152\pi$ घन सेमी.

3. (b) चारों दीवारों का क्षेत्रफल

$= 2 \times 4\,(10 + 8)$

$= 8 \times 18$

$= 144$

$= 144$ वर्ग मीटर

रंगवाने का खर्च $= 2 \times 144$

$=$ ₹ 288

4. (c) सड़क का क्षेत्रफल

$= 90 \times 50 - 70 \times 30$

$= 4500 - 2100$

$= 2400$ वर्ग मीटर

5. (c) बड़े वृत्त की त्रिज्या $= r$

छोटे वृत्त का व्यास $= \frac{r}{2}$

छोटे वृत्त की त्रिज्या $= \frac{r}{4}$

बड़े वृत्त एवं छोटे वृत्त के क्षेत्रफल में अनुपात

आवश्यक $= \frac{\pi r^2}{\pi\left(\frac{r}{4}\right)^2} = 16 : 1$

6. (d) आवश्यक क्षेत्रफल

$= 2(8 \times 5 + 5 \times 2 + 8 \times 2)$

$= 2(40 + 10 + 16) = 2 \times 66$

$= 132$ वर्ग मीटर

7. (d) गोलियों की संख्या

$= \frac{\frac{4}{3}\pi \times (8)^3}{\frac{4}{3}\pi\left(\frac{2}{2}\right)^3}$

$= 8 \times 8 \times 8 = 512$

8. (a) रास्ते का क्षेत्रफल

$= 32 \times 26 - (32 - 6)\,(26 - 6)$

$= 832 - 520$

$= 312$ वर्ग मीटर

9. (a) वर्ग की एक भुजा $= \sqrt{144} = 12$ मीटर

परिमिति को घेरने का खर्च

$= 2 \times 4 \times 12 =$ ₹ 96

10. (b) गोले का सम्पूर्ण पृष्ठ-क्षेत्रफल $= 4\pi r^2$

$= 4 \times \frac{22}{7} \times 14 \times 14 = 2464$ वर्ग सेमी.

11. (b) शंकु का आयतन $= \frac{1}{3}\pi r^2 h$

$= \frac{1}{3} \times \frac{22}{7} \times 7 \times 7 \times 30 = 1540$ घन सेमी.

12. (a) शंकु का आयतन $= \frac{1}{3}\pi r^2 h$

$= \frac{1}{3} \times \frac{22}{7} \times 7 \times 7 \times 20 = 1026.6$ घन सेमी.

13. (d) चारों दीवारों का क्षेत्रफल

$= 2 \times 6\,(4 + 3)$

$= 12 \times 7$

$= 84$ वर्ग मीटर

रंगवाने का खर्च $= 3 \times 84 =$ ₹ 252

14. (a) छोटे घनों की संख्या

$= 8 \times 8 \times 8$

$= 512$

15. (a) रास्ते का क्षेत्रफल

$= 78 \times 48 - 70 \times 40$

$= 3744 - 2800$

$= 944$ वर्ग मीटर

❑❑❑

11. आंकड़ों (समंकों) का प्रबंधन

आँकड़ों (समंकों) की जानकारी का सीधा अभिप्राय है: उपलब्ध सूचनाओं का प्रश्नानुकूल विश्लेषण यानि आपके पास कुछ सूचनाएँ हैं और आपको उसी को आधार बनाकर कुछ प्रासंगिक तथ्यों को हासिल करना है। सही पूछें तो यह गणित से अधिक जीवन का एक व्यावहारिक व्याकरण है। आजकल उपभोक्ता संस्कृति का बोलबाला है। उपयोगकर्ता के समक्ष अनेक विकल्प हैं, फलत: वह किसी भी वस्तु को घर लाने से पूर्व एक गहन मूल्यांकन के दौर से गुजरता है। इसी परीक्षण में उसका साथ कुछ टी.वी. कंपनियों ने अपने प्रचार में व्यापक आँकड़ें देने शुरू किए हैं। इन आँकड़ों की तुलना के माध्यम से ही क्रेता किसी निष्कर्ष पर पहुँचता है। यह भी एक प्रकार का Data Handling ही है। आखिर गुण और दोषों की उपलब्धता पर ही उपभोक्ता मूल्यांकन करता है।

इस भाग का सीधा संबंध गणित की कुछ बुनियादी क्रियाओं से है। यदि आप एक बार इसको भली-भाँति समझ लेते हैं तथा नियमित अभ्यास करते हैं तो परीक्षा में आपको किसी प्रकार की कठिनाई नहीं हो सकती है।

इसके अंतर्गत ग्राफ, वृत्त चार्ट, सारणी आदि दिए हुए होते हैं तथा उसके नीचे कुछ प्रश्न दिए होते हैं। उसी दिए गए ग्राफ अथवा वृत्त चार्ट या सारणी की सहायता से उन प्रश्नों को हल करना होता है। इसके लिए आवश्यक है कि आप अंकगणितीय क्रियाओं एवं ज्यामितीय सूत्रों से भिज्ञ हों। Data Handling के प्रश्नों को हल करने के लिए कुछ मुख्य बातें हैं :

(i) सभी परीक्षाएँ संख्यात्मक समस्याओं में यथा; संगणन, संख्यात्मक तर्कसंगतता, सारणियों एवं ग्राफों का निष्कर्ष निकालने आदि में आपकी गति तथा सटीकता की जांच करती हैं।

(ii) एक सारणी या ग्राफ का कंठस्थ करने में अधिक समय न लगाएँ, पर शीघ्रता के साथ उसको समझने का प्रयास करें। परीक्षा के समय आप जितनी बार चाहें उसका उपयोग कर सकते हैं।

(iii) आपका उत्तर ठीक होना चाहिए और ग्राफ या सारणी में दिए गए निश्चित आँकड़ों पर आधारित होने चाहिए।

(iv) प्रश्नों के उत्तर देते समय आप अपनी सूचना को सम्मिलित न करें चाहे आप जितना भी जानते हों। आपको जितने भी आँकड़ें उपलब्ध कराए गए हों उन्हीं की मदद से प्रश्नों को हल करें।

(v) ग्राफ में दिए गए X-axis तथा Y-axis की सूचनाओं और सारणी में दिए गए अनेक स्तंभों और पंक्तियों के प्रति सजग रहें।

(vi) कम महत्व के विवरण के प्रति सचेत रहें। परीक्षार्थी प्राय: इनकी उपेक्षा कर गलत उत्तर दे देते हैं।

(vii) ग्राफ या सारणी में दी गई इकाई (Unit) पर विशेष ध्यान दें। कभी-कभी निर्देश के साथ ही इकाई दी रहती है, अत: निर्देश का ध्यानपूर्वक अध्ययन करें।

(viii) कुछ प्रश्नों का आप सीधे ग्राफ या सारणी देखकर उत्तर दे सकते हैं, वैसे प्रश्नों को हल करने में बहुत समय नहीं लगाएँ।

(ix) जटिल प्रश्नों को हल करने में बहुत समय नहीं लगाएँ तथा आगे के प्रश्न को हल करें, अगर आखिर में समय बचता है तब वैसे प्रश्नों को हल करें।

(x) जब आप प्रश्नों के उत्तर देना शुरू करें तो यह निश्चित कर लें कि जो आंकड़ा आपको उपलब्ध कराया गया है, आप उससे परिचित हैं।

(xi) अगर आवश्यकता हो तो इकाई (Unit) या अन्य महत्त्वपूर्ण समंक (Data) को पेन्सिल से रेखांकित कर लें जिससे प्रश्न हल करते समय आपका उस पर विशेष ध्यान रहे।

सांख्यिकीय आंकड़ों का आलेखीय निरुपण (Graphical Representative of Stati-stical Data)

आप अनुभव करते होंगे कि आँख दिमाग से जल्दी काम करती है। किसी चीज को समझने या समझाने में बातों से ज्यादा चित्र उपयोगी होता है। इसीलिए कहा जाता है, ''एक चित्र हजार शब्दों के समान है''।

जनता के ज्ञान के लिए सरकारी विभाग समाज या देश संबंधी विभिन्न तथ्यों (जैसे–जनसंख्या, खाद्य–उत्पादन आदि) का विवरण चित्रों के सहारे दैनिक पत्रिका या सरकारी प्रकाशनों में देता है। इससे लोगों का ध्यान आकर्षित होता है और चित्र को एक नजर देखते ही वे तथ्यों को आसानी से समझ जाते हैं। इस प्रकार तुलनात्मक विषयों को प्रदर्शित करने के लिए चित्रों की सहायता ली जाती है। इनमें से कुछ हैं–दंड आरेख, आयत-चित्र, बारंबारता-वक्र, बारंबारता-बहुभुज, चित्रालेख वृत्त- चार्ट, तोरण।

ऐसे चित्र प्राय: वर्गीकृत कागज पर बनाए जाते हैं क्योंकि वर्गीकृत कागज पर चित्र बनाने में आसानी होती है।

निरुपण की इकाई (Unit of Represen-tation) : आलेख में किसी सांख्यिकीय आँकड़ों को दर्शाने के लिए उचित लम्बाई के रेखाखंडों की जरूरत होती है। मान लें किसी चित्र में 5000, 10000, 15000 इत्यादि संख्या को निरुपित करना है, तो 1000 के लिए 1 सेमी. लम्बा रेखाखंड लेने पर इन राशियों को इस प्रकार दिखला सकते हैं :

0 5000 10000 15000 या संक्षेप में 0 5 10 15 20

यहाँ संख्याएँ हजार में हैं। यहाँ निरुपण की इकाई : 1000 = 1 सेमी. हुई।

यदि 7500 अंकित करना हो तो 5 10 के बीच वाले भाग को एक बिन्दु से समद्विभाजित करें तो यह 7500 दिखलाएगा।

उदाहरण

निर्देश (1-3) : नीचे दिए गए ग्राफ का अध्ययन कीजिए तथा इस पर आधारित प्रश्नों के उत्तर दीजिए। स्तंभ के शिखर पर संख्या टेलीविजन सेटों की संख्या है।

जनवरी 2011 के लिए पाँच कंपनियों की रंगीन टेलीविजन (टीवी) सेटों की माँग और उत्पादन

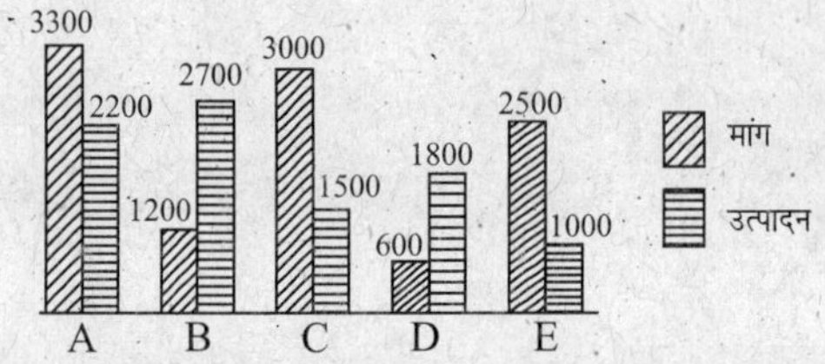

1. उत्पादन से अधिक माँग वाली कंपनियों का माँग से अधिक उत्पादन वाली कंपनियों के साथ क्या अनुपात है?
   (a) 2 : 3 (b) 4 : 1
   (c) 2 : 2 (d) 3 : 2

हल : (d) उत्पादन से अधिक माँग वाली कंपनियाँ हैं ⇒ A, C एवं E
माँग से अधिक उत्पादन वाली कंपनियाँ हैं ⇒ B एवं D
∴ अभीष्ट अनुपात = 3 : 2

2. पाँचों कंपनियों को मिलाकर औसत मांग और औसत उत्पादन के बीच कितना अंतर है?
   (a) 1400 (b) 400
   (c) 280 (d) 138

हल : (c) औसत माँग

$$= \frac{3300+1200+3000+600+2500}{5} = \frac{10600}{5} = 2120$$

औसत उत्पादन

$$= \frac{2200+2700+1500+1800+1000}{5} = \frac{9200}{5} = 1840$$

∴ अभीष्ट अंतर = 2120 – 1840 = 280

3. कंपनी D की मांग कंपनी E की मांग का लगभग कितने प्रतिशत है?
   (a) 12% (b) 20%
   (c) 24% (d) 30%

हल : (c) अभीष्ट प्रतिशत $= \frac{600}{2500} \times 100 = 24$

निर्देश (4-5) : नीचे दी गई सारणी वर्ष 2009 तथा 2010 में किसी उपभोक्ता वस्तु के चार बंदरगाहों द्वारा किए गए निर्यात को दर्शाती है। सारणी का अध्ययन कीजिए तथा इस पर आधारित प्रश्नों के उत्तर दीजिए।

(रुपए करोड़ों में)

बंदरगाह	2009 में निर्यात	2010 में निर्यात
A	57	61
B	148	160
C	229	234
D	146	150

4. वर्ष 2009 की तुलना में 2010 में किस बंदरगाह के द्वारा किए गए उपभोक्ता वस्तु के निर्यात में वृद्धि का प्रतिशत सर्वाधिक था?
   (a) A (b) B
   (c) C (d) D

हल : (b) निर्यात में वृद्धि प्रतिशत :

बंदरगाह A → $\frac{61-57}{57} \times 100 = 7\%$

बंदरगाह B → $\frac{160-148}{148} \times 100 = 8.1\%$

बंदरगाह C → $\frac{234-229}{229} \times 100 = 2.2\%$

बंदरगाह D → $\frac{150-146}{146} \times 100 = 2.74\%$

5. वर्ष 2009 की तुलना में वर्ष 2010 में उपभोक्ता वस्तु के सकल निर्यात में कितना परिवर्तन हुआ?
   (a) लगभग 4.3% वृद्धि (b) लगभग 4.3% कमी
   (c) लगभग 0.04% वृद्धि (d) लगभग 0.04% कमी

हल : (a) 2009 में सकल निर्यात
= (57 + 148 + 229 + 146) करोड़ रुपए
= 580 करोड़ रुपए
2010 में सकल निर्यात
= (61 + 160 + 234 + 150) करोड़ रुपए
= 605 करोड़ रुपए
वृद्धि = (605 – 580) करोड़ रुपए
= 25 करोड़ रुपए

∴ प्रतिशत वृद्धि $= \frac{25}{580} \times 100 = 4.3\%$

निर्देश (6–7) : ये प्रश्न नीचे दिए गए दण्ड आलेख पर आधारित है। आलेख को पढ़िए और प्रश्नों के उत्तर दीजिए।

XYZ रेलवे का वित्तीय विवरण

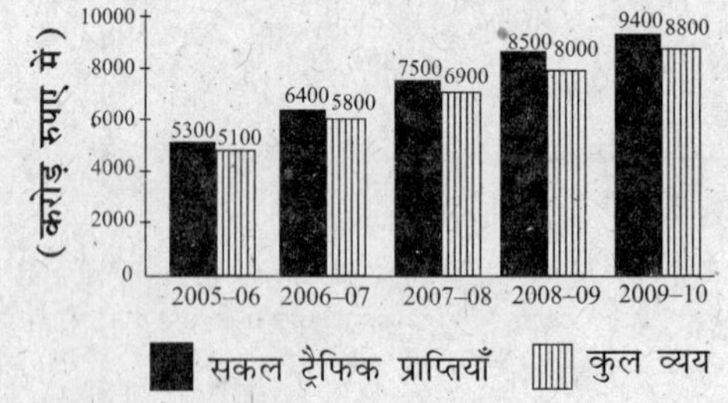

नोट : यहाँ गणना की आवश्यकता नहीं है। यह तथ्य आलेख से स्पष्ट है।

6. 2005-06 की तुलना में 2007-08 में सकल ट्रैफिक प्राप्तियों में कितने प्रतिशत वृद्धि हुई?
   (a) 33.9 (b) 41.5
   (c) 20.7 (d) 17

हल : (b) वर्ष 2005-06 में सकल ट्रैफिक प्राप्ति = 5300 करोड़ रुपए
वर्ष 2007-08 में सकल ट्रैफिक प्राप्ति = 7500 करोड़ रुपए
अंतर = 7500 – 5300
= 2200 करोड़ रुपए

प्रतिशत वृद्धि $= \frac{2200}{5300} \times 100 = 41.5\%$

7. यदि लाभ = सकल ट्रैफिक प्राप्तियाँ - कुल व्यय हो, तो 2008-09 में सकल ट्रैफिक प्राप्तियों का कितने प्रतिशत के बराबर लाभ हुआ?
(a) 5.9
(b) 6.4
(c) 7.2
(d) 8.0

हल : (a) 2008-09 में लाभ
= 8500 – 8000
= 500 करोड़ रुपए

अभीष्ट प्रतिशत = $\frac{500}{8500} \times 100$
– 5.9%

अभ्यास प्रश्न

निर्देश (1-5) : नीचे दिए गए ग्राफ का अध्ययन कर उस पर आधारित प्रश्नों के उत्तर दें।

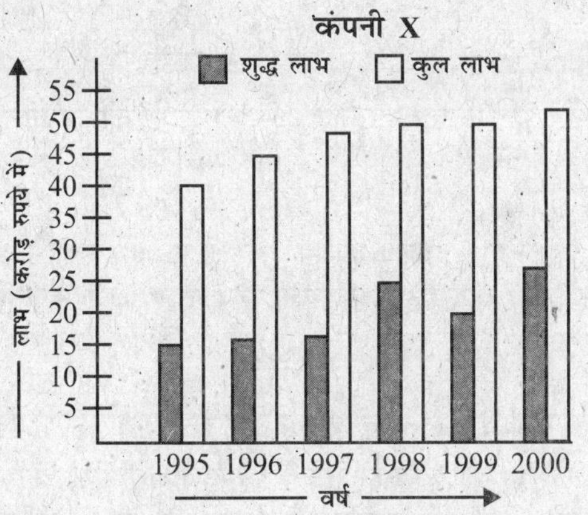

1. इनमें से किस वर्ष में कुल लाभ तथा शुद्ध लाभ का अनुपात 2 के बराबर है?
(a) 1996
(b) 1997
(c) 1998
(d) 1999

2. शुद्ध लाभ का कुल लाभ के साथ अनुपात किस वर्ष सर्वाधिक है?
(a) 1996
(b) 1997
(c) 1998
(d) 2000

3. इनमें से किस वर्ष, विगत वर्ष की तुलना में कुल लाभ में सर्वाधिक वृद्धि हुई?
(a) 1996
(b) 1997
(c) 1998
(d) 1999

4. कुल लाभ तथा शुद्ध लाभ दोनों में वृद्धि थी–
(a) 0 वर्ष
(b) 1 वर्ष
(c) 2 वर्ष
(d) 3 वर्ष

5. कुल लाभ तथा शुद्ध लाभ के अधिकतम एवं न्यूनतम अन्तर का अनुपात है–
(a) 1.1 (b) 1.2
(c) 1.3 (d) 1.4

निर्देश (6-10) : नीचे दिए गए ग्राफ का अध्ययन कर उस पर आधारित प्रश्नों के उत्तर दें।

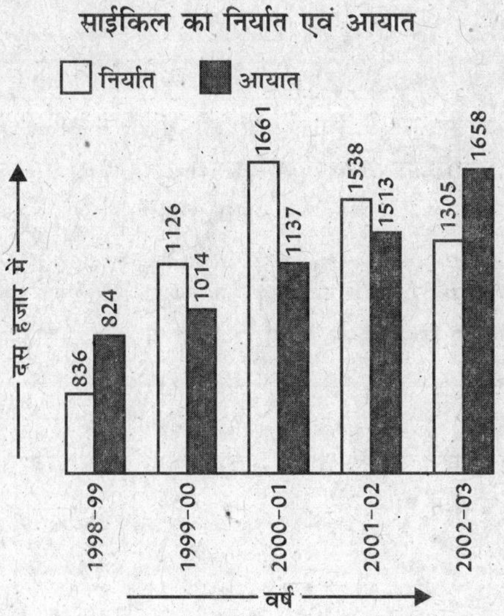

6. वर्ष 1998-99 की तुलना में वर्ष 2002-03 में निर्यात लगभग कितना गुना था?
(a) 1.4 (b) 2.4
(c) 2 (d) 2.6

7. इनमें से किस वर्ष आयात एवं निर्यात का अन्तर न्यूनतम था?
(a) 1999-00
(b) 2000-01
(c) 2001-02
(d) 2002-03

8. 1998 से 2003 की अवधि में औसत से अधिक निर्यात तथा औसत से कम निर्यात का अनुपात है–
(a) 2 : 3 (b) 3 : 2
(c) 4 : 1 (d) 1 : 4

9. वर्ष 1998-99 की तुलना में वर्ष 2002-03 में आयात लगभग कितना अधिक है?
(a) 100% (b) 150%
(c) 200% (d) 250%

10. ग्राफ के संदर्भ में निम्नलिखित में से कौन-सा कथन सत्य नहीं है?
(a) 2000-01 से निर्यात औसत से अधिक है।
(b) 2001-02 से आयात औसत से कम है।
(c) आयात में सतत वृद्धि है।
(d) सम्पूर्ण अवधि में कुल आयात, कुल निर्यात से अधिक है।

निर्देश (11-15) : नीचे दिए गए ग्राफ का अध्ययन कर उस पर आधारित प्रश्नों के उत्तर दें।

विश्वविद्यालय के विभिन्न संकायों में विद्यार्थियों का प्रतिशत

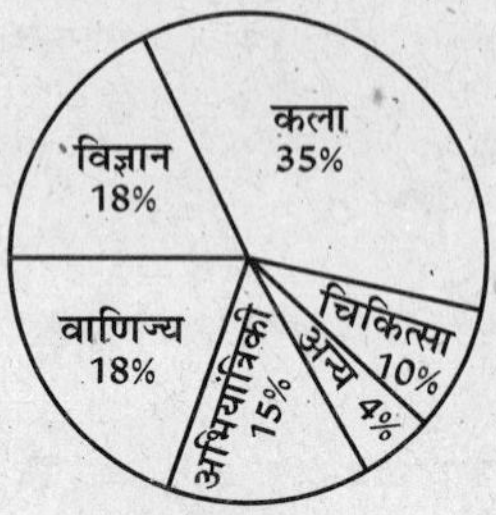

11. चिकित्सा संकाय में केन्द्रीय कोण का मान है–

(a) $22\frac{1}{2}°$ (b) 16°

(c) 36° (d) 54.8°

12. यदि कला संकाय में विद्यार्थियों की संख्या 17500 हो, तो विज्ञान तथा अभियांत्रिकी संकायों में विद्यार्थियों के मध्य अन्तर है–

(a) 3150 (b) 6300

(c) 7500 (d) 8750

13. यदि अन्य संकाय में विद्यार्थियों की संख्या 6000 हो तो विज्ञान तथा अभियांत्रिकी संकायों के विद्यार्थियों के मध्य अन्तर है–

(a) 4500 (b) 5500

(c) 6000 (d) 10500

14. वाणिज्य संकाय की तुलना में कला संकाय में केन्द्रीय कोण का मान कितना अधिक है?

(a) 54.8° (b) 61.2°

(c) 60° (d) 72°

15. कला संकाय के विद्यार्थियों की तुलना में चिकित्सा संकाय के विद्यार्थियों का लाभ प्रतिशत कितना है?

(a) 32.5% (b) 30.2%

(c) 28.6% (d) 20.4%

निर्देश (16-20) : नीचे दिए गए ग्राफ का अध्ययन कर उस पर आधारित प्रश्नों के उत्तर दें।

एक कंपनी द्वारा उत्पादित कम्प्यूटरों की संख्या (लाख में)

○ उत्पादित कम्प्यूटरों की संख्या

□ उन कम्प्यूटरों की संख्या जिन्होंने गुणवत्ता नियंत्रण परीक्षण उत्तीर्ण कर लिया है।

* बाजार में बेचे गए कम्प्यूटरों की संख्या

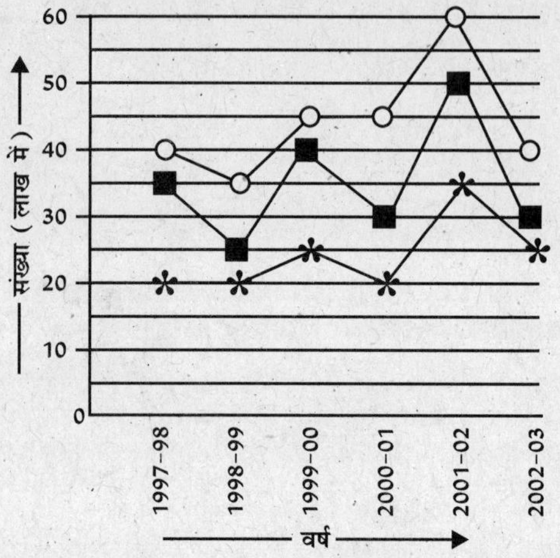

16. किस वर्ष में अधिकतम प्रतिशत में कम्प्यूटरों की बिक्री हुई?

(a) 1997-98 (b) 1998-99

(c) 1999-00 (d) 2001-02

17. 1998-99 से 1999-2000 तक की अवधि में उन कम्प्यूटरों की संख्या में प्रतिशत वृद्धि क्या है, जो गुणवत्ता नियंत्रण परीक्षण में उत्तीर्ण हुए हैं?

(a) 100% (b) 125%

(c) 150% (d) 160%

18. वर्ष 1997-98 में कम्प्यूटरों की माँग 20 लाख थी तथा प्रत्येक वर्ष माँग में 10 प्रतिशत की वृद्धि हो रही है। निम्नलिखित में से किस वर्ष बाजार में कम्प्यूटरों की माँग गुणवत्ता नियंत्रण परीक्षण में उत्तीर्ण कम्प्यूटरों से 10 प्रतिशत अधिक है?

(a) 1997-98 (b) 1998-99

(c) 2002-03 (d) इनमें से कोई नहीं

19. इनमें से किस वर्ष गुणवत्ता नियंत्रण परीक्षण में अनुत्तीर्ण कम्प्यूटरों की संख्या न्यूनतम है?

(a) 1997-98 (b) 1998-99

(c) 1999-00 (d) 2001-02

20. इनमें से किस वर्ष बिना बिके हुए कम्प्यूटरों की संख्या का प्रतिशत सर्वाधिक था?

(a) 2001-02 (b) 1999-00

(c) 1998-99 (d) 1997-98

उत्तर (हल/संकेत)

1. (c) 1998 में–

कुल लाभ ÷ शुद्ध लाभ

$= 50 \div 25 = 2$

2. (d) वर्ष 1995, 1996, 1997 तथा 1999 में अनुपात 0.5 से कम है, जबकि वर्ष 1998 के लिए यह 0.5 तथा वर्ष 2000 के लिए 0.5 से अधिक है।

3. (a) कुल लाभ में वृद्धि–

1996 = 40 में 5 इकाई

1997 = 45 में 5 इकाई

2000 = 50 में 5 इकाई

$\therefore$ वर्ष 1996 में वृद्धि सर्वाधिक है।

4. (c) वर्ष 1996 और 2000 में कुल लाभ व शुद्ध लाभ दोनों में वृद्धि थी।

5. (c) आवश्यक अनुपात $= \frac{32.5}{25} = 1.3$

6. (c) $\frac{\text{2002-03 में निर्यात}}{\text{1998-99 में निर्यात}} = \frac{1305}{638}$

$= 2.04 \approx 2$ गुना

7. (c) 2001–02 में

$\Rightarrow \quad 1538 - 1513 = 25$

8. (b) औसत निर्यात

$= \frac{638 + 1126 + 1661 + 1538 + 1305}{5} = 1253.6$

$\therefore$ अनुपात = 3 : 2

9. (c) $\frac{\text{2002–03 में आयात}}{\text{1998–99 में आयात}} \times 100 = \frac{1658}{824} \times 100 \approx 200\%$

10. (c) प्रत्येक वर्ष आयात में लगातार वृद्धि हो रही है।

11. (c) $100\% = 360°$

$10\% = \frac{360}{100} \times 10$

$= 36°$

12. (c) कुल विद्यार्थियों की संख्या का 35%

= 17500

$\therefore$ कुल विद्यार्थियों की संख्या का 15%

$= \frac{17500}{35} \times \frac{15}{100}$

= 7500

13.(a) अन्तर = 18% – 15% = 3%

कुल विद्यार्थियों की संख्या का 4% = 6000

$\therefore$ कुल विद्यार्थियों की संख्या का 3%

$= \frac{6000 \times 3}{4} = 4500$

14. (b) कला एवं वाणिज्य संकायों में विद्यार्थियों की संख्या में प्रतिशत अन्तर

= 35 – 18

= 17%

$1\% = 3.6°$

$17\% = 3.6° \times 17$

$= 61.2°$

15. (c) आवश्यक % $= \frac{10}{35} \times 100$

= 28.6 (लगभग)

16. (b) बेचे गए कम्प्यूटरों का प्रतिशत

1997-98 में $\Rightarrow \frac{20}{35} \times 100 = 57.14\%$

1998-99 में $\Rightarrow \frac{20}{25} \times 100 = 80\%$

1999-00 में $\Rightarrow \frac{25}{40} \times 100 = 62.5\%$

2000-01 में $\Rightarrow \frac{15}{30} \times 100 = 50\%$

2001-02 में $\Rightarrow \frac{35}{50} \times 100 = 70\%$

2002-03 में $\Rightarrow \frac{25}{30} \times 100 = 83.33\%$

17. (d) वृद्धि % $= \frac{40}{25} \times 100 = 160\%$

18. (d) माँग (लाख में)

1997-98 $\Rightarrow 20$

1998-99 $\Rightarrow 20 \times \frac{110}{100} = 22$

1999-00 $\Rightarrow 22 \times \frac{110}{100} = 24.2$

2000-01 $\Rightarrow 24.2 \times \frac{110}{100} = 26.62$

2001-02 $\Rightarrow 26.62 \times \frac{110}{100} = 29.282$

2002-03 $\Rightarrow 29.282 \times \frac{110}{100} = 32.2102$

101% कम्प्यूटर जिन्होंने गुणवत्ता नियंत्रण परीक्षण उत्तीर्ण किया, वर्ष

1997-98 $\Rightarrow \frac{101}{100} \times 35 = 35.5$ लाख

1998-99, $\frac{101}{100} \times 25 = 25.25$ लाख

1999-00, $\frac{101}{100} \times 40 = 40.4$ लाख

2000-01, $\frac{101}{100} \times 30 = 30.3$ लाख

2001-02, $\frac{101}{100} \times 50 = 50.5$ लाख

2002-03, $\frac{101}{100} \times 30 = 30.3$ लाख

19. (c) गुणवत्ता नियंत्रण परीक्षण में अनुत्तीर्ण कम्प्यूटरों का प्रतिशत

1997-98, $\frac{40 - 35}{40} \times 100 = 12.5\%$

इसी प्रकार,

1998-99 = 28.57%;

1999-00 = 11.11%;

2001-01 = 33.33%;

2001-02 = 16.66%;

2002-03 = 25%

20. (a) बिना बिके कम्प्यूटरों का प्रतिशत

1997-98 $= \frac{35 - 20}{35} \times 100$

= 42.85%

इसी प्रकार,

1998-99 = 5%;

1999-00 = $37\frac{1}{2}$%;

2000-01 = 50%;

2001-02 = 30%;

2002-03 = $16\frac{2}{3}$ %

❑❑❑

12. लाभ-हानि एवं बट्टा

जब कोई व्यक्ति किसी वस्तु का व्यापार करता है, वह अपनी आवश्यकता की वस्तुओं को अन्य स्रोत से खरीद कर लाता है। यहाँ अन्य स्रोत का तात्पर्य थोक विक्रेता (Wholesaler) से है। थोक विक्रेता का अर्थ हुआ, "वह व्यक्ति जो अनेक प्रकार की वस्तुओं का समुचित भंडार रखता है। वह विक्रेता जिससे उपभोक्ता सामान खरीदता है, वह फुटकर विक्रेता (Retailer) कहलाता है। फुटकर विक्रेता जिस मूल्य पर माल खरीदता है, वह मूल्य उस माल का क्रय मूल्य (Cost Price) कहलाता है। सामान्यत: फुटकर विक्रेता को उस माल की ढुलाई, यातायात, दुकान का किराया एवं प्रबंधन में कुछ अतिरिक्त व्यय करना पड़ता है। इस अतिरिक्त व्यय को अपरिव्यय (Overhead Expenditure) कहा जाता है। वस्तु को हम उपभोक्ताओं को बेचता है, उसे वस्तु का विक्रय मूल्य (Selling Price) कहा जाता है। इस प्रकार, विक्रय मूल्य तथा लागत मूल्य का अंतर ही लाभ या हानि (Profit or Loss) कहलाता है।

क्रय मूल्य (C.P.) : किसी वस्तु का क्रय मूल्य वह मूल्य है जिस पर वस्तु का खरीदा जाता है।

विक्रय मूल्य (S.P.) : किसी वस्तु का विक्रय मूल्य वह मूल्य है जिस पर किसी वस्तु को बेचा जाता है।

अंकित मूल्य या सूची मूल्य (Marked Price) : यह वह मूल्य है जो किसी वस्तु पर या उसके पैकेट पर अंकित रहता है।

लाभ : यदि किसी वस्तु का विक्रय मूल्य उसके क्रय मूल्य से अधिक हो तो ऐसी स्थिति में लाभ होता है।

हानि : यदि किसी वस्तु का क्रय मूल्य, उसके विक्रय मूल्य से अधिक हो तो ऐसी स्थिति में हानि होती है।

महत्त्वपूर्ण सूत्र

लाभ = विक्रय मूल्य − क्रय मूल्य

हानि = क्रय मूल्य − विक्रय मूल्य

$$\text{प्रतिशत लाभ} = \frac{\text{लाभ} \times 100}{\text{क्रय मूल्य}}$$

$$\text{हानि प्रतिशत} = \frac{\text{हानि} \times 100}{\text{क्रय मूल्य}}$$

$$\text{लाभ होने पर विक्रय मूल्य} = \left(\frac{100 + \text{लाभ प्रतिशत}}{100}\right) \times \text{क्रय मूल्य}$$

$$\text{हानि होने पर विक्रय मूल्य} = \left(\frac{100 - \text{हानि प्रतिशत}}{100}\right) \times \text{क्रय मूल्य}$$

$$\text{लाभ होने पर विक्रय मूल्य} = \frac{\text{विक्रय मूल्य} \times 100}{100 + \text{लाभ प्रतिशत}}$$

$$\text{लाभ होने पर विक्रय मूल्य} = \frac{\text{विक्रय मूल्य} \times 100}{100 + \text{लाभ प्रतिशत}}$$

$$\text{हानि होने पर विक्रय मूल्य} = \frac{\text{विक्रय मूल्य} \times 100}{100 - \text{हानि प्रतिशत}}$$

$$\text{कुल बट्टा} = \frac{\text{अंकित मूल्य} \times \text{बट्टे की दर}}{100}$$

विक्रय मूल्य = अंकित मूल्य − कुल बट्टा

यदि दो क्रमागत बट्टा $x\%$ एवं $y\%$ हो तो समतुल्य एकल बट्टा

$$= \left(x + y - \frac{xy}{100}\right)\%$$

$$= 100 - \frac{(100-x)(100-y)}{100}$$

यदि तीन क्रमागत बट्टों $x\%$ $y\%$ एवं $z\%$ हों तो समतुल्य एकल बट्टा

$$= 100 - \frac{(100-x)(100-y)(100-z)}{10000}$$

उदाहरण

1. एक फल विक्रेता ने एक रुपए के 5 की दर से केले खरीदे और एक रुपए में 4 की दर से बेचे। उसका प्रतिशत लाभ या हानि है–

(a) $12\frac{1}{2}\%$ लाभ (b) 25% हानि

(c) 25% लाभ (d) $12\frac{1}{2}\%$ हानि

हल : (c) माना कि विक्रेता 20 (5 एवं 4 का ल.स.) केले खरीदता है।

$\therefore$ 20 केलों का क्रय मूल्य $= \frac{20}{5} = 4$ रुपए

20 केलों का विक्रय मूल्य $= \frac{20}{5} = 5$ रुपए

$\therefore$ लाभ प्रतिशत $= \frac{5-4}{4} \times 100 = 25\%$

2. एक वस्तु 20% के बट्टे पर बेची जाती है तथा नकद भुगतान पर 30% का अतिरिक्त बट्टा मिलता है। यदि विद्या ने उसे 2240 रुपए नकद देकर खरीदा हो, तो वस्तु का अंकित मूल्य था–

(a) 4000 रुपए (b) 4368 रुपए

(c) 4400 रुपए (d) 4480 रुपए

हल : (a) माना कि वस्तु का अंकित मूल्य $= x$ रुपए

20% एवं 30% के क्रमिक बट्टे का समतुल्य

$$= \left(30 + 20 - \frac{30 \times 20}{100}\right)\%$$

$= (50 - 6)\% = 44\%$

$= x$ का $(100 - 44)\ \% = 2240$

$$\Rightarrow \quad \frac{x \times 56}{100} = 2240$$

$$\Rightarrow \quad x = \frac{2240 \times 100}{56}$$

$= 4000$ रुपए

अभ्यास प्रश्न

1. एक रेफ्रिजरेटर को 20% छूट पर खरीद करके ₹ 800 लाभ लेकर ₹ 16800 में बेचा गया। रेफ्रिजरेटर का अंकित मूल्य ज्ञात कीजिए।

(a) ₹ 21480 (b) ₹ 19800
(c) ₹ 22000 (d) ₹ 20000

2. प्रताप अपना रेडियो ₹ 140 लाभ पर बेचता है जोकि विक्रय मूल्य का 20% है। रेडियो का क्रय मूल्य ज्ञात कीजिए।

(a) ₹ 560 (b) ₹ 640
(c) ₹ 520 (d) ₹ 700

3. x एक घड़ी y को 20% लाभ पर बेचता है तथा y उसी घड़ी को 25% लाभ पर ₹ 150 में z को बेच देता है। बताइए कि x के लिए घड़ी का क्रय मूल्य क्या है?

(a) ₹ 90 (b) ₹ 120
(c) ₹ 99 (d) ₹ 100

4. यदि ₹ 5 में 3 के हिसाब से चीकू खरीदकर ₹ 4 में 2 के भाव से बेचा जाए तो प्रतिशत लाभ क्या होगा?

(a) 20% (b) 24%
(c) 25% (d) 23%

5. यदि 21 वस्तुओं का क्रय मूल्य 18 वस्तुओं के विक्रय मूल्य के बराबर है तो सौदे में प्रतिशत लाभ क्या होगा?

(a) 25% (b) $16\frac{2}{3}\%$
(c) 21.34% (d) $11\frac{2}{3}\%$

6. कोई व्यक्ति ₹ 2100 में कोई वस्तु खरीदकर उसके $\frac{2}{3}$ भाग को ₹ 1600 में बेचता है। शेष वस्तु को वह कितने में बेचे कि कुल पर उसे 10% का लाभ प्राप्त हो?

(a) ₹ 610 (b) ₹ 2310
(c) ₹ 910 (d) ₹ 860

7. ₹ 4.40 प्रति किलोग्राम वाले गेहूँ में ₹ 5.20 प्रति किलोग्राम वाले गेहूँ की कितनी मात्रा मिलाई जाए कि कुल 30 किलोग्राम गेहूँ को बेचने पर ₹ 144.80 प्राप्त हो जाएँ?

(a) 16 किग्रा (b) 14 किग्रा
(c) 12 किग्रा (d) 18 किग्रा

8. ₹ 6300 में अपना टी०वी० बेचकर किसी व्यक्ति को 10% की हानि होती है तो बताइए कि 15% लाभ प्राप्त करने के लिए उसे अपना टी०वी० कितने में बेचना चाहिए?

(a) ₹ 8050 (b) ₹ 8600
(c) ₹ 8400 (d) ₹ 7960

9. यदि मूल्यों में 16% की वृद्धि होने से कारों की बिक्री में 8% की कमी आ जाती है तो नकद प्राप्ति पर क्या प्रभाव पड़ेगा?

(a) 0.64% कमी (b) 6.72% वृद्धि
(c) 8% वृद्धि (d) 1.28% कमी

10. ₹ 10 में 15 पेन खरीदकर ₹ 15 में 10 पेन की दर से बेचने पर कितने प्रतिशत का लाभ होगा?

(a) 125% (b) 66.66%
(c) 75% (d) 225%

11. किसी वस्तु को 21% हानि के बजाए 9% लाभ पर बेचने से यदि ₹ 270 अधिक मिलते हैं तो वस्तु का क्रय मूल्य ज्ञात कीजिए।

(a) ₹ 900 (b) ₹ 1300
(c) ₹ 700 (d) ₹ 1600

12. किसी वस्तु को 24% लाभ एवं 21% हानि पर बेचने का अन्तर यदि ₹ 2250 है तो वस्तु का क्रय मूल्य क्या होगा?

(a) ₹ 5000 (b) ₹ 6000
(c) ₹ 4500 (d) ₹ 4800

13. एक खिलौना विक्रेता ₹ 2.50 प्रति खिलौना की दर से 250 खिलौने खरीदकर उस पर ₹ 3 मूल्य अंकित करता है। यदि वह सभी खिलौनों को 15% छूट पर बेच दे तो उसे कितने का लाभ होगा?

(a) ₹ 5 (b) ₹ 10.50
(c) ₹ 15 (d) ₹ 12.50

14. A किसी वस्तु को 4% लाभ पर B को बेचता है। B उस वस्तु को 5% लाभ पर C को बेचता है। यदि C का क्रय मूल्य ₹ 273 हो तो A का क्रय मूल्य है–

(a) ₹ 240 (b) ₹ 260
(c) ₹ 250 (d) ₹ 270

15. 30%, 10% तथा 20% का एक समतुल्य बट्टा क्या होगा?

(a) 24% (b) $23\frac{1}{3}\%$
(c) 20% (d) 25%

16. यदि क्रय मूल्य 30% से अधिक मूल्य अंकित करने के पश्चात् 12% का बट्टा दिया जाए तो दुकानदार का लाभ प्रतिशत क्या होगा?

(a) 14.40% (b) 15.60%
(c) 15% (d) 14.20%

17. ₹ 80 अंकित मूल्य वाले टॉर्च को कितने प्रतिशत छूट पर बेचा जाए कि ₹ 50 के क्रय मूल्य पर 12% का लाभ हो?

(a) 30% (b) 24%
(c) 25% (d) 20%

18. कोई व्यापारी यदि अपने माल पर 45% बढ़ाकर मूल्य अंकित करने के पश्चात् 20% का बट्टा दे तो उसका प्रतिशत लाभ क्या होगा?

(a) 16% (b) 14%
(c) 29% (d) 26%

19. x **का लागत मूल्य यदि ₹ 2400 है तो वह अपनी वस्तु का अंकित मूल्य कितना रखें कि 8% की छूट देने पर भी 15% का लाभ हो?**

(a) ₹ 2960 (b) ₹ 2880
(c) ₹ 3000 (d) ₹ 3600

20. 10% एवं 6% का एक समतुल्य बट्टा निम्न में से कौन-सा होगा?

(a) 16.6% (b) 15.4%
(c) 16% (d) 14.6%

21. 40%, 20% तथा 8% के क्रमागत बट्टों का एक समतुल्य बट्टा कौन है?

(a) 58.62% (b) 62.34%
(c) 68% (d) 61.12%

22. किसी वस्तु का अंकित मूल्य ₹ 10000 है, उसे 20%, 30%, 10% की क्रमिक छूट पर बेचा जाए तो वस्तु का विक्रय मूल्य क्या होगा?

(a) ₹ 5600 (b) ₹ 5040
(c) ₹ 5200 (d) ₹ 5060

23. यदि ₹ 50 का सामान लेने पर ₹ 6 का बट्टा दिया जाता है और विक्रेता को 10% लाभ प्राप्त होता है तो उस सामान का क्रय मूल्य होगा–

(a) ₹ 40 (b) ₹ 36
(c) ₹ 45 (d) ₹ 35

24. 40% तथा 20% का समतुल्य बट्टा क्या होगा?

(a) 52% (b) 72%
(c) 54% (d) 60%

25. कुर्सी का एक व्यापारी अपने अंकित मूल्य पर 20% की छूट देकर भी 25% का लाभ कमा लेता है। यदि एक कुर्सी पर उसे ₹ 96 का लाभ होता हो तो एक कुर्सी का अंकित मूल्य क्या है?

(a) ₹ 800 (b) ₹ 1600
(c) ₹ 600 (d) ₹ 500

26. एक व्यापारी अपनी चीजों पर क्रय मूल्य से 10% अधिक मूल्य अंकित करता है। यदि वह अपने ग्राहकों को इस छपे हुए मूल्य पर 10% बट्टा देता हो, तो उसका लाभ या हानि, यदि कोई है, निम्न होगा–

(a) 5% लाभ
(b) 3% हानि
(c) 1% हानि
(d) 1% लाभ

27. एक ऐजेन्ट को कपड़े की बिक्री में 2.5% कमीशन मिलता है। यदि किसी दिन उसे ₹ 12.50 कमीशन मिले, तो उस दिन उसके द्वारा बेचे गए कपड़ों का मूल्य है–

(a) ₹ 250 (b) ₹ 750
(c) ₹ 500 (d) ₹ 1250

उत्तर (हल/संकेत)

1. (d) खरीद मूल्य = 16800 – 800
= ₹ 16000

अंकित मूल्य = $\frac{16000 \times 100}{80}$

= ₹ 20000

2. (d) रेडियो का विक्रय मूल्य = ₹ x

प्रश्न से,

$\frac{x \times 20}{10} = 140$

$x = \frac{140 \times 100}{20}$

= ₹ 700

3. (d) x y z
↓ ↓ ↓
100% 120% 150%

150% = ₹ 150
100% = ₹ 100

4. (a) % लाभ = $\frac{\frac{4}{2} - \frac{5}{3}}{\frac{5}{3}} \times 100$

$= \frac{2}{6} \times \frac{3}{5} \times 100$

= 20%

5. (b) % लाभ = $\frac{(21-18) \times 100}{18}$

$= \frac{3}{18} \times 100$

$= 16\frac{2}{3}\%$

6. (b) ₹ 2100 की वस्तु का 10% लाभ

तब, विक्रय मूल्य = $2100 \times \frac{110}{100}$

= ₹ 2310

शेष वस्तु का विक्रय मूल्य

= 2310 – 1600
= ₹ 710

7. (a) माना कि x किलोग्राम गेहूँ को मिलाया जाएगा।

$\therefore x \times 5.20 + 4.40(30 - x) = 144.80$

या, $5.20x + 132 - 4.40x = 144.80$

या, $5.20 + 4.40(30 - x) = 144.80$

या, $0.80x = 144.80 - 132 = 12.80$

$\therefore x = \frac{12.80}{8} \times 10$

= 16 किग्रा

8. (a) विक्रय मूल्य $= \left(\frac{6300 \times 100}{90}\right) \times \frac{115}{100}$

$= 7000 \times \frac{115}{100} = ₹\ 8050$

9. (b) % प्रभाव $= \left(16 - 8 - \frac{16 \times 8}{100}\right) = 8 - 1.28 = 6.72\%$ वृद्धि

10. (a) % लाभ $= \frac{(15)^2 - (10)^2}{(10)^2} \times 100$

$= (225 - 100)\% = 125\%$

11. (a) $(21 + 9)\% = ₹\ 270$

$\therefore \quad 100\% = \frac{270}{30} \times 100 = ₹\ 900$

12. (a) $(24 + 21)\% = ₹\ 2250$

$\therefore \quad 100\% = \frac{2250}{45} \times 100 = ₹\ 5000$

13. (d) लाभ $= \left(3 \times \frac{85}{100}\right) \times 250$

$= (250 \times 2.50) = ₹\ 12.50$

14. (c) B का क्रय मूल्य $= \frac{100}{105} \times 273 = ₹\ 260$

A का क्रय मूल्य $= \frac{100}{104} \times 260 = ₹\ 250$

15. (b) एक बट्टा $= 100 - \frac{70 \times 90 \times 80}{10000}$

$= 100 - 50.40$

$= 49.60\%$

$= 23\frac{1}{3}\%$

16. (a) वस्तु का क्रय मूल्य = ₹ 100

अंकित मूल्य = 100 + 30 = ₹ 130

12% बट्टा पर विक्रय मूल्य $= \frac{130 \times 88}{100} = ₹\ 114.40$

% लाभ = 114.40 – 100

= 14.40%

17. (a) टॉर्च का लाभ पर विक्रय मूल्य

$= \frac{50 \times 112}{100} = ₹\ 56$

छूट % $= \frac{80 - 56}{80} \times 100$

$= \frac{24 \times 100}{80} = \frac{24 \times 5}{4}$

$= 30\%$

18. (a) % लाभ $= 145 \times \frac{80}{100} - 100$

$= 145 \times \frac{4}{5} - 100$

$= \frac{580}{5} - 100 = 16\%$

19. (c) अंकित मूल्य $= 2400 \times \frac{115 \times 100}{100 \times 92}$

$= 2400 \times 1.25 = ₹\ 3000$

20. (b) % समतुल्य बट्टा

$= 10 + \frac{6 \times 9}{10} = 15.4\%$

21. (d) पहला बट्टा = 40%

दूसरा बट्टा $= (100 - 40) \times \frac{20}{100}$

$= \frac{80 \times 20}{100} = 16\%$

तीसरा बट्टा $= \frac{(80 - 16) \times 8}{100}$

$= \frac{64 \times 8}{100}$

$= \frac{128}{25} = 5.12\%$

कुल बट्टा = 40 + 16 + 5.12

= 61.12%

22. (b) 10000 का 80% = ₹ 8000

8000 × 70% = ₹ 5600

5600 का 90% = ₹ 5040

23. (a) सामान का वास्तविक क्रय मूल्य

= (50 – 6) = ₹ 44

वस्तु का क्रय मूल्य

$= \frac{100}{110} \times 44 = ₹\ 40$

24. (a) प्रथम बट्टा = 40%

द्वितीय बट्टा $= \frac{60 \times 20}{100}$

= 12%

एकल बट्टा = 40 + 12

= 52%

25. (c) 100 – 20 = 80%

$\frac{80}{125} \times 100 = 64\%$

(80 – 64)% = ₹ 96

$100\% = \frac{96}{16} \times ₹\ 100$

= ₹ 600

26. (c) आवश्यक हानि $= \left(\frac{10 \times 10}{100}\right) = 1\%$ हानि

27. (c) 2.5% कमीशन = ₹ 12.50

कपड़े का मूल्य = 100%

$= \frac{12.50}{2.5} \times 100 = ₹\ 500$

❑❑❑

13. साझेदारी

हम यहाँ साझेदारी से संबंधित कुछ अवधारणाओं पर विचार करेंगे। सबसे पहली बात यह है कि साझेदारी है क्या? इस प्रश्न का उत्तर यह होगा कि जब 'दो या दो से अधिक व्यक्ति किसी शर्त के अनुसार किसी व्यापार को चलाने के लिए राजी होते हैं तब ऐसी व्यवस्था को साझेदारी कहते हैं। अब इस बात पर ध्यान देना आवश्यक है कि किसी भी व्यापार को चलाने के लिए कुछ धन की आवश्यकता पड़ती है। अत:, वह धन जो किसी व्यापार को चलाने के लिए लगाया जाता है, वह पूँजी (Capital) कहलाता है। व्यापार में विभिन्न क्रियाएँ होती हैं, जैसे– लाभ, लाभांश, इत्यादि। अर्थात् किसी व्यापार में उसके कुल आय में से सारे खर्च घटा देने के बाद जो राशि शेष बचती है, शुद्ध–लाभ (Net Profit) कहलाती है। साधारणत: कोई भी कम्पनी अपनी शुद्ध लाभ की संपूर्ण राशि को साझेदारों में नहीं बाँटती है। उसका कुछ अंश अपने कम्पनी के विस्तार, आधुनिकीकरण (Modernisation) के लिए रख लेती है। उसके बाद शेष राशि को अपने साझेदारों के बीच बाँटती है। वही राशि लाभांश कहलाती है। किसी भी व्यापार में साझेदार दो प्रकार के होते हैं–

(*i*) कार्यकारी साझेदार (Working Partner)

(*ii*) निष्क्रिय साझेदार (Sleeping Partner)

(*i*) कार्यकारी साझेदार (Working Partner) : किसी व्यापार में साझेदारों में से एक या कुछ साझेदार ऐसे होते हैं, जो उस व्यापार में पूर्णत: सक्रिय होते हैं। ऐसे साझेदारों को शुद्ध लाभ में से अलग से कुछ राशि दी जाती है तथा शेष राशि को सभी साझेदारों के बीच उनके पूँजी एवं समय के अनुपातानुसार बाँट दिया जाता है।

(*ii*) निष्क्रिय साझेदार (Sleeping Partner) : ऐसे साझेदार व्यापार में निष्क्रिय रूप से भाग लेते हैं। उनकी पूँजी एक निश्चित समय के लिए उस व्यापार में लगी होती है। शुद्ध लाभ में से कार्यकारी साझेदार को देने के बाद जो राशि बचती है, वही राशि उसके पूँजी एवं समय के अनुसार प्राप्त होती है।

साझेदारी के प्रकार (Kinds of Partnership)

साझेदारी दो प्रकार की जाती है–

(*i*) सरल साझेदारी (Simple Partnership) : जब सभी साझेदार अपनी समान या असमान पूँजी एक ही समय के लिए लगाते हैं, इस प्रकार के साझे को सरल साझा कहा जाता है। इस साझे में वर्षांत में हुआ लाभ उनके द्वारा लगाई गई पूँजियों के अनुपात में बाँटा जाता है।

(*ii*) मिश्र साझेदारी (Compound Partnership) : इस प्रकार के साझा में सभी साझेदार भिन्न-भिन्न पूँजी भिन्न-भिन्न समय के लिए लगाते हैं। अत: लाभ या हानि का विभाजन केवल पूँजी पर ही नहीं बल्कि समय पर भी निर्भर करता है। इस स्थिति में लाभ या हानि उनकी पूँजी तथा समय के गुणनफल के अनुपात में बाँटते हैं। इस प्रकार के प्रश्नों में हम इकाई समय (माह) के लिए प्रत्येक साझेदार की पूँजी ज्ञात करते हैं।

उदाहरणार्थ : यदि A, 500 रुपए 8 माह तक लगाता है एवं B, 400 रुपए 5 माह तक, तो 50 रुपए के लाभ को A एवं B में क्रमश: $500 \times 8 : 400 \times 5$ के अनुपात में बाँटा जाएगा। इस प्रकार A एवं B को प्राप्त लाभ का अनुपात 2 : 1 होगा।

उदाहरण

1. A, B तथा C ने क्रमश: 40500 रु., 45000 रु. तथा 60000 रु. के निवेश से व्यापार आरंभ किया। 6 मास के पश्चात C ने 15000 रु. वापिस ले लिए जबकि A ने 4500 रु. और निवेशित कर दिए। 56100 रु. के वार्षिक लाभ में C का भाग A के भाग से कितना अधिक होगा–

(a) 900 रु. (b) 1100 रु.

(c) 3000 रु. (d) 3900 रु.

हल : (d) A, B एवं C का 1 माह के लिए समतुल्य पूँजी का अनुपात

$= (40500 \times 6 + 45000 \times 6) : (45000 \times 12) : (60000 \times 6 + 45000 \times 6)$

$= (405 + 450) : (450 \times 2) : (600 + 450)$

$= 855 : 900 : 1050$

$= 171 : 180 : 210$

$= 57 : 60 : 70$

अनुपातिक योग $= 57 + 60 + 70$

$= 187$

अभीष्ट अंतर $= \dfrac{70 - 57}{187} \times 56100$

$= 3900$ रुपए

2. A, B तथा C किसी व्यापार में साझेदार बनते हैं। A, 3,20,000 रुपए का 4 माह के लिए B, 5,10,000 रुपए का 3 माह के लिए और C, 2,70,00 रुपए का 5 माह के लिए निवेश करता है। यदि कुल लाभ 1,24,800 रुपए हुआ हो तो लाभ में A का भाग होगा–

(a) 38,400 रुपए (b) 45,900 रुपए

(c) 40,500 रुपए (d) 41,500 रुपए

हल : (a) A, B तथा C के लाभ का अनुपात = A, B तथा C के 1 माह के लिए समतुल्य पूँजी का अनुपात

= 320000 × 4 : 510000 × 3 : 270000 × 5

= 32 × 4 : 51 × 3 : 27 × 5

= 128 : 153 : 135

अनुपातिक योग = 128 + 153 + 135 = 416

कुल लाभ = 124800 रुपए

$\therefore$ A का लाभांश = $\frac{128}{416} \times 124800$

= 38400 रुपए

अभ्यास प्रश्न

1. तीरथ, महेश, विपिन एक व्यापार में क्रमशः ₹ 3000 6 माह के लिए, ₹ 4000 6 माह के लिए तथा ₹ 12000 3 माह के लिए लगाते हैं। बताइए कि ₹ 5200 के कुल लाभ में तीरथ का हिस्सा क्या होगा?

(a) ₹ 900 (b) ₹ 5200
(c) ₹ 1600 (d) ₹ 1200

2. अशोक ₹ 7000 लगाकर कोई व्यापार शुरू करता है तथा 5 माह बाद विनय ₹ 20000 लगाकर व्यापार में शामिल हो जाता है। यदि कुल लाभ ₹ 16000 हो तो उसमें अशोक का हिस्सा क्या होगा?

(a) ₹ 8000 (b) ₹ 6000
(c) ₹ 7200 (d) ₹ 5400

3. *x* ने ₹ 800 लगाकर एक व्यवसाय शुरू किया। कुछ समय पश्चात् *y* ₹ 969 लगाकर साझीदार बन गया। यदि वर्ष के अन्त में उनके बीच लाभ का बँटवारा 5 : 4 में होता हो तो बताइए कि *y* व्यवसाय में कितने माह पश्चात् शामिल हुआ था।

(a) 6 मांह (b) 3 माह
(c) 4 माह (d) 8 माह

4. अशोक ₹ 5000 लगाकर एक व्यापार शुरू करता है और 9 माह बाद ₹ 13000 की पूँजी लगाकर वेद उसमें शामिल हो जाता है। यदि वर्ष के अन्त में कुल लाभ ₹ 6600 हो तो उसमें वेद का हिस्सा क्या होगा?

(a) ₹ 2600 (b) ₹ 2700
(c) ₹ 3000 (d) ₹ 2000

5. P, Q और R साझे में मिलकर एक व्यापार करते हैं। P ने प्रारंभ में ₹ 25 हजार, Q ने प्रारंभ में ₹ 35 हजार तथा R ने ₹ 30 हजार व्यापार में लगाए। यदि P एक वर्ष के बाद ₹ 10 हजार लगाए तथा Q दो वर्ष के बाद ₹ 10 हजार निकाल ले तो बताइए कि 3 वर्ष बाद लाभांश का वितरण उनके बीच में किस अनुपात में होगा?

(a) 8 : 3 : 2 (b) 17 : 17 : 16
(c) 6 : 5 : 4 (d) 19 : 19 : 18

6. अनुपमा ₹ 8000 लगाकर एक व्यापार प्रारंभ करती है। 5 महीने बाद यामिनी ₹ 12000 लगाकर उस व्यापार में सम्मिलित हो जाती है। यदि वर्ष के अन्त में उन्हें कुल ₹ 72000 का लाभ होता है, तो यामिनी का लाभ में कितना हिस्सा होगा?

(a) ₹ 33600 (b) ₹ 38400
(c) ₹ 32600 (d) ₹ 39400

7. क, ख तथा ग ने क्रमशः ₹ 12000, ₹ 18000 तथा ₹ 4000 की पूँजी एक व्यापार में क्रमशः 8 माह, 3 माह तथा 9 माह के लिए लगाई। यदि कुल लाभ ₹ 3100 है तो उसमें ख का हिस्सा ज्ञात कीजिए।

(a) ₹ 900 (b) ₹ 1050
(c) ₹ 760 (d) ₹ 1600

8. यदि मनोज और श्याम ₹ 2200 में एक मकान किराए पर लेते हैं तथा क्रमशः 6 माह एवं 5 माह उसमें रहते हैं, तो बताइए कि मकान के एकमुश्त किराए में से मनोज द्वारा दी गई रकम कितनी है?

(a) ₹ 1200 (b) ₹ 800
(c) ₹ 1100 (d) ₹ 1000

उत्तर (हल/संकेत)

1. (d) तीरथ : महेश : विपिन

3000 × 6 : 4000 × 6 : 12000 × 3

$\Rightarrow$ 18 : 24 : 36

$\Rightarrow$ 3 : 4 : 6

अतः कुल लाभ में तीरथ का हिस्सा

$= \frac{3}{13} \times 5200$

= ₹ 1200

2. (b) अशोक व विनय की पूँजियों का अनुपात

= 7000 × 12 : 7 × 20000

= 84000 : 140000

= 12 : 20

= 3 : 5

अशोक का हिस्सा = $\frac{3}{8} \times 16000$

= ₹ 6000

3. (d) *x* की पूँजी = 800 × 12

= ₹ 9600

y की पूँजी = 960 × ₹ *x*

$\frac{9600}{960x} = \frac{5}{4}; \frac{10}{x} = \frac{5}{4}$

या, $x = \frac{10 \times 4}{5} = 8$ माह

4. (a) अशोक व वेद की पूँजियों का अनुपात

= 5000 × 12 : 3 × 13000

= 60000 : 39000

= 20 : 13

लाभ में वेद का हिस्सा

$= \frac{6600 \times 13}{33}$

= ₹ 2600

5. (d) P की पूँजी = $3 \times 25 + 10 \times 2$

= ₹ 95 हजार

Q की पूँजी = $35 \times 3 - 10 \times 1$

= ₹ 95 हजार

R की पूँजी = 30×3

= ₹ 90 हजार

P : Q : R (पूँजी)= P : Q : R (लाभ)

95 : 95 : 90 = 19 : 19 : 18

6. (a) अनुपमा व यामिनी की पूँजियों का अनुपात

= $80000 \times 12 \times 7 \times 120000$

= 960000 : 840000

= 8 : 7

लाभ में यामिनी का हिस्सा

$= \frac{7}{15} \times 72000$

= ₹ 33600

7. (a) क, ख, ग की पूँजियों का अनुपात

= $12000 \times 8 : 18000 \times 3 : 4000 \times 9$

= 96000 : 54000 : 36000

= 16 : 9 : 6

ख का लाभ में हिस्सा

$= \frac{9 \times 3100}{31}$

= ₹ 900

8. (a) मनोज द्वारा दी गई रकम

$= \frac{9 \times 2200}{(6+5)}$

= ₹ 1200

❑❑❑

14. समय और काम

1. कुल कार्य को सामान्यतः 1 समझा जाता है।
2. कार्यरत मजदूरों की कार्यक्षमता नियत मानी जाती है, अर्थात् प्रत्येक मजदूर प्रतिदिन समान कार्य करता है।
3. यदि कोई व्यक्ति किसी कार्य को x दिन में समाप्त करता है, तो इसका अर्थ यह है कि वह 1 दिन में उसी कार्य का $\frac{1}{x}$ भाग समाप्त करेगा।
4. यदि कोई व्यक्ति एक दिन में किसी कार्य का $\frac{1}{y}$ भाग समाप्त करता है, तो इसका अर्थ यह है कि उसे पूरा कार्य समाप्त करने में y दिन का समय लगेगा।
5. किसी कार्य को करने वाले व्यक्तियों की क्षमता तथा उनके द्वारा कार्य को समाप्त करने में लगे समय में व्युत्क्रमानुपाती संबंध होता है, अर्थात् कार्यक्षमता $\propto \frac{1}{\text{समय}}$। स्पष्टतः यदि तीन व्यक्तियों की कार्यक्षमता का अनुपात क्रमशः $x : y : z$ हो तो उनके द्वारा कार्य को अलग-अलग करने में लगे समय का अनुपात क्रमशः $\frac{1}{x} : \frac{1}{y} : \frac{1}{z}$ होगा।
6. कार्य करने वाले व्यक्तियों की संख्या व समय में विलोमानुपात होता है, अर्थात् यदि किसी कार्य में कार्यरत व्यक्तियों की संख्या का अनुपात क्रमशः $x : y$ हो, तो उनके द्वारा लिए गए समय का अनुपात क्रमशः $y : x$ होगा।
7. यदि समय वही रहे, तो कार्य एवं व्यक्ति में अनुलोमानुपात होता है।
8. यदि कार्यरत व्यक्ति वही रहें, तो कार्य व समय में अनुलोमानुपात होता है।
9. कार्य व समय से संबंधित प्रश्नों को हल करते समय हमें कई कार्यकारी तत्वों के कार्यों की तुलना करनी पड़ती है। अतः हम पहले इकाई समय में किया गया कार्य ज्ञात करते हैं। वह इकाई समय प्रश्न की प्रकृति के अनुसार एक दिन, एक घंटा, एक मिनट हो सकता है।
10. दो या दो से अधिक व्यक्तियों के द्वारा अलग-अलग किए गए कार्य के बीच का अनुपात मजदूरी का अनुपात होता है।
11. जब दो या दो से अधिक व्यक्तियों के लिए कार्य दिवस समान हो तो उनके एक दिन के कार्य के बीच का अनुपात ही उनकी मजदूरी का अनुपात होता है।
12. नल एवं हौज से संबंधित प्रश्नों के सिद्धान्त पूर्णतः कार्य एवं समय के सिद्धांत पर आधारित होते हैं।

उदाहरण

1. 5 किलोमीटर लम्बी एक सड़क 100 दिनों में बनाई जाएगी। उस पर 280 मजदूर लगाए गए। किन्तु 80 दिनों के बाद देखा गया कि $3\frac{1}{2}$ किलोमीटर सड़क पूरी हुई है। काम को निर्धारित अवधि में पूरा करने के लिए अब और कितने लोगों की जरूरत है?

(a) 480 (b) 80
(c) 200 (d) 100

हल : (c) शेष काम $= 5 - \frac{7}{2} = \frac{3}{2}$

यहाँ $W_1 = \frac{7}{2}$,

$W_2 = \frac{3}{2}$

सूत्र $M_1 \times D_1 \times W_2 = M_2 \times D_2 \times W_1$ से

$\Rightarrow 280 \times 80 \times \frac{3}{2} = M_2 \times 20 \times \frac{7}{2}$

$\Rightarrow M_2 = \frac{280 \times 80 \times 3}{20 \times 7}$

$= 480$

$\therefore$ अतिरिक्त लोगों की अभीष्ट संख्या

$= 480 - 280$
$= 200$

2. एक टंकी की तली में एक छेद है जिसके कारण पानी से पूरी भरी टंकी 10 घंटे में खाली हो जाती है। यदि टंकी पानी से पूरी भरी हो, साथ ही 4 लीटर प्रति मिनट की रफ्तार में टंकी में पानी भरने वाला एक नल भी चालू रखा जाए, तो छेद द्वारा टंकी को खाली करने में 15 घंटे का समय लगता है। टंकी में कितने लीटर पानी भरा जा सकता है?

(a) 2400 (b) 4500
(c) 1200 (d) 7200

हल : (d) माना कि टंकी की क्षमता $= x$ लीटर

प्रश्नानुसार,

छेद द्वारा 1 घंटे में खाली किया गया पानी $= \frac{x}{10}$ लीटर

नल द्वारा 1 घंटे में भरा गया पानी = 240 लीटर

प्रश्नानुसार,

$$\frac{x}{10}-\frac{x}{15} = 240$$

$$\Rightarrow \quad \frac{3x-2x}{30} = 240$$

$$\Rightarrow \quad \frac{x}{30} = 240$$

$$\Rightarrow \quad x = 240 \times 30$$

$= 7200$ लीटर

अभ्यास प्रश्न

1. यदि 3 आदमी मिलकर किसी काम के $\frac{1}{4}$ भाग को 18 दिनों में समाप्त करते हों तो उस काम को 6 दिनों में समाप्त करने के लिए कितने आदमी चाहिए?

(a) 24 (b) 36
(c) 18 (d) 72

2. यदि 12 आदमी या 18 लड़के किसी काम को 21 दिनों में कर सकते हैं तो बताइए कि 16 आदमी और 16 लड़के उसी काम को कितने दिनों में करेंगे?

(a) 9 (b) 10.5
(c) 14 (d) 13

3. 144 मजदूर 4 घंटे प्रतिदिन काम करके एक काम 70 दिनों में करते हैं। यदि 288 मजदूर लगाए जाएँ और वे प्रतिदिन 5 घंटे काम करें तो बताइए कि काम कितने दिनों में समाप्त हो जाएगा?

(a) 32 (b) 35
(c) 28 (d) 24

4. एक हौज में दो नल लगे हैं तथा वे क्रमश: 18 घंटे एवं 8 घंटे में हौज को भरते हैं। बताइए कि चार घंटे में दोनों नलों द्वारा हौज का कितना भाग भरा जा सकेगा?

(a) $\frac{11}{18}$ भाग (b) $\frac{6}{13}$ भाग
(c) $\frac{13}{18}$ भाग (d) $\frac{5}{9}$ भाग

5. 16 आदमी किसी काम को 20 दिनों में पूरा करते हैं। यदि काम शुरू होने के 8 दिन के बाद 8 आदमी और काम पर लगा लिए जाएँ तो बताइए कि शेष काम को पूरा करने में कितना समय लगेगा?

(a) 6 (b) 11
(c) 7.5 (d) 8

6. गौरव किसी काम को 16 दिन में तथा मीत उसी काम को 12 दिन में करता है। यदि गौरव, मीत के साथ-साथ 4 दिन तक काम करे और फिर मीत को अकेले ही काम करना पड़े तो बताइए कि शेष काम को मीत कितने दिनों में पूरा कर लेगा?

(a) 3 दिन (b) 8 दिन
(c) 4 दिन (d) 5 दिन

7. P और Q मिलकर किसी काम को 5 दिन में, Q और R मिलकर 7 दिन में तथा P और R मिलकर 4 दिन में करते हैं। बताइए कि P, Q और R में किसके द्वारा काम सबसे अधिक दिन में (अकेले होने पर) पूरा होगा?

(a) Q (b) P
(c) R (d) बराबर

8. यदि $x-y$ का मान $a+b$ से 6 अधिक है तथा $x+y$ का मान $a-b$ से 4 कम हो तो $x-a$ का मान क्या होगा?

(a) -2 (b) 2
(c) 1 (d) -1

9. P किसी काम को Q की अपेक्षा तिगुना तेजी से करता है। अगर P किसी काम को करने में Q की अपेक्षा 8 दिन कम समय लेता है तो बताइए कि दोनों मिलकर काम को कितने दिन में समाप्त करेंगे?

(a) 3 (b) 6
(c) 4.6 (d) 2

10. 5 लड़के तथा 10 लड़कियाँ किसी काम को 16 दिनों में कर सकते हैं जबकि 20 लड़के और 8 लड़कियाँ उसी काम को 10 दिनों में कर सकते हैं, तो बताइए उसी काम को करने हेतु 1 लड़का एवं 1 लड़की के दिनों का अनुपात क्या होगा?

(a) 3 : 2 (b) 4 : 5
(c) 1 : 2 (d) 2 : 3

11. $(x+y)$ किसी काम को 10 दिनों में, $(y+z)$ 12 दिनों में तथा $(x+z)$ 20 दिनों में करते हैं। बताइए कि x अकेला उस काम को कितने दिनों में करेगा?

(a) 36 (b) 18
(c) 24 (d) 30

12. 100 पुरुष किसी काम को 60 दिनों में कर सकते हैं। 100 पुरुषों को प्रारम्भ में काम पर लगाया जाता है, लेकिन प्रत्येक 30 दिन बाद 20 पुरुष काम छोड़ देते हैं। बताइए कि काम पूरा होने में कितना समय लगेगा?

(a) 70 (b) 76
(c) 75 (d) 80

13. नल A किसी हौज को 10 घंटे में भर सकता है। निकासी नल B को भी खोल दिए जाने पर हौज नल A द्वारा 18 घंटे में भरा जाता है, तो हौज की क्षमता ज्ञात कीजिए। अगर नल B प्रति घंटे 1000 लीटर पानी निकालता है।

(a) 18000 लीटर (b) 45000 लीटर
(c) 60000 लीटर (d) 22500 लीटर

14. कुछ आदमी मिलकर एक काम को 40 दिनों में समाप्त करते हैं। यदि 8 और आदमियों के होने पर काम 6 दिन पहले समाप्त हो जाता है तो बताइए कि प्रारम्भ में कितने आदमी काम पर लगाए गए थे?

(a) 62 आदमी (b) 44 आदमी
(c) 40 आदमी (d) 72 आदमी

उत्तर (हल/संकेत)

1. (b) 3 आदमी मिलकर $\frac{1}{4}$ भाग को 18 दिनों में समाप्त करते हैं। काम को 6 दिनों में समाप्त करने के लिए आदमियों की संख्या

$= \frac{18 \times 4 \times 3}{6} = 36$

2. (b) 12 आदमी = 21 दिन

16 आदमी + 16 लड़के

= 24 आदमी $\frac{21}{2}$

= 10.5 दिन

3. (c) आवश्यक दिन = $\frac{144 \times 4 \times 70}{288 \times 5}$

= 28 दिन

4. (c) आवश्यक भाग = $4\left(\frac{1}{8} + \frac{1}{18}\right)$

$= \frac{1}{2} + \frac{2}{9}$

$= \frac{9+4}{18}$

$= \frac{13}{18}$ भाग

5. (d) आवश्यक दिन = $\frac{16 \times (20-8)}{16+8}$

$= \frac{16 \times 12}{24}$

= 8 दिन

6. (d) गौरव और मीत 4 दिन में काम करते हैं

$= 4\left(\frac{1}{16} + \frac{1}{12}\right)$

$= \frac{4(3+4)}{48}$

$= \frac{28}{48}$

शेष काम = $\frac{5}{12}$ काम

अत: मीत शेष को पूरा करेगा = 5 दिन।

7. (a) 2(P + Q + R) का एक दिन का काम

$= \frac{1}{5} + \frac{1}{7} + \frac{1}{4} = \frac{83}{140}$

P + Q + R का एक दिन का काम

$= \frac{83}{280}$ काम

P का एक दिन का काम

$= \frac{83}{280} - \frac{1}{7} = \frac{43}{280}$ काम

Q का एक दिन का काम

$= \frac{83}{280} - \frac{1}{4} = \frac{13}{280}$ काम

R का एक दिन का काम

$= \frac{83}{280} - \frac{1}{5} = \frac{27}{280}$ काम

अत: Q सबसे ज्यादा समय लेगा।

8. (d) $x - y = (a + b) - 6$ ... (*i*)

$x + y = (a + b) + 4$ ... (*ii*)

समीकरण (*i*) व (*ii*) को जोड़ने पर,

$2x = 2a - 2$

$2x - 2a = -2; x - a = -1$

9. (a) $\left[\frac{\text{P का काम}}{\text{Q का काम}} = \frac{\text{Q का दिन}}{\text{P का दिन}}\right] = \frac{3}{1}$

$= \frac{x}{x-8}$

$3x - 24 = x;$

$x = 12$ दिन

P उस काम को $x - 8$ अर्थात 4 दिन में करेगा।

P + Q उस काम को $\left(\frac{12 \times 4}{12+4}\right) = 3$ दिन में पूरा करेंगे।

10. (a) (5 लड़के + 10 लड़कियाँ) × 16

= (20 लड़के + 8 लड़कियाँ) × 10

(80 लड़के + 160 लड़कियाँ)

= (200 लड़के + 80 लड़कियाँ)

120 लड़के = 80 लड़कियाँ = $\frac{80}{120}$

$= \frac{2}{3}$ (काम करने की गति का अनुपात)

दिनों का अनुपात = 3 : 2

11. (d) आवश्यक दिन = $\frac{2xyz}{xy + yz + zx}$

$x = 10; y = 12; z = 20$

$= \frac{2 \times 10 \times 12 \times 20}{10 \times 12 + 12 \times 20 - 10 \times 20}$

$= \frac{4800}{120 + 240 - 200}$

$= \frac{4800}{160} = 30$ दिन

12. (a) काम पूरा करने के लिए काम करने के दिनों की संख्या = 100 × 60 = 6000

पहले 30 दिनों में कार्य दिवस = 300

इसके बाद के 30 दिनों में कार्य दिवस

$= 80 \times 30 = 2400$

शेष कार्य दिवस $= 6000 - 5400$

$= 600$

शेष पुरुष $= 100 - (20 - 20)$

$= 60$ पुरुष

काम को पूरा करने हेतु शेष दिन

$= \frac{600}{60} = 10$ दिन

अतः काम पूरा करने हेतु लगा समय

$= 30 + 30 + 10$

$= 70$ दिन

13. (d) नल A के द्वारा अतिरिक्त समय में किया गया काम = निकासी नल B के द्वारा 18 घंटे में किया गया काम $= \frac{18-10}{10}$ भाग

$\Rightarrow$ निकासी नल के 18 घंटे $\frac{4}{5}$ भाग = 18 घंटे

1 भाग $\Rightarrow \frac{18 \times 5}{4} = 22.5$ घंटे

हौज की क्षमता $= 22.5 \times 1000$

$= 22500$ घंटे

14. (a) प्रारम्भ में आदमी $= x$

$x \times 40 = (x + 8)(40 - 6)$

$40x = 34x + 372$

$6x = 372$

$x = 62$ आदमी

❑❑❑

15. समय और दूरी

1. किसी वस्तु द्वारा किसी निश्चित समय (t) में तय की गई दूरी (s), उसकी गति (u) एवं लगे समय के गुणनफल के बराबर होती है।

अर्थात् दूरी = चाल या वेग × समय

संकेत में, $s = u \times t$

या, $\text{समय} = \dfrac{\text{दूरी}}{\text{चाल या वेग}}$ या,

$\text{चाल या वेग} = \dfrac{\text{दूरी}}{\text{समय}}$

2. दूरी, समय तथा चाल की इकाई को एक ही पद्धति के अन्तर्गत रखना चाहिए।

$$1 \text{ किलोमीटर प्रति घंटा} = \frac{1 \text{ किलोमीटर}}{1 \text{ घंटा}}$$

$$\frac{1000 \text{ मीटर}}{60 \times 60 \text{ सेकेंड}} = \frac{5}{18} \text{ मीटर/सेकेंड}$$

$$1 \text{ मीटर/सेकेंड} = \frac{1 \text{ मीटर}}{1 \text{ सेकंड}}$$

$$= \frac{\frac{1}{1000} \text{ किलोमीटर}}{\frac{1}{60 \times 60} \text{ घंटा}}$$

$$= \frac{3600 \text{ किलोमीटर}}{1000 \text{ घंटा}}$$

$$= \frac{18}{5} \text{ किलोमीटर/घंटा}$$

अर्थात यदि किमी/घंटा को मीटर/सेकेंड में बदलना हो ता $\frac{5}{18}$ से गुणा कर दिया जाता है एवं यदि मीटर/सेकेंड को किमी/घंटा में बदलना हो तो $\frac{18}{5}$ से गुणा कर दिया जाता है।

3. एक निश्चित यात्रा पूरी करने के बाद किसी वस्तु की औसत गति $= \dfrac{\text{उसके द्वारा तय की गई कुल दूरी}}{\text{दूरी तय करने में लगा समय}}$

4. यदि दो समान दूरियाँ दो असमान चालों x एवं y किमी/घंटा से तय की जाएँ तो पूरी यात्रा के दौरान औसत चाल $= \dfrac{2xy}{x+y}$ किमी/घंटा

5. यदि तीन समान दूरियाँ तीन असमान चालों x, y एवं z किमी/घंटा से तय की जाएँ तो पूरी यात्रा के दौरान औसत चाल $= \dfrac{3}{\frac{1}{x}+\frac{1}{y}+\frac{1}{z}}$

$$= \frac{3xyz}{xy+yz+zx} \text{ किमी/घंटा}$$

6. **आपेक्षिक चाल :** किसी वस्तु P का अन्य वस्तु Q के सापेक्ष आपेक्षिक चाल वस्तु P का वस्तु Q से प्रति इकाई समय में विस्थापन है। इस इकाई समय में दोनों वस्तुओं के बीच की दूरी के बराबर होती है।

7. यदि दो वस्तुएँ एक ही दिशा में चलायमान हों तो एक की दूसरे के सापेक्ष आपेक्षिक गति उनकी चालों के अंतर के बराबर होती है। उदाहरणस्वरूप, यदि दो मोटरकारें A एवं B पूर्व दिशा में 40 एवं 30 किमी प्रति घंटा की चाल से चल रही हों तो A की B के सापेक्ष आपेक्षिक चाल $= 40 - 30 = 10$ किमी/घंटा।

8. यदि दो वस्तुएँ विपरीत दिशाओं में चलायमान हों तो एक की दूसरे के सापेक्ष आपेक्षिक गति उनकी चालों के योग के बराबर होती है। उदाहरणस्वरूप, यदि दो मोटरकारें विपरीत दिशाओं में 40 एवं 30 किमी/घंटा की चाल से चल रही हों तो A की B के सापेक्ष आपेक्षिक चाल $= 40 + 30 = 70$ किमी/घंटा।

इन परिस्थितियों में दोनों वस्तुओं के मध्य की बढ़ती या घटती दूरी = आपेक्षिक चाल × समय।

9. किसी व्यक्ति, खम्भा, टेलीग्राफ खम्भा आदि की लम्बाई नगण्य मानी जाती है।

10. जब कोई रेलगाड़ी व्यक्ति या नगण्य लम्बाई की वस्तु को पार करती है तो इन वस्तुओं को पार करने में रेलगाड़ी अपनी ही लम्बाई तय करती है।

11. जब एक रेलगाड़ी किसी रेलवे पुल या प्लेटफॉर्म को पार करती है तो उसे अपनी लम्बाई तथा रेलवे पुल या प्लेटफॉर्म की लम्बाई के योग के समतुल्य दूरी तय करनी पड़ती है।

12. जब एक रेलगाड़ी, दूसरी रेलगाड़ी में बैठे हुए व्यक्ति को समान दिशा या विपरीत दिशाओं में पार करती है, तो उसे अपनी लम्बाई को आपेक्षिक चाल से तय करनी पड़ती है।

13. धारा की दिशा में नाव का प्रवाह, अनुप्रवाह एवं धारा की विपरीत दिशा में नाव का प्रवाह, ऊर्ध्वप्रवाह कहलाता है।

14. यदि नाव या तैराक की शांत जल में चाल x किमी/घंटा हो एवं धारा की गति y किमी/घंटा हो तो अनुप्रवाह में नाव या तैराक की गति $= (x + y)$ किमी/घंटा

15. यदि नाव या तैराक की शांत जल में चाल x किमी/घंटा हो एवं धारा की गति y किमी/घंटा हो तो ऊर्ध्वप्रवाह में नाव या तैराक की गति $= (x - y)$ किमी/घंटा

16. शांत जल में नाव या तैराक की चाल

$= \frac{1}{2}$ (अनुप्रवाह गति + ऊर्ध्वप्रवाह गति)

17. धारा की चाल $= \frac{1}{2}$ (अनुप्रवाह गति – ऊर्ध्वप्रवाह गति)

18. यदि किसी वस्तु की चालों का अनुपात $a : b$ हो, तो दी गई दूरी को तय करने में लगे समय का अनुपात $b : a$ हो जाता है। अत: कोई वस्तु यदि अपनी वास्तविक चाल के $\frac{2}{3}$ से चले, तो उसे वास्तविक समय का $\frac{3}{2}$ समय (खास दूरी के लिए) व्यतीत करना पड़ेगा।

उदाहरण

1. दो शहर A और B 500 किलोमीटर की दूरी पर हैं। एक गाड़ी 8 बजे प्रात: A से B की ओर 70 किमी/घंटा की गति से चलती है। 10 बजे प्रात: एक अन्य गाड़ी B से 110 किमी/घंटा की गति से A की ओर चलती है। दोनों गाड़ियाँ आपस में कब मिलेंगी?

(a) 1 बजे अपराह्न
(b) 12 बजे दोपहर
(c) 12.30 बजे अपराह्न
(d) 1:30 बजे अपराह्न

हल : (b) माना कि दोनों गाड़ियाँ t घंटे के बाद मिलती हैं जब शहर A से गाड़ी 8 बजे प्रात: खुलती है।

$\therefore$ 70 किमी/घंटा की चाल से t घंटे में तय की गई दूरी + 110 किमी/घंटा की चाल से $(t-2)$ घंटे में तय की गई दूरी = 500 किमी

$\therefore 70t + 110(t-2) = 500$

$\Rightarrow 70t + 110t - 220 = 500$

$\Rightarrow 180t = 500 + 220 = 720$

$\Rightarrow t = \frac{720}{180} = 4$ घंटे

अत: दोनों गाड़ियाँ 12 बजे दोपहर मिलेंगी।

2. समान लम्बाई वाली विपरीत दिशाओं में चल रही दो रेलगाड़ियाँ खंभे को क्रमश: 18 तथा 12 सेकेंड में पार करती है। रेलगाड़ियाँ एक-दूसरे को पार करने में कितना समय लेंगी?

(a) 14.4 सेकेंड (b) 15.5 सेकेंड
(c) 18.8 सेकेंड (d) 20.2 सेकेंड

हल : (a) माना कि प्रत्येक रेलगाड़ी की लम्बाई $= x$ मीटर

पहली रेलगाड़ी की चाल $= \frac{x}{18}$ मीटर/सेकेंड

दूसरी रेलगाड़ी की चाल $= \frac{x}{12}$ मीटर/सेकेंड

जब दोनों रेलगाड़ियाँ एक-दूसरे को पार करती हैं तो लिया गया समय

$$= \frac{2x}{\frac{x}{18} + \frac{x}{12}} = \frac{2x}{\frac{2x+3x}{36}} = \frac{2x \times 36}{5x} = \frac{72}{5}$$

= 14.4 सेकेंड

अभ्यास प्रश्न

1. एक मोटर बोट धारा की दिशा में 13 किमी/घंटा तथा धारा की विपरीत दिशा में 3 किमी/घंटा चलती है। स्थिर जल में मोटर बोट की चाल कितने किमी/घंटा है?

(a) 8 किमी/घंटा (b) 6 किमी/घंटा
(c) 5.5 किमी/घंटा (d) 3 किमी/घंटा

2. एक कार दिल्ली से हिसार 80 किमी/घंटा की गति से जाकर 100 किमी/घंटा की गति से वापस लौटती है। सम्पूर्ण यात्रा हेतु कार की औसत गति ज्ञात कीजिए।

(a) 70 किमी/घंटा (b) 17.6 किमी/घंटा
(c) 64.66 किमी/घंटा (d) 88.88 किमी/घंटा

3. 150 मीटर लम्बी रेलगाड़ी यदि 10 सेकेंड में एक 300 मीटर लम्बे पुल को पार कर जाती है तो रेलगाड़ी की गति ज्ञात कीजिए।

(a) 162 किमी/घंटा (b) 172 किमी/घंटा
(c) 120 किमी/घंटा (d) 84 किमी/घंटा

4. एक रेलगाड़ी 36 किमी/घंटा की गति से बिजली के खंभे को यदि 14 सेकेंड में पार कर जाती है तो बताइए कि 300 मीटर लम्बे पुल को इसी गति से वह कितने समय में पार करेगी?

(a) 48 सेकेंड (b) 54 सेकेंड
(c) 44 सेकेंड (d) 46 सेकेंड

5. यदि अपनी वास्तविक चाल के $\frac{4}{5}$ गुनी चाल से भैरव 13 मिनट देर से स्कूल पहुँचता है तो वास्तविक चाल से पहुँचने में उसे कितना समय लगेगा?

(a) 78 मिनट (b) 55 मिनट
(c) 52 मिनट (d) 65 मिनट

6. एक कार अपनी यात्रा के प्रथम तीन घंटे 30 किमी/घंटा की गति से, अगले तीन घंटे 40 किमी/घंटा की गति से तथा शेष दूरी 80 किमी/घंटा से तय करती है। यदि यात्रा में कुल समय 14 घंटे लगे हों, तो कार द्वारा तय दूरी होगी–

(a) 780 किमी (b) 850 किमी
(c) 840 किमी (d) 960 किमी

7. दो व्यक्ति एक-दूसरे की तरफ क्रमश: 7 किमी/घंटा एवं 6 किमी/घंटा की गति से सुबह 8 बजे एक साथ चले। यदि उनके बीच की दूरी 39 किलोमीटर हो तो बताइए कि वे दोनों कब मिलेंगे?

(a) 2 बजे (b) 10 बजे
(c) 12 बजे (d) 11 बजे

8. 300 मीटर लम्बी रेलगाड़ी 16 किमी/घंटा की गति वाले रिक्शा सवार को 30 सेकेंड में पार कर जाती है। यदि रेलगाड़ी एवं रिक्शा सवार की दिशा विपरीत हो तो रेलगाड़ी की गति क्या है?

(a) 20 किमी/घंटा (b) 52 किमी/घंटा
(c) 48 किमी/घंटा (d) 30 किमी/घंटा

9. यदि 225 मीटर लम्बी रेलगाड़ी किसी 625 मीटर लम्बे प्लेटफॉर्म को 50 सेकेंड में पार करे तो रेलगाड़ी को 115 मीटर लम्बे प्लेटफॉर्म को पार करने में कितना समय लगेगा?

(a) 30 सेकेंड (b) 28 सेकेंड
(c) 24 सेकेंड (d) 20 सेकेंड

10. दो स्थानों के बीच की दूरी 60 किलोमीटर है। इससे एक ही समय दो कारें विपरीत दिशाओं में चलती हैं तथा 2 घंटे में एक-दूसरे से मिलती हैं। यदि कारें एक ही दिशा में चलतीं तो 6 घंटे में एक-दूसरे से मिलतीं। अधिक तेजी से चलने वाली कार की चाल निम्नलिखित में से कौन-सी है?

(a) 30 किमी/घंटा (b) 10 किमी/घंटा
(c) 40 किमी/घंटा (d) 20 किमी/घंटा

11. एक व्यक्ति यदि दिल्ली से नोएडा 40 किमी/घंटा की गति से जाकर 80 किमी/घंटा की गति से वापस लौटा तो सम्पूर्ण यात्रा हेतु उसकी औसत गति ज्ञात कीजिए।

(a) 66 किमी/घंटा (b) 59 किमी/घंटा
(c) 76 किमी/घंटा (d) $53\frac{1}{3}$ किमी/घंटा

12. दो रेलगाड़ियाँ विपरीत दिशाओं में क्रमशः 40 किमी/घंटा तथा 32 किमी/घंटा की गति से जा रही हैं। यदि वे एक-दूसरे को 24 सेकेंड में पार कर जाती हैं तो रेलगाड़ी M की लम्बाई क्या है, अगर N रेलगाड़ी 300 मीटर लम्बी है?

(a) 180 मीटर (b) 120 मीटर
(c) 360 मीटर (d) 240 मीटर

13. काली अपनी वास्तविक चाल के $\frac{2}{5}$ से दफ्तर जाने पर दफ्तर 24 मिनट देरी से पहुँचता है। काली की वास्तविक चाल ज्ञात कीजिए, यदि उसके घर से दफ्तर की दूरी 8 किमी हो।

(a) 12 किमी/घंटा (b) 36 किमी/घंटा
(c) 16 किमी/घंटा (d) 30 किमी/घंटा

14. एक नाविक 4 घंटे में धारा की दिशा में 64 किमी जाकर अगर 16 घंटे में अपने मूल बिन्दु पर लौटता है तो धारा की चाल क्या है?

(a) 3 किमी/घंटा (b) 4 किमी/घंटा
(c) 6 किमी/घंटा (d) 8 किमी/घंटा

15. 44 किमी/घंटा की गति से जा रही 360 मीटर लम्बी रेलगाड़ी विपरीत दिशा में आ रहे 4 किमी/घंटा की गति वाले पैदल यात्री को कितने समय में पार करेगी?

(a) 22 सेकेंड (b) 25 सेकेंड
(c) 27 सेकेंड (d) 28 सेकेंड

उत्तर (हल/संकेत)

1. (a) स्थिर जल में मोटर की चाल = $\frac{13+3}{2} = 8$ किमी/घंटा

2. (d) औसत गति = $\frac{2\times100\times80}{100+80}$

$= \frac{2\times8000}{180}$

$= 88.88$ किमी/घंटा

3. (a) रेलगाड़ी की गति = $\frac{300+150}{100}$

$= 45$ मी०/से०

$= 36\times4+18$

$= 162$ किमी/घंटा

4. (c) रेलगाड़ी की लम्बाई

$= \frac{36\times1000}{3600}\times14$

$= 140$ मीटर

300 मीटर लम्बे पुल को पार करने में लगा समय

$= \frac{300\times140}{10}$

$= 44$ सेकेंड

5. (c) समय = $\frac{4}{5-4}\times13$

$= 52$ मिनट

6. (b) कुल दूरी = $3\times30+3\times40+80\times8$ किमी

$= 90+120+640$ किमी

$= 850$ किमी

7. (d) समय = $\frac{39}{7+6} = 3$ घंटा

अतः दोनों व्यक्ति 11 बजे पूर्वाह्न में मिलेंगे।

8. (a) रेलगाड़ी की गति = x किमी/घंटा

$\frac{300}{1000} = \frac{30}{3600}(x+16)$

$\frac{3\times120}{10} = x+16$

$36 = x+16$

$x = 20$ किमी/घंटा

9. (d) रेलगाड़ी 50 सेकेंड दूरी तय करेगी

$= 625+225$

$= 850$ मीटर

रेलगाड़ी 1 सेकेंड में तय करेगी

$= \frac{850}{50} = 17$ मीटर

रेलगाड़ी को 115 मीटर लम्बे प्लेटफॉर्म को पार करने में लगा समय

$= \frac{225+115}{17}$

$= \frac{340}{17}$

$= 20$ सेकेंड

10. (d) कारों की चाल = x तथा y किमी/घंटा

विपरीत दिशा में चलने पर,

$2(x+y) = 60$

$x+y = 30$ ...(i)

एक ही दिशा में चलने पर,

$6(x-y) = 60$

$x - y = 10 \quad ...(ii)$

समीकरण (i) व (ii),

$x = 20$ किमी/घंटा

$y = 10$ किमी/घंटा

11. (d) औसत गति $= \frac{2 \times 40 \times 80}{40 + 80}$

$= \frac{6400}{120}$

$= 53\frac{1}{3}$ किमी/घंटा

12. (a) रेलगाड़ियों की सापेक्षित चाल = (40 + 32) किमी/घंटा

= 20 मीटर/सेकेंड

रेलगाड़ी M की लम्बाई = (24 × 20 – 300) मीटर

= 180 मीटर

13. (d) वास्तविक चाल से दफ्तर पहुँचने में लगा समय

$= \frac{2}{5-2} \times 24$

= 16 मिनट

$= \frac{8}{16} \times 60$

$= \frac{480}{16} = 30$ किमी/घंटा

14. (c) धारा की चाल $= \left(\frac{\frac{64}{4} - \frac{64}{16}}{2}\right)$

$= \frac{16-4}{2}$

= 6 किमी/घंटा

15. (c) रेलगाड़ी की सापेक्षित गति

= 44 + 4

= 48 किमी/घंटा

$= \frac{5}{18} \times 48$

$= \frac{40}{3}$ मी०/से०

पैदल यात्री को पार करने में लगा समय

$= \frac{360 \times 3}{40} = 27$ सेकेंड

❑❑❑

16. साधारण एवं चक्रवृद्धि ब्याज

मूलधन (Principal)

यह वह धन है जो कोई व्यक्ति किसी व्यक्ति से कर्ज के रूप में लेता है। इसे संकेत में P से दर्शाते हैं।

समय (Time)

जो कर्ज कोई व्यक्ति किसी अन्य व्यक्ति को देता है तो उसकी एक निश्चित अवधि तय की जाती है। इस अवधि को समय कहते हैं। इसे संकेत में सामान्यतः n या T से दर्शाते हैं।

दर (Rate)

कोई भी कर्ज किसी निश्चित दर पर ही दिया एवं लिया जाता है। इसे प्रायः प्रतिशत के रूप में व्यक्त करते हैं। इसे संकेत में R से दर्शाते हैं।

∴ प्रतिशत दर = 100 रुपए का एक वर्ष का ब्याज

ब्याज (Interest)

कर्ज लेने वाला व्यक्ति समय के समाप्ति के बाद मूलधन के बाद कुछ अतिरिक्त रुपए का भुगतान करता है। वह अतिरिक्त राशि ब्याज कहलाती है। इसे संकेत में I से दर्शाते हैं। जब ब्याज केवल मूलधन पर ही नियत समय के लिए लिया जाता है, तब उसे साधारण ब्याज कहा जाता है। इसे संकेत में S.I. से दर्शाते हैं।

मिश्रधन (Amount)

यह वह संपूर्ण राशि है, जो कर्जदार द्वारा लौटाई जाती है। इसे संकेत में A से दर्शाते हैं।

नीचे कुछ महत्त्वपूर्ण सूत्र दिए जा रहे हैं जिनकी सहायता से साधारण ब्याज (Simple Interest) संबंधी विभिन्न प्रश्नों को हल किया जा सकता है–

(*i*) मिश्रधन = मूलधन + ब्याज — अर्थात् $A = P + S.I.$

(*ii*) मूलधन = मिश्रधन – ब्याज — अर्थात् $P = A - S.I.$

(*iii*) ब्याज = मिश्रधन – मूलधन — अर्थात् $S.I. = A - P$

(*iv*) $\text{साधारण ब्याज} = \dfrac{\text{मूलधन} \times \text{समय} \times \text{दर}}{100}$

(*v*) $\text{मूलधन} = \dfrac{\text{साधारण ब्याज} \times 100}{\text{समय} \times \text{दर}}$

(*vi*) $\text{समय} = \dfrac{\text{साधारण ब्याज} \times 100}{\text{मूलधन} \times \text{दर}}$

(*vii*) $\text{दर} = \dfrac{\text{साधारण ब्याज} \times 100}{\text{मूलधन} \times \text{समय}}$

(*viii*) मिश्रधन $A = P\left(1+\frac{r}{100}\right)^n$, जहाँ r = दर तथा n = समय या जितनी बार (number of times) ब्याज की गणना की गई हो।

(*ix*) ब्याज छमाही संयोजन की स्थिति में, $A = P\left(1+\frac{r}{100\times 2}\right)^{2n}$

(*x*) ब्याज तिमाही संयोजन की स्थिति में, $A = P\left(1+\frac{r}{100\times 4}\right)^{4n}$

(*xi*) जब समय भिन्न में जैसे $3\frac{4}{5}$ वर्ष हो

तो, $A = P\left(1+\frac{r}{100}\right)^3\left(1+\frac{r}{100}\times\frac{4}{5}\right)$

(*xii*) यदि अलग-अलग समय के लिए अलग-अलग दर हो तो,

$$A = P\left(1+\frac{r_1}{100}\right)^{n_1}\left(1+\frac{r_2}{100}\right)^{n_2}\left(1+\frac{r_3}{100}\right)^{n_3}$$

नोट : चक्रवृद्धि ब्याज के अन्तर्गत किसी निर्धारित समय पर ब्याज पर ब्याज लेने या देने का प्रावधान होता है। यदि ब्याज की गणना वार्षिक हो तो पहले वर्ष में मूलधन पर साधारण ब्याज की गणना की जाती है तथा इसे मूलधन में जोड़ दिया जाता है जो अगले वर्ष में मूलधन हो जाता है। इस बढ़े हुए मूलधन पर दूसरे वर्ष में साधारण ब्याज की गणना कर पुनः इसे मूलधन में जोड़ दिया जाता है जो तीसरे वर्ष में मूलधन का काम करता है। यह प्रक्रिया निर्धारित समय तक चलती है।

उदाहरण

1. 5% प्रति वर्ष चक्रवृद्धि ब्याज पर 12,300 रुपए का ऋण हर वर्ष के अंत में दो बराबर वार्षिक किस्तों में लौटाया जाना है। हर किस्त की राशि होगी–

(a) 6,651 रुपए (b) 6,615 रुपए
(c) 6,516 रुपए (d) 6,156 रुपए

हल : (b) माना कि प्रत्येक किस्त = x रुपए

$$\therefore \frac{x}{\left(1+\frac{5}{100}\right)} + \frac{x}{\left(1+\frac{5}{100}\right)^2} = 12300$$

$$\Rightarrow \frac{20x}{21} + \left(\frac{20}{21}\right)^2 x = 12300$$

$$\Rightarrow \frac{20x}{21}\left(1+\frac{20}{21}\right) = 12300$$

$$\Rightarrow \frac{20x}{21}\left(\frac{21+20}{21}\right) = 12300$$

$$\Rightarrow \quad \frac{20x}{21} \times \frac{41}{21} = 12300$$

$$\Rightarrow \quad x = \frac{12300 \times 21 \times 21}{20 \times 41}$$

$$= 6615 \text{ रुपए}$$

2. ब्याज की किसी वार्षिक दर से, किसी धनराशि का एक वर्ष का साधारण ब्याज 260 रु. तथा उसी धनराशि का 2 वर्ष का चक्रवृद्धि ब्याज 540.80 रु. है। ब्याज की वार्षिक दर है–

(a) 4% (b) 6%
(c) 8% (d) 3%

हल : (c) माना कि मूलधन $= x$ रुपए एवं ब्याज की दर $= r\%$ प्रति वर्ष

प्रश्नानुसार,

$$\text{ब्याज} = \frac{\text{मूलधन} \times \text{समय} \times \text{दर}}{100}$$

$$260 = \frac{x \times r}{100} \quad ....(i)$$

$$\text{चक्रवृद्धि ब्याज} = \text{मूलधन}\left[\left(1+\frac{\text{दर}}{100}\right)^{\text{समय}} - 1\right]$$

$$540.80 = x\left[\left(1+\frac{r}{100}\right)^2 - 1\right]$$

$$\Rightarrow \quad 540.80 = x\left[1+\frac{2r}{100}+\frac{r^2}{10000} - 1\right]$$

$$\Rightarrow \quad 540.80 = \frac{2xr}{100}+\frac{xr^2}{10000}$$

$$\Rightarrow \quad 540.80 = 2 \times 260 + \frac{260r}{100}$$

$$\Rightarrow \quad 260r = 54080 - 52000$$

$$\Rightarrow \quad 260r = 2080$$

$$\Rightarrow \quad r = \frac{2080}{260} = 8$$

अभ्यास प्रश्न

1. साधारण ब्याज पर कोई धनराशि दस वर्षों में दोगुनी हो जाती है, ब्याज दर कितने प्रतिशत है?

(a) 10% (b) 12%
(c) 2% (d) कोई नहीं

2. साधारण ब्याज की किस दर से ₹ 5000, 4 वर्ष में ₹ 7600 होंगे?

(a) 10% (b) 13%
(c) 14% (d) 12%

3. किस धन का मिश्रधन साधारण ब्याज की दर से 6 वर्षों में ₹ 2900 एवं 9 वर्षों में ₹ 3350 हो जाएगा?

(a) ₹ 1800 (b) ₹ 1600
(c) ₹ 2000 (d) ₹ 2100

4. महेश दास ने कुछ राशि 6% वार्षिक की दर से साधारण ब्याज पर लगाई। 8 माह बाद उसने उतनी ही राशि 8% की दर से साधारण ब्याज पर लगाई। यदि प्रत्येक अवस्था में मिश्रधन कुछ समय बाद ₹ 348 हो जाता है तो बताइए कि मूलधन की राशि क्या है?

(a) ₹ 124 (b) ₹ 300
(c) ₹ 460 (d) ₹ 312

5. यदि साधारण ब्याज की किसी दर से कोई धन 7 वर्ष में दोगुना हो जाए तो ब्याज की दर क्या है?

(a) $12\frac{1}{7}$ % (b) $11\frac{1}{7}$ %
(c) $13\frac{1}{7}$ % (d) $14\frac{2}{7}$ %

6. बैंक की ब्याज दर में 2% से 4% की वृद्धि होने से यदि मूलधन ₹ 1000 कम करने से भी साधारण ब्याज की रकम पहले के बराबर ही मिलती रहती है तो बताइए कि पहले मूलधन क्या था?

(a) ₹ 4000 (b) ₹ 10000
(c) ₹ 2000 (d) ₹ 1000

7. किस दर से ₹ 6600 का साधारण ब्याज 8 वर्षों में ₹ 3168 होगा?

(a) 10% (b) 8%
(c) 12% (d) 6%

8. यदि कोई धन साधारण ब्याज की दर से 5 वर्षों में तिगुना हो जाता है तो 10 वर्षों में कितने गुना हो जाएगा?

(a) 4 गुना (b) 10 गुना
(c) 6 गुना (d) 5 गुना

9. कोई धन साधारण ब्याज की दर से 20 वर्षों में दोगुना हो जाता है। कितने वर्षों में यही धन तीन गुना हो जाएगा?

(a) 45 (b) 35
(c) 40 (d) 30

10. कोई धन यदि साधारण ब्याज की दर से 4 वर्ष में मूलधन का दुगना हो जाता है तो कितने वर्षों में मूलधन का 16 गुना हो जाएगा?

(a) 56 वर्ष (b) 60 वर्ष
(c) 64 वर्ष (d) 32 वर्ष

11. कोई धन साधारण ब्याज पर 4 वर्ष में दुगुना हो जाता है। ब्याज की दर क्या है?

(a) 20% (b) 40%
(c) 25% (d) 30%

12. 6 प्रतिशत वार्षिक ब्याज की दर से ₹ 2500 का 5 वर्ष का साधारण ब्याज कितना होगा?

(a) ₹ 3200 (b) ₹ 150
(c) ₹ 700 (d) ₹ 750

13. यदि कोई धन साधारण ब्याज से 15 वर्ष में तिगुना हो जाता है, तो वार्षिक ब्याज की दर क्या है?

(a) $13\frac{1}{3}$ % (b) 12%
(c) $12\frac{1}{2}$ % (d) 15%

14. यदि कोई धनराशि साधारण ब्याज से 7 वर्ष में दोगुनी हो जाती है, तो वह चार गुनी कितने समय में होगी?

(a) 21 वर्ष (b) 14 वर्ष
(c) 35 वर्ष (d) 28 वर्ष

15. यदि ₹ 800 का साधारण ब्याज से 4 वर्ष में मिश्रधन ₹ 980 हो जाता है, तो ब्याज की दर 3% बढ़ जाने पर नया मिश्रधन क्या होगा?
(a) ₹ 1080 (b) ₹ 1360
(c) ₹ 1076 (d) ₹ 1120

16. कुछ राशि को चक्रवृद्धि ब्याज पर उधार दिया जाता है। यदि धनराशि दो वर्षों में ₹ 1452 तथा 3 वर्षों में ₹ 1579.2 हो जाती है, तो ब्याज की दर ज्ञात कीजिए।
(a) 10% (b) $10\frac{1}{9}$ %
(c) $9\frac{1}{9}$ % (d) $11\frac{1}{9}$ %

17. यदि किसी धनराशि के साधारण ब्याज एवं चक्रवृद्धि ब्याज का अन्तर 2 वर्ष में 4% वार्षिक की दर से ₹ 8 है, तो मूलधन की धनराशि ज्ञात कीजिए।
(a) ₹ 5000 (b) ₹ 1250
(c) ₹ 2500 (d) ₹ 2000

18. सुरेश द्वारा बैंक में जमा कराए गए धन पर 10% चक्रवृद्धि ब्याज की दर से प्राप्त 2 वर्ष एवं 1 वर्ष के ब्याजों में अन्तर ₹ 1100 का है। सुरेश द्वारा बैंक में जमा कराई गई रकम कितनी है?
(a) ₹ 33000 (b) ₹ 1000
(c) ₹ 11000 (d) ₹ 10000

19. ₹ 2000 के लिए 10% वार्षिक ब्याज की दर से प्राप्त 2 वर्ष का चक्रवृद्धि ब्याज उसके साधारण ब्याज से कितना अधिक होगा?
(a) ₹ 20 (b) ₹ 30
(c) ₹ 10 (d) ₹ 25

20. किसी धन का 6 वर्षों का साधारण ब्याज ₹ 600 एवं 2 वर्षों का चक्रवृद्धि ब्याज ₹ 212 है तो ब्याज की दर ज्ञात कीजिए।
(a) 12% (b) 18%
(c) 6% (d) 10%

21. चक्रवृद्धि ब्याज के किस दर से कोई धन 6 वर्ष में ₹ 40000 तथा 7 वर्ष में ₹ 44000 हो जाएगा?
(a) 14% (b) 8%
(c) 20% (d) 10%

22. यदि कोई धन चक्रवृद्धि ब्याज की निश्चित दर से 15 वर्षों में दोगुना हो जाता है तो कितने वर्षों में उसी दर से आठ गुना हो जाएगा?
(a) 60 वर्ष (b) 45 वर्ष
(c) 30 वर्ष (d) 36 वर्ष

23. ₹ 16000 पर 6% वार्षिक की दर से 2 वर्षों में चक्रवृद्धि ब्याज एवं साधारण ब्याज का अन्तर क्या होगा?
(a) ₹ 116 (b) ₹ 47.40
(c) ₹ 57.60 (d) ₹ 81.40

24. चक्रवृद्धि ब्याज की किस दर से कोई धन 2 वर्षों में नौ गुना हो जाएगा?
(a) 200% (b) 100%
(c) 125% (d) 150%

25. यदि 3 वर्षों में किसी धन पर 25% की दर से चक्रवृद्धि ब्याज एवं साधारण ब्याज का अन्तर ₹ 125 है तो मूलधन क्या होगा?
(a) ₹ 2116 (b) ₹ 615.38
(c) ₹ 660.40 (d) ₹ 5600

26. ₹ 2600 पर 2 वर्षों में चक्रवृद्धि एवं साधारण ब्याज में कितना अन्तर होगा?
(a) ₹ 260 (b) ₹ 200
(c) ₹ 26 (d) ₹ 2.60

27. किसी नगर की आबादी प्रतिवर्ष 20% बढ़ जाती है। यदि पिछले वर्ष आबादी 60000 थी तो 2 वर्ष बाद आबादी क्या होगी?
(a) 100080 (b) 103680
(c) 96600 (d) 98040

28. 10% वार्षिक ब्याज की दर से ₹ 2260 की 3 वर्षों में चक्रवृद्धि ब्याज की लगभग राशि होगी–
(a) ₹ 700 (b) ₹ 750
(c) ₹ 800 (d) ₹ 650

29. चक्रवृद्धि ब्याज पर दी गई किसी राशि के दो लगातार वर्षों के चक्रवृद्धि ब्याज ₹ 450 तथा ₹ 473.40 हैं, तो वार्षिक दर क्या है?
(a) 4 (b) 4.2
(c) 5 (d) 5.2

30. ₹ 7500 की राशि 4% वार्षिक चक्रवृद्धि ब्याज की दर से उधार ली गई है। बताइए कि 2 वर्ष के बाद कितनी राशि वापस करनी पड़ेगी?
(a) ₹ 8112 (b) ₹ 8100
(c) ₹ 8012 (d) ₹ 8121

उत्तर (हल/संकेत)

1. (a) मूलधन = ₹ x

मिश्रधन = ₹ $2x$

ब्याज = मिश्रधन – मूलधन

$= 2x - x = ₹\ 2x$

$$\text{दर} = \frac{\text{ब्याज} \times 100}{\text{मूलधन} \times \text{समय}} = \frac{x \times 100}{x \times 10} = 10\%$$

2. (b) $$\%\ \text{दर} = \frac{(7600-5000)\times 100}{5000} = \frac{2600 \times 100}{5000 \times 4} = 13\%$$

3. (c) 3 वर्ष का ब्याज = 3350 – 2900

= ₹ 450

6 वर्ष का ब्याज = ₹ 900

मूलधन = 2900 – 900

= ₹ 2000

4. (b) दूसरा धन रहा = t वर्ष,

पहला धन $\left(t+\frac{8}{12}\right)$ वर्ष तक रहा

$$6\left(t+\frac{8}{12}\right) = 8t;\ t = 2 \text{ वर्ष}$$

$(100 + 8 \times 2)\ \% = 348$

$$100\% = \frac{348}{116} \times 100 = ₹\ 300$$

5. (d) दर = $\frac{100}{7} = 14\frac{2}{7}\%$

6. (c) मूलधन = ₹ x

x का 2% = $(x - 1000)$ का 4%

$2x = 4x - 4000$

x = ₹ 2000

7. (a) दर % = $\frac{3168 \times 100}{6600 \times 8} = 10\%$

8. (d) 5 वर्ष = 2 × मूलधन + 1 मूलधन

10 वर्ष = 2 × 2 × मूलधन + 1 मूलधन

= 5 × मूलधन

अत: धन 5 गुना हो जाएगा।

9. (c) ब्याज की दर = $\frac{100}{20} = 5\%$

समय = $\frac{200}{5}$ = 40 वर्ष

10. (b) 4 वर्ष में ब्याज

= 2 × मूलधन – मूलधन

= 1 मूलधन

= 2 × मूलधन +1 मूलधन

16 मूलधन = 5 मूलधन (ब्याज)

+ 1 मूलधन

15 मूलधन = 15 × 4 = 60 वर्ष

11. (c) मूलधन = ₹ A

समय = 4 वर्ष

ब्याज = 2A – A

= ₹ A

दर = $\frac{A \times 100}{A \times 4} = 25\%$

12. (d) साधारण ब्याज = $\frac{2500 \times 5 \times 6}{100}$

= ₹ 750

13. (a) दर = $\frac{(n-1) \times 100}{p}$

(यहाँ $n = 3$ और $p = 15$)

$= \frac{(3-1) \times 100}{15}$

$= 13\frac{1}{3}\%$

14. (a) आवश्यक समय = $\frac{(b-1)T}{(a-1)}$ वर्ष

(यहाँ $x = 2, y = 4$ और $T = 7$)

$= \frac{(4-1) \times 7}{(2-1)} = 21$ वर्ष

15. (c) दर = $\frac{(980 - 800) \times 100}{4 \times 800}$

$= \frac{48}{8}\%$

दर 3% बढ़ जाने पर,

$\frac{45}{8} + 3 = \frac{69}{8}\%$

ब्याज = $\frac{800 \times 4 \times 69}{100 \times 8} = 276$

नया मिश्रधन = 800 + 276

= ₹ 1076

16. (a) तीसरे वर्ष का ब्याज

= (1597.2 – 1452)

= ₹ 145.2

ब्याज की दर = $\frac{145.2 \times 100}{1452}$

= 10%

17. (a) राशि = अन्तर × $\left(\frac{100}{r}\right)^2$

$= 8 \times \left(\frac{100}{4}\right)^2$

= 8 × 25 × 25

= ₹ 5000

18. (d) जमा की गई राशि = ₹ 100

₹ 100 पर 1 वर्ष का ब्याज = ₹ 10

तथा ₹ 100 पर 2 वर्ष का ब्याज

$= 100 \times \left(1 + \frac{10}{100}\right)^2 - 100$

= ₹ 21

ब्याजों का अन्तर = 21 – 10

= ₹ 11

जमा की गई राशि

$= \frac{1100 \times 100}{11}$ = ₹ 10000

19. (a) अन्तर = $2000\left(\frac{10}{100}\right)^2$

$= 2000 \times \frac{1}{100}$

= ₹ 20

20. (a) धन का 2 वर्षों का साधारण ब्याज

$= \frac{600 \times 2}{6}$

= ₹ 200

धन का 2 वर्षों का चक्रवृद्धि ब्याज

= ₹ 212

2 वर्ष हेतु चक्रवृद्धि ब्याज – साधारण ब्याज

= 212 – 200 = ₹ 12

दर = 12%

21. (d) दर = $r\%$

$$\frac{44000}{40000} = 1 + \frac{r}{100}$$

$$r = \frac{4000}{40000} \times 100$$

$$= 10\%$$

22. (b) मूलधन = P तथा दर = R% वार्षिक, तब

$$P \times \left[1+\frac{R}{100}\right]^{15} = 2P$$

$$\Rightarrow \left[1+\frac{R}{100}\right]^{15} = 2$$

$$P \times \left[1+\frac{R}{100}\right]^{n} = 8P$$

$$\Rightarrow \left[1+\frac{R}{100}\right]^{n} = 2 = 2^3$$

$$= \left[1+\frac{R}{100}\right]^{45}$$

अत: $n = 45$ वर्ष

23. (c) अन्तर = $16000 \times \left(\frac{6}{100}\right)^2$

$$= 16000 \times \frac{3}{50} \times \frac{3}{50}$$

= ₹ 57.60

24. (a) मूलधन = ₹ x तथा दर = $r\%$

$$9x = x\left(1+\frac{r}{100}\right)^2$$

$$9 = \left(1+\frac{r}{100}\right)^2$$

$$3 = 1 + \frac{r}{100}$$

$$r = 200\%$$

25. (b) मूलधन = $\frac{125 \times 100 \times 100 \times 100}{25 \times 25 \times 325}$

$$= 5 \times 4 \times \frac{4}{13} \times 100$$

= ₹ 615.38

26. (c) अन्तर = $2600 \times \frac{(10)^2}{100} \times \frac{1}{100}$

= ₹ 26

27. (b) आबादी = $60000 \times \frac{6}{5} \times \frac{6}{5} \times \frac{6}{5}$

= 103680

28. (b) मिश्रधन = $2260\left(1+\frac{10}{100}\right)^3$

$$= 2260 \times \frac{11}{10} \times \frac{11}{10} \times \frac{11}{10}$$

= 3008.06

ब्याज = ₹ (3008.06 – 2260)

= ₹ 748.06

≈ ₹ 750

29. (d) चक्रवृद्धि ब्याज में दूसरे वर्ष का मूलधन पहले वर्ष के लिए मिश्रधन होता है तथा एक वर्ष के साधारण ब्याज एवं चक्रवृद्धि ब्याज समान होते हैं।

ब्याज = ₹ (473.40 – 450.00)

= ₹ 23.40

दर = $\frac{23.40 \times 100}{450 \times 1}$

= 5.2%

30. (a) मिश्रधन = $7500\left(1+\frac{4}{100}\right)^2$

$$= \frac{7500 \times 104 \times 104}{100 \times 100}$$

= ₹ 8112

❑❑❑

17. प्रमिश्रण

प्रमिश्रण समान प्रकार की परन्तु भिन्न गुणता की वस्तुओं को मिलाने की प्रक्रिया है। नया उत्पाद मिश्रण कहलाता है। प्रमिश्रण में दिए गए मूल्यों पर दो या दो से अधिक अवयवों का अनुपात ज्ञात किया जाता है जब मिश्रण का मूल्य ज्ञात हो।

प्रमिश्रण संबंधी कुछ नियम निम्नलिखित हैं–

1. यदि x रु. प्रति किग्रा. वाली महँगी वस्तु X को, y रु. प्रति किग्रा. वाली सस्ती वस्तु Y के साथ मिश्रित किया जाए एवं प्राप्त मिश्रण Z का मूल्य z रु. प्रति किग्रा. हो, तो

$$\frac{\text{सस्ती वस्तु की मात्रा}}{\text{महँगी वस्तु की मात्रा}} = \frac{\text{महँगी वस्तु का मूल्य} - \text{मिश्रण का मूल्य}}{\text{मिश्रण का मूल्य} - \text{सस्ती वस्तु का मूल्य}}$$

मिश्रण के मूल्य को मध्यमान कहा जाता है।

सांकेतिक भाषा में,

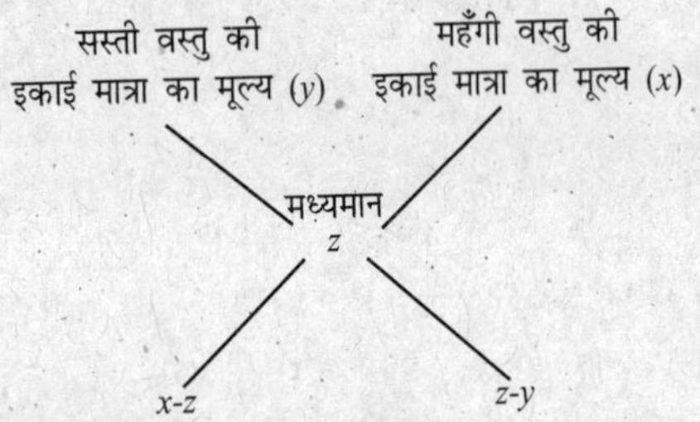

व्याख्या : मान लिया कि महँगी वस्तु का a किग्रा. एवं सस्ती वस्तु का b किग्रा. एक साथ मिलाया गया।

सस्ती वस्तु का मूल्य $= by$ रु.

महँगी वस्तु का मूल्य $= ax$ रु.

मिश्रण की मात्रा $= (a+b)$ किग्रा

मिश्रण का मूल्य/किग्रा. $= \dfrac{ax+by}{a+b}$ रु.

$$\therefore \quad \frac{ax+by}{a+b} = z$$

$$\Rightarrow \quad ax+by = az+bz$$

$$\Rightarrow \quad by-bz = az-ax$$

$$\Rightarrow \quad b(y-z) = a(z-x)$$

$$\Rightarrow \quad \frac{b}{a} = \frac{x-z}{y-z} = \frac{x-z}{z-y}$$

2. यदि x लीटर शराब से भरे किसी बर्तन में से y लीटर शराब निकालकर उसकी जगह उतना ही पानी डाल दिया जाए एवं पुनः y लीटर मिश्रण निकालकर उसकी जगह पानी डाल दिया जाए तथा यह क्रिया n बार दुहराई जाए तो n वीं क्रिया के बर्तन में बची शराब की मात्रा

$= \text{शराब की मूल मात्रा} \times \left(1-\dfrac{y}{x}\right)^n$

व्याख्या : y लीटर शराब $= x$ लीटर शराब का $\dfrac{y}{x}$

$=$ शराब की कुल मात्रा का $\dfrac{y}{x}$

पहली क्रिया के बाद बची शराब की मात्रा $=$ शराब की मूल मात्रा का $\left(1-\dfrac{y}{x}\right)$

$\therefore$ दूसरी क्रिया के बाद बर्तन में शेष शराब

$=$ शराब की मूल मात्रा का $\left(1-\dfrac{y}{x}\right) \times \left(1-\dfrac{y}{x}\right)$

$=$ शराब की मूल मात्रा का $\left(1-\dfrac{y}{x}\right)^2$

$\therefore$ n वीं क्रिया के बाद शेष बची शराब $=$ शराब की मूल मात्रा का $\left(1-\dfrac{y}{x}\right)^n$

उदाहरण

1. किसी मिश्र धातु में जस्ता, तांबा तथा टिन 2 : 3 : 1 के अनुपात में हैं तथा एक अन्य मिश्र धातु में तांबा, टिन तथा सीसा 5 : 4 : 3 के अनुपात में है। यदि दोनों मिश्र धातुओं के समान भार लेकर एक तीसरी मिश्र धातु बनाई जाए, तो नई मिश्र धातु में प्रति किग्रा. सीसे का भार होगा।

(a) $\frac{1}{2}$ किग्रा (b) $\frac{1}{8}$ किग्रा

(c) $\frac{3}{14}$ किग्रा (d) $\frac{7}{9}$ किग्रा

हल : (b) पहले मिश्र धातु के 1 किग्रा. में सीसा की मात्रा = शून्य

दूसरे मिश्र धातु के 1 किग्रा. में सीसा की मात्रा $= \dfrac{3}{12} = \dfrac{1}{4}$ किग्रा

$\therefore$ नए मिश्रधातु के 1 किग्रा. में सीसा की मात्रा $= \dfrac{1}{8}$ किग्रा

2. 200 लीटर के एक मिश्रण में दूध तथा पानी का अनुपात 17 : 3 है। मिश्रण में कुछ और दूध मिलाने के उपरान्त परिणामी मिश्रण में यह अनुपात 7 : 1 हो जाता है। दूध की कितनी मात्रा मिश्रण में मिलाई गई?

(a) 20 लीटर (b) 40 लीटर

(c) 60 लीटर (d) 80 लीटर

हल : (b) माना कि अतिरिक्त दूध की मात्रा = x लीटर

200 लीटर मिश्रण में,

दूध की मात्रा = $\frac{17}{20} \times 200$

= 170 लीटर

पानी की मात्रा = 30 लीटर

प्रश्नानुसार,

$$\frac{170+x}{30} = \frac{7}{1}$$

$\Rightarrow$ $170 + x = 210$

$\Rightarrow$ $x = 210 - 170$

= 40 लीटर

अभ्यास प्रश्न

1. दूध और पानी के 88 लीटर के मिश्रण में दूध और पानी का अनुपात 6 : 5 है। मिश्रण में कितना लीटर दूध और मिलाया जाए कि मिश्रण में दूध और पानी का अनुपात 3 : 2 हो जाए?

(a) 8 लीटर (b) 16 लीटर

(c) 4 लीटर (d) 12 लीटर

2. शहद में किस अनुपात में चीनी का घोल मिलाया जाए कि मिश्रण को क्रय मूल्य पर बेचने पर भी 25% का लाभ हो?

(a) 3 : 1 (b) 1 : 4

(c) 5 : 1 (d) 4 : 1

3. दूध और पानी 88 लीटर मिश्रण में 25% पानी है। कितना पानी और मिलाया जाए कि पानी की मात्रा में 10% की वृद्धि हो जाए?

(a) 3 लीटर (b) 2.2 लीटर

(c) 2 लीटर (d) 2.5 लीटर

4. रेल द्वारा यात्रा करने में यदि 165 किमी का किराया ₹ 62.70 हो, तो 70 किमी का किराया ज्ञात कीजिए।

(a) ₹ 25.50 (b) ₹ 26.60

(c) ₹ 60.70 (d) ₹ 70.50

5. यदि 16 व्यक्ति किसी कार्य को 25 दिन में समाप्त कर सकें तो 10 व्यक्ति इस कार्य को कितने दिन में समाप्त कर सकेंगे?

(a) 50 दिन (b) 30 दिन

(c) 40 दिन (d) 27 दिन

उत्तर (हल/संकेत)

1. (d) मिश्रण में दूध = $\frac{88 \times 6}{6+5}$ = 48 लीटर

मिश्रण में पानी = $\frac{88 \times 5}{6+5}$ = 40 लीटर

माना कि मिश्रण में y लीटर दूध मिलाया जाएगा।

$$\frac{48+y}{40} = \frac{3}{2}$$

या, $96 + 2y = 120$

$\therefore$ $y = \frac{120-96}{2}$

$= \frac{24}{2}$ = 12 लीटर

2. (d) 25% लाभ पर ₹ 100 के शहद का वि०मू० = ₹ 125

₹ 25 की मिलावट है ₹ 100 में

शहद : चीनी का घोल = 4 : 1

3. (b) मिश्रण में पानी की मात्रा

$= 88 \times \frac{25}{100}$ = 22 लीटर

दूध की मात्रा = 66 लीटर

क्योंकि पानी की मात्रा = 22 लीटर

पानी की मात्रा में 10% के लिए जरूरी पानी की मात्रा

$= \frac{22 \times 10}{100}$ = 2.2 लीटर

4. (b) कम दूरी, कम किराया

आवश्यक किराया = ₹ x

तो, 165 : 70 : : 62.70 : x

या, $x = \left[\frac{70 \times 62.70}{165}\right]$ = ₹ 26.60

5. (c) कम व्यक्ति, अधिक दिन

आवश्यक दिनों की संख्या = x

तो, 10 : 16 : : 25 : x

या, $x = \left[\frac{16 \times 25}{10}\right] = 40$

आवश्यक दिनों की संख्या = 40 दिन

❑❑❑

अभ्यास प्रश्नावली

1. **32.661 + ? + 0.094 = 44.864**

(a) 12.209 (b) 32.755
(c) 12.119 (d) 12.109

2. **192.362 + 167.78 + ? = 453.072**

(a) 92.93 (b) 235.293
(c) 153.130 (d) 75.148

3. $\dfrac{\mathbf{0.2 \times 0.2 + 0.8 \times 0.8 + 2 \times 0.16}}{\mathbf{0.2 + 0.8}}$ **का मान होगा–**

(a) 0.2 (b) 0.8
(c) 1.0 (d) शून्य

4. $\dfrac{\mathbf{75983 \times 75983 - 45983 \times 45983}}{\mathbf{30000}}$ **को सरल करने पर परिणाम मिलता है–**

(a) 1217696 (b) 121866
(c) 121956 (d) 121966

5. $\dfrac{\mathbf{0.796 \times 0.796 - 0.204 \times 0.204}}{\mathbf{0.796 - 0.204}}$ **का मान होगा–**

(a) 0.408 (b) 0.59
(c) 0.529 (d) 1

6. **निम्नलिखित में से भिन्न का चयन कीजिए–**

(a) $(3x - y)(x + 2y) =$
(b) $(x + 2y)(3x - y) =$
(c) $(2x + y)^2 - y(x - 3y) =$
(d) $(x + 2y)^2 + (x + 2y)(2x - 3y) =$

7. $\mathbf{\log \dfrac{21}{51} + \log \dfrac{119}{91}}$ **का मान होगा?**

(a) $\log 26 - 51$ (b) $\log 3 - \log 2$
(c) $\log 2 - \log 3$ (d) $2 \log \left(\dfrac{26}{51}\right)$

8. **एक त्रिभुज की भुजाएँ $\frac{1}{2} : \frac{1}{3} : \frac{1}{4}$ के अनुपात में हैं। यदि त्रिभुज का परिमाप 52 सेमी हो, तो सबसे छोटी भुजा कितनी लंबी होगी?**

(a) 24 सेमी (b) 18 सेमी
(c) 12 सेमी (d) 9 सेमी

9. **विषम संख्या तथा सम संख्या का योग–**

(a) सदैव सम (b) सदैव विषम
(c) विषम या सम हो सकता है (d) कहा नहीं जा सकता है

10. **यदि एक प्राकृतिक संख्या है, तो $\sqrt{n}$ है–**

(a) हमेशा एक प्राकृतिक संख्या
(b) हमेशा एक परिमेय संख्या
(c) हमेशा एक अपरिमेय संख्या
(d) कभी प्राकृतिक व कभी अपरिमेय संख्या

11. **यदि एक दो अंकों वाली संख्या, जिसके दहाई तथा इकाई के अंक क्रमशः t और u हैं, के अंत में (दाईं ओर) 1 रख दिया जाए, तो संख्या हो जाएगी–**

(a) $10t + u + 1$ (b) $100t + 10u + 1$
(c) $100t + 100u + 1$ (d) $11 + 10t + 100u$

12. **पूर्णांकीय युग्म (x, y) की संख्या, जिसका योग उनके गुणनफल के बराबर है, है–**

(a) 1 (b) 2
(c) 3 (d) अनन्त

13. **बड़े से बड़ा ऋण पूर्णांक है–**

(a) 0 (b) 1
(c) –1 (d) ज्ञात नहीं किया जा सकता

14. **पूर्णांकों की संख्या x, जिसके लिए संख्या $\sqrt{x^2 + x + 1}$ परिमेय है, है–**

(a) अनन्त (b) एक
(c) दो (d) तीन

15. **दो संख्याओं का योग पहली संख्या का $\frac{28}{25}$ है, तो दूसरी संख्या पहली संख्या की है–**

(a) 12% (b) 14%
(c) 16% (d) इनमें से कोई नहीं

16. **तीन संख्याओं का औसत 135 है, सबसे बड़ी संख्या 180 है तथा अन्य दोनों संख्याओं का अन्तर 25 है। सबसे छोटी संख्या क्या है?**

(a) 130 (b) 125
(c) 80 (d) 100

17. **तीन संख्याओं में पहली संख्या दूसरी संख्या की दोगुनी परंतु तीसरी संख्या की आधी है। यदि तीनों संख्याओं का औसत 56 है, तो वे संख्याएँ हैं–**

(a) 48, 86, 24 (b) 48, 24, 96
(c) 96, 4, 48 (d) 96, 48, 24

18. तीन संख्याओं का औसत $23\frac{1}{3}$ है। पहली संख्या दूसरी की आधी और तीसरी की दोगुनी है। दूसरी संख्या है–
(a) 10 (b) 20
(c) 40 (d) 70

19. 10 पुस्तकों का औसत ₹ 12 है जबकि इनमें से 8 का औसत मूल्य ₹ 11.75 है। शेष दो पुस्तकों में से एक का मूल्य दूसरे के मूल्य से 60% अधिक है। इन दो पुस्तकों का अलग-अलग मूल्य है–
(a) ₹ 8, ₹ 12 (b) ₹ 10, ₹ 16
(c) ₹ 5, ₹ 7.50 (d) ₹ 12, ₹ 14

20. वह छोटी से छोटी संख्या जिससे 2028 को गुणा करने पर पूर्ण वर्ग संख्या प्राप्त होती है–
(a) 2 (b) 3
(c) 4 (d) 13

21. वह परिमेय संख्या क्या होगी जिसका $\frac{1}{27}$ के साथ वही अनुपात है जो कि $\frac{3}{11}$ का $\frac{5}{9}$ से अनुपात है?
(a) $\frac{1}{55}$ (b) 55
(c) $\frac{1}{11}$ (d) 11

22. (2 : 3), (6 : 11) तथा (11 : 2) का मिश्र अनुपात क्या है?
(a) 1 : 2 (b) 2 : 1
(c) 11 : 24 (d) 36 : 121

23. 12 तथा 30 के तृतीयानुपाती तथा 9 एवं 25 के मध्यानुपाती का अनुपात क्या है?
(a) 2 : 1 (b) 5 : 1
(c) 7 : 15 (d) 9 : 14

24. $(x^2 - y^2)$ तथा $(x - y)$ का तृतीयानुपाती क्या है?
(a) $\frac{x+y}{x-y}$ (b) $\frac{x-y}{x+y}$
(c) $x + y$ (d) $x - y$

25. तीन क्रमागत विषम संख्याओं का योग इनमें से पहली संख्या से 20 अधिक है। बीच वाली संख्या क्या है?
(a) 7 (b) 9
(c) 11 (d) आँकड़े अधूरे हैं

26. 11 संख्याओं का औसत 10.8 है। यदि पहली 6 संख्याओं का औसत 10.4 और अंतिम 6 संख्याओं का औसत 11.5 हो, तो बीच की संख्या (छठी) है–
(a) 10.3 (b) 12.6
(c) 13.5 (d) 15.5

27. किन्हीं 13 संख्याओं का औसत 52 है। इनमें से पहली सात संख्याओं का औसत 48 है और अंतिम सात संख्याओं का औसत 58 है। सातवीं संख्या कौन-सी है?
(a) 94 (b) 66
(c) 53 (d) आँकड़े अधूरे हैं

28. 20 संख्याओं का औसत 22 है। पहली 11 संख्याओं का और आखिरी 10 संख्याओं का औसत क्रमशः 23 और 21 है। 11वीं संख्या क्या होगी?
(a) 22 (b) 23
(c) 24 (d) जानकारी अपर्याप्त है

29. 15 संख्याओं का औसत 18 है। प्रथम 8 का औसत 19 एवं अंतिम 8 का औसत 17 है, तो 8वीं संख्या क्या है?
(a) 16 (b) 18
(c) 10 (d) 14

30. अशोक, विमल से उतना ही छोटा है जितना वह अरुण से बड़ा है। यदि अरुण तथा विमल की आयु का योग 40 वर्ष है, तो अशोक की आयु क्या है?
(a) 10 साल (b) 16 साल
(c) 24 साल (d) 20 साल

31. मोहिन्दर और सुरिन्दर क्रमशः ₹ 12,000 तथा ₹ 9,000 लगाकर एक व्यापार प्रारंभ करते हैं। 3 महीने बाद ₹ 15,000 लगाकर सुधीर भी उसमें शामिल हो जाता है। छमाही लाभ ₹ 9,500 में सुधीर का हिस्सा कितना है?
(a) ₹ 3500 (b) ₹ 3000
(c) ₹ 2500 (d) ₹ 4000

32. A और B क्रमशः ₹ 12000 और ₹ 16000 का पूँजी निवेश करके एक व्यापार आरंभ करते हैं। आठ महीने के बाद ₹ 15000 की पूँजी के साथ C इसी व्यापार में शामिल हो जाता है। अगर दो साल के बाद कुल लाभ ₹ 45600 हो, तो C को कितना लाभांश मिलेगा?
(a) ₹ 6000 (b) ₹ 12000
(c) ₹ 18900 (d) ₹ 22000

33. 70.7 + ? = 245.168 – 105.168
(a) 210.7 (b) 140
(c) 69.3 (d) इनमें से कोई नहीं

34. 88.328 – 53.96 + 13.744 = ?
(a) 20.624 (b) 48.112
(c) 48.076 (d) 1105.14

35. 1006 – 10.06 + 109.2 = ?
(a) 1011.26 (b) 1019.80
(c) 11125.26 (d) इनमें से कोई नहीं

36. $\frac{38 \times 38 \times 38 + 34 \times 34 + 38 \times 28 \times 28 + 28 - 3 \times 38 \times 34 \times 28}{38 \times 38 + 34 \times 34 + 28 \times 28 - 38 \times 34 - 34 \times 28 - 38 \times 28}$ का मान होगा–
(a) 100 (b) 44
(c) 24 (d) 32

37. 3.75 × 3.75 – 2 × 3.75 × 2.75 + 2.75 + 2.75 का मान होगा–
(a) 1 (b) 1.75
(c) 4.75 (d) 6.50

38. $\frac{5+5+\frac{5}{5}}{\frac{(5+5+5)}{5}}$ को सरल करो–
(a) $\frac{13}{3}$ (b) 1
(c) $\frac{11}{3}$ (d) $\frac{17}{3}$

39. यदि x, y, z धनात्मक वास्तविक संख्याएँ हों, तो $\sqrt{x^{-1}y}.\sqrt{y^{-1}z}.\sqrt{z^{-1}x}$ का मान होगा–

(a) $\sqrt{xyz}$ (b) xyz
(c) 0 (d) 1

40. $\frac{1}{4}$ तथा $\frac{1}{3}$ के मध्य एक परिमेय संख्या है–

(a) $\frac{7}{24}$ (b) $\frac{7}{12}$
(c) $\frac{1}{12}$ (d) $\frac{2}{5}$

41. यह जाँचने के लिए कि एक दी गई प्राकृत संख्या N एक अभाज्य संख्या है या नहीं यह जाँच करना ही पर्याप्त है कि वह संख्या N–

(a) $\sqrt{N}$ से छोटी किसी भी अभाज्य संख्या से विभक्त नहीं होती।
(b) $\sqrt{N}$ या $\sqrt{N}$ से छोटी किसी भी अभाज्य संख्या से विभक्त नहीं होती।
(c) $(N/2)$ से छोटी किसी भी अभाज्य संख्या से विभक्त नहीं होती।
(d) $(N/2)$ या $(N/2)$ से छोटी किसी भी अभाज्य संख्या से विभक्त नहीं होती।

42. n का न्यूनतम मान जिसके लिए $2n + 1$ एक रूढ़ संख्या नहीं है, होगा–

(a) 3 (b) 4
(c) 5 (d) इनमें से कोई नहीं

43. सबसे छोटी रूढ़ संख्या है–

(a) 0 (b) 1
(c) 2 (d) 3

44. 1000 से बड़ी लघुत्तम अभाज्य संख्या है–

(a) 1001 (b) 1003
(c) 1007 (d) 1009

45. उस न्यूनतम संख्या, जिससे 1800 को गुणा करने पर एक पूर्ण घन संख्या प्राप्त हो, के अंकों का योग होगा–

(a) 2 (b) 3
(c) 6 (d) 8

46. यदि किसी संख्या को उसके वर्ग में से घटाने पर 272 प्राप्त होता है, तो वह संख्या है–

(a) 24 (b) 14
(c) 17 (d) 22

47. यदि किसी संख्या के वर्ग के दोगुने में से उस संख्या का 17 गुना घटाया जाता है, तो शेषफल 84 बचता है। वह संख्या क्या है?

(a) 10 (b) 11
(c) 12 (d) 13

48. यदि किसी पूर्ण धनात्मक संख्या का वर्ग उस संख्या के 10 गुने में से घटाया जाता है, तो शेष 9 बचते हैं। वह संख्या क्या है?

(a) 9 (b) –8
(c) 7 (d) 8

49. किसी प्राकृत संख्या के वर्ग के तीन गुने में से उस संख्या के चार गुने व घटाने पर प्राप्त संख्या उस संख्या से 50 अधिक है। वह संख्या है–

(a) 4 (b) 5
(c) 10 (d) 6

50. दो लगातार संख्याओं को ज्ञात करो जिनका गुणनफल छोटी संख्या के वर्ग से 9 अधिक है–

(a) 8, 9 (b) 7, 8
(c) 9, 10 (d) 10, 11

51. 21, 38, 55, 106 प्रत्येक में से क्या घटाया जाए कि नई संख्याएँ समानुपाती हो जाएँ?

(a) 2 (b) 4
(c) 6 (d) 8

52. 6 : 7 के प्रत्येक पद में से छोटी-से-छोटी कौन-सी पूर्ण संख्या घटाई जाए कि नये पदों का अनुपात 16 : 21 से कम हो?

(a) 2 (b) 3
(c) 4 (d) 6

53. 15 : 19 के अनुपात को प्रदर्शित करने वाली दोनों संख्याओं में से ऐसी कौन-सी संख्या घटाई जाए कि अनुपात 3 : 4 हो जाए?

(a) 9 (b) 6
(c) 5 (d) 3

54. 3 : 5 के अनुपात में दो संख्याएँ हैं, यदि प्रत्येक में 10 की बढ़ोत्तरी कर दी जाए, तो अनुपात 5 : 7 हो जाता है। संख्याएँ क्या हैं?

(a) 3, 5 (b) 12, 30
(c) 15, 25 (d) 30, 42

55. 11 प्रेक्षणों का औसत 60 है। यदि प्रथम पाँच प्रेक्षणों का औसत 58 है तथा अंतिम पाँच प्रेक्षणों का औसत 56 है, तो छठा प्रेक्षण क्या है?

(a) 90 (b) 110
(c) 85 (d) 100

56. 9 संख्याओं का औसत 50 है। यदि प्रथम 4 संख्याओं का औसत 52 और अंतिम 4 संख्याओं का औसत 49 हो, तो 5वीं संख्या क्या है?

(a) 50 (b) 46
(c) 48 (d) 54

57. 11 संख्याओं का औसत 32 है। यदि प्रथम 6 संख्याओं का औसत 34 और अंतिम 6 संख्याओं का औसत 33 हो, तो छठी संख्या क्या होगी?

(a) 32 (b) 34
(c) 36 (d) 50

58. 25 परीक्षाफलों का औसत 18 है। इनमें से पहले 12 का औसत 14 है और अंतिम 12 का औसत 17 है तो तेरहवाँ परीक्षाफल होगा–

(a) 28 (b) 78
(c) 72 (d) 85

59. किसी परीक्षा में 22 छात्रों द्वारा प्राप्त अंकों का औसत 45 है। यदि प्रथम 10 छात्रों का औसत 55 और अंतिम ग्यारह छात्रों का औसत 40 है, तो ग्यारहवें छात्र को प्राप्त अंक होंगे–

(a) 0 (b) 50
(c) 45 (d) 47.5

60. अमर और अंजलि की वर्तमान आयु में अनुपात 2 : 3 है। तीन वर्ष बाद यह अनुपात 3 : 4 होगा। अमर की वर्तमान आयु कितने वर्ष है?

(a) 6 (b) 9
(c) 15 (d) तय नहीं कर सकते

61. किसी व्यवसाय में, रमेश 6 महीने के लिए ₹ 50000 लगाता है। सुरेश 4 महीने के लिए ₹ 60000 और महेश 5 महीने के लिए ₹ 40000 लगाता है। कुल लाभ ₹ 14800 है। रमेश का लाभ है–

(a) ₹ 6000 (b) ₹ 4800
(c) ₹ 4000 (d) इनमें से कोई नहीं

62. निर्मल और कपिल क्रमशः ₹ 9000 और ₹ 12000 के साथ एक व्यापार करते हैं। 6 महीने के बाद कपिल अपनी आधी पूँजी निकाल लेता है। यदि वर्ष के अंत में ₹ 4600 का लाभ प्राप्त हो, तो कपिल का हिस्सा होगा–

(a) ₹ 2000 (b) ₹ 2600
(c) ₹ 1900 (d) ₹ 2300

निर्देश (63-65): निम्न दिए गए प्रश्न में प्रश्नचिह्न (?) के स्थान पर क्या आएगा?

63. $4\frac{4}{2}+3\frac{3}{5}+2\frac{6}{5}=?$

(a) $\frac{64}{100}$ (b) $\frac{64}{5}$
(c) $\frac{96}{10}$ (d) $1\frac{23}{35}$

64. $\left(\frac{3}{7}+\frac{2}{5}\right)+\left(\frac{3}{7}+\frac{2}{5}\right)=?$

(a) $\frac{5}{6}$ (b) $2\frac{29}{35}$
(c) $1\frac{23}{25}$ (d) $2\frac{7}{20}$

65. $1\frac{1}{4}+1\frac{1}{5}-\frac{2}{5}=?$

(a) $2\frac{7}{5}$ (b) $1\frac{3}{20}$
(c) $1\frac{3}{5}$ (d) इनमें से कोई नहीं

66. $\dfrac{1\frac{1}{4}+1\frac{1}{2}}{\left(\frac{1}{15}+1-\frac{9}{10}\right)}$ **का मान होगा–**

(a) 3 (b) 6
(c) 215 (d) 5

67. $\frac{2}{3}\times\dfrac{5}{\frac{5}{6}\div1\frac{1}{4}\frac{2}{3}}$ **का मान होगा–**

(a) 2 (b) 1
(c) $\frac{1}{2}$ (d) $\frac{2}{3}$

68. $\dfrac{\frac{1}{5}\div\frac{1}{5}\frac{1}{5}}{\frac{1}{5}\frac{1}{5}\div\frac{1}{5}}$ **का मान होगा–**

(a) 0.2 (b) 1
(c) 5 (d) 25

69. निम्नलिखित में से भिन्न का चयन कीजिए–

(a) $45\times12+60=$ (b) 800 का $80\%-40=$
(c) 1200 का $\frac{3}{5}-150=$ (d) $1260-3+180=$

70. 60 मानों का औसत 40 है तथा 40 मानों का औसत 60 है। सभी मानों का औसत क्या है?

(a) 40 (b) 48
(c) 50 (d) 24

71. 8 संख्याओं का औसत 6 है तथा अन्य 6 संख्याओं का औसत 8 है। सभी 14 संख्याओं का औसत कितना है?

(a) 6 (b) $6\frac{6}{7}$
(c) $6\frac{5}{7}$ (d) $7\frac{6}{7}$

72. पाँच अंकों की संख्याओं में पहली अभाज्य संख्या क्या है?

(a) 10007 (b) 10001
(c) 10901 (d) 19005

73. 70 से छोटी अभाज्य संख्याओं की संख्या होगी–

(a) 17 (b) 18
(c) 19 (d) 20

74. 50 और 100 के बीच अभाज्य संख्याओं की संख्या है–

(a) 8 (b) 9
(c) 10 (d) 11

75. प्रथम चार रूढ़ संख्याओं का योग होता है–

(a) 10 (b) 11
(c) 16 (d) 17

76. दो संख्याओं का गुणनफल $\frac{x^2}{y}$ है, जबकि इनमें से एक संख्या का मान $\frac{x}{y^3}$ हो, तो दूसरी संख्या का मान बताएँ–

(a) x^2y^2 (b) $\frac{x^2}{y^3}$
(c) $\frac{x}{y^2}$ (d) xy^2

77. गुणनफल $(8)^{20}\ (15)^{24}\ (7)^{15}$ का कुल रूढ़ गुणनखण्ड है–

(a) 59 (b) 98
(c) 123 (d) 138

78. किसी प्राकृत संख्या के घन में से उसका वर्ग घटाने पर परिणाम 48 प्राप्त होता है। संख्या होगी–

(a) 6 (b) 5
(c) 4 (d) 8

79. किसी प्राकृत संख्या के घन से उसका वर्ग घटाने पर 100 प्राप्त होता है। वह संख्या है–

(a) 25 (b) 16
(c) 6 (d) 5

80. एक संख्या का घन एक अन्य संख्या के घन का 8 गुना है। यदि संख्याओं के घनों का योग 243 हो, तो उन संख्याओं का अंतर होगा–

(a) 3 (b) 4
(c) 6 (d) इनमें से कोई नहीं

81. एक वर्ग में प्रत्येक विद्यार्थी उतना ही पैसा देता है जितना कि वर्ग में विद्यार्थियों की संख्या है। यदि शिक्षक ने ₹ 13 दिए जिससे कुल राशि ₹ 49 हो गई, तो बताएँ वर्ग में कितने विद्यार्थी थे?

(a) 60 (b) 69
(c) 36 (d) ज्ञात नहीं कर सकते

82. सिपाहियों के एक दल में कुल 194581 सिपाही हैं, उनका अधिकारी चाहता है कि उतनी ही कतारें बनाई जाएँ जितनी एक कतार में सिपाही हैं। इसके बावजूद भी 100 सिपाही बच जाते हैं, तो प्रत्येक कतार में सिपाहियों की संख्या क्या है?

(a) 451 (b) 444
(c) 441 (d) 442

83. एक गोदाम की क्षमता 4000 बैग स्टोर करने की है। उसमें 31 बैग और जोड़कर उसको स्टोर किया गया। स्टोर करने में उतने ही ट्रक खेप लेकर आए जितना कि प्रत्येक ट्रक की क्षमता थी। प्रत्येक ट्रक से कितने बैग उतार कर रखे गए?

(a) 62 (b) 63
(c) 64 (d) आँकड़े अधूरे हैं

84. दो संख्याओं का अनुपात 5 : 9 है। प्रत्येक संख्या में 9 जोड़ देने पर उनका अनुपात 16 : 27 हो जाता है, तो दूसरी संख्या क्या होगी?

(a) 99 (b) 77
(c) 88 (d) 66

85. दो संख्याओं का अनुपात $1\frac{1}{2} : 2\frac{2}{3}$ है। यदि इनमें से प्रत्येक को 15 बढ़ा दिया जाए, तो इनका अनुपात $1\frac{2}{3} : 2\frac{1}{2}$ हो जाता है। इनमें से सबसे बड़ी संख्या क्या है?

(a) 27 (b) 36
(c) 48 (d) 64

86. दो संख्याओं का अनुपात 5 : 7 है। यदि प्रत्येक संख्या में से 9 घटा दिया जाए, तो उनका अनुपात 7 : 11 हो जाता है। इन संख्याओं का अंतर क्या है?

(a) 6 (b) 12
(c) 15 (d) 18

87. तीन कक्षाओं के विद्यार्थियों की संख्याओं का अनुपात 2 : 3 : 5 है। प्रत्येक कक्षा में 40 विद्यार्थी बढ़ा दिए जाने पर यह अनुपात 4 : 5 : 7 हो जाता है। प्रारंभ में कुल विद्यार्थियों की संख्या कितनी थी?

(a) 100 (b) 180
(c) 200 (d) 400

88. 5 संख्याओं का औसत 9 है। 5 संख्याओं में 3 संख्याओं का औसत 7 है। अन्य दो संख्याओं का औसत क्या होगा?

(a) 8 (b) 10
(c) 11 (d) 12

89. 8 संख्याओं का माध्य 20 है। पहली दो संख्याओं का माध्य 15.5 है तथा अगली तीन संख्याओं का माध्य $21\frac{1}{3}$ है। छठी संख्या सातवीं से 4 तथा आठवीं से 7 कम है। अंतिम संख्या ज्ञात कीजिए।

(a) 25 (b) 28
(c) 32 (d) 35

90. 20 संख्याओं का औसत 12 है। पहली 12 संख्याओं का औसत 11 है तथा अगली 7 संख्याओं का औसत 10 है। अंतिम संख्या होगी–

(a) 40 (b) 38
(c) 48 (d) 50

91. किसी वर्ग में कुल 22 छात्र थे। यदि 21 छात्रों द्वारा प्राप्त अंकों का औसत 44 हो और शेष छात्र को 66 अंक प्राप्त होते हों, तो पूरे वर्ग का औसत अंक क्या होगा?

(a) 46 (b) 52
(c) 45 (d) 48

92. एक टेस्ट परीक्षा में 60 छात्रों द्वारा प्राप्त अंकों का औसत 55 है, जबकि दूसरे समूह जिसमें 40 छात्र हैं का औसत अंक 45 है, तो सभी छात्रों का औसत अंक होगा–

(a) 55 (b) 50
(c) 51 (d) 45

93. 6 साल पहले कमल तथा सुरेश की आयु का अनुपात 6 : 5 था। 4 साल बाद अनुपात 11 : 10 हो जाता है तो सुरेश की वर्तमान आयु क्या है?

(a) 20 वर्ष (b) 18 वर्ष
(c) 16 वर्ष (d) 24 वर्ष

94. A, B, C ने क्रमशः ₹ 2000, ₹ 3000 तथा ₹ 4000 लगाकर व्यापार आरंभ किया। एक वर्ष बाद A ने अपनी पूँजी वापिस ले ली तथा B एवं C ने एक वर्ष और व्यापार चलाया। यदि 2 वर्ष बाद कुल लाभ ₹ 3200 हो तो A का भाग कितना होगा?

(a) ₹ 1000 (b) ₹ 600
(c) ₹ 800 (d) ₹ 400

95. A, B और C ने मिलकर एक व्यापार किया जिसमें उन्होंने 2 : 3 : 5 के अनुपात में पूँजी लगाई। 1 वर्ष बाद A ने अपनी पूँजी का आधा भाग तथा B ने अपनी पूँजी का $\frac{1}{3}$ भाग और बढ़ा दिया। यदि 3 वर्ष बाद ₹ 448800 लाभ हुआ हो, तो A का कितना भाग था?

(a) ₹ 34042 (b) ₹ 105600
(c) ₹ 532600 (d) ₹ 25000

96. दो संख्याओं के वर्गों का योग 386 है। यदि एक संख्या 5 है, तो दूसरी होगी–

(a) 18 (b) 19
(c) 15 (d) 20

97. दो संख्याओं का गुणनफल 9375 है तथा बड़ी संख्या को छोटी से भाग देने पर भागफल 15 है। संख्याओं का योग होगा–

(a) 395 (b) 380
(c) 400 (d) 425

98. दो धनात्मक संख्याओं का गुणनफल 11520 है और उनका भागफल $\frac{9}{5}$ है। दोनों संख्याओं का अंतर ज्ञात कीजिए–

(a) 60 (b) 64
(c) 74 (d) 70

99. तीन कक्षाओं में विद्यार्थियों की संख्याओं का अनुपात 2 : 3 : 5 है। प्रत्येक कक्षा में 20 विद्यार्थी बढ़ा दिए जाने पर अनुपात 4 : 5 : 7 हो जाता है। प्रारंभ में कुल विद्यार्थियों की संख्या थी–

(a) 50 (b) 90
(c) 100 (d) 150

100. तीन संख्याएँ $\frac{1}{2} : \frac{1}{3} : \frac{1}{4}$ के अनुपात में है। सबसे बड़ी और सबसे छोटी संख्याओं का अंतर 36 है। वे संख्याएँ हैं–

(a) 72, 84, 108 (b) 60, 72, 96
(c) 72, 84, 96 (d) 72, 96, 108

उत्तर (हल/संकेत)

1. (d) $? = 44.864 - (32.661 + 0.094)$
$= 44.864 - 32.755 = 12.109$

2. (a) $? = 453.072 - (192.362 + 167.78)$
$= 453.072 - 360.142 = 92.93$

3. (c) $\frac{(0.2)^2 + (0.8)^2 + 2 \times 0.2 \times 0.8}{0.2 + 0.8}$
$= \frac{(0.2 + 0.8)^2}{0.2 + 0.8} = 0.2 + 0.8 = 1.0$

4. (d) व्यंजक $= \frac{(75983)^2 - (45983)^2}{(75983 - 45983)}$
$= \frac{(75983 + 45983)(75983 - 45983)}{(75983 - 45983)}$
$= 75983 + 45983 = 121966$

5. (d) $\frac{(0.796 + 0.204)(0.796 - 0.204)}{(0.796 - 0.204)}$
$= (0.796 + 0.204) = 1$

6. (c) (a) $(3x - y)(x + 2y) = 3x^2 + 5xy - 2y^2$
(b) $(x + 2y)(3x - y) = 3x^2 + 5xy - 2y$
(c) $(2x + y)^2 + y(x - 3y) = 4x^2 + 5xy - 2y^2$
(d) $(x + 2y)^2 + (x + 2y)(2x - 3y) = 3x^2 + 5xy - 2y^2$
अत: दिया गया विकल्प (c) अन्य विकल्पों के समतुल्य नहीं है।

7. (c) $\log \frac{26}{51} + \log \frac{119}{91}$
$= \log 26 - \log 51 + \log 119 - \log 91$
$= \log(13 \times 2) - \log(3 \times 17) + \log(17 \times 7) - \log(7 \times 13)$
$= \log 13 + \log 2 - \log 3 - \log 17 + \log 17 + \log 7 - \log 7 - \log 13$
$= \log 2 - \log 3$

8. (c) $\frac{1}{2} : \frac{1}{3} : \frac{1}{4} = 6 : 4 : 3$
$\therefore$ सबसे छोटी भुजा $= 52 \times \frac{3}{13} = 12$ सेमी

9. (b) सदैव विषम।

10. (d) n का मान 1, 2, 3, ... रखकर देखने पर पाते हैं कि.....
$n = 1$ तो $\sqrt{n} = \sqrt{1} = 1$ प्राकृत संख्या
$n = 2$ तो $\sqrt{n} = \sqrt{2} =$ अपरिमेय संख्या
$n = 4$ तो $\sqrt{n} = \sqrt{4} = 2$ प्राकृत संख्या
कभी प्राकृतिक व कभी अपरिमेय संख्या

11. (b) आवश्यक संख्या $= 100t + 10u + 1$

12. (b) वह युग्म $= (0, 0)$ एवं $(2, 2)$

13. (c) बड़े से बड़ा ऋण पूर्णांक -1 होता है।

14. (b) केवल $x = 0$ के लिए $\sqrt{x^2 + x + 1}$ परिमेय है।

15. (a) पहली संख्या $= x$
तथा दूसरी संख्या $= y$
$\therefore$ प्रश्नानुसार,
$x + y = \frac{28}{25}x$
या, $y = \frac{3x}{25}$
$\therefore$ आवश्यक प्रतिशत
$= \frac{3x}{25 \times x} \times 100 = 12\%$
आवश्यक प्रतिशत
$= \left(\frac{28}{25} - 1\right) \times 100 = 12\%$

16. (d) संख्याएँ $= x, y$ और z
प्रश्नानुसार,
$z = 180$ ... (i)
$y - x = 25$ ... (ii)
$x + y + z = 135 \times 3$ ... (iii)
समीकरण (iii) में से समीकरण (i) + समीकरण (ii) घटाने पर,
$2x = 405 - (180 + 25)$
$= 200$
$\therefore$ $x = 100$

17. (b) संख्याएँ $= x, y$ और z
$x = 2y$ ... (i)
और $x = \frac{z}{2}$ ... (ii)
फिर $\frac{x + y + z}{3} = 56$
$\therefore$ $x + y + z = 168$ ... (iii)
समीकरण (ii) और (iii) से,
$x = 48, y = 24, z = 96$
पहली : दूसरी : तीसरी
2 : 1 : 4
$\therefore$ पहली संख्या $= \frac{2}{7} \times 56 \times 3$
$= 48$
दूसरी संख्या $= \frac{1}{7} \times 56 \times 3$
$= 24$
तीसरी संख्या $= \frac{4}{7} \times 56 \times 3$
$= 96$

18. (c) तीसरी संख्या $= x$
तब, दूसरी संख्या $= 4x$
तथा पहली संख्या $= 2x$

प्रश्नानुसार,

$$2x + 4x + x = \frac{70}{3} \times 3 = 70$$

या, $x = 10$

∴ दूसरी संख्या $= 4 \times 10 = 40$

पहली	:	दूसरी	:	तीसरी
1	:	2	:	$\frac{1}{2}$
या 2	:	4	:	1

अतः दूसरी संख्या $= \frac{4}{7} \times \frac{70}{3} \times 3 = 40$

19. (b) 10 पुस्तकों का मूल्य = 12 × 10 = ₹ 120

8 पुस्तकों का मूल्य = 8 × 11.75 = ₹ 94

∴ 2 पुस्तकों का मूल्य = (120 – 94) = ₹ 26

दो पुस्तकों में से एक का मूल्य = ₹ x है, तो दूसरी पुस्तक का मूल्य

$$= x \times \frac{160}{100} = \frac{8x}{5}$$

$$\therefore \quad x + \frac{8x}{5} = 26$$

या, x = ₹ 10

तथा दूसरी पुस्तक का मूल्य $= \frac{8}{5} \times 10$ = ₹ 16

एक पुस्तक	:	दूसरी पुस्तक
100	:	160
या 5	:	8

$(5 + 8) = (10 \times 12) - (8 \times 11.75)$

$= 26$

∴ $5 = 26 \times \frac{5}{13}$ = ₹ 10

तथा $8 = 26 \times \frac{8}{13}$ = ₹ 16

20. (b)

2	2028
3	507
13	169
13	13
	1

∴ 2028 का गुणनखण्ड $= 4 \times 3 \times 13 \times 13$

$= (2 \times 2) \times (13 \times 13) \times (3)$

∴ अतः 2028 को पूर्ण वर्ग बनाने के लिए सबसे छोटी संख्या को 3 से ही गुणा करना होगा।

21. (a) $x : \frac{1}{27} :: \frac{3}{11} : \frac{5}{9}$

या, $x = \frac{1}{27} \times \frac{3}{11} \times \frac{9}{5} = \frac{1}{55}$

22. (b) मिश्र अनुपात = (2 × 6 × 11 : 3 × 11 × 2) = 2 : 1

23. (b) 12 तथा 30 का तृतीयानुपाती $= \frac{30 \times 30}{12} = 75$

फिर, 9 एवं 25 के मध्यानुपाती $= \sqrt{9 \times 25} = 15$

∴ आवश्यक अनुपात = 75 : 15 = 5 : 1

24. (b) आवश्यक तृतीयानुपाती

$$= \frac{(x - y) \times (x - y)}{(x^2 - y^2)} = \frac{x - y}{x + y}$$

25. (b) तीन क्रमागत विषम संख्याएँ = $x, x + 2$ तथा $x + 4$

प्रश्नानुसार,

$x(x + 2) + (x + 4) = x + 20$

या, $x = 7$

∴ बीच वाली संख्या = 7 + 2 = 9

26. (b) 11 संख्याओं का योग = 11 × 10.8 = 118.8

पहली 6 संख्याओं का योग = 6 × 10.4 = 62.4

आखिरी 6 संख्याओं का योग = 6 × 11.5 = 69

बीच की संख्या (6वीं संख्या) = (62.4 + 69) – 118.8 = 12.6

बीच की संख्या

= 10.8 + 6 {(10.4 – 10.8) + (11.5 – 10.8)}

= 10.8 + 6 × 0.3

= 10.8 + 1.8 = 12.6

27. (b) सातवीं संख्या

= 7 (48 + 58) – (13 × 52)

= 7 × 106 – 676

= 742 – 676 = 66

28. (b) 11वीं संख्या

= [(11 × 23) + (10 × 21)] – (20 × 22)

= 463 – 440 = 23

29. (b) 8वीं संख्या

= 8 × (19 + 17) – (15 × 18)

= 288 – 270 = 18

30. (d)

अशोक	:	विमल	:	अरुण
2	:	3	:	1

प्रश्नानुसार,

(3 + 1) = 40

∴ 2 = 20 वर्ष

31. (c) मोहिन्दर : सुरिन्दर : सुधीर का अनुपात

= 12000 × 6 : 9000 × 6 : 15000 × 3

= 72000 : 54000 : 45000

= 8 : 6 : 5

∴ सुधीर का हिस्सा

$= \frac{5 \times 9500}{19}$ = ₹ 2500

32. (b)

A	:	B	:	C
12000 × 24	:	16000 × 24	:	15000 × 16
6	:	8	:	5

C का हिस्सा = ₹ 12000

33. (c) ? = 245.168 – 105.168 – 70.7

= 69.3

34. (b) ? = 88.328 + 13.744 – 53.96

= 102.072 – 53.960 = 48.112

35. (d) $? = 1006 + 109.2 - 10.06$
$= 1115.20 - 10.06 = 1105.14$

36. (a) $a^3 + b^3 + c^3 = 3abc$
$(a+b+c)(a^2+b^2+c^2-ab-bc-ca)$
$$\therefore \frac{a^3+b^3+c^3-3abc}{a^2+b^2+c^2-ab-bc-ca} = a+b+c$$
∴ प्रश्न से,
$$\frac{(38)^3+(34)^3+(28)^3-3\times38\times34\times28}{(38)^2+(34)^2+(28)^2-38\times34-34\times28-38\times28}$$
$= 38 + 34 + 28$
$= 100$

37. (a) $a = 3.75$ और $b = 2.75$
∴ व्यंजक $= a^2 - 2ab + b^2$
$= (a-b)^2$
$= (3.75 - 2.75)^2$
$= (1)^2 = 1$

38. (c) $$\frac{5+5+\frac{5}{5}}{\frac{(5+5+5)}{5}} = \frac{10+1}{\frac{15}{5}} = \frac{11}{3}$$

39. (d) $$\sqrt{\frac{y}{x}}\sqrt{\frac{z}{y}}\sqrt{\frac{x}{z}} = \sqrt{\frac{y}{x}\times\frac{z}{y}\times\frac{x}{z}} = 1$$

40. (a) आवश्यक संख्या
$$= \frac{1}{2}\left(\frac{1}{4}+\frac{1}{3}\right) = \frac{1}{2}\times\frac{7}{12}$$
$$= \frac{7}{24}$$

41. (b) N की अभाज्य होने के लिए यह जरूरी है कि यह संख्या $\sqrt{N}$ या $\sqrt{N}$ से छोटी किसी भी अभाज्य संख्या से विभक्त न हो।

42. (b) $n = 3, 2 \times 3 + 1 = 7$ रूढ़ संख्या
$n = 4, 2 \times 4 + 1 = 9 \neq$ रूढ़ संख्या

43. (c) सबसे छोटी रूढ़ संख्या = 2
(1 को रूढ़ संख्या नहीं माना जाता है।)

44. (d) आवश्यक लघुतम अभाज्य संख्या = 1009

45. (c) प्रश्नानुसार,
$1800 = 2 \times 2 \times 2 \times 5 \times 5 \times 3 \times 3$
∴ पूर्ण घन संख्या प्राप्त करने के लिए $5 \times 3 = 15$ से गुणा करना होगा।
अत: न्यूनतम संख्या 15 के अंकों का योग $= 1 + 5 = 6$

46. (c) संख्या $= x$
∴ $x^2 - x = 272$
या, $x^2 - x - 272 = 0$
या, $(x-17)(x+16) = 0$
∴ $x = 17, -16$ [ऋणात्मक मान अमान्य है]
∴ आवश्यक संख्या = 17

47. (c) संख्या $= x$
∴ $2x^2 - 17x = 84$
या, $2x^2 - 17x - 84 = 0$
या, $(x-12)(2x+7) = 0$
∴ $x = 12, \frac{-7}{2}$ [ऋणात्मक मान अमान्य है]
अत: संख्या = 12

48. (a) संख्या $= x$
∴ $10x - x^2 = 9$
या, $x^2 - 10x + 9 = 0$
या, $(x-9)(x-1) = 0$
∴ $x = 9$ या 1

49. (b) प्राकृत संख्या $= x$
तब, $x^2 \times 3 - 4x = x + 50$
तब, $3x^2 - 5x - 50 = 0$
या, $(x-5)(3x+10) = 0$
या, $x = 5$ या $\frac{-10}{3}$
(जो कि प्राकृत संख्या नहीं है)
∴ $x = 5$

50. (c) संख्याएँ $= x$ और $x + 1$
∴ $x(x+1) - x^2 = 0$
या, $x = 9$
∴ संख्याएँ = 9 तथा 10

51. (b) घटाई जाने वाली आवश्यक संख्या $= x$
तब, $$\frac{21-x}{38-x} = \frac{55-x}{106-x}$$
या, $x = 4$
घटाई जाने वाली आवश्यक संख्या
$$= \frac{38\times55-21\times106}{(21+106)-(38+55)}$$
$$= \frac{2000-2226}{127-93} = \frac{-136}{34} = 4$$

52. (b) $\frac{6-x}{7-x} < \frac{16}{21}$ या, $x > 2.8$
∴ आवश्यक पूर्ण संख्या = 3

53. (d) $$\frac{15-x}{19-x} = \frac{3}{4}$$
या, $60 - 4x = 57 - 3x$
या, $x = 3$

54. (c) संख्याएँ $= 3x$ तथा $5x$
प्रश्नानुसार,
$$\frac{3x+10}{5x+10} = \frac{5}{7}$$
या, $21x + 70 = 25x + 50$
या, $x = 5$
आवश्यक संख्याएँ $= 3 \times 5$ और 5×5
= 15 और 25

55. (a) छठा प्रेक्षण $= (11 \times 60) - 5(58 + 56) = 660 - 570 = 90$

56. (b) पाँचवी संख्या = (50 × 9) – 4(52 + 49) = 450 – 404 = 46

57. (d) छठी संख्या = 6(34 + 33) – 11 × 32 = 402 – 352 = 50

58. (b) 13वाँ परीक्षाफल (25 × 18) – 12 × (14 + 17) = 450 – 372 = 78

59. (a) आवश्यक प्राप्तांक

$= (22 \times 45) - [(10 \times 55) + (11 \times 40)]$

$= 990 - 990 = 0$

60. (a) अमर तथा अंजलि की वर्तमान आयु

= x तथा y

पहली शर्त से,

$\frac{x}{y} = \frac{2}{3}$ ... (i)

दूसरी शर्त से,

$\frac{x+3}{y+3} = \frac{3}{4}$ ... (ii)

$\frac{\frac{2}{3}y+3}{y+3} = \frac{3}{4}$

या, $\frac{2y+9}{3y+9} = \frac{3}{4}$

या, $8y + 36 = 9y + 27$

$y = 9$

$x = 6,$

अत: अमर की आयु = 6

: 1 = 3 वर्ष

∴ : 2 = 3 × 2 = 6 वर्ष

61. (a) रमेश, सुरेश और महेश की पूँजियों का अनुपात

$= 50000 \times 6 : 60000 \times 4 : 40000 \times 5$

$= 15 : 12 : 10$

∴ रमेश का लाभ

$= \frac{15}{(15+12+10)} \times 14800$

= ₹ 6000

62. (d) $\frac{9 \times 12}{12 \times 6 + 6 \times 6} = \frac{1}{1}$

कुल लाभ = ₹ 4600

कपिल का हिस्सा $= \frac{1}{2} \times 4600$

= ₹ 2300

63. (b) $? = 4\frac{4}{2} + 3\frac{3}{5} + 2\frac{6}{5}$.

$= 4 + 3 + 2 + \left(\frac{4}{2} + \frac{3}{5} + \frac{6}{5}\right)$

$= 9 + \left(2 + \frac{3}{5} + \frac{6}{5}\right) = 11\frac{9}{5}$

$= 12\frac{4}{5} = \frac{64}{5}$

64. (c) $\left(\frac{3}{7} + \frac{2}{5}\right) + \left(\frac{3}{7} + \frac{2}{5}\right)$

$= \left(\frac{15+14}{35}\right) + \left(\frac{15+14}{35}\right)$

$= \frac{29}{35} + \frac{29}{35} = \frac{28}{35} = 1\frac{23}{35}$

65. (d) $1\frac{1}{4} + 1\frac{1}{2} - \frac{2}{5}$

$= (1 + 1 - 0) + \left(\frac{1}{4} + \frac{1}{2} - \frac{2}{5}\right)$

$= 2 + \left(\frac{5+10-8}{20}\right) = 2 + \frac{7}{20} = 2\frac{7}{20}$

66. (d) व्यंजक $= \frac{\frac{5}{4} + \frac{3}{2}}{\frac{1}{15} + 1 - \frac{9}{10}}$

$= \frac{\frac{5}{4} \times \frac{2}{3}}{\frac{2+30-27}{30}}$

$= \frac{\frac{5}{6}}{\frac{5}{30}} = \frac{5}{6} \times \frac{30}{5} = 5$

67. (a) $\frac{2}{3} \times \frac{3}{\frac{5}{6} \div 1\frac{1}{4} \text{ का } \frac{2}{3}}$

$= \frac{2}{3} \times \frac{3}{\frac{5}{6} \div \left(\frac{5}{4} \times \frac{2}{3}\right)}$

$= \frac{2}{3} \times \frac{3}{\frac{5}{6} \times \frac{6}{5}} = 2$

68. (d) $\frac{\frac{1}{5} \div \frac{1}{25}}{\frac{1}{25} \div \frac{1}{5}} = \frac{\frac{1}{5} \times 25}{\frac{1}{25} \times 5} = \frac{5}{\frac{1}{5}} = 25$

69. (c) (a) 45 × 12 + 60 = 600

(b) 800 का 80% – 40 = 600

(c) 1200 का $\frac{3}{5}$ – 150 = 570

(d) 1260 ÷ 3 + 180 = 600

अत: विकल्प (c) अन्य विकल्पों के समतुल्य नहीं है।

70. (b) सभी मानों का औसत $= \frac{(60 \times 40 + 40 \times 60)}{(60 + 40)} = 48$

71. (b) सभी 14 संख्याओं का औसत

$= \frac{(8 \times 6 + 6 \times 8)}{14} = 6\frac{6}{7}$

72. (b) पहली अभाज्य संख्या = 10001

73. (c) 70 से छोटी अभाज्य संख्याएँ = 2, 3, 5, 7, 11, 13, 17, 19, 23, 29, 31, 37, 41, 43, 47, 53, 59, 61, 67

कुल संख्या = 19

74. (c) 50 और 100 के बीच अभाज्य संख्या = 53, 59, 61, 67, 71, 73, 79, 83, 89 और 97

कुल संख्या = 10

75. (d) प्रथम चार रूढ़ संख्याओं का योग $= (2 + 3 + 5 + 7) = 17$

76. (d) दूसरी संख्या $= \dfrac{\text{दो संख्याओं का गुणनफल}}{\text{पहली संख्या}}$

$\therefore$ दूसरी संख्या $= \dfrac{x^2}{y} \times \dfrac{y^3}{x} = xy^2$

77. (c) $(8)^{20} (15)^{24} (7)^{15} = (2 \times 2 \times 2)^{20} (3 \times 5)^{24} (7)^{15}$

$\therefore$ रूढ़ गुणनखण्डों की संख्या

$= 20 + 20 + 20 + 24 + 24 + 15 = 123$

78. (c) प्राकृत संख्या $= x$

$\therefore \quad x^3 - x^2 = 48$

या, $x^2 (x - 1) = 16 \times 3$

$= 4^2 \times (4 - 3)$

$\therefore \quad x = 4$

विकल्प से,

$(4)^3 - (4)^2 = 64 - 16$

$= 48$

79. (d) प्राकृत संख्या $= x$

$\therefore \quad x^3 - x^2 = 100$

या, $x^2 (x - 1) = 25 \times 4$

$= 5^2 \times (5 - 1)$

$\therefore \quad x = 5$

विकल्प से,

$(5)^3 - (5)^2 = 100$

80. (a) एक संख्या $= x$

तथा अन्य संख्या $= y$

$x^3 = 8y^3$

फिर, $x^3 + y^3 = 243$

या, $8y^3 + y^3 = 243$

$y^3 = 27$

या, $y^3 = \sqrt[3]{27} = 3$

तथा $x^3 = 8 \times 27 = 216$

या, $x = \sqrt[3]{216} = 6$

$\therefore$ आवश्यक अंतर $= (6 - 3) = 3$

81. (a) $49 - 13 =$ ₹ $36 = 3600$ पैसा

$\therefore$ विद्यार्थियों की संख्या $= 60$

82. (c) कुल सिपाही $= 194581$

$\therefore$ पंक्तिबद्ध किए गए सिपाहियों की संख्या

$= (194581 - 100) = 194481$

$\therefore$ प्रत्येक कतार में सिपाहियों की संख्या $= \sqrt{194481} = 441$

83. (c) 31 बैग जोड़ने से पहले कुल बैगों की संख्या

$= 4000 - 31 = 3969$

$\therefore$ प्रत्येक ट्रक में बैग रखने की क्षमता $= \sqrt{3669} = 63$

84. (a) पहली संख्या $= 5x$

एवं दूसरी संख्या $= 9x$

प्रश्नानुसार,

$$\frac{5x + 9}{9x + 9} = \frac{16}{27}$$

या, $x = 11$

$\therefore$ दूसरी संख्या $= 9x = 9 \times 11 = 99$

85. (c) दोनों संख्याएँ $= \dfrac{3}{2}x, \dfrac{8}{3}x$

प्रश्नानुसार,

$$\frac{\frac{3}{2}x + 15}{\frac{8}{3}x + 15} = \frac{\frac{5}{3}}{\frac{5}{2}} = \frac{2}{3}$$

या, $x = 18$

$\therefore$ बड़ी संख्या $= \dfrac{8}{3}x = \dfrac{8}{3} \times 18$

$= 48$

86. (b) पहली संख्या $= 5x$

एवं दूसरी संख्या $= 7x$

प्रश्नानुसार,

$$\frac{5x - 9}{7x - 9} = \frac{7}{11}$$

या, $x = 6$

$\therefore$ आवश्यक अंतर $= 7x - 5x$

$= 2x = 12$

87. (c) $(2x + 40) : (3x + 40) : (5x + 40) = 4 : 5 : 7$

या, $\dfrac{2x + 40}{3x + 40} = \dfrac{4}{5}$

या, $x = 20$

$\therefore$ प्रारंभ में कुल विद्यार्थी

$= 2x + 3x + 5x$

$= 10x = 200$

88. (d) 5 संख्याओं का योग $= 9 \times 5 = 45$

3 संख्याओं का योग $= 3 \times 7 = 21$

$\therefore$ अन्य दो संख्याओं का औसत

$= \dfrac{(45 - 21)}{2} = 12$

89. (a) 8 संख्याओं का योग $= 8 \times 20 = 160$

प्रथम दो संख्याओं का योग $= 15.5 \times 2 = 31$

अगली तीन संख्याओं का योग $= \dfrac{64}{3} \times 3 = 64$

शेष संख्याओं का योग $= 160 - (31 + 64) = 65$

अब, माना कि छठी संख्या $= x$

$\therefore$ सातवीं संख्या तथा आठवीं संख्या $= x + 7$

प्रश्नानुसार,

$x + (x + 4) + (x + 7) = 65$

या, $x = 18$

$\therefore$ आठवीं संख्या $= 18 + 7 = 25$

90. (b) अन्तिम संख्या

$= (20 \times 12) - [(12 \times 11) + (7 \times 10)] = (240 - 202) = 38$

91. (c) पूरे वर्ग का औसत अंक

$$= \frac{(21 \times 44 + 66 \times 1)}{22} = 45$$

92. (c) सभी छात्रों का औसत अंक

$$= \frac{(60 \times 55 + 40 \times 45)}{(60 + 40)} = 51$$

93. (c) $\frac{K}{S} = \frac{6x+6}{5x+6}$ (वर्तमान में) ... (i)

$\frac{6x+6+4}{5x+6+4} = \frac{11}{10}$ ... (ii)

अतः समीकरण (ii) से, $x = 2$

अतः सुरेश की वर्तमान आयु

$= 5x + 6 = 5 \times 2 + 6 = 16$ वर्ष

6 : 5 .... 6 वर्ष

11 : 10 .... 4 वर्ष

5 : 5 .... 10 वर्ष

5 = 10, अर्थात् 6 साल पहले सुरेश 10 साल का था। अतः उसकी वर्तमान आयु = 10 + 6 = 16 वर्ष

94. (d) A, B, C की पूँजियों का अनुपात

$= 2000 \times 12 : 3000 \times 24 : 4000 \times 24$

$= 1 : 3 : 4$

A का लाभ $= 3200 \times \frac{1}{8} =$ ₹ 400

95. (b) पहले वर्ष A, B और C की पूँजियों का अनुपात

= ₹ $2x$, ₹ $3x$ तथा ₹ $5x$

$\therefore$ दूसरे वर्ष = ₹ $3x$, ₹ $4x$ तथा ₹ $5x$

$\therefore$ तीसरे वर्ष = ₹ $3x$, ₹ $4x$ तथा ₹ $5x$

तीन साल के लिए A, B और C की पूँजियाँ = ₹ $8x$, ₹ $11x$ तथा ₹ $15x$

अनुपात = 8 : 11 : 15

$\therefore$ A का लाभ में हिस्सा

$= \frac{8}{34} \times 448800$

= ₹ 105600

96. (b) दूसरी संख्या $= x$

तब, $x^2 + (5)^2 = 386$

$\therefore$ $x = \sqrt{386 - 25}$

$= 19$

97. (c) बड़ी तथा छोटी संख्याएँ = x तथा y

तब $xy = 9375$ ... (i)

तथा $\frac{x}{y} = 15$ ... (ii)

समीकरण (i) व समीकरण (ii) से,

$15y \times y = 9375$

या, $y = 25$

तब, $x = 25 \times 15 = 375$

$\therefore$ संख्याओं का योग

$= (375 + 25)$

$= 400$

98. (b) दो संख्याएँ x व y तब,

$xy = 11520$ ... (i)

तथा $\frac{x}{y} = \frac{9}{5}$ ... (ii)

समीकरण (i) में समीकरण (ii) से भाग देने पर,

$y^2 = 6400$

या, $y = 80$

$\therefore$ $x = \frac{11520}{80} = 144$

आवश्यक अंतर $= 144 - 80$

$= 64$

99. (c) प्रारंभ में तीन कक्षाओं में विद्यार्थियों की संख्या = $2x, 3x$ और $5x$

प्रश्नानुसार,

$(2x + 20) : (3x + 20) : (5x + 20)$

$= 4 : 5 : 7$

$\frac{2x+20}{3x+20} = \frac{4}{5}$

या, $x = 10$

अतः प्रारंभ में कुल विद्यार्थी

$= 2x + 3x + 5x$

$= 10x = 100$

2 : 3 : 5

+2↓ +2↓ +2↓

4 : 5 : 7

: 2 = 20

: 1 = 10

$\therefore$ 10 = 100

100. (d) तीन संख्याओं का अनुपात

$= \frac{x}{2} : \frac{2}{3}x : \frac{3}{4}x = 6x : 8x : 9x$

प्रश्नानुसार,

$9x - 6x = 36$

$\therefore$ $x = 12$

आवश्यक संख्याएँ = 72, 96, 108

❑❑❑

प्रैक्टिस सेट्स

प्रैक्टिस सेट-1

अनुभाग-I : हिन्दी

1. वर्णों के उस समूह को, जिससे कोई निश्चित अर्थ निकलता हो, कहा जाता है–

(a) शब्द (b) वर्ण
(c) वर्ण-समूह (d) वक्तव्य

2. निम्नलिखित वाक्य में क्रिया-विशेषण युक्त वाक्य कौन-सा है?

(a) मैं कल नहीं जाऊँगा (b) यह फूल सुंदर है
(c) हवा धीरे-धीरे बह रही है (d) आज हम स्कूल जाएँगे

3. 'स्वेच्छा का सन्धि-विच्छेद है–

(a) सु + इच्छा (b) स्वे + इच्छा
(c) स्व + इच्छा (d) कोई नहीं

4. 'मोहन नित्य मंदिर जाया करता है।' इस वाक्य में कौन-सी क्रिया है?

(a) अभ्यास बोधक (b) शक्ति बोधक
(c) नित्यता बोधक (d) निश्चय बोधक

5. 'पाप', 'पातक' किस शब्द के अनेकार्थी हैं–

(a) अग्रिम (b) अघ
(c) अघट (d) अचर

6. नीचे दिए गए शब्द युग्म में कौन-सा त्रुटिपूर्ण है?

(a) अनुग्रह-आग्रह (b) अनन्त-सान्त
(c) जड़-चेतन (d) आकृष्ट-विकृष्ट

7. 'समुद्र' के लिए पर्यायवाची है–

(a) पारावार (b) पन्नग
(c) दिव (d) वाहिनी

8. 'तन पर नहीं लत्ता', पान खाये अलबत्ता' का सही अर्थ होगा–

(a) बुरी आदत का शिकार होना (b) झूठा दिखावा करना
(c) बहुत गरीब होना (d) रोब डालना

9. निम्नलिखित शब्दों में से एक तत्सम शब्द कौन-सा है?

(a) तुरन्त (b) आज
(c) धीरज (d) खर्पर

10. वर्तनी की दृष्टि से कौन-सा शब्द सही है?

(a) संन्यासी (b) सन्यासी
(c) सनिनासी (d) सनयासी

निर्देश : (11-15) : निम्नलिखित अनुच्छेद पढ़कर उस पर आधारित प्रश्नों के उत्तर दीजिए।

प्रत्येक राष्ट्रभिमानी के हृदय में अपने देश, अपने देश की संस्कृति तथा भाषा के प्रति प्रेम और अभिमान सहज ही होता है। वह अपने राष्ट्र, अपनी जन्मभूमि और राष्ट्रभाषा के लिए प्राणों का उत्सर्ग करने को सदैव तत्पर रहता है। जिस देश के निवासियों के हृदय में यह उत्सर्ग भावना नहीं होती वह राष्ट्र, पराधीन होकर अपनी सुख-शांति और समृद्धि सदा के लिए खो बैठता है। देशभक्ति और सार्वजनिक हित के बिना राष्ट्रीय महत्ता का अस्तित्व ही नहीं रह सकता। यह भावना उसे इस बात का प्रयत्न करने को प्रेरित करती है कि यह अन्याय से दुर्बलों की रक्षा कर अनौचित्य का निवारण करे, धर्म पर स्थित रहे और न्याय के लिए लड़े। समाज को हानि पहुँचाकर अनुचित लाभ उठाना एकदम अस्वीकार कर दे, अपने समाज के प्रति कर्त्तव्य से मुख मोड़कर उसे धोखा न दें।

11. 'सुख-शांति' शब्द में कौन-सा समास है?

(a) तत्पुरुष (b) द्वंद्व
(c) कर्मधारय (d) अव्ययीभाव

12. गद्यांश का सही शीर्षक है–

(a) राष्ट्रीयमान (b) राष्ट्राभिमान
(c) राष्ट्र के प्रति कर्त्तव्य (d) राष्ट्र की सुख-शांति

13. पराधीन राष्ट्र खो बैठता है–

(a) अपनी समृद्धि (b) अपनी भाषा
(c) अपनी उत्सर्ग भावना (d) अपनी न्याय-चेतना

14. गद्यांश में किस शब्द का प्रयोग नहीं है?

(a) उत्सर्ग (b) अधर्म
(c) भक्ति (d) हानि

15. प्रत्येक राष्ट्राभिमानी के हृदय में अभिमान होता है–

(a) देश की समृद्धि के लिए (b) देश की सुख-शांति के लिए
(c) देश की भाषा के लिए (d) देश की महत्ता के लिए

SECTION-II : ENGLISH

Direction : In the following question, some part of the sentence may have errors. Find out which part of the sentence has an error and select the appropriate option. If a sentence is free from error, select 'No error'.

16. **As Reynolds ran (a)/ next the street, he wondered (b)/ what he should buy. (c)/ No error (d)**
(a) a (b) b
(c) c (d) d

Direction : In the following question, the sentence given with a blank to be filled in with an appropriate word. Select the correct alternative out of the four and indicate it by selecting the appropriate option.

17. **Although the school lunch passed the legal standards, ... or not it is healthy is debatable.**
(a) weather (b) if
(c) whether (d) either

Direction : In the following question, out of the four alternatives, select the word similar in meaning to the word given.

18. **POSTERIOR**
(a) Anterior (b) Antecedent
(c) Dorsal (d) Former

Direction : In the following question, out of the four alternatives, select the word opposite in meaning to the word given.

19. **LAMBENCY**
(a) Effulgence (b) Dullness
(c) Gusto (d) Phosphorescence

Direction : In the following question, out of the four alternatives, select the alternative which best expresses the meaning of the idiom/phrase.

20. **In bad taste**
(a) Not suitable or offensive
(b) To be a bad cook
(c) To have a poor choice of fashion style
(d) To express honest harsh opinion about someone or something

Direction : In the following question, out of the four alternatives, select the alternative which will improve the bracketed part of the sentence. In case no improvement is needed, select "No improvement."

21. **His shoes (to cover) with mud.**
(a) was covered (b) were covered
(c) were covering (d) No improvement

Direction : In the following question, out of the four alternatives, select the alternative which is the best substitute of the phrase.

22. **Seeking to harm someone in return or a perceived injury**
(a) Affable (b) Cordial
(c) Vengeful (d) Benign

Direction : In the following question, four words are given out of which one word is correctly spelt. Select the correctly spelt word.

23. (a) Scriptare (b) Screpture
(c) Scripture (d) Screptare

Direction : In the following question, a sentence has been given in Active/Passive voice. Out of the four alternatives suggested, select the one which best expresses the same sentence in Passive/Active voice.

24. **Omkar generously donated money to the orphanage.**
(a) Money was generously donated to the orphanage by Omkar.
(b) Money is generously donated to the orphanage by Omkar.
(c) Donating to the money generously was done by Omkar.
(d) Donating of the money generously is done by Omkar.

Direction : In the following question, a sentence has been given in Direct/Indirect speech. Out of the four alternatives suggested, select the one which best expresses the same sentence in Direct/ Indirect speech.

25. **My grandfather said to the visitor, "Who are you? Where do you come from?"**
(a) My grandfather enquired the visitor who are you, where do you come from.
(b) My grandfather enquires the visitor who he was and where he came from.
(c) My grandfather enquired of the visitor who he was and where he came from.
(d) My grandfather enquires the visitor who are you, where do you come from.

Directions (Q.No. 26-30) : In the following passage some of the words have been left out. Read the passage carefully and select the correct answer for the given blank out of the four alternatives.

As one of the most misunderstood practices, yoga has often borne the brunt of being ....(26)....... in extremes: of yogis in pretzel-like contrortions at ....(27)....... end of the spectrum, and young Instagramled, erstwhile-overweight beach posers ....(28)....... the other. The truth is that yoga is what you want it to be - the ultimate customisable exercise form. For a runner, it may mean lengthening muscles to gain ....(29)......., while for someone who is hyper flexible, it could be a way of ....(30)....... core strength.

26. (a) see (b) seen
(c) saw (d) to see

27. (a) first (b) one
(c) once (d) that

28. (a) in (b) on
(c) of (d) at

29. (a) flexible (b) flexibleness
(c) flexibilities (d) flexibility

30. (a) enhance (b) enhancing
(c) enhances (d) to enhance

अनुभाग–III : गणित

निर्देश (प्र.सं. 31-35) : नीचे दिए गए प्रश्न में प्रश्नचिह्न (?) के स्थान पर क्या आएगा?

31. **यदि $\frac{2970.4}{6.32} = 470$ तो $\frac{297.04}{6.32} = ?$**
(a) 0.47 (b) 4.70
(c) 470 (d) 47

32. **$7426 + (3108 - 840) \times 30 = ?$**
(a) 75466 (b) 74566
(c) 14665 (d) 290820

33. **$(11)^2 - (1.1)^2 - (0.11)^2 = ?$**
(a) 119.7779 (b) 121
(c) 119.79 (d) 119.8021

34. **$8\sqrt{25} + 9 = ?$**
(a) 17 (b) 25
(c) 34 (d) 49

35. $140\sqrt{?} + 315 = 1015$

(a) 25 (b) 36
(c) 5 (d) 16

36. $1 - \frac{1}{1+2} + \frac{1}{1\times2\times3} - \frac{1}{1\times2\times3\times4} + \frac{1}{1\times2\times3\times4\times5}$ का मान दशमलव के तीन स्थानों तक होगा–

(a) 0.630
(b) 0.631
(c) 0.632
(d) 0.633

37. निम्नलिखित का मान दशमलव के दो स्थान तक ज्ञात करें–

$1 + \frac{1}{2} + \frac{1}{2\times3} + \frac{1}{2\times3\times4} + \frac{1}{2\times3\times4\times5}$

(a) 1.70 (b) 1.71
(c) 1.72 (d) 1.73

38. $1^2, 2^2, 3^2, 4^2, 5^2, 6^2$ तथा 7^2 का माध्य है–

(a) 40 (b) 20
(c) 30 (d) 10

39. ₹ 30 प्रति दर्जन की दर से पेंसिल बेचने पर दुकानदार को ₹ 10 का लाभ होता है, तो उसका प्रतिशत लाभ होगा–

(a) 20 (b) 35
(c) 50 (d) 66

40. यदि log 8 = 0.9031 और log 9 = 0.9542, तो log 6 का मान होगा–

(a) 0.7781 (b) 0.4532
(c) 1.729 (d) 2.729

41. यदि log 2 = 0.3010 और log 3 = 0.4771, तो log (3240) का मान होगा–

(a) 0.6020 (b) 2.9084
(c) 3.5104 (d) 4.5321

42. 5 – 3 + 2 – 5 + 3 – 2 + 5 – 3 + 2 – 5 श्रेणी के प्रथम 63 पदों का योग है–

(a) 5 (b) 4
(c) 3 (d) इनमें से कोई नहीं

43. 1 + 2 – 3 + 1 + 2 – 3 + 1 + 2 – 3 + 1 + 2 – 3 .... इस प्रकार 50 पदों तक का योग होगा?

(a) 0 (b) 1
(c) 2 (d) 3

44. श्रेणी $\frac{1}{1.2} + \frac{1}{2.3} + \frac{1}{3.4} + ...$ के n पदों का योग है–

(a) $\frac{1}{n(n+1)}$ (b) $\frac{1}{n(n-1)}$
(c) $\frac{1}{n-1}$ (d) $\frac{1}{n+1}$

45. $\frac{1}{9} + \frac{1}{6} + \frac{1}{12} + \frac{1}{20} + \frac{1}{30} + \frac{1}{42} + \frac{1}{56} + \frac{1}{72} = ?$

(a) $\frac{1}{2}$ (b) 0
(c) $\frac{1}{9}$ (d) $\frac{1}{2520}$

46. $\frac{1}{30} + \frac{1}{42} + \frac{1}{56} + \frac{1}{72} + \frac{1}{90} + \frac{1}{100} = ?$

(a) $\frac{2}{27}$ (b) $\frac{1}{9}$
(c) $\frac{5}{27}$ (d) $\frac{6}{55}$

47. $\frac{3}{1^2.2^2} + \frac{5}{2^2.3^2} + \frac{7}{3^2.4^2} + \frac{9}{4^2.5^2} + \frac{11}{5^2.6^2} + \frac{13}{6^2.7^2} + \frac{15}{7^2.8^2} + \frac{17}{8^2.9^2} + \frac{19}{9^2.10^2}$

का मान है–

(a) $\frac{1}{100}$ (b) $\frac{99}{100}$
(c) $\frac{101}{100}$ (d) 1

48. स्कूल के हॉल में 460 छात्र कतार में और स्तंभों में इस तरह बैठे थे कि प्रत्येक स्तंभ में बैठे हुए छात्रों की संख्या, प्रत्येक कतार में बैठे हुए छात्रों की संख्या से 3 अधिक थी। प्रत्येक स्तंभ में कितने छात्र थे?

(a) 20 (b) 23
(c) 24 (d) निश्चित नहीं किया जा सकता

49. एक कक्षा के बच्चों में समान संख्या में मुफ्त नोट बुक बाँटी गई थीं। प्रत्येक बच्चे को मिली नोट बुक की संख्या, बच्चों की कुल संख्या का आठवाँ भाग थी। यदि बच्चों की संख्या आधी होती, तो प्रत्येक को 16 नोट बुक मिलती। कुल कितनी नोट बुक बाँटी गईं?

(a) 432 (b) 640
(c) 256 (d) 512

50. किसी स्कूल के प्रत्येक सेक्शन में विद्यार्थियों की संख्या 24 है। नये विद्यार्थियों के नामांकन के बाद 3 नए सेक्शन शुरू किए गए। अब सेक्शनों की कुल संख्या 16 है तथा प्रत्येक सेक्शन में 21 विद्यार्थी हैं। कितने नए विद्यार्थियों का नामांकन हुआ?

(a) 24 (b) 14
(c) 48 (d) 114

51. किसी बैंक के मैनेजर के ट्रांसफर होने पर फेयरवेल पार्टी का आयोजन किया गया। प्रत्येक पुरुष कर्मचारी ने उतना चंदा दिया जितनी महिला कर्मचारी थी तथा प्रत्येक महिला कर्मचारी ने महिला कर्मचारी की संख्या का आधा चंदा दिया। यदि कुल कर्मचारी 60 थे तथा चंदा ₹ 1600 इकट्ठा हुआ, तो बैंक में पुरुष कर्मचारियों की संख्या कितनी थी?

(a) 20 (b) 45
(c) 15 (d) इनमें से कोई नहीं

52. पाँच मेहमान किसी पार्टी से होकर एक-दूसरे के साथ हाथ मिलाकर अपने-अपने घर गए। इस प्रकार पाँचों मेहमान के हाथ मिलाने की कुल संख्या (जबकि कोई दो व्यक्ति एक से अधिक बार हाथ न मिलाए) है–

(a) 5 (b) 6
(c) 10 (d) 15

53. किसी समारोह में प्रत्येक अतिथि अन्य सभी अतिथियों से सिर्फ एक बार हाथ मिलाता है। यदि कुल 66 बार हाथ मिलाए गए, तो उस समारोह में कितने अतिथि थे?

(a) 33 (b) 22
(c) 12 (d) 13

54. एक थैली में ₹ 1, 50 पैसे तथा 25 पैसे के सिक्के हैं। 50 पैसे के सिक्कों की संख्या 25 पैसे के सिक्कों की संख्या से दुगुनी तथा ₹ 1 के सिक्कों की संख्या से चौगुनी है। इन सिक्कों का कुल मूल्य ₹ 56 है। 50 पैसे के सिक्कों की संख्या कितनी है?

(a) 64 (b) 32
(c) 16 (d) आँकड़े अपर्याप्त

55. एक थैली में ₹ 1, 50 पैसे व 25 पैसे के कुल 340 सिक्के हैं। इन सिक्कों का मूल्य 5 : 4 : 1 के अनुपात में है। इन सिक्कों की संख्या क्रमश: कितनी है?

(a) 80, 160, 100 (b) 100, 160, 80
(c) 160, 100, 80 (d) 100, 80, 160

56. 420 सिक्कों में ₹ 1, 50 पैसे तथा 25 पैसे के सिक्के हैं। यदि इसी क्रम में उनके मान 2 : 3 : 5 के अनुपात में हों, तो ₹ 1 वाले सिक्कों की संख्या होगी–

(a) 90 (b) 300
(c) 30 (d) 20

57. यदि 378 सिक्के ₹ 1, 50 पैसे तथा 25 पैसे के सिक्के के रूप में हैं तथा इनके मान 13 : 11 : 7 के अनुपात में हैं, तो 50 पैसे के सिक्कों की संख्या क्या होगी?

(a) 132 (b) 128
(c) 136 (d) 133

58. 8 व्यक्तियों की आयु का औसत 2 वर्ष अधिक हो जाता है जबकि दो व्यक्ति जिनकी आयु 20 वर्ष और 24 वर्ष है, के स्थान पर 2 लड़कियाँ आ जाती हैं। लड़कियों की आयु का औसत है–

(a) 20 वर्ष (b) 24 वर्ष
(c) 28 वर्ष (d) 30 वर्ष

59. 8 पुरुषों का औसत वजन 2.5 किग्रा. बढ़ जाता है, यदि उनमें से एक जिसका वजन 56 किग्रा. है, के बदले एक नया आदमी आ जाता है, तो एक आदमी का वजन क्या है?

(a) 66 किमी (b) 75 किमी
(c) 76 किमी (d) 86 किमी

60. एक व्यापारी ने 10 क्लर्क रखें हैं। उनमें से एक के स्थान पर, जिसकी मासिक आय ₹ 400 थी, एक नया व्यक्ति रखा। क्लर्कों की मासिक औसत आय में इस प्रकार ₹ 15 की कमी हो गई। नये क्लर्क की मासिक आय है–

(a) ₹ 150 (b) ₹ 200
(c) ₹ 250 (d) ₹ 275

61. 8 व्यक्तियों के एक परिवार का औसत वजन 1 किग्रा. बढ़ जाता है जब 60 किग्रा. के एक सदस्य के बदले एक नये व्यक्ति को शामिल किया जाता है। नये व्यक्ति का वजन (किग्रा. में) है–

(a) 64 (b) 68
(c) 62 (d) इनमें से कोई नहीं

62. किसी कक्षा में 50 विद्यार्थी हैं। 50 किग्रा. भार वाला एक विद्यार्थी चला जाता है तथा उसके स्थान पर एक नया विद्यार्थी आ जाता है जिससे कक्षा का औसत $\frac{1}{2}$ किग्रा. बढ़ जाता है। नये विद्यार्थी का भार है–

(a) 70 किग्रा (b) 72 किग्रा
(c) 75 किग्रा (d) 76 किग्रा

63. 5 साल पहले विनय की उम्र विकास की उम्र की $\frac{1}{3}$ थी। विनय अभी 17 साल का है, तो विकास की उम्र क्या है?

(a) 41 (b) 36
(c) 51 (d) 38

64. A, B और C एक साझा व्यापार प्रारंभ करते हैं। 'A' राशि का $\frac{1}{3}$ भाग देता है, जबकि B अकेला A और C इकट्ठे जितना देते हैं उतना ही देता है। यदि वर्ष के अंत में ₹ 840 लाभ हो, तो A को कितना हिस्सा मिलेगा?

(a) ₹ 420 (b) ₹ 320
(c) ₹ 280 (d) ₹ 190

65. व्यापार की साझेदारी में A कुल पूँजी का $\frac{1}{6}, \frac{1}{6}$ समय के लिए, B ने $\frac{1}{3}$ भाग $\frac{1}{3}$ समय के लिए व शेष धन C ने पूरे समय के लिए निवेश किया। ₹ 9200 के कुल लाभ में से B का हिस्सा क्या होगा?

(a) ₹ 400 (b) ₹ 800
(c) ₹ 1600 (d) ₹ 1800

अनुभाग–IV : सामान्य विज्ञान

66. निम्नलिखित में से कौन-सा एक यशद पुष्प (Philosopher Wool) कहलाता है?

(a) जिंक ब्रोमाइड (b) जिंक नाइट्रेट
(c) जिंक ऑक्साइड (d) जिंक क्लोराइड

67. निम्नलिखित में से किस एक में रजत नहीं होता?

(a) हार्न सिल्वर (b) जर्मन सिल्वर
(c) रुबी सिल्वर (d) लूनर कास्टिक

68. निम्न में से किस शारीरिक अंग में ग्लूकोज का ग्लाइकोजन में परिवर्तन हो जाता है?

(a) अग्नाशय (b) यकृत
(c) वृक्क (d) रक्त

69. इण्डेन गैस एक मिश्रण है–

(a) ब्यूटेन एवं हाइड्रोजन का (b) ब्यूटेन एवं ऑक्सीजन का
(c) ब्यूटेन एवं प्रोपेन का (d) मीथेन एवं ऑक्सीजन का

70. निम्नलिखित में से कौन-सा एन्जाइम स्टार्च को अपचायक शर्करा में जल-अपघटित कर देता है?

(a) सुक्रोज (b) केटालेज
(c) माल्टेज (d) एमाइलेज

71. निम्नलिखित में से किसमें कार्बन की निम्नतम प्रतिशतता है?

(a) माइल्ड स्टील (b) मृदु स्टील
(c) कठोर स्टील (d) पिटवाँ लोहा

72. स्वत: प्रक्रम में–

(a) एन्ट्रॉपी परिवर्तन धनात्मक होता है।
(b) एन्ट्रॉपी परिवर्तन ऋणात्मक होता है।
(c) एन्ट्रॉपी में कोई परिवर्तन नहीं होता है।
(d) एन्ट्रॉपी तथा मुक्त परिवर्तन धनात्मक होता है।

73. निम्नलिखित में से कौन-सा कथन असत्य है?

(a) एन्जाइम कार्बोहाइड्रेट होते हैं एवं जैविक तंत्र के उपापचय में उत्प्रेरक का कार्य करते हैं।
(b) एन्जाइम का प्रभाव विशिष्ट होता है।

(c) एन्जाइम के अणु गरम करने पर विकृत हो जाते हैं।
(d) एन्जाइम की बहुत कम मात्रा भी एक्स्ट्रेट की अधिक मात्रा को उत्प्रेरित कर सकती है।

74. डुगोन्ग नामक समुद्री जीव, जो कि विलोपन की कगार पर है, क्या है?
(a) उभयचर (b) बोनी फिश
(c) शार्क (d) स्तनधारी

75. निम्नलिखित में से कौन अण्डे देता है?
(a) एकेड्रिना (b) कंगारू
(c) सेही (d) ह्वेल

76. मानव मस्तिष्क के निम्नलिखित भागों में से कौन-सा एक निगरण और उलटी का नियमन केंद्र है?
(a) अनुमस्तिष्क (b) प्रमस्तिष्क
(c) मेडुला ऑब्लांगेटा (d) पोन्स

77. नेत्रदान में दाता की आँख के किस हिस्से को प्रतिरोपित किया जाता है?
(a) कॉर्निया (b) लेन्स
(c) रेटिना (d) पूरी आँख

78. निम्नलिखित अवस्थाओं में से किसमें गीले कपड़े सबसे जल्दी सूख जाएंगे?
(a) 100% आर्द्रता, 60°C तापक्रम
(b) 100% आर्द्रता, 20°C तापक्रम
(c) 20% आर्द्रता, 20°C तापक्रम
(d) 20% आर्द्रता, 60°C तापक्रम

79. एक व्यस्क मानव शरीर में जल प्रतिशत होता है, लगभग–
(a) 10% (b) 30%
(c) 65% (d) 75%

80. पृथ्वी पर सबसे पुराना जीव कौन-सा है?
(a) नील हरित शैवाल (b) कवक
(c) अमीबा (d) यूग्लीना

81. निम्नलिखित में से किस देश में विश्व के तापमानों पर आँकड़े इकट्ठा करने के लिए वैश्विक वायुमण्डल चौकसी स्टेशन स्थापित नहीं किया गया है?
(a) अल्जीरिया में (b) ब्राजील में
(c) केन्या में (d) भारत में

82. निम्नांकित कथनों में से कौन सी.डी.एम. के लिए सत्य नहीं है?
(a) यह हरित गृह गैस के उत्सर्जन को नियंत्रित करता है।
(b) यह ग्लोबीय तापीकरण को कम करता है।
(c) क्योटो प्रोटोकॉल ने इसके सतत् विकास के आंकलन के लिए सुझाव दिया है।
(d) यह विकसित देशों को विकासशील देशों की परियोजनाओं में पूँजी लगाने का निषेध करता है।

83. CO_2 उत्सर्जन एवं भूमण्डलीकरण के संदर्भ में, UNFCCC के अंतर्गत उस बाजार संचालित युक्ति का क्या नाम है जो विकासशील देशों को विकसित देशों से निधियाँ/प्रोत्साहन उपलब्ध कराती है, ताकि वे अच्छी प्रौद्योगिकियाँ अपनाकर ग्रीन हाउस गैसों का उत्सर्जन कम कर सकें?
(a) कार्बन फुटप्रिंट (b) कार्बन क्रेडिट रेटिंग
(c) स्वच्छ विकास युक्त (d) उत्सर्जन निम्नीकरण मानक

84. नारियल का खाने योग्य भाग होता है–
(a) फलभित्ति (b) भ्रूणपोष
(c) पूर्ण बीज (d) बीजावरण

85. लीची फल का खाने योग्य आकारिकीय भाग होता है–
(a) मांसल पुष्पासन (b) एरिल
(c) मध्य फलभित्ति (d) बीजपत्र

86. कुछ वनस्पति जातियाँ कीटाहारी होती है, क्यों?
(a) छायादार और अंधेरे स्थलों में आने के कारण उन्हें प्रकाश संश्लेषण का पर्याप्त अवसर नहीं मिलता तथा इसीलिए वे पोषण के लिए कीट पर निर्भर रहती हैं।
(b) वे नाइट्रोजन न्यून मृदा में उगने के लिए अनुकूली है तथा इसीलिए पर्याप्त नाइट्रोजनी पोषण प्राप्त करने के लिए वे कीट पर निर्भर रहती हैं।
(c) वे कुछ विटामिनों का संश्लेषण स्वयं नहीं कर पाती तथा अपने द्वारा पचाए हुए कीटों पर निर्भर रहती है।
(d) वे जीवित जीवाश्म (Living fossils) के रूप में जैव विकास (Biological developing) की उस विशेष अवस्था में ठहरी हुई है और स्वपोषी तथा परपोषी के बीच की कड़ी है।

87. जल के अन्दर वायु का बुलबुला व्यवहार करता है–
(a) द्विफोकसी लेंस जैसा (b) अभिसारी लेंस जैसा
(c) अपसारी लेंस जैसा (d) शंक्वाकार लेंस जैसा

88. कोबाल्ट-60 आमतौर पर विकिरण चिकित्सा में प्रयुक्त होता है, क्योंकि यह उत्सर्जित करता है–
(a) अल्फा किरणें (b) बीटा किरणें
(c) गामा किरणें (d) एक्स-किरणें

89. बेरियम एक उपयुक्त रूप से रोगियों को पेट के एक्स-किरण परीक्षण से पूर्व खिलाया जाता है, क्योंकि
(a) बेरियम एक्स-किरणों के प्रति अपनी पारदर्शिता के कारण एक्स-किरणों को पेट के आर-पार गुजरने देता है।
(b) बेरियम यौगिक, मैग्नीशियम सल्फेट की तरह, एक्स-किरण परीक्षण के पहले पेट को साफ करने में सहायता करता है।
(c) बेरियम एक्स-किरणों का एक अच्छा अवशोषक है और इससे चित्र में पेट को अन्य क्षेत्रों की तुलना में स्पष्टता से दिखने में सहायता मिलती है।
(d) बेरियम लवण रंग में सफेद होते हैं और इससे चित्र में पेट को अन्य क्षेत्रों की तुलना में स्पष्टता से दिखने में सहायता मिलती है।

90. निम्नलिखित में से किस/किन का उपयोग जैव-उर्वरक के रूप में किया जाता है?
1. आजोला **2. नील-हरित शैवाल**
3. ऐल्फैल्फा

नीचे दिए गए कूट का उपयोग करते हुए सही उत्तर चुनिए–
कूट:
(a) केवल 2 (b) 1 और 2
(c) 1 और 3 (d) 1, 2 और 3

91. मानव भ्रूण का हृदय कब स्पंदन करने लगता है?
(a) अपने परिवर्धन के प्रथम सप्ताह में
(b) अपने परिवर्धन के तृतीय सप्ताह में
(c) अपने परिवर्धन के चतुर्थ सप्ताह में
(d) अपने परिवर्धन के छठे सप्ताह में

92. बच्चों के लिंग निर्धारण के लिए उत्तरदायी क्रोमोसोम होता है–
(a) पिता का (b) माता का
(c) माता व पिता दोनों का (d) इनमें से किसी का नहीं

93. एक सामान्य मानव शुक्राणु में ऑटोसोम की संख्या कतनी होती है?
(a) 20 जोड़ी (b) 21 जोड़ी
(c) 22 जोड़ी (d) 23 जोड़ी

94. निम्नलिखित में कौन एक लिंग सहलन रोग है?
(a) कुष्ठ (b) क्षय रोग
(c) वर्णन्धता (d) ल्यूकीमिया

95. कैल्सियम कार्बाइड पर जल डालने से बनता है–
(a) इथिलीन (b) मीथेन
(c) ऐसीटिलीन (d) इथेन

96. घरेलू फ्रिज में सामान्यतः कौन-सा प्रशीतक उपयोग में लाया जाता है?
(a) निऑन (b) ऑक्सीजन
(c) नाइट्रोजन (d) फ्रिऑन

97. विद्युत संयोजक बंध बनता है–
(a) धनाविष्ट आयनों के बीच
(b) ऋणाविष्ट आयनों के बीच
(c) विपरीत आविष्ट आयनों के बीच
(d) इनमें से कोई नहीं

98. सहसंयोजकता में–
(a) इलेक्ट्रॉनों का स्थानांतरण होता है।
(b) इलेक्ट्रॉनों की बराबर की साझेदारी होती है।
(c) इलेक्ट्रॉनों का न स्थानांतरण होता है, न साझेदारी।
(d) इलेक्ट्रॉनों का क्षय होता है।

99. वायुमण्डल में ओजोन परत–
(a) वर्षा कराती है।
(b) प्रदूषण उत्पन्न करती है।
(c) पृथ्वी पर पराबैंगनी किरणों से जीवन रक्षा करती है।
(d) वायुमण्डल में ऑक्सीजन उत्पन्न करती है।

100. निम्नलिखित में से किसमें प्रति ग्राम सबसे अधिक कैलोरी होती है?
(a) प्रोटीन
(b) वसा
(c) शर्करा
(d) ग्लूकोज

उत्तरमाला

1. (a)	**2.** (c)	**3.** (a)	**4.** (a)	**5.** (b)	**6.** (a)	**7.** (a)	**8.** (b)	**9.** (d)	**10.** (a)
11. (b)	**12.** (b)	**13.** (a)	**14.** (b)	**15.** (c)	**16.** (b)	**17.** (c)	**18.** (c)	**19.** (b)	**20.** (a)
21. (b)	**22.** (c)	**23.** (c)	**24.** (a)	**25.** (c)	**26.** (b)	**27.** (b)	**28.** (d)	**29.** (d)	**30.** (b)
31. (d)	**32.** (a)	**33.** (a)	**34.** (d)	**35.** (a)	**36.** (d)	**37.** (c)	**38.** (b)	**39.** (c)	**40.** (a)
41. (c)	**42.** (b)	**43.** (d)	**44.** (d)	**45.** (a)	**46.** (d)	**47.** (b)	**48.** (b)	**49.** (d)	**50.** (a)
51. (a)	**52.** (c)	**53.** (c)	**54.** (a)	**55.** (b)	**56.** (c)	**57.** (a)	**58.** (d)	**59.** (c)	**60.** (c)
61. (b)	**62.** (c)	**63.** (a)	**64.** (c)	**65.** (c)	**66.** (c)	**67.** (b)	**68.** (b)	**69.** (c)	**70.** (d)
71. (d)	**72.** (a)	**73.** (a)	**74.** (d)	**75.** (a)	**76.** (c)	**77.** (a)	**78.** (d)	**79.** (c)	**80.** (a)
81. (d)	**82.** (d)	**83.** (c)	**84.** (b)	**85.** (b)	**86.** (b)	**87.** (c)	**88.** (b)	**89.** (c)	**90.** (d)
91. (c)	**92.** (a)	**93.** (c)	**94.** (c)	**95.** (c)	**96.** (d)	**97.** (c)	**98.** (b)	**99.** (c)	**100.** (b)

❑❑❑

प्रैक्टिस सेट-2

अनुभाग-I : हिन्दी

निर्देश : नीचे दिए गए अनुच्छेद को पढ़िए और प्रश्न संख्या (1-5) तक के लिए सही विकल्प का चयन कीजिए–

अंत में मैंने कहा–भाईयों! हम अपनी प्राथमिक पाठशाला में इससे अधिक काम कर सकते हैं। इतना काम कर सकते हैं कि वर्तमान प्राथमिक शिक्षा का रूप ही बदल जाए, कायापलट ही हो जाए। लेकिन बात यह है कि इसके लिए काम करने वालों की जरूरत है। दुनिया की जो सूरत आज है, वह पहले नहीं थी। सूरत बदलने का यह काम मनुष्यों ने ही तो किया है न! आवश्यकता है लगन की, प्रखर आत्मविश्वास की, अखंड एकनिष्ठा की। यह जरूरी नहीं है कि अंग्रेजी पढ़े-लिखे ही अच्छे प्रयोग कर सकें। यह तो थोथी बात है। जब आदमी कुछ करना नहीं चाहता, तब ऐसे ही बहाने बनाता है। सच्ची चीज तो दिल की लगन है। वह लगन, जो किसी चीज के लिए तड़पने वाली हमारी आत्मा से हमें प्राप्त होती है। और पंचकलाल जी! परिणाम की चिंता तो प्रयोग करने वाले को जितनी होती है, उतनी दूसरों को कभी हो ही नहीं सकती। आप वेतन-वृद्धि की इच्छा से अच्छे परिणाम की चेष्टा करते हैं। मैं प्रयोग के लिए प्रयोग करता हूँ जिससे मेरा उद्देश्य सिद्ध हो और कार्यक्षेत्र व्यापक बने। मुझे चिंता रहती है कि कहीं मेरी निष्फलता मेरे बाद के प्रयोग करने वालों के लिए बाधक न बन जाए।

1. किसी भी स्थिति को बदलने के लिए कैसे लोगों की जरूरत होती है?

(a) जो निष्ठापूर्वक हर काम करते हैं
(b) जो अंग्रेजी भाषा जानते हैं
(c) जो परिश्रम करते हैं
(d) जिनके दिल में लगन होती है

2. अंग्रेजी पढ़े-लिखे ही अच्छे प्रयोग कर सकते हैं, यह कथन–

(a) सही हो सकता है
(b) सही है
(c) भाषिक पूर्वाग्रहों से ग्रसित है
(d) अंग्रेजी की महत्ता को दर्शाता है।

3. उपर्युक्त अनुच्छेद में 'सूरत' का अर्थ है–

(a) काया (b) रूप
(c) स्थिति (d) दुर्दशा

4. लेखक का क्या उद्देश्य है?

(a) लोग काम करें (b) लोग प्रयोग करें
(c) बाधाओं को समाप्त करना (d) स्थितियों में बदलाव लाना

5. 'प्राथमिक' शब्द में कौन-सा प्रत्यय है?

(a) मिक (b) ईक
(c) क (d) इक

6. नीचे लिखे वाक्यों में से कौन-सा वाक्य सर्वाधिक सही है?

(a) यद्यपि तुम अजनबी हो, परंतु मैं तुम्हें अपना मानता हूँ।
(b) यद्यपि तुम अजनबी हो, मैं तुम्हें ही अपना मानता हूँ।
(c) यद्यपि तुम अजनबी हो, किंतु मैं तुमकाही अपना मानता हूँ।
(d) यद्यपि तुम अजनबी हो, तथापि मैं तुम्हें अपना मानता हूँ।

7. निम्नलिखित में से कौन-सी बोली पश्चिमी हिंदी की नहीं है?

(a) ब्रजभाषा (b) बुंदेली
(c) खड़ी बोली (d) अवधी

8. 'जिसका मन व ध्यान दूसरी तरफ हो' के लिए एक शब्द होगा–

(a) मनन (b) बेध्यान
(c) मनवा (d) अन्यमनस्क

9. 'जिसका जन्म पहले हुआ', इसके लिए एक शब्द, जो उपयुक्त है, लिखिए–

(a) अनुज (b) द्विज
(c) अग्रज (d) सर्वज्ञ

10. शृंगार रस का स्थायी भाव है–

(a) प्रेम (b) रति
(c) उत्साह (d) शोक

11. काली घटा का घमंड घटा
नभ मंडल तारक वृंद खिले।
प्रस्तुत पंक्तियों में कौन-सा अलंकार है?

(a) लाटानुप्रास (b) यमक
(c) श्लेष (d) वक्रोक्ति

12. निम्नलिखित में से कौन-सा शब्द विशेषण है?

(a) सुंदरता (b) कवि
(c) विद्वान (d) भलाई

13. 'पराजय' में उपसर्ग है–

(a) प (b) पर
(c) परा (d) जय

14. 'लिखावट' में प्रत्यय है–

(a) अट (b) वट

(c) अवट (d) आवट

15. 'महोत्सव' का सन्धि-विच्छेद है–

(a) महो + उत्सव (b) महा + उत्सव

(c) महि + उत्सव (d) म + उत्सव

SECTION-II : ENGLISH

Direction : In the following question, some part of the sentence may have errors. Find out which part of the sentence has an error and select the appropriate option. If a sentence is free from error, select 'No error'.

16. They did nothing (a)/ that was down the (b)/ dignity of princess, (c)/ No error (d)

(a) a (b) b

(c) c (d) d

Direction : In the following question, the sentence given with a blank to be filled in with an appropriate word. Select the correct alternative out of the four and indicate it by selecting the appropriate option.

17. Do you .... own a copy of Shakespeare's Hamlet?

(a) chance (b) chances

(c) perchance (d) by chances

Direction : In the following question, out of the four alternatives, select the word similar in meaning to the word given.

18. COMMEMORATE

(a) Opprobrium (b) Reproach

(c) Disrepute (d) Celebrate

Direction : In the following question, out of the four alternatives, select the word opposite in meaning to the word given.

19. RAMPAGE

(a) Binge (b) Frenzy

(c) Harmony (d) Turmoil

Direction : In the following question, out of the four alternatives, select the alternative which best expresses the meaning of the idiom/phrase.

20. To have something on the brain

(a) To be obsessed with something

(b) To be ready with an immediate smart witty reply

(c) To be unable to solve a particularly difficult philosophical problem

(d) To think wistfully about past life.

Direction : In the following question, out of the four alternatives, select the alternative which will improve the bracketed part of the sentence. In case no improvement is needed, select "No improvement".

21. The battle (to rage) for some time.

(a) is raging (b) has been raged

(c) had been raging (d) No improvement

Direction : In the following question, out of the four alternatives, select the alternative which is the best substitute of the phrase.

22. The crime of betraying one's country

(a) Treason (b) Frankness

(c) Fidelity (d) Allegiance

Direction : In the following question, four words are given out of which one word is correctly spelt. Select the correctly spelt word.

23. (a) Composure (b) Cumposure

(c) Composore (d) Cumposore

Direction : The questions below consist of a set of labelled sentences. Out of the four options given, select the most logical order of the sentences to form a coherent paragraph.

24. "Phew," said I, grabbing

X. cheerfully round my head

Y. at the halo of flies

Z. which buzzed

(a) YZX (b) YXZ

(c) XZY (d) XYZ

Direction : In the following question, a sentence has been given in Active/Passive voice. Out of the four alternatives suggested, select the one which best expresses the same sentence in Passive/Active voice.

25. The choir really enjoys that piece.

(a) That piece are really enjoyed by the choir.

(b) That piece is really enjoyed by the choir.

(c) Enjoyment of that piece is done by the choir.

(d) Enjoying of that piece is done by the choir.

Directions (Q.No. 26-30) : In the following passage some of the words have been left out. Read the passage carefully and select the correct answer for the given blank out of the four alternatives.

Most ...... (26)...... of all to the rambler on avian lore intent is the fact that there are many species and genera that are peculiar to the West, and ...... (27)...... new to him, keeping him constantly on the 'qui vive'. ...... (28)...... Colorado you will look in vain for the common blue jay, so abundant in all parts of the East; but you will be more ...... (29)...... compensated by the presence of seven other species ...... (30)...... the jay household.

26. (a) interesting (b) interest

(c) interested (d) interests

27. (a) therefore (b) because

(c) if (d) for

28. (a) On (b) In

(c) Into (d) Onto

29. (a) then (b) that

(c) than (d) this

30. (a) for (b) to

(c) of (d) off

अनुभाग-III : गणित

निर्देश (प्र.सं. 31-35) : नीचे दिए गए प्रश्न में प्रश्नचिह्न (?) के स्थान पर क्या आएगा?

31. $(13)^2 - ? = 169 - 13$

(a) 156 (b) 20

(c) 169 (d) 13

32. $\sqrt{121} + ? = 1569 + 74$

(a) 1643 (b) 1654

(c) 1522 (d) 1632

33. $\sqrt{0.0049} + (0.02)^2 = ?$
(a) 0.07 (b) 0.007
(c) 0.0074 (d) 0.0704

34. $(0.09)^2 + (0.07)^2 = ?$
(a) 0.13 (b) 0.0013
(c) 0.013 (d) 0.0032

35. $\sqrt{4} + (8)^2 = ?$
(a) 80 (b) 68
(c) 18 (d) 66

36. 225 का $\frac{1}{5}$, 60 के $\frac{3}{5}$ से कितना अधिक है?
(a) 9 (b) 19
(c) 81 (d) 129

37. यदि $\frac{a}{3} = \frac{b}{4} = \frac{c}{7}$, तो $\frac{a+b+c}{c}$ का मान होगा–
(a) 7 (b) 2
(c) $\frac{1}{2}$ (d) $\frac{1}{7}$

38. यदि $\frac{a}{b} = \frac{1}{3}$, तो $\frac{3a+2b}{3a-2b}$ का मान होगा–
(a) – 5 (b) – 3
(c) – 1 (d) + 1

39. 18 % छूट देने के बाद एक वॉशिंग मशीन ₹ 13489 में मिलती है। वॉशिंग मशीन का अंकित मूल्य कितना है?
(a) ₹ 16540 (b) ₹ 15450
(c) ₹ 16450 (d) ₹ 15540

40. एक सेलफोन ₹ 150 में खरीदकर ₹ 1650 में बेचा गया। प्रतिशत लाभ क्या है?
(a) 10 (b) 15
(c) 20 (d) 16

41. यदि log 27 = 1.431 है, तो log 9 बराबर है–
(a) 0.934 (b) 0.945
(c) 0.954 (d) इनमें से कोई नहीं

42. (1 + 2 + 3 .... + 49 + 50 + 49 + 48 + ... + 3 + 2 + 1) = ?
(a) 2525 (b) 2500
(c) 1250 (d) 5000

43. दिया गया है कि 1 + 2 + 3 + ... + 10 = 55, तो (11 + 12 + 13 + ... + 20) = ?
(a) 155 (b) 156
(c) 75 (d) 65

44. यदि $1 + 2 + 3 + 4 + ... + 100 = \frac{100 \times 100}{2} = 5050$ हो, तो (51 + 52 + 53 + ... + 100) का मान होगा–
(a) $\frac{51 \times 52}{2}$ (b) $\frac{52 \times 53}{2}$
(c) $\frac{100 \times 50}{2}$ v (d) 3775

45. दिया है– $1^2 + 2^2 + 3^2 + 4^2 + ... + 10^2 = 385$, तो $2^2 + 4^2 + 6^2 + ... + 20^2$ बराबर होगा–
(a) 770 (b) 1540
(c) 1155 (d) 385 × 385

46. यदि $(1^2 + 2^2 + 3^2 + ... + 20^2) = 2870$ है, तो $(2^2 + 4^2 + 6^2 + ... + 40^2)$ का मान है–
(a) 11480 (b) 5740
(c) 2870 (d) 28700

47. यदि $1^3 + 2^3 + ... + 10^3 = 3025$ हो, तो 4 + 32 + 108 + ... + 4000 बराबर है–
(a) 12000 (b) 12100
(c) 12200 (d) 12400

48. 1000 व्यक्तियों के एक समूह में 760 हिंदी बोल सकते हैं तथा 530 अंग्रेजी बोल सकते हैं, तो हिंदी व अंग्रेजी दोनों बोलने वालों की संख्या है–
(a) 290 (b) 300
(c) 310 (d) 230

49. 26 व्यक्तियों के समूह में 8 चाय पीते हैं लेकिन कॉफी नहीं पीते तथा 16 व्यक्ति चाय पीते हैं। उन व्यक्तियों की संख्या, जो कॉफी पीते हैं, लेकिन चाय नहीं पीते, होगी–
(a) 8 (b) 10
(c) 16 (d) 18

50. एक विद्यालय में 25 अध्यापक हैं जो गणित अथवा भौतिकी पढ़ाते हैं। इनमें 15 भौतिकी तथा 3 भौतिकी एवं गणित दोनों पढ़ाते हैं। कितने अध्यापक गणित पढ़ाते हैं?
(a) 13 (b) 11
(c) 15 (d) 10

51. 25 छात्रों वाले क्लास में 12 के पास अर्थशास्त्र था, 8 ने अर्थशास्त्र लिया पर इतिहास नहीं लिया, तो अर्थशास्त्र और इतिहास लेने वालों की संख्या होगी–
(a) 8 (b) 4
(c) 7 (d) 13

52. एक कक्षा में 60 छात्र हैं। उनमें से 35 छात्र गणित पढ़ते हैं। 20 छात्र गणित एवं रसायन विज्ञान दोनों पढ़ते हैं, केवल रसायन विज्ञान पढ़ने वाले छात्रों की संख्या होगी–
(a) 40 (b) 35
(c) 25 (d) 15

53. राजीव ने एक दिन एक किताब का $\frac{3}{8}$ हिस्सा पढ़ा। बाकी किताब का $\frac{4}{5}$ हिस्सा दूसरे दिन पढ़ा। अब किताब के 30 पृष्ठ बच गए। यह बताइए कि किताब के कुल पृष्ठ कितने थे?
(a) 240 (b) 360
(c) 1200 (d) 120

54. रहीम के पास कुछ मुर्गियाँ और गायें हैं। यदि सिरों की संख्या 48 और पैरों की संख्या 140 हो, तो मुर्गियों की संख्या कितनी है?
(a) 22 (b) 23
(c) 24 (d) 26

55. ऐश्वर्या के पास कुछ मुर्गी और भेड़ हैं। इन दोनों के कुल पैरों की संख्या 100 है तथा दोनों के सिरों की कुल संख्या 38 है। तो कुल मुर्गी और भेड़ों की संख्या का अनुपात क्या है?
(a) 2 : 1 (b) 5 : 3
(c) 6 : 13 (d) 13 : 6

56. दो अंकों की संख्या और उस संख्या के अंकों के योग के बीच अनुपात 7 : 1 है। यदि दहाई के स्थान पर जो अंक है वह इकाई के अंक से एक अधिक है, तो वह संख्या क्या है?

(a) 32 (b) 4
(c) 21 (d) तय नहीं कर सकते

57. एक व्यक्ति ने 4 जोड़ी काले मोजे और कुछ जोड़े ब्राउन मोजे का ऑर्डर दिया। काले जोड़े का मूल्य ब्राउन जोड़े के मूल्य का दोगुना है। बिल बनाते समय क्लर्क ने गलती से काले और ब्राउन जोड़ों की संख्या में परस्पर अदला-बदली कर दी जिससे बिल में 50% की वृद्धि हो गई। मौलिक ऑर्डर में काले और ब्राउन मोजों की जोड़ी में क्या अनुपात था?

(a) 4 : 1 (b) 2 : 1
(c) 1 : 4 (d) 1 : 2

58. जब 60 किग्रा. भार वाले एक व्यक्ति को एक नये व्यक्ति से प्रतिस्थापित किया जाता है, तो 25 व्यक्तियों के औसत भार में 1 किग्रा. की वृद्धि हो जाती है। नये व्यक्ति का भार है–

(a) 50 किग्रा. (b) 61 किग्रा.
(c) 86 किग्रा. (d) 85 किग्रा.

59. A की 15 दिन की औसत आय ₹ 70 है। पहले पाँच दिन का औसत ₹ 60 है तथा अंतिम 9 दिनों का औसत ₹ 80 है। उसकी छठे दिन की आय है–

(a) ₹ 80 (b) ₹ 60
(c) ₹ 40 (d) ₹ 30

60. 5 सदस्यों के एक परिवार की औसत आयु 24 वर्ष है। यदि सबसे छोटे सदस्य की आयु 8 वर्ष हो, तो उसके जन्म के समय परिवार के सदस्यों की औसत आयु क्या थी?

(a) 25 वर्ष (b) 18 वर्ष
(c) 20 वर्ष (d) आँकड़े अपर्याप्त हैं

61. 5 सदस्यों के एक परिवार की औसत आयु तीन वर्ष पहले 17 थी। एक बच्चे के जन्म के बाद परिवार की वर्तमान औसत आयु वही है। बच्चे की वर्तमान आयु है–

(a) 2 वर्ष (b) 3 वर्ष
(c) 2.4 वर्ष (d) 3.4 वर्ष

62. अपराजिता और राकेश की शादी आज से 9 वर्ष पहले हुई थी। शादी के समय उन दोनों की औसत आयु 28 वर्ष थी। आज उनका एक बच्चा भी है जिसकी आयु 7 वर्ष है। उस परिवार के सभी सदस्यों की वर्तमान औसत आयु क्या है?

(a) 37 वर्ष (b) 17 वर्ष
(c) 27 वर्ष (d) 29 वर्ष

63. कमला की शादी 6 साल पहले हुई, आज उसकी उम्र शादी के समय के उम्र की $1\frac{1}{4}$ गुनी है। उसके लड़के की उम्र उसके वर्तमान उम्र की $\left(\frac{1}{10}\right)$ गुनी है, तो उसके लड़के की उम्र क्या है?

(a) 2 साल (b) 3 साल
(c) 4 साल (d) 5 साल

64. A, B और C ने मिलकर एक व्यापार प्रारंभ किया जिसमें A ने कुल पूँजी का $\frac{1}{3}$ भाग, B ने पूँजी का $\frac{1}{4}$ भाग तथा C ने शेष पूँजी लगाई। यदि वर्षांत ने उन्हें ₹ 1800 की आय हो, तो A का हिस्सा होगा–

(a) ₹ 450 (b) ₹ 540
(c) ₹ 630 (d) ₹ 800

65. एक कम्पनी में A, B और C साझेदार हैं। किसी वर्ष A लाभ का $\frac{1}{3}$ भाग जबकि B, $\frac{1}{4}$ भाग प्राप्त करता है। उसी वर्ष C शेष भाग में ₹ 5000 प्राप्त करता है, तो A ने कितने प्राप्त किए?

(a) ₹ 5000 (b) ₹ 4000
(c) ₹ 3000 (d) ₹ 1000

अनुभाग–IV : सामान्य विज्ञान

66. निम्नलिखित अधातुओं में से कौन-सा एक विद्युत का मंद चालक नहीं है?

(a) सल्फर (b) सिलीनियम
(c) ब्रोमीन (d) फास्फोरस

67. नीचे दिए गए पदार्थों का, उनके घनत्व के अवरोही क्रमानुसार, सही अनुक्रम कौन-सा है?

(a) इस्पात > पारा > सोना (b) सोना > पारा > इस्पात
(c) इस्पात > सोना > पारा (d) सोना > इस्पात > पारा

68. निम्नलिखित में से किस उद्योग में अभ्रक कच्चे माल के रूप में प्रयुक्त होता है?

(a) लोहा और इस्पात (b) खिलौने
(c) ग्लास और कुम्हारी (d) वैद्युत

69. निम्नलिखित द्रवों में कौन-सा ऊष्मा का बहुत अच्छा चालक है?

(a) पारा (b) पानी
(c) ईथर (d) बेंजीन

70. 'सेरेब्रल पाल्सी' एक मस्तिष्क सम्बन्धी विकार है, जो सामान्यतया पाया जाता है–

(a) वृद्धों में, (b) ड्रग नशेड़ियों में
(c) छोटे बच्चों में (d) केवल महिलाओं में

71. सूची-I को सूची-II से सुमेलित कीजिए एवं सूचियों के नीचे दिए हुए कूट की सहायता से सही उत्तर चुनिए–

सूची-I	सूची-II
(A) एन्जाइम	1. केरोटिन
(B) विटामिन	2. केरेटिन
(C) प्रोटीन	3. माल्टेस
(D) हॉर्मोन	4. एड्रीनेलिन

कूट :

	(A)	(B)	(C)	(D)
(a)	3	1	4	2
(b)	1	3	4	2
(c)	1	3	2	4
(d)	3	1	2	4

72. सूची-I को सूची-II से सुमेलित कीजिए एवं सूचियों के नीचे दिए हुए कूट की सहायता से सही उत्तर चुनिए–

सूची-I	सूची-II
(A) सोडियम पॉलीटेट	1. अयस्क
(B) गैलेना	2. उर्वरक
(C) N.P.K.	3. साबुन
(D) सेलुलोस	4. प्राकृतिक पॉलीमर

कूट :

	(A)	(B)	(C)	(D)
(a)	1	2	3	4
(b)	3	1	2	4
(c)	3	2	4	1
(d)	4	1	3	2

73. निम्नलिखित में से कौन-सा पदार्थ रबड़ के टायरों में पूरक के रूप में प्रयुक्त होता है?

(a) ग्रेफाइट (b) कोक
(c) कार्बन ब्लैक (d) चारकोल

74. तालाबों और कुओं में निम्नलिखित में से किस एक को छोड़ने से मच्छरों को नियंत्रित करने में मदद मिलती है?

(a) केकड़ा (b) डॉगफिश
(c) गैंबुसिया फिश (d) घोंघा

75. निम्नलिखित में से किस एक प्रकार के जीव में यह घटना पाई जाती है, जिसमें मादा मैथुनोपरांत नर को मार देती है?

(a) व्याधपतंग (ड्रैगन फ्लाई) (b) मधुमक्खी
(c) मकड़ी (d) गर्त पृदाकु (पिट वाइपर)

76. फूलों के अध्ययन को कहते हैं–

(a) फ्रेनोलॉजी (b) एन्थ्रोलॉजी
(c) एग्रोस्टोलॉजी (d) पैलोनोलॉजी

77. बच्चों में प्रोटीन की न्यूनता के कारण जो रोग उत्पन्न होता है, वह है–

(a) मैरास्मस (b) पेलाग्र
(c) बेरी-बेरी (d) रिकेट्स

78. निम्नलिखित रोगों में कौन-सा ज्वर मच्छरों द्वारा संचालित नहीं होता है?

(a) पीत ज्वर (b) डेंगू
(c) चिकनगुनिया (d) जापानी एन्सेफेलाइटिस

79. मानव शरीर में निम्नलिखित हार्मोनों में से कौन-सा शब्द कैल्सियम और फॉस्फेट को विनियमित करता है?

(a) ग्लूकैगॉन (b) वृद्धिकर हार्मोन
(c) परावटु (पैराथाइरॉइड) हार्मोन (d) थायरॉक्सिन

80. मधुसूदनी (इन्सुलिन) अंत:स्राव (हार्मोन) एक–

(a) ग्लाइकोलिपिड है (b) वसीय अम्ल है
(c) पेप्टाइड है (d) स्टेरॉल है

81. निम्नलिखित कथनों पर विचार कीजिए–

1. कार्बन जमाओं (कार्बन क्रेडिट्स) के बारे में स्वच्छ विकास युक्ति (CDM) क्योटो नवाचार युक्तियों में से एक है।

2. CDM के अंतर्गत कार्यान्वित होने वाली परियोजनाएँ केवल संलग्नक-I देशों से संबंधित हैं।

उपर्युक्त कथनों में से कौन-सा/से सही है/हैं?

(a) केवल 1 (b) केवल 2
(c) 1 और 2 दोनों (d) न तो 1 और न ही 2

82. 'कार्बन क्रेडिट' के संबंध में निम्नलिखित में से कौन-सा कथन सही नहीं है?

(a) कार्बन क्रेडिट प्रणाली क्योटो प्रोटोकॉल के संयोजन में सम्पुष्ट की गई थी।
(b) कार्बन क्रेडिट उन देशों या समूहों को प्रदत्त की जाती है, जो ग्रीन हाउस गैसों का उत्सर्जन घटाकर उसे उत्सर्जन अभ्यंश के नीचे ला चुके होते हैं।
(c) कार्बन क्रेडिट का लक्ष्य कार्बन-डाइऑक्साइड उत्सर्जन में हो रही वृद्धि पर अंकुश लगाना है।
(d) कार्बन क्रेडिट का क्रय-विक्रय संयुक्त राष्ट्र पर्यावरण कार्यक्रम के द्वारा समय-समय पर नियत मूल्यों के आधार पर किया जाता है।

83. 'कार्बन क्रेडिट' का दृष्टिकोण इनमें से किससे शुरू हुआ?

(a) क्योटो प्रोटोकॉल (b) अर्थ शिखर सम्मेलन
(c) मॉण्ट्रियल प्रोटोकॉल (d) G-8 के शिखर सम्मेलन

84. सर्वाधिक महत्वपूर्ण भोजन उत्पन्न होते हैं–

(a) जड़ों में (b) तनों से
(c) फलों से (d) पत्तियों से

85. बीजरहित फल प्राप्त किया जा सकता है–

(a) विकरों के व्यवहार द्वारा
(b) हार्मोन्स के व्यवहार द्वारा
(c) पादपों को 70°C पर रखकर
(d) पादपों को चमकदार प्रकाश में रखकर

86. केसर मसाला बनाने के लिए पौधे का निम्नलिखित में से कौन-सा भाग उपयोग में लाया जाता है?

(a) पत्ती (Leaf) (b) पंखुड़ी (Petal)
(c) बाह्य दल (Sepal) (d) वर्तिकाग्र (Stigma)

87. वायुमण्डल हमारे ऊपर अधिक दबाव डालता है, परन्तु हम इसका अनुभव नहीं करते हैं, क्योंकि–

(a) हमारा रक्त वायुमण्डल के दबाब से कुछ अधिक दाबा डालता है
(b) हम इसके अभ्यस्त हैं
(c) हमारी हड्डियां काफी मजबूत हैं और इस दबाव को सहन कर सकती हैं।
(d) हमारे सर का सतही क्षेत्रफल बहुत छोटा है।

88. प्रकृति के ज्ञात बलों को चार वर्गों में विभाजित किया जा सकता है। जैसे कि गुरुत्व, विद्युत-चुम्बकत्व, दुर्बल नाभिकीय बल और प्रबल नाभिकीय बल। उनके संदर्भ में निम्नलिखित कथनों में से कौन-सा एक सही नहीं है?

(a) गुरुत्व, चारों में सबसे प्रबल है।
(b) विद्युत-चुम्बकत्व सिर्फ विद्युत आवेश वाले कणों पर क्रिया करता है।
(c) दुर्बल नाभिकीय बल विघटनाभिकता का कारण है।
(d) प्रबल नाभिकीय बल परमाणु के केंद्रक में प्रोटॉनों और न्यूट्रॉनों को धारित किए रखता है।

89. वह थर्मामीटर जो 2000°C मापने हेतु उपयुक्त हो, वह है–

(a) गैस थर्मामीटर
(b) पारे का थर्मामीटर
(c) पूर्ण विकिरण पाइरोमीटर
(d) वाष्प दबाव थर्मामीटर

90. निम्नलिखित सिल्वर लवणों में से किसको कत्रिम वर्षा उत्पन्न करने के लिए प्रयुक्त किया जाता है?

(a) सिल्वर क्लोराइड (b) सिल्वर ब्रोमाइड
(c) सिल्वर नाइट्रेट (d) सिल्वर आयोडाइड

91. स्टेनलेस स्टील बनाने में लोहे के साथ प्रयक्त होने वाली महत्वपूर्ण धातु है–

(a) कार्बन (b) कोबाल्ट
(c) क्रोमियम (d) एल्यूमीनियम

92. हीमोफिलिया में–

(a) हीमोलिसिस होता है
(b) रक्त का थक्का नहीं बनता है
(c) RBC चिपक जाते हैं
(d) WBC कोशिका भक्षी हो जाते हैं

93. मनुष्य में लाल-हरी वर्णांधता को जाना जाता है–

(a) प्रोटोनोपिया के रूप में (b) ड्यूरेरानोपिया के रूप में
(c) उपर्युक्त दोनों के रूप में (d) मारफेन्स सिन्ड्रोम के रूप में

94. एक वर्णांध पुरुष का विवाह दूसरे वर्णांध पुरुष की सामान्य पुत्री से हुआ हो तो संतानों में क्या होगा?

(a) सभी पुत्रियाँ वर्णांध (b) सभी पुत्र वर्णांध
(c) आधे पुत्र वर्णांध (d) कोई भी पुत्र वर्णांध नहीं

95. प्रशीतक के रूप में उपयोग की जाने वाली फ्रिऑन गैस में उपस्थित तत्व होते हैं–

(a) c, h, f, ci (b) c, f, ci
(c) c, n, f, ci (d) c, o, f, ci

96. शराब में उपस्थित रहता है–

(a) इथाइल ऐल्कोहॉल
(b) मिथाइल ऐल्कोहॉल
(c) ऐसीटिक अम्ल
(d) क्लोरोफॉर्म

97. आयनों से बने हुए यौगिक का सामान्य नाम है–

(a) वैद्युत संयोजक
(b) सह संयोजक
(c) उप-सहसंयोजक
(d) इनमें से कोई नहीं

98. एक आयनिक बंधन बनता है, जब–

(a) संयोजन करने वाले परमाणु इलेक्ट्रॉन प्राप्त करते हैं।
(b) संयोजन करने वाले परमाणु इलेक्ट्रॉन का त्याग करते हैं।
(c) एक धातु तत्व का संयोग अधातु तत्व से होता है।
(d) दो धातु तत्व परस्पर अभिक्रिया करते हैं।

99. 'ऐलिजा' परीक्षण किया जाता है–

(a) एड्स पहचानने के लिए
(b) क्षयरोग की पहचान के लिए
(c) डायबिटीज (मधुमेह) की पहचान के लिए
(d) टायफाइड की पहचान के लिए

100. नवजात शिशु को 'ट्रिपिल एन्टीजन वैक्सीन' निम्नलिखित में से किन रोगों से प्रतिरक्षित करने के लिए लगाई जाती है?

(a) कुकर-खांसी, टिटनेस और खसरा
(b) कुकर-खांसी, टिटनेस और डिफ्थीरिया
(c) टिटनेस, डिफ्थीरिया और खसरा
(d) टिटनेस, डिफ्थीरिया और चेचक

उत्तरमाला

1. (d)	**2.** (c)	**3.** (c)	**4.** (b)	**5.** (d)	**6.** (d)	**7.** (d)	**8.** (d)	**9.** (c)	**10.** (b)
11. (b)	**12.** (a)	**13.** (c)	**14.** (d)	**15.** (b)	**16.** (b)	**17.** (c)	**18.** (d)	**19.** (c)	**20.** (a)
21. (c)	**22.** (a)	**23.** (a)	**24.** (a)	**25.** (b)	**26.** (a)	**27.** (a)	**28.** (b)	**29.** (c)	**30.** (c)
31. (d)	**32.** (d)	**33.** (d)	**34.** (c)	**35.** (d)	**36.** (a)	**37.** (b)	**38.** (b)	**39.** (c)	**40.** (a)
41. (c)	**42.** (b)	**43.** (a)	**44.** (d)	**45.** (b)	**46.** (a)	**47.** (b)	**48.** (a)	**49.** (b)	**50.** (a)
51. (b)	**52.** (c)	**53.** (a)	**54.** (d)	**55.** (d)	**56.** (c)	**57.** (c)	**58.** (d)	**59.** (d)	**60.** (c)
61. (a)	**62.** (c)	**63.** (b)	**64.** (a)	**65.** (b)	**66.** (b)	**67.** (b)	**68.** (d)	**69.** (a)	**70.** (c)
71. (d)	**72.** (b)	**73.** (c)	**74.** (c)	**75.** (c)	**76.** (b)	**77.** (a)	**78.** (d)	**79.** (c)	**80.** (a)
81. (a)	**82.** (d)	**83.** (a)	**84.** (c)	**85.** (b)	**86.** (d)	**87.** (a)	**88.** (a)	**89.** (c)	**90.** (d)
91. (c)	**92.** (b)	**93.** (c)	**94.** (c)	**95.** (b)	**96.** (a)	**97.** (a)	**98.** (c)	**99.** (a)	**100.** (b)

❑❑❑